D1007515

HarperCollins Publishers
Westerhill Road
Bishopbriggs
Glasgow
G64 2QT
Great Britain

Tenth edition/Dixième édition 2009

© William Collins Sons & Co. Ltd 1979, 1988
© HarperCollins Publishers 1993, 1997,
2000, 2001, 2003, 2005, 2006, 2009

Collins Gem® is a registered trademark
of HarperCollins Publishers Limited

www.collinslanguage.com

A catalogue record for this book is
available from the British Library

Dictionnaires Le Robert
25, avenue Pierre de Coubertin,
75211 Paris cedex 13, France

www.lerobert.com

ISBN 978-2-84902-612-0

Dépôt légal décembre 2009
Achevé d'imprimer en décembre 2009

Typeset by/Photocomposition
Davidson Pre-Press, Glasgow

Printed in Italy by/Imprimé en Italie par
La Tipografica Varese

Pour télécharger gratuitement les 150
phrases-clés du guide de conversation,
rendez-vous sur www.lerobert.com
et suivez les instructions.

Le contenu téléchargeable sur votre iPod
(modèle Classic ou Nano) depuis le site
www.lerobert.com vous est offert pour
l'achat de ce dictionnaire. Cependant,
le téléchargement de ce contenu peut être
payant. Il dépend de votre connexion
Internet, variable selon votre fournisseur
d'accès, votre opérateur et votre type
d'abonnement. Les Dictionnaires Le Robert
ne peuvent être tenus responsables de
la qualité ni du coût de la connexion
au réseau, au serveur ou au site. Ils ne
garantissent pas l'absence de virus,
de bogues ou de défauts dans les contenus
proposés en téléchargement depuis le site
www.lerobert.com. Ils ne peuvent être
tenus responsables d'éventuelles
difficultés de téléchargement de ces
contenus sur l'iPod® de l'utilisateur.
Le contenu téléchargeable est destiné
à votre usage personnel. Il est propriété
des Dictionnaires Le Robert.

Acknowledgements

We would like to thank those authors and
publishers who kindly gave permission for
copyright material to be used in the Collins
Word Web. We would also like to
thank Times Newspapers Ltd for providing
valuable data.

PUBLISHING DIRECTOR/
DIRECTION ÉDITORIALE
Catherine Love

MANAGING EDITOR/CHEF DE PROJET
Gaëlle Amiot-Cadey

CONTRIBUTORS/RÉDACTION
Jean-François Allain
Cécile Aubinière-Robb
Sabine Citron
Wendy Lee
Catherine Love
Rose Rociola

COORDINATION/COORDINATION
Geneviève Gerrard, Carol McCann

SERIES EDITOR/COLLECTION DIRIGÉE PAR
Rob Scriven

Based on the first edition of the
Collins Gem French Dictionary under
the direction of Pierre-Henri Cousin.

TABLE DES MATIÈRES   CONTENTS

William Collins' dream of knowledge for all began with the publication of his first book in 1819. A self-educated mill worker, he not only enriched millions of lives, but also founded a flourishing publishing house. Today, staying true to this spirit, Collins books are packed with inspiration, innovation, and practical expertise. They place you at the centre of a world of possibility and give you exactly what you need to explore it.

Language is the key to this exploration, and at the heart of Collins Dictionaries is language as it is really used. New words, phrases, and meanings spring up every day, and all of them are captured and analysed by the Collins Word Web. Constantly updated, and with over 2.5 billion entries, this living language resource is unique to our dictionaries.

Words are tools for life. And a Collins Dictionary makes them work for you.

Collins. Do more.

INTRODUCTION

Nous sommes très heureux que vous ayez choisi ce dictionnaire et espérons que vous aimerez l'utiliser et que vous en tirerez profit au lycée, à la maison, en vacances ou au travail.

Cette introduction a pour but de vous donner quelques conseils sur la façon d'utiliser au mieux votre dictionnaire, en vous référant non seulement à son importante nomenclature mais aussi aux informations contenues dans chaque entrée. Ceci vous aidera à lire et à comprendre, mais aussi à communiquer et à vous exprimer en anglais contemporain.

Au début du dictionnaire, vous trouverez la liste des abréviations utilisées dans le texte et celle de la transcription des sons par des symboles phonétiques. Vous y trouverez également la liste des verbes irréguliers en anglais, suivis d'une section finale sur les nombres et sur les expressions de temps.

COMMENT UTILISER VOTRE DICTIONNAIRE

Ce dictionnaire offre une richesse d'informations et utilise diverses formes et tailles de caractères, symboles, abréviations, parenthèses et crochets. Les conventions et symboles utilisés sont expliqués dans les sections qui suivent.

ENTRÉES

Les mots que vous cherchez dans le dictionnaire – les entrées – sont classés par ordre alphabétique. Ils sont imprimés en couleur pour pouvoir être repérés rapidement. Les entrées figurant en haut de page indiquent le premier (sur la page de gauche) et le dernier mot (sur la page de droite) des deux pages en question.

Des informations sur l'usage ou sur la forme de certaines entrées sont données entre parenthèses, après la transcription phonétique. Ces indications apparaissent sous forme abrégée et en italiques (par ex. (fam), (Comm)).

Pour plus de facilité, les mots de la même famille sont regroupés sous la même entrée (ronger, rongeur; accept, acceptance) et apparaissent également en couleur.

Les expressions courantes dans lesquelles apparaît l'entrée sont indiquées par des caractères romains gras différents (par exemple retard : [...] **avoir du ~**).

TRANSCRIPTION PHONÉTIQUE
La transcription phonétique de chaque entrée (indiquant sa prononciation) est indiquée entre crochets immédiatement après l'entrée (par ex. fumer [fyme]; knee [ni:]). La liste des symboles phonétiques figure page xiii.

TRADUCTIONS
Les traductions des entrées apparaissent en caractères ordinaires ; lorsque plusieurs sens ou usages coexistent, ces traductions sont séparées par un point-virgule. Vous trouverez des synonymes de l'entrée en italiques entre parenthèses avant les traductions (par ex. poser (installer : moquette, carrelage)) ou des mots qui fournissent le contexte dans lequel l'entrée est susceptible d'être utilisée (par ex. poser (question)).

MOTS-CLÉS
Une importance particulière est accordée à certains mots français et anglais qui sont considérés comme des « mots-clés » dans chacune des langues. Cela peut être dû à leur utilisation très fréquente ou au fait qu'ils ont divers types d'usage (par ex. vouloir, plus; get, that). L'utilisation de triangles et de chiffres aide à distinguer différentes catégories grammaticales et différents sens. D'autres renseignements utiles apparaissent en italiques et entre parenthèses dans la langue de l'utilisateur.

Les catégories grammaticales sont données sous forme abrégée et en italiques après la transcription phonétique (par ex. *vt, adv, conj*). Les genres des noms français sont indiqués de la manière suivante : *nm* pour un nom masculin et *nf* pour un nom féminin. Le féminin et le pluriel irréguliers de certains noms sont également indiqués (par ex. directeur, -trice ; cheval, -aux).

Le masculin et le féminin des adjectifs sont indiqués lorsque ces deux formes sont différentes (par ex. noir, e). Lorsque l'adjectif a un féminin ou un pluriel irrégulier, ces formes sont clairement indiquées (par ex. net, nette). Les pluriels irréguliers des noms, et les formes irrégulières des verbes anglais sont indiqués entre parenthèses, avant la catégorie grammaticale (par ex. man [...] (*pl* **men**) *n* ; give (*pt* **gave**; *pp* **~n**) *vt*).

INTRODUCTION

We are delighted that you have decided to buy this dictionary and hope you will enjoy and benefit from using it at school, at home, on holiday or at work.

This introduction gives you a few tips on how to get the most out of your dictionary – not simply from its comprehensive wordlist but also from the information provided in each entry. This will help you to read and understand modern French, as well as communicate and express yourself in the language. This dictionary begins by listing the abbreviations used in the text and illustrating the sounds shown by the phonetic symbols. You will also find French verb tables, followed by a final section on numbers and time expressions.

USING YOUR DICTIONARY

A wealth of information is presented in the dictionary, using various typefaces, sizes of type, symbols, abbreviations and brackets. The various conventions and symbols used are explained in the following sections.

HEADWORDS

The words you look up in a dictionary – 'headwords' – are listed alphabetically. They are printed in colour for rapid identification. The headwords appearing at the top of each page indicate the first (if it appears on a left-hand page) and last word (if it appears on a right-hand page) dealt with on the page in question.

Information about the usage or form of certain headwords is given in brackets after the phonetic spelling. This usually appears in abbreviated form and in italics (e.g. (fam), (Comm)).

Where appropriate, words related to headwords are grouped in the same entry (ronger, rongeur; accept, acceptance) and are also in colour. Common expressions in which the headword appears are shown in a bold roman type (e.g. retard: [...] **avoir du ~**).

PHONETIC SPELLINGS

The phonetic spelling of each headword (indicating its pronunciation) is given in square brackets immediately after the headword (e.g. **fumer** [fyme]; **knee** [ni:]). A list of these symbols is given on page xiii.

TRANSLATIONS

Headword translations are given in ordinary type and, where more than one meaning or usage exists, these are separated by a semi-colon. You will often find other words in italics in brackets before the translations. These offer suggested contexts in which the headword might appear (e.g. **rough** (*voice*), [...] (*weather*)) or provide synonyms (e.g. **rough** (*violent*)). The gender of the translation also appears in italics immediately following the key element of the translation.

KEY WORDS

Special status is given to certain French and English words which are considered as 'key' words in each language. They may, for example, occur very frequently or have several types of usage (e.g. **vouloir**, **plus**; **get**, **that**). A combination of triangles and numbers helps you to distinguish different parts of speech and different meanings. Further helpful information is provided in brackets and italics.

GRAMMATICAL INFORMATION

Parts of speech are given in abbreviated form in italics after the phonetic spellings of headwords (e.g. *vt*, *adv*, *conj*). Genders of French nouns are indicated as follows: *nm* for a masculine and *nf* for a feminine noun. Feminine and irregular plural forms of nouns are also shown (**directeur**, **-trice**; **cheval**, **-aux**).

Adjectives are given in both masculine and feminine forms where these forms are different (e.g. **noir**, **e**). Clear information is provided where adjectives have an irregular feminine or plural form (e.g. **net**, **nette**).

ABRÉVIATIONS

ABBREVIATIONS

abréviation	ab(b)r	abbreviation
adjectif, locution adjectivale	adj	adjective, adjectival phrase
administration	Admin	administration
adverbe, locution adverbiale	adv	adverb, adverbial phrase
agriculture	Agr	agriculture
anatomie	Anat	anatomy
architecture	Archit	architecture
article défini	art déf	definite article
article indéfini	art indéf	indefinite article
automobile	Aut(o)	the motor car and motoring
aviation, voyages aériens	Aviat	flying, air travel
biologie	Bio(l)	biology
botanique	Bot	botany
anglais britannique	BRIT	British English
chimie	Chem	chemistry
commerce, finance, banque	Comm	commerce, finance, banking
informatique	Comput	computing
conjonction	conj	conjunction
construction	Constr	building
nom utilisé comme adjectif	cpd	compound element
cuisine	Culin	cookery
article défini	def art	definite article
déterminant: article; adjectif démonstratif ou indéfini *etc*	dét	determiner: article, demonstrative *etc*
économie	Écon, Econ	economics
électricité, électronique	Élec, Elec	electricity, electronics
en particulier	esp	especially
exclamation, interjection	excl	exclamation, interjection
féminin	f	feminine
langue familière (! emploi vulgaire)	fam(!)	colloquial usage (! particularly offensive)
emploi figuré	fig	figurative use
(verbe anglais) dont la particule est inséparable	fus	(phrasal verb) where the particle is inseparable
généralement	gén, gen	generally
géographie, géologie	Géo, Geo	geography, geology
géométrie	Géom, Geom	geometry
langue familière (! emploi vulgaire)	inf(!)	colloquial usage (! particularly offensive)
infinitif	infin	infinitive
informatique	Inform	computing
invariable	inv	invariable
irrégulier	irreg	irregular
domaine juridique	Jur	law

grammaire, linguistique	*Ling*	grammar, linguistics
masculin	*m*	masculine
mathématiques, algèbre	*Math*	mathematics, calculus
médecine	*Méd, Med*	medical term, medicine
masculin ou féminin	*m/f*	masculine or feminine
domaine militaire, armée	*Mil*	military matters
musique	*Mus*	music
nom	*n*	noun
navigation, nautisme	*Navig, Naut*	sailing, navigation
nom ou adjectif numéral	*num*	numeral noun or adjective
	o.s.	oneself
péjoratif	*péj, pej*	derogatory, pejorative
photographie	*Phot(o)*	photography
physiologie	*Physiol*	physiology
pluriel	*pl*	plural
politique	*Pol*	politics
participe passé	*pp*	past participle
préposition	*prép, prep*	preposition
pronom	*pron*	pronoun
psychologie, psychiatrie	*Psych*	psychology, psychiatry
temps du passé	*pt*	past tense
quelque chose	*qch*	
quelqu'un	*qn*	
religion, domaine ecclésiastique	*Rel*	religion
	sb	somebody
enseignement, système scolaire et universitaire	*Scol*	schooling, schools and universities
singulier	*sg*	singular
	sth	something
subjonctif	*sub*	subjunctive
sujet (grammatical)	*su(bj)*	(grammatical) subject
superlatif	*superl*	superlative
techniques, technologie	*Tech*	technical term, technology
télécommunications	*Tél, Tel*	telecommunications
télévision	*TV*	television
typographie	*Typ(o)*	typography, printing
anglais des USA	*US*	American English
verbe (auxiliaire)	*vb (aux)*	(auxiliary) verb
verbe intransitif	*vi*	intransitive verb
verbe transitif	*vt*	transitive verb
zoologie	*Zool*	zoology
marque déposée	®	registered trademark
indique une équivalence culturelle	≈	introduces a cultural equivalent

TRANSCRIPTION PHONÉTIQUE

CONSONNES

CONSONANTS

NB. **p, b, t, d, k, g** sont suivis d'une aspiration en anglais.

NB. **p, b, t, d, k, g** are not aspirated in French.

poupée	p	puppy
bombe	b	baby
tente thermal	t	tent
dinde	d	daddy
coq qui képi	k	cork kiss chord
gage bague	g	gag guess
sale ce nation	s	so rice kiss
zéro rose	z	cousin buzz
tache chat	ʃ	sheep sugar
gilet juge	ʒ	pleasure beige
	tʃ	church
	dʒ	judge general
fer phare	f	farm raffle
verveine	v	very revel
	θ	thin maths
	ð	that other
lent salle	l	little ball
rare rentrer	R	
	r	rat rare
maman femme	m	mummy comb
non bonne	n	no ran
agneau vigne	ɲ	church
	ŋ	singing bank
	h	hat rehearse
yeux paille pied	j	yet
nouer oui	w	wall wail
huile lui	ɥ	
	x	loch

DIVERS		MISCELLANEOUS
pour l'anglais: le r final se prononce en liaison devant une voyelle	r	in English transcription: final r can be pronounced before a vowel
pour l'anglais: précède la syllabe accentuée	'	in French wordlist: no liaison before aspirate h

En règle générale, la prononciation est donnée entre crochets après chaque entrée. Toutefois, du côté anglais-français et dans le cas des expressions composées de deux ou plusieurs mots non réunis par un trait d'union et faisant l'objet d'une entrée séparée, la prononciation doit être cherchée sous chacun des mots constitutifs de l'expression en question.

PHONETIC TRANSCRIPTION

VOYELLES

NB. La mise en équivalence de certains sons n'indique qu'une ressemblance approximative.

VOWELS

NB. The pairing of some vowel sounds only indicates approximate equivalence.

ici vie lyrique	i i:	heel bead
	ɪ	hit pity
jouer été	e	
lait jouet merci	ɛ	set tent
plat amour	a æ	bat apple
bas pâte	ɑ ɑ:	after car calm
	ʌ	fun cousin
le premier	ə	over above
beurre peur	œ	
peu deux	ø ə:	urgent fern work
or homme	ɔ	wash pot
mot eau gauche	o ɔ:	born cork
genou roue	u	full hook
	u:	boom shoe
rue urne	y	

DIPHTONGUES

DIPHTHONGS

	ɪə	beer tier
	ɛə	tear fair there
	eɪ	date plaice day
	aɪ	life buy cry
	au	owl foul now
	əu	low no
	ɔɪ	boil boy oily
	uə	poor tour

NASALES

NASAL VOWELS

matin plein	ɛ̃	
brun	œ̃	
sang an dans	ɑ̃	
non pont	ɔ̃	

In general, we give the pronunciation of each entry in square brackets after the word in question. However, on the English-French side, where the entry is composed of two or more unhyphenated words, each of which is given elsewhere in this dictionary, you will find the pronunciation of each word in its alphabetical position.

FRENCH VERB TABLES

1 Present participle 2 Past participle 3 Present 4 Imperfect 5 Future
6 Conditional 7 Present subjunctive

acquérir 1 acquérant 2 acquis
3 acquiers, acquérons,
acquièrent 4 acquérais
5 acquerrai 7 acquière
ALLER 1 allant 2 allé 3 vais, vas, va,
allons, allez, vont 4 allais 5 irai
6 irais 7 aille
asseoir 1 asseyant 2 assis 3 assieds,
asseyons, asseyez, asseyent
4 asseyais 5 assiérai 7 asseye
atteindre 1 atteignant 2 atteint
3 atteins, atteignons
4 atteignais 7 atteigne
AVOIR 1 ayant 2 eu 3 ai, as, a,
avons, avez, ont 4 avais 5 aurai
6 aurais 7 aie, aies, ait, ayons,
ayez, aient
battre 1 battant 2 battu 3 bats, bat,
battons 4 battais 7 batte
boire 1 buvant 2 bu 3 bois, buvons,
boivent 4 buvais 7 boive
bouillir 1 bouillant 2 bouilli 3 bous,
bouillons 4 bouillais 7 bouille
conclure 1 concluant 2 conclu
3 conclus, concluons
4 concluais 7 conclue
conduire 1 conduisant 2 conduit
3 conduis, conduisons
4 conduisais 7 conduise
connaître 1 connaissant 2 connu
3 connais, connaît, connaissons
4 connaissais 7 connaisse
coudre 1 cousant 2 cousu 3 couds,
cousons, cousez, cousent
4 cousais 7 couse
courir 1 courant 2 couru 3 cours,
courons 4 courais 5 courrai
7 coure
couvrir 1 couvrant 2 couvert
3 couvre, couvrons 4 couvrais
7 couvre

craindre 1 craignant 2 craint
3 crains, craignons 4 craignais
7 craigne
croire 1 croyant 2 cru 3 crois,
croyons, croient 4 croyais
7 croie
croître 1 croissant 2 crû, crue, crus,
crues 3 croîs, croissons
4 croissais 7 croisse
cueillir 1 cueillant 2 cueilli
3 cueille, cueillons 4 cueillais
5 cueillerai 7 cueille
devoir 1 devant 2 dû, due, dus,
dues 3 dois, devons, doivent
4 devais 5 devrai 7 doive
dire 1 disant 2 dit 3 dis, disons,
dites, disent 4 disais 7 dise
dormir 1 dormant 2 dormi 3 dors,
dormons 4 dormais 7 dorme
écrire 1 écrivant 2 écrit 3 écris,
écrivons 4 écrivais 7 écrive
ÊTRE 1 étant 2 été 3 suis, es, est,
sommes, êtes, sont 4 étais
5 serai 6 serais 7 sois, sois, soit,
soyons, soyez, soient
FAIRE 1 faisant 2 fait 3 fais, fais,
fait, faisons, faites, font
4 faisais 5 ferai 6 ferais 7 fasse
falloir 2 fallu 3 faut 4 fallait
5 faudra 7 faudra
FINIR 1 finissant 2 fini 3 finis,
finis, finit, finissons, finissez,
finissent 4 finissais 5 finirai
6 finirais 7 finisse
fuir 1 fuyant 2 fui 3 fuis, fuyons,
fuient 4 fuyais 7 fuie
joindre 1 joignant 2 joint 3 joins,
joignons 4 joignais 7 joigne
lire 1 lisant 2 lu 3 lis, lisons 4 lisais
7 lise
luire 1 luisant 2 lui 3 luis, luisons

4 luisais 7 luise

maudire 1 maudissant 2 maudit
3 maudis, maudissons
4 maudissait 7 maudisse

mentir 1 mentant 2 menti 3 mens,
mentons 4 mentais 7 mente

mettre 1 mettant 2 mis 3 mets,
mettons 4 mettais 7 mette

mourir 1 mourant 2 mort 3 meurs,
mourons, meurent 4 mourais
5 mourrai 7 meure

naître 1 naissant 2 né 3 nais, naît,
naissons 4 naissais 7 naisse

offrir 1 offrant 2 offert 3 offre,
offrons 4 offrais 7 offre

PARLER 1 parlant 2 parlé 3 parle,
parles, parle, parlons, parlez,
parlent 4 parlais, parlais,
parlait, parlions, parliez,
parlaient 5 parlerai, parleras,
parlera, parlerons, parlerez,
parleront 6 parlerais, parlerais,
parlerait, parlerions, parleriez,
parleraient 7 parle, parles,
parle, parlions, parliez, parlent
impératif parle! parlons! parlez!

partir 1 partant 2 parti 3 pars,
partons 4 partais 7 parte

plaire 1 plaisant 2 plu 3 plais, plaît,
plaisons 4 plaisais 7 plaise

pleuvoir 1 pleuvant 2 plu 3 pleut,
pleuvent 4 pleuvait 5 pleuvra
7 pleuve

pourvoir 1 pourvoyant 2 pourvu
3 pourvois, pourvoyons,
pourvoient 4 pourvoyais
7 pourvoie

pouvoir 1 pouvant 2 pu 3 peux,
peut, pouvons, peuvent 4
pouvais 5 pourrai 7 puisse

prendre 1 prenant 2 pris 3 prends,
prenons, prennent 4 prenais
7 prenne

prévoir like voir 5 prévoirai

RECEVOIR 1 recevant 2 reçu
3 reçois, reçois, reçoit, recevons,
recevez, reçoivent 4 recevais

5 recevrai 6 recevrais 7 reçoive

RENDRE 1 rendant 2 rendu
3 rends, rends, rend, rendons,
rendez, rendent 4 rendais
5 rendrai 6 rendrais 7 rende

résoudre 1 résolvant 2 résolu
3 résous, résout, résolvons
4 résolvais 7 résolve

rire 1 riant 2 ri 3 ris, rions 4 riais
7 rie

savoir 1 sachant 2 su 3 sais,
savons, savent 4 savais 5 saurai
7 sache *impératif* sache! sachons!
sachez!

servir 1 servant 2 servi 3 sers,
servons 4 servais 7 serve

sortir 1 sortant 2 sorti 3 sors,
sortons 4 sortais 7 sorte

souffrir 1 souffrant 2 souffert
3 souffre, souffrons 4 souffrais
7 souffre

suffire 1 suffisant 2 suffi 3 suffis,
suffisons 4 suffisais 7 suffise

suivre 1 suivant 2 suivi 3 suis,
suivons 4 suivais 7 suive

taire 1 taisant 2 tu 3 tais, taisons
4 taisais 7 taise

tenir 1 tenant 2 tenu 3 tiens,
tenons, tiennent 4 tenais
5 tiendrai 7 tienne

vaincre 1 vainquant 2 vaincu
3 vaincs, vainc, vainquons
4 vainquais 7 vainque

valoir 1 valant 2 valu 3 vaux, vaut,
valons 4 valais 5 vaudrai 7 vaille

venir 1 venant 2 venu 3 viens,
venons, viennent 4 venais
5 viendrai 7 vienne

vivre 1 vivant 2 vécu 3 vis, vivons
4 vivais 7 vive

voir 1 voyant 2 vu 3 vois, voyons,
voient 4 voyais 5 verrai 7 voie

vouloir 1 voulant 2 voulu 3 veux,
veut, voulons, veulent 4 voulais
5 voudrai 7 veuille; *impératif* veuille!
veuillez!

VERBES IRRÉGULIERS ANGLAIS

PRÉSENT	PASSÉ	PARTICIPE	PRÉSENT	PASSÉ	PARTICIPE
arise	arose	arisen	fall	fell	fallen
awake	awoke	awoken	feed	fed	fed
be	was, were	been	feel	felt	felt
(am, is,			fight	fought	fought
are; being)			find	found	found
bear	bore	born(e)	flee	fled	fled
beat	beat	beaten	fling	flung	flung
become	became	become	fly	flew	flown
begin	began	begun	forbid	forbad(e)	forbidden
bend	bent	bent	forecast	forecast	forecast
bet	bet,	bet,	forget	forgot	forgotten
	betted	betted	forgive	forgave	forgiven
bid (at auction,	bid	bid	forsake	forsook	forsaken
cards)			freeze	froze	frozen
bid (say)	bade	bidden	get	got	got,
bind	bound	bound			(US) gotten
bite	bit	bitten	give	gave	given
bleed	bled	bled	go (goes)	went	gone
blow	blew	blown	grind	ground	ground
break	broke	broken	grow	grew	grown
breed	bred	bred	hang	hung	hung
bring	brought	brought	hang (execute)	hanged	hanged
build	built	built	have	had	had
burn	burnt,	burnt,	hear	heard	heard
	burned	burned	hide	hid	hidden
burst	burst	burst	hit	hit	hit
buy	bought	bought	hold	held	held
can	could	(been able)	hurt	hurt	hurt
cast	cast	cast	keep	kept	kept
catch	caught	caught	kneel	knelt,	knelt,
choose	chose	chosen		kneeled	kneeled
cling	clung	clung	know	knew	known
come	came	come	lay	laid	laid
cost	cost	cost	lead	led	led
cost (work	costed	costed	lean	leant,	leant,
out price of)				leaned	leaned
creep	crept	crept	leap	leapt,	leapt,
cut	cut	cut		leaped	leaped
deal	dealt	dealt	learn	learnt,	learnt,
dig	dug	dug		learned	learned
do (does)	did	done	leave	left	left
draw	drew	drawn	lend	lent	lent
dream	dreamed,	dreamed,	let	let	let
	dreamt	dreamt	lie (lying)	lay	lain
drink	drank	drunk	light	lit,	lit,
drive	drove	driven		lighted	lighted
dwell	dwelt	dwelt	lose	lost	lost
eat	ate	eaten	make	made	made

xvi

PRÉSENT	PASSÉ	PARTICIPE	PRÉSENT	PASSÉ	PARTICIPE
may	might	–	speed	sped, speeded	sped, speeded
mean	meant	meant	spell	spelt, spelled	spelt, spelled
meet	met	met	spend	spent	spent
mistake	mistook	mistaken	spill	spilt, spilled	spilt, spilled
mow	mowed	mown, mowed	spin	spun	spun
must	(had to)	(had to)	spit	spat	spat
pay	paid	paid	spoil	spoiled, spoilt	spoiled, spoilt
put	put	put	spread	spread	spread
quit	quit, quitted	quit, quitted	spring	sprang	sprung
read	read	read	stand	stood	stood
rid	rid	rid	steal	stole	stolen
ride	rode	ridden	stick	stuck	stuck
ring	rang	rung	sting	stung	stung
rise	rose	risen	stink	stank	stunk
run	ran	run	stride	strode	stridden
saw	sawed	sawed, sawn	strike	struck	struck
say	said	said	strive	strove	striven
see	saw	seen	swear	swore	sworn
seek	sought	sought	sweep	swept	swept
sell	sold	sold	swell	swelled	swollen, swelled
send	sent	sent	swim	swam	swum
set	set	set	swing	swung	swung
sew	sewed	sewn	take	took	taken
shake	shook	shaken	teach	taught	taught
shear	sheared	shorn, sheared	tear	tore	torn
shed	shed	shed	tell	told	told
shine	shone	shone	think	thought	thought
shoot	shot	shot	throw	threw	thrown
show	showed	shown	thrust	thrust	thrust
shrink	shrank	shrunk	tread	trod	trodden
shut	shut	shut	wake	woke, waked	woken, waked
sing	sang	sung	wear	wore	worn
sink	sank	sunk	weave	wove	woven
sit	sat	sat	weave (wind)	weaved	weaved
slay	slew	slain	wed	wedded, wed	wedded, wed
sleep	slept	slept	weep	wept	wept
slide	slid	slid	win	won	won
sling	slung	slung	wind	wound	wound
slit	slit	slit	wring	wrung	wrung
smell	smelt, smelled	smelt, smelled	write	wrote	written
sow	sowed	sown, sowed			
speak	spoke	spoken			

LES NOMBRES

NUMBERS

un (une)	1	one
deux	2	two
trois	3	three
quatre	4	four
cinq	5	five
six	6	six
sept	7	seven
huit	8	eight
neuf	9	nine
dix	10	ten
onze	11	eleven
douze	12	twelve
treize	13	thirteen
quatorze	14	fourteen
quinze	15	fifteen
seize	16	sixteen
dix-sept	17	seventeen
dix-huit	18	eighteen
dix-neuf	19	nineteen
vingt	20	twenty
vingt et un (une)	21	twenty-one
vingt-deux	22	twenty-two
trente	30	thirty
quarante	40	forty
cinquante	50	fifty
soixante	60	sixty
soixante-dix	70	seventy
soixante-et-onze	71	seventy-one
soixante-douze	72	seventy
quatre-vingts	80	eighty
quatre-vingt-un (-une)	81	eighty-one
quatre-vingt-dix	90	ninety
cent	100	a hundred, one hundred
cent un (une)	101	a hundred and one
deux cents	200	two hundred
deux cent un (une)	201	two hundred and one
quatre cents	400	four hundred
mille	1000	a thousand
cinq mille	5000	five thousand
un million	1000000	a million

LES NOMBRES

premier (première), 1ᵉʳ (1ᵉʳᵉ)	
deuxième, 2ᵉ or 2ᵉᵐᵉ	
troisième, 3ᵉ or 3ᵉᵐᵉ	
quatrième, 4ᵉ or 4ᵉᵐᵉ	
cinquième, 5ᵉ or 5ᵉᵐᵉ	
sixième, 6ᵉ or 6ᵉᵐᵉ	
septième	
huitième	
neuvième	
dixième	
onzième	
douzième	
treizième	
quartorzième	
quinzième	
seizième	
dix-septième	
dix-huitième	
dix-neuvième	
vingtième	
vingt-et-unième	
vingt-deuxième	
trentième	
centième	
cent-unième	
millième	

NUMBERS

first, 1st
second, 2nd
third, 3rd
fourth, 4th
fifth, 5th
sixth, 6th
seventh
eighth
ninth
tenth
eleventh
twelfth
thirteenth
fourteenth
fifteenth
sixteenth
seventeenth
eighteenth
nineteenth
twentieth
twenty-first
twenty-second
thirtieth
hundredth
hundred-and-first
thousandth

LES FRACTIONS ETC

un demi
un tiers
un quart
un cinquième
zéro virgule cinq, 0,5
trois virgule quatre, 3,4
dix pour cent
cent pour cent

FRACTIONS ETC

a half
a third
a quarter
a fifth
(nought) point five, 0.5
three point four, 3.4
ten per cent
a hundred per cent

EXEMPLES

elle habite au septième (étage)
il habite au sept
au chapitre/à la page sept
il est arrivé (le) septième

EXAMPLES

she lives on the 7th floor
he lives at number 7
chapter/page 7
he came in 7th

L'HEURE	THE TIME
quelle heure est-il?	*what time is it?*
il est ...	*it's ou it is ...*
minuit	midnight, twelve p.m.
une heure (du matin)	one o'clock (in the morning), one (a.m.)
une heure cinq	five past one
une heure dix	ten past one
une heure et quart	a quarter past one, one fifteen
une heure vingt-cinq	twenty-five past one, one twenty-five
une heure et demie, une heure trente	half-past one, one thirty
deux heures moins vingt-cinq, une heure trente-cinq	twenty-five to two, one thirty-five
deux heures moins vingt, une heure quarante	twenty to two, one forty
deux heures moins le quart, une heure quarante-cinq	a quarter to two, one forty-five
deux heures moins dix, une heure cinquante	ten to two, one fifty
midi	twelve o'clock, midday, noon
deux heures (de l'après-midi), quatorze heures	two o'clock (in the afternoon), two (p.m.)
sept heures (du soir), dix-sept heures	seven o'clock (in the evening), seven (p.m.)
à quelle heure?	*(at) what time?*
à minuit	at midnight
à sept heures	at seven o'clock
dans vingt minutes	in twenty minutes
il y a un quart d'heure	fifteen minutes ago

a [a] *vb voir* **avoir**

 MOT-CLÉ

à [a] (*à + le =* **au**, *à + les =* **aux**) *prép*
1 (*endroit, situation*) at, in; **être à Paris/
au Portugal** to be in Paris/Portugal;
être à la maison/à l'école to be at
home/at school; **à la campagne** in the
country; **c'est à 10 km/à 20 minutes
(d'ici)** it's 10 km/20 minutes away
2 (*direction*) to; **aller à Paris/au
Portugal** to go to Paris/Portugal; **aller
à la maison/à l'école** to go home/to
school; **à la campagne** to the country
3 (*temps*): **à 3 heures/minuit** at 3
o'clock/midnight; **au printemps/
mois de juin** in the spring/the month
of June; **à Noël/Pâques** at Christmas/
Easter; **à demain/lundi!** see you
tomorrow/on Monday!
4 (*attribution, appartenance*) to); **le livre
est à Paul/à lui/à nous** this book is
Paul's/his/ours; **un ami à moi** a

friend of mine; **donner qch à qn** to
give sth to sb
5 (*moyen*) with; **se chauffer au gaz** to
have gas heating; **à bicyclette** on a *ou*
by bicycle; **à pied** on foot; **à la main/
machine** by hand/machine
6 (*provenance*) from; **boire à la
bouteille** to drink from the bottle
7 (*caractérisation, manière*): **l'homme
aux yeux bleus** the man with the blue
eyes; **à leur grande surprise** much
to their surprise; **à ce qu'il prétend**
according to him, from what he says;
à la russe the Russian way; **à nous
deux nous n'avons pas su le faire**
we couldn't do it, even between the
two of us
8 (*but, destination*): **tasse à café** coffee
cup; **maison à vendre** house for sale;
je n'ai rien à lire I don't have anything
to read; **à bien réfléchir ...** thinking
about it ..., on reflection ...
9 (*rapport, évaluation, distribution*): **100
km/unités à l'heure** 100 km/units per
ou an hour; **payé au mois/à l'heure**
paid monthly/by the hour; **cinq à six**
five to six; **ils sont arrivés à quatre**
four of them arrived

abaisser [abese] *vt* to lower, bring
down; (*manette*) to pull down;
s'abaisser *vi* to go down; (*fig*) to
demean o.s.
abandon [abɑ̃dɔ̃] *nm* abandoning;
giving up; withdrawal; **être à l'~** to
be in a state of neglect; **laisser à l'~**
to abandon
abandonner [abɑ̃dɔne] *vt* (*personne*)
to abandon; (*projet, activité*) to
abandon, give up; (*Sport*) to retire *ou*
withdraw from; (*céder*) to give up; **s'~
à** (*paresse, plaisirs*) to give o.s. up to
abat-jour [abaʒur] *nm inv* lampshade
abats [aba] *nmpl* (*de bœuf, porc*) offal *sg*;
(*de volaille*) giblets
abattement [abatmɑ̃] *nm*:
abattement fiscal = tax allowance
abattoir [abatwar] *nm*

slaughterhouse

abattre [abatʀ] vt (arbre) to cut down, fell; (mur, maison) to pull down; (avion, personne) to shoot down; (animal) to shoot, kill; (fig) to wear out, tire out; to demoralize; **s'abattre** vi to crash down; **ne pas se laisser ~** to keep one's spirits up, not to let things get one down; **s'~ sur** to beat down on; (fig) to rain down on; **~ du travail** ou **de la besogne** to get through a lot of work

abbaye [abei] nf abbey

abbé [abe] nm priest; (d'une abbaye) abbot

abcès [apsɛ] nm abscess

abdiquer [abdike] vi to abdicate

abdominaux [abdɔmino] nmpl: **faire des ~** to do sit-ups

abeille [abɛj] nf bee

aberrant, e [abeʀɑ̃, ɑ̃t] adj absurd

aberration [abeʀasjɔ̃] nf aberration

abîme [abim] nm abyss, gulf

abîmer [abime] vt to spoil, damage; **s'abîmer** vi to get spoilt ou damaged

aboiement [abwamɑ̃] nm bark, barking

abolir [abɔliʀ] vt to abolish

abominable [abɔminabl] adj abominable

abondance [abɔ̃dɑ̃s] nf abundance

abondant, e [abɔ̃dɑ̃, ɑ̃t] adj plentiful, abundant, copious; **abonder** vi to abound, be plentiful; **abonder dans le sens de qn** to concur with sb

abonné, e [abɔne] nm/f subscriber; season ticket holder

abonnement [abɔnmɑ̃] nm subscription; (transports, concerts) season ticket

abonner [abɔne] vt: **s'~ à** to subscribe to, take out a subscription to

abord [abɔʀ] nm: **au premier ~** at first sight, initially; **abords** nmpl (environs) surroundings; **d'~** first

abordable [abɔʀdabl] adj (prix) reasonable; (personne) approachable

aborder [abɔʀde] vi to land ▷ vt (sujet, difficulté) to tackle; (personne) to

approach; (rivage etc) to reach

aboutir [abutiʀ] vi (négociations etc) to succeed; **~ à** to end up at; **n'~ à rien** to come to nothing

aboyer [abwaje] vi to bark

abréger [abʀeʒe] vt to shorten

abreuver [abʀœve]: **s'abreuver** vi to drink; **abreuvoir** nm watering place

abréviation [abʀevjasjɔ̃] nf abbreviation

abri [abʀi] nm shelter; **être à l'~** to be under cover; **se mettre à l'~** to shelter; **à l'~ de** (vent, soleil) sheltered from; (danger) safe from

abricot [abʀiko] nm apricot

abriter [abʀite] vt to shelter; **s'abriter** vt to shelter, take cover

abrupt, e [abʀypt] adj sheer, steep; (ton) abrupt

abruti, e [abʀyti] adj stunned, dazed ▷ nm/f (fam) idiot, moron; **~ de travail** overworked

absence [apsɑ̃s] nf absence; (Méd) blackout; **avoir des ~s** to have mental blanks

absent, e [apsɑ̃, ɑ̃t] adj absent ▷ nm/f absentee; **absenter: s'absenter** vi to take time off work; (sortir) to leave, go out

absolu, e [apsɔly] adj absolute; **absolument** adv absolutely

absorbant, e [apsɔʀbɑ̃, ɑ̃t] adj absorbent

absorber [apsɔʀbe] vt to absorb; (gén Méd: manger, boire) to take

abstenir [apstəniʀ]: **s'~ de qch/de faire** to refrain from sth/from doing

abstrait, e [apstʀɛ, ɛt] adj abstract

absurde [apsyʀd] adj absurd

abus [aby] nm abuse; **~ de confiance** breach of trust; **il y a de l'~!** (fam) that's a bit much!; **abuser** vi to go too far, overstep the mark; **abuser de** (duper) to take advantage of; **s'abuser** vi (se méprendre) to be mistaken; **abusif, -ive** adj exorbitant; (punition) excessive

académie [akademi] nf academy; (Scol: circonscription) ≈ regional education authority

○ **ACADÉMIE FRANÇAISE**
○
○ The **Académie française** was
  founded by Cardinal Richelieu in
  1635, during the reign of Louis XIII. It
  is made up of forty elected scholars
  and writers who are known as 'les
  Quarante' or 'les Immortels'. One
  of the **Académie's** functions is to
  keep an eye on the development
  of the French language, and its
  recommendations are frequently
  the subject of lively public debate. It
  has produced several editions of its
  famous dictionary and also awards
  various literary prizes.

acajou [akaʒu] nm mahogany

acariâtre [akarjɑtr] adj cantankerous

accablant, e [akablɑ̃, ɑ̃t] adj (chaleur)
oppressive; (témoignage, preuve)
overwhelming

accabler [akable] vt to overwhelm,
overcome; **~ qn d'injures** to heap ou
shower abuse on sb; **~ qn de travail** to
overwork sb

accalmie [akalmi] nf lull

accaparer [akapare] vt to
monopolize; (suj: travail etc) to take up
(all) the time ou attention of

accéder [aksede]: **~ à** vt (lieu) to reach;
(accorder: requête) to grant, accede to

accélérateur [akseleratœr] nm
accelerator

accélérer [akselere] vt to speed up ▷ vi
to accelerate

accent [aksɑ̃] nm accent; (Phonétique,
fig) stress; **mettre l'~ sur** (fig) to stress;
~ aigu/grave/circonflexe acute/
grave/circumflex accent; **accentuer**
vt (Ling) to accent; (fig) to stress,
emphasize; **s'accentuer** vi to become
more marked ou pronounced

acceptation [akseptasjɔ̃] nf
acceptance

accepter [aksepte] vt to accept; **~ de**

faire to agree to do; **acceptez-vous
les cartes de crédit?** do you take
credit cards?

accès [aksɛ] nm (à un lieu) access; (Méd:
de toux) fit; (: de fièvre) bout; **d'~ facile**
easily accessible; **facile d'~** easy to
get to; **accès de colère** fit of anger;
accessible adj accessible; (livre, sujet):
accessible à qn within the reach of sb

accessoire [aksɛswar] adj secondary;
incidental ▷ nm accessory; (Théâtre)
prop

accident [aksidɑ̃] nm accident; **par
~** by chance; **j'ai eu un ~** we had an
accident; **accident de la route** road
accident; **accidenté, e** adj damaged;
injured; (relief, terrain) uneven; hilly;
accidentel, le adj accidental

acclamer [aklame] vt to cheer,
acclaim

acclimater [aklimate]: **s'acclimater**
vi (personne) to adapt (o.s.)

accolade [akɔlad] nf (amicale)
embrace; (signe) brace

accommoder [akɔmɔde] vt (Culin)
to prepare; **s'accommoder de** vt to
put up with; (se contenter de) to make
do with

accompagnateur, -trice
[akɔ̃paɲatœr, tris] nm/f (Mus)
accompanist; (de voyage: guide) guide;
(de voyage organisé) courier

accompagner [akɔ̃paɲe] vt to
accompany, be ou go ou come with;
(Mus) to accompany

accompli, e [akɔ̃pli] adj
accomplished; voir aussi **fait**

accomplir [akɔ̃plir] vt (tâche, projet) to
carry out; (souhait) to fulfil; **s'accomplir**
vi to be fulfilled

accord [akɔr] nm agreement; (entre des
styles, tons etc) harmony; (Mus) chord;
d'~! OK!; **se mettre d'~** to come to an
agreement; **être d'~ (pour faire qch)**
to agree (to do sth)

accordéon [akɔrdeɔ̃] nm (Mus)
accordion

accorder [akɔrde] vt (faveur, délai) to

grant; (harmoniser) to match; (Mus) to tune; (valeur, importance) attach

accoster [akɔste] vt (Navig) to draw alongside ▷ vi to berth

accouchement [akuʃmɑ̃] nm delivery, (child)birth; labour

accoucher [akuʃe] vi to give birth, have a baby; **~ d'un garçon** to give birth to a boy

accouder [akude]: **s'accouder** vi: **~ à/contre/sur** to rest one's elbows on/against/on; **accoudoir** nm armrest

accoupler [akuple] vt to couple; (pour la reproduction) to mate; **s'accoupler** vt to mate

accourir [akuʀiʀ] vi to rush ou run up

accoutumance [akutymɑ̃s] nf (gén) adaptation; (Méd) addiction

accoutumé, e [akutyme] adj (habituel) customary, usual

accoutumer [akutyme] vt: **s'~ à** to get accustomed ou used to

accroc [akʀo] nm (déchirure) tear; (fig) hitch, snag

accrochage [akʀɔʃaʒ] nm (Auto) collision; (dispute) clash, brush

accrocher [akʀɔʃe] vt (fig) to catch, attract; **s'accrocher** (se disputer) to have a clash ou brush; **~ qch à** (suspendre) to hang sth (up) on; (attacher: remorque) to hitch sth (up) to; **~ qch (à)** (déchirer) to catch sth (on); **il a accroché ma voiture** he bumped into my car; **s'~ à** (rester pris à) to catch on to; (agripper, fig) to hang on ou cling to

accroissement [akʀwasmɑ̃] nm increase

accroître [akʀwatʀ]: **s'accroître** vi to increase

accroupir [akʀupiʀ]: **s'accroupir** vi to squat, crouch (down)

accru, e [akʀy] pp de **accroître**

accueil [akœj] nm welcome; **comité d'~** reception committee; **accueillir** vt to welcome; (aller chercher) to meet, collect

accumuler [akymyle] vt to accumulate, amass; **s'accumuler** vi to

accumulate; to pile up

accusation [akyzasjɔ̃] nf (gén) accusation; (Jur) charge; (partie): **l'~** the prosecution

accusé, e [akyze] nm/f accused; defendant; **accusé de réception** acknowledgement of receipt

accuser [akyze] vt to accuse; (fig) to emphasize, bring out; to show; **~ qn de** to accuse sb of; (Jur) to charge sb with; **~ réception de** to acknowledge receipt of

acéré, e [asere] adj sharp

acharné, e [aʃaʀne] adj (efforts) relentless; (lutte, adversaire) fierce, bitter

acharner [aʃaʀne] vb: **s'~ contre** to set ou s. against; (suj: malchance) to dog; **s'~ à faire** to try doggedly to do; (persister) to persist in doing; **s'~ sur qn** to hound sb

achat [aʃa] nm purchase; **faire des ~s** to do some shopping; **faire l'~ de qch** to purchase sth

acheter [aʃ(ə)te] vt to buy, purchase; (soudoyer) to buy; **~ qch à** (marchand) to buy ou purchase sth from; (ami etc: offrir) to buy sth for; **où est-ce que je peux ~ des cartes postales?** where can I buy (some) postcards?; **acheteur, -euse** nm/f buyer; shopper; (Comm) buyer

achever [aʃ(ə)ve] vt to complete, finish; (blessé) to finish off; **s'achever** vi to end

acide [asid] adj sour, sharp; (Chimie) acid(ic) ▷ nm (Chimie) acid; **acidulé, e** adj slightly acid; **bonbons acidulés** acid drops

acier [asje] nm steel; **aciérie** nf steelworks sg

acné [akne] nf acne

acompte [akɔ̃t] nm deposit

à-côté [akote] nm side-issue; (argent) extra

à-coup [aku] nm: **par ~s** by fits and starts

acoustique [akustik] nf (d'une salle) acoustics pl

acquéreur [akerœr] nm buyer, purchaser

acquérir [akerir] vt to acquire

acquis, e [aki, iz] pp de **acquérir** ▷ nm (accumulated) experience; **son aide nous est ~e** we can count on her help

acquitter [akite] vt (Jur) to acquit; (facture) to pay, settle; **s'acquitter de** vt (devoir) to discharge; (promesse) to fulfil

âcre [akr] adj acrid, pungent

acrobate [akrɔbat] nm/f acrobat; **acrobatie, n** f acrobatics sg

acte [akt] nm act, action; (Théâtre) act; **prendre ~ de** to note, take note of; **faire ~ de candidature** to apply; **faire ~ de présence** to put in an appearance; **acte de naissance** birth certificate

acteur [aktœr] nm actor

actif, -ive [aktif, iv] adj active ▷ nm (Comm) assets pl; (fig): **avoir à son ~** to have to one's credit; **population active** working population

action [aksjɔ̃] nf (gén) action; (Comm) share; **une bonne ~** a good deed; **actionnaire** nm/f shareholder; **actionner** vt (mécanisme) to activate; (machine) to operate

activer [aktive] vt to speed up; **s'activer** vi to bustle about; to hurry up

activité [aktivite] nf activity; **en ~** (volcan) active; (fonctionnaire) in active life

actrice [aktris] nf actress

actualité [aktyalite] nf (d'un problème) topicality; (événements): **l'~** current events; **actualités** nfpl (Cinéma, TV) the news; **d'~** topical

actuel, le [aktyɛl] adj (présent) present; (d'actualité) topical; **à l'heure ~le** at the present time; **actuellement** adv at present, at the present time

⚠ Attention à ne pas traduire **actuellement** par **actually**.

acupuncture [akypɔ̃ktyr] nf acupuncture

adaptateur [adaptatœr] nm (Élec) adapter

adapter [adapte] vt to adapt; **s'adapter (à)** (suj: personne) to adapt (to); ~ **qch à** (approprier) to adapt sth to (fit); ~ **qch sur/dans/à** (fixer) to fit sth on/into/to

addition [adisjɔ̃] nf addition; (au café) bill; **l'~, s'il vous plaît** could I have the bill, please?; **additionner** vt to add (up)

adepte [adept] nm/f follower

adéquat, e [adekwa(t), at] adj appropriate, suitable

adhérent, e [adeɑ̃, ɑ̃t] nm/f member

adhérer [adere]: ~ **à** vt (coller) to adhere ou stick to; (se rallier à) to join; **adhésif, -ive** adj adhesive, sticky; **ruban adhésif** sticky ou adhesive tape

adieu, x [adjø] excl goodbye ▷ nm farewell

adjectif [adʒɛktif] nm adjective

adjoint, e [adʒwɛ̃, ɛ̃t] nm/f assistant; **adjoint au maire** deputy mayor; **directeur adjoint** assistant manager

admettre [admɛtr] vt (laisser entrer) to admit; (candidat: Scol) to pass; (tolérer) to allow, accept; (reconnaître) to admit, acknowledge

administrateur, -trice [administratœr, tris] nm/f (Comm) director; (Admin) administrator

administration [administrasjɔ̃] nf administration; **l'A~** = the Civil Service

administrer [administre] vt (firme) to manage, run; (biens, remède, sacrement etc) to administer

admirable [admirabl] adj admirable, wonderful

admirateur, -trice [admiratœr, tris] nm/f admirer

admiration [admirasjɔ̃] nf admiration

admirer [admire] vt to admire

admis, e [admi, iz] pp de **admettre**

admissible [admisibl] adj (candidat) eligible; (comportement) admissible, acceptable

ADN sigle m (= acide désoxyribonucléique) DNA

adolescence [adɔlesɑ̃s] *nf* adolescence

adolescent, e [adɔlesɑ̃, ɑ̃t] *nm/f* adolescent, teenager

adopter [adɔpte] *vt* to adopt; **adoptif, -ive** *adj* (*parents*) adoptive; (*fils, patrie*) adopted

adorable [adɔrabl] *adj* delightful, adorable

adorer [adɔre] *vt* to adore; (*Rel*) to worship

adosser [adose] *vt*: **~ qch à ou contre** to stand sth against; **s'adosser à/contre** to lean with one's back against

adoucir [adusiʀ] *vt* (*goût, température*) to make milder; (*avec du sucre*) to sweeten; (*peau, voix*) to soften; (*caractère*) to mellow

adresse [adʀɛs] *nf* (*domicile*) address; (*dextérité*) skill, dexterity; **~ électronique** email address

adresser [adʀese] *vt* (*lettre: expédier*) to send; (: *écrire l'adresse sur*) to address; (*injure, compliments*) to address; **s'adresser à** (*parler à*) to speak to, address; (*s'informer auprès de*) to go and see; (: *bureau*) to inquire at; (*suj: livre, conseil*) to be aimed at; **~ la parole à** to speak to, address

adroit, e [adʀwa, wat] *adj* skilful, skilled

ADSL *sigle m* (= asymmetrical digital subscriber line) ADSL, broadband

adulte [adylt] *nm/f* adult, grown-up ▷ *adj* (*chien, arbre*) fully-grown, mature; (*attitude*) adult, grown-up

adverbe [advɛʀb] *nm* adverb

adversaire [advɛʀsɛʀ] *nm/f* (*Sport, gén*) opponent, adversary

aération [aeʀasjɔ̃] *nf* airing; (*circulation de l'air*) ventilation

aérer [aeʀe] *vt* to air; (*fig*) to lighten

aérien, ne [aeʀjɛ̃, jɛn] *adj* (*Aviat*) air *cpd*, aerial; (*câble, métro*) overhead; (*fig*) light; **compagnie ~ne** airline

aéro... [aeʀo] *préfixe*: **aéro**nef *nm* aerobics *sg*; **aérogare** *nf* airport (buildings); (*en ville*) air terminal;

aéroglisseur *nm* hovercraft; **aérophagie** *nf* (*Méd*) wind, aerophagia (*Méd*); **aéroport** *nm* airport; **aérosol** *nm* aerosol

affaiblir [afeblir]: **s'affaiblir** *vi* to weaken

affaire [afɛʀ] *nf* (*problème, question*) matter; (*criminelle, judiciaire*) case; (*scandaleuse etc*) affair; (*entreprise*) business; (*marché, transaction*) deal; business *no pl*; (*occasion intéressante*) bargain; **affaires** *nfpl* (*intérêts publics et privés*) affairs; (*activité commerciale*) business *sg*; (*effets personnels*) things, belongings; **~s de sport** sports gear; **ce sont mes ~s** (*cela me concerne*) that's my business; **occupe-toi de tes ~s!** mind your own business!; **ça fera l'~** that will do (nicely); **se tirer d'~** to sort it *ou* things out for o.s.; **avoir ~ à** (*être en contact*) to be dealing with; **les A~s étrangères** Foreign Affairs; **affairer: s'affairer** *vi* to busy o.s., bustle about

affamé, e [afame] *adj* starving

affecter [afɛkte] *vt* to affect; **~ qch à** to allocate *ou* allot sth to; **~ qn à** to appoint sb to; (*diplomate*) to post sb to

affectif, -ive [afɛktif, iv] *adj* emotional

affection [afɛksjɔ̃] *nf* affection; (*mal*) ailment; **affectionner** *vt* to be fond of; **affectueux, -euse** *adj* affectionate

affichage [afiʃaʒ] *nm* billposting; (*électronique*) display; **"~ interdit"** "stick no bills"; **affichage à cristaux liquides** liquid crystal display, LCD

affiche [afiʃ] *nf* poster; (*officielle*) notice; (*Théâtre*) bill; **être à l'~** to be on

afficher [afiʃe] *vt* (*affiche*) to put up; (*réunion*) to put up a notice about; (*électroniquement*) to display; (*fig*) to exhibit, display; **"défense d'~"** "no bill posters"; **s'afficher** *vr* (*péj*) to flaunt o.s.; (*électroniquement*) to be displayed

affilée [afile]: **d'~** *adv* at a stretch

affirmatif, -ive [afiʀmatif, iv] *adj* affirmative

affirmer [afiʀme] *vt* to assert

affligé, e [afliʒe] adj distressed, grieved; **~ de** (maladie, tare) afflicted with

affliger [afliʒe] vt (peiner) to distress, grieve

affluence [aflyɑ̃s] nf crowds pl; **heures d'~** rush hours; **jours d'~** busiest days

affluent [aflyɑ̃] nm tributary

affolement [afɔlmɑ̃] nm panic

affoler [afɔle] vt to throw into a panic; **s'affoler** vi to panic

affranchir [afrɑ̃ʃir] vt to put a stamp ou stamps on; (à la machine) to frank (BRIT), meter (US); (fig) to free, liberate; **affranchissement** nm postage

affreux, -euse [afrø, øz] adj dreadful, awful

affront [afrɔ̃] nm affront; **affrontement** nm clash, confrontation

affronter [afrɔ̃te] vt to confront, face

affût [afy] nm: **à l'~ (de)** (gibier) lying in wait (for); (fig) on the look-out (for)

Afghanistan [afganistɑ̃] nm: **l'~** Afghanistan

afin [afɛ̃]: **~ que** conj so that, in order that; **~ de faire** in order to do, so as to do

africain, e [afrikɛ̃, ɛn] adj African ▷ nm/f: **A~, e** African

Afrique [afrik] nf: **l'~** Africa; **l'Afrique du Nord/Sud** North/South Africa

agacer [agase] vt to irritate

âge [aʒ] nm age; **quel ~ as-tu?** how old are you?; **prendre de l'~** to be getting on (in years); **le troisième ~** (période) retirement; (personnes âgées) senior citizens; **âgé, e** adj old, elderly; **âgé de 10 ans** 10 years old

agence [aʒɑ̃s] nf agency, office; (succursale) branch; **agence de voyages** travel agency; **agence immobilière** estate (BRIT) ou real estate (US) agent's (office)

agenda [aʒɛ̃da] nm diary; **~ électronique** PDA

    Attention à ne pas traduire *agenda* par le mot anglais *agenda*.

agenouiller [aʒ(ə)nuje]: **s'agenouiller** vi to kneel (down)

agent, e [aʒɑ̃, ɑ̃t] nm/f (aussi: **~(e) de police**) policeman(policewoman) f; (Admin) official, officer; **agent immobilier** estate agent (BRIT), realtor (US)

agglomération [aglɔmerasjɔ̃] nf town; built-up area; **l'~ parisienne** the urban area of Paris

aggraver [agrave]: **s'aggraver** vi to worsen

agile [aʒil] adj agile, nimble

agir [aʒir] vi to act; **il s'agit de** (ça traite de) it is about; (il est important de) it's a matter ou question of; **il s'agit de faire** we (ou you etc) must do; **de quoi s'agit-il?** what is it about?

agitation [aʒitasjɔ̃] nf (hustle and) bustle; (trouble) agitation, excitement; (politique) unrest, agitation

agité, e [aʒite] adj fidgety, restless; (trouble) agitated, perturbed; (mer) rough

agiter [aʒite] vt (bouteille, chiffon) to shake; (bras, mains) to wave; (préoccuper, exciter) to perturb

agneau, x [aɲo] nm lamb

agonie [agɔni] nf mortal agony, death pangs pl; (fig) death throes pl

agrafe [agraf] nf (de vêtement) hook, fastener; (de bureau) staple; **agrafer** vt to fasten; to staple; **agrafeuse** nf stapler

agrandir [agrɑ̃dir] vt to enlarge; **s'agrandir** vi (ville, famille) to grow, expand; (trou, écart) to get bigger; **agrandissement** nm (Photo) enlargement

agréable [agreabl] adj pleasant, nice

agréé, e [agree] adj: **concessionnaire ~** registered dealer

agréer [agree] vt (requête) to accept; **~ à** to please, suit; **veuillez ~, Monsieur/Madame, mes salutations distinguées** (personne nommée) yours sincerely; (personne non nommée) yours faithfully

agrégation [agʀegɑsjɔ̃] nf highest teaching diploma in France; **agrégé, e** nm/f holder of the agrégation

agrément [agʀemɑ̃] nm (accord) consent, approval; (attraits) charm, attractiveness; (plaisir) pleasure

agresser [agʀese] vt to attack; **agresseur** nm aggressor, attacker; (Pol, Mil) aggressor; **agressif, -ive** adj aggressive

agricole [agʀikɔl] adj agricultural; **agriculteur** nm farmer; **agriculture** nf agriculture, farming

agripper [agʀipe] vt to grab, clutch; **s'agripper à** to cling (on) to, clutch, grip

agro-alimentaire [agʀoalimɑ̃tɛʀ] nm farm-produce industry

agrumes [agʀym] nmpl citrus fruit(s)

aguets [agɛ] nmpl: **être aux ~** to be on the look out

ai [ɛ] vb voir **avoir**

aide [ɛd] nm/f assistant; carer ▷ nf assistance, help; (secours financier) aid; **à l'~ de** (avec) with the help ou aid of; **appeler (qn) à l'~** to call for help (from sb); **à l'~!** help!; **aide judiciaire** legal aid; **aide ménagère** = home help (BRIT) ou helper (US); **aide-mémoire** nm inv memoranda pages pl; (key facts) handbook; **aide-soignant, e** nm/f auxiliary nurse

aider [ede] vt to help; **~ à qch** to help (towards) sth; **~ qn à faire qch** to help sb to do sth; **pouvez-vous m'~?** can you help me?; **s'aider de** (se servir de) to use, make use of

aie etc [ɛ] vb voir **avoir**

aïe [aj] excl ouch!

aie etc [ɛ] vb voir **avoir**

aigle [ɛgl] nm eagle

aigre [ɛgʀ] adj sour, sharp; (fig) sharp, cutting; **aigre-doux, -ce** adj (sauce) sweet and sour; **aigreur** nf sourness; sharpness; **aigreurs d'estomac** heartburn sg

aigu, ë [egy] adj (objet, douleur) sharp; (son, voix) high-pitched, shrill; (note) high(-pitched)

aiguille [egɥij] nf needle; (de montre) hand; **aiguille à tricoter** knitting needle

aiguiser [egize] vt to sharpen; (fig) to stimulate; (: sens) to excite

ail [aj] nm garlic

aile [ɛl] nf wing; **aileron** nm (de requin) fin; **ailier** nm winger

aille etc [aj] vb voir **aller**

ailleurs [ajœʀ] adv elsewhere, somewhere else; **partout/nulle part ~** everywhere/nowhere else; **d'~** (du reste) moreover, besides; **par ~** (d'autre part) moreover, furthermore

aimable [ɛmabl] adj kind, nice

aimant [ɛmɑ̃] nm magnet

aimer [eme] vt to love; (d'amitié, affection, par goût) to like; (souhait): **j'aimerais ...** I would like ...; **j'aime faire du ski** I like skiing; **je t'aime** I love you; **bien ~ qn/qch** to like sb/sth; **j'aime mieux Paul (que Pierre)** I prefer Paul (to Pierre); **j'aimerais mieux faire** I'd much rather do

aine [ɛn] nf groin

aîné, e [ene] adj elder, older; (le plus âgé) eldest, oldest ▷ nm/f oldest child ou one, oldest boy ou son/girl ou daughter

ainsi [ɛ̃si] adv (de cette façon) like this, in this way, thus; (ce faisant) thus ▷ conj thus; so; **~ que** (comme) (just) as; (et aussi) as well as; **pour ~ dire** so to speak; **et ~ de suite** and so on

air [ɛʀ] nm air; (mélodie) tune; (expression) look, air; **prendre l'~** to get some (fresh) air; **avoir l'~** (sembler) to look, appear; **il a l'~ triste/malade** he looks sad/ill; **avoir l'~ de** to look like; **il a l'~ de dormir** he looks as if he's sleeping; **en l'~** (promesses) empty

airbag [ɛʀbag] nm airbag

aisance [ɛzɑ̃s] nf ease; (richesse) affluence

aise [ɛz] nf comfort; **être à l'~** ou **à son ~** to be comfortable; (pas embarrassé) to be at ease; (financièrement) to be comfortably off; **se mettre à l'~** to make o.s. comfortable; **être mal à l'~**

to be uncomfortable; (*gêné*) to be ill at ease; **en faire à son ~** to do as one likes; **aisé, e** *adj* easy; (*assez riche*) well-to-do, well-off

aisselle [ɛsɛl] *nf* armpit

ait [ɛ] *vb voir* **avoir**

ajonc [aʒɔ̃] *nm* gorse *no pl*

ajourner [aʒuʀne] *vt* (*réunion*) to adjourn; (*décision*) to defer, postpone

ajouter [aʒute] *vt* to add

alarme [alaʀm] *nf* alarm; **donner l'~** to give *ou* raise the alert; **alarmer** *vt* to alarm; **s'alarmer** *vi* to become alarmed

Albanie [albani] *nf*: **l'~** Albania

album [albɔm] *nm* album

alcool [alkɔl] *nm*: **l'~** alcohol; **un ~** a brandy; **bière sans ~** non-alcoholic *ou* alcohol-free beer; **alcool à brûler** methylated spirits (BRIT), wood alcohol (US); **alcool à 90°** surgical spirit; **alcoolique** *adj, nm/f* alcoholic; **une boisson non alcoolisée** a soft drink; **alcoolisme** *nm* alcoholism; **alco(o)test®** *nm* Breathalyser®; (*test*) breath-test

aléatoire [aleatwaʀ] *adj* uncertain; (*Inform*) random

alentour [alɑ̃tuʀ] *adv* around, round about; **alentours** *nmpl* (*environs*) surroundings; **aux ~s de** in the vicinity *ou* neighbourhood of, round about; (*temps*) round about

alerte [alɛʀt] *adj* agile, nimble; brisk, lively ▷ *nf* alert; **alerte à la bombe** bomb scare; **alerter** *vt* to alert

algèbre [alʒɛbʀ] *nf* algebra

Alger [alʒe] *n* Algiers

Algérie [alʒeʀi] *nf*: **l'~** Algeria; **algérien, ne** *adj* Algerian ▷ *nm/f*: **Algérien, ne** Algerian

algue [alg] *nf* (*gén*) seaweed *no pl*; (*Bot*) alga

alibi [alibi] *nm* alibi

aligner [aline] *vt* to align, line up; (*idées, chiffres*) to string together; (*adapter*): **~ qch sur** to bring sth into

alignment with; **s'aligner** (*soldats etc*) to line up; **s'~ sur** (*Pol*) to align o.s. with

aliment [alimɑ̃] *nm* food; **alimentation** *nf* (*commerce*) food trade; (*magasin*) grocery store; (*régime*) diet; (*en eau etc, de moteur*) supplying; (*Inform*) feed; **alimenter** *vt* to feed; (*Tech*): **alimenter (en)** to supply (with); (*fig*) to sustain, keep going

allaiter [alete] *vt* to (breast-)feed, nurse; (*suj: animal*) to suckle

allécher [aleʃe] *vt*: **~ qn** to make sb's mouth water; to tempt *ou* entice sb

allée [ale] *nf* (*de jardin*) path; (*en ville*) avenue, drive; **~s et venues** comings and goings

allégé, e [aleʒe] *adj* (*yaourt etc*) low-fat

alléger [aleʒe] *vt* (*voiture*) to make lighter; (*chargement*) to lighten; (*souffrance*) to alleviate, soothe

Allemagne [alman] *nf*: **l'~** Germany; **allemand, e** *adj* German ▷ *nm/f*: **Allemand, e** German ▷ *nm* (*Ling*) German

aller [ale] *nm* (*trajet*) outward journey; (*billet: aussi*: **~ simple**) single (BRIT) *ou* one-way (US) ticket; **~ (et) retour** return (ticket) (BRIT), round-trip ticket (US) ▷ *vi* (*gén*) to go; **~ à** (*convenir*) to suit: (*forme, pointure etc*) to fit; **~ (bien) avec** (*couleurs, style etc*) to go (well) with; **je vais y ~/me fâcher** I'm going to go/to get angry; **~ chercher qn** to go and get *ou* fetch sb; **~ voir** to go and see, to go to see; **allez!** come on!; **allons!** come now!; **comment allez-vous?** how are you?; **comment ça va?** how are you?; (*affaires etc*) how are things?; **il a bien/mal mangé** he's well/not well, he's fine; **ça va bien/mal** (*affaires etc*) it's going well/not going well; **~ mieux** to be better; **s'en ~** (*partir*) to be off, go, leave; (*disparaître*) to go away

allergie [alɛʀʒi] *nf* allergy

allergique [alɛʀʒik] *adj*: **~ à** allergic to; **je suis ~ à la pénicilline** I'm allergic to penicillin

alliance [aljɑ̃s] nf (Mil, Pol) alliance; (bague) wedding ring

allier [alje] vt (Pol, gén) to ally; (fig) to combine; **s'allier** to become allies; to combine

allô [alo] excl hello, hallo

allocation [alɔkasjɔ̃] nf allowance; **allocation (de) chômage** unemployment benefit; **allocations familiales** ≈ child benefit

allonger [alɔ̃ʒe] vt to lengthen, make longer; (étendre: bras, jambe) to stretch (out); **s'allonger** vi to get longer; (se coucher) to lie down, stretch out; **~ le pas** to hasten one's step(s)

allumage [alymaʒ] nm (Auto) ignition

allume-cigare [alymsigar] nm inv cigar lighter

allumer [alyme] vt (lampe, phare, radio) to put ou switch on; (pièce) to put ou switch the light(s) on in; (feu) to light; **s'allumer** vi (lumière, lampe) to come ou go on; **je n'arrive pas à ~ le chauffage** I can't turn the heating on

allumette [alymɛt] nf match

allure [alyr] nf (vitesse) speed, pace; (démarche) walk; (aspect, air) look; **avoir de l'~** to have style; **à toute ~** at top speed

allusion [a(l)lyzjɔ̃] nf allusion; (sous-entendu) hint; **faire ~ à** to allude ou refer to; to hint at

---

🔑 **MOT-CLÉ**

alors [alɔr] adv 1 (à ce moment-là) then, at that time; **il habitait alors à Paris** he lived in Paris at that time
2 (par conséquent) then; **tu as fini? alors je m'en vais** have you finished? I'm going then; **et alors?** so what?
▷ conj: **alors que** 1 (au moment où) when, as; **il est arrivé alors que je partais** he arrived as I was leaving
2 (tandis que) whereas, while; **alors que son frère travaillait dur, lui se reposait** while his brother was

working hard, HE would rest
3 (bien que) even though; **il a été puni alors qu'il n'a rien fait** he was punished, even though he had done nothing

---

alourdir [alurdir] vt to weigh down, make heavy

Alpes [alp] nfpl: **les ~** the Alps

alphabet [alfabɛ] nm alphabet; (livre) ABC (book)

alpinisme [alpinism] nm mountaineering, climbing

Alsace [alzas] nf Alsace; **alsacien, ne** adj Alsatian ▷ nm/f: **Alsacien, ne** Alsatian

altermondialisme [altɛrmɔ̃djalism] nm anti-globalism; **altermondialiste** adj, nm/f anti-globalist

alternatif, -ive [altɛrnatif, iv] adj alternating; **alternative** nf (choix) alternative; **alterner** vi to alternate

altitude [altityd] nf altitude, height

alto [alto] nm (instrument) viola

aluminium [alyminjɔm] nm aluminium (BRIT), aluminum (US)

amabilité [amabilite] nf kindness

amaigrissant, e [amegrisɑ̃, ɑ̃t] adj (régime) slimming

amande [amɑ̃d] nf (de l'amandier) almond; **amandier** nm almond (tree)

amant [amɑ̃] nm lover

amas [ama] nm heap, pile; **amasser** vt to amass

amateur [amatœr] nm amateur; **en ~** (péj) amateurishly; **amateur de musique/sport** music/sport lover

ambassade [ɑ̃basad] nf embassy; **l'~ de France** the French Embassy; **ambassadeur, -drice** nm/f ambassador(-dress)

ambiance [ɑ̃bjɑ̃s] nf atmosphere; **il y a de l'~** there's a great atmosphere

ambigu, ë [ɑ̃bigy] adj ambiguous

ambitieux, -euse [ɑ̃bisjø, jøz] adj ambitious

ambition [ɑ̃bisjɔ̃] nf ambition

ambulance [ɑ̃bylɑ̃s] nf ambulance;

appelez une ~! call an ambulance!;
ambulancier, -ière nm/f ambulance
man(-woman) (BRIT), paramedic (US)
âme [ɑm] nf soul; (fig) sœur kindred
spirit
amélioration [ameljɔrasjɔ̃] nf
improvement
améliorer [ameljɔre] vt to improve;
s'améliorer vi to improve, get better
aménager [amenaʒe] vt (agencer,
transformer) to fit out; to lay out;
(: quartier, territoire) to develop;
(installer) to fix up, put in; **ferme
aménagée** converted farmhouse
amende [amɑ̃d] nf fine; **faire ~
honorable** to make amends
amener [am(ə)ne] vt to bring; (causer)
to bring about; **s'amener** vi to show
up (fam), turn up; **~ qn à faire qch** to
lead sb to do sth
amer, amère [amɛr] adj bitter
américain, e [amerikɛ̃, ɛn] adj
American ▷ nm/f: **A-, e** American
Amérique [amerik] nf: **l'~** America;
Amérique centrale/latine Central/
Latin America; **l'Amérique du Nord/
Sud** North/South America
amertume [amɛrtym] nf bitterness
ameublement [amœbləmɑ̃] nm
furnishing; (meubles) furniture
ami, e [ami] nm/f friend; (amant/
maîtresse) boyfriend/girlfriend ▷ adj:
pays/groupe ~ friendly country/
group; **petit ~/petite e** boyfriend/
girlfriend
amiable [amjabl]: **à l'~** adv (Jur) out of
court; (gén) amicably
amiante [amjɑ̃t] nm asbestos
amical, e, -aux [amikal, o] adj
friendly; **amicalement** adv in a
friendly way; (dans une lettre) (with)
best wishes
amincir [amɛ̃sir] vt: **~ qn** to make sb
thinner ou slimmer; (suj: vêtement) to
make sb look slimmer
amincissant, e [amɛ̃sisɑ̃, ɑ̃t] adj:
régime ~ (slimming) diet; **crème -e**
slimming cream

amiral, -aux [amiral, o] nm admiral
amitié [amitje] nf friendship; **prendre
en ~** to befriend; **faire ou présenter
ses ~s à qn** to send sb one's best
wishes; **"~s"** (dans une lettre) "(with)
best wishes"
amonceler [amɔ̃s(ə)le] vt to pile ou
heap up; **s'amonceler** vi to pile ou
heap up; (fig) to accumulate
amont [amɔ̃]: **en ~** adv upstream
amorce [amɔrs] nf (sur un hameçon)
bait; (explosif) cap; primer; priming; (fig:
début) beginning's, start
amortir [amɔrtir] vt (atténuer: choc)
to absorb, cushion; (bruit, douleur) to
deaden; (Comm: dette) to pay off; **~ un
achat** to make a purchase pay for itself;
amortisseur nm shock absorber
amour [amur] nf love; **faire l'~** to
make love; **amoureux, -euse** adj
(regard, tempérament) amorous; (vie,
problèmes) love cpd; (personne): **être
amoureux (de qn)** to be in love (with
sb); **tomber amoureux (de qn)** to
fall in love with sb) ▷ nmpl courting
couple(s); **amour-propre** nm self-
esteem, pride
ampère [ɑ̃pɛr] nm amp(ere)
amphithéâtre [ɑ̃fiteatr] nm
amphitheatre; (d'université) lecture hall
ou theatre
ample [ɑ̃pl] adj (vêtement) roomy,
ample; (gestes, mouvement) broad;
(ressources) ample; **amplement** adv:
c'est amplement suffisant that's
more than enough; **ampleur** nf (de
dégâts, problème) extent
amplificateur [ɑ̃plifikatœr] nm
amplifier
amplifier [ɑ̃plifje] vt (fig) to expand,
increase
ampoule [ɑ̃pul] nf (électrique) bulb;
(de médicament) phial; (aux mains, pieds)
blister
amusant, e [amyzɑ̃, ɑ̃t] adj
(divertissant, spirituel) entertaining,
amusing; (comique) funny, amusing
amuse-gueule [amyzgœl] nm inv

appetizer, snack

amusement [amyzmã] *nm* (*divertissement*) amusement; (*jeu etc*) pastime, diversion

amuser [amyze] *vt* (*divertir*) to entertain, amuse; (*égayer, faire rire*) to amuse; **s'amuser** *vi* (*jouer*) to play; (*se divertir*) to enjoy o.s., have fun; (*fig*) to mess around

amygdale [amidal] *nf* tonsil

an [ã] *nm* year; **avoir quinze ans** to be fifteen (years old); **le jour de l'an, le premier de l'an, le nouvel an** New Year's Day

analphabète [analfabɛt] *nm/f* illiterate

analyse [analiz] *nf* analysis; (*Méd*) test; **analyser** *vt* to analyse; to test

ananas [anana(s)] *nm* pineapple

anatomie [anatɔmi] *nf* anatomy

anchois [ãʃwa] *nm* anchovy

ancêtre [ãsɛtʀ] *nm/f* ancestor

ancien, ne [ãsjɛ̃, jɛn] *adj* old; (*de jadis, de l'antiquité*) ancient; (*précédent, ex-*) former, old; (*par l'expérience*) senior ▷ *nm/f* (*dans une tribu*) elder; **ancienneté** [ãsjɛnte] *nf* (*Admin*) (length of) service; (*privilèges obtenus*) seniority

ancre [ãkʀ] *nf* anchor; **jeter/lever l'~** to cast/weigh anchor; **ancrer** *vt* (*Constr: câble etc*) to anchor; (*fig*) to fix firmly

Andorre [ãdɔʀ] *nf* Andorra

andouille [ãduj] *nf* (*Culin*) sausage made of chitterlings; (*fam*) clot, nit

âne [an] *nm* donkey, ass; (*péj*) dunce

anéantir [aneãtiʀ] *vt* to annihilate, wipe out; (*fig*) to obliterate, destroy

anémie [anemi] *nf* anaemia

anémique *adj* anaemic

anesthésie [anɛstezi] *nf* anaesthesia; **faire une ~ locale/générale à qn** to give sb a local/general anaesthetic

ange [ãʒ] *nm* angel; **être aux ~s** to be over the moon

angine [ãʒin] *nf* throat infection; **angine de poitrine** angina

anglais, e [ãglɛ, ɛz] *adj* English ▷ *nm/f*: **A~, e** Englishman(-woman) ▷ *nm*

(*Ling*) English; **les A~** the English; **filer à l'~e** to take French leave

angle [ãgl] *nm* angle; (*coin*) corner; **angle droit** right angle

Angleterre [ãglətɛʀ] *nf*: **l'~** England

anglo... [ãglɔ] *préfixe* Anglo-, anglo(-); **anglophone** *adj* English-speaking

angoisse [ãgwas] *nf* anguish, distress; **angoissé, e** *adj* (*personne*) distressed

anguille [ãgij] *nf* eel

animal, e, -aux [animal, o] *adj, nm* animal

animateur, -trice [animatœʀ, tʀis] *nm/f* (*de télévision*) host; (*de groupe*) leader, organizer

animation [animasjɔ̃] *nf* (*voir animé*) busyness; liveliness; (*Cinéma: technique*) animation

animé, e [anime] *adj* (*lieu*) busy, lively; (*conversation, réunion*) lively, animated

animer [anime] *vt* (*ville, soirée*) to liven up; (*mener*) to lead

anis [ani(s)] *nm* (*Culin*) aniseed; (*Bot*) anise

ankyloser [ãkiloze]: **s'ankyloser** *vi* to get stiff

anneau, x [ano] *nm* (*de rideau, bague*) ring; (*de chaîne*) link

année [ane] *nf* year

annexe [anɛks] *adj* (*problème*) related; (*document*) appended; (*salle*) adjoining ▷ *nf* (*bâtiment*) annex(e); (*jointe à une lettre*) enclosure

anniversaire [anivɛʀsɛʀ] *nm* birthday; (*d'un événement, bâtiment*) anniversary

annonce [anɔ̃s] *nf* announcement; (*signe, indice*) sign; (*aussi: ~ publicitaire*) advertisement; **les petites ~s** the classified advertisements, the small ads

annoncer [anɔ̃se] *vt* to announce; (*être le signe de*) to herald; **s'~ bien/difficile** to look promising/difficult

annuaire [anɥɛʀ] *nm* yearbook, annual; **annuaire téléphonique** (telephone) directory, phone book

annuel, le [anɥɛl] *adj* annual, yearly

annulation [anylasjɔ̃] nf cancellation

annuler [anyle] vt (rendez-vous, voyage) to cancel; (jugement) to cancel, call off; (jugement) to quash (BRIT), repeal (US); (Math, Physique) to cancel out; **je voudrais ~ ma réservation** I'd like to cancel my reservation

anonymat [anɔnima] nm anonymity; **garder l'~** to remain anonymous

anonyme [anɔnim] adj anonymous; (fig) impersonal

anorak [anɔrak] nm anorak

anorexie [anɔrɛksi] nf anorexia

anormal, e, -aux [anɔrmal, o] adj abnormal

ANPE sigle f (= Agence nationale pour l'emploi) national employment agency

antarctique [ɑ̃tarktik] adj Antarctic ▷ nm: **l'A~** the Antarctic

antenne [ɑ̃tɛn] nf (de radio) aerial; (d'insecte) antenna, feeler; (poste avancé) outpost; (petite succursale) sub-branch; **passer à l'~** to go on the air; **antenne parabolique** satellite dish

antérieur, e [ɑ̃terjœr] adj (d'avant) previous, earlier; (de devant) front

anti... [ɑ̃ti] préfixe anti...;
antialcoolique adj anti-alcohol;
antibiotique nm antibiotic;
antibrouillard adj: **phare antibrouillard** fog lamp (BRIT) ou light (US)

anticipation [ɑ̃tisipasjɔ̃] nf: **livre/ film d'~** science fiction book/film

anticipé, e [ɑ̃tisipe] adj: **avec mes remerciements ~s** thanking you in advance ou anticipation

anticiper [ɑ̃tisipe] vt (événement, coup) to anticipate, foresee

anti...: anticorps nm antibody;
antidote nm antidote; **antigel** nm antifreeze; **antihistaminique** nm antihistamine

antillais, e [ɑ̃tijɛ, ɛz] adj West Indian, Caribbean ▷ nm/f: **A~, e** West Indian, Caribbean

Antilles [ɑ̃tij] nfpl: **les ~** the West Indies; **les Grandes/Petites ~** the Greater/Lesser Antilles

antilope [ɑ̃tilɔp] nf antelope

anti...: antimite(s) adj, nm: **(produit) antimite(s)** mothproofer; moth repellent; **antimondialisation** nf anti-globalization; **antipathique** adj unpleasant, disagreeable;
antipelliculaire adj anti-dandruff

antiquaire [ɑ̃tikɛr] nm/f antique dealer

antique [ɑ̃tik] adj antique; (très vieux) ancient, antiquated; **antiquité** nf (objet) antique; **l'Antiquité** Antiquity; **magasin d'antiquités** antique shop

anti...: antirabique adj rabies cpd;
antirouille adj inv anti-rust cpd;
antisémite adj anti-Semitic;
antiseptique adj, nm antiseptic

antivirus [ɑ̃tivirys] nm (Inform) antivirus; **antivol** adj, nm: **(dispositif) antivol** anti-theft device

anxieux, -euse [ɑ̃ksjø, jøz] adj anxious, worried

AOC sigle f (= appellation d'origine contrôlée) label guaranteeing the quality of wine

août [u(t)] nm August

apaiser [apeze] vt (colère, douleur) to soothe; (personne) to calm (down), pacify; **s'apaiser** vi (tempête, bruit) to die down, subside; (personne) to calm down

apercevoir [apɛrsəvwar] vt to see; **s'apercevoir de** vt to notice; **s'~ que** to notice that

aperçu [apɛrsy] nm (vue d'ensemble) general survey

apéritif [aperitif] nm (boisson) aperitif; (réunion) drinks pl

à-peu-près [apøprɛ] (péj) nm inv vague approximation

apeuré, e [apœre] adj frightened, scared

aphte [aft] nm mouth ulcer

apitoyer [apitwaje] vt to move to pity; **s'apitoyer (sur)** to feel pity (for)

aplatir [aplatir] vt to flatten; **s'aplatir** vi to become flatter; (écrasé) to be flattened

aplomb [aplɔ̃] nm (équilibre) balance, equilibrium; (sang-froid) poise; (fig) self-assurance; nerve; **d'~** steady

apostrophe [apɔstʁɔf] nf (signe) apostrophe

apparaître [apaʁɛtʁ] vi to appear

appareil [apaʁɛj] nm (outil, machine) piece of apparatus, device; (électrique, ménager) appliance; (avion) (aero)plane, aircraft inv; (téléphonique) phone; (dentier) brace (BRIT), braces (US); **"qui est à l'~?"** "who's speaking?"; **dans le plus simple ~** in one's birthday suit; **appareil(-photo)** camera; **appareiller** vi (Navig) to cast off, get under way ▷ vt (assortir) to match up

apparemment [apaʁamɑ̃] adv apparently

apparence [apaʁɑ̃s] nf appearance; **en ~** apparently

apparent, e [apaʁɑ̃, ɑ̃t] adj visible; (évident) obvious; (superficiel) apparent

apparenté, e [apaʁɑ̃te] adj: **~ à** related to; (fig) similar to

apparition [apaʁisjɔ̃] nf appearance; (surnaturelle) apparition

appartement [apaʁtəmɑ̃] nm flat (BRIT), apartment (US)

appartenir [apaʁtəniʁ]: **~ à** vt to belong to; **il lui appartient de** it is his duty to

apparu, e [apaʁy] pp de **apparaître**

appât [apɑ] nm (Pêche) bait; (fig) lure, bait

appel [apɛl] nm call; (nominal) roll call; (: Scol) register; (Mil: recrutement) call-up; **faire ~ à** (invoquer) to appeal to; (avoir recours à) to call on; (nécessiter) to call for, require; **faire ou interjeter ~** (Jur) to appeal; **faire l'~** to call the roll; (Scol) to call the register; **sans ~** (fig) final, irrevocable; **faire un ~ de phares** to flash one's headlights; **appel d'offres** (Comm) invitation to tender; **appel (téléphonique)** (tele)phone call

appelé [ap(ə)le] nm (Mil) conscript

appeler [ap(ə)le] vt to call; (faire venir: médecin etc) to call, send for; **s'appeler** vi: **elle s'appelle Gabrielle** her name is Gabrielle, she's called Gabrielle; **comment vous appelez-vous?** what's your name?; **comment ça s'appelle?** what is it called?; **être appelé à** (fig) to be destined to

appendicite [apɛ̃disit] nf appendicitis

appesantir [apəzɑ̃tiʁ]: **s'appesantir** vi to grow heavier; **s'~ sur** (fig) to dwell on

appétissant, e [apetisɑ̃, ɑ̃t] adj appetizing, mouth-watering

appétit [apeti] nm appetite; **bon ~!** enjoy your meal!

applaudir [aplodiʁ] vt to applaud ▷ vi to applaud, clap; **applaudissements** nmpl applause sg, clapping sg

application [aplikasjɔ̃] nf application

appliquer [aplike] vt to apply; (loi) to enforce; **s'appliquer** vi (élève etc) to apply o.s.; **s'~ à** to apply to

appoint [apwɛ̃] nm (extra) contribution ou help; **avoir/faire l'~** to have/give the right change ou money; **chauffage d'~** extra heating

apporter [apɔʁte] vt to bring

appréciable [apʁesjabl] adj appreciable

apprécier [apʁesje] vt to appreciate; (évaluer) to estimate, assess

appréhender [apʁeɑ̃de] vt (craindre) to dread; (arrêter) to apprehend

apprendre [apʁɑ̃dʁ] vt to learn; (événement, résultats) to learn of, hear of; **~ qch à qn** (informer) to tell sb (of) sth; (enseigner) to teach sb sth; **~ à faire qch** to learn to do sth; **~ à qn à faire qch** to teach sb to do sth; **apprenti, e** nm/f apprentice; **apprentissage** nm learning; (Comm, Scol: période) apprenticeship

apprêter [apʁete] vt: **s'~ à faire qch** to get ready to do sth

appris, e [apʁi, iz] pp de **apprendre**

apprivoiser [apʁivwaze] vt to tame

approbation [apʁɔbasjɔ̃] nf approval

approcher [apʀɔʃe] vi to approach, come near ▷ vt to approach; (rapprocher): **~ qch (de qch)** to bring ou put sth near (to sth); **s'approcher de** to approach, go ou come near to; **~ de** (lieu, but) to draw near to; (quantité, moment) approaching

approfondir [apʀɔfɔ̃diʀ] vt to deepen; (question) to go further into

approprié, e [apʀɔpʀije] adj: **~ (à)** appropriate (to), suited to

approprier [apʀɔpʀije]: **s'approprier** vt to appropriate, take over; **s'~ en** to stock up with

approuver [apʀuve] vt to agree with; (trouver louable) to approve of

approvisionner [apʀɔvizjɔne] vt to supply; (compte bancaire) to pay funds into; **s'approvisionner en** to stock up with

approximatif, -ive [apʀɔksimatif, iv] adj approximate, rough; (termes) vague

appt abr = **appartement**

appui [apɥi] nm support; **prendre ~ sur** to lean on; (objet) to rest on; **l'~ de la fenêtre** the windowsill, the window ledge

appuyer [apɥije] vt (poser): **~ qch sur/ contre** to lean ou rest sth on/against; (soutenir: personne, demande) to support, back (up) ▷ vi: **~ sur** (bouton) to press, push; (mot, détail) to stress, emphasize; **~ sur le frein** to brake, to apply the brakes; **s'appuyer sur** to lean on; (fig: compter sur) to rely on

après [apʀɛ] prép ▷ adv afterwards; **2 heures ~** 2 hours later; **~ qu'il est ou soit parti** after he left; **~ avoir fait** after having done; **d'~** (selon) according to; **~ coup** after the event, afterwards; **~ tout** (au fond) after all; **et (puis) ~?** so what?; **après-demain** adv the day after tomorrow; **après-midi** nm ou nf inv afternoon; **après-rasage** nm inv aftershave; **après-shampooing** nm inv conditioner; **après-ski** nm inv snow boot

après-soleil [apʀɛsɔlɛj] adj inv after-sun cpd ▷ nm after-sun cream ou lotion

apte [apt] adj capable; **~ à qch/faire qch** capable of sth/doing sth; **~ (au service)** (Mil) fit (for service)

aquarelle [akwaʀɛl] nf watercolour

aquarium [akwaʀjɔm] nm aquarium

arabe [aʀab] adj Arabic; (désert, cheval) Arabian; (nation, peuple) Arab ▷ nm/f: **A~** Arab ▷ nm (Ling) Arabic

Arabie [aʀabi] nf: **l'~ (Saoudite)** Saudi Arabia

arachide [aʀaʃid] nf (plante) groundnut (plant); (graine) peanut, groundnut

araignée [aʀɛɲe] nf spider

arbitraire [aʀbitʀɛʀ] adj arbitrary

arbitre [aʀbitʀ] nm (Sport) referee; (: Tennis, Cricket) umpire; (fig) arbiter, judge; (Jur) arbitrator; **arbitrer** vt to referee; to umpire; to arbitrate

arbre [aʀbʀ] nm tree; (Tech) shaft

arbuste [aʀbyst] nm small shrub

arc [aʀk] nm (arme) bow; (Géom) arc; (Archit) arch; **en ~ de cercle** semi-circular

arcade [aʀkad] nf arch(way); **arcades** nfpl (série) arcade sg, arches

arc-en-ciel [aʀkɑ̃sjɛl] nm rainbow

arche [aʀʃ] nf arch; **arche de Noé** Noah's Ark

archéologie [aʀkeɔlɔʒi] nf arch(a)eology; **archéologue** nm/f arch(a)eologist

archet [aʀʃɛ] nm bow

archipel [aʀʃipɛl] nm archipelago

architecte [aʀʃitɛkt] nm architect

architecture [aʀʃitɛktyʀ] nf architecture

archives [aʀʃiv] nfpl (collection) archives

arctique [aʀktik] adj Arctic ▷ nm: **l'A~** the Arctic

ardent, e [aʀdɑ̃, ɑ̃t] adj (soleil) blazing; (amour) ardent, passionate; (prière) fervent

ardoise [aʀdwaz] nf slate

ardu, e [aʀdy] adj (travail) arduous; (problème) difficult

arène [aʀɛn] nf arena; **arènes** nfpl (amphithéâtre) bull-ring sg

arête [aʀɛt] nf (de poisson) bone; (d'une montagne) ridge

argent [aʀʒɑ̃] nm (métal) silver; (monnaie) money; **argent de poche** pocket money; **argent liquide** ready money, (ready) cash; **argenterie** nf silverware

argentin, e [aʀʒɑ̃tɛ̃, in] adj Argentinian ▷ nm/f: **A~, e** Argentinian

Argentine [aʀʒɑ̃tin] nf: **l'~** Argentina

argentique [aʀʒɑ̃tik] adj (appareil-photo) film cpd

argile [aʀʒil] nf clay

argot [aʀɡo] nm slang; **argotique** adj slang cpd; (très familier) slangy

argument [aʀɡymɑ̃] nm argument

argumenter [aʀɡymɑ̃te] vi to argue

aride [aʀid] adj arid

aristocratie [aʀistɔkʀasi] nf aristocracy; **aristocratique** adj aristocratic

arithmétique [aʀitmetik] adj arithmetic(al) ▷ nf arithmetic

arme [aʀm] nf weapon; **armes** nfpl (armement) weapons, arms; (blason) (coat of) arms; **~s de destruction massive** weapons of mass destruction; **arme à feu** firearm

armée [aʀme] nf army; **armée de l'air** Air Force; **armée de terre** Army

armer [aʀme] vt to arm; (arme à feu) to cock; (appareil-photo) to wind on; **~ qch de** to reinforce sth with; **s'armer de** to arm o.s. with

armistice [aʀmistis] nm armistice; **l'A~** ≈ Remembrance (BRIT) ou Veterans (US) Day

armoire [aʀmwaʀ] nf (tall) cupboard; (penderie) wardrobe (BRIT), closet (US)

armure [aʀmyʀ] nf armour no pl, suit of armour; **armurier** nm gunsmith

arnaque [aʀnak] (fam) nf swindling; **c'est de l'~** it's a rip-off; **arnaquer** (fam) vt to swindle

arobase [aʀobaz] nf (symbole) at symbol; **"paul ~ société point fr"** "paul

at société dot fr"

aromates [aʀɔmat] nmpl seasoning sg, herbs (and spices)

aromathérapie [aʀɔmateʀapi] nf aromatherapy

aromatisé, e [aʀɔmatize] adj flavoured

arôme [aʀom] nm aroma

arracher [aʀaʃe] vt to pull out; (page etc) to tear off, tear out; (légumes, herbe) to pull up; (bras etc) to tear off; **s'arracher** vt (article recherché) to fight over; **~ qch à qn** to snatch sth from sb; (fig) to wring sth out of sb

arrangement [aʀɑ̃ʒmɑ̃] nm agreement, arrangement

arranger [aʀɑ̃ʒe] vt (gén) to arrange; (réparer) to fix, put right; (régler: différend) to settle, sort out; (convenir à) to suit, be convenient for; **cela m'arrange** that suits me (fine); **s'arranger** vi (se mettre d'accord) to come to an agreement; **je vais m'~** I'll manage; **ça va s'~** it'll sort itself out

arrestation [aʀɛstasjɔ̃] nf arrest

arrêt [aʀɛ] nm stopping; (de bus etc) stop; (Jur) judgment, decision; **à l'~** stationary; **tomber en ~ devant** to stop short in front of; **sans ~** (sans interruption) non-stop; (très fréquemment) continually; **arrêt de travail** stoppage (of work)

arrêter [aʀete] vt to stop; (chauffage etc) to turn off, switch off; (fixer: date etc) to appoint, decide on; (criminel, suspect) to arrest; **s'arrêter** vi to stop; **~ de faire** to stop doing; **arrêtez-vous ici/au coin, s'il vous plaît** could you stop here/at the corner, please?

arrhes [aʀ] nfpl deposit sg

arrière [aʀjɛʀ] nm back; (Sport) fullback ▷ adj inv: **siège/roue ~** back ou rear seat/wheel; **à l'~** behind, at the back; **en ~** behind; (regarder) back, behind; (tomber, aller) backwards; **arrière-goût** nm aftertaste; **arrière-grand-mère** nf great-grandmother; **arrière-grand-père** nm great-grandfather;

arrière-pays nm inv hinterland;
arrière-pensée nf ulterior motive;
mental reservation; **arrière-plan** nm
background; **à l'arrière-plan** in the
background; **arrière-saison** nf late
autumn

arrimer [aRime] vt to secure;
(cargaison) to stow

arrivage [aRiva3] nm consignment

arrivée [aRive] nf arrival; (ligne d'arrivée)
finish

arriver [aRive] vi to arrive; (survenir)
to happen, occur; **il arrive à Paris à
8h** he gets to ou arrives in Paris at 8;
à quelle heure arrive le train de Lyon?
what time does the train from Lyons
get in?; ~ **à** (atteindre) to reach; ~ **à faire
qch** to succeed in doing sth; **en** ~ **à**
(finir par) to come to; **il arrive que** it
happens that; **il lui arrive de faire** he
sometimes does

arrobase [aRobaz] nf (Inform) @,
'at' sign

arrogance [aRogɑ̃s] nf arrogance

arrogant, e [aRogɑ̃, ɑ̃t] adj arrogant

arrondissement [aRɔ̃dismɑ̃] nm
(Admin) ≈ district

arroser [aRoze] vt to water; (victoire) to
celebrate (over a drink); (Culin) to baste;
arrosoir nm watering can

arsenal, -aux [aRsənal, o] nm (Navig)
naval dockyard; (Mil) arsenal; (fig) gear,
paraphernalia

art [aR] nm art

artère [aRtER] nf (Anat) artery; (rue)
main road

arthrite [aRtRit] nf arthritis

artichaut [aRtiʃo] nm artichoke

article [aRtikl] nm art; (Comm)
item, article; **à l'~ de la mort** at the
point of death

articulation [aRtikylasjɔ̃] nf
articulation; (Anat) joint

articuler [aRtikyle] vt to articulate

artificiel, le [aRtifisjɛl] adj artificial

artisan [aRtizɑ̃] nm artisan, (self-
employed) craftsman; **artisanal, e,
-aux** adj of ou made by craftsmen; (péj)

cottage industry cpd; **de fabrication
artisanale** home-made; **artisanat** nm
arts and crafts pl

artiste [aRtist] nm/f artist; (de variétés)
entertainer; (musicien etc) performer;
artistique adj artistic

as [a] vb voir **avoir**

as [ɑs] nm ace

ascenseur [asɑ̃sœR] nm lift (BRIT),
elevator (US)

ascension [asɑ̃sjɔ̃] nf ascent;
(de montagne) climb; **l'A~** (Rel) the
Ascension

asiatique [azjatik] adj Asiatic, Asian
▷ nm/f: **A~** Asian

Asie [azi] nf: **l'~** Asia

asile [azil] nm (refuge) refuge,
sanctuary; (Pol): **droit d'~** (political)
asylum

aspect [aspɛ] nm appearance, look;
(fig) aspect, side; **à l'~ de** at the sight of

asperge [aspɛR3] nf asparagus no pl

asperger [aspɛR3e] vt to spray, sprinkle

asphalte [asfalt] nm asphalt

asphyxier [asfiksje] vt to suffocate,
asphyxiate; (fig) to stifle

aspirateur [aspiRatœR] nm vacuum
cleaner; **passer l'~** to vacuum

aspirer [aspiRe] vt (air) to inhale;
(liquide) to suck up; (suj: appareil) to
suck up; ~ **à** to aspire to

aspirine [aspiRin] nf aspirin

assagir [asaʒiR]: **s'assagir** vi to
quieten down, settle down

assaisonnement [asɛzɔnmɑ̃] nm
seasoning

assaisonner [asɛzɔne] vt to season

assassin [asasɛ̃] nm murderer;

assassin; **assassiner** vt to murder; (esp Pol) to assassinate

assaut [aso] nm assault, attack; **prendre d'~** to storm, assault; **donner l'~ à** to attack

assécher [asefe] vt to drain

assemblage [asãblaʒ] nm (action) assembling; (de couleurs, choses) collection

assemblée [asãble] nf (réunion) meeting; (assistance) gathering; (Pol) assembly; **l'A~ nationale** the National Assembly (the lower house of the French Parliament)

assembler [asãble] vt (joindre, monter) to assemble, put together; (amasser) to gather (together), collect (together); **s'assembler** vi to gather

asseoir [aswar] vt (malade, bébé) to sit up; (personne debout) to sit down; (autorité, réputation) to establish; **s'asseoir** vi to sit (o.s.) down

assez [ase] adv (suffisamment) enough, sufficiently; (passablement) rather, quite, fairly; **~ de pain/livres** enough ou sufficient bread/books; **vous en avez ~?** have you got enough?; **j'en ai ~!** I've had enough!

assidu, e [asidy] adj (appliqué) assiduous, painstaking; (ponctuel) regular

assied etc [asje] vb voir **asseoir**

assiérai etc [asjere] vb voir **asseoir**

assiette [asjɛt] nf plate; (contenu) plate(ful); **il n'est pas dans son ~** he's not feeling quite himself; **assiette à dessert** dessert plate; **assiette anglaise** assorted cold meats; **assiette creuse** (soup) dish, soup plate; **assiette plate** (dinner) plate

assimiler [asimile] vt to assimilate, absorb; (comparer): **~ qch/qn à** to liken ou compare sth/sb to; **s'assimiler** vr (s'intégrer) to be assimilated, assimilate

assis, e [asi, iz] pp de **asseoir** ▷ adj sitting (down), seated

assistance [asistãs] nf (public) audience; (aide) assistance; **enfant de l'A~ publique** child in care

assistant, e [asistã, ãt] nm/f assistant; (d'université) lecturer; **assistant(e) social(e)** social worker

assisté, e [asiste] adj (Auto) power assisted; **~ par ordinateur** computer-assisted; **~ direction** power steering

assister [asiste] vt (aider) to assist; **~ à** (scène, événement) to witness; (conférence, séminaire) to attend, be at; (spectacle, match) to be at, see

association [asɔsjasjɔ̃] nf association

associé, e [asɔsje] nm/f associate; (Comm) partner

associer [asɔsje] vt to associate; **s'associer** vi to join together; **s'~ à qn pour faire** to join (in) forces with sb to do; **s'~ à** (couleurs, qualités) to be combined with; (opinions, joie de qn) to share in; **~ qn à** (profits) to give sb a share of; (affaire) to make sb a partner in; (joie, triomphe) to include sb in; **~ qch à** (allier à) to combine sth with

assoiffé, e [aswafe] adj thirsty

assommer [asɔme] vt (étourdir, abrutir) to knock out, stun

Assomption [asɔ̃psjɔ̃] nf: **l'~** the Assumption

assorti, e [asɔrti] adj matched, matching; (varié) assorted; **~ à** matching; **assortiment** nm assortment, selection

assortir [asɔrtir] vt to match; **~ qch à** to match sth with; **~ qch de** to accompany sth with

assouplir [asuplir] vt to make supple,

a

(fig) to relax; **assouplissant** nm (fabric) softener

assumer [asyme] vt (fonction, emploi) to assume, take on

assurance [asyʀɑ̃s] nf (certitude) assurance; (confiance en soi) (self-)confidence; (contrat) insurance (policy); (secteur commercial) insurance; **assurance au tiers** third-party insurance; **assurance maladie** health insurance; **assurance tous risques** (Auto) comprehensive insurance; **assurances sociales** = National Insurance (BRIT) ≈ Social Security (US); **assurance-vie** nf life assurance ou insurance

assuré, e [asyʀe] adj (certain: réussite, échec) certain, sure; (air) assured; (pas) steady ▷ nm/f insured (person); **assurément** adv assuredly, most certainly

assurer [asyʀe] vt (Finance) to insure; (victoire etc) to ensure; (frontières, pouvoir) to make secure; (service) to provide, operate; **s'assurer (contre)** (Comm) to insure o.s. (against); **s'~ de/ que** (vérifier) to make sure of/that; **s'~ (de)** (aide de qn) to secure; **~ qch à qn** to assure sb of sth; **~ qn de** to assure sb of

asthmatique [asmatik] adj, nm/f asthmatic

asthme [asm] nm asthma

asticot [astiko] nm maggot

astre [astʀ] nm star

astrologie [astʀɔlɔʒi] nf astrology

astronaute [astʀonot] nm/f astronaut

astronomie [astʀɔnɔmi] nf astronomy

astuce [astys] nf shrewdness, astuteness; (truc) trick, clever way; **astucieux, -euse** adj clever

atelier [atəlje] nm workshop; (de peintre) studio

athée [ate] adj atheistic ▷ nm/f atheist

Athènes [atɛn] n Athens

athlète [atlɛt] nm/f (Sport) athlete; **athlétisme** nm athletics sg

atlantique [atlɑ̃tik] adj Atlantic ▷ nm: **l'(océan) A~** the Atlantic (Ocean)

atlas [atlɑs] nm atlas

atmosphère [atmɔsfɛʀ] nf atmosphere

atome [atom] nm atom; **atomique** adj atomic, nuclear

atomiseur [atomizœʀ] nm atomizer

atout [atu] nm trump; (fig) asset

atroce [atʀɔs] adj atrocious

attachant, e [ataʃɑ̃, ɑ̃t] adj engaging, lovable, likeable

attache [ataʃ] nf clip, fastener; (fig) tie

attacher [ataʃe] vt to tie up; (étiquette) to attach, tie on; (ceinture) to fasten ▷ vi (poêle, riz) to stick; **s'attacher à** (par affection) to become attached to; **~ qch à** to tie ou attach sth to

attaque [atak] nf attack; (cérébrale) stroke; (d'épilepsie) fit

attaquer [atake] vt to attack ▷ vi to attack; **s'attaquer à** (personne) to attack; (problème) to tackle; **~ qn en justice** to bring an action against sb, sue sb

attarder [ataʀde]: **s'attarder** vi to linger

atteindre [atɛ̃dʀ] vt to reach; (blesser) to hit; (émouvoir) to affect; **atteint, e** adj (Méd): **être atteint de** to be suffering from; **atteinte** nf: **hors d'atteinte** out of reach; **porter atteinte à** to strike a blow at

attendant [atɑ̃dɑ̃] adv: **en ~** meanwhile, in the meantime

attendre [atɑ̃dʀ] vt (gén) to wait for; (être destiné ou réservé à) to await, be in store for ▷ vi to wait; **s'attendre à (ce que)** to expect (that); **attendez-moi, s'il vous plaît** wait for me, please; **~ un enfant** to be expecting a baby; **~ de faire/d'être** to wait until one does/is; **attendez qu'il vienne** wait until he comes; **~ qch de** to expect sth of

⚠ Attention à ne pas traduire *attendre* par **to attend**.

attendrir [atɑ̃dʀiʀ] vt to move (to pity); (viande) to tenderize

attendu, e [atɑ̃dy] adj (visiteur) expected; (événement) long-awaited; **~ que** considering that, since

attentat [atɑ̃ta] nm assassination attempt; **attentat à la pudeur** indecent assault no pl; **attentat suicide** suicide bombing

attente [atɑ̃t] nf wait; (espérance) expectation

attenter [atɑ̃te] : **~ à** vt (liberté) to violate; **~ à la vie de qn** to make an attempt on sb's life

attentif, -ive [atɑ̃tif, iv] adj (auditeur) attentive; (examen) careful; **~ à** careful to

attention [atɑ̃sjɔ̃] nf attention; (prévenance) attention, thoughtfulness no pl; **à l'~ de** for the attention of; **faire ~ (à)** to be careful (of); **faire ~ (à ce) que** to be ou make sure that; **~! ** careful!, watch out!; **~ à la voiture!** watch out for that car!; **attentionné, e** adj thoughtful, considerate

atténuer [atenɥe] vt (douleur) to alleviate, ease; (couleurs) to soften; **s'atténuer** vi to ease; (violence etc) to abate

atterrir [ateʀiʀ] vi to land; **atterrissage** nm landing

attestation [atestɑsjɔ̃] nf certificate

attirant, e [atiʀɑ̃, ɑ̃t] adj attractive, appealing

attirer [atiʀe] vt to attract; (appâter) to lure, entice; **~ qn dans un coin/vers soi** to draw sb into a corner/towards one; **~ l'attention de qn** to attract sb's attention; **~ l'attention de qn sur** to draw sb's attention to; **s'~ des ennuis** to bring trouble upon o.s., get into trouble

attitude [atityd] nf attitude; (position du corps) bearing

attraction [atʀaksjɔ̃] nf (gén) attraction; (de cabaret, cirque) number

attrait [atʀɛ] nm appeal, attraction

attraper [atʀape] vt (gén) to catch; (habitude, amende) to get, pick up; (fam: duper) to con; **se faire ~** (fam) to

be told off

attrayant, e [atʀɛjɑ̃, ɑ̃t] adj attractive

attribuer [atʀibɥe] vt (prix) to award; (rôle, tâche) to allocate, assign; (imputer) **~ qch à** to attribute sth to; **s'attribuer** vt (s'approprier) to claim for o.s.

attrister [atʀiste] vt to sadden

attroupement [atʀupmɑ̃] nm crowd

attrouper [atʀupe]: **s'attrouper** vi to gather

au [o] prép +dét = **à** + **le**

aubaine [obɛn] nf godsend

aube [ob] nf dawn, daybreak; **à l'~** at dawn ou daybreak

aubépine [obepin] nf hawthorn

auberge [obɛʀʒ] nf inn; **auberge de jeunesse** youth hostel

aubergine [obɛʀʒin] nf aubergine

aucun, e [okœ̃, yn] dét no, tournure négative +aucun; (positif) any ▷ pron none, tournure négative +any; any(one); **sans ~ doute** without any doubt; **plus qu'~ autre** more than any other; **il le fera mieux qu'~ de nous** he'll do it better than any of us; **~ des deux** neither of the two; **~ d'entre eux** none of them

audace [odas] nf daring, boldness; (péj) audacity; **audacieux, -euse** adj daring, bold

au-delà [od(ə)la] adv beyond ▷ nm: **l'~** the hereafter; **~ de** beyond

au-dessous [odsu] adv underneath; below; **~ de** under(neath), below; (limite, somme etc) below; under; (dignité, condition) below

au-dessus [odsy] adv above; **~ de** above

au-devant [od(ə)vɑ̃]: **~ de** prép: **aller ~ de** (personne, danger) to go (out) and meet; (souhaits de qn) to anticipate

audience [odjɑ̃s] nf audience; (Jur: séance) hearing

audiovisuel, le [odjovizɥɛl] adj audiovisual

audition [odisjɔ̃] nf (ouïe, écoute) hearing

hearing; (Jur: de témoins) examination; (Mus, Théâtre: épreuve) audition

auditoire [oditwar] nm audience

augmentation [ɔgmɑ̃tasjɔ̃] nf increase; **augmentation (de salaire)** rise (in salary) (BRIT), (pay) raise (US)

augmenter [ɔgmɑ̃te] vt (gén) to increase; (salaire, prix) to increase, raise, put up; (employé) to increase the salary of ▷ vi to increase

augure [ogyr] nm: **de bon/mauvais ~** of good/ill omen

aujourd'hui [oʒurdɥi] adv today

aumône [omon] nf inv alms sg; **aumônier** nm chaplain

auparavant [oparavɑ̃] adv before(hand)

auprès [oprɛ]: **~ de** prép next to, close to; (recourir, s'adresser) to; (en comparaison de) compared with

auquel [okɛl] prép +pron = **à +lequel**

aurai etc [ɔre] vb voir **avoir**

aurons etc [ɔrɔ̃] vb voir **avoir**

aurore [ɔrɔr] nf dawn, daybreak

ausculter [ɔskylte] vt to sound (the chest of)

aussi [osi] adv (également) too; (de comparaison) as ▷ conj therefore, consequently; **~ fort que** as strong as; **moi ~** me too

aussitôt [osito] adv straight away, immediately; **~ que** as soon as

austère [ɔstɛr] adj austere

austral, e [ɔstral] adj southern

Australie [ɔstrali] nf: **l'~** Australia; **australien, ne** adj Australian ▷ nm/f: **Australien, ne** Australian

autant [otɑ̃] adv (intensité) so much; **je ne savais pas que tu la détestais ~** I didn't know you hated her so much; (comparatif): **~ (que)** as much (as); (nombre) as many (as); **~ (de)** so much (ou many); as much (ou many); **~ partir** we (ou you etc) may as well leave; **~ dire que ...** one might as well say that ...; **pour ~** for all that; **d'~ plus/mieux (que)** all the more/the

better (since)

autel [otɛl] nm altar

auteur [otœr] nm author

authentique [otɑ̃tik] adj authentic, genuine

auto [oto] nf car

auto...: **autobiographie** nf autobiography; **autobronzant** nm self-tanning cream (or lotion etc); **autobus** nm bus; **autocar** nm coach

autochtone [otɔkton] nm/f native

auto...: **autocollant, e** adj self-adhesive; (enveloppe) self-seal ▷ nm sticker; **autocuiseur** nm pressure cooker; **autodéfense** nf self-defence; **autodidacte** nm/f self-taught person; **auto-école** nf driving school; **autographe** nm autograph

automate [otomat] nm (machine) (automatic) machine

automatique [otomatik] adj automatic ▷ nm: **l'~** direct dialling

automne [otɔn] nm autumn (BRIT), fall (US)

automobile [otomobil] adj motor cpd, car cpd ▷ nf (motor) car; **automobiliste** nm/f motorist

autonome [otonom] adj autonomous; **autonomie** nf autonomy; (Pol) self-government, autonomy

autopsie [otopsi] nf post-mortem (examination), autopsy

autoradio [otoradjo] nm car radio

autorisation [otorizasjɔ̃] nf permission, authorization; (papiers) permit

autorisé, e [otorize] adj (opinion, sources) authoritative

autoriser [otorize] vt to give permission for, authorize; (fig) to allow (of)

autoritaire [otoritɛr] adj authoritarian

autorité [otorite] nf authority; **faire ~** to be authoritative; **les ~s** the authorities

autoroute [otorut] nf motorway (BRIT), highway (US); **~ de**

l'information (*Inform*) information
superhighway

- **AUTOROUTE**

- Motorways in France, indicated
  by blue road signs with the letter A
  followed by a number, are toll roads.
  The speed limit is 130 km/h (110 km/
  h when it is raining). At the tollgate,
  the lanes marked 'réservé' and with
  an orange 't' are reserved for people
  who subscribe to 'télépéage', an
  electronic payment

auto-stop [otostɔp] nm: **faire de l'~**
to hitch-hike; **prendre qn en ~** to give
sb a lift; **auto-stoppeur, -euse** nm/f
hitch-hiker

autour [otuʀ] adv around; **~ de** around;
tout ~ all around

 MOT-CLÉ

autre [otʀ] adj **1** (*différent*) other,
different; **je préférerais un autre
verre** I'd prefer another ou a different
glass
2 (*supplémentaire*) other; **je voudrais
un autre verre d'eau** I'd like another
glass of water
3: **autre chose** something else; **autre
part** somewhere else; **d'autre part** on
the other hand
▷ *pron*: **un autre** another (one);
nous/vous autres us/you; **d'autres**
others; **l'autre** the other (one); **les
autres** the others; (*autrui*) others; **l'un
et l'autre** both of them; **se détester
l'un l'autre/les uns les autres** to
hate each other ou one another; **d'une
semaine à l'autre** from one week to
the next; (*incessamment*) any week now;
entre autres (*personnes*) among others;
(*choses*) among other things

autrefois [otʀəfwa] adv in the past
autrement [otʀəmɑ̃] adv differently;

(*d'une manière différente*) in another way;
(*sinon*) otherwise; **~ dit** in other words

Autriche [otʀiʃ] nf: **l'~** Austria;
autrichien, ne adj Austrian ▷ nm/f:
Autrichien, ne Austrian

autruche [otʀyʃ] nf ostrich

aux [o] prép de à **+les**

auxiliaire [oksiljɛʀ] adj, nm/f auxiliary

auxquelles [okɛl] prép +pron = **à
+lesquelles**

auxquels [okɛl] prép +pron = **à
+lesquels**

avalanche [avalɑ̃ʃ] nf avalanche

avaler [avale] vt to swallow

avance [avɑ̃s] nf (*de troupes etc*)
advance; progress; (*d'argent*) advance;
(*sur un concurrent*) lead; **avances** nfpl
(*amoureuses*) advances; **(être) en ~** (to
be) early; (*sur un programme*) (to be)
ahead of schedule; **à l'~, d'~** in advance

avancé, e [avɑ̃se] adj advanced;
(*travail*) well on, well under way

avancement [avɑ̃smɑ̃] nm
(*professionnel*) promotion

avancer [avɑ̃se] vi to move forward,
advance; (*projet, travail*) to make
progress; (*montre, réveil*) to be fast; to
gain ▷ vt to move forward, advance;
(*argent*) to advance; (*montre, pendule*)
to put forward; **s'avancer** vi to move
forward, advance; (*fig*) to commit o.s.

avant [avɑ̃] prép before ▷ adj inv:
siège/roue ~ front seat/wheel ▷ nm
(*d'un véhicule, bâtiment*) front; (*Sport:
joueur*) forward; **~ qu'il (ne) parte**
before he goes ou leaves; **~ de partir**
before leaving; **~ tout** (*surtout*) above
all; **à l'~** (*dans un véhicule*) in (the) front;
en ~ (*se pencher, tomber*) forward(s);
partir en ~ to go on ahead; **en ~ de**
in front of

avantage [avɑ̃taʒ] nm advantage;
avantages sociaux fringe benefits;
avantager vt (*favoriser*) to favour;
(*embellir*) to flatter; **avantageux, -euse**
adj (*prix*) attractive

avant...: **avant-bras** nm inv forearm;
avant-coureur adj inv: **signe avant-**

coureur advance indication *ou* sign; **avant-dernier, -ière** *adj, nm/f* next to last, last but one; **avant-goût** *nm* foretaste; **avant-hier** *adv* the day before yesterday; **avant-première** *nf (de film)* preview; **avant-veille** *nf:* **l'avant-veille** two days before

avare [avar] *adj* miserly, avaricious ▷ *nm/f* miser; **~ de** *(compliments etc)* sparing of

avec [avɛk] *prép* with; *(à l'égard de)* to(wards), with; **et ~ ça?** *(dans magasin)* anything else?

avenir [avnir] *nm* future; **à l'~** in future; **politicien/métier d'~** politician/job with prospects *ou* a future

aventure [avɑ̃tyʀ] *nf* adventure; *(amoureuse)* affair; **aventureux, -euse** *adj* adventurous, venturesome; *(projet)* risky, chancy

avenue [avny] *nf* avenue

avérer [aveʀe]: **s'avérer** *vb +attrib* to prove (to be)

averse [avɛʀs] *nf* shower

averti, e [avɛʀti] *adj* (well-)informed

avertir [avɛʀtiʀ] *vt:* **~ qn (de qch/que)** to warn sb (of sth/that); *(renseigner)* to inform sb (of sth/that); **avertissement** *nm* warning; **avertisseur** *nm* horn, siren

aveu, x [avø] *nm* confession

aveugle [avœgl] *adj* blind ▷ *nm/f* blind man/woman

aviation [avjasjɔ̃] *nf* aviation; *(sport)* flying; *(Mil)* air force

avide [avid] *adj* eager; *(péj)* greedy, grasping

avion [avjɔ̃] *nm* (aero)plane *(BRIT)*, (air)plane *(US)*; **aller (quelque part) en ~** to go (somewhere) by plane, fly (somewhere); **par ~** by airmail; **avion à réaction** jet (plane)

aviron [aviʀɔ̃] *nm* oar; *(sport):* **l'~** rowing

avis [avi] *nm* opinion; *(notification)* notice; **à mon ~** in my opinion; **changer d'~** to change one's mind;

jusqu'à nouvel ~ until further notice

aviser [avize] *vt (informer):* **~ qn de que** to advise *ou* inform sb of/that ▷ *vi* to think about things, assess the situation; **nous ~ons sur place** we'll work something out once we're there; **s'~ de qch/que** to become suddenly aware of sth/that; **s'~ de faire** to take it into one's head to do

avocat, e [avɔka, at] *nm/f (Jur)* barrister *(BRIT)*, lawyer ▷ *nm (Culin)* avocado (pear); **~ de la défense** counsel for the defence; **avocat général** assistant public prosecutor

avoine [avwan] *nf* oats *pl*

 MOT-CLÉ

avoir [avwaʀ] *nm* assets *pl*, resources *pl*; *(Comm)* credit
▷ *vt* **1** *(posséder)* to have; **elle a 2 enfants/une belle maison** she has (got) 2 children/a lovely house; **il a les yeux bleus** he has (got) blue eyes; **vous avez du sel?** do you have any salt?; **avoir du courage/de la patience** to be brave/patient

2 *(âge, dimensions)* to be; **il a 3 ans** he is 3 (years old); **le mur a 3 mètres de haut** the wall is 3 metres high; *voir aussi* **faim; peur** *etc*

3 *(fam: duper)* to have, do; **on vous a eu!** *(dupé)* you've been done *ou* had!; *(fait une plaisanterie)* we *ou* they had you there

4: **en avoir après** *ou* **contre qn** to have a grudge against sb; **en avoir assez** to be fed up; **j'en ai pour une demi-heure** it'll take me half an hour

5 *(obtenir, attraper)* to get; **j'ai réussi à ~ mon train** I managed to get *ou* catch my train; **j'ai réussi à avoir le renseignement qu'il me fallait** I managed to get (hold of) the information I needed

6 *(éprouver):* **avoir de la peine** to be *ou* feel sad

▷ *vb aux* **1** to have; **avoir mangé/dormi**

to have eaten/slept
2 (*avoir +à +infinitif*): **avoir à faire qch**
to have to do sth; **vous n'avez qu'à lui
demander** you only have to ask him
▷ *vb impers* **1**: **il y a** (+ *singulier*) there is; (+
pluriel) there are; **il y avait du café/des
gâteaux** there was coffee/there were
cakes; **qu'y-a-t-il?, qu'est-ce qu'il y a?**
what's the matter?, what is it?; **il doit
y avoir une explication** there must be
an explanation; **il n'y a qu'à ...** we (*ou*
you *etc*) will just have to ...; **il ne peut y
en avoir qu'un** there can only be one
2 (*temporel*): **il y a 10 ans** 10 years ago;
il y a 10 ans/longtemps que je le sais
I've known it for 10 years/a long time; **il
y a 10 ans qu'il est arrivé** it's 10 years
since he arrived

avortement [avɔʀtəmɑ̃] *nm* abortion
avouer [avwe] *vt* (*crime, défaut*) to
confess (to); **~ avoir fait/que** to admit
ou confess to having done/that
avril [avʀil] *nm* April
axe [aks] *nm* axis; (*de roue etc*) axle;
(*fig*) main line; **axe routier** main road,
trunk road (BRIT), highway (US)
ayons *etc* [ɛjɔ̃] *vb voir* **avoir**

b

bâbord [babɔʀ] *nm*: **à ~** to port
baby-foot [babifut] *nm* table football
baby-sitting [babisitiŋ] *nm* baby-
sitting; **faire du ~** to baby-sit
bac [bak] *abr m* = **baccalauréat** ▷ *nm*
(*récipient*) tub
baccalauréat [bakalɔʀea] *nm* high
school diploma
bâcler [bakle] *vt* to botch (up)
baffe [baf] (*fam*) *nf* slap, clout
bafouiller [bafuje] *vi, vt* to stammer
bagage [bagaʒ] *nm* piece of luggage;
nos ~s ne sont pas arrivés our
luggage hasn't arrived; **bagage à main**
piece of hand-luggage
bagarre [bagaʀ] *nf* fight, brawl;
bagarrer: se bagarrer *vi* to have a
fight *ou* scuffle, fight
bagnole [baɲɔl] (*fam*) *nf* car
bague [bag] *nf* ring; **bague de
fiançailles** engagement ring
baguette [bagɛt] *nf* stick; (*cuisine
chinoise*) chopstick; (*de chef d'orchestre*)
baton; (*pain*) stick of (French) bread;

baguette magique magic wand
baie [bɛ] nf (Géo) bay; (fruit) berry; **baie (vitrée)** picture window
baignade [bɛɲad] nf bathing; **"~ interdite"** "no bathing"
baigner [beɲe] vt (bébé) to bath; **se baigner** vi to have a swim, go swimming ou bathing; **baignoire** nf bath(tub)
bail [baj, bo] (pl **baux**) nm lease
bâiller [baje] vi to yawn; (être ouvert) to gape
bain [bɛ̃] nm bath; **prendre un ~** to have a bath; **se mettre dans le ~** (fig) to get into it ou things; **bain de bouche** mouthwash; **bain moussant** bubble bath; **bain de soleil: prendre un bain de soleil** to sunbathe; **bain-marie** nm: **faire chauffer au bain-marie** (boîte etc) to immerse in boiling water
baiser [beze] nm kiss ▷ vt (main, front) to kiss; (fam!) to screw (!)
baisse [bɛs] nf fall, drop; **être en ~** to be falling, be declining
baisser [bese] vt to lower; (radio, chauffage) to turn down ▷ vi to fall, drop, go down; (vue, santé) to fail, dwindle; **se baisser** vi to bend down
bal [bal] nm dance; (grande soirée) ball; **bal costumé** fancy-dress ball
balade [balad] (fam) nf (à pied) walk, stroll; (en voiture) drive; **balader** (fam): **se balader** vi to go for a walk ou stroll; to go for a drive; **baladeur** nm personal stereo, Walkman®
balai [balɛ] nm broom, brush
balance [balɑ̃s] nf scales pl; (signe): **la B~** Libra; **balance commerciale** balance of trade
balancer [balɑ̃se] vt to swing; (fam: lancer) to fling, chuck; (: jeter) to chuck out; **se balancer** vi to swing, rock; **se ~ de** (fam) not to care about; **balançoire** nf swing; (sur pivot) seesaw
balayer [baleje] vt (feuilles etc) to sweep up, brush up; (pièce) to sweep; (objections) to sweep aside; (suj: radar) to scan; **balayeur, -euse** nm/f

roadsweeper
balbutier [balbysje] vi, vt to stammer
balcon [balkɔ̃] nm balcony; (Théâtre) dress circle; **avez-vous une chambre avec ~?** do you have a room with a balcony?
Bâle [bal] n Basle, Basel
Baléares [balear] nfpl: **les ~** the Balearic Islands, the Balearics
baleine [balɛn] nf whale
balise [baliz] nf (Navig) beacon; (marker) buoy; (Aviat) runway light, beacon; (Auto, Ski) sign, marker; **baliser** vt to mark out (with lights etc)
balle [bal] nf (de fusil) bullet; (de sport) ball; (fam: franc) franc
ballerine [balʀin] nf (danseuse) ballet dancer; (chaussure) ballet shoe
ballet [balɛ] nm ballet
ballon [balɔ̃] nm (de sport) ball; (jouet, Aviat) balloon; **ballon de football** football
balnéaire [balneɛʀ] adj seaside cpd; **station ~** seaside resort
balustrade [balystʀad] nf railings pl, handrail
bambin [bɑ̃bɛ̃] nm little child
bambou [bɑ̃bu] nm bamboo
banal, e [banal] adj banal, commonplace; (péj) trite; **banalité** nf banality
banane [banan] nf banana; (sac) waist-bag, bum-bag
banc [bɑ̃] nm seat, bench; (de poissons) shoal; **banc d'essai** (fig) testing ground
bancaire [bɑ̃kɛʀ] adj banking; (chèque, carte) bank cpd
bancal, e [bɑ̃kal] adj wobbly
bandage [bɑ̃daʒ] nm bandage
bande [bɑ̃d] nf (de tissu etc) strip; (Méd) bandage; (motif) stripe; (magnétique etc) tape; (groupe) band; (: péj) bunch; **faire ~ à part** to keep to o.s.; **bande dessinée** comic strip; **bande sonore** sound track
bande-annonce [bɑ̃dɑ̃s] nf trailer
bandeau, x [bɑ̃do] nm headband; (sur les yeux) blindfold
bander [bɑ̃de] vt (blessure) to bandage;

~ les yeux à qn to blindfold sb
bandit [bɑ̃di] nm bandit
bandoulière [bɑ̃duljɛʀ] nf: **en ~** (slung ou worn) across the shoulder
Bangladesh [bɑ̃ɡladɛʃ] nm: **le ~** Bangladesh
banlieue [bɑ̃ljø] nf suburbs pl; **lignes/ quartiers de ~** suburban lines/areas; **trains de ~** commuter trains
bannir [baniʀ] vt to banish
banque [bɑ̃k] nf (activités) banking; **banque de données** data bank
banquet [bɑ̃kɛ] nm dinner; (d'apparat) banquet
banquette [bɑ̃kɛt] nf seat
banquier [bɑ̃kje] nm banker
banquise [bɑ̃kiz] nf ice field
baptême [batɛm] nm christening; baptism; **baptême de l'air** first flight
baptiser [batize] vt to baptize, christen
bar [baʀ] nm bar
baraque [baʀak] nf shed; (fam) house; (dans une fête foraine) stall, booth; **baraqué, e** (fam) adj well-built, hefty
barbant, e [baʀbɑ̃, ɑ̃t] (fam) adj deadly (boring)
barbare [baʀbaʀ] adj barbaric
barbe [baʀb] nf beard; **la ~!** (fam) damn it!; **quelle ~!** (fam) what a drag ou bore!; **à la ~ de qn** under sb's nose; **barbe à papa** candy-floss (BRIT), cotton candy (US)
barbelé, e [baʀbəle] adj, nm: **(fil de fer) ~** barbed wire no pl
barbouiller [baʀbuje] vt to daub; **avoir l'estomac barbouillé** to feel queasy
barbu, e [baʀby] adj bearded
barder [baʀde] (fam) vi: **ça va ~** sparks will fly, things are going to get hot
barème [baʀɛm] nm (Scol) scale; (table de référence) table
baril [baʀi(l)] nm barrel; (poudre) keg
bariolé, e [baʀjɔle] adj gaudily-coloured
baromètre [baʀɔmɛtʀ] nm barometer

baron, ne [baʀɔ̃] nm/f baron(ess)
baroque [baʀɔk] adj (Art) baroque; (fig) weird
barque [baʀk] nf small boat
barquette [baʀkɛt] nf (pour repas) tray; (pour fruits) punnet
barrage [baʀaʒ] nm dam; (sur route) roadblock, barricade
barre [baʀ] nf bar; (Navig) helm; (écrite) line, stroke
barreau, x [baʀo] nm bar; (Jur): **le ~** the Bar
barrer [baʀe] vt (route etc) to block; (mot) to cross out; (chèque) to cross (BRIT); (Navig) to steer; **se barrer** (fam) ▷ vi to clear off
barrette [baʀɛt] nf (pour cheveux) (hair) slide (BRIT) ou clip (US)
barricader [baʀikade]: **se barricader** vi to barricade o.s.
barrière [baʀjɛʀ] nf fence; (obstacle) barrier; (porte) gate
barrique [baʀik] nf barrel, cask
bar-tabac [baʀtaba] nm bar (which sells tobacco and stamps)
bas, basse [bɑ, bɑs] adj low ▷ nm bottom, lower part; (vêtement) stocking ▷ adv low; (parler) softly; **au ~** at the lowest estimate; **en ~** down below; (d'une liste, d'un mur etc) at/to the bottom; (dans une maison) downstairs; **en ~ de** at the bottom of; **un enfant en ~ âge** a young child; **à ~ ...!** down with...!
bas-côté [bɑkote] nm (de route) verge (BRIT), shoulder (US)
basculer [baskyle] vi to fall over, topple (over); (benne) to tip up ▷ vt (contenu) to tip out; (benne) to tip up
base [bɑz] nf base; (Pol) rank and file; (fondement, principe) basis; **de ~** basic; **à ~ de café** etc coffee etc -based; **base de données** database; **baser** vt to base; **se baser sur** (preuves) to base one's argument on
bas-fond [bɑfɔ̃] nm (Navig) shallow; **bas-fonds** nmpl (fig) dregs
basilic [bazilik] nm (Culin) basil

basket [baskɛt] nm trainer (BRIT), sneaker (US); (aussi: **~-ball**) basketball

basque [bask] adj Basque ▷ nf/m: **B-** Basque; **le Pays Basque** the Basque Country

basse [bas] adj voir **bas** ▷ nf (Mus) bass; **basse-cour** nf farmyard

bassin [basɛ̃] nm (pièce d'eau) pond, pool; (de fontaine; Géo) basin; (Anat) pelvis; (portuaire) dock

bassine [basin] nf (ustensile) basin; (contenu) bowl(ful)

basson [basɔ̃] nm bassoon

bat [ba] vb voir **battre**

bataille [bataj] nf (Mil) battle; (rixe) fight; **elle avait les cheveux en ~** her hair was a mess

bateau, x [bato] nm boat, ship; **bateau-mouche** nm passenger pleasure boat (on the Seine)

bâti, e [bati] adj: **bien ~** well-built; **terrain ~** piece of land that has been built on

bâtiment [batimɑ̃] nm building; (Navig) ship, vessel; (industrie) building trade

bâtir [batiʀ] vt to build

bâtisse [batis] nf building

bâton [batɔ̃] nm stick; **parler à ~s rompus** to chat about this and that

bats [ba] vb voir **battre**

battement [batmɑ̃] nm (de cœur) beat; (intervalle) interval; **10 minutes de ~** 10 minutes to spare

batterie [batʀi] nf (Mil, Élec) battery; (Mus) drums pl, drum kit; **batterie de cuisine** pots and pans pl, kitchen utensils pl

batteur [batœʀ] nm (Mus) drummer; (appareil) whisk

battre [batʀ] vt to beat; (blé) to thresh; (passer au peigne fin) to scour; (cartes) to shuffle ▷ vi (cœur) to beat; (volets etc) to bang, rattle; **se battre** vi to fight; **~ la mesure** to beat time; **~ son plein** to be at its height, to be going full swing; **~ des mains** to clap one's hands

baume [bom] nm balm

bavard, e [bavaʀ, aʀd] adj (very) talkative; gossipy; **bavarder** vi to chatter; (commérer) to gossip; (divulguer un secret) to blab

baver [bave] vi to dribble; (chien) to slobber; **en ~** (fam) to have a hard time (of it)

bavoir [bavwaʀ] nm bib

bavure [bavyʀ] nf smudge; (fig) hitch; (policier etc) blunder

bazar [bazaʀ] nm general store; (fam) jumble; **bazarder** (fam) vt to chuck out

BCBG sigle adj (= bon chic bon genre) preppy, smart and trendy

BD sigle f = **bande dessinée**

bd abr = **boulevard**

béant, e [beɑ̃, ɑ̃t] adj gaping

beau, bel, belle [bo, bɛl] (mpl **~x**) adj beautiful, lovely; (homme) handsome; (femme) beautiful ▷ adv: **il fait ~** the weather's fine ▷ nm: **faire le ~** (chien) to sit up and beg; **un ~ jour** one fine day; **de plus belle** more than ever, even more; **on a ~ essayer** however hard we try; **bel et bien** well and truly; **le plus ~ c'est que ...** the best of it is that ...

MOT-CLÉ

beaucoup [boku] adv **1** a lot; **il boit beaucoup** he drinks a lot; **il ne boit pas beaucoup** he doesn't drink much ou a lot

2 (suivi de plus, trop etc) much, a lot; **il est beaucoup plus grand** he is much ou a lot taller; **c'est beaucoup plus cher** it's a lot ou much more expensive; **il a beaucoup plus de temps que moi** he has much ou a lot more time than me; **il y a beaucoup plus de touristes ici** there are a lot ou many more tourists here; **beaucoup trop vite** much too fast; **il fume beaucoup trop** he smokes far too much

3: beaucoup de (nombre) many, a lot of; (quantité) a lot of; **beaucoup d'étudiants/de touristes** a lot ou many students/tourists; **beaucoup**

de courage a lot of courage; **il n'a pas beaucoup d'argent** he hasn't got much ou a lot of money
4: **de beaucoup** by far

beau...; beau-fils nm son-in-law; (remariage) stepson; **beau-frère** nm brother-in-law; **beau-père** nm father-in-law; (remariage) stepfather
beauté [bote] nf beauty; **de toute ~** beautiful; **finir qch en ~** to complete sth brilliantly
beaux-arts [bozar] nmpl fine arts
beaux-parents [bopar] nmpl wife's/husband's family, in-laws
bébé [bebe] nm baby
bec [bɛk] nm beak, bill; (de théière) spout; (de casserole) lip; (fam) mouth; **bec de gaz** (street) gaslamp
bêche [bɛʃ] nf spade; **bêcher** vt to dig
bedaine [bədɛn] nf paunch
bedonnant, e [bədɔnɑ̃, ɑ̃t] adj potbellied
bée [be] adj: **bouche ~** gaping
bégayer [begeje] vt, vi to stammer
beige [bɛʒ] adj beige
beignet [bɛɲɛ] nm fritter
bel [bɛl] adj voir **beau**
bêler [bele] vi to bleat
belette [bəlɛt] nf weasel
belge [bɛlʒ] adj Belgian ▷ nm/f: **B- **Belgian
Belgique [bɛlʒik] nf: **la ~** Belgium
bélier [belje] nm ram; (signe): **le B-** Aries
belle [bɛl] adj voir **beau** ▷ nf (Sport): **la ~** the decider; **belle-fille** nf daughter-in-law; (remariage) stepdaughter; **belle-mère** nf mother-in-law; stepmother; **belle-sœur** nf sister-in-law
belvédère [bɛlvedɛr] nm panoramic viewpoint (or small building there)
bémol [bemɔl] nm (Mus) flat
bénédiction [benediksjɔ̃] nf blessing
bénéfice [benefis] nm (Comm) profit; (avantage) benefit; **bénéficier: bénéficier de** vt to enjoy; (situation) to benefit ou from; **bénéfique** adj beneficial

Benelux [benelyks] nm: **le ~ Benelux**, the Benelux countries
bénévole [benevɔl] adj voluntary, unpaid
bénin, -igne [benɛ̃, iɲ] adj minor, mild; (tumeur) benign
bénir [benir] vt to bless; **bénit, e** adj consecrated; **eau bénite** holy water
benne [bɛn] nf skip; (de téléphérique) (cable) car; **benne à ordures** (amovible) skip
béquille [bekij] nf crutch; (de bicyclette) stand
berceau, x [bɛrso] nm cradle, crib
bercer [bɛrse] vt to rock, cradle; (suj: musique etc) to lull; **~ qn de** (promesses etc) to delude sb with; **berceuse** nf lullaby
béret [berɛ] nm (aussi: **~ basque**) beret
berge [bɛrʒ] nf bank
berger, -ère [bɛrʒe, ɛr] nm/f shepherd(-ess); **berger allemand** alsatian (BRIT), German shepherd
Berlin [bɛrlɛ̃] n Berlin
Bermudes [bɛrmyd] nfpl: **les (îles) ~ Bermuda**
Berne [bɛrn(ə)] n Bern
berner [bɛrne] vt to fool
besogne [bəzɔɲ] nf work no pl, job
besoin [bəzwɛ̃] nm need; **avoir ~ de qch/faire qch** to need sth/to do sth; **au ~** if need be; **le ~** (pauvreté) need, want; **être dans le ~** to be in need ou want; **faire ses ~s** to relieve o.s.
bestiole [bɛstjɔl] nf (tiny) creature
bétail [betaj] nm livestock, cattle pl
bête [bɛt] nf animal; (insecte, bestiole) insect, creature ▷ adj stupid, silly; **il cherche la petite ~** he's being pernickety ou over fussy; **bête noire** pet hate; **bête sauvage** wild beast ou animal
bêtise [betiz] nf stupidity; (action) stupid thing (to say ou do)
béton [betɔ̃] nm concrete; **(en) ~** (alibi, argument) cast iron; **béton armé** reinforced concrete
betterave [bɛtrav] nf beetroot (BRIT), beet (US); **betterave sucrière**

sugar beet

Beur [bœʀ] *nm/f* person of North African origin living in France

beurre [bœʀ] *nm* butter; **beurrer** *vt* to butter; **beurrier** *nm* butter dish

bibelot [biblo] *nm* trinket, curio

biberon [bibʀɔ̃] *nm* (feeding) bottle; **nourrir au ~** to bottle-feed

bible [bibl] *nf* bible

biblio... [bibli] *préfixe:* **bibliobus** *nm* mobile library van; **bibliothécaire** *nm/f* librarian; **bibliothèque** *nf* library; (*meuble*) bookcase

bic [bik] *nm* Biro®

bicarbonate [bikaʀbɔnat] *nm:* **~ de (soude)** bicarbonate of soda

biceps [bisɛps] *nm* biceps

biche [biʃ] *nf* doe

bicolore [bikɔlɔʀ] *adj* two-coloured

bicoque [bikɔk] (*péj*) *nf* shack

bicyclette [bisiklɛt] *nf* bicycle

bidet [bidɛ] *nm* bidet

bidon [bidɔ̃] *nm* can ▷ *adj inv* (*fam*) phoney

bidonville [bidɔ̃vil] *nm* shanty town

bidule [bidyl] (*fam*) *nm* thingumajig

MOT-CLÉ

bien [bjɛ̃] *nm* **1** (*avantage, profit*): **faire du bien à qn** to do sb good; **dire du bien de** to speak well of; **c'est pour son bien** it's for his own good

2 (*possession, patrimoine*) property; **son bien le plus précieux** his most treasured possession; **avoir du bien** to have property; **biens (de consommation** *etc***)** (consumer *etc*) goods

3 (*moral*): **le bien** good; **distinguer le bien du mal** to tell good from evil ▷ *adv* **1** (*de façon satisfaisante*) well; **elle travaille/mange bien** she works/eats well; **croyant bien faire, je/il ...** thinking I/he was doing the

right thing, I/he ...; **tiens-toi bien!** (*assieds-toi correctement*) sit up straight!; (*debout*) stand up straight!; (*sois sage*) behave yourself!; (*prépare-toi*) wait for it!; **c'est bien fait!** it serves him (*ou her etc*) right!

2 (*valeur intensive*) quite; **bien jeune** quite young; **bien assez** quite enough; **bien mieux** (very) much better; **j'espère bien y aller** I do hope to go; **je veux bien le faire** (*concession*) I'm quite willing to do it; **il faut bien le faire** it has to be done; **Paul est bien venu, n'est-ce pas?** Paul did come, didn't he?; **où peut-il bien être passé?** where can he have got to?

3 (*beaucoup*): **bien du temps/des gens** quite a time/a number of people

4 (*au moins*) at least; **cela fait bien deux ans que je ne l'ai pas vu** I haven't seen him for at least *ou* a good two years

▷ *adj inv* **1** (*en bonne forme, à l'aise*): **je me sens bien** I feel fine; **je ne me sens pas bien** I don't feel well; **on est bien dans ce fauteuil** this chair is very comfortable

2 (*joli, beau*) good-looking; **tu es bien dans cette robe** you look good in that dress

3 (*satisfaisant*) good; **elle est bien, cette maison/secrétaire** it's a good house/she's a good secretary; **c'est bien?** is that *ou* it's O.K.?; **c'est très bien (comme ça)** it's fine (like that)

4 (*moralement*) right; (: *personne*) good, nice; (*respectable*) respectable; **ce n'est pas bien de ...** it's not right to ...; **elle est bien, cette femme** she's a nice woman, she's a good sort; **des gens bien** respectable people

5 (*en bons termes*): **être bien avec qn** to be on good terms with sb

▷ *préfixe:* **bien-aimé, e** *adj, nm/f* beloved; **bien-être** *nm* well-being; **bienfaisance** *nf* charity; **bienfait** *nm* act of generosity, benefaction; (*de la science etc*) benefit; **bienfaiteur, -trice** *nm/f* benefactor/benefactress; **bien-fondé** *nm* soundness; **bien que** *conj* (al)though; **bien sûr** *adv* certainly

bientôt [bjɛ̃to] *adv* soon; **à ~** see you soon

bienveillant, e [bjɛ̃vɛjɑ̃, ɑ̃t] *adj* kindly

bienvenu, e [bjɛ̃vny] *adj* welcome; **bienvenue** *nf*: **souhaiter la bienvenue à** to welcome; **bienvenue à** welcome to

bière [bjɛʀ] *nf* (*boisson*) beer; (*cercueil*) bier; **bière blonde** lager; **bière brune** brown ale (BRIT), dark beer (US); **bière (à la) pression** draught beer

bifteck [biftɛk] *nm* steak

bigorneau, x [bigɔʀno] *nm* winkle

bigoudi [bigudi] *nm* curler

bijou, x [biʒu] *nm* jewel; **bijouterie** *nf* jeweller's (shop); **bijoutier, -ière** *nm/f* jeweller

bikini [bikini] *nm* bikini

bilan [bilɑ̃] *nm* (fig) net (*result*); (: *de victimes*) toll; (Comm) balance sheet(s); **un ~ de santé** a (medical) checkup; **faire le ~ de** to assess, review

bile [bil] *nf* bile; **se faire de la ~** (fam) to worry o.s. sick

bilieux, -euse [biljø, øz] *adj* bilious; (fig: *colérique*) testy

bilingue [bilɛ̃g] *adj* bilingual

billard [bijaʀ] *nm* (*jeu*) billiards *sg*; (*table*) billiard table

bille [bij] *nf* (*gén*) ball; (*du jeu de billes*) marble

billet [bijɛ] *nm* (*aussi*: **~ de banque**) (bank)note; (*de cinéma, de bus etc*) ticket; (*courte lettre*) note; **billet électronique** e-ticket; **billetterie** *nf* ticket office; (*distributeur*) ticket machine; (*Banque*) cash dispenser

billion [biljɔ̃] *nm* billion (BRIT), trillion (US)

bimensuel, le [bimɑ̃sɥɛl] *adj* bimonthly

bio [bjo] *adj inv* organic

bio... [bjo] *préfixe* bio...; **biochimie** *nf* biochemistry; **biographie** *nf* biography; **biologie** *nf* biology; **biologique** *adj* biological; (*produits, aliments*) organic; **biométrie** *nf* biometrics; **biotechnologie** *nf* biotechnology; **bioterrorisme** *nm* bioterrorism

Birmanie [biʀmani] *nf* Burma

bis [bis] *adv*: **12 ~ 12a** ou A ▷ *excl, nm* encore

biscotte [biskɔt] *nf* toasted bread (*sold in packets*)

biscuit [biskɥi] *nm* biscuit (BRIT), cookie (US)

bise [biz] *nf* (fam: *baiser*) kiss; (*vent*) North wind; **grosses ~s (de)** (*sur lettre*) love and kisses (from); **faire une** ou **la ~ à qn** to kiss sb

bisexuel, le [bisɛksɥɛl] *adj* bisexual

bisou [bizu] (fam) *nm* kiss

bissextile [bisɛkstil] *adj*: **année ~** leap year

bistro(t) [bistʀo] *nm* bistro, café

bitume [bitym] *nm* asphalt

bizarre [bizaʀ] *adj* strange, odd

blague [blag] *nf* (*propos*) joke; (*farce*) trick; **sans ~!** no kidding!; **blaguer** *vi* to joke

blaireau, x [blɛʀo] *nm* (Zool) badger; (*brosse*) shaving brush

blâme [blɑm] *nm* blame; (*sanction*) reprimand; **blâmer** *vt* to blame

blanc, blanche [blɑ̃, blɑ̃ʃ] *adj* white; (*non imprimé*) blank ▷ *nm/f* white, white man(-woman) ▷ *nm* (*couleur*) white; (*espace non écrit*) blank; (*aussi*: **~ d'œuf**) (egg-)white; (*aussi*: **~ de poulet**) breast, white meat; (*aussi*: **vin ~**) white wine; **~ cassé** off-white; **chèque en ~** blank cheque; **à ~** (*chauffer*) white-hot; (*tirer, charger*) with blanks; **blanche** *nf* (Mus) minim (BRIT), half-note (US); **blancheur** *nf* whiteness

blanchir [blɑ̃ʃiʀ] *vt* (*gén*) to whiten; (*linge*) to launder; (Culin) to blanch; (fig: *disculper*) to clear ▷ *vi* (*cheveux*) to go white; **blanchisserie** *nf* laundry

blason [blazɔ̃] *nm* coat of arms

blasphème [blasfɛm] *nm* blasphemy

blé [ble] nm wheat; **blé noir** buckwheat

bled [blɛd] (*péj*) nm hole

blême [blɛm] *adj* pale

blessé, e [blese] *adj* injured ▷ nm/f injured person, casualty

blesser [blese] vt to injure; (*délibérément*) to wound; (*offenser*) to hurt; **se blesser** to injure o.s.; **se au pied** to injure one's foot; **blessure** nf (*accidentelle*) injury; (*intentionnelle*) wound

bleu, e [blø] *adj* blue; (*bifteck*) very rare ▷ nm (*couleur*) blue; (*contusion*) bruise; (*vêtement*: *aussi*: **~s**) overall pl; (*fromage*) blue cheese; **bleu marine** navy blue; **bleuet** nm cornflower

bloc [blɔk] nm (*de pierre etc*) block; (*de papier à lettres*) pad; (*ensemble*) group, block; **serré à ~** tightened right down; **en ~** as a whole; **blocage** nm (*des prix*) freezing; (*Psych*) hang-up; **bloc-notes** nm note pad

blog, blogue [blɔg] nm blog; **bloguer** vi to blog

blond, e [blɔ̃, blɔ̃d] *adj* fair, blond; (*sable, blés*) golden

bloquer [blɔke] vt (*passage*) to block; (*pièce mobile*) to jam; (*crédits, compte*) to freeze

blottir [blɔtir]: **se blottir** vi to huddle up

blouse [bluz] nf overall

blouson [bluzɔ̃] nm blouson jacket; **blouson noir** (*fig*) ≈ rocker

bluff [blœf] nm bluff

bobine [bɔbin] nf reel; (*Élec*) coil

bobo [bobo] (*fam*) abr nm/f (= *bourgeois bohème*) boho

bocal, -aux [bɔkal, o] nm jar

bock [bɔk] nm glass of beer

bœuf [bœf] nm ox; (*Culin*) beef

bof [bɔf] (*fam*) excl don't care!; (*pas terrible*) nothing special

bohémien, ne [bɔemjɛ̃, -ɛn] nm/f gipsy

boire [bwar] vt to drink; (*s'imprégner de*) to soak up; **~ un coup** (*fam*) to have a drink

bois [bwa] nm wood; **de ~, en ~** wooden; **boisé, e** *adj* woody, wooded

boisson [bwasɔ̃] nf drink

boîte [bwat] nf box; (*fam*: *entreprise*) firm; **aliments en ~** canned *ou* tinned (BRIT) foods; **boîte à gants** glove compartment; **boîte à ordures** dustbin (BRIT), trashcan (US); **boîte aux lettres** letter box; **boîte d'allumettes** box of matches; (*vide*) matchbox; **boîte de conserves** can *ou* tin (BRIT) of food; **boîte (de nuit)** night club; **boîte de vitesses** gear box; **boîte postale** PO Box; **boîte vocale** (*Tél*) voice mail

boiter [bwate] vi to limp; (*fig*: *raisonnement*) to be shaky

boîtier [bwatje] nm case

boive etc [bwav] vb voir **boire**

bol [bɔl] nm bowl; **un ~ d'air** a breath of fresh air; **j'en ai ras le ~** (*fam*) I'm fed up with this; **avoir du ~** (*fam*) to be lucky

bombarder [bɔ̃barde] vt to bomb; **~ qn de** (*cailloux, lettres*) to bombard sb with

bombe [bɔ̃b] nf bomb; (*atomiseur*) (aerosol) spray

MOT-CLÉ

bon, bonne [bɔ̃, bɔn] *adj* **1** (*agréable, satisfaisant*) good; **un bon repas/restaurant** a good meal/restaurant; **être bon en maths** to be good at maths (BRIT) *ou* math (US)
2 (*charitable*): **être bon (envers)** to be good (to)
3 (*correct*) right; **le bon numéro/moment** the right number/moment
4 (*souhaits*): **bon anniversaire!** happy birthday!; **bon courage!** good luck!; **bon séjour!** enjoy your stay!; **bon voyage!** have a good trip!; **bonne chance!** good luck!; **bonne année!** happy New Year!; **bonne nuit!** good night! **bonne fête!** happy holiday!
5 (*approprié, apte*): **bon à/pour** fit to/for; **à quoi bon?** what's the use?
6: **bon enfant** *adj inv* accommodating,

easy-going; **bonne femme** (*péj*) woman; **de bonne heure** early; **bon marché** *adj inv, adv* cheap; **bon mot** witticism; **bon sens** common sense; **bon vivant** jovial chap; **bonnes œuvres** charitable works, charities ▷ *nm* 1 (*billet*) voucher; (*aussi*: **bon cadeau**) gift voucher; **bon d'essence** petrol coupon; **bon du Trésor** Treasury bond 2: **avoir du bon** to have its good points; **pour de bon** for good ▷ *adv*: **il fait bon** it's ou the weather is fine; **sentir bon** to smell good; **tenir bon** to stand firm ▷ *excl* good!; **ah bon!** really?; **bon, je reste** right then, I'll stay; *voir aussi* **bonne**

bonbon [bɔ̃bɔ̃] *nm* (boiled) sweet
bond [bɔ̃] *nm* leap; **faire un ~** to leap in the air
bondé, e [bɔ̃de] *adj* packed (full)
bondir [bɔ̃diʁ] *vi* to leap
bonheur [bɔnœʁ] *nm* happiness; **porter ~ (à qn)** to bring sb luck; **au petit ~** haphazardly; **par ~** fortunately
bonhomme [bɔnɔm] (*pl* **bonshommes**) *nm* fellow; **bonhomme de neige** snowman
bonjour [bɔ̃ʒuʁ] *excl, nm* hello; (*selon l'heure*) good morning/afternoon; **c'est simple comme ~!** it's easy as pie!
bonne [bɔn] *adj voir* **bon** ▷ *nf* (*domestique*) maid
bonnet [bɔnɛ] *nm* hat; (*de soutien-gorge*) cup; **bonnet de bain** bathing cap
bonsoir [bɔ̃swaʁ] *excl* good evening
bonté [bɔ̃te] *nf* kindness *no pl*
bonus [bɔnys] *nm* no-claims bonus; (*de DVD*) extras *pl*
bord [bɔʁ] *nm* (*de table, verre, falaise*) edge; (*de rivière, lac*) bank; (*de route*) side; (**monter**) **à ~** (to go) on board; **jeter par-dessus ~** to throw overboard; **le commandant de/les hommes du ~** the ship's master/crew; **au ~ de la mer** at the seaside; **au ~ de la route** at the

roadside; **être au ~ des larmes** to be on the verge of tears
bordeaux [bɔʁdo] *nm* Bordeaux (wine) ▷ *adj inv* maroon
bordel [bɔʁdɛl] *nm* brothel; (*fam!*) bloody mess (*!*)
border [bɔʁde] *vt* (*être le long de*) to line; (*qn dans son lit*) to tuck up; (*garnir*): **~ qch de** to edge sth with
bordure [bɔʁdyʁ] *nf* border; **en ~ de** on the edge of
borne [bɔʁn] *nf* boundary stone; (*aussi*: **~ kilométrique**) kilometre-marker, ≈ milestone; **bornes** *nfpl* (*fig*) limits; **dépasser les ~s** to go too far
borné, e [bɔʁne] *adj* (*personne*) narrow-minded
borner [bɔʁne] *vt*: **se ~ à faire** (*se contenter de*) to content o.s. with doing; (*se limiter à*) to limit o.s. to doing
bosniaque [bɔsnjak] *adj* Bosnian ▷ *nm/f*: **B~** Bosnian
Bosnie-Herzégovine [bɔsnjɛʁzegɔvin] *nf* Bosnia-Herzegovina
bosquet [bɔskɛ] *nm* grove
bosse [bɔs] *nf* (*de terrain etc*) bump; (*enflure*) lump; (*du bossu, du chameau*) hump; **avoir la ~ des maths** *etc* (*fam*) to have a gift for maths *etc*; **il a roulé sa ~** (*fam*) he's been around
bosser [bɔse] (*fam*) *vi* (*travailler*) to work; (*travailler dur*) to slave (away)
bossu, e [bɔsy] *nm/f* hunchback
botanique [bɔtanik] *nf* botany ▷ *adj* botanic(al)
botte [bɔt] *nf* (*soulier*) (high) boot; (*gerbe*): **~ de paille** bundle of straw; **botte de radis/d'asperges** bunch of radishes/asparagus; **bottes de caoutchouc** wellington boots
bottin [bɔtɛ̃] *nm* directory
bottine [bɔtin] *nf* ankle boot
bouc [buk] *nm* goat; (*barbe*) goatee; **bouc émissaire** scapegoat
boucan [bukã] (*fam*) *nm* din, racket
bouche [buʃ] *nf* mouth; **faire du ~ à ~ à qn** to give sb the kiss of life ou mouth-

to-mouth resuscitation (BRIT); **rester ~ bée** to stand open-mouthed; **bouche d'égout** manhole; **bouche d'incendie** fire hydrant; **bouche de métro** métro entrance

bouché, e [buʃe] *adj* (flacon etc) stoppered; (temps, ciel) overcast; (péj fam: personne) thick (pej); **c'est un secteur ~** there's no future in that area; **avoir le nez ~** to have a blocked-up nose; **l'évier est ~** the sink's blocked

bouchée [buʃe] *nf* mouthful; **bouchées à la reine** chicken vol-au-vents

boucher, -ère [buʃe] *nm/f* butcher ▷ *vt* (trou) to fill up; (obstruer) to block (up); **se boucher** to get blocked up; **j'ai le nez bouché** my nose is blocked; **se ~ le nez** to hold one's nose; **boucherie** *nf* butcher's (shop); (fig) slaughter

bouchon [buʃɔ̃] *nm* stopper; (de tube) top; (en liège) cork; (fig: embouteillage) holdup; (Pêche) float

boucle [bukl] *nf* (forme, figure) loop; (objet) buckle; **boucle de cheveux** curl; **boucle d'oreille** earring

bouclé, e [bukle] *adj* (cheveux) curly

boucler [bukle] *vt* (fermer: ceinture etc) to fasten; (terminer) to finish off; (fam: enfermer) to shut away; (quartier) to seal off ▷ *vi* to curl

bouder [bude] *vi* to sulk ▷ *vt* to stay away from

boudin [budɛ̃] *nm*: **~ (noir)** black pudding; **boudin blanc** white pudding

boue [bu] *nf* mud

bouée [bwe] *nf* buoy; **bouée de sauvetage** lifebuoy

boueux, -euse [bwø, øz] *adj* muddy

bouffe [buf] (fam) *nf* grub (fam), food

bouffée [bufe] *nf* (de cigarette) puff; **une ~ d'air pur** a breath of fresh air; **bouffée de chaleur** hot flush (BRIT) ou flash (US)

bouffer [bufe] *vi* to eat

bouffi, e [bufi] *adj* swollen

bouger [buʒe] *vi* to move; (dent etc) to be loose; (s'activer) to get moving ▷ *vt*

to move; **les prix/les couleurs n'ont pas bougé** prices/colours haven't changed

bougie [buʒi] *nf* candle; (Auto) spark(ing) plug

bouillabaisse [bujabɛs] *nf* type of fish soup

bouillant, e [bujɑ̃, ɑ̃t] *adj* (qui bout) boiling; (très chaud) boiling (hot)

bouillie [buji] *nf* (de bébé) cereal; **en ~** (fig) crushed

bouillir [bujir] *vi*, *vt* to boil; **~ d'impatience** to seethe with impatience

bouilloire [bujwar] *nf* kettle

bouillon [bujɔ̃] *nm* (Culin) stock no pl; **bouillonner** *vi* to bubble; (fig: idées) to bubble up

bouillotte [bujɔt] *nf* hot-water bottle

boulanger, -ère [bulɑ̃ʒe, ɛr] *nm/f* baker; **boulangerie** *nf* bakery

boule [bul] *nf* (gén) ball; (de pétanque) bowl; **boule de neige** snowball

boulette [bulɛt] *nf* (de viande) meatball

boulevard [bulvar] *nm* boulevard

bouleversement [bulvɛrsəmɑ̃] *nm* upheaval

bouleverser [bulvɛrse] *vt* (émouvoir) to overwhelm; (causer du chagrin) to distress; (pays, vie) to disrupt; (papiers, objets) to turn upside down

boulimie [bulimi] *nf* bulimia

boulimique [bulimik] *adj* bulimic

boulon [bulɔ̃] *nm* bolt

boulot, te [bulo, ɔt] *adj* plump, tubby ▷ *nm* (fam: travail) work

boum [bum] *nm* bang ▷ *nf* (fam) party

bouquet [bukɛ] *nm* (de fleurs) bunch (of flowers), bouquet; (de persil etc) bunch; **c'est le ~!** (fam) that takes the biscuit!

bouquin [bukɛ̃] *nm* (fam) book; **bouquiner** (fam) *vi* to read

bourdon [burdɔ̃] *nm* bumblebee

bourg [bur] *nm* small market town

bourgeois, e [burʒwa, waz] (péj) *adj* = (upper) middle class; **bourgeoisie** *nf* ≈ upper middle classes pl

bourgeon [burʒɔ̃] *nm* bud

Bourgogne [buʀɡɔɲ] nf: **la ~** Burgundy
▷ nm: **bourgogne** burgundy (wine)

bourguignon, ne [buʀɡiɲɔ̃, ɔn] adj of
ou from Burgundy, Burgundian

bourrasque [buʀask] nf squall

bourratif, -ive [buʀatif, iv] (fam) adj
filling, stodgy (pej)

bourré, e [buʀe] adj (fam: ivre)
plastered, tanked up (BRIT); (rempli): **~
de** crammed full of

bourrer [buʀe] vt (pipe) to fill; (poêle) to
pack; (valise) to cram (full)

bourru, e [buʀy] adj surly, gruff

bourse [buʀs] nf (subvention) grant;
(porte-monnaie) purse; **la B~** the Stock
Exchange

bous [bu] vb voir **bouillir**

bousculade [buskylad] nf (hâte) rush;
(cohue) crush; **bousculer** vt (heurter) to
knock into; (fig) to push, rush

boussole [busɔl] nf compass

bout [bu] vb voir **bouillir** ▷ nm bit; (d'un
bâton etc) tip; (d'une ficelle, table, rue,
période) end; **au ~ de** at the end of, after;
pousser qn à ~ to push sb to the limit;
venir à ~ de to manage to finish; **à ~
portant** [a bu pɔʀtɑ̃] point-blank (range)

bouteille [butɛj] nf bottle; (de gaz
butane) cylinder

boutique [butik] nf shop

bouton [butɔ̃] nm button; (sur la
peau) spot; (Bot) bud; **boutonner**
vt to button up; **boutonnière** nf
buttonhole; **bouton-pression** nm
press stud

bovin, e [bɔvɛ̃, in] adj bovine; **bovins**
nmpl cattle pl

bowling [buliŋ] nm (tenpin) bowling;
(salle) bowling alley

boxe [bɔks] nf boxing

BP abr = **boîte postale**

bracelet [bʀaslɛ] nm bracelet

braconnier [bʀakɔnje] nm poacher

brader [bʀade] vt to sell off; **braderie**
nf cut-price shop/stall

braguette [bʀaɡɛt] nf fly ou flies pl
(BRIT), zipper (US)

braise [bʀɛz] nf embers pl

brancard [bʀɑ̃kaʀ] nm (civière)
stretcher; **brancardier** nm stretcher-
bearer

branche [bʀɑ̃ʃ] nf branch

branché, e [bʀɑ̃ʃe] (fam) adj trendy

brancher [bʀɑ̃ʃe] vt to connect (up); (en
mettant la prise) to plug in

brandir [bʀɑ̃diʀ] vt to brandish

braquer [bʀake] vi (Auto) to turn (the
wheel) ▷ vt (revolver etc): **~ qch sur**
to aim sth at, point sth at; (mettre en
colère): **~ qn** to put sb's back up

bras [bʀɑ] nm arm; **~ dessus, ~ dessous**
arm in arm; **se retrouver avec qch sur
les ~** (fam) to be landed with sth; **bras
droit** (fig) right hand man

brassard [bʀasaʀ] nm armband

brasse [bʀas] nf (nage) breast-stroke;
brasse papillon butterfly (stroke)

brassée [bʀase] nf armful

brasser [bʀase] vt to mix; **~ l'argent/
les affaires** to handle a lot of money/
business

brasserie [bʀasʀi] nf (restaurant) café-
restaurant; (usine) brewery

brave [bʀav] adj (courageux) brave; (bon,
gentil) good, kind

braver [bʀave] vt to defy

bravo [bʀavo] excl bravo ▷ nm cheer

bravoure [bʀavuʀ] nf bravery

break [bʀɛk] nm (Auto) estate car

brebis [bʀəbi] nf ewe; **brebis galeuse**
black sheep

bredouiller [bʀəduje] vi, vt to
mumble, stammer

bref, brève [bʀɛf, ɛv] adj short, brief
▷ adv in short; **d'un ton ~** sharply,
curtly; **en ~** in short, in brief

Brésil [bʀezil] nm Brazil

Bretagne [bʀətaɲ] nf Brittany

bretelle [bʀətɛl] nf (de vêtement, de
sac) strap; (d'autoroute) slip road (BRIT),
entrance/exit ramp (US); **bretelles**
nfpl (pour pantalon) braces (BRIT),
suspenders (US)

breton, ne [bʀətɔ̃, ɔn] adj Breton
▷ nm/f: **B~, ne** Breton

brève [bʀɛv] adj voir **bref**

brevet [bʀəvɛ] nm diploma, certificate; **brevet des collèges** exam taken at the age of 15; **brevet (d'invention)** patent; **breveté, e** adj patented

bricolage [bʀikɔlaʒ] nm: **le ~** do-it-yourself

bricoler [bʀikɔle] vi (petits travaux) to do DIY jobs; (passe-temps) to potter about ▷ vt (réparer) to fix up; **bricoleur, -euse** nm/f handyman(-woman), DIY enthusiast

bridge [bʀidʒ] nm (Cartes) bridge

brièvement [bʀijɛvmɑ̃] adv briefly

brigade [bʀigad] nf (Police) squad; (Mil) brigade; **brigadier** nm sergeant

brillamment [bʀijamɑ̃] adv brilliantly

brillant, e [bʀijɑ̃, ɑ̃t] adj (remarquable) bright; (luisant) shiny, shining

briller [bʀije] vi to shine

brin [bʀɛ̃] nm (de laine, ficelle etc) strand; (fig): **un ~ de** a bit of

brindille [bʀɛ̃dij] nf twig

brioche [bʀijɔʃ] nf brioche (bun); (fam: ventre) paunch

brique [bʀik] nf brick; (de lait) carton

briquet [bʀikɛ] nm (cigarette) lighter

brise [bʀiz] nf breeze

briser [bʀize] vt to break; **se briser** vi to break

britannique [bʀitanik] adj British ▷ nm/f: **B~** British person, Briton; **les B~s** the British

brocante [bʀɔkɑ̃t] nf junk, second-hand goods pl; **brocanteur, -euse** nm/f junkshop owner; junk dealer

broche [bʀɔʃ] nf brooch; (Culin) spit; (Méd) pin; **à la ~** spit-roasted

broché, e [bʀɔʃe] adj (livre) paper-backed

brochet [bʀɔʃɛ] nm pike inv

brochette [bʀɔʃɛt] nf (ustensile) skewer; (plat) kebab

brochure [bʀɔʃyʀ] nf pamphlet, brochure, booklet

broder [bʀɔde] vt to embroider ▷ vi: **~ (sur les faits ou une histoire)** to embroider the facts; **broderie** nf embroidery

bronches [bʀɔ̃ʃ] nfpl bronchial tubes; **bronchite** nf bronchitis

bronze [bʀɔ̃z] nm bronze

bronzer [bʀɔ̃ze] vi to get a tan; **se bronzer** to sunbathe

brosse [bʀɔs] nf brush; **coiffé en ~** with a crewcut; **brosse à cheveux** hairbrush; **brosse à dents** toothbrush; **brosse à habits** clothesbrush; **brosser** vt (nettoyer) to brush; (fig: tableau etc) to paint; **se brosser les dents** to brush one's teeth

brouette [bʀuɛt] nf wheelbarrow

brouillard [bʀujaʀ] nm fog

brouiller [bʀuje] vt (œufs, message) to scramble; (idées) to mix up; (rendre trouble) to cloud; (désunir: amis) to set at odds; (brouiller) vi (vue) to cloud over; (gens): **se ~ (avec)** to fall out (with)

brouillon, ne [bʀujɔ̃, ɔn] adj (sans soin) untidy; (qui manque d'organisation) disorganized ▷ nm draft; **(papier) ~** rough paper

broussailles [bʀusaj] nfpl undergrowth sg; **broussailleux, -euse** adj bushy

brousse [bʀus] nf: **la ~** the bush

brouter [bʀute] vi to graze

brugnon [bʀyɲɔ̃] nm (Bot) nectarine

bruit [bʀɥi] nm: **un ~** a noise, a sound; (fig: rumeur) a rumour; **le ~** noise; **sans ~** without a sound, noiselessly; **bruit de fond** background noise

brûlant, e [bʀylɑ̃, ɑ̃t] adj burning; (liquide) boiling (hot)

brûlé, e [bʀyle] adj (fig: démasqué) blown ▷ nm: **odeur de ~** smell of burning

brûler [bʀyle] vt to burn; (suj: eau bouillante) to scald; (consommer: électricité, essence) to use; (feu rouge, signal) to go through ▷ vi to burn; (jeu): **tu brûles!** you're getting hot!; **se brûler** to burn o.s.; (s'ébouillanter) to scald o.s.

brûlure [bʀylyʀ] nf (lésion) burn; **brûlures d'estomac** heartburn sg

brume [bʀym] nf mist

brumeux, -euse [bʀymø, -øz] adj misty

brun, e [bʀœ̃ bʀyn] adj (gén, bière) brown; (cheveux, tabac) dark; **elle est ~e** she's got dark hair

brunch [bʀœntʃ] nm brunch

brushing [bʀœʃiŋ] nm blow-dry

brusque [bʀysk] adj abrupt

brut, e [bʀyt] adj (minerai, soie) raw; (diamant) rough; (Comm) gross; (**pétrole**) ~ crude (oil)

brutal, e, -aux [bʀytal, o] adj brutal

Bruxelles [bʀysɛl] n Brussels

bruyamment [bʀyjamɑ̃] adv noisily

bruyant, e [bʀyjɑ̃, ɑ̃t] adj noisy

bruyère [bʀyjɛʀ] nf heather

BTS sigle m (= brevet de technicien supérieur) vocational training certificate taken at the end of a higher education course

bu, e [by] pp de **boire**

buccal, e, -aux [bykal, o] adj: **par voie ~e** orally

bûche [byʃ] nf log; **prendre une ~** (fig) to come a cropper; **bûche de Noël** Yule log

bûcher [byʃe] nm (funéraire) pyre; (supplice) stake ▷ vi (fam) to swot (BRIT), slave (away) ▷ vt (fam) to swot up (BRIT), slave away at

budget [bydʒɛ] nm budget

buée [bɥe] nf (sur une vitre) mist

buffet [byfɛ] nm (meuble) sideboard; (de réception) buffet; **buffet (de gare)** (station) buffet, snack bar

buis [bɥi] nm box tree; (bois) box(wood)

buisson [bɥisɔ̃] nm bush

bulbe [bylb] nm (Bot, Anat) bulb

Bulgarie [bylgaʀi] nf Bulgaria

bulle [byl] nf bubble

bulletin [byltɛ̃] nm (communiqué, journal) bulletin; (Scol) report; **bulletin d'informations** news bulletin; **bulletin (de vote)** ballot paper; **bulletin météorologique** weather report

bureau, x [byʀo] nm (meuble) desk; (pièce, service) office; **bureau de change** (foreign) exchange office ou bureau; **bureau de poste** post office; **bureau de tabac** tobacconist's (shop); **bureaucratie** [byʀokʀasi] nf bureaucracy

bus¹ [by] vb voir **boire**

bus² [bys] nm bus; **à quelle heure part le ~?** what time does the bus leave?

buste [byst] nm (torse) chest; (seins) bust

but¹ [by] vb voir **boire**

but² [by(t)] nm (cible) target; (fig) goal, aim; (Football etc) goal; **de ~ en blanc** point-blank; **avoir pour ~ de faire** to aim to do; **dans le ~ de** with the intention of

butane [bytan] nm (camping) butane; (usage domestique) Calor gas®

butiner [bytine] vi (abeilles) to gather nectar

buvais etc [byvɛ] vb voir **boire**

buvard [byvaʀ] nm blotter

buvette [byvɛt] nf bar

C

[s] *dét voir* **ce**

a [sa] *pron* (*pour désigner*) this; (: *plus loin*) that; (*comme sujet indéfini*) it; **ça m'étonne que ...** it surprises me that ...; **comment ça va?** how are you?; **ça va?** (*d'accord?*) O.K.?, all right?; **où ça?** where's that?; **pourquoi ça?** why's that?; **qui ça?** who's that?; **ça alors!** well really!; **ça fait 10 ans (que)** it's 10 years (since); **c'est ça** that's right; **ça y est** that's it

abane [kaban] *nf* hut, cabin

abaret [kabaʀɛ] *nm* night club

abillaud [kabijo] *nm* cod *inv*

abine [kabin] *nf* (*de bateau*) cabin; (*de piscine etc*) cubicle; (*de camion, train*) cab; (*d'avion*) cockpit; **cabine d'essayage** fitting room; **cabine (téléphonique)** call *ou* (tele)phone box

abinet [kabinɛ] *nm* (*petite pièce*) closet; (*de médecin*) surgery (BRIT), office (US); (*de notaire etc*) office; (: *clientèle*) practice; (*Pol*) Cabinet; **cabinets** *nmpl* (w.-c.) toilet *sg*; **cabinet de toilette** toilet

câble [kabl] *nm* cable; **le ~** (*TV*) cable television, cablevision (US)

cacahuète [kakaɥɛt] *nf* peanut

cacao [kakao] *nm* cocoa

cache [kaʃ] *nm* mask, card (for masking)

cache-cache [kaʃkaʃ] *nm*: **jouer à ~** to play hide-and-seek

cachemire [kaʃmir] *nm* cashmere

cacher [kaʃe] *vt* to hide, conceal; **se cacher** *vi* (*volontairement*) to hide; (*être caché*) to be hidden *ou* concealed; **~ qch à qn** to hide *ou* conceal sth from sb

cachet [kaʃɛ] *nm* (*comprimé*) tablet; (*de la poste*) postmark; (*rétribution*) fee; (*fig*) style, character

cachette [kaʃɛt] *nf* hiding place; **en ~** on the sly, secretly

cactus [kaktys] *nm* cactus

cadavre [kadavʀ] *nm* corpse, (dead) body

caddie® [kadi] *nm* (supermarket) trolley (BRIT), (grocery) cart (US)

cadeau, x [kado] *nm* present, gift; **faire un ~ à qn** to give sb a present *ou* gift; **faire ~ de qch à qn** to make a present of sth to sb, give sb sth as a present

cadenas [kadna] *nm* padlock

cadet, te [kadɛ, ɛt] *adj* younger; (*le plus jeune*) youngest ▷ *nm/f* youngest child *ou* one

cadran [kadʀɑ̃] *nm* dial; **cadran solaire** sundial

cadre [kadʀ] *nm* frame; (*environnement*) surroundings *pl* ▷ *nm/f* (*Admin*) managerial employee, executive; **dans le ~ de** (*fig*) within the framework *ou* context of

cafard [kafaʀ] *nm* cockroach; **avoir le ~** (*fam*) to be down in the dumps

café [kafe] *nm* coffee; (*bistro*) café ▷ *adj inv* coffee(-coloured); **café au lait** white coffee; **café noir** black coffee; **café-tabac** tobacconist's *ou* newsagent's serving coffee and spirits; **cafétéria** *nf* cafeteria; **cafetière** *nf* (*pot*) coffee-pot

toilet

cage [kaʒ] nf cage; **cage (d'escalier)** stairwell; **cage thoracique** rib cage

cageot [kaʒo] nm crate

cagoule [kagul] nf (passe-montagne) balaclava

cahier [kaje] nm notebook; **cahier de brouillon** jotter (BRIT), rough notebook; **cahier d'exercices** exercise book

caille [kaj] nf quail

caillou, x [kaju] nm (little) stone; **cailouteux, -euse** adj (route) stony

Caire [kɛʀ] nm: **le ~** Cairo

caisse [kɛs] nf box; (tiroir où l'on met la recette) till; (où l'on paye) cash desk (BRIT), check-out; (de banque) cashier's desk; **caisse d'épargne** savings bank; **caisse de retraite** pension fund; **caisse enregistreuse** cash register; **caissier, -ière** nm/f cashier

cake [kɛk] nm fruit cake

calandre [kalɑ̃dʀ] nf radiator grill

calcaire [kalkɛʀ] nm limestone ▷ adj (eau) hard; (Géo) limestone cpd

calcul [kalkyl] nm calculation; **le ~** (Scol) arithmetic; **calcul (biliaire)** (gall)stone; **calculatrice** nf calculator; **calculer** vt to calculate, work out; **calculette** nf pocket calculator

cale [kal] nf (de bateau) hold; (en bois) wedge

calé, e [kale] (fam) adj clever, bright

caleçon [kalsɔ̃] nm (d'homme) boxer shorts; (de femme) leggings

calendrier [kalɑ̃dʀije] nm calendar; (fig) timetable

calepin [kalpɛ̃] nm notebook

caler [kale] vt to wedge ▷ vi (moteur, véhicule) to stall

calibre [kalibʀ] nm calibre

câlin, e [kalɛ̃, in] adj cuddly, cuddlesome; (regard, voix) tender

calmant [kalmɑ̃] nm tranquillizer, sedative; (pour la douleur) painkiller

calme [kalm] adj calm, quiet ▷ nm calm(ness), quietness; **sans perdre son ~** without losing one's cool (inf) ou composure; **calmer** vt to calm (down);

(douleur, inquiétude) to ease, soothe; **se calmer** vi to calm down

calorie [kalɔʀi] nf calorie

camarade [kamaʀad] nm/f friend, pa (Pol) comrade

Cambodge [kɑ̃bɔdʒ] nm: **le ~** Cambodia

cambriolage [kɑ̃bʀijolaʒ] nm burglary; **cambrioler** vt to burgle (BRIT), burglarize (US); **cambrioleur, -euse** nm/f burglar

camelote [kamlɔt] (fam) nf rubbish, trash, junk

caméra [kameʀa] nf (Cinéma, TV) camera; (d'amateur) cine-camera

Cameroun [kamʀun] nm: **le ~** Cameroon

caméscope® [kameskɔp] nm camcorder

camion [kamjɔ̃] nm lorry (BRIT), truck; **camion de dépannage** breakdown (BRIT) ou tow truck; **camionnette** nf (small) van; **camionneur** nm (chauffeur) lorry (BRIT) ou truck driver; (entrepreneur) haulage contractor (BRIT trucker (US)

camomille [kamɔmij] nf camomile; (boisson) camomile tea

camp [kɑ̃] nm camp; (fig) side

campagnard, e [kɑ̃paɲaʀ, aʀd] adj country cpd

campagne [kɑ̃paɲ] nf country, countryside; (Mil, Pol, Comm) campaign; **à la ~** in the country

camper [kɑ̃pe] vi to camp ▷ vt to sketch; **se ~ devant** to plant o.s. in front of; **campeur, -euse** nm/f campe

camping [kɑ̃piŋ] nm camping; **faire du ~** to go camping; (terrain de) **camping** campsite, camping site; **camping-car** nm camper, motorhome (US); **camping-gaz®** nm inv camp(ing stove

Canada [kanada] nm: **le ~** Canada; **canadien, ne** adj Canadian ▷ nm/f: **Canadien, ne** Canadian; **canadienne** nf (veste) fur-lined jacket

canal, -aux [kanal, o] nm canal:

(naturel, TV) channel; **canalisation** nf (tuyau) pipe

canapé [kanape] nm settee, sofa

canard [kanar] nm duck; (fam: journal) rag

cancer [kɑ̃sɛR] nm cancer; (signe): **le C~** Cancer

cancre [kɑ̃kR] nm dunce

candidat, e [kɑ̃dida, at] nm/f candidate; (à un poste) applicant, candidate; **candidature** nf (Pol) candidacy; (à poste) application; **poser sa candidature à un poste** to apply for a job

cane [kan] nf (female) duck

canette [kanɛt] nf (de bière) (flip-top) bottle

canevas [kanva] nm (Couture) canvas

caniche [kaniʃ] nm poodle

canicule [kanikyl] nf scorching heat

canif [kanif] nm penknife, pocket knife

canne [kan] nf (walking) stick; **canne à pêche** fishing rod; **canne à sucre** sugar cane

cannelle [kanɛl] nf cinnamon

canoë [kanɔe] nm canoe; (sport) canoeing; **canoë (kayak)** kayak

canot [kano] nm ding(h)y; **canot de sauvetage** lifeboat; **canot pneumatique** inflatable ding(h)y

cantatrice [kɑ̃tatʀis] nf (opera) singer

cantine [kɑ̃tin] nf canteen

canton [kɑ̃tɔ̃] nm district consisting of several communes; (en Suisse) canton

caoutchouc [kautʃu] nm rubber; **caoutchouc mousse** foam rubber

cap [kap] nm (Géo) cape; (promontoire) headland; (fig: tournant) watershed; (Navig): **changer de ~** to change course; **mettre le ~ sur** to head ou steer for

CAP sigle nm (= Certificat d'aptitude professionnelle) vocational training certificate taken at secondary school

capable [kapabl] adj able, capable; **~ de qch/faire** capable of sth/doing

capacité [kapasite] nf (compétence) ability; (Jur, contenance) capacity

cape [kap] nf cape, cloak; **rire sous ~** to laugh up one's sleeve

CAPES [kapɛs] sigle m (= Certificat d'aptitude pédagogique à l'enseignement secondaire) teaching diploma

capitaine [kapitɛn] nm captain

capital, e, -aux [kapital, o] adj (œuvre) major; (question, rôle) fundamental ▷ nm capital; (fig) stock; **d'une importance ~e** of capital importance; **capitaux** nmpl (fonds) capital sg; **capital (social)** authorized capital; **capitale** nf (ville) capital; (lettre) capital (letter); **capitalisme** nm capitalism; **capitaliste** adj, nm/f capitalist

caporal, -aux [kapɔral, o] nm lance corporal

capot [kapo] nm (Auto) bonnet (BRIT), hood (US)

câpre [kɑpʀ] nf caper

caprice [kapʀis] nm whim, caprice; **faire des ~s** to make a fuss; **capricieux, -euse** adj (fantasque) capricious, whimsical; (enfant) awkward

Capricorne [kapʀikɔʀn] nm: **le ~** Capricorn

capsule [kapsyl] nf (de bouteille) cap; (Bot etc, spatiale) capsule

capter [kapte] vt (ondes radio) to pick up; (fig) to win, capture

captivant, e [kaptivɑ̃, ɑ̃t] adj captivating

capturer [kaptyʀe] vt to capture

capuche [kapyʃ] nf hood

capuchon [kapyʃɔ̃] nm hood; (de stylo) cap, top

car [kaʀ] nm coach ▷ conj because, for

carabine [kaʀabin] nf rifle

caractère [kaʀaktɛʀ] nm (gén) character; **avoir bon/mauvais ~** to be good-/ill-natured; **en ~s gras** in bold type; **en petits ~s** in small print; **~s d'imprimerie** (block) capitals

caractériser [kaʀakteʀize] vt to be characteristic of; **se ~ par** to be characterized ou distinguished by

caractéristique [kaʀakteʀistik] adj,

nf characteristic

carafe [kaʁaf] *nf* (*pour eau, vin ordinaire*) carafe

caraïbe [kaʁaib] *adj* Caribbean ▷ *n*: **les C~s** the Caribbean (Islands)

carambolage [kaʁɑ̃bɔlaʒ] *nm* multiple crash, pileup

caramel [kaʁamɛl] *nm* (*bonbon*) caramel, toffee; (*substance*) caramel

caravane [kaʁavan] *nf* caravan; **caravaning** *nm* caravanning

carbone [kaʁbɔn] *nm* carbon; (*double*) carbon (copy)

carbonique [kaʁbɔnik] *adj*: **gaz ~** carbon dioxide; **neige ~** dry ice

carbonisé, e [kaʁbɔnize] *adj* charred

carburant [kaʁbyʁɑ̃] *nm* (motor) fuel

carburateur [kaʁbyʁatœʁ] *nm* carburettor

cardiaque [kaʁdjak] *adj* cardiac, heart *cpd* ▷ *nm/f* heart patient; **être ~** to have heart trouble

cardigan [kaʁdigɑ̃] *nm* cardigan

cardiologue [kaʁdjɔlɔg] *nm/f* cardiologist, heart specialist

carême [kaʁɛm] *nm*: **le C~** Lent

carence [kaʁɑ̃s] *nf* (*manque*) deficiency

caresse [kaʁɛs] *nf* caress

caresser [kaʁese] *vt* to caress; (*animal*) to stroke

cargaison [kaʁgɛzɔ̃] *nf* cargo, freight

cargo [kaʁgo] *nm* cargo boat, freighter

carie [kaʁi] *nf*: **la ~ (dentaire)** tooth decay; **une ~** a bad tooth

carnaval [kaʁnaval] *nm* carnival

carnet [kaʁnɛ] *nm* (*calepin*) notebook; (*de tickets, timbres etc*) book; **carnet de chèques** cheque book

carotte [kaʁɔt] *nf* carrot

carré, e [kaʁe] *adj* square; (*fig: franc*) straightforward ▷ *nm* (*Math*) square; **mètre/kilomètre ~** square metre/ kilometre

carreau, x [kaʁo] *nm* (*par terre*) (floor) tile; (*au mur*) (wall) tile; (*de fenêtre*) (window) pane; (*motif*) check, square; (*Cartes: couleur*) diamonds *pl*; **tissu à ~x** checked fabric

carrefour [kaʁfuʁ] *nm* crossroads *sg*

carrelage [kaʁlaʒ] *nm* (*sol*) (tiled) floor

carrelet [kaʁlɛ] *nm* (*poisson*) plaice

carrément [kaʁemɑ̃] *adv* (*franchement*) straight out, bluntly; (*sans hésiter*) straight; (*intensif*) completely; **c'est ~ impossible** it's completely impossible

carrière [kaʁjɛʁ] *nf* (*métier*) career; (*de roches*) quarry; **militaire de ~** professional soldier

carrosserie [kaʁɔsʁi] *nf* body, coachwork *no pl*

carrure [kaʁyʁ] *nf* build; (*fig*) stature, calibre

cartable [kaʁtabl] *nm* satchel, (school)bag

carte [kaʁt] *nf* (*de géographie*) map; (*marine, du ciel*) chart; (*d'abonnement, à jouer*) card; (*au restaurant*) menu; (*aussi*: **~ de visite**) (visiting) card; **pouvez-vous me l'indiquer sur la ~?** can you show me (it) on the map?; **à la ~** (*au restaurant*) à la carte; **est-ce qu'on peut voir la ~?** can we see the menu?; **donner/ blanche à qn** to give sb a free rein; **carte bancaire** cash card; **Carte Bleue®** debit card; **carte à puce** smart card; **carte de crédit** credit card; **carte de fidélité** loyalty card; **carte d'identité** identity card; **carte de séjour** residence permit; **carte grise** (*Auto*) = (car) registration book, logbook; **carte mémoire** (*d'appareil-photo numérique*) memory card; **carte postale** postcard; **carte routière** road map; **carte SIM** SIM card; **carte téléphonique** phonecard

carter [kaʁtɛʁ] *nm* sump

carton [kaʁtɔ̃] *nm* (*matériau*) cardboard; (*boîte*) (cardboard) box; **faire un ~** (*fam*) to score a hit; **carton (à dessin)** portfolio

cartouche [kaʁtuʃ] *nf* cartridge; (*de cigarettes*) carton

cas [kɑ] *nm* case; **ne faire aucun ~ de** to take no notice of; **en aucun ~** on no account; **au ~ où** in case; **en ~ de** in case of, in the event of; **en ~ de besoin**

if need be; **en tout ~** in any case, at any rate

cascade [kaskad] nf waterfall, cascade

case [kɑz] nf (hutte) hut; (compartiment) compartment; (sur un formulaire, de mots croisés etc) box

caser [kɑze] (fam) vt (placer) to put (away); (loger) to put up; **se caser** vi (se marier) to settle down; (trouver un emploi) to find a (steady) job

caserne [kazɛrn] nf barracks pl

casier [kɑzje] nm (pour courrier) pigeonhole; (compartiment) compartment; (à clef) locker; **casier judiciaire** police record

casino [kazino] nm casino

casque [kask] nm helmet; (chez le coiffeur) (hair-)drier; (pour audition) (head-)phones pl, headset

casquette [kaskɛt] nf cap

casse...: **casse-croûte** nm inv snack; **casse-noix** nm inv nutcrackers pl; **casse-pieds** (fam) adj inv: **il est casse-pieds** he's a pain in the neck

casser [kɑse] vt to break; (Jur) to quash; **se casser** vi to break; **~ les pieds à qn** (fam: irriter) to get on sb's nerves; **se ~ la tête** (fam) to go to a lot of trouble

casserole [kasrɔl] nf saucepan

casse-tête [kastɛt] nm inv (difficultés) headache (fig)

cassette [kasɛt] nf (bande magnétique) cassette; (coffret) casket

cassis [kasis] nm blackcurrant

cassoulet [kasulɛ] nm bean and sausage hot-pot

catalogue [katalɔg] nm catalogue

catalytique [katalitik] adj: **pot ~** catalytic convertor

catastrophe [katastrɔf] nf catastrophe, disaster

catéchisme [kateʃism] nm catechism

catégorie [kategɔri] nf category

catégorique adj categorical

cathédrale [katedral] nf cathedral

catholique [katɔlik] adj, nm/f (Roman) Catholic; **pas très ~** a bit shady ou fishy

cauchemar [koʃmar] nm nightmare

cause [koz] nf cause; (Jur) lawsuit, case; **à ~ de** because of, **pour ~ de** on account of; **(et) pour ~** for a (very) good reason; **être en ~** (intérêts) to be at stake; **remettre en ~** to challenge; **causer** vt to cause ▷ vi to chat, talk

caution [kosjɔ̃] nf guarantee, security; (Jur) bail (bond); (fig) backing, support; **libéré sous ~** released on bail

cavalier, -ière [kavalje, jɛr] adj (désinvolte) offhand ▷ nm/f rider; (au bal) partner ▷ nm (Échecs) knight

cave [kav] nf cellar

caverne [kavɛrn(ə)] nf cave

CD sigle m (= compact disc)

CD-ROM [sederɔm] sigle m CD-ROM

MOT-CLÉ

ce, cette [sə, sɛt] (devant nm cet + voyelle ou h aspiré, ces) dét (proximité) this; these pl; (non-proximité) that; those pl; **cette maison(-ci/là)** this/that house; **cette nuit** (qui vient) tonight; (passée) last night

▷ pron **1: c'est** it's ou it is; **c'est un peintre** he's ou she's a painter; **ce sont des peintres** they're ou they are painters; **c'est le facteur** etc (à la porte) it's the postman; **c'est toi qui lui a parlé** it was you whom you spoke to him; **qui est-ce?** who is it?; (en désignant) who is he/she?; **qu'est-ce?** what is it?

2: ce qui, ce que what; **ce qui me plaît, c'est sa franchise** what I like about him ou her is his ou her frankness; **il est bête, ce qui me chagrine** he's stupid, which saddens me; **tout ce qui bouge** everything that ou which moves; **tout ce que je sais** all I know; **ce dont j'ai parlé** what I talked about; **ce que c'est grand!** it's so big!; **voir aussi -ci**; **est-ce que**; **n'est-ce pas**; **c'est-à-dire**

---

ceci [səsi] pron this

céder [sede] vt (donner) to give up ▷ vi (chaise, barrage) to give way; (personne) to give in; **à** to yield to, give in to

cédérom [sederɔm] nm CD-ROM

CEDEX [sedɛks] sigle m (= courrier d'entreprise à distribution exceptionnelle) postal service for bulk users

cédille [sedij] nf cedilla

ceinture [sɛ̃tyʀ] nf belt; (taille) waist; **ceinture de sécurité** safety ou seat belt

cela [s(ə)la] pron that; (comme sujet indéfini) it; **~ m'étonne que ...** it surprises me that ...; **quand/où ~?** when/where (was that)?

célèbre [selɛbʀ] adj famous; **célébrer** vt to celebrate

céleri [sɛlʀi] nm: **~(-rave)** celeriac; **céleri en branche** celery

célibataire [selibatɛʀ] adj single, unmarried ▷ nm bachelor ▷ nf unmarried woman

celle, celles [sɛl] pron voir **celui**

cellule [selyl] nf (gén) cell; **~ souche** stem cell

cellulite [selylit] nf cellulite

MOT-CLÉ

celui, celle [səlɥi, sɛl] (mpl **ceux**, fpl **celles**) pron 1: **celui-ci/là, celle-ci/là** this one/that one; **ceux-ci, celles-ci** these (ones); **ceux-là, celles-là** those (ones)

2: **celui qui bouge** the one which ou that moves; (personne) the one who moves; **celui que je vois** the one (which ou that) I see; (personne) the one (whom) I see; **celui dont je parle** the one I'm talking about; **celui de mon frère** my brother's; **celui du salon/du dessous** the one in (ou from) the lounge/below

3 (valeur indéfinie): **celui qui veut** whoever wants

cendre [sɑ̃dʀ] nf ash; **cendres** nfpl (d'un défunt) ashes; **cendrier** nm ashtray

censé, e [sɑ̃se] adj: **être ~ faire** to be supposed to do

censeur [sɑ̃sœʀ] nm (Scol) deputy-head

(BRIT), vice-principal (US)

censure [sɑ̃syʀ] nf censorship; **censurer** vt (Cinéma, Presse) to censor; (Pol) to censure

cent [sɑ̃] num a hundred, one hundred ▷ nm (US, Canada etc) cent; (partie de l'euro) cent; **centaine** nf: **une centaine (de)** about a hundred, a hundred or so; **des centaines (de)** hundreds (of); **centenaire** adj hundred-year-old ▷ nm (anniversaire) centenary ▷ nm (monnaie) cent; **centième** nm hundredth; **centigrade** nm centigrade; **centilitre** nm centilitre; **centime** nm centime; **centime d'euro** euro cent; **centimètre** nm centimetre; (ruban) tape measure, measuring tape

central, e, -aux [sɑ̃tʀal, o] adj central ▷ nm: **~ (téléphonique)** (telephone) exchange; **centrale** nf power station; **centrale électrique/nucléaire** power/ nuclear power station

centre [sɑ̃tʀ] nm centre; **centre commercial/sportif/culturel** shopping/sports/arts centre; **centre d'appels** call centre; **centre-ville** nm town centre, downtown (area) (US)

cèpe [sɛp] nm (edible) boletus

cependant [s(ə)pɑ̃dɑ̃] adv however

céramique [seʀamik] nf ceramics sg

cercle [sɛʀkl] nm circle; **cercle vicieux** vicious circle

cercueil [sɛʀkœj] nm coffin

céréale [seʀeal] nf cereal

cérémonie [seʀemɔni] nf ceremony; **sans ~** (inviter, manger) informally

cerf [sɛʀ] nm stag

cerf-volant [sɛʀvɔlɑ̃] nm kite

cerise [s(ə)ʀiz] nf cherry; **cerisier** nm cherry (tree)

cerner [sɛʀne] vt (Mil etc) to surround; (fig: problème) to delimit, define

certain, e [sɛʀtɛ̃, ɛn] adj certain ▷ pron certain; **d'un ~ âge** past one's prime, not so young; **un ~ temps** (quite) some time; **un ~ Georges** someone called Georges; **~s** pron some; **certainement** adv (probablement) most probably ou likely; (bien sûr) certainly, of course

ertes [sɛʁt] adv (sans doute) admittedly; (bien sûr) of course

ertificat [sɛʁtifika] nm certificate

ertifier [sɛʁtifje] vt: ~ **qch à qn** to assure sb of sth; **copie certifiée conforme** certified copy of the original

ertitude [sɛʁtityd] nf certainty

erveau, x [sɛʁvo] nm brain

ervelas [sɛʁvəla] nm saveloy

ervelle [sɛʁvɛl] nf (Anat) brain; (Culin) brains

es [se] dét voir **ce**

.ES sigle m (= collège d'enseignement secondaire) ≈ (junior) secondary school (BRIT)

esse [sɛs]: **sans ~** adv (tout le temps) continually, constantly; (sans interruption) continuously; **il n'a eu de ~ que** he did not rest until; **cesser** vi to stop ▷ vi to stop, cease; **cesser de faire** to stop doing; **cessez-le-feu** nm inv ceasefire

est-à-dire [sɛtadiʁ] adv that is (to say)

et, cette [sɛt] dét voir **ce**

eux [sø] pron voir **celui**

hacun, e [ʃakœ̃, yn] pron each; (indéfini) everyone, everybody

hagrin [ʃagʁɛ̃] nm grief, sorrow; **avoir du ~** to be grieved

hahut [ʃay] nm uproar; **chahuter** vt to rag, bait ▷ vi to make an uproar

haîne [ʃɛn] nf chain; (Radio, TV: stations) channel; **travail à la ~** production line work; **réactions en ~** chain reaction sg; **chaîne (hi-fi)** hi-fi system

hair [ʃɛʁ] nf flesh; **avoir la ~ de poule** to have goosepimples ou gooseflesh; **bien en ~** plump, well-padded; **en ~ et en os** in the flesh; **à saucisse** sausage meat

haise [ʃɛz] nf chair; **chaise longue** deckchair

hâle [ʃal] nm shawl

haleur [ʃalœʁ] nf heat; (fig: accueil) warmth; **chaleureux, -euse** adj warm

chamailler [ʃamaje]: **se chamailler** vi to squabble, bicker

chambre [ʃɑ̃bʁ] nf (Pol, Comm) chamber; **faire ~ à part** to sleep in separate rooms; **je voudrais une ~ pour deux personnes** I'd like a double room; **chambre à air** (de pneu) (inner) tube; **chambre à coucher** bedroom; **chambre à un lit/à deux lits** (à l'hôtel) single-/twin-bedded room; **chambre d'amis** spare ou guest room; **chambre d'hôte** ≈ bed and breakfast; **chambre meublée** bedsit(ter) (BRIT), furnished room; **chambre noire** (Photo) darkroom

chameau, x [ʃamo] nm camel

chamois [ʃamwa] nm chamois

champ [ʃɑ̃] nm field; **champ de bataille** battlefield; **champ de courses** racecourse

champagne [ʃɑ̃paɲ] nm champagne

champignon [ʃɑ̃piɲɔ̃] nm mushroom; (terme générique) fungus; **champignon de Paris** ou **de couche** button mushroom

champion, ne [ʃɑ̃pjɔ̃, jɔn] adj, nm/f champion; **championnat** nm championship

chance [ʃɑ̃s] nf: **la ~** luck; **chances** nfpl (probabilités) chances; **avoir de la ~** to be lucky; **il a des ~ de réussir** he's got a good chance of passing; **bonne ~!** good luck!

change [ʃɑ̃ʒ] nm (devises) exchange

changement [ʃɑ̃ʒmɑ̃] nm change; **changement de vitesses** gears pl

changer [ʃɑ̃ʒe] vt (modifier) to change, alter; (remplacer, Comm) to change ▷ vi to change, alter; **se changer** vi to change (o.s.); **~ de** (remplacer: adresse, nom, voiture etc) to change one's; (échanger: place, train etc) to change one's; **~ d'avis** to change one's mind; **~ de vitesse** to change gear; **il faut ~ à Lyon** you ou we etc have to change in Lyons; **où est-ce que je peux ~ de l'argent?** where can I change some money?

chanson [ʃɑ̃sɔ̃] nf song

chant [ʃɑ̃] nm song; (art vocal) singing; (d'église) hymn

chantage [ʃɑ̃taʒ] nm blackmail; **faire du ~** to use blackmail

chanter [ʃɑ̃te] vt, vi to sing; **si cela lui chante** (fam) if he feels like it; **chanteur, -euse** nm/f singer

chantier [ʃɑ̃tje] nm (building) site; (sur une route) roadworks pl; **mettre en ~** to put in hand; **chantier naval** shipyard

chantilly [ʃɑ̃tiji] nf voir **crème**

chantonner [ʃɑ̃tɔne] vi, vt to sing to oneself, hum

chapeau, x [ʃapo] nm hat; **~!** well done!

chapelle [ʃapɛl] nf chapel

chapitre [ʃapitʁ] nm chapter

chaque [ʃak] dét each, every; (indéfini) every

char [ʃaʁ] nm (Mil): **~ (d'assaut)** tank; **~ à voile** sand yacht

charbon [ʃaʁbɔ̃] nm coal; **charbon de bois** charcoal

charcuterie [ʃaʁkytʁi] nf (magasin) pork butcher's shop and delicatessen; (produits) cooked pork meats pl; **charcutier, -ière** nm/f pork butcher

chardon [ʃaʁdɔ̃] nm thistle

charge [ʃaʁʒ] nf (fardeau) load, burden; (Élec, Mil, Jur) charge; (rôle, mission) responsibility; **charges** nfpl (du loyer) service charges; **à la ~ de** (dépendant de) dependent upon; (aux frais de) chargeable to; **prendre en ~** to take charge of; (suj: véhicule) to take on; (dépenses) to take care of; **charges sociales** social security contributions

chargement [ʃaʁʒəmɑ̃] nm (objets) load

charger [ʃaʁʒe] vt (voiture, fusil, caméra) to load; (batterie) to charge ▷ vi (Mil etc) to charge; **se ~ de** to see to, take care of

chariot [ʃaʁjo] nm trolley; (charrette) waggon

charité [ʃaʁite] nf charity; **faire la ~ à** to give (something) to

charmant, e [ʃaʁmɑ̃, ɑ̃t] adj charming

charme [ʃaʁm] nm charm; **charmer**

vt to charm

charpente [ʃaʁpɑ̃t] nf frame(work); **charpentier** nm carpenter

charrette [ʃaʁɛt] nf cart

charter [ʃaʁtɛʁ] nm (vol) charter flight

chasse [ʃas] nf hunting; (poursuite) chase; (aussi: **~ d'eau**) flush; **prendre en ~** to give chase to; **tirer la ~ (d'eau)** to flush the toilet, pull the chain; **à courre** hunting; **chasse-neige** nm inv snowplough (BRIT), snowplow (US); **chasser** vt to hunt; (expulser) to chase away ou out, drive away ou out; **chasseur, -euse** nm/f hunter ▷ nm (avion) fighter

chat¹ [ʃa] nm cat

chat² [tʃat] nm (Internet) chat room

châtaigne [ʃatɛɲ] nf chestnut

châtain [ʃatɛ̃] adj inv (cheveux) chestnut (brown); (personne) chestnut-haired

château, x [ʃato] nm (forteresse) castle; (résidence royale) palace; (manoir) mansion; **château d'eau** water tower; **château fort** stronghold, fortified castle

châtiment [ʃatimɑ̃] nm punishment

chaton [ʃatɔ̃] nm (Zool) kitten

chatouiller [ʃatuje] vt to tickle; **chatouilleux, -euse** adj ticklish

chatte [ʃat] nf (she-)cat

chatter [tʃate] vi (Internet) to chat

chaud, e [ʃo, ʃod] adj (gén) warm; (très chaud) hot; **il fait ~** it's warm; it's hot; **avoir ~** to be warm; to be hot; **ça me tient ~** it keeps me warm; **rester au ~** to stay in the warm

chaudière [ʃodjɛʁ] nf boiler

chauffage [ʃofaʒ] nm heating; **chauffage central** central heating

chauffe-eau [ʃofo] nm inv water-heater

chauffer [ʃofe] vt to heat ▷ vi to heat up, warm up; (trop chauffer: moteur) to overheat; **se chauffer** vi (au soleil) to warm o.s.

chauffeur [ʃofœʁ] nm driver; (privé) chauffeur

haumière [ʃomjɛʀ] nf (thatched) cottage

haussée [ʃose] nf road(way)

hausser [ʃose] vt (bottes, skis) to put on; (enfant) to put shoes on; ~ **du 38/42** to take size 38/42

haussette [ʃosɛt] nf sock

hausson [ʃosɔ̃] nm slipper; (de bébé) bootee; **chausson (aux pommes)** (apple) turnover

haussure [ʃosyʀ] nf shoe;
chaussures basses flat shoes;
chaussures montantes ankle boots;
chaussures de ski ski boots

hauve [ʃov] adj bald; **chauve-souris** nf bat

hauvin, e [ʃovɛ̃, in] adj chauvinistic

haux [ʃo] nf lime; **blanchi à la ~** whitewashed

hef [ʃɛf] nm head, leader; (de cuisine) chef; **commandant en ~** commander-in-chief; **chef d'accusation** charge; **chef d'entreprise** company head; **chef d'État** head of state; **chef de famille** head of the family; **chef de file** (de parti etc) leader; **chef de gare** station master; **chef d'orchestre** conductor; **chef-d'œuvre** nm masterpiece; **chef-lieu** nm county town

hemin [ʃ(ə)mɛ̃] nm path; (itinéraire, direction, trajet) way; **en ~** on the way; **chemin de fer** railway (BRIT), railroad (US)

heminée [ʃ(ə)mine] nf chimney; (à l'intérieur) chimney piece, fireplace; (de bateau) funnel

hemise [ʃ(ə)miz] nf shirt; (dossier) folder; **chemise de nuit** nightdress

hemisier [ʃ(ə)mizje] nm blouse

hêne [ʃɛn] nm oak tree; (bois) oak

henil [ʃ(ə)nil] nm kennels pl

henille [ʃ(ə)nij] nf (Zool) caterpillar

hèque [ʃɛk] nm cheque (BRIT), check (US); **est-ce que je peux payer par ~?** can I pay by cheque?; **chèque sans provision** bad cheque; **chèque de voyage** traveller's cheque; **chéquier** [ʃekje] nm cheque book

cher, -ère [ʃɛʀ] adj (aimé) dear; (coûteux) expensive, dear ? adv: **ça coûte ~** it's expensive

chercher [ʃɛʀʃe] vt to look for; (gloire etc) to seek; **aller ~** to go for, go and fetch; **~ à faire** to try to do; **chercheur, -euse** nm/f researcher, research worker

chéri, e [ʃeʀi] adj beloved, dear; **(mon) ~** darling

cheval [ʃ(ə)val, o] nm horse; (Auto): **~ (vapeur)** horsepower no pl; **faire du ~** to ride; **à ~** on horseback; **à ~ sur** astride; (fig) overlapping; **cheval de course** racehorse

chevalier [ʃ(ə)valje] nm knight

chevalière [ʃ(ə)valjɛʀ] nf signet ring

chevaux [ʃəvo] nmpl de **cheval**

chevet [ʃ(ə)vɛ] nm: **au ~ de qn** at sb's bedside; **lampe de chevet** bedside lamp

cheveu [ʃ(ə)vø] nm hair; **cheveux** nmpl (chevelure) hair sg; **avoir les ~x courts** to have short hair

cheville [ʃ(ə)vij] nf (Anat) ankle; (de bois) peg; (pour une vis) plug

chèvre [ʃɛvʀ] nf (she-)goat

chèvrefeuille [ʃɛvʀəfœj] nm honeysuckle

chevreuil [ʃəvʀœj] nm roe deer inv; (Culin) venison

🔵 **MOT-CLÉ**

chez [ʃe] prép 1 (à la demeure de) at; (: direction) to; **chez qn** at/to sb's house ou place; **je suis chez moi** I'm at home; **je rentre chez moi** I'm going home; **allons chez Nathalie** let's go to Nathalie's

2 (*profession) at; (: direction) to; **chez le boulanger/dentiste** at ou to the baker's/dentist's

3 (dans le caractère, l'œuvre de) in; **chez ce poète** in this poet's work; **c'est ce que je préfère chez lui** that's what I like best about him

chic [ʃik] adj inv chic, smart; (fam:

généreux) nice, decent ▷ *nm* stylishness; **~ (alors)!** (*fam*) great!; **avoir le ~ de** to have the knack of

chicorée [ʃikɔʀe] *nf* (*café*) chicory; (*salade*) endive

chien [ʃjɛ̃] *nm* dog; **chien d'aveugle** guide dog; **chien de garde** guard dog

chienne [ʃjɛn] *nf* dog, bitch

chiffon [ʃifɔ̃] *nm* (*piece of*) rag; **chiffonner** *vt* to crumple; (*fam: tracasser*) to concern

chiffre [ʃifʀ] *nm* (*représentant un nombre*) figure, numeral; (*montant, total*) total, sum; **en ~s ronds** in round figures; **chiffre d'affaires** turnover; **chiffrer** *vt* (*dépense*) to put a figure to, assess; (*message*) to (en)code, cipher; **se chiffrer à** to add up to, amount to

Chili [ʃili] *nm*: **le ~** Chile; **chilien, ne** *adj* Chilean ▷ *nm/f*: **Chilien, ne** Chilean

chimie [ʃimi] *nf* chemistry; **chimiothérapie** [ʃimjoteʀapi] *nf* chemotherapy; **chimique** *adj* chemical; **produits chimiques** chemicals

chimpanzé [ʃɛ̃pɑ̃ze] *nm* chimpanzee

Chine [ʃin] *nf*: **la ~** China; **chinois, e** *adj* Chinese ▷ *nm/f*: **Chinois, e** Chinese ▷ *nm* (*Ling*) Chinese

chiot [ʃjo] *nm* pup(py)

chips [ʃips] *nfpl* crisps (*BRIT*), (potato) chips (*US*)

chirurgie [ʃiʀyʀʒi] *nf* surgery; **chirurgie esthétique** plastic surgery; **chirurgien, ne** *nm/f* surgeon

chlore [klɔʀ] *nm* chlorine

choc [ʃɔk] *nm* (*heurt*) impact, shock; (*collision*) crash; (*moral*) shock; (*affrontement*) clash

chocolat [ʃɔkɔla] *nm* chocolate; **chocolat au lait** milk chocolate

chœur [kœʀ] *nm* (*chorale*) choir; (*Opéra, Théâtre*) chorus; **en ~** in chorus

choisir [ʃwaziʀ] *vt* to choose, select

choix [ʃwa] *nm* choice, selection; **avoir le ~** to have the choice; **premier ~** (*Comm*) class one; **de ~** choice, selected; **au ~** as you wish

chômage [ʃomaʒ] *nm* unemployment; **mettre au ~** to make redundant, put out of work; **être au ~** to be unemployed or out of work; **chômeur, -euse** *nm/f* unemployed person

chope [ʃɔp] *nf* tankard

choquer [ʃɔke] *vt* (*offenser*) to shock; (*deuil*) to shake

chorale [kɔʀal] *nf* choir

chose [ʃoz] *nf* thing; **c'est peu de ~** it's nothing (really)

chou, x [ʃu] *nm* cabbage; **mon petit ~** (my) sweetheart; **chou à la crème** choux bun; **chou de Bruxelles** Brussels sprout; **choucroute** *nf* sauerkraut

chouette [ʃwɛt] *nf* owl ▷ *adj* (*fam*) great, smashing

chou-fleur [ʃuflœʀ] *nm* cauliflower

chrétien, ne [kʀetjɛ̃, jɛn] *adj, nm/f* Christian

Christ [kʀist] *nm*: **le ~** Christ; **christianisme** *nm* Christianity

chronique [kʀɔnik] *adj* chronic ▷ *nf* (*de journal*) column, page; (*historique*) chronicle; (*Radio, TV*): **la ~ sportive** the sports review

chronologique [kʀɔnɔlɔʒik] *adj* chronological

chronomètre [kʀɔnɔmɛtʀ] *nm* stopwatch; **chronométrer** *vt* to time

chrysanthème [kʀizɑ̃tɛm] *nm* chrysanthemum

- **CHRYSANTHÈME**
-
- Chrysanthemums are strongly
- associated with funerals in France,
- and therefore should not be given
- as gifts.

chuchotement [ʃyʃɔtmɑ̃] *nm* whisper; **chuchoter** [ʃyʃɔte] *vt, vi* to whisper

chut [ʃyt] *excl* sh!

chute [ʃyt] *nf* fall; (*déchet*) scrap; **faire une ~ (de 10 m)** to fall (10 m); **chute (d'eau)** waterfall; **chute libre** free fall; **chutes de pluie/neige** rainfall/snowfall

Chypre [ʃipʀ] nm/f Cyprus

-ci [si] adv voir **par** ▷ dét: **ce garçon~** this boy; **ces femmes~** these women

cible [sibl] nf target

ciboulette [sibulɛt] nf (small) chive

cicatrice [sikatʀis] nf scar; **cicatriser** vt to heal

ci-contre [sikɔ̃tʀ] adv opposite

ci-dessous [sidəsu] adv below

ci-dessus [sidəsy] adv above

cidre [sidʀ] nm cider

cie abr (= compagnie) Co.

ciel [sjɛl] nm sky; (Rel) heaven

cieux [sjø] nmpl de **ciel**

cigale [sigal] nf cicada

cigare [sigaʀ] nm cigar

cigarette [sigaʀɛt] nf cigarette

ci-inclus, e [siɛ̃kly, yz] adj, adv enclosed

ci-joint, e [siʒwɛ̃, ɛ̃t] adj, adv enclosed

cil [sil] nm (eye)lash

cime [sim] nf top; (montagne) peak

ciment [simɑ̃] nm cement

cimetière [simtjɛʀ] nm cemetery; (d'église) churchyard

cinéaste [sineast] nm/f film-maker

cinéma [sinema] nm cinema

cinq [sɛ̃k] num five; **cinquantaine** nf: **une cinquantaine (de)** about fifty; **avoir la cinquantaine** (âge) to be around fifty; **cinquante** num fifty; **cinquantenaire** adj, nm/f fifty-year-old; **cinquième** num fifth ▷ nf (Scol) year 8 (BRIT), seventh grade (US)

cintre [sɛ̃tʀ] nm coat-hanger

cintré, e [sɛ̃tʀe] adj (chemise) fitted

cirage [siʀaʒ] nm (shoe) polish

circonflexe [siʀkɔ̃flɛks] adj: **accent ~** circumflex accent

circonstance [siʀkɔ̃stɑ̃s] nf circumstance; (occasion) occasion; **circonstances atténuantes** mitigating circumstances

circuit [siʀkɥi] nm (Élec, Tech) circuit; (trajet) tour, (round) trip

circulaire [siʀkylɛʀ] adj, nf circular

circulation [siʀkylasjɔ̃] nf circulation; (Auto): **la ~** (the) traffic

circuler [siʀkyle] vi (sang, devises) to circulate; (véhicules) to drive (along); (passants) to walk along; (train, bus) to run; **faire ~** (nouvelle) to spread (about), circulate; (badauds) to move on

cire [siʀ] nf wax; **ciré** nm oilskin; **cirer** vt to wax, polish

cirque [siʀk] nm circus; (fig) chaos, bedlam; **quel ~!** what a carry-on!

ciseau, x [sizo] nm: **~ (à bois)** chisel; **ciseaux** nmpl (paire de ciseaux) (pair of) scissors

citadin, e [sitadɛ̃, in] nm/f city dweller

citation [sitasjɔ̃] nf (d'auteur) quotation; (Jur) summons sg

cité [site] nf town; (plus grande) city; **cité universitaire** students' residences pl

citer [site] vt (un auteur) to quote (from); (nommer) to name; (Jur) to summon

citoyen, ne [sitwajɛ̃, jɛn] nm/f citizen

citron [sitʀɔ̃] nm lemon; **citron pressé** (fresh) lemon juice; **citron vert** lime; **citronnade** [-] nf still lemonade

citrouille [sitʀuj] nf pumpkin

civet [sivɛ] nm: **~ de lapin** rabbit stew

civière [sivjɛʀ] nf stretcher

civil, e [sivil] adj (mariage, poli) civil; (non militaire) civilian; **en ~** in civilian clothes; **dans le ~** in civilian life

civilisation [sivilizasjɔ̃] nf civilization

clair, e [klɛʀ] adj light; (pièce) light, bright; (eau, son, fig) clear ▷ adv: **voir ~** to see clearly; **tirer qch au ~** to clear sth up, clarify sth; **mettre au ~** (notes etc) to tidy up ▷ nm: **~ de lune** moonlight; **clairement** adv clearly

clairière [klɛʀjɛʀ] nf clearing

clandestin, e [klɑ̃dɛstɛ̃, in] adj clandestine, secret; (mouvement) underground; (travailleur, immigration) illegal; **passager ~** stowaway

claque [klak] nf (gifle) slap; **claquer** vi (porte) to bang, slam; (fam: mourir) to snuff it ▷ vt (porte) to slam, bang; (doigts) to snap; (fam: dépenser) to blow; **il claquait des dents** his teeth were chattering; **être claqué** (fam) to be dead tired; **se claquer un muscle** to

pull ou strain a muscle; **claquettes** *nfpl* tap-dancing *sg*; *(chaussures)* flip-flops
clarinette [klaʀinɛt] *nf* clarinet
classe [klɑs] *nf* class; *(Scol: local)* class(room); *(: leçon, élèves)* class; **aller en ~** to go to school; **classement** *nm* *(rang: Scol)* place; *(: Sport)* placing; *(liste: Scol)* class list *(in order of merit)*; *(: Sport)* placings *pl*
classer [klɑse] *vt* *(idées, livres)* to classify; *(papiers)* to file; *(candidat, concurrent)* to grade; *(Jur: affaire)* to close; **se ~ premier/dernier** to come first/last; *(Sport)* to finish first/last; **classeur** *nm* *(cahier)* file
classique [klasik] *adj* classical; *(sobre: coupe etc)* classic(al); *(habituel)* standard, classic
clavecin [klav(ə)sɛ̃] *nm* harpsichord
clavicule [klavikyl] *nf* collarbone
clavier [klavje] *nm* keyboard
clé [kle] *nf* key; *(Mus)* clef; *(de mécanicien)* spanner, wrench (BRIT); **prix ~s en main** *(d'une voiture)* on-the-road price; **clé de contact** ignition key; **clé USB** USB key
clef [kle] *nf* = **clé**
clergé [klɛʀʒe] *nm* clergy
cliché [kliʃe] *nm* *(fig)* cliché; *(négatif)* negative; *(photo)* print
client, e [klijɑ̃, klijɑ̃t] *nm/f* *(acheteur)* customer, client; *(d'hôtel)* guest, patron; *(du docteur)* patient; *(de l'avocat)* client; **clientèle** *nf* *(du magasin)* customers *pl*, clientèle; *(du docteur, de l'avocat)* practice
cligner [kliɲe] *vi*: **~ des yeux** to blink (one's eyes); **~ de l'œil** to wink
clignotant *nm* *(Auto)* indicator; **clignoter** *vi* *(étoiles etc)* to twinkle; *(lumière)* to flicker
climat [klima] *nm* climate
climatisation [klimatizasjɔ̃] *nf* air conditioning; **climatisé, e** *adj* air-conditioned
clin d'œil [klɛ̃dœj] *nm* wink; **en un clin d'œil** in a flash
clinique [klinik] *nf* private hospital

clip [klip] *nm* *(boucle d'oreille)* clip-on; **(vidéo) ~** (pop) video
cliquer [klike] *vt* to click; **~ sur** to click on
clochard, e [klɔʃaʀ, aʀd] *nm/f* tramp
cloche [klɔʃ] *nf* *(d'église)* bell; *(fam)* twit; **clocher** *nm* church tower; *(en pointe)* steeple ▷ *vi* *(fam)* to be ou go wrong; **de clocher** *(péj)* parochial
cloison [klwazɔ̃] *nf* partition (wall)
clonage [klɔnaʒ] *nm* cloning
cloner [klɔne] *vt* to clone
cloque [klɔk] *nf* blister
clore [klɔʀ] *vt* to close
clôture [klotyʀ] *nf* closure; *(barrière)* enclosure
clou [klu] *nm* nail; **clous** *nmpl* *(passage clouté)* pedestrian crossing; **pneus à ~s** studded tyres; **le ~ du spectacle** the highlight of the show; **clou de girofle** clove
clown [klun] *nm* clown
club [klœb] *nm* club
CNRS *sigle m* (= *Centre nationale de la recherche scientifique*) ≈ SERC (BRIT); ≈ NSF (US)
coaguler [kɔagyle] *vt*, *vi* *(aussi:* **se ~**: *sang)* to coagulate
cobaye [kɔbaj] *nm* guinea-pig
coca [kɔka] *nm* Coke®
cocaïne [kɔkain] *nf* cocaine
coccinelle [kɔksinɛl] *nf* ladybird (BRIT), ladybug (US)
cocher [kɔʃe] *vt* to tick off
cochon, ne [kɔʃɔ̃, ɔn] *nm* pig ▷ *adj* *(fam)* dirty, smutty; **cochon d'Inde** guinea pig; **cochonnerie** *(fam)* *nf* *(saleté)* filth; *(marchandise)* rubbish, trash
cocktail [kɔktɛl] *nm* cocktail; *(réception)* cocktail party
cocorico [kɔkɔʀiko] *excl*, *nm* cock-a-doodle-do
cocotte [kɔkɔt] *nf* *(en fonte)* casserole; **ma ~** *(fam)* sweetie (pie); **cocotte (minute)®** pressure cooker
code [kɔd] *nm* code ▷ *adj*: **phares ~s** dipped lights; **se mettre en ~(s)** to dip

one's (head)lights; **code à barres** bar code; **code civil** Common Law; **code de la route** highway code; **code pénal** penal code; **code postal** (BRIT) post *ou* zip (US) code

cœur [kœʀ] nm heart; (Cartes: couleur) hearts pl; (: carte) heart; **avoir bon ~** to be kind-hearted; **avoir mal au ~** to feel sick; **par ~** by heart; **de bon ~** willingly; **cela lui tient à ~** that's (very) close to his heart

coffre [kɔfʀ] nm (meuble) chest; (d'auto) boot (BRIT), trunk (US); **coffre-fort** nm safe; **coffret** nm casket

cognac [kɔɲak] nm brandy, cognac

cogner [kɔɲe] vi to knock; **se ~ contre** to knock *ou* bump into sth; **se ~ la tête** to bang one's head

cohérent, e [kɔeʀɑ̃, ɑ̃t] adj coherent, consistent

coiffé, e [kwafe] adj: **bien/mal ~** with tidy/untidy hair; **~ d'un chapeau** wearing a hat

coiffer [kwafe] vt (fig: surmonter) to cover, top; **se coiffer** (fig) to do one's hair; **~ qn** to do sb's hair; **coiffeur, -euse** nm/f hairdresser; **coiffeuse** nf (table) dressing table; **coiffure** nf (cheveux) hairstyle, hairdo; (art): **la coiffure** hairdressing

coin [kwɛ̃] nm corner; (pour coincer) wedge; **l'épicerie du ~** the local grocer; **dans le ~** (aux alentours) in the area, around about; (habiter) locally; **je ne suis pas du ~** I'm not from here; **au ~ du feu** by the fireside; **regard en ~** sideways glance

coincé, e [kwɛ̃se] adj stuck, jammed; (fig: inhibé) inhibited, hung up (fam)

coïncidence [kɔɛ̃sidɑ̃s] nf coincidence

coing [kwɛ̃] nm quince

col [kɔl] nm (de chemise) collar; (encolure, cou) neck; (de montagne) pass; **col de l'utérus** cervix; **col roulé** polo-neck

colère [kɔlɛʀ] nf anger; **une ~** a fit of anger; **(se mettre) en ~ (contre qn)** (to get) angry (with sb); **coléreux, -euse, colérique** adj quick-tempered,

irascible

colin [kɔlɛ̃] nm hake

colique [kɔlik] nf diarrhoea

colis [kɔli] nm parcel

collaborer [kɔ(l)labɔʀe] vi to collaborate; **~ à** to collaborate on; (revue) to contribute to

collant, e [kɔlɑ̃, ɑ̃t] adj sticky; (robe etc) clinging, skintight; (péj) clinging ▷ nm (bas) tights pl; (de danseur) leotard

colle [kɔl] nf glue; (à papiers peints) (wallpaper) paste; (fam: devinette) teaser, riddle; (Scol) detention

collecte [kɔlɛkt] nf collection; **collectif, -ive** adj collective; (visite, billet) group cpd

collection [kɔlɛksjɔ̃] nf collection; (Édition) series; **collectionner** vt to collect; **collectionneur, -euse** nm/f collector

collectivité [kɔlɛktivite] nf group; **collectivités locales** (Admin) local authorities

collège [kɔlɛʒ] nm (école) (secondary) school; (assemblée) body; **collégien** nm schoolboy

collègue [kɔ(l)lɛg] nm/f colleague

coller [kɔle] vt (papier, timbre) to stick (on); (affiche) to stick up; (enveloppe) to stick down; (morceaux) to stick *ou* glue together; (Comput) to paste; (fam: mettre, fourrer) to stick, shove; (Scol: fam) to keep in ▷ vi (être collant) to be sticky; (adhérer) to stick; **~ à** to stick to; **être collé à un examen** (fam) to fail an exam

collier [kɔlje] nm (bijou) necklace; (de chien, Tech) collar

colline [kɔlin] nf hill

collision [kɔlizjɔ̃] nf collision, crash; **entrer en ~ (avec)** to collide (with)

collyre [kɔliʀ] nm eye drops

colombe [kɔlɔ̃b] nf dove

Colombie [kɔlɔ̃bi] nf: **la ~** Colombia

colonie [kɔlɔni] nf colony; **colonie (de vacances)** holiday camp (for children)

colonne [kɔlɔn] nf column; **se mettre en ~ par deux** to get into twos;

colonne (vertébrale) spine, spinal column

colorant [kɔlɔʀɑ̃] nm colouring

colorer [kɔlɔʀe] vt to colour

colorier [kɔlɔʀje] vt to colour (in)

coloris [kɔlɔʀi] nm colour, shade

colza [kɔlza] nm rape(seed)

coma [kɔma] nm coma; **être dans le ~** to be in a coma

combat [kɔ̃ba] nm fight, fighting no pl; **combat de boxe** boxing match; **combattant** nm: **ancien combattant** war veteran; **combattre** vt to fight; (épidémie, ignorance) to combat, fight against

combien [kɔ̃bjɛ̃] adv (quantité) how much; (nombre) how many; **~ de** (quantité) how much; (nombre) how many; **~ de temps** how long; **~ ça coûte/pèse?** how much does it cost/ weigh?; **on est le ~ aujourd'hui?** (fam) what's the date today?

combinaison [kɔ̃binɛzɔ̃] nf combination; (astuce) scheme; (de femme) slip; (de plongée) wetsuit; (bleu de travail) boiler suit (BRIT), coveralls pl (US)

combiné [kɔ̃bine] nm (aussi: **~ téléphonique**) receiver

comble [kɔ̃bl] adj (salle) packed (full) ▷ nm (du bonheur, plaisir) height; **combles** nmpl (Constr) attic sg, loft sg; **c'est le ~!** that beats everything!

combler [kɔ̃ble] vt (trou) to fill in; (besoin, lacune) to fill; (déficit) to make good; (satisfaire) to fulfil

comédie [kɔmedi] nf comedy; (fig) playacting no pl; **faire la ~** (fam) to make a fuss; **comédie musicale** musical; **comédien, ne** nm/f actor(-tress)

comestible [kɔmɛstibl] adj edible

comique [kɔmik] adj (drôle) comical; (Théâtre) comic ▷ nm (artiste) comic, comedian

commandant [kɔmɑ̃dɑ̃] nm (gén) commander, commandant; (Navig, Aviat) captain

commande [kɔmɑ̃d] nf (Comm)

order; **commandes** nfpl (Aviat etc) controls; **sur ~** to order; **commander** vt (Comm) to order; (diriger, ordonner) to command; **commander à qn de faire** to command ou order sb to do; **je peux commander, s'il vous plaît?** can I order, please?

○ MOT-CLÉ

comme [kɔm] prép 1 (comparaison) like; **tout comme son père** just like his father; **fort comme un bœuf** as strong as an ox; **joli comme tout** ever so pretty

2 (manière) like; **faites-le comme ça** do it like this, do it this way; **comme ci, comme ça** so-so, middling; **comme il faut** (correctement) properly

3 (en tant que) as; **donner comme prix** to give as a prize; **travailler comme secrétaire** to work as a secretary

▷ conj 1 (ainsi que) as; **elle écrit comme elle parle** she writes as she talks; **comme si** as if

2 (au moment où, alors que) as; **il est parti comme j'arrivais** he left as I arrived

3 (parce que, puisque) as; **comme il était en retard, il ...** as he was late, he ...

▷ adv: **comme il est fort/c'est bon!** he's so strong/it's so good!

commencement [kɔmɑ̃smɑ̃] nm beginning, start

commencer [kɔmɑ̃se] vt, vi to begin, start; **~ à ou de faire** to begin ou start doing

comment [kɔmɑ̃] adv how; **~?** (que dites-vous) pardon?; **et ~!** and how!

commentaire [kɔmɑ̃tɛʀ] nm (remarque) comment, remark; (exposé) commentary

commerçant, e [kɔmɛʀsɑ̃, ɑ̃t] nm/f shopkeeper, trader

commerce [kɔmɛʀs] nm (activité) trade, commerce; (boutique) business; **~ électronique** e-commerce; **~**

équitable fair trade; **commercial, e, -aux** adj commercial, trading; (péj) commercial; **les commerciaux** the sales people; **commercialiser** vt to market

commettre [kɔmɛtʀ(ə)] vt to commit

commissaire [kɔmisɛʀ] nm (de police) ≈ (police) superintendent; **commissaire aux comptes** (Admin) auditor; **commissariat** nm police station

commission [kɔmisjɔ̃] nf (comité, pourcentage) commission; (message) message; (course) errand; **commissions** nfpl (achats) shopping sg

commode [kɔmɔd] adj (pratique) convenient, handy; (facile) easy; (personne): **pas** ~ awkward (to deal with) ▷ nf chest of drawers

commun, e [kɔmœ̃, yn] adj common; (pièce) communal, shared; (effort) joint; **ça sort du** ~ it's out of the ordinary; **le ~ des mortels** the common run of people; **en** ~ (faire) jointly; **mettre en** ~ to pool, share; **communs** nmpl (bâtiments) outbuildings; **d'un ~ accord** by mutual agreement

communauté [kɔmynote] nf community

commune [kɔmyn] nf (Admin) commune, ≈ district; (urbaine) ≈ borough

communication [kɔmynikasjɔ̃] nf communication

communier [kɔmynje] vi (Rel) to receive communion

communion [kɔmynjɔ̃] nf communion

communiquer [kɔmynike] vt (nouvelle, dossier) to pass on, convey; (peur etc) to communicate ▷ vi to communicate; **se communiquer à** (se propager) to spread to

communisme [kɔmynism] nm communism; **communiste** adj, nm/f communist

compact, e [kɔ̃pakt] adj (dense) dense; (appareil) compact

compagne [kɔ̃paɲ] nf companion

compagnie [kɔ̃paɲi] nf (firme, Mil) company; **tenir** ~ **à qn** to keep sb company; **fausser** ~ **à qn** to give sb the slip, slip ou sneak away from sb; **compagnie aérienne** airline (company)

compagnon [kɔ̃paɲɔ̃] nm companion

comparable [kɔ̃paʀabl] adj: ~ **(à)** comparable (to)

comparaison [kɔ̃paʀɛzɔ̃] nf comparison

comparer [kɔ̃paʀe] vt to compare; ~ **qch/qn à** ou **et** (pour choisir) to compare sth/sb with ou and; (pour établir une similitude) to compare sth/sb to

compartiment [kɔ̃paʀtimɑ̃] nm compartment; **un** ~ **non-fumeurs** a non-smoking compartment (BRIT) ou car (US)

compas [kɔ̃pa] nm (Géom) (pair of) compasses pl; (Navig) compass

compatible [kɔ̃patibl] adj compatible

compatriote [kɔ̃patʀijɔt] nm/f compatriot

compensation [kɔ̃pɑ̃sasjɔ̃] nf compensation

compenser [kɔ̃pɑ̃se] vt to compensate for, make up for

compétence [kɔ̃petɑ̃s] nf competence

compétent, e [kɔ̃petɑ̃, ɑ̃t] adj (apte) competent, capable

compétition [kɔ̃petisjɔ̃] nf (gén) competition; (Sport: épreuve) event; **la** ~ **automobile** motor racing

complément [kɔ̃plemɑ̃] nm complement; (reste) remainder; **complément d'information** (Admin) supplementary ou further information; **complémentaire** adj complementary; (additionnel) supplementary

complet, -ète [kɔ̃plɛ, ɛt] adj complete; (plein: hôtel etc) full ▷ nm (aussi: ~-**veston**) suit; **pain complet** wholemeal bread; **complètement** adv completely; **compléter** vt (porter à la quantité voulue) to complete;

(augmenter: connaissances, études) to complement, supplement; (: garde-robe) to add to

complexe [kɔ̃plɛks] adj, nm complex; **complexe hospitalier/industriel** hospital/industrial complex; **complexé, e** adj mixed-up, hung-up

complication [kɔ̃plikasjɔ̃] nf complexity, intricacy; (difficulté, ennui) complication; **complications** nfpl (Méd) complications

complice [kɔ̃plis] nm accomplice

compliment [kɔ̃plimɑ̃] nm (louange) compliment; **compliments** nmpl (félicitations) congratulations

compliqué, e [kɔ̃plike] adj complicated, complex; (personne) complicated

comportement [kɔ̃pɔʁtəmɑ̃] nm behaviour

comporter [kɔ̃pɔʁte] vt (consister en) to consist of, comprise; (inclure) to have; **se comporter** vi to behave

composer [kɔ̃poze] vt (musique, texte) to compose; (mélange, équipe) to make up; (numéro) to dial; (constituer) to make up, form ▷ vi (transiger) to come to terms; **se composer de** to be composed of, be made up of; **compositeur, -trice** nm/f (Mus) composer; **composition** nf composition; (Scol) test

composter [kɔ̃pɔste] vt (billet) to punch

- **COMPOSTER**
-
- In France you have to punch your
- ticket on the platform to validate it
- before getting onto the train.

compote [kɔ̃pɔt] nf stewed fruit no pl; **compote de pommes** stewed apples

compréhensible [kɔ̃pʁeɑ̃sibl] adj comprehensible; (attitude) understandable

compréhensif, -ive [kɔ̃pʁeɑ̃sif, iv] adj understanding

Attention à ne pas traduire **compréhensif** par comprehensive.

comprendre [kɔ̃pʁɑ̃dʁ] vt to understand; (se composer de) to comprise, consist of

compresse [kɔ̃pʁɛs] nf compress

comprimé [kɔ̃pʁime] nm tablet

compris, e [kɔ̃pʁi, iz] pp de **comprendre** ▷ adj (inclus) included; **~ entre** (situé) contained between; **l'électricité ~e/non ~e, y/non ~ l'électricité** including/excluding electricity; **100 euros tout ~** = 100 euros all inclusive ou all-in

comptabilité [kɔ̃tabilite] nf (activité) accounting, accountancy; (comptes) accounts pl, books pl; (service) accounts office

comptable [kɔ̃tabl] nm/f accountant

comptant [kɔ̃tɑ̃] adv: **payer ~** to pay cash; **acheter ~** to buy for cash

compte [kɔ̃t] nm count; (total, montant) count, (right) number; (bancaire, facture) account; **comptes** nmpl (Finance) accounts, books; (fig) explanation sg; **en fin de ~** all things considered; **s'en tirer à bon ~** to get off lightly; **pour le ~ de** on behalf of; **pour son propre ~** for one's own benefit; **régler un ~** (s'acquitter de qch) to settle an account; (se venger) to get one's own back; **rendre des ~s à qn** (fig) to be answerable to sb; **tenir ~ de** to take account of; **travailler à son ~** to work for oneself; **rendre ~ (à qn) de qch** to give (sb) an account of sth; voir aussi **rendre**; **compte à rebours** countdown; **compte courant** current account; **compte rendu** account, report; (de film, livre) review; **compte-gouttes** nm inv dropper

compter [kɔ̃te] vt to count; (facturer) to charge for; (avoir à son actif, comporter) to have; (prévoir) to allow, reckon; (penser, espérer): **~ réussir** to expect to succeed ▷ vi to count; (être économe) to economize; (figurer): **~ parmi** to be ou rank among; **~ sur** to count (up)on;

~ **avec qch/qn** to reckon with ou take account of sth/sb; **sans ~ que** besides which

compteur [kɔ̃tœʀ] nm meter; **compteur de vitesse** speedometer

comptine [kɔ̃tin] nf nursery rhyme

comptoir [kɔ̃twaʀ] nm (de magasin) counter; (bar) bar

con, ne [kɔ̃, kɔn] (fam!) adj damned ou bloody (BRIT) stupid (!)

concentrer [kɔ̃sɑ̃tʀe] vt to concentrate; **se concentrer** vi to concentrate

concerner [kɔ̃sɛʀne] vt to concern; **en ce qui me concerne** as far as I am concerned

concert [kɔ̃sɛʀ] nm concert; **de ~** (décider) unanimously

concessionnaire [kɔ̃sesjɔnɛʀ] nm/f agent, dealer

concevoir [kɔ̃s(ə)vwaʀ] vt (idée, projet) to conceive (of); (comprendre) to understand; (enfant) to conceive; **bien/mal conçu** well-/badly-designed

concierge [kɔ̃sjɛʀʒ] nm/f caretaker

concis, e [kɔ̃si, iz] adj concise

conclure [kɔ̃klyʀ] vt to conclude; **conclusion** nf conclusion

conçois etc [kɔ̃swa] vb voir **concevoir**

concombre [kɔ̃kɔ̃bʀ] nm cucumber

concours [kɔ̃kuʀ] nm competition; (Scol) competitive examination; (assistance) aid, help; **concours de circonstances** combination of circumstances; **concours hippique** horse show

concret, -ète [kɔ̃kʀe, ɛt] adj concrete

conçu, e [kɔ̃sy] pp de **concevoir**

concubinage [kɔ̃kybinaʒ] nm (Jur) cohabitation

concurrence [kɔ̃kyʀɑ̃s] nf competition; **faire ~ à** to be in competition with; **jusqu'à ~ de** up to

concurrent, e [kɔ̃kyʀɑ̃, ɑ̃t] nm/f (Sport, Écon etc) competitor; (Scol) candidate

condamner [kɔ̃dane] vt (blâmer) to condemn; (Jur) to sentence; (porte, ouverture) to fill in, block up; **~ qn à 2 ans de prison** to sentence sb to 2 years' imprisonment

condensation [kɔ̃dɑ̃sasjɔ̃] nf condensation

condition [kɔ̃disjɔ̃] nf condition; **conditions** nfpl (tarif, prix) terms; (circonstances) conditions; **sans ~s** unconditionally; **à ~ de ou que** provided that; **conditionnel, le** nm conditional (tense)

conditionnement [kɔ̃disjɔnmɑ̃] nm (emballage) packaging

condoléances [kɔ̃dɔleɑ̃s] nfpl condolences

conducteur, -trice [kɔ̃dyktœʀ, tʀis] nm/f driver ▷ nm (Élec etc) conductor

conduire [kɔ̃dɥiʀ] vt to drive; (délégation, troupeau) to lead; **se conduire** vi to behave; **~ à** to lead to; **~ qn quelque part** to take sb somewhere; to drive sb somewhere

conduite [kɔ̃dɥit] nf (comportement) behaviour; (d'eau, de gaz) pipe; **sous la ~ de** led by

confection [kɔ̃fɛksjɔ̃] nf (fabrication) making; (Couture): **la ~** the clothing industry

conférence [kɔ̃feʀɑ̃s] nf conference; (exposé) lecture; **conférence de presse** press conference

confesser [kɔ̃fese] vt to confess; **confession** nf confession; (culte: catholique etc) denomination

confetti [kɔ̃feti] nm confetti no pl

confiance [kɔ̃fjɑ̃s] nf (en l'honnêteté de qn) confidence, trust; (en la valeur de qch) faith; **avoir ~ en** to have confidence ou faith in sth, to trust; **faire ~ à qn** to trust sb; **mettre qn en ~** to win sb's trust; **confiance en soi** self-confidence

confiant, e [kɔ̃fjɑ̃, jɑ̃t] adj confident; trusting

confidence [kɔ̃fidɑ̃s] nf confidence; **confidentiel, le** adj confidential

confier [kɔ̃fje] vt: **~ à qn** (objet, travail) to entrust to sb; (secret, pensée) to confide to sb; **se ~ à qn** to confide in sb

confirmation [kɔ̃firmasjɔ̃] *nf* confirmation

confirmer [kɔ̃firme] *vt* to confirm

confiserie [kɔ̃fizri] *nf* (*magasin*) confectioner's *ou* sweet shop; **confiseries** *nfpl* (*bonbons*) confectionery *sg*

confisquer [kɔ̃fiske] *vt* to confiscate

confit, e [kɔ̃fi, it] *adj*: **fruits ~s** crystallized fruits; **confit d'oie** *nm* conserve of goose

confiture [kɔ̃fityr] *nf* jam

conflit [kɔ̃fli] *nm* conflict

confondre [kɔ̃fɔ̃dr] *vt* (*jumeaux, faits*) to confuse, mix up; (*témoin, menteur*) to confound; **se confondre** *vi* to merge; **se ~ en excuses** to apologize profusely

conforme [kɔ̃fɔrm] *adj*: **~ à** (*loi, règle*) in accordance with; **conformément** *adv*: **conformément à** in accordance with; **conformer** *vt*: **se conformer à** to conform to

confort [kɔ̃fɔr] *nm* comfort; **tout ~** (*Comm*) with all modern conveniences; **confortable** *adj* comfortable

confronter [kɔ̃frɔ̃te] *vt* to confront

confus, e [kɔ̃fy, yz] *adj* (*vague*) confused; (*embarrassé*) embarrassed; **confusion** *nf* (*voir confus*) confusion; embarrassment; (*voir confondre*) confusion, mixing up

congé [kɔ̃ʒe] *nm* (*vacances*) holiday; **en ~** on holiday; **semaine/jour de ~** week/day off; **prendre ~ de qn** to take one's leave of sb; **donner son ~ à** to give in one's notice to; **congé de maladie** sick leave; **congé de maternité** maternity leave; **congés payés** paid holiday

congédier [kɔ̃ʒedje] *vt* to dismiss

congélateur [kɔ̃ʒelatœr] *nm* freezer

congeler [kɔ̃ʒ(ə)le] *vt* to freeze; **les produits congelés** frozen foods

congestion [kɔ̃ʒɛstjɔ̃] *nf* congestion

Congo [kɔ̃ɡo] *nm*: **le ~** Congo, the Democratic Republic of the Congo

congrès [kɔ̃ɡrɛ] *nm* congress

conifère [kɔnifɛr] *nm* conifer

conjoint, e [kɔ̃ʒwɛ̃, wɛ̃t] *adj* joint
▷ *nm/f* spouse

conjonctivite [kɔ̃ʒɔ̃ktivit] *nf* conjunctivitis

conjoncture [kɔ̃ʒɔ̃ktyr] *nf* circumstances *pl*; **la ~ actuelle** the present (economic) situation

conjugaison [kɔ̃ʒyɡɛzɔ̃] *nf* (*Ling*) conjugation

connaissance [kɔnɛsɑ̃s] *nf* (*savoir*) knowledge *no pl*; (*personne connue*) acquaintance; **être sans ~** to be unconscious; **perdre/reprendre ~** to lose/regain consciousness; **à ma/sa ~** to (the best of) my/his knowledge; **faire la ~ de qn** to meet sb

connaisseur, -euse [kɔnɛsœr, øz] *nm/f* connoisseur

connaître [kɔnɛtr] *vt* to know; (*éprouver*) to experience; (*avoir: succès*) to have, enjoy; **~ de nom/vue** to know by name/sight; **ils se sont connus à Genève** they (first) met in Geneva; **s'y ~ en qch** to know a lot about sth

connecter [kɔnɛkte] *vt* to connect; **se ~ à Internet** to log onto the Internet

connerie [kɔnri] (*fam!*) *nf* stupid thing (to do/say)

connexion [kɔnɛksjɔ̃] *nf* connexion

connu, e [kɔny] *adj* (*célèbre*) well-known

conquérir [kɔ̃kerir] *vt* to conquer; **conquête** *nf* conquest

consacrer [kɔ̃sakre] *vt* (*employer*) to devote, dedicate; (*Rel*) to consecrate; **se ~ à qch** to dedicate *ou* devote o.s. to sth

conscience [kɔ̃sjɑ̃s] *nf* conscience; **avoir/prendre ~ de** to be/become aware of; **perdre ~** to lose consciousness; **avoir bonne/mauvaise ~** to have a clear/guilty conscience; **consciencieux, -euse** *adj* conscientious; **conscient, e** *adj* conscious

consécutif, -ive [kɔ̃sekytif, iv] *adj* consecutive; **~ à** following upon

conseil [kɔ̃sɛj] *nm* (*avis*) piece of advice; (*assemblée*) council; **des ~s**

advice; **prendre ~ (auprès de qn)** to take advice (from sb); **conseil d'administration** board (of directors); **conseil des ministres** ≈ the Cabinet; **conseil municipal** town council

conseiller, -ère [kɔ̃seje, ɛʀ] nm/f adviser ▷ vt (personne) to advise; (méthode, action) to recommend, advise; **~ à qn de** to advise sb to; **pouvez-vous me ~ un bon restaurant?** can you suggest a good restaurant?; **conseiller d'orientation** (Scol) careers adviser (Brit), (school) counselor (US)

consentement [kɔ̃sɑ̃tmɑ̃] nm consent

consentir [kɔ̃sɑ̃tiʀ] vt to agree, consent

conséquence [kɔ̃sekɑ̃s] nf consequence; **en ~ (donc)** consequently; (de façon appropriée) accordingly; **conséquent, e** adj logical, rational; (fam: important) substantial; **par conséquent** consequently

conservateur, -trice [kɔ̃sɛʀvatœʀ, tʀis] nm/f (Pol) conservative; (de musée) curator ▷ nm (pour aliments) preservative

conservatoire [kɔ̃sɛʀvatwaʀ] nm academy

conserve [kɔ̃sɛʀv] nf (gén pl) canned ou tinned (Brit) food; **en ~** canned, tinned (Brit)

conserver [kɔ̃sɛʀve] vt (faculté) to retain, keep; (amis, livres) to keep; (préserver, Culin) to preserve

considérable [kɔ̃sideʀabl] adj considerable, significant, extensive

considération [kɔ̃sideʀasjɔ̃] nf consideration; (estime) esteem

considérer [kɔ̃sideʀe] vt to consider; **~ qch comme** to regard sth as

consigne [kɔ̃siɲ] nf (de gare) left luggage (office) (Brit), checkroom (US); (ordre, instruction) instructions pl; **consigne automatique** left-luggage locker

consister [kɔ̃siste] vi: **~ en/à faire** to consist of/in doing

consoler [kɔ̃sole] vt to console

consommateur, -trice [kɔ̃sɔmatœʀ, tʀis] nm/f (Écon) consumer; (dans un café) customer

consommation [kɔ̃sɔmasjɔ̃] nf (boisson) drink; (Écon) consumption; **de ~ (biens, sociétés)** consumer cpd

consommer [kɔ̃sɔme] vt (suj: personne) to eat ou drink, consume; (: voiture, machine) to use, consume; (mariage) to consummate ▷ vi (dans un café) to (have a) drink

consonne [kɔ̃sɔn] nf consonant

constamment [kɔ̃stamɑ̃] adv constantly

constant, e [kɔ̃stɑ̃, ɑ̃t] adj constant; (personne) steadfast

constat [kɔ̃sta] nm (de police, d'accident) report

constatation [kɔ̃statasjɔ̃] nf (observation) (observed) fact, observation

constater [kɔ̃state] vt (remarquer) to note; (Admin, Jur: attester) to certify

consterner [kɔ̃stɛʀne] vt to dismay

constipé, e [kɔ̃stipe] adj constipated

constitué, e [kɔ̃stitɥe] adj: **~ de** made up ou composed of

constituer [kɔ̃stitɥe] vt (équipe) to set up; (dossier, collection) to put together; (suj: éléments: composer) to make up, constitute; (représenter, être) to constitute; **se ~ prisonnier** to give o.s. up

constructeur, -trice [kɔ̃stʀyktœʀ, tʀis] nm/f manufacturer, builder

constructif, -ive [kɔ̃stʀyktif, iv] adj constructive

construction [kɔ̃stʀyksjɔ̃] nf construction, building

construire [kɔ̃stʀɥiʀ] vt to build, construct

consul [kɔ̃syl] nm consul; **consulat** nm consulate

consultant, e [kɔ̃syltɑ̃] adj, nm consultant

consultation [kɔ̃syltasjɔ̃] nf consultation; **heures de ~** (Méd) surgery (BRIT) ou office (US) hours

consulter [kɔ̃sylte] vt to consult ▷ vi (médecin) to hold surgery (BRIT), be in (the office) (US)

contact [kɔ̃takt] nm contact; **au ~ de** (air, peau) on contact with; (gens) through contact with; **mettre/couper le ~** (Auto) to switch on/off the ignition; **entrer en** ou **prendre ~ avec** to get in touch ou touch with; **contacter** vt to contact, get in touch with

contagieux, -euse [kɔ̃taʒjø, jøz] adj infectious; (par le contact) contagious

contaminer [kɔ̃tamine] vt to contaminate

conte [kɔ̃t] nm tale; **conte de fées** fairy tale

contempler [kɔ̃tɑ̃ple] vt to contemplate, gaze at

contemporain, e [kɔ̃tɑ̃pɔʀɛ̃, ɛn] adj, nm/f contemporary

contenir [kɔ̃t(ə)niʀ] vt to contain; (avoir une capacité de) to hold

content, e [kɔ̃tɑ̃, ɑ̃t] adj pleased, glad; **~ de** pleased with; **contenter** vt to satisfy, please; **se contenter de** to content o.s. with

contenu [kɔ̃t(ə)ny] nm (d'un récipient) contents pl; (d'un texte) content

conter [kɔ̃te] vt to recount, relate

conteste [kɔ̃tɛst]: **sans ~** adv unquestionably, indisputably; **contester** vt to question ▷ vi (Pol, gén) rebel (against established authority)

contexte [kɔ̃tɛkst] nm context

continent [kɔ̃tinɑ̃] nm continent

continu, e [kɔ̃tiny] adj continuous; **faire la journée ~e** to work without taking a full lunch break; **(courant) continu** direct current, DC

continuel, le [kɔ̃tinɥɛl] adj (qui se répète) constant, continual; (continu) continuous

continuer [kɔ̃tinɥe] vt (travail, voyage etc) to continue (with), carry on (with), go on (with); (prolonger: alignement, rue) to continue ▷ vi (vie, bruit) to continue,

go on; **~ à** ou **de faire** to go on ou continue doing

contourner [kɔ̃tuʀne] vt to go round; (difficulté) to get round

contraceptif, -ive [kɔ̃tʀaseptif, iv] adj, nm contraceptive; **contraception** nf contraception

contracté, e [kɔ̃tʀakte] adj tense

contracter [kɔ̃tʀakte] vt (muscle etc) to tense, contract; (maladie, dette) to contract; (assurance) to take out; **se contracter** vi (muscles) to contract

contractuel, le [kɔ̃tʀaktɥɛl] nm/f (agent) traffic warden

contradiction [kɔ̃tʀadiksjɔ̃] nf contradiction; **contradictoire** adj contradictory, conflicting

contraignant, e [kɔ̃tʀɛɲɑ̃, ɑ̃t] adj restricting

contraindre [kɔ̃tʀɛ̃dʀ] vt: **~ qn à faire** to compel sb to do; **contrainte** nf constraint

contraire [kɔ̃tʀɛʀ] adj, nm opposite; **~ à** contrary to; **au ~** on the contrary

contrarier [kɔ̃tʀaʀje] vt (personne: irriter) to annoy; (fig: projets) to thwart, frustrate; **contrariété** nf annoyance

contraste [kɔ̃tʀast] nm contrast

contrat [kɔ̃tʀa] nm contract

contravention [kɔ̃tʀavɑ̃sjɔ̃] nf parking ticket

contre [kɔ̃tʀ] prép against; (en échange) (in exchange) for; **par ~** on the other hand

contrebande [kɔ̃tʀəbɑ̃d] nf (trafic) contraband, smuggling; (marchandise) contraband, smuggled goods pl; **faire la ~ de** to smuggle

contrebas [kɔ̃tʀəba]: **en ~** adv (down) below

contrebasse [kɔ̃tʀəbas] nf (double) bass

contrecoup [kɔ̃tʀəku] nm repercussions pl; **contredire** vt (personne) to contradict; (faits) to refute

contrefaçon [kɔ̃tʀəfasɔ̃] nf forgery

contre...: **contre-indication** (pl **contre-indications**) nf (Méd) contraindication; **"contre-indication en cas d'eczéma"** "should not be used by people with eczema"; **contre-indiqué, e** adj (Méd) contraindicated; (déconseillé) unadvisable, ill-advised

ontremaître [kɔ̃trəmɛtr] nm foreman

ontre-plaqué [kɔ̃trəplake] nm plywood

ontresens [kɔ̃trəsɑ̃s] nm (erreur) misinterpretation; (de traduction) mistranslation; **à ~** the wrong way

ontretemps [kɔ̃trətɑ̃] nm hitch; **à ~** (fig) at an inopportune moment

ontribuer [kɔ̃tribɥe]: **à ~** vt to contribute towards; **contribution** nf contribution; **mettre à contribution** to call upon; **contributions directes/indirectes** direct/indirect taxation

ontrôle [kɔ̃trol] nm checking no pl, check; (des prix) monitoring, control; (test) test, examination; **perdre le ~ de** (véhicule) to lose control of; **contrôle continu** (Scol) continuous assessment; **contrôle d'identité** identity check

ontrôler [kɔ̃trole] vt (vérifier) to check; (surveiller: opérations) to supervise; (: prix) to monitor, control; (maîtriser, Comm: firme) to control

ontrôleur, -euse nm/f (de train) (ticket) inspector; (de bus) (bus) conductor(-tress)

ontroversé, e [kɔ̃trɔvɛrse] adj (personnage, question) controversial

ontusion [kɔ̃tyzjɔ̃] nf bruise, contusion

onvaincre [kɔ̃vɛ̃kr] vt: **~ qn (de qch)** to convince sb (of sth); **~ qn (de faire)** to persuade sb (to do)

onvalescence [kɔ̃valesɑ̃s] nf convalescence

onvenable [kɔ̃vnabl] adj suitable; (assez bon, respectable) decent

onvenir [kɔ̃vnir] vi to be suitable; **~ à** to suit; **~ de** (bien-fondé de qch) to admit (to), acknowledge; (date, somme etc) to agree upon; **~ que** (admettre) to admit that; **~ de faire** to agree to do

convention [kɔ̃vɑ̃sjɔ̃] nf convention; **conventions** nfpl (convenances) convention sg; **convention collective** (Écon) collective agreement; **conventionné, e** adj (Admin) applying charges laid down by the state

convenu, e [kɔ̃vny] pp de **convenir**
▷ adj agreed

conversation [kɔ̃vɛrsasjɔ̃] nf conversation

convertir [kɔ̃vɛrtir] vt: **~ qn (à)** to convert sb (to); **se convertir (à)** to be converted (to); **~ qch en** to convert sth into

conviction [kɔ̃viksjɔ̃] nf conviction

convienne etc [kɔ̃vjɛn] vb voir **convenir**

convivial, e, -aux [kɔ̃vivjal, jo] adj (Inform) user-friendly

convocation [kɔ̃vɔkasjɔ̃] nf (document) notification to attend; (: Jur) summons sg

convoquer [kɔ̃vɔke] vt (assemblée) to convene; (subordonné) to summon; (candidat) to ask to attend

coopération [kɔɔperasjɔ̃] nf co-operation; (Admin): **la C~** ≈ Voluntary Service Overseas (BRIT), ≈ Peace Corps (US)

coopérer [kɔɔpere] vi: **~ (à)** to co-operate (in)

coordonné, e [kɔɔrdɔne] adj coordinated; **coordonnées** nfpl (adresse etc) address and telephone number

coordonner [kɔɔrdɔne] vt to coordinate

copain [kɔpɛ̃] (fam) nm mate, pal; (petit ami) boyfriend

copie [kɔpi] nf copy; (Scol) script, paper; **copier** vt, vi to copy; **copier coller** (Comput) copy and paste; **copier sur** to copy from; **copieur** nm (photo)copier

copieux, -euse [kɔpjø, jøz] adj copious

copine [kɔpin] (fam) nf mate, pal; (petite amie) girlfriend

coq [kɔk] nm cock, rooster

coque [kɔk] nf (de noix, mollusque) shell; (de bateau) hull; **à la ~** (Culin) (soft-)boiled

coquelicot [kɔkliko] nm poppy

coqueluche [kɔklyʃ] nf whooping-cough

coquet, te [kɔkɛ, ɛt] adj appearance-conscious; (logement) smart, charming

coquetier [kɔk(ə)tje] nm egg-cup

coquillage [kɔkijaʒ] nm (mollusque) shellfish inv; (coquille) shell

coquille [kɔkij] nf shell; (Typo) misprint; **coquille St Jacques** scallop

coquin, e [kɔkɛ̃, in] adj mischievous, roguish; (polisson) naughty

cor [kɔʀ] nm (Mus) horn; (Méd): **~ (au pied)** corn

corail, -aux [kɔʀaj, o] nm coral no pl

Coran [kɔʀã] nm: **le ~** the Koran

corbeau, x [kɔʀbo] nm crow

corbeille [kɔʀbɛj] nf basket; (Inform) recycle bin; **corbeille à papier** waste paper basket ou bin

corde [kɔʀd] nf rope; (de violon, raquette) string; (de violon, raquette) string; **usé jusqu'à la ~** threadbare; **corde à linge** washing ou clothes line; **corde à sauter** skipping rope; **cordes vocales** vocal cords; **cordée** (d'alpinistes) rope, roped party

cordialement [kɔʀdjalmã] adv (formule épistolaire) (kind) regards

cordon [kɔʀdɔ̃] nm cord, string; **cordon de police** police cordon; **cordon ombilical** umbilical cord

cordonnerie [kɔʀdɔnʀi] nf shoe repairer's (shop); **cordonnier** nm shoe repairer

Corée [kɔʀe] nf: **la ~ du Sud/du Nord** South/North Korea

coriace [kɔʀjas] adj tough

corne [kɔʀn] nf horn; (de cerf) antler

cornée [kɔʀne] nf cornea

corneille [kɔʀnɛj] nf crow

cornemuse [kɔʀnəmyz] nf bagpipes pl

cornet [kɔʀnɛ] nm (paper) cone; (de glace) cornet, cone

corniche [kɔʀniʃ] nf (route) coast road

cornichon [kɔʀniʃɔ̃] nm gherkin

Cornouailles [kɔʀnwaj] nf Cornwall

corporel, le [kɔʀpɔʀɛl] adj bodily; (punition) corporal

corps [kɔʀ] nm body; **à ~ perdu** headlong; **prendre ~** to take shape; **corps électoral** the electorate; **corps enseignant** the teaching profession

correct, e [kɔʀɛkt] adj correct; (fam: acceptable: salaire, hôtel) reasonable, decent; **correcteur, -trice** nm/f (Scol) examiner; **correction** nf (voir corriger) correction; (voir correct) correctness; (coups) thrashing

correspondance [kɔʀɛspɔ̃dãs] nf correspondence; (de train, d'avion) connection; **cours par ~** correspondence course; **vente par ~** mail-order business

correspondant, e [kɔʀɛspɔ̃dã, ãt] nm/f correspondent; (Tél) person phoning (ou being phoned)

correspondre [kɔʀɛspɔ̃dʀ] vi to correspond, tally; **~ à** to correspond to; **~ avec qn** to correspond with sb

corrida [kɔʀida] nf bullfight

corridor [kɔʀidɔʀ] nm corridor

corrigé [kɔʀiʒe] nm (Scol: d'exercice) correct version

corriger [kɔʀiʒe] vt (devoir) to correct; (punir) to thrash; **~ qn de** (défaut) to cure sb of

corrompre [kɔʀɔ̃pʀ] vt to corrupt; (acheter: témoin etc) to bribe

corruption [kɔʀypsjɔ̃] nf corruption; (de témoins) bribery

corse [kɔʀs] adj, nm/f Corsican ▷ nf: **la C~** Corsica

corsé, e [kɔʀse] adj (café) full-flavoured; (sauce) spicy; (problème) tough

cortège [kɔʀtɛʒ] nm procession

corvée [kɔʀve] nf chore, drudgery no pl

cosmétique [kɔsmetik] nm beauty care product

cosmopolite [kɔsmɔpɔlit] adj cosmopolitan

costaud, e [kɔsto, od] (fam) adj strong, sturdy

costume [kɔstym] nm (d'homme) suit; (de théâtre) costume; **costumé, e** adj dressed up; **bal costumé** fancy dress ball

cote [kɔt] nf (en Bourse) quotation; **cote d'alerte** danger ou flood level; **cote de popularité** (popularity) rating

côte [kot] nf (rivage) coast(line); (pente) hill; (Anat) rib; (d'un tricot, tissu) rib, ribbing no pl; **~ à ~** side by side; **la Côte (d'Azur)** the French Riviera

côté [kote] nm (gén) side; (direction) way, direction; **de chaque ~ (de)** on each side (of); **de tous les ~s** from all directions; **de quel ~ est-il parti?** which way did he go?; **de ce/de l'autre ~** this/the other way; **du ~ de** (provenance) from; (direction) towards; (proximité) near; **de ~** (regarder) sideways; **mettre qch de ~** to put sth aside; **mettre de l'argent de ~** to save some money; **à ~** (right) nearby; (voisins) next door; **à ~ de** beside, next to; (en comparaison) compared to; **être aux ~s de** to be by the side of

Côte d'Ivoire [kotdivwar] nf: **la Côte d'Ivoire** Côte d'Ivoire, the Ivory Coast

côtelette [kotlɛt] nf chop

côtier, -ière [kotje, jɛʀ] adj coastal

cotisation [kotizasjɔ̃] nf subscription, dues pl; (pour une pension) contributions pl

cotiser [kotize] vi: **~ (à)** to pay contributions (to); **se cotiser** vi to club together

coton [kɔtɔ̃] nm cotton; **coton hydrophile** cotton wool (BRIT), absorbent cotton (US); **Coton-tige®** nm cotton bud

cou [ku] nm neck

couchant [kuʃɑ̃] adj: **soleil ~** setting sun

couche [kuʃ] nf layer; (de peinture, vernis) coat; (de bébé) nappy (BRIT), diaper (US); **couches sociales** social levels ou strata

couché, e [kuʃe] adj lying down; (au lit) in bed

coucher [kuʃe] vt (personne) to put to bed; (: loger) to put up; (objet) to lay on its side ▷ vi to sleep; **~ avec qn** to sleep with sb; **se coucher** vi (pour dormir) to go to bed; (pour se reposer) to lie down; (soleil) to set; **coucher de soleil** sunset

couchette [kuʃɛt] nf couchette; (pour voyageur, sur bateau) berth

coucou [kuku] nm cuckoo

coude [kud] nm (Anat) elbow; (de tuyau, de la route) bend; **~ à ~** shoulder to shoulder, side by side

coudre [kudʀ] vt (bouton) to sew on ▷ vi to sew

couette [kwɛt] nf duvet, quilt; **couettes** nfpl (cheveux) bunches

couffin [kufɛ̃] nm Moses basket

couler [kule] vi to flow, run; (fuir: stylo, récipient) to leak; (nez) to run; (sombrer: bateau) to sink ▷ vt (cloche, sculpture) to cast; (bateau) to sink; (faire échouer: personne) to bring down

couleur [kulœʀ] nf colour (BRIT), color (US); (Cartes) suit; **film/télévision en ~s** colo(u)r film/television; **de ~** (homme, femme: vieilli) colo(u)red

couleuvre [kulœvʀ] nf grass snake

coulisses [kulis] nfpl (Théâtre) wings; (fig): **dans les ~** behind the scenes

couloir [kulwaʀ] nm corridor, passage; (d'avion) aisle; (de bus) gangway; **~ aérien/de navigation** air/shipping lane

coup [ku] nm (heurt, choc) knock; (affectif) blow, shock; (agressif) blow; (avec arme à feu) shot; (de l'horloge) stroke; (tennis, golf) stroke; (boxe) blow; (fam: fois) time; **donner un ~ de balai** to give the floor a sweep; **boire un ~** (fam) to have a drink; **être dans le ~** (impliqué) to be in on it; (à la page) to be hip ou trendy; **du ~ ...** as a result; **d'un seul ~** (subitement) suddenly; (à la fois) at one go; **du premier ~** first time; **du même ~** at the same time; **à tous les ~s** (fam) every time; **tenir le ~** to hold out; **après ~** afterwards; **à ~ sûr** definitely, without fail; **~ sur ~** in quick succession; **sur le ~** outright; **sous le ~ de** (surprise etc) under the influence of: luck; **coup de chance** stroke of luck; **coup de coude** nudge (with the elbow); **coup de couteau** stab (of a knife); **coup d'envoi** kick-off; **coup d'essai** first attempt; **coup d'État** coup; **coup de feu** shot; **coup de filet** (Police) haul; **coup de foudre** (fig) love at first sight; **coup de frein** (sharp) braking no pl; **coup de grâce** coup de grâce, death blow; **coup de main**: **donner un coup de main à qn** to give sb a (helping) hand; **coup d'œil** glance; **coup de pied** kick; **coup de poing** punch; **coup de soleil** sunburn no pl; **coup de sonnette** ring of the bell; **coup de téléphone** phone call; **coup de tête** (fig) (sudden) impulse; **coup de théâtre** (fig) dramatic turn of events; **coup de tonnerre** clap of thunder; **coup de vent** gust of wind; **en coup de vent** (rapidement) in a tearing hurry; **coup franc** free kick

coupable [kupabl] adj guilty ▷ nm/f (gén) culprit; (Jur) guilty party

coupe [kup] nf (verre) goblet; (à fruits) dish; (Sport) cup; (de cheveux, de vêtement) cut; (graphique, plan) (cross) section

couper [kupe] vt to cut; (retrancher) to cut (out); (route, courant) to cut off; (appétit) to take away; (vin, eau: à table) to dilute ▷ vi to cut; (prendre un raccourci) to take a short-cut; **se couper** vi (se blesser) to cut o.s.; **~ la parole à qn** to cut sb short; **nous avons été coupés** we've been cut off

couple [kupl] nm couple

couplet [kuplɛ] nm verse

coupole [kupɔl] nf dome

coupon [kupɔ̃] nm (ticket) coupon; (reste de tissu) remnant

coupure [kupyʀ] nf cut; (billet de banque) note; (de journal) cutting; **coupure de courant** power cut

cour [kuʀ] nf (de ferme, jardin) (court)yard; (d'immeuble) back yard; (Jur,

royale) court; **faire la ~ à qn** to court sb; **cour d'assises** court of assizes; **cour de récréation** playground

courage [kuʀaʒ] nm courage, bravery; **courageux, -euse** adj brave, courageous

couramment [kuʀamɑ̃] adv commonly; (parler) fluently

courant, e [kuʀɑ̃, ɑ̃t] adj (fréquent) common; (Comm, gén: normal) standard; (en cours) current ▷ nm current; (fig) movement; (d'opinion) trend; **être au ~ (de)** (fait, nouvelle) to know (about); **mettre qn au ~ (de)** to tell sb (about); (nouveau travail etc) to teach sb the basics (of); **se tenir au ~ (de)** (techniques etc) to keep o.s. up-to-date (on); **dans le ~ (de)** (pendant) in the course of; **le 10 ~** (Comm) the 10th inst.; **courant d'air** draught; **courant électrique** (electric) current, power

courbature [kuʀbatyʀ] nf ache

courbe [kuʀb] adj curved ▷ nf curve

coureur, -euse [kuʀœʀ, øz] nm/f (Sport) runner (ou driver); (péj) womanizer; manhunter

courge [kuʀʒ] nf (Culin) marrow; **courgette** nf courgette (BRIT), zucchini (US)

courir [kuʀiʀ] vi to run ▷ vt (Sport: épreuve) to compete in; (risque) to run; (danger) to face; **~ les magasins** to go round the shops; **le bruit court que** the rumour is going round that

couronne [kuʀɔn] nf crown; (de fleurs) wreath, circlet

courons etc [kuʀɔ̃] vb voir **courir**

courriel [kuʀjɛl] nm e-mail

courrier [kuʀje] nm mail, post; (lettres à écrire) letters pl; **est-ce que j'ai du ~?** are there any letters for me?; **courrier électronique** e-mail

> Attention à ne pas traduire **courrier** par le mot anglais **courier**.

courroie [kuʀwa] nf strap; (Tech) belt

courrons etc [kuʀɔ̃] vb voir **courir**

cours [kuʀ] nm (leçon) class; (: particulier) lesson; (série de leçons, cheminement) course; (écoulement) flow; (Comm: de devises) rate; (: de denrées) price; **donner libre ~ à** to give free expression to; **avoir ~** (Scol) to have a class ou lecture; **en ~** (année) current; (travaux) in progress; **en ~ de route** on the way; **au ~ de** in the course of, during; **le ~ du change** the exchange rate; **cours d'eau** waterway; **cours du soir** night school

course [kuʀs] nf running; (Sport: épreuve) race; (d'un taxi) journey, trip; (commission) errand; **courses** nfpl (achats) shopping sg; **faire des ~s** to do some shopping

court, e [kuʀ, kuʀt(ə)] adj short ▷ adv short ▷ nm: **~ (de tennis)** (tennis) court; **à ~ de** short of; **prendre qn de ~** to catch sb unawares; **court-circuit** nm short-circuit

courtoisie [kuʀtwazi] nf courtesy

couru, e [kuʀy] pp de **courir**

cousais etc [kuze] vb voir **coudre**

couscous [kuskus] nm couscous

cousin, e [kuzɛ̃, in] nm/f cousin

coussin [kusɛ̃] nm cushion

cousu, e [kuzy] pp de **coudre**

coût [ku] nm cost; **le ~ de la vie** the cost of living

couteau, x [kuto] nm knife

coûter [kute] vt, vi to cost; **combien ça coûte?** how much is it?, what does it cost?; **ça coûte trop cher** it's too expensive; **coûte que coûte** at all costs; **coûteux, -euse** adj costly, expensive

coutume [kutym] nf custom

couture [kutyʀ] nf sewing; (profession) dressmaking; (points) seam; **couturier** nm fashion designer; **couturière** nf dressmaker

couvent [kuvã] nm (de sœurs) convent; (de frères) monastery

couver [kuve] vt to hatch; (maladie) to be coming down with ▷ vi (feu) to smoulder; (révolte) to be brewing

couvercle [kuvɛʀkl] nm lid; (de bombe aérosol etc, qui se visse) cap, top

couvert, e [kuvɛʀ, ɛʀt] pp de **couvrir** ▷ adj (ciel) overcast ▷ nm place setting; (place à table) place; **couverts** nmpl (ustensiles) cutlery sg; **~ de** covered with ou in; **mettre le ~** to lay the table

couverture [kuvɛʀtyʀ] nf blanket; (de livre, assurance, fig) cover; (presse) coverage

couvre-lit [kuvʀəli] nm bedspread

couvrir [kuvʀiʀ] vt to cover; **se couvrir** vi (s'habiller) to cover up; (se coiffer) to put on one's hat; (ciel) to cloud over

cow-boy [koboj] nm cowboy

crabe [kʀab] nm crab

cracher [kʀaʃe] vi, vt to spit

crachin [kʀaʃɛ̃] nm drizzle

craie [kʀɛ] nf chalk

craindre [kʀɛ̃dʀ] vt to fear, be afraid of; (être sensible à: chaleur, froid) to be easily damaged by

crainte [kʀɛ̃t] nf fear; **de ~ de/que** for fear of/that; **craintif, -ive** adj timid

crampe [kʀɑ̃p] nf cramp; **j'ai une ~ à la jambe** I've got cramp in my leg

cramponner [kʀɑ̃pɔne] vb: **se ~ (à)** to hang ou cling on (to)

cran [kʀɑ̃] nm (entaille) notch; (de courroie) hole; (fam: courage) guts pl

crâne [kʀɑn] nm skull

crapaud [kʀapo] nm toad

craquement [kʀakmɑ̃] nm crack, snap; (du plancher) creak, creaking no pl

craquer [kʀake] vi (bois, plancher) to creak; (fil, branche) to snap; (couture) to come apart; (fig: accusé) to break down; (: fam) to crack up ▷ vt (allumette) to strike; **j'ai craqué** (fam) I couldn't resist it

crasse [kʀas] nf grime, filth; **crasseux, -euse** adj grimy, filthy

cravache [kʀavaʃ] nf (riding) crop

cravate [kʀavat] nf tie

crawl [kʀol] nm crawl; **dos ~é** backstroke

crayon [kʀɛjɔ̃] nm pencil; **crayon à bille** ball-point pen; **crayon de couleur** colouring pencil; **crayon-feutre** (pl **crayons-feutres**) nm felt(-tip) pen

création [kʀeasjɔ̃] nf creation

crèche [kʀɛʃ] nf (de Noël) crib; (garderie) crèche, day nursery

crédit [kʀedi] nm (gén) credit; **crédits** nmpl (fonds) funds; **payer/acheter à ~** to pay/buy on credit ou on easy terms; **faire ~ à qn** to give sb credit; **créditer** vt: **créditer un compte (de)** to credit an account (with)

créer [kʀee] vt to create

crémaillère [kʀemajɛʀ] nf: **pendre la ~** to have a house-warming party

crème [kʀɛm] nf cream; (entremets) cream dessert ⊳ adj inv cream(-coloured); **un (café) ~** ≈ a white coffee; **crème anglaise** (egg) custard; **crème Chantilly** whipped cream; **crème à raser** shaving cream; **crème solaire** suntan lotion

créneau, x [kʀeno] nm (de fortification) crenel(le); (dans marché) gap, niche; (Auto): **faire un ~** to reverse into a parking space (between two cars alongside the kerb)

crêpe [kʀɛp] nf (galette) pancake ⊳ nm (tissu) crêpe; **crêperie** nf pancake shop ou restaurant

crépuscule [kʀepyskyl] nm twilight, dusk

cresson [kʀesɔ̃] nm watercress

creuser [kʀøze] vt (trou, tunnel) to dig; (sol) to dig a hole in; (fig) to go deeply into; **ça creuse** that gives you a real appetite; **se ~ la cervelle** (fam) to rack one's brains

creux, -euse [kʀø, kʀøz] adj hollow ⊳ nm hollow; **heures creuses** slack periods; (électricité, téléphone) off-peak periods; **avoir un ~** (fam) to be hungry

crevaison [kʀəvɛzɔ̃] nf puncture

crevé, e [kʀəve] (fam) adj (fatigué) shattered (BRIT), exhausted

crever [kʀəve] vt (ballon) to burst ⊳ vi (pneu) to burst; (automobiliste) to have a puncture (BRIT) ou a flat (tire) (US); (fam) to die

crevette [kʀəvɛt] nf: **~ (rose)** prawn;

crevette grise shrimp

cri [kʀi] nm cry, shout; (d'animal: spécifique) cry, call; **c'est le dernier ~** (fig) it's the latest fashion

criard, e [kʀijaʀ, kʀijaʀd] adj (couleur) garish, loud; (voix) yelling

cric [kʀik] nm (Auto) jack

crier [kʀije] vi (pour appeler) to shout, cry (out); (de douleur etc) to scream, yell ⊳ vt (injure) to shout (out), yell (out)

crime [kʀim] nm crime; (meurtre) murder; **criminel, le** nm/f criminal; (assassin) murderer

crin [kʀɛ̃] nm (de cheval) hair no pl

crinière [kʀinjɛʀ] nf mane

crique [kʀik] nf creek, inlet

criquet [kʀikɛ] nm grasshopper

crise [kʀiz] nf crisis; (Méd) attack; (: d'épilepsie) fit; **piquer une ~ de nerfs** to go hysterical; **crise cardiaque** heart attack; **crise de foie**: **avoir une crise de foie** to have really bad indigestion

cristal, -aux [kʀistal, o] nm crystal

critère [kʀitɛʀ] nm criterion

critiquable [kʀitikabl] adj open to criticism

critique [kʀitik] adj critical ⊳ nm/f (de théâtre, musique) critic ⊳ nf criticism; (Théâtre etc: article) review

critiquer [kʀitike] vt (dénigrer) to criticize; (évaluer) to assess, examine (critically)

croate [kʀɔat] adj Croatian ⊳ nm/f: **C-** Croat, Croatian

Croatie [kʀɔasi] nf: **la ~** Croatia

crochet [kʀɔʃɛ] nm hook; (détour) detour; (Tricot: aiguille) crochet hook; (: technique) crochet; **vivre aux ~s de qn** to live ou sponge off sb

crocodile [kʀɔkɔdil] nm crocodile

croire [kʀwaʀ] vt to believe; **se ~ fort** to think one is strong; **~ que** to believe ou think that; **~ à, ~ en** to believe in

croisade [kʀwazad] nf crusade

croisement [kʀwazmɑ̃] nm (carrefour) crossroads sg; (Bio) crossing; (: résultat) crossbreed

croiser [kʀwaze] vt (personne, voiture)

to pass; (route) to cross; (Bio) to cross; **se croiser** vi (personnes, véhicules) to pass each other; (routes, lettres) to cross; (regards) to meet; **~ les jambes/bras** to cross one's legs/fold one's arms

croisière [krwazjɛr] nf cruise

croissance [krwasɑ̃s] nf growth

croissant [krwasɑ̃] nm (à manger) croissant; (motif) crescent

croître [krwatr] vi to grow

croix [krwa] nf cross; **la Croix Rouge** the Red Cross

croque-madame [krɔkmadam] nm inv toasted cheese sandwich with a fried egg on top

croque-monsieur [krɔkməsjø] nm inv toasted ham and cheese sandwich

croquer [krɔke] vt (manger) to crunch; (: fruit) to munch; (dessiner) to sketch; **chocolat à croquer** plain dessert chocolate

croquis [krɔki] nm sketch

crotte [krɔt] nf droppings pl; **crottin** nm dung, manure; (fromage) (small round) cheese (made of goat's milk)

croustillant, e [krustijɑ̃, ɑ̃t] adj crisp

croûte [krut] nf crust; (du fromage) rind; (Méd) scab; **en ~** (Culin) in pastry

croûton [krutɔ̃] nm (Culin) crouton; (bout du pain) crust, heel

croyant, e [krwajɑ̃, ɑ̃t] nm/f believer

CRS sigle fpl (= Compagnies républicaines de sécurité) state security police force ▷ sigle m member of the CRS

cru, e [kry] pp de **croire** ▷ adj (non cuit) raw; (lumière, couleur) harsh; (paroles) crude ▷ nm (vignoble) vineyard; (vin) wine; **un grand ~** a great vintage;

jambon ~ Parma ham

crû [kry] pp de **croître**

cruauté [kryote] nf cruelty

cruche [kryʃ] nf pitcher, jug

crudités [krydite] nfpl (Culin) selection of raw vegetables

rue [kry] nf (inondation) flood

ruel, le [kryɛl] adj cruel

rus etc [kry] vb voir **croire**; **croître**

rûs etc [kry] vb voir **croître**

crustacés [krystase] nmpl shellfish

Cuba [kyba] nf Cuba; **cubain, e** adj Cuban ▷ nm/f: **Cubain, e** Cuban

cube [kyb] nm cube; (jouet) brick; **mètre ~** cubic metre; **2 au ~** 2 cubed

cueillette [kœjɛt] nf picking; (quantité) crop, harvest

cueillir [kœjir] vt (fruits, fleurs) to pick, gather; (fig) to catch

cuiller [kɥijɛr], **cuillère** [kɥijɛr] nf spoon; **cuiller à café** coffee spoon; (Culin) ≈ teaspoonful; **cuiller à soupe** soup-spoon; (Culin) ≈ tablespoonful; **cuillerée** nf spoonful

cuir [kɥir] nm leather; **cuir chevelu** scalp

cuire [kɥir] vt (aliments) to cook; (au four) to bake ▷ vi to cook; **bien cuit** (viande) well done; **trop cuit** overdone

cuisine [kɥizin] nf (pièce) kitchen; (art culinaire) cookery, cooking; (nourriture) cooking, food; **faire la ~** to cook; **cuisiné, e** adj: **plat cuisiné** ready-made meal ou dish; **cuisiner** vt to cook; (fam) to grill ▷ vi to cook; **cuisinier, -ière** nm/f cook; **cuisinière** nf cooker

cuisse [kɥis] nf thigh; (Culin) leg

cuisson [kɥisɔ̃] nf cooking

cuit, e [kɥi, kɥit] pp de **cuire**

cuivre [kɥivr] nm copper; **les cuivres** (Mus) the brass

cul [ky] (fam!) nm arse (!)

culminant, e [kylminɑ̃, ɑ̃t] adj: **point ~** highest point

culot [kylo] (fam) nm (effronterie) cheek

culotte [kylɔt] nf (de femme) knickers pl (BRIT), panties pl

culte [kylt] nm religion; (vénération) worship; (protestant) service

cultivateur, -trice [kyltivatœr, tris] nm/f farmer

cultivé, e [kyltive] adj (personne) cultured, cultivated

cultiver [kyltive] vt to cultivate; (légumes) to grow, cultivate

culture [kyltyr] nf cultivation; (connaissances etc) culture; **les ~s**

intensives intensive farming; **culture physique** physical training; **culturel, le** adj cultural

cumin [kymɛ̃] nm cumin

cure [kyʀ] nf (Méd) course of treatment; **cure d'amaigrissement** slimming (BRIT) ou weight-loss (US) course; **cure de repos** rest cure

curé [kyʀe] nm parish priest

cure-dent [kyʀdɑ̃] nm toothpick

curieux, -euse [kyʀjø, jøz] adj (indiscret) curious, inquisitive; (étrange) strange, curious ▷ nmpl (badauds) onlookers; **curiosité** nf curiosity; (site) unusual feature

curriculum vitae [kyʀikylɔmvite] nm inv curriculum vitae

curseur [kyʀsœʀ] nm (Inform) cursor; (de règle) slide; (de fermeture-éclair) slider

cutané, e [kytane] adj skin

cuve [kyv] nf vat; (à mazout etc) tank

cuvée [kyve] nf vintage

cuvette [kyvɛt] nf (récipient) bowl, basin; (Géo) basin

CV sigle m (Auto) = **cheval vapeur**; (Comm) = **curriculum vitae**

cybercafé [sibɛʀkafe] nm Internet café

cyberespace [sibɛʀespas] nm cyberspace

cybernaute [sibɛʀnot] nm/f Internet user

cyclable [siklabl] adj: **piste ~** cycle track

cycle [sikl] nm cycle; **cyclisme** nm cycling; **cycliste** nm/f cyclist ▷ adj cycle cpd; **coureur cycliste** racing cyclist

cyclomoteur [siklomɔtœʀ] nm moped

cyclone [siklon] nm hurricane

cygne [siɲ] nm swan

cylindre [silɛ̃dʀ] nm cylinder; **cylindrée** nf (Auto) (cubic) capacity

cymbale [sɛ̃bal] nf cymbal

cynique [sinik] adj cynical

cystite [sistit] nf cystitis

d

d' [d] prép voir **de**

dactylo [daktilo] nf (aussi: **~graphe**) typist; (aussi: **~graphie**) typing

dada [dada] nm hobby-horse

daim [dɛ̃] nm (fallow) deer inv; (cuir suédé) suede

daltonien, ne [daltɔnjɛ̃, jɛn] adj colour-blind

dame [dam] nf lady; (Cartes, Échecs) queen; **dames** nfpl (jeu) draughts sg (BRIT), checkers sg (US)

Danemark [danmaʀk] nm Denmark

danger [dɑ̃ʒe] nm danger; **être en ~** (personne) to be in danger; **mettre en ~** (personne) to put in danger; (projet, carrière) to jeopardize; **dangereux, -euse** adj dangerous

danois, e [danwa, waz] adj Danish ▷ nm/f: **D~, e** Dane ▷ nm (Ling) Danish

 MOT-CLÉ

dans [dɑ̃] prép ₁ (position) in; (à l'intérieur de) inside; **c'est dans le tiroir/le salon**

it's in the drawer/lounge; **dans la boîte** in ou inside the box; **je l'ai lu dans le journal** I read it in the newspaper; **marcher dans la ville** to walk about the town

2 (direction) into; **elle a couru dans le salon** she ran into the lounge; **monter dans une voiture/le bus** to get into a car/on to the bus

3 (provenance) out of, from; **je l'ai pris dans le tiroir/salon** I took it out of ou from the drawer/lounge; **boire dans un verre** to drink out of ou from a glass

4 (temps) in; **dans 2 mois** in 2 months, in 2 months' time

5 (approximation) about; **dans les 20 euros** about 20 euros

anse [dɑ̃s] nf: **la ~** dancing; **une ~** a dance; **la ~ classique** ballet; **danser** vi, vt to dance; **danseur, -euse** nm/f ballet dancer; (au bal etc) dancer; (: cavalier) partner

ate [dat] nf date; **de longue ~** longstanding; **date de naissance** date of birth; **date limite** deadline; **dater** vt, vi to date; **dater de** to date from; **à dater de** (as) from

atte [dat] nf date fruit

auphin [dofɛ̃] nm (Zool) dolphin

avantage [davɑ̃taʒ] adv more; (plus longtemps) longer; **~ de more**

⊙ **MOT-CLÉ**

e, d' [də] (de +le = du, de +les = des) prép
1 (appartenance) of; **le toit de la maison** the roof of the house; **la voiture d'Ann/de mes parents** Ann's/my parents' car

2 (provenance) from; **il vient de Londres** he comes from London; **elle est sortie du cinéma** she came out of the cinema

3 (caractérisation, mesure) : **un mur de brique/bureau d'acajou** a brick wall/ mahogany desk; **un billet de 50 euros** a 50 euro note; **une pièce de 2 m de large** ou **large de 2 m** a room 2m wide;

a 2m-wide room; **un bébé de 10 mois** a 10-month-old baby; **12 mois de crédit/ travail** 12 months' credit/work; **être payé 20 euros de l'heure** to be paid 20 euros an ou per hour; **augmenter de 10 euros** to increase by 10 euros; **de 14 à 18** from 14 to 18

4 (moyen) with; **je l'ai fait de mes propres mains** I did it with my own two hands

5 (cause) **mourir de faim** to die of hunger; **rouge de colère** red with fury

6 (devant infinitif) to; **il m'a dit de rester** he told me to stay

▷ dét **1** (phrases affirmatives) some (souvent omis); **du vin, de l'eau, des pommes** (some) wine, (some) water, (some) apples; **des enfants sont venus** some children came; **pendant des mois** for months

2 (phrases interrogatives et négatives) any; **a-t-il du vin?** has he got any wine?; **il n'a pas de pommes/d'enfants** he hasn't (got) any apples/children, he has no apples/children

dé [de] nm (à jouer) die ou dice; (aussi: **dé à coudre**) thimble

déballer [debale] vt to unpack

débarcadère [debarkadɛr] nm wharf

débardeur [debardœr] nm (maillot) tank top

débarquer [debarke] vt to unload, land ▷ vi to disembark; (fig: fam) to turn up

débarras [debara] nm (pièce) lumber room; (placard) junk cupboard; **bon ~!** good riddance!; **débarrasser** [debarase] vt to clear; **se débarrasser de** vt to get rid of; **débarrasser qn de** (vêtements, paquets) to relieve sb of; **débarrasser (la table)** to clear the table

débat [deba] nm discussion, debate; **débattre** [debatr] vt to discuss, debate; **se débattre** vi to struggle

débit [debi] nm (d'un liquide, fleuve) flow; (d'un magasin) turnover (of goods); (élocution) delivery; (bancaire) debit; **débit de boissons** drinking establishment; **débit de tabac** tobacconist's

déblayer [debleje] vt to clear

débloquer [debloke] vt (prix, crédits) to free

déboîter [debwate] vt (Auto) to pull out; **se ~ le genou** etc to dislocate one's knee etc

débordé, e [deborde] adj: **être ~ (de)** (travail, demandes) to be snowed under (with)

déborder [deborde] vi to overflow; (lait etc) to boil over; **~ (de) qch** (dépasser) to extend beyond sth; **~ de** (joie, zèle) to be brimming over with ou bursting with

débouché [debuʃe] nm (pour vendre) outlet; (perspective d'emploi) opening

déboucher [debuʃe] vt (évier, tuyau etc) to unblock; (bouteille) to uncork ▶ vi: **~ de** to emerge from; **~ sur** (études) to lead on to

debout [d(ə)bu] adv: **être ~** (personne) to be standing, stand; (: levé, éveillé) to be up; **se mettre ~** to stand up; **se tenir ~** to stand; **–I stand up!** (du lit) get up!; **cette histoire ne tient pas ~** this story doesn't hold water

déboutonner [debutɔne] vt to undo, unbutton

débraillé, e [debrɑje] adj slovenly, untidy

débrancher [debrɑ̃ʃe] vt (appareil électrique) to disconnect; (appareil électrique) to unplug

débrayage [debrɛjaʒ] nm (Auto) clutch; **débrayer** vi (Auto) to declutch; (cesser le travail) to stop work

débris [debri] nmpl fragments; **des ~ de verre** bits of glass

débrouillard, e [debrujar, ard] (fam) adj smart, resourceful

débrouiller [debruje] vt to disentangle, untangle; **se débrouiller** vi to manage; **débrouillez-vous** you'll have to sort things out yourself

début [deby] nm beginning, start; **débuts** nmpl (de carrière) début sg; **~**

juin in early June; **débutant, e** nm/f beginner, novice; **débuter** vi to begin, start; (faire ses débuts) to start out

décaféiné, e [dekafeine] adj decaffeinated

décalage [dekalaʒ] nm gap; **décalage horaire** time difference

décaler [dekale] vt to shift

décapotable [dekapɔtabl] adj convertible

décapsuleur [dekapsylœr] nm bottle-opener

décédé, e [desede] adj deceased

décéder [desede] vi to die

décembre [desɑ̃br] nm December

décennie [deseni] nf decade

décent, e [desɑ̃, ɑ̃t] adj decent

déception [desɛpsjɔ̃] nf disappointment

décès [desɛ] nm death

décevoir [des(ə)vwar] vt to disappoint

décharge [deʃarʒ] nf (dépôt d'ordures) rubbish tip ou dump; (électrique) electrical discharge; **décharger** vt (marchandise, véhicule) to unload; (tirer) to discharge; **décharger qn de** (responsabilité) to relieve sb of, release sb from

déchausser [deʃose] vt (skis) to take off; **se déchausser** vi to take off one's shoes; (dent) to come ou work loose

déchet [deʃɛ] nm (reste) scrap; **déchets** nmpl (ordures) refuse sg, rubbish sg; **~s nucléaires** nuclear waste

déchiffrer [deʃifre] vt to decipher

déchirant, e [deʃirɑ̃, ɑ̃t] adj heart-rending

déchirement [deʃirmɑ̃] nm (chagrin) wrench, heartbreak; (fig: conflit) rift, split

déchirer [deʃire] vt to tear; (en morceaux) to tear up; (arracher) to tear out; (fig: conflit) to tear (apart); **se déchirer** vi to tear, rip; **se ~ un muscle** to tear a muscle

déchirure [deʃiryr] nf (accroc) tear, rip; **déchirure musculaire** torn muscle

décidé, e [deside] adj (personne, air) determined; **c'est ~** it's decided; **décidément** adv really

décider [deside] vt: **~ qch** to decide on sth; **~ de faire/que** to decide to do/that; **~ qn (à faire qch)** to persuade sb (to do sth); **se décider (à faire)** to decide (to do), make up one's mind (to do); **se ~ pour** to decide on ou in favour of

décimal, e, -aux [desimal, o] adj decimal

décimètre [desimetr] nm decimetre

décisif, -ive [desizif, iv] adj decisive

décision [desizjɔ̃] nf decision

déclaration [deklarasjɔ̃] nf declaration; (discours: Pol etc) statement; **déclaration d'impôts** ou **de revenus** = tax return; **déclaration de vol: faire une déclaration de vol** to report a theft

déclarer [deklare] vt to declare; (décès, naissance) to register; **se déclarer** vi (feu) to break out

déclencher [deklɑ̃ʃe] vt (mécanisme etc) to release; (sonnerie) to set off; (attaque, grève) to trigger off, to launch; (provoquer) to trigger off; **se déclencher** vi (sonnerie) to go off

décliner [dekline] vt to decline ▷ vt (invitation) to decline; (nom, adresse) to state

décoiffer [dekwafe] vt: **~ qn** to mess up sb's hair; **je suis toute décoiffée** my hair is in a real mess

déçois etc [deswa] vb voir **décevoir**

décollage [dekɔlaʒ] nm (Aviat) takeoff

décoller [dekɔle] vt to unstick ▷ vi (avion) to take off; **se décoller** vi to come unstuck

décolleté, e [dekɔlte] adj low-cut ▷ nm low neck(line); (plongeant) cleavage

décolorer [dekɔlɔre]: **se décolorer** vi to fade; **se faire ~ les cheveux** to have one's hair bleached

décommander [dekɔmɑ̃de] vt to cancel; **se décommander** vi to cry off

déconcerter [dekɔ̃sɛrte] vt to disconcert, confound

décongeler [dekɔ̃ʒ(ə)le] vt to thaw

déconner [dekɔne] (fam) vi to talk rubbish

déconseiller [dekɔ̃seje] vt: **~ qch (à qn)** to advise (sb) against sth; **c'est déconseillé** it's not recommended

décontracté, e [dekɔ̃trakte] adj relaxed, laid-back (fam)

décontracter [dekɔ̃trakte]: **se décontracter** vi to relax

décor [dekɔr] nm décor; (paysage) scenery; **décorateur** nm (interior) decorator; **décoration** nf decoration; **décorer** vt to decorate

décortiquer [dekɔrtike] vt to shell; (fig: texte) to dissect

découdre [dekudr]: **se découdre** vi to come unstitched

découper [dekupe] vt (papier, tissu etc) to cut up; (viande) to carve; (article) to cut out

décourager [dekuraʒe] vt to discourage; **se décourager** vi to lose heart, become discouraged

décousu, e [dekuzy] adj unstitched; (fig) disjointed, disconnected

découvert, e [dekuvɛr, ɛrt] adj (tête) bare, uncovered; (lieu) open, exposed ▷ nm (bancaire) overdraft; **découverte** nf discovery; **faire la découverte de** to discover

découvrir [dekuvrir] vt to discover; (enlever ce qui couvre) to uncover; (dévoiler) to reveal; **se découvrir** vi (chapeau) to take off one's hat; (vêtement) to take something off; (ciel) to clear

décrire [dekrir] vt to describe

décrocher [dekrɔʃe] vt (détacher) to take down; (téléphone) to take off the hook; (: pour répondre) to lift the receiver; (fam: contrat etc) to get, land ▷ vi (abandonner) to drop out; (: cesser d'écouter) to switch off

déçu, e [desy] pp de **décevoir**

dédaigner [dedeɲe] vt to despise, scorn; (négliger) to disregard, spurn;

dédaigneux, -euse adj scornful, disdainful; **dédain** nm scorn, disdain

dedans [dədɑ̃] adv inside; (pas en plein air) indoors, inside ▸ nm inside; **au ~** inside

dédicacer [dedikase] vt: **~ (à qn)** to sign (for sb), autograph (for sb)

dédier [dedje] vt: **~ à** to dedicate to

dédommagement [dedɔmaʒmɑ̃] nm compensation

dédommager [dedɔmaʒe] vt: **~ qn (de)** to compensate sb (for)

dédouaner [dedwane] vt to clear through customs

déduire [deduir] vt: **~ qch (de)** (ôter) to deduct sth (from); (conclure) to deduce ou infer sth (from)

défaillance [defajɑ̃s] nf (syncope) blackout; (fatigue) (sudden) weakness no pl; (technique) fault, failure; **défaillance cardiaque** heart failure

défaire [defɛʀ] vt to undo; (installation) to take down, dismantle; **se défaire** vi to come undone; **se ~ de** to get rid of

défait, e [defɛ, ɛt] adj (visage) haggard, ravaged; **défaite** nf defeat

défaut [defo] nm (moral) fault, failing, defect; (tissus) fault, flaw; (manque, carence) **~** de shortage of; **prendre qn en ~** to catch sb out; **faire ~** (manquer) to be lacking; **à ~ de** for lack ou want of

défavorable [defavɔʀabl] adj unfavourable (BRIT), unfavorable (US)

défavoriser [defavɔʀize] vt to put at a disadvantage

défectueux, -euse [defɛktɥø, øz] adj faulty, defective

défendre [defɑ̃dʀ] vt to defend; (interdire) to forbid; **se défendre** vi to defend o.s.; **~ à qn qch/de faire** to forbid sb sth/to do; **il se défend** (fam: se débrouille) he can hold his own; **se ~ de/contre** (se protéger) to protect o.s. from/against; **se ~ de** (se garder de) to refrain from

défense [defɑ̃s] nf defence; (d'éléphant etc) tusk; **ministre de la ~** Minister of Defence (BRIT), Defence Secretary (US);

"~ de fumer" "no smoking"

défi [defi] nm challenge; **lancer un ~ à qn** to challenge sb; **sur un ton de ~** defiant

déficit [defisit] nm (Comm) deficit

défier [defje] vt (provoquer) to challenge; (mort, danger) to defy; **~ qn de faire qch** to challenge sb to do sth

défigurer [defigyʀe] vt to disfigure

défilé [defile] nm (Géo) (narrow) gorge ou pass; (soldats) parade; (manifestants) procession, march

défiler [defile] vi (troupes) to march past; (sportifs) to parade; (manifestants) to march; (visiteurs) to pour, stream; **faire ~ un document** (Comput) to scroll a document; **se défiler** vi: **il s'est défilé** (fam) he wriggled out of it

définir [definiʀ] vt to define

définitif, -ive [definitif, iv] adj (final) final, definitive; (pour longtemps) permanent, definitive; (refus) definite; **définitive** nf: **en définitive** eventually; (somme toute) in fact; **définitivement** adv (partir, s'installer) for good

déformer [defɔʀme] vt to put out of shape; (pensée, fait) to distort; **se déformer** vi to lose its shape

défouler [defule]: **se défouler** vi to unwind, let off steam

défunt, e [defœ̃, œ̃t] adj (mort) late before n ▸ nm/f deceased

dégagé, e [degaʒe] adj (route, ciel) clear; **sur un ton ~** casually

dégager [degaʒe] vt (exhaler) to give off; (délivrer) to free, extricate; (désencombrer) to clear; (isoler: idée, aspect) to bring out; **~ qn de** (engagement, parole etc) to release ou free sb from; **se dégager** vi (passage, ciel) to clear

dégâts [dega] nmpl damage sg; **faire des ~** to cause damage

dégel [deʒɛl] nm thaw; **dégeler** vt to thaw (out)

dégivrer [deʒivʀe] vt (frigo) to defrost; (vitres) to de-ice

dégonflé, e [degɔ̃fle] *adj* (pneu) flat

dégonfler [degɔ̃fle] *vt* (pneu, ballon) to let down, deflate; **se dégonfler** *vi* (fam) to chicken out

dégouliner [deguline] *vi* to trickle, drip

dégourdi, e [deguʀdi] *adj* smart, resourceful

dégourdir [deguʀdiʀ] *vt*: **se ~ les jambes** to stretch one's legs (fig)

dégoût [degu] *nm* disgust, distaste; **dégoûtant, e** *adj* disgusting; **dégoûté, e** *adj* disgusted; **dégoûté de** sick of; **dégoûter** *vt* to disgust; **dégoûter qn de qch** to put sb off sth

dégrader [degʀade] *vt* (Mil: officier) to degrade; (abîmer) to damage, deface; **se dégrader** *vi* (relations, situation) to deteriorate

degré [dəgʀe] *nm* degree

dégressif, -ive [degʀesif, iv] *adj* on a decreasing scale

dégringoler [degʀɛ̃gɔle] *vi* to tumble (down)

déguisement [degizmɑ̃] *nm* (pour s'amuser) fancy dress

déguiser [degize] *vt*: **se déguiser (en)** *vi* (se costumer) to dress up (as); (pour tromper) to disguise o.s. (as)

dégustation [degystasjɔ̃] *nf* (de fromages etc) sampling; ~ **de vins** wine-tasting session

déguster [degyste] *vt* (vins) to taste; (fromages etc) to sample; (savourer) to enjoy, savour

dehors [dəɔʀ] *adv* outside; (en plein air) outdoors ▷ *nm* outside ▷ *nmpl* (apparences) appearances; **mettre ou jeter ~** (expulser) to throw out; **au ~** outside; **au ~ de** outside; **en ~ de** (hormis) apart from

déjà [deʒa] *adv* already; (auparavant) before, already

déjeuner [deʒœne] *vi* to (have) lunch; (le matin) to have breakfast ▷ *nm* lunch

delà [dəla] *adv*: **en ~ (de), au ~ (de)** beyond

délacer [delase] *vt* (chaussures) to undo

délai [delɛ] *nm* (attente) waiting period; (sursis) extension (of time); (temps accordé) time limit; **sans ~** without delay; **dans les ~s** within the time limit

délaisser [delese] *vt* to abandon, desert

délasser [delɑse] *vt* to relax; **se délasser** *vi* to relax

délavé, e [delave] *adj* faded

délayer [deleje] *vt* (Culin) to mix (with water etc); (peinture) to thin down

delco® [dɛlko] *nm* (Auto) distributor

délégué, e [delege] *nm/f* representative

déléguer [delege] *vt* to delegate

délibéré, e [delibeʀe] *adj* (conscient) deliberate

délicat, e [delika, at] *adj* delicate; (plein de tact) tactful; (attention) thoughtful; **délicatement** *adv* delicately; (avec douceur) gently

délice [delis] *nm* delight

délicieux, -euse [delisjø, jøz] *adj* (au goût) delicious; (sensation) delightful

délimiter [delimite] *vt* (terrain) to delimit, demarcate

délinquant, e [delɛ̃kɑ̃, ɑ̃t] *adj, nm/f* delinquent

délirer [deliʀe] *vi* to be delirious; **tu délires!** (fam) you're crazy!

délit [deli] *nm* (criminal) offence

délivrer [delivʀe] *vt* (prisonnier) to (set) free, release; (passeport) to issue

deltaplane® [dɛltaplan] *nm* hang-glider

déluge [delyʒ] *nm* (pluie) downpour; (biblique) Flood

demain [d(ə)mɛ̃] *adv* tomorrow; ~ **matin/soir** tomorrow morning/ evening

demande [d(ə)mɑ̃d] *nf* (requête) request; (revendication) demand; (d'emploi) application; (Écon): **la ~** demand; **"~s d'emploi"** (annonces) "situations wanted"

demandé, e [d(ə)mɑ̃de] *adj* (article etc): **très ~** (very) much in demand

demander [d(ə)mɑ̃de] *vt* to ask for;

(*chemin, heure etc*) to ask; (*nécessiter*) to require, demand; **~ qch à qn** to ask sb for sth; **~ un service à qn** to ask sb a favour; **~ qn de faire qch** to ask sb to do sth; **je ne demande pas mieux que de ...** I'll be only too pleased to ~; **se si/pourquoi** *etc* to wonder whether/ why *etc*; **demandeur, -euse** *nm/f*: **demandeur d'emploi** job-seeker; **demandeur d'asile** asylum-seeker

démangeaison [demɑ̃ʒɛzɔ̃] *nf* itching; **avoir des ~s** to itch

démanger [demɑ̃ʒe] *vi* to itch

démaquillant [demakijɑ̃] *nm* make-up remover

démaquiller [demakije] *vt*: **se démaquiller** to remove one's make-up

démarche [demaʁʃ] *nf* (*allure*) gait, walk; (*intervention*) step; (*fig: intellectuelle*) thought processes *pl*; **faire les ~s nécessaires (pour obtenir qch)** to take the necessary steps (to obtain sth)

démarrage [demaʁaʒ] *nm* start

démarrer [demaʁe] *vi* (*conducteur*) to start (up); (*véhicule*) to move off; (*travaux*) to get moving; **démarreur** *nm* (*Auto*) starter

démêlant [demelɑ̃] *nm* conditioner

démêler [demele] *vt* to untangle; **démêlés** *nmpl* problems

déménagement [demenaʒmɑ̃] *nm* move; **camion de déménagement** removal van

déménager [demenaʒe] *vt* (*meubles*) to (re)move ▷ *vi* to move (house); **déménageur** *nm* removal man

démerder [demɛʁde] (*fam*): **se démerder** *vi* to sort things out for o.s.

démettre [demɛtʁ] *vt*: **~ qn de** (*fonction, poste*) to dismiss sb from; **se ~ l'épaule** *etc* to dislocate one's shoulder *etc*

demeurer [d(ə)mœʁe] *vi* (*habiter*) to live; (*rester*) to remain

demi, e [dəmi] *adj* half ▷ *nm* (*bière*) ≈ half-pint (0,25 litres) ▷ *préfixe*: **~...** half-, semi-, demi-; **trois heures/bouteilles et ~es** three and a half hours/bottles, three hours/bottles and a half; **il est 2 heures et ~e/midi et ~** it's half past 2/half past 12; **à ~** half-; **à la ~e** (*heure*) on the half-hour; **demi-douzaine** *nf* half-dozen, half a dozen; **demi-finale** *nf* semifinal; **demi-frère** *nm* half-brother; **demi-heure** *nf* half-hour, half an hour; **demi-journée** *nf* half-day, half a day; **demi-litre** *nm* half-litre, half a litre; **demi-livre** *nf* half-pound, half a pound; **demi-pension** *nf* (*à l'hôtel*) half-board; **demi-pensionnaire** *nm/f*: **être demi-pensionnaire** to take school lunches

démis, e [demi, iz] *adj* (*épaule etc*) dislocated

demi-sœur [dəmisœʁ] *nf* half-sister

démission [demisjɔ̃] *nf* resignation; **donner sa ~** to give *ou* hand in one's notice; **démissionner** *vi* to resign

demi-tarif [dəmitaʁif] *nm* half-price; **voyager à ~** to travel half-fare

demi-tour [dəmituʁ] *nm* about-turn; **faire ~** to turn (and go) back

démocratie [demɔkʁasi] *nf* democracy; **démocratique** *adj* democratic

démodé, e [demɔde] *adj* old-fashioned

demoiselle [d(ə)mwazɛl] *nf* (*jeune fille*) young lady; (*célibataire*) single lady, maiden lady; **demoiselle d'honneur** bridesmaid

démolir [demɔliʁ] *vt* to demolish

démon [demɔ̃] *nm* (*enfant turbulent*) devil, demon; **le D~** the Devil

démonstration [demɔ̃stʁasjɔ̃] *nf* demonstration

démonter [demɔ̃te] *vt* (*machine etc*) to take down, dismantle; **se démonter** (*meuble*) to be dismantled, be taken to pieces; (*personne*) to lose countenance

démontrer [demɔ̃tʁe] *vt* to demonstrate

démouler [demule] *vt* to turn out

démuni, e [demyni] *adj* (*sans argent*) impoverished; **~ de** without

dénicher [deniʃe] (*fam*) *vt* (*objet*) to

unearth; (restaurant etc) to discover

lénier [denje] vt to deny

lénivellement [denivelasmɔ̃] nm (pente) slope

lénombrer [denɔ̃bre] vt to count

lénomination [denɔminasjɔ̃] nf designation, appellation

lénoncer [denɔ̃se] vt to denounce; **se dénoncer** to give o.s. up, come forward

lénouement [denumɑ̃] nm outcome

lénouer [denwe] vt to unknot, undo

lenrée [dɑ̃ʀe] nf: **denrées alimentaires** foodstuffs

lense [dɑ̃s] adj dense; **densité** nf density

lent [dɑ̃] nm tooth; **dent de lait/de sagesse** milk/wisdom tooth; **dentaire** adj dental; **cabinet dentaire** dental surgery (BRIT), dentist's office (US)

lentelle [dɑ̃tɛl] nf lace no pl

lentier [dɑ̃tje] nm denture

lentifrice [dɑ̃tifʀis] nm toothpaste

lentiste [dɑ̃tist] nm/f dentist

lentition [dɑ̃tisjɔ̃] nf teeth pl

lénué, e [denɥe] adj: **~ de** devoid of

léodorant [deodɔʀɑ̃] nm deodorant

léontologie [deɔ̃tɔlɔʒi] nf code of practice

lépannage [depanaʒ] nm: **service de ~** (Auto) breakdown service

lépanner [depane] vt (véhicule, concurrent) to fix, repair; (fig) to bail out, help out; **dépanneuse** nf breakdown lorry (BRIT), tow truck (US)

lépareillé, e [depaʀeje] adj (collection, service) incomplete; (objet) odd

lépart [depaʀ] nm departure; (Sport) start; **au ~** at the start; **la veille de son ~** the day before he leaves/left

lépartement [depaʀtəmɑ̃] nm department

DÉPARTEMENT

- France is divided into 96
- administrative units called
- **départements**. These local
- government divisions are headed

by a state-appointed 'préfet', and administered by an elected 'Conseil général'. Départements are usually named after prominent geographical features such as rivers or mountain ranges.

dépassé, e [depase] adj superseded, outmoded; **il est complètement ~** he's completely out of his depth, he can't cope

dépasser [depase] vt (véhicule, concurrent) to overtake; (endroit) to pass, go past; (somme, limite) to exceed; (fig: en beauté etc) to surpass, outshine ▷ vi (jupon etc) to show; **se dépasser** to excel o.s.

dépaysé, e [depeize] adj disoriented

dépaysement [depeizmɑ̃] nm (changement) change of scenery

dépêcher [depeʃe]: **se dépêcher** vi to hurry

dépendance [depɑ̃dɑ̃s] nf dependence; (bâtiment) outbuilding

dépendre [depɑ̃dʀ]: **~ de** vt to depend on; (financièrement etc) to be dependent on; **ça dépend** it depends

dépens [depɑ̃] nmpl: **aux ~ de** at the expense of

dépense [depɑ̃s] nf spending no pl, expense, expenditure no pl; **dépenser** vt to spend; (énergie) to expend, use up; **se dépenser** vi to exert o.s.

dépeupler [depœple]: **se dépeupler** vi to become depopulated

dépilatoire [depilatwaʀ] adj: **crème ~** hair-removing ou depilatory cream

dépister [depiste] vt to detect; (voleur) to track down

dépit [depi] nm vexation, frustration; **en ~ de** in spite of; **en ~ du bon sens** contrary to all good sense; **dépité, e** adj vexed, frustrated

déplacé, e [deplase] adj (propos) out of place, uncalled-for

déplacement [deplasmɑ̃] nm (voyage) trip, travelling no pl; **en ~** away

déplacer [deplase] vt (table, voiture) to

move, shift; **se déplacer** vi to move; (voyager) to travel; **se ~ une vertèbre** to slip a disc

déplaire [deplɛʀ] vt: **ça me déplaît** I don't like this, I dislike this; **se déplaire** vi to be unhappy; **déplaisant, e** adj disagreeable

dépliant [deplijã] nm leaflet

déplier [deplije] vt to unfold

déposer [depoze] vt (gén: mettre, poser) to lay ou put down; (à la banque, à la consigne) to deposit; (passager) to drop (off), set down; (roi) to depose; (plainte) to lodge; (marque) to register; **se déposer** vi to settle; **dépositaire** nm/f (Comm) agent; **déposition** nf statement

dépôt [depo] nm (à la banque, sédiment) deposit; (entrepôt) warehouse, store

dépourvu, e [depuʀvy] adj: ~ de lacking in, without; **prendre qn au ~** to catch sb unprepared

dépression [depʀesjɔ̃] nf depression; **dépression (nerveuse)** (nervous) breakdown

déprimant, e [depʀimɑ̃, ɑ̃t] adj depressing

déprimer [depʀime] vi to be/get depressed

MOT-CLÉ

depuis [dəpɥi] prép **1** (point de départ dans le temps) since; **il habite Paris depuis 1983/l'an dernier** he has been living in Paris since 1983/last year; **depuis quand?** since when?; **depuis quand le connaissez-vous?** how long have you known him?
2 (temps écoulé) for; **il habite Paris depuis 5 ans** he has been living in Paris for 5 years; **je le connais depuis 3 ans** I've known him for 3 years
3 (lieu) **il a plu depuis Metz** it's been raining since Metz; **elle a téléphoné depuis Valence** she rang from Valence
4 (quantité, rang) from; **depuis les plus petits jusqu'aux plus grands** from the

youngest to the oldest
▷ adv (temps) since (then); **je ne lui ai pas parlé depuis** I haven't spoken to him since (then); **depuis que** conj (ever) since; **depuis qu'il m'a dit ça** (ever) since he said that to me

député, e [depyte] nm/f (Pol) ≈ Member of Parliament (BRIT), ≈ Member of Congress (US)

dérangement [deʀɑ̃ʒmɑ̃] nm (gêne) trouble; (gastrique etc) disorder; **en ~** (téléphone, machine) out of order

déranger [deʀɑ̃ʒe] vt (personne) to trouble, bother; (projets) to disrupt, upset; (objets, vêtements) to disarrange; **se déranger** vi: **surtout ne vous dérangez pas pour moi** please don't put yourself out on my account; **est-ce que cela vous dérange si ...?** do you mind if ...?

déraper [deʀape] vi (voiture) to skid; (personne, semelles) to slip

dérégler [deʀegle] vt (mécanisme) to put ou of order; (estomac) to upset

dérisoire [deʀizwaʀ] adj derisory

dérive [deʀiv] nf: **aller à la ~** (Navig, fig) to drift

dérivé, e [deʀive] nm (Tech) by-product

dermatologue [dɛʀmatɔlɔg] nm/f dermatologist

dernier, -ière [dɛʀnje, jɛʀ] adj last; (le plus récent) latest, last; **lundi/le mois ~** last Monday/month; **c'est le ~ cri** it's the very latest thing; **en ~** last; **ce ~** the latter; **dernièrement** adv recently

dérogation [deʀogasjɔ̃] nf (special) dispensation

dérouiller [deʀuje] vt: **se ~ les jambes** to stretch one's legs (fig)

déroulement [deʀulmɑ̃] nm (d'une opération etc) progress

dérouler [deʀule] vt (ficelle) to unwind; **se dérouler** vi (avoir lieu) to take place; (se passer) to go off; **tout s'est déroulé comme prévu** everything went as planned

dérouter [deʀute] vt (avion, train) to

reroute, divert; (*étonner*) to disconcert, throw (out)

errière [dɛʀjɛʀ] *adv, prép* behind ▷ *nm* (*d'une maison*) back; (*postérieur*) behind, bottom; **les pattes de ~** the back ou hind legs; **par ~** from behind; (*fig*) behind one's back

es [de] *dét voir de* ▷ *prép +dét* = **de +les**

ès [dɛ] *prép* from; **~ que** as soon as; **~ son retour** as soon as he was (ou is) back

ésaccord [dezakɔʀ] *nm* disagreement

ésagréable [dezagʀeabl] *adj* unpleasant

ésagrément [dezagʀemɑ̃] *nm* annoyance, trouble *no pl*

ésaltérer [dezalteʀe] *vt*: **se désaltérer** to quench one's thirst

ésapprobateur, -trice [dezapʀɔbatœʀ, tʀis] *adj* disapproving

ésapprouver [dezapʀuve] *vt* to disapprove of

ésarmant, e [dezaʀmɑ̃, ɑ̃t] *adj* disarming

ésastre [dezastʀ] *nm* disaster

ésastreux, -euse [dezastʀø, øz] *adj* disastrous

ésavantage [dezavɑ̃taʒ] *nm* disadvantage; **désavantager** *vt* to put at a disadvantage

escendre [desɑ̃dʀ] *vt* (*escalier, montagne*) to go (ou come) down; (*valise, paquet*) to take ou get down; (*étagère etc*) to lower; (*fam: abattre*) to shoot down ▷ *vi* to go (ou come) down; (*passager: s'arrêter*) to get out, alight; **~ à pied/en voiture** to walk/drive down; **~ de** (*famille*) to be descended from; **~ du train** to get out of ou get off the train; **~ de cheval** to dismount; **~ d'un arbre** to climb down from a tree; **~ à l'hôtel** to stay at a hotel

escente [desɑ̃t] *nf* descent, going down; (*chemin*) way down; (*Ski*) downhill run; **au milieu de la ~** halfway down; **descente de lit** bedside rug; **descente (de police)** (police) raid

escription [dɛskʀipsjɔ̃] *nf* description

déséquilibre [dezekilibʀ] *nm* (*position*): **en ~** unsteady; (*fig: des forces, du budget*) imbalance

désert, e [dezɛʀ, ɛʀt] *adj* deserted ▷ *nm* desert; **désertique** *adj* desert *cpd*

désespéré, e [dezɛspeʀe] *adj* desperate

désespérer [dezɛspeʀe] *vi*: **~ (de)** to despair (of); **désespoir** *nm* despair; **en désespoir de cause** in desperation

déshabiller [dezabije] *vt* to undress; **se déshabiller** *vi* to undress (o.s.)

déshydraté, e [dezidʀate] *adj* dehydrated

désigner [dezine] *vt* (*montrer*) to point out, indicate; (*dénommer*) to denote; (*candidat etc*) to name

désinfectant, e [dezɛ̃fɛktɑ̃, ɑ̃t] *adj, nm* disinfectant

désinfecter [dezɛ̃fɛkte] *vt* to disinfect

désintéressé, e [dezɛ̃teʀese] *adj* disinterested, unselfish

désintéresser [dezɛ̃teʀese] *vt*: **se ~ (de)** to lose interest (in)

désintoxication [dezɛ̃tɔksikasjɔ̃] *nf*: **faire une cure de ~** to undergo treatment for alcoholism (ou drug addiction)

désinvolte [dezɛ̃vɔlt] *adj* casual, off-hand

désir [deziʀ] *nm* wish; (*sensuel*) desire; **désirer** *vt* to want, wish for; (*sexuellement*) to desire; **je désire ...** (*formule de politesse*) I would like ...

désister [deziste]: **se désister** *vi* to stand down, withdraw

désobéir [dezɔbeiʀ] *vi*: **~ (à qn/qch)** to disobey (sb/sth); **désobéissant, e** *adj* disobedient

désodorisant [dezɔdɔʀizɑ̃] *nm* air freshener, deodorizer

désolé, e [dezɔle] *adj* (*paysage*) desolate; **je suis ~** I'm sorry

désordonné, e [dezɔʀdɔne] *adj* untidy

désordre [dezɔʀdʀ] *nm* disorder(liness), untidiness; (*anarchie*) disorder; **en ~** in a mess, untidy

désormais [dezɔʀmɛ] *adv* from now on

desquelles [dekɛl] *prép* +*pron* = **de +lesquelles**

desquels [dekɛl] *prép* +*pron* = **de +lesquels**

dessécher [deseʃe] *vt* to dry out

desserrer [desere] *vt* to loosen; (*frein*) to release

dessert [desɛʀ] *nm* dessert, pudding

desservir [desɛʀviʀ] *vt* (*ville, quartier*) to serve; (*débarrasser*): **~ (la table)** to clear the table

dessin [desɛ̃] *nm* (*œuvre, art*) drawing; (*motif*) pattern, design; **dessin animé** cartoon (film); **dessin humoristique** cartoon; **dessinateur, -trice** *nm/f* drawer; (*de bandes dessinées*) cartoonist; (*industriel*) draughtsman(-woman) (BRIT), draftsman(-woman) (US); **dessiner** *vt* to draw; (*concevoir*) to design; **se dessiner** *vi* (*forme*) to be outlined; (*fig: solution*) to emerge

dessous [d(ə)su] *adv* underneath, beneath ▷ *nmpl* (*sous-vêtements*) underwear *sg*; **en ~, par ~, au-~ (de)** below; (*peu digne de*) beneath; **avoir le ~** to get the worst of it; **les voisins du ~** the downstairs neighbours; **dessous-de-plat** *nm inv* tablemat

dessus [d(ə)sy] *adv* on top; (*collé, écrit*) on it ▷ *nm* above; **en ~** above; **par ~** over it ▷ *prép* over; **au-~ (de)** above; **les voisins du ~** the upstairs neighbours; **avoir le ~** to get the upper hand; **sens ~ dessous** upside down; **dessus-de-lit** *nm inv* bedspread

destin [dɛstɛ̃] *nm* fate; (*avenir*) destiny

destinataire [dɛstinatɛʀ] *nm/f* (*Postes*) addressee; (*d'un colis*) consignee

destination [dɛstinasjɔ̃] *nf* (*lieu*) destination; (*usage*) purpose; **à ~ de** bound for; travelling to

destiner [dɛstine] *vt*: **~ qch à qn**

(*envisager de donner*) to intend sb to have sth; (*adresser*) to intend sth for sb; **être destiné à** (*usage*) to be meant for; **se ~ à l'enseignement** to intend to become a teacher

détachant [detaʃɑ̃] *nm* stain remover

détacher [detaʃe] *vt* (*enlever*) to detach, remove; (*délier*) to untie; (*Admin*): **~ qn (auprès de** ou **à)** to post sb (to); **se détacher** *vi* (*se séparer*) to come off; (*: page*) to come out; (*se défaire*) to come undone; **se ~** **sur** to stand out against; **se ~ de** (*se désintéresser*) to grow away from

détail [detaj] *nm* detail; (*Comm*): **le ~** retail; **en ~** in detail; **au ~** (*Comm*) retail; **détaillant, e** *nm/f* retailer; **détaillé, e** (*plan, explications*) detailed; (*facture*) itemized; **détailler** *vt* (*expliquer*) to explain in detail

détecter [detɛkte] *vt* to detect

détective [detɛktiv] *nm*: **détective (privé)** private detective

déteindre [detɛ̃dʀ] *vi* (*au lavage*) to run, lose its colour; **~ sur** (*vêtement*) to run into; (*fig*) to rub off on

détendre [detɑ̃dʀ] *vt* (*corps, esprit*) to relax; **se détendre** *vi* (*ressort*) to lose its tension; (*personne*) to relax

détenir [det(ə)niʀ] *vt* (*record, pouvoir, secret*) to hold; (*prisonnier*) to detain, hold

détente [detɑ̃t] *nf* relaxation

détention [detɑ̃sjɔ̃] *nf* (*d'armes*) possession; (*captivité*) detention; **détention préventive** custody

détenu, e [det(ə)ny] *nm/f* prisoner

détergent [detɛʀʒɑ̃] *nm* detergent

détériorer [deteʀjɔʀe] *vt* to damage; **se détériorer** *vi* to deteriorate

déterminé, e [detɛʀmine] *adj* (*résolu*) determined; (*précis*) specific, definite

déterminer [detɛʀmine] *vt* (*fixer*) to determine; **~ qn à faire qch** to decide sb to do sth; **se ~ à faire qch** to make up one's mind to do sth

détester [detɛste] *vt* to hate, detest

détour [detuʀ] *nm* detour; (*tournant*)

bend, curve; **ça vaut le ~** it's worth the trip; **sans ~** (fig) plainly

détourné, e [deturne] adj (moyen) roundabout

détourner [deturne] vt to divert; (par la police) to hijack; (yeux, tête) to turn away; (de l'argent) to embezzle; **se détourner** vi to turn away

détraquer [detrake] vt to put out of order; (estomac) to upset; **se détraquer** vi (machine) to go wrong

détrempé, e [detrāpe] adj (sol) sodden, waterlogged

détresse [detrɛs] nf distress

détriment [detrimā] nm: **au ~ de** to the detriment of

détroit [detrwa] nm strait

détruire [detrɥir] vt to destroy

dette [dɛt] nf debt

DEUG sigle m (= diplôme d'études universitaires générales) diploma taken after 2 years at university

deuil [dœj] nm (perte) bereavement; (période) mourning; **être en ~** to be in mourning

deux [dø] num two; **tous les ~** both; **ses ~ mains** both his hands, his two hands; **~ fois** twice; **deuxième** num second; **deuxièmement** adv secondly; **deux-pièces** nm inv (tailleur) two-piece suit; (de bain) two-piece (swimsuit); (appartement) two-roomed flat (BRIT) ou apartment (US); **deux-points** nm inv colon sg; **deux-roues** nm inv two-wheeled vehicle

devais [dəvɛ] vb voir **devoir**

dévaluation [devalɥasjɔ̃] nf devaluation

devancer [dəvāse] vt (coureur, rival) to get ahead of; (arriver) to arrive before; (prévenir: questions, désirs) to anticipate

devant [dəvā] adv in front; (à distance: en avant) ahead ▷ prép in front of; (en avant) ahead of; (avec mouvement: passer) past; (en présence de) before, in front of; (étant donné) in view of ▷ nm front; **prendre les ~s** to make the first move; **les pattes de ~** the front legs, the forelegs; **par ~** (boutonner) at the front; (entrer) the front way; **aller au-~ de**

qn to go out to meet sb; **aller au-~ de** (désirs de qn) to anticipate

devanture [dəvātyr] nf (étalage) display; (vitrine) (shop) window

développement [dev(ə)lɔpmā] nm development; **pays en voie de ~** developing countries

développer [dev(ə)lɔpe] vt to develop; **se développer** vi to develop

devenir [dəv(ə)nir] vb +attrib to become; **que sont-ils devenus?** what has become of them?

devez [dəve] vb voir **devoir**

déviation [devjasjɔ̃] nf (Auto) diversion (BRIT), detour (US)

devienne etc [dəvjɛn] vb voir **devenir**

deviner [d(ə)vine] vt to guess; (apercevoir) to distinguish; **devinette** nf riddle

devis [d(ə)vi] nm estimate, quotation

devise [dəviz] nf (formule) motto, watchword; **devises** nfpl (argent) currency sg

dévisser [devise] vt to unscrew, undo; **se dévisser** vi to come unscrewed

devoir [d(ə)vwar] nm duty; (Scol) homework no pl; (: en classe) exercise ▷ vt (argent, respect): **~ qch (à qn)** to owe (sb) sth; (+infin: obligation): **il doit le faire** he has to do it, he must do it; (: intention): **le nouveau centre commercial doit ouvrir en mai** the new shopping centre is due to open in May; (: probabilité): **il doit être tard** it must be late; (: fatalité): **cela devait arriver** it was bound to happen; **combien est-ce que je vous dois?** how much do I owe you?

dévorer [devɔre] vt to devour

dévoué, e [devwe] adj devoted

dévouer [devwe]: **se dévouer** vi (se sacrifier): **se ~ (pour)** to sacrifice o.s. (for); (se consacrer): **se ~ à** to devote ou dedicate o.s. to

devrai [dəvre] vb voir **devoir**

dézipper [dezipe] vt to unzip

diabète [djabɛt] nm diabetes sg; **diabétique** nm/f diabetic

diable [djabl] nm devil

diabolo [djabɔlo] nm (boisson) lemonade with fruit cordial

diagnostic [djagnɔstik] nm diagnosis sg; **diagnostiquer** vt to diagnose

diagonal, e, -aux [djagɔnal, o] adj diagonal; **diagonale** nf diagonal; **en diagonale** diagonally

diagramme [djagram] nm chart, graph

dialecte [djalɛkt] nm dialect

dialogue [djalɔg] nm dialogue

diamant [djamɑ̃] nm diamond

diamètre [djamɛtʀ] nm diameter

diapositive [djapozitiv] nf transparency, slide

diarrhée [djaʀe] nf diarrhoea

dictateur [diktatœʀ] nm dictator; **dictature** nf dictatorship

dictée [dikte] nf dictation

dicter [dikte] vt to dictate

dictionnaire [diksjɔnɛʀ] nm dictionary

dièse [djɛz] nm sharp

diesel [djezɛl] nm diesel ▷ adj inv diesel

diète [djɛt] nf (jeûne) starvation diet; (régime) diet; **diététique** adj: **magasin diététique** health food shop (BRIT) ou store (US)

dieu, x [djø] nm god; **D~** God; **mon D~!** good heavens!

différemment [diferamɑ̃] adv differently

différence [diferɑ̃s] nf difference; **à la ~ de** unlike; **différencier** vt to differentiate

différent, e [diferɑ̃, ɑ̃t] adj (dissemblable) different; **~ de** different from; (divers) different, various

différer [difere] vt to postpone, put off ▷ vi: **~ (de)** to differ (from)

difficile [difisil] adj difficult; (exigeant) hard to please; **difficilement** adv with difficulty

difficulté [difikylte] nf difficulty; **en ~** (bateau, alpiniste) in difficulties

diffuser [difyze] vt (chaleur) to diffuse; (émission, musique) to broadcast; (nouvelle) to circulate; (Comm) to distribute

digérer [dizere] vt to digest; (fam: accepter) to stomach, put up with; **digestif** nm (after-dinner) liqueur; **digestion** nf digestion

digne [diɲ] adj dignified; **~ de** worthy of; **~ de foi** trustworthy; **dignité** nf dignity

digue [dig] nf dike, dyke

dilemme [dilɛm] nm dilemma

diligence [dilizɑ̃s] nf stagecoach

diluer [dilye] vt to dilute

dimanche [dimɑ̃ʃ] nm Sunday

dimension [dimɑ̃sjɔ̃] nf (grandeur) size; (dimensions) dimensions

diminuer [diminye] vt to reduce, decrease; (ardeur etc) to lessen; (dénigrer) to belittle ▷ vi to decrease, diminish; **diminutif** nm (surnom) pet name

dinde [dɛ̃d] nf turkey

dindon [dɛ̃dɔ̃] nm turkey

dîner [dine] nm dinner ▷ vi to have dinner

dingue [dɛ̃g] (fam) adj crazy

dinosaure [dinozɔʀ] nm dinosaur

diplomate [diplɔmat] adj diplomatic ▷ nm diplomat; (fig) diplomatist; **diplomatie** nf diplomacy

diplôme [diplom] nm diploma; **avoir des ~s** to have qualifications; **diplômé, e** adj qualified

dire [diʀ] nm: **au ~ de** according to ▷ vt to say; (secret, mensonge, heure) to tell; **~ qch à qn** to tell sb sth; **~ à qn qu'il fasse** ou **de faire** to tell sb to do; **on dit que** they say that; **ceci** ou **cela dit** that being said; **si cela lui dit** (plaire) if he fancies it; **que dites-vous de** (penser) what do you think of; **on dirait que** it looks (ou sounds etc) as if; **dis/dites (donc)!** I say!; **se ~ (à soi-même)?** to say to o.s.; **se ~ malade** (se prétendre) to claim one is ill; **ça ne se dit pas** (impoli) you shouldn't say that; (pas en usage) you shouldn't say that

direct, e [diʀɛkt] adj direct ▷ nm (TV):

en **~** live; **directement** adv directly
directeur, -trice [dirɛktœr,
tris] nm/f (d'entreprise) director; (de
service) manager(-eress); (d'école)
head(teacher) (BRIT), principal (US)
direction [dirɛksjɔ̃] nf (sens) direction;
(d'entreprise) management; (Auto)
steering; **"toutes ~s"** "all routes"
dirent [dir] vb voir **dire**
dirigeant, e [diriʒɑ̃, ɑ̃t] adj (classe)
ruling ▷ nm/f (d'un parti etc) leader
diriger [diriʒe] vt (entreprise) to
manage, run; (véhicule) to steer;
(orchestre) to conduct; (recherches,
travaux) to supervise; **~ sur** (arme) to
point au level ou aim at; **~ son regard
sur** to look in the direction of; **se
diriger** vi (s'orienter) to find one's way;
se ~ vers ou **sur** to make ou head for
dis [di] vb voir **dire**
discerner [disɛrne] vt to discern,
make out
discipline [disiplin] nf discipline;
discipliner vt to discipline
discontinu, e [diskɔ̃tiny] adj
intermittent
discontinuer [diskɔ̃tinɥe] vi: **sans ~**
without stopping, without a break
discothèque [diskɔtɛk] nf (boîte de
nuit) disco (thèque)
discours [diskur] nm speech
discret, -ète [diskrɛ, ɛt] adj discreet;
(parfum, maquillage) unobtrusive;
discrétion nf discretion; **à discrétion**
as much as one wants
discrimination [diskriminasjɔ̃]
nf discrimination; **sans ~**
indiscriminately
discussion [diskysjɔ̃] nf discussion
discutable [diskytabl] adj debatable
discuter [diskyte] vt (débattre) to
discuss; (contester) to question, dispute
▷ vi to talk; (protester) to argue; **~ de**
to discuss
dise [diz] vb voir **dire**
disjoncteur [disʒɔ̃ktœr] nm (Élec)
circuit breaker
disloquer [disləke]: **se disloquer** vi

(parti, empire) to break up; (meuble) to
come apart; (épaule) to be dislocated
disons [dizɔ̃] vb voir **dire**
disparaître [disparɛtr] vi to
disappear; (se perdre: traditions etc)
to die out; **faire ~** (tache) to remove;
(douleur) to get rid of
disparition [disparisjɔ̃] nf
disappearance; **espèce en voie de ~**
endangered species
disparu, e [dispary] nm/f missing
person ▷ adj: **être porté ~** to be
reported missing
dispensaire [dispɑ̃sɛr] nm
community clinic
dispenser [dispɑ̃se] vt: **~ qn de** to
exempt sb from
disperser [dispɛrse] vt to scatter; **se
disperser** vi to break up
disponible [dispɔnibl(ə)] adj available
disposé, e [dispoze] adj: **bien/mal ~**
(humeur) in a good/bad mood; **~ à** (prêt
à) willing ou prepared to
disposer [dispoze] vt to arrange ▷ vi:
vous pouvez ~ you may leave; **~ de** to
have (at one's disposal); **se ~ à faire** to
prepare to do, be about to do
dispositif [dispozitif] nm device; (fig)
system, plan of action
disposition [dispozisjɔ̃] nf
(arrangement) arrangement, layout;
(humeur) mood; **prendre ses ~s** to
make arrangements; **avoir des ~s
pour la musique** etc to have a special
aptitude for music etc; **à la ~ de qn** at
sb's disposal; **je suis à votre ~** I am at
your service
disproportionné, e
[disproporsjɔne] adj
disproportionate, out of all proportion
dispute [dispyt] nf quarrel, argument;
disputer (match) to play; (combat) to
fight; **se disputer** vi to quarrel
disqualifier [diskalifje] vt to
disqualify
disque [disk] nm (Mus) record; (forme,
pièce) disc; (Sport) discus; **disque
compact** compact disc; **disque dur**

hard disk; **disquette** nf floppy disk, diskette

dissertation [disɛʁtasjɔ̃] nf (Scol) essay

dissimuler [disimyle] vt to conceal

dissipé, e [disipe] adj (élève) undisciplined, unruly

dissolvant [dissolvɑ̃] nm nail polish remover

dissuader [disɥade] vt: **~ qn de faire** to dissuade sb from doing

distance [distɑ̃s] nf distance; (fig: écart) gap; **à ~** at ou from a distance; **distancer** vt to outdistance

distant, e [distɑ̃, ɑ̃t] adj (réservé) distant; **~ de** (lieu) far away from

distillerie [distilʁi] nf distillery

distinct, e [distɛ̃(kt), ɛ̃kt] adj distinct; **distinctement** adv distinctly, clearly; **distinctif, -ive** adj distinctive

distingué, e [distɛ̃ge] adj distinguished

distinguer [distɛ̃ge] vt to distinguish; **se ~ de** to be distinguished from

distraction [distraksjɔ̃] nf (inattention) absent-mindedness; (passe-temps) distraction, entertainment

distraire [distʁɛʁ] vt (divertir) to entertain, divert; (déranger) to distract; **se distraire** vi to amuse ou enjoy o.s.; **distrait, e** adj absent-minded

distrayant, e [distʁɛjɑ̃, ɑ̃t] adj entertaining

distribuer [distʁibɥe] vt to distribute, hand out; (Cartes) to deal (out); (courrier) to deliver; **distributeur** nm (Comm) distributor; **distributeur (automatique)** (vending) machine; **distributeur de billets** (cash) dispenser

dit, e [di, dit] pp de **dire** ▷ adj (fixé): **le jour ~** the arranged day; (surnommé): **X, ~ Pierrot** X, known as Pierrot

dites [dit] vb voir **dire**

divan [divɑ̃] nm divan

divers, e [divɛʁ, ɛʁs] adj (varié) diverse, varied; (différent) different, various; **-es**

personnes various ou several people

diversité [divɛʁsite] nf (variété) diversity

divertir [divɛʁtiʁ]: **se divertir** vi to amuse ou enjoy o.s.; **divertissement** nm distraction, entertainment

diviser [divize] vt to divide; **division** nf division

divorce [divɔʁs] nm divorce; **divorcé, e** nm/f divorcee; **divorcer** vi to get a divorce, get divorced; **divorcer de** ou **d'avec qn** to divorce sb

divulguer [divylge] vt to disclose

dix [dis] num ten; **dix-huit** num eighteen; **dix-huitième** num eighteenth; **dixième** num tenth; **dix-neuf** num nineteen; **dix-neuvième** num nineteenth; **dix-sept** num seventeen; **dix-septième** num seventeenth

dizaine [dizɛn] nf: **une ~ (de)** about ten, ten or so

do [do] nm (note) C; (en chantant la gamme) do(h)

docile [dɔsil] adj docile

dock [dɔk] nm dock; **docker** nm docker

docteur [dɔktœʁ] nm doctor; **doctorat** nm doctorate

doctrine [dɔktʁin] nf doctrine

document [dɔkymɑ̃] nm document; **documentaire** adj, nm documentary; **documentation** nf documentation, literature; **documenter** vt: **se documenter (sur)** to gather information (on)

dodo [dodo] nm (langage enfantin): **aller faire ~** to go to beddy-byes

dogue [dɔg] nm mastiff

doigt [dwa] nm finger; **à deux ~s de** within an inch of; **un ~ de lait/whiskey** a drop of milk/whisky; **doigt de pied** toe

doit etc [dwa] vb voir **devoir**

dollar [dɔlaʁ] nm dollar

domaine [dɔmɛn] nm estate, property; (fig) domain, field

domestique [dɔmɛstik] adj domestic ▷ nm/f servant, domestic

omicile [dɔmisil] *nm* home, place of residence; **à ~** at home; **livrer à ~** to deliver; **domicilié, e** *adj*: **"domicilié à ..."** "address ..."

ominant, e [dɔminã, ãt] *adj* (opinion) predominant

ominer [dɔmine] *vt* to dominate; (sujet) to master; (surpasser) to outclass, surpass; (surplomber) to tower above, dominate ▷ *vi* to be in the dominant position; **se dominer** *vi* to control o.s.

omino [dɔmino] *nm* domino; **dominos** *nmpl* (jeu) dominoes *sg*

ommage [dɔmaʒ] *nm*: **~s** (dégâts) damage *no pl*; **c'est ~!** what a shame! **c'est ~ que** it's a shame ou pity that

ompter [dɔ̃(p)te] *vt* to tame; **dompteur, -euse** *nm/f* trainer

OM-ROM [dɔmrɔm] *sigle m* (= départements et régions d'outre-mer) French overseas departments and regions

on [dɔ̃] *nm* gift; (charité) donation; **avoir des ~s pour** to have a gift ou talent for; **elle a le ~ de m'énerver** she's got a knack of getting on my nerves

onc [dɔ̃k] *conj* therefore, so; (après une digression) so, then

onné, e [dɔne] *adj* (convenu: lieu, heure) given; (pas cher: fam): **c'est ~** it's a gift; **étant ~ que ...** given that ...; **données** *nfpl* data

onner [dɔne] *vt* to give; (vieux habits etc) to give away; (spectacle) to put on; **~ qch à qn** to give sb sth, give sth to sb; **~ sur** (suj: fenêtre, chambre) to look (out) onto; **ça donne soif/faim** it makes you (feel) thirsty/hungry; **se ~ à fond** to give one's all; **se ~ du mal** to take (great) trouble; **s'en ~ à cœur joie** (fam) to have a great time

O **MOT-CLÉ**

ont [dɔ̃] *pron relatif* **1** (appartenance: objets) whose, of which; (appartenance: êtres animés) whose; **la maison dont le toit est rouge** the house the roof of

which is red, the house whose roof is red; **l'homme dont je connais la sœur** the man whose sister I know
2 (parmi lesquel(le)s): **2 livres, dont l'un est ...** 2 books, one of which is ...; **il y avait plusieurs personnes, dont Gabrielle** there were several people, among them Gabrielle; **10 blessés, dont 2 grièvement** 10 injured, 2 of them seriously
3 (complément d'adjectif, de verbe): **le fils dont il est si fier** the son he's so proud of; **le pays dont il est originaire** the country he's from; **la façon dont il l'a fait** the way he did it; **ce dont je parle** what I'm talking about

dopage [dɔpaʒ] *nm* (Sport) drug use; (de cheval) doping

doré, e [dɔʀe] *adj* golden; (avec dorure) gilt, gilded

dorénavant [dɔʀenavã] *adv* henceforth

dorer [dɔʀe] *vt* to gild; (faire) **~** (Culin) to brown

dorloter [dɔʀlɔte] *vt* to pamper

dormir [dɔʀmiʀ] *vi* to sleep; (être endormi) to be asleep

dortoir [dɔʀtwaʀ] *nm* dormitory

dos [do] *nm* back; (de livre) spine; **"voir au ~"** "see over"; **de ~** from the back

dosage [dozaʒ] *nm* mixture

dose [doz] *nf* dose; **doser** *vt* to measure out; **il faut savoir doser ses efforts** you have to be able to pace yourself

dossier [dosje] *nm* (documents) file; (de chaise) back; (Presse) feature; (Comput) folder; **un ~ scolaire** a school report

douane [dwan] *nf* customs *pl*; **douanier, -ière** *adj* customs *cpd* ▷ *nm* customs officer

double [dubl] *adj, adv* double ▷ *nm* (2 fois plus): **le ~ (de)** twice as much (ou many) (as); (autre exemplaire) duplicate, copy; (sosie) double; (Tennis) doubles *sg*; **en ~ (exemplaire)** in duplicate; **faire ~ emploi** to be redundant; **double-cliquer** *vi* (Inform) to double-click

doubler [duble] vt (multiplier par 2) to double; (vêtement) to line; (dépasser) to overtake, pass; (film) to dub; (acteur) to stand in for ▷ vi to double

doublure [dublyʀ] nf lining; (Cinéma) stand-in

douce [dus] adj voir **doux**; **douceâtre** adj sickly sweet; **doucement** adv gently; (lentement) slowly; **douceur** nf softness; (de quelqu'un) gentleness; (de climat) mildness

douche [duʃ] nf shower; **prendre une ~** to have ou take a shower; **doucher: se doucher** vi to have ou take a shower

doué, e [dwe] adj gifted, talented; **être ~ pour** to have a gift for

douille [duj] nf (Élec) socket

douillet, te [duje, ɛt] adj cosy; (péj: à la douleur) soft

douleur [dulœʀ] nf (chagrin) grief, distress; **douloureux, -euse** adj painful

doute [dut] nm doubt; **sans ~** no doubt; (probablement) probably; **sans aucun ~** without a doubt; **douter** vt to doubt; **douter de** (sincérité de qn) to have (one's) doubts about; (réussite) to be doubtful of; (alléger que) to doubt whether ou if; **se douter de qch/que** to suspect sth/that; **je m'en doutais** I suspected as much; **douteux, -euse** adj (incertain) doubtful; (péj) dubious-looking

Douvres [duvʀ] n Dover

doux, douce [du, dus] adj soft; (sucré) sweet; (peu fort: moutarde, clément: climat) mild; (pas brusque) gentle

douzaine [duzɛn] nf (12) dozen; (environ 12): **une ~ (de)** a dozen or so

douze [duz] num twelve; **douzième** num twelfth

dragée [dʀaʒe] nf sugared almond

draguer [dʀage] vt (rivière) to dredge; (fam) to try to pick up

dramatique [dʀamatik] adj dramatic; (tragique) tragic ▷ nf (TV) (television) drama

drame [dʀam] nm drama

drap [dʀa] nm (de lit) sheet; (tissu) woollen fabric

drapeau, x [dʀapo] nm flag

drap-housse [dʀaus] nm fitted sheet

dresser [dʀese] vt (mettre vertical, monter) to put up, erect; (liste) to draw up; (animal) to train; **se dresser** vi (obstacle) to stand; (personne) to draw o.s. up; **~ qn contre qn** to set sb against sb; **~ l'oreille** to prick up one's ears

drogue [dʀɔg] nf drug; **la ~** drugs pl; **drogué, e** nm/f drug addict; **droguer** vt (victime) to drug; **se droguer** vi (aux stupéfiants) to take drugs; (péj: de médicaments) to dose o.s. up; **droguerie** nf hardware shop; **droguiste** nm keeper/owner of a hardware shop

droit, e [dʀwa, dʀwat] adj (non courbe) straight; (vertical) upright, straight; (fig: loyal) upright, straight(forward); (opposé à gauche) right, right-hand ▷ adv straight ▷ nm (prérogative) right; (taxe) duty, tax; (: d'inscription) fee; (Jur): **le ~** law; **avoir le ~ de** to be allowed to; **avoir ~ à** to be entitled to; **être dans son ~** to be within one's rights; **à ~e** on the right; (direction) (to the) right; **droits d'auteur** royalties pl; **droits d'inscription** enrolment fee; **droite** nf (Pol) **la droite** the right (wing); **droitier, -ière** adj right-handed

drôle [dʀol] adj funny; **une ~ d'idée** a funny idea

dromadaire [dʀɔmadɛʀ] nm dromedary

du [dy] dét voir **de** ▷ prép +dét = **de + le**

dû, due [dy] vb voir **devoir** ▷ adj (somme) owing, owed; (causé par): **dû à** due to ▷ nm due

dune [dyn] nf dune

duplex [dyplɛks] nm (appartement) split-level apartment, duplex

duquel [dykɛl] prép +pron = **de +lequel**

dur, e [dyʀ] adj (pierre, siège, travail, problème) hard; (voix, climat) harsh; (sévère) hard, harsh; (cruel) hard(-hearted); (porte, col) stiff; (viande) tough ▷ adv hard ▷ nm (fam:

meneur) tough nut; **~ d'oreille** hard of hearing

durant [dyʀɑ̃] *prép (au cours de)* during; *(pendant)* for; **des mois ~** for months

durcir [dyʀsiʀ] *vt, vi* to harden; **se durcir** *vi* to harden

durée [dyʀe] *nf* length; *(d'une pile etc)* life; **de courte ~** *(séjour)* short

durement [dyʀmɑ̃] *adv* harshly

durer [dyʀe] *vi* to last

dureté [dyʀte] *nf* hardness; harshness; stiffness; toughness

durit® [dyʀit] *nf* (car radiator) hose

duvet [dyvɛ] *nm* down; *(sac de couchage)* down-filled sleeping bag

DVD *sigle m* (= *digital versatile disc*) DVD

dynamique [dinamik] *adj* dynamic; **dynamisme** *nm* dynamism

dynamo [dinamo] *nf* dynamo

dyslexie [dislɛksi] *nf* dyslexia, word-blindness

e

eau, x [o] *nf* water; **eaux** *nfpl (Méd)* waters; **prendre l'~** to leak, let in water; **tomber à l'~** *(fig)* to fall through; **eau de Cologne** eau de Cologne; **eau courante** running water; **eau de javel** bleach; **eau de toilette** toilet water; **eau douce** fresh water; **eau gazeuse** sparkling (mineral) water; **eau minérale** mineral water; **eau plate** still water; **eau salée** salt water; **eau-de-vie** *nf* brandy

ébène [ebɛn] *nf* ebony; **ébéniste** *nm* cabinetmaker

éblouir [ebluiʀ] *vt* to dazzle

éboueur [ebwœʀ] *nm* dustman (BRIT), garbageman (US)

ébouillanter [ebujɑ̃te] *vt* to scald; *(Culin)* to blanch

éboulement [ebulmɑ̃] *nm* rock fall

ébranler [ebʀɑ̃le] *vt* to shake; *(affaiblir)* to weaken; **s'ébranler** *vi (partir)* to move off

ébullition [ebylisjɔ̃] *nf* boiling point; **en ~** boiling

écaille [ekaj] *nf* (*de poisson*) scale; (*matière*) tortoiseshell; **écailler** *vt* (*poisson*) to scale; **s'écailler** *vi* to flake *ou* peel (off)

écart [ekar] *nm* gap; **à l'~** out of the way; **à l'~ de** away from; **faire un ~** (*voiture*) to swerve

écarté, e [ekarte] *adj* (*lieu*) out-of-the-way, remote; (*ouvert*): **les jambes ~es** legs apart; **les bras ~s** arms outstretched

écarter [ekarte] *vt* (*séparer*) to move apart, separate; (*éloigner*) to push back, move away; (*ouvrir: bras, jambes*) to spread, open; (*rideau*) to draw (back); (*éliminer: candidat, possibilité*) to dismiss; **s'écarter** *vi* to part; (*s'éloigner*) to move away; **s'~ de** to wander from

échafaudage [eʃafodaʒ] *nm* scaffolding

échalote [eʃalɔt] *nf* shallot

échange [eʃɑ̃ʒ] *nm* exchange; **en ~ de** in exchange *ou* return for; **échanger** *vt*: **échanger qch (contre)** to exchange sth (for)

échantillon [eʃɑ̃tijɔ̃] *nm* sample

échapper [eʃape] vi: **~ à** *vt* (*gardien*) to escape (from); (*punition, péril*) to escape; **s'échapper** *vi* to escape; **~ à qn** (*détail, sens*) to escape sb; (*objet qu'on tient*) to slip out of sb's hands; **laisser ~** (*cri etc*) to let out; **l'~ belle** to have a narrow escape

écharde [eʃard] *nf* splinter (of wood)

écharpe [eʃarp] *nf* scarf; **avoir le bras en ~** to have one's arm in a sling

échauffer [eʃofe] *vt* (*moteur*) to overheat; **s'échauffer** *vi* (*Sport*) to warm up; (*dans la discussion*) to become heated

échéance [eʃeɑ̃s] *nf* (*d'un paiement: date*) settlement date; (*fig*) deadline; **à brève ~** in the short term; **à longue ~** in the long run

échéant [eʃeɑ̃]: **le cas ~** *adv* if the case arises

échec [eʃɛk] *nm* failure; (*Échecs*): **~ et mat/au roi** checkmate/check; **échecs** *nmpl* (*jeu*) chess *sg*; **tenir en ~** to hold in check

échelle [eʃɛl] *nf* ladder; (*fig, d'une carte*) scale

échelon [eʃ(ə)lɔ̃] *nm* (*d'échelle*) rung; (*Admin*) grade; **échelonner** *vt* to space out

échiquier [eʃikje] *nm* chessboard

écho [eko] *nm* echo; **échographie** *nf*: **passer une échographie** to have a scan

échouer [eʃwe] *vi* to fail; **s'échouer** *vi* to run aground

éclabousser [eklabuse] *vt* to splash

éclair [eklɛr] *nm* (*d'orage*) flash of lightning, lightning *no pl*; (*gâteau*) éclair

éclairage [eklɛraʒ] *nm* lighting

éclaircie [eklɛrsi] *nf* bright interval

éclaircir [eklɛrsir] *vt* to lighten; (*fig: mystère*) to clear up; (: *point*) to clarify; **s'éclaircir** *vi* (*ciel*) to clear; **s'~ la voix** to clear one's throat; **éclaircissement** *nm* (*sur un point*) clarification

éclairer [eklɛre] *vt* (*lieu*) to light (up); (*personne: avec une lampe etc*) to light the way for; (*fig: problème*) to shed light on ▷ *vi*: **~ mal/bien** to give a poor/good light; **s'~ à la bougie** to use candlelight

éclat [ekla] *nm* (*de bombe, de verre*) fragment; (*du soleil, d'une couleur etc*) brightness, brilliance; (*d'une cérémonie*) splendour; (*scandale*): **faire un ~** to cause a commotion; **éclats de voix** shouts; **éclat de rire** roar of laughter

éclatant, e [eklatɑ̃, ɑ̃t] *adj* brilliant

éclater [eklate] *vi* (*pneu*) to burst; (*bombe*) to explode; (*guerre*) to break out; (*groupe, parti*) to break up; **~ en sanglots/de rire** to burst out sobbing/laughing

écluse [eklyz] *nf* lock

écœurant, e [ekœrɑ̃, ɑ̃t] *adj* (*gâteau etc*) sickly; (*fig*) sickening

écœurer [ekœre] *vt*: **~ qn** (*nourriture*) to make sb feel sick; (*conduite, personne*) to disgust sb

école [ekɔl] *nf* school; **aller à l'~** to go

to school; **école maternelle** nursery school; **école primaire** primary (BRIT) ou grade (US) school; **école secondaire** secondary (BRIT) ou high (US) school; **écolier, -ière** nm/f schoolboy(-girl)

écologie [ekɔlɔʒi] nf ecology; **écologique** adj environment-friendly; **écologiste** nm/f ecologist

économe [ekɔnɔm] adj thrifty ▷ nm/f (de lycée etc) bursar (BRIT), treasurer (US)

économie [ekɔnɔmi] nf economy; (gain: d'argent, de temps etc) saving; (science) economics sg; **économies** nfpl (pécule) savings; **économique** adj (avantageux) economical; (Écon) economic; **économiser** vt, vi to save

écorce [ekɔʀs] nf (d'arbre) bark; (de fruit) peel

écorcher [ekɔʀʃe] vt: **s'~ le genou/la main** to graze one's knee/one's hand; **écorchure** nf graze

écossais, e [ekɔsɛ, ɛz] adj Scottish ▷ nm/f: **É~, e** Scot

Écosse [ekɔs] nf: **l'~** Scotland

écouter [ekute] vt to listen to; **s'écouter** (malade) to be a bit of a hypochondriac; **si je m'écoutais** if I followed my instincts; **écouteur** nm (Tél) receiver; **écouteurs** nmpl (casque) headphones pl, headset

écran [ekʀɑ̃] nm screen; **petit ~** television; **~ total** sunblock

écrasant, e [ekʀɑzɑ̃, ɑ̃t] adj overwhelming

écraser [ekʀɑze] vt to crush; (piéton) to run over; **s'écraser** vi to crash; **s'~ contre** to crash into

écrémé, e [ekʀeme] adj (lait) skimmed

écrevisse [ekʀəvis] nf crayfish inv

écrire [ekʀiʀ] vt to write; **s'écrire** to write to each other; **ça s'écrit comment?** how is it spelt?; **écrit** nm (examen) written paper; **par écrit** in writing

écriteau, x [ekʀito] nm notice, sign

écriture [ekʀityʀ] nf writing; **écritures** nfpl (Comm) accounts, books; **l'É~ (sainte), les É~s** the Scriptures

écrivain [ekʀivɛ̃] nm writer

écrou [ekʀu] nm nut

écrouler [ekʀule]: **s'écrouler** vi to collapse

écru, e [ekʀy] adj (couleur) off-white, écru

écume [ekym] nf foam

écureuil [ekyʀœj] nm squirrel

écurie [ekyʀi] nf stable

eczéma [egzema] nm eczema

EDF sigle f (= Électricité de France) national electricity company

Édimbourg [edɛ̃buʀ] n Edinburgh

éditer [edite] vt (publier) to publish; (annoter) to edit; **éditeur, -trice** nm/f publisher; **édition** nf edition; (industrie du livre) publishing

édredon [edʀədɔ̃] nm eiderdown

éducateur, -trice [edykatœʀ, tʀis] nm/f teacher; (en école spécialisée) instructor

éducatif, -ive [edykatif, iv] adj educational

éducation [edykasjɔ̃] nf education; (familiale) upbringing; (manières) (good) manners pl; **éducation physique** physical education

éduquer [edyke] vt to educate; (élever) to bring up

effacer [efase] vt to erase, rub out; **s'effacer** vi (inscription etc) to wear off; (pour laisser passer) to step aside

effarant, e [efaʀɑ̃, ɑ̃t] adj amazing

effectif, -ive [efɛktif, iv] adj real ▷ nm (Scol) (pupil) numbers pl; (entreprise) staff, workforce; **effectivement** adv (réellement) actually, really; (en effet) indeed

effectuer [efɛktɥe] vt (opération) to carry out; (trajet) to make

effervescent, e [efɛʀvesɑ̃, ɑ̃t] adj effervescent

effet [efɛ] nm effect; (impression) impression; **effets** nmpl (vêtements etc) things; **faire ~** (médicament) to take effect; **faire de l'~** (impressionner) to make an impression; **faire bon/mauvais ~ sur qn** to make a good/bad impression on sb; **en ~** indeed; **effet de**

serre greenhouse effect
efficace [efikas] adj (personne) efficient; (action, médicament) effective; **efficacité** nf efficiency; effectiveness
effondrer [efɔ̃dʀe]: **s'effondrer** vi to collapse
efforcer [efɔʀse]: **s'efforcer de** vt: **s'~ de faire** to try hard to do
effort [efɔʀ] nm effort
effrayant, e [efʀejɑ̃, ɑ̃t] adj frightening
effrayer [efʀeje] vt to frighten, scare; **s'~ (de)** to be frightened or scared (by)
effréné, e [efʀene] adj wild
effronté, e [efʀɔ̃te] adj cheeky
effroyable [efʀwajabl] adj horrifying, appalling
égal, e, -aux [egal, o] adj equal; (constant: vitesse) steady ▷ nm/f equal; **être à** (prix, nombre) to be equal to; **ça lui est ~** it's all the same to him, he doesn't mind; **sans ~** matchless, unequalled; **d'~ à ~** as equals;
également adv equally; (aussi) too, as well; **égaler** vt to equal; **égaliser** vt (sol, salaires) to level (out); (chances) to equalize ▷ vi (Sport) to equalize; **égalité** nf equality; **être à égalité** to be level
égard [egaʀ] nm: **~s** mpl consideration sg; **à cet ~** in this respect; **par ~ pour** out of consideration for; **à l'~ de** towards
égarer [egaʀe] vt to mislay; **s'égarer** vi to get lost, lose one's way; (objet) to go astray
églefin [egləfɛ̃] nm haddock
église [egliz] nf church; **aller à l'~** to go to church
égoïsme [egɔism] nm selfishness; **égoïste** adj selfish
égout [egu] nm sewer
égoutter [egute] vi to drip; **s'égoutter** vi to drip; **égouttoir** nm draining board; (mobile) draining rack
égratignure [egʀatiɲyʀ] nf scratch
Égypte [eʒipt] nf: **l'~** Egypt; **égyptien, ne** adj Egyptian ▷ nm/f:

Égyptien, ne Egyptian
eh [e] excl hey!; **eh bien!** well!
élaborer [elabɔʀe] vt to elaborate; (projet, stratégie) to work out; (rapport) to draft
élan [elɑ̃] nm (Zool) elk, moose; (Sport) run up; (fig: de tendresse etc) surge; **prendre de l'~** to gather speed
élancer [elɑ̃se]: **s'élancer** vi to dash, hurl o.s.
élargir [elaʀʒiʀ] vt to widen; **s'élargir** vi to widen; (vêtement) to stretch
élastique [elastik] adj elastic ▷ nm (de bureau) rubber band; (pour la couture) elastic no pl
élection [elɛksjɔ̃] nf election
électricien, ne [elɛktʀisjɛ̃, jɛn] nm/f electrician
électricité [elɛktʀisite] nf electricity; **allumer/éteindre l'~** to put on/off the light
électrique [elɛktʀik] adj electric(al)
électrocuter [elɛktʀɔkyte] vt to electrocute
électroménager [elɛktʀomenaʒe] adj; **appareils ~s, l'~** domestic (electrical) appliances
électronique [elɛktʀonik] adj electronic ▷ nf electronics sg
élégance [elegɑ̃s] nf elegance
élégant, e [elegɑ̃, ɑ̃t] adj elegant
élément [elemɑ̃] nm element; (pièce) component, part; **élémentaire** adj elementary
éléphant [elefɑ̃] nm elephant
élevage [el(ə)vaʒ] nm breeding; (de bovins) cattle rearing; **truite d'~** farmed trout
élevé, e [el(ə)ve] adj high; **bien/mal ~** well-/ill-mannered
élève [elɛv] nm/f pupil
élever [el(ə)ve] vt (enfant) to bring up, raise; (animaux) to breed; (hausser: taux, niveau) to raise; (édifier: monument) to put up, erect; **s'élever** vi (avion) to go up; (niveau, température) to rise; **s'~ à** (suj: frais, dégâts) to amount to, add up to; **s'~ contre qch** to rise up against

sth; **~ la voix** to raise one's voice;
éleveur, -euse nm/f breeder
liminatoire [eliminatwar] nf
(Sport) heat
liminer [elimine] vt to eliminate
lire [elir] vt to elect
elle [ɛl] pron (sujet) she; (: chose) it;
(complément) her; it; **~s** (sujet) they;
(complément) them; **~-même** herself;
(chose) itself; **~s-mêmes** themselves; voir
aussi **il**
loigné, e [elwaɲe] adj distant, far-off;
(parent) distant
loigner [elwaɲe] vt (échéance) to put
off, postpone; (soupçons, danger) to avert;
(objet): **~ qch (de)** to move
ou take sth away (from); (personne):
~ qn (de) to take sb away ou remove
sb (from); **s'éloigner (de)** (personne)
to go away (from); (véhicule) to move
away (from); (affectivement) to grow
away (from);
lu, e [ely] pp de **élire** ▷ nm/f (Pol)
elected representative
lysée [elize] nm: **(le palais de) l'~**
the Élysée Palace (the French president's
residence)

mail, -aux [emaj, o] nm enamel
-mail [imɛl] nm email; **envoyer qch
par ~** to email sth
manciper [emɑ̃sipe] vt to emancipate;
s'émanciper (fig) to become emancipated
mballage [ɑ̃balaʒ] nm (papier)
wrapping; (boîte) packaging
mballer [ɑ̃bale] vt to wrap (up); (dans
un carton) to pack (up); (fig: fam) to thrill
(to bits); **s'emballer** (cheval) to bolt; (fig: personne) to get
carried away
mbarcadère [ɑ̃barkadɛr] nm
wharf, pier
mbarquement [ɑ̃barkəmɑ̃] nm (de
passagers) boarding; (de marchandises)
loading
mbarquer [ɑ̃barke] vt (personne) to
embark; (marchandise) to load; (fam)
to cart off ▷ vi (passager) to board;
s'embarquer vi to board; **s'~ dans**

(affaire, aventure) to embark upon
embarras [ɑ̃bara] nm (gêne)
embarrassment: **mettre qn dans
l'~** to put sb in an awkward position;
vous n'avez que l'~ du choix the only
problem is choosing
embarrassant, e [ɑ̃barasɑ̃, ɑ̃t] adj
embarrassing
embarrasser [ɑ̃barase] vt (encombrer)
to clutter (up); (gêner) to hinder,
hamper; **~ qn** to put sb in an awkward
position; **s'~ de** to burden o.s. with
embaucher [ɑ̃boʃe] vt to take on, hire
embêtant, e [ɑ̃bɛtɑ̃, ɑ̃t] adj annoying
embêter [ɑ̃bete] vt to bother;
s'embêter vi (s'ennuyer) to be bored
emblée [ɑ̃ble]: **d'~** adv straightaway
embouchure [ɑ̃buʃyr] nf (Géo) mouth
embourber [ɑ̃burbe]: **s'embourber** vi
to get stuck in the mud
embouteillage [ɑ̃butejaʒ] nm
traffic jam
embranchement [ɑ̃brɑ̃ʃmɑ̃] nm
(routier) junction
embrasser [ɑ̃brase] vt to kiss; (sujet,
période) to embrace, encompass
embrayage [ɑ̃brejaʒ] nm clutch
embrouiller [ɑ̃bruje] vt to muddle up;
(fils) to tangle (up); **s'embrouiller** (de
personne) to get in a muddle
embruns [ɑ̃brœ̃] nmpl sea spray sg
embué, e [ɑ̃bɥe] adj misted up
émeraude [em(ə)rod] nf emerald
émerger [emɛrʒe] vi to emerge; (faire
saillie, aussi fig) to stand out
émeri [em(ə)ri] nm: **toile ou papier ~**
emery paper
émerveiller [emɛrveje] vt to fill with
wonder; **s'émerveiller de** to marvel at
émettre [emɛtr] vt (son, lumière) to
give out, emit; (message etc: Radio) to
transmit; (billet, timbre, emprunt) to
issue; (hypothèse, avis) to voice, put
forward ▷ vi to broadcast
émeus etc [emø] vb voir **émouvoir**
émeute [emøt] nf riot
émigrer [emigre] vi to emigrate
émincer [emɛ̃se] vt to cut into thin

slices

émission [emisjɔ̃] nf (Radio, TV) programme, broadcast; (d'un message) transmission; (de timbre) issue

emmêler [ɑ̃m(ə)ne] vt to tangle (up); (fig) to muddle up; **s'emmêler** vi to get in a tangle

emménager [ɑ̃menaʒe] vi to move in; **~ dans** to move into

emmener [ɑ̃m(ə)ne] vt to take (with one); (comme otage, capture) to take away; **~ qn au cinéma** to take sb to the cinema

emmerder [ɑ̃mɛʀde] (fam!) vt to bug, bother; **s'emmerder** vi to be bored stiff

émoticône [emotikon] nm smiley

émotif, -ive [emotif, iv] adj emotional

émotion [emosjɔ̃] nf emotion

émouvoir [emuvwaʀ] vt to move; **s'émouvoir** vi to be moved; (s'indigner) to be roused

empaqueter [ɑ̃pakte] vt to parcel up

emparer [ɑ̃paʀe]: **s'emparer de** vt (objet) to seize, grab; (comme otage, MIL) to seize; (suj: peur etc) to take hold of

empêchement [ɑ̃pɛʃmɑ̃] nm (unexpected) obstacle, hitch

empêcher [ɑ̃peʃe] vt to prevent; **~ qn de faire** to prevent ou stop sb (from) doing; **il n'empêche que** nevertheless; **il n'a pas pu s'~ de rire** he couldn't help laughing

empereur [ɑ̃pʀœʀ] nm emperor

empiffrer [ɑ̃pifʀe]: **s'~** (fam) vi to stuff o.s.

empiler [ɑ̃pile] vt to pile (up)

empire [ɑ̃piʀ] nm empire; (fig) influence

empirer [ɑ̃piʀe] vi to worsen, deteriorate

emplacement [ɑ̃plasmɑ̃] nm site

emploi [ɑ̃plwa] nm (utilisation) use; (Comm, Écon) employment; (poste) job, situation; **mode d'~** directions for use; **emploi du temps** timetable, schedule

employé, e [ɑ̃plwaje] nm/f employee; **employé de bureau** office employee ou clerk

employer [ɑ̃plwaje] vt to use; (ouvrier, main-d'œuvre) to employ; **s'~ à faire** to apply ou devote o.s. to doing; **employeur, -euse** nm/f employer

empoigner [ɑ̃pwaɲe] vt to grab

empoisonner [ɑ̃pwazɔne] vt to poison; (empester: air, pièce) to stink out (fam); **~ qn** to drive sb mad

emporter [ɑ̃pɔʀte] vt to take (with one); (emmener: blessés, voyageurs) to take away; (entraîner) to carry away; **s'emporter** vi (de colère) to lose one's temper; **l'~ (sur)** to get the upper hand (of); **plats à ~** take-away meals

empreinte [ɑ̃pʀɛ̃t] nf: **~ (de pas)** footprint; **empreinte carbone** carbon footprint; **empreintes (digitales)** fingerprints

empressé, e [ɑ̃pʀese] adj attentive

empresser [ɑ̃pʀese]: **s'empresser** vi: **s'~ auprès de qn** to surround sb with attentions; **s'~ de faire** (se hâter) to hasten to do

emprisonner [ɑ̃pʀizɔne] vt to imprison

emprunt [ɑ̃pʀœ̃] nm loan

emprunter [ɑ̃pʀœ̃te] vt to borrow; (itinéraire) to take, follow

ému, e [emy] adj de **émouvoir** ▷ adj (gratitude) touched; (compassion) moved

 MOT-CLÉ

en [ɑ̃] prép **1** (endroit, pays) in; (direction) to; **habiter en France/ville** to live in France/town; **aller en France/ville** to go to France/town

2 (moment, temps) in; **en été/juin** in summer/June; **en 3 jours/3 mois** in 3 days/3 months

3 (moyen) by; **en avion/taxi** by plane/taxi

4 (composition) made of; **c'est en verre** it's (made of) glass; **un collier en argent** a silver necklace

5 (description, état): **une femme (habillée) en rouge** a woman (dressed in red); **peindre qch en rouge** to paint sth red; **en T/étoile** T/star-shaped;

chemise/chaussettes in one's shirt-sleeves/socks; **en soldat** as a soldier; **cassé en plusieurs morceaux** broken into several pieces; **en réparation** being repaired, under repair; **en vacances** on holiday; **en deuil** in mourning; **le même en plus grand** the same but ou only bigger

6 (avec gérondif) while, on, by; **en dormant** while sleeping, as one sleeps; **en sortant** on going out, as he etc went out; **sortir en courant** to run out

7 (comme) as; **je te parle en ami** I'm talking to you as a friend
▷ pron **1** (indéfini): **j'en ai/veux** I have/want some; **en as-tu?** have you got any?; **je n'en veux pas** I don't want any; **j'en ai 2** I've got 2; **combien y en a-t-il?** how many (of them) are there?; **j'en ai assez** I've got enough (of it ou them); **j'en ai marre** I've had enough

2 (provenance) from there; **j'en viens** I've come from there

3 (cause): **il en est malade/perd le sommeil** he is ill/can't sleep because of it

4 (complément de nom, d'adjectif, de verbe): **j'en connais les dangers** I know its ou the dangers; **j'en suis fier** I am proud of it ou him ou them; **j'en ai besoin** I need it ou them

encadrer [ākadʀe] vt (tableau, image) to frame; (fig: entourer) to surround; (personnel, soldats etc) to train
encaisser [ākese] vt (chèque) to cash; (argent) to collect; (fam: coup, défaite) to take
en-cas [āka] nm snack
enceinte [āsɛ̃t] adj f: **~ (de 6 mois)** (6 months) pregnant ▷ nf (mur) wall; (espace) enclosure
encens [āsā] nm incense
encercler [āsɛʀkle] vt to surround
enchaîner [āʃene] vt to chain up; (mouvements, séquences) to link (together) ▷ vi to carry on
enchanté, e [āʃāte] adj (ravi)

delighted; (magique) enchanted); **~ (de faire votre connaissance)** pleased to meet you
enchère [āʃɛʀ] nf bid; **mettre/vendre aux ~s** to put up for (sale by)/sell by auction
enclencher [āklāʃe] vt (mécanisme) to engage; **s'enclencher** vi to engage
encombrant, e [ākɔ̃bʀā, āt] adj cumbersome, bulky
encombrement [ākɔ̃bʀəmā] nm: **être pris dans un ~** to be stuck in a traffic jam
encombrer [ākɔ̃bʀe] vt to clutter (up); (gêner) to hamper; **s'~ de** (bagages etc) to load ou burden o.s. with

○ **MOT-CLÉ**

encore [ākɔʀ] adv **1** (continuation) still; **il y travaille encore** he's still working on it; **pas encore** not yet
2 (de nouveau) again; **j'irai encore demain** I'll go again tomorrow; **encore une fois** (once) again; **(et puis) quoi encore?** what next?
3 (en plus) more; **encore un peu de viande?** a little more meat?; **encore deux jours** two more days
4 (intensif) even, still; **encore plus fort/mieux** even louder/better, louder/better still
5 (restriction) even so ou then, only; **encore pourrais-je le faire si ...** even so, I might be able to do it if ...; **si encore** if only

encourager [ākuʀaʒe] vt to encourage; **~ qn à faire qch** to encourage sb to do sth
encourir [ākuʀiʀ] vt to incur
encre [ākʀ] nf ink; **encre de Chine** Indian ink
encyclopédie [āsiklɔpedi] nf encyclopaedia
endetter [ādete]: **s'endetter** vi to get into debt
endive [ādiv] nf chicory no pl

endormi, e [ɑ̃dɔʀmi] *adj* asleep
endormir [ɑ̃dɔʀmiʀ] *vt* to put to sleep; *(suj: chaleur etc)* to send to sleep; *(Méd: dent, nerf)* to anaesthetize; *(fig: soupçons)* to allay; **s'endormir** *vi* to fall asleep, go to sleep
endroit [ɑ̃dʀwa] *nm* place; *(opposé à l'envers)* right side; **à l'~** *(vêtement)* the right way out; *(objet posé)* the right way round
endurance [ɑ̃dyʀɑ̃s] *nf* endurance
endurant, e [ɑ̃dyʀɑ̃, ɑ̃t] *adj* tough, hardy
endurcir [ɑ̃dyʀsiʀ] *vi* *(physiquement)* to become tougher; *(moralement)* to become hardened
endurer [ɑ̃dyʀe] *vt* to endure, bear
énergétique [enɛʀʒetik] *adj (aliment)* energy-giving
énergie [enɛʀʒi] *nf (Physique)* energy; *(Tech)* power; *(morale)* vigour, spirit; **énergique** *adj* energetic, vigorous; *(mesures)* drastic, stringent
énervant, e [enɛʀvɑ̃, ɑ̃t] *adj* irritating, annoying
énerver [enɛʀve] *vt* to irritate, annoy; **s'énerver** *vi* to get excited, get worked up
enfance [ɑ̃fɑ̃s] *nf* childhood
enfant [ɑ̃fɑ̃] *nm/f* child; **enfantin, e** *adj (puéril)* childlike; *(langage, jeu etc)* children's *cpd*
enfer [ɑ̃fɛʀ] *nm* hell
enfermer [ɑ̃fɛʀme] *vt* to shut up; *(à clef, interner)* to lock up; **s'enfermer** *vi* to shut o.s. away
enfiler [ɑ̃file] *vt (vêtement)* to slip on, slip into; *(perles)* to string; *(aiguille)* to thread
enfin [ɑ̃fɛ̃] *adv* at last; *(en énumérant)* lastly; *(toutefois)* still; *(pour conclure)* in a word; *(somme toute)* after all
enflammer [ɑ̃flame]: **s'enflammer** *vi* to catch fire; *(Méd)* to become inflamed
enflé, e [ɑ̃fle] *adj* swollen
enfler [ɑ̃fle] *vi* to swell up
enfoncer [ɑ̃fɔ̃se] *vt (clou)* to drive in; *(faire pénétrer)*: **~ qch dans** to push (ou

drive) sth into; *(forcer: porte)* to break open; **s'enfoncer** *vi* to sink; **s'~ dans** to sink into; *(forêt, ville)* to disappear into
enfouir [ɑ̃fwiʀ] *vt (dans le sol)* to bury; *(dans un tiroir etc)* to tuck away
enfuir [ɑ̃fɥiʀ]: **s'enfuir** *vi* to run away ou off
engagement [ɑ̃ɡaʒmɑ̃] *nm* commitment; **sans ~** without obligation
engager [ɑ̃ɡaʒe] *vt (embaucher)* to take on; *(: artiste)* to engage; *(commencer)* to start; *(lier)* to bind, commit; *(impliquer)* to involve; *(investir)* to invest, lay out; *(inciter)* to urge; *(introduire: clé)* to insert; **s'engager** *vi (promettre)* to commit o.s.; *(Mil)* to enlist; *(débuter: conversation etc)* to start (up); **s'~ à faire** to undertake to do; **s'~ dans** *(rue, passage)* to turn into; *(fig: affaire, discussion)* to enter into, embark on
engelures [ɑ̃ʒlyʀ] *nfpl* chilblains
engin [ɑ̃ʒɛ̃] *nm* machine; *(outil)* instrument; *(Auto)* vehicle; *(Aviat)* aircraft *inv*

> ⚠ Attention à ne pas traduire *engin* par le mot anglais *engine*.

engloutir [ɑ̃ɡlutiʀ] *vt* to swallow up
engouement [ɑ̃ɡumɑ̃] *nm (sudden)* passion
engouffrer [ɑ̃ɡufʀe] *vt* to swallow up, devour; **s'engouffrer dans** to rush into
engourdir [ɑ̃ɡuʀdiʀ] *vt* to numb; *(fig)* to dull, blunt; **s'engourdir** *vi* to go numb
engrais [ɑ̃ɡʀɛ] *nm* manure; **engrais chimique** chemical fertilizer
engraisser [ɑ̃ɡʀese] *vt* to fatten (up)
engrenage [ɑ̃ɡʀənaʒ] *nm* gears *pl*, gearing; *(fig)* chain
engueuler [ɑ̃ɡœle] *(fam)* *vt* to bawl at
enhardir [ɑ̃aʀdiʀ]: **s'enhardir** *vi* to grow bolder
énigme [enigm] *nf* riddle
enivrer [ɑ̃nivʀe] *vt*: **s'~** to get drunk
enjamber [ɑ̃ʒɑ̃be] *vt* to stride over
enjeu, x [ɑ̃ʒø] *nm* stakes *pl*
enjoué, e [ɑ̃ʒwe] *adj* playful

enlaidir [ɑ̃lediʀ] vt to make ugly ▷ vi to become ugly

enlèvement [ɑ̃lɛvmɑ̃] nm (rapt) abduction, kidnapping

enlever [ɑ̃l(ə)ve] vt (ôter: gén) to remove; (: vêtement, lunettes) to take off; (emporter: ordures etc) to take away; (kidnapper) to abduct, kidnap; (obtenir: prix, contrat) to win; (prendre): **~ qch à qn** to take sth (away) from sb

enliser [ɑ̃lize]: **s'enliser** vi to sink, get stuck

enneigé, e [ɑ̃neʒe] adj (route, maison) snowed-up; (paysage) snowy

ennemi, e [ɛnmi] adj hostile; (Mil) enemy cpd ▷ nm/f enemy

ennui [ɑ̃nɥi] nm (lassitude) boredom; (difficulté) trouble no pl; **avoir des ~s** to have problems; **ennuyer** vt to bother; (lasser) to bore; **s'ennuyer** vi to be bored; **si cela ne vous ennuie pas** if it's no trouble (to you); **ennuyeux, -euse** adj boring, tedious; (embêtant) annoying

énorme [enɔʀm] adj enormous, huge; **énormément** adv enormously; **énormément de neige/gens** an enormous amount of snow/number of people

enquête [ɑ̃kɛt] nf (de journaliste, de police) investigation; (judiciaire, administrative) inquiry; (sondage d'opinion) survey; **enquêter** vi: **enquêter (sur)** to investigate

enragé, e [ɑ̃ʀaʒe] adj (Méd) rabid, with rabies; (fig) fanatical

enrageant, e [ɑ̃ʀaʒɑ̃, ɑ̃t] adj infuriating

enrager [ɑ̃ʀaʒe] vi to be in a rage

enregistrement [ɑ̃ʀ(ə)ʒistʀəmɑ̃] nm recording; **enregistrement des bagages** baggage check-in

enregistrer [ɑ̃ʀ(ə)ʒistʀe] vt (Mus etc) to record; (fig: mémoriser) to make a mental note of; (bagages: à l'aéroport) to check in

enrhumer [ɑ̃ʀyme] vt: **s'~, être enrhumé** to catch a cold

enrichir [ɑ̃ʀiʃiʀ] vt to make rich(er); (fig) to enrich; **s'enrichir** vi to get rich(er)

enrouer [ɑ̃ʀwe]: **s'enrouer** vi to go hoarse

enrouler [ɑ̃ʀule] vt (fil, corde) to wind (up); **s'~ (autour de qch)** to wind (around sth)

enseignant, e [ɑ̃sɛɲɑ̃, ɑ̃t] nm/f teacher

enseignement [ɑ̃sɛɲ(ə)mɑ̃] nm teaching; (Admin) education

enseigner [ɑ̃sɛɲe] vt, vi to teach; **~ qch à qn** to teach sb sth

ensemble [ɑ̃sɑ̃bl] adv together ▷ nm (groupement) set; (vêtements) outfit; (totalité): **l'~ du/de la** the whole ou entire; (unité, harmonie) unity; **impression/idée d'~** overall ou general impression/idea; **dans l'~** (en gros) on the whole

ensoleillé, e [ɑ̃sɔleje] adj sunny

ensuite [ɑ̃sɥit] adv then, next; (plus tard) afterwards, later

entamer [ɑ̃tame] vt (pain, bouteille) to start; (hostilités, pourparlers) to open

entasser [ɑ̃tase] vt (empiler) to pile up, heap up; **s'entasser** vi (s'amonceler) to pile up; **s'~ dans** (personnes) to cram into

entendre [ɑ̃tɑ̃dʀ] vt to hear; (comprendre) to understand; (vouloir dire) to mean; **s'entendre** vi (sympathiser) to get on; (se mettre d'accord) to agree; **j'ai entendu dire que** I've heard (it said) that; **~ parler de** to hear of

entendu, e [ɑ̃tɑ̃dy] adj (réglé) agreed; (au courant: air) knowing; **(c'est) ~** all right, agreed; **bien ~** of course

entente [ɑ̃tɑ̃t] nf understanding; (accord, traité) agreement; **à double ~** (sens) with a double meaning

enterrement [ɑ̃tɛʀmɑ̃] nm (cérémonie) funeral, burial

enterrer [ɑ̃teʀe] vt to bury

entêtant, e [ɑ̃tɛtɑ̃, ɑ̃t] adj heady

en-tête [ɑ̃tɛt] nm heading; **papier à ~** headed notepaper

entêté, e [ɑ̃tete] adj stubborn
entêter [ɑ̃tete]: **s'entêter** vi: **s'~ (à faire)** to persist (in doing)
enthousiasme [ɑ̃tuzjasm] nm enthusiasm; **enthousiasmer** vt to fill with enthusiasm; (fig: caractère) **s'enthousiasmer (pour qch)** to get enthusiastic (about sth); **enthousiaste** adj enthusiastic
entier, -ère [ɑ̃tje, jɛʀ] adj whole; (total: satisfaction etc) complete; (fig: caractère) unbending ▷ nm (Math) whole; **en ~** totally; **lait ~** full-cream milk; **entièrement** adv entirely, wholly
entonnoir [ɑ̃tɔnwaʀ] nm funnel
entorse [ɑ̃tɔʀs] nf (Méd) sprain; (fig): **~ au règlement** infringement of the rule
entourage [ɑ̃tuʀaʒ] nm circle; (famille) circle of family/friends; (ce qui enclôt) surround
entourer [ɑ̃tuʀe] vt to surround; (apporter son soutien à) to rally round; **~ de** to surround with; **s'~ de** to surround o.s. with
entracte [ɑ̃tʀakt] nm interval
entraide [ɑ̃tʀɛd] nf mutual aid
entrain [ɑ̃tʀɛ̃] nm spirit; **avec/sans ~** spiritedly/half-heartedly
entraînement [ɑ̃tʀɛnmɑ̃] nm training
entraîner [ɑ̃tʀene] vt (charrier) to carry ou drag along; (Tech) to drive; (emmener: personne) to take (off); (influencer) to lead; (Sport) to train; (impliquer) to entail; **s'entraîner** vi (Sport) to train; **s'~ à qch/à faire** to train o.s. for sth/to do; **~ qn à faire** (inciter) to lead sb to do; **entraîneur, -euse** nm/f (Sport) coach, trainer ▷ nm (Hippisme) trainer
entre [ɑ̃tʀ] prép between; (parmi) among(st); **l'un d'~ eux/nous** one of them/us; **ils se battent ~ eux** they are fighting among(st) themselves; **~ autres (choses)** among other things; **entrecôte** nf entrecôte ou rib steak
entrée [ɑ̃tʀe] nf entrance; (accès: au cinéma etc) admission; (billet) (admission) ticket; (Culin) first course
entre...: entrefilet nm paragraph (short

article); **entremets** nm (cream) dessert
entrepôt [ɑ̃tʀəpo] nm warehouse
entreprendre [ɑ̃tʀəpʀɑ̃dʀ] vt (se lancer dans) to undertake; (commencer) to begin ou start (upon)
entrepreneur, -euse [ɑ̃tʀəpʀənœʀ, øz] nm/f: **entrepreneur (en bâtiment)** (building) contractor
entreprise [ɑ̃tʀəpʀiz] nf (société) firm, concern; (action) undertaking, venture
entrer [ɑ̃tʀe] vi to go (ou come) in, enter ▷ vt (Inform) to enter, input; (Sport) **~ qch dans** to get sth into; **~ dans** (gén) to enter; (pièce) to go (ou come) into, enter; (club) to join; (heurter) to run into; **~ à l'hôpital** to go into hospital; **faire ~** (visiteur) to show in
entre-temps [ɑ̃tʀətɑ̃] adv meanwhile
entretenir [ɑ̃tʀət(ə)niʀ] vt to maintain; (famille, maîtresse) to support, keep; **~ qn (de)** to speak to sb (about)
entretien [ɑ̃tʀətjɛ̃] nm maintenance; (discussion) discussion, talk; (pour un emploi) interview
entrevoir [ɑ̃tʀəvwaʀ] vt (à peine) to make out; (brièvement) to catch a glimpse of
entrevue [ɑ̃tʀəvy] nf (audience) interview
entrouvert, e [ɑ̃tʀuvɛʀ, ɛʀt] adj half-open
énumérer [enymeʀe] vt to list
envahir [ɑ̃vaiʀ] vt to invade; (suj: inquiétude, peur) to come over; **envahissant, e** (péj) adj (personne) intrusive
enveloppe [ɑ̃v(ə)lɔp] nf (de lettre) envelope; (crédits) budget; **envelopper** vt to wrap; (fig) to envelop, shroud
enverrai etc [ɑ̃veʀe] vb voir **envoyer**
envers [ɑ̃vɛʀ] prép towards, to ▷ nm other side; (d'une étoffe) wrong side; **à l'~** (verticalement) upside down; (pull) back to front; (chaussettes) inside out
envie [ɑ̃vi] nf (sentiment) envy; (souhait) desire, wish; **avoir ~ de (faire)** to feel like (doing); (plus fort) to want (to

do); **avoir ~ que** to wish that; **cette glace me fait ~** I fancy some of that ice cream; **envier** vt to envy; **envieux, -euse** adj envious

environ [ɑ̃virɔ̃] adv: **~ 3 h/2 km** (around) about 3 o'clock/2 km; voir aussi **environs**

environnant, e [ɑ̃virɔnɑ̃, ɑ̃t] adj surrounding

environnement [ɑ̃virɔnmɑ̃] nm environment

environs [ɑ̃virɔ̃] nmpl surroundings; **aux ~ de** (round) about

envisager [ɑ̃vizaʒe] vt to contemplate, envisage; **~ de faire** to consider doing

envoler [ɑ̃vɔle]: **s'envoler** vi (oiseau) to fly away ou off; (avion) to take off; (papier, feuille) to blow away; (fig) to vanish (into thin air)

envoyé, e [ɑ̃vwaje] nm/f (Pol) envoy; (Presse) correspondent; **envoyé spécial** special correspondent

envoyer [ɑ̃vwaje] vt to send; (lancer) to hurl, throw; **~ chercher** to send for; **~ promener qn** (fam) to send sb packing

épagneul [epaɲœl] nm/f spaniel

épais, se [epɛ, ɛs] adj thick; **épaisseur** nf thickness

épanouir [epanwiʀ]: **s'épanouir** vi (fleur) to bloom, open out; (visage) to light up; (personne) to blossom

épargne [epaʀɲ] nf saving

épargner [epaʀɲe] vt to save; (ne pas tuer ou endommager) to spare ▷ vi to save; **~ qch à qn** to spare sb sth

éparpiller [epaʀpije] vt to scatter; **s'éparpiller** vi to scatter; (fig) to dissipate one's efforts

épatant, e [epatɑ̃, ɑ̃t] (fam) adj super

épater [epate] (fam) vt (étonner) to amaze; (impressionner) to impress

épaule [epol] nf shoulder

épave [epav] nf wreck

épée [epe] nf sword

peler [ep(ə)le] vt to spell

éperon [eprɔ̃] nm spur

épervier [epɛʀvje] nm sparrowhawk

épi [epi] nm (de blé, d'orge) ear; (de

maïs) cob

épice [epis] nf spice

épicé, e [epise] adj spicy

épicer [epise] vt to spice

épicerie [episʀi] nf grocer's shop; (denrées) groceries pl; **épicerie fine** delicatessen; **épicier, -ière** nm/f grocer

épidémie [epidemi] nf epidemic

épiderme [epidɛʀm] nm skin

épier [epje] vt to spy on, watch closely

épilepsie [epilɛpsi] nf epilepsy

épiler [epile] vt (jambes) to remove the hair from; (sourcils) to pluck

épinards [epinaʀ] nmpl spinach sg

épine [epin] nf thorn, prickle; (d'oursin etc) spine

épingle [epɛ̃gl] nf pin; **épingle de nourrice** ou **de sûreté** safety pin

épisode [epizɔd] nm episode; **film/roman à ~s** serial; **épisodique** adj occasional

épluche-légumes [eplyʃlegym] nm inv (potato) peeler

éplucher [eplyʃe] vt (fruit, légumes) to peel; (fig) to go over with a fine-tooth comb; **épluchures** nfpl peelings

éponge [epɔ̃ʒ] nf sponge; **éponger** vt (liquide) to mop up; (surface) to sponge; (fig: déficit) to soak up

époque [epɔk] nf (de l'histoire) age, era; (de l'année, la vie) time; **d'~** (meuble) period cpd

épouse [epuz] nf wife; **épouser** vt to marry

épousseter [epuste] vt to dust

épouvantable [epuvɑ̃tabl] adj appalling, dreadful

épouvantail [epuvɑ̃taj] nm scarecrow

épouvante [epuvɑ̃t] nf terror; **film d'~** horror film; **épouvanter** vt to terrify

époux [epu] nm husband ▷ nmpl (married) couple

épreuve [eprœv] nf (d'examen) test; (malheur, difficulté) trial, ordeal; (Photo) print; (Typo) proof; (Sport) event; **à toute ~** unfailing; **mettre à l'~** to put to the test

éprouver [epruve] vt (tester) to

test; (marquer, faire souffrir) to afflict, distress; (ressentir) to experience

EPS sigle f (= Éducation physique et sportive) PE

épuisé, e [epɥize] adj exhausted; (livre) out of print; **épuisement** nm exhaustion

épuiser [epɥize] vt (fatiguer) to exhaust, wear out or tire out; (stock, sujet) to exhaust; **s'épuiser** vi to wear out or tire o.s. out, exhaust o.s.

épuisette [epɥizɛt] nf shrimping net

équateur [ekwatœʀ] nm equator; (la république de) l'É~ Ecuador

équation [ekwasjɔ̃] nf equation

équerre [ekɛʀ] nf (à dessin) (set) square

équilibre [ekilibʀ] nm balance; **garder/perdre l'~** to keep/lose one's balance; **être en ~** to be balanced; **équilibré, e** adj well-balanced; **équilibrer** vt to balance

équipage [ekipaʒ] nm crew

équipe [ekip] nf team; **travailler en ~** to work as a team

équipé, e [ekipe] adj: **bien/mal ~** well-/poorly-equipped

équipement [ekipmã] nm equipment

équiper [ekipe] vt to equip; **~ qn/qch de** to equip sb/sth with sth

équipier, -ière [ekipje, jɛʀ] nm/f team member

équitation [ekitasjɔ̃] nf (horse-)riding; **faire de l'~** to go riding

équivalent, e [ekivalã, ãt] adj, nm equivalent

équivaloir [ekivalwaʀ]: **~ à** vt to be equivalent to

érable [eʀabl] nm maple

érafler [eʀafle] vt to scratch; **éraflure** nf scratch

ère [eʀ] nf era; **en l'an 1050 de notre ~** in the year 1050 A.D.

érection [eʀɛksjɔ̃] nf erection

éroder [eʀɔde] vt to erode

érotique [eʀɔtik] adj erotic

errer [eʀe] vi to wander

erreur [eʀœʀ] nf mistake, error; **faire ~** to be mistaken; **par ~** by mistake

éruption [eʀypsjɔ̃] nf eruption; (Méd) rash

es [ɛ] vb voir **être**

ès [ɛs] prép: **licencié ès lettres/sciences** = Bachelor of Arts/Science

escabeau, x [ɛskabo] nm (tabouret) stool; (échelle) stepladder

escalade [ɛskalad] nf climbing no pl; (Pol etc) escalation; **escalader** vt to climb

escale [ɛskal] nf (Navig: durée) call; (: endroit) port of call; (Aviat) stop(over); **faire ~ à** (Navig) to put in at; (Aviat) to stop over at; **vol sans ~** nonstop flight

escalier [ɛskalje] nm stairs pl; **dans l'~** ou **les ~s** on the stairs; **escalier mécanique** ou **roulant** escalator

escapade [ɛskapad] nf: **faire une ~** to go on a jaunt; (s'enfuir) to run away ou off

escargot [ɛskaʀgo] nm snail

escarpé, e [ɛskaʀpe] adj steep

esclavage [ɛsklavaʒ] nm slavery

esclave [ɛsklav] nm/f slave

escompte [ɛskɔ̃t] nm discount

escrime [ɛskʀim] nf fencing

escroc [ɛskʀo] nm swindler, conman; **escroquer** vt: **escroquer qch (à qn)** to swindle sth (out of sb); **escroquerie** nf swindle

espace [ɛspas] nm space; **espacer** vt to space out; **s'espacer** vi (visites etc) to become less frequent

espadon [ɛspadɔ̃] nm swordfish inv

espadrille [ɛspadʀij] nf rope-soled sandal

Espagne [ɛspaɲ] nf: **l'~** Spain; **espagnol, e** adj Spanish ▷ nm/f: **Espagnol, e** Spaniard ▷ nm (Ling) Spanish

espèce [ɛspɛs] nf (Bio, Bot, Zool) species inv; (gén: sorte) sort, kind, type; (péj): **~ de maladroit/de brute!** you clumsy oaf/you brute!; **espèces** nfpl (Comm) cash sg; **payer en ~** to pay (in) cash

espérance [ɛspeʀãs] nf hope; **espérance de vie** life expectancy

espérer [ɛspeʀe] vt to hope for;

j'espère (bien) I hope so; **~ que/faire** to hope that/to do

espiègle [ɛspjɛgl] adj mischievous

espion, ne [ɛspjɔ̃, jɔn] nm/f spy; **espionnage** nm espionage, spying; **espionner** vt to spy (up)on

espoir [ɛspwaʀ] nm hope; **dans l'~ de/que** in the hope of/that; **reprendre l'~** not to lose hope

esprit [ɛspʀi] nm (intellect) mind; (humour) wit; (mentalité, d'une loi etc, fantôme etc) spirit; **faire de l'~** to try to be witty; **reprendre ses ~s** to come to; **perdre l'~** to lose one's mind

esquimau, de, -x [ɛskimo, od] adj Eskimo ▷ nm/f: **E-, de** Eskimo ▷ nm: **E-®** ice lolly (BRIT), popsicle (US)

essai [ese] nm (tentative) attempt, try; (de produit) testing; (Rugby) try; (Littérature) essay; **à l'~** on a trial basis; **mettre à l'~** to put to the test

essaim [esɛ̃] nm swarm

essayer [eseje] vt to try; (vêtement, chaussures) to try (on); (méthode, voiture) to try (out) ▷ vi to try; **~ de faire** to try ou attempt to do

essence [esɑ̃s] nf (de voiture) petrol (BRIT), gas(oline) (US); (extrait de plante) essence; (espèce: d'arbre) species inv

essentiel, le [esɑ̃sjɛl] adj essential; **c'est l'~** (ce qui importe) that's the main thing; **l'~ de** the main part of

essieu, x [esjø] nm axle

essor [esɔʀ] nm (de l'économie etc) rapid expansion

essorer [esɔʀe] vt (en tordant) to wring (out); (par la force centrifuge) to spin-dry; **essoreuse** nf spin-dryer

essouffler [esufle]: **s'essouffler** vi to get out of breath

essuie-glace [esɥiglas] nm inv windscreen (BRIT) ou windshield (US) wiper

essuyer [esɥije] vt to wipe; (fig: échec) to suffer; **s'essuyer** vi (après le bain) to dry o.s.; **~ la vaisselle** to dry up

est¹ [ɛ] vb voir **être**

est² [ɛst] nm east ▷ adj inv east; (région)

east(ern); **à l'~** in the east; (direction) to the east, east(wards); **à l'~ de** (to the) east of

est-ce que [ɛskə] adv: **~ c'est cher/ c'était bon?** is it expensive/was it good?; **quand est-ce qu'il part?** when does he leave?, when is he leaving?; voir aussi **que**

esthéticienne [ɛstetisjɛn] nf beautician

esthétique [ɛstetik] adj attractive

estimation [ɛstimasjɔ̃] nf valuation; (chiffre) estimate

estime [ɛstim] nf esteem, regard; **estimer** vt (respecter) to esteem; (expertiser: bijou etc) to value; (évaluer: coût etc) to assess, estimate; (penser): **estimer que/être** to consider that/o.s. to be

estival, e, -aux [ɛstival, o] adj summer cpd

estivant, e [ɛstivɑ̃, ɑ̃t] nm/f (summer) holiday-maker

estomac [ɛstɔma] nm stomach

estragon [ɛstʀagɔ̃] nm tarragon

estuaire [ɛstɥɛʀ] nm estuary

et [e] conj and; **et lui?** what about him?; **et alors!** so what!

étable [etabl] nf cowshed

établi [etabli] nm (work)bench

établir [etabliʀ] vt (papiers d'identité, facture) to make out; (liste, programme) to draw up; (entreprise) to set up; (réputation, usage, fait, culpabilité) to establish; **s'établir** vi (s'instaurer) to be established; **s'~ (à son compte)** to set up in business; **s'~ à/près de** to settle in/near

établissement [etablismɑ̃] nm (entreprise, institution) establishment; **établissement scolaire** school, educational establishment

étage [etaʒ] nm (d'immeuble) storey, floor; **à l'~** upstairs; **au 2ème ~** on the 2nd (BRIT) ou 3rd (US) floor; **c'est à quel ~?** what floor is it on?

étagère [etaʒɛʀ] nf (rayon) shelf; (meuble) shelves pl

étai [etɛ] nm stay, prop

étain [etɛ̃] nm pewter no pl

étais etc [etɛ] vb voir **être**

étaler [etale] vt (carte, nappe) to spread (out); (peinture) to spread; (échelonner: paiements, vacances) to spread, stagger; (marchandises) to display; (connaissances) to parade; **s'~ étaler** vi (liquide) to spread out; (fam) to fall flat on one's face; **s'~ sur** (suj: paiements etc) to be spread out over

étalon [etalɔ̃] nm (cheval) stallion

étanche [etɑ̃ʃ] adj (récipient) watertight; (montre, vêtement) waterproof

étang [etɑ̃] nm pond

étant [etɑ̃] vb voir **être**; **donné**

étape [etap] nf stage; (lieu d'arrivée) stopping place; (: Cyclisme) staging point

état [eta] nm (Pol, condition) state; **en mauvais ~** in poor condition; **en ~ (de marche)** in (working) order; **remettre en ~** to repair; **hors d'~** out of order; **être en ~/hors d'~ de faire** to be in a/in no fit state to do; **être dans tous ses ~s** to be in a state; **faire ~ de** (alléguer) to put forward; **l'É~** the State; **état civil** civil status; **état des lieux** inventory of fixtures; **États-Unis** nmpl: **les États-Unis** the United States

etc. [etsetera] adv etc

et c(a)etera [etsetera] adv et cetera, and so on

été [ete] pp de **être** ▷ nm summer

éteindre [etɛ̃dʀ] vt (lampe, lumière, radio) to turn ou switch off; (cigarette, feu) to put out, extinguish; **s'éteindre** vi (feu, lumière) to go out; (mourir) to pass away; **éteint, e** adj (fig) lacklustre, dull; (volcan) extinct

étendre [etɑ̃dʀ] vt (pâte, liquide) to spread; (carte etc) to spread out; (linge) to hang up; (bras, jambes) to stretch out; (fig: agrandir) to extend; **s'étendre** vi (augmenter, se propager) to spread; (terrain, forêt etc) to stretch; (s'allonger) to stretch out; (se coucher) to lie down;

(fig: expliquer) to elaborate

étendu, e [etɑ̃dy] adj extensive

éternel, le [etɛʀnɛl] adj eternal

éternité [etɛʀnite] nf eternity; **ça a duré une ~** it lasted for ages

éternuement [etɛʀnymɑ̃] nm sneeze

éternuer [etɛʀnɥe] vi to sneeze

êtes [ɛt(z)] vb voir **être**

Éthiopie [etjɔpi] nf: **l'~** Ethiopia

étiez [etje] vb voir **être**

étinceler [etɛ̃s(ə)le] vi to sparkle

étincelle [etɛ̃sɛl] nf spark

étiquette [etiket] nf label; (protocole): **l'~** etiquette

étirer [etiʀe] **s'étirer** vi (personne) to stretch; (convoi, route) to stretch out over

étoile [etwal] nf star; **à la belle ~** in the open; **étoile de mer** starfish; **étoile filante** shooting star; **étoilé, e** adj starry

étonnant, e [etɔnɑ̃, ɑ̃t] adj amazing

étonnement [etɔnmɑ̃] nm surprise, amazement

étonner [etɔne] vt to surprise, amaze; **s'étonner que/de** to be amazed that/at; **cela m'~ait (que)** (j'en doute) I'd be very surprised (if)

étouffer [etufe] vt to suffocate; (bruit) to muffle; (scandale) to hush up ▷ vi to suffocate; (avoir chaud: fig) to choke; (en mangeant etc) to choke; **on étouffe** it's stifling

étourderie [etuʀdəʀi] nf (caractère) absent-mindedness no pl; (faute) thoughtless blunder

étourdi, e [etuʀdi] adj (distrait) scatterbrained, heedless

étourdir [etuʀdiʀ] vt (assommer) to stun, daze; (griser) to make dizzy ou giddy; **étourdissement** nm dizzy spell

étrange [etʀɑ̃ʒ] adj strange

étranger, -ère [etʀɑ̃ʒe, ɛʀ] adj foreign; (pas de la famille, non familier) strange ▷ nm/f foreigner; stranger ▷ nm: **à l'~** abroad

étrangler [etʀɑ̃gle] vt to strangle; **s'étrangler** vi (en mangeant etc) to choke

○ **MOT-CLÉ**

être [ɛtʀ] nm being; **être humain** human being
▷ vb +attrib 1 (état, description) to be; **il est instituteur** he is ou he's a teacher; **vous êtes grand/intelligent/fatigué** you are ou you're tall/clever/tired
2 (+à: appartenir) to be; **le livre est à Paul** the book is Paul's ou belongs to Paul; **c'est à moi/eux** it is ou it's mine/theirs
3 (+de: provenance) **il est de Paris** he is from Paris; (: appartenance) **il est des nôtres** he is one of us
4 (date) **nous sommes le 10 janvier** it's the 10th of January (today)
▷ vb to have 1 to have; to be; **je ne serai pas ici demain** I won't be here tomorrow
▷ vb aux 1 to have; to be; **être arrivé/allé** to have arrived/gone; **il est parti** he has left, he has gone
2 (forme passive) to be; **être fait par** to be made by; **il a été promu** he has been promoted
3 (+à: obligation): **c'est à réparer** it needs repairing; **c'est à essayer** it should be tried; **il est à espérer que ...** it is ou it's to be hoped that ...
▷ vb impers 1 **il est** +adjectif it is +adjective; **il est impossible de le faire** it's impossible to do it
2 (heure, date): **il est 10 heures** it's 10 o'clock
3 (emphatique): **c'est moi** it's me; **c'est à lui de le faire** it's up to him to do it

étrennes [etʀɛn] nfpl Christmas box sg
étrier [etʀije] nm stirrup
étroit, e [etʀwa, wat] adj narrow; (vêtement) tight; (fig: liens, collaboration) close; **à l'~** cramped; **~ d'esprit** narrow-minded
étude [etyd] nf studying; (ouvrage, rapport) study; (Scol: salle de travail) study room; **études** nfpl (Scol) studies; **être à l'~** (projet etc) to be under consideration; **faire des ~s (de droit/**

médecine) to study (law/medicine)
étudiant, e [etydjɑ̃, jɑ̃t] nm/f student
étudier [etydje] vt, vi to study
étui [etɥi] nm case
eu, eue [y] pp de **avoir**
euh [ø] excl er
euro [øʀo] nm euro
Europe [øʀɔp] nf: **l'~** Europe; **européen, ne** adj European ▷ nm/f: **Européen, ne** European
eus etc [y] vb voir **avoir**
eux [ø] pron (sujet) they; (objet) them
évacuer [evakɥe] vt to evacuate
évader [evade]: **s'évader** vi to escape
évaluer [evalɥe] vt (expertiser) to appraise, evaluate; (juger approximativement) to estimate
évangile [evɑ̃ʒil] nm gospel; **É~** Gospel
évanouir [evanwiʀ]: **s'évanouir** vi to faint; (disparaître) to vanish, disappear; **évanouissement** nm (syncope) fainting fit
évaporer [evapɔʀe]: **s'évaporer** vi to evaporate
évasion [evazjɔ̃] nf escape
éveillé, e [eveje] adj awake; (vif) alert, sharp; **éveiller** vt to (a)waken; (soupçons etc) to arouse; **s'éveiller** vi to (a)waken; (fig) to be aroused
événement [evɛnmɑ̃] nm event
éventail [evɑ̃taj] nm fan; (choix) range
éventualité [evɑ̃tɥalite] nf eventuality; possibility; **dans l'~ de** in the event of
éventuel, le [evɑ̃tɥɛl] adj possible
    Attention à ne pas traduire **éventuel** par eventual.
éventuellement adv possibly
    Attention à ne pas traduire **éventuellement** par eventually.
évêque [evɛk] nm bishop
évidemment [evidamɑ̃] adv (bien sûr) of course; (certainement) obviously
évidence [evidɑ̃s] nf obviousness; (fait) obvious fact; **de toute ~** quite obviously ou evidently; **être en ~** to be clearly visible; **mettre en ~** (fait) to highlight; **évident, e** adj obvious,

evident; **ce n'est pas évident!** (fam) it's not that easy!

évier [evje] nm (kitchen) sink

éviter [evite] vt to avoid; **~ de faire** to avoid doing; **~ qch à qn** to spare sb sth

évoluer [evɔlɥe] vi (enfant, maladie) to develop; (situation, moralement) to evolve, develop; (aller à un défilé) to move about; **évolution** nf development, evolution

évoquer [evɔke] vt to call to mind, evoke; (mentionner) to mention

ex- [ɛks] préfixe ex-; **son ~mari** her ex-husband; **son ~femme** his ex-wife

exact, e [ɛgza(kt), ɛgzakt] adj exact; (correct) correct; (ponctuel) punctual; **l'heure ~e** the right ou exact time; **exactement** adv exactly

ex aequo [ɛgzeko] adj equally placed; **arriver ~** to finish neck and neck

exagéré, e [ɛgzaʒere] adj (prix etc) excessive

exagérer [ɛgzaʒere] vt to exaggerate ▷ vi to exaggerate; (abuser) to go too far

examen [ɛgzamɛ̃] nm examination; (Scol) exam, examination; **à l'~** under consideration; **examen médical** (medical) examination; (analyse) test

examinateur, -trice [ɛgzaminatœʀ, tʀis] nm/f examiner

examiner [ɛgzamine] vt to examine

exaspérant, e [ɛgzaspeʀɑ̃, ɑ̃t] adj exasperating

exaspérer [ɛgzaspeʀe] vt to exasperate

exaucer [ɛgzose] vt (vœu) to grant

excéder [ɛksede] vt (dépasser) to exceed; (agacer) to exasperate

excellent, e [ɛkselɑ̃, ɑ̃t] adj excellent

excentrique [ɛksɑ̃tʀik] adj eccentric

excepté, e [ɛksɛpte] adj, prép: **les élèves ~s**, **~ les élèves** except for the pupils

exception [ɛksɛpsjɔ̃] nf exception; **à l'~ de** except for, with the exception of; **d'~** (mesure, loi) special, exceptional; **exceptionnel, le** adj exceptional; **exceptionnellement** adv

exceptionally

excès [ɛksɛ] nm surplus ▷ nmpl excesses; **faire des ~** to overindulge; **excès de vitesse** speeding no pl; **excessif, -ive** adj excessive

excitant, e [ɛksitɑ̃, ɑ̃t] adj exciting ▷ nm stimulant; **excitation** nf (état) excitement

exciter [ɛksite] vt to excite; (suj: café etc) to stimulate; **s'exciter** vi to get excited

exclamer [ɛksklame]: **s'exclamer** vi to exclaim

exclure [ɛksklyʀ] vt (faire sortir) to expel; (ne pas compter) to exclude, leave out; (rendre impossible) to exclude, rule out; **il est exclu que** it's out of the question that ...; **il n'est pas exclu que ...** it's not impossible that ...; **exclusif, -ive** adj exclusive; **exclusion** nf exclusion; **à l'exclusion de** with the exclusion ou exception of; **exclusivité** nf (Comm) exclusive rights pl; **film passant en exclusivité à** film showing only at

excursion [ɛkskyʀsjɔ̃] nf (en autocar) excursion, trip; (à pied) walk, hike

excuse [ɛkskyz] nf excuse; **excuses** nfpl (regret) apology sg, apologies; **excuser** vt to excuse; **s'excuser (de)** to apologize (for); **excusez-moi** I'm sorry; (pour attirer l'attention) excuse me

exécuter [ɛgzekyte] vt (tuer) to execute; (tâche etc) to execute, carry out; (Mus: jouer) to perform, execute; **s'exécuter** vi to comply

exemplaire [ɛgzɑ̃plɛʀ] nm copy

exemple [ɛgzɑ̃pl] nm example; **par ~** for instance, for example; **donner l'~** to set an example

exercer [ɛgzɛʀse] vt (pratiquer) to exercise, practise; (influence, contrôle) to exert; (former) to exercise, train; **s'exercer** vi (sportif, musicien) to practise

exercice [ɛgzɛʀsis] nm exercise

exhiber [ɛgzibe] vt (montrer: papiers, certificat) to present, produce; (péj) display, flaunt; **s'exhiber** vi to parade; (suj: exhibitionniste) to expose o.s.; **exhibitionniste** nm/f flasher

exigeant, e [ɛgziʒɑ̃, ɑ̃t] adj demanding; (péj) hard to please

exiger [ɛgziʒe] vt to demand, require

exil [ɛgzil] nm exile; **exiler** vt to exile; **s'exiler** vi to go into exile

existence [ɛgzistɑ̃s] nf existence

exister [ɛgziste] vi to exist; **il existe un/des** there is a/are (some)

exorbitant, e [ɛgzɔrbitɑ̃, ɑ̃t] adj exorbitant

exotique [ɛgzɔtik] adj exotic; **yaourt aux fruits ~s** tropical fruit yoghurt

expédier [ɛkspedje] vt (lettre, paquet) to send; (troupes) to dispatch; (fam: travail etc) to dispose of, dispatch; **expéditeur, -trice** nm/f sender; **expédition** nf sending; (scientifique, sportive, Mil) expedition

expérience [ɛksperjɑ̃s] nf (de la vie) experience; (scientifique) experiment

expérimenté, e [ɛksperimɑ̃te] adj experienced

expérimenter [ɛksperimɑ̃te] vt to test out, experiment with

expert, e [ɛkspɛr, ɛrt] adj, nm expert; **~ en objets d'art** art appraiser; **expert-comptable** nm ≈ chartered accountant (BRIT), ≈ certified public accountant (US)

expirer [ɛkspire] vi (prendre fin, mourir) to expire; (respirer) to breathe out

explication [ɛksplikasjɔ̃] nf explanation; (discussion) discussion; (dispute) argument

explicite [ɛksplisit] adj explicit

expliquer [ɛksplike] vt to explain; **s'expliquer** to explain (o.s.); **s'~ avec qn** (discuter) to explain o.s. to sb; **son erreur s'explique** one can understand his mistake

exploit [ɛksplwa] nm exploit, feat; **exploitant, e** nm/f: **exploitant (agricole)** farmer; **exploitation** nf exploitation; (d'une entreprise) running; **exploitation agricole** farming

concern; **exploiter** vt (personne, don) to exploit; (entreprise, ferme) to run, operate; (mine) to exploit, work

explorer [ɛksplɔre] vt to explore

exploser [ɛksploze] vi to explode, blow up; (engin explosif) to go off; (personne: de colère) to flare up; **explosif, -ive** adj, nm explosive; **explosion** nf explosion; (de joie, colère) outburst

exportateur, -trice [ɛkspɔrtatœr, tris] adj export cpd, exporting ▷ nm exporter

exportation [ɛkspɔrtasjɔ̃] nf (action) exportation; (produit) export

exporter [ɛkspɔrte] vt to export

exposant [ɛkspozɑ̃] nm exhibitor

exposé, e [ɛkspoze] nm talk ▷ adj: **~ au sud** facing south

exposer [ɛkspoze] vt (marchandise) to display; (peinture) to exhibit, show; (parler de) to explain, set out; (mettre en danger, orienter, Photo) to expose; **s'~ à** (soleil, danger) to expose o.s. to; **exposition** nf (manifestation) exhibition; (Photo) exposure

exprès¹ [ɛksprɛ] adv (délibérément) on purpose; (spécialement) specially; **faire ~ de faire qch** to do sth on purpose

exprès², -esse [ɛksprɛs] adj inv (lettre, colis) express

express [ɛksprɛs] adj, nm: (café) ~ espresso (coffee); **(train) ~** fast train

expressif, -ive [ɛkspresif, iv] adj expressive

expression [ɛkspresjɔ̃] nf expression

exprimer [ɛksprime] vt (sentiment, idée) to express; (jus, liquide) to press out; **s'exprimer** vi (personne) to express o.s.

expulser [ɛkspylse] vt to expel; (locataire) to evict; (Sport) to send off

exquis, e [ɛkski, iz] adj exquisite

extasier [ɛkstazje]: **s'extasier sur** vt to go into raptures over

exténuer [ɛkstenɥe] vt to exhaust

extérieur, e [ɛksterjœr] adj (porte, mur etc) outer, outside; (au dehors: escalier, w.-c.) outside; (commerce) foreign; (*influences*) external; (*apparent: calme, gaieté etc*) surface ⊳ *nm* (*d'une maison, d'un récipient etc*) outside, exterior; (*apparence*) exterior; **à l'~** outside; (*à l'étranger*) abroad

externat [ɛkstɛʀna] *nm* day school

externe [ɛkstɛʀn] *adj* external, outer ⊳ *nm/f* (*Méd*) non-resident medical student (BRIT), extern (US); (*Scol*) day pupil

extincteur [ɛkstɛ̃ktœʀ] *nm* (fire) extinguisher

extinction [ɛkstɛ̃ksjɔ̃] *nf*: **extinction de voix** loss of voice

extra [ɛkstʀa] *adj inv* first-rate; (*fam*) fantastic ⊳ *nm inv* extra help

extraire [ɛkstʀɛʀ] *vt* to extract; **~ qch de** to extract sth from; **extrait** *nm* extract; **extrait de naissance** birth certificate

extraordinaire [ɛkstʀaɔʀdinɛʀ] *adj* extraordinary; (*Pol: mesures etc*) special

extravagant, e [ɛkstʀavagɑ̃, ɑ̃t] *adj* extravagant

extraverti, e [ɛkstʀavɛʀti] *adj* extrovert

extrême [ɛkstʀɛm] *adj, nm* extreme; **d'un ~ à l'autre** from one extreme to another; **extrêmement** *adv* extremely; **Extrême-Orient** *nm* Far East

extrémité [ɛkstʀemite] *nf* end; (*situation*) straits *pl*, plight; (*geste désespéré*) extreme action; **extrémités** *nfpl* (*pieds et mains*) extremities

exubérant, e [ɛgzybeʀɑ̃, ɑ̃t] *adj* exuberant

f

F *abr* = **franc**; (*appartement*): **un F2/F3** a one-/two-bedroom flat (BRIT) ou apartment (US)

fa [fa] *nm inv* (*Mus*) F; (*en chantant la gamme*) fa

fabricant, e [fabʀikɑ̃, ɑ̃t] *nm/f* manufacturer

fabrication [fabʀikasjɔ̃] *nf* manufacture

fabrique [fabʀik] *nf* factory; **fabriquer** *vt* to make; (*industriellement*) to manufacture; (*fig*): **qu'est-ce qu'il fabrique?** (*fam*) what is he doing?

fac [fak] (*fam*) *abr f* (*Scol*) = **faculté**

façade [fasad] *nf* front, façade

face [fas] *nf* face; (*fig: aspect*) side ⊳ *adj*: **le côté ~** heads; **en ~ de** opposite; (*fig*) in front of; **de ~** (*voir*) face on; **~ à** facing; (*fig*) faced with, in the face of; **faire ~ à** to face; **~ à ~** *adv* facing each other ⊳ *nm inv* encounter

fâché, e [faʃe] *adj* angry; (*désolé*) sorry

fâcher [faʃe] *vt* to anger; **se fâcher (contre qn)** *vi* to get angry (with sb);

se ~ avec (*se brouiller*) to fall out with
facile [fasil] *adj* easy; (*caractère*) easy-going; **facilement** *adv* easily; **facilité**
nf easiness; (*disposition, don*) aptitude;
facilités (*possibilités*) facilities; (*Comm*)
terms; **faciliter** *vt* to make easier
façon [fasɔ̃] *nf* (*manière*) way; (*d'une robe
etc*) making-up; cut; **façons** *nfpl* (*péj*)
fuss *sg*; **de ~ à/à ce que** so as to/that;
de toute ~ anyway, in any case; **sans
~** (*sans préparation*) without fuss; **non merci,
sans ~** no thanks, honestly
facteur, -trice [faktœʁ, tʁis]
nm/f postman(-woman) (BRIT),
mailman(-woman) (US) ▷ *nm* (Math,
fig: *élément*) factor
facture [faktyʁ] *nf* (*à payer: gén*) bill;
(Comm) invoice
facultatif, -ive [fakyltatif, iv] *adj*
optional
faculté [fakylte] *nf* (*intellectuelle,
d'université*) faculty; (*pouvoir, possibilité*)
power
fade [fad] *adj* insipid
faible [fɛbl] *adj* weak; (*voix, lumière,
vent*) faint; (*rendement, revenu*) low ▷ *nm*
(*pour quelqu'un*) weakness, soft spot;
faiblesse *nf* weakness; **faiblir** *vi* to
weaken; (*lumière*) to dim; (*vent*) to drop
faïence [fajɑ̃s] *nf* earthenware *no pl*
faillir [fajiʁ] *vi*: **j'ai failli tomber** I
almost fell/very nearly fell
faillite [fajit] *nf* bankruptcy; **faire ~** to
go bankrupt
faim [fɛ̃] *nf* hunger; **avoir ~** to be
hungry; **rester sur sa ~** (*aussi fig*) to be
left wanting more
fainéant, e [fɛneɑ̃, ɑ̃t] *nm/f* idler,
loafer

 MOT-CLÉ

faire [fɛʁ] *vt* **1** (*fabriquer, être l'auteur de*)
to make; **faire du vin/une offre/un
film** to make wine/an offer/a film;
faire du bruit to make a noise
2 (*effectuer: travail, opération*) to do; **que
faites-vous?** (*quel métier etc*) what do

you do?; (*quelle activité: au moment de la
question*) what are you doing?; **faire la
lessive** to do the washing
3 (*études*) to do; (*sport, musique*) to
play; **faire du droit/du français** to do
law/French; **faire du rugby/piano** to
play rugby/the piano
4 (*simuler*): **faire le malade/l'innocent**
to act the invalid/the innocent
5 (*transformer, avoir un effet sur*): **faire
de qn un frustré/avocat** to make sb
frustrated/a lawyer; **ça ne me fait rien**
(*m'est égal*) I don't care ou mind; (*me
laisse froid*) it has no effect on me; **ça ne
fait rien** it doesn't matter; **faire que**
(*impliquer*) to mean that
6 (*calculs, prix, mesures*): **2 et 2 font 4**
2 and 2 are ou make 4; **ça fait 10 m/15
euros** it's 10 m/15 euros; **je vous le fais
10 euros** I'll let you have it for 10 euros;
je fais du 40 I take a size 40
7 (*durée*): **faire du 50 (à l'heure)** to
do 50 (km an hour); **nous avons fait
1000 km en 2 jours** we did ou covered
1000 km in 2 days; **faire l'Europe** to
tour ou do Europe; **faire les magasins**
to go shopping
8: **qu'a-t-il fait de sa valise?** what has
he done with his case?
9: **ne faire que**: **il ne fait que critiquer**
(*sans cesse*) all he (ever) does is criticize;
(*seulement*) he's only criticizing
10 (*dire*) to say; **"vraiment?" fit-il**
"really?" he said
11 (*maladie*) to have; **faire du diabète** to
have diabetes *sg*
▷ *vi* **1** (*agir, s'y prendre*) to act, do; **il faut
faire vite** we (ou you *etc*) must act
quickly; **comment a-t-il fait pour?**
how did he manage to?; **faites
comme chez vous** make yourself
at home
2 (*paraître*) to look; **faire vieux/
démodé** to look old/old-fashioned; **ça
fait bien** it looks good
▷ *vb substitut* to do; **ne le casse pas
comme je l'ai fait** don't break it as I
did; **je peux le voir? — faites!** can I see

it? — please do!

▷ vb impers 1: **il fait beau** etc the weather is fine etc; voir aussi **jour; froid** etc

2 (temps écoulé, condition): **ça fait 2 ans qu'il est parti** it's 2 years since he left; **ça fait 2 ans qu'il y est** he's been there for 2 years

▷ vb semi-aux 1 **faire** (+infinitif: action directe) to make; **faire tomber/bouger qch** to make sth fall/move; **faire démarrer un moteur/chauffer de l'eau** to start up an engine/heat some water; **cela fait dormir** it makes you sleep; **faire travailler les enfants** to make the children work ou get the children to work; **il m'a fait traverser la rue** he helped me to cross the street 2 (indirectement, par un intermédiaire): **faire réparer qch** to get ou have sth repaired; **faire punir les enfants** to have the children punished

se faire vi 1 (être convenable): **cela se fait beaucoup/ne se fait pas** it's done a lot/not done

2: **se faire** +nom ou pron: **se faire une jupe** to make o.s. a skirt; **se faire des amis** to make friends; **se faire du souci** to worry; **il ne s'en fait pas** he doesn't worry

3: **se faire** +adj (devenir): **se faire vieux** to be getting old; **se faire beau** to do o.s. up

4: **se faire à** (s'habituer) to get used to; **je n'arrive pas à me faire à la nourriture/au climat** I can't get used to the food/climate

5: **se faire** +infinitif: **se faire examiner la vue/opérer** to have one's eyes tested/have an operation; **se faire couper les cheveux** to get one's hair cut; **il va se faire tuer/punir** he's going to get himself killed/get punished; **il s'est fait aider** he got somebody to help him; **il s'est fait aider par Simon** he got Simon to help him; **se faire faire un vêtement** to get a garment made for o.s.

6 (impersonnel): **comment se fait-il/faisait-il que?** how is it/was it that?

faire-part [fɛʀpaʀ] nm inv announcement (of birth, marriage etc)

faisan, e [fəzɑ̃, an] nm/f pheasant

faisons [fəzɔ̃] vb voir **faire**

fait, e [fɛ, fɛt] adj (mûr: fromage, melon) ripe ▷ nm (événement, occurrence; réalité, donnée) fact; **être au ~ (de)** to be informed (of); **au ~** (à propos) by the way; **en venir au ~** to get to the point; **du ~ de ceci/qu'il a menti** because of ou on account of this/his having lied; **de ce ~** for this reason; **en ~** in fact; **prendre qn sur le ~** to catch sb in the act; **c'est bien ~ pour lui** (ou eux etc) it serves him (ou them etc) right; **fait divers** news item

faites [fɛt] vb voir **faire**

falaise [falɛz] nf cliff

falloir [falwaʀ] vb impers: **il faut qu'il parte/a fallu qu'il parte** (obligation) he has to ou must leave/had to leave; **il a fallu le faire** it had to be done; **il faudrait qu'elle rentre** she should come ou go back, she ought to come ou go back; **il faut faire attention** you have to be careful; **il me faudrait 100 euros** I would need 100 euros; **il vous faut tourner à gauche après l'église** you have to turn left past the church; **nous avons ce qu'il (nous) faut** we have what we need; **il ne fallait pas** you shouldn't have (done); **comme il faut** (personne) proper; (agir) properly; **s'en falloir** vr: **il s'en est fallu de 100 euros/5 minutes** we/they etc were 100 euros short/5 minutes late (ou early); **il s'en faut de beaucoup qu'il soit** is far from being; **il s'en est fallu de peu que cela n'arrive** it very nearly happened

fameux, -euse [famø, øz] adj (illustre) famous; (bon: repas, plat etc) first-rate, first-class; (valeur intensive) real,

famé, e [fame] adj: **mal ~** disreputable, of ill repute

downright
amilial, e, -aux [familjal, jo] *adj*
family *cpd*
amiliarité [familjarite] *nf* familiarity
amilier, -ère [familje, jɛʀ] *adj*
(*connu*) familiar; (*atmosphère*) informal,
friendly; (*Ling*) informal, colloquial
▷ *nm* regular (visitor)
amille [famij] *nf* family; **il a de la ~ à
Paris** he has relatives in Paris
amine [famin] *nf* famine
ana [fana] (*fam*) *adj*, *nm/f* = **fanatique**
anatique [fanatik] *adj* fanatical
▷ *nm/f* fanatic
aner [fane]: **se faner** *vi* to fade
anfare [fɑ̃faʀ] *nf* (*orchestre*) brass
band; (*musique*) fanfare
antaisie [fɑ̃tezi] *nf* (*spontanéité*) fancy,
imagination; (*caprice*) whim ▷ *adj*:
bijou ~ costume jewellery
antasme [fɑ̃tasm] *nm* fantasy
antastique [fɑ̃tastik] *adj* fantastic
antôme [fɑ̃tom] *nm* ghost, phantom
aon [fɑ̃] *nm* fawn
AQ *sigle f* (= foire aux questions) FAQ
arce [faʀs] *nf* (*viande*) stuffing; (*blague*)
(practical) joke; (*Théâtre*) farce; **farcir**
(*viande*) to stuff
arder [faʀde]: **se farder** *vi* to make
(o.s.) up
arine [faʀin] *nf* flour
arouche [faʀuʃ] *adj* (*timide*) shy, timid
art [faʀt] *nm* (ski) wax
ascination [fasinasjɔ̃] *nf* fascination
asciner [fasine] *vt* to fascinate
ascisme [faʃism] *nm* fascism
asse *etc* [fas] *vb voir* **faire**
astidieux, -euse [fastidjø, jøz] *adj*
tedious, tiresome
atal, e [fatal] *adj* fatal; (*inévitable*)
inevitable; **fatalité** *nf* (*destin*) fate;
(*coïncidence*) fateful coincidence
atidique [fatidik] *adj* fateful
atigant, e [fatigɑ̃, ɑ̃t] *adj* tiring;
(*agaçant*) tiresome
atigue [fatig] *nf* tiredness, fatigue;
fatigué, e *adj* tired; **fatiguer** *vt* to tire,
make tired; (*fig: agacer*) to annoy ▷ *vi*

(*moteur*) to labour, strain; **se fatiguer**
to get tired
fauché, e [foʃe] (*fam*) *adj* broke
faucher [foʃe] *vt* (*herbe*) to cut; (*champs,
blés*) to reap; (*fig: véhicule*) to mow
down; (*fam: voler*) to pinch
faucon [fokɔ̃] *nm* falcon, hawk
faudra [fodʀa] *vb voir* **falloir**
faufiler [fofile]: **se faufiler** *vi*: **se ~ dans**
to edge one's way into; **se ~ parmi** to
thread one's way among
faune [fon] *nf* (*Zool*) wildlife, fauna
fausse [fos] *adj voir* **faux**; **faussement**
adv (*accuser*) wrongly, wrongfully;
(*croire*) falsely
fausser [fose] *vt* (*objet*) to bend, buckle;
(*fig*) to distort; **~ compagnie à qn** to
give sb the slip
faut [fo] *vb voir* **falloir**
faute [fot] *nf* (*erreur*) mistake, error;
(*mauvaise action*) misdemeanour;
(*Football etc*) offence; (*Tennis*) fault;
c'est de sa/ma ~ it's his or her/my
fault; **être en ~** to be in the wrong; **~ de**
(*temps, argent*) for ou through lack of;
sans ~ without fail; **faute de frappe**
typing error; **faute professionnelle**
professional misconduct *no pl*
fauteuil [fotœj] *nm* armchair;
(*au théâtre*) seat; **fauteuil roulant**
wheelchair
fautif, -ive [fotif, iv] *adj* (*responsable*)
at fault, in the wrong; (*incorrect*)
incorrect, inaccurate; **il se sentait ~**
he felt guilty
fauve [fov] *nm* wildcat ▷ *adj* (*couleur*)
fawn
faux¹ [fo] *nf* scythe
faux², fausse [fo, fos] *adj* (*inexact*)
wrong; (*voix*) out of tune; (*billet*) fake,
forged; (*sournois, postiche*) false ▷ *adv*
(*Mus*) out of tune ▷ *nm* (*copie*) fake,
forgery; **faire ~ bond à qn** to let sb
down; **faire un ~ pas** to trip; (*fig*) to
make a faux pas; **fausse alerte** false
alarm; **fausse couche** miscarriage;
faux frais *nmpl* extras, incidental
expenses; **faux mouvement** awkward

movement; **fausse note** wrong note; **faux témoignage** (*délit*) perjury; **faux-filet** nm sirloin

faveur [favœʀ] nf favour; **traitement de ~** preferential treatment; **en ~ de** in favour of

favorable [favɔʀabl] adj favourable

favori, te [favɔʀi, it] adj, nm/f favourite

favoriser [favɔʀize] vt to favour

fax [faks] nm fax

fécond, e [fekɔ̃, ɔ̃d] adj fertile; **féconder** vt to fertilize

féculent [fekylã] nm starchy food

fédéral, e, -aux [federal, o] adj federal

fée [fe] nf fairy

feignant, e [fɛɲɑ̃, ɑ̃t] nm/f =**fainéant, e**

feindre [fɛ̃dʀ] vt to feign; **~ de faire** to pretend to do

fêler [fele] vt to crack; **se fêler** to crack

félicitations [felisitasjɔ̃] nfpl congratulations

féliciter [felisite] vt: **~ qn (de)** to congratulate sb (on)

félin, e [felɛ̃, in] nm (big) cat

femelle [fəmɛl] adj, nf female

féminin, e [feminɛ̃, in] adj feminine; (*sexe*) female; (*équipe, vêtements etc*) women's ▷ nm (Ling) feminine; **féministe** adj feminist

femme [fam] nf woman; (*épouse*) wife; **femme au foyer** housewife; **femme de chambre** chambermaid; **femme de ménage** cleaning lady

fémur [femyʀ] nm femur, thighbone

fendre [fɑ̃dʀ] vt (*couper en deux*) to split; (*fissurer*) to crack; (*traverser: foule, air*) to cleave through; **se fendre** vi to crack

fenêtre [f(ə)nɛtʀ] nf window

fenouil [fənuj] nm fennel

fente [fɑ̃t] nf (*fissure*) crack; (*de boîte à lettres etc*) slit

fer [fɛʀ] nm iron; **fer à cheval** horseshoe; **fer à friser** curling tongs pl; **fer (à repasser)** iron; **fer forgé** wrought iron

ferai etc [fəʀe] vb voir **faire**

fer-blanc [fɛʀblã] nm tin(plate)

férié, e [feʀje] adj: **jour ~** public holiday

ferions etc [fəʀjɔ̃] vb voir **faire**

ferme [fɛʀm] adj firm ▷ adv (*travailler etc*) hard ▷ nf (*exploitation*) farm; (*maison*) farmhouse

fermé, e [fɛʀme] adj closed, shut; (*gaz, eau etc*) off; (*fig: milieu*) exclusive

fermenter [fɛʀmɑ̃te] vi to ferment

fermer [fɛʀme] vt to close, shut; (*cesser l'exploitation de*) to close down, shut down; (*eau, électricité, robinet*) to turn off; (*aéroport, route*) to close ▷ vi to close, shut; (*magasin: définitivement*) to close down, shut down; **~ à clé** to lock; **se fermer** vi to close, shut

fermeté [fɛʀməte] nf firmness

fermeture [fɛʀmətyʀ] nf closing; (*dispositif*) catch; **heures de ~** closing times; **fermeture éclair®** ou **à glissière** zip (fastener) (BRIT), zipper (US)

fermier [fɛʀmje] nm farmer

féroce [feʀɔs] adj ferocious, fierce

ferons etc [fəʀɔ̃] vb voir **faire**

ferrer [feʀe] vt (*cheval*) to shoe

ferroviaire [feʀɔvjɛʀ] adj rail(way) cpd (BRIT), rail(road) cpd (US)

ferry-(boat) [feʀe(-bot)] nm ferry

fertile [fɛʀtil] adj fertile; **~ en incidents** eventful, packed with incidents

fervent, e [fɛʀvɑ̃, ɑ̃t] adj fervent

fesse [fɛs] nf buttock; **fessée** nf spanking

festin [fɛstɛ̃] nm feast

festival [fɛstival] nm festival

festivités [fɛstivite] nfpl festivities

fêtard, e [fetaʀ, aʀd] (*fam*) nm/f high liver, merry-maker

fête [fɛt] nf (*religieuse*) feast; (*publique*) holiday; (*réception*) party; (*kermesse*) fête, fair; (*du nom*) feast day, name day; **faire la ~** to live it up; **faire ~ à qn** to give sb a warm welcome; **les ~s (de fin d'année)** the festive season; **la salle des ~s** the village hall; **la ~ des Mères/**

Pères Mother's/Father's Day; **fête foraine** (fun) fair; **fêter** vt to celebrate; (personne) to have a celebration for

feu, x [fø] nm (gén) fire; (signal lumineux) light; (de cuisinière) ring; **feux** nmpl (Auto) (traffic) lights; **au ~!** (incendie) fire!; **à ~ doux/vif** over a slow/brisk heat; **à petit ~** (Culin) over a gentle heat; (fig) slowly; **faire ~** to fire; **ne pas faire long ~** not to last long; **prendre ~** to catch fire; **mettre le ~ à** to set fire to; **faire du ~** to make a fire; **avez-vous du ~?** (pour cigarette) have you (got) a light?; **feu arrière** rear light; **feu d'artifice** (spectacle) fireworks pl; **feu de joie** bonfire; **feu orange/rouge/vert** amber (BRIT) ou yellow (US)/red/green light; **feux de brouillard** fog lights ou lamps; **feux de croisement** dipped (BRIT) ou dimmed (US) headlights; **feux de position** sidelights; **feux de route** headlights

feuillage [fœjaʒ] nm foliage, leaves pl

feuille [fœj] nf (d'arbre) leaf; (de papier) sheet; **feuille de calcul** spreadsheet; **feuille d'impôts** tax form; **feuille de maladie** medical expenses claim form; **feuille de paie** pay slip

feuillet [fœjɛ] nm leaf

feuilleté, e [fœjte] adj: **pâte ~** flaky pastry

feuilleter [fœjte] vt (livre) to leaf through

feuilleton [fœjtɔ̃] nm serial

feutre [føtʀ] nm felt; (chapeau) felt hat; (aussi: **stylo-~**) felt-tip pen; **feutré, e** adj (atmosphère) muffled

fève [fɛv] nf broad bean

février [fevʀije] nm February

fiable [fjabl] adj reliable

fiançailles [fjɑ̃saj] nfpl engagement sg

fiancé, e [fjɑ̃se] nm/f fiancé(e) ▷ adj: **être ~ (à)** to be engaged (to)

fiancer [fjɑ̃se]: **se fiancer (avec)** vi to become engaged (to)

fibre [fibʀ] nf fibre; **fibre de verre** fibreglass, glass fibre

ficeler [fis(ə)le] vt to tie up

ficelle [fisɛl] nf string no pl; (morceau) piece ou length of string

fiche [fiʃ] nf (pour fichier) (index) card; (formulaire) form; (Élec) plug; **fiche de paye** pay slip

ficher [fiʃe] vt (dans un fichier) (Police) to put on file; (fam: faire) to do; (: donner) to give; (: mettre) to stick ou shove: **fiche(-moi) le camp!** (fam) clear off!; **fiche-moi la paix!** (fam) leave me alone!; **se ficher de** (fam: rire de) to make fun of; (être indifférent à) not to care about

fichier [fiʃje] nm file; **~ joint** (Comput) attachment

fichu, e [fiʃy] pp de **ficher** ▷ adj (fam: fini, inutilisable) bust, done for; (: intensif) wretched, darned ▷ nm (foulard) (head)scarf; **mal ~** (fam) feeling lousy

fictif, -ive [fiktif, iv] adj fictitious

fiction [fiksjɔ̃] nf fiction; (fait imaginé) invention

fidèle [fidɛl] adj faithful ▷ nm/f (Rel): **les ~s** (à l'église) the congregation sg; **fidélité** nf (d'un conjoint) fidelity, faithfulness; (d'un ami, client) loyalty

fier [fje]: **se fier à** vt to trust

fier², fière [fjɛʀ] adj proud; **~ de** proud of; **fierté** nf pride

fièvre [fjɛvʀ] nf fever; **avoir de la ~/39 de ~** to have a temperature/a temperature of 39°C; **fiévreux, -euse** adj feverish

figer [fiʒe]: **se figer** vi (huile) to congeal; (personne) to freeze

fignoler [fiɲɔle] (fam) vt to polish up

figue [fig] nf fig; **figuier** nm fig tree

figurant, e [figyʀɑ̃, ɑ̃t] nm/f (Théâtre) walk-on; (Cinéma) extra

figure [figyʀ] nf (visage) face; (forme, personnage) figure; (illustration) picture, diagram

figuré, e [figyʀe] adj (sens) figurative

figurer [figyʀe] vi to appear ▷ vt to represent; **se figurer que** to imagine that

fil [fil] nm (brin, fig: d'une histoire) thread;

(*électrique*) wire; (*d'un couteau*) edge; **au ~ des années** with the passing of the years; **au ~ de l'eau** with the stream *ou* current; **coup de ~** (*fam*) phone call; **donner/recevoir un coup de ~** to make/get *ou* receive a phone call; **fil de fer** wire; **fil de fer barbelé** barbed wire

file [fil] *nf* line; (*Auto*) lane; **en indienne** in single file; **à la ~** (*d'affilée*) in succession; **file** (*d'attente*) queue (BRIT), line (US)

filer [file] *vt* (*tissu, toile*) to spin; (*prendre en filature*) to shadow, tail; (*fam: donner*): **~ qch à qn** to slip sb sth ▷ *vi* (*bas*) to run; (*aller vite*) to fly past; (*fam: partir*) to make *ou* be off; **~ doux** to toe the line

filet [file] *nm* net; (*Culin*) fillet; (*d'eau, de sang*) trickle

filiale [filjal] *nf* (*Comm*) subsidiary

filière [filjɛʀ] *nf* (*carrière*) path; **suivre la ~** (*dans sa carrière*) to work one's way up (through the hierarchy)

fille [fij] *nf* girl; (*opposé à fils*) daughter; **vieille ~** old maid; **fillette** *nf* (little) girl

filleul, e [fijœl] *nm/f* godchild, godson/daughter

film [film] *nm* (*pour photo*) (roll of) film; (*œuvre*) film, picture, movie

fils [fis] *nm* son; **fils à papa** daddy's boy

filtre [filtʀ] *nm* filter; **filtrer** *vt* to filter; (*fig: candidats, visiteurs*) to screen

fin¹ [fɛ̃] *nf* end; **fins** *nfpl* (*but*) ends; **prendre ~** to come to an end; **mettre ~ à** to put an end to; **à la ~** in the end, eventually; **en ~ de compte** in the end; **sans ~** endless; **~ juin** at the end of June; **fin prêt** quite ready

fin², e [fɛ̃, fin] *adj* (*papier, couche, fil*) thin; (*cheveux, visage*) fine; (*taille*) neat, slim; (*esprit, remarque*) subtle ▷ *adv* (*couper*) finely; **fines herbes** mixed herbs; **avoir la vue/l'ouïe fine** to have keen eyesight/hearing; **repas/vin fin** gourmet meal/fine wine

finance [finɑ̃s]: **finances** *nfpl* (*situation*) finances; (*activités*) finance *sg*; **moyennant ~** for a fee; **financer** *vt* to finance; **financier, -ière** *adj* financial

finesse [finɛs] *nf* thinness; (*raffinement*) fineness; (*subtilité*) subtlety

fini, e [fini] *adj* finished; (*Math*) finite ▷ *nm* (*d'un objet manufacturé*) finish

finir [finiʀ] *vt* to finish ▷ *vi* to finish, end; **~ par faire** to end up *ou* finish up doing; **~ de faire** to finish doing; (*cesser*) to stop doing; **il finit par m'agacer** he's beginning to get on my nerves; **en ~ avec** to be *ou* have done with; **il va mal ~** he will come to a bad end

finition [finisjɔ̃] *nf* (*résultat*) finish

finlandais, e [fɛ̃lɑ̃dɛ, ɛz] *adj* Finnish ▷ *nm/f*: **F~, e** Finn

Finlande [fɛ̃lɑ̃d] *nf*: **la ~** Finland

finnois, e [finwa, waz] *adj* Finnish ▷ *nm* (*Ling*) Finnish

fioul [fjul] *nm* fuel oil

firme [fiʀm] *nf* firm

fis [fi] *vb voir* **faire**

fisc [fisk] *nm* tax authorities *pl*; **fiscal, e, -aux** *adj* tax *cpd*; **fiscalité** *nf* tax system

fissure [fisyʀ] *nf* crack; **fissurer** *vt* to crack; **se fissurer** *vi* to crack

fit [fi] *vb voir* **faire**

fixation [fiksasjɔ̃] *nf* (*attache*) fastening; (*Psych*) fixation; **~s (de ski)** bindings

fixe [fiks] *adj* fixed; (*emploi*) steady, regular ▷ *nm* (*salaire*) basic salary; (*téléphone*) landline; **à heure ~** at a set time; **menu à prix ~** set menu

fixé, e [fikse] *adj*: **être ~ (sur)** (*savoir à quoi s'en tenir*) to have made up one's mind (about)

fixer [fikse] *vt* (*attacher*): **~ qch (à/sur)** to fix *ou* fasten sth (to/onto); (*déterminer*) to fix, set; (*regarder*) to stare at; **se fixer** (*s'établir*) to settle down; **se ~ sur** (*suj: attention*) to focus on

flacon [flakɔ̃] *nm* bottle

flageolet [flaʒɔlɛ] nm (Culin) dwarf kidney bean

flagrant, e [flagʀɑ̃, ɑ̃t] adj flagrant, blatant; **en ~ délit** in the act

flair [flɛʀ] nm sense of smell; (fig) intuition; **flairer** vt (humer) to scent (at); (détecter) to scent

flamand, e [flamɑ̃, ɑ̃d] adj Flemish ▷ nm (Ling) Flemish ▷ nm/f: **F-, e** Fleming

flamant [flamɑ̃] nm flamingo

flambant, e [flɑ̃bɑ̃, ɑ̃t] adv: ~ **neuf** brand new

flambé, e [flɑ̃be] adj (Culin) flambé

flambée [flɑ̃be] nf blaze; (fig: des prix) explosion

flamber [flɑ̃be] vi to blaze (up)

flamboyer [flɑ̃bwaje] vi to blaze (up)

flamme [flam] nf flame; (fig) fire, fervour; **en ~s** on fire, ablaze

flan [flɑ̃] nm (Culin) custard tart ou pie

flanc [flɑ̃] nm side; (Mil) flank

flancher [flɑ̃ʃe] (fam) vi to fail, pack up

flanelle [flanɛl] nf flannel

flâner [flɑne] vi to stroll

flanquer [flɑ̃ke] vt to flank; (fam: mettre) to chuck, shove; (: jeter): ~ **par terre/à la porte** to fling to the ground/chuck out

flaque [flak] nf (d'eau) puddle; (d'huile, de sang etc) pool

flash [flaʃ] (pl **-es**) nm (Photo) flash; **flash d'information** newsflash

flatter [flate] vt to flatter; **se ~ de qch** to pride o.s. on sth; **flatteur, -euse** adj flattering

flèche [flɛʃ] nf arrow; (de clocher) spire; **monter en ~** (fig) to soar, rocket; **partir en ~** to be off like a shot; **fléchette** nf dart

flétrir [fletʀiʀ]: **se flétrir** vi to wither

fleur [flœʀ] nf flower; (d'un arbre) blossom; **en ~** (arbre) in blossom; **à ~s** flowery

fleuri, e [flœʀi] adj (jardin) in flower ou bloom; (tissu, papier) flowery

fleurir [flœʀiʀ] vi (rose) to flower; (arbre) to blossom; (fig) to flourish ▷ vt

(tombe) to put flowers on; (chambre) to decorate with flowers

fleuriste [flœʀist] nm/f florist

fleuve [flœv] nm river

flexible [flɛksibl] adj flexible

flic [flik] (fam: péj) nm cop

flipper [flipœʀ] nm pinball (machine)

flirter [flœʀte] vi to flirt

flocon [flɔkɔ̃] nm flake

flore [flɔʀ] nf flora

florissant, e [flɔʀisɑ̃, ɑ̃t] adj (économie) flourishing

flot [flo] nm flood, stream; **flots** nmpl (de la mer) waves; **être à ~** (Navig) to be afloat; **entrer à ~s** to stream ou pour in

flottant, e [flɔtɑ̃, ɑ̃t] adj (vêtement) loose

flotte [flɔt] nf (Navig) fleet; (fam: eau) water; (: pluie) rain

flotter [flɔte] vi to float; (nuage, odeur) to drift; (drapeau) to fly; (vêtements) to hang loose; (fam: pleuvoir) to rain; **faire ~** to float; **flotteur** nm float

flou, e [flu] adj fuzzy, blurred; (fig) woolly, vague

fluide [flɥid] adj fluid; (circulation etc) flowing freely ▷ nm fluid

fluor [flyɔʀ] nm: **dentifrice au ~** fluoride toothpaste

fluorescent, e [flyɔʀesɑ̃, ɑ̃t] adj fluorescent

flûte [flyt] nf flute; (verre) flute (glass); (pain) (thin) French stick; **~! drat it!; flûte traversière/à bec** flute/recorder

flux [fly] nm incoming tide; (écoulement) flow; **le ~ et le reflux** the ebb and flow

foc [fɔk] nm jib

foi [fwa] nf faith; **digne de ~** reliable; **être de bonne/mauvaise ~** to be sincere/insincere; **ma ~ ...** well ...

foie [fwa] nm liver; **crise de ~** stomach upset

foin [fwɛ̃] nm hay; **faire du ~** (fig: fam) to kick up a row

foire [fwaʀ] nf fair; (fête foraine) (fun) fair; **faire la ~** (fig: fam) to whoop it up; **~ aux questions** (Internet) FAQs; **foire (exposition)** trade fair

fois [fwa] *nf* time; **une/deux ~**
once/twice; **2 ~ 2 2** times 2; **une ~
(passé)** once; **(futur)** sometime; **une ~
pour toutes** once and for all; **une ~ que**
once; **des ~ (parfois)** sometimes; **à la ~
(ensemble)** at once

fol [fɔl] *adj voir* **fou**

folie [fɔli] *nf (d'une décision, d'un acte)*
madness, folly; *(état)* madness,
insanity; **la ~ des grandeurs** delusions
of grandeur; **faire des ~s** *(en dépenses)*
to be extravagant

folklorique [fɔlklɔʀik] *adj* folk *cpd*;
(fam) weird

folle [fɔl] *adj, nf voir* **fou**; **follement** *adv*
(très) madly, wildly

foncé, e [fɔse] *adj* dark

foncer [fɔse] *vi* to go darker; *(fam:
aller vite)* to tear ou belt along; **~ sur** to
charge at

fonction [fɔksjɔ] *nf* function; *(emploi,
poste)* post, position; **fonctions** *nfpl*
(professionnelles) duties; **voiture de ~**
company car; **en ~ de** *(par rapport à)*
according to; **faire ~ de** to serve as;
la ~ publique the state ou civil *(BRIT)*
service; **fonctionnaire** *nm/f* state
employee, local authority employee;
(dans l'administration) civil servant;
fonctionner *vi* to work, function

fond [fɔ] *nm (d'un récipient, trou)* bottom;
(d'une salle, scène) back; *(d'un tableau,
décor)* background; *(opposé à la forme)*
content; *(Sport)*: **le ~** long distance
(running); **au ~ de** at the bottom of;
at the back of; **à ~ (connaître, soutenir)**
thoroughly; *(appuyer, visser)* right down;
au fond, **au ~** *(en somme)* basically,
really; **de ~ en comble** from top to
bottom; **fond de teint** foundation
(cream); *voir aussi* **fonds**

fondamental, e, -aux [fɔdamɑtal, o]
adj fundamental

fondant, e [fɔdɑ, ɑt] *adj (neige)*
melting; *(poire)* that melts in the mouth

fondation [fɔdasjɔ] *nf* founding;
(établissement) foundation; **fondations**
nfpl (d'une maison) foundations

fondé, e [fɔde] *adj (accusation etc)* well-
founded; **être ~ à** to have grounds for
ou good reason to

fondement [fɔdmɑ] *nm*: **sans ~**
(rumeur etc) groundless, unfounded

fonder [fɔde] *vt* to found; *(fig)* to base;
se fonder sur *(suj: personne)* to base
o.s. on

fonderie [fɔdʀi] *nf* smelting works *sg*

fondre [fɔdʀ] *vt (aussi:* **faire ~**) to melt;
(dans l'eau) to dissolve; *(fig: mélanger)*
to merge, blend ▷ *vi (à la chaleur)* to
melt; *(dans l'eau)* to dissolve; *(fig)* to
melt away; *(se précipiter)*: **~ sur** to
swoop down on; **~ en larmes** to burst
into tears

fonds [fɔ] *nm (Comm)*: **~ (de
commerce)** business ▷ *nmpl (argent)*
funds

fondu, e [fɔdy] *adj (beurre, neige)*
melted; *(métal)* molten; **fondue** *nf
(Culin)* fondue

font [fɔ] *vb voir* **faire**

fontaine [fɔtɛn] *nf* fountain; *(source)*
spring

fonte [fɔt] *nf* melting; *(métal)* cast iron;
la ~ des neiges the (spring) thaw

foot [fut] *(fam) nm* football

football [futbol] *nm* football, soccer;
footballeur *nm* footballer

footing [futiŋ] *nm* jogging; **faire du ~**
to go jogging

forain, e [fɔʀɛ, ɛn] *adj* fairground *cpd*
▷ *nm (marchand)* stallholder; *(acteur)*
fairground entertainer

forçat [fɔʀsa] *nm* convict

force [fɔʀs] *nf* strength; *(Physique,
Mécanique)* force; **forces** *nfpl (physiques)*
strength *sg*; *(Mil)* forces; **à ~ d'insister**
by dint of insisting; as he *(ou l etc)* kept
on insisting; **de ~** forcibly, by force;
dans la ~ de l'âge in the prime of life;
les forces de l'ordre the police *no pl*

forcé, e [fɔʀse] *adj* forced; **c'est ~**
(fam) it's inevitable; **forcément** *adv*
inevitably; **pas forcément** not
necessarily

forcer [fɔʀse] vt to force; (voix) to strain ▷ vi (Sport) to overtax o.s.; **~ la dose** (fam) to overdo it; **se ~ (à faire)** to force o.s. (to do)

forestier, -ère [fɔʀɛstje, jɛʀ] adj forest cpd

forêt [fɔʀɛ] nf forest

forfait [fɔʀfɛ] nm (Comm) all-in deal ou price; **déclarer ~** to withdraw; **forfaitaire** adj inclusive

forge [fɔʀʒ] nf forge, smithy; **forgeron** nm (black)smith

formaliser [fɔʀmalize]: **se formaliser** vi: **se ~ (de)** to take offence (at)

formalité [fɔʀmalite] nf formality; **simple ~** mere formality

format [fɔʀma] nm size; **formater** vt (disque) to format

formation [fɔʀmasjɔ̃] nf (développement) (apprentissage) training; **formation permanente** ou **continue** continuing education; **formation professionnelle** vocational training

forme [fɔʀm] nf (gén) form; (d'un objet) shape, form; **formes** nfpl (bonnes manières) proprieties; (d'une femme) figure sg; **en ~ de poire** pear-shaped; **être en ~** (Sport etc) to be on form; **en bonne et due ~** in due form

formel, le [fɔʀmɛl] adj (catégorique) definite, positive; **formellement** adv (absolument) positively; **formellement interdit** strictly forbidden

former [fɔʀme] vt to form; (éduquer) to train; **se former** vi to form

formidable [fɔʀmidabl] adj tremendous

formulaire [fɔʀmylɛʀ] nm form

formule [fɔʀmyl] nf (gén) formula; (expression) phrase; **formule de politesse** polite phrase; (en fin de lettre) letter ending

fort, e [fɔʀ, fɔʀt] adj strong; (intensité, rendement) high, great; (corpulent) stout; (doué) good, able ▷ adv (serrer, frapper) hard; (parler) loud(ly); (beaucoup) greatly, very much; (très) very ▷ nm

(édifice) fort; (point fort) strong point, forte; **forte tête** rebel; **forteresse** nf stronghold

fortifiant [fɔʀtifjɑ̃] nm tonic

fortune [fɔʀtyn] nf fortune; **faire ~** to make one's fortune; **de ~** makeshift; **fortuné, e** adj wealthy

forum [fɔʀɔm] nm forum; **~ de discussion** (Internet) message board

fosse [fos] nf (grand trou) pit; (tombe) grave

fossé [fose] nm ditch; (fig) gulf, gap

fossette [fosɛt] nf dimple

fossile [fosil] nm fossil

fou (fol), folle [fu, fɔl] adj mad; (déréglé etc) wild, erratic; (fam: extrême, très grand) terrific, tremendous ▷ nm/f madman(-woman) ▷ nm (du roi) jester; **être fou de** to be mad ou crazy about; **avoir le fou rire** to have the giggles

foudre [fudʀ] nf: **la ~** lightning

foudroyant, e [fudʀwajɑ̃, ɑ̃t] adj (progrès) lightning cpd; (succès) stunning; (maladie, poison) violent

fouet [fwɛ] nm whip; (Culin) whisk; **de plein ~** (se heurter) head on; **fouetter** vt to whip; (crème) to whisk

fougère [fuʒɛʀ] nf fern

fougue [fug] nf ardour, spirit

fouille [fuj] nf search; **fouilles** nfpl (archéologiques) excavations; **fouiller** vt to search; (creuser) to dig ▷ vi to rummage; **fouillis** nm jumble, muddle

foulard [fulaʀ] nm scarf

foule [ful] nf crowd; **la ~** crowds pl; **une ~ de** masses of

foulée [fule] nf stride

fouler [fule] vt to press; (sol) to tread upon; **se ~ la cheville** to sprain one's ankle; **ne pas se ~** not to overexert o.s.; **il ne se foule pas** he doesn't put himself out; **foulure** nf sprain

four [fuʀ] nm oven; (de potier) kiln; (Théâtre: échec) flop

fourche [fuʀʃ] nf pitchfork

fourchette [fuʀʃɛt] nf fork; (Statistique) bracket, margin

fourgon [fuʀgɔ̃] nm van; (Rail)

wag(g)on; **fourgonnette** nf (small) van

fourmi [fuʀmi] nf ant; **avoir des ~s dans les jambes/mains** to have pins and needles in one's legs/hands; **fourmilière** nf ant-hill; **fourmiller** vi to swarm

fourneau, x [fuʀno] nm stove

fourni, e [fuʀni] adj (barbe, cheveux) thick; (magasin): **bien ~ (en)** well stocked (with)

fournir [fuʀniʀ] vt to supply; (preuve, exemple) to provide, supply; (effort) to put in; **~ qch à qn** to supply sth to sb; supply ou provide sb with sth; **fournisseur, -euse** nm/f supplier; **fournisseur d'accès à Internet** (Internet) service provider, ISP; **fourniture** nf supply(ing); **fournitures scolaires** school stationery

fourrage [fuʀaʒ] nm fodder

fourré, e [fuʀe] adj (bonbon etc) filled; (manteau etc) fur-lined ▷ nm thicket

fourrer [fuʀe] (fam) vt to stick, shove; **se fourrer dans/sous** to get into/under

fourrière [fuʀjɛʀ] nf pound

fourrure [fuʀyʀ] nf fur; (sur l'animal) coat

foutre [futʀ] (fam!) vt = **ficher**; **foutu, e** (fam!) adj = **fichu, e**

foyer [fwaje] nm (maison) home; (famille) family; (de cheminée) hearth; (de jeunes etc) (social) club; (résidence) hostel; (salon) foyer; **lunettes à double ~** bi-focals

fracassant, e [fʀakasɑ̃, ɑ̃t] adj (succès) thundering

fraction [fʀaksjɔ̃] nf fraction

fracture [fʀaktyʀ] nf fracture; **fracture du crâne** fractured skull; **fracturer** vt (coffre, serrure) to break open; (os, membre) to fracture; **se fracturer le crâne** to fracture one's skull

fragile [fʀaʒil] adj fragile, delicate; (fig) frail; **fragilité** nf fragility

fragment [fʀagmɑ̃] nm (d'un objet) fragment, piece

fraîche [fʀɛʃ] adj voir **frais**; **fraîcheur** nf coolness; (d'un aliment) freshness; **fraîchir** vi to get cooler; (vent) to freshen

frais, fraîche [fʀɛ, fʀɛʃ] adj fresh; (froid) cool ▷ adv (récemment) newly, fresh(ly) ▷ nm: **mettre au ~** to put in a cool place ▷ nmpl (gén) expenses; (Comm) costs; **il fait ~** it's cool; **servir ~** serve chilled; **prendre le ~** to take a breath of cool air; **faire des ~** to go to a lot of expense; **frais de scolarité** school fees (BRIT), tuition (US); **frais généraux** overheads

fraise [fʀɛz] nf (strawberry); **fraise des bois** wild strawberry

framboise [fʀɑ̃bwaz] nf raspberry

franc, franche [fʀɑ̃, fʀɑ̃ʃ] adj (personne) frank, straightforward; (visage) open; (net: refus) clear; (: coupure) clean; (intensif) downright ▷ nm franc

français, e [fʀɑ̃sɛ, ɛz] adj French ▷ nm/f: **F~, e** Frenchman(-woman) ▷ nm (Ling) French

France [fʀɑ̃s] nf: **la ~** France; **~ 2, ~ 3** public-sector television channels

● **FRANCE TÉLÉVISION**
●
● **France 2** and **France 3** are public-
● sector television channels. France
● 2 is a national general interest and
● entertainment channel; France
● 3 provides regional news and
● information as well as programmes
● for the national network.

franche [fʀɑ̃ʃ] adj voir **franc**; **franchement** adv frankly; (nettement) definitely; (tout à fait: mauvais etc) downright

franchir [fʀɑ̃ʃiʀ] vt (obstacle) to clear, get over; (seuil, ligne, rivière) to cross; (distance) to cover

franchise [fʀɑ̃ʃiz] nf frankness; (douanière) exemption; (Assurances) excess

franc-maçon [fʀɑ̃masɔ̃] nm freemason

franco [fʀɑ̃ko] adv (Comm): **~ (de port)** postage paid

francophone [fʀɑ̃kɔfɔn] adj French-speaking

franc-parler [fʀɑ̃paʀle] nm inv outspokenness; **avoir son ~** to speak one's mind

frange [fʀɑ̃ʒ] nf fringe

frangipane [fʀɑ̃ʒipan] nf almond paste

frappant, e [fʀapɑ̃, ɑ̃t] adj striking

frappé, e [fʀape] adj iced

frapper [fʀape] vt to hit, strike; (étonner) to strike; **~ dans ses mains** to clap one's hands; **frappé de stupeur** dumbfounded

fraternel, le [fʀatɛʀnɛl] adj brotherly, fraternal; **fraternité** nf brotherhood

fraude [fʀod] nf fraud; (Scol) cheating; **passer qch en ~** to smuggle sth in (ou out); **fraude fiscale** tax evasion

frayeur [fʀɛjœʀ] nf fright

fredonner [fʀədɔne] vt to hum

freezer [fʀizœʀ] nm freezing compartment

frein [fʀɛ̃] nm brake; **mettre un ~ à** (fig) to curb, check; **frein à main** handbrake; **freiner** vi to brake ▷ vt (progrès etc) to check

frêle [fʀɛl] adj frail, fragile

frelon [fʀəlɔ̃] nm hornet

frémir [fʀemiʀ] vi (de peur, d'horreur) to shudder; (de colère) to shake; (feuillage) to quiver

frêne [fʀɛn] nm ash

fréquemment [fʀekamɑ̃] adv frequently

fréquent, e [fʀekɑ̃, ɑ̃t] adj frequent

fréquentation [fʀekɑ̃tasjɔ̃] nf frequenting; **fréquentations** nfpl (relations) company sg; **avoir de mauvaises ~s** to be in with the wrong crowd, keep bad company

fréquenté, e [fʀekɑ̃te] adj: **très ~** (very) busy; **mal ~** patronized by disreputable elements

fréquenter [fʀekɑ̃te] vt (lieu) to frequent; (personne) to see; **se fréquenter** to see each other

frère [fʀɛʀ] nm brother

fresque [fʀɛsk] nf (Art) fresco

fret [fʀɛ(t)] nm freight

friand, e [fʀijɑ̃, fʀijɑ̃d] adj: **~ de** very fond of ▷ nm: **~ au fromage** cheese puff

friandise [fʀijɑ̃diz] nf sweet

fric [fʀik] (fam) nm cash, bread

friche [fʀiʃ]: **en ~** adj, adv (lying) fallow

friction [fʀiksjɔ̃] nf (massage) rub, rub-down; (Tech, fig) friction

frigidaire® [fʀiʒidɛʀ] nm refrigerator

frigo [fʀigo] (fam) nm fridge

frigorifique [fʀigɔʀifik] adj refrigerating

frileux, -euse [fʀilø, øz] adj sensitive to (the) cold

frimer [fʀime] (fam) vi to show off

fringale [fʀɛ̃gal] (fam) nf: **avoir la ~** to be ravenous

fringues [fʀɛ̃g] (fam) nfpl clothes

fripé, e [fʀipe] adj crumpled

frire [fʀiʀ] vt, vi: **faire ~** to fry

frisé, e [fʀize] adj (cheveux) curly; (personne) curly-haired

frisson [fʀisɔ̃] nm (de froid) shiver; (de peur) shudder; **frissonner** vi (de fièvre, froid) to shiver; (d'horreur) to shudder

frit, e [fʀi, fʀit] pp de **frire** ▷ nf: **(pommes) frites** chips (BRIT), French fries; **friteuse** nf chip pan; **friteuse électrique** deep fat fryer; **friture** nf (huile) (deep) fat; (plat): **friture (de poissons)** fried fish

froid, e [fʀwa, fʀwad] adj, nm cold; **il fait ~** it's cold; **avoir/prendre ~** to be/catch cold; **être en ~ avec** to be on bad terms with; **froidement** adv (accueillir) coldly; (décider) coolly

froisser [fʀwase] vt to crumple (up), crease; (fig) to hurt, offend; **se froisser** vi to crumple, crease; (personne) to take offence; **se ~ un muscle** to strain a muscle

frôler [fʀole] vt to brush against; (suj: projectile) to skim past; (fig) to come very close to

fromage [fʁɔmaʒ] nm cheese; **fromage blanc** soft white cheese

froment [fʁɔmɑ̃] nm wheat

froncer [fʁɔ̃se] vt to gather; **~ les sourcils** to frown

front [fʁɔ̃] nm forehead, brow; (Mil) front; **de ~** (se heurter) head-on; (rouler) together (i.e. 2 or 3 abreast); (simultanément) at once; **faire ~ à** to face up to

frontalier, -ère [fʁɔ̃talje, jɛʁ] adj border cpd, frontier cpd; **(travailleurs) ~s** people who commute across the border

frontière [fʁɔ̃tjɛʁ] nf frontier, border

frotter [fʁɔte] vi to rub, scrape ▷ vt to rub; (pommes de terre, plancher) to scrub; **~ une allumette** to strike a match

fruit [fʁɥi] nm fruit gen no pl; **fruits de mer** seafood(s); **fruits secs** dried fruit sg; **fruité, e** adj fruity; **fruitier, -ère** adj: **arbre fruitier** fruit tree

frustrer [fʁystʁe] vt to frustrate

fuel(-oil) [fjul(ojl)] nm fuel oil; (domestique) heating oil

fugace [fygas] adj fleeting

fugitif, -ive [fyʒitif, iv] adj (fugace) fleeting ▷ nm/f fugitive

fugue [fyg] nf: **faire une ~** to run away, abscond

fuir [fɥiʁ] vt to flee from; (éviter) to shun ▷ vi to run away; (gaz, robinet) to leak

fuite [fɥit] nf flight; (écoulement, divulgation) leak; **être en ~** to be on the run; **mettre en ~** to put to flight

fulgurant, e [fylgyʁɑ̃, ɑ̃t] adj lightning cpd, dazzling

fumé, e [fyme] adj (Culin) smoked; (verre) tinted; **fumée** nf smoke

fumer [fyme] vi to smoke; (soupe) to steam ▷ vt to smoke

fûmes [fym] vb voir **être**

fumeur, -euse [fymœʁ, øz] nm/f smoker

fumier [fymje] nm manure

funérailles [fyneʁaj] nfpl funeral sg

fur [fyʁ]: **au ~ et à mesure** adv as one goes along; **au ~ et à mesure que** as

furet [fyʁɛ] nm ferret

fureter [fyʁ(ə)te] (péj) vi to nose about

fureur [fyʁœʁ] nf fury; (femme) shrew, vixen; **en ~** (mer) raging; **furieux, -euse** adj furious

furoncle [fyʁɔ̃kl] nm boil

furtif, -ive [fyʁtif, iv] adj furtive

fus [fy] vb voir **être**

fusain [fyzɛ̃] nm (Art) charcoal

fuseau, x [fyzo] nm (pour filer) spindle; (pantalon) (ski) pants; **fuseau horaire** time zone

fusée [fyze] nf rocket

fusible [fyzibl] nm (Élec: fil) fuse wire; (: fiche) fuse

fusil [fyzi] nm (de guerre, à canon rayé) rifle, gun; (de chasse, à canon lisse) shotgun, gun; **fusillade** nf gunfire no pl, shooting no pl; **fusiller** vt to shoot; **fusiller qn du regard** to look daggers at sb

fusionner [fyzjɔne] vi to merge

fût [fy] vb voir **être** ▷ nm (tonneau) barrel, cask

futé, e [fyte] adj crafty; **Bison ~®** TV and radio traffic monitoring service

futile [fytil] adj futile; frivolous

futur, e [fytyʁ] adj, nm future

fuyard, e [fɥijaʁ, aʁd] nm/f runaway

Gabon [gabɔ̃] nm: **le ~** Gabon

gâcher [gɑʃe] vt (gâter) to spoil; (gaspiller) to waste; **gâchis** nm waste no pl

gaffe [gaf] nf blunder; **faire ~** (fam) to be careful

gage [gaʒ] nm (dans un jeu) forfeit; (fig: de fidélité, d'amour) token; **gages** nmpl (salaire) wages; **mettre en ~** to pawn

gagnant, e [gaɲɑ̃, ɑ̃t] adj: **billet/ numéro ~** winning ticket/number ⊳ nm/f winner

gagne-pain [gaɲpɛ̃] nm inv job

gagner [gaɲe] vt to win; (somme d'argent, revenu) to earn; (aller vers, atteindre) to reach; (envahir: sommeil, peur) to overcome; (: fig) to spread to ⊳ vi to win; (fig) to gain; **~ du temps/de la place** to gain time/save space; **~ sa vie** to earn one's living

gai, e [ge] adj cheerful; (un peu ivre) merry; **gaiement** adv cheerfully; **gaieté** nf cheerfulness; **de gaieté de cœur** with a light heart

gain [gɛ̃] nm (revenu) earnings pl; (bénéfice: gén pl) profits pl

gala [gala] nm official reception; **de ~** (soirée etc) gala

galant, e [galɑ̃, ɑ̃t] adj (courtois) courteous, gentlemanly; (entreprenant) flirtatious, gallant; (scène, rendez-vous) romantic

galerie [galʀi] nf gallery; (Théâtre) circle; (de voiture) roof rack; (fig: spectateurs) audience; **galerie de peinture** (private) art gallery; **galerie marchande** shopping arcade

galet [galɛ] nm pebble

galette [galɛt] nf flat cake; **galette des Rois** cake eaten on Twelfth Night

GALETTE DES ROIS

A **galette des Rois** is a cake eaten on Twelfth Night containing a figurine. The person who finds it is the king (or queen) and gets a paper crown. They then choose someone else to be their queen (or king).

galipette [galipɛt] nf somersault

Galles [gal] nfpl: **le pays de ~** Wales; **gallois, e** adj Welsh ⊳ nm/f: **Gallois, e** Welshman(-woman) ⊳ nm (Ling) Welsh

galon [galɔ̃] nm (Mil) stripe; (décoratif) piece of braid

galop [galo] nm gallop; **galoper** vi to gallop

gambader [gɑ̃bade] vi (animal, enfant) to leap about

gamin, e [gamɛ̃, in] nm/f kid ⊳ adj childish

gamme [gam] nf (Mus) scale; (fig) range

gang [gɑ̃g] nm (de criminels) gang

gant [gɑ̃] nm glove; **gant de toilette** face flannel (BRIT), face cloth

garage [gaʀaʒ] nm garage; **garagiste** nm/f garage owner; (employé) garage mechanic

garantie [gaʀɑ̃ti] nf guarantee; **(bon de) ~** guarantee ou warranty slip

garantir [gaʀɑ̃tiʀ] vt to guarantee; **~ à**

qn que to assure sb that

garçon [ɡaʀsɔ̃] nm boy; (célibataire): **vieux ~** bachelor; **garçon (de café)** (serveur) waiter; **garçon de courses** messenger

garde [ɡaʀd(ə)] nm (de prisonnier) guard; (de domaine etc) warden; (soldat, sentinelle) guardsman ▷ nf (soldats) guard; **de ~** on duty; **monter la ~** to stand guard; **prendre ~ (à)** to be careful (of); **garde champêtre** nm rural policeman; **garde du corps** nm bodyguard; **garde à vue** nf (Jur) ≈ police custody; **garde-boue** nm inv mudguard; **garde-chasse** nm gamekeeper

garder [ɡaʀde] vt (conserver) to keep; (surveiller: enfants) to look after; (: immeuble, lieu, prisonnier) to guard; **se garder** vi (aliment: se conserver) to keep; **se ~ de faire** to be careful not to do; **~ le lit/la chambre** to stay in bed/indoors; **pêche/chasse gardée** private fishing/hunting (ground)

garderie [ɡaʀdəʀi] nf day nursery, crèche

garde-robe [ɡaʀdəʀɔb] nf wardrobe

gardien, ne [ɡaʀdjɛ̃, jɛn] nm/f (garde) guard; (de prison) warder; (de domaine, réserve) warden; (de musée etc) attendant; (de phare, cimetière) keeper; (d'immeuble) caretaker; (fig) guardian; **gardien de but** goalkeeper; **gardien de la paix** policeman; **gardien de nuit** night watchman

gare [ɡaʀ] nf station; **gare routière** bus station

gare excl: **~ à ...!** mind ...!; **~ à toi!** watch out!

garer [ɡaʀe] vt to park; **se garer** vi to park

garni, e [ɡaʀni] adj (plat) served with vegetables (and chips or rice etc)

garniture [ɡaʀnityʀ] nf (Culin) vegetables pl; **garniture de frein** brake lining

gars [ɡɑ] (fam) nm guy

Gascogne [ɡaskɔɲ] nf Gascony; le

golfe de ~ the Bay of Biscay

gas-oil [ɡazɔjl] nm diesel (oil)

gaspiller [ɡaspije] vt to waste

gastronome [ɡastʀɔnɔm] nm/f gourmet; **gastronomique** adj gastronomic

gâteau, x [ɡɑto] nm cake; **gâteau sec** biscuit

gâter [ɡɑte] vt to spoil; **se gâter** vi (dent, fruit) to go bad; (temps, situation) to change for the worse

gâteux, -euse [ɡɑtø, øz] adj senile

gauche [ɡoʃ] adj left, left-hand; (maladroit) awkward, clumsy ▷ nf (Pol) left (wing); **le bras ~** the left arm; **le côté ~** the left-hand side; **à ~** on the left; (direction) (to the) left; **gaucher, -ère** adj left-handed; **gauchiste** nm/f leftist

gaufre [ɡofʀ] nf waffle

gaufrette [ɡofʀɛt] nf wafer

gaulois, e [ɡolwa, waz] adj Gallic ▷ nm/f: **G~, e** Gaul

gaz [ɡaz] nm inv gas; **ça sent le ~** I can smell gas, there's a smell of gas

gaze [ɡaz] nf gauze

gazette [ɡazɛt] nf news sheet

gazeux, -euse [ɡazø, øz] adj (boisson) fizzy; (eau) sparkling

gazoduc [ɡazodyk] nm gas pipeline

gazon [ɡazɔ̃] nm (herbe) grass; (pelouse) lawn

geai [ʒɛ] nm jay

géant, e [ʒeɑ̃, ɑ̃t] adj gigantic; (Comm) giant-size ▷ nm/f giant

geindre [ʒɛ̃dʀ] vi to groan, moan

gel [ʒɛl] nm frost; **gel douche** shower gel

gélatine [ʒelatin] nf gelatine

gelée [ʒ(ə)le] nf jelly; (gel) frost

geler [ʒ(ə)le] vt, vi to freeze; **il gèle** it's freezing

gélule [ʒelyl] nf (Méd) capsule

Gémeaux [ʒemo] nmpl: **les ~** Gemini

gémir [ʒemiʀ] vi to groan, moan

gênant, e [ʒɛnɑ̃, ɑ̃t] adj (irritant) annoying; (embarrassant) embarrassing

gencive [ʒɑ̃siv] nf gum

gendarme [ʒɑ̃daʀm] nm gendarme

gendarmerie nf military police force in countryside and small towns; their police station or barracks

gendre [ʒɑ̃dʀ] nm son-in-law

gêné, e [ʒene] adj embarrassed

gêner [ʒene] vt (incommoder) to bother; (encombrer) to be in the way; (embarrasser): ~ **qn** to make sb feel ill-at-ease; **se gêner** to put o.s. out; **ne vous gênez pas!** don't mind me!

général, e, -aux [ʒeneʀal, o] adj, nm general; **en ~** usually, in general; **généralement** adv generally; **généraliser** vt, vi to generalize; **se généraliser** vi to become widespread; **généraliste** nm/f general practitioner, G.P.

génération [ʒeneʀasjɔ̃] nf generation

généreux, -euse [ʒeneʀø, øz] adj generous

générique [ʒeneʀik] nm (Cinéma) credits pl

générosité [ʒeneʀozite] nf generosity

genêt [ʒ(ə)nɛ] nm broom no pl (shrub)

génétique [ʒenetik] adj genetic

Genève [ʒ(ə)nɛv] n Geneva

génial, e, -aux [ʒenjal, jo] adj of genius; (fam: formidable) fantastic, brilliant

génie [ʒeni] nm genius; (Mil): **le ~** the Engineers pl; **génie civil** civil engineering

genièvre [ʒənjɛvʀ] nm juniper

génisse [ʒenis] nf heifer

génital, e, -aux [ʒenital, o] adj genital; **les parties ~es** the genitals

génoise [ʒenwaz] nf sponge cake

genou, x [ʒ(ə)nu] nm knee; **à ~x** on one's knees; **se mettre à ~x** to kneel down

genre [ʒɑ̃ʀ] nm kind, type, sort; (Ling) gender; **avoir bon ~** to look a nice sort; **avoir mauvais ~** to be coarse-looking; **ce n'est pas son ~** it's not like him

gens [ʒɑ̃] nmpl (f in some phrases) people pl

gentil, le [ʒɑ̃ti, ij] adj kind; (enfant: sage) good; (endroit etc) nice;

gentillesse nf kindness; **gentiment** adv kindly

géographie [ʒeɔgʀafi] nf geography

géologie [ʒeɔlɔʒi] nf geology

géomètre [ʒeɔmɛtʀ] nm/f (arpenteur) (land) surveyor

géométrie [ʒeɔmetʀi] nf geometry; **géométrique** adj geometric

géranium [ʒeʀanjɔm] nm geranium

gérant, e [ʒeʀɑ̃, ɑ̃t] nm/f manager(-eress); **gérant d'immeuble** (managing) agent

gerbe [ʒɛʀb] nf (de fleurs) spray; (de blé) sheaf

gercé, e [ʒɛʀse] adj chapped

gerçure [ʒɛʀsyʀ] nf crack

gérer [ʒeʀe] vt to manage

germain, e [ʒɛʀmɛ̃, ɛn] adj: **cousin ~** first cousin

germe [ʒɛʀm] nm germ; **germer** vi to sprout; (semence) to germinate

geste [ʒɛst] nm gesture

gestion [ʒɛstjɔ̃] nf management

Ghana [gana] nm: **le ~** Ghana

gibier [ʒibje] nm (animaux) game

gicler [ʒikle] vi to spurt, squirt

gifle [ʒifl] nf slap (in the face); **gifler** vt to slap (in the face)

gigantesque [ʒigɑ̃tɛsk] adj gigantic

gigot [ʒigo] nm leg (of mutton ou lamb)

gigoter [ʒigɔte] vi to wriggle (about)

gilet [ʒile] nm waistcoat; (pull) cardigan; **gilet de sauvetage** life jacket

gin [dʒin] nm gin; **~-tonic** gin and tonic

gingembre [ʒɛ̃ʒɑ̃bʀ] nm ginger

girafe [ʒiʀaf] nf giraffe

giratoire [ʒiʀatwaʀ] adj: **sens ~** roundabout

girofle [ʒiʀɔfl] nf: **clou de ~** clove

girouette [ʒiʀwɛt] nf weather vane ou cock

gitan, e [ʒitɑ̃, an] nm/f gipsy

gîte [ʒit] nm (maison) home; (abri) shelter; **gîte (rural)** (country) holiday cottage (BRIT), gîte (self-catering accommodation in the country)

givre [ʒivʀ] nm (hoar) frost; **givré, e** adj

covered in frost; (fam: fou) nuts; **orange givrée** orange sorbet (served in peel)

glace [glas] nf ice; (crème glacée) ice cream; (miroir) mirror; (de voiture) window

glacé, e [glase] adj (mains, vent, pluie) freezing; (lac) frozen; (boisson) iced

glacer [glase] vt to freeze; (gâteau) to ice; (fig): **~ qn** (intimider) to chill sb; (paralyser) to make sb's blood run cold

glacial, e [glasjal, jo] adj icy

glacier [glasje] nm (Géo) glacier; (marchand) ice-cream maker

glacière [glasjɛʀ] nf icebox

glaçon [glasɔ̃] nm icicle; (pour boisson) ice cube

glaïeul [glajœl] nm gladiolus

glaise [glɛz] nf clay

gland [glɑ̃] nm acorn; (décoration) tassel

glande [glɑ̃d] nf gland

glissade [glisad] nf (par jeu) slide; (chute) slip; **faire des ~s sur la glace** to slide on the ice

glissant, e [glisɑ̃, ɑ̃t] adj slippery

glissement [glismɑ̃] nm: **glissement de terrain** landslide

glisser [glise] vi (avancer) to glide ou slide along; (coulisser, tomber) to slide; (déraper) to slip; (être glissant) to be slippery ▷ vt to slip; **se glisser dans/entre** to slip into/between

global, e, -aux [glɔbal, o] adj overall

globe [glɔb] nm globe

globule [glɔbyl] nm (du sang): **~ blanc/rouge** white/red corpuscle

gloire [glwaʀ] nf glory

glousser [gluse] vi to cluck; (rire) to chuckle

glouton, ne [glutɔ̃, ɔn] adj gluttonous

gluant, e [glyɑ̃, ɑ̃t] adj sticky, gummy

glucose [glykoz] nm glucose

glycine [glisin] nf wisteria

GO sigle = (grandes ondes) LW

goal [gol] nm goalkeeper

gobelet [gɔblɛ] nm (en étain, verre, argent) tumbler; (d'enfant, de pique-nique) beaker; (à dés) cup

goéland [gɔelɑ̃] nm (sea)gull

goélette [gɔelɛt] nf schooner

goinfre [gwɛ̃fʀ] nm glutton

golf [gɔlf] nm golf; (terrain) golf course; **golf miniature** crazy (BRIT) ou miniature golf

golfe [gɔlf] nm gulf; (petit) bay

gomme [gɔm] nf (à effacer) rubber (BRIT), eraser; **gommer** vt to rub out (BRIT), erase

gonflé, e [gɔ̃fle] adj swollen; **il est ~** (fam: courageux) he's got some nerve; (impertinent) he's got a nerve

gonfler [gɔ̃fle] vt (pneu, ballon: en soufflant) to blow up; (: avec une pompe) to pump up; (nombre, importance) to inflate ▷ vi to swell (up); (Culin: pâte) to rise

gonzesse [gɔ̃zɛs] (fam) nf chick, bird (BRIT)

gorge [gɔʀʒ] nf (Anat) throat; (vallée) gorge; **gorgée** nf (petite) sip; (grande) gulp

gorille [gɔʀij] nm gorilla; (fam) bodyguard

gosse [gɔs] (fam) nm/f kid

goudron [gudʀɔ̃] nm tar; **goudronner** vt to tar(mac) (BRIT), asphalt (US)

gouffre [gufʀ] nm abyss, gulf

goulot [gulo] nm neck; **boire au ~** to drink from the bottle

goulu, e [guly] adj greedy

gourde [guʀd] nf (récipient) flask; (fam: clumsy) clot ou oaf ▷ adj oafish

gourdin [guʀdɛ̃] nm club, bludgeon

gourmand, e [guʀmɑ̃, ɑ̃d] adj greedy; **gourmandise** nf greed; (bonbon) sweet

gousse [gus] nf: **gousse d'ail** clove of garlic

goût [gu] nm taste; **avoir bon ~** to taste good; **de bon ~** tasteful; **de mauvais ~** tasteless; **prendre ~ à** to develop a taste ou a liking for

goûter [gute] vt (essayer) to taste; (apprécier) to enjoy ▷ vi to have (afternoon) tea ▷ nm (afternoon) tea; **je peux ~?** can I have a taste?

goutte [gut] nf drop; (Méd) gout; (alcool) brandy; **tomber ~ à ~** to

une ~ de whisky a drop of whisky; **goutte-à-goutte** nm (Méd) drip

gouttière [gutjɛʀ] nf gutter

gouvernail [guvɛʀnaj] nm rudder; (barre) helm, tiller

gouvernement [guvɛʀnəmɑ̃] nm government

gouverner [guvɛʀne] vt to govern

grâce [gʀɑs] nf (charme, Rel) grace; (faveur) favour; (Jur) pardon; **faire ~ à qn de qch** to spare sb sth sth; **demander ~** to beg for mercy; **~ à** thanks to; **gracieux, -euse** adj graceful

grade [gʀad] nm rank; **monter en ~** to be promoted

gradin [gʀadɛ̃] nm tier; step; **gradins** nmpl (de stade) terracing sg

gradué, e [gʀadɥe] adj: (verre) measuring jug

graduel, le [gʀadɥɛl] adj gradual

graduer [gʀadɥe] vt (effort etc) to increase gradually; (règle, verre) to graduate

graffiti [gʀafiti] nmpl graffiti

grain [gʀɛ̃] nm (gén) grain; (Navig) squall; **grain de beauté** beauty spot; **grain de café** coffee bean; **grain de poivre** peppercorn

graine [gʀɛn] nf seed

graissage [gʀesaʒ] nm lubrication, greasing

graisse [gʀɛs] nf fat; (lubrifiant) grease; **graisser** vt to lubricate, grease; (tacher) to make greasy; **graisseux, -euse** adj greasy

grammaire [gʀa(m)mɛʀ] nf grammar

gramme [gʀam] nm gramme

grand, e [gʀɑ̃, gʀɑ̃d] adj (haut) tall; (gros, vaste, large) big, large; (long) long; (plus âgé) big; (adulte) grown-up; (important, brillant) great ▷ adv: **~ ouvert** wide open; **au ~ air** in the open (air); **les grands blessés** the severely injured; **grand ensemble** housing scheme; **grand magasin** department store; **grande personne** grown-up; **grande surface** hypermarket; **grandes écoles** prestigious schools at university

level; **grandes lignes** (Rail) main lines; **grandes vacances** summer holidays (BRIT) ou vacation (US); **grand-chose** nm/f inv: **pas grand-chose** not much; **Grande-Bretagne** nf (Great) Britain; **grandeur** nf (dimension) size; **grandeur nature** life-size; **grandiose** adj imposing; **grandir** vi to grow ▷ vt: **grandir qn** (suj: vêtement, chaussure) to make sb look taller; **grand-mère** nf grandmother; **grand-peine: à grand-peine** adv with difficulty; **grand-père** nm grandfather; **grands-parents** nmpl grandparents

grange [gʀɑ̃ʒ] nf barn

granit [gʀanit] nm granite

graphique [gʀafik] adj graphic ▷ nm graph

grappe [gʀap] nf cluster; **grappe de raisin** bunch of grapes

gras, se [gʀɑ, gʀɑs] adj (viande, soupe) fatty; (personne) fat; (surface, main) greasy; (plaisanterie) coarse; (Typo) bold ▷ nm (Culin) fat; **faire la ~se matinée** to have a lie-in (BRIT), sleep late (US); **grassement** adv: **grassement payé** handsomely paid

gratifiant, e [gʀatifjɑ̃, jɑ̃t] adj gratifying, rewarding

gratin [gʀatɛ̃] nm (plat) cheese-topped dish; (croûte) cheese topping; (fam: élite) upper crust; **gratiné, e** adj (Culin) au gratin

gratitude [gʀatityd] nf gratitude

gratte-ciel [gʀatsjɛl] nm inv skyscraper

gratter [gʀate] vt (avec un outil) to scrape; (enlever: avec un outil) to scrape off; (: avec un ongle) to scratch; (enlever avec un ongle) to scratch off ▷ vi (irriter) to be scratchy; (démanger) to itch; **se gratter** to scratch (o.s.)

gratuit, e [gʀatɥi, ɥit] adj (entrée, billet) free; (fig) gratuitous; **gratuitement** adv (sans payer) free

grave [gʀav] adj (maladie, accident) serious, bad; (sujet, problème) serious, grave; (air) grave, solemn; (voix, son) deep, low-pitched; **gravement** adv seriously; (parler, regarder) gravely

graver [gʀave] vt (plaque, nom) to engrave; (CD, DVD) to burn

graveur [gʀavœʀ] nm engraver; **graveur de CD/DVD** CD/DVD writer

gravier [gʀavje] nm gravel no pl; **gravillons** nmpl loose chippings ou gravel sg

gravir [gʀaviʀ] vt to climb (up)

gravité [gʀavite] nf (de maladie, d'accident) seriousness; (de sujet, problème) gravity

graviter [gʀavite] vi to revolve

gravure [gʀavyʀ] nf engraving; (reproduction) print

gré [gʀe] nm: **à son ~** one's liking; **de bon ~** willingly; **contre le ~** against sb's will; **de son (plein) ~** of one's own free will; **bon ~ mal ~** like it or not; **de ~ ou de force** whether one likes it or not; **savoir ~ à qn de qch** to be grateful to sb for sth

grec, grecque [gʀɛk] adj Greek; (classique: vase etc) Grecian ▷ nm/f: **G~, Grecque** Greek ▷ nm (Ling) Greek

Grèce [gʀɛs] nf: **la ~** Greece

greffe [gʀɛf] nf (Bot, Méd: de tissu) graft; (Méd: d'organe) transplant; **greffer** vt (Bot, Méd: tissu) to graft; (Méd: organe) to transplant

greffier [gʀefje] nm clerk of the court

grêle [gʀɛl] adj (very) thin ▷ nf hail; **grêler** vb impers: **il grêle** it's hailing; **grêlon** nm hailstone

grelot [gʀəlo] nm little bell

grelotter [gʀəlɔte] vi to shiver

grenade [gʀənad] nf (explosive) grenade; (Bot) pomegranate; **grenadine** nf grenadine

grenier [gʀənje] nm attic; (de ferme) loft

grenouille [gʀənuj] nf frog

grès [gʀɛ] nm sandstone; (poterie) stoneware

grève [gʀɛv] nf (d'ouvriers) strike; (plage) shore; **se mettre en/faire ~** to go on/be on strike; **grève de la faim** hunger strike; **grève sauvage** wildcat strike

gréviste [gʀevist] nm/f striker

grièvement [gʀijɛvmɑ̃] adv seriously

griffe [gʀif] nf claw; (de couturier) label; **griffer** vt to scratch

grignoter [gʀiɲɔte] vt (personne) to nibble at; (souris) to gnaw at ▷ vi to nibble

gril [gʀil] nm steak ou grill pan; **faire cuire au ~** to grill; **grillade** nf (viande etc) grill

grillage [gʀijaʒ] nm (treillis) wire netting; (clôture) wire fencing

grille [gʀij] nf (clôture) wire fence; (portail) (metal) gate; (d'égout) (metal) grate; (fig) grid

grille-pain [gʀijpɛ̃] nm inv toaster

griller [gʀije] vt (pain) to toast; (viande) to grill; (fig: ampoule etc) to blow; **faire ~** to toast; to grill; (châtaignes) to roast; **~ un feu rouge** to jump the lights

grillon [gʀijɔ̃] nm cricket

grimace [gʀimas] nf grimace; (pour faire rire): **faire des ~s** to pull ou make faces

grimper [gʀɛ̃pe] vt, vi to climb

grincer [gʀɛ̃se] vi (objet métallique) to grate; (plancher, porte) to creak; **~ des dents** to grind one's teeth

grincheux, -euse [gʀɛ̃ʃø, øz] adj grumpy

grippe [gʀip] nf flu, influenza; **grippe aviaire** bird flu; **grippé, e** adj: **être grippé** to have flu

gris, e [gʀi, gʀiz] adj grey; (ivre) tipsy

grisaille [gʀizaj] nf greyness, dullness

griser [gʀize] vt to intoxicate

grive [gʀiv] nf thrush

Groenland [gʀɔɛnlɑ̃d] nm Greenland

grogner [gʀɔɲe] vi to growl; (fig) to grumble; **grognon, ne** adj grumpy

grommeler [gʀɔm(ə)le] vi to mutter to o.s.

gronder [gʀɔ̃de] vi to rumble; (fig: révolte) to be brewing ▷ vt to scold; **se faire ~** to get a telling-off

gros, se [gʀo, gʀos] adj big, large; (obèse) fat; (travaux, dégâts) extensive; (épais) thick; (rhume, averse) heavy ▷ adv: **risquer/gagner ~** to risk/win a lot ▷ nm/f fat man/woman ▷ nm (Comm): **le ~** the wholesale business; **le ~ de** the bulk of; **prix de gros** wholesale price; **par ~ temps/grosse mer** in rough weather/heavy seas; **en ~** roughly; (Comm) wholesale; **gros lot** jackpot; **gros mot** swearword; **gros plan** (Photo) close-up; **gros sel** cooking salt; **gros titre** headline; **grosse caisse** big drum

groseille [gʀozɛj] nf: **~ (rouge/blanche)** red/white currant; **groseille à maquereau** gooseberry

gros [gʀo] adj voir **gros**; **grossesse** nf pregnancy; **grosseur** nf size; (tumeur) lump

grossier, -ière [gʀosje, jɛʀ] adj coarse; (insolent) rude; (dessin) rough; (travail) roughly done; (imitation, instrument) crude; (évident: erreur) gross; **grossièrement** adv (sommairement) roughly; (vulgairement) coarsely; **grossièreté** nf rudeness; (mot): **dire des grossièretés** to use coarse language

grossir [gʀosiʀ] vi (personne) to put on weight ▷ vt (exagérer) to exaggerate; (au microscope) to magnify; (suj: vêtement): **~ qn** to make sb look fatter

grossiste [gʀosist] nm/f wholesaler

grotesque [gʀotɛsk] adj (extravagant) grotesque; (ridicule) ludicrous

grotte [gʀot] nf cave

groupe [gʀup] nm group; **groupe de parole** support group; **groupe sanguin** blood group; **groupe scolaire** school complex; **grouper** vt to group; **se grouper** vi to gather

grue [gʀy] nf crane

GSM [ʒeɛsɛm] nm, adj GSM

guenon [gənɔ̃] nf female monkey

guépard [gepaʀ] nm cheetah

guêpe [gɛp] nf wasp

guère [gɛʀ] adv (avec adjectif, adverbe): **ne ... ~** hardly; (avec verbe: pas beaucoup): **ne ... ~** tournure négative +much; (pas souvent) hardly ever; (pas longtemps) tournure négative +(very) long; **il n'y a**

~ que/de there's hardly anybody (ou anything) but/hardly any; **ce n'est ~ difficile** it's hardly difficult; **nous n'avons ~ de temps** we have hardly any time

guérila [geʀija] nf guerrilla warfare

guérillero [geʀijeʀo] nm guerrilla

guérir [geʀiʀ] vt (personne, maladie) to cure; (membre, plaie) to heal ▷ vi (malade, maladie) to be cured; (blessure) to heal; **guérison** nf (de maladie) curing; (de membre, plaie) healing; (de malade) recovery; **guérisseur, -euse** nm/f healer

guerre [gɛʀ] nf war; **en ~** at war; **faire la ~ à** to wage war against; **guerre civile/mondiale** civil/world war; **guerrier, -ière** adj warlike ▷ nm/f warrior

guet [gɛ] nm: **faire le ~** to be on the watch ou look-out; **guet-apens** [gɛtapɑ̃] nm ambush; **guetter** vt (épier) to watch (intently); (attendre) to watch (out) for; (hostilement) to be lying in wait for

gueule [gœl] nf (d'animal) mouth; (fam: figure) face; (!: bouche) mouth; **ta ~!** (fam) shut up!; **avoir la ~ de bois** (fam) to have a hangover; be hung over; **gueuler** (fam) vi to bawl

gui [gi] nm mistletoe

guichet [giʃɛ] nm (de bureau, banque) counter; **les ~s** (à la gare, au théâtre) the ticket office sg

guide [gid] nm (personne) guide; (livre) guide (book) ▷ nf (éclaireuse) girl guide; **guider** vt to guide

guidon [gidɔ̃] nm handlebars pl

guignol [giɲɔl] nm ≈ Punch and Judy show; (fig) clown

guillemets [gijmɛ] nmpl: **entre ~** in inverted commas

guindé, e [gɛ̃de] adj (personne, air) stiff, starchy; (style) stilted

Guinée [gine] nf Guinea

guirlande [giʀlɑ̃d] nf (fleurs) garland; **guirlande de Noël** tinsel garland

guise [giz] nf: **à votre ~** as you wish ou

please; **en ~ de** by way of

guitare [gitar] nf guitar

Guyane [gɥijan] nf: **la ~ (française)** French Guiana

gym [ʒim] nf (exercices) gym; **gymnase** nm gym(nasium); **gymnaste** nm/f gymnast; **gymnastique** nf gymnastics sg; (au réveil etc) keep-fit exercises pl

gynécologie [ʒinekɔlɔʒi] nf gynaecology; **gynécologique** adj gynaecological; **gynécologue** nm/f gynaecologist

habile [abil] adj skilful; (malin) clever; **habileté** [abilte] nf skill, skilfulness; cleverness

habillé, e [abije] adj dressed; (chic) dressy

habiller [abije] vt to dress; (fournir en vêtements) to clothe; (couvrir) to cover; **s'habiller** vi to dress (o.s.); (se déguiser, mettre des vêtements chic) to dress up

habit [abi] nm outfit; **habits** nmpl (vêtements) clothes; **habit (de soirée)** evening dress; (pour homme) tails pl

habitant, e [abitã, ãt] nm/f inhabitant; (d'une maison) occupant; **loger chez l'~** to stay with the locals

habitation [abitasjɔ̃] nf house; **habitations à loyer modéré** (block of) council flats

habiter [abite] vt to live in ▷ vi: **~ à/dans** to live in; **où habitez-vous?** where do you live?

habitude [abityd] nf habit; **avoir l'~ de qch** to be used to sth; **avoir l'~ de faire** to be in the habit of doing; (expérience)

to be used to doing; **d'~** usually;
comme d'~ as usual

habitué, e [abitɥe] nm/f (de maison)
regular visitor; (de café) regular
(customer)

habituel, le [abitɥɛl] adj usual

habituer [abitɥe] vt: **~ qn à** to get sb
used to; **s'habituer à** to get used to

hache ['aʃ] nf axe

hacher ['aʃe] vt (viande) to mince;
(persil) to chop; **'hachis** nm mince no pl;
hachis Parmentier ≈ shepherd's pie

haie ['ɛ] nf hedge; (Sport) hurdle

haillons ['ajɔ̃] nmpl rags

haine ['ɛn] nf hatred

haïr ['aˈiʀ] vt to detest, hate

hâlé, e ['ale] adj (sun)tanned,
sunburnt

haleine [alɛn] nf breath; **hors d'~** out
of breath; **tenir en ~** (attention) to hold
spellbound; (incertitude) to keep in
suspense; **de longue ~** long-term

haleter ['alte] vt to pant

hall ['ol] nm hall

halle ['al] nf (covered) market; **halles**
nfpl (d'une grande ville) central food
market sg

hallucination [alysinasjɔ̃] nf
hallucination

halte ['alt] nf stop, break; (endroit)
stopping place ▷ excl stop!; **faire halte**
to stop

haltère [altɛʀ] nm dumbbell, barbell;
haltères nmpl: **(poids et) ~s** (activité)
weightlifting sg; **haltérophilie** nf
weightlifting

hamac ['amak] nm hammock

hamburger ['ɑ̃buʀgɛʀ] nm
hamburger

hameau, x ['amo] nm hamlet

hameçon ['amsɔ̃] nm (fish) hook

hamster ['amstɛʀ] nm hamster

hanche ['ɑ̃ʃ] nf hip

handball ['ɑ̃dbal] nm handball

handicapé, e ['ɑ̃dikape] adj disabled,
handicapped ▷ nm/f handicapped
person; **handicapé mental/physique**
mentally/physically handicapped

person; **handicapé moteur** person
with a movement disorder

'hangar ['ɑ̃gaʀ] nm shed; (Aviat) hangar

'hanter ['ɑ̃te] vt to haunt

'hantise ['ɑ̃tiz] nf obsessive fear

'harceler ['aʀsəle] vt to harass;
harceler qn de questions to plague sb
with questions

'hardi, e ['aʀdi] adj bold, daring

'hareng ['aʀɑ̃] nm herring; **hareng
saur** kipper, smoked herring

'hargne ['aʀɲ] nf aggressiveness;
'hargneux, -euse adj aggressive

'haricot ['aʀiko] nm bean; **'haricot
blanc** haricot bean; **'haricot vert** green
bean; **'haricot rouge** kidney bean

harmonica [aʀmɔnika] nm mouth
organ

harmonie [aʀmɔni] nf harmony;
harmonieux, -euse adj harmonious;
(couleurs, couple) well-matched

harpe ['aʀp] nf harp

hasard ['azaʀ] nm: **le hasard** chance,
fate; **un hasard** a coincidence; **au
hasard** (aller) aimlessly; (choisir) at
random; **par hasard** by chance; **à tout
hasard** (en cas de besoin) just in case; (en
espérant trouver ce qu'on cherche) on the
off chance (BRIT)

'hâte ['ɑt] nf haste; **à la hâte** hurriedly,
hastily; **en hâte** posthaste, with
all possible speed; **avoir hâte de** to
be eager ou anxious to; **'hâter** vt to
hasten; **se hâter** vi to hurry; **'hâtif,
-ive** adj (travail) hurried; (décision) hasty

'hausse ['os] nf rise, increase; **être en
hausse** to be going up; **'hausser** vt to
raise; **hausser les épaules** to shrug
(one's shoulders)

'haut, e ['o, 'ot] adj high; (grand) tall
▷ adv high ▷ nm top (part); **de 3 m
de haut** 3 m high, 3 m in height; **des
hauts et des bas** ups and downs; **en
haut lieu** in high places; **à haute voix,
(tout) haut** aloud, out loud; **du haut
de** from the top of; **de haut en bas**
from top to bottom; **plus haut** higher
up, further up; (dans un texte) above;

(parler) louder; **en haut** *(être/aller)* at/to the top; *(dans une maison)* upstairs; **en haut de** at the top of; **'haut débit** broadband

'hautain [otɛ̃, ɛn] *adj* haughty

hautbois ['obwa] *nm* oboe

hauteur ['otœʀ] *nf* height; **à la hauteur de** *(accident)* near; *(fig: tâche, situation)* equal to; **à la hauteur** *(fig)* up to it

'haut-parleur *nm* (loud)speaker

Hawaï [awai] *n*: **les Îles ~** Hawaii

'Haye ['ɛ] *n*: **la Haye** the Hague

hebdomadaire [ɛbdɔmadɛʀ] *adj, nm* weekly

hébergement [ebɛʀʒəmã] *nm* accommodation

héberger [ebɛʀʒe] *vt (touristes)* to accommodate, lodge; *(amis)* to put up; *(réfugiés)* to take in

hébergeur [ebɛʀʒœʀ] *nm (Internet)* host

hébreu, x [ebʀø] *adj m, nm* Hebrew

Hébrides [ebʀid] *nf*: **les ~** the Hebrides

hectare [ɛktaʀ] *nm* hectare

'hein ['ɛ̃] *excl* eh?

'hélas ['elas] *excl* alas! ▷ *adv* unfortunately

'héler [ele] *vt* to hail

hélice [elis] *nf* propeller

hélicoptère [elikɔptɛʀ] *nm* helicopter

helvétique [ɛlvetik] *adj* Swiss

hématome [ematom] *nm* nasty bruise

hémisphère [emisfɛʀ] *nm*: **l'~ nord/sud** the northern/southern hemisphere

hémorragie [emɔʀaʒi] *nf* bleeding no pl, haemorrhaging

hémorroïdes [emɔʀɔid] *nfpl* piles, haemorrhoids

'hennir ['eniʀ] *vi* to neigh, whinny

hépatite [epatit] *nf* hepatitis

herbe [ɛʀb] *nf* grass; *(Culin, Méd)* herb; **~s de Provence** mixed herbs; **en ~** unripe; *(fig)* budding; **herbicide** *nm* weed-killer; **herboriste** *nm/f* herbalist

héréditaire [eʀeditɛʀ] *adj* hereditary

'hérisson ['eʀisɔ̃] *nm* hedgehog

héritage [eʀitaʒ] *nm* inheritance; *(coutumes, système)* heritage, legacy

hériter [eʀite] *vi*: **~ de qch (de qn)** to inherit sth (from sb); **héritier, -ière** *nm/f* heir(-ess)

hermétique [ɛʀmetik] *adj* airtight; watertight; *(fig: obscur)* abstruse; *(: impénétrable)* impenetrable

hermine [ɛʀmin] *nf* ermine

hernie ['ɛʀni] *nf* hernia

héroïne [eʀɔin] *nf* heroine; *(drogue)* heroin

héroïque [eʀɔik] *adj* heroic

'héron ['eʀɔ̃] *nm* heron

'héros ['eʀo] *nm* hero

hésitant, e [ezitã, ãt] *adj* hesitant

hésitation [ezitasjɔ̃] *nf* hesitation

hésiter [ezite] *vi*: **~ (à faire)** to hesitate (to do)

hétérosexuel, le [eteʀɔsɛksɥɛl] *adj* heterosexual

'hêtre ['ɛtʀ] *nm* beech

heure [œʀ] *nf* hour; *(Scol)* period; *(moment)* time; **c'est l'~** it's time; **quelle ~ est-il?** what time is it?; **2 ~s (du matin)** 2 o'clock (in the morning); **être à l'~** to be on time; *(montre)* to be right; **mettre à l'~** to set right; **à une ~ avancée (de la nuit)** at a late hour (of the night); **de bonne ~** early; **à toute ~** at any time; **24 ~s sur 24** round the clock, 24 hours a day; **à l'~ qu'il est** at this time (of day); by now; **sur l'~** at once; **à quelle ~ ouvre le musée/magasin?** what time does the museum/magasin open?; **heures de bureau** office hours; **heure de pointe** rush hour; **heure (téléphone)** peak period; **heures supplémentaires** overtime *sg*

heureusement [œʀøzmã] *adv (par bonheur)* fortunately, luckily

heureux, -euse [œʀø, øz] *adj* happy; *(chanceux)* lucky, fortunate

'heurt ['œʀ] *nm (choc)* collision; *(conflit)* clash

'heurter ['œʀte] *vt (mur)* to strike, hit; *(personne)* to collide with

hexagone [ɛgzagɔn] nm hexagon; **l'H~** (la France) France (because of its shape)

hiberner [ibɛʀne] vi to hibernate

hibou, X [ibu] nm owl

hideux, -euse [idø, øz] adj hideous

hier [jɛʀ] adv yesterday; **~ matin/midi** yesterday morning/lunchtime; **~ soir** last night, yesterday evening; **toute la journée d'~** all day yesterday; **toute la matinée d'~** all yesterday morning

hiérarchie [jeʀaʀʃi] nf hierarchy

hindou, e [ɛ̃du] adj Hindu ▷ nm/f: **H~, e** Hindu

hippique [ipik] adj equestrian, horse cpd; **un club ~** a riding centre; **un concours ~** a horse show; **hippisme** nm (horse)riding

hippodrome [ipɔdʀom] nm racecourse

hippopotame [ipɔpɔtam] nm hippopotamus

hirondelle [iʀɔ̃dɛl] nf swallow

hisser ['ise] vt to hoist, haul up

histoire [istwaʀ] nf (science, événements) history; (anecdote, récit, mensonge) story; (affaire) business no pl; **histoires** nfpl (chichis) fuss no pl; (ennuis) trouble sg; **histoire géo** humanities; **historique** adj historical; (important) historic ▷ nm: **faire l'historique de** to give the background to

hit-parade [itpaʀad] nm: **le hit-parade** the charts

hiver [ivɛʀ] nm winter; **hivernal, e, -aux** adj winter cpd; (glacial) wintry; **hiverner** vi to winter

HLM nm ou f (= habitation à loyer modérée) council flat; **des ~** council housing

hobby ['ɔbi] nm hobby

hocher ['ɔʃe] vt: **hocher la tête** to nod; (signe négatif ou dubitatif) to shake one's head

hockey ['ɔkɛ] nm: **hockey (sur glace/gazon)** (ice/field) hockey

hold-up ['ɔldœp] nm inv hold-up

hollandais, e ['ɔlɑ̃dɛ, ɛz] adj Dutch ▷ nm (Ling) Dutch ▷ nm/f:

Hollandais, e Dutchman(-woman)

'Hollande ['ɔlɑ̃d] nf: **la Hollande** Holland

'homard ['ɔmaʀ] nm lobster

homéopathique [ɔmeopatik] adj homoeopathic

homicide [ɔmisid] nm murder; **homicide involontaire** manslaughter

hommage [ɔmaʒ] nm tribute; **rendre ~ à** to pay tribute to

homme [ɔm] nm man; **homme d'affaires** businessman; **homme d'État** statesman; **homme de main** hired man; **homme de paille** stooge; **homme politique** politician; **l'homme de la rue** the man on the street

homo...: homogène adj homogeneous, **homologue** nm/f counterpart; **homologué, e** adj (Sport) ratified; (tarif) authorized; **homonyme** nm (Ling) homonym; (d'une personne) namesake; **homosexuel, le** adj homosexual

'Hong Kong ['ɔ̃gkɔ̃g] n Hong Kong

'Hongrie ['ɔ̃gʀi] nf: **la Hongrie** Hungary; **'hongrois, e** adj Hungarian ▷ nm/f: **Hongrois, e** Hungarian ▷ nm (Ling) Hungarian

honnête [ɔnɛt] adj (intègre) honest; (juste, satisfaisant) fair; **honnêtement** adv honestly; **honnêteté** nf honesty

honneur [ɔnœʀ] nm honour; (mérite) credit; **en l'~ de** in honour of; (événement) on the occasion of; **faire ~ à** (engagements) to honour; (famille) to be a credit to; (fig: repas etc) to do justice to

honorable [ɔnɔʀabl] adj worthy, honourable; (suffisant) decent

honoraire [ɔnɔʀɛʀ] adj honorary; **honoraires** nmpl fees

honorer [ɔnɔʀe] vt to honour; (estimer) to hold in high regard; (faire honneur à) to do credit to

'honte ['ɔ̃t] nf shame; **avoir honte de** to be ashamed of; **faire honte à qn** to make sb (feel) ashamed; **'honteux, -euse** adj ashamed; (conduite, acte) shameful, disgraceful

hôpital, -aux [ɔpital, o] nm hospital; **où est l'~ le plus proche?** where is the nearest hospital?

'hoquet [ɔkɛ] nm: **avoir le hoquet** to have (the) hiccoughs

horaire [ɔʀɛʀ] adj hourly ▷ nm timetable, schedule; **horaires** nmpl (d'employé) hours; **horaire souple** flexitime

horizon [ɔʀizɔ̃] nm horizon

horizontal, e, -aux [ɔʀizɔ̃tal, o] adj horizontal

horloge [ɔʀlɔʒ] nf clock; **l'~ parlante** the speaking clock; **horloger, -ère** nm/f watchmaker; clockmaker

hormis [ɔʀmi] prép save

horoscope [ɔʀɔskɔp] nm horoscope

horreur [ɔʀœʀ] nf horror; **quelle ~!** how awful!; **avoir ~ de** to loathe ou detest; **horrible** adj horrible; **horrifier** vt to horrify

'hors [ɔʀ] prép: **hors de** out of; **hors pair** outstanding; **hors de propos** inopportune; **être hors de soi** to be beside o.s.; **'hors d'usage** out of service; **'hors-bord** nm inv speedboat (with outboard motor); **'hors-d'œuvre** nm inv hors d'œuvre; **'hors-la-loi** nm inv outlaw; **'hors-service** adj inv out of order; **'hors-taxe** adj duty-free

hortensia [ɔʀtɑ̃sja] nm hydrangea

hospice [ɔspis] nm (de vieillards) home

hospitalier, -ière [ɔspitalje, jɛʀ] adj (accueillant) hospitable; (Méd: service, centre) hospital cpd

hospitaliser [ɔspitalize] vt to take/send to hospital, hospitalize

hospitalité [ɔspitalite] nf hospitality

hostie [ɔsti] nf host (Rel)

hostile [ɔstil] adj hostile; **hostilité** nf hostility

hôte [ot] nm (maître de maison) host; (invité) guest

hôtel [otɛl] nm hotel; **aller à l'~** to stay in a hotel; **hôtel de ville** town hall; **hôtel (particulier)** (private) mansion; **hôtellerie** nf hotel business

hôtesse [otɛs] nf hostess; **hôtesse**

de l'air stewardess, air hostess (BRIT)

● **HÔTELS**
●
● There are six categories of hotel
● in France, from zero ('non classé')
● to four stars and four stars
● ('quatre étoiles luxe'). Prices include
● VAT but not breakfast. In some
● towns, guests pay a small additional
● tourist tax, the 'taxe de séjour'.

'houblon [ublɔ̃] nm (Bot) hop; (pour la bière) hops pl

'houille [uj] nf coal; **'houille blanche** hydroelectric power

'houle [ul] nf swell; **'houleux, -euse** adj stormy

'hourra [uʀa] excl hurrah!

'housse [us] nf cover

'houx [u] nm holly

hovercraft [ɔvœʀkʀaft] nm hovercraft

'hublot [yblo] nm porthole

'huche [yʃ] nf: **huche à pain** bread bin

'huer [ˈɥe] vt to boo

huile [ɥil] nf oil

huissier [ɥisje] nm usher; (Jur) bailiff

'huit [ˈɥi(t)] num eight; **samedi en huit** a week on Saturday; **dans huit jours** in a week; **'huitaine** nf: **une huitaine (de jours)** a week or so; **'huitième** num eighth

huître [ɥitʀ] nf oyster

humain, e [ymɛ̃, ɛn] adj human; (compatissant) humane ▷ nm human (being); **humanitaire** adj humanitarian; **humanité** nf humanity

humble [œ̃bl] adj humble

'humer [ˈyme] vt (plat) to smell; (parfum) to inhale

humeur [ymœʀ] nf mood; **de bonne/mauvaise ~** in a good/bad mood

humide [ymid] adj damp; (main, yeux) moist; (climat, chaleur) humid; (saison, route) wet

humilier [ymilje] vt to humiliate

humilité [ymilite] nf humility, humbleness

humoristique [ymɔʀistik] adj

humorous

humour [ymur] nm humour; **avoir de l'~** to have a sense of humour; **humour noir** black humour

'huppé, e ['ype] (fam) adj posh

'hurlement ['yrləmã] nm howling no pl, howl, yelling no pl, yell

'hurler ['yrle] vi to howl, yell

'hutte ['yt] nf hut

hydratant, e [idratã, ãt] adj (crème) moisturizing

hydraulique [idrolik] adj hydraulic

hydravion [idravjõ] nm seaplane

hydrogène [idrɔʒɛn] nm hydrogen

hydroglisseur [idroglisœr] nm hydroplane

hyène [jɛn] nf hyena

hygiène [iʒjɛn] nf hygiene

hygiénique [iʒenik] adj hygienic

hymne [imn] nm hymn

hyperlien [iperljɛ̃] nm hyperlink

hypermarché [ipermarʃe] nm hypermarket

hypermétrope [ipermetrɔp] adj long-sighted

hypertension [ipertãsjõ] nf high blood pressure

hypnose [ipnoz] nf hypnosis; **hypnotiser** vt to hypnotize

hypocrisie [ipokrizi] nf hypocrisy; **hypocrite** adj hypocritical

hypothèque [ipotɛk] nf mortgage

hypothèse [ipotɛz] nf hypothesis

hystérique [isterik] adj hysterical

iceberg [ajsbɛrg] nm iceberg

ici [isi] adv here; **jusqu'~** as far as this; (temps) so far; **d'~ demain** by tomorrow; **d'~ là** by then, in the meantime; **d'~ peu** before long

icône [ikon] nf icon

idéal, e, -aux [ideal, o] adj ideal ⊳ nm ideal; **idéaliste** adj idealistic ⊳ nm/f idealist

idée [ide] nf idea; **avoir dans l'~ que** to have an idea that; **se faire des ~s** to imagine things; **avoir des ~s noires** to have black ou dark thoughts

identifiant [idãtifjã] nm (Inform) login, username

identifier [idãtifje] vt to identify; **s'identifier** vi: **s'~ avec** ou **à qn/qch** (héros etc) to identify with sb/sth

identique [idãtik] adj: **~ (à)** identical (to)

identité [idãtite] nf identity

idiot, e [idjo, idjɔt] adj idiotic ⊳ nm/f idiot

idole [idɔl] nf idol

if [if] *nm* yew
ignoble [iɲɔbl] *adj* vile
ignorant, e [iɲɔrɑ̃, ɑ̃t] *adj* ignorant; **~ de** ignorant of, not aware of
ignorer [iɲɔre] *vt* not to know; (*personne*) to ignore
il [il] *pron* he; (*animal, chose, en tournure impersonnelle*) it; **il fait froid** it's cold; **Pierre est-il arrivé?** has Pierre arrived?; **il a gagné** he won; *voir* **avoir**
île [il] *nf* island; **l'île Maurice** Mauritius; **les îles anglo-normandes** the Channel Islands; **les îles britanniques** the British Isles
illégal, e, -aux [i(l)legal, o] *adj* illegal
illimité, e [i(l)limite] *adj* unlimited
illisible [i(l)lizibl] *adj* illegible; (*roman*) unreadable
illogique [i(l)lɔʒik] *adj* illogical
illuminer [i(l)lymine] *vt* to light up; (*monument, rue: pour une fête*) to illuminate; (*: au moyen de projecteurs*) to floodlight
illusion [i(l)lyzjɔ̃] *nf* illusion; **se faire des ~s** to delude o.s.; **faire ~** to delude *ou* fool people
illustration [i(l)lystrasjɔ̃] *nf* illustration
illustré, e [i(l)lystre] *adj* illustrated ▷ *nm* comic
illustrer [i(l)lystre] *vt* to illustrate; **s'illustrer** to become famous, win fame
ils [il] *pron* they
image [imaʒ] *nf* (*gén*) picture; (*métaphore*) image; **image de marque** brand image; (*fig*) public image; **imagé, e** *adj* (*texte*) full of imagery; (*langage*) colourful
imaginaire [imaʒinɛr] *adj* imaginary
imagination [imaʒinasjɔ̃] *nf* imagination; **avoir de l'~** to be imaginative
imaginer [imaʒine] *vt* to imagine; (*inventer: expédient*) to devise, think up; **s'imaginer** (*se figurer: scène etc*) to imagine, picture; **s'~ que** to imagine that

imbécile [ɛ̃besil] *adj* idiotic ▷ *nm/f* idiot
imbu, e [ɛ̃by] *adj*: **~ de** full of
imitateur, -trice [imitatœr, tris] *nm/f* (*gén*) imitator; (*Music-Hall*) impersonator
imitation [imitasjɔ̃] *nf* imitation; (*de personnalité*) impersonation
imiter [imite] *vt* to imitate; (*contrefaire*) to forge; (*ressembler à*) to look like
immangeable [ɛ̃mɑ̃ʒabl] *adj* inedible
immatriculation [imatrikylasjɔ̃] *nf* registration

● **IMMATRICULATION**
●
● The last two numbers on vehicle
● licence plates show which
● 'département' of France the vehicle
● is registered in. For example, a car
● registered in Paris has the number 75
● on its licence plates.

immatriculer [imatrikyle] *vt* to register; **faire/se faire ~** to register
immédiat, e [imedja, jat] *adj* immediate ▷ *nm*: **dans l'~** for the time being; **immédiatement** *adv* immediately
immense [i(m)mɑ̃s] *adj* immense
immerger [imɛrʒe] *vt* to immerse, submerge
immeuble [imœbl] *nm* building; (*à usage d'habitation*) block of flats
immigration [imigrasjɔ̃] *nf* immigration
immigré, e [imigre] *nm/f* immigrant
imminent, e [iminɑ̃, ɑ̃t] *adj* imminent
immobile [i(m)mɔbil] *adj* still, motionless
immobilier, -ière [imɔbilje, jɛr] *adj* property *cpd* ▷ *nm*: **l'~** the property business
immobiliser [imɔbilize] *vt* (*gén*) to immobilize; (*circulation, véhicule, affaires*) to bring to a standstill; **s'immobiliser** (*personne*) to stand still; (*machine, véhicule*) to come to a halt

mmoral, e, -aux [i(m)mɔral, o] *adj*
immoral

mmortel, le [imɔʀtɛl] *adj* immortal

mmunisé, e [im(m)ynize] *adj*: ~
contre immune to

mmunité [imynite] *nf* immunity

mpact [ɛpakt] *nm* impact

mpair, e [ɛpɛʀ] *adj* odd ▷ *nm* faux
pas, blunder

mpardonnable [ɛpaʀdɔnabl] *adj*
unpardonable, unforgivable

mparfait, e [ɛpaʀfɛ, ɛt] *adj* imperfect
▷ *nm* imperfect

mpartial, e, -aux [ɛpaʀsjal, jo] *adj*
impartial, unbiased

mpasse [ɛpas] *nf* dead end, cul-de-
sac; (*fig*) deadlock

mpassible [ɛpasibl] *adj* impassive

mpatience [ɛpasjɑs] *nf* impatience

mpatient, e [ɛpasjɑ, jɑt] *adj*
impatient; **impatienter**:
s'impatienter *vi* to get impatient

mpeccable [ɛpekabl] *adj* (*parfait*)
perfect; (*propre*) impeccable; (*fam*)
smashing

mpensable [ɛpɑsabl] *adj* (*événement
hypothétique*) unthinkable; (*événement
qui a eu lieu*) unbelievable

mpératif, -ive [ɛpeʀatif, iv] *adj*
imperative ▷ *nm* (*Ling*) imperative;
impératifs *nmpl* (*exigences: d'une
fonction, d'une charge*) requirements;
(: *de la mode*) demands

mpératrice [ɛpeʀatʀis] *nf* empress

mperceptible [ɛpɛʀsɛptibl] *adj*
imperceptible

mpérial, e, -aux [ɛpeʀjal, jo] *adj*
imperial

mpérieux, -euse [ɛpeʀjø, jøz] *adj*
(*caractère, ton*) imperious; (*obligation,
besoin*) pressing, urgent

mpérissable [ɛpeʀisabl] *adj* undying

mperméable [ɛpɛʀmeabl] *adj*
waterproof; (*fig*): ~ **à** impervious to
▷ *nm* raincoat

mpertinent, e [ɛpɛʀtinɑ, ɑt] *adj*
impertinent

mpitoyable [ɛpitwajabl] *adj* pitiless,
merciless

implanter [ɛplɑte]: **s'implanter** *vi*
to be set up

impliquer [ɛplike] *vt* to imply; ~ **qn
(dans)** to implicate sb (in)

impoli, e [ɛpɔli] *adj* impolite, rude

impopulaire [ɛpɔpylɛʀ] *adj* unpopular

importance [ɛpɔʀtɑs] *nf* importance;
(*de somme*) size; (*de retard, dégâts*)
extent; **sans ~** unimportant

important, e [ɛpɔʀtɑ, ɑt] *adj*
important; (*en quantité: somme, retard*)
considerable, sizeable; (: *dégâts*)
extensive; (*péj: airs, ton*) self-important
▷ *nm*: **l'~** the important thing

importateur, -trice [ɛpɔʀtatœʀ,
tʀis] *nm/f* importer

importation [ɛpɔʀtasjõ] *nf*
importation; (*produit*) import

importer [ɛpɔʀte] *vt* (*Comm*) to
import; (*maladies, plantes*) to introduce
▷ *vi* (*être important*) to matter; **il
importe qu'il fasse** it is important
that he should do; **peu m'importe** (*je
n'ai pas de préférence*) I don't mind; (*je
m'en moque*) I don't care; **peu importe
(que)** it doesn't matter (if); *voir aussi*
n'importe

importun, e [ɛpɔʀtœ, yn] *adj*
irksome, importunate; (*arrivée, visite*)
inopportune, ill-timed ▷ *nm* intruder;
importuner *vt* to bother

imposant, e [ɛpozɑ, ɑt] *adj* imposing

imposer [ɛpoze] *vt* (*taxer*) to tax;
s'imposer (*être nécessaire*) to be
imperative; ~ **qch à qn** to impose sth
on sb; **en ~ à** to impress; **s'~ comme**
to emerge as; **s'~ par** to win recognition
through

impossible [ɛpɔsibl] *adj* impossible; **il
m'est ~ de le faire** it is impossible for
me to do it, I can't possibly do it; **faire
l'~** to do one's utmost

imposteur [ɛpɔstœʀ] *nm* impostor

impôt [ɛpo] *nm* tax; **impôt foncier** land
tax; **impôt sur le chiffre d'affaires**
corporation (BRIT) *ou* corporate (US)
tax; **impôt sur le revenu** income tax;
impôts locaux rates, local taxes (US),

≈ council tax (BRIT)

impotent, e [ɛ̃pɔtɑ̃, ɑ̃t] adj disabled

impraticable [ɛ̃pratikabl] adj (projet) impracticable, unworkable; (piste) impassable

imprécis, e [ɛ̃presi, iz] adj imprecise

imprégner [ɛ̃preɲe] vt (tissu) to impregnate; (lieu, air) to fill; **s'imprégner de** (fig) to absorb

imprenable [ɛ̃prənabl] adj (forteresse) impregnable; **vue ~** unimpeded outlook

impression [ɛ̃presjɔ̃] nf impression; (d'un ouvrage, tissu) printing; **faire bonne/mauvaise ~** to make a good/bad impression; **impressionnant, e** adj (imposant) impressive; (bouleversant) upsetting; **impressionner** vt (frapper) to impress; (bouleverser) to upset

imprévisible [ɛ̃previzibl] adj unforeseeable

imprévu, e [ɛ̃prevy] adj unforeseen, unexpected ▷ nm (incident) unexpected incident; **des vacances pleines d'~** holidays full of surprises; **en cas d'~** if anything unexpected happens; **sauf ~** unless anything unexpected crops up

imprimante [ɛ̃primɑ̃t] nf printer; **imprimante (à) laser** laser printer

imprimé [ɛ̃prime] nm (formulaire) printed form; (Postes) printed matter no pl; (tissu) printed fabric; **~ à fleur** floral print

imprimer [ɛ̃prime] vt to print; (publier) to publish; **imprimerie** nf printing; (établissement) printing works sg; **imprimeur** nm printer

impropre [ɛ̃prɔpr] adj inappropriate; **~ à** unfit for

improviser [ɛ̃prɔvize] vt, vi to improvise

improviste [ɛ̃prɔvist]: **à l'~** adv unexpectedly, without warning

imprudence [ɛ̃prydɑ̃s] nf (d'une personne, d'une action) carelessness no pl; (d'une remarque) imprudence no pl; **commettre une ~** to do something foolish

imprudent, e [ɛ̃prydɑ̃, ɑ̃t] adj (conducteur, geste, action) careless; (remarque) unwise, imprudent; (projet) foolhardy

impuissant, e [ɛ̃pɥisɑ̃, ɑ̃t] adj helpless; (sans effet) ineffectual; (sexuellement) impotent

impulsif, -ive [ɛ̃pylsif, iv] adj impulsive

impulsion [ɛ̃pylsjɔ̃] nf (Élec, instinct) impulse; (élan, influence) impetus

inabordable [inabɔrdabl] adj (cher) prohibitive

inacceptable [inaksɛptabl] adj unacceptable

inaccessible [inaksesibl] adj inaccessible; **~ à** impervious to

inachevé, e [inaʃ(ə)ve] adj unfinished

inactif, -ive [inaktif, iv] adj inactive; (remède) ineffective; (Bourse: marché) slack

inadapté, e [inadapte] adj (gén): **~ à** not adapted to, unsuited to; (Psych) maladjusted

inadéquat, e [inadekwa(t), kwat] adj inadequate

inadmissible [inadmisibl] adj inadmissible

inadvertance [inadvɛrtɑ̃s]: **par ~** adv inadvertently

inanimé, e [inanime] adj (matière) inanimate; (évanoui) unconscious; (sans vie) lifeless

inanition [inanisjɔ̃] nf: **tomber d'~** to faint with hunger and exhaustion)

inaperçu, e [inapɛrsy] adj: **passer ~** to go unnoticed

inapte [inapt] adj: **~ à** incapable of; (Mil) unfit for

inattendu, e [inatɑ̃dy] adj unexpected

inattentif, -ive [inatɑ̃tif, iv] adj inattentive; **~ à** (dangers, détails) heedless of; **inattention** nf lack of attention; **une faute ou une erreur d'inattention** a careless mistake

inaugurer [inogyre] vt (monument) to unveil; (exposition, usine) to open; (fig) to inaugurate

navouable [inavwabl] adj shameful; (bénéfices) undisclosable

ncalculable [ɛ̃kalkylabl] adj incalculable

ncapable [ɛ̃kapabl] adj incapable; ~ **de faire** incapable of doing; (empêché) unable to do

ncapacité [ɛ̃kapasite] nf (incompétence) incapability; (impossibilité) incapacity; **dans l'~ de faire** unable to do

ncarcérer [ɛ̃kaʀseʀe] vt to incarcerate, imprison

ncassable [ɛ̃kasabl] adj unbreakable

ncendie [ɛ̃sɑ̃di] nm fire; **incendie criminel** arson no pl; **incendie de forêt** forest fire; **incendier** vt (mettre le feu à) to set fire to, set alight; (brûler complètement) to burn down

ncertain, e [ɛ̃sɛʀtɛ̃, ɛn] adj uncertain; (temps) unsettled; (imprécis: contours) indistinct, blurred; **incertitude** nf uncertainty

ncessamment [ɛ̃sesamɑ̃] adv very shortly

ncident [ɛ̃sidɑ̃] nm incident; **incident de parcours** minor hitch ou setback; **incident technique** technical difficulties pl

ncinérer [ɛ̃sineʀe] vt (ordures) to incinerate; (mort) to cremate

ncisive [ɛ̃siziv] nf incisor

nciter [ɛ̃site] vt: ~ **qn à (faire) qch** to encourage sb to do sth; (à la révolte etc) to incite sb to do sth

ncivilité [ɛ̃sivilite] nf (grossièreté) incivility; **incivilités** nfpl antisocial behaviour sg

nclinable [ɛ̃klinabl] adj: **siège à dossier** ~ reclining seat

nclination [ɛ̃klinasjɔ̃] nf (penchant) inclination

ncliner [ɛ̃kline] vt (pencher) to tilt ▷ vi: ~ **à qch/à faire** to incline towards sth/doing; **s'incliner** vr (se pencher) to bow; **s'~ devant** (par respect) to pay one's respects

inclure [ɛ̃klyʀ] vt to include; (joindre à un envoi) to enclose

inclus, e [ɛ̃kly, -yz] pp de **inclure** ▷ adj included; (joint à un envoi) enclosed ▷ adv: **est-ce que le service est ~?** is service included?; **jusqu'au 10 mars ~** until 10th March inclusive

incognito [ɛ̃kɔɲito] adv incognito ▷ nm: **garder l'~** to remain incognito

incohérent, e [ɛ̃kɔeʀɑ̃, ɑ̃t] adj (comportement) inconsistent; (geste, langage, texte) incoherent

incollable [ɛ̃kɔlabl] adj (riz) non-stick; **il est ~** (fam) he's got all the answers

incolore [ɛ̃kɔlɔʀ] adj colourless

incommoder [ɛ̃kɔmɔde] vt (chaleur, odeur): ~ **qn** to bother sb

incomparable [ɛ̃kɔ̃paʀabl] adj incomparable

incompatible [ɛ̃kɔ̃patibl] adj incompatible

incompétent, e [ɛ̃kɔ̃petɑ̃, ɑ̃t] adj incompetent

incomplet, -ète [ɛ̃kɔ̃plɛ, ɛt] adj incomplete

incompréhensible [ɛ̃kɔ̃pʀeɑ̃sibl] adj incomprehensible

incompris, e [ɛ̃kɔ̃pʀi, iz] adj misunderstood

inconcevable [ɛ̃kɔ̃s(ə)vabl] adj inconceivable

inconfortable [ɛ̃kɔ̃fɔʀtabl(ə)] adj uncomfortable

incongru, e [ɛ̃kɔ̃gʀy] adj unseemly

inconnu, e [ɛ̃kɔny] adj unknown ▷ nm/f stranger ▷ nm: **l'~** the unknown; **inconnue** nf unknown factor

inconsciemment [ɛ̃kɔ̃sjamɑ̃] adv unconsciously

inconscient, e [ɛ̃kɔ̃sjɑ̃, jɑ̃t] adj unconscious; (irréfléchi) thoughtless, reckless; (sentiment) subconscious ▷ nm (Psych): **l'~** the unconscious; ~ **de** unaware of

inconsidéré, e [ɛ̃kɔ̃sideʀe] adj ill-considered

inconsistant, e [ɛ̃kɔ̃sistɑ̃, ɑ̃t] adj (fig) flimsy, weak

inconsolable [ɛ̃kɔ̃sɔlabl] adj
inconsolable

incontestable [ɛ̃kɔ̃tɛstabl] adj
indisputable

incontinent, e [ɛ̃kɔ̃tinɑ̃, ɑ̃t] adj
incontinent

incontournable [ɛ̃kɔ̃turnabl] adj
unavoidable

incontrôlable [ɛ̃kɔ̃trolabl]
adj unverifiable; (irrépressible)
uncontrollable

inconvénient [ɛ̃kɔ̃venjɑ̃] nm
disadvantage, drawback; **si vous n'y
voyez pas d'~** if you have no objections

incorporer [ɛ̃kɔrpɔre] vt: **~ (à)** to
mix in (with); **~ (dans)** (paragraphe
etc) to incorporate (in); (Mil: appeler)
to recruit (into); **il a très bien su s'~
à notre groupe** he was very easily
incorporated into our group

incorrect, e [ɛ̃kɔrɛkt] adj (impropre,
inconvenant) improper; (défectueux)
faulty; (inexact) incorrect; (impoli)
impolite; (déloyal) underhand

incorrigible [ɛ̃kɔriʒibl] adj
incorrigible

incrédule [ɛ̃kredyl] adj incredulous;
(Rel) unbelieving

incroyable [ɛ̃krwajabl] adj incredible

incruster [ɛ̃kryste] vt (Art) to inlay;
s'incruster vi (invité) to take root

inculpé, e [ɛ̃kylpe] nm/f accused

inculper [ɛ̃kylpe] vt: **~ de** to charge
(with)

inculquer [ɛ̃kylke] vt: **~ qch à** to
inculcate sth into ou instil sth into

Inde [ɛ̃d] nf: **l'~** India

indécent, e [ɛ̃desɑ̃, ɑ̃t] adj indecent

indécis, e [ɛ̃desi, iz] adj (par nature)
indecisive; (temporairement) undecided

indéfendable [ɛ̃defɑ̃dabl] adj
indefensible

indéfini, e [ɛ̃defini] adj (imprécis,
incertain) undefined; (illimité, Ling)
indefinite; **indéfiniment** adv
indefinitely; **indéfinissable** adj
indefinable

indélébile [ɛ̃delebil] adj indelible

indélicat, e [ɛ̃delika, at] adj tactless

indemne [ɛ̃dɛmn] adj unharmed;
indemniser vt: **indemniser qn (de)** to
compensate sb (for)

indemnité [ɛ̃dɛmnite] nf
(dédommagement) compensation no pl;
(allocation) allowance; **indemnité de
licenciement** redundancy payment

indépendamment [ɛ̃depɑ̃damɑ̃]
adv independently; **~ de** (abstraction
faite de) irrespective of; (en plus de) over
and above

indépendance [ɛ̃depɑ̃dɑ̃s] nf
independence

indépendant, e [ɛ̃depɑ̃dɑ̃, ɑ̃t] adj
independent; **~ de** independent of;
travailleur ~ self-employed worker

indescriptible [ɛ̃dɛskriptibl] adj
indescribable

indésirable [ɛ̃dezirabl] adj
undesirable

indestructible [ɛ̃dɛstryktibl] adj
indestructible

indéterminé, e [ɛ̃detɛrmine] adj
(date, cause, nature) unspecified; (forme,
longueur, quantité) indeterminate

index [ɛ̃dɛks] nm (doigt) index finger;
(d'un livre etc) index; **mettre à l'~** to
blacklist

indicateur [ɛ̃dikatœr] nm (Police)
informer; (Tech) gauge, indicator ▷ adj:
panneau ~ signpost; **indicateur des
chemins de fer** railway timetable;
indicateur de rues street directory

indicatif, ive [ɛ̃dikatif, iv] adj: **à titre
~** for (your) information ▷ nm (Ling)
indicative; (Radio) theme ou signature
tune; (Tél) dialling code (BRIT), area
code (US); **quel est l'~ de ...** what's the
code for ...?

indication [ɛ̃dikasjɔ̃] nf indication;
(renseignement) information no
pl; **indications** nfpl (directives)
instructions

indice [ɛ̃dis] nm (marque, signe)
indication, sign; (Police: lors d'une
enquête) clue; (Jur: présomption) piece
of evidence; (Science, Écon, Tech) index;

~ de protection (sun protection) factor

ndicible [ɛ̃disibl] adj inexpressible

ndien, ne [ɛ̃djɛ̃, jɛn] adj Indian ▷ nm/f: **I~, ne** Indian

différemment [ɛ̃diferamɑ̃] adv (sans distinction) equally (well)

différence [ɛ̃diferɑ̃s] nf indifference

différent, e [ɛ̃diferɑ̃, ɑ̃t] adj (peu intéressé) indifferent; **ça m'est ~** it doesn't matter to me; **elle m'est ~e** I am indifferent to her

ndigène [ɛ̃diʒɛn] adj native, indigenous; (des gens du pays) local ▷ nm/f native

ndigeste [ɛ̃diʒɛst] adj indigestible

ndigestion [ɛ̃diʒɛstjɔ̃] nf indigestion no pl; **avoir une ~** to have indigestion

ndigne [ɛ̃diɲ] adj unworthy

ndigner [ɛ̃diɲe] vt: **s'~ de qch** to get annoyed about sth; **s'~ contre qn** to get annoyed with sb

ndiqué, e [ɛ̃dike] adj (date, lieu) agreed; (traitement) appropriate; (conseillé) advisable

ndiquer [ɛ̃dike] vt (suj: pendule, aiguille) to show; (: étiquette, panneau) to show, indicate; (renseigner sur) to point out, tell; (déterminer: date, lieu) to give, state; (signaler, dénoter) to indicate, point to; **~ qch/qn à qn** (montrer du doigt) to point sth/sb out to sb; (faire connaître: médecin, restaurant) to tell sb of sth/sb; **pourriez-vous m'~ les toilettes/ l'heure?** could you direct me to the toilets/tell me the time?

ndiscipliné, e [ɛ̃disipline] adj undisciplined

ndiscret, -ète [ɛ̃diskrɛ, ɛt] adj indiscreet

ndiscutable [ɛ̃diskytabl] adj indisputable

ndispensable [ɛ̃dispɑ̃sabl] adj indispensable, essential

ndisposé, e [ɛ̃dispoze] adj indisposed

ndistinct, e [ɛ̃distɛ̃(kt), ɛ̃kt] adj indistinct; **indistinctement** adv (voir, prononcer) indistinctly; (sans distinction) indiscriminately

individu [ɛ̃dividy] nm individual; **individuel, le** adj (gén) individual; (responsabilité, propriété, liberté) personal; **chambre individuelle** single room; **maison individuelle** detached house

indolore [ɛ̃dɔlɔr] adj painless

Indonésie [ɛ̃dɔnezi] nf Indonesia

indu, e [ɛ̃dy] adj: **à une heure ~e** at some ungodly hour

indulgent, e [ɛ̃dylʒɑ̃, ɑ̃t] adj (parent, regard) indulgent; (juge, examinateur) lenient

industrialisé, e [ɛ̃dystrijalize] adj industrialized

industrie [ɛ̃dystri] nf industry; **industriel, le** adj industrial ▷ nm industrialist

inébranlable [inebrɑ̃labl] adj (masse, colonne) solid; (personne, certitude, foi) unshakeable

inédit, e [inedi, it] adj (correspondance, livre) hitherto unpublished; (spectacle, moyen) novel, original; (film) unreleased

inefficace [inefikas] adj (remède, moyen) ineffective; (machine, employé) inefficient

inégal, e, -aux [inegal, o] adj unequal; (irrégulier) uneven; **inégalable** adj matchless; **inégalé, e** adj (record) unequalled; (beauté) unrivalled; **inégalité** nf inequality

inépuisable [inepɥizabl] adj inexhaustible

inerte [inɛrt] adj (immobile) lifeless; (sans réaction) passive

inespéré, e [inespere] adj unexpected, unhoped-for

inestimable [inestimabl] adj priceless; (fig: bienfait) invaluable

inévitable [inevitabl] adj unavoidable; (fatal, habituel) inevitable

inexact, e [inegza(kt), akt] adj inaccurate

inexcusable [inɛkskyzabl] adj unforgivable

inexplicable [inɛksplikabl] adj inexplicable

in extremis [inɛkstremis] adv at the last minute ▷ adj last-minute

infaillible [ɛ̃fajibl] adj infallible

infarctus [ɛ̃farktys] nm: **~ (du myocarde)** coronary (thrombosis)

infatigable [ɛ̃fatigabl] adj tireless

infect, e [ɛ̃fɛkt] adj revolting; (personne) obnoxious; (temps) foul

infecter [ɛ̃fɛkte] vt (atmosphère, eau) to contaminate; (Méd) to infect; **s'infecter** to become infected ou septic; **infection** nf infection; (puanteur) stench

inférieur, e [ɛ̃ferjœr] adj lower; (en qualité, intelligence) inferior; **~ à** (somme, quantité) less ou smaller than; (moins bon que) inferior to

infernal, e, -aux [ɛ̃fɛrnal, o] adj (insupportable: chaleur, rythme) infernal; (: enfant) horrid; (satanique, effrayant) diabolical

infidèle [ɛ̃fidɛl] adj unfaithful

infiltrer [ɛ̃filtre] vr: **s'~ dans** to get into; (liquide) to seep through; (fig: groupe, ennemi) to infiltrate

infime [ɛ̃fim] adj minute, tiny

infini, e [ɛ̃fini] adj infinite ▷ nm infinity; **à l'~** endlessly; **infiniment** adv infinitely; **infinité** nf: **une infinité de** an infinite number of

infinitif [ɛ̃finitif] nm infinitive

infirme [ɛ̃firm] adj disabled ▷ nm/f disabled person

infirmerie [ɛ̃firməri] nf medical room

infirmier, -ière [ɛ̃firmje] nm/f nurse; **infirmière chef** sister

infirmité [ɛ̃firmite] nf disability

inflammable [ɛ̃flamabl] adj (in)flammable

inflation [ɛ̃flasjɔ̃] nf inflation

influençable [ɛ̃flyɑ̃sabl] adj easily influenced

influence [ɛ̃flyɑ̃s] nf influence; **influencer** vt to influence; **influent, e** adj influential

informaticien, ne [ɛ̃fɔrmatisjɛ̃, jɛn] nm/f computer scientist

information [ɛ̃fɔrmasjɔ̃] nf (renseignement) piece of information; (Presse, TV: nouvelle) item of news; (diffusion de renseignements, Inform) information; (Jur) inquiry, investigation; **informations** nfpl (TV) news sg

informatique [ɛ̃fɔrmatik] nf (technique) data processing; (science) computer science ▷ adj computer cpd; **informatiser** vt to computerize

informer [ɛ̃fɔrme] vt: **~ qn (de)** to inform sb (of); **s'informer** vr: **s'~ (de/si)** to inquire ou find out (about/whether); **s'~ sur** to inform o.s. about

infos [ɛ̃fo] nfpl: **les ~** the news sg

infraction [ɛ̃fraksjɔ̃] nf offence; **~ à** violation ou breach of; **être en ~** to be in breach of the law

infranchissable [ɛ̃frɑ̃ʃisabl] adj impassable; (fig) insuperable

infrarouge [ɛ̃fraruʒ] adj infrared

infrastructure [ɛ̃frastryktyr] nf (Aviat, Mil) ground installations pl; (Écon: touristique etc) infrastructure

infuser [ɛ̃fyze] vt, vi (thé) to brew; (tisane) to infuse; **infusion** nf (tisane) herb tea

ingénier [ɛ̃ʒenje] vi: **s'~ à faire** to strive to do

ingénierie [ɛ̃ʒeniri] nf engineering

ingénieur [ɛ̃ʒenjœr] nm engineer; **ingénieur du son** sound engineer

ingénieux, -euse [ɛ̃ʒenjø, jøz] adj ingenious, clever

ingrat, e [ɛ̃gra, at] adj (personne) ungrateful; (travail, sujet) thankless; (visage) unprepossessing

ingrédient [ɛ̃gredjɑ̃] nm ingredient

inhabité, e [inabite] adj uninhabited

inhabituel, le [inabityɛl] adj unusual

inhibition [inibisjɔ̃] nf inhibition

inhumain, e [inymɛ̃, ɛn] adj inhuman

inimaginable [inimaʒinabl] adj unimaginable

ininterrompu, e [inɛ̃terɔ̃py] adj (file, série) unbroken; (flot, vacarme) uninterrupted, non-stop; (effort) unremitting, continuous; (suite, ligne) unbroken

nitial, e, -aux [inisjal, jo] adj initial

initiales nfpl (d'un nom, sigle etc) initials

nitiation [inisjasjɔ̃] nf: **~ à** introduction to

initiative [inisjativ] nf initiative

nitier [inisje] vt: **~ à** to initiate sb into; (faire découvrir: art, jeu) to introduce sb to

njecter [ɛ̃ʒɛkte] vt to inject; **injection** nf injection; **à ~** (Auto) fuel injection cpd

njure [ɛ̃ʒyʀ] nf insult, abuse;

injurier vt to insult, abuse; **injurieux, -euse** adj abusive, insulting

njuste [ɛ̃ʒyst] adj unjust, unfair; **injustice** nf injustice

nlassable [ɛ̃lasabl] adj tireless

nné, e [i(n)ne] adj innate, inborn

nnocent, e [inɔsɑ̃, ɑ̃t] adj innocent; **innocenter** vt to clear, prove innocent

nnombrable [i(n)nɔ̃bʀabl] adj innumerable

nnover [inɔve] vi to break new ground

noccupé, e [inɔkype] adj unoccupied

nodore [inɔdɔʀ] adj (gaz) odourless; (fleur) scentless

noffensif, -ive [inɔfɑ̃sif, iv] adj harmless, innocuous

nondation [inɔ̃dasjɔ̃] nf flood

nonder [inɔ̃de] vt to flood; **~ de** to flood with

nopportun, e [inɔpɔʀtœ̃ yn] adj ill-timed, untimely

noubliable [inublijabl] adj unforgettable

nouï, e [inwi] adj unheard-of, extraordinary

nox [inɔks] nm stainless steel

nquiet, -ète [ɛ̃kjɛ, ɛ̃kjɛt] adj anxious; **inquiétant, e** adj worrying, disturbing; **inquiéter** vt to worry; **s'inquiéter** to worry; **s'inquiéter de** to worry about; (s'enquérir de) to inquire about; **inquiétude** nf anxiety

nsaisissable [ɛ̃sezisabl] adj (fugitif, ennemi) elusive; (différence, nuance)

imperceptible

insalubre [ɛ̃salybʀ] adj insalubrious

insatisfait, e [ɛ̃satisfɛ, ɛt] adj (non comblé) unsatisfied; (mécontent) dissatisfied

inscription [ɛ̃skʀipsjɔ̃] nf inscription; (immatriculation) enrolment

inscrire [ɛ̃skʀiʀ] vt (marquer: sur son calepin etc) to note ou write down; (: sur un mur, une affiche etc) to write; (: dans la pierre, le métal) to inscribe; (mettre: sur une liste, un budget etc) to put down; **s'inscrire** (pour une excursion etc) to put one's name down; **s'~ (à)** (club, parti) to join; (université) to register ou enrol (at); (examen, concours) to register (for); **~ qn à** (club, parti) to enrol sb at

insecte [ɛ̃sɛkt] nm insect; **insecticide** nm insecticide

insensé, e [ɛ̃sɑ̃se] adj mad

insensible [ɛ̃sɑ̃sibl] adj (nerf, membre) numb; (dur, indifférent) insensitive

inséparable [ɛ̃sepaʀabl] adj inseparable ▷ nm: **~s** (oiseaux) lovebirds

insigne [ɛ̃siɲ] nm (d'un parti, club) badge; (d'une fonction) insignia ▷ adj distinguished

insignifiant, e [ɛ̃siɲifjɑ̃, jɑ̃t] adj insignificant; trivial

insinuer [ɛ̃sinɥe] vt to insinuate; **s'insinuer dans** (fig) to worm one's way into

insipide [ɛ̃sipid] adj insipid

insister [ɛ̃siste] vi to insist; (continuer à sonner) to keep on trying; **~ sur** (détail, sujet) to lay stress on

insolation [ɛ̃sɔlasjɔ̃] nf (Méd) sunstroke no pl

insolent, e [ɛ̃sɔlɑ̃, ɑ̃t] adj insolent

insolite [ɛ̃sɔlit] adj strange, unusual

insomnie [ɛ̃sɔmni] nf insomnia no pl; **avoir des ~s** to sleep badly, not be able to sleep

insouciant, e [ɛ̃susjɑ̃, jɑ̃t] adj carefree; **~ du danger** heedless of (the) danger

insoupçonnable [ɛ̃supsɔnabl] adj unsuspected; (personne) above suspicion

insoupçonné, e [ɛ̃supsɔne] *adj* unsuspected

insoutenable [ɛ̃sut(ə)nabl] *adj* (*argument*) untenable; (*chaleur*) unbearable

inspecter [ɛ̃spɛkte] *vt* to inspect; **inspecteur, -trice** *nm/f* inspector; **inspecteur d'Académie** (regional) director of education; **inspecteur des finances** = tax inspector (BRIT), = Internal Revenue Service agent (US); **inspecteur (de police)** (police) inspector; **inspection** *nf* inspection

inspirer [ɛ̃spire] *vt* (*gén*) to inspire ▷ *vi* (*aspirer*) to breathe in; **s'inspirer** *vt*: **s'~ de** to be inspired by

instable [ɛ̃stabl] *adj* unstable; (*meuble, équilibre*) unsteady; (*temps*) unsettled

installation [ɛ̃stalasjɔ̃] *nf* (*mise en place*) installation; **installations** *nfpl* (*de sport, dans un camping*) facilities; **l'installation électrique** wiring

installer [ɛ̃stale] *vt* (*loger, placer*) to put; (*meuble, gaz, électricité*) to put in; (*rideau, étagère, tente*) to put up; (*appartement*) to fit out; **s'installer** (*s'établir: artisan, dentiste etc*) to set o.s. up; (*se loger*) to settle; (*emménager*) to settle in; (*sur un siège, à un emplacement*) to settle (down); (*fig: maladie, grève*) to take a firm hold

instance [ɛ̃stɑ̃s] *nf* (*Admin: autorité*) authority; **affaire en ~** matter pending; **être en ~ de divorce** to be awaiting a divorce

instant [ɛ̃stɑ̃] *nm* moment, instant; **dans un ~** in a moment; **à l'~** this instant; **je l'ai vu à l'~** I've just this minute seen him, I saw him a moment ago; **pour l'~** for the time being

instantané, e [ɛ̃stɑ̃tane] *adj* (*lait, café*) instant; (*explosion, mort*) instantaneous ▷ *nm* snapshot

instar [ɛ̃star]: **à l'~ de** *prép* following the example of, like

instaurer [ɛ̃stɔre] *vt* to institute; (*couvre-feu*) to impose; **s'instaurer** *vr*

(*paix*) to be established; (*doute*) to set in

instinct [ɛ̃stɛ̃] *nm* instinct; **instinctivement** *adv* instinctively

instituer [ɛ̃stitɥe] *vt* to establish

institut [ɛ̃stity] *nm* institute; **institut de beauté** beauty salon; **Institut universitaire de technologie** = polytechnic

instituteur, -trice [ɛ̃stitytœr, tris] *nm/f* (primary school) teacher

institution [ɛ̃stitysjɔ̃] *nf* institution; (*collège*) private school; **institutions** *nfpl* (*structures politiques et sociales*)

instructif, -ive [ɛ̃stryktif, iv] *adj* instructive

instruction [ɛ̃stryksjɔ̃] *nf* (*enseignement, savoir*) education; (*Jur*) (preliminary) investigation and hearing; **instructions** *nfpl* (*ordres, mode d'emploi*) instructions; **instruction civique** civics *sg*; **instruction religieuse** religious education

instruire [ɛ̃strɥir] *vt* (*élèves*) to teach; (*recrues*) to train; (*Jur: affaire*) to conduct the investigation for; **s'instruire** to educate o.s.; **instruit, e** *adj* educated

instrument [ɛ̃strymɑ̃] *nm* instrument; **instrument à cordes/à vent** stringed/wind instrument; **instrument de mesure** measuring instrument; **instrument de musique** musical instrument; **instrument de travail** (working) tool

insu [ɛ̃sy] *nm*: **à l'~ de qn** without sb knowing (it)

insuffisant, e [ɛ̃syfizɑ̃, ɑ̃t] *adj* (*en quantité*) insufficient; (*en qualité*) inadequate; (*sur une copie*) poor

insulaire [ɛ̃syler] *adj* island *cpd*; (*attitude*) insular

insuline [ɛ̃sylin] *nf* insulin

insulte [ɛ̃sylt] *nf* insult; **insulter** *vt* to insult

insupportable [ɛ̃sypɔrtabl] *adj* unbearable

insurmontable [ɛ̃syrmɔ̃tabl] *adj* (*difficulté*) insuperable; (*aversion*) unconquerable

intact, e [ɛ̃takt] *adj* intact

intarissable [ɛ̃taʁisabl] *adj* inexhaustible

intégral, e, -aux [ɛ̃tegʁal, o] *adj* complete; **texte** ~ unabridged version; **bronzage** ~ all-over suntan; **intégralement** *adv* in full; **intégralité** *nf* whole; **dans son intégralité** in full; **intégrant, e** *adj*: **faire partie intégrante de** to be an integral part of

intègre [ɛ̃tegʁ] *adj* upright

intégrer [ɛ̃tegʁe] **s'intégrer** *vr*: **s'~ à** *ou* **dans qch** to become integrated into sth; **bien s'~** to fit in

intégrisme [ɛ̃tegʁism] *nm* fundamentalism

intellectuel, le [ɛ̃telɛktɥɛl] *adj* intellectual ▷ *nm/f* intellectual; (*péj*) highbrow

intelligence [ɛ̃teliʒɑ̃s] *nf* intelligence; (*compréhension*): **l'~ de** the understanding of; (*complicité*): **regard d'~** glance of complicity; (*accord*): **vivre en bonne ~ avec qn** to be on good terms with sb

intelligent, e [ɛ̃teliʒɑ̃, ɑ̃t] *adj* intelligent

intelligible [ɛ̃teliʒibl] *adj* intelligible

intempéries [ɛ̃tɑ̃peʁi] *nfpl* bad weather *sg*

intenable [ɛ̃t(ə)nabl] *adj* (*chaleur*) unbearable

intendant, e [ɛ̃tɑ̃dɑ̃] *nm/f* (*Mil*) quartermaster; (*Scol*) bursar

intense [ɛ̃tɑ̃s] *adj* intense; **intensif, -ive** *adj* intensive; **un cours intensif** a crash course

intenter [ɛ̃tɑ̃te] *vt*: ~ **un procès contre** *ou* **à** to start proceedings against

intention [ɛ̃tɑ̃sjɔ̃] *nf* intention; (*Jur*) intent; **avoir l'~ de faire** to intend to do; **à l'~ de** for; (*renseignement*) for the benefit of; (*film, ouvrage*) aimed at; **à cette ~** with this aim in view; **intentionné, e** *adj*: **bien intentionné** well-meaning *ou* -intentioned; **mal intentionné** ill-intentioned

interactif, -ive [ɛ̃teʁaktif, iv] *adj* (*Comput*) interactive

intercepter [ɛ̃tɛʁsɛpte] *vt* to intercept; (*lumière, chaleur*) to cut off

interchangeable [ɛ̃tɛʁʃɑ̃ʒabl] *adj* interchangeable

interdiction [ɛ̃tɛʁdiksjɔ̃] *nf* ban; **interdiction de fumer** no smoking

interdire [ɛ̃tɛʁdiʁ] *vt* to forbid; (*Admin*) to ban, prohibit; (*journal, livre*) to ban; ~ **à qn de faire** to forbid sb to do; (*suj*: *empêchement*) to prevent sb from doing

interdit, e [ɛ̃tɛʁdi, it] *pp de* **interdire** ▷ *adj* (*stupéfait*) taken aback; **film ~ aux moins de 18/12 ans** = 18-/12A-rated film; **"stationnement ~"** "no parking"

intéressant, e [ɛ̃teʁɛsɑ̃, ɑ̃t] *adj* interesting; (*avantageux*) attractive

intéressé, e [ɛ̃teʁɛse] *adj* (*parties*) involved, concerned; (*amitié, motifs*) self-interested

intéresser [ɛ̃teʁɛse] *vt* (*captiver*) to interest; (*toucher*) to be of interest to; (*Admin*: *concerner*) to affect, concern; **s'intéresser** *vr*: **s'~ à** to be interested in

intérêt [ɛ̃teʁɛ] *nm* interest; (*égoïsme*) self-interest; **tu as ~ à accepter** it is in your interest to accept; **tu as ~ à te dépêcher** you'd better hurry

intérieur, e [ɛ̃teʁjœʁ] *adj* (*mur, escalier, poche*) inside; (*commerce, politique*) domestic; (*cour, calme, vie*) inner; (*navigation*) inland ▷ *nm*: **l'~** (*d'une maison, d'un récipient etc*) the inside; (*d'un pays, aussi*: *décor, mobilier*) the interior; **à l'~ (de)** inside; **ministère de l'~** ≈ Home Office (BRIT), ≈ Department of the Interior (US); **intérieurement** *adv* inwardly

intérim [ɛ̃teʁim] *nm* interim period; **faire de l'~** to temp; **assurer l'~ (de)** to deputize (for); **par ~** interim

intérimaire [ɛ̃teʁimɛʁ] *adj* (*directeur, ministre*) acting; (*secrétaire, personnel*) temporary ▷ *nm/f* (*secrétaire*) temporary secretary, temp (BRIT)

interlocuteur, -trice [ɛ̃tɛʁlɔkytœʁ, tʁis] *nm/f* speaker; **son ~** the person he was speaking to

intermédiaire [ɛ̃tɛʀmedjɛʀ] adj intermediate; (solution) temporary ▷ nm/f intermediary; (Comm) middleman; **sans ~** directly; **par l'~ de** through

interminable [ɛ̃tɛʀminabl] adj endless

intermittence nf: **par ~** sporadically, intermittently

internat [ɛ̃tɛʀna] nm boarding school

international, e, -aux [ɛ̃tɛʀnasjɔnal, o] adj, nm/f international

internaute [ɛ̃tɛʀnot] nm/f Internet user

interne [ɛ̃tɛʀn] adj internal ▷ nm/f (Scol) boarder; (Méd) houseman

Internet [ɛ̃tɛʀnɛt] nm: **l'~** the Internet

interpeller [ɛ̃tɛʀpale] vt (appeler) to call out to; (apostropher) to shout at; (Police, Pol) to question; (concerner) to concern

interphone [ɛ̃tɛʀfɔn] nm intercom; (d'immeuble) entry phone

interposer [ɛ̃tɛʀpoze] vt: **s'interposer** to intervene; **par personnes interposées** through a third party

interprète [ɛ̃tɛʀpʀɛt] nm/f interpreter; (porte-parole) spokesperson; **pourriez-vous servir d'~?** could you act as our interpreter?

interpréter [ɛ̃tɛʀpʀete] vt to interpret; (jouer) to play; (chanter) to sing

interrogatif, -ive [ɛ̃tɛʀɔgatif, iv] adj (Ling) interrogative

interrogation [ɛ̃tɛʀɔgasjɔ̃] nf question; (action) questioning; **~ écrite/orale** (Scol) written/oral test

interrogatoire [ɛ̃tɛʀɔgatwaʀ] nm (Police) questioning no pl; (Jur, aussi fig) cross-examination

interroger [ɛ̃tɛʀɔʒe] vt to question; (Inform) to consult; (Scol) to test

interrompre [ɛ̃tɛʀɔ̃pʀ] vt (gén) to interrupt; (négociations) to break off;

(match) to stop; **s'interrompre** to break off; **interrupteur** nm switch; **interruption** nf interruption; (pause) break; **sans interruption** without stopping; **interruption (volontaire) de grossesse** termination of pregnancy

intersection [ɛ̃tɛʀsɛksjɔ̃] nf intersection

intervalle [ɛ̃tɛʀval] nm (espace) space; (de temps) interval; **dans l'~** in the meantime; **à deux jours d'~** two days apart

intervenir [ɛ̃tɛʀvəniʀ] vi (gén) to intervene; **~ auprès de qn** to intervene with sb; **intervention** nf intervention; (discours) speech; **intervention chirurgicale** (Méd) (surgical) operation

interview [ɛ̃tɛʀvju] nf interview

intestin [ɛ̃tɛstɛ̃] nm intestine

intime [ɛ̃tim] adj intimate; (vie) private; (conviction) inmost; (dîner, cérémonie) quiet ▷ nm/f close friend; **un journal ~** a diary

intimider [ɛ̃timide] vt to intimidate

intimité [ɛ̃timite] nf: **dans l'~** in private; (sans formalités) with only a few friends, quietly

intolérable [ɛ̃tɔleʀabl] adj intolerable

intox [ɛ̃tɔks] (fam) nf brainwashing

intoxication [ɛ̃tɔksikasjɔ̃] nf: **intoxication alimentaire** food poisoning

intoxiquer [ɛ̃tɔksike] vt to poison; (fig) to brainwash

intraitable [ɛ̃tʀɛtabl] adj inflexible, uncompromising

intransigeant, e [ɛ̃tʀɑ̃ziʒɑ̃, ɑ̃t] adj intransigent

intrépide [ɛ̃tʀepid] adj dauntless

intrigue [ɛ̃tʀig] nf (scénario) plot; **intriguer** vt to puzzle, intrigue

introduction [ɛ̃tʀɔdyksjɔ̃] nf introduction

introduire [ɛ̃tʀɔdɥiʀ] vt to introduce; (visiteur) to show in; (aiguille, clef): **~ qch dans** to insert ou introduce sth into; **s'introduire** vr (techniques, usages) to be introduced; **s'~ (dans)** to get in(to); (*dans un groupe*) to get accepted (into)

ntrouvable [ɛ̃truvabl] *adj* which cannot be found; (*Comm*) unobtainable

ntrus, e [ɛ̃try, yz] *nm/f* intruder

ntuition [ɛ̃tɥisjɔ̃] *nf* intuition

nusable [inyzabl] *adj* hard-wearing

nutile [inytil] *adj* useless; (*superflu*) unnecessary; **inutilement** *adv* unnecessarily; (*superflu*) **inutilisable** *adj* unusable

nvalide [ɛ̃valid] *adj* disabled ▷ *nm:* **~ de guerre** disabled ex-serviceman

nvariable [ɛ̃varjabl] *adj* invariable

nvasion [ɛ̃vazjɔ̃] *nf* invasion

nventaire [ɛ̃vɑ̃tɛr] *nm* inventory; (*Comm: liste*) stocklist; (: *opération*) stocktaking *no pl*

nventer [ɛ̃vɑ̃te] *vt* to invent; (*subterfuge*) to devise, invent; (*histoire, excuse*) to make up, invent; **inventeur** *nm* inventor; **inventif, -ive** *adj* inventive; **invention** *nf* invention

nverse [ɛ̃vɛrs] *adj* opposite ▷ *nm:* **l'~** the opposite; **dans l'ordre ~** in the reverse order; **en sens ~** in (*ou* from) the opposite direction; **dans le sens ~ des aiguilles d'une montre** anticlockwise; **tu t'es trompé, c'est l'~** you've got it wrong, it's the other way round; **inversement** *adv* conversely; **inverser** *vt* to invert, reverse; (*Élec*) to reverse

nvestir [ɛ̃vɛstir] *vt* to invest; **~ qn de** (*d'une fonction, d'un pouvoir*) to vest *ou* invest sb with; **s'investir** *vr:* **s'~ dans** (*Psych*) to put a lot into; **investissement** *nm* investment

nvisible [ɛ̃vizibl] *adj* invisible

nvitation [ɛ̃vitasjɔ̃] *nf* invitation

nvité, e [ɛ̃vite] *nm/f* guest

nviter [ɛ̃vite] *vt* to invite; **~ qn à faire qch** to invite sb to do sth

nvivable [ɛ̃vivabl] *adj* unbearable

nvolontaire [ɛ̃vɔlɔ̃tɛr] *adj* (*mouvement*) involuntary; (*insulte*) unintentional; (*complice*) unwitting

nvoquer [ɛ̃vɔke] *vt* (*Dieu, muse*) to call upon, invoke; (*prétexte*) to put forward

(as an excuse); (*loi, texte*) to refer to

invraisemblable [ɛ̃vrɛsɑ̃blabl] *adj* (*fait, nouvelle*) unlikely, improbable; (*insolence, habit*) incredible

iode [jɔd] *nm* iodine

iPod® [ipɔd] *nm* iPod®

irai *etc* [ire] *vb voir* **aller**

Irak [irak] *nm* Iraq; **irakien, ne** *adj* Iraqi ▷ *nm/f:* **Irakien, ne** Iraqi

Iran [irɑ̃] *nm* Iran; **iranien, ne** *adj* Iranian ▷ *nm/f:* **Iranien, ne** Iranian

irions *etc* [irjɔ̃] *vb voir* **aller**

iris [iris] *nm* iris

irlandais, e [irlɑ̃dɛ, ɛz] *adj* Irish ▷ *nm/f:* **I~, e** Irishman/(-woman)

Irlande [irlɑ̃d] *nf* Ireland; **la République d'~** the Irish Republic; **la mer d'~** the Irish Sea; **Irlande du Nord** Northern Ireland

ironie [irɔni] *nf* irony; **ironique** *adj* ironical; **ironiser** *vi* to be ironical

irons *etc* [irɔ̃] *vb voir* **aller**

irradier [iradje] *vi* to irradiate

irraisonné, e [irɛzɔne] *adj* irrational

irrationnel, le [irasjɔnɛl] *adj* irrational

irréalisable [irealizabl] *adj* unrealizable; (*projet*) impracticable

irrécupérable [irekyperabl] *adj* beyond repair; (*personne*) beyond redemption

irréel, le [ireɛl] *adj* unreal

irréfléchi, e [irefleʃi] *adj* thoughtless

irrégularité [iregylarite] *nf* irregularity; (*de travail, d'effort, de qualité*) unevenness *no pl*

irrégulier, -ière [iregylje, jɛr] *adj* irregular; (*travail, effort, qualité*) uneven; (*élève, athlète*) erratic

irrémédiable [iremedjabl] *adj* irreparable

irremplaçable [irɑ̃plasabl] *adj* irreplaceable

irréparable [ireparabl] *adj* (*objet*) beyond repair; (*dommage etc*) irreparable

irréprochable [ireprɔʃabl] *adj* irreproachable, beyond reproach;

(tenue) impeccable
irrésistible [iʀezistibl] adj irresistible;
(besoin, désir, preuve, logique)
compelling; (amusant) hilarious
irrésolu, e [iʀezɔly] adj (personne)
irresolute; (problème) unresolved
irrespectueux, -euse [iʀεspεktɥø,
øz] adj disrespectful
irresponsable [iʀεspɔ̃sabl] adj
irresponsible
irriguer [iʀige] vt to irrigate
irritable [iʀitabl] adj irritable
irriter [iʀite] vt to irritate
irruption [iʀypsjɔ̃] nf: **faire ~ (chez qn)**
to burst in (on sb)
Islam [islam] nm: **l'~** Islam; **islamique**
adj Islamic; **islamophobie** nf
Islamophobia
Islande [islɑ̃d] nf Iceland
isolant, e [izɔlɑ̃, ɑ̃t] adj insulating;
(insonorisant) soundproofing
isolation [izɔlasjɔ̃] nf insulation; **~
acoustique** soundproofing
isolé, e [izɔle] adj isolated; (contre le
froid) insulated
isoler [izɔle] vt to isolate; (prisonnier)
to put in solitary confinement; (ville)
to cut off, isolate; (contre le froid) to
insulate; **s'isoler** vi to isolate o.s.
Israël [isʀaεl] nm Israel; **israélien, ne**
adj Israeli ⊳ nm/f: **Israélien, ne** Israeli;
israélite adj Jewish ⊳ nm/f: **Israélite**
Jew (Jewess)
issu, e [isy] adj: **~ de** (né de) descended
from; (résultant de) stemming from;
issue nf (ouverture, sortie) exit; (solution)
way out, solution; (dénouement)
outcome; **à l'issue de** at the conclusion
ou close of; **voie sans issue** dead end;
issue de secours emergency exit
Italie [itali] nf Italy; **italien, ne** adj
Italian ⊳ nm/f: **Italien, ne** Italian ⊳ nm
(Ling) Italian
italique [italik] nm: **en ~** in italics
itinéraire [itineʀεʀ] nm itinerary,
route; **itinéraire bis** alternative route
IUT sigle m = **Institut universitaire de
technologie**

IVG sigle f (= interruption volontaire de
grossesse) abortion
ivoire [ivwaʀ] nm ivory
ivre [ivʀ] adj drunk; **~ de** (colère, bonheur)
wild with; **ivrogne** nm/f drunkard

j' [ʒ] pron voir **je**

jacinthe [ʒasɛ̃t] nf hyacinth

jadis [ʒadis] adv long ago

jaillir [ʒajiʀ] vi (liquide) to spurt out; (cris, réponses) to burst forth

jais [ʒɛ] nm jet; **(d'un noir) de ~** jet-black

jalousie [ʒaluzi] nf jealousy; (store) slatted blind

jaloux, -ouse [ʒalu, uz] adj jealous; **être ~ de** to be jealous of

jamaïquain, e [ʒamaikɛ̃, -ɛn] adj Jamaican ▷ nm/f: **J~, e** Jamaican

Jamaïque [ʒamaik] nf: **la ~** Jamaica

jamais [ʒamɛ] adv never; (sans négation) ever; **ne ... ~** never; **je ne suis ~ allé en Espagne** I've never been to Spain; **si vous passez dans la région, venez nous voir** if you happen to be/if you're ever in this area, come and see us; **à ~ for ever

jambe [ʒɑ̃b] nf leg

jambon [ʒɑ̃bɔ̃] nm ham

jante [ʒɑ̃t] nf (wheel) rim

janvier [ʒɑ̃vje] nm January

Japon [ʒapɔ̃] nm Japan; **japonais, e** adj Japanese ▷ nm/f: **japonais, e** Japanese ▷ nm (Ling) Japanese

jardin [ʒaʀdɛ̃] nm garden; **jardin d'enfants** nursery school; **jardinage** nm gardening; **jardiner** vi to do some gardening; **jardinier, -ière** nm/f gardener; **jardinière** nf planter; (de fenêtre) window box; **jardinière de légumes** (Culin) mixed vegetables

jargon [ʒaʀgɔ̃] nm (baragouin) gibberish; (langue professionnelle) jargon

jarret [ʒaʀɛ] nm back of knee; (Culin) knuckle, shin

jauge [ʒoʒ] nf (instrument) gauge; **jauge (de niveau) d'huile** (Auto) dipstick

jaune [ʒon] adj, nm yellow ▷ adv (fam): **rire ~** to laugh on the other side of one's face; **jaune d'œuf** (egg) yolk; **jaunir** vi, vt to turn yellow; **jaunisse** nf jaundice

Javel [ʒavɛl] nf voir **eau**

javelot [ʒavlo] nm javelin

je, j' [ʒə] pron I

jean [dʒin] nm jeans pl

Jésus-Christ [ʒezykʀi(st)] n Jesus Christ; **600 avant/après ~ ou J.-C.** 600 B.C./A.D.

jet [ʒɛ] nm (lancer: action) throwing no pl; (: résultat) throw; (jaillissement: d'eaux) jet; (: de sang) spurt; **jet d'eau** spray

jetable [ʒ(ə)tabl] adj disposable

jetée [ʒəte] nf jetty; (grande) pier

jeter [ʒ(ə)te] vt (gén) to throw; (se défaire de) to throw away ou out; **~ qch à qn** to throw sth to sb; (de façon agressive) to throw sth at sb; **~ un coup d'œil (à)** to take a look (at); **~ un sort à qn** to cast a spell on sb; **se ~ sur qn** to rush at sb; **se ~ dans** (suj: fleuve) to flow into

jeton [ʒ(ə)tɔ̃] nm (au jeu) counter

jette etc [ʒɛt] vb voir **jeter**

jeu, x [ʒø] nm (divertissement, Tech: d'une pièce) play; (Tennis: partie, Football etc: façon de jouer) game; (Théâtre etc) acting; (série d'objets, jouet) set; (Cartes) hand; (au casino): **le ~** gambling; **remettre en ~** (Football) to throw in; **être en ~** (fig) to be at stake; **entrer/mettre en ~** (fig) to come/bring into play; **jeu de cartes** pack of cards; **jeu d'échecs** chess set; **jeu de hasard** game of chance; **jeu de mots** pun; **jeu de société** board game; **jeu télévisé** television quiz; **jeu vidéo** video game

jeudi [ʒødi] nm Thursday

jeun [ʒœ̃]: **à ~** adv on an empty stomach; **être à ~** to have eaten nothing; **rester à ~** not to eat anything

jeune [ʒœn] adj young; **jeunes** nmpl: **les ~s** young people; **jeune fille** girl; **jeune homme** young man; **jeunes gens** young people

jeûne [ʒøn] nm fast

jeunesse [ʒœnɛs] nf youth; (aspect) youthfulness

joaillier, -ière [ʒɔaje, -jɛʀ] nm/f jeweller

jogging [dʒɔgiŋ] nm jogging; (survêtement) tracksuit; **faire du ~** to go jogging

joie [ʒwa] nf joy

joindre [ʒwɛ̃dʀ] vt to join; (à une lettre): **~ qch à** to enclose sth with; **~ un fichier à un mail** (Inform) to attach a file to an email; (contacter): to contact, get in touch with; **se ~ à qn** to join sb; **se ~ à qch** to join in sth

joint, e [ʒwɛ̃, ɛ̃t] adj: **pièce ~e** (de lettre) enclosure; (de mail) attachment ▷ nm joint; (ligne) join; **joint de culasse** cylinder head gasket

joli, e [ʒɔli] adj pretty, attractive; **une ~e somme/situation** a tidy sum/a nice little job; **c'est du ~!** (ironique) that's very nice!; **c'est bien ~, mais ...** that's all very well but ...

jonction [ʒɔ̃ksjɔ̃] nf junction

jongleur, -euse [ʒɔ̃glœʀ, øz] nm/f juggler

jonquille [ʒɔ̃kij] nf daffodil

Jordanie [ʒɔʀdani] nf: **la ~** Jordan

joue [ʒu] nf cheek

jouer [ʒwe] vt to play; (somme d'argent, réputation) to stake, wager; (simuler: sentiment) to affect, feign ▷ vi to play;

(Théâtre, Cinéma) to act; (au casino) to gamble; (bois, porte: se voiler) to warp; (clef, pièce: avoir du jeu) to be loose; **~ sur** (miser) to gamble on; **~ de** (Mus) to play; **~ à** (jeu, sport, roulette) to play; **~ un tour à qn** to play a trick on sb; **~ serré** to play a close game; **~ la comédie** to put on an act; **à toi/nous de ~** it's your/our go to turn; **bien joué!** well done!; **on joue Hamlet au théâtre X** Hamlet is on at the X theatre

jouet [ʒwe] nm toy; **être le ~ de** (illusion etc) to be the victim of

joueur, -euse [ʒwœʀ, øz] nm/f player; **être beau/mauvais ~** to be a good/bad loser

jouir [ʒwiʀ] vi (sexe: fam) to come ▷ vt: **~ de** to enjoy

jour [ʒuʀ] nm day; (opposé à la nuit) day, daytime; (clarté) light; (fig: aspect) light; (ouverture) gap; **de ~** (crème, service) day cpd; **travailler de ~** to work during the day; **voyager de ~** to travel by day; **au ~ le ~** from day to day; **de nos ~s** these days; **du ~ au lendemain** overnight; **il fait ~** it's daylight; **au grand ~** (fig) in the open; **mettre au ~** to disclose; **mettre à ~** to update; **donner le ~ à** to give birth to; **voir le ~** to be born; **le ~ J** D-day; **jour férié** public holiday; **jour ouvrable** working day

journal, -aux [ʒuʀnal, o] nm (news)paper; (spécialisé) diary; (intime) diary; **journal de bord** log; **journal parlé/télévisé** radio/ television news sg

journalier, -ière [ʒuʀnalje, jɛʀ] adj daily; (banal) everyday

journalisme [ʒuʀnalism] nm journalism; **journaliste** nm/f journalist

journée [ʒuʀne] nf day; **faire la ~ continue** to work over lunch

joyau, x [ʒwajo] nm gem, jewel

joyeux, -euse [ʒwajø, øz] adj joyful, merry; **~ Noël!** merry Christmas!; **~ anniversaire!** happy birthday!

judas [ʒyda] nm (trou) spy-hole

judiciaire [ʒydisjɛʀ] adj judicial
judicieux, -euse [ʒydisjø, jøz] adj judicious

judo [ʒydo] nm judo
juge [ʒyʒ] nm judge; **juge d'instruction** examining (BRIT) ou committing (US) magistrate; **juge de paix** justice of the peace
jugé [ʒyʒe] : **au ~** adv by guesswork
jugement [ʒyʒmã] nm judgment; (Jur: au pénal) sentence; (: au civil) decision
juger [ʒyʒe] vt to judge; (estimer) to consider; **~ qn/qch satisfaisant** to consider sb/sth (to be) satisfactory; **~ bon de faire** to see fit to do

juif, -ive [ʒɥif, ʒɥiv] adj Jewish ▷ nm/f: **J~, ive** Jew (Jewess)
juillet [ʒɥijɛ] nm July

● **14 JUILLET**

Le 14 juillet is a national holiday in France and commemorates the storming of the Bastille during the French Revolution. Throughout the country there are celebrations, which feature parades, music, dancing and firework displays. In Paris a military parade along the Champs-Élysées is attended by the President.

---

juin [ʒɥɛ̃] nm June
jumeau, -elle, x [ʒymo, ɛl] adj, nm/f twin
jumeler [ʒym(ə)le] vt to twin
jumelle [ʒymɛl] adj, nf voir **jumeau**; **jumelles** nfpl (appareil) binoculars
jument [ʒymã] nf mare
jungle [ʒœgl] nf jungle
jupe [ʒyp] nf skirt
jupon [ʒypõ] nm waist slip
juré, e [ʒyʀe] nm/f juror ▷ adj: **ennemi ~** sworn enemy
jurer [ʒyʀe] vt (obéissance etc) to swear, vow ▷ vi (dire des jurons) to swear, curse; (dissoner): **~ (avec)** to clash (with); **~ de faire/que** to swear to do/that; **~ de**

qch (s'en porter garant) to swear to sth
juridique [ʒyʀidik] adj legal
juron [ʒyʀõ] nm curse, swearword
jury [ʒyʀi] nm jury; (Art, Sport) panel of judges; (Scol) board of examiners
jus [ʒy] nm juice; (de viande) gravy, (meat) juice; **jus de fruit** fruit juice
jusque [ʒysk]: **jusqu'à** prép (endroit) as far as, (up) to; (moment) until, till; (limite) up to; **~ sur/dans** up to, on; (y compris) even on/in; **jusqu'à ce que** until; **jusqu'à présent** ou **maintenant** so far; **jusqu'où?** how far?
justaucorps [ʒystokɔʀ] nm leotard
juste [ʒyst] adj (équitable) just, fair; (légitime) just; (exact) right; (pertinent) apt; (étroit) tight; (insuffisant) on the short side ▷ adv rightly, correctly; (chanter) in tune; (exactement, seulement) just; **~ assez/au-dessus** just enough/ above; **au ~** exactly; **le ~ milieu** the happy medium; **c'était ~** it was a close thing; **pouvoir tout ~ faire** to be only just able to do; **justement** adv justly; (précisément) just, precisely; **justesse** nf (précision) accuracy; (d'une remarque) aptness; (d'une opinion) soundness; **de justesse** only just
justice [ʒystis] nf (équité) fairness, justice; (Admin) justice; **rendre ~ à qn** to do sb justice
justificatif, -ive [ʒystifikatif, iv] adj (document) supporting; **pièce justificative** written proof
justifier [ʒystifje] vt to justify; **~ de** to prove

juteux, -euse [ʒytø, øz] adj juicy
juvénile [ʒyvenil] adj youthful

K [kɑ] *nm* (*Inform*) K

kaki [kaki] *adj inv* khaki

kangourou [kɑ̃guʁu] *nm* kangaroo

karaté [kaʁate] *nm* karate

kascher [kaʃɛʁ] *adj* kosher

kayak [kajak] *nm* canoe, kayak; **faire du ~** to go canoeing

képi [kepi] *nm* kepi

kermesse [kɛʁmɛs] *nf* fair; (*fête de charité*) bazaar, (charity) fête

kidnapper [kidnape] *vt* to kidnap

kilo [kilo] *nm* = **kilogramme**

kilo...: **kilogramme** *nm* kilogramme; **kilométrage** *nm* number of kilometres travelled, ≈ mileage; **kilomètre** *nm* kilometre; **kilométrique** *adj* (*distance*) in kilometres

kinésithérapeute [kineziteʁapøt] *nm/f* physiotherapist

kiosque [kjɔsk] *nm* kiosk, stall

kir [kiʁ] *nm* kir (*white wine with blackcurrant liqueur*)

kit [kit] *nm* kit; **~ piéton** *ou* **mains libres** hands-free kit; **en ~** in kit form

kiwi [kiwi] *nm* kiwi

klaxon [klaksɔn] *nm* horn; **klaxonner** *vi*, *vt* to hoot (BRIT), honk (US)

km *abr* = **kilomètre**

km/h *abr* (= kilomètres/heure) = mph

K.-O. (*fam*) *adj inv* shattered, knackered

Kosovo [kɔsɔvo] *nm* Kosovo

Koweit, Kuwait [kɔwɛt] *nm*: **le ~** Kuwait

k-way® [kawe] *nm* (lightweight nylon) cagoule

kyste [kist] *nm* cyst

libérer) to release, set free; (*fig: mot, remarque*) to let slip, come out with ▷ *vi* (*freins*) to fail: **~ les amarres** (*Navig*) to cast off (the moorings); **~ prise** to let go

lacrymogène [lakʀimɔʒɛn] *adj*: **gaz ~** teargas

lacune [lakyn] *nf* gap

là-dedans [ladədɑ̃] *adv* inside (there), in it; (*fig*) in that

là-dessous [ladsu] *adv* underneath, under there; (*fig*) behind that

là-dessus [ladsy] *adv* on there; (*fig: sur ces mots*) at that point; (: *à ce sujet*) about that

lagune [lagyn] *nf* lagoon

là-haut [lao] *adv* up there

laid, e [lɛ, lɛd] *adj* ugly; **laideur** *nf* ugliness *no pl*

lainage [lɛnaʒ] *nm* (*vêtement*) woollen garment; (*étoffe*) woollen material

laine [lɛn] *nf* wool

laïque [laik] *adj* lay, civil; (*Scol*) state *cpd* ▷ *nm/f* layman(-woman)

laisse [lɛs] *nf* (*de chien*) lead, leash; **tenir en ~** to keep on a lead *ou* leash

laisser [lese] *vt* to leave ▷ *vb aux*: **~ qn faire** to let sb do; **se ~ aller** to let o.s. go: **laisse-toi faire** let me (*ou* him *etc*) do it; **laisser-aller** *nm* carelessness; **laissez-passer** *nm inv* pass

lait [lɛ] *nm* milk; **frère/sœur de ~** foster brother/sister; **lait concentré/ condensé** condensed/evaporated milk; **lait écrémé/entier** skimmed/ full-cream (BRIT) *ou* whole milk; **laitage** *nm* dairy product; **laiterie** *nf* dairy; **laitier, -ière** *adj* dairy *cpd* ▷ *nm/f* milkman (dairywoman)

laiton [lɛtɔ̃] *nm* brass

laitue [lety] *nf* lettuce

lambeau, x [lɑ̃bo] *nm* scrap; **en ~x** in tatters, tattered

lame [lam] *nf* blade; (*vague*) wave; (*lamelle*) strip; **lame de fond** ground swell *no pl*; **lame de rasoir** razor blade; **lamelle** *nf* thin strip *ou* blade

lamentable [lamãtabl] *adj* appalling

lamenter [lamãte] *vb*: **se ~ (sur)** to

---

l' [l] *art déf voir* **le**

la [la] *art déf voir* **le** ▷ *nm* (*Mus*) A; (*en chantant la gamme*) la

là [la] *adv* there; (*ici*) here; (*dans le temps*) then; **elle n'est pas là** she isn't here; **c'est là que** this is where; **là où** where; **de là** (*fig*) hence; **par là** (*fig*) by that; *voir aussi* **-ci**; **ce**; **celui**; **là-bas** *adv* there

labo [labo] *nm* (*fam* = *laboratoire*) lab

laboratoire [labɔʀatwaʀ] *nm* laboratory; **laboratoire de langues** language laboratory

laborieux, -euse [labɔʀjø, jøz] *adj* (*tâche*) laborious

labourer *vt* to plough

labyrinthe [labiʀɛ̃t] *nm* labyrinth, maze

lac [lak] *nm* lake

lacet [lasɛ] *nm* (*de chaussure*) lace; (*de route*) sharp bend; (*piège*) snare

lâche [lɑʃ] *adj* (*poltron*) cowardly; (*desserré*) loose, slack ▷ *nm/f* coward

lâcher [lɑʃe] *vt* to let go of; (*ce qui tombe, abandonner*) to drop; (*oiseau, animal:*

moan (over)

lampadaire [lɑ̃padɛʀ] nm (de salon) standard lamp; (dans la rue) street lamp

lampe [lɑ̃p] nf lamp; (Tech) valve; **lampe à bronzer** sun lamp; **lampe à pétrole** oil lamp; **lampe de poche** torch (BRIT), flashlight (US); **lampe halogène** halogen lamp

lance [lɑ̃s] nf spear; **lance d'incendie** fire hose

lancée [lɑ̃se] nf: **être/continuer sur sa ~** to be under way/keep going

lancement [lɑ̃smɑ̃] nm launching

lance-pierres [lɑ̃spjɛʀ] nm inv catapult

lancer [lɑ̃se] nm (Sport) throwing no pl, throw ▷ vt to throw; (émettre, projeter) to throw out, send out; (produit, fusée, bateau, artiste) to launch; (injure) to hurl, fling; **se lancer** vi (prendre de l'élan) to build up speed; (se précipiter): **se ~ sur ou contre** to rush at; **se ~ dans** (discussion) to launch into; (aventure) to embark on; **~ qch à qn** to throw sth to sb; (de façon agressive) to throw sth at sb; **~ un cri ou un appel** to shout ou call out; **lancer le poids** putting the shot

landau [lɑ̃do] nm pram (BRIT), baby carriage (US)

lande [lɑ̃d] nf moor

langage [lɑ̃gaʒ] nm language

langouste [lɑ̃gust] nf crayfish inv; **langoustine** nf Dublin Bay prawn

langue [lɑ̃g] nf (Anat, Culin) tongue; (Ling) language; **tirer la ~ (à)** to stick out one's tongue (at); **de ~ française** French-speaking; **quelles ~s parlez-vous?** what languages do you speak?; **langue maternelle** native language, mother tongue; **langues vivantes** modern languages

langueur [lɑ̃gœʀ] nf languidness

languir [lɑ̃giʀ] vi to languish; (conversation) to flag; **faire ~ qn** to keep sb waiting

lanière [lanjɛʀ] nf (de fouet) lash; (de sac, bretelle) strap

lanterne [lɑ̃tɛʀn] nf (portable) lantern; (électrique) light, lamp; (de voiture) (side)light

laper [lape] vt to lap up

lapidaire [lapidɛʀ] adj (fig) terse

lapin [lapɛ̃] nm rabbit; (peau) rabbitskin; (fourrure) cony; **poser un ~ à qn** (fam) to stand sb up

Laponie [laponi] nf Lapland

laps [laps] nm: **~ de temps** space of time, lapse of time

laque [lak] nf (vernis) lacquer; (pour cheveux) hair spray

laquelle [lakɛl] pron voir **lequel**

larcin [laʀsɛ̃] nm theft

lard [laʀ] nm (bacon) (streaky) bacon; (graisse) fat

lardon [laʀdɔ̃] nm: **~s** chopped bacon

large [laʀʒ] adj wide, broad; (fig) generous ▷ adv: **calculer/voir ~** to allow extra/think big ▷ nm (largeur): **5 m de ~** = 5 m wide ou in width; (mer): **le ~** the open sea; **au ~ de** off; **large d'esprit** broad-minded; **largement** adv widely; (de loin) greatly; (au moins) easily; (généreusement) generously; **c'est largement suffisant** that's ample; **largesse** nf generosity; **largesses** nfpl (dons) liberalities; **largeur** nf (qu'on mesure) width; (impression visuelle) wideness, width; (d'esprit) broadness

larguer [laʀge] vt to drop; **~ les amarres** to cast off (the moorings)

larme [laʀm] nf tear; (fam: goutte) drop; **en ~s** in tears; **larmoyer** vi (yeux) to water; (se plaindre) to whimper

larvé, e [laʀve] adj (fig) latent

laryngite [laʀɛ̃ʒit] nf laryngitis

las, lasse [lɑ, lɑs] adj weary

laser [lazɛʀ] nm: **(rayon) ~** laser (beam); **chaîne ou platine ~** laser disc (player); **disque ~** laser disc

lasse [lɑs] adj voir **las**

lasser [lɑse] vt to weary, tire; **se lasser de** vt to grow weary ou tired of

latéral, e, -aux [lateʀal, o] adj side cpd, lateral

latin, e [latɛ̃, in] adj Latin ▷ nm/f: **L~, e** Latin ▷ nm (Ling) Latin

latitude [latityd] nf latitude

lauréat, e [lɔʀea, at] nm/f winner

laurier [lɔʀje] nm (Bot) laurel; **feuille de ~** (Culin) bay leaf

lavable [lavabl] adj washable

lavabo [lavabo] nm washbasin; **lavabos** nmpl (toilettes) toilet sg

lavage [lavaʒ] nm washing no pl, wash; **lavage de cerveau** brainwashing no pl

lavande [lavɑ̃d] nf lavender

lave [lav] nf lava no pl

lave-linge [lavlɛ̃ʒ] nm inv washing machine

laver [lave] vt to wash; (tache) to wash off; **se laver** vi to have a wash, wash; **se ~ les mains/dents** to wash one's hands/clean one's teeth; **~ la vaisselle/le linge** to wash the dishes/clothes; **~ qn de** (accusation) to clear sb of; **laverie** nf: **laverie (automatique)** launderette; **lavette** nf dish cloth; (fam) drip; **laveur, -euse** nm/f cleaner; **lave-vaisselle** nm inv dishwasher; **lavoir** nm wash house; (évier) sink

laxatif, -ive [laksatif, iv] adj, nm laxative

layette [lɛjɛt] nf baby clothes

O **MOT-CLÉ**

le [lə], **la**, **l'** (pl **les**) art déf **1 : le livre/la pomme/l'arbre** the book/the apple/the tree; **les étudiants** the students

2 (noms abstraits): **le courage/l'amour/la jeunesse** courage/love/youth

3 (indiquant la possession): **se casser la jambe** etc to break one's leg; **levez la main** put your hand up; **avoir les yeux gris/le nez rouge** to have grey eyes/a red nose

4 (temps): **le matin/soir** in the morning/evening; mornings/evenings; **le jeudi** etc (d'habitude) on Thursdays etc; (ce jeudi-là etc) on (the) Thursday

5 (distribution, évaluation) a, an; **10**

euros le mètre/kilo 10 euros a ou per metre/kilo; **le tiers/quart de** a third/quarter of

▷ **pron 1** (personne: mâle) him; (: femelle) her; (: pluriel) them; **je le/la/les vois** I can see him/her/them

2 (animal, chose: singulier) it; (: pluriel) them; **je le (ou la) vois** I can see it; **je les vois** I can see them

3 (remplaçant une phrase): **je ne le savais pas** I didn't know (about it); **il était riche et ne l'est plus** he was once rich but no longer is

lécher [leʃe] vt to lick; (laper: lait, eau) to lick ou lap up; **se ~ les doigts/lèvres** to lick one's fingers/lips; **lèche-vitrines** nm: **faire du lèche-vitrines** to go window-shopping

leçon [l(ə)sɔ̃] nf lesson; **faire la ~ à** (fig) to give a lecture to; **leçons de conduite** driving lessons; **leçons particulières** private lessons ou tuition sg (BRIT)

lecteur, -trice [lɛktœʀ, tʀis] nm/f reader; (d'université) foreign language assistant ▷ nm (Tech): **~ de cassettes/CD/DVD** cassette/CD/DVD player; **lecteur de disquette(s)** disk drive; **lecteur MP3** MP3 player

lecture [lɛktyʀ] nf reading

Attention à ne pas traduire **lecture** par le mot anglais **lecture**.

ledit [lədi], **ladite** (mpl **lesdits**, fpl **lesdites**) dét the aforesaid

légal, e, -aux [legal, o] adj legal; **légaliser** vt to legalize; **légalité** nf law

légendaire [leʒɑ̃dɛʀ] adj legendary

légende [leʒɑ̃d] nf (mythe) legend; (de carte, plan) key; (de dessin) caption

léger, -ère [leʒe, ɛʀ] adj light; (bruit, retard) slight; (personne: superficiel) thoughtless; (: volage) free and easy; **à la légère** (parler, agir) rashly, thoughtlessly; **légèrement** adv (s'habiller, bouger) lightly; (un peu) slightly; **manger légèrement** to eat a light meal; **légèreté** nf lightness; (d'une remarque) flippancy

législatif, -ive [leʒislatif, iv] adj legislative; **législatives** nfpl general election sg

légitime [leʒitim] adj (Jur) lawful, legitimate; (fig) rightful, legitimate; **en état de ~ défense** in self-defence

legs [leg] nm legacy

léguer [lege] vt: **~ qch à qn** (Jur) to bequeath sth to sb

légume [legym] nm vegetable; **légumes secs** pulses; **légumes verts** green vegetables, greens

lendemain [lɑ̃dmɛ̃] nm: **le ~** the next ou following day; **le ~ matin/soir** the next ou following morning/evening; **le ~ de** the day after

lent, e [lɑ̃, lɑ̃t] adj slow; **lentement** adv slowly; **lenteur** nf slowness no pl

lentille [lɑ̃tij] nf (Optique) lens sg; (Culin) lentil; **lentilles de contact** contact lenses

léopard [leɔpaʀ] nm leopard

lèpre [lɛpʀ] nf leprosy

○ **MOT-CLÉ**

lequel, laquelle [ləkɛl, lakɛl] (mpl **lesquels**, fpl **lesquelles**) (à + lequel = **auquel**, de + lequel = **duquel** etc) pron
1 (interrogatif) which, which one; **lequel des deux?** which one?
2 (relatif: personne: sujet) who; (: objet, après préposition) whom; (: chose) which
▷ adj: **auquel cas** in which case

les [le] dét voir **le**

lesbienne [lɛsbjɛn] nf lesbian

léser [leze] vt to wrong

lésiner [lezine] vi: **ne pas ~ sur les moyens** (pour mariage etc) to push the boat out

lésion [lezjɔ̃] nf lesion, damage no pl

lessive [lesiv] nf (poudre) washing powder; (linge) washing no pl, wash; **lessiver** vt to wash; (fam: fatiguer) to tire out, exhaust

lest [lɛst] nm ballast

leste [lɛst] adj sprightly, nimble

lettre [lɛtʀ] nf letter; **lettres** nfpl (littérature) literature sg; (Scol) arts (subjects); **à la ~** literally; **en toutes ~s** in full; **lettre piégée** letter bomb

leucémie [løsemi] nf leukaemia

○ **MOT-CLÉ**

leur [lœʀ] adj possessif their; **leur maison** their house; **leurs amis** their friends
▷ pron 1 (objet indirect) (to) them; **je leur ai dit la vérité** I told them the truth; **je le leur ai donné** I gave it to them, I gave them it
2 (possessif): **le(la) leur, les leurs** theirs

levain [ləvɛ̃] nm leaven

levé, e [ləve] adj: **être ~** to be up; **levée** nf (Postes) collection

lever [l(ə)ve] vt (vitre, bras etc) to raise; (soulever de terre, supprimer: interdiction, siège) to lift; (impôts, armée) to levy ▷ vi to rise ▷ nm: **au ~** on getting up; **se lever** vi to get up; (soleil) to rise; (jour) to break; (brouillard) to lift; **ça va se ~** (temps) it's going to clear up; **lever de soleil** sunrise; **lever du jour** daybreak

levier [ləvje] nm lever

lèvre [lɛvʀ] nf lip

lévrier [levʀije] nm greyhound

levure [l(ə)vyʀ] nf yeast; **levure chimique** baking powder

lexique [lɛksik] nm vocabulary; (glossaire) lexicon

lézard [lezaʀ] nm lizard

lézarde [lezaʀd] nf crack

liaison [ljɛzɔ̃] nf (rapport) connection; (transport) link; (amoureuse) affair; (Phonétique) liaison; **entrer/être en ~ avec** to get/be in contact with

liane [ljan] nf creeper

liasse [ljas] nf wad, bundle

Liban [libɑ̃] nm: **le ~** (the) Lebanon

libeller [libele] vt (chèque, mandat): **~ (au nom de)** to make out (to); (lettre) to word

libellule [libelyl] nf dragonfly

libéral, e, -aux [libeʀal, o] *adj,
nm/f* liberal; **profession ~e** (liberal)
profession

libérer [libeʀe] *vt (délivrer)* to free,
liberate; *(relâcher: prisonnier)* to
discharge, release; *(: d'inhibitions)* to
liberate; *(gaz)* to release; **se libérer** *vi
(de rendez-vous)* to get out of previous
engagements

liberté [libeʀte] *nf* freedom; *(loisir)* free
time; **libertés** *nfpl (privautés)* liberties;
mettre/être en ~ to set/be free; **en ~
provisoire/surveillée/conditionnelle**
on bail/probation/parole

libraire [libʀɛʀ] *nm/f* bookseller

librairie [libʀeʀi] *nf* bookshop
Attention à ne pas traduire *librairie*
par *library*.

libre [libʀ] *adj* free; *(route, voie)* clear;
(place, salle) free; *(ligne)* not engaged;
(Scol) non-state; **~ de qch/de faire** free
from sth/to do; **la place est ~?** is this
seat free? **libre arbitre** free will; **libre-
échange** *nm* free trade; **libre-service**
nm self-service store

Libye [libi] *nf*: **la ~** Libya

licence [lisɑ̃s] *nf (permis)* permit;
(diplôme) degree; *(liberté)* liberty;
licencié, e *nm/f (Scol)*: **licencié
ès lettres/en droit** ≈ Bachelor of
Arts/Law

licenciement [lisɑ̃simɑ̃] *nm*
redundancy

licencier [lisɑ̃sje] *vt (débaucher)* to
make redundant, lay off; *(renvoyer)*
to dismiss

licite [lisit] *adj* lawful

lie [li] *nf* dregs *pl*, sediment

lié, e [lje] *adj*: **très ~ avec** very friendly
with *ou* close to

Liechtenstein [liʃtɛnstain] *nm*: **le ~**
Liechtenstein

liège [ljɛʒ] *nm* cork

lien [ljɛ̃] *nm (corde, fig: affectif)* bond;
(rapport) link, connection; **lien de
parenté** family tie; **lien hypertexte**
hyperlink

lier [lje] *vt (attacher)* to tie up; *(joindre)*

to link up; *(fig: unir, engager)* to bind;
~ conversation (avec) to strike up a
conversation (with); **~ connaissance
avec** to get to know

lierre [ljɛʀ] *nm* ivy

lieu, x [ljø] *nm* place; **lieux** *nmpl
(locaux)* premises; *(endroit: d'un accident
etc)* scene *sg*; **en ~ sûr** in a safe place; **en
premier ~** in the first place; **en dernier
~** lastly; **avoir ~** to take place; **tenir ~
de** to serve as; **donner ~ à** to give rise
to; **au ~ de** instead of; **arriver/être sur
les ~x** to arrive at/be on the scene; **lieu
commun** cliché; **lieu-dit** *(pl* **lieux-dits)**
nm locality

lieutenant [ljøt(ə)nɑ̃] *nm* lieutenant

lièvre [ljɛvʀ] *nm* hare

ligament [ligamɑ̃] *nm* ligament

ligne [liɲ] *nf (gén)* line; *(Transports:
liaison)* service; *(: trajet)* route;
(silhouette) figure; **garder la ~** to keep
one's figure; **entrer en ~ de compte** to
come into it; **en ~** *(Inform)* online; **~ fixe**
(Tél) land line (phone)

lignée [liɲe] *nf* line, lineage

ligoter [ligɔte] *vt* to tie up

ligue [lig] *nf* league

lilas [lila] *nm* lilac

limace [limas] *nf* slug

limande [limɑ̃d] *nf* dab

lime [lim] *nf* file; **lime à ongles** nail file;
limer *vt* to file

limitation [limitasjɔ̃] *nf*: **limitation
de vitesse** speed limit

limite [limit] *nf (de terrain)* boundary;
(partie ou point extrême) limit; **à la ~** *(au
pire)* if the worst comes *(ou* came) to the
worst; **vitesse/charge ~** maximum
speed/load; **cas ~** borderline
case; **date ~** deadline; **date ~ de
vente/consommation** sell-by/best-
before date; **limiter** *vt (restreindre)* to
limit, restrict; *(délimiter)* to border;
limitrophe *adj* border *cpd*

limoger [limɔʒe] *vt* to dismiss

limon [limɔ̃] *nm* silt

limonade [limɔnad] *nf* lemonade

lin [lɛ̃] *nm (tissu)* linen

linceul [lɛ̃sœl] nm shroud

linge [lɛ̃ʒ] nm (serviettes etc) linen; (lessive) washing; (aussi: **~ de corps**) underwear; **lingerie** nf lingerie, underwear

lingot [lɛ̃go] nm ingot

linguistique [lɛ̃gɥistik] adj linguistic ▷ nf linguistics sg

lion, ne [ljɔ̃, ljɔn] nm/f lion (lioness); (signe): **le L~** Leo; **lionceau, x** nm lion cub

liqueur [likœR] nf liqueur

liquidation [likidasjɔ̃] nf (vente) sale

liquide [likid] adj liquid ▷ nm liquid; (Comm): **en ~** in ready money ou cash; **je n'ai pas de ~** I haven't got any cash; **liquider** vt to liquidate; (Comm: articles) to clear, sell off

lire [liR] nf (monnaie) lira ▷ vt, vi to read

lis [lis] nm = **lys**

Lisbonne [lizbɔn] n Lisbon

lisible [lizibl] adj legible

lisière [lizjɛR] nf (de forêt) edge

lisons [lizɔ̃] vb voir **lire**

lisse [lis] adj smooth

liste [list] nf list; **faire la ~ de** to list; **liste de mariage** wedding (present) list; **liste électorale** electoral roll; **listing** nm (Inform) printout

lit [li] nm bed; **petit ~, ~ à une place** single bed; **grand ~, ~ à deux places** double bed; **faire son ~** to make one's bed; **aller/se mettre au ~** to go to/get into bed; **lit de camp** campbed; **lit d'enfant** cot bed, crib (us)

literie [litRi] nf bedding, bedclothes pl

litige [litiʒ] nm dispute

litre [litR] nm litre

littéraire [liteRɛR] adj literary ▷ nm/f arts student; **elle est très ~** she's very literary

littéral, e, -aux [liteRal, o] adj literal

littérature [liteRatyR] nf literature

littoral, -aux [litoRal, o] nm coast

livide [livid] adj livid, pallid

livraison [livRɛzɔ̃] nf delivery

livre [livR] nm book ▷ nf (monnaie) pound; (poids) half a kilo, ≈ pound; **livre**

de poche paperback

livré, e [livRe] adj: **~ à soi-même** left to o.s. ou one's own devices

livrer [livRe] vt (Comm) to deliver; (otage, coupable) to hand over; (secret, information) to give away; **se livrer à** (se confier) to confide in; (se rendre, s'abandonner) to give o.s. up to; (pratiques, actes) to indulge in; (enquête) to carry out

livret [livRɛ] nm booklet; (d'opéra) libretto; **livret de caisse d'épargne** (savings) bank-book; **livret de famille** (official) family record book; **livret scolaire** (school) report book

livreur, -euse [livRœR, øz] nm/f delivery boy ou man/girl ou woman

local, e, -aux [lokal] adj local ▷ nm (salle) premises pl; voir aussi **locaux**; **localité** nf locality

locataire [lokatɛR] nm/f tenant; (de chambre) lodger

location [lokasjɔ̃] nf (par le locataire, le loueur) renting; (par le propriétaire) renting out, letting; (Théâtre) booking office; **"~ de voitures"** "car rental"; **habiter en ~** to live in rented accommodation; **prendre une ~ (pour les vacances)** to rent a house etc (for the holidays)

⚠ Attention à ne pas traduire **location** par le mot anglais **location**.

locomotive [lokomotiv] nf locomotive, engine

locution [lokysjɔ̃] nf phrase

loge [loʒ] nf (Théâtre: d'artiste) dressing room; (: de spectateurs) box; (de concierge, franc-maçon) lodge

logement [loʒmɑ̃] nm accommodation no pl (BRIT), accommodations pl (us); (appartement) flat (BRIT), apartment (us); (Pol, Admin): **le ~** housing no pl

loger [loʒe] vt to accommodate ▷ vi to live; **être logé, nourri** to have board and lodging; **se loger** vr: **trouver à se ~** to find somewhere to live; **se ~ dans** (suj: balle, flèche) to lodge itself in;

logeur, -euse nm/f landlord(-lady)

logiciel [lɔʒisjɛl] nm software

logique [lɔʒik] adj logical ⊳ nf logic

logo [lɔgo] nm logo

loi [lwa] nf law; **faire la ~** to lay down the law

loin [lwɛ̃] adv far; (dans le temps: futur) a long way off; (: passé) a long time ago; **plus ~** further; **~ de** far from; **c'est ~ d'ici?** is it far from here?; **au ~** far off; **de ~** from a distance; (fig: de beaucoup) by far

lointain, e [lwɛ̃tɛ̃, ɛn] adj faraway, distant; (dans le futur, passé) distant; (cause, parent) remote, distant ⊳ nm: **dans le ~** in the distance

loir [lwar] nm dormouse

Loire [lwar] nf: **la ~** the (River) Loire

loisir [lwazir] nm: **heures de ~** spare time; **loisirs** nmpl (temps libre) leisure sg; (activités) leisure activities; **avoir le ~ de faire** to have the time ou opportunity to do; **à ~** at leisure

londonien, ne [lɔ̃dɔnjɛ̃, jɛn] adj London cpd, of London ⊳ nm/f: **L~, ne** Londoner

Londres [lɔ̃dr] n London

long, longue [lɔ̃, lɔ̃g] adj long ⊳ adv: **en savoir ~** to know a great deal ⊳ nm: **de 3 m de ~** 3 m long, 3 m in length; **ne pas faire ~ feu** not to last long; **(tout) le ~ de** (all) along; **tout au ~ de** (année, vie) throughout; **en large** (marcher) to and fro, up and down; voir aussi **longue**

longer [lɔ̃ʒe] vt to go (ou walk ou drive) along(side); (suj: mur, route) to border

longiligne [lɔ̃ʒilin] adj long-limbed

longitude [lɔ̃ʒityd] nf longitude

longtemps [lɔ̃tɑ̃] adv (for) a long time, (for) long; **avant ~** before long; **pour ou pendant ~** for a long time; **mettre à faire** to take a long time to do; **il en a pour ~?** will he be long?

longue [lɔ̃g] adj voir **long** ⊳ nf: **à la ~** in the end; **longuement** adv (longtemps) for a long time; (en détail) at length

longueur [lɔ̃gœr] nf length;

longueurs nfpl (fig: d'un film etc) tedious parts; **en ~** lengthwise; **tirer en ~** to drag on; **à ~ de journée** all day long

loquet [lɔkɛ] nm latch

lorgner [lɔrɲe] vt to eye; (fig) to have one's eye on

lors [lɔr]: **~ de** prép at the time of; during

lorsque [lɔrsk] conj when, as

losange [lɔzɑ̃ʒ] nm diamond

lot [lo] nm (part) share; (de loterie) prize; (fig: destin) fate, lot; (Comm, Inform) batch; **le gros ~** the jackpot

loterie [lɔtri] nf lottery

lotion [losjõ] nf lotion; **lotion après rasage** aftershave (lotion)

lotissement [lɔtismã] nm housing development; (parcelle) plot, lot

loto [loto] nm lotto

lotte [lɔt] nf monkfish

louanges [lwɑ̃ʒ] nfpl praise sg

loubard [lubar] (fam) nm lout

louche [luʃ] adj shady, fishy, dubious ⊳ nf ladle; **loucher** vi to squint

louer [lwe] vt (maison: suj: propriétaire) to let, rent (out); (: locataire) to rent; (voiture etc: entreprise) to hire out (BRIT), rent (out); (: locataire) to hire, rent; (réserver) to book; (faire l'éloge de) to praise; **"à ~"** "to let" (BRIT), "for rent" (US); **je voudrais ~ une voiture** I'd like to hire (BRIT) ou rent (US) a car

loup [lu] nm wolf; **jeune ~** young go-getter

loupe [lup] nf magnifying glass; **à la ~** in minute detail

louper [lupe] (fam) vt (manquer) to miss; (examen) to flunk

lourd, e [lur, lurd] adj, adv heavy; **c'est trop ~** it's too heavy; **~ de** (conséquences, menaces) charged with; **il fait ~** the weather is close, it's sultry; **lourdaud, e** (péj) adj clumsy; **lourdement** adv heavily

loutre [lutr] nf otter

louveteau, x [luv(ə)to] nm wolf-cub; (scout) cub (scout)

louvoyer [luvwaje] vi (fig) to hedge

evade the issue

loyal, e, -aux [lwajal, o] *adj* (*fidèle*) loyal, faithful; (*fair-play*) fair; **loyauté** *nf* loyalty, faithfulness; fairness

loyer [lwaje] *nm* rent

lu, e [ly] *pp de* **lire**

lubie [lybi] *nf* whim, craze

lubrifiant [lybrifjɑ̃] *nm* lubricant

lubrifier [lybrifje] *vt* to lubricate

lubrique [lybrik] *adj* lecherous

lucarne [lykarn] *nf* skylight

lucide [lysid] *adj* lucid; (*accidenté*) conscious

lucratif, -ive [lykratif, iv] *adj* lucrative, profitable; **à but non** ~ non profit-making

lueur [lɥœʀ] *nf* (*pâle*) (faint) light; (*chatoyante*) glimmer *no pl*; (*fig*) glimmer; gleam

luge [lyʒ] *nf* sledge (BRIT), sled (US)

lugubre [lygybʀ] *adj* gloomy, dismal

 MOT-CLÉ

lui [lɥi] *pron* **1** (*objet indirect: mâle*) (to) him; (: *femelle*) (to) her; (: *chose, animal*) (to) it; **je lui ai parlé** I have spoken to him (ou to her); **il lui a offert un cadeau** he gave him (ou her) a present **2** (*après préposition, comparatif: personne*) him; (: *chose, animal*) it; **elle est contente de lui** she is pleased with him; **je la connais mieux que lui** I know her better than he does; I know her better than him; **ce livre est à lui** this book is his, this is his book; **c'est à lui de jouer** it's his turn ou go **3** (*sujet, forme emphatique*) he; **lui, il est à Paris** HE is in Paris; **c'est lui qui l'a fait** HE did it **4** (*objet, forme emphatique*) him; **c'est lui que j'attends** I'm waiting for HIM **5**: **lui-même** himself; itself

luire [lɥiʀ] *vi* to shine; (*en rougeoyant*) to glow

lumière [lymjɛʀ] *nf* light; **mettre en** ~ (*fig*) to highlight; **lumière du jour** daylight

luminaire [lyminɛʀ] *nm* lamp, light

lumineux, -euse [lyminø, øz] *adj* luminous; (*éclairé*) illuminated; (*ciel, couleur*) bright; (*rayon*) of light, light *cpd*; (*fig: regard*) radiant

lunatique [lynatik] *adj* whimsical, temperamental

lundi [lœdi] *nm* Monday; **on est** ~ it's Monday; **le(s) ~(s)** on Mondays; **"à ~"** "see you on Monday"; **lundi de Pâques** Easter Monday

lune [lyn] *nf* moon; **lune de miel** honeymoon

lunette [lynɛt] *nf*: **~s** *nfpl* glasses, spectacles; (*protectrices*) goggles; **lunette arrière** (*Auto*) rear window; **lunettes de soleil** sunglasses; **lunettes noires** dark glasses

lustre [lystʀ] *nm* (*de plafond*) chandelier; (*fig: éclat*) lustre; **lustrer** *vt* to shine

luth [lyt] *nm* lute

lutin [lytɛ̃] *nm* imp, goblin

lutte [lyt] *nf* (*conflit*) struggle; (*sport*) wrestling; **lutter** *vi* to fight, struggle

luxe [lyks] *nm* luxury; **de ~** luxury *cpd*

Luxembourg [lyksɑ̃buʀ] *nm*: **le ~** Luxembourg

luxer [lykse] *vt*: **se ~ l'épaule** to dislocate one's shoulder

luxueux, -euse [lyksɥø, øz] *adj* luxurious

lycée [lise] *nm* ≈ secondary school; **lycéen, ne** *nm/f* secondary school pupil

Lyon [ljɔ̃] *n* Lyons

lyophilisé, e [ljɔfilize] *adj* (*café*) freeze-dried

lyrique [liʀik] *adj* lyrical; (*Opéra*) lyric; **artiste ~** opera singer

lys [lis] *nm* lily

M abr = **Monsieur**

m' [m] pron voir **me**

ma [ma] adj voir **mon**

macaron [makaʀɔ̃] nm (gâteau) macaroon; (insigne) (round) badge

macaronis [makaʀɔni] nmpl macaroni sg; **~ au fromage** ou **en gratin** macaroni cheese (BRIT), macaroni and cheese (US)

macédoine [masedwan] nf: **~ de fruits** fruit salad; **~ de légumes** mixed vegetables; **la M~** Macedonia

macérer [maseʀe] vi, vt to macerate; (dans du vinaigre) to pickle

mâcher [maʃe] vt to chew; **ne pas ~ ses mots** not to mince one's words

machin [maʃɛ̃] (fam) nm thing(umajig); (personne): **M~(e)** nm(f) what's-his(ou her)-name

machinal, e, -aux [maʃinal, o] adj mechanical, automatic

machination [maʃinasjɔ̃] nf frame-up

machine [maʃin] nf machine; (locomotive) engine; **machine à laver/coudre** washing/sewing machine; **machine à sous** fruit machine

mâchoire [maʃwaʀ] nf jaw

mâchonner [maʃɔne] vt to chew (at)

maçon [masɔ̃] nm builder; (poseur de briques) bricklayer; **maçonnerie** nf (murs) brickwork; (pierres) masonry, stonework

Madagascar [madagaskaʀ] nf Madagascar

Madame [madam] (pl **Mesdames**) nf: **~ Dupont** Mrs Dupont; **occupez-vous de ~/Monsieur/Mademoiselle** please serve this lady/gentleman/(young) lady; **bonjour ~/Monsieur/Mademoiselle** good morning; (ton déférent) good morning Madam/Sir/Madam; (le nom est connu) good morning Mrs/Mr/Miss X; **~/Monsieur/Mademoiselle!** (pour appeler) Madam/Sir/Miss!; **~/Monsieur/Mademoiselle** (sur lettre) Dear Madam/Sir/Madam; **chère ~/ cher Monsieur/chère Mademoiselle** Dear Mrs/Mr/Miss X; **Mesdames** Ladies; **mesdames, mesdemoiselles, messieurs** ladies and gentlemen

madeleine [madlɛn] nf madeleine, small sponge cake

Mademoiselle [madmwazɛl] (pl **Mesdemoiselles**) nf Miss; voir aussi **Madame**

madère [madɛʀ] nm Madeira (wine)

Madrid [madʀid] n Madrid

magasin [magazɛ̃] nm (boutique) shop; (entrepôt) warehouse; **en ~** (Comm) in stock

- **MAGASINS**
-
- French shops are usually open from
- 9am to noon and from 2pm to 7pm.
- Most shops are closed on Sunday
- and some do not open on Monday. In
- bigger towns and shopping centres,
- most shops are open throughout
- the day.

magazine [magazin] nm magazine

Maghreb[magʀɛb] nm: **le ~** North Africa; **maghrébin, e** adj North African ▷ nm/f: **Maghrébin, e** North African

magicien, ne[maʒisjɛ̃, jɛn] nm/f magician

magie[maʒi] nf magic; **magique** adj magic; (enchanteur) magical

magistral, e, -aux[maʒistʀal, o] adj (œuvre, adresse) masterly; (ton) authoritative; **cours ~** lecture

magistrat[maʒistʀa] nm magistrate

magnétique[maɲetik] adj magnetic

magnétophone[maɲetɔfɔn] nm tape recorder; **magnétophone à cassettes** cassette recorder

magnétoscope[maɲetɔskɔp] nm video-tape recorder

magnifique[maɲifik] adj magnificent

magret[magʀɛ] nm: **~ de canard** duck steaklet

mai[mɛ] nm May

MAI

Le premier mai is a public holiday in France and commemorates the trades union demonstrations in the United States in 1886 when workers demanded the right to an eight-hour working day. Sprigs of lily of the valley are traditionally exchanged. **Le 8 mai** is also a public holiday and commemorates the surrender of the German army to Eisenhower on 7 May, 1945. It is marked by parades of ex-servicemen and ex-servicewomen in most towns.

maigre[mɛgʀ] adj (very) thin, skinny; (viande) lean; (fromage) low-fat; (végétation) thin, sparse; (fig) poor, meagre, skimpy; **jours ~s** days of abstinence, fish days; **maigreur** nf thinness; **maigrir** vi to get thinner, lose weight; **maigrir de 2 kilos** to lose 2 kilos

mail[mɛl] nm email

maille[maj] nf stitch; **maille à l'endroit/l'envers** plain/purl stitch

maillet[majɛ] nm mallet

maillon[majɔ̃] nm link

maillot[majo] nm (aussi: ~ de corps) vest; (de sportif) jersey; **maillot de bain** swimming ou bathing (BRIT) costume, swimsuit; (d'homme) swimming ou bathing (BRIT) trunks pl

main[mɛ̃] nf hand; **à la ~** (tenir, avoir) in one's hand; (faire, tricoter etc) by hand; **se donner la ~** to hold hands; **donner** ou **tendre la ~ à qn** to hold out one's hand to sb; **se serrer la ~** to shake hands; **serrer la ~ à qn** to shake hands with sb; **sous la ~** to ou at hand; **haut les ~s!** hands up!; **attaque à ~ armée** armed attack; **à remettre en ~s propres** to be delivered personally; **mettre la dernière ~ à** to put the finishing touches to; **se faire/perdre la ~** to get one's hand in/lose one's touch; **avoir qch bien en ~** to have (got) the hang of sth; **main-d'œuvre** nf manpower, labour; **mainmise** nf (fig): **mainmise sur** complete hold on; **mains libres** adj inv (téléphone, kit) hands-free

maint, e[mɛ̃, mɛ̃t] adj many a; **~s** many; **à ~es reprises** time and (time) again

maintenant[mɛ̃t(ə)nɑ̃] adv now; (actuellement) nowadays

maintenir[mɛ̃t(ə)niʀ] vt (retenir, soutenir) to support; (contenir: foule etc) to hold back; (conserver, affirmer) to maintain; **se maintenir** vi (prix) to keep steady; (amélioration) to persist

maintien[mɛ̃tjɛ̃] nm (sauvegarde) maintenance; (attitude) bearing

maire[mɛʀ] nm mayor; **mairie** nf (bâtiment) town hall; (administration) town council

mais[mɛ] conj but; **~ non!** of course not!; **~ enfin** but after all; (indignation) look here!

maïs[mais] nm maize (BRIT), corn (US)

maison[mɛzɔ̃] nf house; (chez-soi)

home; (Comm) firm ▷ adj inv (Culin)
home-made; (fig) in-house, own; **à la ~**
at home; (direction) home; **maison de
repos** convalescent home; **maison de
retraite** old people's home; **maison
close** ou **de passe** brothel; **maison
de santé** mental home; **maison des
jeunes** = youth club; **maison mère**
parent company

maître, -esse [mɛtʁ, mɛtʁɛs]
nm/f master (mistress); (Scol) teacher,
schoolmaster(-mistress) ▷ nm (peintre
etc) master; (titre): **M~** Maître, term
of address gen for a barrister ▷ adj
(principal, essentiel) main; **être ~ de**
(soi, situation) to be in control of; **une
~sse femme** a managing woman;
maître chanteur blackmailer; **maître
d'école** schoolmaster; **maître
d'hôtel** (domestique) butler; (d'hôtel)
head waiter; **maître nageur**
lifeguard; **maîtresse** nf (amante)
mistress; **maîtresse (d'école)** teacher,
(school)mistress; **maîtresse de
maison** hostess; (ménagère) housewife

maîtrise [mɛtʁiz] nf (aussi: ~ **de soi**)
self-control, self-possession; (habileté)
skill, mastery; (suprématie) mastery,
command; (diplôme) = master's
degree; **maîtriser** vt (cheval, incendie)
to (bring under) control; (sujet) to
master; (émotion) to control, master; **se
maîtriser** to control o.s.

majestueux, -euse [maʒɛstɥø, øz]
adj majestic

majeur, e [maʒœʁ] adj (important)
major; (Jur) of age ▷ nm (doigt) middle
finger; **en ~e partie** for the most part;
la ~e partie de most of

majorer [maʒɔʁe] vt to increase

majoritaire [maʒɔʁitɛʁ] adj
majority cpd

majorité [maʒɔʁite] nf (gén) majority;
(parti) party in power; **en ~** mainly;
avoir la ~ to have the majority

majuscule [maʒyskyl] adj, nf: **(lettre)
~** capital (letter)

nal [mal, mo] (pl **maux**) nm (opposé

au bien) evil; (tort, dommage) harm;
(douleur physique) pain, ache; (maladie)
illness, sickness no pl ▷ adv badly
▷ adj bad, wrong; **être ~ à l'aise** to
be uncomfortable; **être ~ avec qn** to
be on bad terms with sb; **il a ~
compris** he misunderstood; **se sentir**
ou **se trouver ~** to feel ill ou unwell;
dire/penser du ~ de to speak/think
ill of; **ne voir aucun ~ à** to see no harm
in, see nothing wrong in; **faire ~ à qn**
to hurt sb; **se faire ~** to hurt o.s.; **avoir
du ~ à faire qch** to have trouble doing
sth; **se donner du ~ pour faire qch** to
go to a lot of trouble to do sth; **ça fait
~** it hurts; **j'ai ~ au dos** my back hurts;
**avoir ~ à la tête/à la gorge/aux
dents** to have a headache/a sore
throat/toothache; **avoir le ~ du pays**
to be homesick; voir aussi **cœur**; **maux**
de mer seasickness; **mal en point** to be
in a bad state

malade [malad] adj ill, sick; (poitrine,
jambe) bad; (plante) diseased ▷ nm/f
invalid, sick person; (à l'hôpital etc)
patient; **tomber ~** to fall ill; **être ~
du cœur** to have heart trouble ou a
bad heart; **malade mental** mentally
ill person; **maladie** nf (spécifique)
disease, illness; (mauvaise santé) illness,
sickness; **maladif, -ive** adj sickly;
(curiosité, besoin) pathological

maladresse [maladʁɛs] nf clumsiness
no pl; (gaffe) blunder

maladroit, e [maladʁwa, wat] adj
clumsy

malaise [malɛz] nm (Méd) feeling of
faintness; (fig) uneasiness, malaise;
avoir un ~ to feel faint

Malaisie [malɛzi] nf: **la ~** Malaysia

malaria [malaʁja] nf malaria

malaxer [malakse] vt (pétrir) to knead;
(mélanger) to mix

malbouffe [malbuf] (fam) nf: **la ~**
junk food

malchance [malʃɑ̃s] nf misfortune,
ill luck no pl; **par ~** unfortunately;
malchanceux, -euse adj unlucky

mâle [mɑl] *adj* (aussi Élec, Tech) male; (viril: voix, traits) manly ▷ *nm* male

malédiction [malediksjɔ̃] *nf* curse

mal...: malentendant, e *nm/f:* **les malentendants** the hard of hearing; **malentendu** *nm* misunderstanding; **il y a eu un malentendu** there's been a misunderstanding; **malfaçon** *nf* fault; **malfaisant, e** *adj* evil, harmful; **malfaiteur** *nm* lawbreaker, criminal; (*voleur*) burglar, thief; **malfamé, e** *adj* disreputable

malgache [malɡaʃ] *adj* Madagascan, Malagasy ▷ *nm/f:* **M~** Madagascan, Malagasy ▷ *nm* (*Ling*) Malagasy

malgré [malɡre] *prép* in spite of, despite; **~ tout** all the same

malheur [malœʀ] *nm* (*situation*) adversity, misfortune; (*événement*) misfortune; (: *très grave*) disaster, tragedy; **faire un ~** to be a smash hit; **malheureusement** *adv* unfortunately; **malheureux, -euse** *adj* (*triste*) unhappy, miserable; (*infortuné, regrettable*) unfortunate; (*malchanceux*) unlucky; (*insignifiant*) wretched ▷ *nm/f* poor soul

malhonnête [malɔnɛt] *adj* dishonest; **malhonnêteté** *nf* dishonesty

malice [malis] *nf* mischievousness; (*méchanceté*) spite ▷ **par ~** out of malice ou spite; **sans ~** guileless; **malicieux, -euse** *adj* mischievous

▲ Attention à ne pas traduire *malicieux* par *malicious*.

malin, -igne [malɛ̃, malɛ̃] *adj* (*futé: f gén: aussi:* **maline**) smart, shrewd; (*Méd*) malignant

malingre [malɛ̃ɡʀ] *adj* puny

malle [mal] *nf* trunk; **mallette** *nf* (*small*) suitcase; (*porte-documents*) attaché case

malmener [malməne] *vt* to manhandle; (*fig*) to give a rough handling to

malodorant, e [malɔdɔʀɑ̃, ɑ̃t] *adj* foul- ou ill-smelling

malpoli, e [malpɔli] *adj* impolite

malsain, e [malsɛ̃, ɛn] *adj* unhealthy

malt [malt] *nm* malt

Malte [malt] *nf* Malta

maltraiter [maltʀete] *vt* to manhandle, ill-treat

malveillance [malvejɑ̃s] *nf* (*animosité*) ill will; (*intention de nuire*) malevolence

malversation [malvɛʀsasjɔ̃] *nf* embezzlement

maman [mamɑ̃] *nf* mum(my), mother

mamelle [mamɛl] *nf* teat

mamelon [mamlɔ̃] *nm* (*Anat*) nipple

mamie [mami] *nf* (*fam*) granny

mammifère [mamifɛʀ] *nm* mammal

mammouth [mamut] *nm* mammoth

manche [mɑ̃ʃ] *nf* (*de vêtement*) sleeve; (*d'un jeu, tournoi*) round; (*Géo*): **la M~** the Channel ▷ *nm* (*d'outil, casserole*) handle; (*de pelle, pioche etc*) shaft; **à ~s courtes/longues** short-/long-sleeved; **manche à balai** broomstick; (*Inform, Aviat*) joystick *nm inv*

manchette [mɑ̃ʃɛt] *nf* (*de chemise*) cuff; (*coup*) forearm blow; (*titre*) headline

manchot [mɑ̃ʃo] *nm* one-armed man; armless man; (*Zool*) penguin

mandarine [mɑ̃daʀin] *nf* mandarin (*orange*), tangerine

mandat [mɑ̃da] *nm* (*postal*) postal ou money order; (*d'un député etc*) mandate; (*procuration*) power of attorney, proxy; (*Police*) warrant; **mandat d'arrêt** warrant for arrest; **mandat de perquisition** search warrant; **mandataire** *nm/f* (*représentant*) representative; (*Jur*) proxy

manège [manɛʒ] *nm* riding school; (*à la foire*) roundabout, merry-go-round; (*fig*) game, ploy

manette [manɛt] *nf* lever, tap; **manette de jeu** joystick

mangeable [mɑ̃ʒabl] *adj* edible, eatable

mangeoire [mɑ̃ʒwaʀ] *nf* trough, manger

manger [mɑ̃ʒe] *vt* to eat; (*ronger: suj: rouille etc*) to eat into ou away ▷ *vi* to eat; **donner à ~ à** (*enfant*) to feed; **est-**

ce qu'on peut ~ quelque chose? can we have something to eat?

mangue [mɑ̃g] *nf* mango

maniable [manjabl] *adj (outil)* handy; *(voiture, voilier)* easy to handle

maniaque [manjak] *adj* finicky, fussy ▷ *nm/f (méticuleux)* fusspot; *(fou)* maniac

manie [mani] *nf (tic)* odd habit; *(obsession)* mania; **avoir la ~ de** to be obsessive about

manier [manje] *vt* to handle

manière [manjɛʀ] *nf (façon)* way, manner; **manières** *nfpl (attitude)* manners; *(chichis)* fuss *sg*; **de ~ à so** as to; **de cette ~** in this way *ou* manner; **d'une certaine ~** in a way; **de toute ~** in any case; **d'une ~ générale** generally speaking, as a general rule

maniéré, e [manjeʀe] *adj* affected

manifestant, e [manifɛstɑ̃, ɑ̃t] *nm/f* demonstrator

manifestation [manifɛstasjɔ̃] *nf (de joie, mécontentement)* expression, demonstration; *(symptôme)* outward sign; *(culturelle etc)* event; *(Pol)* demonstration

manifeste [manifɛst] *adj* obvious, evident ▷ *nm* manifesto

manifester [manifɛste] *vt (volonté, intentions)* to show, indicate; *(joie, peur)* to express, show ▷ *vi* to demonstrate; **se manifester** *vi (émotion)* to show ou express itself; *(difficultés)* to arise; *(symptômes)* to appear

manigancer [manigɑ̃se] *vt* to plot

manipulation [manipylasjɔ̃] *nf* handling; *(Pol, génétique)* manipulation

manipuler [manipyle] *vt* to handle; *(fig)* to manipulate

manivelle [manivɛl] *nf* crank

mannequin [mankɛ̃] *nm (Couture)* dummy; *(Mode)* model

manœuvre [manœvʀ] *nf (gén)* manoeuvre *(BRIT)*, maneuver *(US)* ▷ *nm* labourer; **manœuvrer** *vt* to manoeuvre *(BRIT)*, maneuver *(US)*; *(levier, machine)* to operate ▷ *vi* to

---

manoeuvre

manoir [manwaʀ] *nm* manor *ou* country house

manque [mɑ̃k] *nm (insuffisance)*: **~ de** lack of; *(vide)* emptiness, gap; *(Méd)* withdrawal; **être en état de ~** to suffer withdrawal symptoms

manqué, e [mɑ̃ke] *adj* failed; **garçon ~** tomboy

manquer [mɑ̃ke] *vi (faire défaut)* to be lacking; *(être absent)* to be missing; *(échouer)* to fail ▷ *vt* to miss ▷ *vb impers*: **il (nous) manque encore 10 euros** we are still 10 euros short; **il manque des pages (au livre)** there are some pages missing (from the book); **il/cela me manque** I miss him/this; **~ à *(règles etc)*** to be in breach of, fail to observe; **~ de** to lack; **je ne ~ai pas de le lui dire** I'll be sure to tell him; **il a manqué (de) se tuer** he very nearly got killed

mansarde [mɑ̃saʀd] *nf* attic; **mansardé, e** *adj*: **chambre mansardée** attic room

manteau, x [mɑ̃to] *nm* coat

manucure [manykyʀ] *nf* manicurist

manuel, le [manɥɛl] *adj* manual ▷ *nm (ouvrage)* manual, handbook

manufacture [manyfaktyʀ] *nf* factory; **manufacturé, e** *adj* manufactured

manuscrit, e [manyskʀi, it] *adj* handwritten ▷ *nm* manuscript

manutention [manytɑ̃sjɔ̃] *nf (Comm)* handling

mappemonde [mapmɔ̃d] *nf (plane)* map of the world; *(sphère)* globe

maquereau, x [makʀo] *nm (Zool)* mackerel *inv*; *(fam)* pimp

maquette [makɛt] *nf (à l'échelle réduite)* (scale) model; *(d'une page illustrée)* paste-up

maquillage [makijaʒ] *nm* making up; *(crème etc)* make-up

maquiller [makije] *vt (personne, visage)* to make up; *(truquer: passeport, statistique)* to fake; *(: voiture volée)* to do over *(respray etc)*; **se maquiller** *vi* to make up (one's face)

maquis [maki] nm (Géo) scrub; (Mil)
maquis, underground fighting no pl

maraîcher, -ère [maʀeʃe, ɛʀ] adj:
cultures maraîchères market
gardening sg ▷ nm/f market gardener

marais [maʀɛ] nm marsh, swamp

marasme [maʀasm] nm stagnation,
slump

marathon [maʀatɔ̃] nm marathon

marbre [maʀbʀ] nm marble

marc [maʀ] nm (de raisin, pommes) marc

marchand, e [maʀʃɑ̃, ɑ̃d] nm/f
shopkeeper, tradesman(-woman); (au
marché) stallholder; (de vins, charbon)
merchant ▷ adj: **prix/valeur ~(e)**
market price/value; **marchand de
fruits** fruiterer (BRIT), fruit seller (US);
marchand de journaux newsagent;
marchand de légumes greengrocer
(BRIT), produce dealer (US); **marchand
de poissons** fishmonger (BRIT), fish
seller (US); **marchander** vi to bargain,
haggle; **marchandise** nf goods pl,
merchandise no pl

marche [maʀʃ] nf (d'escalier) step;
(activité) walking; (promenade, trajet,
allure) walk; (démarche) walk, gait;
(Mil etc, Mus) march; (fonctionnement)
running; (des événements) course; **dans
le sens de la ~** (Rail) facing the engine;
en ~ (monter etc) while the vehicle is
moving or in motion; **mettre en ~** to
start; **se mettre en ~** (personne) to get
moving; (machine) to start; **être en état
de ~** to be in working order; **marche
à suivre** correct procedure; **marche
arrière** reverse (gear); **faire marche
arrière** to reverse; (fig) to backtrack,
back-pedal

marché [maʀʃe] nm market;
(transaction) bargain, deal; **faire du
~ noir** to buy and sell on the black
market; **marché aux puces** flea
market

marcher [maʀʃe] vi to walk; (Mil) to
march; (aller: voiture, train, affaires) to
go; (prospérer) to go well; (fonctionner) to

work, run; (fam: consentir) to go along,
agree; (: croire naïvement) to be taken
in; **faire ~ qn** (taquiner) to pull sb's leg;
(tromper) to lead sb up the garden path;
comment est-ce que ça marche?
how does this work?; **marcheur, -euse**
nm/f walker

mardi [maʀdi] nm Tuesday; **Mardi gras**
Shrove Tuesday

mare [maʀ] nf pond; (flaque) pool

marécage [maʀekaʒ] nm marsh,
swamp; **marécageux, -euse** adj
marshy

maréchal, -aux [maʀeʃal, o] nm
marshal

marée [maʀe] nf tide; (poissons) fresh
(sea) fish; **marée haute/basse** high/
low tide; **marée noire** oil slick

marelle [maʀɛl] nf: **(jouer à) la ~** (to
play) hopscotch

margarine [maʀgaʀin] nf margarine

marge [maʀʒ] nf margin; **en ~ de** (fig)
on the fringe of; **marge bénéficiaire**
profit margin

marginal, e, -aux [maʀʒinal, o] nm/f
(original) eccentric; (déshérité) dropout

marguerite [maʀgøʀit] nf
marguerite, (oxeye) daisy;
(d'imprimante) daisy-wheel

mari [maʀi] nm husband

mariage [maʀjaʒ] nm marriage; (noce)
wedding; **mariage civil/religieux**
registry office (BRIT) civil wedding/
church wedding

marié, e [maʀje] adj married ▷ nm
(bride)groom; **les ~s** the bride and
groom; **les (jeunes) ~s** the newly-weds

marier [maʀje] vt to marry; (fig)
to blend; **se ~ (avec)** to marry, get
married (to)

marin, e [maʀɛ̃, in] adj sea cpd, marine
▷ nm sailor

marine [maʀin] adj voir **marin** ▷ adj
inv navy (blue) ▷ nf (Mil) marine ▷ nf
navy; **marine marchande** merchant
navy

mariner [maʀine] vt: **faire ~ to**
marinade

marionnette [maʀjɔnɛt] nf puppet

maritalement [maʀitalmɑ̃] adv: **vivre ~** to live as husband and wife

maritime [maʀitim] adj sea cpd, maritime

mark [maʀk] nm mark

marmelade [maʀməlad] nf stewed fruit, compote; **marmelade d'oranges** marmalade

marmite [maʀmit] nf (cooking-)pot

marmonner [maʀmɔne] vt, vi to mumble, mutter

marmotter [maʀmɔte] vt to mumble

Maroc [maʀɔk] nm: **le ~** Morocco; **marocain, e** [maʀɔkɛ̃, ɛn] adj Moroccan ▷ nm/f: **Marocain, e** Moroccan

maroquinerie [maʀɔkinʀi] nf (articles) fine leather goods pl; (boutique) shop selling fine leather goods

marquant, e [maʀkɑ̃, ɑ̃t] adj outstanding

marque [maʀk] nf mark; (Comm: de nourriture) brand; (: de voiture, produits manufacturés) make; (de disques) label; **de ~** (produits) high-class; (visiteur etc) distinguished, well-known; **une grande ~ de vin** a well-known brand of wine; **marque de fabrique** trademark; **marque déposée** registered trademark

marquer [maʀke] vt to mark; (inscrire) to write down; (Sport: but etc) to score; (: joueur) to mark; (accentuer: taille etc) to emphasize; (manifester: refus, intérêt) to show ▷ vi (événement) to stand out, be outstanding; (Sport) to score; **~ les points** to keep the score

marqueterie [maʀkɛtʀi] nf inlaid work, marquetry

marquis [maʀki] nm marquis, marquess

narraine [naʀɛn] nf godmother

narrant, e [naʀɑ̃, ɑ̃t] (fam) adj funny

narre [maʀ] (fam) adv: **en avoir ~ de** to be fed up with

narrer [maʀe] se **~** (fam) vi to have a

(good) laugh

marron [maʀɔ̃] nm (fruit) chestnut ▷ adj inv brown; **marrons glacés** candied chestnuts; **marronnier** nm chestnut (tree)

mars [maʀs] nm March

Marseille [maʀsɛj] n Marseilles

marteau, x [maʀto] nm hammer; **être ~** (fam) to be nuts; **marteau-piqueur** nm pneumatic drill

marteler [maʀtəle] vt to hammer

martien, ne [maʀsjɛ̃, jɛn] adj Martian, of ou from Mars

martyr, e [maʀtiʀ] nm/f martyr ▷ adj: **enfants ~s** battered children; **martyre** nm martyrdom; (fig: sens affaibli) agony, torture; **martyriser** vt (Rel) to martyr; (fig) to bully; (enfant) to batter, beat

marxiste [maʀksist] adj, nm/f Marxist

mascara [maskaʀa] nm mascara

masculin, e [maskylɛ̃, in] adj masculine; (sexe, population) male; (équipe, vêtements) men's; (viril) manly ▷ nm masculine

masochiste [mazɔʃist] adj masochistic

masque [mask] nm mask; **masque de beauté** face pack ou mask; **masque de plongée** diving mask; **masquer** vt (cacher: paysage, porte) to hide, conceal; (dissimuler: vérité, projet) to mask, obscure

massacre [masakʀ] nm massacre, slaughter; **massacrer** vt to massacre, slaughter; (fam: texte etc) to murder

massage [masaʒ] nm massage

masse [mas] nf mass; (Élec) earth; (maillet) sledgehammer; (péj): **la ~** the masses pl; **une ~ de** (fam) masses ou loads of; **en ~** adv (acheter) in bulk; (en foule) en masse ▷ adj (exécutions, production) mass cpd

masser [mase] vt (assembler: gens) to gather; (pétrir) to massage; **se masser** vi (foule) to gather; **masseur, -euse** nm/f masseur(-euse)

massif, -ive [masif, iv] adj (porte) solid, massive; (visage) heavy, large;

(bois, or) solid; (dose) massive; (déportations etc) mass cpd ▷ nm (montagneux) massif; (de fleurs) clump, bank; **le M~ Central** the Massif Central

massue [masy] nf club, bludgeon

mastic [mastik] nm (pour vitres) putty; (pour fentes) filler

mastiquer [mastike] vt (aliment) to chew, masticate

mat, e [mat] adj (couleur, métal) mat(t); (bruit, son) dull ▷ adj inv (Échecs): **être ~** to be checkmate

mât [mɑ] nm (Navig) mast; (poteau) pole, post

match [matʃ] nm match; **faire ~ nul** to draw; **match aller** first leg; **match retour** second leg, return match

matelas [mat(ə)lɑ] nm mattress; **matelas pneumatique** air bed ou mattress

matelot [mat(ə)lo] nm sailor, seaman

mater [mate] vt (personne) to bring to heel, subdue; (révolte) to put down

matérialiser [materjalize]: **se matérialiser** vi to materialize

matérialiste [materjalist] adj materialistic

matériau [materjo] nm material; **matériaux** nmpl material(s)

matériel, le [materjɛl] adj material ▷ nm equipment no pl; (de camping etc) gear no pl; (Inform) hardware

maternel, le [matɛrnɛl] adj (amour, geste) motherly, maternal; (grand-père, oncle) maternal; **maternelle** nf (aussi: **école maternelle**) (state) nursery school

maternité [matɛrnite] nf (établissement) maternity hospital; (état de mère) motherhood, maternity; (grossesse) pregnancy; **congé de ~** maternity leave

mathématique [matematik] adj mathematical; **mathématiques** nfpl (science) mathematics sg

maths [mat] (fam) nfpl maths

matière [matjɛr] nf matter; (Comm, Tech) material, matter no pl; (fig: d'un livre etc) subject matter, material; (Scol) subject; **en ~ de** as regards; **matières grasses** fat content sg; **matières premières** raw materials

Matignon [matiɲɔ̃] nm: **(l'hôtel) ~** the French Prime Minister's residence

matin [matɛ̃] nm, adv morning; **le ~** (pendant le matin) in the morning; **demain/hier/dimanche ~** tomorrow/yesterday/Sunday morning; **tous les ~s** every morning; **une heure du ~** one o'clock in the morning; **du ~ au soir** from morning till night; **de bon ou grand ~** early in the morning; **matinal, e, -aux** adj (toilette, gymnastique) morning cpd; **être matinal** (personne) to be up early; to be an early riser; **matinée** nf morning; (spectacle) matinée

matou [matu] nm tom(cat)

matraque [matrak] nf (de policier) truncheon (BRIT), billy (US)

matricule [matrikyl] nm (Mil) regimental number; (Admin) reference number

matrimonial, e, -aux [matrimɔnjal, -o] adj marital, marriage cpd

maudit, e [modi, -it] (fam) adj (satané) blasted, confounded

maugréer [mogree] vi to grumble

maussade [mosad] adj sullen; (temps) gloomy

mauvais, e [mɔvɛ, ɛz] adj bad; (faux): **le ~ numéro/moment** the wrong number/moment; (méchant, malveillant) malicious, spiteful ▷ adv: **il fait ~** the weather is bad; **sentir ~** to have a nasty smell, smell nasty; **la mer est ~e** the sea is rough; **mauvais joueur** bad loser; **mauvaise herbe** weed; **mauvaise langue** gossip, scandalmonger (BRIT); **mauvaise plaisanterie** nasty trick

mauve [mov] adj mauve

maux [mo] nmpl de **mal**

maximum [maksimɔm] adj, nm maximum; **au ~** (le plus possible) as much as one can; (tout au plus) at the (very) most ou maximum; **faire le ~ to** do one's level best

mayonnaise [majɔnɛz] nf mayonnaise

mazout [mazut] nm (fuel) oil

me, m' [m(ə)] pron (direct: téléphoner, attendre etc) me; (indirect: parler, donner etc) (to) me; (réfléchi) myself

mec [mɛk] (fam) nm bloke, guy

mécanicien, ne [mekanisjɛ̃, jɛn] nm/f mechanic; (Rail) (train ou engine) driver; **pouvez-vous nous envoyer un ~?** can you send us a mechanic?

mécanique [mekanik] adj mechanical ▷ nf (science) mechanics sg; (mécanisme) mechanism; **ennui ~ engine trouble no pl**

mécanisme [mekanism] nm mechanism

méchamment [meʃamɑ̃] adv nastily, maliciously, spitefully

méchanceté [meʃɑ̃ste] nf nastiness, maliciousness; **dire des ~s à qn** to say spiteful things to sb

méchant, e [meʃɑ̃, ɑ̃t] adj nasty, malicious, spiteful; (enfant: pas sage) naughty; (animal) vicious

mèche [mɛʃ] nf (de cheveux) lock; (de lampe, bougie) wick; (d'un explosif) fuse; **se faire faire des ~s** to have highlights put in one's hair; **de ~ avec** in league with

méchoui [meʃwi] nm barbecue of a whole roast sheep

méconnaissable [mekɔnɛsabl] adj unrecognizable

méconnaître [mekɔnɛtʀ] vt (ignorer) to be unaware of; (mésestimer) to misjudge

mécontent, e [mekɔ̃tɑ̃, ɑ̃t] adj: **~ (de)** discontented ou dissatisfied ou displeased (with); (contrarié) annoyed (at); **mécontentement** nm dissatisfaction, discontent, displeasure; (irritation) annoyance

Mecque [mɛk] nf: **la ~** Mecca

nédaille [medaj] nf medal

médaillon [medajɔ̃] nm (bijou) locket

médecin [med(ə)sɛ̃] nm doctor

médecine [med(ə)sin] nf medicine

média [medja] nmpl: **les ~** the media; **médiatique** adj media cpd

médical, e, -aux [medikal, o] adj medical; **passer une visite ~e** to have a medical

médicament [medikamɑ̃] nm medicine, drug

médiéval, e, -aux [medjeval, o] adj medieval

médiocre [medjɔkʀ] adj mediocre, poor

méditer [medite] vi to meditate

Méditerranée [mediteʀane] nf: **la (mer) ~** the Mediterranean (Sea); **méditerranéen, ne** adj Mediterranean ▷ nm/f: **Méditerranéen, ne** native ou inhabitant of a Mediterranean country

méduse [medyz] nf jellyfish

méfait [mefɛ] nm (faute) misdemeanour, wrongdoing; **méfaits** nmpl (ravages) ravages, damage sg

méfiance [mefjɑ̃s] nf mistrust, distrust

méfiant, e [mefjɑ̃, jɑ̃t] adj mistrustful, distrustful

méfier [mefje]: **se méfier** vi to be wary; to be careful; **se ~ de** to mistrust, distrust, be wary of

mégaoctet [megaɔktɛ] nm megabyte

mégarde [megaʀd] nf: **par ~** (accidentellement) accidentally; (par erreur) by mistake

mégère [meʒɛʀ] nf shrew

mégot [mego] (fam) nm cigarette end

meilleur, e [mejœʀ] adj, adv better ▷ nm: **le ~** the best; **le ~ des deux** the better of the two; **il fait ~ qu'hier** it's better weather than yesterday; **meilleur marché** (inv) cheaper

mél [mɛl] nm e-mail

mélancolie [melɑ̃kɔli] nf melancholy, gloom; **mélancolique** adj melancholic, melancholy

mélange [melɑ̃ʒ] nm mixture;

mélanger vt to mix; (vins, couleurs) to blend; (mettre en désordre) to mix up, muddle (up)

mêlée [mele] nf mêlée, scramble; (Rugby) scrum(mage)

mêler [mele] vt (unir) to mix; (embrouiller) to muddle (up), mix up; **se mêler** vi to mix, mingle; **se ~ à** (personne: se joindre) to join; (: s'associer à) to mix with; **se ~ de** (suj: personne) to meddle with, interfere in; **mêle-toi de ce qui te regarde** ou **de tes affaires!** mind your own business!

mélodie [melɔdi] nf melody; **mélodieux, -euse** adj melodious

melon [m(ə)lɔ̃] nm (Bot) (honeydew) melon; (aussi: **chapeau ~**) bowler (hat)

membre [mɑ̃bʀ] nm (Anat) limb; (personne, pays, élément) member ▷ adj member cpd

mémé [meme] (fam) nf granny

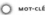 **MOT-CLÉ**

même [mɛm] adj 1 (avant le nom) same; **en même temps** at the same time; **ils ont les mêmes goûts** they have the same ou similar tastes

2 (après le nom: renforcement): **il est la loyauté même** it is loyalty itself; **ce sont ses paroles mêmes** they are his very words

▷ pron: **le(la) même** the same one

▷ adv 1 (renforcement): **il n'a même pas pleuré** he didn't even cry; **même lui l'a dit** even HE said it; **ici même** at this very place; **même si** even if

2: **à même: à même la bouteille** straight from the bottle; **à même la peau** next to the skin; **être à même de faire** to be in a position to do, be able to do

3: **de même: faire de même** to do likewise; **lui de même** so does (ou did ou is) he; **de même que** just as; **il en va de même pour** the same goes for

mémoire [memwaʀ] nf memory ▷ nm

(Scol) dissertation, paper; **mémoires** nmpl (souvenirs) memoirs; **à la ~ de** to the ou in memory of; **de ~** from memory; **mémoire morte** read-only memory, ROM; **mémoire vive** random access memory, RAM

mémorable [memɔʀabl] adj memorable, unforgettable

menace [mənas] nf threat; **menacer** vt to threaten

ménage [menaʒ] nm (travail) housework; (couple) (married) couple; (famille, Admin) household; **faire le ~** to do the housework; **ménagement** nm care and attention; **ménager, -ère** adj household cpd, domestic ▷ vt (traiter: personne) to handle with tact; (utiliser) to use sparingly; (prendre soin de) to take (great) care of, look after; (organiser) to arrange; **ménagère** nf housewife

mendiant, e [mɑ̃djɑ̃, ɑ̃t] nm/f beggar

mendier [mɑ̃dje] vi to beg ▷ vt to beg (for)

mener [m(ə)ne] vt to lead; (enquête) to conduct; (affaires) to manage ▷ vi: **~ à/dans** (emmener) to take to/into; **~ qch à bien** to see sth through (to a successful conclusion), complete sth successfully

meneur, -euse [mənœʀ, øz] nm/f leader; (péj) agitator

méningite [menɛ̃ʒit] nf meningitis no pl

ménopause [menɔpoz] nf menopause

menottes [mənɔt] nfpl handcuffs

mensonge [mɑ̃sɔ̃ʒ] nm lie; (action) lying no pl; **mensonger, -ère** adj false

mensualité [mɑ̃sɥalite] nf (traite) monthly payment

mensuel, le [mɑ̃sɥɛl] adj monthly

mensurations [mɑ̃syʀasjɔ̃] nfpl measurements

mental, e, -aux [mɑ̃tal, o] adj mental; **mentalité** nf mentality

menteur, -euse [mɑ̃tœʀ, øz] nm/f liar

menthe [mɑ̃t] nf mint

mention [mɑ̃sjɔ̃] nf (annotation)

comment; (*Scol*) grade; **~ bien** = grade B, = good pass; (*Université*) = upper 2nd class pass (*BRIT*); = pass with (high) honors (*US*); (*Admin*): **"rayer les ~s inutiles"** "delete as appropriate"

mentionner *vt* to mention

mentir [mãtir] *vi* to lie

menton [mãtõ] *nm* chin

menu, e [məny] *adj* (*personne*) slim, slight; (*frais, difficulté*) minor ▷ *adv* (*couper, hacher*) very fine ▷ *nm* menu; **~ touristique/gastronomique** economy/gourmet's menu

menuiserie [mənɥizri] *nf* (*métier*) joinery, carpentry; (*passe-temps*) woodwork; **menuisier** *nm* joiner, carpenter

méprendre [meprãdr]: **se méprendre** *vi*: **se ~ sur** to be mistaken (about)

mépris [mepri] *nm* (*dédain*) contempt, scorn; **au ~ de** regardless of, in defiance of; **méprisable** *adj* contemptible, despicable; **méprisant, e** *adj* scornful; **méprise** *nf* mistake, error; **mépriser** *vt* to scorn, despise; (*gloire, danger*) to scorn, spurn

mer [mer] *nf* sea; (*marée*) tide; **en ~** at sea; **en haute** *ou* **pleine ~** off shore, on the open sea; **la ~ du Nord/Rouge/Noire/Morte** the North/Red/Black/Dead Sea

mercenaire [mersəner] *nm* mercenary, hired soldier

mercerie [mersəri] *nf* (*boutique*) haberdasher's shop (*BRIT*), notions store (*US*)

merci [mersi] *excl* thank you ▷ *nf*: **à la ~ de qn/qch** at sb's mercy/the mercy of sth; **~ beaucoup** thank you very much; **~ de** thank you for; **sans ~** merciless(ly)

mercredi [merkrədi] *nm* Wednesday; **~ des Cendres** Ash Wednesday; *voir aussi* **lundi**

mercure [merkyr] *nm* mercury

merde [merd] (*fam!*) *nf* shit (!) ▷ *excl* (bloody) hell (!)

mère [mer] *nf* mother; **mère célibataire** single parent, unmarried

mother; **mère de famille** housewife, mother

merguez [mergez] *nf* merguez sausage (*type of spicy sausage from N Africa*)

méridional, e, -aux [meridjɔnal, o] *adj* southern ▷ *nm/f* Southerner

meringue [mərɛ̃g] *nf* meringue

mérite [merit] *nm* merit; **avoir du ~ (à faire qch)** to deserve credit (for doing sth); **mériter** *vt* to deserve

merle [merl] *nm* blackbird

merveille [mervej] *nf* marvel, wonder; **faire ~** to work wonders; **à ~** perfectly, wonderfully; **merveilleux, -euse** *adj* marvellous, wonderful

mes [me] *adj voir* **mon**

mésange [mezãʒ] *nf* tit(mouse)

mésaventure [mezavãtyr] *nf* misadventure, misfortune

Mesdames [medam] *nfpl de* **Madame**

Mesdemoiselles [medmwazel] *nfpl de* **Mademoiselle**

mesquin, e [meskɛ̃, in] *adj* mean, petty; **mesquinerie** *nf* meanness; (*procédé*) mean trick

message [mesaʒ] *nm* message; **est-ce que je peux laisser un ~ ?** can I leave a message?; **~ SMS** text message; **messager, -ère** *nm* messenger; **messagerie** *nf* (*Internet*): **messagerie électronique** e-mail; **messagerie vocale** (*service*) voice mail; **messagerie instantanée** instant messenger

messe [mes] *nf* mass; **aller à la ~** to go to mass

Messieurs [mesjø] *nmpl de* **Monsieur**

mesure [m(ə)zyr] *nf* (*évaluation, dimension*) measurement; (*récipient*) measure; (*Mus*: *cadence*) time, tempo; (: *division*) bar; (*retenue*) moderation; (*disposition*) measure, step; **sur ~** (*costume*) made-to-measure; **dans la ~ où** insofar as, inasmuch as; **à ~ que** as; **être en ~ de** to be in a position to; **dans une certaine ~** to a certain extent

mesurer [məzyre] *vt* to measure; (*juger*) to weigh up, assess; (*modérer: ses*

paroles etc) to moderate
métal, -aux [metal, o] *nm* metal;
métallique *adj* metallic
météo [meteo] *nf* (*bulletin*) weather
report
météorologie [meteɔrɔlɔʒi] *nf*
meteorology
méthode [metɔd] *nf* method; (*livre,
ouvrage*) manual, tutor
méticuleux, -euse [metikylø, øz] *adj*
meticulous
métier [metje] *nm* (*profession: gén*)
job; (*: manuel*) trade; (*artisanal*) craft;
(*technique, expérience*) (acquired) skill *ou*
technique; (*aussi*: **~ à tisser**) (weaving)
loom
métis, se [metis] *adj, nm/f* half-caste,
half-breed
métrage [metraʒ] *nm*: **long/moyen/
court** ~ full-length/medium-length/
short film
mètre [mɛtr] *nm* metre; (*règle*) (metre)
rule; (*ruban*) tape measure; **métrique**
adj metric
métro [metro] *nm* underground (BRIT),
subway
métropole [metrɔpɔl] *nf* (*capitale*)
metropolis; (*pays*) home country
mets [mɛ] *nm* dish
metteur [metœr] *nm*: **~ en scène**
(*Théâtre*) producer; (*Cinéma*) director

 **MOT-CLÉ**

mettre [mɛtr] *vt* **1** (*placer*) to put;
mettre en bouteille/en sac to bottle/
put in bags *ou* sacks
2 (*vêtements: revêtir*) to put on; (*: porter*)
to wear; **mets ton gilet** put your
cardigan on; **je ne mets plus mon
manteau** I no longer wear my coat
3 (*faire fonctionner: chauffage, électricité*)
to put on; (*: réveil, minuteur*) to set;
(*installer: gaz, eau*) to put in, lay on;
mettre en marche to start up
4 (*consacrer*): **mettre du temps à faire
qch** to take time to do sth *ou* over sth
5 (*noter, écrire*) to say, put (down);

qu'est-ce qu'il a mis sur la carte?
what did he say *ou* write on the card?;
mettez au pluriel ... put ... into the
plural
6 (*supposer*): **mettons que ...** let's
suppose *ou* say that ...
7: **y mettre du sien** to pull one's weight
se mettre *vi* **1** (*se placer*): **vous pouvez
vous mettre là** you can sit (*ou* stand)
there; **où ça se met?** where does it
go?; **se mettre au lit** to get into bed;
se mettre au piano to sit down at the
piano; **se mettre de l'encre sur les
doigts** to get ink on one's fingers
2 (*s'habiller*): **se mettre en maillot de
bain** to get into *ou* put on a swimsuit;
n'avoir rien à se mettre to have
nothing to wear
3: **se mettre à** to begin, start; **se
mettre à faire** to begin to *ou* start doing
ou to do; **se mettre au piano** to start
learning the piano; **se mettre au
régime** to go on a diet; **se mettre
au travail/à l'étude** to get down to
work/one's studies

meuble [mœbl] *nm* piece of furniture;
des ~s furniture; **meublé** *nm* furnished
flatlet (BRIT) *ou* room; **meubler** *vt* to
furnish
meuf [mœf] *nf* (*fam*) woman
meugler [møgle] *vi* to low, moo
meule [møl] *nf* (*de foin, blé*) stack; (*de
fromage*) round; (*à broyer*) millstone
meunier [mønje] *nm* miller
meurs *etc* [mœr] *vb voir* **mourir**
meurtre [mœrtr] *nm* murder;
meurtrier, -ière *adj* (*arme etc*) deadly;
(*fureur, instincts*) murderous ▷ *nm/f*
murderer(-ess)
meurtrir [mœrtrir] *vt* to bruise; (*fig*)
to wound
meus *etc* [mø] *vb voir* **mouvoir**
meute [møt] *nf* pack
mexicain, e [mɛksikɛ̃, ɛn] *adj*
Mexican ▷ *nm/f*: **M~, e** Mexican
Mexico [mɛksiko] *n* Mexico City
Mexique [mɛksik] *nm*: **le ~** Mexico

mi [mi] *nm* (Mus) E; (*en chantant la gamme*) mi ▷ **préfixe: mi...** half(-); mid-; **à la mi-janvier** in mid-January; **à mi-jambes/corps** (up ou down) to the knees/waist; **à mi-hauteur** halfway up

miauler [mjole] *vi* to mew

miche [miʃ] *nf* round ou cob loaf

mi-chemin [miʃmɛ̃]: **à** ~ *adv* halfway, midway

mi-clos, e [miklo, kloz] *adj* half-closed

micro [mikʀo] *nm* mike, microphone; (*Inform*) micro

microbe [mikʀɔb] *nm* germ, microbe

micro...: **micro-onde** *nf*: **four à micro-ondes** microwave oven; **micro-ordinateur** *nm* microcomputer; **microscope** *nm* microscope; **microscopique** *adj* microscopic

midi [midi] *nm* midday, noon; (*moment du déjeuner*) lunchtime; (*sud*) south; **à** 12 (o'clock) ou midday ou noon; **le M~** the South (of France), the Midi

mie [mi] *nf* crumb (of the loaf)

miel [mjɛl] *nm* honey; **mielleux, -euse** *adj* (*personne*) unctuous, syrupy

mien, ne [mjɛ̃, mjɛn] *pron*: **le(la) ~(ne), les ~(ne)s** mine; **les ~s** my family

miette [mjɛt] *nf* (*de pain, gâteau*) crumb; (*fig: de la conversation etc*) scrap; **en ~s** in pieces ou bits

 MOT-CLÉ

mieux [mjø] *adv* **1** (*d'une meilleure façon*): **mieux (que)** better (than); **elle travaille/mange mieux** she works/ eats better; **aimer mieux** to prefer; **elle va mieux** she is better; **de mieux en mieux** better and better

2 (*de la meilleure façon*): **ce que je connais le mieux** what I know best; **les livres les mieux faits** the best-made books

▷ *adj* **1** (*plus à l'aise, en meilleure forme*) better; **se sentir mieux** to feel better

2 (*plus satisfaisant*) better; **c'est le mieux ainsi** it's better like this; **c'est le mieux des deux** it's the better of the two; **le(la) mieux, les mieux** the best; **demandez-lui, c'est le mieux** ask him, it's the best thing

3 (*plus joli*) better-looking; **il est mieux que son frère** (*plus beau*) he's better-looking than his brother; (*plus gentil*) he's nicer than his brother; **il est mieux sans moustache** he looks better without a moustache

4: **au mieux** at best; **au mieux avec** on the best of terms with; **pour le mieux** for the best

▷ *nm* **1** (*progrès*) improvement

2: **de mon/ton mieux** as best I/you can (ou could); **faire de son mieux** to do one's best

mignon, ne [miɲɔ̃, ɔn] *adj* sweet, cute

migraine [migʀɛn] *nf* headache; (*Méd*) migraine

mijoter [miʒɔte] *vt* to simmer; (*préparer avec soin*) to cook lovingly; (*fam: tramer*) to plot, cook up ▷ *vi* to simmer

milieu, x [miljø] *nm* (*centre*) middle; (*Bio, Géo*) environment; (*entourage social*) milieu; (*provenance*) background; (*pègre*): **le ~** the underworld; **au ~ de** in the middle of; **au beau ou en plein (-)** right in the middle (of); **un juste ~** a happy medium

militaire [militɛʀ] *adj* military, army *cpd* ▷ *nm* serviceman

militant, e [militɑ̃, ɑ̃t] *adj, nm/f* militant

militer [milite] *vi* to be a militant

mille [mil] *num* a ou one thousand ▷ *nm* (*mesure*): **~ (marin)** nautical mile; **mettre dans le ~** (*fig*) to be bang on target; **millefeuille** *nm* cream ou vanilla slice; **millénaire** *nm* millennium ▷ *adj* thousand-year-old; (*fig*) ancient; **mille-pattes** *nm inv* centipede

millet [mijɛ] *nm* millet

milliard [miljaʀ] *nm* milliard, thousand million (BRIT), billion (US); **milliardaire** *nm/f* multimillionaire

(BRIT), billionaire (US)

millier [milje] nm thousand; **un ~ (de)** a thousand or so, about a thousand; **par ~s** in (their) thousands, by the thousand

milligramme [miligram] nm milligramme

millimètre [milimetʀ] nm millimetre

million [miljɔ̃] nm million; **deux ~s de** two million; **millionnaire** nmf millionaire

mime [mim] nmf (acteur) mime(r) ▷ nm (art) mime, miming; **mimer** vt to mime; (singer) to mimic, take off

minable [minabl] adj (décrépit) shabby(-looking); (médiocre) pathetic

mince [mɛ̃s] adj thin; (personne, taille) slim, slender; (fig: profit, connaissances) slight, small, weak ▷ excl: **~ alors!** drat it!, darn it! (US); **minceur** nf thinness; (d'une personne) slimness, slenderness; **mincir** vi to get slimmer

mine [min] nf (physionomie) expression, look; (allure) exterior, appearance; (de crayon) lead; (gisement, explosif, fig: source) mine; **avoir bonne ~** (personne) to look well; (ironique) to look an utter idiot; **avoir mauvaise ~** to look unwell ou poorly; **faire ~ de faire** to make a pretence of doing; **~ de rien** although you wouldn't think so

miner [mine] vt (saper) to undermine, erode; (Mil) to mine

minerai [minʀɛ] nm ore

minéral, e, -aux [mineral, o] adj, nm mineral

minéralogique [mineralɔʒik] adj: **plaque ~** number (BRIT) ou license (US) plate; **numéro ~** registration (BRIT) ou license (US) number

minet, te [minɛ, ɛt] nmf (chat) pussy-cat; (péj) young trendy

mineur, e [minœʀ] adj minor ▷ nmf (Jur) minor, person under age ▷ nm (travailleur) miner

miniature [minjatyʀ] adj, nf miniature

minibus [minibys] nm minibus

minier, -ière [minje, jɛʀ] adj mining

mini-jupe [miniʒyp] nf mini-skirt

minime [minim] adj minor, minimal

minimessage [minimesaʒ] nm text message

minimiser [minimize] vt to minimize; (fig) to play down

minimum [minimɔm] adj, nm minimum; **au ~** (au moins) at the very least

ministère [ministɛʀ] nm (aussi Rel) ministry; (cabinet) government

ministre [ministʀ] nm (aussi Rel) minister; **ministre d'État** senior minister ou secretary

Minitel® [minitɛl] nm videotext terminal and service

● **MINITEL®**
●
● **Minitel®** is a public information
● system provided by France-Télécom
● to telephone subscribers since
● the early 80s. Among the services
● available are a computerized
● telephone directory and information
● on train timetables, stock-market
● news and situations vacant.
● Subscribers pay for their time on
● screen as part of their phone bill.
● Although this information is now
● also available on the Internet, the
● special Minitel® screens, terminals
● and keyboards are still very much a
● part of French daily life.

minoritaire [minɔʀitɛʀ] adj minority

minorité [minɔʀite] nf minority; **être en ~** to be in the ou a minority

minuit [minɥi] nm midnight

minuscule [minyskyl] adj minute, tiny ▷ nf: **(lettre) ~** small letter

minute [minyt] nf minute; **à la ~** (just) this instant; (faire) there and then; **minuter** vt to time; **minuterie** nf time switch

minutieux, -euse [minysjø, jøz] adj (personne) meticulous; (travail) minutely detailed

mirabelle [mirabɛl] nf (cherry) plum

miracle [mirakl] nm miracle

mirage [miraʒ] nm mirage

mire [mir] nf: **point de ~** (fig) focal point

miroir [mirwar] nm mirror

miroiter [mirwate] vi to sparkle, shimmer; **faire ~ qch à qn** to paint sth in glowing colours for sb, dangle sth in front of sb's eyes

mis, e [mi, miz] pp de **mettre** ▷ adj: **bien ~** well-dressed

mise [miz] nf (argent au jeu) stake, bet; (tenue) clothing, attire; **être de ~** to be acceptable ou in season; **mise à jour** updating; **mise au point** (fig) clarification; **mise de fonds** capital outlay; **mise en plis** set; **mise en scène** production

miser [mize] vt (enjeu) to stake, bet; **~ sur** (cheval, numéro) to bet on; (fig) to bank ou count on

misérable [mizerabl] adj (lamentable, malheureux) pitiful, wretched; (pauvre) poverty-stricken; (insignifiant, mesquin) miserable ▷ nm/f wretch

misère [mizɛr] nf (extreme) poverty, destitution; **misères** nfpl (malheurs) woes, miseries; (ennuis) little troubles; **salaire de ~** starvation wage

missile [misil] nm missile

mission [misjɔ̃] nf mission; **partir en ~** (Admin, Pol) to go on an assignment;

missionnaire nm/f missionary

mité, e [mite] adj moth-eaten

mi-temps [mitɑ̃] nf inv (Sport: période) half; (: pause) half-time; **à ~** part-time

miteux, -euse [mitø, øz] adj (lieu) seedy

mitigé, e [mitiʒe] adj: **sentiments ~s** mixed feelings

mitoyen, ne [mitwajɛ̃, jɛn] adj (mur) common, party cpd; **maisons ~nes** semi-detached houses; (plus de deux) terraced (BRIT) ou row (US) houses

mitrailler [mitraje] vt to machine-gun; (fig) to pelt, bombard;

(: photographier) to take shot after shot of; **mitraillette** nf submachine gun; **mitrailleuse** nf machine gun

mi-voix [mivwa]: **à ~** adv in a low ou hushed voice

mixage [miksaʒ] nm (Cinéma) (sound) mixing

mixer [miksœr] nm (food) mixer

mixte [mikst] adj (gén) mixed; (Scol) mixed, coeducational; **cuisinière ~** combined gas and electric cooker (BRIT) ou stove (US)

mixture [mikstyr] nf mixture; (fig) concoction

Mlle (pl **~s**) abr = **Mademoiselle**

MM abr = **Messieurs**

Mme (pl **~s**) abr = **Madame**

mobile [mɔbil] adj mobile; (pièce de machine) moving ▷ nm (motif) motive; (œuvre d'art) mobile; (**téléphone**) **~** mobile (phone)

mobilier, -ière [mɔbilje, jɛr] nm furniture

mobiliser [mɔbilize] vt to mobilize

mobylette® [mɔbilɛt] nf moped

moche [mɔʃ] (fam) adj (laid) ugly; (mauvais) rotten

modalité [mɔdalite] nf form, mode

mode [mɔd] nf fashion ▷ nm (manière) form, mode; (Ling) mood; (Mus, Inform) mode; **à la ~** fashionable, in fashion; **mode d'emploi** directions pl (for use); **mode de paiement** method of payment; **mode de vie** lifestyle

modèle [mɔdɛl] adj, nm model; (qui pose: de peintre) sitter; **modèle déposé** registered design; **modèle réduit** small-scale model; **modeler** vt to model

modem [mɔdɛm] nm modem

modéré, e [mɔdere] adj, nm/f moderate

modérer [mɔdere] vt to moderate; **se modérer** vi to restrain o.s.

moderne [mɔdɛrn] adj modern ▷ nm (style) modern style; (meubles) modern furniture; **moderniser** vt to modernize

modeste [mɔdɛst] adj modest;

modestie nf modesty

modifier [mɔdifje] vt to modify, alter; **se modifier** vi to alter

modique [mɔdik] adj modest

module [mɔdyl] nm module

moelle [mwal] nf marrow

moelleux, -euse [mwalø, øz] adj soft; (gâteau) light and moist

mœurs [mœr] nfpl (conduite) morals; (manières) manners; (pratiques sociales, mode de vie) habits

moi [mwa] pron nm (emphatique): **~, je ...** for my part, I ..., I myself ...; **c'est ~ qui l'ai fait** I did it, it was me who did it; **apporte-le-~** bring it to me; **à ~**: mine; (dans un jeu) my turn; **moi-même** pron myself; (emphatique) I myself

moindre [mwɛ̃dr] adj lesser; lower; **le(la) ~, les ~s** the least, the slightest; **merci — c'est le ~ des choses!** thank you — it's a pleasure!

moine [mwan] nm monk, friar

moineau, x [mwano] nm sparrow

○ MOT-CLÉ

moins [mwɛ̃] adv 1 (comparatif): **moins (que)** less (than); **moins grand que** less tall than, not as tall as; **il a 3 ans de moins que moi** he's 3 years younger than me; **moins je travaille, mieux je me porte** the less I work, the better I feel

2 (superlatif): **le moins** (the) least; **c'est ce que j'aime le moins** it's what I like (the) least; **le(la) moins doué(e)** the least gifted; **au moins, du moins** at least; **pour le moins** at the very least

3: **moins de** (quantité) less (than); (nombre) fewer (than); **moins de sable/d'eau** less sand/water; **moins de livres/gens** fewer books/people; **moins de 2 ans** less than 2 years; **moins de midi** not yet midday

4: **de moins, en moins**: **100 euros/3 jours de moins** 100 euros/3 days less; **3 livres en moins** 3 books fewer; **de l'argent en moins**

less money; **le soleil en moins** but for the sun, minus the sun; **de moins en moins** less and less

5: **à moins de, à moins que** unless; **à moins de faire** unless we do (ou he does etc); **à moins que tu ne fasses** unless you do; **à moins d'un accident** barring any accident

▷ prép: **4 moins 2** 4 minus 2; **il est moins 5** it's 5 to; **10 heures moins 5** 5 to ten; **il fait moins 5** it's 5 (degrees) below (freezing), it's minus 5

---

mois [mwa] nm month

moisi [mwazi] nm mould, mildew; **odeur de ~** musty smell; **moisir** vi to go mouldy; **moisissure** nf mould no pl

moisson [mwasɔ̃] nf harvest; **moissonner** vt to harvest, reap; **moissonneuse** nf (machine) harvester

moite [mwat] adj sweaty, sticky

moitié [mwatje] nf half; **la ~** half; **la ~ de** half (of); **la ~ du temps** half the time; **à la ~** halfway through; **à ~** (avant le verbe) half; (avant l'adjectif) half-; **à ~ prix** (at) half-price

molaire [mɔlɛr] nf molar

molester [mɔlɛste] vt to manhandle

molle [mɔl] adj voir **mou**; **mollement** adv (péj: travailler) sluggishly; (protester) feebly

mollet [mɔlɛ] nm calf ▷ adj m: **œuf ~** soft-boiled egg

molletonné, e [mɔltɔne] adj fleece-lined

mollir [mɔlir] vi (fléchir) to relent; (substance) to go soft

mollusque [mɔlysk] nm mollusc

môme [mom] (fam) nm/f (enfant) brat

moment [mɔmɑ̃] nm moment; **ce n'est pas le ~** this is not the (right) time; **au même ~** at the same time; (instant) at the same moment; **pour un bon ~** for a good while; **pour le moment** for the moment, for the time being; **au ~ de** at the time of; **au ~ où** just as; (pendant que) while; **à tout ~** (peut arriver etc) at any time ou moment; (constamment) constantly, continually;

en ce ~ at the moment; at present; **sur le ~** at the time; **par ~s** now and then, at times; **d'un ~ à l'autre** any minute (now); **du ~ où** ou **que** seeing that, since; **momentané, e** adj temporary, momentary; **momentanément** adv (court instant) for a short while

momie [mɔmi] nf mummy

mon, ma [mɔ̃, ma] (pl **mes**) adj my

Monaco [mɔnako] nm Monaco

monarchie [mɔnaʀʃi] nf monarchy

monastère [mɔnastɛʀ] nm monastery

mondain, e [mɔ̃dɛ̃, ɛn] adj (vie) society cpd

monde [mɔ̃d] nm world; (haute société): **le ~** (high) society; **il y a du ~** (beaucoup de gens) there are a lot of people; (quelques personnes) there are some people; **beaucoup/peu de ~** many/few people; **mettre au ~** to bring into the world; **pas le moins du ~** not in the least; **mondial, e, -aux** adj (population) world cpd; (influence) world-wide; **mondialement** adv throughout the world; **mondialisation** nf globalization

monégasque [mɔnegask] adj Monegasque, of ou from Monaco ▷ nm/f: **M~** Monegasque, person from ou inhabitant of Monaco

monétaire [mɔnetɛʀ] adj monetary

moniteur, -trice [mɔnitœʀ, tʀis] nm/f (Sport) instructor(-tress); (de colonie de vacances) supervisor ▷ nm (écran) monitor

monnaie [mɔnɛ] nf (Écon, gén: moyen d'échange) currency; (petites pièces): **avoir de la ~** to have some change; **une pièce de ~** a coin; **faire de la ~** to get (some) change; **avoir/faire la ~ de 20 euros** to have change of/get change for 20 euros; **rendre à qn la ~ (sur 20 euros)** to give sb the change (out of ou from 20 euros); **gardez la ~** keep the change; **désolé, je n'ai pas de ~** sorry, I don't have any change; **avez-vous de la ~?** do you have any change?

monologue [mɔnɔlɔg] nm monologue, soliloquy; **monologuer** vi to soliloquize

monopole [mɔnɔpɔl] nm monopoly

monotone [mɔnɔtɔn] adj monotonous

Monsieur [masjø] (pl **Messieurs**) titre Mr ▷ nm (homme quelconque): **un/le monsieur** a/the gentleman; **~, ...** (en tête de lettre) Dear Sir, ...; voir aussi **Madame**

monstre [mɔ̃stʀ] nm monster ▷ adj (fam: colossal) monstrous; **un travail ~** a fantastic amount of work; **monstrueux, -euse** adj monstrous

mont [mɔ̃] nm: **par ~s et par vaux** up hill and down dale; **le Mont Blanc** Mont Blanc

montage [mɔ̃taʒ] nm (assemblage: d'appareil) assembly; (Photo) photomontage; (Cinéma) editing

montagnard, e [mɔ̃taɲaʀ, aʀd] adj mountain cpd ▷ nm/f mountain-dweller

montagne [mɔ̃taɲ] nf (cime) mountain; (région): **la ~** the mountains pl; **montagnes russes** big dipper sg, switchback sg; **montagneux, -euse** adj mountainous; (paysage) hilly

montant, e [mɔ̃tɑ̃, ɑ̃t] adj (mouvement) rising; **pull à col ~** high-necked jumper ▷ nm (somme, total) (sum) total, (total) amount; (de fenêtre) upright; (de lit) post

monte-charge [mɔ̃tʃaʀʒ] nm inv goods lift, hoist

montée [mɔ̃te] nf (des prix, hostilités) rise; (escalade) climb; (côte) hill; **au milieu de la ~** halfway up

monter [mɔ̃te] vt (escalier, côte) to go (ou come) up; (valise, paquet) to take (ou bring) up; (étagère) to raise; (tente, échafaudage) to put up; (machine) to assemble; (Cinéma) to edit; (Théâtre) to put on, stage; (société etc) to set up ▷ vi to go (ou come) up; (prix, niveau, température) to go up, rise; (passager) to get on; **~ à cheval** (faire du cheval) to ride (a horse); **~ sur** to climb up onto; **~**

sur ou à un arbre/une échelle to climb (up) a tree/ladder; **se monter à** (frais etc) to add up to, come to

montgolfière [mɔ̃gɔlfjɛʀ] nf hot-air balloon

montre [mɔ̃tʀ] nf watch; **contre la ~** (Sport) against the clock

Montréal [mɔ̃ʀeal] n Montreal

montrer [mɔ̃tʀe] vt to show; **~ qch à qn** to show sb sth; **pouvez-vous me ~ où c'est?** can you show me where it is?

monture [mɔ̃tyʀ] nf (cheval) mount; (de lunettes) frame; (d'une bague) setting

monument [mɔnymã] nm monument; **monument aux morts** war memorial

moquer [mɔke]: **se moquer de** vt to make fun of, laugh at; (fam: se désintéresser de) not to care about; (tromper): **se ~ de qn** to take sb for a ride

moquette [mɔkɛt] nf fitted carpet

moqueur, -euse [mɔkœʀ, øz] adj mocking

moral, e, -aux [mɔʀal, o] adj moral ▷ nm morale; **avoir le ~** (fam) to be in good spirits; **avoir le ~ à zéro** (fam) to be really down; **morale** nf (mœurs) morals pl; (valeurs) moral standards pl, morality; (d'une fable etc) moral; **faire la morale à** to lecture, preach at; **moralité** nf morality; (de fable) moral

morceau, x [mɔʀso] nm piece, bit; (d'une œuvre) passage, extract; (Mus) piece; (Culin: de viande) cut; (de sucre) lump; **mettre en ~x** to pull to pieces ou bits; **manger un ~** to have a bite (to eat)

morceler [mɔʀsəle] vt to break up, divide up

mordant, e [mɔʀdã, ãt] adj (ton, remarque) scathing, cutting; (ironie, froid) biting ▷ nm (style) bite, punch

mordiller [mɔʀdije] vt to nibble at, chew at

mordre [mɔʀdʀ] vt to bite ▷ vi (poisson) to bite; (fig) to go over into, overlap into; **~ à l'hameçon** to bite, rise to the bait

mordu, e [mɔʀdy] (fam) nm/f enthusiast; **un ~ de jazz** a jazz fanatic

morfondre [mɔʀfɔ̃dʀ]: **se morfondre** vi to mope

morgue [mɔʀg] nf (arrogance) haughtiness; (lieu: de la police) morgue; (: à l'hôpital) mortuary

morne [mɔʀn] adj dismal, dreary

morose [mɔʀoz] adj sullen, morose

mors [mɔʀ] nm bit

morse [mɔʀs] nm (Zool) walrus; (Tél) Morse (code)

morsure [mɔʀsyʀ] nf bite

mort[1] [mɔʀ] nf death

mort[2], **e** [mɔʀ, mɔʀt] pp de **mourir** ▷ adj dead ▷ nm/f (défunt) dead man ou woman; (victime): **il y a eu plusieurs ~s** several people were killed, there were several deaths; **~ de peur/fatigue** frightened to death/dead tired

mortalité [mɔʀtalite] nf mortality, death rate

mortel, le [mɔʀtɛl] adj (poison etc) deadly, lethal; (accident, blessure) fatal; (silence, ennemi) deadly; (péché) mortal; (fam: ennuyeux) deadly boring

mort-né, e [mɔʀne] adj (enfant) stillborn

mortuaire [mɔʀtɥɛʀ] adj: **avis ~** death announcement

morue [mɔʀy] nf (Zool) cod inv

mosaïque [mɔzaik] nf mosaic

Moscou [mɔsku] n Moscow

mosquée [mɔske] nf mosque

mot [mo] nm word; (message) line, note; **~ à ~** word for word; **mot de passe** password; **mots croisés** crossword (puzzle) sg

motard [mɔtaʀ] nm biker; (policier) motorcycle cop

motel [mɔtɛl] nm motel

moteur, -trice [mɔtœʀ, tʀis] adj (Anat, Physiol) motor; (Tech) driving; (Auto): **à 4 roues motrices** 4-wheel drive ▷ nm engine, motor; **à ~** power-driven, motor cpd; **moteur de recherche** search engine

motif [mɔtif] nm (cause) motive;

(décoratif) design, pattern, motif; **sans ~** groundless

motivation [mɔtivasjɔ̃] nf motivation

motiver [mɔtive] vt to motivate; (justifier) to justify, account for

moto [mɔto] nf (motor)bike; **motocycliste** nm/f motorcyclist

motorisé, e [mɔtɔrize] adj (personne) having transport ou a car

motrice [mɔtris] adj voir **moteur**

motte [mɔt] nf: **~ de terre** lump of earth, clod (of earth); **motte de beurre** lump of butter

mou (mol), molle [mu, mɔl] adj soft; (personne) lethargic; (protestations) weak ▷ nm: **avoir du mou** to be slack

mouche [muʃ] nf fly

moucher [muʃe]: **se moucher** vi to blow one's nose

moucheron [muʃrɔ̃] nm midge

mouchoir [muʃwar] nm handkerchief, hanky; **mouchoir en papier** tissue, paper hanky

moudre [mudr] vt to grind

moue [mu] nf pout; **faire la ~** to pout; (fig) to pull a face

mouette [mwɛt] nf (sea)gull

moufle [mufl] nf (gant) mitt(en)

mouillé, e [muje] adj wet

mouiller [muje] vt (humecter) to wet, moisten; (tremper): **~ qn/qch** to make sb/sth wet ▷ vi (Navig) to lie ou be at anchor; **se mouiller** (fam: prendre des risques) to commit o.s.

moulant, e [mulɑ̃, ɑ̃t] adj figure-hugging

moule [mul] nf mussel ▷ nm (Culin) mould; **moule à gâteaux** nm cake tin (BRIT) ou pan (US)

mouler [mule] vt (suj: vêtement) to hug, fit closely round

moulin [mulɛ̃] nm mill; **moulin à café** coffee mill; **moulin à eau** watermill; **moulin à légumes** (vegetable) shredder; **moulin à paroles** (fig) chatterbox; **moulin à poivre** pepper mill; **moulin à vent** windmill

moulinet [mulinɛ] nm (de canne à pêche) reel; (mouvement): **faire des ~s avec qch** to whirl sth around

moulinette® [mulinɛt] nf (vegetable) shredder

moulu, e [muly] pp de **moudre**

mourant, e [murɑ̃, ɑ̃t] adj dying

mourir [murir] vi to die; (civilisation) to die out; **~ de froid/faim** to die of exposure/hunger; **~ de faim/d'ennui** (fig) to be starving/be bored to death; **~ d'envie de faire** to be dying to do

mousse [mus] nf (Bot) moss; (de savon) lather; (écume: sur eau, bière) froth, foam; (Culin) mousse ▷ nm (Navig) ship's boy; **mousse à raser** shaving foam

mousseline [muslin] nf muslin; **pommes ~** mashed potatoes

mousser [muse] vi (bière, détergent) to foam; (savon) to lather; **mousseux, -euse** adj frothy ▷ nm: **(vin) mousseux** sparkling wine

mousson [musɔ̃] nf monsoon

moustache [mustaʃ] nf moustache; **moustaches** nfpl (du chat) whiskers pl; **moustachu, e** adj with a moustache

moustiquaire [mustikɛr] nf mosquito net

moustique [mustik] nm mosquito

moutarde [mutard] nf mustard

mouton [mutɔ̃] nm sheep inv; (peau) sheepskin; (Culin) mutton

mouvement [muvmɑ̃] nm movement; (fig: impulsion) gesture; **avoir un bon ~** to make a nice gesture; **en ~** in motion; on the move; **mouvementé, e** adj (vie, poursuite) eventful; (réunion) turbulent

mouvoir [muvwar]: **se mouvoir** vi to move

moyen, ne [mwajɛ̃, jɛn] adj average; (tailles, prix) medium; (de grandeur moyenne) medium-sized ▷ nm (façon) means sg, way; **moyens** nmpl (capacités) means; (Scol) **~s** (résultats) pretty poor; **je n'en ai pas les ~** I can't afford it; **au ~ de** by means of; **par tous les ~s** by every possible means, every possible way; **par ses propres ~s** all by oneself; **moyen âge** Middle Ages pl; **moyen de transport** means of transport

moyennant [mwajɛnɑ̃] *prép* (somme) for; (service, conditions) in return for; (travail, effort) with

moyenne [mwajɛn] *nf* average; (Math) mean; (Scol) pass mark; **en ~** on (an) average; **moyenne d'âge** average age

Moyen-Orient [mwajɛnɔʀjɑ̃] *nm*: **le ~** the Middle East

moyeu, x [mwajø] *nm* hub

MST *sigle f* (= maladie sexuellement transmissible) STD

mû, mue [my] *pp de* **mouvoir**

muer [mɥe] *vi* (oiseau, mammifère) to moult; (serpent) to slough; (jeune garçon): **il mue** his voice is breaking

muet, te [mɥɛ, mɥɛt] *adj* dumb; (fig): **~ d'admiration** etc speechless with admiration etc; (Cinéma) silent ▷ *nm/f* mute

mufle [myfl] *nm* muzzle; (fam: goujat) boor

mugir [myʒiʀ] *vi* (taureau) to bellow; (vache) to low; (fig) to howl

muguet [mygɛ] *nm* lily of the valley

mule [myl] *nf* (Zool) (she-)mule

mulet [mylɛ] *nm* (Zool) (he-)mule

multinationale [myltinasjɔnal] *nf* multinational

multiple [myltipl] *adj* multiple, numerous; (varié) many, manifold; **multiplication** *nf* multiplication; **multiplier** *vt* to multiply; **se multiplier** *vi* to multiply

municipal, e, -aux [mynisipal, o] *adj* (élections, stade) municipal; (conseil) town cpd; **piscine/bibliothèque ~e** public swimming pool/library; **municipalité** *nf* (ville) municipality; (conseil) town council

munir [myniʀ] *vt*: **~ qch de** to equip sth with; **se ~ de** to arm o.s. with

munitions [mynisjɔ̃] *nfpl* ammunition sg

mur [myʀ] *nm* wall; **mur du son** sound barrier

mûr, e [myʀ] *adj* ripe; (personne) mature

muraille [myʀaj] *nf* (high) wall

mural, e, -aux [myʀal, o] *adj* wall cpd; (art) mural

mûre [myʀ] *nf* blackberry

muret [myʀɛ] *nm* low wall

mûrir [myʀiʀ] *vi* (fruit, blé) to ripen; (abcès) to come to a head; (fig: idée, personne) to mature ▷ *vt* (abcès) ▷ *vt* (fig) to (make) mature

murmure [myʀmyʀ] *nm* murmur; **murmurer** *vi* to murmur

muscade [myskad] *nf* (aussi: **noix (de) ~**) nutmeg

muscat [myska] *nm* (raisins) muscat grape; (vin) muscatel (wine)

muscle [myskl] *nm* muscle; **musclé, e** *adj* muscular; (fig) strong-arm

museau, x [myzo] *nm* muzzle; (Culin) brawn

musée [myze] *nm* museum; (de peinture) art gallery

museler [myz(ə)le] *vt* to muzzle; **muselière** *nf* muzzle

musette [myzɛt] *nf* (sac) lunchbag

musical, e, -aux [myzikal, o] *adj* musical

music-hall [myzikol] *nm* (salle) variety theatre; (genre) variety

musicien, ne [myzisjɛ̃, jɛn] *adj* musical ▷ *nm/f* musician

musique [myzik] *nf* music

● **FÊTE DE LA MUSIQUE**

● The **Fête de la Musique** is a music
● festival which takes place every year
● on 21 June. Throughout France, local
● musicians perform free of charge in
● parks, streets and squares.

musulman, e [myzylmɑ̃, an] *adj, nm/f* Moslem, Muslim

mutation [mytasjɔ̃] *nf* (Admin) transfer

muter [myte] *vt* to transfer, move

mutilé, e [mytile] *nm/f* disabled

person (through loss of limbs)
mutiler [mytile] *vt* to mutilate, maim
mutin, e [mytɛ̃, in] *adj* (*air, ton*) mischievous, impish ▷ *nm/f* (*Mil, Navig*) mutineer; **mutinerie** *nf* mutiny
mutisme [mytism] *nm* silence
mutuel, le [mytɥɛl] *adj* mutual; **mutuelle** *nf* voluntary insurance premiums for back-up health cover
myope [mjɔp] *adj* short-sighted
myosotis [mjozotis] *nm* forget-me-not
myrtille [mirtij] *nf* bilberry
mystère [mistɛr] *nm* mystery; **mystérieux, -euse** *adj* mysterious
mystifier [mistifje] *vt* to fool
mythe [mit] *nm* myth
mythologie [mitɔlɔʒi] *nf* mythology

n' [n] *adv voir* **ne**
nacre [nakr] *nf* mother of pearl
nage [naʒ] *nf* swimming; (*manière*) style of swimming, stroke; **traverser/s'éloigner à la ~** to swim across/away; **en ~** bathed in sweat; **nageoire** *nf* fin; **nager** *vi* to swim; **nageur, -euse** *nm/f* swimmer
naïf, -ïve [naif, naiv] *adj* naïve
nain, e [nɛ̃, nɛn] *nm/f* dwarf
naissance [nɛsɑ̃s] *nf* birth; **donner ~ à** to give birth to; (*fig*) to give rise to; **lieu de ~** place of birth
naître [nɛtr] *vi* to be born; (*fig*): **~ de** to arise from, be born out of; **il est né en 1960** he was born in 1960; **faire ~** (*fig*) to give rise to, arouse
naïveté [naivte] *nf* naïvety
nana [nana] (*fam*) *nf* (*fille*) chick, bird (BRIT)
nappe [nap] *nf* tablecloth; (*de pétrole, gaz*) layer; **napperon** *nm* table-mat
naquit *etc* [naki] *vb voir* **naître**
narguer [narge] *vt* to taunt

narine [naʀin] *nf* nostril
natal, e [natal] *adj* native; **natalité**
nf birth rate
natation [natasjɔ̃] *nf* swimming
natif, -ive [natif, iv] *adj* native
nation [nasjɔ̃] *nf* nation;
national, e, -aux [nasjonal, o] *adj* national;
nationale *nf*: **(route) nationale**
≈ A road (BRIT), ≈ state highway (US);
nationaliser *vt* to nationalize;
nationalisme *nm* nationalism;
nationalité *nf* nationality
natte [nat] *nf* (cheveux) plait; (tapis)
mat
naturaliser [natyralize] *vt* to
naturalize
nature [natyʀ] *nf* nature ▷ *adj, adv*
(Culin) plain, without seasoning or
sweetening; (café, thé) black, without
sugar; (yaourt) natural; **payer en ~**
to pay in kind; **nature morte** still
life; **naturel, le** *adj* (gén, aussi enfant)
natural ▷ *nm* (absence d'affectation)
naturalness; (caractère) disposition,
nature; **naturellement** *adv* naturally;
(bien sûr) of course
naufrage [nofʀaʒ] *nm* (ship)wreck;
faire ~ to be shipwrecked
nausée [noze] *nf* nausea; **avoir la ~**
to feel sick
nautique [notik] *adj* nautical, water
cpd; **sports ~s** water sports
naval, e [naval] *adj* naval; (industrie)
shipbuilding
navet [nave] *nm* turnip; (péj: film)
rubbishy film
navette [navεt] *nf* shuttle; **faire la
~ (entre)** to go to and fro ou shuttle
(between)
navigateur [navigatœʀ] *nm* (Navig)
seafarer; (Inform) browser
navigation [navigasjɔ̃] *nf* navigation,
sailing
naviguer [navige] *vi* to navigate, sail;
~ sur Internet to browse the Internet
navire [naviʀ] *nm* ship
navrer [navʀe] *vt* to upset, distress; **je
suis navré** I'm so sorry

ne, n' [n(ə)] *adv voir* **pas; plus; jamais**
etc; (sans valeur négative: non traduit):
c'est plus loin que je ne le croyais it's
further than I thought
né, e [ne] *pp* (voir naître): **né en 1960**
born in 1960; **née Scott** née Scott
néanmoins [neɑ̃mwɛ̃] *adv*
nevertheless
néant [neɑ̃] *nm* nothingness; **réduire à
~** to bring to nought; (espoir) to dash
nécessaire [neseseʀ] *adj* necessary
▷ *nm* necessary; (sac) kit; **je vais faire
le ~** I'll see to it; **nécessaire de couture**
sewing kit; **nécessaire de toilette**
toilet bag; **nécessité** *nf* necessity;
nécessiter *vt* to require
nectar [nεktaʀ] *nm* nectar
néerlandais, e [neεʀlɑ̃dε, εz] *adj*
Dutch
nef [nεf] *nf* (d'église) nave
néfaste [nefast] *adj* (nuisible) harmful;
(funeste) ill-fated
négatif, -ive [negatif, iv] *adj* negative
▷ *nm* (Photo) negative
négligé, e [negliʒe] *adj* (en désordre)
slovenly ▷ *nm* (tenue) negligee
négligeable [negliʒabl] *adj* negligible
négligent, e [negliʒɑ̃, ɑ̃t] *adj* careless,
negligent
négliger [negliʒe] *vt* (tenue) to be
careless about; (avis, précautions) to
disregard; (épouse, jardin) to neglect; **~
de faire** to fail to do, not bother to do
négociant, e [negosjɑ̃, jɑ̃t] *nm/f*
merchant
négociation [negosjasjɔ̃] *nf*
negotiation
négocier [negosje] *vi, vt* to negotiate
nègre [nεgʀ] (péj) *nm* (écrivain) ghost
(writer)
neige [nεʒ] *nf* snow; **neiger** *vi* to snow
nénuphar [nenyfaʀ] *nm* water-lily
néon [neɔ̃] *nm* neon
néo-zélandais, e [neozelɑ̃dε, εz]
adj New Zealand *cpd* ▷ *nm/f*: **Néo-
Zélandais, e** New Zealander
Népal [nepal] *nm*: **le ~** Nepal
nerf [nεʀ] *nm* nerve; **être sur les ~s**

to be all keyed up; **nerveux, -euse** *adj* nervous; (*irritable*) touchy, nervy; (*voiture*) nippy, responsive; **nervosité** *nf* excitability, tenseness; (*irritabilité passagère*) irritability, nerviness

n'est-ce pas? [nɛspɑ] *adv* isn't it?, won't you? *etc*, *selon le verbe qui précède*

net [nɛt] *nm* (Internet): **le ~** the Net

net, nette [nɛt] *adj* (*sans équivoque, distinct*) clear; (*évident: amélioration, différence*) marked, distinct; (*propre*) neat, clean; (Comm: *prix, salaire*) net ▷ *adv* (*refuser*) flatly ▷ *vt*: **mettre au ~** to copy out; **s'arrêter ~** to stop dead; **nettement** *adv* clearly, distinctly; (*incontestablement*) decidedly; **netteté** *nf* clearness

nettoyage [netwajaʒ] *nm* cleaning; **nettoyage à sec** dry cleaning

nettoyer [netwaje] *vt* to clean

neuf, neuve [nœf, nœv] *adj* new; **remettre à ~** to do up (as good as new), refurbish; **quoi de ~?** what's new?

neutre [nøtʀ] *adj* neutral; (Ling) neuter

neuve [nœv] *adj voir* **neuf²**

neuvième [nœvjɛm] *num* ninth

neveu, x [n(ə)vø] *nm* nephew

New York [njujɔʀk] *n* New York

nez [ne] *nm* nose; **à ~ avec** face to face with; **avoir du ~** to have flair

ni [ni] *conj*: **ni ... ni** neither ... nor; **je n'aime ni les lentilles ni les épinards** I like neither lentils nor spinach; **il n'a dit ni oui ni non** he didn't say either yes or no; **elles ne sont venues ni l'une ni l'autre** neither of them came; **il n'a rien vu ni entendu** he didn't see or hear anything

niche [niʃ] *nf* (*du chien*) kennel; (*de mur*) recess, niche; **nicher** *vi* to nest

nid [ni] *nm* nest; **nid de poule** pothole

nièce [njɛs] *nf* niece

nier [nje] *vt* to deny

Nil [nil] *nm*: **le ~** the Nile

n'importe [nɛpɔʀt] *adv*: **n'importe qui/quoi/où** anybody/anything/anywhere; **n'importe quand** any time;

n'importe quel/quelle any; **n'importe lequel/laquelle** any (one); **n'importe comment** (*sans soin*) carelessly

niveau, x [nivo] *nm* level; (*des élèves, études*) standard; **niveau de vie** standard of living

niveler [niv(ə)le] *vt* to level

noble [nɔbl] *adj* noble; **noblesse** *nf* nobility; (*d'une action etc*) nobleness

noce [nɔs] *nf* wedding; (*gens*) wedding party (*ou* guests *pl*); **faire la ~** (*fam*) to go on a binge; **noces d'argent/d'or/de diamant** silver/golden/diamond wedding (*anniversary*)

nocif, -ive [nɔsif, iv] *adj* harmful

nocturne [nɔktyʀn] *adj* nocturnal ▷ *nf* late-night opening

Noël [nɔɛl] *nm* Christmas

nœud [nø] *nm* knot; (*ruban*) bow; **nœud papillon** bow tie

noir, e [nwaʀ] *adj* black; (*obscur, sombre*) dark ▷ *nm/f* black man/woman ▷ *nm*: **dans le ~** in the dark; **travail au ~** moonlighting; **travailler au ~** to work on the side; **noircir** *vt, vi* to blacken; **noire** *nf* (Mus) crotchet (BRIT), quarter note (US)

noisette [nwazɛt] *nf* hazelnut

noix [nwa] *nf* walnut; (Culin): **une ~ de beurre** a knob of butter; **à la ~** (*fam*) worthless; **noix de cajou** cashew nut; **noix de coco** coconut; **noix muscade** nutmeg

nom [nɔ̃] *nm* name; (Ling) noun; **nom de famille** surname; **nom de jeune fille** maiden name

nomade [nɔmad] *nm/f* nomad

nombre [nɔ̃bʀ] *nm* number; **venir en ~** to come in large numbers; **depuis ~ d'années** for many years; **au ~ de mes amis** among my friends; **nombreux, -euse** *adj* many, numerous; (*avec nom sg: foule etc*) large; **peu nombreux** few; **de nombreux cas** many cases

nombril [nɔ̃bʀi(l)] *nm* navel

nommer [nɔme] *vt* to name; (*élire*) to appoint, nominate; **se nommer: il se**

nomme Pascal his name's Pascal, he's called Pascal

non [nɔ̃] *adv* (*réponse*) no; (*avec loin, sans, seulement*) not; **~ (pas) que** not that; **moi ~ plus** neither do I, I don't either; **c'est bon ~?** (*exprimant le doute*) it's good, isn't it?; **je pense que ~** I don't think so

non alcoolisé, e [nɔ̃alkɔlize] *adj* non alcoholic

nonchalant, e [nɔ̃ʃalɑ̃, ɑ̃t] *adj* nonchalant

non-fumeur, -euse [nɔ̃fymœr, øz] *nm/f* non-smoker

non-sens [nɔ̃sɑ̃s] *nm* absurdity

nord [nɔr] *nm* North ▷ *adj* northern; north; **au ~** (*situation*) in the north; (*direction*) to the north; **au ~ de** (to the) north of; **nord-africain, e** *adj* North-African ▷ *nm/f*: **Nord-Africain, e** North African; **nord-est** *nm* North-East; **nord-ouest** *nm* North-West

normal, e, -aux [nɔrmal, o] *adj* normal; **c'est tout à fait ~** it's perfectly natural; **vous trouvez ça ~?** does it seem right to you?; **normale** *nf*: **la normale** the norm, the average; **normalement** *adv* (*en général*) normally

normand, e [nɔrmɑ̃, ɑ̃d] *adj* of Normandy ▷ *nm/f*: **N~, e** (de Normandie) Norman

Normandie [nɔrmɑ̃di] *nf* Normandy

norme [nɔrm] *nf* norm; (*Tech*) standard

Norvège [nɔrvɛʒ] *nf* Norway; **norvégien, ne** *adj* Norwegian ▷ *nm/f*: **Norvégien, ne** Norwegian ▷ *nm* (*Ling*) Norwegian

nos [no] *adj voir* **notre**

nostalgie [nɔstalʒi] *nf* nostalgia; **nostalgique** *adj* nostalgic

notable [nɔtabl] *adj* (*fait*) notable, noteworthy; (*marqué*) noticeable, marked ▷ *nm* prominent citizen

notaire [nɔtɛr] *nm* solicitor

notamment [nɔtamɑ̃] *adv* in particular, among others

note [nɔt] *nf* (*écrite, Mus*) note; (*Scol*) mark (BRIT), grade; (*facture*) bill; **note de service** memorandum

noter [nɔte] *vt* (*écrire*) to write down; (*remarquer*) to note, notice; (*devoir*) to mark, grade

notice [nɔtis] *nf* summary, short article; (*brochure*) leaflet, instruction book

notifier [nɔtifje] *vt*: **~ qch à qn** to notify sb of sth, notify sth to sb

notion [nɔsjɔ̃] *nf* notion, idea

notoire [nɔtwar] *adj* widely known; (*en mal*) notorious

notre [nɔtr] (*pl* **nos**) *adj* our

nôtre [nɔtr] *pron*: **le ~, la ~, les ~s** ▷ *adj* ours; **les ~s** ours; (*alliés etc*) our own people; **soyez des ~s** join us

nouer [nwe] *vt* to tie, knot; (*fig: alliance etc*) to strike up

noueux, -euse [nwø, øz] *adj* gnarled

nourrice [nuris] *nf* (*gardienne*) child-minder

nourrir [nurir] *vt* to feed; (*fig: espoir*) to harbour, nurse; **nourrissant, e** *adj* nourishing, nutritious; **nourrisson** *nm* (*unweaned*) infant; **nourriture** *nf* food

nous [nu] *pron* (*sujet*) we; (*objet*) us; **nous-mêmes** *pron* ourselves

nouveau (nouvel), -elle, x [nuvo, nuvɛl] *adj* new ▷ *nm*: **y a-t-il du nouveau?** is there anything new on this? ▷ *nm/f* New (*pupil ou employee*); **de nouveau, à nouveau** again; **nouveau venu, nouvelle venue** newcomer; **nouveaux mariés** newlyweds; **nouveau-né, e** *nm/f* newborn baby; **nouveauté** *nf* novelty; (*objet*) new thing ou article

nouvel [nuvɛl] *adj voir* **nouveau**; **Nouvel An** New Year

nouvelle [nuvɛl] *adj voir* **nouveau** ▷ *nf* (*piece of*) news *sg*; (*Littérature*) short story; **les ~s** (*Presse, TV*) the news; **je suis sans ~s de lui** I haven't heard from him; **Nouvelle-Calédonie** *nf* New Caledonia; **Nouvelle-Zélande** *nf* New Zealand

novembre [nɔvɑ̃bʀ] nm November

● **NOVEMBRE**

● **Le 11 novembre** is a public holiday in
  France commemorating the signing
  of the armistice, near Compiègne, at
  the end of World War I.

noyade [nwajad] nf drowning no pl
noyau, x [nwajo] nm (de fruit) stone;
(Bio, Physique) nucleus; (fig: centre) core
noyer [nwaje] nm walnut (tree); (bois)
walnut ▷ vt to drown; (moteur) to flood;
se noyer vi to be drowned, drown;
(suicide) to drown o.s.
nu, e [ny] adj naked; (membres) naked,
bare; (pieds, mains, chambre, fil électrique)
bare ▷ nm (Art) nude; **tout nu** stark
naked; **se mettre nu** to strip
nuage [nɥaʒ] nm cloud; **nuageux,**
-euse adj cloudy
nuance [nɥɑ̃s] nf (de couleur, sens)
shade; **il y a une ~ (entre)** there's a
slight difference (between); **nuancer**
vt (opinion) to bring some reservations
ou qualifications to
nucléaire [nykleɛʀ] adj nuclear ▷ nm:
le ~ nuclear energy
nudiste [nydist] nm/f nudist
nuée [nɥe] nf: **une ~ de** a cloud ou host
ou swarm of
nuire [nɥiʀ] vi to be harmful; **~ à** to
harm, do damage to; **nuisible** adj
harmful; **animal nuisible** pest
nuit [nɥi] nf night; **il fait ~** it's dark;
cette ~ (hier) last night; (aujourd'hui)
tonight; **de ~** (vol, service) night cpd;
nuit blanche sleepless night
nul, nulle [nyl] adj (aucun) no; (minime)
nil, non-existent; (non valable) null; (péj):
être ~ (en) to be useless ou hopeless
(at) ▷ pron none, no one; **match ou**
résultat ~ draw; **~le part** nowhere;
nullement adv by no means
numérique [nymeʀik] adj numerical;
(affichage, son, télévision) digital
numéro [nymeʀo] nm number;
(spectacle) act, turn; (Presse) issue,
number; **numéro de téléphone**
(tele)phone number; **numéro vert**
≈ freefone® number (BRIT), ≈ toll-free
number (US); **numéroter** vt to number
nuque [nyk] nf nape of the neck
nu-tête [nytɛt] adj inv, adv bareheaded
nutritif, -ive [nytʀitif, iv] adj (besoins,
valeur) nutritional; (nourrissant)
nutritious
nylon [nilɔ̃] nm nylon

O

oasis [ɔazis] nf oasis

obéir [ɔbeiʀ] vi to obey; **~ à** to obey; **obéissance** nf obedience; **obéissant, e** adj obedient

obèse [ɔbez] adj obese; **obésité** nf obesity

objecter [ɔbʒɛkte] vt: **~ que** to object that; **objecteur** nm: **objecteur de conscience** conscientious objector

objectif, -ive [ɔbʒɛktif, iv] adj objective ▷ nm objective; (Photo) lens sg, objective

objection [ɔbʒɛksjɔ̃] nf objection

objectivité [ɔbʒɛktivite] nf objectivity

objet [ɔbʒɛ] nm object; (d'une discussion, recherche) subject; **être** ou **faire l'~ de** (discussion) to be the subject of; (soins) to be given ou shown; **sans ~** purposeless; (craintes) groundless; **(bureau des) ~s trouvés** lost property sg (BRIT), lost-and-found sg (US); **objet d'art** objet d'art; **objets de valeur** valuables; **objets personnels** personal items

obligation [ɔbligasjɔ̃] nf obligation; (Comm) bond, debenture; **obligatoire** adj compulsory, obligatory; **obligatoirement** adv necessarily; (fam: sans aucun doute) inevitably

obliger [ɔbliʒe] vt (contraindre): **~ qn à faire** to force ou oblige sb to do; **je suis bien obligé (de le faire)** I have to (do it)

oblique [ɔblik] adj oblique; **en ~** diagonally

oblitérer [ɔblitere] vt (timbre-poste) to cancel

obnubiler [ɔbnybile] vt to obsess

obscène [ɔpsɛn] adj obscene

obscur, e [ɔpskyʀ] adj dark; (méconnu) obscure; **obscurcir** vt to darken; (fig) to obscure; **s'obscurcir** vi to grow dark; **obscurité** nf darkness; **dans l'obscurité** in the dark, in darkness

obsédé, e [ɔpsede] nm/f: **un ~ de jazz** a jazz fanatic; **obsédé sexuel** sex maniac

obséder [ɔpsede] vt to obsess, haunt

obsèques [ɔpsɛk] nfpl funeral sg

observateur, -trice [ɔpsɛʀvatœʀ, tʀis] adj observant, perceptive ▷ nm/f observer

observation [ɔpsɛʀvasjɔ̃] nf observation; (d'un règlement etc) observance; (reproche) reproof; **être en ~** (Méd) to be under observation

observatoire [ɔpsɛʀvatwaʀ] nm observatory

observer [ɔpsɛʀve] vt (regarder) to observe, watch; (scientifiquement; aussi règlement etc) to observe; (surveiller) to watch; (remarquer) to observe, notice; **faire ~ qch à qn** (dire) to point out sth to sb

obsession [ɔpsesjɔ̃] nf obsession

obstacle [ɔpstakl] nm obstacle; (Équitation) jump, hurdle; **faire ~ à** (lumière) to block; (projet) to hinder, put obstacles in the path of

obstiné, e [ɔpstine] adj obstinate

obstiner [ɔpstine]: **s'obstiner** vi to insist, dig one's heels in; **s'~ à faire** to persist (obstinately) in doing

obstruer [ɔpstʀye] vt to block,

obstruct

obtenir [ɔptəniʀ] vt to obtain, get; (*résultat*) to achieve, obtain; **~ de pouvoir faire** to obtain permission to do

obturateur [ɔptyʀatœʀ] nm (Photo) shutter

obus [ɔby] nm shell

occasion [ɔkazjɔ̃] nf (*aubaine, possibilité*) opportunity; (*circonstance*) occasion; (*Comm: article non neuf*) secondhand buy; (*acquisition avantageuse*) bargain; **à plusieurs ~s** on several occasions; **à l'~** sometimes, on occasions; **d'~** secondhand; **occasionnel, le** adj (*non régulier*) occasional

occasionner [ɔkazjɔne] vt to cause

occident [ɔksidɑ̃] nm: **l'O~** the West; **occidental, e, -aux** adj western; (*Pol*) Western ▷ nm/f Westerner

occupation [ɔkypasjɔ̃] nf occupation

occupé, e [ɔkype] adj (*personne*) busy; (*place, sièges*) taken; (*toilettes*) engaged; (*Mil, Pol*) occupied; **la ligne est ~e** the line's engaged (BRIT) ou busy (US)

occuper [ɔkype] vt to occupy; (*poste*) to hold; **s'occuper de** (*être responsable de*) to be in charge of; (*se charger de: affaire*) to take charge of, deal with; (: *clients etc*) to attend to; **s'~ (à qch)** to occupy o.s. ou keep o.s. busy (with sth)

occurrence [ɔkyʀɑ̃s] nf: **en l'~** in this case

océan [ɔseɑ̃] nm ocean

octet [ɔktɛ] nm byte

octobre [ɔktɔbʀ] nm October

oculiste [ɔkylist] nm/f eye specialist

odeur [ɔdœʀ] nf smell

odieux, -euse [ɔdjø, jøz] adj hateful

odorant, e [ɔdɔʀɑ̃, ɑ̃t] adj sweet-smelling, fragrant

odorat [ɔdɔʀa] nm (sense of) smell

œil [œj] (pl **yeux**) nm eye; **avoir un ~ au beurre noir** ou **poché** to have a black eye; **à l'~** (*fam*) for free; **à l'~ nu** with the naked eye; **ouvrir l'~** (*fig*) to keep one's eyes open ou an eye out; **fermer**

les yeux (sur) (*fig*) to turn a blind eye (to); **les yeux fermés** (*aussi fig*) with one's eyes shut

œillères [œjɛʀ] nfpl blinkers (BRIT), blinders (US)

œillet [œjɛ] nm (Bot) carnation

œuf [œf, pl ø] nm egg; **œuf à la coque** boiled egg; **œuf au plat** fried egg; **œuf dur** hard-boiled egg; **œuf de Pâques** Easter egg; **œufs brouillés** scrambled eggs

œuvre [œvʀ] nf (*tâche*) task, undertaking; (*livre, tableau etc*) work; (*ensemble de la production artistique*) works pl ▷ nm (Constr): **le gros ~** the shell; **mettre en ~** (*moyens*) to make use of; **œuvre de bienfaisance** charity; **œuvre d'art** work of art

offense [ɔfɑ̃s] nf insult; **offenser** vt to offend, hurt; **s'offenser de qch** to take offence (BRIT) ou offense (US) at sth

offert, e [ɔfɛʀ, ɛʀt] pp de **offrir**

office [ɔfis] nm (*agence*) bureau, agency; (*Rel*) service ▷ nm ou f (*pièce*) pantry; **faire ~ de** to act as; **d'~** automatically; **office du tourisme** tourist bureau

officiel, le [ɔfisjɛl] adj, nm/f official

officier [ɔfisje] nm officer

officieux, -euse [ɔfisjø, jøz] adj unofficial

offrande [ɔfʀɑ̃d] nf offering

offre [ɔfʀ] nf offer; (*aux enchères*) bid; (*Admin: soumission*) tender; (*Écon*): **l'~ et la demande** supply and demand; **"~s d'emploi"** "situations vacant"; **offre d'emploi** job advertised; **offre publique d'achat** takeover bid

offrir [ɔfʀiʀ] vt: **~ (à qn)** to offer (to sb); (*faire cadeau de*) to give (to sb); **offrir** vt (*vacances, voiture*) to treat o.s. to; **~ (à qn) de faire qch** to offer to do sth (for sb); **~ à boire à qn** (*chez soi*) to offer sb a drink; **je vous offre un verre** I'll buy you a drink

OGM sigle m (= *organisme génétiquement modifié*) GMO

oie [wa] nf (Zool) goose

oignon [ɔɲɔ̃] nm onion; (*de tulipe*)

etc) bulb

oiseau, x [wazo] nm bird; **oiseau de proie** bird of prey

oisif, -ive [wazif, iv] adj idle

oléoduc [ɔleɔdyk] nm (oil) pipeline

olive [ɔliv] nf (Bot) olive; **olivier** nm olive (tree)

OLP sigle f (= Organisation de libération de la Palestine) PLO

olympique [ɔlɛ̃pik] adj Olympic

ombragé, e [ɔ̃braʒe] adj shaded, shady

ombre [ɔ̃br] nf (espace non ensoleillé) shade; (ombre portée, tache) shadow; **à l'~** in the shade; **dans l'~** in the dark; **ombre à paupières** eyeshadow

omelette [ɔmlɛt] nf omelette; **omelette norvégienne** baked Alaska

omettre [ɔmɛtr] vt to omit, leave out

omoplate [ɔmɔplat] nf shoulder blade

○ **MOT-CLÉ**

on [ɔ̃] pron 1 (indéterminé) you, one; **on peut le faire ainsi** you ou one can do it like this, it can be done like this
2 (quelqu'un): **on les a attaqués** they were attacked; **on vous demande au téléphone** there's a phone call for you, you're wanted on the phone
3 (nous): **on va y aller demain** we're going tomorrow
4 (les gens): **autrefois, on croyait ...** they used to believe ...
5: **on ne peut plus** adv: **on ne peut plus stupide** as stupid as can be

oncle [ɔ̃kl] nm uncle

onctueux, -euse [ɔ̃ktɥø, øz] adj creamy, smooth

onde [ɔ̃d] nf wave; **~s courtes/moyennes** short/medium wave sg; **grandes ~s** long wave sg

ondée [ɔ̃de] nf shower

on-dit [ɔ̃di] nm inv rumour

onduler [ɔ̃dyle] vi to undulate; (cheveux) to wave

onéreux, -euse [ɔnerø, øz] adj costly

ongle [ɔ̃gl] nm nail

ont [ɔ̃] vb voir **avoir**

ONU sigle f (= Organisation des Nations Unies) UN

onze [ɔ̃z] num eleven; **onzième** num eleventh

OPA sigle f = **offre publique d'achat**

opaque [ɔpak] adj opaque

opéra [ɔpera] nm opera; (édifice) opera house

opérateur, -trice [ɔperatœr, tris] nm/f operator; **opérateur (de prise de vues)** cameraman

opération [ɔperasjɔ̃] nf operation; (Comm) dealing

opératoire [ɔperatwar] adj (choc etc) post-operative

opérer [ɔpere] vt (personne) to operate on; (faire, exécuter) to carry out, make ▷ vi (remède: faire effet) to act, work; (Méd) to operate; **s'opérer** vi (avoir lieu) to occur, take place; **se faire ~** to have an operation

opérette [ɔperɛt] nf operetta, light opera

opinion [ɔpinjɔ̃] nf opinion; **l'opinion (publique)** public opinion

opportun, e [ɔpɔrtœ̃ yn] adj timely, opportune; **opportuniste** nm/f opportunist

opposant, e [ɔpozɑ̃, ɑ̃t] nm/f opponent

opposé, e [ɔpoze] adj (direction) opposite; (faction) opposing; (opinions, intérêts) conflicting; (contre): **à ~** opposed to, against ▷ nm: **l'~** the other ou opposite side (ou direction); (contraire) the opposite; **à l'~** (fig) on the other hand; **à l'~ de** (fig) contrary to, unlike

opposer [ɔpoze] vt (personnes, équipes) to oppose; (couleurs) to contrast; **s'opposer** vi (équipes) to confront each other; (opinions) to conflict; (couleurs, styles) to contrast; **s'~ à** (interdire) to oppose; **~ qch à** (comme obstacle, défense) to set sth against; (comme objection) to put sth forward against

opposition [ɔpozisjɔ̃] nf opposition; **par ~ à** as opposed to; **entrer en ~ avec** to come into conflict with; **faire ~ à un chèque** to stop a cheque

oppressant, e [ɔpʀesɑ̃, ɑ̃t] adj oppressive

oppresser [ɔpʀese] vt to oppress; **oppression** nf oppression

opprimer [ɔpʀime] vt to oppress

opter [ɔpte] vi: **~ pour** to opt for

opticien, ne [ɔptisjɛ̃, jɛn] nm/f optician

optimisme [ɔptimism] nm optimism; **optimiste** nm/f optimist ▷ adj optimistic

option [ɔpsjɔ̃] nf option; **matière à ~** (Scol) optional subject

optique [ɔptik] adj (nerf) optic; (verres) optical ▷ nf (fig: manière de voir) perspective

or [ɔʀ] nm gold ▷ conj now, but; **en ~** (objet) gold cpd; **une affaire en ~** a real bargain; **il croyait gagner et il a perdu** he was sure he would win and yet he lost

orage [ɔʀaʒ] nm (thunder)storm; **orageux, -euse** adj stormy

oral, e, -aux [ɔʀal, o] adj, nm oral; **par voie ~** (Méd) orally

orange [ɔʀɑ̃ʒ] nf (fruit) orange ▷ adj inv orange; **orangé, e** adj orangey, orange-coloured; **orangeade** nf orangeade; **oranger** nm orange tree

orateur [ɔʀatœʀ] nm speaker

orbite [ɔʀbit] nf (Anat) (eye-)socket; (Physique) orbit

Orcades [ɔʀkad] nfpl: **les ~** the Orkneys, the Orkney Islands

orchestre [ɔʀkɛstʀ] nm orchestra; (de jazz) band; (places) stalls pl (BRIT), orchestra (US)

orchidée [ɔʀkide] nf orchid

ordinaire [ɔʀdinɛʀ] adj ordinary; (qualité) standard; (péj: commun) common ▷ nm ordinary; (menus) everyday fare ▷ nf (essence) ≈ two-star (petrol) (BRIT), ≈ regular gas (US); **d'~** usually, normally; **comme à l'~** as usual

ordinateur [ɔʀdinatœʀ] nm computer; **ordinateur individuel ou personnel** personal computer; **ordinateur portable** laptop (computer)

ordonnance [ɔʀdɔnɑ̃s] nf (Méd) prescription; (Mil) orderly, batman (BRIT); **pouvez-vous me faire une ~?** can you write me a prescription?

ordonné, e [ɔʀdɔne] adj tidy, orderly

ordonner [ɔʀdɔne] vt (agencer) to organize, arrange; (donner un ordre): **~ à qn de faire** to order sb to do; (Rel) to ordain; (Méd) to prescribe

ordre [ɔʀdʀ] nm order; (propreté et soin) orderliness, tidiness; (nature): **d'~ pratique** of a practical nature; **ordres** nmpl (Rel) holy orders; **mettre en ~** to tidy (up), put in order; **par ~ alphabétique/d'importance** in alphabetical order/in order of importance; **à l'~ de qn** payable to sb; **être aux ~s de qn/sous les ~s de qn** to be at sb's disposal/under sb's command; **jusqu'à nouvel ~** until further notice; **de premier ~** first-rate; **ordre du jour** (d'une réunion) agenda; **à l'ordre du jour** (fig) topical; **ordre public** law and order

ordure [ɔʀdyʀ] nf filth no pl; **ordures** nfpl (balayures, déchets) rubbish sg, refuse sg; **ordures ménagères** household refuse

oreille [ɔʀɛj] nf ear; **avoir de l'~** to have a good ear for music

oreiller [ɔʀeje] nm pillow

oreillons [ɔʀejɔ̃] nmpl mumps sg

ores [ɔʀ] : **d'~ et déjà** adv already

orfèvrerie [ɔʀfɛvʀəʀi] nf goldsmith's (ou silversmith's) trade; (ouvrage) gold (ou silver) plate

organe [ɔʀgan] nm organ; (porte-parole) representative, mouthpiece

organigramme [ɔʀganigʀam] nm (tableau hiérarchique) organization chart; (schéma) flow chart

organique [ɔʀganik] adj organic

organisateur, -trice [ɔʀganizatœʀ,

tʀis] nm/f organizer
organisation [ɔʀganizasjɔ̃] nf
organization; **Organisation des
Nations Unies** United Nations
(Organization)
organiser [ɔʀganize] vt to organize;
(mettre sur pied: service etc) to set up;
s'organiser to get organized
organisme [ɔʀganism] nm (Bio)
organism; (corps, Admin) body
organiste [ɔʀganist] nm/f organist
orgasme [ɔʀgasm] nm orgasm, climax
orge [ɔʀʒ] nf barley
orgue [ɔʀg] nm organ
orgueil [ɔʀgœj] nm pride; **orgueilleux,
-euse** adj proud
oriental, e, -aux [ɔʀjɑ̃tal, -o] adj
(langue, produit) oriental; (frontière)
eastern
orientation [ɔʀjɑ̃tasjɔ̃] nf (de
recherches) orientation; (d'une maison
etc) aspect; (d'un journal) leanings pl;
avoir le sens de l'~ to have a (good)
sense of direction; **~
professionnelle** careers advisory
service
orienté, e [ɔʀjɑ̃te] adj (fig: article,
journal) slanted; **bien/mal ~**
(appartement) well/badly positioned; **~
au sud** facing south, with a southern
aspect
orienter [ɔʀjɑ̃te] vt (tourner: antenne)
to direct, turn; (personne, recherches)
to direct; (fig: élève) to orientate;
s'orienter (se repérer) to find one's
bearings; **s'~ vers** (fig) to turn towards
origan [ɔʀigɑ̃] nm oregano
originaire [ɔʀiʒinɛʀ] adj: **être ~ de** to
be a native of
original, e, -aux [ɔʀiʒinal, o] adj
original; (bizarre) eccentric ▷ nm/f
eccentric ▷ nm (document etc, Art)
original
origine [ɔʀiʒin] nf origin; **origines** nfpl
(d'une personne) origins; **d'~** (pays) of
origin; **d'~ suédoise** of Swedish origin;
(pneus etc) original; **à l'~** originally;
originel, le adj original

orme [ɔʀm] nm elm
ornement [ɔʀnəmɑ̃] nm ornament
orner [ɔʀne] vt to decorate, adorn
ornière [ɔʀnjɛʀ] nf rut
orphelin, e [ɔʀfəlɛ̃, in] adj orphan(ed)
▷ nm/f orphan; **orphelin de
mère/de père** motherless/fatherless;
orphelinat nm orphanage
orteil [ɔʀtɛj] nm toe; **gros ~** big toe
orthographe [ɔʀtɔgʀaf] nf spelling
ortie [ɔʀti] nf (stinging) nettle
os [ɔs] nm bone; **os à moelle**
marrowbone
osciller [ɔsile] vi (au vent etc) to rock;
(fig): **~ entre** to waver ou fluctuate
between
osé, e [oze] adj daring, bold
oseille [ozɛj] nf sorrel
oser [oze] vi, vt to dare; **~ faire** to dare
(to) do
osier [ozje] nm willow; **d'~, en ~**
wicker(work).
osseux, -euse [ɔsø, øz] adj bony;
(tissu, maladie, greffe) bone cpd
otage [ɔtaʒ] nm hostage; **prendre qn
comme ~** to take sb hostage
OTAN sigle f (= Organisation du traité de
l'Atlantique Nord) NATO
otarie [ɔtaʀi] nf sea-lion
ôter [ote] vt to remove; (soustraire)
to take away; **~ qch à qn** to take sth
(away) from sb; **~ qch de** to remove
sth from
otite [ɔtit] nf ear infection
ou [u] conj or; **ou ... ou** either ... or; **ou
bien** or (else)

⭕ **MOT-CLÉ**

où [u] pron relatif **1** (position, situation)
where, that (souvent omis) **la chambre
où il était** the room (that) he was in,
the room where he was; **la ville où
je l'ai rencontré** the town where I
met him; **la pièce d'où il est sorti** the
room he came out of; **le village d'où
je viens** the village I come from; **les
villes par où il est passé** the towns

went through

2 (temps, état) that (souvent omis); **le jour où il est parti** the day (that) he left; **au prix où c'est** at the price it is ▷ adv **1** (interrogation) where; **où est-il/va-t-il?** where is he/is he going?; **par où?** which way?; **d'où vient que …?** how come …?

2 (position) where; **je sais où il est** I know where he is; **où que l'on aille** wherever you go

ouate ['wat] nf cotton wool (BRIT), cotton (US)

oubli [ubli] nm (acte): **l'~ de** forgetting; (trou de mémoire) lapse of memory; (négligence) omission, oversight; **tomber dans l'~** to sink into oblivion

oublier [ublije] vt to forget; (laisser quelque part: chapeau etc) to leave behind; (ne pas voir: erreurs etc) to miss; **j'ai oublié ma clé/mon passeport** I've forgotten my key/passport

ouest [wɛst] nm west ▷ adj inv west; (région) western; **à l'~** in the west; (direction) (to the) west, westwards; **à l'~ de** (to the) west of

ouf ['uf] excl phew!

oui ['wi] adv yes

oui-dire ['widiʀ]: **par ~** adv by hearsay

ouïe [wi] nf hearing; **ouïes** nfpl (de poisson) gills

ouragan [uʀagɑ̃] nm hurricane

ourlet [uʀlɛ] nm hem

ours [uʀs] nm bear; **ours blanc/brun** polar/brown bear; **ours (en peluche)** teddy (bear)

oursin [uʀsɛ̃] nm sea urchin

ourson [uʀsɔ̃] nm (bear-)cub

ouste [ust] excl hop it!

outil [uti] nm tool; **outiller** vt to equip

outrage [utʀaʒ] nm insult; **outrage à la pudeur** indecent conduct no pl

outrance [utʀɑ̃s]: **à ~** adv excessively, to excess

outre [utʀ] prép besides ▷ adv: **passer ~ à** to disregard, take no notice of; **en ~** besides, moreover; **~ mesure** to excess;

(manger, boire) immoderately; **outre-Atlantique** adv across the Atlantic; **outre-mer** adv overseas

ouvert, e [uvɛʀ, ɛʀt] pp de **ouvrir** ▷ adj open; (robinet, gaz etc) on; **ouvertement** adv openly; **ouverture** nf opening; (Mus) overture; **heures d'ouverture** opening hours; **ouverture d'esprit** open-mindedness

ouvrable [uvʀabl] adj: **jour ~** working day, weekday

ouvrage [uvʀaʒ] nm (tâche, de tricot etc) work no pl; (texte, livre) work

ouvre-boîte(s) [uvʀəbwat] nm inv (BRIT) can opener

ouvre-bouteille(s) [uvʀəbutɛj] nm inv bottle-opener

ouvreuse [uvʀøz] nf usherette

ouvrier, -ière [uvʀije, ijɛʀ] nm/f worker ▷ adj working-class; (conflit) industrial; (mouvement) labour cpd; **classe ouvrière** working class

ouvrir [uvʀiʀ] vt (gén) to open; (brèche, passage, Méd: abcès) to open up; (commencer l'exploitation de, créer) to open (up); (eau, électricité, chauffage, robinet) to turn on ▷ vi to open; to open up; **s'ouvrir** to open; **s'~ à qn** to open one's heart to sb; **est-ce ouvert au public?** is it open to the public?; **quand est-ce que le musée est ouvert?** when is the museum open?; **à quelle heure ouvrez-vous?** what time do you open?; **~ l'appétit à qn** to whet sb's appetite

ovaire [ovɛʀ] nm ovary

ovale [oval] adj oval

OVNI [ɔvni] sigle m (= objet volant non identifié) UFO

oxyder [ɔkside]: **s'oxyder** vi to become oxidized

oxygène [ɔksiʒɛn] nm oxygen

oxygéné, e [ɔksiʒene] adj: **eau ~e** hydrogen peroxide

ozone [ozon] nf ozone; **la couche d'~** the ozone layer

P

pacifique [pasifik] *adj* peaceful ▷ *nm*: **le P~, l'océan P~** the Pacific (Ocean)

pack [pak] *nm* pack

pacotille [pakɔtij] *nf* cheap junk

PACS *sigle m* (= *pacte civil de solidarité*) contract of civil partnership; **pacser**: **se pacser** *vi* to sign a contract of civil partnership

pacte [pakt] *nm* pact, treaty

pagaille [pagaj] *nf* mess, shambles *sg*

page [paʒ] *nf* page ▷ *nm* page (boy); **à la ~** (*fig*) up-to-date; **page d'accueil** (*Inform*) home page; **page Web** (*Inform*) web page

paiement [pɛmã] *nm* payment

païen, ne [pajɛ̃, pajɛn] *adj, nm/f* pagan, heathen

paillasson [pajasɔ̃] *nm* doormat

paille [pɑj] *nf* straw

pain [pɛ̃] *nm* (*substance*) bread; (*unité*) loaf (of bread); (*morceau*): **~ de savon** *etc* bar of soap *etc*; **pain au chocolat** chocolate-filled pastry; **pain aux raisins** currant bun; **pain bis/complet**
brown/wholemeal (BRIT) *ou* wholewheat (US) bread; **pain d'épice** ≈ gingerbread; **pain de mie** sandwich loaf; **pain grillé** toast

pair, e [pɛʀ] *adj* (*nombre*) even ▷ *nm* peer; **aller de ~** to go hand in hand *ou* together; **jeune fille au ~** au pair; **paire** *nf* pair

paisible [pezibl] *adj* peaceful, quiet

paix [pɛ] *nf* peace; **faire/avoir la ~** to make/have peace; **fiche-lui la ~!** (*fam*) leave him alone!

Pakistan [pakistã] *nm*: **le ~** Pakistan

palais [palɛ] *nm* palace; (*Anat*) palate

pâle [pɑl] *adj* pale; **bleu ~** pale blue

Palestine [palestin] *nf*: **la ~** Palestine

palette [palɛt] *nf* (*de peintre*) palette; (*produits*) range

pâleur [pɑlœʀ] *nf* paleness

palier [palje] *nm* (*d'escalier*) landing; (*fig*) level, plateau; **par ~s** in stages

pâlir [pɑliʀ] *vi* to turn *ou* go pale; (*couleur*) to fade

pallier [palje] *vt* to offset, make up for

palme [palm] *nf* (*de plongeur*) flipper; **palmé, e** *adj* (*pattes*) webbed

palmier [palmje] *nm* palm tree; (*gâteau*) heart-shaped biscuit made of flaky pastry

pâlot, te [pɑlo, ɔt] *adj* pale, peaky

palourde [paluʀd] *nf* clam

palper [palpe] *vt* to feel, finger

palpitant, e [palpitɑ̃, ɑ̃t] *adj* thrilling

palpiter [palpite] *vi* (*cœur, pouls*) to beat; (: *plus fort*) to pound, throb

paludisme [palydism] *nm* malaria

pamphlet [pɑ̃flɛ] *nm* lampoon, satirical tract

pamplemousse [pɑ̃pləmus] *nm* grapefruit

pan [pɑ̃] *nm* section, piece ▷ *excl* bang!

panache [panaʃ] *nm* plume; (*fig*) spirit, panache

panaché, e [panaʃe] *adj*: **glace ~e** mixed-flavour ice cream ▷ *nm* (*bière*) shandy

pancarte [pɑ̃kaʀt] *nf* sign, notice

pancréas [pɑ̃kʀeas] *nm* pancreas

pané, e [pane] adj fried in breadcrumbs

panier [panje] nm basket; **mettre au ~** to chuck away; **panier à provisions** shopping basket; **panier-repas** nm packed lunch

panique [panik] nf, adj panic; **paniquer** vi to panic

panne [pan] nf breakdown; **être/tomber en ~** to have broken down/break down; **être en ~ d'essence** ou **sèche** to have run out of petrol (BRIT) ou gas (US); **ma voiture est en ~** my car has broken down; **panne d'électricité** ou **de courant** power cut ou failure

panneau, x [pano] nm (écriteau) sign, notice; **panneau d'affichage** notice board; **panneau de signalisation** roadsign; **panneau indicateur** signpost

panoplie [panɔpli] nf (jouet) outfit; (fig) array

panorama [panɔrama] nm panorama

panse [pɑ̃s] nf paunch

pansement [pɑ̃smɑ̃] nm dressing, bandage; **pansement adhésif** sticking plaster

pantacourt [pɑ̃takur] nm three-quarter length trousers pl

pantalon [pɑ̃talɔ̃] nm trousers pl, pair of trousers; **pantalon de ski** ski pants pl

panthère [pɑ̃tɛr] nf panther

pantin [pɑ̃tɛ̃] nm puppet

pantoufle [pɑ̃tufl] nf slipper

paon [pɑ̃] nm peacock

papa [papa] nm dad(dy)

pape [pap] nm pope

paperasse [papras] (péj) nf bumf no pl, papers pl; **paperasserie** (péj) nf paperwork no pl; (tracasserie) red tape no pl

papeterie [papɛtri] nf (magasin) stationer's (shop)

papi nm (fam) granddad

papier [papje] nm paper; (article) article; **papiers** nmpl (aussi: **~s d'identité**) (identity) papers; **papier à lettres** writing paper, notepaper;

papier (d')aluminium aluminium (BRIT) ou aluminum (US) foil, tinfoil; **papier calque** tracing paper; **papier de verre** sandpaper; **papier hygiénique** ou **(de) toilette** toilet paper; **papier journal** newspaper; **papier peint** wallpaper

papillon [papijɔ̃] nm butterfly; (fam: contravention) (parking) ticket; **papillon de nuit** moth

papillote [papijɔt] nf: **en ~** cooked in tinfoil

papoter [papɔte] vi to chatter

paquebot [pak(ə)bo] nm liner

pâquerette [pakrɛt] nf daisy

Pâques [pak] nm, nfpl Easter

paquet [pakɛ] nm packet; (colis) parcel; (fig: tas): **~ de** pile ou heap of; **un ~ de cigarettes, s'il vous plaît** a packet of cigarettes, please; **paquet-cadeau** nm: **pouvez-vous me faire un paquet-cadeau, s'il vous plaît** can you gift-wrap it for me, please?

par [par] prép by; **finir** etc **~** to end etc with; **~ amour** out of love; **passer ~ Lyon/la côte** to go via ou through Lyons/along the coast; **~ la fenêtre** (jeter, regarder) out of the window; **3 ~ jour/personne** 3 a ou per day/person; **2 ~ 2** in twos; **~ ici** this way; (dans le coin) round here; **~-ci, ~-là** here and there; **~ temps de pluie** in wet weather

parabolique [parabɔlik] adj: **antenne ~** parabolic ou dish aerial

parachute [paraʃyt] nm parachute; **parachutiste** nm/f parachutist; (Mil) paratrooper

parade [parad] nf (spectacle, défilé) parade; (Escrime, Boxe) parry

paradis [paʀadi] nm heaven, paradise

paradoxe [paʀadɔks] nm paradox

paraffine [paʀafin] nf paraffin

parages [paʀaʒ] nmpl: **dans les ~ (de)** in the area ou vicinity (of)

paragraphe [paʀagʀaf] nm paragraph

paraître [paʀɛtʀ] vb +attrib to seem, look, appear ▷ vi to appear; (être visible) to show; (Presse, Édition) to be published, come out, appear ▷ vb impers: **il paraît que** it seems ou appears that, they say that

parallèle [paʀalɛl] adj parallel; (non officiel) unofficial ▷ nm (comparaison): **faire un ~ entre** to draw a parallel between ▷ nf parallel (line)

paralyser [paʀalize] vt to paralyse

paramédical, e, -aux [paʀamedikal, o] adj: **personnel ~** paramedics pl, paramedical workers pl

paraphrase [paʀafʀaz] nf paraphrase

parapluie [paʀaplɥi] nm umbrella

parasite [paʀazit] nm parasite; **parasites** nmpl (Tél) interference sg

parasol [paʀasɔl] nm parasol, sunshade

paratonnerre [paʀatɔnɛʀ] nm lightning conductor

parc [paʀk] nm (public) park, gardens pl; (de château etc) grounds pl; (d'enfant) playpen; **parc à thème** theme park; **parc d'attractions** amusement park; **parc de stationnement** car park

parcelle [paʀsɛl] nf fragment, scrap; (de terrain) plot, parcel

parce que [paʀsk(ə)] conj because

parchemin [paʀʃəmɛ̃] nm parchment

parc(o)mètre [paʀk(o)mɛtʀ] nm parking meter

parcourir [paʀkuʀiʀ] vt (trajet, distance) to cover; (article, livre) to skim ou glance through; (lieu) to go all over, travel up and down; (suj: frisson) to run through

parcours [paʀkuʀ] nm (trajet) journey; (itinéraire) route

par-dessous [paʀd(ə)su] prép, adv under(neath)

pardessus [paʀdəsy] nm overcoat

par-dessus [paʀd(ə)sy] prép over (the top of) ▷ adv over (the top); **~ le marché** on top of all that; **~ tout** above all; **en avoir ~ la tête** to have had enough

pardon [paʀdɔ̃] nm forgiveness no pl ▷ excl sorry!; (pour interpeller etc) excuse me!; **demander ~ à qn (de)** to apologize to sb (for); **je vous demande ~** I'm sorry; (pour interpeller) excuse me; **pardonner** vt to forgive; **pardonner qch à qn** to forgive sb for sth

pare...: **pare-brise** nm inv windscreen (BRIT), windshield (US); **pare-chocs** nm inv bumper; **pare-feu** nm inv (de foyer) fireguard; (Inform) firewall

pareil, le [paʀɛj] adj (identique) the same, alike; (similaire) similar; (tel): **un courage/livre ~** such courage/a book, courage/a book like this; **de ~s livres** such books; **faire ~** to do the same (thing); **~ à qn** the same as; (similaire) similar to; **sans ~** unparalleled, unequalled

parent, e [paʀɑ̃, ɑ̃t] nm/f: **un(e) ~(e)** a relative ou relation; **parents** nmpl (père et mère) parents; **parenté** nf (lien) relationship

parenthèse [paʀɑ̃tɛz] nf (ponctuation) bracket, parenthesis; (digression) parenthesis, digression; **entre ~s** in brackets; (fig) incidentally

paresse [paʀɛs] nf laziness; **paresseux, -euse** adj lazy

parfait, e [paʀfɛ, ɛt] adj perfect ▷ nm (Ling) perfect (tense); **parfaitement** adv perfectly ▷ excl (most) certainly

parfois [paʀfwa] adv sometimes

parfum [paʀfœ̃] nm (produit) perfume, scent; (odeur: de fleur) scent, fragrance; (goût) flavour; **quels ~s avez-vous?** what flavours do you have?; **parfumé, e** adj (fleur, fruit) fragrant; (femme) perfumed; **parfumé au café** coffee-flavoured; **parfumer** vt (suj: odeur, bouquet) to perfume; (crème, gâteau) to flavour; **parfumerie** nf (produits) perfumes pl; (boutique) perfume shop

pari [paʀi] nm bet; **parier** vt to bet

Paris [paʀi] n Paris; **parisien, ne** adj Parisian; (Géo, Admin) Paris cpd ▷ nm/f: **Parisien, ne** Parisian

parité [paʀite] nf (Pol): **~ hommes-femmes** balanced representation of men and women

parjure [paʀʒyʀ] nm perjury

parking [paʀkiŋ] nm (lieu) car park
Attention à ne pas traduire parking par le mot anglais parking.

parlant, e [paʀlã, ãt] adj (regard) eloquent; (Cinéma) talking

parlement [paʀləmã] nm parliament; **parlementaire** adj parliamentary ▷ nm/f member of parliament

parler [paʀle] vi to speak, talk; (avouer) to talk; **~ (à qn) de** to talk ou speak (to sb) about; **~ le/en français** to speak French/in French; **~ affaires** to talk business; **sans ~ de** (fig) not to mention, to say nothing of; **tu parles!** (fam: bien sûr) you bet!; **parlez-vous français?** do you speak French?; **je ne parle pas anglais** I don't speak English; **est-ce que je peux ~ à ...?** can I speak to ...?

parloir [paʀlwaʀ] nm (de prison, d'hôpital) visiting room

parmi [paʀmi] prép among(st)

paroi [paʀwa] nf wall; (cloison) partition

paroisse [paʀwas] nf parish

parole [paʀɔl] nf (faculté): **la ~** speech; (mot, promesse) word; **paroles** nfpl (Mus) words, lyrics; **tenir ~** to keep one's word; **demander la ~** to ask for permission to speak; **je te crois sur ~** I'll take your word for it

parquet [paʀkɛ] nm (parquet) floor; (Jur): **le ~** the Public Prosecutor's department

parrain [paʀɛ̃] nm godfather;

parrainer vt (suj: entreprise) to sponsor

pars [paʀ] vb voir **partir**

parsemer [paʀsəme] vt (suj: feuilles, papiers) to be scattered over; **~ qch de** to scatter sth with

part [paʀ] nf (qui revient à qn) share; (fraction, partie) part; **à ~** adv (séparément) separately; (de côté) aside ▷ prép apart from, except for; **prendre ~ à** (débat etc) to take part in; (soucis, douleur de qn) to share in; **faire ~ de qch à qn** to announce sth to sb, inform sb of sth; **pour ma ~** as for me, as far as I'm concerned; **à ~ entière** full; **de la ~ de** (au nom de) on behalf of; (donné par) from; **de toute(s) ~(s)** from all sides ou quarters; **de ~ et d'autre** on both sides, on either side; **d'une ~ ... d'autre ~** on the one hand ... on the other hand; **d'autre ~** (de plus) moreover; **faire la ~ des choses** to make allowances

partage [paʀtaʒ] nm (fractionnement) dividing up; (répartition) sharing (out) no pl, share-out

partager [paʀtaʒe] vt to share; (distribuer, répartir) to share (out); (morceler, diviser) to divide (up); **se partager** vt (héritage etc) to share between themselves (ou ourselves)

partenaire [paʀtənɛʀ] nm/f partner

parterre [paʀtɛʀ] nm (de fleurs) (flower) bed; (Théâtre) stalls pl

parti [paʀti] nm (Pol) party; (décision) course of action; (personne à marier) match; **tirer ~ de** to take advantage of, turn to good account; **prendre ~ (pour/contre)** to take sides ou a stand (for/against); **parti pris** bias

partial, e, -aux [paʀsjal, o] adj biased, partial

participant, e [paʀtisipã, ãt] nm/f participant; (à un concours) entrant

participation [paʀtisipasjɔ̃] nf participation; (financière) contribution

participer [paʀtisipe] : **~ à** vt (course, réunion) to take part in; (frais etc) to contribute to; (chagrin, succès de qn) to share (in)

particularité [partikylarite] *nf*
(distinctive) characteristic

particulier, -ière [partikylje, jɛʀ]
adj (*spécifique*) particular; (*spécial*)
special, particular; (*personnel, privé*)
private; (*étrange*) peculiar, odd ▷ *nm*
(*individu: Admin*) private individual; **à**
peculiar to; **en ~** (*surtout*) in particular,
particularly; (*en privé*) in private;
particulièrement *adv* particularly

partie [parti] *nf* (*gén*) part; (*Jur etc:
protagonistes*) party; (*de cartes, tennis etc*)
game; **une ~ de pêche** a fishing party
ou trip; **en ~** partly, in part; **faire ~ de**
(*suj: chose*) to be part of; **prendre qn à ~**
to take sb to task; **en grande ~** largely,
in the main; **partie civile** (*Jur*) party
claiming damages in a criminal case

partiel, le [parsjɛl] *adj* partial ▷ *nm*
(*Scol*) class exam

partir [partiʀ] *vi* (*gén*) to go; (*quitter*)
to go, leave; (*tache*) to go, come out; **~
de** (*lieu: quitter*) to leave; (*: commencer
à*) to start from; **~ pour/à** (*lieu, pays
etc*) to leave *ou* go off to go; **à ~ de** from;
le train/le bus part à quelle heure?
what time does the train/bus leave?

partisan, e [partizɑ̃, an] *nm/f*
partisan ▷ *adj*: **être ~ de qch/de faire**
to be in favour of sth/doing

partition [partisjɔ̃] *nf* (*Mus*) score

partout [partu] *adv* everywhere; **~
où il allait** everywhere *ou* wherever
he went

paru [paʀy] *pp de* **paraître**

parution [paʀysjɔ̃] *nf* publication

parvenir [paʀvəniʀ]: **~ à** *vt* (*atteindre*)
to reach; (*réussir*): **~ à faire** to manage
to do, succeed in doing; **faire ~ qch à
qn** to have sth sent to sb

pas¹ [pa] *nm* (*enjambée, Danse*) step;
(*allure, mesure*) pace; (*bruit*) (foot)step;
(*trace*) footprint; **~ à ~** step by step;
au ~ at walking pace; **marcher à
grands ~** to stride along; **à ~ de loup**
stealthily; **faire les cent ~** to pace up
and down; **faire le premier ~** to make
the first move; **sur le ~ de la porte** on
the doorstep

MOT-CLÉ

pas² [pa] *adv* **1** (*en corrélation avec
ne, non etc*) not; **il ne pleure pas**
(*habituellement*) he does not *ou* doesn't
cry; (*maintenant*) he's not *ou* isn't crying;
il n'a pas pleuré/ne pleurera pas he
did not *ou* didn't/will not *ou* won't cry;
ils n'ont pas de voiture/d'enfants
they don't have *ou* haven't got a car/any
children; **il m'a dit de ne pas le faire**
he told me not to do it; **non pas que ...**
not that ...

2 (*employé sans ne etc*): **pas moi** not
me, I don't (*ou* can't *etc*); **elle travaille,
(mais) lui pas** *ou* **pas lui** she works but
he doesn't *ou* does not; **une pomme
pas mûre** an unripe apple; **pas du
tout** not at all; **pas de sucre, merci**
no sugar, thanks; **ceci est à vous ou
pas?** is this yours or not?, is this yours
or isn't it?

3: **pas mal** (*joli: personne, maison*) not
bad; **pas mal fait** not badly done *ou*
made; **comment ça va? — pas mal**
how are things? — not bad; **pas mal de**
quite a lot of

passage [pasaʒ] *nm* (*fait de passer*)
voir **passer**; (*lieu, prix de la traversée,
extrait*) passage; (*chemin*) way; **de ~**
(*touristes*) passing through; **passage à
niveau** level crossing; **passage clouté**
pedestrian crossing; **passage interdit**
no entry; **passage souterrain** subway
(*BRIT*), underpass

passager, ère [pasaʒe, ɛʀ] *adj*
passing ▷ *nm/f* passenger

passant, e [pasɑ̃, ɑ̃t] *adj* (*rue, endroit*)
busy ▷ *nm/f* passer-by; **en ~** in passing

passe [pas] *nf* (*Sport, Navig*) pass; **être
en ~ de faire** to be on the way to doing;
être dans une mauvaise ~ to be going
through a rough patch

passé, e [pase] *adj* (*révolu*) past; (*dernière
semaine etc*) last; (*couleur*) faded ▷ *nm*

after ▷ nm past; (Ling) past (tense); **~ de mode** out of fashion; **passé composé** perfect (tense); **passé simple** past historic (tense)

passe-partout [paspartu] nm inv master ou skeleton key ▷ adj inv all-purpose

passeport [paspɔʀ] nm passport

passer [pase] vi (aller) to go; (voiture, piétons: défiler) to pass (by), go by; (facteur, laitier etc) to come, call; (pour rendre visite) to call ou drop in; (film, émission) to be on; (temps, jours) to pass, go by; (couleur) to fade; (mode) to die out; (douleur) to pass, go away; (Scol): **~ dans la classe supérieure** to go up to the next class ▷ vt (frontière, rivière etc) to cross; (douane) to go through; (examen) to sit, take; (visite médicale etc) to have; (journée, temps) to spend; (enfiler: vêtement) to slip on; (film, disque) to show, put on; (disque) to play, put on; (commande) to place; (marché, accord) to agree on; **se passer** vi (avoir lieu: scène, action) to take place; (se dérouler: entretien etc) to go; (s'écouler: semaine etc) to pass, go by; (arriver) **que s'est-il passé?** what happened? **~ qch à qn** (sel etc) to pass sth to sb; (prêter) to lend sb sth; (lettre, message) to pass sth on to sb; (tolérer) to let sb get away with sth; **~ par** to go through; **~ avant qch/qn** (fig) to come before sth/sb; **~ un coup de fil à qn** (fam) to give sb a ring; **laisser ~** (air, lumière, jour) to let through; (occasion) to let slip, miss; (erreur) to overlook; **~ à la radio/télévision** to be on the radio/on television; **~ à table** to sit down to eat; **~ au salon** to go into the sitting-room; **~ son tour** to miss one's turn; **~ la seconde** (Auto) to change into second; **~ le balai/l'aspirateur** to sweep/hoover; **je vous passe M. Dupont** (je vous mets en communication avec lui) I'll put you through to Mr Dupont; (je lui passe l'appareil) here is Mr Dupont, I'll hand you over to Mr Dupont; **se ~ de** to

do without

passerelle [pasʀɛl] nf footbridge; (de navire, avion) gangway

passe-temps [pastɑ̃] nm inv pastime

passif, -ive [pasif, iv] adj passive

passion [pasjɔ̃] nf passion; **passionnant, e** adj fascinating; **passionné, e** adj (personne) passionate; (récit) impassioned; **être passionné de** to have a passion for; **passionner** vt (personne) to fascinate, grip

passoire [paswaʀ] nf sieve; (à légumes) colander; (à thé) strainer

pastèque [pastɛk] nf watermelon

pasteur [pastœʀ] nm (protestant) minister, pastor

pastille [pastij] nf (à sucer) lozenge, pastille

patate [patat] nf (fam: pomme de terre) spud; **patate douce** sweet potato

patauger [patoʒe] vi to splash about

pâte [pat] nf (à tarte) pastry; (à pain) dough; (à frire) batter; **pâtes** nfpl (macaroni etc) pasta sg; **pâte à modeler** modelling clay, Plasticine® (BRIT); **pâte brisée** shortcrust pastry; **pâte d'amandes** almond paste, marzipan; **pâte de fruits** crystallized fruit no pl; **pâte feuilletée** puff ou flaky pastry

pâté [pate] nm (charcuterie) pâté; (tache) ink blot; **pâté de maisons** block of houses; **pâté (de sable)** sandpie; **pâté en croûte** ≈ pork pie

pâtée [pate] nf mash, feed

patente [patɑ̃t] nf (Comm) trading licence

paternel, le [patɛʀnɛl] adj (amour, soins) fatherly; (ligne, autorité) paternal

pâteux, -euse [patø, øz] adj pasty; (langue) coated

pathétique [patetik] adj moving

patience [pasjɑ̃s] nf patience

patient, e [pasjɑ̃, ɑ̃t] adj, nm/f patient; **patienter** vi to wait

patin [patɛ̃] nm (Sport) skating; **patins (à glace)** (ice) skates; **patins à roulettes** roller skates

patinage [patinaʒ] nm skating

patiner [patine] vi to skate; (roue, voiture) to spin; **se patiner** vi (meuble, cuir) to acquire a sheen; **patineur, -euse** nm/f skater; **patinoire** nf skating rink, (ice) rink

pâtir [pɑtiʀ]: **~ de** vt to suffer because of

pâtisserie [pɑtisʀi] nf (boutique) cake shop; (gâteau) cake, pastry; (à la maison) pastry-ou cake-making, baking; **pâtissier, -ière** nm/f pastrycook

patois [patwa] nm dialect, patois

patrie [patʀi] nf homeland

patrimoine [patʀimwan] nm (culture) heritage

> **JOURNÉES DU PATRIMOINE**
>
> Once a year, important public
> buildings are open to the public for
> a weekend. During these **Journées
> du Patrimoine**, there are guided
> visits and talks based on a particular
> theme.

patriotique [patʀijɔtik] adj patriotic

patron, ne [patʀɔ̃, ɔn] nm/f boss; (Rel) patron saint ▷ nm (Couture) pattern; **patronat** nm employers pl; **patronner** vt to sponsor, support

patrouille [patʀuj] nf patrol

patte [pat] nf (jambe) leg; (pied: de chien, chat) paw; (: d'oiseau) foot

pâturage [pɑtyʀaʒ] nm pasture

paume [pom] nf palm

paumé, e [pome] (fam) nm/f drop-out

paupière [popjɛʀ] nf eyelid

pause [poz] nf (arrêt) break; (en parlant, Mus) pause; **~ déjeuner** lunch break

pauvre [povʀ] adj poor; **les pauvres** nmpl the poor; **pauvreté** nf (état) poverty

pavé, e [pave] adj (cour) paved; (chaussée) cobbled ▷ nm (bloc) paving stone; cobblestone

pavillon [pavijɔ̃] nm (de banlieue) small (detached) house; pavilion; (drapeau) flag

payant, e [pejɑ̃, ɑ̃t] adj (spectateurs etc) paying; (fig: entreprise) profitable; (effort) which pays off; **c'est ~** you have to pay, there is a charge

paye [pɛj] nf pay, wages pl

payer [peje] vt (créancier, employé, loyer) to pay; (achat, réparations, fig: faute) to pay for ▷ vi to pay; (métier) to be well-paid; (tactique etc) to pay off; **il m'a l'a fait ~ 10 euros** he charged me 10 euros for it; **~ qch à qn** to buy sth for sb, buy sb sth; **se ~ la tête de qn** (fam) to take the mickey out of sb; **est-ce que je peux ~ par carte de crédit?** can I pay by credit card?

pays [pei] nm (nation; région) region; **du ~** local

paysage [peizaʒ] nm landscape

paysan, ne [peizɑ̃, an] nm/f farmer; (péj) peasant ▷ adj (agricole) farming; (rural) country

Pays-Bas [peiba] nmpl: **les ~** the Netherlands

PC nm (Inform) PC

PDA sigle m (= personal digital assistant) PDA

PDG sigle m = **président directeur général**

péage [peaʒ] nm toll; (endroit) tollgate

peau, x [po] nf skin; **gants de ~** leather gloves; **être bien/mal dans sa ~** to be quite at ease/ill-at-ease; **peau de chamois** (chiffon) chamois leather, shammy

pêche [pɛʃ] nf (fruit) peach; (sport, activité) fishing; (poissons pêchés) catch; **pêche à la ligne** (en rivière) angling

péché [peʃe] nm sin

pécher [peʃe] vi (Rel) to sin

pêcher [peʃe] nm peach tree ▷ vi to go fishing ▷ vt (attraper) to catch; (être pêcheur de) to fish for

pécheur, -eresse [peʃœʀ, peʃʀɛs] nm/f sinner

pêcheur [peʃœʀ] nm fisherman; (à la ligne) angler

pédagogie [pedagɔʒi] nf educational methods pl, pedagogy; **pédagogique**

adj educational

pédale [pedal] nf pedal

pédalo [pedalo] nm pedal-boat

pédant, e [pedɑ̃, ɑ̃t] (péj) adj pedantic

pédestre [pedɛstʀ] adj: **randonnée ~** ramble; **sentier ~** pedestrian footpath

pédiatre [pedjatʀ] nm/f paediatrician, child specialist

pédicure [pedikyʀ] nm/f chiropodist

pègre [pɛgʀ] nf underworld

peigne [pɛɲ] nm comb; **peigner** vt to comb (the hair of); **se peigner** vi to comb one's hair; **peignoir** nm dressing gown; **peignoir de bain** bathrobe

peindre [pɛdʀ] vt to paint; (fig) to portray, depict

peine [pɛn] nf (affliction) sorrow, sadness no pl; (mal, effort) trouble no pl, effort; (difficulté) difficulty; (Jur) sentence; **avoir de la ~ to be sad**; **faire de la ~ à qn** to distress ou upset sb; **prendre la ~ de faire** to go to the trouble of doing; **se donner la ~ de faire** to make an effort; **ce n'est pas la ~ de faire** there's no point in doing, it's not worth doing; **à ~** scarcely, barely; **à ~ ... que** hardly ... than, no sooner ... than;

peine capitale capital punishment; **peine de mort** death sentence ou penalty; **peiner** vi (personne) to work hard; (moteur, voiture) to labour ▷ vt to grieve, sadden

peintre [pɛtʀ] nm painter; **peintre en bâtiment** painter (and decorator); **peinture** [pɛtyʀ] nf painting; (matière) paint; (surfaces peintes: aussi: ~**s**) paintwork; **"~ fraîche"** "wet paint"

péjoratif, -ive [peʒɔʀatif, iv] adj pejorative, derogatory

Pékin [pekɛ̃] n Beijing

pêle-mêle [pɛlmɛl] adv higgledy-piggledy

peler [pəle] vt, vi to peel

pèlerin [pɛlʀɛ̃] nm pilgrim

pèlerinage [pɛlʀinaʒ] nm pilgrimage

pelle [pɛl] nf shovel; (d'enfant, de terrassier) spade

pellicule [pelikyl] nf film; **pellicules**

nfpl (Méd) dandruff sg; **je voudrais une ~ de 36 poses** I'd like a 36-exposure film

pelote [p(ə)lɔt] nf (de fil, laine) ball; **pelote basque** pelota

peloton [p(ə)lɔtɔ̃] nm group, squad; (Cyclisme) pack

pelotonner [p(ə)lɔtɔne]: **se pelotonner** vi to curl (o.s.) up

pelouse [p(ə)luz] nf lawn

peluche [p(ə)lyʃ] nf: **(animal en) ~** fluffy animal, soft toy; **chien/lapin en ~** fluffy dog/rabbit

pelure [p(ə)lyʀ] nf peeling, peel no pl

pénal, e, -aux [penal, o] adj penal; **pénalité** nf penalty

penchant [pɑ̃ʃɑ̃] nm (tendance) tendency, propensity; (faible) liking, fondness

pencher [pɑ̃ʃe] vi to tilt, lean over ▷ vt to tilt; **se pencher** vi to lean over; (se baisser) to bend down; **se ~ sur** (fig: problème) to look into; **~ pour** to be inclined to favour

pendant [pɑ̃dɑ̃] prép (au cours de) during; (indique la durée) for; **~ que** while

pendentif [pɑ̃dɑ̃tif] nm pendant

penderie [pɑ̃dʀi] nf wardrobe

pendre [pɑ̃dʀ] vt, vi to hang; **se ~** (se suicider) to hang o.s.; **~ qch à** (mur) to hang sth (up) on; (plafond) to hang sth (up) from

pendule [pɑ̃dyl] nf clock ▷ nm pendulum

pénétrer [penetre] vi, vt to penetrate; **~ dans** to enter

pénible [penibl] adj (travail) hard; (sujet) painful; (personne) tiresome; **péniblement** adv with difficulty

péniche [peniʃ] nf barge

pénicilline [penisilin] nf penicillin

péninsule [penɛ̃syl] nf peninsula

pénis [penis] nm penis

pénitence [penitɑ̃s] nf (peine) penance; (repentir) penitence; **pénitencier** nm penitentiary

pénombre [penɔ̃bʀ] nf (faible clarté) half-light; (obscurité) darkness

pensée [pɑ̃se] nf thought; (démarche,

doctrine) thinking *no pl*; (*fleur*) pansy; **en ~** in one's mind

penser [pɑ̃se] *vi, vt* to think; **~ à** (*ami, vacances*) to think of ou about; (*réfléchir à: problème, offre*) to think about ou over; (*prévoir*) to think of; **faire ~ à** to remind one of; **~ faire qch** to be thinking of doing sth, intend to do sth; **pensif, -ive** *adj* pensive, thoughtful

pension [pɑ̃sjɔ̃] *nf* (*allocation*) pension; (*prix du logement*) board and lodgings, bed and board; (*école*) boarding school; **pension alimentaire** (*de divorcée*) maintenance allowance, alimony; **pension complète** full board; **pension de famille** boarding house, guesthouse; **pensionnaire** *nm/f* (*Scol*) boarder; **pensionnat** *nm* boarding school

pente [pɑ̃t] *nf* slope; **en ~** sloping

Pentecôte [pɑ̃tkot] *nf*: **la ~** Whitsun (*BRIT*), Pentecost

pénurie [penyri] *nf* shortage

pépé [pepe] (*fam*) *nm* grandad

pépin [pepɛ̃] *nm* (*Bot: graine*) pip; (*ennui*) snag, hitch

pépinière [pepinjɛr] *nf* nursery

perçant, e [pɛrsɑ̃, ɑ̃t] *adj* (*cri*) piercing, shrill; (*regard*) piercing

percepteur, -trice [pɛrsɛptœr, tris] *nm/f* tax collector

perception [pɛrsɛpsjɔ̃] *nf* perception; (*bureau*) tax office

percer [pɛrse] *vt* to pierce; (*ouverture etc*) to make; (*mystère, énigme*) to penetrate ▷ *vi* to break through; **perceuse** *nf* drill

percevoir [pɛrsəvwar] *vt* (*distinguer*) to perceive, detect; (*taxe, impôt*) to collect; (*revenu, indemnité*) to receive

perche [pɛrʃ] *nf* (*bâton*) pole

percher [pɛrʃe] *vt, vi* to perch; **se percher** *vi* to perch; **perchoir** *nm* perch

perçois *etc* [pɛrswa] *vb voir* **percevoir**

perçu, e [pɛrsy] *pp de* **percevoir**

percussion [pɛrkysjɔ̃] *nf* percussion

percuter [pɛrkyte] *vt* to strike; (*suj:*

véhicule) to crash into

perdant, e [pɛrdɑ̃, ɑ̃t] *nm/f* loser

perdre [pɛrdr] *vt* to lose; (*gaspiller: temps, argent*) to waste; (*personne: moralement etc*) to ruin ▷ *vi* to lose; (*sur une vente etc*) to lose out; **se perdre** *vi* (*s'égarer*) to get lost, lose one's way; (*denrées*) to go to waste; **j'ai perdu mon portefeuille/passeport** I've lost my wallet/passport; **je me suis perdu** (*et je le suis encore*) I'm lost; (*et je ne le suis plus*) I got lost

perdrix [pɛrdri] *nf* partridge

perdu, e [pɛrdy] *pp de* **perdre** ▷ *adj* (*isolé*) out-of-the-way; (*Comm: malade*): **il est ~** there's no hope left for him; **à vos moments ~s** in your spare time

père [pɛr] *nm* father; **père de famille** father; **le père Noël** Father Christmas

perfection [pɛrfɛksjɔ̃] *nf* perfection; **à la ~** to perfection; **perfectionné, e** *adj* sophisticated; **perfectionner** *vt* to improve, perfect; **se perfectionner en anglais** to improve one's English

perforer [pɛrfɔre] *vt* (*poinçonner*) to punch

performant, e [pɛrfɔrmɑ̃, ɑ̃t] *adj*: **très ~** high-performance *cpd*

perfusion [pɛrfyzjɔ̃] *nf*: **faire une ~ à qn** to put sb on a drip

péril [peril] *nm* peril

périmé, e [perime] *adj* (*Admin*) out-of-date, expired

périmètre [perimɛtr] *nm* perimeter

période [perjɔd] *nf* period; **périodique** *adj* periodical ▷ *nm* periodical; **garniture** *ou* **serviette périodique** sanitary towel (*BRIT*) ou napkin (*US*)

périphérique [periferik] *adj* (*quartiers*) outlying ▷ *nm* (*Auto*): **boulevard ~** ring road (*BRIT*), beltway (*US*)

périr [perir] *vi* to die, perish

périssable [perisabl] *adj* perishable

perle [pɛrl] *nf* pearl; (*de plastique, métal, sueur*) bead

permanence [pɛrmanɑ̃s] *nf*

permanence; (local) (duty) office; **assurer une ~** (service public, bureaux) to operate ou maintain a basic service; **être de ~** to be on call ou duty; **en ~** continuously

permanent, e [pɛʀmanɑ̃, ɑ̃t] adj permanent; (spectacle) continuous; **permanente** nf perm

perméable [pɛʀmeabl] adj permeable; **~ à** (fig) receptive ou open to

permettre [pɛʀmɛtʀ] vt to allow, permit; **~ à qn de faire/qch** to allow sb to do/sth; **se ~ de faire** to take the liberty of doing

permis [pɛʀmi] nm permit, licence; **permis de conduire** driving licence (BRIT), driver's license (US); **permis de construire** planning permission (BRIT), building permit (US); **permis de séjour** residence permit; **permis de travail** work permit

permission [pɛʀmisjɔ̃] nf permission; (Mil) leave; **avoir la ~ de faire** to have permission to do; **en ~** on leave

Pérou [peʀu] nm Peru

perpétuel, le [pɛʀpetɥɛl] adj perpetual; **perpétuité** nf: **à perpétuité** for life; **être condamné à perpétuité** to receive a life sentence

perplexe [pɛʀplɛks] adj perplexed, puzzled

perquisitionner [pɛʀkizisjɔne] vi to carry out a search

perron [peʀɔ̃] nm steps pl (leading to entrance)

perroquet [peʀɔkɛ] nm parrot

perruche [peʀyʃ] nf budgerigar (BRIT), budgie (BRIT), parakeet (US)

perruque [peʀyk] nf wig

persécuter [pɛʀsekyte] vt to persecute

persévérer [pɛʀsevere] vi to persevere

persil [pɛʀsi] nm parsley

Persique [pɛʀsik] adj: **le golfe ~** the (Persian) Gulf

persistant, e [pɛʀsistɑ̃, ɑ̃t] adj persistent

persister [pɛʀsiste] vi to persist; **~ à faire qch** to persist in doing sth

personnage [pɛʀsɔnaʒ] nm (individu) character, individual; (célébrité) important person; (de roman, film) character; (Peinture) figure

personnalité [pɛʀsɔnalite] nf personality; (personnage) prominent figure

personne [pɛʀsɔn] nf person ▷ pron nobody, no one; (avec négation en anglais) anybody, anyone; **personne âgée** elderly person; **personnel, le** adj personal; (égoïste) selfish ▷ nm staff, personnel; **personnellement** adv personally

perspective [pɛʀspɛktiv] nf (Art) perspective; (vue) view; (point de vue) viewpoint, angle; (chose envisagée) prospect; **en ~** in prospect

perspicace [pɛʀspikas] adj clear-sighted, gifted with (ou showing) insight; **perspicacité** nf clear-sightedness

persuader [pɛʀsɥade] vt: **~ qn (de faire)** to persuade sb (to do); **persuasif, -ive** adj persuasive

perte [pɛʀt] nf loss; (de temps) waste; (fig: morale) ruin; **à ~ de vue** as far as the eye can (ou could) see; **pertes blanches** (vaginal) discharge sg

pertinent, e [pɛʀtinɑ̃, ɑ̃t] adj apt, relevant

perturbation [pɛʀtyʀbasjɔ̃] nf: **perturbation (atmosphérique)** atmospheric disturbance

perturber [pɛʀtyʀbe] vt to disrupt; (Psych) to perturb, disturb

pervers, e [pɛʀvɛʀ, ɛʀs] adj perverted

pervertir [pɛʀvɛʀtiʀ] vt to pervert

pesant, e [pəzɑ̃, ɑ̃t] adj heavy; (fig: présence) burdensome

pèse-personne [pɛzpɛʀsɔn] nm (bathroom) scales pl

peser [pəze] vt to weigh ▷ vi to weigh; (fig: avoir de l'importance) to carry weight; **~ lourd** to be heavy

pessimiste [pesimist] adj pessimistic

peste | 190

▷ nm/f pessimiste
peste [pɛst] nf plague
pétale [petal] nm petal
pétanque [petɑ̃k] nf type of bowls

● **PÉTANQUE**
●
● **Pétanque** is a version of the game
● of 'boules', played on a variety of
● hard surfaces. Standing with their
● feet together, players throw steel
● bowls at a wooden jack. **Pétanque**
● originated in the South of France
● and is still very much associated
● with that area.

pétard [petaʀ] nm banger (BRIT),
firecracker
péter [pete] vi (fam: casser) to bust;
(fam!) to fart (!)
pétillant, e [petijɑ̃, ɑ̃t] adj (eau etc)
sparkling
pétiller [petije] vi (feu) to crackle;
(champagne) to bubble; (yeux) to sparkle
petit, e [p(ə)ti, it] adj small; (avec
nuance affective) little; (voyage) short,
little; (bruit etc) faint, slight ▷ nm/f
(petit enfant) little boy/girl, child; **petits**
nmpl (d'un animal) young no pl; **faire des
~s** to have kittens (ou puppies etc); **la
classe des ~s** the infant class; **les tout-
~s** the little ones, the tiny tots (fam); **~ à
~** bit by bit, gradually; **petit(e) ami(e)**
boyfriend/girlfriend; **petit déjeuner**
breakfast; **petit déjeuner est à
quelle heure?** what time is breakfast?;
petit four petit four; **petit pain** (bread)
roll; **les petites annonces** the small
ads; **petits pois** (garden) peas; **petite-
fille** nf granddaughter; **petit-fils** nm
grandson
pétition [petisjɔ̃] nf petition
petits-enfants [pətizɑ̃fɑ̃] nmpl
grandchildren
pétrin [petʀɛ̃] nm (fig): **dans le ~** (fam)
in a jam ou fix
pétrir [petʀiʀ] vt to knead
pétrole [petʀɔl] nm oil; (pour lampe,

réchaud etc) paraffin (oil); **pétrolier,
-ière** nm oil tanker

■ Attention à ne pas traduire **pétrole**
par le mot anglais **petrol**.

○ **MOT-CLÉ**

peu [pø] adv 1 (modifiant verbe, adjectif,
adverbe): **il boit peu** he doesn't drink
(very) much; **il est peu bavard** he's
not very talkative; **peu avant/après**
shortly before/afterwards
2 (modifiant nom): **peu de**: **peu de
gens/d'arbres** few ou not (very) many
people/trees; **il a peu d'espoir** he
hasn't (got) much hope; **pour peu de
temps** for (only) a short while
3: **peu à peu** little by little; **à peu près**
just about, more or less; **à peu près
10 kg/10 euros** approximately 10
kg/10 euros
▷ nm 1: **le peu de gens qui** the few
people who; **le peu de sable qui** what
little sand, the little sand which
2: **un peu** a little; **un petit peu** a little
bit; **un peu d'espoir** a little hope;
elle est un peu bavarde she's quite
ou rather talkative; **un peu plus de**
slightly more than; **un peu moins de**
slightly less than; (avec pluriel) slightly
fewer than
▷ pron: **peu le savent** few know (it); **de
peu** (only) just

peuple [pœpl] nm people; **peupler** vt
(pays, région) to populate; (étang) to
stock; (suj: hommes, poissons) to inhabit
peuplier [pøplije] nm poplar (tree)
peur [pœʀ] nf fear; **avoir ~** (de/de
faire/que) to be frightened ou afraid
(of/of doing/that); **faire ~ à** to
frighten; **de ~ de/que** for fear of/that;
peureux, -euse adj fearful, timorous
peut [pø] vb voir **pouvoir**
peut-être [pøtɛtʀ] adv perhaps,
maybe; **~ que** perhaps, maybe; **~ bien
qu'il fera/est** he may well do/be

phare [faʀ] nm (en mer) lighthouse; (de véhicule) headlight

pharmacie [faʀmasi] nf (magasin) chemist's (BRIT), pharmacy; (de salle de bain) medicine cabinet; **pharmacien, ne** nm/f pharmacist, chemist (BRIT)

phasme [fazm] nm stick insect

phénomène [fenɔmɛn] nm phenomenon

philosophe [filɔzɔf] nm/f philosopher ▷ adj philosophical

philosophie [filɔzɔfi] nf philosophy

phobie [fɔbi] nf phobia

phoque [fɔk] nm seal

phosphorescent, e [fɔsfɔʀesɑ̃, ɑ̃t] adj luminous

photo [fɔto] nf photo(graph); **prendre en ~** to take a photo of; **pourriez-vous nous prendre en ~, s'il vous plaît?** would you take a picture of us, please?; **faire de la ~** to take photos; **photo d'identité** passport photograph; **photocopie** nf photocopy; **photocopier** vt to photocopy; **photocopieuse** nf photocopier; **photographe** nm/f photographer; **photographie** nf (technique) photography; (cliché) photograph; **photographier** vt to photograph

phrase [fʀaz] nf sentence

physicien, ne [fizisjɛ̃, jɛn] nm/f physicist

physique [fizik] adj physical ▷ nm physique ▷ nf physics sg; **au ~ physically; **physiquement** adv physically

pianiste [pjanist] nm/f pianist

piano [pjano] nm piano; **pianoter** vi to tinkle away (at the piano)

pic [pik] nm (instrument) pick(axe); (montagne) peak; (Zool) woodpecker; **à ~ vertically; (fig: tomber, arriver)** just at the right time

pichet [piʃɛ] nm jug

picorer [pikɔʀe] vt to peck

pie [pi] nf magpie

pièce [pjɛs] nf (d'un logement) room;

(Théâtre) play; (de machine) part; (de monnaie) coin; (document) document; (fragment, de poème) piece; **dix euros ~** ten euros each; **vendre à la ~** to sell separately; **travailler à la ~** to do piecework; **un maillot une ~** a one-piece swimsuit; **un deux-~s cuisine** a two-room(ed) flat (BRIT) ou apartment (US) with kitchen; **pièce à conviction** exhibit; **pièce de rechange** spare (part); **pièce d'identité: avez-vous une pièce d'identité?** have you got any (means of) identification?; **pièce jointe** (Comput) attachment; **pièce montée** tiered cake; **pièces détachées** spares, (spare) parts; **pièces justificatives** supporting documents

pied [pje] nm foot; (de table) leg; (de lampe) base; **~s nus** ou **nus-~s** barefoot; **à ~** on foot; **au ~ de la lettre** literally; **avoir le ~ marin** to be a good sailor; **sur ~ (debout, rétabli)** up and about; **mettre sur ~ (entreprise)** to set up; **c'est le ~ (fam)** it's brilliant; **mettre les ~s dans le plat (fam)** to put one's foot in it; **il se débrouille comme un ~ (fam)** he's completely useless; **pied-noir** nm Algerian-born Frenchman

piège [pjɛʒ] nm trap; **prendre au ~** to trap; **piéger** vt (avec une bombe) to booby-trap; **lettre/voiture piégée** letter-/car-bomb

piercing [pjɛʀsiŋ] nm body piercing

pierre [pjɛʀ] nf stone; **pierre tombale** tombstone; **pierreries** nfpl gems, precious stones

piétiner [pjetine] vi (trépigner) to stamp (one's foot); (fig) to be at a standstill ▷ vt to trample on

piéton, ne [pjetɔ̃, ɔn] nm/f pedestrian; **piétonnier, -ière** adj: **rue** ou **zone piétonnière** pedestrian precinct

pieu, x [pjø] nm post; (pointu) stake

pieuvre [pjœvʀ] nf octopus

pieux, -euse [pjø, pjøz] adj pious

pigeon [piʒɔ̃] nm pigeon

piger [piʒe] (fam) vi, vt to understand

pigiste [piʒist] nm/f freelance(r)

pignon [piɲɔ̃] nm (de mur) gable

pile [pil] nf (tas) pile; (Élec) battery
▷ adv (fam: s'arrêter etc) dead; **à deux heures** = at two on the dot; **jouer à ~ ou face** to toss up (for it); **~ ou face?** heads or tails?

piler [pile] vt to crush, pound

pilier [pilje] nm pillar

piller [pije] vt to pillage, plunder, loot

pilote [pilɔt] nm pilot; (de voiture) driver
▷ adj pilot cpd; **pilote de course** racing driver; **pilote de ligne** airline pilot; **piloter** vt (avion) to pilot, fly; (voiture) to drive

pilule [pilyl] nf pill; **prendre la ~** to be on the pill

piment [pimɑ̃] nm (aussi: **~ rouge**) chilli; (fig) spice, piquancy; **~ doux** pepper, capsicum; **pimenté, e** adj (plat) hot, spicy

pin [pɛ̃] nm pine

pinard [pinar] (fam) nm (cheap) wine, plonk (BRIT)

pince [pɛ̃s] nf (outil) pliers pl; (de homard, crabe) pincer, claw; (Couture: pli) dart; **pince à épiler** tweezers pl; **pince à linge** clothes peg (BRIT) ou pin (US)

pincé, e [pɛ̃se] adj (air) stiff

pinceau, X [pɛ̃so] nm (paint)brush

pincer [pɛ̃se] vt to pinch; (fam) to nab

pinède [pinɛd] nf pinewood, pine forest

pingouin [pɛ̃gwɛ̃] nm penguin

ping-pong® [piŋpɔ̃g] nm table tennis

pinson [pɛ̃sɔ̃] nm chaffinch

pintade [pɛ̃tad] nf guinea-fowl

pion [pjɔ̃] nm (Échecs) pawn; (Dames) piece; (Scol) supervisor

pionnier [pjɔnje] nm pioneer

pipe [pip] nf pipe; **fumer la ~** to smoke a pipe

piquant, e [pikɑ̃, ɑ̃t] adj (barbe, rosier etc) prickly; (saveur, sauce) hot, pungent; (détail) titillating; (froid) biting ▷ nm (épine) thorn, prickle; (fig) spiciness, spice

pique [pik] nf pike; (fig) cutting remark

▷ nm (Cartes) spades pl

pique-nique [piknik] nm picnic;
pique-niquer vi to have a picnic

piquer [pike] vt (suj: guêpe, fumée, orties) to sting; (: moustique) to bite; (: barbe) to prick; (: froid) to bite; (Méd) to give a jab to; (: chien, chat) to put to sleep; (intérêt) to arouse; (fam: voler) to pinch ▷ vi (avion) to go into a dive

piquet [pikɛ] nm (pieu) post, stake; (de tente) peg

piqûre [pikyr] nf (d'épingle) prick; (d'ortie) sting; (de moustique) bite; (Méd) injection, shot (US); **faire une ~ à qn** to give sb an injection

pirate [pirat] nm, adj pirate; **pirate de l'air** hijacker

pire [pir] adj worse; (superlatif): **le(la) ~ ...** the worst ... ▷ nm: **le ~ (de)** the worst (of); **au ~** at (the very) worst

pis [pi] nm (de vache) udder ▷ adj, adv worse; **de mal en ~** from bad to worse

piscine [pisin] nf (swimming) pool; **piscine couverte** indoor (swimming) pool

pissenlit [pisɑ̃li] nm dandelion

pistache [pistaʃ] nf pistachio (nut)

piste [pist] nf (d'un animal, sentier) track, trail; (indice) lead; (de stade) track; (de cirque) ring; (de danse) floor; (de patinage) rink; (de ski) run; (Aviat) runway; **piste cyclable** cycle track

pistolet [pistɔlɛ] nm (arme) pistol, gun; (à peinture) spray gun; **pistolet-mitrailleur** nm submachine gun

piston [pistɔ̃] nm (Tech) piston; **avoir du ~** (fam) to have friends in the right places; **pistonner** vt (candidat) to pull strings for

piteux, -euse [pitø, øz] adj pitiful, sorry (avant le nom); **en ~ état** in a sorry state

pitié [pitje] nf pity; **il me fait ~** I feel sorry for him; **avoir ~ de** (compassion) to pity, feel sorry for; (merci) to have pity ou mercy on

pitoyable [pitwajabl] adj pitiful

pittoresque [pitɔrɛsk] adj

picturesque

pizza [pidza] *nf* pizza

PJ *sigle f* (= *police judiciaire*) ≈ CID (*BRIT*), ≈ FBI (*US*)

placard [plakaʀ] *nm* (*armoire*) cupboard; (*affiche*) poster, notice

place [plas] *nf* (*emplacement, classement*) place; (*de ville, village*) square; (*espace libre*) room, space; (*de parking*) space; (*siège: de train, cinéma, voiture*) seat; (*emploi*) job; **en ~** (*mettre*) in its place; **sur ~** on the spot; **faire ~ à** to give way to; **ça prend de la ~** it takes up a lot of room *ou* space; **à la ~ de** in place of, instead of; **à votre ~ ...** if I were you ...; **je voudrais réserver deux ~s** I'd like to book two seats; **la ~ est prise?** is this seat taken?; **se mettre à la ~ de qn** to put o.s. in sb's place *ou* in sb's shoes

placé, e [plase] *adj*: **haut ~** (*fig*) high-ranking; **être bien/mal ~** (*spectateur*) to have a good/a poor seat; (*concurrent*) to be in a good/bad position; **il est bien ~ pour le savoir** he is in a position to know

placement [plasmɑ̃] *nm* (*Finance*) investment; **agence** *ou* **bureau de ~** employment agency

placer [plase] *vt* to place; (*convive, spectateur*) to seat; (*argent*) to place, invest; **se ~ au premier rang** to go and stand (*ou* sit) in the first row

plafond [plafɔ̃] *nm* ceiling

plage [plaʒ] *nf* beach; **plage arrière** (*Auto*) parcel *ou* back shelf

plaider [plede] *vi* (*avocat*) to plead ▷ *vt* to plead; **~ pour** (*fig*) to speak for

plaie [plɛ] *nf* wound

plaignant, e [plɛɲɑ̃, ɑ̃t] *nm/f* plaintiff

plaindre [plɛ̃dʀ] *vt* to pity, feel sorry for; **se plaindre** (*vi*) (*gémir*) to moan; (*protester*): **se ~ (à qn) (de)** to complain (to sb) (about); (*souffrir*): **se ~ de** to complain of

plaine [plɛn] *nf* plain

plain-pied [plɛ̃pje] *adv*: **de ~ (avec)** on the same level (as)

plainte [plɛ̃t] *nf* (*gémissement*) moan,

groan; (*doléance*) complaint; **porter ~** to lodge a complaint

plaire [plɛʀ] *vi* to be a success, be successful; **ça plaît beaucoup aux jeunes** it's very popular with young people; **~ à**: **cela me plaît** I like it; **se ~ quelque part** to like being somewhere *ou* like it somewhere; **s'il te plaît** please; **s'il vous plaît** please

plaisance [plɛzɑ̃s] *nf* (*aussi*: **navigation de ~**) (pleasure) sailing, yachting

plaisant, e [plɛzɑ̃, ɑ̃t] *adj* pleasant; (*histoire, anecdote*) amusing

plaisanter [plɛzɑ̃te] *vi* to joke; **plaisanterie** *nf* joke

plaisir [plɛziʀ] *nm* pleasure; **faire ~ à qn** (*délibérément*) to be nice to sb, please sb; **ça me fait ~** I like (doing) it; **j'espère que ça te fera ~** I hope you'll like it; **pour le ~** for pleasure

plaît [plɛ] *vb voir* **plaire**

plan, e [plɑ̃, an] *adj* flat ▷ *nm* plan; (*fig*) level, plane; (*Cinéma*) shot; **au premier/second ~** in the foreground/middle distance; **à l'arrière ~** in the background; **plan d'eau** lake

planche [plɑ̃ʃ] *nf* (*pièce de bois*) plank, (wooden) board; (*illustration*) plate; **planche à repasser** ironing board; **planche (à roulettes)** skateboard; **planche (à voile)** (*sport*) windsurfing

plancher [plɑ̃ʃe] *nm* floor; floorboards *pl* ▷ *vi* (*fam*) to work hard

planer [plane] *vi* to glide; (*fam: rêveur*) to have one's head in the clouds; **~ sur** (*fig: danger*) to hang over

planète [planɛt] *nf* planet

planeur [planœʀ] *nm* glider

planifier [planifje] *vt* to plan

planning [planiŋ] *nm* programme, schedule; **planning familial** family planning

plant [plɑ̃] *nm* seedling, young plant

plante [plɑ̃t] *nf* plant; **la plante du pied** the sole (of the foot); **la plante verte** *ou* **d'appartement** house plant

planter [plɑ̃te] vt (plante) to plant; (enfoncer) to hammer in; (tente) to put up, pitch; (fam: personne) to dump ▷ vi (ordinateur) to crash; **se planter** (fam: se tromper) to get it wrong

plaque [plak] nf plate; (de verglas, d'eczéma) patch; (avec inscription) plaque; **plaque chauffante** hotplate; **plaque de chocolat** bar of chocolate; **plaque tournante** (fig) centre

plaqué, e [plake] adj : **~ or/argent** gold-/silver-plated

plaquer [plake] vt (Rugby) to bring down; (fam: laisser tomber) to drop

plaquette [plakɛt] nf (de chocolat) bar; (beurre) pack(et); **plaquette de frein** brake pad

plastique [plastik] adj, nm plastic; **plastiquer** vt to blow up (with a plastic bomb)

plat, e [pla, -at] adj flat; (cheveux) straight; (style) flat, dull ▷ nm (récipient) dish; (d'un repas) course; **à ~ ventre** face down; **à ~** (pneu, batterie) flat; (fam: personne) dead beat; **plat cuisiné** pre-cooked meal; **plat de résistance** main course; **plat du jour** dish of the day; **plat principal** main course

platane [platan] nm plane tree

plateau, X [plato] nm (support) tray; (Géo) plateau; (Cinéma) set; **plateau à fromages** cheese board

plate-bande [platbɑ̃d] nf flower bed

plate-forme [platfɔrm] nf platform; **plate-forme de forage/pétrolière** drilling/oil rig

platine [platin] nm platinum ▷ nf (d'un tourne-disque) turntable; **platine laser** compact disc ou CD player

plâtre [plɑtr] nm (matériau) plaster; (statue) plaster statue; (Méd) plaster cast; **avoir un bras dans le ~** to have an arm in plaster

plein, e [plɛ̃, plɛn] adj full ▷ nm : **faire le ~ (d'essence)** to fill up (with petrol); **à ~es mains** (ramasser) in handfuls; **à ~ temps** full-time; **en ~ air** in the open air; **en ~ soleil** in direct sunlight; **en ~e**

nuit/rue in the middle of the night/street; **en ~ jour** in broad daylight; **le ~, s'il vous plaît** fill it up, please

pleurer [plœre] vi to cry; (yeux) to water ▷ vt to mourn (for); **~ sur** to lament (over), to bemoan

pleurnicher [plœrniʃe] vi to snivel, whine

pleurs [plœr] nmpl : **en ~** in tears

pleut [plø] vb voir **pleuvoir**

pleuvoir [pløvwar] vb impers to rain ▷ vi (coups) to rain down; (critiques, invitations) to shower down; **il pleut** it's raining; **il pleut des cordes** it's pouring (down), it's raining cats and dogs

pli [pli] nm fold; (de jupe) pleat; (de pantalon) crease

pliant, e [plijɑ̃, plijɑ̃t] adj folding

plier [plije] vt to fold; (pour ranger) to fold up; (genou, bras) to bend ▷ vi to bend; (fig) to yield; **se ~ à** to submit to

plisser [plise] vt (jupe) to put pleats in; (yeux) to screw up; (front) to crease

plomb [plɔ̃] nm (métal) lead; (d'une cartouche) (lead) shot; (Pêche) sinker; (Élec) fuse; **sans ~** (essence etc) unleaded

plomberie [plɔ̃bri] nf plumbing

plombier [plɔ̃bje] nm plumber

plonge [plɔ̃ʒ] nf washing-up

plongeant, e [plɔ̃ʒɑ̃, ɑ̃t] adj (vue) from above; (décolleté) plunging

plongée [plɔ̃ʒe] nf (Sport) diving no pl; (sans scaphandre) skin diving; **~ sous-marine** diving

plongeoir [plɔ̃ʒwar] nm diving board

plongeon [plɔ̃ʒɔ̃] nm dive

plonger [plɔ̃ʒe] vi to dive ▷ vt : **~ qch dans** to plunge sth into; **se ~ dans** (études, lecture) to bury ou immerse o.s. in; **plongeur** nm diver

plu [ply] pp de **plaire**; de **pleuvoir**

pluie [plɥi] nf rain

plume [plym] nf feather; (pour écrire) (pen) nib; (fig) pen

plupart [plypar]: **la ~** pron the majority, most (of them); **la ~ des** most, the majority of; **la ~ du temps** d'entre nous most of the time/of us;

pour la ~ for the most part, mostly
luriel [plyrjɛl] *nm* plural
lus¹ [ply] *vb voir* **plaire**

○ MOT-CLÉ

lus¹ [ply] *adv* **1** (*forme négative*): **ne ... plus** no more, no longer; **je n'ai plus d'argent** I've got no more money ou no money left; **il ne travaille plus** he's no longer working
2 (*plus, plyz + voyelle*) (*comparatif*) more, ...+er; (*superlatif*): **le plus** the most, the ...+est; **plus grand/intelligent (que)** bigger/more intelligent (than); **le plus grand/intelligent** the biggest/most intelligent; **tout au plus** at the very most
3 [plys, plyz + voyelle] (*davantage*) more; **il travaille plus (que)** he works more (than); **plus il travaille, plus il est heureux** the more he works, the happier he is; **plus de 10 personnes/3 heures** more than ou over 10 people/3 hours; **3 heures de plus que** 3 hours more than; **de plus** what's more, moreover; **il a 3 ans de plus que moi** he's 3 years older than me; **3 kilos en plus** 3 kilos more; **en plus de** in addition to; **de plus en plus** more and more; **plus ou moins** more or less; **ni plus ni moins** no more, no less
▷ *prép* [plys]: **4 plus 2** 4 plus 2

lusieurs [plyzjœr] *dét, pron* several; **ils sont ~** there are several of them
lus-value [plyvaly] *nf* (*bénéfice*) surplus
lutôt [plyto] *adv* rather; **je préfère ~ celui-ci** I'd rather have this one; **~ que (de) faire** rather than ou instead of doing
luvieux, -euse [plyvjø, jøz] *adj* rainy, wet
ME *sigle f* (= *petite(s) et moyenne(s) entreprise(s)*) small business(es)
MU *sigle m* (= *Pari mutuel urbain*) system of betting on horses; (*café*) betting agency

PNB *sigle m* (= *produit national brut*) GNP
pneu [pnø] *nm* tyre (BRIT), tire (US); **j'ai un ~ crevé** I've got a flat tyre
pneumonie [pnømɔni] *nf* pneumonia
poche [pɔʃ] *nf* pocket; (*sous les yeux*) bag, pouch; **argent de ~** pocket money
pochette [pɔʃɛt] *nf* (*d'aiguilles etc*) case; (*mouchoir*) breast pocket handkerchief; (*sac à main*) clutch bag; **pochette de disque** record sleeve
podcast [pɔdkast] *nm* podcast
podcaster [pɔdkaste] *vi* to podcast
poêle [pwal] *nm* stove ▷ *nf*: **~ (à frire)** frying pan
poème [pɔɛm] *nm* poem
poésie [pɔezi] *nf* (*poème*) poem; (*art*): **la ~** poetry
poète [pɔɛt] *nm* poet
poids [pwa] *nm* weight; (*Sport*) shot; **vendre au ~** to sell by weight; **perdre/prendre du ~** to lose/put on weight; **poids lourd** (*camion*) lorry (BRIT), truck (US)
poignard [pwaɲar] *nm* dagger; **poignarder** *vt* to stab, knife
poigne [pwaɲ] *nf* grip; **avoir de la ~** (*fig*) to rule with a firm hand
poignée [pwaɲe] *nf* (*de sel etc, fig*) handful; (*de couvercle, porte*) handle; **poignée de main** handshake
poignet [pwaɲɛ] *nm* (*Anat*) wrist; (*de chemise*) cuff
poil [pwal] *nm* (*Anat*) hair; (*de pinceau, brosse*) bristle; (*de tapis*) strand; (*pelage*) coat; **à ~** (*fam*) starkers; **au ~** (*fam*) hunky-dory; **poilu, e** *adj* hairy
poinçonner [pwɛ̃sɔne] *vt* (*bijou*) to hallmark; (*billet*) to punch
poing [pwɛ̃] *nm* fist; **coup de ~** punch
point [pwɛ̃] *nm* (*marque, signe*) dot; (*endroit*) spot; (*marque, signe*) dot; (: *de ponctuation*) full stop, period (US); (*Couture, Tricot*) stitch ▷ *adv* **= pas?**; **faire le ~** (*fig*) to take stock (of the situation); **sur le ~ de faire** (just) about to do; **à tel que** so much so that; **mettre au ~** (*procédé*) to develop; (*affaire*) to settle; **à ~** (*Culin: viande*) medium; **à ~ (nommé)**

just at the first time; **deux ~s** colon;
point de côté stitch (*pain*); **point
d'exclamation/d'interrogation**
exclamation/question mark; **point
de repère** landmark; (*dans le temps*)
point of reference; **point de vente**
retail outlet; **point de vue** viewpoint;
(*fig: opinion*) point of view; **point faible**
weak spot; **point final** full stop, period
(*us*); **point mort: au point mort** (*Auto*)
in neutral; **points de suspension**
suspension points

pointe [pwɛt] *nf* point; (*clou*) tack; (*fig*);
une ~ de a hint of; **être à la ~ de** (*fig*)
to be in the forefront of; **sur la ~ des
pieds** on tiptoe; **en ~** pointed, tapered;
de ~ (*technique etc*) leading; **heures de
~** peak hours

pointer [pwɛte] *vt* (*diriger*): **~ sur qch**
to point at sth ▷ *vi* (*employé*) to clock in;
pointeur [pwɛtœʀ] *nm* (*Inform*) cursor

pointillé [pwɛtije] *nm* (*trait*) dotted line

pointilleux, -euse [pwɛtijø, øz] *adj*
particular, pernickety

pointu, e [pwɛty] *adj* pointed; (*voix*)
shrill; (*analyse*) precise

pointure [pwɛtyʀ] *nf* size

point-virgule [pwɛviʀgyl] *nm*
semi-colon

poire [pwaʀ] *nf* pear; (*fam: péj*) mug

poireau, x [pwaʀo] *nm* leek

poirier [pwaʀje] *nm* pear tree

pois [pwa] *nm* (*Bot*) pea; (*sur une étoffe*)
dot, spot; **~ chiche** chickpea; **à ~**
(*cravate etc*) spotted, polka-dot

poison [pwazɔ̃] *nm* poison

poisseux, -euse [pwasø, øz] *adj* sticky

poisson [pwasɔ̃] *nm* fish *gén inv*;
(*Astrol*): **P~s** Pisces; **~ d'avril**
(*blague*) April Fool's Day trick; *see note*;
poisson rouge goldfish; **poissonnerie**
nf fish-shop; **poissonnier, -ière** *nm/f*
fishmonger (*BRIT*), fish merchant (*us*)

● **POISSON D'AVRIL**

● The traditional April Fools' Day prank
  in France involves attaching a cut-

● out paper fish, known as a 'poisson
  d'avril', to the back of one's victim,
● without being caught.

poitrine [pwatʀin] *nf* chest; (*seins*)
bust, bosom; (*Culin*) breast

poivre [pwavʀ] *nm* pepper

poivron [pwavʀɔ̃] *nm* pepper,
capsicum

polaire [pɔlɛʀ] *adj* polar

pôle [pol] *nm* (*Géo, Élec*) pole; **le ~ Nord/
Sud** the North/South Pole

poli, e [pɔli] *adj* polite; (*lisse*) smooth

police [pɔlis] *nf* police; **police
judiciaire** ≈ Criminal Investigation
Department (*BRIT*), ≈ Federal Bureau
of Investigation (*us*); **police secours**
≈ emergency services *pl* (*BRIT*),
≈ paramedics *pl* (*us*); **policier, -ière**
adj police cpd ▷ *nm* policeman; (*aussi*:
roman policier) detective novel

polir [pɔliʀ] *vt* to polish

politesse [pɔlites] *nf* politeness

politicien, ne [pɔlitisjɛ̃, jɛn] (*péj*) *nm/f*
politician

politique [pɔlitik] *adj* political ▷ *nf*
politics *sg*; (*mesures, méthode*) policies *pl*

politiquement [pɔlitikmɑ̃] *adv*
politically; **~ correct** politically correct

pollen [pɔlɛn] *nm* pollen

polluant, e [pɔlɥɑ̃, ɑ̃t] *adj* polluting
▷ *nm* (*produit*) ~ pollutant; **non ~**
non-polluting

polluer [pɔlɥe] *vt* to pollute; **pollution**
nf pollution

polo [pɔlo] *nm* (*chemise*) polo shirt

Pologne [pɔlɔɲ] *nf*: **la ~** Poland;
polonais, e *adj* Polish ▷ *nm/f*:
Polonais, e Pole ▷ *nm* (*Ling*) Polish

poltron, ne [pɔltʀɔ̃, ɔn] *adj* cowardly

polycopier [pɔlikɔpje] *vt* to duplicate

Polynésie [pɔlinezi] *nf*: **la ~** Polynesia;
la ~ française French Polynesia

polyvalent, e [pɔlivalɑ̃, ɑ̃t] *adj* (*rôle*)
varied; (*salle*) multi-purpose

pommade [pɔmad] *nf* ointment,
cream

pomme [pɔm] *nf* apple; **tomber**

dans les ~s (fam) to pass out; **pomme d'Adam** Adam's apple; **pomme de pin** pine ou fir cone; **pomme de terre** potato; **pommes vapeur** boiled potatoes

pommette [pɔmɛt] nf cheekbone

pommier [pɔmje] nm apple tree

pompe [pɔ̃p] nf pump; (faste) pomp (and ceremony); **pompe (à essence)** petrol pump; **pompes funèbres** funeral parlour sg, undertaker's sg; **pomper** vt to pump; (aspirer) to pump up; (absorber) to soak up

pompeux, -euse [pɔ̃pø, øz] adj pompous

pompier [pɔ̃pje] nm fireman

pompiste [pɔ̃pist] nm/f petrol (BRIT) ou gas (US) pump attendant

poncer [pɔ̃se] vt to sand (down)

ponctuation [pɔ̃ktɥasjɔ̃] nf punctuation

ponctuel, le [pɔ̃ktɥɛl] adj punctual

pondéré, e [pɔ̃dere] adj level-headed

pondre [pɔ̃dʀ] vt to lay

poney [pɔnɛ] nm pony

pont [pɔ̃] nm bridge; (Navig) deck; **faire le ~** to take the extra day off; see note; **pont suspendu** suspension bridge; **pont-levis** nm drawbridge

○ **PONT**
○
○ The expression 'faire le pont' refers
○ to the practice of taking a Monday
○ or Friday off to make a long weekend
○ if a public holiday falls on a Tuesday
○ or Thursday. The French commonly
○ take an extra day off work to give
○ four consecutive days' holiday at
○ l'Ascension', 'le 14 juillet' and 'le
○ 15 août'.

pop [pɔp] adj inv pop

populaire [pɔpylɛʀ] adj popular; (manifestation) mass cpd; (quartier) working-class; (expression) vernacular

popularité [pɔpylaʀite] nf popularity

population [pɔpylasjɔ̃] nf population

populeux, -euse [pɔpylø, øz] adj densely populated

porc [pɔʀ] nm pig; (Culin) pork

porcelaine [pɔʀsəlɛn] nf porcelain, china; piece of china(ware)

porc-épic [pɔʀkepik] nm porcupine

porche [pɔʀʃ] nm porch

porcherie [pɔʀʃəʀi] nf pigsty

pore [pɔʀ] nm pore

porno [pɔʀno] adj porno ▷ nm porn

port [pɔʀ] nm harbour, port; (ville) port; (de l'uniforme etc) wearing; (pour lettre) postage; (pour colis, aussi: posture) carriage; **port d'arme** (Jur) carrying of a firearm; **port payé** postage paid

portable [pɔʀtabl] adj (vêtement) portable; (téléphone) mobile ▷ nm (Comput) laptop (computer); (téléphone) mobile (phone)

portail [pɔʀtaj] nm gate

portant, e [pɔʀtɑ̃, ɑ̃t] adj: **bien/mal ~** in good/poor health

portatif, -ive [pɔʀtatif, iv] adj portable

porte [pɔʀt] nf door; (de ville, jardin) gate; **mettre à la ~** to throw out; **porte-avions** nm inv aircraft carrier; **porte-bagages** nm inv luggage rack; **porte-bonheur** nm inv lucky charm; **porte-clefs** nm inv key ring; **porte d'entrée** front door; **porte-documents** nm inv attaché ou document case

porté, e [pɔʀte] adj: **être ~ à faire** to be inclined to do; **être ~ sur qch** to be keen on sth; **portée** nf (d'une arme) range; (fig: effet) impact, import; (: capacité) scope, capability; (de chatte etc) litter; (Mus) stave, staff; **à/hors de portée (de)** within/out of reach (of); **à portée de (la) main** within (arm's) reach; **à la portée de qn** (fig) at sb's level, within sb's capabilities

porte...: portefeuille nm wallet; **portemanteau, x** nm (cintre) coat hanger; (au mur) coat rack; **porte-monnaie** nm inv purse; **porte-parole** nm inv spokesman

porter [pɔʀte] vt to carry; (sur soi: vêtement, barbe, bague) to wear; (fig: responsabilité etc) to bear, carry; (inscription, nom, fruits) to bear; (coup) to deal; (attention) to turn; (apporter): ~ **qch à qn** to take sth to sb ▷ vi (voix) to carry; (coup, argument) to hit home; **se porter** vi (se sentir): **se ~ bien/mal** to be well/unwell; **~ sur** (recherches) to be concerned with; **se faire ~ malade** to report sick

porteur, -euse [pɔʀtœʀ, øz] nm/f (de bagages) porter; (de chèque) bearer

porte-voix [pɔʀtəvwa] nm inv megaphone

portier [pɔʀtje] nm doorman

portière [pɔʀtjɛʀ] nf door

portion [pɔʀsjɔ̃] nf (part) portion, share; (partie) portion, section

porto [pɔʀto] nm port (wine)

portrait [pɔʀtʀɛ] nm (peinture) portrait; (photo) photograph; **portrait-robot** nm identikit® ou photo-fit® picture

portuaire [pɔʀtɥɛʀ] adj port cpd, harbour cpd

portugais, e [pɔʀtygɛ, ɛz] adj Portuguese ▷ nm/f: **P~, e** Portuguese ▷ nm (Ling) Portuguese

Portugal [pɔʀtygal] nm: **le ~** Portugal

pose [poz] nf (de moquette) laying; (attitude, d'un modèle) pose; (Photo) exposure

posé, e [poze] adj serious

poser [poze] vt (put) to put; (installer: moquette, carrelage) to lay; (rideaux, papier peint) to hang; (question) to ask; (principe, conditions) to lay ou set down; (difficulté) to pose; (formuler: problème) to formulate ▷ vi (modèle) to pose; **se poser** vi (oiseau, avion) to land; (question) to arise; **~ qch** (déposer) to put sth down (on); **~ qch sur/quelque part** (déposer) to put sth on/somewhere; **~ sa candidature à un poste** to apply for a post

positif, -ive [pozitif, iv] adj positive

position [pozisjɔ̃] nf position; **prendre**

~ (fig) to take a stand

posologie [pozɔlɔʒi] nf dosage

posséder [pɔsede] vt to own, possess; (qualité, talent) to have, possess; (sexuellement) to possess; **possession** nf ownership no pl, possession; **prendre possession de qch** to take possession of sth

possibilité [pɔsibilite] nf possibility; **possibilités** nfpl (potentiel) potential sg

possible [pɔsibl] adj possible; (projet, entreprise) feasible ▷ nm: **faire son ~** to do all one can, do one's utmost; **le plus/moins de livres ~** as many/few books as possible; **le plus vite ~** as quickly as possible; **aussitôt/dès que ~** as soon as possible

postal, e, -aux [pɔstal, o] adj postal

poste¹ [pɔst] nf (service) post, postal service; (administration, bureau) post office; **mettre à la ~** to post; **poste restante** poste restante (BRIT), general delivery (US)

poste² [pɔst] nm (fonction, Mil) post; (Tél) extension; (de radio etc) set; **poste (de police)** police station; **poste de secours** first-aid post; **poste d'essence** filling station; **poste d'incendie** fire point; **poste de pilotage** cockpit, flight deck

poster [pɔste] vt to post; **où est-ce que je peux ~ ces cartes postales?** where can I post these cards?

postérieur, e [pɔsteʀjœʀ] adj (date) later; (partie) back ▷ nm (fam) behind

postuler [pɔstyle] vi: **~ à ou pour un emploi** to apply for a job

pot [po] nm (en verre) jar; (en terre) pot; (en plastique, carton) carton; (en métal) tin; (fam: chance) luck; **avoir du ~** (fam) to be lucky; **boire ou prendre un ~** (fam) to have a drink; **petit ~ (pour bébé)** (jar of) baby food; **~ catalytique** catalytic converter; **pot d'échappement** exhaust pipe

potable [pɔtabl] adj: **eau (non) ~** (non-)drinking water

potage [pɔtaʒ] nm soup; **potager,**

-ère adj: **(jardin) potager** kitchen ou vegetable garden

pot-au-feu [pɔtofø] nm inv (beef) stew

pot-de-vin [podvɛ̃] nm bribe

pote [pɔt] (fam) nm pal

poteau, X [pɔto] nm post; **poteau indicateur** signpost

potelé, e [pɔt(ə)le] adj plump, chubby

potentiel, le [pɔtɑ̃sjɛl] adj, nm potential

poterie [pɔtri] nf pottery; (objet) piece of pottery

potier, -ière [pɔtje, jɛʀ] nm/f potter

potiron [pɔtiʀɔ̃] nm pumpkin

pou, X [pu] nm louse

poubelle [pubɛl] nf (dust)bin

pouce [pus] nm thumb

poudre [pudʀ] nf (poudre; (fard) (face) powder; (explosif) gunpowder; **en ~**: **café en ~** instant coffee; **lait en ~** dried ou powdered milk; **poudreuse** nf powder snow; **poudrier** nm (powder) compact

pouffer [pufe] vi: **~ (de rire)** to burst out laughing

poulailler [pulaje] nm henhouse

poulain [pulɛ̃] nm foal; (fig) protégé

poule [pul] nf hen; (Culin) boiling fowl; **poule mouillée** coward

poulet [pulɛ] nm chicken; (fam) cop

poulie [puli] nf pulley

pouls [pu] nm pulse; **prendre le ~ de qn** to feel sb's pulse

poumon [pumɔ̃] nm lung

poupée [pupe] nf doll

pour [puʀ] prép for ▷ nm: **le ~ et le contre** the pros and cons; **~ faire** (so as) to do, in order to do; **~ avoir fait** for having done; **~ que** so that, in order that; **~ fermé (cause de)** travaux closed for refurbishment ou alterations; **c'est ~ ça que ...** that's why ...; **~ quoi faire?** what for?; **~ 20 euros d'essence** 20 euros' worth of petrol; **~ cent** per cent; **ce qui est ~** as far as

pourboire [puʀbwaʀ] nm tip; **combien de ~ est-ce qu'il faut laisser?**

how much should I tip?

pourcentage [puʀsɑ̃taʒ] nm percentage

pourchasser [puʀʃase] vt to pursue

pourparlers [puʀpaʀle] nmpl talks, negotiations

pourpre [puʀpʀ] adj crimson

pourquoi [puʀkwa] adv, conj why ▷ nm inv: **le ~ (de)** the reason (for)

pourrai etc [puʀe] vb voir **pouvoir**

pourri, e [puʀi] adj rotten

pourrir [puʀiʀ] vi to rot; (fruit) to go rotten ou bad ▷ vt to rot; (fig) to spoil thoroughly; **pourriture** nf rot

poursuite [puʀsɥit] nf pursuit, chase; **poursuites** nfpl (Jur) legal proceedings

poursuivre [puʀsɥivʀ] vt to pursue, chase (after); (obséder) to haunt; (Jur) to bring proceedings against, prosecute; (: au civil) to sue; (but) to strive towards; (continuer: études etc) to carry on with, continue; **se poursuivre** vi to go on, continue

pourtant [puʀtɑ̃] adv yet; **c'est ~ facile** (and) yet it's easy

pourtour [puʀtuʀ] nm perimeter

pourvoir [puʀvwaʀ] vt: **~ qch/qn de** to equip sth/sb with ▷ vi: **~ à** to provide for; **pourvu, e** adj: **pourvu de** equipped with; **pourvu que** (si) provided that, so long as; (espérons que) let's hope (that)

pousse [pus] nf growth; (bourgeon) shoot

poussée [puse] nf thrust; (d'acné) eruption; (fig: prix) upsurge

pousser [puse] vt to push; (émettre: cri, soupir) to give; (stimuler: élève) to urge on; (poursuivre: études, discussion) to carry on (further) ▷ vi to push; (croître) to grow; **se pousser** vi to move over; **~ qn à** (inciter) to urge ou press sb to; (acculer) to drive sb to; **faire ~ (plante)** to grow

poussette [pusɛt] nf push chair (BRIT), stroller (US)

poussière [pusjɛʀ] nf dust; **poussiéreux, -euse** adj dusty

P

poussin [pusɛ̃] nm chick
poutre [putʀ] nf beam

 **MOT-CLÉ**

pouvoir [puvwaʀ] nm power; (Pol:
dirigeants): **le pouvoir** those in power;
les pouvoirs publics the authorities;
pouvoir d'achat purchasing power
▷ vb semi-aux 1 (être en état de) can,
be able to; **je ne peux pas le réparer**
I can't ou I'm not able to repair it;
déçu de ne pas pouvoir le faire
disappointed not to be able to do it
2 (avoir la permission) can, may, be
allowed to; **vous pouvez aller au
cinéma** you can ou may go to the
pictures
3 (probabilité, hypothèse) may, might,
could; **il a pu avoir un accident** he
may ou might ou could have had an
accident; **il aurait pu le dire!** he might
ou could have said (so)!
▷ vb impers may, might, could; **il peut
arriver que** it may ou might ou could
happen that; **il pourrait pleuvoir** it
might rain
▷ vt can, be able to; **j'ai fait tout ce que
j'ai pu** I did all I could; **je n'en peux plus**
(épuisé) I'm exhausted; (à bout) I can't
take any more
▷ vi: **se pouvoir: il se peut que** it may
ou might be that; **cela se pourrait**
that's quite possible

prairie [pʀeʀi] nf meadow
praline [pʀalin] nf sugared almond
praticable [pʀatikabl] adj passable,
practicable
pratiquant, e [pʀatikɑ̃, ɑ̃t] nm/f
(regular) churchgoer
pratique [pʀatik] nf practice ▷ adj
practical; **pratiquement** adv (pour ainsi
dire) practically, virtually; **pratiquer**
vt to practise; (l'équitation, la pêche)
to go in for; (le golf, football) to play;
(intervention, opération) to carry out
pré [pʀe] nm meadow

préalable [pʀealabl] adj preliminary;
au~ beforehand
préambule [pʀeɑ̃byl] nm preamble;
(fig) prelude; **sans~** straight away
préau [pʀeo] nm (Scol) covered
playground
préavis [pʀeavi] nm notice
précaution [pʀekosjɔ̃] nf precaution;
avec~ cautiously; **par~** as a
precaution
précédemment [pʀesedamɑ̃] adv
before, previously
précédent, e [pʀesedɑ̃, ɑ̃t] adj
previous ▷ nm precedent; **sans~**
unprecedented; **le jour~** the day
before, the previous day
précéder [pʀesede] vt to precede
prêcher [pʀeʃe] vt to preach
précieux, -euse [pʀesjø, jøz] adj
precious; (aide, conseil) invaluable
précipice [pʀesipis] nm drop, chasm
précipitamment [pʀesipitamɑ̃] adv
hurriedly, hastily
précipitation [pʀesipitasjɔ̃] nf (hâte)
haste
précipité, e [pʀesipite] adj hurried,
hasty
précipiter [pʀesipite] vt (hâter: départ)
to hasten; (faire tomber): **~qn/qch du
haut de** to throw ou hurl sb/sth off ou
from; **se précipiter** vi to speed up; **se~
sur/vers** to rush at/towards
précis, e [pʀesi, iz] adj precise;
(mesures) accurate, precise; **à 4 heures
~es** at 4 o'clock sharp; **précisément**
adv precisely; **préciser** vt (expliquer)
to be more specific about, clarify;
(spécifier) to state, specify; **se préciser**
vi to become clear(er); **précision**
nf precision; (détail) point ou detail;
demander des précisions to ask for
further explanation
précoce [pʀekɔs] adj early; (enfant)
precocious
préconçu, e [pʀekɔ̃sy] adj
preconceived
préconiser [pʀekɔnize] vt to advocate
prédécesseur [pʀedesesœʀ] nm

predecessor

prédilection [pʀedileksjɔ̃] nf: **avoir une ~ pour** to be partial to

prédire [pʀediʀ] vt to predict

prédominer [pʀedɔmine] vi to predominate

préface [pʀefas] nf preface

préfecture [pʀefεktyʀ] nf prefecture; **préfecture de police** police headquarters pl

préférable [pʀefeʀabl] adj preferable

préféré, e [pʀefeʀe] adj, nm/f favourite

préférence [pʀefeʀɑ̃s] nf preference; **de ~** preferably

préférer [pʀefeʀe] vt: **~ qn/qch (à)** to prefer sb/sth (to), like sb/sth better (than); **~ faire** to prefer to do; **je préférerais du thé** I would rather have tea, I'd prefer tea

préfet [pʀefɛ] nm prefect

préhistorique [pʀeistɔʀik] adj prehistoric

préjudice [pʀeʒydis] nm (matériel) loss; (moral) harm no pl; **porter ~ à** to harm, be detrimental to; **au ~ de** at the expense of

préjugé [pʀeʒyʒe] nm prejudice; **avoir un ~ contre** to be prejudiced ou biased against

prélasser [pʀelɑse]: **se prélasser** vi to lounge

prélèvement [pʀelɛvmɑ̃] nm (montant) deduction; **faire un ~ de sang** to take a blood sample

prélever [pʀel(ə)ve] vt (échantillon) to take; **~ (sur)** (montant) to deduct (from); (argent: sur son compte) to withdraw (from)

prématuré e [pʀematyʀe] adj premature ▷ nm premature baby

premier, -ière [pʀəmje, jɛʀ] adj first; (rang) front; (fig: objectif) basic; **le ~ venu** the first person to come along; **de ~ ordre** first-rate; **Premier ministre** Prime Minister; **première** nf (Scol) year 12 (BRIT), eleventh grade (US); (Aviat, Rail etc) first class; **premièrement** adv firstly

prémonition [pʀemɔnisjɔ̃] nf premonition

prenant, e [pʀənɑ̃, ɑ̃t] adj absorbing, engrossing

prénatal, e [pʀenatal] adj (Méd) antenatal

prendre [pʀɑ̃dʀ] vt to take; (repas) to have; (se procurer) to get; (malfaiteur, poisson) to catch; (passager) to pick up; (personnel) to take on; (traiter: personne) to handle; (voix, ton) to put on; (ôter): **~ qch à** to take sth from; (coincer): **se ~ les doigts dans** to get one's fingers caught in ▷ vi (liquide, ciment) to set; (greffe, vaccin) to take; (feu: foyer) to go; (se diriger): **~ à gauche** to turn (to the) left; **~ froid** to catch cold; **se ~ pour** to think one is; **s'en ~ à** to attack; **se ~ d'amitié pour** to befriend; **s'y ~** (procéder) to set about it

preneur [pʀənœʀ] nm: **être/trouver ~** to be willing to buy/find a buyer

prénom [pʀenɔ̃] nm first ou Christian name

préoccupation [pʀeɔkypasjɔ̃] nf (souci) concern; (idée fixe) preoccupation

préoccuper [pʀeɔkype] vt (inquiéter) to worry; (absorber) to preoccupy; **se ~ de** to be concerned with

préparatifs [pʀepaʀatif] nmpl preparations

préparation [pʀepaʀasjɔ̃] nf preparation

préparer [pʀepaʀe] vt to prepare; (café, thé) to make; (examen) to prepare for; (voyage, entreprise) to plan; **se préparer** vi (orage, tragédie) to brew, be in the air; **~ qch à qn** (surprise etc) to have sth in store for sb; **se ~ (à qch/faire)** to prepare (o.s.) ou get ready for sth/to do)

prépondérant, e [pʀepɔ̃deʀɑ̃, ɑ̃t] adj major, dominating

préposé, e [pʀepoze] nm/f employee; (facteur) postman

préposition [pʀepozisjɔ̃] nf preposition

près [pʀɛ] adv near, close; **~ de** near
(to), close to; (*environ*) nearly, almost;
de ~ closely; **à 5 kg ~** to within 5
kg; **il n'est pas à 10 minutes ~** he can
spare 10 minutes; **est-ce qu'il y a une
banque ~ d'ici?** is there a bank nearby?

présage [pʀezaʒ] nm omen

presbyte [pʀɛsbit] adj long-sighted

presbytère [pʀɛsbiteʀ] nm presbytery

prescription [pʀɛskʀipsjɔ̃] nf
prescription

prescrire [pʀɛskʀiʀ] vt to prescribe

présence [pʀezɑ̃s] nf presence; (*au
bureau, à l'école*) attendance

présent, e [pʀezɑ̃, ɑ̃t] adj, nm present;
à ~ (que) now (that)

présentation [pʀezɑ̃tasjɔ̃] nf
presentation; (*de nouveau venu*)
introduction; (*allure*) appearance; **faire
les ~s** to do the introductions

présenter [pʀezɑ̃te] vt to present;
(*excuses, condoléances*) to offer; (*invité,
conférencier*): **~ qn (à)** to introduce
sb (to) ▷ vi: **~ bien** to have a pleasing
appearance; **se présenter** vi (*occasion*)
to arise; **se ~ à** (*examen*) to sit; (*élection*)
to stand at, run for; **je vous présente
Nadine** this is Nadine, could I
introduce you to Nadine?

préservatif [pʀezɛʀvatif] nm
condom, sheath

préserver [pʀezɛʀve] vt: **~ de** (*protéger*)
to protect from

président [pʀezidɑ̃] nm (*Pol*)
president; (*d'une assemblée, Comm*)
chairman; **président directeur
général** chairman and managing
director; **présidentielles** nfpl
presidential elections

présider [pʀezide] vt to preside over;
(*dîner*) to be the guest of honour at

presque [pʀɛsk] adv almost, nearly; **~
personne** hardly anyone; **~ rien** hardly
anything; **~ pas** hardly (at all); **~ pas
(de)** hardly any

presqu'île [pʀɛskil] nf peninsula

pressant, e [pʀɛsɑ̃, ɑ̃t] adj urgent

presse [pʀɛs] nf press; (*affluence*):

heures de ~ busy times

pressé, e [pʀese] adj in a hurry; (*travail*)
urgent; **orange ~e** freshly-squeezed
orange juice

pressentiment [pʀesɑ̃timɑ̃] nm
foreboding, premonition

pressentir [pʀesɑ̃tiʀ] vt to sense

presse-papiers [pʀɛspapje] nm inv
paperweight

presser [pʀese] vt (*fruit, éponge*) to
squeeze; (*bouton*) to press; (*allure*) to
speed up; (*inciter*): **~ qn de faire** to urge
ou press sb to do ▷ vi to be urgent; **se
presser** vi (*se hâter*) to hurry (up); **se
contre qn** to squeeze up against sb; **le
temps presse** there's not much time;
rien ne presse there's no hurry

pressing [pʀesiŋ] nm (*magasin*)
dry-cleaner's

pression [pʀesjɔ̃] nf pressure; (*bouton*)
press stud; (*fam: bière*) draught beer;
faire ~ sur to put pressure on; **sous ~**
pressurized, under pressure; (*fig*) under
pressure; **pression artérielle** blood
pressure

prestataire [pʀɛstatɛʀ] nm/f supplier

prestation [pʀɛstasjɔ̃] nf (*allocation*)
benefit; (*d'une entreprise*) service
provided; (*d'un artiste*) performance

prestidigitateur, -trice
[pʀɛstidiʒitatœʀ, tʀis] nm/f conjurer

prestige [pʀɛstiʒ] nm prestige;
prestigieux, -euse adj prestigious

présumer [pʀezyme] vt: **~ que** to
presume ou assume that

prêt, e [pʀɛ, pʀɛt] adj ready ▷ nm
(*somme*) loan; **quand est-ce que mes
photos seront ~es?** when will my
photos be ready?; **prêt-à-porter** nm
ready-to-wear ou off-the-peg (BRIT)
clothes pl

prétendre [pʀetɑ̃dʀ] vt (*affirmer*): **~
que** to claim that; (*avoir l'intention de*):
~ faire qch to mean ou intend to do sth;
prétendu, e adj (*supposé*) so-called

> Attention à ne pas traduire
> **prétendre** par to pretend.

prétentieux, -euse [pʀetɑ̃sjø, jøz]

adj pretentious

prétention [pretɑ̃sjɔ̃] *nf* claim; (*vanité*) pretentiousness

prêter [prete] *vt* (*livres, argent*): ~ **qch (à)** to lend sth (to); (*supposer*): ~ **à qn** (*caractère, propos*) to attribute to sb; **pouvez-vous me ~ de l'argent?** can you lend me some money?

prétexte [pretɛkst] *nm* pretext, excuse; **sous aucun ~** on no account; **prétexter** *vt* to give as a pretext *ou* an excuse

prêtre [prɛtr] *nm* priest

preuve [prœv] *nf* proof; (*indice*) proof, evidence *no pl*; **faire ~ de** to show; **faire ses ~s** to prove o.s. (*ou* itself)

prévaloir [prevalwar] *vi* to prevail

prévenant, e [prev(ə)nɑ̃, ɑ̃t] *adj* thoughtful, kind

prévenir [prev(ə)nir] *vt* (*éviter: catastrophe etc*) to avoid, prevent; (*anticiper: désirs, besoins*) to anticipate; ~ **qn (de)** (*avertir*) to warn sb (about); (*informer*) to tell *ou* inform sb (about)

préventif, -ive [prevɑ̃tif, iv] *adj* preventive

prévention [prevɑ̃sjɔ̃] *nf* prevention; **prévention routière** road safety

prévenu, e [prev(ə)ny] *nm/f* (*Jur*) defendant, accused

prévision [previzjɔ̃] *nf*: ~ predictions; (*Écon*) forecast *sg*; **en ~ de** in anticipation of; **prévisions météorologiques** weather forecast *sg*

prévoir [prevwar] *vt* (*anticiper*) to foresee; (*s'attendre à*) to expect, reckon on; (*organiser: voyage etc*) to plan; (*envisager*) to allow; **comme prévu** as planned; **prévoyant, e** *adj* gifted with (*ou* showing) foresight; **prévu, e** *pp de* **prévoir**

prier [prije] *vi* to pray ⊳ *vt* (*Dieu*) to pray to; (*implorer*) to beg; (*demander*): ~ **qn de faire** to ask sb to do; **se faire ~** to need coaxing *ou* persuading; **je vous en prie** (*allez-y*) please do; (*de rien*) don't mention it; **prière** *nf* prayer; **"prière de ..."** "please ..."

primaire [primɛr] *adj* primary ⊳ *nm* (*Scol*) primary education

prime [prim] *nf* (*bonus*) bonus; (*subvention*) premium; (*Comm: cadeau*) free gift; (*Assurances, Bourse*) premium ⊳ *adj*: **de ~ abord** at first glance; **primer** *vt* (*récompenser*) to award a prize to ⊳ *vi* to dominate; to be most important

primevère [primvɛr] *nf* primrose

primitif, -ive [primitif, iv] *adj* primitive; (*originel*) original

prince [prɛ̃s] *nm* prince; **princesse** *nf* princess

principal, e, -aux [prɛ̃sipal, o] *adj* principal, main ⊳ *nm* (*Scol*) principal, head(master); (*essentiel*) main thing

principe [prɛ̃sip] *nm* principle; **par ~** on principle; **en ~** (*habituellement*) as a rule; (*théoriquement*) in principle

printemps [prɛ̃tɑ̃] *nm* spring

priorité [prijɔrite] *nf* priority; (*Auto*) right of way; **priorité à droite** right of way to vehicles coming from the right

pris, e [pri, priz] *pp de* **prendre** ⊳ *adj* (*place*) taken; (*mains*) full; (*personne*) busy; **avoir le nez/la gorge ~(e)** to have a stuffy nose/a hoarse throat; **être ~ de panique** to be panic-stricken

prise [priz] *nf* (*d'une ville*) capture; (*Pêche, Chasse*) catch; (*point d'appui ou pour empoigner*) hold; (*Élec: fiche*) plug; (: *femelle*) socket; **être aux ~s avec** to be grappling with; **prise de courant** power point; **prise de sang** blood test; **prise multiple** adaptor

priser [prize] *vt* (*estimer*) to prize, value

prison [prizɔ̃] *nf* prison; **aller/être en ~** to go to/be in prison *ou* jail; **prisonnier, -ière** *nm/f* prisoner ⊳ *adj* captive

privé, e [prive] *adj* private; (*en punition*): **tu es ~ de télé!** no TV for you! ⊳ *nm* (*Comm*) private sector; **en ~** in private

priver [prive] *vt*: ~ **qn de** to deprive sb of; **se priver de** to go *ou* do without

privilège [privilɛʒ] *nm* privilege

prix [pri] *nm* price; (*récompense, Scol*) prize; **hors de ~** exorbitantly priced;

à aucun ~ not at any price; **à tout ~** at all costs

probable [pʀɔbabl] *adj* likely, probable; **probablement** *adv* probably

problème [pʀɔblɛm] *nm* problem

procédé [pʀɔsede] *nm (méthode)* process; *(comportement)* behaviour *no pl*

procéder [pʀɔsede] *vi* to proceed; *(moralement)* to behave; **~ à** to carry out

procès [pʀɔsɛ] *nm* trial; *(poursuites)* proceedings *pl*; **être en ~ avec** to be involved in a lawsuit with

processus [pʀɔsesys] *nm* process

procès-verbal, -aux [pʀɔsevɛʀbal, o] *nm (de réunion)* minutes *pl*; *(aussi:* **P.-V.***)* parking ticket

prochain, e [pʀɔʃɛ̃, ɛn] *adj* next; *(proche: départ, arrivée)* impending **~e** fellow man; **la ~e fois/semaine ~e** next time/week; **prochainement** *adv* soon, shortly

proche [pʀɔʃ] *adj* nearby; *(dans le temps)* imminent; *(parent, ami)* close; **proches** *nmpl (parents)* close relatives; **être ~ (de)** to be near, be close (to)

proclamer [pʀɔklame] *vt* to proclaim

procuration [pʀɔkyʀasjɔ̃] *nf* proxy

procurer [pʀɔkyʀe] *vt*: **~ qch à qn** *(fournir)* to obtain sth for sb; *(causer: plaisir etc)* to bring sb sth; **se procurer** *vt* to get; **procureur** *nm* public prosecutor

prodige [pʀɔdiʒ] *nm* marvel, wonder; *(personne)* prodigy; **prodiguer** *vt (soins, attentions)*: **prodiguer qch à qn** to give sb sth

producteur, -trice [pʀɔdyktœʀ, tʀis] *nm/f* producer

productif, -ive [pʀɔdyktif, iv] *adj* productive

production [pʀɔdyksjɔ̃] *nf (rendement)* output

productivité [pʀɔdyktivite] *nf* productivity

produire [pʀɔdɥiʀ] *vt* to produce; **se produire** *vi (événement)* to happen, occur; *(acteur)* to perform, appear

produit [pʀɔdɥi] *nm* product;

produit chimique chemical; **produits agricoles** farm produce *sg*; **produits de beauté** beauty products, cosmetics; **produits d'entretien** cleaning products

prof [pʀɔf] *(fam) nm* teacher

proférer [pʀɔfeʀe] *vt* to utter

professeur, e [pʀɔfesœʀ] *nm/f* teacher; *(de faculté)* (university) lecturer; *(: titulaire d'une chaire)* professor

profession [pʀɔfesjɔ̃] *nf* occupation; **~ libérale** (liberal) profession; **sans ~** unemployed; **professionnel, le** *adj, nm/f* professional

profil [pʀɔfil] *nm* profile; **de ~** in profile

profit [pʀɔfi] *nm (avantage)* benefit, advantage; *(Comm, Finance)* profit; **au ~ de** in aid of; **tirer ~ de** to profit from; **profitable** *adj (utile)* beneficial; *(lucratif)* profitable; **profiter** *vi*: **profiter de** *(situation, occasion)* to take advantage of; *(vacances, jeunesse etc)* to make the most of

profond, e [pʀɔfɔ̃, ɔ̃d] *adj* deep; *(sentiment, intérêt)* profound; **profondément** *adv* deeply; **il dort profondément** he is sound asleep; **profondeur** *nf* depth; **l'eau à quelle profondeur?** how deep is the water?

programme [pʀɔgʀam] *nm* programme; *(Scol)* syllabus, curriculum; *(Inform)* program; **programmer** *vt (émission)* to schedule; *(Inform)* to program; **programmeur, -euse** *nm/f* programmer

progrès [pʀɔgʀɛ] *nm* progress *no pl*; **faire des ~** to make progress; **progresser** *vi* to progress; **progressif, -ive** *adj* progressive

proie [pʀwa] *nf* prey *no pl*

projecteur [pʀɔʒɛktœʀ] *nm (pour film)* projector; *(de théâtre, cirque)* spotlight

projectile [pʀɔʒɛktil] *nm* missile

projection [pʀɔʒɛksjɔ̃] *nf* projection; *(séance)* showing

projet [pʀɔʒɛ] *nm* plan; *(ébauche)* draft; **projet de loi** bill; **projeter** *vt (envisager)* to plan; (film, photos) to project; (ombre, lueur) to throw, cast; (jeter) to throw up (ou off ou out)

prolétaire [prɔletɛr] adj, nmf proletarian

prolongement [prɔlɔ̃ʒmɑ̃] nm extension; **dans le ~ de** running on from

prolonger [prɔlɔ̃ʒe] vt (débat, séjour) to prolong; (délai, billet, rue) to extend; **se prolonger** vi to go on

promenade [prɔm(ə)nad] nf walk (ou drive ou ride); **faire une ~** to go for a walk; **une ~ en voiture/à vélo** a drive/(bicycle) ride

promener [prɔm(ə)ne] vt (chien) to take out for a walk; (doigts, regard): **~ qch sur** to run sth over; **se promener** vi to go for (ou be out for) a walk

promesse [prɔmɛs] nf promise

promettre [prɔmɛtr] vt to promise ▷ vi to be ou look promising; **~ à qn de faire** to promise sb that one will do

promiscuité [prɔmiskɥite] nf (chambre) lack of privacy

promontoire [prɔmɔ̃twar] nm headland

promoteur, -trice [prɔmɔtœr, tris] nm/f: **promoteur (immobilier)** property developer (BRIT), real estate promoter (US)

promotion [prɔmosjɔ̃] nf promotion; **en ~** on special offer

promouvoir [prɔmuvwar] vt to promote

prompt, e [prɔ̃(pt), prɔ̃(p)t] adj swift, rapid

prôner [prone] vt (préconiser) to advocate

pronom [prɔnɔ̃] nm pronoun

prononcer [prɔnɔ̃se] vt (dire) to utter; (discours) to deliver; **se prononcer** vi to be pronounced; **comment est-ce que ça se prononce?** how do you pronounce ou say it?; **se ~ (sur)** (se décider) to reach a decision (on ou about), give a verdict (on); **prononciation** nf pronunciation

pronostic [prɔnɔstik] nm (Méd) prognosis; (fig: aussi: **~s**) forecast

propagande [prɔpagɑ̃d] nf propaganda

propager [prɔpaʒe] vt to spread; **se propager** vi to spread

prophète [prɔfɛt] nm prophet

prophétie [prɔfesi] nf prophecy

propice [prɔpis] adj favourable

proportion [prɔpɔrsjɔ̃] nf proportion; **toute(s) ~(s) gardée(s)** making due allowance(s)

propos [prɔpo] nm (intention) intention, aim; (sujet): **à quel ~?** what about? ▷ nmpl (paroles) talk no pl, remarks; **à ~ de** regarding; **à tout ~** for the slightest reason ou reason; **à ~** by the way; (opportunément) at the right moment

proposer [prɔpoze] vt to propose; **~ qch (à qn)** (suggérer) to suggest sth (to sb), propose sth (to sb); (offrir) to offer (sb) sth; **se ~ (pour faire)** to offer one's services (to do): **proposition** (suggestion) nf proposal, suggestion; (Ling) clause

propre [prɔpr] adj clean; (net) neat, tidy; (possessif) own; (sens) literal; (particulier): **~ à** peculiar to; (approprié): **~ à** suitable for ▷ nm: **recopier au ~** to make a fair copy of; **proprement** adv (avec propreté) cleanly; **le village proprement dit** the village itself; **à proprement parler** strictly speaking; **propreté** nf cleanliness

propriétaire [prɔprijetɛr] nm/f owner; (pour le locataire) landlord(-lady)

propriété [prɔprijete] nf property; (droit) ownership

propulser [prɔpylse] vt to propel

prose [proz] nf (style) prose

prospecter [prɔspɛkte] vt to prospect; (Comm) to canvass

prospectus [prɔspɛktys] nm leaflet

prospère [prɔspɛr] adj prosperous; **prospérer** vi to prosper

prosterner [prɔstɛrne]: **se prosterner** vi to bow low,

prostrate o.s.
prostituée [pʀɔstitɥe] nf prostitute
prostitution [pʀɔstitysjɔ̃] nf
prostitution
protecteur, -trice [pʀɔtɛktœʀ, tʀis]
adj protective; (air, ton: péj) patronizing
▷ nm/f protector
protection [pʀɔtɛksjɔ̃] nf protection;
(d'un personnage influent: aide) patronage
protéger [pʀɔteʒe] vt to protect; **se ~ de/contre** to protect o.s. from
protège-slip [pʀɔtɛʒslip] nm panty liner
protéine [pʀɔtein] nf protein
protestant, e [pʀɔtɛstɑ̃, ɑ̃t] adj, nm/f
Protestant
protestation [pʀɔtɛstasjɔ̃] nf (plainte)
protest
protester [pʀɔtɛste] vi: **~ (contre)** to
protest (against ou about); **~ de** (son
innocence) to protest
prothèse [pʀɔtɛz] nf: **prothèse
dentaire** denture
protocole [pʀɔtɔkɔl] nm (fig) etiquette
proue [pʀu] nf bow(s pl), prow
prouesse [pʀuɛs] nf feat
prouver [pʀuve] vt to prove
provenance [pʀɔv(ə)nɑ̃s] nf origin;
avion en ~ de plane (arriving) from
provenir [pʀɔv(ə)niʀ]: **~ de** vt to
come from
proverbe [pʀɔvɛʀb] nm proverb
province [pʀɔvɛ̃s] nf province
proviseur [pʀɔvizœʀ] nm
≈ head(teacher) (BRIT), ≈ principal (US)
provision [pʀɔvizjɔ̃] nf (réserve)
stock, supply; **provisions** nfpl (vivres)
provisions, food no pl
provisoire [pʀɔvizwaʀ] adj
temporary; **provisoirement** adv
temporarily
provocant, e [pʀɔvɔkɑ̃, ɑ̃t] adj
provocative
provoquer [pʀɔvɔke] vt (défier) to
provoke; (causer) to cause, bring about;
(inciter): **~ qn à** to incite sb to
proxénète [pʀɔksenɛt] nm procurer
proximité [pʀɔksimite] nf nearness,

closeness; (dans le temps) imminence,
closeness; **à ~** near ou close by; **à ~ de**
near (to), close to
prudemment [pʀydamɑ̃] adv
carefully; wisely, sensibly
prudence [pʀydɑ̃s] nf carefulness;
avec ~ carefully; **par ~** as a precaution
prudent, e [pʀydɑ̃, ɑ̃t] adj (pas
téméraire) careful; (: en général) safety-
conscious; (sage, conseillé) wise,
sensible; **c'est plus ~** it's wiser
prune [pʀyn] nf plum
pruneau, x [pʀyno] nm prune
prunier [pʀynje] nm plum tree
PS sigle m = **parti socialiste**
pseudonyme [psødɔnim] nm (gén)
fictitious name; (d'écrivain) pseudonym,
pen name
psychanalyse [psikanaliz] nf
psychoanalysis
psychiatre [psikjatʀ] nm/f
psychiatrist; **psychiatrique** adj
psychiatric
psychique [psiʃik] adj psychological
psychologie [psikɔlɔʒi] nf
psychology; **psychologique** adj
psychological; **psychologue** nm/f
psychologist
pu [py] pp de **pouvoir**
puanteur [pɥɑ̃tœʀ] nf stink, stench
pub [pyb] nf (fam: annonce) ad, advert;
(pratique) advertising
public, -ique [pyblik] adj public;
(école, instruction) state cpd ▷ nm public;
(assistance) audience; **en ~** in public
publicitaire [pyblisitɛʀ] adj
advertising cpd; (film) publicity cpd
publicité [pyblisite] nf (méthode,
profession) advertising; (annonce)
advertisement; (révélations) publicity
publier [pyblije] vt to publish
publipostage [pyblipɔstaʒ] nm
mailing m
publique [pyblik] adj voir **public**
puce [pys] nf flea; (Inform) chip; **carte
à ~** smart card; (marché aux) **~s** flea
market sg
pudeur [pydœʀ] nf modesty; **pudique**

adj (chaste) modest; (discret) discreet

uer [pɥe] (péj) vi to stink

uéricultrice [pɥerikyltris] nf p(a)ediatric nurse

uéril, e [pɥeril] adj childish

uis [pɥi] vb voir **pouvoir** ▷ adv then

uiser [pɥize] vt: **~ (dans)** to draw (from)

uisque [pɥisk] conj since

uissance [pɥisãs] nf power; **en ~** adj potential

uissant, e [pɥisã, ãt] adj powerful

uits [pɥi] nm well

ull(-over) [pyl(ɔvɛʀ)] nm sweater

ulluler [pylyle] vi to swarm

ulpe [pylp] nf pulp

ulvériser [pylverize] vt to pulverize; (liquide) to spray

unaise [pynez] nf (Zool) bug; (clou) drawing pin (BRIT), thumbtack (US)

unch [pɔ̃ʃ] nm (boisson) punch

unir [pyniʀ] vt to punish; **punition** nf punishment

upille [pypij] nf (Anat) pupil ▷ nm/f (enfant) ward

upitre [pypitʀ] nm (Scol) desk

ur, e [pyʀ] adj pure; (vin) undiluted; (whisky) neat; **en ~e perte** to no avail; **c'est de la folie ~e** it's sheer madness

urée [pyʀe] nf: **~ (de pommes de terre)** mashed potatoes pl; **purée de marrons** chestnut purée

urement [pyʀmã] adv purely

urgatoire [pyʀgatwaʀ] nm purgatory

urger [pyʀʒe] vt (Méd, Pol) to purge; (Jur: peine) to serve

ur-sang [pyʀsɑ̃] nm inv thoroughbred

us [py] nm pus

utain [pytɛ̃] (fam!) nf whore (!)

uzzle [pœzl] nm jigsaw (puzzle)

.-V. [peve] sigle m = **procès-verbal**

yjama [piʒama] nm pyjamas pl (BRIT), pajamas pl (US)

yramide [piʀamid] nf pyramid

yrénées [piʀene] nfpl: **les ~ the** Pyrenees

Q

QI sigle m (= quotient intellectuel) IQ

quadragénaire [k(w)adraʒenɛʀ] nm/f man/woman in his/her forties

quadruple [k(w)adʀypl] nm: **le ~ de** four times as much as

quai [ke] nm (de port) quay; (de gare) platform; **être à ~** (navire) to be alongside; **de quel ~ part le train pour Paris?** which platform does the Paris train go from?

qualification [kalifikasjɔ̃] nf (aptitude) qualification

qualifier [kalifje] vt to qualify; **se qualifier** vi to qualify; **~ qch/qn de** to describe sth/sb as

qualité [kalite] nf quality

quand [kɑ̃] conj, adv when; **~ je serai riche** when I'm rich; **~ même** all the same; **~ même, il exagère!** really, he overdoes it!; **~ bien même** even though

quant [kɑ̃]: **~ à** prép (pour ce qui est de) as for, as to; (au sujet de) regarding

quantité [kɑ̃tite] nf quantity, amount; (grand nombre): **une** ou **des ~(s) de** a

great deal of
quarantaine [kaʀɑ̃tɛn] nf (Méd)
quarantine; **avoir la ~** (âge) to be
around forty; **une ~ (de)** forty or so,
about forty

quarante [kaʀɑ̃t] num forty

quart [kaʀ] nm (fraction) quarter;
(surveillance) watch; **un ~ de vin** a
quarter litre of wine; **le ~ de** a quarter
of; **quart d'heure** quarter of an hour;
quarts de finale quarter finals

quartier [kaʀtje] nm (de ville) district,
area; (de bœuf) quarter; (de fruit) piece;
cinéma de ~ local cinema; **avoir ~
libre** (fig) to be free; **quartier général**
headquarters pl

quartz [kwaʀts] nm quartz

quasi [kazi] adv almost, nearly;
quasiment adv almost, nearly;
quasiment jamais hardly ever

quatorze [katɔʀz] num fourteen
quatorzième [katɔʀzjɛm] num
fourteenth

quatre [katʀ] num four; **à ~ pattes** on
all fours; **se mettre en ~ pour qn** to go
out of one's way for sb; **~ à ~** (monter,
descendre) four at a time; **quatre-vingt-
dix** num ninety; **quatre-vingts** num
eighty; **quatrième** num fourth ▸ nf
(Scol) year 9 (BRIT), eighth grade (US)

quatuor [kwatyɔʀ] nm quartet(te)

MOT-CLÉ

que [kə] conj 1 (introduisant complétive)
that; **il sait que tu es là** he knows
(that) you're here; **je veux que tu
acceptes** I want you to accept; **il a dit
que** oui he said he would (ou it was etc)
2 (reprise d'autres conjonctions) **quand
il rentrera et qu'il aura mangé** when
he gets back and (when) he has eaten;
si vous y allez et que vous ... if you go
there and if you ...
3 (en tête de phrase: hypothèse, souhait
etc): **qu'il le veuille ou non** whether
he likes it or not; **qu'il fasse ce qu'il
voudra!** let him do as he pleases!

4 (après comparatif) than, as; voir aussi
plus; aussi; autant etc
5 (seulement): **ne ... que** only; **il ne boit
que de l'eau** he only drinks water
6 (temps): **il y a 4 ans qu'il est parti**
it is 4 years since he left, he left 4
years ago
▸ adv (exclamation): **qu'il ou qu'est-ce
qu'il est bête/court vite!** he's so
silly!/he runs so fast!; **que de livres!**
what a lot of books!
▸ pron 1 (relatif: personne) whom; (:
chose) that, which; **l'homme que je
vois** the man (whom) I see; **le livre
que tu vois** the book (that ou which)
you see; **un jour que j'étais ...** a day
when I was ...
2 (interrogatif) what; **que fais-tu?,
qu'est-ce que tu fais?** what are you
doing?; **qu'est-ce que c'est?** what
is it?, what's that?; **que faire?** what
can one do?

Québec [kebɛk] n: **le ~** Quebec;
québécois, e adj Quebec ▸ nm/f:
Québécois, e Quebecker ▸ nm (Ling)
Quebec French

MOT-CLÉ

quel, quelle [kɛl] adj 1 (interrogatif:
personne) who; (: chose) what; **quel est
cet homme?** who is this man?; **quel
est ce livre?** what is this book?; **quel
livre/homme?** what book/man?;
(parmi un certain choix) which book/
man?; **quels acteurs préférez-vous?**
which actors do you prefer?; **dans
quels pays êtes-vous allé?** which ou
what countries did you go to?
2 (exclamatif): **quelle surprise!** what
a surprise!
3: **quel que soit le coupable** whoever
is guilty; **quel que soit votre avis**
whatever your opinion

quelconque [kɛlkɔ̃k] adj (indéfini): **un
ami/prétexte ~** some friend/pretext

or other; (*médiocre: repas*) indifferent, poor; (*laid: personne*) plain-looking

○ **MOT-CLÉ**

quelque [kɛlk] *adj* 1 (*au singulier*) some; (*au pluriel*) a few, some; (*tournure interrogative*) any; **quelque espoir** some hope; **il a quelques amis** he has a few ou some friends; **a-t-il quelques amis?** does he have any friends?; **les quelques livres qui** the few books which; **20 kg et quelque(s)** a bit over 20 kg

2: **quelque ... que: quelque livre qu'il choisisse** whatever (*ou* whichever) book he chooses

3: **quelque chose** something; (*tournure interrogative*) anything; **quelque chose d'autre** something else; anything else; **quelque part** somewhere; anywhere; **en quelque sorte** as it were

▷ *adv* 1 (*environ*): **quelque 100 mètres** some 100 metres

2: **quelque peu** rather, somewhat

quelquefois [kɛlkəfwa] *adv* sometimes

quelques-uns, -unes [kɛlkəzœ̃, yn] *pron* a few, some

quelqu'un [kɛlkœ̃] *pron* someone, somebody; (+ *tournure interrogative*) anyone, anybody; **quelqu'un d'autre** someone ou somebody else; (+ *tournure interrogative*) anybody else

qu'en dira-t-on [kɑ̃diratɔ̃] *nm inv*: **le qu'en dira-t-on** gossip, what people say

querelle [kəʁɛl] *nf* quarrel; **quereller: se quereller** *vi* to quarrel

qu'est-ce que [kɛskə] *vb + conj voir* **que**

qu'est-ce qui [kɛski] *vb + conj voir* **qui**

question [kɛstjɔ̃] *nf* question; (*fig*) matter, issue; **il a été ~ de** we (ou they) spoke about; **de quoi est-il ~?** what is it about?; **il n'en est pas ~** there's no question of it; **en ~** in question; **hors de ~** out of the question; **remettre en ~** to question; **questionnaire** *nm*

questionnaire; **questionner** *vt* to question

quête [kɛt] *nf* collection; (*recherche*) quest, search; **faire la ~** (*à l'église*) to take the collection; (*artiste*) to pass the hat round

quetsche [kwɛtʃ] *nf* kind of dark-red plum

queue [kø] *nf* tail; (*fig: du classement*) bottom; (*: de poêle*) handle; (*: de fruit, feuille*) stalk; (*: de train, colonne, file*) rear; **faire la ~** to queue (up) (*BRIT*), line up (*US*); **queue de cheval** ponytail; **queue de poisson** (*Auto*): **faire une queue de poisson à qn** to cut in front of sb

○ **MOT-CLÉ**

qui [ki] *pron* 1 (*interrogatif: personne*) who; (*: chose*): **qu'est-ce qui est sur la table?** what is on the table?; **qui est-ce qui?** who?; **qui est-ce que?** who?; **à qui est ce sac?** whose bag is this?; **à qui parlais-tu?** who were you talking to?, to whom were you talking?; **chez qui allez-vous?** whose house are you going to?

2 (*relatif: personne*) who; (+ *prép*) whom; **l'ami de qui je vous ai parlé** the friend I told you about; **la dame chez qui je suis allé** the lady whose house I went to

3 (*sans antécédent*): **amenez qui vous voulez** bring who you like; **qui que ce soit** whoever it may be

quiche [kiʃ] *nf* quiche

quiconque [kikɔ̃k] *pron* (*celui qui*) whoever, anyone who; (*n'importe qui*) anyone, anybody

quille [kij] *nf*: (*jeu de*) **~s** skittles *sg* (*BRIT*), bowling (*US*)

quincaillerie [kɛ̃kajʁi] *nf* (*ustensiles*) hardware; (*magasin*) hardware shop

quinquagénaire [kɛ̃kaʒenɛʁ] *nm/f* man/woman in his/her fifties

quinquennat [kɛ̃kena] *nm* five year term of office (of French President)

quinte [kɛ̃t] nf: ~ (de toux) coughing fit

quintuple [kɛ̃typl] nm: **le ~ de** five times as much as

quinzaine [kɛ̃zɛn] nf: **une ~ (de)** about fifteen, fifteen or so; **une ~ (de jours)** a fortnight (BRIT), two weeks

quinze [kɛ̃z] num fifteen; **dans ~ jours** in a fortnight('s time), in two weeks('time)

quinzième [kɛ̃zjɛm] num fifteenth

quiproquo [kiprɔko] nm misunderstanding

quittance [kitɑ̃s] nf (reçu) receipt

quitte [kit] adj: **être ~ envers qn** to be no longer in sb's debt; (fig) to be quits with sb; **~ à faire** even if it means doing

quitter [kite] vt to leave; (vêtement) to take off; **se quitter** vi (couples, interlocuteurs) to part; **ne quittez pas** (au téléphone) hold the line

qui-vive [kiviv] nm: **être sur le ~** to be on the alert

🔵 MOT-CLÉ

quoi [kwa] pron interrog 1 what; **quoi de neuf?** what's new?; **quoi?** (qu'est-ce que tu dis?) what?

2 (avec prép): **à qui tu penses?** what are you thinking about?; **de quoi parlez-vous?** what are you talking about?; **à quoi bon?** what's the use?

▷ pron rel: **as-tu de quoi écrire?** do you have anything to write with?; **il n'y a pas de quoi** (please) don't mention it; **il n'y a pas de quoi rire** there's nothing to laugh about

▷ pron (locutions): **quoi qu'il arrive** whatever happens; **quoi qu'il en soit** be that as it may; **quoi que ce soit** anything at all

▷ excl what!

quoique [kwak] conj (al)though

quotidien, ne [kɔtidjɛ̃, jɛn] adj daily; (banal) everyday ▷ nm (journal) daily (paper); **quotidiennement** adv daily

r

r. abr = **route; rue**

rab [rab] (fam) nm (nourriture) extra; **est-ce qu'il y a du ~?** are there any seconds?

rabâcher [rabaʃe] vt to keep on repeating

rabais [rabɛ] nm reduction, discount; **rabaisser** vt (dénigrer) to belittle; (rabattre: prix) to reduce

Rabat [raba(t)] n Rabat

rabattre [rabatr] vt (couvercle, siège) to pull down; (déduire) to reduce; **se rabattre** vi (se refermer: couvercle) to fall shut; (véhicule, coureur) to cut in; **se ~ sur** to fall back on

rabbin [rabɛ̃] nm rabbi

rabougri, e [rabugri] adj stunted

raccommoder [rakɔmɔde] vt to mend, repair

raccompagner [rakɔ̃paɲe] vt to take ou see back

raccord [rakɔr] nm link; (retouche) touch up; **raccorder** vt to join (up), link up; (suj: pont etc) to connect, link

accourci [Rakursi] nm short cut
accourcir [Rakursir] vt to shorten
▷ vi (jours) to grow shorter, draw in
accrocher [Rakrɔʃe] vt (tableau) to
hang back up; (récepteur) to put down
▷ vi (Tél) to hang up, ring off
ace [Ras] nf race (d'animaux, fig) breed;
de ~ purebred, pedigree
achat [Raʃa] nm buying; (du même
objet) buying back
acheter [Raʃ(ə)te] vt (article perdu) to
buy another; (après avoir vendu) to buy
back; (d'occasion) to buy; (Comm: part,
firme) to buy up; (davantage): **~ du lait**
/3 œufs to buy more milk/another 3 eggs
ou 3 more eggs; **se racheter** (fig) to
make amends
acial, e, -aux [Rasjal, jo] adj racial
acine [Rasin] nf root; **racine carrée/**
cubique square/cube root
acisme [Rasism] nm racism
aciste [Rasist] adj, nm/f racist
acket [Raket] nm racketeering no pl
aclée [Rakle] (fam) nf hiding,
thrashing
acler [Rakle] vt (surface) to scrape; **se ~**
la gorge to clear one's throat
acontars [Rakɔ̃tar] nmpl story, lie
aconter [Rakɔ̃te] vt: **~ (à qn)** (décrire)
to relate (to sb), tell (sb); about: (dire de
mauvaise foi) to tell (sb); **~ une histoire**
to tell a story
adar [Radar] nm radar
ade [Rad] nf (natural) harbour; **rester**
en ~ (fig) to be left stranded
adeau, x [Rado] nm raft
adiateur [Radjatœr] nm radiator,
heater; (Auto) radiator; **radiateur**
électrique electric heater ou fire
adiation [Radjasjɔ̃] nf (Physique)
radiation
adical, e, -aux [Radikal, o] adj
radical
adieux, -euse [Radjø, jøz] adj radiant
adin, e [Radɛ̃, in] (fam) adj stingy
adio [Radjo] nf (Méd) X-ray
▷ nm radio operator; **à la ~** on the
radio; **radioactif, -ive** adj radioactive;

radiocassette nm cassette radio,
radio cassette player; **radiographie** nf
radiography; (photo) X-ray photograph;
radiophonique adj radio cpd; **radio-**
réveil (pl **radios-réveils**) nm radio
alarm clock
radis [Radi] nm radish
radoter [Radɔte] vi to ramble on
radoucir [Radusir]: **se radoucir** vi
(temps) to become milder; (se calmer)
to calm down
rafale [Rafal] nf (vent) gust of wind;
(tir) burst of gunfire
raffermir [Rafɛrmir] vt to firm up
raffiner [Rafine] vt to refine; **raffinerie**
nf refinery
raffoler [Rafɔle]: **~ de** vt to be very
keen on
rafle [Rafl] nf (de police) raid; **rafler** (fam)
vt to swipe, nick
rafraîchir [Rafreʃir] vt (atmosphère,
température) to cool (down); (aussi:
mettre à ~) to chill; (fig: rénover) to
brighten up; **se rafraîchir** vi (temps)
to grow cooler; (en se lavant) to
freshen up; (en buvant) to refresh o.s.;
rafraîchissant, e adj refreshing;
rafraîchissement nm (boisson) cool
drink; **rafraîchissements** nmpl
(boissons, fruits etc) refreshments
rage [Raʒ] nf (Méd): **la ~** rabies; (fureur)
rage, fury; **faire ~** to rage; **rage de**
dents (raging) toothache
ragot [Rago] (fam) nm malicious
gossip no pl
ragoût [Ragu] nm stew
raide [Red] adj stiff; (câble) taut, tight;
(escarpé) steep; (droit: cheveux) straight;
(fam: sans argent) flat broke; (osé)
daring, bold ▷ adv (en pente) steeply; **~**
mort stone dead; **raideur** nf (rigidité)
stiffness; **avec raideur** (répondre) stiffly,
abruptly; **raidir** vt (muscles) to stiffen;
se raidir vi (tissu) to stiffen; (personne)
to tense up; (: se préparer moralement) to
brace o.s.; (fig: position) to harden
raie [Re] nf (Zool) skate, ray; (rayure)
stripe; (des cheveux) parting

raifort [ʀɛfɔʀ] *nm* horseradish

rail [ʀaj] *nm* rail; (*chemins de fer*) railways *pl*; **par ~** by rail

railler [ʀaje] *vt* to scoff at, jeer at

rainure [ʀenyʀ] *nf* groove

raisin [ʀezɛ̃] *nm* (*aussi*: **~s**) grapes *pl*; **raisins secs** raisins

raison [ʀezɔ̃] *nf* reason; **avoir ~** to be right; **donner ~ à qn** to agree with sb; (*événement*) to prove sb right; **perdre la ~** to become insane; **se faire une ~** to learn to live with it; **~ de plus** all the more reason; **à plus forte ~** all the more so; **en ~ de** because of; **à ~ de** at the rate of; **sans ~** for no reason; **raison sociale** corporate name; **raisonnable** *adj* reasonable, sensible

raisonnement [ʀezɔnmɑ̃] *nm* (*façon de réfléchir*) reasoning; (*argumentation*) argument

raisonner [ʀezɔne] *vi* (*penser*) to reason; (*argumenter, discuter*) to argue ▷ *vt* (*personne*) to reason with

rajeunir [ʀaʒœniʀ] *vt* (*suj*: *coiffure, robe*): **~ qn** to make sb look younger; (*fig*: *personnel*) to inject new blood into ▷ *vi* to become (*ou* look) younger

rajouter [ʀaʒute] *vt* to add

rajuster [ʀaʒyste] *vt* (*vêtement*) to straighten, tidy; (*salaires*) to adjust

ralenti [ʀalɑ̃ti] *nm*: **au ~** (*fig*) at a slower pace; **tourner au ~** (*Auto*) to tick over, idle

ralentir [ʀalɑ̃tiʀ] *vt* to slow down

râler [ʀɑle] *vi* to groan; (*fam*) to grouse, moan (*and groan*)

rallier [ʀalje] *vt* (*rejoindre*) to rejoin; (*gagner à sa cause*) to win over

rallonge [ʀalɔ̃ʒ] *nf* (*de table*) (extra) leaf

rallonger [ʀalɔ̃ʒe] *vt* to lengthen

rallye [ʀali] *nm* rally; (*Pol*) march

ramassage [ʀamasaʒ] *nm*: **ramassage scolaire** school bus service

ramasser [ʀamase] *vt* (*objet tombé ou par terre*, *fam*) to pick up; (*recueillir*: *copies, ordures*) to collect; (*récolter*) to gather; **ramassis** (*péj*) *nm* (*de voyous*) bunch; (*d'objets*) jumble

rambarde [ʀɑ̃baʀd] *nf* guardrail

rame [ʀam] *nf* (*aviron*) oar; (*de métro*) train; (*de papier*) ream

rameau, x [ʀamo] *nm* (*small*) branch; **les Rameaux** (*Rel*) Palm Sunday *sg*

ramener [ʀam(ə)ne] *vt* to bring back; (*reconduire*) to take back; **~ qch à** (*réduire à*) to reduce sth to

ramer [ʀame] *vi* to row

ramollir [ʀamɔliʀ] *vt* to soften; **se ramollir** *vi* to go soft

rampe [ʀɑ̃p] *nf* (*d'escalier*) banister(s *pl*); (*dans un garage*) ramp; (*Théâtre*): **la ~** the footlights *pl*; **rampe de lancement** launching pad

ramper [ʀɑ̃pe] *vi* to crawl

rancard [ʀɑ̃kaʀ] (*fam*) *nm* (*rendez-vous*) date

rancart [ʀɑ̃kaʀ] *nm*: **mettre au ~** (*fam*) to scrap

rance [ʀɑ̃s] *adj* rancid

rancœur [ʀɑ̃kœʀ] *nf* rancour

rançon [ʀɑ̃sɔ̃] *nf* ransom

rancune [ʀɑ̃kyn] *nf* grudge, rancour; **garder ~ à qn (de qch)** to bear sb a grudge (*for sth*); **sans ~!** no hard feelings!; **rancunier, -ière** *adj* vindictive, spiteful

randonnée [ʀɑ̃dɔne] *nf* (*pédestre*) walk, ramble; (*en montagne*) hike, hiking *no pl*; **la ~** (*activité*) hiking, walking; **une ~ à cheval** a pony trek

rang [ʀɑ̃] *nm* (*rangée*) row; (*grade, classement*) rank; **rangs** *nmpl* (*Mil*) ranks; **se mettre en ~s** to get into *ou* form ranks; **au premier ~** in the first row; (*fig*) ranking first

rangé, e [ʀɑ̃ʒe] *adj* (*vie*) well-ordered; (*personne*) steady

rangée [ʀɑ̃ʒe] *nf* row

ranger [ʀɑ̃ʒe] *vt* (*mettre de l'ordre dans*) to tidy up; (*classer, grouper*) to order, arrange; (*mettre à sa place*) to put away; (*fig*: *classer*): **~ qn/qch parmi** to rank sb/sth among; **se ranger** *vi* (*véhicule, conducteur*) to pull over *ou* in; (*piéton*) to step aside; (*s'assagir*) to settle down; **se ~ à** (*avis*) to come round to

ranimer [ʀanime] *vt* (*personne*) to bring round; (*douleur, souvenir*) to revive; (*feu*) to rekindle

rapace [ʀapas] *nm* bird of prey

râpe [ʀɑp] *nf* (*Culin*) grater; **râper** *vt* (*Culin*) to grate

rapide [ʀapid] *adj* fast; *nm* (*coup d'œil, mouvement*) quick ▷ *nm* express (*train*); (*de cours d'eau*) rapid; **rapidement** *adv* fast; quickly

rapiécer [ʀapjese] *vt* to patch

rappel [ʀapɛl] *nm* (*Théâtre*) curtain call; (*Méd: vaccination*) booster; (*deuxième avis*) reminder; **rappeler** *vt* to call back; (*ambassadeur, Mil*) to recall; (*faire se souvenir*): **rappeler qch à qn** to remind sb of sth; **se rappeler** *vt* (*se souvenir de*) to remember; **pouvez-vous rappeler plus tard?** can you call back later?

rapport [ʀapɔʀ] *nm* (*lien, analogie*) connection; (*compte rendu*) report; (*profit*) yield, return; **rapports** *nmpl* (*entre personnes, pays*) relations; **avoir ~ à** to have something to do with; **être/se mettre en ~ avec qn** to get/be in touch with sb; **par ~ à** in relation to; **rapports (sexuels)** (sexual) intercourse *sg*; **rapport qualité-prix** value (for money)

rapporter [ʀapɔʀte] *vt* (*rendre, ramener*) to bring back; (*bénéfice*) to yield, bring in; (*mentionner, répéter*) to report ▷ *vi* (*investissement*) to give a good return ou yield; (*activité*) to be very profitable; **se ~ à** to relate to

rapprochement [ʀapʀɔʃmɑ̃] *nm* (*de nations*) reconciliation; (*rapport*) parallel

rapprocher [ʀapʀɔʃe] *vt* (*deux objets*) to bring closer together; (*fig: ennemis, partis etc*) to bring together; (*comparer*) to establish a parallel between; (*chaise d'une table*): **~ qch (de)** to bring sth closer (to); **se rapprocher** *vi* to draw closer ou nearer; **se ~ de** to come closer to; (*présenter une analogie avec*) to be close to

raquette [ʀakɛt] *nf* (*de tennis*) racket; (*de ping-pong*) bat

rare [ʀɑʀ] *adj* rare; **se faire ~** to become scarce; **rarement** *adv* rarely, seldom

ras, e [ʀɑ, ʀɑz] *adj* (*poil, herbe*) short; (*tête*) close-cropped ▷ *adv* short; **en ~e campagne** in open country; **à ~ bords** to the brim; **en avoir ~ le bol** (*fam*) to be fed up

raser [ʀɑze] *vt* (*barbe, cheveux*) to shave off; (*menton, personne*) to shave; (*fam: ennuyer*) to bore; (*démolir*) to raze (to the ground); (*frôler*) to graze, skim; **se raser** *vi* to shave; (*fam*) to be bored (to tears); **rasoir** *nm* razor

rassasier [ʀasazje] *vt*: **être rassasié** to have eaten one's fill

rassemblement [ʀasɑ̃bləmɑ̃] *nm* (*groupe*) gathering; (*Pol*) union

rassembler [ʀasɑ̃ble] *vt* (*réunir*) to assemble, gather; (*documents, notes*) to gather together, collect; **se rassembler** *vi* to gather

rassurer [ʀasyʀe] *vt* to reassure; **se rassurer** *vi* to reassure o.s.; **rassure-toi** don't worry

rat [ʀa] *nm* rat

rate [ʀat] *nf* spleen

raté, e [ʀate] *adj* (*tentative*) unsuccessful, failed ▷ *nm/f* (*fam: personne*) failure

râteau, x [ʀɑto] *nm* rake

rater [ʀate] *vi* (*affaire, projet etc*) to go wrong, fail ▷ *vt* (*fam: cible, train, occasion*) to miss; (*plat*) to spoil; (*fam: examen*) to fail; **nous avons raté notre train** we missed our train

ration [ʀasjɔ̃] *nf* ration

RATP *sigle f* (= Régie autonome des transports parisiens) Paris transport authority

rattacher [ʀataʃe] *vt* (*animal, cheveux*) to tie up again; (*fig: relier*): **~ qch à** to link sth with

rattraper [ʀatʀape] *vt* (*fugitif*) to recapture; (*empêcher de tomber*) to catch (hold of); (*atteindre, rejoindre*) to catch up with; (*réparer: erreur*) to make up for; **se rattraper** *vi* to make up for it; **se ~**

(à) (se raccrocher) to stop o.s. falling (by catching hold of)

rature [ʀatyʀ] nf deletion, erasure

rauque [ʀok] adj (voix) hoarse

ravages [ʀavaʒ] nmpl: **faire des ~** to wreak havoc

ravi, e [ʀavi] adj: **être ~ de/que** to be delighted with/that

ravin [ʀavɛ̃] nm gully, ravine

ravir [ʀaviʀ] vt (enchanter) to delight; **à ~** adv beautifully

raviser [ʀavize]: **se raviser** vi to change one's mind

ravissant, e [ʀavisɑ̃, ɑ̃t] adj delightful

ravisseur, -euse [ʀavisœʀ, øz] nm/f abductor, kidnapper

ravitailler [ʀavitaje] vt (en vivres, munitions) to provide with fresh supplies; (avion) to refuel; **se ~ (en)** to get fresh supplies (of)

raviver [ʀavive] vt (feu, douleur) to revive; (couleurs) to brighten up

rayé, e [ʀeje] adj (à rayures) striped

rayer [ʀeje] vt (érafler) to scratch; (barrer) to cross out; (d'une liste) to cross off

rayon [ʀejɔ̃] nm (de soleil etc) ray; (Géom) radius; (de roue) spoke; (étagère) shelf; (de grand magasin) department; **dans un ~ de** within a radius of; **rayon de soleil** sunbeam; **rayons X** X-rays

rayonnement [ʀejɔnmɑ̃] nm (fig: d'une culture) influence

rayonner [ʀejɔne] vi (fig) to shine forth; (personne: de joie, de beauté) to be radiant; (touriste) to go touring (from one base)

rayure [ʀejyʀ] nf (motif) stripe; (éraflure) scratch; **à ~s** striped

raz-de-marée [ʀɑdmaʀe] nm inv tidal wave

ré [ʀe] nm (Mus) D; (en chantant la gamme) re

réaction [ʀeaksjɔ̃] nf reaction

réadapter [ʀeadapte]: **se réadapter (à)** vi to readjust (to)

réagir [ʀeaʒiʀ] vi to react

réalisateur, -trice [ʀealizatœʀ, tʀis]

nm/f (TV, Cinéma) director

réalisation [ʀealizasjɔ̃] nf realization; (cinéma) production; **en cours de ~** under way

réaliser [ʀealize] vt (projet, opération) to carry out, realize; (rêve, souhait) to realize, fulfil; (exploit) to achieve; (film) to produce; (se rendre compte de) to realize; **se réaliser** vi to be realized

réaliste [ʀealist] adj realistic

réalité [ʀealite] nf reality; **en ~** in (actual) fact; **dans la ~** in reality

réanimation [ʀeanimasjɔ̃] nf resuscitation; **service de ~** intensive care unit

rébarbatif, -ive [ʀebaʀbatif, iv] adj forbidding

rebattu, e [ʀ(ə)baty] adj hackneyed

rebelle [ʀəbɛl] nm/f rebel ▷ adj (troupes) rebel; (enfant) rebellious; (mèche etc) unruly

rebeller [ʀ(ə)bele]: **se rebeller** vi to rebel

rebondir [ʀ(ə)bɔ̃diʀ] vi (ballon: au sol) to bounce; (: contre un mur) to rebound; (fig) to get moving again

rebord [ʀ(ə)bɔʀ] nm edge; **le ~ de la fenêtre** the windowsill

rebours [ʀ(ə)buʀ]: **à ~** adv the wrong way

rebrousser [ʀ(ə)bʀuse] vt: **~ chemin** to turn back

rebuter [ʀəbyte] vt to put off

récalcitrant, e [ʀekalsitʀɑ̃, ɑ̃t] adj refractory

récapituler [ʀekapityle] vt to recapitulate, sum up

receler [ʀ(ə)səle] vt (produit d'un vol) to receive; (fig) to conceal; **receleur, -euse** nm/f receiver

récemment [ʀesamɑ̃] adv recently

recensement [ʀ(ə)sɑ̃smɑ̃] nm (population) census

recenser [ʀ(ə)sɑ̃se] vt (population) to take a census of; (inventorier) to list

récent, e [ʀesɑ̃, ɑ̃t] adj recent

récépissé [ʀesepise] nm receipt

récepteur [ʀeseptœʀ] nm receiver

réception [resɛpsjɔ̃] nf receiving no pl; (accueil) reception, welcome; (bureau) reception desk; (réunion mondaine) reception, party; **réceptionniste** nm/f receptionist

recette [R(ə)sɛt] nf recipe; (Comm) takings pl; **recettes** nfpl (Comm: rentrées) receipts; **faire ~** (spectacle, exposition) to be a winner

recevoir [R(ə)səvwar] vt to receive; (client, patient) to see; **être reçu (à un examen)** to pass

rechange [R(ə)ʃɑ̃ʒ]: **de ~** adj (pièces, roue) spare; (fig: solution) alternative; **des vêtements de ~** a change of clothes

recharge [R(ə)ʃaRʒ] nf refill; **rechargeable** adj (stylo etc) refillable; **recharger** vt (stylo) to refill; (batterie) to recharge

réchaud [Reʃo] nm (portable) stove

réchauffer [Reʃofe] vt (plat) to reheat; (mains, personne) to warm; **se réchauffer** vi (température) to get warmer; (personne) to warm o.s. (up)

rêche [Rɛʃ] adj rough

recherche [R(ə)ʃɛRʃ] nf (action) search; (raffinement) studied elegance; (scientifique etc): **la ~** research; **recherches** nfpl (de la police) investigations; (scientifiques) research sg; **la ~ de** the search for; **être à la ~ de qch** to be looking for sth

recherché, e [R(ə)ʃɛRʃe] adj (rare, demandé) much sought-after; (raffiné: style) mannered; (: tenue) elegant

rechercher [R(ə)ʃɛRʃe] vt (objet égaré, personne) to look for; (causes, nouveau procédé) to try to find; (bonheur, compliments) to seek

rechute [R(ə)ʃyt] nf (Méd) relapse

récidiver [Residive] vi to commit a subsequent offence; (fig) to do it again

récif [Resif] nm reef

récipient [Resipjɑ̃] nm container

réciproque [Resiprɔk] adj reciprocal

récit [Resi] nm story; **récital** nm recital; **réciter** vt to recite

réclamation [Reklamasjɔ̃] nf complaint; **(service des) ~s** complaints department

réclame [Reklam] nf ad, advert(isement); **en ~** on special offer; **réclamer** vt to ask for; (revendiquer) to claim, demand ▷ vi to complain

réclusion [Reklyzjɔ̃] nf imprisonment

recoin [Rəkwɛ̃] nm nook, corner

reçois etc [Rəswa] vb voir **recevoir**

récolte [Rekɔlt] nf harvesting, gathering; (produits) harvest, crop; **récolter** vt to harvest, gather (in); (fig) to collect

recommandé [R(ə)kɔmɑ̃de] nm (Postes): **en ~** by registered mail

recommander [R(ə)kɔmɑ̃de] vt to recommend; (Postes) to register

recommencer [R(ə)kɔmɑ̃se] vt (reprendre: lutte, séance) to resume, start again; (refaire: travail, explications) to start afresh, start (over) again ▷ vi to start again; (récidiver) to do it again

récompense [Rekɔ̃pɑ̃s] nf reward; (prix) award; **récompenser** vt: **récompenser qn (de ou pour)** to reward sb (for)

réconcilier [Rekɔ̃silje] vt to reconcile; **se réconcilier (avec)** to make up (with)

reconduire [R(ə)kɔ̃dɥiR] vt (raccompagner) to take ou see back; (renouveler) to renew

réconfort [Rekɔ̃fɔR] nm comfort; **réconforter** vt (consoler) to comfort

reconnaissance [R(ə)kɔnɛsɑ̃s] nf (gratitude) gratitude, gratefulness; (action de reconnaître) recognition; (Mil) reconnaissance, recce; **reconnaissant, e** adj grateful; **je vous serais reconnaissant de bien vouloir ...** I would be most grateful if you would (kindly) ...

reconnaître [R(ə)kɔnɛtR] vt to recognize; (Mil: lieu) to reconnoitre; (Jur: enfant, torts) to acknowledge; **~ que** to admit ou acknowledge that; **~ qn/qch à** (l'identifier grâce à) to recognize sb/sth by; **reconnu, e** adj (indiscuté, connu) recognized

reconstituer [R(ə)kɔ̃stitɥe] vt (événement, accident) to reconstruct; (fresque, vase brisé) to piece together, reconstitute

reconstruire [R(ə)kɔ̃stRɥiR] vt to rebuild

reconvertir [R(ə)kɔ̃vɛRtiR]: **se reconvertir dans** vr (un métier, une branche) to go into

record [R(ə)kɔR] nm, adj record

recoupement [R(ə)kupmã] nm: **par ~** by cross-checking

recouper [R(ə)kupe]: **se recouper** vi (témoignages) to tie ou match up

recourber [R(ə)kuRbe]: **se recourber** vi to curve (up), bend (up)

recourir [R(ə)kuRiR]: **~ à** vt (ami, agence) to turn ou appeal to; (force, ruse, emprunt) to resort to

recours [R(ə)kuR] nm: **avoir ~ à** = **recourir à**; **en dernier ~** = as a last resort

recouvrer [R(ə)kuvRe] vt (vue, santé etc) to recover, regain

recouvrir [R(ə)kuvRiR] vt (couvrir à nouveau) to re-cover; (couvrir entièrement, aussi fig) to cover

récréation [RekReasjɔ̃] nf (Scol) break

recroqueviller [R(ə)kRɔk(ə)vije]: **se recroqueviller** vi (personne) to huddle up

recrudescence [R(ə)kRydesɑ̃s] nf fresh outbreak

recruter [R(ə)kRyte] vt to recruit

rectangle [Rɛktɑ̃gl] nm rectangle; **rectangulaire** adj rectangular

rectificatif [Rɛktifikatif] nm correction

rectifier [Rɛktifje] vt (calcul, adresse, paroles) to correct; (erreur) to rectify

rectiligne [Rɛktiliɲ] adj straight

recto [Rɛkto] nm front (of a page) ⚬ **verso** on both sides (of the page)

reçu, e [R(ə)sy] pp de **recevoir** ⚬ adj (candidat) successful; (admis, consacré) accepted ⚬ nm (Comm) receipt; **je peux**

avoir un ~, s'il vous plaît? can I have a receipt, please?

recueil [Rəkœj] nm collection

recueillir vt to collect; (voix, suffrages) to win; (accueillir: réfugiés, chat) to take in; **se recueillir** vi to gather one's thoughts, meditate

recul [R(ə)kyl] nm (éloignement) distance; (déclin) decline; **être en ~** to be on the decline; **avec du ~** with hindsight; **avoir un mouvement de ~** to recoil; **prendre du ~** to stand back; **reculé, e** adj remote; **reculer** vi to move back, back away; (Auto) to reverse, back up; (fig) to be on the decline ⚬ vt to move back; (véhicule) to reverse, back up; (date, décision) to postpone; **reculer devant** (danger, difficulté) to shrink from; **reculons: à reculons** adv backwards

récupérer [RekypeRe] vt to recover, get back; (heures de travail) to make up; (déchets) to salvage ⚬ vi to recover

récurer [RekyRe] vt to scour; **poudre à ~** scouring powder

reçut [Rəsy] vb voir **recevoir**

recycler [R(ə)sikle] vt (Tech) to recycle; **se recycler** vi to retrain

rédacteur, -trice [RedaktœR, tRis] nm/f (journaliste) writer; subeditor; (d'ouvrage de référence) compiler

rédaction [Redaksjɔ̃] nf writing; (rédacteurs) editorial staff; (Scol: devoir) essay, composition

redescendre [R(ə)desɑ̃dR] vi to go back down ⚬ vt (pente etc) to go down

rédiger [Rediʒe] vt to write; (contrat) to draw up

redire [R(ə)diR] vt to repeat; **trouver ~ à** to find fault with

redoubler [R(ə)duble] vi (tempête, violence) to intensify; (Scol) to repeat a year; **~ de patience/prudence** to be doubly patient/careful

redoutable [R(ə)dutabl] adj formidable, fearsome

redouter [R(ə)dute] vt to dread

redressement [R(ə)dRɛsmɑ̃] nm

(économique) recovery

redresser [R(ə)dʀese] vt *(relever)* to set upright; *(pièce tordue)* to straighten out; *(situation, économie)* to put right; **se redresser** vi *(personne)* to sit *(ou stand)* up *(straight)*; *(économie)* to recover

réduction [ʀedyksjɔ̃] nf reduction; **y a-t-il une ~ pour les étudiants?** is there a reduction for students?

réduire [ʀedɥiʀ] vt to reduce; *(prix, dépenses)* to cut, reduce; **réduit** nm *(pièce)* tiny room

rééducation [ʀeedykasjɔ̃] nf *(d'un membre)* re-education; *(de délinquants, d'un blessé)* rehabilitation

réel, le [ʀeɛl] adj real; **réellement** adv really

réexpédier [ʀeɛkspedje] vt *(à l'envoyeur)* to return, send back; *(au destinataire)* to send on, forward

refaire [ʀ(ə)fɛʀ] vt to do again; *(faire de nouveau: sport)* to take up again; *(réparer, restaurer)* to do up

réfectoire [ʀefɛktwaʀ] nm refectory

référence [ʀefeʀɑ̃s] nf reference; **références** nfpl *(recommandations)* reference sg

référer [ʀefeʀe]: **se référer à** vt to refer to

refermer [ʀ(ə)fɛʀme] vt to close ou shut again; **se refermer** vi *(porte)* to close ou shut *(again)*

refiler [ʀ(ə)file] vi *(fam)* to palm off

réfléchi, e [ʀefleʃi] adj *(caractère)* thoughtful; *(action)* well-thought-out; *(Ling)* reflexive; **c'est tout ~** my mind's made up

réfléchir [ʀefleʃiʀ] vt to reflect ▷ vi to think; **~ à** to think about

reflet [ʀ(ə)flɛ] nm reflection; *(sur l'eau etc)* sheen no pl, glint; **refléter** vt to reflect; **se refléter** vi to be reflected

réflexe [ʀeflɛks] nm, adj reflex

réflexion [ʀeflɛksjɔ̃] nf *(de la lumière etc)* reflection; *(fait de penser)* thought; *(remarque)* remark; **~ faite, à la ~** on reflection

réflexologie [ʀeflɛksɔlɔʒi] nf

reflexology

réforme [ʀefɔʀm] nf reform; *(Rel)*: **la R~** the Reformation; **réformer** vt to reform; *(Mil)* to declare unfit for service

refouler [ʀ(ə)fule] vt *(envahisseurs)* to drive back; *(larmes)* to force back; *(désir, colère)* to repress

refrain [ʀ(ə)fʀɛ̃] nm refrain, chorus

refréner, réfréner [ʀəfʀene, ʀefʀene] vt to curb, check

réfrigérateur [ʀefʀiʒeʀatœʀ] nm refrigerator, fridge

refroidir [ʀ(ə)fʀwadiʀ] vt to cool; *(fig: personne)* to put off ▷ vi to cool (down); **se refroidir** vi *(temps)* to get cooler ou colder; *(fig: ardeur)* to cool (off); **refroidissement** nm *(grippe etc)* chill

refuge [ʀ(ə)fyʒ] nm refuge; **réfugié, e** adj, nm/f refugee; **réfugier**: **se réfugier** vi to take refuge

refus [ʀ(ə)fy] nm refusal; **ce n'est pas de ~** I won't say no, it's welcome; **refuser** vt to refuse; *(Scol: candidat)* to fail; **refuser qch à qn** to refuse sb sth; **refuser du monde** to have to turn people away; **se refuser à faire** to refuse to do

regagner [ʀ(ə)gaɲe] vt *(faveur)* to win back; *(lieu)* to get back to

régal [ʀegal] nm treat; **régaler**: **se régaler** vi to have a delicious meal; *(fig)* to enjoy o.s.

regard [ʀ(ə)gaʀ] nm *(coup d'œil)* look, glance; *(expression)* look (in one's eye); **au ~ de** *(loi, morale)* from the point of view of; **en ~ de** in comparison with

regardant, e [ʀ(ə)gaʀdɑ̃, ɑ̃t] adj *(économe)* tight-fisted; **peu ~ (sur)** very free (about)

regarder [ʀ(ə)gaʀde] vt to look at; *(film, télévision, match)* to watch; *(concerner)* to concern ▷ vi to look; **ne pas ~ à la dépense** to spare no expense; **~ qn/qch comme** to regard sb/sth as

régie [ʀeʒi] nf *(Comm, Industrie)* state-owned company; *(Théâtre, Cinéma)* production; *(Radio, TV)* control room

régime [ʀeʒim] nm (Pol) régime; (Méd) diet; (Admin: carcéral, fiscal etc) system; (de bananes, dattes) bunch; **se mettre au/suivre un ~** to go on/be on a diet

régiment [ʀeʒimã] nm regiment

région [ʀeʒjɔ̃] nf region; **régional, e, -aux** adj regional

régir [ʀeʒiʀ] vt to govern

régisseur [ʀeʒisœʀ] nm (d'un domaine) steward; (Cinéma, TV) assistant director; (Théâtre) stage manager

registre [ʀaʒistʀ] nm register

réglage [ʀeglaʒ] nm adjustment

règle [ʀɛgl] nf (instrument) ruler; **règles** nfpl (menstruation) period sg; **en ~** (papiers d'identité) in order; **en ~ générale** as a (general) rule

réglé, e [ʀegle] adj (vie) well-ordered; (arrangé) settled

règlement [ʀegləmã] nm (paiement) settlement; (arrêté) regulation; (règles, statuts) regulations pl, rules pl; **réglementaire** adj conforming to the regulations; (tenue) regulation cpd; **réglementation** nf (règles) regulations; **réglementer** vt to regulate

régler [ʀegle] vt (conflit, facture) to settle; (personne) to settle up with; (mécanisme, machine) to regulate, adjust; (thermostat etc) to set, adjust

réglisse [ʀeglis] nf liquorice

règne [ʀɛɲ] nm (d'un roi etc, fig) reign; **le ~ végétal/animal** the vegetable/ animal kingdom; **régner** vi (roi) to rule, reign; (fig) to reign

regorger [ʀ(ə)gɔʀʒe] vi: **~ de** to overflow with, be bursting with

regret [ʀ(ə)gʀɛ] nm regret; **à ~** with regret; **sans ~** with no regrets; **regrettable** adj regrettable; **regretter** vt to regret; (personne) to miss; **je regrette mais ...** I'm sorry but ...

regrouper [ʀ(ə)gʀupe] vt (grouper) to group together; (contenir) to include, comprise; **se regrouper** vi to gather (together)

régulier, -ière [ʀegylje, jɛʀ] adj (gén)

regular; (vitesse, qualité) steady; (égal: couche, ligne) even; (Transports: ligne, service) scheduled, regular; (: légal) lawful, in order; (honnête) straight, on the level; **régulièrement** adv regularly, (uniformément) evenly

rehausser [ʀaose] vt (relever) to heighten, raise; (fig: souligner) to set off, enhance

rein [ʀɛ̃] nm kidney; **reins** nmpl (dos) back sg

reine [ʀɛn] nf queen

reine-claude [ʀɛnklod] nf greengage

réinscriptible [ʀeɛ̃skʀiptibl] adj (CD, DVD) rewritable

réinsertion [ʀeɛ̃sɛʀsjɔ̃] nf (de délinquant) reintegration, rehabilitation

réintégrer [ʀeɛ̃tegʀe] vt (lieu) to return to; (fonctionnaire) to reinstate

rejaillir [ʀ(ə)ʒajiʀ] vi to splash up; **~ sur** (fig: scandale) to rebound on; (: gloire) to be reflected on

rejet [ʀaʒɛ] nm rejection; **rejeter** vt (relancer) to throw back; (écarter) to reject; (déverser) to throw out, discharge; (vomir) to bring ou throw up; **rejeter la responsabilité de qch sur qn** to lay the responsibility for sth at sb's door

rejoindre [ʀ(ə)ʒwɛ̃dʀ] vt (famille, régiment) to rejoin, return to; (lieu) to get (back) to; (suj: route etc) to meet, join; (rattraper) to catch up (with); **se rejoindre** vi to meet; **je te rejoins à la gare** I'll see ou meet you at the station

réjouir [ʀeʒwiʀ] vt to delight; **se ~ (de qch/de faire)** to be delighted (about sth/to do); **réjouissances** nfpl (fête) festivities

relâche [ʀəlɑʃ] nm ou nf: **sans ~** without respite ou a break; **relâché, e** adj loose, lax; **relâcher** vt (libérer) to release; (desserrer) to loosen; **se relâcher** vi (discipline) to become slack ou lax; (élève etc) to slacken off

relais [ʀ(ə)lɛ] nm (Sport): **(course de) ~** relay (race); **prendre le ~ (de)** to take over

over (from); **relais routier** = transport café (BRIT) = truck stop (US)

relancer [R(ə)lɑ̃se] vt (balle) to throw back; (moteur) to restart; (fig) to boost, revive; (harceler): **~ qn** to pester sb

relatif, -ive [R(ə)latif, iv] adj relative

relation [R(ə)lasjɔ̃] nf (rapport) relation(ship); (connaissance) acquaintance; **relations** nfpl (rapports) relations; (connaissances) connections; **être/entrer en ~(s) avec** to be/get in contact with

relaxer [Rəlakse]: **se relaxer** vi to relax

relayer [R(ə)leje] vt (collaborateur, coureur etc) to relieve; **se relayer** vi (dans une activité) to take it in turns

reléguer [R(ə)lege] vt to relegate

relevé, -ive [Rəl(ə)ve] adj (manches) rolled-up; (sauce) highly-seasoned ▷ nm (de compteur) reading; **relevé bancaire** ou **de compte** bank statement

élève [Rəlɛv] nf (personne) relief; **prendre la ~** to take over

élever [Rəl(ə)ve] vt (meuble) to stand up again; (personne tombée) to help up; (vitre, niveau de vie) to raise; (fig) to turn up; (style) to elevate; (plat, sauce) to season; (sentinelle, équipe) to relieve; (fautes) to pick out; (défi) to accept, take up; (noter: adresse etc) to take down, note; (: plan) to sketch; (compteur) to read; (ramasser: cahiers) to collect, take in; **se relever** vi (se remettre debout) to get up; **~ de** (maladie) to be recovering from; (être du ressort de) to be a matter for; (fig) to pertain to; **~ qn de** (fonctions) to relieve sb of; **~ la tête** to look up

elief [Rəljɛf] nm relief; **mettre en ~** (fig) to bring out, highlight

elier [Rəlje] vt to link up; (livre) to bind; **~ qch à** to link sth to

eligieux, -euse [R(ə)liʒjø, jøz] adj religious ▷ nm monk

eligion [R(ə)liʒjɔ̃] nf religion

elire [R(ə)liR] vt (à nouveau) to reread, read again; (vérifier) to read over

eluire [R(ə)lɥiR] vi to gleam

emanier [R(ə)manje] vt to reshape,

recast; (Pol) to reshuffle

remarquable [R(ə)maRkabl] adj remarkable

remarque [R(ə)maRk] nf remark; (écrite) note

remarquer [R(ə)maRke] vt (voir) to notice; **se remarquer** to be noticeable; **faire ~ (à qn) que** to point out (to sb) that; **faire ~ qch (à qn)** to point sth out (to sb); **remarquez, ...** mind you ...; **se faire ~** to draw attention to o.s.

rembourrer [Rɑ̃buRe] vt to stuff

remboursement [Rɑ̃buRsəmɑ̃] nm (de dette, d'emprunt) repayment; (de frais) refund; **rembourser** vt to pay back, repay; (frais, billet etc) to refund; **se faire rembourser** to get a refund

remède [R(ə)mɛd] nm (médicament) medicine; (traitement, fig) remedy, cure

remémorer [R(ə)memore]: **se remémorer** vt to recall, recollect

remerciements [RəmɛRsimɑ̃] nmpl thanks; **(avec) tous mes ~** (with) grateful ou many thanks

remercier [R(ə)mɛRsje] vt to thank; (congédier) to dismiss; **~ qn de/d'avoir fait** to thank sb for/for having done

remettre [R(ə)mɛtR] vt (replacer) to put back; (vêtement) to put back on; (ajouter) to add; (ajourner): **~ qch (à)** to postpone sth (until); **se remettre** vi: **se ~ (de)** to recover (from); (donner: lettre, clé etc) to hand over sth to sb; (: prix, décoration) to present sb with sth; **se ~ à faire qch** to start doing sth again; **s'en ~ à** to leave it (up) to

remise [R(ə)miz] nf (rabais) discount; (local) shed; **remise de peine** reduction of sentence; **remise des prix** prize-giving; **remise en cause** ou **question** calling into question, challenging; **remise en jeu** (Football) throw-in

remontant [R(ə)mɔ̃tɑ̃] nm tonic, pick-me-up

remonte-pente [R(ə)mɔ̃tpɑ̃t] nm ski-lift

remonter [R(ə)mɔ̃te] vi to go back

up; (*prix, température*) to go up again
▷ vt (*pente*) to go up; (*fleuve*) to sail (*ou* swim *etc*) up; (*manches, pantalon*) to roll up; (*col*) to turn up; (*niveau, limite*) to raise; (*fig: personne*) to buck up; (*qch de démonté*) to put back together, reassemble; (*montre*) to wind up; **~ le moral à qn** to raise sb's spirits; **~ à** (*dater de*) to date ou go back to

remords [ʀ(ə)mɔʀ] nm remorse no pl; **avoir des ~** to feel remorse

remorque [ʀ(ə)mɔʀk] nf trailer; **remorquer** vt to tow; **remorqueur** nm tug(boat)

remous [ʀəmu] nm (*d'un navire*) (back)wash no pl; (*de rivière*) swirl, eddy ▷ nmpl (*fig*) stir sg

remparts [ʀɑ̃paʀ] nmpl walls, ramparts

remplaçant, e [ʀɑ̃plasɑ̃, ɑ̃t] nm/f replacement, stand-in; (*Scol*) supply teacher

remplacement [ʀɑ̃plasmɑ̃] nm replacement; **faire des ~s** (*professeur*) to do supply teaching; (*secrétaire*) to temp

remplacer [ʀɑ̃plase] vt to replace; **~ qch/qn par** to replace sth/sb with

rempli, e [ʀɑ̃pli] adj (*emploi du temps*) full, busy; **~ de** full of, filled with

remplir [ʀɑ̃pliʀ] vt to fill (up); (*questionnaire*) to fill out ou up; (*obligations, fonction, condition*) to fulfil; **se remplir** vi to fill up

remporter [ʀɑ̃pɔʀte] vt (*marchandise*) to take away; (*fig*) to win, achieve

remuant, e [ʀəmɥɑ̃, ɑ̃t] adj restless

remue-ménage [ʀ(ə)mymenaʒ] nm inv commotion

remuer [ʀəmɥe] vt to move; (*café, sauce*) to stir ▷ vi to move; **se remuer** vi to move; (*fam: s'activer*) to get a move on

rémunérer [ʀemyneʀe] vt to remunerate

renard [ʀ(ə)naʀ] nm fox

renchérir [ʀɑ̃ʃeʀiʀ] vi (*fig*): **~ (sur)** (*en paroles*) to add something (to)

rencontre [ʀɑ̃kɔ̃tʀ] nf meeting; (*imprévue*) encounter; **aller à la ~ de qn** to go and meet sb; **rencontrer** vt to

meet; (*mot*) to come across; (*difficultés*) to meet with; **se rencontrer** vi to meet

rendement [ʀɑ̃dmɑ̃] nm (*d'un travailleur, d'une machine*) output; (*d'un champ*) yield

rendez-vous [ʀɑ̃devu] nm appointment; (*d'amoureux*) date; (*lieu*) meeting place; **donner ~ à qn** to arrange to meet sb; **avoir/ prendre ~ (avec)** to have/make an appointment (with); **j'ai ~ avec ...** I have an appointment with ...; **je voudrais prendre ~** I'd like to make an appointment

rendre [ʀɑ̃dʀ] vt (*restituer*) to give back, return; (*invitation*) to return, repay; (*vomir*) to bring up; (*exprimer, traduire*) to render; (*faire devenir*): **~ qn célèbre/qch possible** to make sb famous/sth possible; **se rendre** vi (*capituler*) to surrender, give o.s. up; (*aller*): **se ~ quelque part** to go somewhere; **se ~ la monnaie à qn** to give sb his change; **se ~ compte de qch** to realize sth

rênes [ʀɛn] nfpl reins

renfermé, e [ʀɑ̃fɛʀme] adj (*fig*) withdrawn ▷ nm: **sentir le ~** to smell stuffy

renfermer [ʀɑ̃fɛʀme] vt to contain

renforcer [ʀɑ̃fɔʀse] vt to reinforce; **renfort: renforts** nmpl reinforcements; **à grand renfort de** with a great deal of

renfrogné, e [ʀɑ̃fʀɔɲe] adj sullen

renier [ʀənje] vt (*personne*) to disown, repudiate; (*foi*) to renounce

renifler [ʀ(ə)nifle] vi, vt to sniff

renne [ʀɛn] nm reindeer inv

renom [ʀɑ̃ɔ̃] nm reputation; (*célébrité*) renown; **renommé, e** adj celebrated, renowned; **renommée** nf fame

renoncer [ʀ(ə)nɔ̃se]: **~ à** vt to give up; **à faire** to give up the idea of doing

renouer [ʀənwe] vt: **~ avec** (*habitude*) to take up again

renouvelable [ʀənuv(ə)labl] adj renewable

renouveler [ʀ(ə)nuv(ə)le] vt to

renew; (exploit, méfait) to repeat; **se renouveler** vi (incident) to recur, happen again; **renouvellement** nm (remplacement) renewal

rénover [ʀenɔve] vt (immeuble) to renovate, do up; (quartier) to redevelop

renseignement [ʀɑ̃sɛɲmɑ̃] nm information no pl, piece of information; (guichet des) ~s information office; (service des) ~s (Tél) directory enquiries (BRIT), information (US)

renseigner [ʀɑ̃seɲe] vt: ~ qn (sur) to give information to sb (about); **se renseigner** vi to ask for information, make inquiries

rentabilité [ʀɑ̃tabilite] nf profitability

rentable [ʀɑ̃tabl] adj profitable

rente [ʀɑ̃t] nf private income; (pension) pension

rentrée [ʀɑ̃tʀe] nf: ~ (d'argent) cash no pl coming in; **la ~ (des classes ou scolaire)** the start of the new school year

rentrer [ʀɑ̃tʀe] vi (revenir chez soi) to go (ou come) back home; (entrer de nouveau) to go (ou come) back in; (entrer) to go (ou come) in; (air, clou: pénétrer) to go in; (revenu) to come in ▷ vt to bring in; (véhicule) to put away; (chemise dans pantalon etc) to put away; (griffes) to draw in; **~ le ventre** to pull in one's stomach; **~ dans** (heurter) to crash into; **~ dans l'ordre** to be back to normal; **~ dans ses frais** to recover one's expenses; **je rentre mardi** I'm going ou coming home on Tuesday

renverse [ʀɑ̃vɛʀs] : **à la ~** adv backwards

renverser [ʀɑ̃vɛʀse] vt (faire tomber: chaise, verre) to knock over, overturn; (liquide, contenu) to spill, upset; (piéton) to knock down; (retourner) to turn upside down; (: ordre des mots etc) to reverse; (fig: gouvernement etc) to overthrow; (fam: stupéfier) to bowl over; **se renverser** vi (verre, vase) to fall over; (contenu) to spill

envoi [ʀɑ̃vwa] nm (d'employé)

dismissal; (d'élève) expulsion; (référence) cross-reference; (éructation) belch; **renvoyer** vt to send back; (congédier) to dismiss; (élève) to expel; (lumière) to reflect; (ajourner): **renvoyer qch (à)** to put sth off ou postpone sth (until)

repaire [ʀ(ə)pɛʀ] nm den

répandre [ʀepɑ̃dʀ] vt (renverser) to spill; (étaler, diffuser) to spread; (odeur) to give off; **se répandre** vi to spill; (se propager) to spread; **répandu, e** adj (opinion, usage) widespread

réparateur, -trice [ʀepaʀatœʀ, -tʀis] nm/f repairer

réparation [ʀepaʀasjɔ̃] nf repair

réparer [ʀepaʀe] vt to repair; (fig: offense) to make up for; (: oubli, erreur) to put right; **où est-ce que je peux le faire ~?** where can I get it fixed?

repartie [ʀepaʀti] nf retort; **avoir de la ~** to be quick at repartee

repartir [ʀ(ə)paʀtiʀ] vi to leave again; (voyageur) to set off again; (fig) to get going again; **à zéro** to start from scratch (again)

répartir [ʀepaʀtiʀ] vt (pour attribuer) to share out; (pour disperser, disposer) to divide up; (poids) to distribute; **se répartir** vt (travail, rôles) to share out between themselves

repas [ʀ(ə)pɑ] nm meal

repassage [ʀ(ə)pɑsaʒ] nm ironing

repasser [ʀ(ə)pɑse] vi to come (ou go) back ▷ vt (vêtement, tissu) to iron; (examen) to retake, resit; (film) to show again; (leçon: revoir) to go over (again)

repentir [ʀapɑ̃tiʀ] nm repentance; **se repentir** vi to repent; **se ~ d'avoir fait qch** (regretter) to regret having done sth

répercussions [ʀepɛʀkysjɔ̃] nfpl (fig) repercussions

répercuter [ʀepɛʀkyte] : **se répercuter** vi (bruit) to reverberate; (fig): **se ~ sur** to have repercussions on

repère [ʀ(ə)pɛʀ] nm mark; (monument, événement) landmark

repérer [ʀ(ə)peʀe] vt (fam: erreur, personne) to spot; (: endroit) to locate; **se**

r

repérer vi to find one's way about

répertoire [ʀepɛʀtwaʀ] nm (liste) (alphabetical) list; (carnet) index notebook; (Inform) folder, directory; (d'un artiste) repertoire

répéter [ʀepete] vt to repeat; (préparer: leçon) to learn, go over; (Théâtre) to rehearse; **se répéter** vi (redire) to repeat o.s.; (se reproduire) to be repeated, recur; **pouvez-vous ~, s'il vous plaît?** can you repeat that, please?

répétition [ʀepetisjɔ̃] nf repetition; (Théâtre) rehearsal; **~ générale** (final) dress rehearsal

répit [ʀepi] nm respite; **sans ~** without letting up

replier [ʀ(ə)plije] vt (rabattre) to fold down ou over; **se replier** vi (troupes, armée) to withdraw, fall back; (sur soi-même) to withdraw into o.s.

réplique [ʀeplik] nf (repartie, fig) reply; (Théâtre) line; (copie) replica; **répliquer** vi to reply; (riposter) to retaliate

répondeur [ʀepɔ̃dœʀ] nm: **~ (automatique)** (Tél) answering machine

répondre [ʀepɔ̃dʀ] vi to answer, reply; (freins) to respond; **~ à** to reply to, answer; (affection, salut) to return; (provocation) to respond to; (correspondre à: besoin) to answer; (: conditions) to meet; (: description) to match; (avec impertinence) **~ à qn** to answer sb back; **~ de** to answer for

réponse [ʀepɔ̃s] nf answer, reply; **en ~ à** in reply to

reportage [ʀ(ə)pɔʀtaʒ] nm report

reporter¹ [ʀəpɔʀtɛʀ] nm reporter

reporter² [ʀəpɔʀte] vt (ajourner): **~ qch (à)** to postpone sth (until); (transférer): **~ qch sur** to transfer sth to; **se reporter à** (époque) to think back to; (document) to refer to

repos [ʀ(ə)po] nm rest; (tranquillité) peace (and quiet); (Mil): **~!** stand at easel; **ce n'est pas de tout ~!** it's no picnic!

reposant, e [ʀ(ə)pozɑ̃, ɑ̃t] adj restful

reposer [ʀ(ə)poze] vt (verre, livre) to put down; (délasser) to rest ▷ vi: **laisser ~** (pâte) to leave to stand; **se reposer** vi to rest; **se ~ sur qn** to rely on sb; **~ sur** (fig) to rest on

repoussant, e [ʀ(ə)pusɑ̃, ɑ̃t] adj repulsive

repousser [ʀ(ə)puse] vi to grow again ▷ vt to repel, repulse; (offre) to turn down, reject; (personne) to push back; (différer) to put back

reprendre [ʀ(ə)pʀɑ̃dʀ] vt (objet prêté, donné) to take back; (prisonnier, ville) to recapture; (firme, entreprise) to take over; (le travail) to resume; (emprunter: argument, idée) to take up, use; (refaire: article etc) to go over again; (vêtement) to alter; (réprimander) to tell off; (corriger) to correct; (chercher): **je viendrai te ~ à 4 h** I'll come and fetch you at 4; (se resservir de): **~ du pain/un œuf** to take (ou eat) more bread/another egg ▷ vi (classes, pluie) to start (up) again; (activités, travaux, combats) to resume, start (up) again; (affaires) to pick up; (dire): **reprit-il** he went on; **~ des forces** to recover one's strength; **~ courage** to take new heart; **~ la route** to resume one's journey, set off again; **~ haleine ou son souffle** to get one's breath back

représentant, e [ʀ(ə)pʀezɑ̃tɑ̃, ɑ̃t] nm/f representative

représentation [ʀ(ə)pʀezɑ̃tasjɔ̃] nf (symbole, image) representation; (spectacle) performance

représenter [ʀ(ə)pʀezɑ̃te] vt to represent; (donner: pièce, opéra) to perform; **se représenter** vt (se figurer) to imagine

répression [ʀepʀesjɔ̃] nf repression

réprimer [ʀepʀime] vt (émotions) to suppress; (peuple etc) to repress

repris [ʀ(ə)pʀi] nm: **~ de justice** ex-prisoner, ex-convict

reprise [ʀ(ə)pʀiz] nf (recommencement) resumption; (économique) recovery; (TV) repeat; (Comm) trade-in, part exchange; (raccommodage) mend; **à plusieurs ~s** on several occasions

repriser [R(ə)pRize] vt (chaussette, lainage) to darn; (tissu) to mend

reproche [R(ə)pRɔʃ] nm (remontrance) reproach; **faire des ~s à qn** to reproach sb; **sans ~(s)** beyond reproach; **reprocher** vt: **reprocher qch à qn** to reproach ou blame sb for sth; **reprocher qch à** (critiquer) to have sth against

reproduction [R(ə)pRɔdyksjɔ̃] nf reproduction

reproduire [R(ə)pRɔdɥiR] vt to reproduce; **se reproduire** vi (Bio) to reproduce; (recommencer) to recur, re-occur

reptile [Rɛptil] nm reptile

république [Repyblik] nf republic

répugnant, e [Repyɲɑ̃, ɑ̃t] adj disgusting

répugner [Repyɲe]: **~ à** vt: **~ à qn** to repel ou disgust sb; **~ à faire** to be loath ou reluctant to do

réputation [Repytasjɔ̃] nf reputation; **réputé, e** adj renowned

requérir [RəkeRiR] vt (nécessiter) to require, call for

requête [Rəkɛt] nf request

requin [Rəkɛ̃] nm shark

requis, e [Rəki, iz] adj required

RER sigle m (= réseau express régional) Greater Paris high-speed train service

rescapé, e [Rɛskape] nm/f survivor

rescousse [Rɛskus] nf: **aller à la ~ de qn** to go to sb's aid ou rescue

réseau, x [Rezo] nm network

réservation [Rezɛʁvasjɔ̃] nf booking, reservation; **j'ai confirmé ma ~ par fax/e-mail** I confirmed my booking by fax/e-mail

réserve [Rezɛʁv] nf (retenue) reserve; (entrepôt) storeroom; (restriction, d'Indiens) reservation; (de pêche, chasse) preserve; **de ~** (provisions etc) in reserve

réservé, e [Rezɛʁve] adj reserved; **chasse/pêche ~e** private hunting/ fishing

réserver [Rezɛʁve] vt to reserve;

(chambre, billet etc) to book, reserve; (fig: destiner) to have in store; (garder): **~ qch pour/à** to keep ou save sth for: **je voudrais ~ une chambre pour deux personnes** I'd like to book a double room; **j'ai réservé une table au nom de ...** I booked a table in the name of ...

réservoir [Rezɛʁvwaʁ] nm tank

résidence [Rezidɑ̃s] nf residence; **résidence secondaire** second home; **résidence universitaire** hall of residence (BRIT), dormitory (US); **résidentiel, le** adj residential; **résider** vi: **résider à/dans/en** to reside in; **résider dans** (fig) to lie in

résidu [Rezidy] nm residue no pl

résigner [Reziɲe]: **se résigner** vi: se **~ (à qch/à faire)** to resign o.s. (to sth/to doing)

résilier [Rezilje] vt to terminate

résistance [Rezistɑ̃s] nf resistance; (de réchaud, bouilloire: fil) element

résistant, e [Rezistɑ̃, ɑ̃t] adj (personne) robust, tough; (matériau) strong, hard-wearing

résister [Reziste] vi to resist; **~ à** (assaut, tentation) to resist; (supporter: gel etc) to withstand; (désobéir à) to stand up to, oppose

résolu, e [Rezɔly] pp de **résoudre** ▷ adj: **être ~ à qch/faire** to be set upon sth/doing

résolution [Rezɔlysjɔ̃] nf (fermeté, décision) resolution; (d'un problème) solution

résolve etc [Rezɔlv] vb voir **résoudre**

résonner [Rezɔne] vi (cloche, pas) to reverberate, resound; (salle) to be resonant

résorber [RezɔRbe]: **se résorber** vi (fig: chômage) to be reduced; (: déficit) to be absorbed

résoudre [Rezudʀ] vt to solve; **se ~ à faire** to bring o.s. to do

respect [Rɛspɛ] nm respect; **tenir en ~** to keep at bay; **présenter ses ~s à qn** to pay one's respects to sb; **respecter** vt to respect; **respectueux, -euse** adj respectful

respiration [Rɛspiʀasjɔ̃] nf
breathing no pl

respirer [Rɛspiʀe] vi to breathe; (fig: se
détendre) to get one's breath;
(: se rassurer) to breathe again ▷ vt to
breathe (in), inhale; (manifester: santé,
calme etc) to exude

resplendir [Rɛsplɑ̃diʀ] vi to shine;
(fig): **~ (de)** to be radiant (with)

responsabilité [Rɛspɔ̃sabilite] nf
responsibility; (légale) liability

responsable [Rɛspɔ̃sabl] adj
responsible ▷ nm/f (coupable) person
responsible; (personne compétente)
person in charge; (de parti, syndicat)
official; **~ de** responsible for

ressaisir [R(ə)seziʀ]: **se ressaisir** vi to
regain one's self-control

ressasser [R(ə)sase] vt to keep going
over

ressemblance [R(ə)sɑ̃blɑ̃s] nf
resemblance, similarity, likeness

ressemblant, e [R(ə)sɑ̃blɑ̃, ɑ̃t] adj
(portrait) lifelike, true to life

ressembler [R(ə)sɑ̃ble]: **~ à** vt to
be like, resemble; (visuellement) to
look like; **se ressembler** vi to be (ou
look) alike

ressentiment [R(ə)sɑ̃timɑ̃] nm
resentment

ressentir [R(ə)sɑ̃tiʀ] vt to feel; **se ~ de**
to feel (ou show) the effects of

resserrer [R(ə)seʀe] vt (nœud, boulon)
to tighten (up); (fig: liens) to strengthen

resservir [R(ə)seʀviʀ] vi to do ou serve
again; **~ qn (d'un plat)** to give sb a
second helping of (a dish); **se ~ de**
(plat) to take a second helping of; (outil etc)
to use again

ressort [Rəsɔʀ] nm (pièce) spring;
(énergie) spirit; (recours): **en dernier ~** as
a last resort; (compétence): **être du ~
de** to fall within the competence of

ressortir [Rəsɔʀtiʀ] vi to go (ou come)
out (again); (contraster) to stand out;
~ de to emerge from; **faire ~** (fig:
souligner) to bring out

ressortissant, e [R(ə)sɔʀtisɑ̃, ɑ̃t]
nm/f national

ressources [R(ə)suʀs] nfpl (moyens)
resources

ressusciter [Resysite] vt (fig) to revive,
bring back ▷ vi to rise (from the dead)

restant, e [Rɛstɑ̃, ɑ̃t] adj remaining
▷ nm: **le ~ (de)** the remainder (of); **un ~
de** (de trop) some left-over

restaurant [Rɛstɔʀɑ̃] nm restaurant:
**pouvez-vous m'indiquer un bon
~?** can you recommend a good
restaurant?

restauration [Rɛstɔʀasjɔ̃] nf
restoration; (hôtellerie) catering;
restauration rapide fast food

restaurer [Rɛstɔʀe] vt to restore; **se
restaurer** vi to have something to eat

reste [Rɛst] nm (restant): **le ~ (de)** the
rest (of); (de trop): **un ~ (de)** some
left-over; **restes** nmpl (nourriture) left-
overs; (d'une cité etc, dépouille mortelle)
remains; **du ~, au ~** besides, moreover

rester [Rɛste] vi to stay, remain;
(subsister) to remain, be left; (durer)
to last, live on ▷ vb impers: **il reste du
pain/2 œufs** there's some bread/there
are 2 eggs left (over); **restons-en là** let's
leave it at that; **il me reste assez de
temps** I have enough time left; **il ne me
reste plus qu'à ...** I've just got to ...

restituer [Rɛstitɥe] vt (objet, somme):
~ qch (à qn) to return sth (to sb)

restreindre [Rɛstʀɛ̃dʀ] vt to restrict,
limit

restriction [Rɛstʀiksjɔ̃] nf restriction

résultat [Rezylta] nm result; **résultats**
nmpl (d'examen, d'élection) results pl

résulter [Rezylte]: **~ de** vt to result
from, be the result of

résumé [Rezyme] nm summary,
résumé; **en ~** in brief; (pour conclure)
to sum up

résumer [Rezyme] vt (texte) to
summarize; (récapituler) to sum up
 ▌ Attention à ne pas traduire **résumer**
 par **to resume**.

résurrection [RezyRɛksjɔ̃] nf

resurrection

rétablir [ʀetabliʀ] vt to restore, re-establish; **se rétablir** vi (guérir) to recover; (silence, calme) to return, be restored; **rétablissement** nm restoring; (guérison) recovery

retaper [ʀ(ə)tape] (fam) vt (maison, voiture etc) to do up; (revigorer) to buck up

retard [ʀ(ə)taʀ] nm (d'une personne attendue) lateness no pl; (sur l'horaire, un programme) delay; (sur: scolaire, mental etc) backwardness; **en ~ (de 2 heures)** (2 hours) late; **avoir du ~** to be late; (sur un programme) to be behind (schedule); **prendre du ~** (train, avion) to be delayed; **sans ~** without delay; **désolé d'être en ~** sorry I'm late; **le vol a deux heures de ~** the flight is two hours late

retardataire [ʀ(ə)taʀdatɛʀ] nm/f latecomer

retardement [ʀ(ə)taʀdəmã]: **à ~** adj delayed action cpd; **bombe à ~** time-bomb

retarder [ʀ(ə)taʀde] vt to delay; (montre) to put back ▷ vi (montre) to be slow; **~ qn (d'une heure)** (sur un horaire) to delay sb (an hour); **~ qch (de 2 jours)** (départ, date) to put sth back (2 days)

retenir [ʀət(ə)niʀ] vt (garder, retarder) to keep, detain; (maintenir: objet qui glisse, fig: colère, larmes) to hold back; (se rappeler) to retain; (réserver) to reserve; (accepter: proposition etc) to accept; (fig: empêcher d'agir): **~ qn (de faire)** to hold sb back (from doing); (prélever): **~ qch (sur)** to deduct sth (from); **se retenir** vi (se raccrocher): **se ~ à** to hold onto; (se contenir): **se ~ de faire** to restrain o.s. from doing; **~ son souffle** to hold one's breath

retentir [ʀ(ə)tãtiʀ] vi to ring out; **retentissant, e** adj resounding

retenue [ʀət(ə)ny] nf (prélèvement) deduction; (Scol) detention; (modération) (self-)restraint

réticence [ʀetisãs] nf hesitation, reluctance no pl; **réticent, e** adj

hesitant, reluctant

rétine [ʀetin] nf retina

retiré, e [ʀ(ə)tiʀe] adj (vie) secluded; (lieu) remote

retirer [ʀ(ə)tiʀe] vt (vêtement, lunettes) to take off, remove; (argent, plainte) to withdraw; (reprendre: bagages, billets) to collect, pick up; (extraire): **~ qch de** to take sth out of, remove sth from

retomber [ʀ(ə)tɔ̃be] vi (à nouveau) to fall again; (atterrir: après un saut etc) to land; (échoir): **~ sur qn** to fall on sb

rétorquer [ʀetɔʀke] vt: **~ (à qn) que** to retort (to sb) that

retouche [ʀ(ə)tuʃ] nf (sur vêtement) alteration; **retoucher** vt (photographie) to touch up; (texte, vêtement) to alter

retour [ʀ(ə)tuʀ] nm return; **au ~** (en route) on the way back; **à mon ~** when I get/got back; **être de ~ (de)** to be back (from); **par ~ du courrier** by return of post; **quand serons-nous de ~?** when do we get back?

retourner [ʀ(ə)tuʀne] vt (dans l'autre sens: matelas, crêpe etc) to turn (over); (: sac, vêtement) to turn inside out; (fam: bouleverser) to shake; (renvoyer, restituer): **~ qch à qn** to return sth to sb ▷ vi (aller, revenir): **~ quelque part/à** to go back ou return somewhere/to; **se retourner** vi (tourner la tête) to turn round; **~ à** (état, activité) to return to, go back to; **se ~ contre** (fig) to turn against

retrait [ʀ(ə)tʀɛ] nm (d'argent) withdrawal; **~ ~ set back; retrait du permis (de conduire)** disqualification from driving (BRIT), revocation of driver's license (US)

retraite [ʀ(ə)tʀɛt] nf (d'un employé) retirement; (revenu) pension; (d'une armée, Rel) retreat; **prendre sa ~** to retire; **retraite anticipée** early retirement; **retraité, e** adj retired ▷ nm/f pensioner

retrancher [ʀ(ə)tʀãʃe] vt (nombre, somme): **~ qch de** to take ou deduct sth from; **se ~ derrière/dans** to take refuge behind/in

rétrécir [retresir] vt (vêtement) to take in ▷ vi to shrink; **se rétrécir** (route, vallée) to narrow

rétro [retro] adj inv: **la mode ~** the nostalgia vogue

rétroprojecteur [retroprɔʒɛktœr] nm overhead projector

rétrospective [retrospɛktiv] nf (Art) retrospective; (Cinéma) season, retrospective; **rétrospectivement** adv in retrospect

retrousser [r(ə)truse] vt to roll up

retrouvailles [r(ə)truvaj] nfpl reunion sg

retrouver [r(ə)truve] vt (fugitif, objet perdu) to find; (calme, santé) to regain; (revoir) to see again; (rejoindre) to meet (again), join; **se retrouver** vi to meet; (s'orienter) to find one's way; **se quelque part** to find o.s. somewhere; **s'y ~** (y voir clair) to make sense of it; (rentrer dans ses frais) to break even; **je ne retrouve plus mon portefeuille** I can't find my wallet (BRIT) ou billfold (US)

rétroviseur [retrovizœr] nm (rear-view) mirror

réunion [reynjɔ̃] nf (séance) meeting

réunir [reynir] vt (rassembler) to gather together; (inviter: amis, famille) to have round, have in; (cumuler: qualités etc) to combine; (rapprocher: ennemis) to bring together (again), reunite; (rattacher: parties) to join (together); **se réunir** vi (se rencontrer) to meet

réussi, e [reysi] adj successful

réussir [reysir] vi to succeed, be successful; (à un examen) to pass ▷ vt to make a success of; **~ à faire** to succeed in doing; **~ à qn** (être bénéfique à) to agree with sb; **réussite** nf success; (Cartes) patience

revaloir [r(ə)valwar] vt: **je vous revaudrai cela** I'll repay you some day; (en mal) I'll pay you back for this

revanche [r(ə)vɑ̃ʃ] nf revenge; (sport) revenge match; **en ~** on the other hand

rêve [rɛv] nm dream; **de ~** dream cpd;

faire un ~ to have a dream

réveil [revɛj] nm waking up no pl; (fig) awakening; (pendule) alarm (clock); **au ~** on waking (up); **réveiller** vt (personne) to wake up; (fig) to awaken, revive; **se réveiller** vi to wake up; **pouvez-vous me réveiller à 7 heures, s'il vous plaît?** could I have an alarm call at 7am, please?

réveillon [revɛjɔ̃] nm Christmas Eve; (de la Saint-Sylvestre) New Year's Eve; **réveillonner** vi to celebrate Christmas Eve (ou New Year's Eve)

révélateur, -trice [revelatœr, tris] adj: **~ (de qch)** revealing (sth)

révéler [revele] vt to reveal; **se révéler** vi to be revealed, reveal itself ▷ vb +attrib: **se ~ difficile/aisé** to prove difficult/easy

revenant, e [r(ə)vənɑ̃, ɑ̃t] nm/f ghost

revendeur, -euse [r(ə)vɑ̃dœr, øz] nm/f (détaillant) retailer; (de drogue) (drug-)dealer

revendication [r(ə)vɑ̃dikasjɔ̃] nf claim, demand

revendiquer [r(ə)vɑ̃dike] vt to claim, demand; (responsabilité) to claim

revendre [r(ə)vɑ̃dr] vt (d'occasion) to resell; (détailler) to sell; **à ~** (en abondance) to spare

revenir [r(ə)vnir] vi to come back; (coûter): **~ cher/à 100 euros (à qn)** to cost (sb) a lot/100 euros; **~ à** (reprendre: études, projet) to return to, go back to; (équivaloir à) to amount to; **~ à qn** (part, honneur) to go to sb, be sb's; (souvenir, nom) to come back to sb; **~ sur** (question, sujet) to go back over; (engagement) to go back on; **~ à soi** to come round; **n'en pas ~: je n'en reviens pas** I can't get over it; **~ sur ses pas** to retrace one's steps; **cela revient à dire que/au même** it amounts to saying that/the same thing; **faire ~** (Culin) to brown

revenu [rəv(ə)ny] nm income; **revenus** nmpl income sg

rêver [reve] vi, vt to dream; **~ de/à** to dream of

éverbère [ʀEVERBER] nm street lamp ou light; **réverbérer** vt to reflect

'evers [ʀ(ə)VER] nm (de feuille, main) back; (d'étoffe) wrong side; (de pièce, médaille) back, reverse; (Tennis, Ping-Pong) backhand; (de veste) lapel; (fig: échec) setback

evêtir [ʀ(ə)VETiʀ] vt (habit) to don, put on; (prendre: importance, apparence) to take on; **~ qch de** to cover with

êveur, -euse [ʀEVœʀ, øz] adj dreamy ▷ nm/f dreamer

evient [ʀəvjɛ̃] vb voir **revenir**

evigorer [ʀ(ə)VIGOʀE] vt (air frais) to invigorate, brace up; (repas, boisson) to revive, buck up

evirement [ʀ(ə)VIRMɑ̃] nm change of mind; (d'une situation) reversal

eviser [ʀEVIZE] vt to revise; (machine) to overhaul, service

evision [ʀEVIZjɔ̃] nf revision; (de voiture) servicing no pl

evivre [ʀ(ə)VIVʀ] vi (reprendre des forces) to come alive again ▷ vt (épreuve, moment) to relive

evoir [ʀəVWAʀ] vt to see again; (réviser) to revise ▷ nm: **au ~** goodbye

évoltant, e [ʀEVOLtɑ̃, ɑ̃t] adj revolting, appalling

évolte [ʀEVOLt] nf rebellion, revolt

évolter [ʀEVOLte] vt to revolt; **se révolter (contre)** to rebel (against)

évolu, e [ʀEVOLY] adj (past, Admin): **âgé de 18 ans ~s** over 18 years of age

évolution [ʀEVOLYSjɔ̃] nf revolution; **révolutionnaire** adj, nm/f revolutionary

evolver [ʀEVOLVER] nm gun; (à barillet) revolver

évoquer [ʀEVOKe] vt (fonctionnaire) to dismiss; (arrêt, contrat) to revoke

evue [ʀ(ə)VY] nf review; (périodique) review, magazine; (de music-hall) variety show; **passer en ~ (mentalement)** to go through

ez-de-chaussée [ʀED(ə)ʃOSe] nm inv ground floor

RF sigle f = **République française**

Rhin [ʀɛ̃] nm Rhine

rhinocéros [ʀINOSEʀOS] nm rhinoceros

Rhône [ʀON] nm Rhône

rhubarbe [ʀYBAʀB] nf rhubarb

rhum [ʀOM] nm rum

rhumatisme [ʀYMATISM] nm rheumatism no pl

rhume [ʀYM] nm cold; **rhume de cerveau** head cold; **le rhume des foins** hay fever

ricaner [ʀIKAne] vi (avec méchanceté) to snigger; (bêtement) to giggle

riche [ʀiʃ] adj rich; (personne, pays) rich, wealthy; **~ en** rich in; **richesse** nf wealth; (fig: de sol, musée etc) richness; **richesses** nfpl (ressources, argent) wealth sg; (trésors) treasures

ricochet [ʀIKOʃɛ] nm: **faire des ~s** to skip stones

ride [ʀid] nf wrinkle

rideau, X [ʀido] nm curtain; **rideau de fer** (boutique) metal shutter(s)

rider [ʀide] vt to wrinkle; **se rider** vi to become wrinkled

ridicule [ʀIDIKYL] adj ridiculous ▷ nm: **le ~** ridicule; **ridiculiser** vt to ridicule; **se ridiculiser** vi to make a fool of o.s.

 MOT-CLÉ

rien [ʀjɛ̃] pron 1: **(ne) ... rien** nothing, tournure négative + anything; **qu'est-ce que vous avez? — rien** what have you got? — nothing; **il n'a rien dit/fait** he said/did nothing; he hasn't said/done anything; **n'avoir peur de rien** to be afraid ou frightened of nothing, not to be afraid ou frightened of anything; **il n'a rien** (n'est pas blessé) he's all right; **ça ne fait rien** it doesn't matter; **de rien!** not at all!

2: **rien de: rien d'intéressant** nothing interesting; **rien d'autre** nothing else; **rien du tout** nothing at all

3: **rien que** just, only; nothing but; **rien que pour lui faire plaisir** only ou just to please him; **rien que la vérité** nothing but the truth; **rien que cela** that alone ▷ *nm*: **un petit rien** (cadeau) a little something; **des riens** trivia *pl*; **un rien de a** hint of; **en un rien de temps** in no time at all

rieur, -euse [R(i)jœr, R(i)jøz] *adj* cheerful

rigide [Riʒid] *adj* stiff; (*fig*) rigid; strict

rigoler [Rigole] *vi* (*fam*: *rire*) to laugh; (*s'amuser*) to have (some) fun; (*plaisanter*) to be joking ou kidding; **rigolo, -ote** (*fam*) *adj* funny ▷ *nm/f* comic; (*péj*) fraud, phoney

rigoureusement [RiguRøzmɑ̃] *adv* (*vrai*) absolutely; (*interdit*) strictly

rigoureux, -euse [RiguRø, øz] *adj* rigorous; (*hiver*) hard, harsh

rigueur [RigœR] *nf* rigour; **"tenue de soirée de ~"** "formal dress only"; **à la ~** at a pinch; **tenir ~ à qn de qch** to hold sth against sb

rillettes [Rijɛt] *nfpl* potted meat (*made from pork ou goose*)

rime [Rim] *nf* rhyme

rinçage [Rɛ̃saʒ] *nm* rinsing (out); (*opération*) rinse

rincer [Rɛ̃se] *vt* to rinse; (*récipient*) to rinse out

ringard, e [Rɛ̃gaR, aRd] (*fam*) *adj* old-fashioned

riposter [Riposte] *vi* to retaliate ▷ *vt*: **~ que** to retort that

rire [RiR] *vi* to laugh; (*se divertir*) to have fun ▷ *nm* laugh; **le ~** laughter; **~ de** to laugh at; **pour ~** (*pas sérieusement*) for a joke ou a laugh

risible [Rizibl] *adj* laughable

risque [Risk] *nm* risk; **le ~** danger; **à ses ~s et périls** at his own risk; **risqué, e** *adj* risky; (*plaisanterie*) risqué, daring; **risquer** *vt* to risk; (*allusion, question*) to venture, hazard; **ça ne risque rien** it's quite safe; **risquer de: il risque de se tuer** he could get himself killed; **ce qui risque de se produire** what might ou could well happen; **il ne risque pas**

de recommencer there's no chance of him doing that again; **se risquer à faire** (*tenter*) to venture ou dare to do

rissoler [Risɔle] *vi, vt*: **(faire) ~** to brown

ristourne [RistuRn] *nf* discount

rite [Rit] *nm* rite; (*fig*) ritual

rivage [Rivaʒ] *nm* shore

rival, e, -aux [Rival, o] *adj, nm/f* rival; **rivaliser** *vi*: **rivaliser avec** (*personne*) to rival, vie with; **rivalité** *nf* rivalry

rive [Riv] *nf* shore; (*de fleuve*) bank; **riverain, e** *nm* (*de route*) riverside (*ou* lakeside) resident; (*d'une route*) local resident

rivière [RivjɛR] *nf* river

riz [Ri] *nm* rice; **rizière** *nf* paddy-field, ricefield

RMI *sigle m* (= *revenu minimum d'insertion*) ≈ income support (BRIT), ≈ welfare (US)

RN *sigle f* = **route nationale**

robe [Rɔb] *nf* dress; (*de juge*) robe; (*pelage*) coat; **robe de chambre** dressing gown; **robe de mariée** wedding dress; **robe de soirée** evening dress

robinet [Rɔbinɛ] *nm* tap (BRIT), faucet (US)

robot [Rɔbo] *nm* robot; **robot de cuisine** food processor

robuste [Rɔbyst] *adj* robust, sturdy; **robustesse** *nf* robustness, sturdiness

roc [Rɔk] *nm* rock

rocade [Rɔkad] *nf* bypass

rocaille [Rɔkaj] *nf* loose stones *pl*; (*jardin*) rockery, rock garden

roche [Rɔʃ] *nf* rock

rocher [Rɔʃe] *nm* rock

rocheux, -euse [Rɔʃø, øz] *adj* rocky

rodage [Rɔdaʒ] *nm*: **en ~** running in

rôder [Rode] *vi* to roam about; (*de façon suspecte*) to lurk (about ou around); **rôdeur, -euse** *nm/f* prowler

rogne [Rɔɲ] (*fam*) *nf*: **être en ~** to be in a temper

rogner [Rɔɲe] *vt* to clip; **~ sur** (*fig*) to cut down ou back on

rognons [Rɔɲɔ̃] *nmpl* (*Culin*) kidneys

roi [Rwa] *nm* king; **la fête des Rois, les**

Rois Twelfth Night

rôle [ʀol] nm role, part

rollers [ʀɔlœʀ] nmpl Rollerblades®

romain, e [ʀɔmɛ̃, ɛn] adj Roman ▷ nm/f: **R~, e** Roman

roman, e [ʀɔmɑ̃, an] adj (Archit) Romanesque ▷ nm novel; (**roman policier** detective story

romancer [ʀɔmɑ̃se] vt (agrémenter) to romanticize; **romancier, -ière** nm/f novelist; **romanesque** adj (amours, aventures) storybook cpd; (sentimental: personne) romantic

roman-feuilleton [ʀɔmɑ̃fœjtɔ̃] nm serialized novel

romanichel, le [ʀɔmaniʃɛl] (péj) nm/f gipsy

romantique [ʀɔmɑ̃tik] adj romantic

romarin [ʀɔmaʀɛ̃] nm rosemary

Rome [ʀɔm] n Rome

rompre [ʀɔ̃pʀ] vt to break; (entretien, fiançailles) to break off ▷ vi (fiancés) to break it off; **se rompre** vi to break; **rompu, e** adj (fourbu) exhausted

ronces [ʀɔ̃s] nfpl brambles

ronchonner [ʀɔ̃ʃɔne] (fam) vi to grouse, grouch

rond, e [ʀɔ̃, ʀɔ̃d] adj round; (joues, mollets) well-rounded; (fam: ivre) tight ▷ nm (cercle) ring; (fam: sou): **je n'ai plus un ~** I haven't a penny left; **en ~** (s'asseoir, danser) in a ring; **ronde** nf (gén: de surveillance) rounds pl, patrol; (danse) round (dance); (Mus) semibreve (BRIT), whole note (US); **à la ronde** (alentour): **à 10 km à la ronde** for 10 km round; **rondelet, te** adj plump

rondelle [ʀɔ̃dɛl] nf (tranche) slice, round; (Tech) washer

rond-point [ʀɔ̃pwɛ̃] nm roundabout

ronflement [ʀɔ̃fləmɑ̃] nm snore, snoring

ronfler [ʀɔ̃fle] vi to snore; (moteur, poêle) to hum

ronger [ʀɔ̃ʒe] vt to gnaw (at); (suj: vers, rouille) to eat into; **se ~ les ongles** to bite one's nails; **se ~ les sangs** to worry o.s. sick; **rongeur** nm rodent

ronronner [ʀɔ̃ʀɔne] vi to purr

rosbif [ʀɔsbif] nm: **du ~** roasting beef; (cuit) roast beef

rose [ʀoz] nf rose ▷ adj pink; **rose bonbon** adj inv candy pink

rosé, e [ʀoze] adj pinkish; (**vin) ~** rosé

roseau, x [ʀozo] nm reed

rosée [ʀoze] nf dew

rosier [ʀozje] nm rosebush, rose tree

rossignol [ʀɔsiɲɔl] nm (Zool) nightingale

rotation [ʀɔtasjɔ̃] nf rotation

roter [ʀɔte] (fam) vi to burp, belch

rôti [ʀoti] nm: ~ roasting meat; (cuit) roast meat; **un ~ de bœuf/porc** a joint of beef/pork

rotin [ʀɔtɛ̃] nm rattan (cane); **fauteuil en ~** cane (arm)chair

rôtir [ʀotiʀ] vi, vt (aussi: **faire ~**) to roast; **rôtisserie** nf (restaurant) steakhouse; (traiteur) roast meat shop; **rôtissoire** nf (roasting) spit

rotule [ʀɔtyl] nf kneecap

rouage [ʀwaʒ] nm cog (wheel), gearwheel; **les ~s de l'État** the wheels of State

roue [ʀu] nf wheel; **roue de secours** spare wheel

rouer [ʀwe] vt: **~ qn de coups** to give sb a thrashing

rouge [ʀuʒ] adj, nm/f red ▷ nm red; (**vin) ~** red wine; **sur la liste ~** ex-directory (BRIT), unlisted (US); **passer au ~** (signal) to go red; (automobiliste) to go through a red light; **rouge à joue** blusher; **rouge (à lèvres)** lipstick; **rouge-gorge** nm robin (redbreast)

rougeole [ʀuʒɔl] nf measles sg

rougeoyer [ʀuʒwaje] vi to glow red

rouget [ʀuʒɛ] nm mullet

rougeur [ʀuʒœʀ] nf redness; (Méd: tache) red blotch

rougir [ʀuʒiʀ] vi to turn red; (de honte, timidité) to blush, flush; (de plaisir, colère) to flush

rouille [ʀuj] nf rust; **rouillé, e** adj rusty; **rouiller** vt to rust ▷ vi to rust, go rusty

roulant, e [ʀulɑ̃, ɑ̃t] adj (meuble) on

wheels; (tapis etc) moving; **escalier ~** escalator

rouleau, x [Rulo] nm roll; (à mise en plis, à peinture, vague) roller; **rouleau à pâtisserie** rolling pin

roulement [Rulmã] nm (rotation; (bruit) rumbling no pl, rumble; **travailler par ~** to work on a rota (BRIT) ou rotation (us) basis; **roulement (à billes)** ball bearings pl; **roulement de tambour** drum roll

rouler [Rule] vt to roll; (papier, tapis) to roll up; (Culin: pâte) to roll out; (fam: duper) to do, con ♦ vi (bille, boule) to roll; (voiture, train) to go, run; (automobiliste) to drive; (bateau) to roll; **se ~ dans** (boue) to roll in; (couverture) to roll o.s. (up) in

roulette [Rulɛt] nf (de table, fauteuil) castor; (de dentiste) drill; (jeu) roulette; **à ~s** on castors; **ça a marché comme sur des ~s** it went off very smoothly

roulis [Ruli] nm roll(ing)

roulotte [Rulɔt] nf caravan

roumain, e [Rumɛ̃, ɛn] adj Rumanian ▷ nm/f; **R~, e** Rumanian

Roumanie [Rumani] nf Rumania

rouquin, e [Rukɛ̃, in] (péj) nm/f redhead

rouspéter [Ruspete] (fam) vi to moan

rousse [Rus] adj voir **roux**

roussir [Rusir] vt to scorch ▷ vi (Culin): **faire ~** to brown

route [Rut] nf road; (fig: chemin) way; (itinéraire, parcours) route; (fig: voie) road, path; **il y a 3 h de ~** it's a 3-hour ride ou journey; **en ~** on the way; **en ~!** let's go!; **mettre en ~** to start up; **se mettre en ~** to set off; **quelle ~ dois-je prendre pour aller à ...?** which road do I take for ...?; **route nationale** ≈ A road (BRIT), = state highway (us); **routier, -ière** adj road cpd ▷ nm (camionneur) (long-distance) lorry (BRIT) ou truck (us) driver; (restaurant) ≈ transport café (BRIT), = truck stop (us)

routine [Rutin] nf routine; **routinier, -ière** (péj) adj (activité) humdrum;

(personne) addicted to routine

rouvrir [Ruvrir] vt, vi to reopen, open again; **se rouvrir** vi to reopen, open again

roux, rousse [Ru, Rus] adj red; (personne) red-haired ▷ nm/f redhead

royal, e, -aux [Rwajal, o] adj royal; (cadeau etc) fit for a king

royaume [Rwajom] nm kingdom; (fig) realm; **le Royaume-Uni** the United Kingdom

royauté [Rwajote] nf (régime) monarchy

ruban [Rybã] nm ribbon; **ruban adhésif** adhesive tape

rubéole [Rybeɔl] nf German measles sg, rubella

rubis [Rybi] nm ruby

rubrique [Rybrik] nf (titre, catégorie) heading; (Presse: article) column

ruche [Ryʃ] nf hive

rude [Ryd] adj (au toucher) rough; (métier, tâche) hard, tough; (climat) severe, harsh; (bourru) harsh, rough; (fruste: manières) rugged, tough; (fam: fameux) jolly good; **rudement** (fam) adv (très) terribly

rudimentaire [Rydimãtɛr] adj rudimentary, basic

rudiments [Rydimã] nmpl: **avoir des ~ d'anglais** to have a smattering of English

rue [Ry] nf street

ruée [Rɥe] nf rush

ruelle [Rɥɛl] nf alley(-way)

ruer [Rɥe] vi (cheval) to kick out; **se ruer vi: se ~ sur** to pounce on; **se ~ vers/dans/hors de** to rush ou dash towards/into/out of

rugby [Rygbi] nm rugby (football)

rugir [Ryʒir] vi to roar

rugueux, -euse [Rygø, øz] adj rough

ruine [Rɥin] nf ruin; **ruiner** vt to ruin; **ruineux, -euse** adj ruinous

ruisseau, x [Rɥiso] nm stream, brook

ruisseler [Rɥis(ə)le] vi to stream

rumeur [Rymœr] nf (nouvelle) rumour; (bruit confus) rumbling

ruminer [ʀymine] vt (herbe) to ruminate; (fig) to ruminate on ou over, chew over

rupture [ʀyptyʀ] nf (séparation, désunion) break-up, split; (de négociations etc) breakdown; (de contrat) breach; (dans continuité) break

rural, e, -aux [ʀyʀal, o] adj rural, country cpd

ruse [ʀyz] nf: **la ~** cunning, craftiness; (pour tromper) trickery; **une ~** a trick, a ruse; **rusé, e** adj cunning, crafty

russe [ʀys] adj Russian ▷ nm/f: **R~** Russian ▷ nm (Ling) Russian

Russie [ʀysi] nf: **la ~** Russia

rustine® [ʀystin] nf rubber repair patch (for bicycle tyre)

rustique [ʀystik] adj rustic

rythme [ʀitm] nm rhythm; (vitesse) rate; (: de la vie) pace, tempo; **rythmé, e** adj rhythmic(al)

S

s' [s] pron voir **se**

sa [sa] adj voir **son¹**

sable [sabl] nm sand

sablé [sable] nm shortbread biscuit

sabler [sable] vt (contre le verglas) to grit; **~ le champagne** to drink champagne

sabot [sabo] nm clog; (de cheval) hoof; **sabot de frein** brake shoe

saboter [sabote] vt to sabotage; (bâcler) to make a mess of, botch

sac [sak] nm bag; (à charbon etc) sack; **mettre à ~** to sack; **sac à dos** rucksack; **sac à main** handbag; **sac de couchage** sleeping bag; **sac de voyage** travelling bag

saccadé, e [sakade] adj jerky; (respiration) spasmodic

saccager [sakaʒe] vt (piller) to sack; (dévaster) to create havoc in

saccharine [sakaʀin] nf saccharin

sachet [saʃe] nm (small) bag; (de sucre, café) sachet; **du potage en ~** packet soup; **sachet de thé** tea bag

sacoche [sakɔʃ] nf (gén) bag; (de bicyclette) saddlebag

sacré, e [sakʀe] adj sacred; (fam: satané) blasted; (: familier): **un ~ toupet** a heck of a cheek

sacrement [sakʀəmɑ̃] nm sacrament

sacrifice [sakʀifis] nm sacrifice; **sacrifier** vt to sacrifice

sacristie [sakʀisti] nf (catholique) sacristy; (protestante) vestry

sadique [sadik] adj sadistic

safran [safʀɑ̃] nm saffron

sage [saʒ] adj wise; (enfant) good

sage-femme [saʒfam] nf midwife

sagesse [saʒɛs] nf wisdom

Sagittaire [saʒitɛʀ] nm: **le ~** Sagittarius

Sahara [saaʀa] nm: **le ~** the Sahara (desert)

saignant, e [sɛɲɑ̃, ɑ̃t] adj (viande) rare

saigner [sene] vi to bleed ▷ vt to bleed; **~ du nez** to have a nosebleed

saillir [sajiʀ] vi to project, stick out; (veine, muscle) to bulge

sain, e [sɛ̃, sɛn] adj healthy; **~ et sauf** safe and sound, unharmed; **~ d'esprit** sound in mind, sane

saindoux [sɛ̃du] nm lard

saint, e [sɛ̃, sɛ̃t] adj holy ▷ nm/f saint; **le Saint Esprit** the Holy Spirit ou Ghost; **la Sainte Vierge** the Blessed Virgin; **la Saint-Sylvestre** New Year's Eve; **sainteté** nf holiness

sais etc [sɛ] vb voir **savoir**

saisie [sezi] nf seizure; **saisie (de données)** (data) capture

saisir [seziʀ] vt to take hold of, grab; (fig: occasion) to seize; (comprendre) to grasp; (entendre) to get, catch; (données) to capture; (Culin) to fry quickly; (Jur: biens, publication) to seize; **saisissant, e** adj startling, striking

saison [sɛzɔ̃] nf season; **haute/basse/morte ~** high/low/slack season; **saisonnier, -ière** adj seasonal

salade [salad] nf (Bot) lettuce etc; (Culin) (green) salad; (fam: confusion) tangle, muddle; **salade composée** mixed salad; **salade de fruits** fruit salad; **salade verte** green salad; **saladier** nm (salad) bowl

salaire [salɛʀ] nm (annuel, mensuel) salary; (hebdomadaire, journalier) pay, wages pl; **salaire minimum interprofessionnel de croissance** index-linked guaranteed minimum wage

salarié, e [salaʀje] nm/f salaried employee; wage-earner

salaud [salo] (fam!) nm bastard (!)

sale [sal] adj dirty, filthy; (fam: mauvais) nasty

salé, e [sale] adj (mer, goût) salty; (Culin: amandes, beurre etc) salted; (: gâteaux) savoury; (fam: grivois) spicy; (: facture) steep

saler [sale] vt to salt

saleté [salte] nf (état) dirtiness; (crasse) dirt, filth; (tache etc) dirt no pl; (fam: méchanceté) dirty trick; (: camelote) rubbish no pl; (: obscénité) filthy thing (to say)

salière [saljɛʀ] nf saltcellar

salir [saliʀ] vt to (make) dirty; (fig: quelqu'un) to soil the reputation of; **se salir** vi to get dirty; **salissant, e** adj (tissu) which shows the dirt; (travail) dirty, messy

salle [sal] nf room; (d'hôpital) ward; (de restaurant) dining room; (d'un cinéma) auditorium; (: public) audience; **salle à manger** dining room; **salle d'attente** waiting room; **salle de bain(s)** bathroom; **salle de classe** classroom; **salle de concert** concert hall; **salle d'eau** shower-room; **salle d'embarquement** (à l'aéroport) departure lounge; **salle de jeux** (pour enfants) playroom; **salle de séjour** living room; **salle des professeurs** staffroom; **salle des ventes** saleroom

salon [salɔ̃] nm lounge, sitting room; (mobilier) lounge suite; (exposition) exhibition, show; **salon de coiffure** hairdressing salon; **salon de thé** tearoom

salope [salɔp] (fam!) nf bitch (!);

saloperie (fam!) nf (action) dirty trick; (chose sans valeur) rubbish no pl

salopette [salɔpɛt] nf dungarees pl; (d'ouvrier) overall(s)

salsifis [salsifi] nm salsify

salubre [salybʀ] adj healthy, salubrious

saluer [salɥe] vt (pour dire bonjour, fig) to greet; (pour dire au revoir) to take one's leave; (Mil) to salute

salut [saly] nm (geste) wave; (parole) greeting; (Mil) salute; (Rel) salvation ▷ excl (fam: bonjour) hi (there); (: au revoir) see you, bye

salutations [salytasjɔ̃] nfpl greetings; **Veuillez agréer, Monsieur, mes ~ distinguées** yours faithfully

samedi [samdi] nm Saturday

SAMU [samy] sigle m (= service d'assistance médicale d'urgence) ≈ ambulance (service) (BRIT); ≈ paramedics pl (US)

sanction [sɑ̃ksjɔ̃] nf sanction; **sanctionner** vt (loi, usage) to sanction; (punir) to punish

sandale [sɑ̃dal] nf sandal

sandwich [sɑ̃dwi(t)ʃ] nm sandwich; **je voudrais un ~ au jambon/fromage** I'd like a ham/cheese sandwich

sang [sɑ̃] nm blood; **être ~ couvert** in blood; **se faire du mauvais ~** to fret, get in a state; **sang-froid** nm calm, sangfroid; **de sang-froid** in cold blood; **sanglant, e** adj bloody

sangle [sɑ̃gl] nf strap

sanglier [sɑ̃glije] nm (wild) boar

sanglot [sɑ̃glo] nm sob; **sangloter** vi to sob

sangsue [sɑ̃sy] nf leech

sanguin, e [sɑ̃gɛ̃, in] adj blood cpd

sanitaire [saniteʀ] adj health cpd; **sanitaires** nmpl (lieu) bathroom sg

sans [sɑ̃] prép without; **un pull ~ manches** a sleeveless jumper; **~ faute** without fail; **~ arrêt** without a break; **~ ça** (fam) otherwise; **~ qu'il s'en aperçoive** without him

ou his noticing; **sans-abri** nmpl homeless; **sans-emploi** nm/f inv unemployed person; **les sans-emploi** the unemployed; **sans-gêne** adj inv inconsiderate

santé [sɑ̃te] nf health; **en bonne ~** in good health; **boire à la ~ de qn** to drink (to) sb's health; **à ta/votre ~!** cheers!

saoudien, ne [saudjɛ̃, jɛn] adj Saudi Arabian ▷ nm/f: **S~, ne** Saudi Arabian

saoul, e [su, sul] adj = **soûl**

saper [sape] vt to undermine, sap

sapeur-pompier [sapœʀpɔ̃pje] nm fireman

saphir [safiʀ] nm sapphire

sapin [sapɛ̃] nm fir (tree); (bois) fir; **sapin de Noël** Christmas tree

sarcastique [saʀkastik] adj sarcastic

Sardaigne [saʀdɛɲ] nf: **la ~** Sardinia

sardine [saʀdin] nf sardine

SARL sigle f (= société à responsabilité limitée) ≈ plc (BRIT) ≈ Inc. (US)

sarrasin [saʀazɛ̃] nm buckwheat

satané, e [satane] (fam) adj confounded

satellite [satelit] nm satellite

satin [satɛ̃] nm satin

satire [satiʀ] nf satire; **satirique** adj satirical

satisfaction [satisfaksjɔ̃] nf satisfaction

satisfaire [satisfeʀ] vt to satisfy; **~ à** (conditions) to meet; **satisfaisant, e** adj (acceptable) satisfactory; **satisfait, e** adj satisfied; **satisfait de** happy ou satisfied with

saturer [satyʀe] vt to saturate

sauce [sos] nf sauce; (avec un rôti) gravy; **sauce tomate** tomato sauce; **saucière** nf sauceboat

saucisse [sosis] nf sausage

saucisson [sosisɔ̃] nm (slicing) sausage

sauf, sauve [sof, sov] adj unharmed, unhurt; (fig: honneur) intact, saved ▷ prép except; **laisser la vie sauve à qn** to spare sb's life; **~ si** (à moins que) unless; **~ erreur** if I'm not mistaken;

~ avis contraire unless you hear to the contrary
sauge [soʒ] *nf* sage plant
saugrenu, e [sogrəny] *adj* preposterous
saule [sol] *nm* willow (tree)
saumon [somɔ̃] *nm* salmon *inv*
saupoudrer [sopudre] *vt*: **~ qch de** to sprinkle sth with
saur [sɔR] *adj m*: **hareng ~** smoked herring, kipper
saut [so] *nm* jump; *(discipline sportive)* jumping; **faire un ~ chez qn** to pop over to sb's (place); **saut à l'élastique** bungee jumping; **saut à la perche** pole vaulting; **saut en hauteur/longueur** high/long jump; **saut périlleux** somersault
sauter [sote] *vi* to jump, leap; *(exploser)* to blow up, explode; *(: fusibles)* to blow; *(se détacher)* to pop out *ou* off ▷ *vt* to jump (over), leap (over); *(fig: omettre)* to skip, miss (out); **faire ~** to blow up; *(Culin)* to sauté; **~ à la corde** to skip; **~ au cou de qn** to fly into sb's arms; **~ sur une occasion** to jump at an opportunity; **~ aux yeux** to be (quite) obvious
sauterelle [sotRɛl] *nf* grasshopper
sautiller [sotije] *vi* *(oiseau)* to hop; *(enfant)* to skip
sauvage [sovaʒ] *adj* *(gén)* wild; *(peuplade)* savage; *(farouche: personne)* unsociable; *(barbare)* wild, savage; *(non officiel)* unauthorized, unofficial; **faire du camping ~** to camp in the wild ▷ *nm/f* savage; *(timide)* unsociable type
sauve [sov] *adj f voir* **sauf**
sauvegarde [sovgaRd] *nf* safeguard; *(Inform)* backup; **sauvegarder** *vt* to safeguard; *(Inform: enregistrer)* to save; *(: copier)* to back up
sauve-qui-peut [sovkipø] *excl* run for your life!
sauver [sove] *vt* to save; *(porter secours à)* to rescue; *(récupérer)* to salvage, rescue; **se sauver** *vi* *(s'enfuir)* to run away; *(fam: partir)* to be off; **sauvetage**

nm rescue; **sauveteur** *nm* rescuer; **sauvette**: **à la sauvette** *(se marier etc)* hastily, hurriedly; **sauveur** *nm* saviour (BRIT), savior (US)
savant, e [savɑ̃, ɑ̃t] *adj* scholarly, learned ▷ *nm* scientist
saveur [savœR] *nf* flavour; *(fig)* savour
savoir [savwaR] *vt* to know; *(être capable de)*: **il sait nager** he can swim ▷ *nm* knowledge; **se savoir** *vi* *(être connu)* to be known; **je ne sais pas** I don't know; **je ne sais pas parler français** I don't speak French; **savez-vous où je peux ...?** do you know where I can ...?; **je n'en sais rien** I (really) don't know; **à ~** that is, namely; **faire ~ qch à qn** to let sb know sth; **pas que je sache** not as far as I know
savon [savɔ̃] *nm* *(produit)* soap; *(morceau)* bar of soap; *(fam)*: **passer un ~ à qn** to give sb a good dressing-down; **savonner** *vt* to soap; **savonnette** *nf* bar of soap
savourer [savuRe] *vt* to savour; **savoureux, -euse** *adj* tasty; *(fig: anecdote)* spicy, juicy
saxo(phone) [sakso(fɔn)] *nm* sax(ophone)
scabreux, -euse [skabRø, øz] *adj* risky; *(indécent)* improper, shocking
scandale [skɑ̃dal] *nm* scandal; **faire un ~** *(scène)* to make a scene; *(Jur)* to create a disturbance; **faire ~** to scandalize people; **scandaleux, -euse** *adj* scandalous, outrageous
scandinave [skɑ̃dinav] *adj* Scandinavian ▷ *nm/f*: **S~** Scandinavian
Scandinavie [skɑ̃dinavi] *nf* Scandinavia
scarabée [skaRabe] *nm* beetle
scarlatine [skaRlatin] *nf* scarlet fever
scarole [skaRɔl] *nf* endive
sceau, x [so] *nm* seal
sceller [sele] *vt* to seal
scénario [senaRjo] *nm* scenario
scène [sɛn] *nf* *(gén)* scene; *(estrade, fig: théâtre)* stage; **entrer en ~** to come on stage; **mettre en ~** *(Théâtre)* to stage;

(Cinéma) to direct; **faire une ~ (à qn)** to make a scene (with sb); **scène de ménage** domestic scene

sceptique [sɛptik] adj sceptical

schéma [ʃema] nm (diagramme) diagram, sketch; **schématique** adj diagrammatic(al), schematic; (fig) oversimplified

sciatique [sjatik] nf sciatica

scie [si] nf saw

sciemment [sjamɑ̃] adv knowingly

science [sjɑ̃s] nf (savoir) knowledge; **sciences humaines/ sociales** social sciences; **sciences naturelles** (Scol) natural science sg, biology sg; **sciences po** political science ou studies pl; **science-fiction** nf science fiction; **scientifique** adj scientific ▷ nm/f scientist; (étudiant) science student

cier [sje] vt to saw; (retrancher) to saw off; **scierie** nf sawmill

cintiller [sɛ̃tije] vi to sparkle; (étoile) to twinkle

ciure [sjyʀ] nf: **~ (de bois)** sawdust

clérose [skleʀoz] nf: **sclérose en plaques** multiple sclerosis

colaire [skɔlɛʀ] adj school cpd; **scolariser** vt to provide with schooling/schools; **scolarité** nf schooling

cooter [skutœʀ] nm (motor) scooter

core [skɔʀ] nm score

corpion [skɔʀpjɔ̃] nm (signe): **le S~** Scorpio

cotch [skɔtʃ] nm (whisky) scotch, whisky; **S-®** (adhésif) Sellotape® (BRIT), Scotch® tape (US)

cout, e [skut] adj, nm scout

cript [skʀipt] nm (écriture) printing; (Cinéma) (shooting) script

crupule [skʀypyl] nm scruple

cruter [skʀyte] vt to scrutinize; (l'obscurité) to peer into

crutin [skʀytɛ̃] nm (vote) ballot; (ensemble des opérations) poll

culpter [skylte] vt to sculpt; (bois) to carve; **sculpteur** nm sculptor;

sculpture nf sculpture

SDF sigle m: **sans domicile fixe** homeless person; **les ~** the homeless

MOT-CLÉ

se [sə], **s'** pron 1 (emploi réfléchi) oneself; (: masc) himself; (: fém) herself; (: sujet non humain) itself; (: pl) themselves; **se savonner** to soap o.s.

2 (réciproque) one another, each other; **ils s'aiment** they love one another ou each other

3 (passif): **cela se répare facilement** it is easily repaired

4 (possessif): **se casser la jambe/se laver les mains** to break one's leg/ wash one's hands

séance [seɑ̃s] nf (d'assemblée) meeting, session; (de tribunal) sitting, session; (musicale, Cinéma, Théâtre) performance

seau, x [so] nm bucket, pail

sec, sèche [sɛk, sɛʃ] adj dry; (raisins, figues) dried; (cœur: insensible) hard, cold ▷ nm: **tenir au ~** to keep in a dry place ▷ adv hard; **je le bois ~** I drink it straight ou neat; **à ~** (: puits) dried up

sécateur [sekatœʀ] nm secateurs pl (BRIT), shears pl (US)

sèche [sɛʃ] adj f voir **sec**; **sèche-cheveux** nm inv hair-drier; **sèche-linge** nm inv tumble dryer; **sèchement** adv (répondre) drily

sécher [seʃe] vt to dry; (dessécher: peau, blé) to dry (out); (: étang) to dry up; (fam: cours) to skip ▷ vi to dry; to dry out; to dry up; (fam: candidat) to be stumped; **se sécher** (après le bain) to dry o.s.; **sécheresse** nf dryness; (absence de pluie) drought; **séchoir** nm drier

second, e [s(ə)gɔ̃, ɔ̃d] adj second ▷ nm (assistant) second in command; (Navig) first mate ▷ nf (Scol) year 11 (BRIT), tenth grade (US); (Aviat, Rail etc) second class; **voyager en ~e** to travel second-class; **secondaire** adj secondary; **seconde²** nf second; **seconder** vt to assist

secouer [s(ə)kwe] vt to shake; (passagers) to rock; (traumatiser) to shake (up)

secourir [s(ə)kuʀiʀ] vt (venir en aide à) to assist, aid; **secourisme** nm first aid; **secouriste** nm/f first-aid worker

secours [s(ə)kuʀ] nm help, aid, assistance ▷ nmpl aid sg; **au ~!** help!; **appeler au ~** to shout ou call for help; **porter ~ à qn** to give sb assistance, help sb; **les premiers ~** first aid sg

▪ **ÉQUIPES DE SECOURS**

• Emergency phone numbers can
• be dialled free from public phones.
• For the police ('la police') dial 17; for
• medical services ('le SAMU') dial
• 15; for the fire brigade ('les sapeurs
• pompiers'), dial 18.

secousse [s(ə)kus] nf jolt, bump; (électrique) shock; (fig: psychologique) jolt, shock

secret, -ète [səkʀɛ, ɛt] adj secret; (fig: renfermé) reticent, reserved ▷ nm secret; (discrétion absolue): **le ~** secrecy; **en ~** in secret, secretly; **secret professionnel** professional secrecy

secrétaire [s(ə)kʀetɛʀ] nm/f secretary ▷ nm (meuble) writing desk; **secrétaire de direction** personal secretary; **secrétaire d'État** junior minister; **secrétariat** nm (profession) secretarial work; (bureau) office; (: d'organisation internationale) secretariat

secteur [sɛktœʀ] nm sector; (zone) area; (Élec): **branché sur ~** plugged into the mains (supply)

section [sɛksjɔ̃] nf section; (de parcours d'autobus) fare stage; (Mil: unité) platoon; **sectionner** vt to sever

sécu [seky] abr f = **sécurité sociale**

sécurité [sekyʀite] nf (absence de danger) safety; (absence de troubles) security; **système de ~** security system; **être en ~** to be safe; **la sécurité routière** road safety;

la sécurité sociale ≈ (the) Social Security (BRIT), ≈ Welfare (US)

sédentaire [sedɑ̃tɛʀ] adj sedentary

séduction [sedyksjɔ̃] nf seduction; (charme, attrait) appeal, charm

séduire [seduiʀ] vt to charm; (femme: abuser de) to seduce; **séduisant, e** adj (femme) seductive; (homme, offre) very attractive

ségrégation [segʀegasjɔ̃] nf segregation

seigle [sɛgl] nm rye

seigneur [sɛɲœʀ] nm lord

sein [sɛ̃] nm breast; (entrailles) womb; **au ~ de** (équipe, institution) within

séisme [seism] nm earthquake

seize [sɛz] num sixteen; **seizième** num sixteenth

séjour [seʒuʀ] nm stay; (pièce) living room; **séjourner** vi to stay

sel [sɛl] nm salt; (fig: piquant) spice

sélection [selɛksjɔ̃] nf selection; **sélectionner** vt to select

self [sɛlf] (fam) nm self-service

self-service [sɛlfsɛʀvis] adj, nm self-service

selle [sɛl] nf saddle; **selles** nfpl (Méd) stools; **seller** vt to saddle

selon [s(ə)lɔ̃] prép according to; (en se conformant à) in accordance with; **~ que** according to whether; **~ moi** as I see it

semaine [s(ə)mɛn] nf week; **en ~** during the week, on weekdays

semblable [sɑ̃blabl] adj similar; (de ce genre): **de ~s mésaventures** such mishaps ▷ nm fellow creature ou man; **~ à** similar to, like

semblant [sɑ̃blɑ̃] nm: **un ~ de ...** a semblance of ...; **faire ~ (de faire)** to pretend (to do)

sembler [sɑ̃ble] vb +attrib to seem ▷ vb impers: **il semble (bien) que/qu'inutile de** it (really) seems ou appears that/ useless to: **il me semble que** it seems to me that; **comme bon lui semble** as he sees fit

semelle [s(ə)mɛl] nf sole; (intérieure) insole, inner sole

semer [s(ə)me] *vt* to sow; (*fig: éparpiller*) to scatter; (: *confusion*) to spread; (*fam: poursuivants*) to lose, shake off; **semé de** (*difficultés*) riddled with

semestre [s(ə)mɛstʀ] *nm* half-year; (*Scol*) semester

séminaire [seminɛʀ] *nm* seminar

semi-remorque [səmiʀəmɔʀk] *nm* articulated lorry (BRIT), semi(trailer) (US)

semoule [s(ə)mul] *nf* semolina

sénat [sena] *nm* senate; **sénateur** *nm* senator

Sénégal [senegal] *nm*: **le ~** Senegal

sens [sɑ̃s] *nm* (*Physiol,* sens) sense; (*signification*) meaning, sense; (*direction*) direction; **à mon ~** to my mind; **dans le ~ des aiguilles d'une montre** clockwise; **dans le ~ contraire des aiguilles d'une montre** anticlockwise; **dans le mauvais ~** (*aller*) the wrong way, in the wrong direction; **le bon ~** common sense; **sens dessus dessous** upside down; **sens interdit/unique** one-way street

sensation [sɑ̃sasjɔ̃] *nf* sensation; **à ~** (*péj*) sensational; **faire ~** to cause *ou* create a sensation; **sensationnel, le** *adj* (*fam*) fantastic, terrific

sensé, e [sɑ̃se] *adj* sensible

sensibiliser [sɑ̃sibilize] *vt*: **~ qn à** to make sb sensitive to

sensibilité [sɑ̃sibilite] *nf* sensitivity

sensible [sɑ̃sibl] *adj* sensitive; (*aux sens*) perceptible; (*appréciable: différence, progrès*) appreciable, noticeable; **~ à** sensitive to; **sensiblement** *adv* (*à peu près*): **ils sont sensiblement du même âge** they are approximately the same age; **sensiblerie** *nf* sentimentality

> Attention à ne pas traduire **sensible** par le mot anglais **sensible**.

sensuel, le [sɑ̃sɥɛl] *adj* (*personne*) sensual; (*musique*) sensuous

sentence [sɑ̃tɑ̃s] *nf* (*jugement*) sentence

sentier [sɑ̃tje] *nm* path

sentiment [sɑ̃timɑ̃] *nm* feeling; **recevez mes ~s respectueux**

(*personne nommée*) yours sincerely; (*personne non nommée*) yours faithfully; **sentimental, e, -aux** *adj* sentimental; (*vie, aventure*) love *cpd*

sentinelle [sɑ̃tinɛl] *nf* sentry

sentir [sɑ̃tiʀ] *vt* (*par l'odorat*) to smell; (*par le goût*) to taste; (*au toucher, fig*) to feel; (*répandre une odeur de*) to smell of; (: *ressemblance*) to smell like ▸ *vi* to smell; **~ mauvais** to smell bad; **se ~ bien** to feel good; **se ~ mal** (*être indisposé*) to feel unwell *ou* ill; **se ~ le courage/la force de faire** to feel brave/strong enough to do; **je ne peut pas le ~** (*fam*) he can't stand him; **je ne me sens pas bien** I don't feel well

séparation [separasjɔ̃] *nf* separation; (*cloison*) division, partition

séparé, e [separe] *adj* (*distinct*) separate; (*époux*) separated; **séparément** *adv* separately

séparer [separe] *vt* to separate; (*désunir*) to drive apart; (*détacher*): **~ qch de** to pull sth (off) from; **se séparer si** (*époux, amis*) to separate, part; (*se diviser: route etc*) to divide; **se ~ de** (*époux*) to separate *ou* part from; (*employé, objet personnel*) to part with

sept [sɛt] *num* seven; **septante** (BELGIQUE, SUISSE) *adj inv* seventy

septembre [sɛptɑ̃bʀ] *nm* September

septicémie [sɛptisemi] *nf* blood poisoning, septicaemia

septième [sɛtjɛm] *num* seventh

séquelles [sekɛl] *nfpl* after-effects; (*fig*) aftermath

serbe [sɛʀb(ə)] *adj* Serbian

Serbie [sɛʀbi] *nf*: **la ~** Serbia

serein, e [səʀɛ̃, ɛn] *adj* serene

sergent [sɛʀʒɑ̃] *nm* sergeant

série [seʀi] *nf* series *inv*; (*de clés, casseroles, outils*) set; (*catégorie: Sport*) rank; **en ~** in quick succession; (*Comm*) mass *cpd*; (*voiture*) custom-built; **hors ~** (*Comm*) custom-built; **série noire** (*crime*) thriller

sérieusement [seʀjøzmɑ̃] *adv* seriously

sérieux, -euse [serjø, jøz] adj serious; (élève, employé) reliable, responsible; (client, maison) reliable, dependable ▷ nm seriousness; (d'une entreprise etc) reliability; **garder son ~** to keep a straight face; **prendre qch/qn au ~** to take sth/sb seriously

serin [s(ə)rɛ̃] nm canary

seringue [s(ə)rɛ̃g] nf syringe

serment [sɛrmɑ̃] nm (juré) oath; (promesse) pledge, vow

sermon [sɛrmɔ̃] nm sermon

séropositif, -ive [seropozitif, iv] adj (Méd) HIV positive

serpent [sɛrpɑ̃] nm snake; **serpenter** vi to wind

serpillière [sɛrpijɛr] nf floorcloth

serre [sɛr] nf (Agr) greenhouse; **serres** nfpl (griffes) claws, talons

serré, e [sere] adj (habits) tight; (fig: lutte, match) tight, close-fought; (passagers etc) (tightly) packed; (réseau) dense; **avoir le cœur ~** to have a heavy heart

serrer [sere] vt (tenir) to grip ou hold tight; (comprimer, coincer) to squeeze; (poings, mâchoires) to clench; (suj: vêtement) to be too tight for; (ceinture, nœud, vis) to tighten ▷ vi: **~ à droite** to keep ou get over to the right

serrure [seryr] nf lock; **serrurier** nm locksmith

sert etc [sɛr] vb voir **servir**

servante [sɛrvɑ̃t] nf (maid)servant

serveur, -euse [sɛrvœr, øz] nm/f waiter (waitress)

serviable [sɛrvjabl] adj obliging, willing to help

service [sɛrvis] nm service; (assortiment de vaisselle) set, service; (bureau: de la vente etc) department, section; (travail) duty; **premier ~** (série de repas) first sitting; **être de ~** to be on duty; **faire le ~** to serve; **rendre un ~ à qn** to do sb a favour; (objet: s'avérer utile) to come in useful ou handy for sb; **mettre en ~** to put into service ou operation; **~ compris/non compris**

service included/not included; **hors ~** out of order; **service après vente** after sales service; **service d'ordre** police (ou stewards) in charge of maintaining order; **service militaire** military service; see note; **services secrets** secret service sg

- **SERVICE MILITAIRE**
-
- Until 1997, French men over the age
- of 18 who were passed as fit, and
- who were not in full-time higher
- education, were required to do
- ten months "service militaire".
- Conscientious objectors were
- required to do two years' community
- service.
- Since 1997, military service has been
- suspended in France. However, all
- sixteen-year-olds, both male and
- female, are required to register for
- a compulsory one-day training
- course, the "JAPD" ("journée d'appel
- de préparation à la défense"), which
- covers basic information on the
- principles and organization of
- defence in France, and also advises
- on career opportunities in the
- military and in the voluntary sector.
- Young people must attend the
- training day before their eighteenth
- birthday.

serviette [sɛrvjɛt] nf (de table) (table) napkin, serviette; (de toilette) towel; (porte-documents) briefcase; **serviette hygiénique** sanitary towel

servir [sɛrvir] vt to serve; (au restaurant) to wait on; (au magasin) to serve, attend to ▷ vi (Tennis) to serve; (Cartes) to deal; **se servir** vi (prendre d'un plat) to help o.s.; **vous êtes servi?** are you being served?; **~ à qn** (diplôme, études) to be of use to sb; **~ à qch/faire** (outil etc) to be used for sth/doing; **ça ne sert à rien** it's no use; **~ (à qn) de** to serve as (for sb); **se ~ de** (plat) to help o.s. to;

(voiture, outil, relations) to use; **sers-toi!** help yourself!

serviteur [sɛʀvitœʀ] nm servant

ses [se] adj voir **son**

seuil [sœj] nm doorstep; (fig) threshold

seul, e [sœl] adj (sans compagnie) alone; (unique): **un ~ livre** only one book, a single book ▷ adv (vivre) alone, on one's own ▷ nm, nf: **il en reste un(e) ~(e)** there's only one left; **le ~ livre** the only book; **parler tout ~** to talk to oneself; **faire qch (tout) ~** to do sth (all) on one's own ou (all) by oneself; **à lui (tout) ~** single-handed, on his own; **se sentir ~** to feel lonely; **seulement** adv only; **non seulement ... mais aussi** ou **encore** not only ... but also

sève [sɛv] nf sap

sévère [sevɛʀ] adj severe

sexe [sɛks] nm sex; (organes génitaux) genitals, sex organs; **sexuel, le** adj sexual

shampooing [ʃɑ̃pwɛ̃] nm shampoo

Shetland [ʃɛtlɑ̃d] n: **les îles ~** the Shetland Islands, Shetland

shopping [ʃɔpiŋ] nm: **faire du ~** to go shopping

short [ʃɔʀt] nm (pair of) shorts pl

⭕ **MOT-CLÉ**

si [si] adv **1** (oui) yes; **"Paul n'est pas venu"** — **"si!"** "Paul hasn't come" — "yes, he has!"; **je vous assure que si** I assure you he did ou he is etc
2 (tellement) so; **si gentil/rapidement** so kind/fast; **(tant et) si bien que** so much so that; **si rapide qu'il soit** however fast he may be
▷ conj if; **si tu veux** if you want; **je me demande si** I wonder if ou whether; **si seulement** if only
▷ nm (Mus) B; (en chantant la gamme) ti

Sicile [sisil] nf: **la ~** Sicily

sida [sida] sigle m (= syndrome immuno-déficitaire acquis) AIDS sg

sidéré, e [sidere] adj staggered

sidérurgie [sideʀyʀʒi] nf steel industry

siècle [sjɛkl] nm century

siège [sjɛʒ] nm seat; (d'entreprise) head office; (d'organisation) headquarters pl; (Mil) siege; **siège social** registered office; **siéger** vi to sit

sien, ne [sjɛ̃, sjɛn] pron: **le(la) ~(ne), les ~(ne)s (homme)** his; (femme) hers; (chose, animal) its

sieste [sjɛst] nf (afternoon) snooze ou nap; **faire la ~** to have a snooze ou nap

sifflement [sifləmɑ̃] nm: **un ~** a whistle

siffler [sifle] vi (gén) to whistle; (en respirant) to wheeze; (serpent, vapeur) to hiss ▷ vt (chanson) to whistle; (chien etc) to whistle for; (pièce, orateur) to hiss, boo; (fin de match, départ) to blow one's whistle for; (fam: verre) to guzzle

sifflet [sifle] nm whistle; **coup de ~** whistle

siffloter [siflɔte] vi, vt to whistle

sigle [sigl] nm acronym

signal, -aux [sinal, o] nm signal; (indice, écriteau) sign; **signal d'alarme** alarm signal; **signalement** nm description, particulars pl

signaler [sinale] vt to indicate; (personne: faire un signe) to signal; (vol, perte) to report; (faire remarquer): **~ qch à qn/(à qn) que** to point out sth to sb/(to sb) that; **je voudrais ~ un vol** I'd like to report a theft

signature [sinatyʀ] nf signature; (action) signing

signe [sin] nm sign; (Typo) mark; **faire un ~ de la main** to give a sign with one's hand; **faire ~ à qn** (fig: contacter) to get in touch with sb; **faire ~ à qn d'entrer** to motion (to) sb to come in; **signer** vt to sign; **se signer** to cross o.s.; **où dois-je signer?** where do I sign?

significatif, -ive [sinifikatif, iv] adj significant

signification [sinifikasjɔ̃] nf meaning

signifier [sinifje] vt (vouloir dire) to mean; (faire connaître): **~ qch (à qn)** to make sth known (to sb)

silence [silɑ̃s] nm silence; (Mus) rest; **garder le ~** to say nothing; **silencieux, -euse** adj quiet, silent ▷ nm silencer

silhouette [silwɛt] nf outline, silhouette; (allure) figure

sillage [sijaʒ] nm wake

sillon [sijɔ̃] nm (de disque) groove; **sillonner** vt to criss-cross

simagrées [simagre] nfpl fuss sg

similaire [similɛʀ] adj similar; **similicuir** nm imitation leather; **similitude** nf similarity

simple [sɛ̃pl] adj simple; (non multiple) single ▷ nm: **~ messieurs/dames** men's/ladies' singles sg ▷ nm/f: **~ d'esprit** simpleton

simplicité [sɛ̃plisite] nf simplicity; **en toute ~** quite simply

simplifier [sɛ̃plifje] vt to simplify

simuler [simyle] vt to sham, simulate

simultané, e [simyltane] adj simultaneous

sincère [sɛ̃sɛʀ] adj sincere; **sincèrement** adv sincerely; (pour parler franchement) honestly, really; **sincérité** nf sincerity

Singapour [sɛ̃gapuʀ] nm Singapore

singe [sɛ̃ʒ] nm monkey; (de grande taille) ape; **singer** vt to ape, mimic; **singeries** nfpl antics

singulariser [sɛ̃gylaʀize] vt to call attention to o.s.

singulariser: se singulariser vi to call attention to o.s.

singularité [sɛ̃gylaʀite] nf peculiarity

singulier, -ière [sɛ̃gylje, jɛʀ] adj remarkable, singular ▷ nm singular

sinistre [sinistʀ] adj sinister ▷ nm (incendie) blaze; (catastrophe) disaster; (Assurances) damage (giving rise to a claim); **sinistré, e** nm/f disaster victim

sinon [sinɔ̃] conj (autrement, sans quoi) otherwise, or else; (sauf) except, other than; (si ce n'est) if not

sinueux, -euse [sinɥø, øz] adj winding

sinus [sinys] nm (Anat) sinus; (Géom) sine; **sinusite** nf sinusitis

sirène [siʀɛn] nf siren; **sirène d'alarme** fire alarm; (en guerre) air-raid siren

sirop [siʀo] nm (à diluer: de fruit etc) syrup; (pharmaceutique) syrup, mixture; **~ pour la toux** cough mixture

siroter [siʀɔte] vt to sip

sismique [sismik] adj seismic

site [sit] nm (paysage, environnement) setting; (d'une ville etc: emplacement) site; **site (pittoresque)** beauty spot; **sites touristiques** places of interest; **site Web** (Inform) website

sitôt [sito] adv: **~ parti** as soon as he had left; **~ que** as soon as; **pas de ~** not for a long time

situation [sitɥasjɔ̃] nf situation; (d'un édifice, d'une ville) position, location; **situation de famille** marital status

situé, e [sitɥe] adj situated

situer [sitɥe] vt to site, situate; (en pensée) to set, place; **se situer** vi to be situated

six [sis] num six; **sixième** num sixth ▷ nf (Scol) year 7 (BRIT), sixth grade (US)

skaï® [skaj] nm Leatherette®

skate [skɛt], **skate-board** [skɛtbɔʀd] nm (Sport) skateboarding; (planche) skateboard

ski [ski] nm (objet) ski; (sport) skiing; **faire du ~** to ski; **ski de fond** cross-country skiing; **ski nautique** water-skiing; **ski de piste** downhill skiing; **ski de randonnée** cross-country skiing; **skier** vi to ski; **skieur, -euse** nm/f skier

slip [slip] nm (sous-vêtement) pants pl, briefs pl; (de bain: d'homme) trunks pl; (: du bikini) (bikini) briefs pl

slogan [slɔgɑ̃] nm slogan

Slovaquie [slɔvaki] nf: **la ~** Slovakia

SMIC [smik] sigle m = **salaire minimum interprofessionnel de croissance**

smoking [smɔkiŋ] nm dinner ou evening suit

SMS sigle m (= short message service) (service) SMS; (message) text message

SNCF sigle f (= Société nationale des chemins de fer français) French railways

snob [snɔb] adj snobbish ▷ nm/f snob; **snobisme** nm snobbery, snobbishness (d'une difficulté etc) to get through; **~ de** (endroit) to go (ou come) out of, leave; (provenir de) to come from; (compétence) to be outside

sosie [sɔzi] nm double

sot, sotte [so, sɔt] adj silly, foolish ▷ nm/f fool; **sottise** nf (caractère) silliness, foolishness; (action) silly ou foolish thing

sou [su] nm: **près de ses ~s** tight-fisted; **sans le ~** penniless

soubresaut [subʀəso] nm start; (cahot) jolt

souche [suʃ] nf (d'arbre) stump; (de carnet) counterfoil (BRIT), stub

souci [susi] nm (inquiétude) worry; (préoccupation) concern; (Bot) marigold; **se faire du ~** to worry; **soucier: se soucier de** vt to care about; **soucieux, -euse** adj concerned, worried

soucoupe [sukup] nf saucer; **soucoupe volante** flying saucer

soudain, e [sudɛ̃, ɛn] adj (douleur, mort) sudden ▷ adv suddenly, all of a sudden

Soudan [sudɑ̃] nm: **le ~** Sudan

soude [sud] nf soda

souder [sude] vt (avec fil à souder) to solder; (par soudure autogène) to weld; (fig) to bind together

soudure [sudyʀ] nf soldering; welding; (joint) soldered joint; weld

souffle [sufl] nm (en expirant) breath; (en soufflant) puff, blow; (respiration) breathing; (d'explosion, de ventilateur) blast; (du vent) blowing; **être à bout de ~** to be out of breath; **un ~ d'air** a breath of air

soufflé, e [sufle] adj (fam: stupéfié) staggered ▷ nm (Culin) soufflé

souffler [sufle] vi (gén) to blow; (haleter) to puff and blow ▷ vt (feu, bougie) to blow out; (chasser: poussière etc) to blow away; (Tech: verre) to blow; (dire): **~ qch à qn** to whisper sth to sb

souffrance [sufʀɑ̃s] nf suffering; **en ~** (affaire) pending

souffrant, e [sufʀɑ̃, ɑ̃t] adj unwell

souffre-douleur [sufʀədulœʀ] nm inv

butt, underdog

souffrir [sufʀiʀ] vi to suffer, be in pain ▷ vt to suffer, endure; (supporter) to bear, stand; (maladie, froid) to suffer from; **elle ne peut pas le ~** she can't stand ou bear him

soufre [sufʀ] nm sulphur

souhait [swɛ] nm wish; **tous nos ~s pour la nouvelle année** (our) best wishes for the New Year; **à vos ~s!** bless you!; **souhaitable** adj desirable

souhaiter [swete] vt to wish for; **~ la bonne année à qn** to wish sb a happy New Year; **~ que** to hope that

soûl, e [su, sul] adj drunk ▷ nm: **tout son ~** to one's heart's content

soulagement [sulaʒmɑ̃] nm relief

soulager [sulaʒe] vt to relieve

soûler [sule] vt: **~ qn** to get sb drunk; (suj: boisson) to make sb drunk; (fig) to make sb's head spin ou reel; **se soûler** vi to get drunk

soulever [sul(ə)ve] vt to lift; (poussière) to send up; (enthousiasme) to arouse; (question, débat) to raise; **se soulever** vi (peuple) to rise up; (personne couchée) to lift o.s. up

soulier [sulje] nm shoe

souligner [suliɲe] vt to underline; (fig) to emphasize, stress

soumettre [sumɛtʀ] vt (pays) to subject, subjugate; (rebelle) to put down, subdue; **~ qch à qn** (projet etc) to submit sth to sb; **se soumettre (à)** to submit (to)

soumis, e [sumi, iz] adj submissive; **soumission** nf submission

soupçon [supsɔ̃] nm suspicion; (petite quantité): **un ~ de** a hint ou touch of; **soupçonner** vt to suspect; **soupçonneux, -euse** adj suspicious

soupe [sup] nf soup

souper [supe] vi to have supper ▷ nm supper

soupeser [supəze] vt to weigh in one's hand(s); (fig) to weigh up

soupière [supjɛʀ] nf (soup) tureen

soupir [supiʀ] nm sigh; **pousser un**

S

~ de soulagement to heave a sigh of relief

soupirer [supiʀe] vi to sigh

souple [supl] adj (fig: *règlement, caractère*) flexible; (: *démarche, taille*) lithe, supple; **souplesse** nf suppleness; (*de caractère*) flexibility

source [suʀs] nf (*point d'eau*) spring; (*d'un cours d'eau, fig*) source; **de bonne ~** on good authority

sourcil [suʀsi] nm (eye)brow; **sourciller** vi: **sans sourciller** without turning a hair ou batting an eyelid

sourd, e [suʀ, suʀd] adj deaf; (*bruit*) muffled; (*douleur*) dull ▷ nm/f deaf person; **faire la ~ oreille** to turn a deaf ear; **sourdine** nf (*Mus*) mute; **en sourdine** softly, quietly; **sourd-muet, sourde-muette** deaf-and-dumb ▷ nm/f deaf-mute

souriant, e [suʀjɑ̃, jɑ̃t] adj cheerful

sourire [suʀiʀ] nm smile ▷ vi to smile; **~ à qn** to smile at sb; (*fig: plaire à*) to appeal to sb; (*suj: chance*) to smile on sb; **garder le ~** to keep smiling

souris [suʀi] nf mouse

sournois, e [suʀnwa, waz] adj deceitful, underhand

sous [su] prép under; **~ la pluie** in the rain; **~ terre** underground; **~ peu** shortly, before long; **sous-bois** nm inv undergrowth

souscrire [suskʀiʀ] : **~ à** vt to subscribe to

sous...: **sous-directeur, -trice** nm/f assistant manager(-manageress); **sous-entendre** vt to imply, infer; **sous-entendu, e** adj implied ▷ nm innuendo, insinuation; **sous-estimer** vt to underestimate; **sous-jacent, e** adj underlying; **sous-louer** vt to sublet; **sous-marin, e** adj (*flore, faune*) submarine; (*pêche*) underwater ▷ nm submarine; **sous-pull** nm thin poloneck jersey; **soussigné, e**: **je soussigné** the undersigned; **sous-sol** nm basement; **sous-titre** nm subtitle

soustraction [sustʀaksjɔ̃] nf subtraction

soustraire [sustʀɛʀ] vt to subtract, take away; (*dérober*): **~ qch à qn** to remove sth from sb; **se soustraire à** (*autorité etc*) to elude, escape from

sous...: **sous-traitant** nm subcontractor; **sous-traiter** vt to sub-contract; **sous-vêtements** nmpl underwear

soutane [sutan] nf cassock, soutane

soute [sut] nf hold

soutenir [sut(ə)niʀ] vt to support; (*assaut, choc*) to stand up to, withstand; (*intérêt, effort*) to keep up; (*assurer*): **~ que** to maintain that; **soutenu, e** (*efforts*) sustained, unflagging; (*style*) elevated

souterrain, e [suteʀɛ̃, ɛn] adj underground ▷ nm underground passage

soutien [sutjɛ̃] nm support; **soutien-gorge** nm bra

soutirer [sutiʀe] vt: **~ qch à qn** to squeeze ou get sth out of sb

souvenir [suv(ə)niʀ] nm (*réminiscence*) memory; (*objet*) souvenir ▷ vb: **se ~ de** to remember; **se ~ que** to remember that; **en ~ de** in memory ou remembrance of; **avec mes affectueux/meilleurs ~, ...** with love from, .../regards, ...

souvent [suvɑ̃] adv often; **peu ~** seldom, infrequently

souverain, e [suv(ə)ʀɛ̃, ɛn] nm/f sovereign, monarch

soyeux, -euse [swajø, øz] adj silky

spacieux, -euse [spasjø, jøz] adj spacious, roomy

spaghettis [spageti] nmpl spaghetti sg

sparadrap [spaʀadʀa] nm sticking plaster (BRIT), Bandaid® (US)

spatial, e, -aux [spasjal, jo] adj (*Aviat*) space cpd

speaker, ine [spikœʀ, kʀin] nm/f announcer

spécial, e, -aux [spesjal, jo] adj special; (*bizarre*) peculiar; **spécialement** adv especially, particularly; (tout exprès) specially; **spécialiser: se spécialiser** vi to specialize; **spécialiste** nm/f specialist; **spécialité** nf speciality; (branche) special field

spécifier [spesifje] vt to specify, state

spécimen [spesimɛn] nm specimen

spectacle [spɛktakl] nm (scène) sight; (représentation) show; (industrie) show business; **spectaculaire** adj spectacular

spectateur, -trice [spɛktatœʀ, tʀis] nm/f (Cinéma etc) member of the audience; (Sport) spectator; (d'un événement) onlooker, witness

spéculer [spekyle] vi to speculate

spéléologie [speleɔlɔʒi] nf potholing

sperme [spɛʀm] nm semen, sperm

sphère [sfɛʀ] nf sphere

spirale [spiʀal] nf spiral

spirituel, le [spiʀitɥɛl] adj spiritual; (fin, piquant) witty

splendide [splɑ̃did] adj splendid

spontané, e [spɔ̃tane] adj spontaneous; **spontanéité** nf spontaneity

sport [spɔʀ] nm sport ▷ adj inv (vêtement) casual; **faire du ~** to do sport; **sports d'hiver** winter sports; **sportif, -ive** adj (journal, association, épreuve) sports cpd; (allure, démarche) athletic; (attitude, esprit) sporting

spot [spɔt] nm (lampe) spot(light); (annonce) **spot (publicitaire)** commercial (break)

square [skwaʀ] nm public garden(s)

squelette [skəlɛt] nm skeleton; **squelettique** adj scrawny

SRAS [sʀas] sigle m (= syndrome respiratoire aigu sévère) SARS

Sri Lanka [sʀilɑ̃ka] nm: **le ~** Sri Lanka

stabiliser [stabilize] vt to stabilize

stable [stabl] adj stable, steady

stade [stad] nm (Sport) stadium; (phase, niveau) stage

stage [staʒ] nm (cours) training course; **~ de formation (professionnelle)** vocational (training) course; **~ de**

perfectionnement advanced training course; **stagiaire** nm/f, adj trainee

⬛ Attention à ne pas traduire **stage** par le mot anglais **stage**.

stagner [stagne] vi to stagnate

stand [stɑ̃d] nm (d'exposition) stand; (de foire) stall; **stand de tir** (à la foire, Sport) shooting range

standard [stɑ̃daʀ] adj inv standard ▷ nm switchboard; **standardiste** nm/f switchboard operator

standing [stɑ̃diŋ] nm standing; **de grand ~** luxury

starter [staʀtɛʀ] nm (Auto) choke

station [stasjɔ̃] nf station; (de bus) stop; (de villégiature) resort; **station de ski** ski resort; **station de taxis** taxi rank (BRIT) ou stand (US); **stationnement** nm parking; **stationner** vi to park; **station-service** nf service station

statistique [statistik] nf (science) statistics sg; (rapport, étude) statistic ▷ adj statistical

statue [staty] nf statue

statu quo [statykwo] nm status quo

statut [staty] nm status; **statuts** nmpl (Jur, Admin) statutes; **statutaire** adj statutory

Sté abr = **société**

steak [stɛk] nm steak; **~ haché** hamburger

sténo(graphie) [steno(gʀafi)] nf shorthand

stérile [steʀil] adj sterile

stérilet [steʀilɛ] nm coil, loop

stériliser [steʀilize] vt to sterilize

stimulant, e [stimylɑ̃] (fig) stimulus, incentive; (physique) stimulant

stimuler [stimyle] vt to stimulate

stipuler [stipyle] vt to stipulate

stock [stɔk] nm stock; **stocker** vt to stock

stop [stɔp] nm (Auto: écriteau) stop sign; (: feu arrière) brake-light; **faire du ~** (fam) to hitch(hike); **stopper** vt, vi to stop, halt

store [stɔʀ] nm blind; (de magasin)

S

shade, awning
strabisme [stʀabism] nm squinting
strapontin [stʀapɔ̃tɛ̃] nm jump ou foldaway seat
stratégie [stʀateʒi] nf strategy; **stratégique** adj strategic
stress [stʀɛs] nm stress; **stressant, e** adj stressful; **stresser** vt: **stresser qn** to make sb (feel) tense
strict, e [stʀikt] adj strict; (tenue, décor) severe, plain; **le ~ nécessaire/ minimum** the bare essentials/ minimum
strident, e [stʀidɑ̃, ɑ̃t] adj shrill, strident
strophe [stʀɔf] nf verse, stanza
structure [stʀyktyʀ] nf structure; **~s d'accueil** reception facilities
studieux, -euse [stydjø, jøz] adj studious
studio [stydjo] nm (logement) (one-roomed) flatlet (BRIT) ou apartment (US); (d'artiste, TV etc) studio
stupéfait, e [stypefɛ, ɛt] adj astonished
stupéfiant, e [stypefjɑ̃, jɑ̃t] adj (étonnant) stunning, astounding ▷ nm (Méd) drug, narcotic
stupéfier [stypefje] vt (étonner) to stun, astonish
stupeur [stypœʀ] nf astonishment
stupide [stypid] adj stupid; **stupidité** nf stupidity; (parole, acte) stupid thing (to do ou say)
style [stil] nm style
stylé, e [stile] adj well-trained
styliste [stilist] nm/f designer
stylo [stilo] nm: **~ (à encre)** (fountain) pen; **stylo (à) bille** ball-point pen
su, e [sy] pp de **savoir** ▷ nm: **au su de** with the knowledge of
suave [suav] adj sweet
subalterne [sybaltɛʀn] adj (employé, officier) junior; (rôle) subordinate, subsidiary ▷ nm/f subordinate
subconscient [sypkɔ̃sjɑ̃] nm subconscious
subir [sybiʀ] vt (affront, dégâts) to suffer;

(opération, châtiment) to undergo
subit, e [sybi, it] adj sudden; **subitement** adv suddenly, all of a sudden
subjectif, -ive [sybʒɛktif, iv] adj subjective
subjonctif [sybʒɔ̃ktif] nm subjunctive
subjuguer [sybʒyge] vt to captivate
submerger [sybmɛʀʒe] vt to submerge; (fig) to overwhelm
subordonné, e [sybɔʀdɔne] adj, nm/f subordinate
subrepticement [sybʀɛptismɑ̃] adv surreptitiously
subside [sybzid] nm grant
subsidiaire [sybzidjɛʀ] adj: **question ~** deciding question
subsister [sybziste] vi (rester) to remain, subsist; (survivre) to live on
substance [sypstɑ̃s] nf substance
substituer [sypstitɥe] vt: **~ qn/qch à** to substitute sb/sth for; **se ~ à qn** (évincer) to substitute o.s. for sb
substitut [sypstity] nm (succédané) substitute
subterfuge [syptɛʀfyʒ] nm subterfuge
subtil, e [syptil] adj subtle
subvenir [sybvəniʀ] vi: **~ à** to meet
subvention [sybvɑ̃sjɔ̃] nf subsidy, grant; **subventionner** vt to subsidize
suc [syk] nm (Bot) sap; (de viande, fruit) juice
succéder [syksede] vt to succeed; **se succéder** vi (accidents, années) to follow one another
succès [syksɛ] nm success; **avoir du ~** to be a success, be successful; **à ~** successful; **succès de librairie** bestseller
successeur [syksesœʀ] nm successor
successif, -ive [syksesif, iv] adj successive
succession [syksesjɔ̃] nf (série, Pol) succession; (Jur: patrimoine) estate, inheritance
succomber [sykɔ̃be] vi to die, succumb; (fig): **~ à** to succumb to
succulent, e [sykylɑ̃, ɑ̃t] adj (repas,

mets) delicious
succursale [sykyʀsal] nf branch
sucer [syse] vt to suck; **sucette** nf
(bonbon) lollipop; (de bébé) dummy
(BRIT), pacifier (US)
sucre [sykʀ] nm (substance) sugar;
(morceau) lump of sugar, sugar lump
ou cube; **sucre d'orge** barley sugar;
**sucre en morceaux/cristallisé/en
poudre** lump/granulated/caster
sugar; **sucre glace** icing sugar (BRIT),
confectioner's sugar (US); **sucré, e**
adj (produit alimentaire) sweetened;
(au goût) sweet; **sucrer** vt (thé, café) to
sweeten, put sugar in; **sucreries** nfpl
(bonbons) sweets, sweet things; **sucrier**
nm (récipient) sugar bowl

sud [syd] nm: **le ~** the south ▷ adj inv
south; (côte) south, southern; **au ~**
(situation) in the south; (direction) to
the south; **au ~ de** (to the) south of;
sud-africain, e adj South African
▷ nm/f: **Sud-Africain, e** South African;
sud-américain, e adj South American
▷ nm/f: **Sud-Américain, e** South
American; **sud-est** nm, adj inv south-
east; **sud-ouest** nm, adj inv south-west

Suède [sɥɛd] nf: **la ~** Sweden;
suédois, e adj Swedish ▷ nm (Ling)
Swedish ▷ nm/f: **Suédois, e** Swede
suer [sɥe] vi to sweat; (suinter) to ooze;
sueur nf sweat; **en sueur** sweating, in
a sweat; **donner des sueurs froides à
qn** to put sb in(to) a cold sweat
suffire [syfiʀ] vi (être assez): **~ (à qn/
pour qch/pour faire)** to be enough ou
sufficient (for sb/for sth/to do); **il suffit
d'une négligence …** it only takes one
act of carelessness …; **il suffit qu'on
oublie pour que …** one only needs
to forget for …; **ça suffit!** that's enough!
suffisamment [syfizamɑ̃] adv
sufficiently, enough; **~ de** sufficient,
enough
suffisant, e [syfizɑ̃, ɑ̃t] adj sufficient;
(résultats) satisfactory; (vaniteux) self-
important, bumptious
suffixe [syfiks] nm suffix

suffoquer [syfɔke] vt to choke,
suffocate; (stupéfier) to stagger,
astound ▷ vi to choke, suffocate
suffrage [syfʀaʒ] nm (Pol: voix) vote
suggérer [sygʒeʀe] vt to suggest;
suggestion nf suggestion
suicide [sɥisid] nm suicide; **suicider**:
se suicider vi to commit suicide
suie [sɥi] nf soot
suisse [sɥis] adj Swiss ▷ nm: **S~**
Swiss pl inv ▷ nf: **la S~** Switzerland;
la S~ romande/allemande
French-speaking/German-speaking
Switzerland
suite [sɥit] nf (continuation:
d'énumération etc) rest, remainder; (: de
feuilleton) continuation; (: film etc sur
le même thème) sequel; (série) series,
succession; (conséquence) result; (ordre,
liaison logique) coherence; (appartement,
Mus) suite; (escorte) retinue, suite;
suites nfpl (d'une maladie etc) effects;
prendre la ~ (de directeur etc) to
succeed, take over from; **donner ~ à**
(requête, projet) to follow up; **faire ~ à** to
follow; (faisant) **~ à votre lettre du …**
further to your letter of the …; **de
(d'affilée)** in succession; (immédiatement)
at once; **par la ~** afterwards,
subsequently; **à la ~** one after the
other; **à la ~ de** (derrière) behind; (en
conséquence de) following
suivant, e [sɥivɑ̃, ɑ̃t] adj next,
following ▷ prép (selon) according to;
au ~! next!
suivi, e [sɥivi] adj (effort, qualité)
consistent; (cohérent) coherent; **très/
peu ~** (cours) well-/poorly-attended
suivre [sɥivʀ] vt (gén) to follow; (Scol:
cours) to attend; (comprendre) to keep
up with; (Comm: article) to continue to
stock ▷ vi to follow; (élève: assimiler)
to keep up; **se suivre** vi (accidents
etc) to follow one after the other;
faire ~ (lettre) to forward; **"à ~"** to be
continued"
sujet, te [syʒɛ, ɛt] adj: **être ~ à** (vertige
etc) to be liable ou subject to ▷ nm/f

(d'un souverain) subject ▷ *nm* subject;
au ~ de about; **sujet de conversation**
topic *ou* subject of conversation;
sujet d'examen *(Scol)* examination
question

super [sypɛʀ] *(fam) adj inv* terrific,
great, fantastic, super

superbe [sypɛʀb] *adj* magnificent,
superb

superficie [sypɛʀfisi] *nf* (surface) area

superficiel, le [sypɛʀfisjɛl] *adj*
superficial

superflu, e [sypɛʀfly] *adj* superfluous

supérieur, e [sypeʀjœʀ] *adj (lèvre,
étages, classes)* upper; *(plus élevé:
température, niveau, enseignement)*: **~ (à)**
higher (than); *(meilleur: qualité, produit)*:
~ (à) superior (to); *(excellent, hautain)*
superior ▷ *nm, nf* superior; **supériorité**
nf superiority

supermarché [sypɛʀmaʀʃe] *nm*
supermarket

superposer [sypɛʀpoze] *vt (faire
chevaucher)* to superimpose; **lits
superposés** bunk beds

superpuissance [sypɛʀpɥisɑ̃s] *nf*
super-power

superstitieux, -euse [sypɛʀstisjø,
jøz] *adj* superstitious

superviser [sypɛʀvize] *vt* to
supervise

supplanter [syplɑ̃te] *vt* to supplant

suppléant, e [sypleɑ̃, -ɑ̃t] *adj
(professeur)* supply *cpd*; *(juge,
fonctionnaire)* deputy *cpd* ▷ *nm/f
(professeur)* supply teacher

suppléer [syplee] *vt (ajouter: mot
manquant etc)* to supply, provide;
(compenser: lacune) to fill in; **~ à** to
make up for

supplément [syplemɑ̃] *nm*
supplement; *(de frites etc)* extra portion;
un ~ de travail extra *ou* additional
work; **payer un ~** to pay an additional
charge; **le vin est en ~** wine is extra;
supplémentaire *adj* additional,
further; *(train, bus)* relief *cpd*, extra

supplications [syplikasjɔ̃] *nfpl* pleas,

entreaties

supplice [syplis] *nm* torture *no pl*

supplier [syplije] *vt* to implore,
beseech

support [sypɔʀ] *nm* support;
(publicitaire) medium; **~ (audio-visuel)** aid

supportable [sypɔʀtabl] *adj (douleur)*
bearable

supporter[1] [sypɔʀtɛʀ] *nm* supporter,
fan

supporter[2] [sypɔʀte] *vt (conséquences,
épreuve)* to bear, endure; *(défauts,
personne)* to put up with; *(suj: chose:
chaleur etc)* to withstand; *(: personne:
chaleur, vin)* to be able to take

> ⚠ Attention à ne pas traduire
> **supporter** par to **support**.

supposer [sypoze] *vt* to suppose;
(impliquer) to presuppose; **à ~ que**
supposing (that)

suppositoire [sypozitwaʀ] *nm*
suppository

suppression [sypʀesjɔ̃] *nf (voir
supprimer)* cancellation; removal;
deletion

supprimer [sypʀime] *vt (congés,
service d'autobus etc)* to cancel; *(emplois,
privilèges, témoin gênant)* to do away
with; *(cloison, cause, anxiété)* to remove;
(clause, mot) to delete

suprême [sypʀɛm] *adj* supreme

 MOT-CLÉ

sur [syʀ] *prép* **1** *(position)* on; *(par-dessus)*
over; *(au-dessus)* above; **pose-le sur
la table** put it on the table; **je n'ai
pas d'argent sur moi** I haven't any
money on me

2 *(direction)* towards; **en allant sur
Paris** going towards Paris; **sur votre
droite** on *ou* to your right

3 *(à propos de)* on, about; **un livre/une
conférence sur Balzac** a book/lecture
on *ou* about Balzac

4 *(proportion)* out of; **un sur 10** one in
10; *(Scol)* one out of 10

5 *(mesures)* by; **4 m sur 2** 4 m by 2

6 (succession): **avoir accident sur accident** to have one accident after the other

sûr, e [syʀ] adj sure, certain; (digne de confiance) reliable; (sans danger) safe; (diagnostic, goût) reliable; **le plus ~ est de** the safest thing is to; **sûr de soi** self-assured, self-confident

surcharge [syʀʃaʀʒ] nf (de passagers, marchandises) excess load; **surcharger** vt to overload

surcroît [syʀkʀwa] nm: **un ~ de** additional +nom; **par ou de ~** moreover; **en ~** in addition

surdité [syʀdite] nf deafness

sûrement [syʀmɑ̃] adv (certainement) certainly; (sans risques) safely

surenchère [syʀɑ̃ʃɛʀ] nf (aux enchères) higher bid; **surenchérir** vi to bid higher; (fig) to try and outbid each other

surestimer [syʀɛstime] vt to overestimate

sûreté [syʀte] nf (sécurité) safety; (exactitude: de renseignements etc) reliability; (d'un geste) steadiness; **mettre en ~** to put in a safe place; **pour plus de ~** as an extra precaution, to be on the safe side

surf [sœʀf] nm surfing

surface [syʀfas] nf surface; (superficie) surface area; **une grande ~** a supermarket; **faire ~** to surface; **en ~** near the surface; (fig) superficially

surfait, e [syʀfɛ, ɛt] adj overrated

surfer [syʀfe] vi: **~ sur Internet** to surf ou browse the Internet

urgelé, e [syʀʒəle] adj (deep-)frozen ⊳ nm: **les ~s** (deep-)frozen food

urgir [syʀʒiʀ] vi to appear suddenly; (fig: problème, conflit) to arise

sur...: surhumain, e adj superhuman; **sur-le-champ** adv immediately; **surlendemain** nm: **le surlendemain (soir)** two days later (in the evening); **le surlendemain de** two days after;

surmenage nm overwork(ing);

surmener: se surmener vi to overwork

surmonter [syʀmɔ̃te] vt (vaincre) to overcome; (être au-dessus de) to top

surnaturel, le [syʀnatyʀɛl] adj, nm supernatural

surnom [syʀnɔ̃] nm nickname

surnombre [syʀnɔ̃bʀ] nm: **être en ~** to be too many (ou one too many)

surpeuplé, e [syʀpœple] adj overpopulated

surplace [syʀplas] nm: **faire du ~** to mark time

surplomber [syʀplɔ̃be] vt, vi to overhang

surplus [syʀply] nm (Comm) surplus; (reste): **~ de bois** wood left over

surprenant, e [syʀpʀənɑ̃, ɑ̃t] adj amazing

surprendre [syʀpʀɑ̃dʀ] vt (étonner) to surprise; (tomber sur: intrus etc) to catch; (entendre) to overhear

surpris, e [syʀpʀi, iz] adj: **~ (de/que)** surprised (at/that); **surprise** nf surprise; **faire une surprise à qn** to give sb a surprise; **surprise-partie** nf party

sursaut [syʀso] nm start, jump; **~ de** (énergie, indignation) sudden burst of; **en ~** with a start; **sursauter** vi to (give a) start, jump

sursis [syʀsi] nm (Jur: gén) suspended sentence; (fig) reprieve

surtout [syʀtu] adv (avant tout, d'abord) above all; (spécialement, particulièrement) especially; **~, ne dites rien!** whatever you do don't say anything!; **~ pas!** certainly ou definitely not!; **~ que ...** especially as ...

surveillance [syʀvεjɑ̃s] nf watch; (Police, Mil) surveillance; **sous ~ médicale** under medical supervision

surveillant, e [syʀvεjɑ̃, ɑ̃t] nm/f (de prison) warder; (Scol) monitor

surveiller [syʀveje] vt (enfant, élèves, bagages) to watch, keep an eye on; (prisonnier, suspect) to keep a watch on; (territoire, bâtiment) to (keep) watch over; (travaux, cuisson) to supervise; (Scol: examen) to invigilate; **~ son langage/sa ligne** to watch one's language/figure

survenir [syʀvəniʀ] vi (incident, retards) to occur, arise; (événement) to take place

survêtement [syʀvɛtmɑ̃] nm tracksuit

survie [syʀvi] nf survival; **survivant, e** nm/f survivor; **survivre à** (accident etc) to survive

survoler [syʀvɔle] vt to fly over; (fig: livre) to skim through

survolté, e [syʀvɔlte] adj (fig) worked up

sus [sy(s)]: **en ~ de** prép in addition to, over and above; **en ~** in addition

susceptible [sysɛptibl] adj touchy, sensitive; **~ de faire** (hypothèse) liable to do

susciter [sysite] vt (admiration) to arouse; (ennuis): **~ (à qn)** to create (for sb)

suspect, e [syspɛ(kt), ɛkt] adj suspicious; (témoignage, opinions) suspect ▷ nm/f suspect; **suspecter** vt to suspect; (honnêteté de qn) to question, have one's suspicions about

suspendre [syspɑ̃dʀ] vt (accrocher: vêtement): **~ qch (à)** to hang sth up (on); (interrompre, démettre) to suspend

suspendu, e [syspɑ̃dy] adj (accroché): **~ à** hanging on ou from; (perché): **~ au-dessus de** suspended over

suspens [syspɑ̃]: **en ~** adv (affaire) in abeyance; **tenir en ~** to keep in suspense

suspense [syspɛns, syspɑ̃s] nm suspense

suspension [syspɑ̃sjɔ̃] nf suspension; (lustre) light fitting ou fitment

suture [sytyʀ] nf (Méd): **point de ~** stitch

svelte [svɛlt] adj slender, svelte

SVP abr (= s'il vous plaît) please

sweat [swit] nm (fam) sweatshirt

sweat-shirt [switʃœʀt] (pl **~s**) nm sweatshirt

syllabe [si(l)lab] nf syllable

symbole [sɛ̃bɔl] nm symbol; **symbolique** adj symbolic(al); (geste, offrande) token cpd; **symboliser** vt to symbolize

symétrique [simetʀik] adj symmetrical

sympa [sɛ̃pa] (fam) adj inv nice; **sois ~, prête-le moi** be a pal and lend it to me

sympathie [sɛ̃pati] nf (inclination) liking; (affinité) friendship; (condoléances) sympathy; **j'ai beaucoup de ~ pour lui** I like him a lot; **sympathique** adj nice, friendly

▌ Attention à ne pas traduire *sympathique* par *sympathetic*.

sympathisant, e [sɛ̃patizɑ̃, ɑ̃t] nm/f sympathizer

sympathiser [sɛ̃patize] vi (voisins etc: s'entendre) to get on (BRIT) ou along (US) (well)

symphonie [sɛ̃fɔni] nf symphony

symptôme [sɛ̃ptom] nm symptom

synagogue [sinagog] nf synagogue

syncope [sɛ̃kɔp] nf (Méd) blackout; **tomber en ~** to faint, pass out

syndic [sɛ̃dik] nm (d'immeuble) managing agent

syndical, e, -aux [sɛ̃dikal, o] adj (trade) union cpd; **syndicaliste** nm/f trade unionist

syndicat [sɛ̃dika] nm (d'ouvriers, employés) (trade) union; **syndicat d'initiative** tourist office; **syndiqué, e** adj belonging to a (trade) union; **syndiquer: se syndiquer** vi to form a trade union; (adhérer) to join a trade union

synonyme [sinɔnim] adj synonymous ▷ nm synonym; **~ de** synonymous with

syntaxe [sɛ̃taks] nf syntax

synthèse [sɛ̃tɛz] nf synthesis

synthétique [sɛ̃tetik] adj synthetic

Syrie [siʀi] nf: **la ~** Syria

systématique [sistematik] adj systematic

système [sistɛm] nm system; **le ~ D** resourcefulness

t

' [t] *pron voir* **te**

a [ta] *adj voir* **ton**[1]

abac [taba] *nm* tobacco; *(magasin)* tobacconist's (shop)

abagisme [tabaʒism] *nm*: **tabagisme passif** passive smoking

able [tabl] *nf* table; **à ~!** dinner *etc* is ready!; **se mettre à ~** to sit down to eat; **mettre la ~** to lay the table; **une ~ pour 4, s'il vous plaît** a table for 4, please; **table de cuisson** hob; **table de nuit** *ou* **de chevet** bedside table; **table des matières** (table of) contents *pl*; **table d'orientation** viewpoint indicator; **table roulante** trolley (*BRIT*), tea wagon (*US*)

ableau, x [tablo] *nm (peinture)* painting; *(reproduction, fig)* picture; *(panneau)* board; *(schéma)* table, chart; **tableau d'affichage** notice board; **tableau de bord** dashboard; *(Aviat)* instrument panel; **tableau noir** blackboard

---

tablette [tablɛt] *nf (planche)* shelf; **tablette de chocolat** bar of chocolate

tablier [tablije] *nm* apron

tabou [tabu] *nm* taboo

tabouret [tabuʁɛ] *nm* stool

tac [tak] *nm*: **il m'a répondu du ~ au ~** he answered me right back

tache [taʃ] *nf (saleté)* stain, mark; *(Art, de couleur, lumière)* spot; **tache de rousseur** freckle

tâche [taʃ] *nf* task

tacher [taʃe] *vt* to stain, mark

tâcher [taʃe] *vi*: **~ de faire** to try *ou* endeavour to do

tacheté, e [taʃte] *adj* spotted

tact [takt] *nm* tact; **avoir du ~** to be tactful

tactique [taktik] *adj* tactical ▷ *nf (technique)* tactics *sg*; *(plan)* tactic

taie [tɛ] *nf*: **~ (d'oreiller)** pillowslip, pillowcase

taille [taj] *nf* cutting; *(d'arbre etc)* pruning; *(milieu du corps)* waist; *(hauteur)* height; *(grandeur)* size; **de ~ à faire** capable of doing; **de ~** sizeable; **taille-crayon(s)** *nm* pencil sharpener

tailler [taje] *vt (pierre, diamant)* to cut; *(arbre, plante)* to prune; *(vêtement)* to cut out; *(crayon)* to sharpen

tailleur [tajœʁ] *nm (couturier)* tailor; *(vêtement)* suit; **en ~** *(assis)* cross-legged

taillis [taji] *nm* copse

taire [tɛʁ] *vi*: **faire ~ qn** to make sb be quiet; **se taire** *vi* to be silent *ou* quiet; **taisez-vous!** be quiet!

Taïwan [tajwan] *nf* Taiwan

talc [talk] *nm* talc, talcum powder

talent [talɑ̃] *nm* talent

talkie-walkie [tokiwoki] *nm* walkie-talkie

talon [talɔ̃] *nm* heel; *(de chèque, billet)* stub, counterfoil (*BRIT*); **talons plats/aiguilles** flat/stiletto heels

talus [taly] *nm* embankment

tambour [tɑ̃buʁ] *nm (Mus, aussi Tech)* drum; *(musicien)* drummer; *(porte)* revolving door(s *pl*); **tambourin** *nm* tambourine

Tamise [tamiz] nf: **la ~** the Thames

tamisé, e [tamize] adj (fig) subdued, soft

tampon [tɑ̃pɔ̃] nm (de coton, d'ouate) wad, pad; (amortisseur) buffer; (bouchon) plug, stopper; (cachet, timbre) stamp; **(mémoire) ~** (Inform) buffer; **tampon (hygiénique)** tampon; **tamponner** vt (timbres) to stamp; (heurter) to crash or ram into; **tamponneuse** adj f: **autos tamponneuses** dodgems

tandem [tɑ̃dɛm] nm tandem

tandis [tɑ̃di]: **~ que** conj while

tanguer [tɑ̃ge] vi to pitch (and toss)

tant [tɑ̃] adv so much; **~ de** (sable, eau) so much; (gens, livres) so many; **~ que** as long as; (aussi longtemps que) as much as; **~ mieux** that's great; (avec une certaine réserve) so much the better; **~ pis** too bad; (conciliant) never mind; **~ bien que mal** as well as can be expected

tante [tɑ̃t] nf aunt

tantôt [tɑ̃to] adv (parfois): **~ ... ~** now ... now; (cet après-midi) this afternoon

taon [tɑ̃] nm horsefly

tapage [tapaʒ] nm uproar, din

tapageur, -euse [tapaʒœʀ, øz] adj noisy; (voyant) loud, flashy

tape [tap] nf slap

tape-à-l'œil [tapalœj] adj inv flashy, showy

taper [tape] vt (porte) to bang, slam; (enfant) to slap; (dactylographier) to type (out); (fam: emprunter): **~ qn de 10 euros** to touch sb for 10 euros ▸ vi (soleil) to beat down; **se taper** vt (repas) to put away; (fam: corvée) to get landed with; **~ sur qn** to thump sb; (fig) to run sb down; **~ sur un clou** to hit a nail; **~ sur la table** to bang on the table; **~ à** (porte etc) to knock on; **~ dans** (se servir) to dig into; **~ des mains/pieds** to clap one's hands/stamp one's feet; **(à la machine)** to type

tapi, e [tapi] adj (blotti) crouching; (caché) hidden away

tapis [tapi] nm carpet; (petit) rug; **tapis de sol** (de tente) groundsheet;

tapis de souris (Inform) mouse mat; **tapis roulant** (pour piétons) moving walkway; (pour bagages) carousel

tapisser [tapise] vt (avec du papier peint) to paper; (recouvrir): **~ qch (de)** to cover sth (with); **tapisserie** nf (tenture, broderie) tapestry; (papier peint) wallpaper; **tapissier-décorateur** nm interior decorator

tapoter [tapɔte] vt (joue, main) to pat; (objet) to tap

taquiner [takine] vt to tease

tard [taʀ] adv late; **plus ~** later (on); **au plus ~** at the latest; **sur le ~** late in life; **il est trop ~** it's too late

tarder [taʀde] vi (chose) to be a long time coming; (personne): **~ à faire** to delay doing; **il me tarde d'être** I am longing to be; **sans (plus) ~** without (further) delay

tardif, -ive [taʀdif, iv] adj late

tarif [taʀif] nm: **~ des consommations** price list; **~ s postaux/douaniers** postal/customs rates; **~ des taxis** taxi fares; **plein/réduit** (train) full/reduced fare; (téléphone) peak/off-peak rate

tarir [taʀiʀ] vi to dry up, run dry

tarte [taʀt] nf tart; **~ aux fraises** strawberry tart; **~ Tatin** apple upside-down tart

tartine [taʀtin] nf slice of bread; **tartine de miel** slice of bread and honey; **tartiner** vt to spread; **fromage à tartiner** cheese spread

tartre [taʀtʀ] nm (des dents) tartar; (de bouilloire) fur, scale

tas [tɑ] nm heap, pile; (fig): **un ~ de** heaps of, lots of; **en ~** in a heap or pile; **formé sur le ~** trained on the job

tasse [tɑs] nf cup; **tasse à café** coffee cup

tassé, e [tɑse] adj: **bien ~** (café etc) strong

tasser [tɑse] vt (terre, neige) to pack down; (entasser): **~ qch dans** to cram sth into; **se tasser** vi (se serrer) to squeeze up; (s'affaisser) to settle; (fig) settle down

tâter [tate] vt to feel; (fig) to try out; **se tâter** (hésiter) to be in two minds; **~ de** (prison etc) to have a taste of

tatillon, ne [tatijɔ̃, ɔn] adj pernickety

tâtonnement [tɑtɔnmɑ̃] nm: **par ~s** (fig) by trial and error

tâtonner [tɑtɔne] vi to grope one's way along

tâtons [tɑtɔ̃]: **à ~** adv: **chercher/ avancer à ~** to grope around for/grope one's way forward

tatouage [tatwaʒ] nm tattoo

tatouer [tatwe] vt to tattoo

taudis [todi] nm hovel, slum

taule [tol] (fam) nf nick (fam), prison

taupe [top] nf mole

taureau, x [tɔro] nm bull; (signe): **le T~** Taurus

taux [to] nm rate; (d'alcool) level; **taux d'intérêt** interest rate

taxe [taks] nf tax; (douanière) duty; **toutes ~s comprises** inclusive of tax; **la boutique hors ~s** the duty-free shop; **taxe à la valeur ajoutée** value-added tax; **taxe de séjour** tourist tax

taxer [takse] vt (personne) to tax; (produit) to put a tax on, tax

taxi [taksi] nm (voiture); (chauffeur: fam) taxi driver; **pouvez-vous m'appeler un ~, s'il vous plaît?** can you call me a taxi, please?

Tchécoslovaquie [tʃekɔslɔvaki] nf Czechoslovakia; **tchèque** adj Czech ▷ nm/f: **Tchèque** Czech ▷ nm (Ling) Czech; **la République tchèque** the Czech Republic

Tchétchénie [tʃetʃeni] nf: **la ~** Chechnya

te, t' [tə] pron you; (réfléchi) yourself

technicien, ne [tɛknisjɛ̃, jɛn] nm/f technician

technico-commercial, e, -aux [tɛknikɔkɔmɛrsjal, jo] adj: **agent ~** sales technician

technique [tɛknik] adj technical ▷ nf technique; **techniquement** adv technically

techno [tɛkno] nf (Mus) techno (music)

technologie [tɛknɔlɔʒi] nf technology; **technologique** adj technological

teck [tɛk] nm teak

tee-shirt [tiʃœrt] nm T-shirt, tee-shirt

teindre [tɛdr] vt to dye; **se ~ les cheveux** to dye one's hair; **teint, e** adj dyed ▷ nm (du visage) complexion; (momentané) colour ▷ nf shade; **grand teint** colourfast

teinté, e [tɛ̃te] adj: **~ de** (fig) tinged with

teinter [tɛ̃te] vt (verre, papier) to tint; (bois) to stain

teinture [tɛ̃tyr] nf dye; **teinture d'iode** tincture of iodine; **teinturerie** nf dry cleaner's; **teinturier** nm dry cleaner

tel, telle [tɛl] adj (pareil) such; (comme): **~ un/des** a/like ...; (indéfini) such-and-such a; (intensif): **un ~/de ~s** such (a)/such ...; **rien de ~** nothing like it; **~ que** like, such as; **~ quel** as it is/as it stands (ou was etc); **venez ~ jour** come on such-and-such a day

télé [tele] (fam) nf TV; **à la ~** on TV or telly

télé... : **télécabine** nf (benne) cable car; **télécarte** nf phonecard; **téléchargeable** adj downloadable; **téléchargement** nm (action) downloading; (fichier) download; **télécharger** vt to download; **télécommande** nf remote control; **télécopieur** nm fax machine; **télédistribution** nf cable TV; **télégramme** nm telegram; **télégraphier** vt to telegraph, cable; **téléguider** vt to radio-control; **téléobjectif** nm telephoto lens sg; **téléphérique** nm cable car

téléphone [telefɔn] nm telephone; **avoir le ~** to be on the (tele)phone; **au ~** on the phone; **téléphone sans fil** cordless (tele)phone; **téléphoner** vi to make a phone call; **téléphoner à** to phone, call up; **est-ce que je**

peux téléphoner d'ici? can I make a call from here?; **téléphonique** adj (tele)phone cpd

télé...: téléréalité nf reality TV

télescope [teleskɔp] nm telescope

télescoper [teleskɔpe] vt to smash up; **se télescoper** (véhicules) to concertina

télé...: téléscripteur nm teleprinter; **télésiège** nm chairlift; **téléski** nm ski-tow; **téléspectateur, -trice** nm/f (television) viewer; **télétravail** nm telecommuting; **télévente** nf telesales; **téléviseur** nm television set; **télévision** nf television; **à la télévision** on television; **télévision numérique** digital TV; **télévision par câble/satellite** cable/satellite television

télex [teleks] nm telex

telle [tel] adj voir **tel**; **tellement** adv (tant) so much; (si) so; **tellement de** (sable, eau) so much; (gens, livres) so many; **il s'est endormi tellement il était fatigué** he was so tired (that) he fell asleep; **pas tellement** not (all) that much; not (all) that much; not (all) that much +adjectif

téméraire [temereR] adj reckless, rash

témoignage [temwaɲaʒ] nm (Jur: déclaration) testimony no pl, evidence no pl; (rapport, récit) account; (fig: d'affection etc: cadeau) token, mark; (: geste) expression

témoigner [temwaɲe] vt (intérêt, gratitude) to show ▷ vi (Jur) to testify, give evidence; **~ de** to bear witness to, to testify to

témoin [temwɛ̃] nm witness ▷ adj: **appartement ~** show flat (BRIT); **être ~ de** to witness; **témoin oculaire** eyewitness

tempe [tɑ̃p] nf temple

tempérament [tɑ̃peramɑ̃] nm temperament, disposition; **à ~ (vente)** on deferred (payment) terms; (achat) by instalments, hire purchase cpd

température [tɑ̃peratyR] nf temperature; **avoir** ou **faire de la ~** to be running ou have a temperature

tempête [tɑ̃pet] nf storm; **tempête de sable/neige** sandstorm/snowstorm

temple [tɑ̃pl] nm temple; (protestant) church

temporaire [tɑ̃pɔRER] adj temporary

temps [tɑ̃] nm (atmosphérique) weather; (durée) time, times pl; (époque) time, times pl; (Ling) tense; (Mus) beat; (Tech) stroke; **un ~ de chien** (fam) rotten weather; **quel ~ fait-il?** what's the weather like?; **il fait beau/mauvais ~** the weather is fine/bad; **avoir le ~/tout son ~** to have time/plenty of time; **en ~ de paix/guerre** in peacetime/wartime; **en ~ utile** ou **voulu** in due time ou course; **ces derniers ~** lately; **dans quelque ~** in a (little) while; **de ~ en ~, de ~ à autre** from time to time; **à ~ (partir, arriver)** in time; **à ~ complet, à plein ~** full-time; **à ~ partiel, à mi-~** part-time; **dans le ~** at one time; **temps d'arrêt** pause, halt; **temps libre** free ou spare time; **temps mort** (Comm) slack period

tenable [t(ə)nabl] adj bearable

tenace [tenas] adj persistent

tenant, e [tənɑ̃, ɑ̃t] nm/f (Sport): **~ du titre** title-holder

tendance [tɑ̃dɑ̃s] nf tendency; (opinions) leanings pl, sympathies pl; (évolution) trend; **avoir ~ à** to have a tendency to, to tend to

tendeur [tɑ̃dœR] nm (attache) elastic strap

tendre [tɑ̃dR] adj tender; (bois, roche, couleur) soft ▷ vt (élastique, peau) to stretch; (corde) to tighten; (muscle) to tense; (fig: piège) to set, lay; (donner): **~ qch à qn** to hold sth out to sb; (offrir) to offer sb sth; **se tendre** vi (corde) to tighten; (relations) to become strained; **~ à qch/à faire** to tend towards sth/to do; **~ l'oreille** to prick up one's ears; **~ la main/le bras** to hold out one's hand/stretch out one's arm; **tendrement** adv tenderly; **tendresse** nf tenderness

tendu, e [tɑ̃dy] pp de **tendre** ▷ adj (corde) tight; (muscles) tensed; (relations) strained

ténèbres [tenɛbʀ] *nfpl* darkness *sg*
teneur [tənœʀ] *nf* content; (*d'une lettre*) terms *pl*, content
tenir [t(ə)niʀ] *vt* to hold; (*magasin, hôtel*) to run; (*promesse*) to keep ▷ *vi* to hold; (*neige, gel*) to last; (*avoir lieu*) to be held, take place; (*être: personne*) to stand; **~ à** (*personne, objet*) to be attached to; (*réputation*) to care about; **~ à faire** to be determined to do; **~ de** (*ressembler à*) to take after; **ça ne tient qu'à lui** it is entirely up to him; **~ qn pour** to regard sb as; **~ qch de qn** (*histoire*) to have heard ou learnt sth from sb; (*qualité, défaut*) to have inherited ou got sth from sb; **~ dans** to fit into; **~ compte de qch** to take sth into account; **les comptes** to keep the books; **~ bon** to stand fast; **le coup** to hold out; **~ au chaud** (*café, plat*) to keep hot; **un manteau qui tient chaud** a warm coat; **tiens/tenez, voilà le stylo** there's the pen!; **tiens, voilà Alain!** look, here's Alain!; **tiens?** (*surprise*) really?; **se ~ droit** to stand (ou sit) up straight; **bien se ~** to behave well; **se ~ à qch** to hold on to sth; **s'en ~ à qch** to confine o.s. to sth
tennis [tenis] *nm* tennis; (*court*) tennis court ▷ *nm ou fpl* (*aussi:* **chaussures de ~**) tennis ou gym shoes; **tennis de table** table tennis; **tennisman** *nm* tennis player
tension [tɑ̃sjɔ̃] *nf* tension; (*Méd*) blood pressure; **avoir de la ~** to have high blood pressure
tentation [tɑ̃tasjɔ̃] *nf* temptation
tentative [tɑ̃tativ] *nf* attempt
tente [tɑ̃t] *nf* tent
tenter [tɑ̃te] *vt* (*éprouver, attirer*) to tempt; (*essayer*) **~ qch/de faire** to attempt ou try sth/to do; **~ sa chance** to try one's luck
tenture [tɑ̃tyʀ] *nf* hanging
tenu, e [t(ə)ny] *pp de* **tenir** ▷ *adj* (*maison, comptes*): **bien ~** well-kept; (*obligé*): **~ de faire** obliged to do ▷ *nf* (*vêtements*) clothes *pl*; (*comportement*)

(good) manners *pl*, good behaviour; (*d'une maison*) upkeep; **en petite ~** scantily dressed ou clad
ter [tɛʀ] *adj*: **16 ~ 16 b** ou **B**
terme [tɛʀm] *nm* term; (*fin*) end; **à court/long ~** *adj* short-/long-term ▷ *adv* in the short/long term; **avant ~** (*Méd*) prematurely; **mettre un ~ à** to put an end ou a stop to; **en bons ~s** on good terms
terminaison [tɛʀminɛzɔ̃] *nf* (*Ling*) ending
terminal, -aux [tɛʀminal, o] *nm* terminal; **terminale** *nf* (*Scol*) = year 13 (*BRIT*), ≈ twelfth grade (*US*)
terminer [tɛʀmine] *vt* to finish; **se terminer** *vi* to end; **quand est-ce que le spectacle se termine?** when does the show finish?
terne [tɛʀn] *adj* dull
ternir [tɛʀniʀ] *vt* to dull; (*fig*) to sully, tarnish; **se ternir** *vi* to become dull
terrain [teʀɛ̃] *nm* (*sol, fig*) ground; (*Comm: étendue de terre*) land *no pl*; (*parcelle*) plot (of land); (*à bâtir*) site; **sur le ~** (*fig*) on the field; **terrain d'aviation** airfield; **terrain de camping** campsite; **terrain de football/rugby** football/rugby pitch (*BRIT*) ou field (*US*); **terrain de golf** golf course; **terrain de jeu** games field; (*pour les petits*) playground; **terrain de sport** sports ground; **terrain vague** waste ground *no pl*
terrasse [teʀas] *nf* terrace; **à la ~** (*café*) outside; **terrasser** *vt* (*adversaire*) to floor; (*suj: maladie etc*) to strike down
terre [tɛʀ] *nf* (*gén, aussi Élec*) earth; (*substance*) soil, earth; (*opposé à mer*) land *no pl*; (*contrée*) land; **terres** *nfpl* (*terrains*) lands, land *sg*; **~** (*pipe, poterie*) clay *cpd*; **à ~** ou **par ~** (*mettre, être, s'asseoir*) on the ground (ou floor); (*jeter, tomber*) to the ground, down; **terre à terre** *adj inv* (*considération, personne*) down-to-earth; **terre cuite** terracotta; **la terre ferme** dry land; **terre glaise** clay
terreau [teʀo] *nm* compost

terre-plein [tɛʀplɛ̃] nm platform; (sur chaussée) central reservation

terrestre [tɛʀɛstʀ] adj (surface) earth's, of the earth; (Bot, Zool, Mil) land cpd; (Rel) earthly

terreur [tɛʀœʀ] nf terror no pl

terrible [tɛʀibl] adj terrible, dreadful; (fam) terrific; **pas ~** nothing special

terrien, ne [tɛʀjɛ̃, jɛn] adj: **propriétaire ~** landowner ▷ nm/f (non martien etc) earthling

terrier [tɛʀje] nm burrow, hole; (chien) terrier

terrifier [tɛʀifje] vt to terrify

terrine [tɛʀin] nf (récipient) terrine; (Culin) pâté

territoire [tɛʀitwaʀ] nm territory

terroriser [tɛʀɔʀize] vt to terrorize

terrorisme [tɛʀɔʀism] nm terrorism; **terroriste** nm/f terrorist

tertiaire [tɛʀsjɛʀ] adj tertiary ▷ nm (Écon) service industries pl

tes [te] adj voir **ton¹**

test [tɛst] nm test

testament [tɛstamɑ̃] nm (Jur) will; (Rel) Testament; (fig) legacy

tester [tɛste] vt to test

testicule [tɛstikyl] nm testicle

tétanos [tetanos] nm tetanus

têtard [tɛtaʀ] nm tadpole

tête [tɛt] nf head; (cheveux) hair no pl; (visage) face; **de ~** (comme adj: wagon etc) front cpd; (comme adv: calculer) in one's head, mentally; **perdre la ~** (fig: s'affoler) to lose one's head; (: devenir fou) to go off one's head; **tenir ~ à qn** to stand up to sb; **la ~ en bas** with one's head down; **la ~ la première** (tomber) headfirst; **faire une ~** (Football) to head the ball; **faire la ~** (fig) to sulk; **en ~** at the front; (Sport) in the lead; **à la ~ de** at the head of; **à ~ reposée** in a more leisurely moment; **n'en faire qu'à sa ~** to do as one pleases; **en avoir par-dessus la ~** to be fed up; **en ~ à ~** in private, alone together; **de la ~ aux pieds** from head to toe; **tête de lecture** (playback) head; **tête de liste** (Pol) chief candidate; **tête**

de mort skull and crossbones; **tête de série** (Tennis) seeded player, seed; **tête de Turc** (fig) whipping boy (BRIT), butt; **tête-à-queue** nm inv: **faire un tête-à-queue** to spin round

téter [tete] vt: **~ (sa mère)** to suck at one's mother's breast, feed

tétine [tetin] nf teat; (sucette) dummy (BRIT), pacifier (US)

têtu, e [tety] adj stubborn, pigheaded

texte [tɛkst] nm text; (morceau choisi) passage

textile [tɛkstil] adj textile cpd ▷ nm textile; **le ~** the textile industry

Texto® [tɛksto] nm text message

texture [tɛkstyʀ] nf texture

TGV sigle m (= train à grande vitesse) high-speed train

thaïlandais, e [tajlɑ̃dɛ, ɛz] adj Thai ▷ nm/f: **T~, e** Thai

Thaïlande [tajlɑ̃d] nf Thailand

thé [te] nm tea; **~ au citron** lemon tea; **~ au lait** tea with milk; **prendre le ~** to have tea; **faire le ~** to make the tea

théâtral, e, -aux [teatʀal, o] adj theatrical

théâtre [teatʀ] nm theatre; (péj: simulation) playacting; (fig: lieu): **le ~ de** the scene of; **faire du ~** to act

théière [tejɛʀ] nf teapot

thème [tɛm] nm theme; (Scol: traduction) prose (composition)

théologie [teɔlɔʒi] nf theology

théorie [teɔʀi] nf theory; **théorique** adj theoretical

thérapie [teʀapi] nf therapy

thermal, e, -aux [tɛʀmal, o] adj: **station ~e** spa; **cure ~e** water cure

thermomètre [tɛʀmɔmɛtʀ] nm thermometer

thermos® [tɛʀmos] nm ou nf: **(bouteille) thermos** vacuum ou Thermos® flask

thermostat [tɛʀmɔsta] nm thermostat

thèse [tɛz] nf thesis

thon [tɔ̃] nm tuna (fish)

thym [tɛ̃] nm thyme

Tibet [tibɛ] nm: **le ~** Tibet

tibia [tibja] nm shinbone, tibia; (partie antérieure de la jambe) shin

TIC sigle fpl (= technologies de l'information et de la communication) ICT sg

tic [tik] nm tic, (nervous) twitch; (de langage etc) mannerism

ticket [tikɛ] nm ticket; **ticket de caisse** receipt; **je peux avoir un ticket de caisse, s'il vous plaît?** can I have a receipt, please?

tiède [tjɛd] adj lukewarm; (vent, air) mild, warm; **tiédir** vi to cool; (se réchauffer) to grow warmer

tien, ne [tjɛ̃, tjɛn] pron: **le(la) ~(ne), les ~(ne)s** yours; **à la ~ne!** cheers!

tiens [tjɛ̃] vb, excl voir **tenir**

tiercé [tjɛʀse] nm system of forecast betting giving first 3 horses

tiers, tierce [tjɛʀ, tjɛʀs] adj third ▸ nm (Jur) third party; (fraction) third; **le tiers monde** the Third World

tige [tiʒ] nf stem; (baguette) rod

tignasse [tiɲas] nf (péj) mop of hair

tigre [tigʀ] nm tiger; **tigré, e** adj (rayé) striped; (tacheté) spotted; (chat) tabby; **tigresse** nf tigress

tilleul [tijœl] nm lime (tree), linden (tree); (boisson) lime(-blossom) tea

timbre [tɛ̃bʀ] nm (tampon) stamp; (aussi: **~-poste**) (postage) stamp; (Mus: de voix, instrument) timbre, tone

timbré, e [tɛ̃bʀe] adj (fam) cracked

timide [timid] adj shy; (timoré) timid; **timidement** adv shyly; timidly; **timidité** nf shyness; timidity

intamarre [tɛ̃tamaʀ] nm din, uproar

tinter [tɛ̃te] vi to ring, chime; (argent, clefs) to jingle

tique [tik] nf (parasite) tick

tir [tiʀ] nm (sport) shooting; (fait ou manière de tirer) firing no pl; (rafale) fire; (stand) shooting gallery; **tir à l'arc** archery

tirage [tiʀaʒ] nm (action) printing; (Photo) print; (de journal) circulation; (de livre: nombre d'exemplaires) (print) run; (: édition) edition; (de loterie) draw; **par ~**

au sort by drawing lots

tire [tiʀ] nf: **vol à la ~** pickpocketing

tiré, e [tiʀe] adj (traits) drawn; **~ par les cheveux** far-fetched

tire-bouchon [tiʀbuʃɔ̃] nm corkscrew

tirelire [tiʀliʀ] nf moneybox

tirer [tiʀe] vt (gén) to pull; (trait, rideau, carte, conclusion, chèque) to draw; (langue) to stick out; (en faisant feu: balle, coup) to fire; (: animal) to shoot; (journal, livre, photo) to print; (Football: corner etc) to take ▸ vi (faire feu) to fire; (faire du tir, Football) to shoot; **se tirer** vi (fam) to push off; **s'en ~** (éviter le pire) to get off; (survivre) to pull through; (se débrouiller) to manage; **~ qch de** (extraire) to take ou pull sth out of; **~ qn de** (embarras etc) to help ou get sb out of; **~ sur** (corde) to pull on ou at; (faire feu sur) to shoot ou fire at; (pipe) to draw on; (approcher de: couleur) to verge ou border on; **~ à l'arc/la carabine** to shoot with a bow and arrow/with a rifle; **~ à sa fin** to be drawing to a close; **~ qch au clair** to clear sth up; **~ au sort** to draw lots; **~ parti de** to take advantage of; **~ profit de** to profit from; **~ les cartes** to read ou tell the cards

tiret [tiʀɛ] nm dash

tireur [tiʀœʀ] nm gunman; **tireur d'élite** marksman

tiroir [tiʀwaʀ] nm drawer; **tiroir-caisse** nm till

tisane [tizan] nf herb tea

tisser [tise] vt to weave

tissu [tisy] nm fabric, material, cloth no pl; (Anat, Bio) tissue; **tissu-éponge** (terry) towelling no pl

titre [titʀ] nm (gén) title; (de journal) headline; (diplôme) qualification; (Comm) security; **en ~** (champion) official; **à juste ~** rightly; **à quel ~?** on what grounds?; **à aucun ~** on no account; **au même ~ (que)** in the same way (as); **à ~ d'information** for (your) information; **à ~ gracieux** free of charge; **à ~ d'essai** on a trial basis; **à ~ privé** in a private capacity;

titre de propriété title deed; **titre de transport** ticket

tituber [titybe] vi to stagger (along)

titulaire [titylɛʀ] adj (Admin) with tenure ▷ nm/f (de permis) holder; **être ~ de** (diplôme, permis) to hold

toast [tost] nm slice ou piece of toast; (de bienvenue) (welcoming) toast; **porter un ~ à qn** to propose ou drink a toast to sb

toboggan [tɔbɔgã] nm slide; (Auto) flyover

toc [tɔk] excl: **~, ~** knock knock ▷ nm: **en ~** fake

tocsin [tɔksɛ̃] nm alarm (bell)

tohu-bohu [tɔyboy] nm hubbub

toi [twa] pron you

toile [twal] nf (tableau) canvas; **de ou en ~** (pantalon) cotton; (sac) canvas; **la T ~** (Internet) the Web; **toile cirée** oilcloth; **toile d'araignée** cobweb; **toile de fond** (fig) backdrop

toilette [twalɛt] nf (habits) outfit; **toilettes** nfpl (w.-c.) toilet sg; **faire sa ~** to have a wash, get washed; **articles de ~** toiletries; **où sont les ~s?** where's the toilet?

toi-même [twamɛm] pron yourself

toit [twa] nm roof; **toit ouvrant** sunroof

toiture [twatyʀ] nf roof

Tokyo [tɔkjo] n Tokyo

tôle [tol] nf (plaque) steel ou iron sheet; **tôle ondulée** corrugated iron

tolérable [tɔleʀabl] adj tolerable

tolérant, e [tɔleʀã, ãt] adj tolerant

tolérer [tɔleʀe] vt to tolerate; (Admin: hors taxe etc) to allow

tollé [tɔ(l)le] nm outcry

tomate [tɔmat] nf tomato; **~s farcies** stuffed tomatoes

tombe [tɔ̃b] nf (sépulture) grave; (avec monument) tomb

tombeau, x [tɔ̃bo] nm tomb

tombée [tɔ̃be] nf: **à la ~ de la nuit** at nightfall

tomber [tɔ̃be] vi to fall; (fièvre, vent) to drop; **laisser ~** (objet) to drop;

(personne) to let down; (activité) to give up; **laisse ~!** forget it!; **faire ~** to knock over; **~ sur** (rencontrer) to bump into; **~ de fatigue/sommeil** to drop from exhaustion/be falling asleep on one's feet; **ça tombe bien** that's come at the right time; **il est bien tombé** he's been lucky; **à l'eau** (projet) to fall through; **~ en panne** to break down

tombola [tɔ̃bɔla] nf raffle

tome [tɔm] nm volume

ton¹, ta [tɔ̃, ta] (pl **tes**) adj your

ton² [tɔ̃] nm (gén) tone; (couleur) shade, tone; **de bon ~** in good taste

tonalité [tɔnalite] nf (au téléphone) dialling tone

tondeuse [tɔ̃døz] nf (à gazon) (lawn)mower; (du coiffeur) clippers pl; (pour les moutons) shears pl

tondre [tɔ̃dʀ] vt (pelouse, herbe) to mow; (haie) to cut, clip; (mouton, toison) to shear; (cheveux) to crop

tongs [tɔ̃g] nfpl flip-flops

tonifier [tɔnifje] vt (peau, organisme) to tone up

tonique [tɔnik] adj fortifying ▷ nm tonic

tonne [tɔn] nf metric ton, tonne

tonneau, x [tɔno] nm (à vin, cidre) barrel; **faire des ~x** (voiture, avion) to roll over

tonnelle [tɔnɛl] nf bower, arbour

tonner [tɔne] vi to thunder; **il tonne** it is thundering, there's some thunder

tonnerre [tɔnɛʀ] nm thunder

tonus [tɔnys] nm energy

top [tɔp] nm: **au 3ème ~** at the 3rd stroke ▷ adj: **~ secret** top secret

topinambour [tɔpinãbuʀ] nm Jerusalem artichoke

torche [tɔʀʃ] nf torch

torchon [tɔʀʃɔ̃] nm cloth; (à vaisselle) tea towel ou cloth

tordre [tɔʀdʀ] vt (chiffon) to wring; (barre, fig: visage) to twist; **se tordre** vi: **se ~ le poignet/la cheville** to twist one's wrist/ankle; **se ~ de douleur/rire** to be doubled up with pain/laughter;

tordu, e adj bent; (fig) crazy
tornade [tɔʁnad] nf tornado
torrent [tɔʁɑ̃] nm mountain stream
torsade [tɔʁsad] nf: **un pull à ~s** a cable sweater
torse [tɔʁs] nm chest; (Anat, Sculpture) torso; **~ nu** stripped to the waist
tort [tɔʁ] nm (défaut) fault; **torts** nmpl (Jur) fault sg; **avoir ~** to be wrong; **être dans son ~** to be in the wrong; **donner ~ à qn** to lay the blame on sb; **causer du ~ à qn** to harm sb; **à ~** wrongly; **à ~ et à travers** wildly
torticolis [tɔʁtikɔli] nm stiff neck
tortiller [tɔʁtije] vt to twist; (moustache) to twirl; **se tortiller** vi to wriggle; (en dansant) to wiggle
tortionnaire [tɔʁsjɔnɛʁ] nm torturer
tortue [tɔʁty] nf tortoise; (d'eau douce) terrapin; (d'eau de mer) turtle
tortueux, -euse [tɔʁtɥø, øz] adj (rue) twisting; (fig) tortuous
torture [tɔʁtyʁ] nf torture; **torturer** vt to torture; (fig) to torment
ôt [to] adv early; **~ ou tard** sooner or later; **si ~** early; **si ~** so soon; **plus ~** earlier; **au plus ~** at the earliest
total, e, -aux [tɔtal, o] adj, nm total; **au ~** in total; (fig) on the whole; **faire le ~** to work out the total; **totalement** adv totally; **totaliser** vt to total; **totalitaire** adj totalitarian; **totalité** nf: **la totalité de** all (of); (the whole +sg); **en totalité** entirely
toubib [tubib] nm (fam) nm doctor
touchant, e [tuʃɑ̃, ɑ̃t] adj touching
touche [tuʃ] nf (de piano, de machine à écrire) key; (de téléphone) button; (Peinture etc) stroke, touch; (fig: de nostalgie) touch; (Football: aussi: **remise en ~**) throw-in; (aussi: **ligne de ~**) touch-line; **touche dièse** (de téléphone, clavier) hash key
toucher [tuʃe] nm touch ▷ vt to touch; (palper) to feel; (atteindre: d'un coup de feu etc) to hit; (concerner) to concern, affect; (contacter) to reach, contact; (recevoir: récompense) to receive, get; (: salaire) to

draw, get; (: chèque) to cash; **se toucher** (être en contact) to touch; **au ~** to the touch; **~ à** to touch; (concerner) to have to do with, concern; **je vais lui en ~ un mot** I'll have a word with him about it; **~ au but** (fig) to near one's goal; **~ à sa fin** to be drawing to a close
touffe [tuf] nf tuft
touffu, e [tufy] adj thick, dense
toujours [tuʒuʁ] adv always; (encore) still; (constamment) forever; **~ plus** more and more; **pour ~** forever; **~ est-il que** the fact remains that; **essaie ~** (you can) try anyway
toupie [tupi] nf (spinning) top
tour [tuʁ] nf tower; (immeuble) high-rise block (BRIT) ou building (US); (Échecs) rook; **tour de contrôle** nf control tower; **la tour Eiffel** the Eiffel Tower
tour² [tuʁ] nm (excursion) trip; (à pied) stroll, walk; (en voiture) ride; (Sport: aussi: **~ de piste**) lap; (d'être servi ou de jouer etc) turn; (de roue etc) revolution; (Pol: aussi: **~ de scrutin**) ballot; (ruse, de prestidigitation) trick; (de potier) wheel; (à bois, métaux) lathe; (circonférence): **de 3 m de ~** 3 m round, with a circumference ou girth of 3 m; **faire le ~ de** to go round; (à pied) to walk round; **faire un ~** to go for a walk; **c'est au ~ de Renée** it's Renée's turn; **à ~ de rôle, à ~ de rôle** in turn; **tour de chant** nm song recital; **tour de force** nm tour de force; **tour de garde** nm spell of duty; **tour d'horizon** nm (fig) general survey; **tour de taille/tête** nm waist/head measurement; **un 33 tours** an LP; **un 45 tours** a single
tourbe [tuʁb] nf peat
tourbillon [tuʁbijɔ̃] nm whirlwind; (d'eau) whirlpool; (fig) whirl, swirl; **tourbillonner** vi to whirl ou swirl
tourelle [tuʁɛl] nf turret
tourisme [tuʁism] nm tourism; **agence de ~** tourist agency; **faire du ~** to go touring; (en ville) to go sightseeing; **touriste** nm/f tourist; **touristique** adj tourist cpd; (région)

touristic

tourment [turmɑ̃] nm torment;
tourmenter vt to torment; **se**
tourmenter to fret, worry o.s.

tournage [turnaʒ] nm (Cinéma)
shooting

tournant [turnɑ̃] nm (de route) bend;
(fig) turning point

tournée [turne] nf (du facteur etc)
round; (d'artiste, politique) tour; (au café)
round (of drinks)

tourner [turne] vt to turn; (sauce,
mélange) to stir; (Cinéma: faire les prises
de vues) to shoot; (: produire) to make
▷ vi to turn; (moteur) to run; (taximètre)
to tick away; (lait etc) to turn (sour); **se**
tourner vi to turn round; **tournez à**
gauche/droite au prochain carrefour
turn left/right at the next junction;
mal ~ to go wrong; **~ autour de** to go
round; (péj) to hang round; **~ à/en** to
turn into; **~ qn en ridicule** to ridicule
sb; **~ le dos à** (mouvement) to turn one's
back on; (position) to have one's back
to; **~ de l'œil** to pass out; **se ~** to
turn towards; (fig) to turn to; **se ~ les**
pouces to twiddle one's thumbs

tournesol [turnəsɔl] nm sunflower

tournevis [turnəvis] nm screwdriver

tournoi [turnwa] nm tournament

tournure [turnyr] nf (Ling) turn of
phrase; (évolution): **la ~ de qch** the way
sth is developing; **tournure d'esprit**
turn ou cast of mind

tourte [turt] nf pie

tourterelle [turtərɛl] nf turtledove

tous [tu] adj, pron voir **tout**

Toussaint [tusɛ̃] nf: **la ~** All Saints' Day

○ TOUSSAINT

● **La Toussaint**, 1 November, or All
● Saints' Day, is a public holiday in
● France. People traditionally visit the
● graves of friends and relatives to lay
● chrysanthemums on them.

tousser [tuse] vi to cough

○ MOT-CLÉ

tout, e [tu, tut] (mpl **tous**, fpl **toutes**)
adj **1** (avec article singulier) all; **tout le**
lait the milk; **toute la nuit** all night,
the whole night; **tout le livre** the whole
book; **tout un pain** a whole loaf; **tout**
le temps all the time; **tout le monde** everybody; **c'est tout**
le contraire it's quite the opposite
2 (avec article pluriel) every, all; **tous les**
livres all the books; **toutes les nuits**
every night; **toutes les fois** every time;
toutes les trois/deux semaines every
third/other ou second week, every
three/two weeks; **tous les deux** both
ou each of us (ou them ou you); **toutes**
les trois all three of us (ou them ou you)
3 (sans article): **à tout âge** at any age;
pour toute nourriture, il avait ... his
only food was ...
▷ pron everything, all; **il a tout fait**
he's done everything; **je les vois tous**
I can see them all ou all of them; **nous y**
sommes tous allés all of us went, we
all went; **c'est tout** that's all; **en tout**
in all; **tout ce qu'il sait** all he knows
▷ nm whole; **le tout** all of it (ou them);
le tout est de ... the main thing is to ...;
pas du tout not at all
▷ adv **1** (très, complètement) very; **tout**
près very near; **le tout premier** the
very first; **tout seul** all alone; **le livre**
tout entier the whole book; **tout**
en haut right at the top; **tout droit**
straight ahead
2: **tout en** while; **tout en travaillant**
while working, as he etc works ou worked
3: **tout d'abord** first of all; **tout à coup**
suddenly; **tout à fait** absolutely; **tout**
à l'heure a short while ago; (futur) in a
short while, shortly; **à tout à l'heure!**
see you later!; **tout de même** all the
same; **tout de suite** immediately, right
away; **tout simplement** quite simply

toutefois [tutfwa] adv however

toutes [tut] *adj, pron voir* **tout**

tout-terrain [tutɛʀɛ̃] *adj:* **vélo ~**
mountain bike; **véhicule ~** four-wheel
drive

toux [tu] *nf* cough

toxicomane [tɔksikɔman] *nm/f*
drug addict

toxique [tɔksik] *adj* toxic

trac [tʀak] *nm (au théâtre, en public)*
stage fright; *(aux examens)* nerves *pl;*
avoir le ~ *(au théâtre, en public)* to have
stage fright; *(aux examens)* to be feeling
nervous

tracasser [tʀakase] *vt* to worry,
bother; **se tracasser** to worry

trace [tʀas] *nf (empreintes)* tracks *pl;*
(marques, aussi fig) mark; *(quantité
infime, indice, vestige)* trace; **traces de
pas** footprints

tracer [tʀase] *vt* to draw; *(piste)* to
open up

tract [tʀakt] *nm* tract, pamphlet

tracteur [tʀaktœʀ] *nm* tractor

traction [tʀaksjɔ̃] *nf:* **~ avant/arrière**
front-wheel/rear-wheel drive

tradition [tʀadisjɔ̃] *nf* tradition;
traditionnel, le *adj* traditional

traducteur, -trice [tʀadyktœʀ, tʀis]
nm/f translator

traduction [tʀadyksjɔ̃] *nf* translation

traduire [tʀadɥiʀ] *vt* to translate;
(exprimer) to convey; **~ qn en justice**
to bring sb before the courts; **pouvez-
vous me ~ ceci?** can you translate
this for me?

trafic [tʀafik] *nm* traffic; **trafic
d'armes** arms dealing; **trafiquant, e**
nm/f trafficker; *(d'armes)* dealer;
trafiquer *(péj) vt (vin)* to doctor;
(moteur, document) to tamper with

tragédie [tʀaʒedi] *nf* tragedy;
tragique *adj* tragic

trahir [tʀaiʀ] *vt* to betray; **trahison** *nf*
betrayal; *(Jur)* treason

train [tʀɛ̃] *nm (Rail)* train; *(allure)* pace;
être en ~ de faire qch to be doing
sth; **c'est bien le ~ pour ...?** is this
the train for ...?; **train d'atterrissage**

undercarriage; **train de vie** lifestyle;
train électrique *(jouet)* (electric)
train set

traîne [tʀɛn] *nf (de robe)* train; **être à ~**
to lag behind

traîneau, x [tʀɛno] *nm* sleigh, sledge

traîner [tʀene] *vt (remorque)* to pull;
(enfant, chien) to drag *ou* trail along ▷ *vi*
(robe, manteau) to trail; *(être en désordre)*
to lie around; *(aller lentement)* to dawdle
(along); *(vagabonder, agir lentement)*
to hang about; *(durer)* to drag on; **se
traîner** *vi:* **se ~ par terre** to crawl
(on the ground); **~ les pieds** to drag
one's feet

train-train [tʀɛ̃tʀɛ̃] *nm* humdrum
routine

traire [tʀɛʀ] *vt* to milk

trait [tʀɛ] *nm (ligne)* line; *(de dessin)*
stroke; *(caractéristique)* feature, trait;
traits *nmpl (du visage)* features; **d'un
~ (boire)** in one gulp; **de ~ (animal)**
draught; **avoir ~ à** to concern; **trait
d'union** hyphen

traitant, e [tʀɛtɑ̃, ɑ̃t] *adj (shampooing)*
medicated; **votre médecin ~** your
usual *ou* family doctor

traite [tʀɛt] *nf (Comm)* draft; *(Agr)*
milking; **d'une ~** without stopping

traité [tʀete] *nm* treaty

traitement [tʀɛtmɑ̃] *nm* treatment;
(salaire) salary; **traitement de
données** data processing; **traitement
de texte** word processing; *(logiciel)*
word processing package

traiter [tʀete] *vt* to treat; *(qualifier):* **~
qn d'idiot** to call sb a fool ▷ *vi* to deal;
~ de to deal with

traiteur [tʀetœʀ] *nm* caterer

traître, -esse [tʀɛtʀ, tʀɛtʀɛs] *adj
(dangereux)* treacherous ▷ *nm* traitor

trajectoire [tʀaʒɛktwaʀ] *nf* path

trajet [tʀaʒɛ] *nm (parcours, voyage)*
journey; *(itinéraire)* route; *(distance à
parcourir)* distance; **il y a une heure de
~** the journey takes one hour

trampoline [tʀɑ̃pɔlin] *nm* trampoline

tramway [tʀamwɛ] *nm* tram(way)

t

(voiture) tram(car) (BRIT), streetcar (US)

tranchant, e [tʀɑ̃ʃɑ̃, ɑ̃t] adj sharp; (fig) peremptory ▷ nm (d'un couteau) cutting edge; (de la main) edge; **à double ~** double-edged

tranche [tʀɑ̃ʃ] nf (morceau) slice; (arête) edge; **~ d'âge/de salaires** age/wage bracket

tranché, e [tʀɑ̃ʃe] adj (couleurs) distinct; (opinions) clear-cut

trancher [tʀɑ̃ʃe] vt to cut, sever ▷ vi to take a decision; **~ avec** to contrast sharply with

tranquille [tʀɑ̃kil] adj quiet; (rassuré) easy in one's mind, with one's mind at rest; **se tenir ~** (enfant) to be quiet; **laisse-moi/laisse-ça ~** leave me/it alone; **avoir la conscience ~** to have a clear conscience; **tranquillisant** nm tranquillizer; **tranquillité** nf peace (and quiet); (d'esprit) peace of mind

transférer [tʀɑ̃sfeʀe] vt to transfer; **transfert** nm transfer

transformation [tʀɑ̃sfɔʀmasjɔ̃] nf change, alteration; (radicale) transformation; (Rugby) conversion; **transformations** nfpl (travaux) alterations

transformer [tʀɑ̃sfɔʀme] vt to change; (radicalement) to transform; (vêtement) to alter; (matière première, appartement, Rugby) to convert; **(se) ~ en** to turn into

transfusion [tʀɑ̃sfyzjɔ̃] nf: **~ sanguine** blood transfusion

transgénique [tʀɑ̃sʒenik] adj transgenic

transgresser [tʀɑ̃sgʀese] vt to contravene

transi, e [tʀɑ̃zi] adj numb (with cold), chilled to the bone

transiger [tʀɑ̃ziʒe] vi to compromise

transit [tʀɑ̃zit] nm transit; **transiter** vi to pass in transit

transition [tʀɑ̃zisjɔ̃] nf transition; **transitoire** adj transitional

transmettre [tʀɑ̃smɛtʀ] vt (passer): **~ qch à qn** to pass sth on to sb;

(Tech, Tél, Méd) to transmit; (TV, Radio: retransmettre) to broadcast; **transmission** nf transmission

transparent, e [tʀɑ̃spaʀɑ̃, ɑ̃t] adj transparent

transpercer [tʀɑ̃spɛʀse] vt (froid, pluie) to go through, pierce; (balle) to go through

transpiration [tʀɑ̃spiʀasjɔ̃] nf perspiration

transpirer [tʀɑ̃spiʀe] vi to perspire

transplanter [tʀɑ̃splɑ̃te] vt (Méd, Bot) to transplant

transport [tʀɑ̃spɔʀ] nm transport; **transports en commun** public transport sg; **transporter** vt to carry, move; (Comm) to transport, convey; **transporteur** nm haulage contractor (BRIT), trucker (US)

transvaser [tʀɑ̃svaze] vt to decant

transversal, e, -aux [tʀɑ̃svɛʀsal, o] adj (rue) which runs across; **coupe ~e** cross section

trapèze [tʀapɛz] nm (au cirque) trapeze

trappe [tʀap] nf trap door

trapu, e [tʀapy] adj squat, stocky

traquenard [tʀaknaʀ] nm trap

traquer [tʀake] vt to track down; (harceler) to hound

traumatiser [tʀomatize] vt to traumatize

travail, -aux [tʀavaj] nm (gén) work; (tâche, métier) work ou job; (Écon, Méd) labour; **être sans ~** (employé) to be unemployed; voir aussi **travaux**; **travail (au) noir** moonlighting

travailler [tʀavaje] vi to work; (bois) to warp ▷ vt (bois, métal) to work; (objet d'art, discipline) to work on; **cela le travaille** it is on his mind; **travailleur, -euse** adj hard-working ▷ nm/f worker; **travailleur social** social worker; **travailliste** adj ≈ Labour cpd

travaux [tʀavo] nmpl (de réparation, agricoles etc) work sg; (sur route) roadworks pl; (de construction) building (work); **travaux des champs** farmwork sg; **travaux dirigés** (Scol)

tutorial sg; **travaux forcés** hard labour no pl; **travaux manuels** (Scol) handicrafts; **travaux ménagers** housework no pl; **travaux pratiques** (Scol) practical work; (en laboratoire) lab work

travers [tʀavɛʀ] nm fault, failing; **en ~ (de)** across; **au ~ (de)/à ~** through; **de ~** (nez, bouche) crooked; (chapeau) askew; **comprendre de ~** to misunderstand; **regarder de ~** (fig) to look askance at

traverse [tʀavɛʀs] nf (de voie ferrée) sleeper; **chemin de ~** shortcut

traversée [tʀavɛʀse] nf crossing; **combien de temps dure la ~?** how long does the crossing take?

traverser [tʀavɛʀse] vt (gén) to cross; (ville, tunnel, aussi: percer, fig) to go through; (suj: ligne, trait) to run across

traversin [tʀavɛʀsɛ̃] nm bolster

travesti [tʀavɛsti] nm transvestite

trébucher [tʀebyʃe] vi: **~ (sur)** to stumble (over), trip (against)

trèfle [tʀɛfl] nm (Bot) clover; (Cartes: couleur) clubs pl; (: carte) club; **à quatre feuilles** four-leaf clover

treize [tʀɛz] num thirteen; **treizième** num thirteenth

tréma [tʀema] nm diaeresis

remblement [tʀɑ̃bləmɑ̃] nm: **tremblement de terre** earthquake

rembler [tʀɑ̃ble] vi to tremble, shake; **~ de** (froid, fièvre) to shiver ou tremble with; (peur) to shake ou tremble with; **pour qn** to fear for sb

rémousser [tʀemuse]: **se trémousser** vi to jig about, wriggle about

rempé, e [tʀɑ̃pe] adj soaking (wet), drenched; (Tech) tempered

remper [tʀɑ̃pe] vt to soak, drench; (aussi: **faire ~, mettre à ~**) to soak; (plonger): **~ qch dans** to dip sth in(to) ▷ vi to soak; (fig): **~ dans** to be involved ou have a hand in; **se tremper** vi to have a quick dip

remplin [tʀɑ̃plɛ̃] nm springboard; (Ski) ski-jump

trentaine [tʀɑ̃tɛn] nf: **une ~ (de)** thirty or so, about thirty; **avoir la ~** (âge) to be around thirty

trente [tʀɑ̃t] num thirty; **être sur son ~ et un** to be wearing one's Sunday best; **trentième** num thirtieth

trépidant, e [tʀepidɑ̃, ɑ̃t] adj (fig: rythme) pulsating; (: vie) hectic

trépigner [tʀepiɲe] vi to stamp (one's feet)

très [tʀɛ] adv very; much +pp, highly +pp

trésor [tʀezɔʀ] nm treasure; **Trésor (public)** public revenue; **trésorerie** nf (gestion) accounts pl; (bureaux) accounts department; **difficultés de trésorerie** cash problems, shortage of cash funds; **trésorier, -ière** nm/f treasurer

tressaillir [tʀesajiʀ] vi to shiver, shudder

tressauter [tʀesote] vi to start, jump

tresse [tʀɛs] nf braid, plait; **tresser** vt (cheveux) to braid, plait; (fil, jonc) to plait; (corbeille) to weave; (corde) to twist

tréteau, x [tʀeto] nm trestle

treuil [tʀœj] nm winch

trêve [tʀɛv] nf (Mil, Pol) truce; (fig) respite; **~ de ...** enough of this ...

tri [tʀi] nm: **faire le ~ (de)** to sort out; **le (bureau de) ~** (Postes) the sorting office

triangle [tʀijɑ̃gl] nm triangle; **triangulaire** adj triangular

tribord [tʀibɔʀ] nm: **à ~** to starboard, on the starboard side

tribu [tʀiby] nf tribe

tribunal, -aux [tʀibynal, o] nm (Jur) court; (Mil) tribunal

tribune [tʀibyn] nf (estrade) platform, rostrum; (débat) forum; (d'église, de tribunal) gallery; (de stade) stand

tribut [tʀiby] nm tribute

tributaire [tʀibytɛʀ] adj: **être ~ de** to be dependent on

tricher [tʀiʃe] vi to cheat; **tricheur, -euse** nm/f cheat(er)

tricolore [tʀikɔlɔʀ] adj three-coloured; (français) red, white and blue

tricot [tʀiko] nm (technique, ouvrage) knitting no pl; (vêtement) jersey, sweater; **~ de peau** vest; **tricoter** vt to knit

tricycle [tʀisikl] nm tricycle

trier [tʀije] vt to sort out; (Postes, fruits) to sort

trimestre [tʀimɛstʀ] nm (Scol) term; (Comm) quarter; **trimestriel, le** adj quarterly; (Scol) end-of-term

trinquer [tʀɛ̃ke] vi to clink glasses

triomphe [tʀijɔ̃f] nm triumph; **triompher** vi to triumph, win; **triompher de** to triumph over, overcome

tripes [tʀip] nfpl (Culin) tripe sg

triple [tʀipl] adj triple ▷ nm: **le ~ (de)** (comparaison) three times as much (as); **en ~ exemplaire** in triplicate; **tripler** vi, vt to triple, treble

triplés, -ées [tʀiple] nm/fpl triplets

tripoter [tʀipɔte] vt to fiddle with

triste [tʀist] adj sad; (couleur, temps, journée) dreary; (péj): **~ personnage/ affaire** sorry individual/affair; **tristesse** nf sadness

trivial, e, -aux [tʀivjal, jo] adj coarse, crude; (commun) mundane

troc [tʀɔk] nm barter

trognon [tʀɔɲɔ̃] nm (de fruit) core; (de légume) stalk

trois [tʀwa] num three; **troisième** num third ▷ nf (Scol) year ≈ (BRIT) fourth grade (US); **le troisième âge** (période de vie) one's retirement years; (personnes âgées) senior citizens pl

trombe [tʀɔ̃b] nf: **des ~ s d'eau** a downpour; **en ~** like a whirlwind

trombone [tʀɔ̃bɔn] nm (Mus) trombone; (de bureau) paper clip

trompe [tʀɔ̃p] nf (d'éléphant) trunk; (Mus) trumpet, horn

tromper [tʀɔ̃pe] vt to deceive; (vigilance, poursuivants) to elude; **se tromper** vi to make a mistake, be mistaken; **se ~ de voiture/jour** to take the wrong car/get the day wrong; **se ~ de 3 cm/20 euros** to be out by 3 cm/20

euros; **je me suis trompé de route** I took the wrong road

trompette [tʀɔ̃pɛt] nf trumpet; **en ~** (nez) turned-up

trompeur, -euse [tʀɔ̃pœʀ, øz] adj deceptive

tronc [tʀɔ̃] nm (Bot, Anat) trunk; (d'église) collection box

tronçon [tʀɔ̃sɔ̃] nm section; **tronçonner** vt to saw up; **tronçonneuse** nf chainsaw

trône [tʀon] nm throne

trop [tʀo] adv (+vb) too much; (+adjectif, adverbe) too; **~ (nombreux)** too many; **peu (nombreux)** too few; **~ (souvent)** too often; **~ (longtemps)** (for) too long; **~ de** (nombre) too many; (quantité) too much; **de ~, en ~**: **des livres en ~** a few books too many; **du lait en ~** too much milk; **3 livres/3 euros de ~** 3 books too many/3 euros too much; **ça coûte ~ cher** it's too expensive

tropical, e, -aux [tʀɔpikal, o] adj tropical

tropique [tʀɔpik] nm tropic

trop-plein [tʀoplɛ̃] nm (tuyau) overflow ou outlet (pipe); (liquide) overflow

troquer [tʀɔke] vt: **~ qch contre** to barter ou trade sth for; (fig) to swap sth for

trot [tʀo] nm trot; **trotter** vi to trot

trottinette [tʀɔtinɛt] nf (child's) scooter

trottoir [tʀɔtwaʀ] nm pavement (BRIT), sidewalk (US); **faire le ~** (péj) to walk the streets; **trottoir roulant** moving walkway, travellator

trou [tʀu] nm hole; (fig) gap; (Comm) deficit; **trou d'air** air pocket; **trou de mémoire** blank, lapse of memory

troublant, e [tʀublɑ̃, ɑ̃t] adj disturbing

trouble [tʀubl] adj (liquide) cloudy; (image, photo) blurred; (affaire) shady, murky ▷ adv: **voir ~** to have blurred vision ▷ nm agitation; **troubles** nmpl (Pol) disturbances, troubles, unrest sg

(*Méd*) trouble sg, disorders; **trouble-fête** nm spoilsport

troubler [truble] vt to disturb; (*liquide*) to make cloudy; (*intriguer*) to bother; **se troubler** vi (*personne*) to become flustered ou confused

trouer [true] vt to make a hole (ou holes) in

trouille [truj] (*fam*) nf: **avoir la ~** to be scared to death

troupe [trup] nf troop; **troupe (de théâtre)** (theatrical) (theatrical) company

troupeau, x [trupo] nm (*de moutons*) flock; (*de vaches*) herd

trousse [trus] nf case, kit; (*d'écolier*) pencil case; **aux ~s de** (*fig*) on the heels ou tail of; **trousse à outils** toolkit; **trousse de toilette** toilet bag

trousseau, x [truso] nm (*de mariée*) trousseau; **trousseau de clefs** bunch of keys

trouvaille [truvaj] nf find

trouver [truve] vt to find (*rendre visite*): **aller/venir ~** to go/come and see sb; **se trouver** vi (*être*) to be; **je trouve que** I find ou think that; **~ à boire/critiquer** to find something to drink/criticize; **se ~ mal** to pass out

truand [tryɑ̃] nm gangster; **truander** vt: **se faire truander** to be swindled

truc [tryk] nm (*astuce*) way, trick; (*de cinéma, prestidigitateur*) trick, effect; (*chose*) thingumajig; **avoir le ~** to have the knack; **c'est pas mon ~** (*fam*) it's not really my thing

truelle [tryɛl] nf trowel

truffe [tryf] nf truffle; (*nez*) nose

truffé, e [tryfe] adj (*Culin*) garnished with truffles; **~ de** (*fig: citations*) peppered with; (*: fautes*) riddled with; (*: pièges*) bristling with

truie [trɥi] nf sow

truite [trɥit] nf trout inv

truquage [tryka3] nm special effects pl

truquer [tryke] vt (*élections, serrure, dés*) to fix

SVP sigle (= tournez svp) PTO

TC sigle (= toutes taxes comprises) inclusive of tax

tu¹, e [ty] pp de **taire**

tu² [ty] pron you; **dire tu à qn** to use the "tu" form to sb

tuba [tyba] nm (*Mus*) tuba; (*Sport*) snorkel

tube [tyb] nm tube; (*chanson*) hit

tuberculose [tybɛrkyloz] nf tuberculosis

tuer [tɥe] vt to kill; **se tuer** vi to be killed; (*suicide*) to kill o.s.; **se ~ au travail** (*fig*) to work o.s. to death; **tuerie** nf slaughter no pl

tue-tête [tytɛt]: **à ~** adv at the top of one's voice

tueur [tɥœr] nm killer; **tueur à gages** hired killer

tuile [tɥil] nf tile; (*fam*) spot of bad luck, blow

tulipe [tylip] nf tulip

tuméfié, e [tymefje] adj puffed-up, swollen

tumeur [tymœr] nf growth, tumour

tumulte [tymylt] nm commotion; **tumultueux, -euse** adj stormy, turbulent

tunique [tynik] nf tunic

Tunis [tynis] n Tunis

Tunisie [tynizi] nf: **la ~** Tunisia; **tunisien, ne** adj Tunisian ▷ nm/f: **Tunisien, ne** Tunisian

tunnel [tynɛl] nm tunnel; **le ~ sous la Manche** the Channel Tunnel

turbulent, e [tyrbylɑ̃, ɑ̃t] adj boisterous, unruly

turc, turque [tyrk] adj Turkish ▷ nm/f: **T~, Turque** Turk/Turkish woman ▷ nm (*Ling*) Turkish

turf [tyrf] nm racing; **turfiste** nm/f racegoer

Turquie [tyrki] nf: **la ~** Turkey

turquoise [tyrkwaz] nf turquoise ▷ adj inv turquoise

tutelle [tytɛl] nf (*Jur*) guardianship; (*Pol*) trusteeship; **sous la ~ de** (*fig*) under the supervision of

tuteur [tytœr] nm (*Jur*) guardian; (*de plante*) stake, support

tutoyer [tytwaje] vt: **~ qn** to address

sb as "tu"

tuyau, x [tɥijo] *nm* pipe; *(flexible)* tube; *(fam)* **tuyau d'arrosage** hosepipe; **tuyau d'échappement** exhaust pipe; **tuyauterie** *nf* piping *no pl*

TVA *sigle f* (= taxe à la valeur ajoutée) VAT

tympan [tɛ̃pɑ̃] *nm* (Anat) eardrum

type [tip] *nm* type; *(fam)* chap, guy ▷ *adj* typical, classic

typé, e [tipe] *adj* ethnic

typique [tipik] *adj* typical

tyran [tiʀɑ̃] *nm* tyrant; **tyrannique** *adj* tyrannical

tzigane [dzigan] *adj* gipsy, tzigane

ulcère [ylsɛʀ] *nm* ulcer

ultérieur, e [ylteʀjœʀ] *adj* later, subsequent; **remis à une date -e** postponed to a later date; **ultérieurement** *adv* later, subsequently

ultime [yltim] *adj* final

 MOT-CLÉ

un, une [œ̃, yn] *art indéf* a; *(devant voyelle)* an; **un garçon/vieillard** a boy/an old man; **une fille** a girl
▷ *pron* one; **l'un des meilleurs** one of the best; **l'un ..., l'autre** (the) one ..., the other; **les uns ..., les autres** some ..., others; **l'un et l'autre** both (of them); **l'un ou l'autre** either (of them); **l'un l'autre** each other; **les uns les autres** one another; **pas un seul** not a single one; **un par un** one by one
▷ *num* one; **un pamplemousse seulement** one grapefruit only, just

one grapefruit
▷ nf: **la une** (Presse) the front page

unanime [ynanim] adj unanimous;
unanimité nf: **à l'unanimité**
unanimously

unifier [ynifje] vt to unite, unify

uniforme [ynifɔʀm] adj uniform;
(surface, ton) even ▷ nm uniform;
uniformiser vt (systèmes) to
standardize

union [ynjɔ̃] nf union; **union de
consommateurs** consumers'
association; **union libre**: **vivre en
union libre** (en concubinage) to cohabit;
Union européenne European Union;
Union soviétique Soviet Union

unique [ynik] adj (seul) only;
(exceptionnel) unique; (le même): **un
prix/système ~** a single price/system;
fils/fille ~ only son/daughter,
only child; **sens ~** one-way street;
uniquement adv only, solely; (juste)
only, merely

unir [yniʀ] vt (nations) to unite; (en
mariage) to join together; **s'unir**
vi to unite; (en mariage) to be joined
together

unitaire [yniteʀ] adj: **prix ~** unit price

unité [ynite] nf (harmonie, cohésion) unity

univers [ynivɛʀ] nm universe;
universel, le adj universal

universitaire [ynivɛʀsitɛʀ] adj
university cpd; (diplôme, études)
academic, university cpd ▷ nm/f
academic

université [ynivɛʀsite] nf university

urbain, e [yʀbɛ̃, ɛn] adj urban, city
cpd, town cpd; **urbanisme** nm town
planning

urgence [yʀʒɑ̃s] nf urgency; (Méd etc)
emergency; **d'~** adj emergency cpd
▷ adv as a matter of urgency; **(service
des) ~s** casualty

urgent, e [yʀʒɑ̃, ɑ̃t] adj urgent

urine [yʀin] nf urine; **urinoir** nm
(public) urinal

urne [yʀn] nf (électorale) ballot box;
(vase) urn

urticaire [yʀtikɛʀ] nf nettle rash

us [ys] nmpl: **us et coutumes** (habits
and) customs

usage [yzaʒ] nm (emploi, utilisation) use;
(coutume) custom; **à l'~** with use; **à l'~
de** (pour) for (use of); **en ~** in use; **hors
d'~** out of service; **à ~ interne** (Méd) to
be taken (internally); **à ~ externe** (Méd)
for external use only; **usagé, e** adj (usé)
worn; **usager, -ère** nm/f user

usé, e [yze] adj worn; (banal: argument
etc) hackneyed

user [yze] vt (outil) to wear down;
(vêtement) to wear out; (matière) to wear
away; (consommer: charbon etc) to use;
s'user vi (tissu, vêtement) to wear out;
~ de (moyen, procédé) to use, employ;
~ de (droit) to exercise

usine [yzin] nf factory

usité, e [yzite] adj common

ustensile [ystɑ̃sil] nm implement;
ustensile de cuisine kitchen utensil

usuel, le [yzɥɛl] adj everyday, common

usure [yzyʀ] nf wear

utérus [yteʀys] nm uterus, womb

utile [ytil] adj useful

utilisateur, trice [ytilizatœʀ, tʀis]
nm/f user

utilisation [ytilizasjɔ̃] nf use

utiliser [ytilize] vt to use

utilitaire [ytilitɛʀ] adj utilitarian

utilité [ytilite] nf usefulness no pl;
de peu d'~ of little use or help

utopie [ytɔpi] nf utopia; **utopique**
adj utopian

u

va [va] *vb voir* **aller**

vacance [vakɑ̃s] *nf* (*Admin*) vacancy; **vacances** *nfpl* holiday(s pl (BRIT)), vacation *sg* (US); **les grandes ~s** the summer holidays; **prendre des/ses ~s** to take a holiday/one's holiday(s); **aller en ~s** to go on holiday; **je suis ici en ~s** I'm here on holiday; **vacancier, -ière** *nm/f* holiday-maker

vacant, e [vakɑ̃, ɑ̃t] *adj* vacant

vacarme [vakaʀm] *nm* (*bruit*) racket

vaccin [vaksɛ̃] *nm* vaccine; (*opération*) vaccination; **vaccination** *nf* vaccination; **vacciner** *vt* to vaccinate; **être vacciné contre qch** (*fam*) to be cured of sth

vache [vaʃ] *nf* (*Zool*) cow; (*cuir*) cowhide ▷ *adj* (*fam*) rotten, mean; **vachement** (*fam*) *adv* (*très*) really; (*pleuvoir, travailler*) a hell of a lot; **vacherie** (*action*) dirty trick; (*remarque*) nasty remark

vaciller [vasije] *vi* to sway, wobble; (*bougie, lumière*) to flicker; (*fig*) to be failing, falter

va-et-vient [vaevjɛ̃] *nm inv* (*de personnes, véhicules*) comings and goings *pl*, to-ings and fro-ings *pl*

vagabond [vagabɔ̃] *nm* (*rôdeur*) tramp, vagrant; (*voyageur*) wanderer; **vagabonder** *vi* to roam, wander

vagin [vaʒɛ̃] *nm* vagina

vague [vag] *nf* wave ▷ *adj* vague; (*regard*) faraway; (*manteau, robe*) loose(-fitting); (*quelconque*): **un ~ bureau/cousin** some office/cousin or other; **vague de fond** ground swell; **vague de froid** cold spell

vaillant, e [vajɑ̃, ɑ̃t] *adj* (*courageux*) gallant; (*robuste*) hale and hearty

vain, e [vɛ̃, vɛn] *adj* vain; **en ~** in vain

vaincre [vɛ̃kʀ] *vt* to defeat; (*fig*) to conquer, overcome; **vaincu, e** *nm/f* defeated party; **vainqueur** *nm* victor; (*Sport*) winner

vaisseau, x [vɛso] *nm* (*Anat*) vessel; (*Navig*) ship, vessel; **vaisseau spatial** spaceship

vaisselier [vɛsəlje] *nm* dresser

vaisselle [vɛsɛl] *nf* (*service*) crockery; (*plats etc à laver*) (dirty) dishes *pl*; **faire la ~** to do the washing-up (BRIT) ou the dishes

valable [valabl] *adj* valid; (*acceptable*) decent, worthwhile

valet [valɛ] *nm* manservant; (*Cartes*) jack

valeur [valœʀ] *nf* (*gén*) value; (*mérite*) worth, merit; (*Comm: titre*) security; **valeurs** *nfpl* (*morales*) values; **mettre en ~** (*détail*) to highlight; (*objet décoratif*) to show off to advantage; **avoir de la ~** to be valuable; **sans ~** worthless; **prendre de la ~** to go up ou gain in value

valide [valid] *adj* (*en bonne santé*) fit; (*valable*) valid; **valider** *vt* to validate

valise [valiz] *nf* (suit)case; **faire ses ~s** to pack one's bags

vallée [vale] *nf* valley

vallon [valɔ̃] *nm* small valley

valoir [valwaʀ] *vi* (*être valable*) to hold, apply ▷ *vt* (*prix, valeur, effort*) to be worth; (causer): **~ qch à qn** to earn sb sth; **se valoir** vi to be of equal merit; (péj) to be two of a kind; **faire ~** (droits, prérogatives) to assert; **se faire ~ sur** to make the most of o.s.; **à ~ sur** to be deducted (ou) somehow or other; **cela ne me dit rien qui vaille** I don't like the look of it at all; **ce climat ne me vaut rien** this climate doesn't suit me; **~ la peine** to be worth the trouble (ou) worth it; **~ mieux: il vaut mieux se taire** it's better to say nothing; **ça ne vaut rien** it's worthless; **que vaut ce candidat?** how good is this applicant?

valse [vals] nf waltz

vandalisme [vɑ̃dalism] nm vandalism

vanille [vanij] nf vanilla

vanité [vanite] nf vanity; **vaniteux, -euse** adj vain, conceited

vanne [van] nf gate; (fig) joke

vannerie [vanʀi] nf basketwork

vantard, e [vɑ̃taʀ, aʀd] adj boastful

vanter [vɑ̃te] vt to speak highly of, praise; **se vanter** vi to boast, brag; **se ~ de** to pride o.s. on; (péj) to boast of

vapeur [vapœʀ] nf steam; (émanation) vapour, fumes pl; **vapeurs** nfpl (bouffées) vapours; **à ~** steam-powered, steam cpd; **cuit à la ~** steamed; **vaporeux, -euse** adj (flou) hazy, misty; (léger) filmy; **vaporisateur** nm spray; **vaporiser** vt (parfum etc) to spray

varappe [vaʀap] nf rock climbing

vareuse [vaʀøz] nf (blouson) pea jacket; (d'uniforme) tunic

variable [vaʀjabl] adj variable; (temps, humeur) changeable; (divers: résultats) varied, various

varice [vaʀis] nf varicose vein

varicelle [vaʀisɛl] nf chickenpox

varié, e [vaʀje] adj varied; (divers) various; **hors d'œuvre ~s** selection of hors d'œuvres

varier [vaʀje] vi to vary; (temps, humeur) to change ▷ vt to vary; **variété** nf variety; **variétés** nfpl: **spectacle (ou) émission de variétés** variety show

variole [vaʀjɔl] nf smallpox

Varsovie [vaʀsɔvi] n Warsaw

vas [va] vb voir **aller**; **~-y!** [vazi] go on!

vase [vaz] nm vase ▷ nf silt, mud; **vaseux, -euse** adj silty, muddy; (fig: confus) woolly, hazy; (: fatigué) woozy

vasistas [vazistas] nm fanlight

vaste [vast] adj vast, immense

vautour [votuʀ] nm vulture

vautrer [votʀe] vb: **se ~ dans/sur** to wallow in/sprawl on

va-vite [vavit]: **à la ~** adv in a rush (ou) hurry

VDQS sigle (= vin délimité de qualité supérieure) label guaranteeing the quality of wine

veau, x [vo] nm (Zool) calf; (Culin) veal; (peau) calfskin

vécu, e [veky] pp de **vivre**

vedette [vədɛt] nf (artiste etc) star; (canot) motor boat; (police) launch

végétal, e, -aux [veʒetal, o] adj vegetable ▷ nm vegetable, plant; **végétalien, ne** adj, nm/f vegan

végétarien, ne [veʒetaʀjɛ̃, ɛn] adj, nm/f vegetarian; **avez-vous des plats ~s?** do you have any vegetarian dishes?

végétation [veʒetasjɔ̃] nf vegetation; **végétations** nfpl (Méd) adenoids

véhicule [veikyl] nm vehicle; **véhicule utilitaire** commercial vehicle

veille [vɛj] nf (état) wakefulness; (jour): **la ~ (de)** the day before; **la ~ au soir** the previous evening; **à la ~ de** on the eve of; **la ~ de Noël** Christmas Eve; **la ~ du jour de l'An** New Year's Eve

veillée [veje] nf (soirée) evening; (réunion) evening gathering; **veillée (funèbre)** wake

veiller [veje] vi to stay up ▷ vt (malade, mort) to watch over, sit up with; **~ à** to attend to, see to; **~ à ce que** to make sure that; **~ sur** to watch over; **veilleur** nm: **veilleur de nuit** night watchman; **veilleuse** nf (lampe) night light; (Auto) sidelight; (flamme) pilot light

veinard, e [venaʀ, aʀd] nm/f lucky devil

veine [vɛn] nf (Anat, du bois etc) vein; (filon) vein, seam; (fam: chance): **avoir de la ~** to be lucky

véliplanchiste [veliplɑ̃ʃist] nm/f windsurfer

vélo [velo] nm bike, cycle; **faire du ~** to go cycling; **vélomoteur** nm moped

velours [v(ə)luʀ] nm velvet; **velours côtelé** corduroy; **velouté, e** adj velvety ▷ nm: **velouté de tomates** cream of tomato soup

velu, e [vəly] adj hairy

vendange [vɑ̃dɑ̃ʒ] nf (aussi: **~s**) grape harvest; (raisins) grapes; **vendanger** vi to harvest the grapes

vendeur, -euse [vɑ̃dœʀ, øz] nm/f shop assistant ▷ nm (Jur) vendor, seller

vendre [vɑ̃dʀ] vt to sell; **~ qch à qn** to sell sb sth; **"à ~** "for sale"

vendredi [vɑ̃dʀədi] nm Friday; **vendredi saint** Good Friday

vénéneux, -euse [venenø, øz] adj poisonous

vénérien, ne [veneʀjɛ̃, jɛn] adj venereal

vengeance [vɑ̃ʒɑ̃s] nf vengeance no pl, revenge no pl

venger [vɑ̃ʒe] vt to avenge; **se venger** vi to avenge o.s.; **se ~ de qch** to take revenge for sth, take one's revenge for sth; **se ~ de qn** to take revenge on sb; **se ~ sur** to take revenge on

venimeux, -euse [vənimø, øz] adj poisonous, venomous; (fig: haineux) venomous, vicious

venin [vənɛ̃] nm venom, poison

venir [v(ə)niʀ] vi to come; **~ de** to come from; **~ de faire: je viens d'y aller/de le voir** I've just been there/seen him; **s'il vient à pleuvoir** if it should rain; **j'en viens à croire que** I have come to believe that; **où veux-tu en ~?** what are you getting at?; **faire ~** (docteur, plombier) to call (out)

vent [vɑ̃] nm wind; **il y a du ~** it's windy; **c'est du ~** it's all hot air; **dans le ~** (fam) trendy

vente [vɑ̃t] nf sale; **la ~** (activité) selling;

(secteur) sales pl; **mettre en ~** (produit) to put on sale; (maison, objet personnel) to put up for sale; **vente aux enchères** auction sale; **vente de charité** jumble sale

venteux, -euse [vɑ̃tø, øz] adj windy

ventilateur [vɑ̃tilatœʀ] nm fan

ventiler [vɑ̃tile] vt to ventilate

ventouse [vɑ̃tuz] nf (de caoutchouc) suction pad

ventre [vɑ̃tʀ] nm (Anat) stomach; (légèrement gonflé) belly; (utérus) womb; **avoir mal au ~** to have stomach ache (BRIT) ou a stomach ache (US)

venu, e [v(ə)ny] pp de **venir** ▷ adj: **bien ~** timely; **mal ~** out of place; **être mal ~ à ou de faire** to have no grounds for doing, in no position to do

ver [vɛʀ] nm worm; (des fruits etc) maggot; (du bois) woodworm no pl; voir aussi **vers**; **ver à soie** silkworm; **ver de terre** earthworm; **ver luisant** glowworm; **ver solitaire** tapeworm

verbe [vɛʀb] nm verb

verdâtre [vɛʀdɑtʀ] adj greenish

verdict [vɛʀdik(t)] nm verdict

verdir [vɛʀdiʀ] vi, vt to turn green; **verdure** nf greenery

véreux, -euse [veʀø, øz] adj worm-eaten; (malhonnête) shady, corrupt

verge [vɛʀʒ] nf (Anat) penis

verger [vɛʀʒe] nm orchard

verglacé, e [vɛʀglase] adj icy, iced-over

verglas [vɛʀgla] nm (black) ice

véridique [veʀidik] adj truthful

vérification [veʀifikasjɔ̃] nf (action) checking no pl; (contrôle) check

vérifier [veʀifje] vt to check; (corroborer) to confirm, bear out

véritable [veʀitabl] adj real; (ami, amour) true; **un ~ désastre** an absolute disaster

vérité [veʀite] nf truth; **en ~** really, actually

verlan [vɛʀlɑ̃] nm (fam) (back) slang

vermeil, le [vɛʀmɛj] adj ruby red

vermine [vɛʀmin] nf vermin pl

vermoulu, e [vɛʀmuly] adj worm-eaten

verni, e [vɛʀni] adj (fam) lucky; **cuir ~** patent leather

vernir [vɛʀniʀ] vt (bois, tableau, ongles) to varnish; (poterie) to glaze; **vernis** nm (enduit) varnish; glaze; (fig) veneer; **vernis à ongles** nail polish ou varnish; **vernissage** nm (d'une exposition) preview

vérole [veʀɔl] nf (variole) smallpox

verre [vɛʀ] nm glass; (de lunettes) lens sg; **boire** ou **prendre un ~** to have a drink; **verres de contact** contact lenses; **verrière** nf (paroi vitrée) glass wall; (toit vitré) glass roof

verrou [veʀu] nm (targette) bolt; **mettre qn sous les ~s** to put sb behind bars; **verrouillage** nm locking; **verrouillage centralisé** central locking; **verrouiller** vt (porte) to bolt; (ordinateur) to lock

verrue [veʀy] nf wart

vers [vɛʀ] nm line ▷ nmpl (poésie) verse sg ▷ prép (en direction de) toward(s); (près de) around (about); (temporel) about, around

versant [vɛʀsɑ̃] nm slopes pl, side

versatile [vɛʀsatil] adj fickle, changeable

verse [vɛʀs]: **à ~** adv: **il pleut à ~** it's pouring (with rain)

Verseau [vɛʀso] nm: **le ~** Aquarius

versement [vɛʀsəmɑ̃] nm payment; **en 3 ~s** in 3 instalments

verser [vɛʀse] vt (liquide, grains) to pour; (larmes, sang) to shed; (argent) to pay; **~ qch sur un compte** to pay sth into an account

version [vɛʀsjɔ̃] nf version; (Scol) translation (into the mother tongue); **film en ~ originale** film in the original language

verso [vɛʀso] nm back; **voir au ~** see over(leaf)

vert, e [vɛʀ, vɛʀt] adj green; (vin) young; (vigoureux) sprightly ▷ nm green; **les V~s** (Pol) the Greens

vertèbre [vɛʀtɛbʀ] nf vertebra

vertement [vɛʀtəmɑ̃] adv (réprimander) sharply

vertical, e, -aux [vɛʀtikal, o] adj vertical; **verticale** nf vertical; **à la verticale** vertically; **verticalement** adv vertically

vertige [vɛʀtiʒ] nm (peur du vide) vertigo; (étourdissement) dizzy spell; (fig) fever; **vertigineux, -euse** adj breathtaking

vertu [vɛʀty] nf virtue; **en ~ de** in accordance with; **vertueux, -euse** adj virtuous

verve [vɛʀv] nf witty eloquence; **être en ~** to be in brilliant form

verveine [vɛʀvɛn] nf (Bot) verbena, vervain; (infusion) verbena tea

vésicule [vezikyl] nf vesicle; **vésicule biliaire** gall-bladder

vessie [vesi] nf bladder

veste [vɛst] nf jacket; **veste droite/ croisée** single-/double-breasted jacket

vestiaire [vɛstjɛʀ] nm (au théâtre etc) cloakroom; (de stade etc) changing-room (BRIT), locker-room (US)

vestibule [vɛstibyl] nm hall

vestige [vɛstiʒ] nm (objet) relic; (fig) vestige; **vestiges** nmpl (de village) remains

vestimentaire [vɛstimɑ̃tɛʀ] adj (détail) of dress; (élégance) sartorial; **dépenses ~s** clothing expenditure

veston [vɛstɔ̃] nm jacket

vêtement [vɛtmɑ̃] nm garment, item of clothing; **vêtements** nmpl clothes

vétérinaire [veteʀinɛʀ] nm/f vet, veterinary surgeon

vêtir [vetiʀ] vt to clothe, dress

vêtu, e [vety] pp de **vêtir** ▷ adj: **~ de** dressed in, wearing

vétuste [vetyst] adj ancient, timeworn

veuf, veuve [vœf, vœv] adj widowed ▷ nm widower

veuve [vœv] nf widow

vexant, e [vɛksɑ̃, ɑ̃t] adj (contrariant) annoying; (blessant) hurtful

vexation [vɛksasjɔ̃] nf humiliation

V

vexer [vɛkse] vt: ~ **qn** to hurt sb's feelings; **se vexer** vi to be offended

viable [vjabl] adj viable; (économie, industrie etc) sustainable

viande [vjɑ̃d] nf meat; **je ne mange pas de ~** I don't eat meat

vibrer [vibʀe] vi to vibrate; (son, voix) to be vibrant; (fig) to be stirred; **faire ~** to (cause to) vibrate; (fig) to stir, thrill

vice [vis] nm vice; (défaut) fault ▷ préfixe: **~... vice-**; **vice de forme** legal flaw ou irregularity

vicié, e [visje] adj (air) polluted, tainted; (Jur) invalidated

vicieux, -euse [visjø, jøz] adj (pervers) lecherous; (rétif) unruly ▷ nm/f **lécher**

vicinal, e, -aux [visinal, o] adj: **chemin ~** by-road, byway

victime [viktim] nf victim; (d'accident) casualty

victoire [viktwaʀ] nf victory

victuailles [viktɥaj] nfpl provisions

vidange [vidɑ̃ʒ] nf (d'un fossé, réservoir) emptying; (Auto) oil change; (de lavabo: bonde) waste outlet; **vidanges** nfpl (matières) sewage sg; **vidanger** vt to empty

vide [vid] adj empty ▷ nm (Physique) vacuum; (espace) (empty) space, gap; (futilité, néant) void; **avoir peur du ~** to be afraid of heights; **emballé sous ~** vacuum packed; **à ~** (sans occupants) empty; (sans charge) unladen

vidéo [video] nf video ▷ adj: **cassette ~** video cassette; **jeu ~** video game; **vidéoclip** nm music video; **vidéoconférence** nf videoconference

vide-ordures [vidɔʀdyʀ] nm inv (rubbish) chute

vider [vide] vt to empty; (Culin: volaille, poisson) to gut, clean out; **se vider** vi to empty; **~ les lieux** to quit ou vacate the premises; **videur** nm (de boîte de nuit) bouncer, doorman

vie [vi] nf life; **être en ~** to be alive; **sans ~** lifeless; **à ~** for life; **que faites-vous dans la ~?** what do you do?

vieil [vjɛj] adj m voir **vieux**; **vieillard**

nm old man; **vieille** adj, nf voir **vieux**; **vieilleries** nfpl old things; **vieillesse** nf old age; **vieillir** vi (prendre de l'âge) to grow old; (population, vin) to age; (doctrine, auteur) to become dated ▷ vt to age; **vieillissement** nm growing old; ageing

Vienne [vjɛn] nf Vienna

viens [vjɛ̃] vb voir **venir**

vierge [vjɛʀ3] adj virgin; (page) clean, blank ▷ nf virgin; (signe): **la V~** Virgo

Vietnam, Viet-Nam [vjɛtnam] nm Vietnam; **vietnamien, ne** adj Vietnamese ▷ nm/f: **Vietnamien, ne** Vietnamese

vieux, vieil, vieille [vjø, vjɛj] adj old ▷ nm/f old man (woman); **les vieux** nmpl old people; **un petit ~** a little old man; **mon ~/ma vieille** (fam) old man/girl; **prendre un coup de ~** to put years on; **vieux garçon** bachelor; **vieux jeu** adj inv old-fashioned

vif, vive [vif, viv] adj (animé) lively; (alerte, brusque, aigu) sharp; (lumière, couleur) bright; (air) crisp; (vent, émotion) keen; (fort: regret, déception) great, deep; (vivant): **brûlé ~** burnt alive; **de vive voix** personally; **avoir l'esprit ~** to be quick-witted; **piquer qn au ~** to cut sb to the quick; **à ~** (plaie) open; **avoir les nerfs à ~** to be on edge

vigne [viɲ] nf (plante) vine; (plantation) vineyard; **vigneron** nm wine grower

vignette [viɲɛt] nf (Admin): **~** (road) tax disc (BRIT); **~** license plate sticker (US); (de médicament) price label (used for reimbursement)

vignoble [viɲɔbl] nm (plantation) vineyard; (vignes d'une région) vineyards pl

vigoureux, -euse [viguʀø, øz] adj vigorous, robust

vigueur [vigœʀ] nf vigour; **entrer en ~** to come into force; **en ~** current

vilain, e [vilɛ̃, ɛn] adj (laid) ugly; (affaire, blessure) nasty; (pas sage: enfant) naughty; **vilain mot** naughty ou bad word

villa [vila] nf (detached) house; **~ en multipropriété** time-share villa

village [vilaʒ] nm village; **villageois, e** adj village cpd ▷ nm/f villager

ville [vil] nf town; (importante) city; (administration): **la ~** the (town) council, the local authority; **ville d'eaux** spa; **ville nouvelle** new town

vin [vɛ̃] nm wine; **avoir le ~ gai** to get happy after a few drinks; **vin d'honneur** reception (with wine and snacks); **vin de pays** local wine; **vin ordinaire** ou **table** table wine

vinaigre [vinɛgʀ] nm vinegar; **vinaigrette** nf vinaigrette, French dressing

vindicatif, -ive [vɛ̃dikatif, iv] adj vindictive

vingt [vɛ̃] num twenty; **~-quatre heures** ou **~-quatre** twenty-four hours a day, round the clock; **vingtaine** nf: **une vingtaine (de)** about twenty, twenty or so; **vingtième** num twentieth

vinicole [vinikɔl] adj wine cpd, wine-growing

vinyle [vinil] nm vinyl

viol [vjɔl] nm (d'une femme) rape; (d'un lieu sacré) violation

violacé, e [vjɔlase] adj purplish, mauvish

violemment [vjɔlamɑ̃] adv violently

violence [vjɔlɑ̃s] nf violence

violent, e [vjɔlɑ̃, ɑ̃t] adj violent; (remède) drastic

violer [vjɔle] vt (femme) to rape; (sépulture, loi, traité) to violate

violet, te [vjɔlɛ, ɛt] adj, nm purple, mauve; **violette** nf (fleur) violet

violon [vjɔlɔ̃] nm violin; (fam: prison) lock-up; **violon d'Ingres** hobby; **violoncelle** nm cello; **violoniste** nm/f violinist

vipère [vipɛʀ] nf viper, adder

virage [viʀaʒ] nm (d'un véhicule) turn; (d'une route, piste) bend

virée [viʀe] nf trip; (à pied) walk; (longue) walking tour; (dans les cafés) tour

virement [viʀmɑ̃] nm (Comm) transfer

virer [viʀe] vt (Comm): **~ qch (sur)** to transfer sth (into); (fam: expulser): **~ qn** to kick sb out ▷ vi to turn; (Chimie) to change colour: **~ au bleu/rouge** to turn blue/red; **~ de bord** to tack

virevolter [viʀvɔlte] vi to twirl around

virgule [viʀgyl] nf comma; (Math) point

viril, e [viʀil] adj (propre à l'homme) masculine; (énergique, courageux) manly, virile

virtuel, le [viʀtɥɛl] adj potential; (théorique) virtual

virtuose [viʀtɥoz] nm/f (Mus) virtuoso; (gén) master

virus [viʀys] nm virus

vis¹ [vi] vb voir **voir; vivre**

vis² [vis] nf screw

visa [viza] nm (sceau) stamp; (validation de passeport) visa

visage [vizaʒ] nm face

vis-à-vis [vizavi] prép: **~ de qn** to(wards) sb; **en ~** facing each other

visées [vize] nfpl (intentions) designs

viser [vize] vi to aim ▷ vt to aim at; (concerner) to be aimed ou directed at; (apposer un visa sur) to stamp; **~ à qch/faire** to aim at sth/at doing ou to do

visibilité [vizibilite] nf visibility

visible [vizibl] adj visible; (disponible): **est-il ~?** can he see me?, will he see visitors?

visière [vizjɛʀ] nf (de casquette) peak; (qui s'attache) eyeshade

vision [vizjɔ̃] nf vision; (sens) (eye)sight, vision; (fait de voir): **la ~ de** the sight of; **visionneuse** nf viewer

visiophone [vizjofɔn] nm videophone

visite [vizit] nf visit; **~ médicale** medical examination; **~ accompagnée** ou **guidée** guided tour; **la ~ guidée commence à quelle heure?** what time does the guided tour start?; **faire une ~ à qn** to call on sb, pay sb a visit; **rendre ~ à qn** to visit sb, pay a visit; **être en ~ (chez qn)** to be visiting (sb); **avoir**

v

de la ~ to have visitors; **heures de** ~ (*hôpital, prison*) visiting hours
visiter [vizite] vt to visit; **visiteur, -euse** nm/f visitor
vison [vizɔ̃] nm mink
visser [vise] vt: ~ **qch** (*fixer, serrer*) to screw sth on
visuel, le [vizɥɛl] adj visual
vital, e, -aux [vital, o] adj vital
vitamine [vitamin] nf vitamin
vite [vit] adv (*rapidement*) quickly; fast; (*sans délai*) quickly; (*sous peu*) soon; **~!** quick!; **faire** ~ to be quick; **le temps passe** ~ time flies
vitesse [vitɛs] nf speed; (*Auto: dispositif*) gear; **prendre de la** ~ to pick up ou gather speed; **à toute** ~ at full ou top speed; **en** ~ (*rapidement*) quickly; (*en hâte*) in a hurry

● LIMITE DE VITESSE

● The speed limit in France is 50 km/h
● in built-up areas, 90 km/h on main
● roads, and 130 km/h on motorways
● (110 km/h when it is raining).

viticulteur [vitikyltœʀ] nm wine grower
vitrage [vitʀaʒ] nm: **double** ~ double glazing
vitrail, -aux [vitʀaj, o] nm stained-glass window
vitre [vitʀ] nf (*window*) pane; (*de portière, voiture*) window; **vitré, e** adj glass cpd
vitrine [vitʀin] nf (*shop*) window; (*petite armoire*) display cabinet; **en** ~ in the window
vivable [vivabl] adj (*personne*) livable-with; (*maison*) fit to live in
vivace [vivas] adj (*arbre, plante*) hardy; (*fig*) indestructible, inveterate
vivacité [vivasite] nf liveliness, vivacity
vivant, e [vivã, ãt] adj (*qui vit*) living, alive; (*animé*) lively; (*preuve, exemple*) living ▷ nm: **du** ~ **de qn** in sb's lifetime;

les ~**s** the living
vive [viv] adj voir **vif** ▷ vb voir **vivre** ▷ excl: **le roi!** long live the king!; **vivement** adv deeply ▷ excl: **vivement les vacances!** roll on the holidays!
vivier [vivje] nm (*étang*) fish tank; (*réservoir*) fishpond
vivifiant, e [vivifjã, jãt] adj invigorating
vivoter [vivote] vi (*personne*) to scrape a living, get by; (*fig: affaire etc*) to struggle along
vivre [vivʀ] vi, vt to live; (*période*) to live through; nmpl provisions, food supplies; ~ **de** to live on; **il vit encore** he is still alive; **se laisser** ~ to take life as it comes; **ne plus** ~ (*être anxieux*) to live on one's nerves; **il a vécu** (*eu une vie aventureuse*) he has seen life; **être facile à** ~ to be easy to get on with; **faire** ~ **qn** (*pourvoir à sa subsistance*) to provide (a living) for sb
vlan [vlã] excl wham!, bang!
VO [veo] nf: **film en VO** film in the original version; **en VO sous-titrée** in the original version with subtitles
vocabulaire [vɔkabylɛʀ] nm vocabulary
vocation [vɔkasjɔ̃] nf vocation, calling
vœu, x [vø] nm wish; (*promesse*) vow; **faire** ~ **de** to take a vow of; **tous nos** ~**x de bonne année, meilleurs** ~**x** best wishes for the New Year
vogue [vɔg] nf fashion, vogue; **en** ~ in fashion, in vogue
voici [vwasi] prép (*pour introduire, désigner*) here is +sg, here are +pl; **et** ~ **que** ... and now it (*ou* he) ...; voir aussi **voilà**
voie [vwa] nf way; (*Rail*) track, line; (*Auto*) lane; **être en bonne** ~ to be going well; **mettre qn sur la** ~ to put sb on the right track; **pays en** ~ **de développement** developing country; **être en** ~ **d'achèvement/de rénovation** to be nearing completion/in the process of renovation; **par** ~ **buccale** ou **orale** orally; **route à** ~

unique single-track road; **route à 2/3 ~s** 2-/3-lane road; **voie de garage** (Rail) siding; **voie express** expressway; **voie ferrée** track; railway line (BRIT), railroad (US); **la voie lactée** the Milky Way; **la voie publique** the public highway

voilà [vwala] prép (en désignant) there is +sg, there are +pl; **les ~ ou voici** here ou there they are; **en ~ ou voici un** here's one, there's one; **voici mon frère et ~ ma sœur** this is my brother and that's my sister; **~ ou voici deux ans** two years ago; **~ ou voici deux ans que c'est** two years since; **et ~!** there we are!; **~ tout** that's all; **~ ou voici** (en offrant etc) there ou here you are; **tiens!** ~ Paul look! there's Paul

voile [vwal] nm veil; (tissu léger ⊳ nf sail; (sport) sailing; **voiler** vt to veil; (fausser: roue) to buckle; (: bois) to warp; **se voiler** vi (lune, regard) to mist over; (voix) to become husky; (roue, disque) to buckle; (planche) to warp; **voilier** nm sailing ship; (de plaisance) sailing boat; **voiture** nf (de voilier) sails nf

voir [vwar] vi, vt to see; **se voir** vi (être visible) to show; (se fréquenter) to see each other; (se produire) to happen; **cela se voit** (c'est visible) that's obvious, it shows; **faire ~ qch à qn** to show sb sth; **en faire ~ à qn** (fig) to give sb a hard time; **ne pas pouvoir ~ qn** not to be able to stand sb; **voyons!** let's see now; (indignation etc) come on!; **ça n'a rien à ~ avec lui** it has nothing to do with him

voire [vwar] adv even

voisin, e [vwazɛ̃, in] adj (proche) neighbouring; (contigu) next; (ressemblant) connected ⊳ nm/f neighbour; **voisinage** nm (proximité) proximity; (environs) vicinity; (quartier, voisins) neighbourhood

voiture [vwatyr] nf car; (wagon) coach, carriage; **voiture de course** racing car; **voiture de sport** sports car

voix [vwa] nf voice; (Pol) vote; **à haute ~**

aloud; **à ~ basse** in a low voice; **à 2/4 ~** (Mus) in 2/4 parts; **avoir ~ au chapitre** to have a say in the matter

vol [vɔl] nm (d'oiseau, d'avion) flight; (larcin) theft; **~ régulier** scheduled flight; **au ~: attraper qch au ~** to catch sth as it flies past; **en ~** in flight; **je voudrais signaler un ~** I'd like to report a theft; **vol à main armée** armed robbery; **vol à voile** gliding; **vol libre** hang-gliding

volage [vɔlaʒ] adj fickle

volaille [vɔlaj] nf (oiseaux) poultry pl; (viande) poultry no pl; (oiseau) fowl

volant, e [vɔlɑ̃, ɑ̃t] adj (feuille etc ⊳ nm (d'automobile) (steering) wheel; (de commande) wheel; (objet lancé) shuttlecock; (bande de tissu) flounce

volcan [vɔlkɑ̃] nm volcano

volée [vɔle] nf (Tennis) volley; **à la ~: rattraper à la ~** to catch in mid-air; **à toute ~** (sonner les cloches) vigorously; (lancer un projectile) with full force

voler [vɔle] vi (avion, oiseau, fig) to fly; (voleur) to steal ⊳ vt (objet) to steal; (personne) to rob; **~ qch à qn** to steal sth from sb; **on m'a volé mon iPod®** my iPod® has been stolen; **il ne l'a pas volé!** he asked for it!

volet [vɔlɛ] nm (de fenêtre) shutter; (de feuillet, document) section

voleur, -euse [vɔlœr, øz] nm/f thief ⊳ adj thieving; **"au ~!"** "stop thief!"

volley [vɔlɛ], **volley-ball** [vɔlɛbol] nm volleyball

volontaire [vɔlɔ̃tɛr] adj (acte, enrôlement, prisonnier) voluntary; (oubli) intentional; (caractère, personne) décidé) self-willed ⊳ nm/f volunteer

volonté [vɔlɔ̃te] nf (faculté de vouloir) will; (énergie, fermeté) (power); (souhait, désir) wish; **à ~** as much as one likes; **bonne ~** goodwill, willingness; **mauvaise ~** lack of goodwill, unwillingness

volontiers [vɔlɔ̃tje] adv (avec plaisir) willingly, gladly; (habituellement, souvent) readily, willingly; **voulez-vous boire quelque chose? — ~!** would you

volt [vɔlt] nm volt
volte-face [vɔltəfas] nf inv: **faire ~** to turn round
voltige [vɔltiʒ] nf (Équitation) trick riding; (au cirque) acrobatics sg; **voltiger** vi to flutter (about)
volubile [vɔlybil] adj voluble
volume [vɔlym] nm volume; (Géom: solide) solid; **volumineux, -euse** adj voluminous, bulky
volupté [vɔlypte] nf sensual delight ou pleasure
vomi [vɔmi] nm vomit; **vomir** vi to vomit, be sick ▷ vt to vomit, bring up; (fig) to belch out, spew out; (exécrer) to loathe, abhor
vorace [vɔʀas] adj voracious
vos [vo] adj voir **votre**
vote [vɔt] nm vote; **vote par correspondance/procuration** postal/proxy vote; **voter** vi to vote ▷ vt (projet de loi) to vote for; (loi, réforme) to pass
votre [vɔtʀ] (pl vos) adj your
vôtre [votʀ] pron: **le ~, la ~, les ~** yours; **les ~s** (fig) your family ou folks; **à la ~** (toast) your (good) health!
vouer [vwe] vt: **~ sa vie à** (étude, cause etc) to devote one's life to; **~ une amitié éternelle à qn** to vow undying friendship to sb

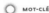 **MOT-CLÉ**

vouloir [vulwaʀ] nm: **le bon vouloir de qn** sb's goodwill; sb's pleasure
▷ vt 1 (exiger, désirer) to want; **vouloir faire/que qn fasse** to want to do/sb to do; **voulez-vous du thé?** would you like ou do you want some tea?; **que me veut-il?** what does he want with me?; **sans le vouloir** (involontairement) without meaning to, unintentionally; **je voudrais ceci/faire** I would ou I'd like this/to do; **le hasard a voulu que ...** as fate would have it ...; **la tradition veut que ...** it is a tradition that ...

2 (consentir): **je veux bien** (bonne volonté) I'll be happy to; (concession) fair enough, that's fine; **je peux le faire, si vous voulez** I can do it if you like; **oui, si on veut** (en quelque sorte) yes, if you like; **veuillez attendre** please wait; **veuillez agréer ...** (formule épistolaire: personne nommée) yours sincerely; (personne non nommée) yours faithfully
3: **en vouloir à qn** to bear sb a grudge; **s'en vouloir (de)** to be annoyed with o.s. (for); **il en veut à mon argent** he's after my money
4: **vouloir de: l'entreprise ne veut plus de lui** the firm doesn't want him any more; **elle ne veut pas de son aide** she doesn't want his help
5: **vouloir dire** to mean

voulu, e [vuly] adj (requis) required, requisite; (délibéré) deliberate, intentional; voir aussi **vouloir**
vous [vu] pron vous; (objet indirect) (to) you; (réfléchi: sg) yourself; (: pl) yourselves; (réciproque) each other ▷ nm: **employer le ~** (vouvoyer) to use the "vous" form; **~-même** yourself; **~-mêmes** yourselves
vouvoyer [vuvwaje] vt: **~ qn** to address sb as "vous"
voyage [vwajaʒ] nm journey, trip; (fait de voyager): **le ~** travel(ling); **partir/être en ~** to go off/be away on a journey ou trip; **faire bon ~** to have a good journey; **votre ~ s'est bien passé?** how was your journey?; **voyage d'affaires/d'agrément** business/pleasure trip; **voyage de noces** honeymoon; **nous sommes en voyage de noces** we're on honeymoon; **voyage organisé** package tour
voyager [vwajaʒe] vi to travel; **voyageur, -euse** nm/f traveller; (passager) passenger; **voyageur de commerce** sales representative, commercial traveller
voyant, e [vwajã, ãt] adj (couleur) loud, gaudy ▷ nm (signal) (warning) light

voyelle [vwajɛl] nf vowel

voyou [vwaju] nm hooligan

vrac [vʀak]: **en ~** adv (au détail) loose; (en gros) in bulk; (en désordre) in a jumble

vrai, e [vʀɛ] adj (véridique: récit, faits) true; (non factice, authentique) real; **à ~ dire** to tell the truth; **vraiment** adv really; **vraisemblable** adj likely; (excuse) convincing; **vraisemblablement** adj probably; **vraisemblance** nf likelihood; (romanesque) verisimilitude

vrombir [vʀɔ̃biʀ] vi to hum

VRP sigle m (= voyageur, représentant, placier) sales rep (fam)

VTT sigle m (= vélo tout-terrain) mountain bike

vu, e [vy] pp de **voir** ▷ adj: **bien/mal vu** (fig: personne) popular/unpopular; (: chose) approved/disapproved of ▷ prép (en raison de) in view of; **vu que** in view of the fact that

vue [vy] nf (fait de voir): **la ~ de** the sight of; (sens, faculté) (eye)sight; (panorama, image, photo) view; (dessein) designs; **vues** nfpl (idées) views; (dessein) designs; **hors de ~** out of sight; **avoir en ~** to have in mind; **tirer à ~** to shoot on sight; **à ~ d'œil** visibly; **à première ~** at first sight; **de ~** by sight; **perdre de ~** to lose sight of; **en ~** (visible) in sight; (célèbre) in the public eye; **en ~ de faire** with a view to doing; **perdre la ~** to lose one's (eye)sight; **avoir ~ sur** (suj: fenêtre) to have a view of; **vue d'ensemble** overall view

vulgaire [vylgɛʀ] adj (grossier) vulgar, coarse; (ordinaire) commonplace, mundane; (péj: quelconque): **de ~s touristes** common tourists; (Bot, Zool: non latin) common; **vulgariser** vt to popularize

vulnérable [vylneʀabl] adj vulnerable

wagon [vagɔ̃] nm (de voyageurs) carriage; (de marchandises) truck, wagon; **wagon-lit** nm sleeper, sleeping car; **wagon-restaurant** nm restaurant ou dining car

wallon, ne [walɔ̃, ɔn] adj Walloon ▷ nm (Ling) Walloon ▷ nm/f: **W~, ne** Walloon

watt [wat] nm watt

w-c sigle mpl (= water-closet(s)) toilet

Web [wɛb] nm inv: **le ~** the (World Wide) Web; **webcam** [wɛbkam] nf webcam; **webmaster** [-mastœʀ], **webmestre** [-mɛstʀ] nm webmaster

week-end [wikɛnd] nm weekend

western [wɛstɛʀn] nm western

whisky [wiski] (pl **whiskies**) nm whisky

wifi [wifi] nm Wi-Fi

WWW abr m; World Wide Web WWW

w

xénophobe [gzenɔfɔb] *adj*
xenophobic ▷ *nm/f* xenophobe
xérès [gzeʀɛs] *nm* sherry
xylophone [gzilɔfɔn] *nm* xylophone

y [i] *adv* (*à cet endroit*) there; (*dessus*) on
it (*ou* them); (*dedans*) in it (*ou* them)
▷ *pron* (*about ou on ou of*) it (*d'après le
verbe employé*); **j'y pense** I'm thinking
about it; **ça y est!** that's it!; *voir aussi*
aller; **avoir**

yacht [jɔt] *nm* yacht
yaourt [jauʀt] *nm* yoghourt; **~ nature/
aux fruits** plain/fruit yogurt
yeux [jø] *nmpl de* **œil**
yoga [jɔga] *nm* yoga
yoghourt [jɔguʀt] *nm* = **yaourt**
yougoslave [jugɔslav] (*Histoire*) *adj*
Yugoslav(ian) ▷ *nm/f*: **Y~** Yugoslav
Yougoslavie [jugɔslavi] *nf* (*Histoire*)
Yugoslavia; **l'ex-~** the former
Yugoslavia

Z

= restricted parking area; **zone
industrielle** industrial estate
zoo [zo(o)] nm zoo
zoologie [zɔɔlɔʒi] nf zoology;
zoologique adj zoological
zut [zyt] excl dash (it)! (BRIT), nuts! (US)

zapper [zape] vi to zap
zapping [zapiŋ] nm: **faire du ~** to flick
through the channels
zèbre [zɛbʀ(ə)] nm (Zool) zebra; **zébré, e**
adj striped, streaked
zèle [zɛl] nm zeal; **faire du ~** (péj) to be
over-zealous; **zélé, e** adj zealous
zéro [zeʀo] nm zero, nought (BRIT); **au-
dessous de ~** below zero (Centigrade)
ou freezing; **partir de ~** to start from
scratch; **trois (buts) à ~** 3 (goals to) nil
zeste [zɛst] nm peel, zest
zézayer [zezeje] vi to have a lisp
zigzag [zigzag] nm zigzag; **zigzaguer**
vi to zigzag
Zimbabwe [zimbabwe] nm: **le ~**
Zimbabwe
zinc [zɛ̃g] nm (Chimie) zinc
zipper [zipe] vt (Inform) to zip
zizi [zizi] nm (langage enfantin) willy
zodiaque [zɔdjak] nm zodiac
zona [zona] nm shingles sg
zone [zon] nf zone, area; (fam: quartiers
pauvres): **la ~** the slums; **zone bleue**

Phrasefinder

Phrases utiles

TOPICS | THEMES

TOPICS | THEMES

Good evening!	Bonsoir!
Good night!	Bonne nuit!
Goodbye!	Au revoir!
What's your name?	Comment vous appelez-vous?
My name is ...	Je m'appelle ...
This is ...	Je vous présente ...
my wife.	ma femme.
my husband.	mon mari.
my partner.	mon compagnon/ ma compagne.
Where are you from?	D'où venez-vous?
I come from ...	Je suis de ...
How are you?	Comment allez-vous?
Fine, thanks.	Bien, merci.
And you?	Et vous?
Do you speak English?	Parlez-vous anglais?
I don't understand French.	Je ne comprends pas le français.
Thanks very much!	Merci beaucoup!

Asking the Way | Demander son chemin

Where is the nearest ...?	Où est le/la ... le/la plus proche?
How do I get to ...?	Comment est-ce qu'on va à/au/à la ...?
Is it far?	Est-ce que c'est loin?
How far is it from here?	C'est à combien d'ici?
Is this the right way to ...?	C'est la bonne direction pour aller à/au/à la ...?
I'm lost.	Je suis perdu.
Can you show me on the map?	Pouvez-vous me le montrer sur la carte?
You have to turn round.	Vous devez faire demi-tour.
Go straight on.	Allez tout droit.
Turn left/right.	Tournez à gauche/à droite.
Take the second street on the left/right.	Prenez la deuxième rue à gauche/à droite.

Car Hire | Location de voitures

I want to hire ...	Je voudrais louer ...
a car.	*une voiture.*
a moped.	*une mobylette.*
a motorbike.	*une moto.*
How much is it for ...?	C'est combien pour ...?
one day	*une journée*
a week	*une semaine*
What is included in the price?	Qu'est-ce qui est inclus dans le prix?
I'd like a child seat for a ...-year-old child.	Je voudrais un siège-auto pour un enfant de ... ans.
What do I do if I have an accident/if I break down?	Que dois-je faire en cas d'accident/de panne?

Breakdowns	Pannes
My car has broken down.	Je suis en panne.
Where is the next garage?	Où est le garage le plus proche?
The exhaust	*Le pot d'échappement*
The gearbox	*La boîte de vitesses*
The windscreen	*Le pare-brise*
... is broken.	... est cassé(e).
The brakes	*Les freins*
The headlights	*Les phares*
The windscreen wipers	*Les essuie-glace*
... are not working.	... ne fonctionnent pas.
The battery is flat.	La batterie est à plat .
The car won't start.	Le moteur ne démarre pas.
The engine is overheating.	Le moteur surchauffe.
I have a flat tyre.	J'ai un pneu à plat.
Can you repair it?	Pouvez-vous le réparer?
When will the car be ready?	Quand est-ce que la voiture sera prête?

Parking	Stationnement
Can I park here?	Je peux me garer ici?
Do I need to buy a (car-parking) ticket?	Est-ce qu'il faut acheter un ticket de stationnement?
Where is the ticket machine?	Où est l'horodateur?
The ticket machine isn't working.	L'horodateur ne fonctionne pas.

Petrol Station	Station-service
Where is the nearest petrol station?	Où est la station service la plus proche?
Fill it up, please.	Le plein, s'il vous plaît.

30 euros' worth of...	30 euros de ...
diesel.	*diesel.*
(unleaded) economy petrol.	*sans plomb.*
premium unleaded.	*super.*
Pump number ... please.	Pompe numéro ..., s'il vous plaît.
Please check ...	Pouvez-vous vérifier ...
the tyre pressure.	*la pression des pneus?*
the oil.	*le niveau de l'huile?*
the water.	*le niveau de l'eau?*

Accident | Accidents

Please call ...	Appelez ..., s'il vous plaît.
the police.	*la police.*
an ambulance.	*une ambulance.*
Here are my insurance details.	Voici les références de mon assurance.
Give me your insurance details, please.	Donnez-moi les références de votre assurance , s'il vous plaît.
Can you be a witness for me?	Pouvez-vous me servir de témoin?
You were driving too fast.	Vous conduisiez trop vite.
It wasn't your right of way.	Vous n'aviez pas la priorité.

Travelling by Car | Voyager en voiture

What's the best route to ...?	Quel est le meilleur chemin pour aller à ...?
I'd like a motorway tax sticker ...	Je voudrais un badge de télépéage ...
for a week.	*pour une semaine.*
for a year.	*pour un an.*
Do you have a road map of this area?	Avez-vous une carte de la région?

Cycling	À vélo
Where is the cycle path to ...?	Où est la piste cyclable pour aller à ...?
Can I keep my bike here?	Est-ce que je peux laisser mon vélo ici?
My bike has been stolen.	On m'a volé mon vélo.
Where is the nearest bike repair shop?	Où se trouve le réparateur de vélos le plus proche?
The brakes	*Les freins*
The gears	*Les vitesses*
... aren't working.	*... ne marchent pas.*
The chain is broken.	La chaîne est cassée.
I've got a flat tyre.	J'ai une crevaison.
I need a puncture repair kit.	J'ai besoin d'un kit de réparation.

Train	En train
How much is ...?	Combien coûte ...?
a single	*un aller simple*
a return	*un aller-retour*
A single to ..., please.	Un aller simple pour ..., s'il vous plaît.
I would like to travel first/ second class.	Je voudrais voyager en première/seconde classe.
Two returns to ..., please.	Deux allers-retours pour ..., s'il vous plaît.
Is there a reduction ...?	Il y a un tarif réduit ...?
for students	*pour les étudiants*
for pensioners	*pour les seniors*
for children	*pour les enfants*
with this pass	*avec cette carte*

I'd like to reserve a seat on the train to ... please.	Je voudrais faire une réservation pour le train qui va à ..., s'il vous plaît.
Non smoking/smoking, please.	Non-fumeurs/Fumeurs, s'il vous plaît.
I want to book a sleeper to ...	Je voudrais réserver une couchette pour ...
When is the next train to ...?	À quelle heure part le prochain train pour ...?
Is there a supplement to pay?	Est-ce qu'il faut payer un supplément?
Do I need to change?	Est-ce qu'il y a un changement?
Where do I change?	Où est-ce qu'il faut changer?
Which platform does the train for ... leave trom?	De quel quai part le train pour ...?
Is this the train for ...?	C'est bien le train pour ...?
Excuse me, that's my seat.	Excusez-moi, c'est ma place.
I have a reservation.	J'ai réservé.
Is this seat free?	La place est libre?
Please let me know when we get to ...?	Pourriez-vous me prévenir lorsqu'on arrivera à ...?
Where is the buffet car?	Où est la voiture-bar?
Where is coach number ...?	Où est la voiture numéro ...?

Ferry | En ferry

Is there a ferry to ...?	Est-ce qu'il y a un ferry pour ...?
When is the next/first/last ferry to ...?	Quand part le prochain/premier/dernier ferry pour ...?
How much is it for a camper/car with ... people?	Combien coûte la traversée pour un camping-car/une voiture avec ... personnes?

How long does the crossing take?	Combien de temps dure la traversée?
Where is ...?	Où est ...?
the restaurant	*le restaurant*
the bar	*le bar*
the duty-free shop	*le magasin hors taxe*
Where is cabin number ...?	Où est la cabine numéro ...?
Do you have anything for seasickness?	Avez-vous quelque chose pour le mal de mer?

Plane | En avion

Where is ...?	Où est ...?
the taxi rank	*la station de taxis*
the bus stop	*l'arrêt de bus*
the information office	*le bureau de renseignements*
Where do I check in for the flight to ...?	Où dois-je enregistrer pour le vol pour ...?
Which gate for the flight to ...?	À quelle porte faut-il embarquer pour le vol pour ...?
When is the latest I can check in?	Quelle est l'heure limite d'enregistrement?
When does boarding begin?	À quelle heure commence l'embarquement?
Window/aisle, please.	Hublot/couloir, s'il vous plaît.
I've lost my boarding pass/ my ticket.	J'ai perdu mon ticket d'embarquement/mon billet.
Where is the luggage for the flight from ...?	Où sont les bagages du vol provenant de...?
My luggage hasn't arrived.	Mes bagages ne sont pas arrivés.

Local Public Transport | Transports en commun

How do I get to ...?	Comment est-ce qu'on va à ...?
Where is the bus station?	Où est la gare routière?

Where is the nearest ...?	Où est ... le/la plus proche?
bus stop	*l'arrêt de bus*
underground station	*la station de métro*
A ticket to..., please.	Un ticket pour..., s'il vous plaît.
Is there a reduction ...?	Il y a un tarif réduit ...?
for students	*pour les étudiants*
for pensioners	*pour les seniors*
for children	*pour les enfants*
for the unemployed	*pour les chômeurs*
with this pass	*avec cette carte*
How does the (ticket) machine work?	Comment fonctionne le distributeur de billets?
Do you have a map of the underground?	Avez-vous un plan du métro?
Please tell me when to get off.	Pourriez-vous me prévenir quand je dois descendre?
What is the next stop?	Quel est le prochain arrêt?

Taxi | En taxi

Where can I get a taxi?	Où puis-je trouver un taxi?
Call me a taxi, please.	Pouvez-vous m'appeler un taxi, s'il vous plaît?
To the airport/station, please.	À l'aéroport/À la gare, s'il vous plaît.
To this address, please.	À cette adresse, s'il vous plaît.
I'm in a hurry.	Je suis pressé.
How much is it?	Combien est-ce?
I need a receipt.	Il me faut un reçu.
Keep the change.	Gardez la monnaie.
Stop here, please.	Arrêtez-moi ici, s'il vous plaît.

Camping	Camping
Is there a campsite here?	Est-ce qu'il y a un camping ici?
We'd like a site for ...	Nous voudrions un emplacement pour ...
a tent.	*une tente.*
a caravan.	*une caravane.*
We'd like to stay one night/ ... nights.	Nous voudrions rester une nuit/... nuits.
How much is it per night?	Combien est-ce par nuit?
Where are ...?	Où sont ...?
the toilets	*les toilettes*
the showers	*les douches*
Where is ...?	Où est ...?
the site office	*le bureau*
Can we camp/park here overnight?	Est-ce qu'on peut camper/ stationner ici pour la nuit?

Self-Catering	Location de vacances
Where do we get the key for the apartment/house?	Où est-ce qu'il faut aller chercher la clé de l'appartement/la maison?
Do we have to pay extra for electricity/gas?	Est-ce que l'électricité/le gaz est à payer en plus?
How does the heating work?	Comment fonctionne le chauffage?
Who do I contact if there are any problems?	Qui dois-je contacter en cas de problème?
We need ...	Il nous faut ...
a second key.	*un double de la clé.*
more sheets.	*des draps supplémentaires.*

The gas has run out.	Il n'y a plus de gaz.
There is no electricity.	Il n'y a pas d'électricité.
Do we have to clean the apartment/the house before we leave?	Est-ce qu'on doit nettoyer l'appartement/la maison avant de partir?

Hotel | Hôtel

Do you have a ... for tonight?	Avez-vous une ... pour ce soir?
single room	*chambre pour une personne*
double room	*chambre double*
Do you have a room ...?	Avez-vous une chambre ...?
with bath	*avec baignoire*
with shower	*avec douche*
I want to stay for one night/ ... nights.	Je voudrais rester une nuit/ ... nuits.
I booked a room in the name of ...	J'ai réservé une chambre au nom de ...
I'd like another room.	Je voudrais une autre chambre.
What time is breakfast?	On sert le petit déjeuner à quelle heure?
Can I have breakfast in my room?	Pouvez-vous me servir le petit déjeuner dans ma chambre?
Where is ...?	Où est ...?
the gym/the swimming pool	*la salle de sport/la piscine*
I'd like an alarm call for tomorrow morning at ...	Je voudrais qu'on me réveille demain matin à ...
I'd like to get these things washed/cleaned.	Pourriez-vous laver/faire nettoyer ceci?
Please bring me ...	S'il vous plaît, apportez-moi ...
The... doesn't work.	Le/la ... ne marche pas.
Room number ...	Chambre numéro ...
Are there any messages for me?	Est-ce que j'ai reçu des messages?

I'd like ...	Je voudrais ...
Do you have ...?	Avez-vous ...?
Do you have this ...?	Avez-vous ceci ...?
in *another* size	*dans une autre taille*
in *another* colour	*dans une autre couleur*
I take size ...	Je fais du ...
My feet are a size 5½.	Je fais du trente-neuf.
I'll take it.	Je le prends.
Do you have anything else?	Avez-vous autre chose?
That's too expensive.	C'est trop cher.
I'm just looking.	Je regarde juste.
Do you take credit cards?	Acceptez-vous la carte de crédit?

Food shopping | Alimentation

Where is the nearest ...?	Où est ... le/la plus proche?
supermarket	*le supermarché*
baker's	*la boulangerie*
butcher's	*la boucherie*
Where is the market?	Où est le marché?
When is the market on?	Quand se tient le marché?
a kilo/pound of ...	un kilo/demi-kilo de ...
200 grams of ...	deux cents grammes de ...
... slices of ...	... tranches de ...
a litre of ...	un litre de ...
a bottle/packet of ...	une bouteille/un paquet de ...

Post Office | Poste

Where is the nearest post office?	Où est la poste la plus proche?
When does the post office open?	La poste ouvre à quelle heure?
Where can I buy stamps?	Où peut-on acheter des timbres?

I'd like ... stamps for postcards/letters to Britain/the United States.
Je voudrais ... timbres pour cartes postales/lettres pour la Grande-Bretagne/les États-Unis.

I'd like to send ...
Je voudrais envoyer ...

this letter.
cette lettre.

this parcel.
ce colis.

by airmail/express mail/registered mail
par avion/en courrier urgent/en recommandé

Is there any mail for me?
Est-ce que j'ai du courrier?

Where is the nearest postbox?
Où est la boîte aux lettres la plus proche?

Photos and Videos | Photographie et vidéo

A colour/black and white film, please.
Une pellicule couleur/noir et blanc, s'il vous plaît.

With twenty-four/thirty-six exposures.
De vingt-quatre/trente-six poses.

Can I have batteries for this camera, please?
Je voudrais des piles pour cet appareil-photo, s'il vous plaît.

The videocamera is sticking.
Le caméscope se bloque.

Can you develop this film, please?
Pourriez-vous développer cette pellicule, s'il vous plaît?

I'd like the photos ...
Je voudrais les photos ...

matt/glossy.
en mat/en brillant.

ten by fifteen centimetres.
en format dix sur quinze.

When will the photos be ready?
Quand est-ce que les photos seront prêtes?

How much do the photos cost?
Combien coûtent les photos?

Could you take a photo of us, please?
Pourriez-vous nous prendre en photo, s'il vous plaît?

Sightseeing | Visites touristiques

Where is the tourist office?	Où se trouve l'office de tourisme?
Do you have any leaflets about ...?	Avez-vous des dépliants sur ...?
Are there any sightseeing tours of the town?	Est-ce qu'il y a des visites guidées de la ville?
When is ... open?	À quelle heure ouvre ...?
the museum	*le musée*
the church	*l'église*
the castle	*le château*
How much does it cost to get in?	Combien coûte l'entrée?
Are there any reductions ...?	Il y a un tarif réduit ...?
for students	*pour les étudiants*
for children	*pour les enfants*
for pensioners	*pour les seniors*
for the unemployed	*pour les chômeurs*
Is there a guided tour in English?	Est-ce qu'il y a une visite guidée en anglais?
Can I take photos here?	Je peux prendre des photos ici?
Can I film here?	Je peux filmer ici?

Entertainment | Loisirs

What is there to do here?	Qu'est-ce qu'il y a à faire ici?
Where can we ...?	Où est-ce qu'on peut ...?
go dancing	*danser*
hear live music	*écouter de la musique live*
Where is there ...?	Où est-ce qu'il y a ... ?
a nice bar	*un bon bar*
a good club	*une bonne discothèque*
What's on tonight ...?	Qu'est-ce qu'il y a ce soir ...?
at the cinema	*au cinéma*

at the theatre	*au théâtre*
at the opera	*à l'opéra*
at the concert hall	*à la salle de concert*
Where can I buy tickets for ...?	Où est-ce que je peux acheter des places ...?
the theatre	*de théâtre*
the concert	*de concert*
the opera	*d'opéra*
the ballet	*pour le ballet*
How much is it to get in?	Combien coûte l'entrée?
I'd like a ticket/... tickets for ...	Je voudrais un billet/... billets pour ...
Are there any reductions ...?	Il y a un tarif réduit ...?
for children	*pour les enfants*
for pensioners	*pour les seniors*
for students	*pour les étudiants*
for the unemployed	*pour les chômeurs*

At the Beach | À la plage

Where is the nearest beach?	Où se trouve la plage la plus proche?
Is it safe to swim here?	Est-ce qu'on peut nager ici sans danger?
Is the water deep?	L'eau est-elle profonde?
Is there a lifeguard?	Est-ce qu'il y a un maître nageur?
Where can you ...?	Où peut-on ...?
go surfing	*faire du surf*
go waterskiing	*faire du ski nautique*
go diving	*faire de la plongée*
go paragliding	*faire du parapente*

I'd like to hire ...	Je voudrais louer ...
a deckchair.	une chaise longue.
a sunshade.	un parasol.
a surfboard.	une planche de surf.
a jet-ski.	un scooter des mers.
a rowing boat.	une barque.
a pedal boat.	un pédalo.

Sport | Sport

Where can we ...?	Où peut-on ...?
play tennis/golf	jouer au tennis/golf
go swimming	aller nager
go riding	faire de l'équitation
go fishing	aller pêcher
How much is it per hour?	Combien est-ce que ça coûte de l'heure?
Where can I book a court?	Où peut-on réserver un court?
Where can I hire rackets?	Où peut-on louer des raquettes de tennis?
Where can I hire a rowing boat/a pedal boat?	Où peut-on louer une barque/ un pédalo?
Do you need a fishing permit?	Est-ce qu'il faut un permis de pêche?

Skiing | Ski

Where can I hire skiing equipment?	Où peut-on louer un équipement de ski?
I'd like to hire ...	Je voudrais louer ...
downhill skis.	des skis de piste.
cross-country skis.	des skis de fond.
ski boots.	des chaussures de ski.
ski poles.	des bâtons de ski.
Can you tighten my bindings, please?	Pourriez-vous resserrer mes fixations, s'il vous plaît?

Where can I buy a ski pass?	Où est-ce qu'on peut acheter un forfait?
I'd like a ski pass ...	Je voudrais un forfait ...
for a day.	*pour une journée.*
for five days.	*pour cinq jours.*
for a week.	*pour une semaine.*
How much is a ski pass?	Combien coûte le forfait?
When does the first/last chair-lift leave?	À quelle heure part le premier/ dernier télésiège?
Do you have a map of the ski runs?	Avez-vous une carte des pistes?
Where are the beginners' slopes?	Où sont les pistes pour débutants?
How difficult is this slope?	Quelle est la difficulté de cette piste?
Is there a ski school?	Y a-t-il une école de ski?
What's the weather forecast for today?	Quel est le temps prévu pour aujourd'hui?
What is the snow like?	Comment est la neige?
Is there a danger of avalanches?	Est-ce qu'il y a un risque d'avalanches?

A table for ... people, please.	Une table pour ... personnes, s'il vous plaît.
The ... please.	La ..., s'il vous plaît.
menu	*carte*
wine list	*carte des vins*
What do you recommend?	Qu'est-ce que vous me conseillez?
Do you have ...?	Servez-vous ...?
any vegetarian dishes	*des plats végétariens*
children's portions	*des portions pour enfants*
Does that contain ...?	Est-ce que cela contient...?
peanuts	*des cacahuètes*
alcohol	*de l'alcool*
Can you bring (more) ... please?	Vous pourriez m'apporter (plus de) ..., s'il vous plaît?
I'll have ...	Je vais prendre ...
The bill, please.	L'addition, s'il vous plaît.
All together, please.	Sur une seule note, s'il vous plaît.
Separate bills, please.	Sur des notes séparées, s'il vous plaît.
Keep the change.	Gardez la monnaie.
This isn't what I ordered.	Ce n'est pas ce que j'ai commandé.
The bill is wrong.	Il y a une erreur dans l'addition.
The food is cold/too salty.	C'est froid/trop salé.

Where can I make a phone call?	Où est-ce que je peux téléphoner?
Where is the nearest card phone?	Où est la cabine à cartes la plus proche?
Where is the nearest coin box?	Où est le téléphone à pièces le plus proche?
I'd like a twenty-five euro phone card.	Je voudrais une carte téléphonique de vingt-cinq euros.
I'd like some coins for the phone, please.	Je voudrais de la monnaie pour téléphoner.
I'd like to make a reverse charge call.	Je voudrais téléphoner en PCV.
Hello.	Allô.
This is ...	C'est ...
Who's speaking, please?	Qui est à l'appareil?
Can I speak to Mr/Ms ..., please?	Puis-je parler à Monsieur/Madame ... s'il vous plaît?
Extension ..., please.	Poste numéro ..., s'il vous plaît.
I'll phone back later.	Je rappellerai plus tard.
Can you text me your answer?	Pouvez-vous me répondre par SMS?
Where can I charge my mobile phone?	Où est-ce que je peux recharger mon portable?
I need a new battery.	Il me faut une pile neuve.
Where can I buy a top-up card?	Où est-ce que je peux acheter une carte prépayée?
I can't get a network.	Je n'ai pas de réseau.

Passport/Customs | Passeport/Douane

Here is ...	Voici ...
my passport.	*mon passeport.*
my identity card.	*ma carte d'identité.*
my driving licence.	*mon permis de conduire.*
Here are my vehicle documents.	Voici les documents de mon véhicule.
This is a present.	C'est un cadeau.
This is for my own personal use.	C'est pour mon usage personnel.

At the Bank | À la banque

Where can I change money?	Où puis-je changer de l'argent?
Is there a bank/bureau de change here?	Est-ce qu'il y a une banque/un bureau de change par ici?
When is the bank open?	La banque ouvre à quelle heure?
I'd like ... euros.	Je voudrais ... euros.
I'd like to cash these traveller's cheques.	Je voudrais encaisser ces chèques de voyage.
What's the commission?	Combien prenez-vous de commission?
Can I use my card to get cash?	Je peux me servir de ma carte pour retirer de l'argent?
Is there a cash machine here?	Il y a un distributeur par ici?
The cash machine swallowed my card.	Le distributeur m'a pris ma carte.

Repairs │ Réparations

Where can I get this repaired?	Où puis-je faire réparer ceci?
Can you repair ...?	Pouvez-vous réparer ...?
these shoes	*ces chaussures*
this watch	*cette montre*
How much will the repairs cost?	Combien coûte la réparation?

Emergency Services │ Urgences

Help!	Au secours!
Fire!	Au feu!
Please call ...	Pouvez-vous appeler ...
the emergency doctor.	*le médecin d'urgence.*
the fire brigade.	*les pompiers.*
the police.	*la police.*
I need to make an urgent phone call.	Je dois téléphoner d'urgence.
I need an interpreter.	J'ai besoin d'un interprète.
Where is the police station?	Où est le commissariat?
Where is the hospital?	Où est l'hôpital?
I want to report a theft.	Je voudrais signaler un vol.
... has been stolen.	On m'a volé ...
There's been an accident.	Il y a eu un accident.
There are ... people injured.	Il y a ... blessés.
I've been ...	On m'a ...
robbed.	*volé(e).*
attacked.	*attaqué(e).*
raped.	*violé(e).*
I'd like to phone my embassy.	Je voudrais appeler mon ambassade.

Pharmacy | Pharmacie

Where is the nearest pharmacy?	Où est la pharmacie la plus proche?
Which pharmacy provides emergency service?	Quelle est la pharmacie de garde?
I'd like something ...	Je voudrais quelque chose ...
for a diarrhoea.	*contre la diarrhée.*
for a temperature.	*contre la fièvre.*
for travel sickness.	*contre le mal des transports.*
for a headache.	*contre le mal de tête.*
for a cold.	*contre le rhume.*
I'd like ...	Je voudrais ...
plasters.	*des pansements.*
a bandage.	*un bandage.*
some paracetamol.	*du paracétamol.*
I can't take ...	Je suis allergique à ...
aspirin.	*l'aspirine.*
penicillin.	*la pénicilline.*
Is it safe to give to children?	C'est sans danger pour les enfants?

At the Doctor's | Chez le médecin

I need a doctor.	J'ai besoin de voir un médecin.
Where is casualty?	Où sont les urgences?
I have a pain here.	J'ai mal ici.
I feel ...	J'ai ...
hot.	*chaud.*
cold.	*froid.*
I feel sick.	Je me sens mal.
I feel dizzy.	J'ai la tête qui tourne.
I'm allergic to ...	Je suis allergique à ...

I am ...	Je suis ...
pregnant.	*enceinte.*
diabetic.	*diabétique.*
HIV-positive.	*séropositif(-ive).*
I'm on this medication.	Je prends ces médicaments.
My blood group is ...	Mon groupe sanguin est ...

At the Hospital | À l'hôpital

Which ward is ... in?	Dans quelle salle se trouve ...?
When are visiting hours?	Quelles sont les heures de visite?
I'd like to speak to ...	Je voudrais parler à ...
a doctor.	*un médecin.*
a nurse.	*une infirmière.*
When will I be discharged?	Quand vais-je pouvoir sortir?

At the Dentist's | Chez le dentiste

I need a dentist.	J'ai besoin de voir un dentiste.
This tooth hurts.	J'ai mal à cette dent.
One of my fillings has fallen out.	J'ai perdu un de mes plombages.
I have an abscess.	J'ai un abcès.
Can you repair my dentures?	Pouvez-vous réparer mon dentier?
I need a receipt for the insurance.	J'ai besoin d'un reçu pour mon assurance.

Business Travel | Voyages d'affaires

I'd like to arrange a meeting with ...	Je voudrais organiser une réunion avec ...
I have an appointment with Mr/Ms ...	J'ai rendez-vous avec Monsieur/Madame ...
Here is my card.	Voici ma carte de visite.
I work for ...	Je travaille pour ...
How do I get to ...?	Où se trouve ...?
your office	*votre bureau*
Mr/Ms ...'s office	*le bureau de Monsieur/Madame ...*
I need an interpreter.	J'ai besoin d'un interprète.
May I use ...?	Je peux me servir ...?
your phone/computer/desk	*de votre téléphone/ordinateur/ bureau*
Do you have an Internet connection/Wi-Fi?	Y a-t-il une connexion internet/wifi?

Disabled Travellers | Voyageurs handicapés

Is it possible to visit ... with a wheelchair?	Est-ce qu'on peut visiter ... en fauteuil roulant?
Where is the wheelchair-accessible entrance?	Où est l'entrée pour les fauteuils roulants?
Is your hotel accessible to wheelchairs?	Votre hôtel est-il accessible aux fauteuils roulants?
I need a room ...	Je voudrais une chambre ...
on the ground floor.	*au rez-de-chaussée.*
with wheelchair access.	*accessible aux fauteuils roulants.*
Do you have a lift for wheelchairs?	Y a-t-il un ascenseur pour fauteuils roulants?
Where is the disabled toilet?	Où sont les toilettes pour handicapés?
Can you help me get on/off please?	Pouvez-vous m'aider à monter/ descendre, s'il vous plaît?

Travelling with children | Voyager avec des enfants

Is it OK to bring children here?	Est-ce que les enfants sont admis?
Is there a reduction for children?	Il y a un tarif réduit pour les enfants?
Do you have children's portions?	Vous servez des portions pour enfants?
Do you have ...?	Avez-vous ...?
a high chair	*une chaise pour bébé*
a cot	*un lit de bébé*
a child's seat	*un siège pour enfant*
Where can I change the baby?	Où est-ce que je peux changer mon bébé?
Where can I breast-feed the baby?	Où est-ce que je peux allaiter mon bébé?
Can you warm this up, please?	Vous pouvez me réchauffer ceci, s'il vous plaît?
What is there for children to do?	Qu'est-ce qu'il y a à faire pour les enfants ?
Where is the nearest playground?	Où est l'aire de jeux la plus proche?
Is there a child-minding service?	Est-ce qu'il y a un service de garderie?

I'd like to make a complaint.	Je voudrais faire une réclamation.
To whom can I complain?	À qui dois-je m'adresser pour faire un réclamation?
I'd like to speak to the manager, please.	Je voudrais parler au responsable, s'il vous plaît.
The light	*La lumière*
The heating	*Le chauffage*
The shower	*La douche*
... doesn't work.	... ne marche pas.
The room is ...	La chambre est ...
dirty.	*sale.*
too small.	*trop petite.*
The room is too cold.	Il fait trop froid dans la chambre.
Can you clean the room, please?	Pourriez-vous nettoyer ma chambre, s'il vous plaît?
Can you turn down the TV/the radio, please?	Pourriez-vous baisser le son de votre télé/radio, s'il vous plaît?
The food is ...	C'est ...
cold.	*froid.*
too salty.	*trop salé.*
This isn't what I ordered.	Ce n'est pas ce que j'ai commandé.
We've been waiting for a very long time.	Nous attendons depuis très longtemps.
The bill is wrong.	La note n'est pas juste.
I want my money back.	Je veux qu'on me rembourse.
I'd like to exchange this.	Je voudrais échanger ceci.
I'm not satisfied with this.	Je ne suis pas satisfait(e).

bangers and mash saucisses poêlées accompagnées de purée de pommes de terre, d'oignons frits et de sauce au jus de viande

banoffee pie pâte à tarte garnie d'un mélange de bananes, de caramel au beurre et de crème

BLT (sandwich) bacon, salade verte, tomate et mayonnaise entre deux tranches de pain

butternut squash légume jaune à la forme allongée et à la saveur douce aux accents de noisette, souvent préparé au four

Caesar salad grande salade composée avec de la laitue, des légumes, des œufs, du parmesan et une vinaigrette spéciale ; peut être servie en accompagnement ou comme plat principal

chocolate brownie petit gâteau carré au chocolat et aux noix ou noisettes

chowder épaisse soupe de fruits de mer

chicken Kiev blanc de poulet pané garni de beurre, d'ail et de persil et cuit au four

chicken nuggets petits morceaux de poulet pané, frits ou cuits au four et servis comme menu enfant

club sandwich sandwich sur trois tranches de pain, généralement grillées ; les garnitures les plus courantes sont la viande, le fromage, la salade, les tomates et les oignons

cottage pie viande de bœuf hachée et légumes recouverts de purée de pommes de terre et de fromage et cuits au four

cream tea goûter où l'on sert du thé et des scones avec de la crème et de la confiture

English breakfast œufs, bacon, saucisses, haricots blancs à la sauce tomate, pain à la poêle et champignons

filo pastry type de pâte feuilletée très fine

ginger ale, ginger beer *(Brit)* boisson gazeuse au gingembre

haggis plat écossais à base de hachis de cœur et de foie de mouton bouilli avec de l'avoine et des aromates dans une poche faite avec la panse de l'animal

hash browns pommes de terre cuites coupées en dés puis mélangées à de l'oignon haché et dorées à la poêle. On les sert souvent au petit-déjeuner

hotpot ragoût de viande et de légumes servi avec des pommes de terre en lamelles

Irish stew ragoût d'agneau, de pommes de terre et d'oignon

monkfish lotte

oatcake biscuit salé à base d'avoine que l'on mange souvent avec du fromage

pavlova grande meringue recouverte de fruits et de crème fouettée

ploughman's lunch en-cas à base de pain, de fromage et de pickles

purée purée épaisse et onctueuse de fruits ou de légumes cuits et passés

Quorn® protéine végétale employée comme substitut à la viande

savoy cabbage chou frisé de Milan

sea bass bar, loup

Scotch broth soupe chaude à la viande avec des petits légumes et de l'orge

Scotch egg œuf dur enrobé d'un mélange à base de chair à saucisse et recouvert de chapelure avant d'être plongé dans l'huile de friture

spare ribs travers de porc

spring roll rouleau de printemps

Stilton fromage bleu au goût intense

sundae crème glacée recouverte d'un coulis, de noix, de crème etc

Thousand Island dressing sauce à base de ketchup, de mayonnaise, de sauce Worcester et de jus de citron, souvent servie avec des crevettes

toad in the hole saucisses recouvertes de pâte et passées au four

Waldorf salad salade Waldorf

Welsh rarebit mélange de fromage et d'œufs passé au grill et servi sur du pain grillé

Yorkshire pudding mélange d'œufs, de lait et de farine cuit au four, servi avec du rôti de bœuf

aïoli rich garlic mayonnaise served on the side and giving its name to the dish it accompanies: cold steamed fish and vegetables

amuse-bouche nibbles

anchoïade anchovy paste usually served on grilled French bread

assiette de pêcheur assorted fish or seafood

bar sea bass

bavarois moulded cream and custard pudding, usually served with fruit

bisque smooth, rich seafood soup

blanquette white meat stew served with a creamy white sauce

brandade de morue dried salt cod puréed with potatoes and olive oil

brochette, en cooked like a kebab (on a skewer)

bulot welks

calamar/calmar squid

cervelle de Canut savoury dish of fromage frais, goat's cheese, herbs and white wine

charlotte custard and fruit in lining of sponge fingers

clafoutis cherry flan

coq au vin chicken and mushrooms cooked in red wine

coques cockles

crémant sparkling wine

crème pâtissière thick fresh custard used in tarts and desserts

daube meat casserole with wine, herbs, garlic, tomatoes and olives

daurade sea bream

filet mignon small pork fillet steak

fine de claire high-quality oyster

foie gras goose liver

fond d'artichaut artichoke heart

fougasse type of bread with various fillings (olives, anchovies)

gésier gizzard

gratin dauphinois potatoes cooked in cream, garlic and Swiss cheese

homard thermidor lobster grilled in its shell with cream sauce

îles flottantes soft meringues floating on fresh custard

loup de mer sea bass

noisettes d'agneau small round pieces of lamb

onglet cut of beef (steak)

pan-bagnat bread roll with egg, olives, salad, tuna, anchovies and olive oil

parfait rich ice cream

parmentier with potatoes

pignons pine nuts

pipérade tomato, pepper and onion omelette

pissaladière a kind of pizza made mainly in the Nice region, filled with onions, anchovies and black olives

pistou garlic, basil and olive oil sauce from Provence – similar to pesto

pommes mousseline potatoes mashed with cheese

quenelles poached balls of fish or meat mousse served in a sauce

rascasse scorpion fish

ratatouille tomatoes, aubergines, courgettes and garlic cooked in olive oil

ris de veau calf sweetbread

romaine cos lettuce

rouille spicy version of garlic mayonnaise (aïoli) served with fish stew or soup

salade lyonnaise vegetable salad, dressed with eggs, bacon and croutons

salade niçoise many variations on a famous theme: the basic ingredients are green beans, anchovies, black olives and green peppers

supreme de volaille breast of chicken in cream sauce

tapenade paste made of black olives, anchovies, capers and garlic in olive oil

tournedos Rossini thick fillet steak on fried bread with goose liver and truffles on top

A [eɪ] n (Mus) la m

○ **KEYWORD**

a [eɪ, ə] (before vowel or silent h **an**) indef art 1 un(e); **a book** un livre; **an apple** une pomme; **she's a doctor** elle est médecin
2 (instead of the number "one") un(e); **a year ago** il y a un an; **a hundred/ thousand** etc **pounds** cent/mille etc livres
3 (in expressing ratios, prices etc): **3 a day/week** 3 par jour/semaine; **10 km an hour** 10 km à l'heure; **£5 a person** 5£ par personne; **30p a kilo** 30p le kilo

A2 n (BRIT: Scol) deuxième partie de l'examen équivalent au baccalauréat

A.A. n abbr (BRIT: = Automobile Association) ≈ ACF m; (= Alcoholics Anonymous) AA

A.A.A. n abbr (= American Automobile Association) ≈ ACF m

aback [ə'bæk] adv: **to be taken ~** être déconcenté(e)

abandon [ə'bændən] vt abandonner

abattoir ['æbətwɑː'] n (BRIT) abattoir m

abbey ['æbɪ] n abbaye f

abbreviation [əbriːvɪ'eɪʃən] n abréviation f

abdomen ['æbdəmən] n abdomen m

abduct [æb'dʌkt] vt enlever

abide [ə'baɪd] vt souffrir, supporter; **I can't ~ it/him** je ne le supporte pas; **abide by** vt fus observer, respecter

ability [ə'bɪlɪtɪ] n compétence f; capacité f; (skill) talent m

able ['eɪbl] adj compétent(e); **to be ~ to do sth** pouvoir faire qch, être capable de faire qch

abnormal [æb'nɔːməl] adj anormal(e)

aboard [ə'bɔːd] adv à bord ▷ prep à bord de; (train) dans

abolish [ə'bɒlɪʃ] vt abolir

abolition [æbə'lɪʃən] n abolition f

abort [ə'bɔːt] vt (Med) faire avorter; (Comput, fig) abandonner; **abortion** [ə'bɔːʃən] n avortement m; **to have an abortion** se faire avorter

○ **KEYWORD**

about [ə'baut] adv 1 (approximately) environ, à peu près; **about a hundred/ thousand** etc environ cent/mille etc, une centaine (de)/un millier (de) etc; **it takes about 10 hours** ça prend environ or à peu près 10 heures; **at about 2 o'clock** vers 2 heures; **I've just about finished** j'ai presque fini
2 (referring to place) çà et là, de-ci de-là; **to run about** courir çà et là; **to walk about** se promener, aller et venir; **they left all their things lying about** ils ont laissé traîner toutes leurs affaires
3: **to be about to do sth** être sur le point de faire qch
▷ prep 1 (relating to) au sujet de, à propos de; **a book about London** un livre sur Londres; **what is it about?** de

quoi s'agit-il?; **we talked about it** nous en avons parlé; **what** or **how about doing this?** et si nous faisions ceci? **2** (referring to place) dans; **to walk about the town** se promener dans la ville

above [ə'bʌv] adv au-dessus ▷ prep au-dessus de; (more than) plus de; **mentioned ~** mentionné ci-dessus; **~ all** par-dessus tout, surtout

abroad [ə'brɔːd] adv à l'étranger

abrupt [ə'brʌpt] adj (steep, blunt) abrupt(e); (sudden, gruff) brusque

abscess ['æbsɪs] n abcès m

absence ['æbsəns] n absence f

absent ['æbsənt] adj absent(e); **absent-minded** adj distrait(e)

absolute ['æbsəluːt] adj absolu(e); **absolutely** [æbsə'luːtlɪ] adv absolument

absorb [əb'zɔːb] vt absorber; **to be ~ed in a book** être plongé(e) dans un livre; **absorbent cotton** n (US) coton m hydrophile; **absorbing** adj absorbant(e); (book, film etc) captivant(e)

abstain [əb'steɪn] vi: **to ~ (from)** s'abstenir (de)

abstract ['æbstrækt] adj abstrait(e)

absurd [əb'sɜːd] adj absurde

abundance [ə'bʌndəns] n abondance f

abundant [ə'bʌndənt] adj abondant(e)

abuse n [ə'bjuːs] (insults) insultes fpl, injures fpl; (ill-treatment) mauvais traitements mpl; (of power etc) abus m ▷ vt [ə'bjuːz] (insult) insulter; (ill-treat) malmener; (power etc) abuser de; **abusive** adj grossier(-ière), injurieux(-euse)

abysmal [ə'bɪzməl] adj exécrable; (ignorance etc) sans bornes

academic [ækə'dɛmɪk] adj universitaire; (person: scholarly) intellectuel(-le); (pej: issue) oiseux(-euse), purement théorique ▷ n universitaire m/f; **academic year** n

(University) année f universitaire; (Scol) année scolaire

academy [ə'kædəmɪ] n (learned body) académie f; (school) collège m; **~ of music** conservatoire m

accelerate [æk'sɛləreɪt] vt, vi accélérer; **acceleration** [ækselə'reɪʃən] n accélération f; **accelerator** n (BRIT) accélérateur m

accent ['æksɛnt] n accent m

accept [ək'sɛpt] vt accepter; **acceptable** adj acceptable; **acceptance** n acceptation f

access ['æksɛs] n accès m; **to have ~ to** (information, library etc) avoir accès à, pouvoir utiliser or consulter; (person) avoir accès auprès de; **accessible** [æk'sɛsəbl] adj accessible

accessory [æk'sɛsərɪ] n accessoire m; **~ to** (Law) accessoire à

accident ['æksɪdənt] n accident m; (chance) hasard m; **I've had an ~** j'ai eu un accident; **by ~** (by chance) par hasard; (not deliberately) accidentellement; **accidental** [æksɪ'dɛntl] adj accidentel(le); **accidentally** [æksɪ'dɛntəlɪ] adv accidentellement; **Accident and Emergency Department** n (BRIT) service m des urgences; **accident insurance** n assurance f accident

acclaim [ə'kleɪm] vt acclamer ▷ n acclamations fpl

accommodate [ə'kɔmədeɪt] vt loger, recevoir; (oblige, help) obliger; (car etc) contenir

accommodation (US **accommodations**) [əkɔmə'deɪʃən(z)] n(pl) logement m

accompaniment [ə'kʌmpənɪmənt] n accompagnement m

accompany [ə'kʌmpənɪ] vt accompagner

accomplice [ə'kʌmplɪs] n complice m/f

accomplish [ə'kʌmplɪʃ] vt accomplir; **accomplishment** n (skill: gen pl) talent m; (completion) accomplissement m;

(*achievement*) réussite *f*
accord [ə'kɔːd] *n* accord *m* ▷ *vt* accorder; **of his own ~** de son plein gré; **accordance** *n*: **in accordance with** conformément à; **according** prep selon; **accordingly** adv (*appropriately*) en conséquence; (*as a result*) par conséquent

account [ə'kaunt] *n* (*Comm*) compte *m*; (*report*) compte rendu, récit *m*; **accounts** *npl* (*Comm*: *records*): comptabilité *f*, comptes; **of no ~** sans importance; **on ~** en acompte; **to buy sth on ~** acheter qch à crédit; **on no ~** en aucun cas; **on ~ of** à cause de; **to take into ~, take ~ of** tenir compte de; **account for** *vt fus* (*explain*) expliquer, rendre compte de; (*represent*) représenter; **accountable** *adj*: **accountable (to)** responsable (devant); **accountant** *n* comptable *m/f*; **account number** *n* numéro de compte

accumulate [ə'kjuːmjuleɪt] *vt* accumuler, amasser ▷ *vi* s'accumuler, s'amasser

accuracy ['ækjurəsɪ] *n* exactitude *f*, précision *f*

accurate ['ækjurɪt] *adj* exact(e), précis(e); (*device*) précis; **accurately** adv avec précision

accusation [ækju'zeɪʃən] *n* accusation *f*

accuse [ə'kjuːz] *vt*: **to ~ sb (of sth)** accuser qn (de qch); **accused** *n* (*Law*) accusé(e)

accustomed [ə'kʌstəmd] *adj*: **~ to** habitué(e) or accoutumé(e) à

ace [eɪs] *n* as *m*

ache [eɪk] *n* mal *m*, douleur *f* ▷ *vi* (*be sore*) faire mal, être douloureux(-euse); **my head ~s** j'ai mal à la tête

achieve [ə'tʃiːv] *vt* (*aim*) atteindre; (*victory, success*) remporter, obtenir; **achievement** *n* exploit *m*, réussite *f*; (*of aims*) réalisation *f*

acid ['æsɪd] *adj, n* acide (*m*)

acknowledge [ək'nɔlɪdʒ] *vt* (*also: ~*

receipt of) accuser réception de; (*fact*) reconnaître; **acknowledgement** *n* (*of letter*) accusé *m* de réception

acne ['æknɪ] *n* acné *m*

acorn ['eɪkɔːn] *n* gland *m*

acoustic [ə'kuːstɪk] *adj* acoustique

acquaintance [ə'kweɪntəns] *n* connaissance *f*

acquire [ə'kwaɪə*] *vt* acquérir; **acquisition** [ækwɪ'zɪʃən] *n* acquisition *f*

acquit [ə'kwɪt] *vt* acquitter; **to ~ o.s. well** s'en tirer très honorablement

acre ['eɪkə*] *n* acre *f* (= 4047 *m*[2])

acronym ['ækrənɪm] *n* acronyme *m*

across [ə'krɔs] prep (*on the other side of*) de l'autre côté de; (*crosswise*) en travers de ▷ *adv* de l'autre côté; en travers; **to run/swim ~** traverser en courant/à la nage; **~ from** en face de

acrylic [ə'krɪlɪk] *adj, n* acrylique (*m*)

act [ækt] *n* acte *m*, action *f*; (*Theat: part of play*) acte; (: *of performer*) numéro *m*; (*Law*) loi *f* ▷ *vi* agir; (*Theat*) jouer; (*pretend*) jouer la comédie ▷ *vt* (*role*) jouer, tenir; **to catch sb in the ~** prendre qn sur le fait or en flagrant délit; **to ~ as** servir de; **act up** (*inf*) ▷ *vi* (*person*) se conduire mal; (*knee, back, injury*) jouer des tours; (*machine*) être capricieux(-ieuse); **acting** *adj* suppléant(e), par intérim ▷ *n* (*activity*): **to do some acting** faire du théâtre (or du cinéma)

action ['ækʃən] *n* action *f*; (*Mil*) combat(s) *m*(*pl*); (*Law*) procès *m*, action en justice; **out of ~** hors de combat; (*machine etc*) hors d'usage; **to take ~** agir, prendre des mesures; **action replay** *n* (*BRIT TV*) ralenti *m*

activate ['æktɪveɪt] *vt* (*mechanism*) actionner, faire fonctionner

active ['æktɪv] *adj* actif(-ive); (*volcano*) en activité; **actively** adv activement; (*discourage*) vivement

activist ['æktɪvɪst] *n* activiste *m/f*

activity [æk'tɪvɪtɪ] *n* activité *f*; **activity holiday** *n* vacances actives

actor ['æktə'] n acteur m
actress ['æktrɪs] n actrice f
actual ['æktjuəl] adj réel(le), véritable;
(emphatic use) lui-même (elle-même)

▪ Be careful not to translate **actual** by the French word **actuel**.

actually ['æktjuəlɪ] adv réellement,
véritablement; (in fact) en fait

▪ Be careful not to translate **actually** by the French word **actuellement**.

acupuncture ['ækjupʌŋktʃə'] n
acupuncture f
acute [ə'kju:t] adj aigu(ë); (mind,
observer) pénétrant(e)
A.D. adv abbr (= Anno Domini) ap. J.-C.
ad [æd] n abbr = **advertisement**
adamant ['ædəmənt] adj inflexible
adapt [ə'dæpt] vt adapter ▷ vi: **to ~
(to)** s'adapter (à); **adapter, adaptor** n
(Elec) adaptateur m; (for several plugs)
prise f multiple
add [æd] vt ajouter; (figures: also: **~
up**) additionner ▷ vi (fig): **it doesn't ~
up** cela ne rime à rien; **add up to** vt fus
(Math) s'élever à; (fig: mean) signifier
addict ['ædɪkt] n toxicomane m/f; (fig)
fanatique m/f; **addicted** [ə'dɪktɪd] adj:
to be addicted to (drink, drugs) être
adonné(e) à; (fig: football etc) être un(e)
fanatique de; **addiction** [ə'dɪkʃən]
n (Med) dépendance f; **addictive**
[ə'dɪktɪv] adj qui crée une dépendance
addition [ə'dɪʃən] n (adding up)
addition f; (thing added) ajout m; **in ~**
de plus, de surcroît; **in ~ to** en plus de;
additional adj supplémentaire
additive ['ædɪtɪv] n additif m
address [ə'drɛs] n adresse f; (talk)
discours m, allocution f ▷ vt adresser;
(speak to) s'adresser à; **my ~ is ...** mon
adresse, c'est ...; **address book** n
carnet m d'adresses
adequate ['ædɪkwɪt] adj (enough)
suffisant(e); (satisfactory)
satisfaisant(e)
adhere [əd'hɪə'] vi: **to ~ to** adhérer à;
(fig: rule, decision) se tenir à
adhesive [əd'hi:zɪv] n adhésif m;

adhesive tape n (BRIT) ruban m
adhésif; (US Med) sparadrap m
adjacent [ə'dʒeɪsənt] adj adjacent(e),
contigu(ë); **~ to** adjacent à
adjective ['ædʒɛktɪv] n adjectif m
adjoining [ə'dʒɔɪnɪŋ] adj voisin(e),
adjacent(e), attenant(e)
adjourn [ə'dʒə:n] vt ajourner ▷ vi
suspendre la séance; lever la séance;
clore la session
adjust [ə'dʒʌst] vt (machine) ajuster,
régler; (prices, wages) rajuster ▷ vi: **to
~ (to)** s'adapter (à); **adjustable** adj
réglable; **adjustment** n (of machine)
ajustage m, réglage m; (of prices, wages)
rajustement m; (of person) adaptation f
administer [əd'mɪnɪstə'] vt
administrer; **administration**
[ədmɪnɪs'treɪʃən] n (management)
administration f; (government)
gouvernement m; **administrative**
[əd'mɪnɪstrətɪv] adj
administratif(-ive)
administrator [əd'mɪnɪstreɪtə'] n
administrateur(-trice)
admiral ['ædmərəl] n amiral m
admiration [ædmə'reɪʃən] n
admiration f
admire [əd'maɪə'] vt admirer; **admirer**
n (fan) admirateur(-trice)
admission [əd'mɪʃən] n admission
f; (to exhibition, night club etc) entrée f;
(confession) aveu m
admit [əd'mɪt] vt laisser entrer;
(agree) reconnaître,
admettre; (crime) reconnaître avoir
commis; **"children not ~ted"** "entrée
interdite aux enfants"; **admit to** vt
fus reconnaître, avouer; **admittance**
n admission f; (droit m d')entrée f;
admittedly adv il faut en convenir
adolescent [ædəu'lɛsnt] adj, n
adolescent(e)
adopt [ə'dɔpt] vt adopter; **adopted**
adj adoptif(-ive), adopté(e); **adoption**
[ə'dɔpʃən] n adoption f
adore [ə'dɔ:'] vt adorer
adorn [ə'dɔ:n] vt orner

Adriatic (Sea) [eɪdrɪˈætɪk] n, adj: **the Adriatic (Sea)** la mer Adriatique, l'Adriatique f

adrift [əˈdrɪft] adv à la dérive

ADSL n abbr (= asymetric digital subscriber line) ADSL m/f

adult [ˈædʌlt] n adulte m/f ▷ adj (grown-up) adulte; (for adults) pour adultes; **adult education** n éducation f des adultes

adultery [əˈdʌltərɪ] n adultère m

advance [ədˈvɑːns] n avance f ▷ vt avancer ▷ vi s'avancer; **in ~** en avance, d'avance; **to make ~s to sb** (amorously) faire des avances à qn; **~ booking** location f; **~ notice, ~ warning** préavis m; (verbal) avertissement m; **do I need to book in ~?** est-ce qu'il faut réserver à l'avance?; **advanced** adj avancé(e); (Scol: studies) supérieur(e)

advantage [ədˈvɑːntɪdʒ] n (also Tennis) avantage m; **to take ~ of** (person) exploiter; (opportunity) profiter de

advent [ˈædvənt] n avènement m, venue f; **A~** (Rel) avent m

adventure [ədˈvɛntʃə*] n aventure f; **adventurous** [ədˈvɛntʃərəs] adj aventureux(-euse)

adverb [ˈædvɜːb] n adverbe m

adversary [ˈædvəsərɪ] n adversaire m/f

adverse [ˈædvɜːs] adj adverse; (effect) négatif(-ive); (weather, publicity) mauvais(e); (wind) contraire

advert [ˈædvɜːt] n abbr (BRIT) = **advertisement**

advertise [ˈædvətaɪz] vi faire de la publicité or de la réclame; (in classified ads etc) mettre une annonce ▷ vt faire de la publicité or de la réclame pour; (in classified ads etc) mettre une annonce pour vendre; **to ~ for** (staff) recruter par (voie d')annonce; **advertisement** [ədˈvɜːtɪsmənt] n (Comm) publicité f, réclame f; (in classified ads etc) annonce f; **advertiser** n annonceur m; **advertising** n publicité f

advice [ədˈvaɪs] n conseils mpl;

(notification) avis m; **a piece of ~** un conseil; **to take legal ~** consulter un avocat

advisable [ədˈvaɪzəbl] adj recommandable, indiqué(e)

advise [ədˈvaɪz] vt conseiller; **to ~ sb of sth** aviser or informer qn de qch; **to ~ against sth/doing sth** déconseiller qch/conseiller de ne pas faire qch; **adviser, advisor** n conseiller(-ère); **advisory** adj consultatif(-ive)

advocate n [ˈædvəkɪt] (lawyer) avocat (plaidant); (upholder) défenseur m, avocat(e) ▷ vt [ˈædvəkeɪt] recommander, prôner; **to be an ~ of** être partisan(e) de

Aegean [iːˈdʒiːən] n, adj: **the ~ (Sea)** la mer Égée, l'Égée f

aerial [ˈɛərɪəl] n antenne f ▷ adj aérien(ne)

aerobics [ɛəˈrəubɪks] n aérobic m

aeroplane [ˈɛərəpleɪn] n (BRIT) avion m

aerosol [ˈɛərəsɒl] n aérosol m

affair [əˈfɛə*] n affaire f; (also: **love ~**) liaison f; aventure f

affect [əˈfɛkt] vt affecter; (subj: disease) atteindre; **affected** adj affecté(e)

affection [əˈfɛkʃən] n affection f; **affectionate** adj affectueux(-euse)

afflict [əˈflɪkt] vt affliger

affluent [ˈæfluənt] adj aisé(e), riche; **the ~ society** la société d'abondance

afford [əˈfɔːd] vt (behaviour) se permettre; (provide) fournir, procurer; **can we ~ a car?** avons-nous de quoi acheter or les moyens d'acheter une voiture?; **affordable** adj abordable

Afghanistan [æfˈɡænɪstæn] n Afghanistan m

afraid [əˈfreɪd] adj effrayé(e); **to be ~ of** or **to** avoir peur de; **I am ~ that** je crains que + sub; **I'm ~ so/not** oui/non, malheureusement

Africa [ˈæfrɪkə] n Afrique f; **African** adj africain(e) ▷ n Africain(e); **African-American** adj afro-américain(e) ▷ n Afro-Américain(e)

after [ˈɑːftə*] prep, adv après ▷ conj

après que; **it's quarter ~ two** (us) il est deux heures et quart; **~ having done/~ he left** après avoir fait/après son départ; **to name sb ~ sb** donner à qn le nom de qn; **to ask ~ sb** demander des nouvelles de qn; **what/who are you ~?** que/qui cherchez-vous?; **~ you!** après vous!; **~ all** après tout; **after-effects** npl (of disaster, radiation, drink etc) répercussions fpl; (of illness) séquelles fpl, suites fpl; **aftermath** n conséquences fpl; **afternoon** n après-midi m or f; **after-shave (lotion)** n lotion f après-rasage; **aftersun (lotion/cream)** n après-soleil m inv; **afterwards** (us **afterward**) adv après

again [ə'gɛn] adv de nouveau, encore (une fois); **to do sth ~** refaire qch; **~ and ~** à plusieurs reprises

against [ə'gɛnst] prep contre; (compared to) par rapport à

age [eɪdʒ] n âge m ▷ vt, vi vieillir; **he is 20 years of ~** il a 20 ans; **to come of ~** atteindre sa majorité; **it's been ~s since I saw you** ça fait une éternité que je ne t'ai pas vu; **~d 10** âgé(e) de 10 ans; **age group** n tranche f d'âge; **age limit** n limite f d'âge

agency ['eɪdʒənsɪ] n agence f

agenda [ə'dʒɛndə] n ordre m du jour

▮ Be careful not to translate *agenda* by the French word *agenda*.

agent ['eɪdʒənt] n agent m; (firm) concessionnaire m

aggravate ['æɡrəveɪt] vt (situation) aggraver; (annoy) exaspérer, agacer

aggression [ə'ɡrɛʃən] n agression f

aggressive [ə'ɡrɛsɪv] adj agressif(-ive)

agile ['ædʒaɪl] adj agile

agitated ['ædʒɪteɪtɪd] adj inquiet(-ète)

AGM n abbr (= annual general meeting) AG f

ago [ə'ɡəʊ] adv: **2 days ~** il y a 2 jours; **not long ~** il n'y a pas longtemps; **how long ~?** il y a combien de temps (de cela)?

agony ['æɡənɪ] n (pain) douleur f atroce; (distress) angoisse f; **to be in ~**

souffrir le martyre

agree [ə'ɡriː] vt (price) convenir de ▷ vi: **to ~ with** (person) être d'accord avec; (statements etc) concorder avec; (Ling) s'accorder avec; **to ~ to do** accepter de or consentir à faire; **to ~ to sth** consentir à qch; **to ~ that** (admit) convenir or reconnaître que; **garlic doesn't ~ with me** je ne supporte pas l'ail; **agreeable** adj (pleasant) agréable; (willing) consentant(e), d'accord; **agreed** adj (time, place) convenu(e); **agreement** n accord m; **in agreement** d'accord

agricultural [æɡrɪ'kʌltʃərəl] adj agricole

agriculture ['æɡrɪkʌltʃə*] n agriculture f

ahead [ə'hɛd] adv en avant; devant; **go right or straight ~** (direction) allez tout droit; **go ~!** (permission) allez-y!; **~ of** devant; (fig: schedule etc) en avance sur; **~ of time** en avance

aid [eɪd] n aide f; (device) appareil m ▷ vt aider; **in ~ of** en faveur de

aide [eɪd] n (person) assistant(e)

AIDS [eɪdz] n abbr (= acquired immune (or immuno-)deficiency syndrome) SIDA m

ailing ['eɪlɪŋ] adj (person) souffreteux(euse); (economy) malade

ailment ['eɪlmənt] n affection f

aim [eɪm] vt: **to ~ sth (at)** (gun, camera) braquer or pointer qch (sur); (missile) lancer qch (à or contre or en direction de); (remark, blow) destiner or adresser qch (à) ▷ vi (also: **to take ~**) viser ▷ n (objective) but m; (skill): **his ~ is bad** il vise mal; **to ~ at** viser (à); (fig) viser (à); **to ~ to do** avoir l'intention de faire

ain't [eɪnt] (inf) = **am not**; **aren't**; **isn't**

air [ɛə*] n air m ▷ vt aérer; (idea, grievance, views) mettre sur le tapis ▷ cpd (currents, attack etc) aérien(ne); **to throw sth into ~** (ball etc) jeter qch en l'air; **by ~** par avion; **to be on the ~** (Radio, TV: programme) être diffusé(e); (: station) émettre; **airbag** n airbag m; **airbed** n (BRIT) matelas *m* pneumatique; **airborne** *adj* (plane) en vol; **as soon as the plane was airborne** dès que l'avion eut décollé; **air-conditioned** *adj* climatisé(e), à air conditionné; **air conditioning** *n* climatisation *f*; **aircraft** *n inv* avion *m*; **airfield** *n* terrain *m* d'aviation; **Air Force** *n* Armée *f* de l'air; **air hostess** *n* (BRIT) hôtesse *f* de l'air; **airing cupboard** *n* (BRIT) placard qui contient la chaudière et dans lequel on met le linge à sécher; **airlift** *n* pont aérien; **airline** *n* ligne aérienne, compagnie aérienne; **airliner** *n* avion *m* de ligne; **airmail** *n*: **by airmail** par avion; **airplane** *n* (US) avion *m*; **airport** *n* aéroport *m*; **air raid** *n* attaque aérienne; **airsick** *adj*: **to be airsick** avoir le mal de l'air; **airspace** *n* espace *m* aérien; **airstrip** *n* terrain *m* d'atterrissage; **air terminal** *n* aérogare *f*; **airtight** *adj* hermétique; **air-traffic controller** *n* aiguilleur *m* du ciel; **airy** *adj* bien aéré(e); (manners) dégagé(e)

aisle [aɪl] *n* (of church: central) allée *f* centrale; (: side) nef *f* latérale, bas-côté *m*; (in theatre, supermarket) allée; (on plane) couloir *m*; **aisle seat** *n* place *f* côté couloir

ajar [əˈdʒɑːʳ] *adj* entrouvert(e)

à la carte [ælæˈkɑːt] *adv* à la carte

alarm [əˈlɑːm] *n* alarme *f* ▷ *vt* alarmer; **alarm call** *n* coup *m* de fil pour réveiller; **could I have an alarm call at 7 am, please?** pouvez-vous me réveiller à 7 heures, s'il vous plaît?; **alarm clock** *n* réveille-matin *m inv*, réveil *m*; **alarmed** *adj* (frightened) alarmé(e); (protected by an alarm) protégé(e) par un système d'alarme; **alarming** *adj* alarmant(e)

Albania [ælˈbeɪnɪə] *n* Albanie *f*

albeit [ɔːlˈbiːɪt] *conj* bien que + *sub*, encore que + *sub*

album [ˈælbəm] *n* album *m*

alcohol [ˈælkəhɒl] *n* alcool *m*; **alcohol-free** *adj* sans alcool; **alcoholic** [ælkəˈhɒlɪk] *adj*, *n* alcoolique (*m/f*)

alcove [ˈælkəʊv] *n* alcôve *f*

ale [eɪl] *n* bière *f*

alert [əˈlɜːt] *adj* alerte, vif (vive); (watchful) vigilant(e) ▷ *n* alerte *f* ▷ *vt* alerter; **on the ~** sur le qui-vive; (Mil) en état d'alerte

algebra [ˈældʒɪbrə] *n* algèbre *f*

Algeria [ælˈdʒɪərɪə] *n* Algérie *f*

Algerian [ælˈdʒɪərɪən] *adj* algérien(ne) ▷ *n* Algérien(ne)

Algiers [ælˈdʒɪəz] *n* Alger

alias [ˈeɪlɪəs] *adv* alias ▷ *n* faux nom, nom d'emprunt

alibi [ˈælɪbaɪ] *n* alibi *m*

alien [ˈeɪlɪən] *n* (from abroad) étranger(-ère); (from outer space) extraterrestre ▷ *adj*: **~ (to)** étranger(-ère); **alienate** *vt* aliéner; (subj: person) s'aliéner

alight [əˈlaɪt] *adj* en feu ▷ *vi* mettre pied à terre; (passenger) descendre; (bird) se poser

align [əˈlaɪn] *vt* aligner

alike [əˈlaɪk] *adj* semblable, pareil(le) ▷ *adv* de même; **to look ~** se ressembler

alive [əˈlaɪv] *adj* vivant(e); (active) plein(e) de vie

KEYWORD

all [ɔːl] *adj* (singular) tout(e); (plural) tous (toutes); **all day** toute la journée; **all night** toute la nuit; **all men** tous les hommes; **all five** tous les cinq; **all the books** tous les livres; **all his life** toute sa vie
▷ *pron* 1 tout; **I ate it all, I ate all of it** j'ai tout mangé; **all of us went** nous y sommes tous allés; **all of the boys went** tous les garçons y sont allés; **is that all?** c'est tout?; (in shop) ce sera tout?

2 (in phrases): **above all** surtout, par-dessus tout; **after all** après tout; **at all: not at all** (in answer to question) pas du tout; (in answer to thanks) je vous en prie!; **I'm not at all tired** je ne suis pas du tout fatigué(e); **anything at all will**

do n'importe quoi fera l'affaire; **all in all** tout bien considéré, en fin de compte ▷ adv: **all alone** tout(e) seul(e); **it's not as hard as all that** ce n'est pas si difficile que ça; **all the more/the better** d'autant plus/mieux; **the score is 2 all** le score est de 2 partout

Allah ['ælə] n Allah m

allegation [ælɪ'geɪʃən] n allégation f

alleged [ə'lɛdʒd] adj prétendu(e)

allegedly adv à ce que l'on prétend, paraît-il

allegiance [ə'liːdʒəns] n fidélité f, obéissance f

allergic [ə'ləːdʒɪk] adj: **~ to** allergique à; **I'm ~ to penicillin** je suis allergique à la pénicilline

allergy ['ælədʒɪ] n allergie f

alleviate [ə'liːvɪeɪt] vt soulager, adoucir

alley ['ælɪ] n ruelle f

alliance [ə'laɪəns] n alliance f

allied ['ælaɪd] adj allié(e)

alligator ['ælɪgeɪtə*] n alligator m

all-in ['ɔːlɪn] adj, adv (BRIT: charge) tout compris

allocate ['æləkeɪt] vt (share out) répartir, distribuer; **to ~ sth to** (duties) assigner or attribuer qch à; (sum, time) allouer qch à

allot [ə'lɔt] vt (share out) répartir, distribuer; **to ~ sth to** (time) allouer qch à; (duties) assigner qch

all-out ['ɔːlaut] adj (effort etc) total(e)

allow [ə'lau] vt (practice, behaviour) permettre, autoriser; (sum to spend etc) accorder, allouer; (sum, time estimated) compter, prévoir; (claim, goal) admettre; (concede): **to ~ that** convenir que; **to ~ sb to do** permettre à qn de faire, autoriser qn à faire; **he is ~ed to ...** on lui permet de ...; **allow for** vt fus tenir compte de; **allowance** n (money received) allocation f; (: from parent etc) subside m; (: for expenses) indemnité f; (us: pocket money) argent m

de poche; (Tax) somme f déductible du revenu imposable, abattement m; **to make allowances for** (person) essayer de comprendre; (thing) tenir compte de

all right adv (feel, work) bien; (as answer) d'accord

ally n ['ælaɪ] allié(e) ▷ vt [ə'laɪ]: **to ~ o.s. with** s'allier avec

almighty ['ɔːl'maɪtɪ] adj tout(e)-puissant(e); (tremendous) énorme

almond ['ɑːmənd] n amande f

almost ['ɔːlməust] adv presque

alone [ə'ləun] adj, adv seul(e); **to leave sb ~** laisser qn tranquille; **to leave sth ~** ne pas toucher à qch; **let ~ ...** sans parler de ...; encore moins ...

along [ə'lɔŋ] prep le long de ▷ adv: **is he coming with us!** vient-il avec nous?; **he was hopping/limping ~** il venait or avançait en sautillant/boitant; **~ with** avec, en plus de; (person) en compagnie de; **all ~** (all the time) depuis le début; **alongside** prep (along) le long de; (beside) à côté de ▷ adv bord à bord; côte à côte

aloof [ə'luːf] adj distant(e) ▷ adv: **to stand ~** se tenir à l'écart or à distance

aloud [ə'laud] adv à haute voix

alphabet ['ælfəbɛt] n alphabet m

Alps [ælps] npl: **the ~** les Alpes fpl

already [ɔːl'rɛdɪ] adv déjà

alright ['ɔːl'raɪt] adv (BRIT) = **all right**

also ['ɔːlsəu] adv aussi

altar ['ɔːltə*] n autel m

alter ['ɔːltə*] vt, vi changer; **alteration** [ɔːltə'reɪʃən] n changement m, modification f; **alterations** npl (Sewing) retouches fpl; (Archit) modifications fpl

alternate adj [ɔl'təːnɪt] alterné(e), alternant(e), alternatif(-ive); (US) = **alternative** ▷ vi ['ɔltəːneɪt] alterner; **to ~ with** alterner avec; **on ~ days** un jour sur deux, tous les deux jours

alternative [ɔl'təːnətɪv] adj (solution, plan) autre, de remplacement, (lifestyle) parallèle ▷ n (choice) alternative f, (other possibility) autre possibilité f

~ medicine médecine alternative, médecine douce; **alternatively** adv: **alternatively one could ...** une autre or l'autre solution serait de ...

although [ɔːlˈðəu] conj bien que + sub

altitude [ˈæltɪtjuːd] n altitude f

altogether [ɔːltəˈgeðəʳ] adv entièrement, tout à fait; (on the whole) tout compte fait; (in all) en tout

aluminium [æljuˈmɪnɪəm] (BRIT **aluminum**) [əˈluːmɪnəm] (US) n aluminium m

always [ˈɔːlweɪz] adv toujours

Alzheimer's (disease) [ˈæltshaɪməz-] n maladie f d'Alzheimer

am [æm] vb see **be**

a.m. adv abbr (= ante meridiem) du matin

amalgamate [əˈmælgəmeɪt] vt, vi fusionner

amass [əˈmæs] vt amasser

amateur [ˈæmətəʳ] n amateur m

amaze [əˈmeɪz] vt stupéfier; **to be ~d (at)** être stupéfait(e) (de); **amazed** adj stupéfait(e); **amazement** n surprise f, étonnement m; **amazing** adj étonnant(e), incroyable; (bargain, offer) exceptionnel(le)

Amazon [ˈæməzən] n (Geo) Amazone f

ambassador [æmˈbæsədəʳ] n ambassadeur m

amber [ˈæmbəʳ] n ambre m; **at ~** (BRIT Aut) à l'orange

ambiguous [æmˈbɪgjuəs] adj ambigu(ë)

ambition [æmˈbɪʃən] n ambition f; **ambitious** [æmˈbɪʃəs] adj ambitieux(-euse)

ambulance [ˈæmbjuləns] n ambulance f; **call an ~!** appelez une ambulance!

ambush [ˈæmbuʃ] n embuscade f ▷ vt tendre une embuscade à

amen [ˈɑːˈmɛn] excl amen

amend [əˈmɛnd] vt (law) amender; (text) corriger; **to make ~s** réparer ses torts, faire amende honorable; **amendment** n (to law) amendement m; (to text) correction f

amenities [əˈmiːnɪtɪz] npl aménagements mpl, équipements mpl

America [əˈmɛrɪkə] n Amérique f; **American** adj américain(e) ▷ n Américain(e); **American football** n (BRIT) football m américain

amicable [ˈæmɪkəbl] adj amical(e); (Law) à l'amiable

amid(st) [əˈmɪd(st)] prep parmi, au milieu de

ammunition [æmjuˈnɪʃən] n munitions fpl

amnesty [ˈæmnɪstɪ] n amnistie f

among(st) [əˈmʌŋ(st)] prep parmi, entre

amount [əˈmaunt] n (sum of money) somme f; (total) montant m; (quantity) quantité f; nombre m ▷ vi: **to ~ to** (total) s'élever à; (be same as) équivaloir à, revenir à

amp(ère) [ˈæmp(ɛəʳ)] n ampère m

ample [ˈæmpl] adj ample, spacieux(-euse); (enough): **this is ~** c'est largement suffisant; **to have ~ time/room** avoir bien assez de temps/place

amplifier [ˈæmplɪfaɪəʳ] n amplificateur m

amputate [ˈæmpjuteɪt] vt amputer

Amtrak [ˈæmtræk] (US) n société mixte de transports ferroviaires interurbains pour voyageurs

amuse [əˈmjuːz] vt amuser; **amusement** n amusement m; (pastime) distraction f; **amusement arcade** n salle f de jeu; **amusement park** n parc m d'attractions

amusing [əˈmjuːzɪŋ] adj amusant(e), divertissant(e)

an [æn, ən, n] indef art see **a**

anaemia [əˈniːmɪə] (US **anemia**) n anémie f

anaemic [əˈniːmɪk] (US **anemic**) adj anémique

anaesthetic [ænɪsˈθetɪk] (US **anesthetic**) n anesthésique m

analog(ue) [ˈænəlɒg] adj (watch, computer) analogique

analogy [əˈnælədʒɪ] n analogie f

analyse ['ænəlaɪz] (us **analyze**) vt
analyser; **analysis** (pl **analyses**)
[ə'næləsɪs, -siːz] n analyse f; **analyst**
['ænəlɪst] n (political analyst etc)
analyste m/f; (us) psychanalyste m/f

analyze ['ænəlaɪz] vt (us) = **analyse**

anarchy ['ænəkɪ] n anarchie f

anatomy [ə'nætəmɪ] n anatomie f

ancestor ['ænsɛstə] n ancêtre m,
aïeul m

anchor ['æŋkə] n ancre f ▷ vi (also:
to drop ~) jeter l'ancre, mouiller ▷ vt
mettre à l'ancre; (fig): **to ~ sth to**
fixer qch à

anchovy ['æntʃəvɪ] n anchois m

ancient ['eɪnʃənt] adj ancien(ne),
antique; (person) d'un âge vénérable;
(car) antédiluvien(ne)

and [ænd] conj et; **~ so on** et ainsi de
suite; **try ~ come** tâchez de venir;
come ~ sit here venez vous asseoir ici;
he talked ~ talked il a parlé pendant
des heures; **better ~ better** de mieux
en mieux; **more ~ more** de plus en plus

Andorra [æn'dɔːrə] n (principauté f
d')Andorre f

anemia etc [ə'niːmɪə] (us) = **anaemia**
etc

anesthetic [ænɪs'θɛtɪk] (us)
= **anaesthetic**

angel ['eɪndʒəl] n ange m

anger ['æŋgə] n colère f

angina [æn'dʒaɪnə] n angine f de
poitrine

angle ['æŋgl] n angle m; **from their ~**
de leur point de vue

angler ['æŋglə] n pêcheur(-euse) à
la ligne

Anglican ['æŋglɪkən] adj, n anglican(e)

angling ['æŋglɪŋ] n pêche f à la ligne

angrily ['æŋgrɪlɪ] adv avec colère

angry ['æŋgrɪ] adj en colère,
furieux(-euse); (inflamed) enflammé(e);
to be ~ with sb/at sth être furieux
contre qn/de qch; **to get ~** se fâcher,
se mettre en colère

anguish ['æŋgwɪʃ] n angoisse f

animal ['ænɪməl] n animal m ▷ adj
animal(e)

animated ['ænɪmeɪtɪd] adj animé(e)

animation [ænɪ'meɪʃən] n (of person)
entrain m; (of street, Cine) animation f

aniseed ['ænɪsiːd] n anis m

ankle ['æŋkl] n cheville f

annex n ['ænɛks] n (BRIT: also: **-e**) annexe
f ▷ vt [ə'nɛks] annexer

anniversary [ænɪ'vəːsərɪ] n
anniversaire m

announce [ə'nauns] vt annoncer;
(birth, death) faire part de;
announcement n annonce f; (for births
etc: in newspaper) avis m de faire-part;
(: letter, card) faire-part m; **announcer**
n (Radio, TV: between programmes)
speaker(ine); (: in a programme)
présentateur(-trice)

annoy [ə'nɔɪ] vt agacer, ennuyer,
contrarier; **don't get ~ed!** ne vous
fâchez pas!; **annoying** adj agaçant(e),
contrariant(e)

annual ['ænjuəl] adj annuel(le) ▷ n
(Bot) plante annuelle; (book) album m;
annually adv annuellement

annum ['ænəm] n see **per**

anonymous [ə'nɔnɪməs] adj
anonyme

anorak ['ænəræk] n anorak m

anorexia [ænə'rɛksɪə] n (also: **~
nervosa**) anorexie f

anorexic [ænə'rɛksɪk] adj, n
anorexique (m/f)

another [ə'nʌðə] adj: **~ book** (one more)
un autre livre, encore un livre, un livre
de plus; (a different one) un autre livre
▷ pron un(e) autre, encore un(e), un(e)
de plus; see also **one**

answer ['ɑːnsə] n réponse f; (to
problem) solution f ▷ vi répondre ▷ vt
(reply to) répondre à; (problem) résoudre;
(prayer) exaucer; **in ~ to your letter**
suite à or en réponse à votre lettre; **to
~ the phone** répondre (au téléphone);
to ~ the bell or **the door** aller ouvrir,
ouvrir (la porte); **answer back** vi
répondre, répliquer; **answerphone** n
(esp BRIT) répondeur m (téléphonique)

ant [ænt] n fourmi f
Antarctic [ænt'ɑ:ktɪk] n: **the ~** l'Antarctique m
antelope [ˈæntɪləup] n antilope f
antenatal [ˈæntɪˈneɪtl] adj prénatal(e)
antenna (pl **~e**) [ænˈtɛnə, -niː] n antenne f
anthem [ˈænθəm] n: **national ~** hymne national
anthology [ænˈθɒlədʒɪ] n anthologie f
anthropology [ænθrəˈpɒlədʒɪ] n anthropologie f
anti [ˈæntɪ] prefix anti-; **antibiotic** [ˈæntɪbaɪˈɒtɪk] n antibiotique m; **antibody** [ˈæntɪbɒdɪ] n anticorps m
anticipate [ænˈtɪsɪpeɪt] vt s'attendre à, prévoir; (wishes, request) aller au devant de, devancer; **anticipation** [æntɪsɪˈpeɪʃən] n attente f
anticlimax [ˈæntɪˈklaɪmæks] n déception f
anticlockwise [ˈæntɪˈklɒkwaɪz] (BRIT) adv dans le sens inverse des aiguilles d'une montre
antics [ˈæntɪks] npl singeries fpl
anti- [ˈæntɪ] : **antidote** [ˈæntɪdəut] n antidote m, contrepoison m; **antifreeze** [ˈæntɪfriːz] n antigel m; **anti-globalization** [ˈæntɪ] n antimondialisation f; **antihistamine** [æntɪˈhɪstəmɪn] n antihistaminique m; **antiperspirant** [æntɪˈpəːspɪrənt] n déodorant m
antique [ænˈtiːk] n (ornament) objet m d'art ancien; (furniture) meuble ancien ▷ adj ancien(ne); **antique shop** n magasin m d'antiquités
antiseptic [ˈæntɪˈsɛptɪk] adj, n antiseptique m
antisocial [ˈæntɪˈsəuʃəl] adj (unfriendly) insociable; (against society) antisocial(e)
antivirus [ˈæntɪˈvaɪrəs] adj (Comput) antivirus m; **antivirus software** n antivirus m
antlers [ˈæntləz] npl bois mpl, ramure f
anxiety [æŋˈzaɪətɪ] n anxiété f; (keenness): **~ to do** grand désir m ou impatience f de faire
anxious [ˈæŋkʃəs] adj (très) inquiet(-ète); (always worried)

anxieux(-euse); (worrying) angoissant(e); (keen): **~ to do/that** qui tient beaucoup à faire/à ce que + sub; impatient(e) de faire/que + sub

KEYWORD

any [ˈɛnɪ] adj 1 (in questions etc: singular) du, de l', de la; (: plural) des; **do you have any butter/children/ink?** avez-vous du beurre/des enfants/de l'encre?
2 (with negative) de, d'; **I don't have any money/books** je n'ai pas d'argent/de livres
3 (no matter which) n'importe quel(le); (each and every) tout(e), chaque; **choose any book you like** vous pouvez choisir n'importe quel livre; **any teacher you ask will tell you** n'importe quel professeur vous le dira
4 (in phrases): **in any case** de toute façon; **any day now** d'un jour à l'autre; **at any moment** à tout moment, d'un instant à l'autre; **at any rate** en tout cas; **any time** n'importe quand; **he might come (at) any time** il pourrait venir n'importe quand; **come (at) any time** venez quand vous voulez
▷ pron 1 (in questions etc) en; **have you got any?** est-ce que vous en avez?; **can any of you sing?** est-ce que parmi vous il y en a qui savent chanter?
2 (with negative) en; **I don't have any (of them)** je n'en ai pas, je n'en ai aucun
3 (no matter which one(s)) n'importe lequel (or laquelle); (anybody) n'importe qui; **take any of these books (you like)** vous pouvez prendre n'importe lequel de ces livres
▷ adv 1 (in questions etc): **do you want any more soup/sandwiches?** voulez-vous encore de la soupe/des sandwichs?; **are you feeling any better?** est-ce que vous vous sentez mieux?
2 (with negative): **I can't hear him any more** je ne l'entends plus; **don't wait any longer** n'attendez pas plus

longtemps; **anybody** pron n'importe qui; (in interrogative sentences) quelqu'un; (in negative sentences): **I don't see anybody** je ne vois personne; **if anybody should phone ...** si quelqu'un téléphone ...; **anyhow** adv quoi qu'il en soit; (haphazardly) n'importe comment; **do it anyhow you like** faites-le comme vous voulez; **she leaves things just anyhow** elle laisse tout traîner; **I shall go anyhow** j'irai de toute façon; **anyone** pron = **anybody**; **anything** pron (no matter what) n'importe quoi; (in questions) quelque chose; (with negative) ne ... rien; **can you see anything?** tu vois quelque chose?; **if anything happens to me ...** s'il m'arrive quoi que ce soit ...; **you can say anything you like** vous pouvez dire ce que vous voulez; **anything will do** n'importe quoi fera l'affaire; **he'll eat anything** il mange de tout; **anytime** adv (at any moment) d'un moment à l'autre; (whenever) n'importe quand; **anyway** adv de toute façon; **anyway, I couldn't come even if I wanted to** de toute façon, je ne pouvais pas venir même si je le voulais; **I shall go anyway** j'irai quand même; **why are you phoning, anyway?** au fait, pourquoi tu me téléphones?; **anywhere** adv n'importe où; (in interrogative sentences) quelque part; (in negative sentences) **I can't see him anywhere** je ne le vois nulle part; **can you see him anywhere?** tu le vois quelque part?; **put the books down anywhere** pose les livres n'importe où; **anywhere in the world** n'importe où dans le monde

apart [əˈpɑːt] adv (to one side) à part; de côté; à l'écart; (separately) séparément; **to take/pull ~** démonter; **10 miles/a long way ~** à 10 miles/très éloignés l'un de l'autre; **~ from** prep à part, excepté

apartment [əˈpɑːtmənt] n (us)

appartement m, logement m; (room) chambre f; **apartment building** n (us) immeuble m; maison divisée en appartements

apathy [ˈæpəθɪ] n apathie f, indifférence f

ape [eɪp] n (grand) singe ▷ vt singer

aperitif [əˈperɪtif] n apéritif m

aperture [ˈæpətʃʊə] n orifice m, ouverture f; (Phot) ouverture (du diaphragme)

APEX [ˈeɪpeks] n abbr (Aviat: = advance purchase excursion) APEX m

apologize [əˈpɒlədʒaɪz] vi: **to ~ (for sth to sb)** s'excuser (de qch auprès de qn), présenter des excuses (à qn pour qch)

apology [əˈpɒlədʒɪ] n excuses fpl

apostrophe [əˈpɒstrəfɪ] n apostrophe f

appal [əˈpɔːl] (us **appall**) vt consterner, atterrer; horrifier; **appalling** adj épouvantable; (stupidity) consternant(e)

apparatus [æpəˈreɪtəs] n appareil m, dispositif m; (in gymnasium) agrès mpl

apparent [əˈpærənt] adj apparent(e); **apparently** adv apparemment

appeal [əˈpiːl] vi (Law) faire or interjeter appel ▷ n (Law) appel m; (request) appel, prière f; (charm) attrait m, charme m; **to ~ for** demander (instamment); implorer; **to ~ to** (beg) faire appel à; (be attractive) plaire à; **it doesn't ~ to me** cela ne m'attire pas; **appealing** adj (attractive) attrayant(e)

appear [əˈpɪə] vi apparaître, se montrer; (Law) comparaître; (publication) paraître, sortir, être publié(e); (seem) paraître, sembler; **it would ~ that** il semble que; **to ~ in Hamlet** jouer dans Hamlet; **to ~ on TV** passer à la télé; **appearance** n apparition f; parution f; (look, aspect) apparence f, aspect m

appendices [əˈpendɪsiːz] npl of **appendix**

appendicitis [əpendɪˈsaɪtɪs] n appendicite f

appendix (pl **appendices**) [əˈpendɪks,

-siːz] n appendice m
appetite ['æpɪtaɪt] n appétit m
appetizer ['æpɪtaɪzə'] n (food) amuse-gueule m; (drink) apéritif m
applaud [ə'plɔːd] vt, vi applaudir
applause [ə'plɔːz] n applaudissements mpl
apple ['æpl] n pomme f; **apple pie** n tarte f aux pommes
appliance [ə'plaɪəns] n appareil m
applicable [ə'plɪkəbl] adj applicable; **to be ~ to** (relevant) valoir pour
applicant ['æplɪkənt] n: **~ (for)** candidat(e) (à)
application [æplɪ'keɪʃən] n application f; (for a job, a grant etc) demande f; candidature f; **application form** n formulaire m de demande
apply [ə'plaɪ] vt: **to ~ (to)** (paint, ointment) appliquer (sur); (law, etc) appliquer (à) ▷ vi: **to ~ to** (ask) s'adresser à; (be suitable for, relevant to) s'appliquer à; **to ~ (for)** (permit, grant) faire une demande (en vue d'obtenir); (job) poser sa candidature (pour), faire une demande d'emploi (concernant); **to ~ o.s.** s'appliquer (à)
appoint [ə'pɔɪnt] vt (to post) nommer, engager; (date, place) fixer, désigner; **appointment** n (to post) nomination f; (job) poste m; (arrangement to meet) rendez-vous m; **to have an appointment** avoir un rendez-vous; **to make an appointment (with)** prendre rendez-vous (avec); **I'd like to make an appointment** je voudrais prendre rendez-vous
appraisal [ə'preɪzl] n évaluation f
appreciate [ə'priːʃɪeɪt] vt (like) apprécier, faire cas de; (be grateful for) être reconnaissant(e) de; (be aware of) comprendre, se rendre compte de ▷ vi (Finance) prendre de la valeur; **appreciation** [əpriːʃɪ'eɪʃən] n appréciation f; (gratitude) reconnaissance f; (Finance) hausse f, valorisation f
apprehension [æprɪ'hɛnʃən] n

apprehension f, inquiétude f
apprehensive [æprɪ'hɛnsɪv] adj inquiet(-ète), appréhensif(-ive)
apprentice [ə'prɛntɪs] n apprenti m
approach [ə'prəutʃ] vi (come near) approcher de; (ask, apply to) s'adresser à; (subject, passer-by) aborder ▷ n approche f; accès m, abord m; démarche f (intellectuelle)
appropriate adj [ə'prəuprɪɪt] (tool etc) qui convient, approprié(e); (moment, remark) opportun(e) ▷ vt [ə'prəuprɪeɪt] (take) s'approprier
approval [ə'pruːvəl] n approbation f; **on ~** (Comm) à l'examen
approve [ə'pruːv] vt approuver; **approve of** vt fus (thing) approuver; (person) **they don't ~ of her** ils n'ont pas bonne opinion d'elle
approximate [ə'prɒksɪmɪt] adj approximatif(-ive); **approximately** adv approximativement
Apr. abbr = **April**
apricot ['eɪprɪkɒt] n abricot m
April ['eɪprəl] n avril m; **April Fools' Day** n le premier avril

● **APRIL FOOLS' DAY**
●
● **April Fools' Day** est le 1er avril, à
● l'occasion duquel on fait des farces
● de toutes sortes. Les victimes de
● ces farces sont les "April fools".
● Traditionnellement, on n'est censé
● faire des farces que jusqu'à midi.

apron ['eɪprən] n tablier m
apt [æpt] adj (suitable) approprié(e); (likely): **~ to do** susceptible de faire; ayant tendance à faire
aquarium [ə'kwɛərɪəm] n aquarium m
Aquarius [ə'kwɛərɪəs] n le Verseau
Arab ['ærəb] n Arabe m/f ▷ adj arabe
Arabia [ə'reɪbɪə] n Arabie f; **Arabian** adj arabe; **Arabic** ['ærəbɪk] adj, n arabe (m)
arbitrary ['ɑːbɪtrərɪ] adj arbitraire
arbitration [ɑːbɪ'treɪʃən] n

arbitrage *m*

arc [ɑːk] *n* arc *m*

arcade [ɑːˈkeɪd] *n* arcade *f*; *(passage with shops)* passage *m*, galerie *f*; *(with games)* salle *f* de jeu

arch [ɑːtʃ] *n* arche *f*; *(of foot)* cambrure *f*, voûte *f* plantaire ▷ *vt* arquer, cambrer

archaeology [ɑːkɪˈɒlədʒɪ] *n* (*us* **archeology**) archéologie *f*

archbishop [ɑːtʃˈbɪʃəp] *n* archevêque *m*

archeology [ɑːkɪˈɒlədʒɪ] *n* (*us*) = **archaeology**

architect [ˈɑːkɪtɛkt] *n* architecte *m*;

architectural [ɑːkɪˈtɛktʃərəl] *adj* architectural(e); **architecture** *n* architecture *f*

archive [ˈɑːkaɪv] *n* (*often pl*) archives *fpl*

Arctic [ˈɑːktɪk] *adj* arctique ▷ *n*: **the ~** l'Arctique *m*

are [ɑːᵊ] *vb* see **be**

area [ˈɛərɪə] *n* (Geom) superficie *f*; *(zone)* région *f*; (: *smaller*) secteur *m*; *(in room)* coin *m*; *(knowledge, research)* domaine *m*; **area code** (*us*) (Tel) indicatif *m* de zone

arena [əˈriːnə] *n* arène *f*

aren't [ɑːnt] = **are not**

Argentina [ɑːdʒənˈtiːnə] *n* Argentine *f*;

Argentinian [ɑːdʒənˈtɪnɪən] *adj* argentin(e) ▷ *n* Argentin(e)

arguably [ˈɑːgjuəblɪ] *adv*: **it is ~ ...** on peut soutenir que c'est ...

argue [ˈɑːgjuː] *vi (quarrel)* se disputer; *(reason)* argumenter; **to ~ that** objecter or alléguer que, donner comme argument que

argument [ˈɑːgjumənt] *n (quarrel)* dispute *f*, discussion *f*; *(reasons)* argument *m*

Aries [ˈɛərɪz] *n* le Bélier

arise (*pt* **arose**, *pp* ~**n**) [əˈraɪz, əˈrəuz, əˈrɪzn] *vi* survenir, se présenter

arithmetic [əˈrɪθmətɪk] *n* arithmétique *f*

arm [ɑːm] *n* bras *m* ▷ *vt* armer; **arms** *npl (weapons, Heraldry)* armes *fpl*; **in ~** bras dessus bras dessous; **armchair**

armchair [ˈɑːmtʃɛəʳ] *n* fauteuil *m*

armed [ɑːmd] *adj* armé(e); **armed forces** *npl*: **the armed forces** les forces armées; **armed robbery** *n* vol *m* à main armée

armour (*us* **armor**) [ˈɑːməʳ] *n* armure *f*; *(Mil: tanks)* blindés *mpl*

armpit [ˈɑːmpɪt] *n* aisselle *f*

armrest [ˈɑːmrɛst] *n* accoudoir *m*

army [ˈɑːmɪ] *n* armée *f*

A road (*BRIT*) ≈ route nationale

aroma [əˈrəumə] *n* arôme *m*;

aromatherapy *n* aromathérapie *f*

arose [əˈrəuz] *pt of* **arise**

around [əˈraund] *adv* (tout) autour; *(nearby)* dans les parages ▷ *prep* autour de; *(near)* près de; *(fig: about)* environ; *(: date, time)* vers; **is he ~?** est-il dans les parages or là?

arouse [əˈrauz] *vt (sleeper)* éveiller; *(curiosity, passions)* éveiller, susciter; *(anger)* exciter

arrange [əˈreɪndʒ] *vt* arranger; **to ~ to do sth** prévoir de faire qch;

arrangement *n* arrangement *m*; **arrangements** *npl (plans etc)* arrangements *mpl*, dispositions *fpl*

array [əˈreɪ] *n (of objects)* déploiement *m*, étalage *m*

arrears [əˈrɪəz] *npl* arriéré *m*; **to be in ~ with one's rent** devoir un arriéré de loyer

arrest [əˈrɛst] *vt* arrêter; *(sb's attention)* retenir, attirer ▷ *n* arrestation *f*; **under ~** en état d'arrestation

arrival [əˈraɪvl] *n* arrivée *f*; **new ~** nouveau venu/nouvelle venue; *(baby)* nouveau-né(e)

arrive [əˈraɪv] *vi* arriver; **arrive at** *vt fus (decision, solution)* parvenir à

arrogance [ˈærəgəns] *n* arrogance *f*

arrogant [ˈærəgənt] *adj* arrogant(e)

arrow [ˈærəu] *n* flèche *f*

arse [ɑːs] *n* (*BRIT infl*) cul *m* (!)

arson [ˈɑːsn] *n* incendie criminel

art [ɑːt] *n* art *m*; **Arts** *npl* (Scol) lettres *fpl*; **art college** *n* école *f* des beaux-arts

artery ['ɑːtəri] n artère f

art gallery n musée m d'art; (saleroom) galerie f de peinture

arthritis [ɑːˈθraɪtɪs] n arthrite f

artichoke ['ɑːtɪtʃəʊk] n artichaut m; **Jerusalem ~** topinambour m

article ['ɑːtɪkl] n article m

articulate adj [ɑːˈtɪkjʊlɪt] (person) qui s'exprime clairement et aisément; (speech) bien articulé(e), prononcé(e) clairement ▷ vb [ɑːˈtɪkjʊleɪt] ▷ vi articuler, parler distinctement ▷ vt articuler

artificial [ɑːtɪˈfɪʃəl] adj artificiel(le)

artist ['ɑːtɪst] n artiste m/f; **artistic** [ɑːˈtɪstɪk] adj artistique

art school n = école f des beaux-arts

○ **KEYWORD**

as [æz] conj 1 (time: moment) comme, alors que; à mesure que; **he came in as I was leaving** il est arrivé comme je partais; **as the years went by** à mesure que les années passaient; **as from tomorrow** à partir de demain

2 (since, because) comme, puisque; **he left early as he had to be home by 10** comme il or puisqu'il devait être de retour avant 10h, il est parti de bonne heure

3 (referring to manner, way) comme; **do as you wish** faites comme vous voudrez; **as she said** comme elle disait ▷ adv 1 (in comparisons) **as big as** aussi grand que; **twice as big as** deux fois plus grand que; **as much as** or **many as** autant que; **as much money/many books as** autant d'argent/de livres que; **as soon as** dès que

2 (concerning) **as for** or **to that** quant à cela, pour ce qui est de cela

3: **as if** or **though** comme si; **he looked as if he was ill** il avait l'air d'être malade; see also **long**; **such**; **well** ▷ prep (in the capacity of) en tant que, en qualité de; **he works as a driver** il travaille comme chauffeur; **as**

chairman of the company, he ... en tant que président de la société, il ...; **he gave me it as a present** il me l'a offert, il m'en a fait cadeau

a.s.a.p. abbr = **as soon as possible**

asbestos [æzˈbestəs] n asbeste m, amiante m

ascent [əˈsent] n (climb) ascension f

ash [æʃ] n (dust) cendre f; (also: **~ tree**) frêne m

ashamed [əˈʃeɪmd] adj honteux(-euse), confus(e); **to be ~ of** avoir honte de

ashore [əˈʃɔː] adv à terre

ashtray ['æʃtreɪ] n cendrier m

Ash Wednesday n mercredi m des Cendres

Asia ['eɪʃə] n Asie f; **Asian** n (from Asia) Asiatique m/f; (BRIT: from Indian subcontinent) Indo-Pakistanais(-e) ▷ adj asiatique; indo-pakistanais(-e)

aside [əˈsaɪd] adv de côté, à l'écart ▷ n aparté m

ask [ɑːsk] vt demander; (invite) inviter; **to ~ sb sth/to do sth** demander à qn qch/de faire qch; **to ~ sb about sth** questionner qn au sujet de qch; se renseigner auprès de qn au sujet de qch; **to ~ (sb) a question** poser une question (à qn); **to ~ sb out to dinner** inviter qn au restaurant; **ask for** vt fus demander; **it's just asking for trouble** or **for it** ce serait chercher des ennuis

asleep [əˈsliːp] adj endormi(e); **to fall ~** s'endormir

AS level n abbr (= Advanced Subsidiary level) première partie de l'examen équivalent au baccalauréat

asparagus [əsˈpærəgəs] n asperges fpl

aspect ['æspekt] n aspect m; (direction in which a building etc faces) orientation f, exposition f

aspirations [æspəˈreɪʃənz] npl (hopes, ambition) aspirations fpl

aspire [əsˈpaɪə] vi: **to ~ to** aspirer à

aspirin ['æsprɪn] n aspirine f

ass [æs] n âne m; (inf) imbécile m/f; (us

infl) cul *m (f)*
assassin [əˈsæsɪn] *n* assassin *m*;
assassinate *vt* assassiner
assault [əˈsɔːlt] *n (Mil)* assaut *m*; *(gen: attack)* agression *f* ▶ *vt* attaquer; *(sexually)* violenter
assemble [əˈsɛmbl] *vt* assembler ▶ *vi* s'assembler, se rassembler
assembly [əˈsɛmblɪ] *n (meeting)* rassemblement *m*; *(parliament)* assemblée *f*; *(construction)* assemblage *m*
assert [əˈsəːt] *vt* affirmer, déclarer; *(authority)* faire valoir; *(innocence)* protester de; **assertion** *n* assertion *f*, affirmation *f*
assess [əˈsɛs] *vt* évaluer, estimer; *(tax, damages)* établir or fixer le montant de; *(person)* juger la valeur de; **assessment** *n* évaluation *f*, estimation *f*; *(of tax)* fixation *f*
asset [ˈæset] *n* avantage *m*, atout *m*; *(person)* atout; **assets** *npl (Comm)* capital *m*; avoir(s) *m(pl)*; actif *m*
assign [əˈsaɪn] *vt (date)* fixer, arrêter; **to ~ sth to** *(task)* assigner qch à; *(resources)* affecter qch à; **assignment** *n (task)* mission *f*; *(homework)* devoir *m*
assist [əˈsɪst] *vt* aider, assister; **assistance** *n* aide *f*, assistance *f*; **assistant** *n* assistant(e), adjoint(e); *(BRIT: also: **shop assistant**)* vendeur(-euse)
associate *adj, n* [əˈsəuʃɪɪt] associé(e) ▶ *vb* [əˈsəuʃɪeɪt] *vt* associer ▶ *vi:* **to ~ with sb** fréquenter qn
association [əsəusɪˈeɪʃən] *n* association *f*
assorted [əˈsɔːtɪd] *adj* assorti(e)
assortment [əˈsɔːtmənt] *n* assortiment *m*; *(of people)* mélange *m*
assume [əˈsjuːm] *vt* supposer; *(responsibilities etc)* assumer; *(attitude, name)* prendre, adopter
assumption [əˈsʌmpʃən] *n* supposition *f*, hypothèse *f*; *(of power)* assomption *f*, prise *f*
assurance [əˈʃuərəns] *n* assurance *f*

assure [əˈʃuəʳ] *vt* assurer
asterisk [ˈæstərɪsk] *n* astérisque *m*
asthma [ˈæsmə] *n* asthme *m*
astonish [əˈstɒnɪʃ] *vt* étonner, stupéfier; **astonished** *adj* étonné(e); **to be astonished at** être étonné(e) de; **astonishing** *adj* étonnant(e), stupéfiant(e); **I find it astonishing that ...** je trouve incroyable que ... + *sub*; **astonishment** *n* (grand) étonnement *m*, stupéfaction *f*
astound [əˈstaund] *vt* stupéfier, sidérer
astray [əˈstreɪ] *adv:* **to go ~** s'égarer; *(fig)* quitter le droit chemin; **to lead ~** *(morally)* détourner du droit chemin
astrology [əsˈtrɒlədʒɪ] *n* astrologie *f*
astronaut [ˈæstrənɔːt] *n* astronaute *m/f*
astronomer [əsˈtrɒnəməʳ] *n* astronome *m*
astronomical [æstrəˈnɒmɪkl] *adj* astronomique
astronomy [əsˈtrɒnəmɪ] *n* astronomie *f*
astute [əsˈtjuːt] *adj* astucieux(-euse), malin(-igne)
asylum [əˈsaɪləm] *n* asile *m*; **asylum seeker** *n* demandeur(-euse) d'asile

⊙ **KEYWORD**

at [æt] *prep* **1** *(referring to position, direction)* à; **at the top** au sommet; **at home/school** à la maison or chez soi/à l'école; **at the baker's** à la boulangerie, chez le boulanger; **to look at sth** regarder qch
2 *(referring to time)* **at 4 o'clock** à 4 heures; **at Christmas** à Noël; **at night** la nuit; **at times** par moments, parfois
3 *(referring to rates, speed etc)* à; **at a kilo** une livre le kilo; **two at a time** deux à la fois; **at 50 km/h** à 50 km/h
4 *(referring to manner)*: **at a stroke** d'un seul coup; **at peace** en paix
5 *(referring to activity)*: **to be at work** *(in*

the office etc) être au travail; *(working)* travailler; **to play at cowboys** jouer aux cowboys; **to be good at sth** être bon en qch

6 *(referring to cause)*: **shocked/ surprised at sth** choqué par/étonné de qch; **I went at his suggestion** j'y suis allé sur son conseil

7 *(@ symbol)* arobase *f*

ate [eɪt] *pt of* **eat**

atheist ['eɪθɪɪst] *n* athée *m/f*

Athens ['æθɪnz] *n* Athènes

athlete ['æθliːt] *n* athlète *m/f*

athletic [æθ'lɛtɪk] *adj* athlétique; **athletics** *n* athlétisme *m*

Atlantic [ət'læntɪk] *adj* atlantique ▷ *n*: **the ~ (Ocean)** l'océan *m* Atlantique, l'Atlantique *m*

atlas ['ætləs] *n* atlas *m*

A.T.M. *n abbr* (= *Automated Telling Machine*) guichet *m* automatique

atmosphere ['ætməsfɪə'] *n* (*air*) atmosphère *f*; (*fig: of place etc*) atmosphère, ambiance *f*

atom ['ætəm] *n* atome *m*; **atomic** [ə'tɔmɪk] *adj* atomique; **atom(ic) bomb** *n* bombe *f* atomique

A to Z® *n* (*map*) plan *m* des rues

atrocity [ə'trɔsɪtɪ] *n* atrocité *f*

attach [ə'tætʃ] *vt* (*gen*) attacher; (*document, letter*) joindre; **to be ~ed to sb/sth** (*to like*) être attaché à qn/qch; **to ~ a file to an email** joindre un fichier à un e-mail; **attachment** *n* (*tool*) accessoire *m*; (*Comput*) fichier *m* joint; (*love*): **attachment (to)** affection *f*(pour), attachement *m* (à)

attack [ə'tæk] *vt* attaquer; (*task etc*) s'attaquer à ▷ *n* attaque *f*; **heart ~** crise *f* cardiaque; **attacker** *n* attaquant *m*, agresseur *m*

attain [ə'teɪn] *vt* (*also*: **to ~ to**) parvenir à, atteindre; (*knowledge*) acquérir

attempt [ə'tɛmpt] *n* tentative *f* ▷ *vt* essayer, tenter

attend [ə'tɛnd] *vt* (*course*) suivre; (*meeting, talk*) assister à; (*school, church*) aller à, fréquenter; (*patient*) soigner;

etc) s'occuper de; **attend to** *vt fus* (*needs, affairs etc*) s'occuper de; (*customer*) s'occuper de, servir; **attendance** *n* (*being present*) présence *f*; (*people present*) assistance *f*; **attendant** *n* employé(e); gardien(ne) ▷ *adj* concomitant(e), qui accompagne or s'ensuit

Be careful not to translate *to attend* by the French word *attendre*.

attention [ə'tɛnʃən] *n* attention *f* ▷ *excl* (*Mil*) garde-à-vous!; **for the ~ of** (*Admin*) à l'attention de

attic ['ætɪk] *n* grenier *m*, combles *mpl*

attitude ['ætɪtjuːd] *n* attitude *f*

attorney [ə'tɔːnɪ] *n* (*us: lawyer*) avocat *m*; **Attorney General** *n* (*BRIT*) = procureur général; (*us*) = garde *m* des Sceaux, ministre *m* de la Justice

attract [ə'trækt] *vt* attirer; **attraction** [ə'trækʃən] *n* (*gen pl: pleasant things*) attraction *f*, attrait *m*; (*Physics*) attraction; (*fig: towards sb, sth*) attirance *f*; **attractive** *adj* séduisant(e), attrayant(e)

attribute *n* ['ætrɪbjuːt] attribut *m* ▷ *vt* [ə'trɪbjuːt]: **to ~ sth to** attribuer qch à

aubergine ['əubəʒiːn] *n* aubergine *f*

auburn [ɔːbən] *adj* auburn *inv*, châtain roux *inv*

auction ['ɔːkʃən] *n* (*also*: **sale by ~**) vente *f* aux enchères ▷ *vt* (*also*: **to sell by ~**) vendre aux enchères

audible ['ɔːdɪbl] *adj* audible

audience ['ɔːdɪəns] *n* (*people*) assistance *f*, public *m*; (*on radio*) auditeurs *mpl*; (*at theatre*) spectateurs *mpl*; (*interview*) audience *f*

audit ['ɔːdɪt] *vt* vérifier

audition [ɔː'dɪʃən] *n* audition *f*

auditor ['ɔːdɪtə'] *n* vérificateur *m* des comptes

auditorium [ɔːdɪ'tɔːrɪəm] *n* auditorium *m*, salle *f* de concert or de spectacle

Aug. *abbr* = **August**

August ['ɔːgəst] *n* août *m*

aunt [ɑːnt] *n* tante *f*; **auntie**, **aunty** *n* diminutive of **aunt**

au pair [ˈəʊˈpeəʳ] n (also: **~ girl**) jeune fille f au pair

aura [ˈɔːrə] n atmosphère f; (of person) aura f

austerity [ɒsˈtɛrɪtɪ] n austérité f

Australia [ɒsˈtreɪlɪə] n Australie f; **Australian** adj australien(ne) ⊳ n Australien(ne)

Austria [ˈɒstrɪə] n Autriche f; **Austrian** adj autrichien(ne) ⊳ n Autrichien(ne)

authentic [ɔːˈθɛntɪk] adj authentique

author [ˈɔːθəʳ] n auteur m

authority [ɔːˈθɒrɪtɪ] n autorité f; (permission) autorisation (formelle); **the authorities** les autorités fpl, l'administration f

authorize [ˈɔːθəraɪz] vt autoriser

auto [ˈɔːtəʊ] n (US) auto f, voiture f; **autobiography** [ɔːtəbaɪˈɒgrəfɪ] n autobiographie f; **autograph** [ˈɔːtəgrɑːf] n autographe m ⊳ vt signer, dédicacer; **automatic** [ɔːtəˈmætɪk] adj automatique ⊳ n (gun) automatique m; (car) voiture f à transmission automatique; **automatically** adv automatiquement; **automobile** [ˈɔːtəməbiːl] n (US) automobile f; **autonomous** [ɔːˈtɒnəməs] adj autonome; **autonomy** [ɔːˈtɒnəmɪ] n autonomie f

autumn [ˈɔːtəm] n automne m

auxiliary [ɔːgˈzɪlɪərɪ] adj, n auxiliaire (m/f)

avail [əˈveɪl] vt: **to ~ o.s. of** user de; profiter de ⊳ n: **to no ~** sans résultat, en vain, en pure perte

availability [əveɪləˈbɪlɪtɪ] n disponibilité f

available [əˈveɪləbl] adj disponible

avalanche [ˈævəlɑːnʃ] n avalanche f

Ave. abbr = **avenue**

avenue [ˈævənjuː] n avenue f; (fig) moyen m

average [ˈævərɪdʒ] n moyenne f ⊳ adj moyen(ne) ⊳ vt (a certain figure) atteindre or faire etc en moyenne; **on ~** en moyenne

avert [əˈvɜːt] vt (danger) prévenir,

écarter; (one's eyes) détourner

avid [ˈævɪd] adj avide

avocado [ævəˈkɑːdəʊ] n (BRIT: also: **~ pear**) avocat m

avoid [əˈvɔɪd] vt éviter

await [əˈweɪt] vt attendre

awake [əˈweɪk] adj éveillé(e) ⊳ vb (pt **awoke**, pp **awoken**) ⊳ vt éveiller ⊳ vi s'éveiller; **to be ~** être réveillé(e)

award [əˈwɔːd] n (for bravery) récompense f; (prize) prix m; (Law: damages) dommages-intérêts mpl ⊳ vt (prize) décerner; (Law: damages) accorder

aware [əˈwɛəʳ] adj: **~ of** (conscious) conscient(e) de; (informed) au courant de; **to become ~ of/that** prendre conscience de/que; se rendre compte de/que; **awareness** n conscience f, connaissance f

away [əˈweɪ] adv (au) loin; (movement): **she went ~** elle est partie ⊳ adj (not in, not here) absent(e); **far ~** (au) loin; **two kilometres ~** à (une distance de) deux kilomètres, à deux kilomètres de distance; **two hours ~ by car** à deux heures de voiture or de route; **the holiday was two weeks ~** il restait deux semaines jusqu'aux vacances; **he's ~ for a week** il est parti (pour) une semaine; **to take sth ~ from sb** prendre qch à qn; **to take sth ~ from sth** (subtract) ôter qch de qch; **to work/pedal ~** travailler/pédaler à cœur joie; **to fade ~** (colour) s'estomper; (sound) s'affaiblir

awe [ɔː] n respect mêlé de crainte, effroi mêlé d'admiration; **awesome** [ˈɔːsəm] (US) adj (inf: excellent) génial(e)

awful [ˈɔːfəl] adj affreux(-euse); **an ~ lot of** énormément de; **awfully** adv (very) terriblement, vraiment

awkward [ˈɔːkwəd] adj (clumsy) gauche, maladroit(e); (inconvenient) peu pratique; (embarrassing) gênant

awoke [əˈwəʊk] pt of **awake**

awoken [əˈwəʊkən] pp of **awake**

axe [æks] (US **ax**) n hache f ⊳ vt (project

etc) abandonner; (*jobs*) supprimer
axle [ˈæksl] *n* essieu *m*
ay(e) [aɪ] *excl* (*yes*) oui
azalea [əˈzeɪlɪə] *n* azalée *f*

b

B [biː] *n* (*Mus*): **B** si *m*
B.A. *abbr* (*Scol*) = **Bachelor of Arts**
baby [ˈbeɪbɪ] *n* bébé *m*; **baby carriage**
n (*us*) voiture *f* d'enfant; **baby-sit**
vi garder les enfants; **baby-sitter** *n*
baby-sitter *m/f*; **baby wipe** *n* lingette
f (*pour bébé*)
bachelor [ˈbætʃələʳ] *n* célibataire *m*; **B~
of Arts/Science (BA/BSc)** ≈ licencié(e)
ès *or* en lettres/sciences
back [bæk] *n* (*of person, horse*) dos *m*; (*of
hand*) dos, revers *m*; (*of house*) derrière
m; (*of car, train*) arrière *m*; (*of chair*)
dossier *m*; (*of page*) verso *m*; (*of crowd*):
**can the people at the ~ hear me
properly?** est-ce que les gens du fond
peuvent m'entendre?; (*Football*) arrière
m; **~ to front** à l'envers ▷ *vt* (*financially*)
soutenir (financièrement); (*candidate*:
also: **~ up**) soutenir, appuyer; (*horse*: *at
races*) parier *or* miser sur; (*car*) (faire)
reculer ▷ *vi* reculer; (*car etc*) faire
marche arrière ▷ *adj* (*in compounds*) de
derrière, à l'arrière; **~ seat/wheel** (*Aut*)

siège m/**roue f arrière inv**; **~ payments/
rent** arriéré m de paiements/loyer; **~
garden/room** jardin/pièce sur l'arrière
▶ adv (not forward) en arrière; (returned)
he's ~ il est rentré, il est de retour;
he ran ~ il est revenu en courant;
(restitution): **throw the ball ~** renvoie
la balle; **can I have it ~?** puis-je le
ravoir?, peux-tu me le rendre?; (again):
he called ~ il a rappelé; **back down**
vi rabattre de ses prétentions; **back
out** vi (of promise) se dédire; **back up**
vt (person) soutenir; (Comput) faire une
copie de sauvegarde de; **backache** n
mal au dos; **backbencher** (BRIT) n
membre du parlement sans portefeuille;
backbone n colonne vertébrale,
épine dorsale; **back door** n porte f de
derrière; **backfire** vi (Aut) pétarader;
(plans) mal tourner; **backgammon** n
trictrac m; **background** n arrière-plan
m; (of events) situation f, conjoncture
f; (basic knowledge) éléments mpl de
base; (experience) formation f; **family
background** milieu familial; **backing**
n (fig) soutien m, appui m; **backlog** n:
backlog of work travail m en retard;
backpack n sac m à dos; **backpacker**
n randonneur(-euse); **backslash** n
barre oblique inversée; **backstage**
adv dans les coulisses; **backstroke** n
dos crawlé; **backup** adj (train, plane)
supplémentaire, de réserve; (Comput)
de sauvegarde ▶ n (support) appui m,
soutien m; (Comput: also: **backup file**)
sauvegarde f; **backward** adj (movement)
en arrière; (person, country) arriéré(e),
attardé(e); **backwards** adv (move,
go) en arrière; (read a list) à l'envers,
à rebours; (fall) à la renverse; (walk) à
reculons; **backyard** n arrière-cour f

bacon ['beɪkən] n bacon m, lard m

bacteria [bæk'tɪərɪə] npl bactéries fpl

bad [bæd] adj mauvais(e); (child)
vilain(e); (mistake, accident) grave;
(meat, food) gâté(e), avarié(e); **his ~ leg**
sa jambe malade; **to go ~** (meat, food) se
gâter; (milk) tourner

bade [bæd] pt of **bid**

badge [bædʒ] n insigne m; (of
policeman) plaque f; (stick-on, sew-on)
badge m

badger ['bædʒər] n blaireau m

badly ['bædlɪ] adv (work, dress etc)
mal; **to reflect ~ on sb** donner une
mauvaise image de qn; **~ wounded**
grièvement blessé; **he needs it ~** il en
a absolument besoin; **~ off** adj, adv
dans la gêne

bad-mannered ['bæd'mænəd] adj
mal élevé(e)

badminton ['bædmɪntən] n
badminton m

bad-tempered ['bæd'tempəd] adj (by
nature) ayant mauvais caractère; (on one
occasion) de mauvaise humeur

bag [bæg] n sac m; **~s of** (inf: lots of)
des tas de; **baggage** n bagages mpl;
baggage allowance n franchise f
de bagages; **baggage reclaim** n (at
airport) livraison f des bagages; **baggy**
adj avachi(e), qui fait des poches;
bagpipes npl cornemuse f

bail [beɪl] n caution f ▶ vt (prisoner:
also: **grant ~ to**) mettre en liberté sous
caution; (boat: also: **~ out**) écoper; **to
be released on ~** être libéré(e) sous
caution; **bail out** vt (prisoner) payer la
caution de

bait [beɪt] n appât m ▶ vt appâter; (fig:
tease) tourmenter

bake [beɪk] vt (faire) cuire au four
▶ vi (food) cuire (au four); (make
cakes etc) faire de la pâtisserie; **baked
beans** npl haricots blancs à la sauce
tomate; **baked potato** n pomme f
de terre en robe des champs; **baker** n
boulanger m; **bakery** n boulangerie f;
baking n (process) cuisson f; **baking
powder** n levure f (chimique)

balance ['bæləns] n équilibre m;
(Comm: sum) solde m; (remainder) reste
m; (scales) balance f ▶ vt mettre en
équilibre; (pros and cons)
peser; (budget) équilibrer; (account)
balancer; (compensate) compenser,

contrebalancer; **~ of trade/payments**
balance commerciale/des comptes or
paiements; **balanced** adj (personality,
diet) équilibré(e); (report) objectif(-ive);
balance sheet n bilan m

balcony ['bælkənɪ] n balcon m; **do you
have a room with a ~?** avez-vous une
chambre avec balcon?

bald [bɔːld] adj chauve; (tyre) lisse

ball [bɔːl] n boule f; (football) ballon m;
(for tennis, golf) balle f; (dance) bal m; **to
play ~** jouer au ballon (or à la balle);
(fig) coopérer

ballerina [bælə'riːnə] n ballerine f

ballet ['bæleɪ] n ballet m; (art)
danse f (classique); **ballet dancer** n
danseur(-euse) de ballet

balloon [bə'luːn] n ballon m

ballot ['bælət] n scrutin m

ballpoint (pen) ['bɔːlpɔɪnt-] n stylo
m à bille

ballroom ['bɔːlrʊm] n salle f de bal

Baltic ['bɔːltɪk] n: **the ~ (Sea)** la (mer)
Baltique

bamboo [bæm'buː] n bambou m

ban [bæn] n interdiction f ⊳ vt interdire

banana [bə'nɑːnə] n banane f

band [bænd] n bande f; (at a dance)
orchestre m; (Mil) musique f, fanfare f

bandage ['bændɪdʒ] n bandage m,
pansement m ⊳ vt (wound, leg) mettre
un pansement or un bandage sur

Band-Aid® ['bændeɪd] n (US)
pansement m adhésif

B. & B. n abbr = **bed and breakfast**

bandit ['bændɪt] n bandit m

bang [bæŋ] n détonation f; (of door)
claquement m; (blow) coup m (violent)
⊳ vt frapper (violemment); (door)
claquer ⊳ vi détoner; claquer

Bangladesh [bæŋglə'deʃ] n
Bangladesh m

Bangladeshi [bæŋglə'deʃɪ] adj du
Bangladesh ⊳ n habitant(e) du
Bangladesh

bangle ['bæŋgl] n bracelet m

bangs [bæŋz] npl (us: fringe) frange f

banish ['bænɪʃ] vt bannir

banister(s) ['bænɪstə(z)] n(pl) rampe
f (d'escalier)

banjo (pl **-es** or **-s**) ['bændʒəʊ] n
banjo m

bank [bæŋk] n banque f; (of river, lake)
bord m, rive f; (of earth) talus m, remblai
m ⊳ vi (Aviat) virer sur l'aile; **bank on**
vt fus miser or tabler sur; **bank account**
n compte m en banque; **bank balance**
n solde m bancaire; **bank card** (BRIT)
n carte f d'identité bancaire; **bank
charges** npl (BRIT) frais mpl de banque;
banker n banquier m; **bank holiday**
n (BRIT) jour férié (où les banques
sont fermées); voir encadré; **banking**
n opérations fpl bancaires; profession
f de banquier; **bank manager** n
directeur d'agence (bancaire);
banknote n billet m de banque

BANK HOLIDAY

Le terme **bank holiday** s'applique
au Royaume-Uni aux jours fériés
pendant lesquels banques et
commerces sont fermés. Les
principaux **bank holidays** à part
Noël et Pâques se situent au mois
de mai et fin août, et contrairement
aux pays de tradition catholique, ne
coïncident pas nécessairement avec
une fête religieuse.

bankrupt ['bæŋkrʌpt] adj en faillite;
to go ~ faire faillite; **bankruptcy** n
faillite f

bank statement n relevé m de
compte

banner ['bænər] n bannière f

bannister(s) ['bænɪstə(z)] n(pl)
= **banister(s)**

banquet ['bæŋkwɪt] n banquet m,
festin m

baptism ['bæptɪzəm] n baptême m

baptize [bæp'taɪz] vt baptiser

bar [bɑːʳ] n (pub) bar m; (counter)
comptoir m, bar; (rod: of metal etc) barre
f; (of window etc) barreau m; (of chocolate)

tablette f, plaque f; (fig: obstacle) obstacle m; (prohibition) mesure f d'exclusion; (Mus) mesure f ▷ vt (road) barrer; (person) exclure; (activity) interdire; **~ of soap** savonnette f; **behind ~s** (prisoner) derrière les barreaux; **the B~** (Law) le barreau; **~ none** sans exception

barbaric [bɑːˈbærɪk] adj barbare

barbecue [ˈbɑːbɪkjuː] n barbecue m

barbed wire [ˈbɑːbd-] n fil m de fer barbelé

barber [ˈbɑːbə˞] n coiffeur m (pour hommes); **barber's (shop)** (US **barber (shop)**) n salon m de coiffure (pour hommes)

bar code n code m à barres, code-barre m

bare [bɛə˞] adj nu(e) ▷ vt mettre à nu, dénuder; (teeth) montrer; **barefoot** adj, adv nu-pieds, (les) pieds nus; **barely** adv à peine

bargain [ˈbɑːgɪn] n (transaction) marché m; (good buy) affaire f, occasion f ▷ vi (haggle) marchander; (negotiate) négocier, traiter; **into the ~** par-dessus le marché; **bargain for** vt fus (inf): **he got more than he ~ed for!** il en a eu pour son argent!

barge [bɑːdʒ] n péniche f; **barge in** vi (walk in) faire irruption; (interrupt talk) intervenir mal à propos

bark [bɑːk] n (of tree) écorce f; (of dog) aboiement m ▷ vi aboyer

barley [ˈbɑːlɪ] n orge f

barmaid [ˈbɑːmeɪd] n serveuse f (de bar), barmaid f

barman [ˈbɑːmən] n serveur m (de bar), barman m

barn [bɑːn] n grange f

barometer [bəˈrɒmɪtə˞] n baromètre m

baron [ˈbærən] n baron m; **baroness** n baronne f

barracks [ˈbærəks] npl caserne f

barrage [ˈbærɑːʒ] n (Mil) tir m de barrage; (dam) barrage m; (of criticism) feu m

barrel [ˈbærəl] n tonneau m; (of gun)

canon m

barren [ˈbærən] adj stérile

barrette [bəˈrɛt] n (US) barrette f

barricade [ˌbærɪˈkeɪd] n barricade f

barrier [ˈbærɪə˞] n barrière f

barring [ˈbɑːrɪŋ] prep sauf

barrister [ˈbærɪstə˞] n (BRIT) avocat m (plaidant)

barrow [ˈbærəu] n (cart) charrette f à bras

bartender [ˈbɑːtɛndə˞] n (US) serveur m (de bar), barman m

base [beɪs] n base f ▷ vt (opinion, belief): **to ~ sth on** baser or fonder qch sur ▷ adj vil(e), bas(se)

baseball [ˈbeɪsbɔːl] n base-ball m; **baseball cap** n casquette f de base-ball

Basel [ˈbɑːl] n = **Basle**

basement [ˈbeɪsmənt] n sous-sol m

bases [ˈbeɪsiːz] npl of **basis**

bash [bæʃ] vt (inf) frapper, cogner

basic [ˈbeɪsɪk] adj (precautions, rules) élémentaire; (principles, research) fondamental(e); (vocabulary, salary) de base; (minimal) réduit(e) au minimum, rudimentaire; **basically** adv (in fact) en fait; (essentially) fondamentalement; **basics** npl: **the basics** l'essentiel m

basil [ˈbæzl] n basilic m

basin [ˈbeɪsn] n (vessel, also Geo) cuvette f, bassin m; (BRIT: for food) bol m; (also: **wash~**) lavabo m

basis (pl **bases**) [ˈbeɪsɪs, -siːz] n base f; **on a part-time/trial ~** à temps partiel/à l'essai

basket [ˈbɑːskɪt] n corbeille f; (with handle) panier m; **basketball** n basket-ball m

Basle [ˈbɑːl] n Bâle

Basque [bæsk] adj basque ▷ n Basque m/f; **the ~ Country** le Pays basque

bass [beɪs] n (Mus) basse f

bastard [ˈbɑːstəd] n enfant naturel(le), bâtard(e); (inf!) salaud m (!)

bat [bæt] n chauve-souris f; (for baseball etc) batte f; (BRIT: for table tennis) raquette f ▷ vt: **he didn't ~ an eyelid** il n'a pas sourcillé or bronché

batch [bætʃ] n (of bread) fournée f; (of papers) liasse f; (of applicants, letters) paquet m

bath (pl **~s**) [bɑːθ, bɑːðz] n bain m; (bathtub) baignoire f ▷ vt baigner, donner un bain à; **to have a ~** prendre un bain; see also **baths**

bathe [beɪð] vi se baigner ▷ vt baigner; (wound etc) laver

bathing [ˈbeɪðɪŋ] n baignade f; **bathing costume** (us **bathing suit**) n maillot m (de bain)

bath: bathrobe n peignoir m de bain; **bathroom** n salle f de bains; **baths** [bɑːðz] npl (BRIT: also: **swimming baths**) piscine f; **bath towel** n serviette f de bain; **bathtub** n baignoire f

baton [ˈbætən] n bâton m; (Mus) baguette f; (club) matraque f

batter [ˈbætəʳ] vt battre ▷ n pâte f à frire; **battered** adj (hat, pan) cabossé(e); **battered wife/child** épouse/enfant maltraité(e) or martyr(e)

battery [ˈbætərɪ] n (for torch, radio) pile f; (Aut, Mil) batterie f; **battery farming** n élevage m en batterie

battle [ˈbætl] n bataille f, combat m ▷ vi se battre, lutter; **battlefield** n champ m de bataille

bay [beɪ] n (of sea) baie f; (BRIT: for parking) place f de stationnement; (: for loading) aire f de chargement; **B~ of Biscay** golfe m de Gascogne; **to hold sb at ~** tenir qn à distance or en échec

bay leaf n laurier m

bazaar [bəˈzɑːʳ] n (shop, market) bazar m; (sale) vente f de charité

BBC n abbr (= British Broadcasting Corporation) office m de la radiodiffusion et télévision britannique

B.C. adv abbr (= before Christ) av. J.-C.

◯ **KEYWORD**

be [biː] (pt **was, were**, pp **been**) aux vb **1** (with present participle: forming continuous tenses): **what are you doing?** que faites-vous?; **they're coming tomorrow** ils viennent demain; **I've been waiting for you for 2 hours** je t'attends depuis 2 heures

2 (with pp: forming passives) être; **to be killed** être tué(e); **the box had been opened** la boîte avait été ouverte; **he was nowhere to be seen** on ne le voyait nulle part

3 (in tag questions): **it was fun, wasn't it?** c'était drôle, n'est-ce pas?; **he's good-looking, isn't he?** il est beau, n'est-ce pas?; **she's back, is she?** elle est rentrée, n'est-ce pas or alors?

4 (+to +infinitive): **the house is to be sold** (necessity) la maison doit être vendue; (future) la maison va être vendue; **he's not to open it** il ne doit pas l'ouvrir

▷ vb + complement **1** (gen) être; **I'm English** je suis anglais(e); **I'm tired** je suis fatigué(e); **I'm hot/cold** j'ai chaud/froid; **he's a doctor** il est médecin; **be careful/good/quiet!** faites attention/soyez sages/taisez-vous!; **2 and 2 are 4** 2 et 2 font 4

2 (of health) aller; **how are you?** comment allez-vous?; **I'm better now** je vais mieux maintenant; **he's very ill** il est très malade

3 (of age) avoir; **how old are you?** quel âge avez-vous?; **I'm sixteen (years old)** j'ai seize ans

4 (cost) coûter; **how much was the meal?** combien a coûté le repas?; **that'll be £5, please** ça fera 5 livres, s'il vous plaît; **this shirt is £5** cette chemise coûte 5 livres

▷ vi **1** (exist, occur etc) être, exister; **the prettiest girl that ever was** la fille la plus jolie qui ait jamais existé; **is there a God?** y a-t-il un dieu?; **be that as it may** quoi qu'il en soit; **so be it** soit

2 (referring to place) être, se trouver; **I won't be here tomorrow** je ne serai pas là demain

3 (referring to movement) aller; **where have you been?** où êtes-vous allé(s)?

▷ *impers vb* **1** (*referring to time*) être; **it's 5 o'clock** il est 5 heures; **it's the 28th of April** c'est le 28 avril **2** (*referring to distance*): **it's 10 km to the village** le village est à 10 km **3** (*referring to the weather*) faire; **it's too hot/cold** il fait trop chaud/froid; **it's windy today** il y a du vent aujourd'hui **4** (*emphatic*): **it's me/the postman** c'est moi/le facteur; **it was Maria who paid the bill** c'est Maria qui a payé la note

beach [biːtʃ] *n* plage *f* ▷ *vt* échouer

beacon ['biːkən] *n* (*lighthouse*) fanal *m*; (*marker*) balise *f*

bead [biːd] *n* perle *f*; (*of dew, sweat*) goutte *f*; **beads** *npl* (*necklace*) collier *m*

beak [biːk] *n* bec *m*

beam [biːm] *n* (*Archit*) poutre *f*; (*of light*) rayon *m* ▷ *vi* rayonner

bean [biːn] *n* haricot *m*; (*of coffee*) grain *m*; **beansprouts** *npl* pousses *fpl* or germes *mpl* de soja

bear [bɛər] *n* ours *m* ▷ *vb* (*pt* **bore**, *pp* **borne**) ▷ *vt* porter; (*endure*) supporter, rapporter ▷ *vi*: **to ~ right/left** obliquer à droite/gauche, se diriger vers la droite/gauche

beard [bɪəd] *n* barbe *f*

bearer ['bɛərə] *n* porteur *m*; (*of passport etc*) titulaire *m/f*

bearing ['bɛərɪŋ] *n* maintien *m*, allure *f*; (*connection*) rapport *m*; (*Tech*): (**ball**) **bearings** *npl* roulement *m* à billes

beast [biːst] *n* bête *f*; (*inf: person*) brute *f*

beat [biːt] *n* battement *m*; (*Mus*) temps *m*, mesure *f*; (*of policeman*) ronde *f* ▷ *vt*, *vi* (*pt ~*, *pp* **~en**) battre; **off the ~en track** hors des chemins or sentiers battus; **to ~ it** (*inf*) ficher le camp; **beat up** *vt* (*inf: person*) tabasser; **beating** *n* raclée *f*

beautiful ['bjuːtɪful] *adj* beau (belle); **beautifully** *adv* admirablement

beauty ['bjuːtɪ] *n* beauté *f*; **beauty parlour** (*us* **beauty parlor**) [-'pɑːlə] *n* institut *m* de beauté; **beauty salon** *n* institut *m* de beauté; **beauty spot**

n (*on skin*) grain *m* de beauté; (*BRIT Tourism*) site naturel (d'une grande beauté)

beaver ['biːvə] *n* castor *m*

became [bɪ'keɪm] *pt* of **become**

because [bɪ'kɒz] *conj* parce que; **~ of** *prep* à cause de

beckon ['bɛkən] *vt* (*also*: **~ to**) faire signe (de venir)

become [bɪ'kʌm] *vi* devenir; **to ~ fat/thin** grossir/maigrir; **to ~ angry** se mettre en colère

bed [bɛd] *n* lit *m*; (*of flowers*) parterre *m*; (*of coal, clay*) couche *f*; (*of sea, lake*) fond *m*; **to go to ~** aller se coucher; **bed and breakfast** *n* (*terms*) chambre et petit déjeuner; (*place*) ≈ chambre d'hôte; *voir encadré*; **bedclothes** *npl* couvertures *fpl* et draps *mpl*; **bedding** *n* literie *f*; **bed linen** *n* draps *mpl* de lit (et taies *fpl* d'oreillers), literie *f*; **bedroom** *n* chambre (*à coucher*); **bedside** *n*: **at sb's bedside** au chevet de qn; **bedside lamp** *n* lampe *f* de chevet; **bedside table** *n* table *f* de chevet; **bedsit(ter)** *n* (*BRIT*) chambre meublée, studio *m*; **bedspread** *n* couvre-lit *m*, dessus-de-lit *m*; **bedtime** *n*: **it's bedtime** c'est l'heure de se coucher

◉ **BED AND BREAKFAST**

● Un **bed and breakfast** est une
● petite pension dans une maison
● particulière ou une ferme où l'on
● peut louer une chambre avec
● petit déjeuner compris pour un
● prix modique par rapport à ce que
● l'on paierait dans un hôtel. Ces
● établissements sont communément
● appelés « B & B », et sont signalés par
● une pancarte dans le jardin ou au-
● dessus de la porte.

bee [biː] *n* abeille *f*

beech [biːtʃ] *n* hêtre *m*

beef [biːf] *n* bœuf *m*; **roast ~** rosbif *m*; **beefburger** *n* hamburger *m*;

Beefeater n hallebardier m (de la tour de Londres)

been [biːn] pp of **be**

beer [bɪə*] n bière f; **beer garden** n (BRIT) jardin m d'un pub (où l'on peut emmener ses consommations)

beet [biːt] n (vegetable) betterave f; (US: also: **red** ~) betterave (potagère)

beetle ['biːtl] n scarabée m, coléoptère m

beetroot ['biːtruːt] n (BRIT) betterave f

before [bɪ'fɔː*] prep (of time) avant; (of space) devant ▷ conj avant que + sub; avant de ▷ adv avant; ~ **going** avant de partir; ~ **she goes** avant qu'elle (ne) parte; **the week** ~ la semaine précédente or d'avant; **I've never seen it** ~ c'est la première fois que je le vois; **beforehand** adv au préalable, à l'avance

beg [beg] vi mendier ▷ vt mendier; (forgiveness, mercy etc) demander; (entreat) supplier; **to ~ sb to do sth** supplier qn de faire qch; see also **pardon**

began [bɪ'gæn] pt of **begin**

beggar ['begə*] n mendiant(e)

begin [bɪ'gɪn] (pt **began**, pp **begun**) vt, vi commencer; **to ~ doing** or **to do sth** commencer à faire qch; **beginner** n débutant(e); **beginning** n commencement m, début m

begun [bɪ'gʌn] pp of **begin**

behalf [bɪ'hɑːf] n: **on** ~ **of**, (US) **in** ~ **of** (representing) de la part de; (for benefit of) pour le compte de; **on my/his** ~ de ma/sa part

behave [bɪ'heɪv] vi se conduire, se comporter; (well: also: ~ **o.s.**) se conduire bien or comme il faut; **behaviour** (US **behavior**) n comportement m, conduite f

behind [bɪ'haɪnd] prep derrière; (time) en retard sur; (supporting): **to be** ~ **sb** soutenir qn ▷ adv derrière; en retard ▷ n derrière m; ~ **the scenes** dans les coulisses; **to be** ~ (schedule) with sth être en retard dans qch

beige [beɪʒ] adj beige

Beijing ['beɪ'dʒɪŋ] n Pékin

being ['biːɪŋ] n être m; **to come into** ~ prendre naissance

belated [bɪ'leɪtɪd] adj tardif(-ive)

belch [beltʃ] vi avoir un renvoi, roter ▷ vt (also: ~ **out**: smoke etc) vomir, cracher

Belgian ['beldʒən] adj belge, de Belgique ▷ Belge m/f

Belgium ['beldʒəm] n Belgique f

belief [bɪ'liːf] n (opinion) conviction f; (trust, faith) foi f

believe [bɪ'liːv] vt, vi croire, estimer; **to ~ in** (God) croire en; (ghosts, method) croire à; **believer** n (in idea, activity) partisan(e); (Rel) croyant(e)

bell [bel] n cloche f; (small) clochette f, grelot m; (on door) sonnette f; (electric) sonnerie f

bellboy ['belbɔɪ] (US **bellhop** ['belhɔp]) n groom m, chasseur m

bellow ['beləʊ] vi (bull) meugler; (person) brailler

bell pepper n (esp US) poivron m

belly ['belɪ] n ventre m; **belly button** (inf) n nombril m

belong [bɪ'lɔŋ] vi: **to ~ to** appartenir à; (club etc) faire partie de; **this book ~s here** ce livre va ici, la place de ce livre est ici; **belongings** npl affaires fpl, possessions fpl

beloved [bɪ'lʌvɪd] adj (bien-)aimé(e), chéri(e)

below [bɪ'ləʊ] prep sous, au-dessous de ▷ adv en dessous; en contre-bas; **see** ~ voir plus bas or plus loin or ci-dessous

belt [belt] n ceinture f; (Tech) courroie f ▷ vt (thrash) donner une raclée à; **beltway** n (US Aut) route f de ceinture; (: motorway) périphérique m

bemused [bɪ'mjuːzd] adj médusé(e)

bench [bentʃ] n banc m; (in workshop) établi m; **the B~** (Law: judges) la magistrature, la Cour

bend [bend] vb (pt, pp **bent**) vt courber; (leg, arm) plier ▷ vi se courber ▷ n (BRIT: in road) virage m, tournant m; (in pipe, river) coude m; **bend down** vi se

baisser; **bend over** vi se pencher
beneath [bɪˈniːθ] prep sous, au-
dessous de; (unworthy of) indigne de
▷ adv dessous, au-dessous, en bas

beneficial [benɪˈfɪʃəl] adj: ~ (to)
salutaire (pour), bénéfique (à)

benefit [ˈbenɪfɪt] n avantage m, profit
m; (allowance of money) allocation f ▷ vt
faire du bien à, profiter à ▷ vi: he'll ~
from it cela lui fera du bien, il y gagnera
or s'en trouvera bien

Benelux [ˈbenɪlʌks] n Bénélux m

benign [bɪˈnaɪn] adj (person, smile)
bienveillant(e), affable; (Med)
bénin(-igne)

bent [bent] pt, pp of **bend** ▷ n
inclination f, penchant m ▷ adj: **to be ~
on** être résolu(e) à

bereaved [bɪˈriːvd] n: **the ~** la famille
du disparu

beret [ˈbereɪ] n béret m

Berlin [bəːˈlɪn] n Berlin

Bermuda [bəːˈmjuːdə] n Bermudes fpl

Bern [bəːn] n Berne

berry [ˈberɪ] n baie f

berth [bəːθ] n (bed) couchette f; (for
ship) poste m d'amarrage, mouillage m
▷ vi (in harbour) venir à quai; (at anchor)
mouiller

beside [bɪˈsaɪd] prep à côté de;
(compared with) auprès de; **that's ~
the point** ça n'a rien à voir; **to be ~ o.s.
(with anger)** être hors de soi; **besides**
adv en outre, de plus ▷ prep en plus de;
(except) excepté

best [best] adj meilleur(e) ▷ adv le
mieux; **the ~ part of** (quantity) le plus
clair de, la plus grande partie de; **at
~** au mieux; **to make the ~ of sth**
s'accommoder de qch (du mieux que
l'on peut); **to do one's ~** faire de son
mieux; **to the ~ of my knowledge**
pour autant que je sache; **to the ~ of
my ability** du mieux que je pourrai;
best-before date n date f de limite
d'utilisation ou de consommation;
best man (irreg) n garçon m d'honneur;
bestseller n best-seller m, succès m

de librairie

bet [bet] n pari m ▷ vt, vi (pt, pp = or
~**ted**) parier; **to ~ sb sth** parier qch à qn

betray [bɪˈtreɪ] vt trahir

better [ˈbetəʳ] adj meilleur(e) ▷ adv
mieux ▷ vt améliorer ▷ n: **to get the
~ of** triompher de, l'emporter sur; **you
had ~ do it** vous feriez mieux de le
faire; **he thought ~ of it** il s'est ravisé;
to get ~ (Med) aller mieux; (improve)
s'améliorer

betting [ˈbetɪŋ] n paris mpl; **betting
shop** n (BRIT) bureau m de paris

between [bɪˈtwiːn] prep entre ▷ adv au
milieu, dans l'intervalle

beverage [ˈbevərɪdʒ] n boisson f (gén
sans alcool)

beware [bɪˈweəʳ] vi: **to ~ (of)** prendre
garde (à); "~ **of the dog**" "(attention)
chien méchant"

bewildered [bɪˈwɪldəd] adj dérouté(e),
ahuri(e)

beyond [bɪˈjɔnd] prep (in space, time)
au-delà de; (exceeding) au-dessus de
▷ adv au-delà; **~ doubt** hors de doute; **~
repair** irréparable

bias [ˈbaɪəs] n (prejudice) préjugé m,
parti pris m; (preference) prévention f;
bias(s)ed adj partial(e), montrant un
parti pris

bib [bɪb] n bavoir m

Bible [ˈbaɪbl] n Bible f

bicarbonate of soda [baɪˈkɑːbənɪt-]
n bicarbonate m de soude

biceps [ˈbaɪseps] n biceps m

bicycle [ˈbaɪsɪkl] n bicyclette f; **bicycle
pump** n pompe f à vélo

bid [bɪd] n offre f; (at auction) enchère f;
(attempt) tentative f ▷ vb (pt = or **bade**,
pp = or ~**den**) ▷ vi faire une enchère or
offre ▷ vt faire une enchère or offre de;
to ~ sb good day souhaiter le bonjour
à qn; **bidder** n: **the highest bidder** le
plus offrant

bidet [ˈbiːdeɪ] n bidet m

big [bɪg] adj (in height: person, building,
tree) grand(e); (in bulk, amount: person,
parcel, book) gros(se); **bigheaded** adj

prétentieux(-euse); **big toe** n gros orteil

● **BIG APPLE**

● Si l'on sait que "The Big Apple"
● désigne la ville de New York ("apple"
● est en réalité un terme d'argot
● signifiant "grande ville"), on connaît
● moins les surnoms donnés aux
● autres grandes villes américaines.
● Chicago est surnommée "Windy
● City" à cause des rafales soufflant du
● lac Michigan, La Nouvelle-Orléans
● doit son sobriquet de "Big Easy"
● à son style de vie décontracté, et
● l'industrie automobile a donné à
● Detroit son surnom de "Motown".

bike [baɪk] n vélo m; **bike lane** n piste f cyclable
bikini [bɪˈkiːnɪ] n bikini m
bilateral [baɪˈlætərl] adj bilatéral(e)
bilingual [baɪˈlɪŋɡwəl] adj bilingue
bill [bɪl] n note f, facture f; (in restaurant) addition f, note f; (Pol) projet m de loi; (us: banknote) billet m de banque); (notice) affiche f; (of bird) bec m; **put it on my ~** mettez-le sur mon compte; **"post no ~s"** "défense d'afficher"; **to fill** or **fill the ~** (fig) faire l'affaire; **billboard** [ˈbɪlbɔːd] n panneau m d'affichage; **billfold** [ˈbɪlfəʊld] n (us) portefeuille m
billiards [ˈbɪljədz] n (jeu m de) billard m
billion [ˈbɪljən] n (BRIT) billion m (million de millions); (us) milliard m
bin [bɪn] n boîte f; (BRIT: also: **dust~, litter ~**) poubelle f; (for coal) coffre m
bind (pt, pp **bound**) [baɪnd, baʊnd] vt attacher; (book) relier; (oblige) obliger, contraindre ▷ n (inf: nuisance) scie f
binge [bɪndʒ] n (inf): **to go on a ~** faire la bringue
bingo [ˈbɪŋɡəʊ] n sorte de jeu de loto pratiqué dans des établissements publics
binoculars [bɪˈnɔkjuləz] npl jumelles fpl
bio... [baɪə] prefix: **biochemistry**

n biochimie f; **biodegradable** [ˈbaɪəʊdɪˈɡreɪdəbl] adj biodégradable; **biography** [baɪˈɔɡrəfɪ] n biographie f; **biological** adj biologique; **biology** [baɪˈɔlədʒɪ] n biologie f; **biometric** [baɪəˈmetrɪk] adj biométrique
birch [bəːtʃ] n bouleau m
bird [bəːd] n oiseau m; (BRIT inf: girl) nana f; **bird flu** n grippe f aviaire; **bird of prey** n oiseau m de proie; **birdwatching** n ornithologie f (d'amateur)
Biro® [ˈbaɪərəʊ] n stylo m à bille
birth [bəːθ] n naissance f; **to give ~ to** donner naissance à, mettre au monde; (subj: animal) mettre bas; **birth certificate** n acte m de naissance; **birth control** n (policy) limitation f des naissances; (methods) méthode(s) contraceptive(s); **birthday** n anniversaire m ▷ cpd (cake, card etc) d'anniversaire; **birthmark** n envie f, tache f de vin; **birthplace** n lieu m de naissance
biscuit [ˈbɪskɪt] n (BRIT) biscuit m; (us) petit pain au lait
bishop [ˈbɪʃəp] n évêque m; (Chess) fou m
bistro [ˈbiːstrəʊ] n petit restaurant m, bistrot m
bit [bɪt] pt of **bite** ▷ n morceau m; (Comput) bit m, élément m binaire; (of tool) mèche f; (of horse) mors m; **a ~ of** un peu de; **a ~ mad/dangerous** un peu fou/risqué; **~ by ~** petit à petit
bitch [bɪtʃ] n (dog) chienne f; (infl) salope f (!), garce f
bite [baɪt] vt, vi (pt **bit**, pp **bitten**) mordre; (insect) piquer ▷ n morsure f; (insect bite) piqûre f; (mouthful) bouchée f; **let's have a ~ (to eat)** mangeons un morceau; **to ~ one's nails** se ronger les ongles
bitten [ˈbɪtn] pp of **bite**
bitter [ˈbɪtə¹] adj amer(-ère); (criticism) cinglant(e); (icy: weather, wind) glacial(e) ▷ n (BRIT: beer) bière f (à forte teneur en houblon)
bizarre [bɪˈzɑː¹] adj bizarre

black [blæk] *adj* noir(e) ▷ *n* (*colour*)
noir *m*; (*person*): **B~** noir(e) ▷ *vt* (*BRIT
Industry*) boycotter; **to give sb a ~
eye** pocher l'œil à qn, faire un œil
au beurre noir à qn; **to be in the ~**
(*in credit*) avoir un compte créditeur;
~ and blue (*bruised*) couvert(e) de
bleus; **black out** *vi* (*faint*) s'évanouir;
blackberry *n* mûre *f*; **blackbird** *n*
merle *m*; **blackboard** *n* tableau noir;
black coffee *n* café noir; **blackcurrant**
n cassis *m*; **black ice** *n* verglas *m*;
blackmail *n* chantage *m* ▷ *vt* faire
chanter, soumettre au chantage; **black
market** *n* marché noir; **blackout** *n*
panne *f* d'électricité; (*in wartime*) blackout *m*; (*TV*) interruption *f* d'émission;
(*fainting*) syncope *f*; **black pepper** *n*
poivre noir; **black pudding** *n* boudin
(noir); **Black Sea** *n*: **the Black Sea** la
mer Noire

bladder ['blædə^r] *n* vessie *f*

blade [bleɪd] *n* lame *f*; (*of propeller*) pale
f; **a ~ of grass** un brin d'herbe

blame [bleɪm] *n* faute *f*, blâme *m* ▷ *vt*:
to ~ sb/sth for sth attribuer à qn/qch
la responsabilité de qch; reprocher
qch à qn/qch; **I'm not to ~** ce n'est pas
ma faute

bland [blænd] *adj* (*taste, food*) doux
(douce), fade

blank [blæŋk] *adj* blanc (blanche);
(*look*) sans expression, dénué(e)
d'expression ▷ *n* espace *m* vide, blanc
m; (*cartridge*) cartouche *f* à blanc; **his
mind was a ~** il avait la tête vide

blanket ['blæŋkɪt] *n* couverture *f*; (*of
snow, cloud*) couche *f*

blast [blɑːst] *n* explosion *f*; (*shock wave*)
souffle *m*; (*of air, steam*) bouffée *f* ▷ *vt*
faire sauter or exploser

blatant ['bleɪtənt] *adj* flagrant(e),
criant(e)

blaze [bleɪz] *n* (*fire*) incendie *m*; (*fig*)
flamboiement *m* ▷ *vi* (*fire*) flamber; (*fig*)
flamboyer, resplendir ▷ *vt*: **to ~ a trail**
(*fig*) montrer la voie; **in a ~ of publicity**
à grand renfort de publicité

blazer ['bleɪzə^r] *n* blazer *m*

bleach [bliːtʃ] *n* (*also*: **household ~**)
eau *f* de Javel ▷ *vt* (*linen*) blanchir;
bleachers *npl* (*us Sport*) gradins *mpl*
(*en plein soleil*)

bleak [bliːk] *adj* morne, désolé(e);
(*weather*) triste, maussade; (*smile*)
lugubre; (*prospect, future*) morose

bled [bled] *pt, pp of* **bleed**

bleed (*pt, pp* **bled**) [bliːd, bled] *vt*
saigner; (*brakes, radiator*) purger ▷ *vi*
saigner; **my nose is ~ing** je saigne
du nez

blemish ['blemɪʃ] *n* défaut *m*; (*on
reputation*) tache *f*

blend [blend] *n* mélange *m* ▷ *vt*
mélanger ▷ *vi* (*colours etc: also*: **~ in**)
se mélanger, se fondre, s'allier; **blender**
n (*Culin*) mixeur *m*

bless (*pt, pp* **~ed** *or* **blest**) [bles, blest]
vt bénir; **~ you!** (*after sneeze*) à tes
souhaits!; **blessing** *n* bénédiction *f*;
(*godsend*) bienfait *m*

blew [bluː] *pt of* **blow**

blight [blaɪt] *vt* (*hopes etc*) anéantir,
briser

blind [blaɪnd] *adj* aveugle ▷ *n* (*for
window*) store *m* ▷ *vt* aveugler; **the
blind** *npl* les aveugles *mpl*; **blind alley**
n impasse *f*; **blindfold** *n* bandeau *m*
▷ *adj, adv* les yeux bandés ▷ *vt* bander
les yeux à

blink [blɪŋk] *vi* cligner des yeux; (*light*)
clignoter

bliss [blɪs] *n* félicité *f*, bonheur *m* sans
mélange

blister ['blɪstə^r] *n* (*on skin*) ampoule *f*,
cloque *f*; (*on paintwork*) boursouflure *f*
▷ *vi* (*paint*) se boursoufler, se cloquer

blizzard ['blɪzəd] *n* blizzard *m*, tempête
f de neige

bloated ['bləʊtɪd] *adj* (*face*) bouffi(e);
(*stomach, person*) gonflé(e)

blob [blɔb] *n* (*drop*) goutte *f*; (*stain,
spot*) tache *f*

block [blɔk] *n* bloc *m*; (*in pipes*)
obstruction *f*; (*toy*) cube *m*; (*of buildings*)
pâté *m* (de maisons) ▷ *vt* bloquer;

(fig) faire obstacle à; **the sink is ~ed** l'évier est bouché; **~ of flats** (BRIT) immeuble (locatif); **mental** ~ blocage m; **block up** vt boucher; **blockade** [blɔˈkeɪd] n blocus m ▷ vt faire le blocus de; **blockage** n obstruction f; **blockbuster** n (film, book) grand succès; **block capitals** fpl majuscules fpl d'imprimerie; **block letters** npl majuscules fpl

blog [blɔg] n blog m ▷ vi bloguer

bloke [bləuk] n (BRIT inf) type m

blond(e) [blɔnd] adj, n blond(e)

blood [blʌd] n sang m; **blood donor** n donneur(-euse) de sang; **blood group** n groupe sanguin; **blood poisoning** n empoisonnement m du sang; **blood pressure** n tension (artérielle); **bloodshed** n effusion f de sang, carnage m; **bloodshot** adj: **bloodshot eyes** yeux injectés de sang; **bloodstream** n sang m, système sanguin; **blood test** n analyse f de sang; **blood transfusion** n transfusion f de sang; **blood type** n groupe sanguin; **blood vessel** n vaisseau sanguin; **bloody** adj sanglant(e); (BRIT inf!): **this bloody ...** ce foutu ... ce putain de ... (!) ▷ adv: **bloody strong/good** (BRIT inf!) vachement or sacrément fort/bon

bloom [blu:m] n fleur f ▷ vi être en fleur

blossom [ˈblɔsəm] n fleur(s) f(pl) ▷ vi être en fleurs; (fig) s'épanouir

blot [blɔt] n tache f ▷ vt tacher; (ink) sécher

blouse [blauz] n (feminine garment) chemisier m, corsage m

blow [bləu] n coup m ▷ vb (pt **blew**, pp **~n**) ▷ vi souffler ▷ vt (instrument) jouer de; (fuse) faire sauter; **to ~ one's nose** se moucher; **blow away** vi s'envoler ▷ vt chasser, faire s'envoler; **blow out** vi (fire, flame) s'éteindre; (tyre) éclater; (fuse) sauter; **blow over** vi se calmer; **blow up** vi exploser, sauter ▷ vt faire sauter; (tyre) gonfler; (Phot) agrandir; **blow-dry** n (hairstyle) brushing m

blown [bləun] pp of **blow**

blue [blu:] adj bleu(e); (depressed) triste; **~ film/joke** film m/histoire f pornographique; **out of the ~** (fig) à l'improviste, sans qu'on s'y attende; **bluebell** n jacinthe f des bois; **blueberry** n myrtille f, airelle f; **blue cheese** n (fromage) bleu m; **blues** npl: **the blues** (Mus) le blues; **to have the blues** (inf: feeling) avoir le cafard; **bluetit** n mésange bleue

bluff [blʌf] vi bluffer ▷ n bluff m; **to call sb's ~** mettre qn au défi d'exécuter ses menaces

blunder [ˈblʌndə*] n gaffe f, bévue f ▷ vi faire une gaffe or une bévue

blunt [blʌnt] adj (knife) émoussé(e), peu tranchant(e); (pencil) mal taillé(e); (person) brusque, ne mâchant pas ses mots

blur [blə:*] n (shape): **to become a ~** devenir flou ▷ vt brouiller, rendre flou(e); **blurred** adj flou(e)

blush [blʌʃ] vi rougir ▷ n rougeur f; **blusher** n rouge m à joues

board [bɔ:d] n (wooden) planche f; (on wall) panneau m; (for chess etc) plateau m; (cardboard) carton m; (committee) conseil m, comité m; (in firm) conseil d'administration; (Naut, Aviat): **on ~** à bord ▷ vt (ship) monter à bord de; (train) monter dans; **full ~** (BRIT) pension complète; **half ~** (BRIT) demi-pension f; **~ and lodging** n chambre f avec pension; **to go by the ~** (hopes, principles) être abandonné(e); **board game** n jeu m de société; **boarding card** n (Aviat, Naut) carte f d'embarquement; **boarding pass** n (BRIT) = **boarding card**; **boarding school** n internat m, pensionnat m; **board room** n salle f du conseil d'administration

boast [bəust] vi: **to ~ (about or of)** se vanter (de)

boat [bəut] n bateau m; (small) canot m; barque f

bob [bɔb] vi (boat, cork on water: also: ~

up and down) danser, se balancer
bobby pin ['bɒbɪ-] n (US) pince f à cheveux
body ['bɒdɪ] n corps m; (of car) carrosserie f; (fig: society) organe m, organisme m; **body-building** n body-building m, culturisme m; **bodyguard** n garde m du corps; **bodywork** n carrosserie f
bog [bɒg] n tourbière f ▷ vt: **to get ~ged down (in)** s'enliser (dans)
bogus ['bəʊgəs] adj bidon inv, fantôme
boil [bɔɪl] vt (faire) bouillir ▷ vi bouillir ▷ n (Med) furoncle m; **to come to the** or (US) **a ~** bouillir; **boil down** vi (fig): **to ~ down to** se réduire ou ramener à; **boil over** vi déborder; **boiled egg** n œuf m à la coque; **boiled potatoes** npl pommes fpl à l'anglaise ou à l'eau; **boiler** n chaudière f; **boiling** ['bɔɪlɪŋ] adj: **I'm boiling (hot)** (inf) je crève de chaud; **boiling point** n point m d'ébullition
bold [bəʊld] adj hardi(e), audacieux(-euse); (pej) effronté(e); (outline, colour) franc (franche), tranché(e), marqué(e)
bollard ['bɒləd] n (BRIT Aut) borne lumineuse or de signalisation
bolt [bəʊlt] n verrou m; (with nut) boulon m ▷ adv: **~ upright** droit(e) comme un piquet ▷ vt (door) verrouiller; (food) engloutir ▷ vi se sauver, filer (comme une flèche); (horse) s'emballer
bomb [bɒm] n bombe f ▷ vt bombarder; **bombard** [bɒm'bɑːd] vt bombarder; **bomber** n (Aviat) bombardier m; (terrorist) poseur m de bombes; **bomb scare** n alerte f à la bombe
bond [bɒnd] n lien m; (binding promise) engagement m, obligation f; (Finance) obligation f; **bonds** npl (chains) chaînes fpl; **in ~** (of goods) en entrepôt
bone [bəʊn] n os m; (of fish) arête f ▷ vt désosser; ôter les arêtes de
bonfire ['bɒnfaɪəʳ] n feu m (de joie); (for rubbish) feu
bonnet ['bɒnɪt] n bonnet m; (BRIT: of

car) capot m
bonus ['bəʊnəs] n (money) prime f; (advantage) avantage m
boo [buː] excl houh, peuh! ▷ vt huer
book [bʊk] n livre m; (of stamps, tickets etc) carnet m; (Comm): **books** npl comptes mpl, comptabilité f ▷ vt (ticket) prendre; (seat, room) réserver; (football player) prendre le nom de, donner un carton à; **I ~ed a table in the name of ...** j'ai réservé une table au nom de ...; **book in** vi (BRIT: at hotel) prendre sa chambre; **book up** vt réserver; **the hotel is ~ed up** l'hôtel est complet; **bookcase** n bibliothèque f (meuble); **booking** (BRIT) réservation f; **I confirmed my booking by fax/e-mail** j'ai confirmé ma réservation par fax/e-mail; **booking office** n (BRIT) bureau m de location; **book-keeping** n comptabilité f; **booklet** n brochure f; **bookmaker** n bookmaker m; **bookmark** n (for Comput) signet m, marque-page m; (Comput) signet m; **bookseller** n libraire m/f; **bookshelf** n (single) étagère f (à livres); (pl) bibliothèque f; **bookshop**, **bookstore** n librairie f
boom [buːm] n (noise) grondement m; (in prices, population) forte augmentation; (busy period) boom m, vague f de prospérité ▷ vi gronder; prospérer
boost [buːst] n stimulant m, remontant m ▷ vt stimuler
boot [buːt] n botte f; (for hiking) chaussure f (de marche); (ankle boot) bottine f; (BRIT: of car) coffre m ▷ vt (Comput) lancer, mettre en route; **to ~** (in addition) par-dessus le marché, en plus
booth [buːð] n (at fair) baraque (foraine); (of telephone etc) cabine f; (also: **voting ~**) isoloir m
booze [buːz] (inf) n boissons fpl alcooliques, alcool m
border ['bɔːdəʳ] n bordure f; bord m; (of a country) frontière f; **borderline** n (fig)

ligne f de démarcation

bore [bɔːʳ] pt of **bear** ▷ vt (person) ennuyer, raser; (hole) percer; (well, tunnel) creuser ▷ n (person) raseur(-euse); (boring thing) barbe f; (of gun) calibre m; **bored** adj: **to be bored** s'ennuyer; **boredom** n ennui m

boring [ˈbɔːrɪŋ] adj ennuyeux(-euse)

born [bɔːn] adj: **to be ~** naître; **I was ~ in 1960** je suis né en 1960

borne [bɔːn] pp of **bear**

borough [ˈbʌrə] n municipalité f

borrow [ˈbɔrəu] vt: **to ~ sth (from sb)** emprunter qch (à qn)

Bosnia(-Herzegovina) [ˈbɔsnɪə(hɜːtsəˈgəuviːnə)] n Bosnie-Herzégovine f; **Bosnian** [ˈbɔznɪən] adj bosniaque, bosnien(ne) ▷ n Bosniaque m/f, Bosnien(ne)

bosom [ˈbuzəm] n poitrine f; (fig) sein m

boss [bɔs] n patron(ne) m ▷ vt (also: **~ about**, **~ around**) mener à la baguette; **bossy** adj autoritaire

both [bəuθ] adj les deux, l'un(e) et l'autre ▷ pron: **~ (of them)** les deux, tous (toutes) (les) deux, l'un(e) et l'autre; **~ of us went**, **we ~ went** nous y sommes allés tous les deux ▷ adv: **~ A and B** A et B

bother [ˈbɔðəʳ] vt (worry) tracasser; (needle, bait) importuner, ennuyer; (disturb) déranger ▷ vi (also: **~ o.s.**) se tracasser, se faire du souci ▷ n (trouble) ennuis mpl; (to-do) tracas m; **don't ~** ce n'est pas la peine; **it's no ~** aucun problème

bottle [ˈbɔtl] n bouteille f; (baby's) biberon m; (of perfume, medicine) flacon m ▷ vt mettre en bouteille(s); **bottle bank** n conteneur m (de bouteilles); **bottle-opener** n ouvre-bouteille m

bottom [ˈbɔtəm] n (of container, sea etc) fond m; (buttocks) derrière m; (of page, list) bas m; (of mountain, tree, hill) pied m ▷ adj (shelf, step) du bas

bought [bɔːt] pt, pp of **buy**

boulder [ˈbəuldəʳ] n gros rocher (gén lisse, arrondi)

bounce [bauns] vi (ball) rebondir; (cheque) être refusé (étant sans provision) ▷ vt faire rebondir ▷ n (rebound) rebond m; **bouncer** n (inf: at dance, club) videur m

bound [baund] pt, pp of **bind** ▷ n (gen pl) limite f; (leap) bond m ▷ vi (leap) bondir ▷ vt (limit) borner ▷ adj: **to be ~ to do sth** (obliged) être obligé(e) or avoir obligation de faire qch; **he's ~ to fail** (likely) il est sûr d'échouer, son échec est inévitable or assuré; **~ by** (law, regulation) engagé(e) par; **~ for** à destination de; **out of ~s** dont l'accès est interdit

boundary [ˈbaundrɪ] n frontière f

bouquet [buˈkeɪ] n bouquet m

bourbon [ˈbuəbən] n (us: also: **~ whiskey**) bourbon m

bout [baut] n période f; (of malaria etc) accès m, crise f, attaque f; (Boxing etc) combat m, match m

boutique [buːˈtiːk] n boutique f

bow¹ [bəu] n nœud m; (weapon) arc m; (Mus) archet m

bow² [bau] n (with body) révérence f, inclination f (du buste or corps); (Naut: also: **~s**) proue f ▷ vi faire une révérence, s'incliner

bowels [bauəlz] npl intestins mpl; (fig) entrailles fpl

bowl [bəul] n (for eating) bol m; (for washing) cuvette f; (ball) boule f ▷ vi (Cricket) lancer (la balle); **bowler** n (Cricket) lanceur m (de la balle); (BRIT: also: **bowler hat**) (chapeau m) melon m

bowling n (game) jeu m de boules, jeu de quilles; **bowling alley** n bowling m; **bowling green** n terrain m de boules (gazonné et carré); **bowls** n (jeu m de) boules fpl

bow tie [bəu-] n nœud m papillon

box [bɔks] n boîte f; (also: **cardboard ~**) carton m; (Theat) loge f ▷ vt mettre en boîte ▷ vi boxer, faire de la boxe; **boxer** [ˈbɔksəʳ] n (person) boxeur m; **boxer shorts** npl caleçon m; **boxing** [ˈbɔksɪŋ] n (sport) boxe f; **Boxing Day**

n (BRIT) le lendemain de Noël; *voir encadré*; **boxing gloves** *npl* gants *mpl* de boxe; **boxing ring** *n* ring *m*; **box junction** *n* (BRIT Aut) zone *f* (de carrefour) d'accès réglementé; **box office** *n* bureau *m* de location

● **BOXING DAY**
●
● **Boxing Day** est le lendemain de
● Noël, férié en Grande-Bretagne. Ce
● nom vient d'une coutume du XIXe
● siècle qui consistait à donner des
● cadeaux de Noël (dans des boîtes) à
● ses employés etc le 26 décembre.

boy [bɔɪ] *n* garçon *m*; **boy band** *n* boys band *m*

boycott ['bɔɪkɔt] *n* boycottage *m* ⊳ *vt* boycotter

boyfriend ['bɔɪfrɛnd] *n* (petit) ami

bra [brɑː] *n* soutien-gorge *m*

brace [breɪs] *n* (support) attache *f*, agrafe *f*; (BRIT: also: **~s**: on teeth) appareil *m* (dentaire); (tool) vilebrequin *m* ⊳ *vt* (support) consolider, soutenir; **braces** *npl* (BRIT: for trousers) bretelles *fpl*; **to ~ o.s.** (fig) se préparer mentalement

bracelet ['breɪslɪt] *n* bracelet *m*

bracket ['brækɪt] *n* (Tech) tasseau *m*, support *m*; (group) classe *f*, tranche *f*; (also: **brace ~**) accolade *f*; (also: **round ~**) parenthèse *f*; (also: **square ~**) crochet *m* ⊳ *vt* mettre entre parenthèses; **in ~s** entre parenthèses ou crochets

brag [bræg] *vi* se vanter

braid [breɪd] *n* (trimming) galon *m*; (of hair) tresse *f*, natte *f*

brain [breɪn] *n* cerveau *m*; **brains** *npl* (intellect, food) cervelle *f*

braise [breɪz] *vt* braiser

brake [breɪk] *n* frein *m* ⊳ *vt*, *vi* freiner; **brake light** *n* feu *m* de stop

bran [bræn] *n* son *m*

branch [brɑːntʃ] *n* branche *f*; (Comm) succursale *f*; (of bank) agence *f*; **branch off** *vi* (road) bifurquer; **branch out** *vi* diversifier ses activités

brand [brænd] *n* marque (commerciale) ⊳ *vt* (cattle) marquer (au fer rouge); **brand name** *n* nom *m* de marque; **brand-new** *adj* tout(e) neuf (neuve), flambant neuf (neuve)

brandy ['brændɪ] *n* cognac *m*

brash [bræʃ] *adj* effronté(e)

brass [brɑːs] *n* cuivre *m* (jaune), laiton *m*; **the ~** (Mus) les cuivres; **brass band** *n* fanfare *f*

brat [bræt] *n* (pej) mioche *m/f*, môme *m/f*

brave [breɪv] *adj* courageux(-euse), brave ⊳ *vt* braver, affronter; **bravery** *n* bravoure *f*, courage *m*

brawl [brɔːl] *n* rixe *f*, bagarre *f*

Brazil [brə'zɪl] *n* Brésil *m*; **Brazilian** *adj* brésilien(ne) ⊳ *n* Brésilien(ne)

breach [briːtʃ] *vt* ouvrir une brèche dans ⊳ *n* (gap) brèche *f*; (breaking): **~ of contract** rupture *f* de contrat; **~ of the peace** attentat *m* à l'ordre public

bread [brɛd] *n* pain *m*; **breadbin** *n* (BRIT) boîte *f* or huche *f* à pain; **breadbox** *n* (US) boîte *f* or huche *f* à pain; **breadcrumbs** *npl* miettes *fpl* de pain; (Culin) chapelure *f*, panure *f*

breadth [brɛtθ] *n* largeur *f*

break [breɪk] (*pt* **broke**, *pp* **broken**) *vt* casser, briser; (promise) rompre; (law) violer ⊳ *vi* se casser, se briser; (weather) tourner; (storm) éclater; (day) se lever ⊳ *n* (gap) brèche *f*; (fracture) cassure *f*; (rest) interruption *f*, arrêt *m*; (: short) pause *f*; (: at school) récréation *f*; (chance) chance *f*, occasion *f* favorable; **to ~ one's leg** etc se casser la jambe etc; **to ~ a record** battre un record; **to ~ the news to sb** annoncer la nouvelle à qn; **break down** *vt* (door etc) enfoncer; (figures, data) décomposer, analyser ⊳ *vi* s'effondrer; (Med) faire une dépression (nerveuse); (Aut) tomber en panne; **my car has broken down** ma voiture est en panne; **break in** *vt* (horse etc) dresser ⊳ *vi* (burglar) entrer par effraction; (interrupt) interrompre; **break into** *vt fus* (house) s'introduire or pénétrer par effration dans; **break off** vi (speaker) s'interrompre; (branch) se rompre ▷ vt (talks, engagement) rompre; **break out** vi éclater, se déclarer; (prisoner) s'évader; **to ~ out in spots** se couvrir de boutons; **break up** vi (partnership) cesser, prendre fin; (marriage) se briser; (crowd, meeting) se séparer; (ship) se disloquer; (Scol: pupils) être en vacances; (line) couper; **the line's** or **you're ~ing up** ça coupe ▷ vt fracasser, casser; (fight etc) interrompre, faire cesser; (marriage) désunir; **breakdown** n (Aut) panne f; (in communications, marriage) rupture f; (Med: also: **nervous breakdown**) dépression (nerveuse); (of figures) ventilation f, répartition f; **breakdown truck** (us **breakdown van**) n dépanneuse f

breakfast ['brɛkfəst] n petit déjeuner m; **what time is ~?** le petit déjeuner est à quelle heure?

break: break-in n cambriolage m; **breakthrough** n percée f

breast [brɛst] n (of woman) sein m; (chest) poitrine f; (of chicken, turkey) blanc m; **breast-feed** vi, vt (irreg: like **feed**) allaiter; **breast-stroke** n brasse f

breath [brɛθ] n haleine f, souffle m; **to take a deep ~** respirer à fond; **out of ~** à bout de souffle, essoufflé(e)

Breathalyser® ['brɛθəlaɪzə] (BRIT) n alcootest m

breathe [briːð] vt, vi respirer; **breathe in** vi inspirer ▷ vt aspirer; **breathe out** vt, vi expirer; **breathing** n respiration f

breath: breathless adj essoufflé(e), haletant(e); **breathtaking** adj stupéfiant(e), à vous couper le souffle; **breath test** n alcootest m

bred [brɛd] pt, pp of **breed**

breed [briːd] (pt, pp **bred**) vt élever, faire l'élevage de ▷ vi se reproduire ▷ n race f, variété f

breeze [briːz] n brise f

breezy ['briːzɪ] adj (day, weather) venteux(-euse); (manner) désinvolte; (person) jovial(e)

brew [bruː] vt (tea) faire infuser; (beer) brasser ▷ vi (fig) se préparer, couver; **brewery** n brasserie f (fabrique)

bribe [braɪb] n pot-de-vin m ▷ vt acheter; soudoyer; **bribery** n corruption f

bric-a-brac ['brɪkəbræk] n bric-à-brac m

brick [brɪk] n brique f; **bricklayer** n maçon m

bride [braɪd] n mariée f, épouse f; **bridegroom** n marié m, époux m; **bridesmaid** n demoiselle f d'honneur

bridge [brɪdʒ] n pont m; (Naut) passerelle f (de commandement); (of nose) arête f; (Cards, Dentistry) bridge m ▷ vt (gap) combler

bridle ['braɪdl] n bride f

brief [briːf] adj bref (brève) ▷ n (Law) dossier m, cause f; (gen) tâche f ▷ vt mettre au courant; **briefs** npl slip m; **briefcase** n serviette f, porte-documents m inv; **briefing** n instructions fpl; (Press) briefing m; **briefly** adv brièvement

brigadier [brɪgə'dɪə] n brigadier général

bright [braɪt] adj brillant(e); (room, weather) clair(e); (person: clever) intelligent(e), doué(e); (: cheerful) gai(e); (idea) génial(e); (colour) vif (vive)

brilliant ['brɪljənt] adj brillant(e); (light, sunshine) éclatant(e); (inf: great) super

brim [brɪm] n bord m

brine [braɪn] n (Culin) saumure f

bring [brɪŋ] (pt, pp **brought**) [brɪŋ, brɔːt] vt (thing) apporter; (person) amener; **bring about** vt provoquer, entraîner; **bring back** vt rapporter; (person) ramener; **bring down** vt (lower) abaisser; (shoot down) abattre; (government) faire s'effondrer; **bring in** vt (person) faire entrer; (object) rentrer; (Pol: legislation) introduire; (produce: income) rapporter; **bring on** vt (illness, attack) provoquer; (player, substitute) amener; **bring out** vt sortir; (meaning) faire ressortir, mettre en relief; **bring up** vt élever; (carry up)

monter; (*question*) soulever; (*food: vomit*)
vomir, rendre
brink [brɪŋk] *n* bord *m*
brisk [brɪsk] *adj* vif (vive); (*abrupt*)
brusque; (*trade etc*) actif(-ive)
bristle ['brɪsl] *n* poil *m* ▷ *vi* se hérisser
Brit [brɪt] *n abbr* (*inf: British person*)
Britannique *m/f*
Britain ['brɪtən] *n* (*also:* **Great ~**) la
Grande-Bretagne
British ['brɪtɪʃ] *adj* britannique ▷ *npl:*
the ~ les Britanniques *mpl;* **British
Isles** *npl:* **the British Isles** les îles *fpl*
Britanniques
Briton ['brɪtən] *n* Britannique *m/f*
Brittany ['brɪtənɪ] *n* Bretagne *f*
brittle ['brɪtl] *adj* cassant(e), fragile
B road *n* (BRIT) = route départementale
broad [brɔːd] *adj* large; (*distinction*)
général(e); (*accent*) prononcé(e); **in ~
daylight** en plein jour; **broadband**
n transmission *f* à haut débit; **broad
bean** *n* fève *f;* **broadcast** *n* émission
f ▷ *vb* (*pt, pp* **broadcast**) ▷ *vt* (*Radio*)
radiodiffuser; (*TV*) téléviser ▷ *vi*
émettre; **broaden** *vt* élargir; **to
broaden one's mind** élargir ses
horizons ▷ *vi* s'élargir; **broadly** *adv* en
gros, généralement; **broad-minded**
adj large d'esprit
broccoli ['brɔkəlɪ] *n* brocoli *m*
brochure ['brəʊʃjʊə*r*] *n* prospectus *m*,
dépliant *m*
broil [brɔɪl] (*us*) *vt* rôtir
broiler ['brɔɪlə*r*] *n* (*fowl*) poulet *m* (à
rôtir); (*us: grill*) gril *m*
broke [brəʊk] *pt of* **break** ▷ *adj* (*inf*)
fauché(e)
broken ['brəʊkn] *pp of* **break** ▷ *adj*
(*stick, leg etc*) cassé(e); (*machine: also:* **~
down**) fichu(e); **in ~ French/English**
dans un français/anglais approximatif
or hésitant
broker ['brəʊkə*r*] *n* courtier *m*
bronchitis [brɔŋ'kaɪtɪs] *n* bronchite *f*
bronze [brɔnz] *n* bronze *m*
brooch [brəʊtʃ] *n* broche *f*
brood [bruːd] *n* couvée *f* ▷ *vi* (*person*)

méditer (sombrement), ruminer
broom [brum] *n* balai *m;* (*Bot*) genêt *m*
Bros. *abbr* (*Comm:* = *Brothers*) Frères
broth [brɔθ] *n* bouillon *m* de viande et
de légumes
brothel ['brɔθl] *n* maison close,
bordel *m*
brother ['brʌðə*r*] *n* frère *m;* **brother-in-
law** *n* beau-frère *m*
brought [brɔːt] *pt, pp of* **bring**
brow [braʊ] *n* front *m;* (*eyebrow*) sourcil
m; (*of hill*) sommet *m*
brown [braʊn] *adj* brun(e), marron *inv;*
(*hair*) châtain *inv;* (*tanned*) bronzé(e) ▷ *n*
(*colour*) brun *m,* marron *m* ▷ *vt* brunir;
(*Culin*) faire dorer, faire roussir; **brown
bread** *n* pain *m* bis
Brownie ['braʊnɪ] *n* jeannette *f*
éclaireuse (cadette)
brown rice *n* riz *m* complet
brown sugar *n* cassonade *f*
browse [braʊz] *vi* (*in shop*) regarder
(*sans acheter*); **to ~ through a book**
feuilleter un livre; **browser** *n* (*Comput*)
navigateur *m*
bruise [bruːz] *n* bleu *m,* ecchymose
f, contusion *f* ▷ *vt* contusionner,
meurtrir
brunette [bruː'nɛt] *n* (*femme*) brune
brush [brʌʃ] *n* brosse *f;* (*for painting*)
pinceau *m;* (*for shaving*) blaireau *m;*
(*quarrel*) accrochage *m,* prise *f* de bec
▷ *vt* brosser; (*also:* **~ past, ~ against**)
effleurer, frôler
Brussels ['brʌslz] *n* Bruxelles
Brussels sprout [-spraʊt] *n* chou *m*
de Bruxelles
brutal ['bruːtl] *adj* brutal(e)
B.Sc. *n abbr* = **Bachelor of Science**
BSE *n abbr* (= *bovine spongiform
encephalopathy*) ESB *f,* BSE *f*
bubble ['bʌbl] *n* bulle *f* ▷ *vi* bouillonner,
faire des bulles; (*sparkle, fig*) pétiller;
bubble bath *n* bain moussant; **bubble
gum** *n* chewing-gum *m;* **bubblejet
printer** ['bʌbldʒɛt-] *n* imprimante *f* à
bulle d'encre
buck [bʌk] *n* mâle *m* (*d'un lapin, lièvre*

brousse f; **to beat about the ~** tourner autour du pot

business ['bɪznɪs] n (matter, firm) affaire f; (trading) affaires fpl; (job, duty) travail m; **to be away on ~** être en déplacement d'affaires; **it's none of my ~** cela ne me regarde pas, ce ne sont pas mes affaires; **he means ~** il ne plaisante pas, il est sérieux; **business class** n (on plane) classe f affaires; **businesslike** adj sérieux(-euse), efficace; **businessman** (irreg) n homme m d'affaires; **business trip** n voyage m d'affaires; **businesswoman** (irreg) n femme f d'affaires

busker ['bʌskə^r] n (BRIT) artiste ambulant·e

bus: **bus pass** n carte f de bus; **bus shelter** n abribus m; **bus station** n gare routière; **bus-stop** n arrêt m d'autobus

bust [bʌst] n buste m; (measurement) tour m de poitrine ▷ adj (inf: broken) fichu·e, fini·e; **to go ~** faire faillite

bustling ['bʌslɪŋ] adj (town) très animé·e

busy ['bɪzɪ] adj occupé·e; (shop, street) très fréquenté·e; (us: telephone, line) occupé·e ▷ vt: **to ~ o.s.** s'occuper; **busy signal** n (us) tonalité f occupé inv

○ **KEYWORD**

but [bʌt] conj mais; **I'd love to come, but I'm busy** j'aimerais venir mais je suis occupé; **he's not English but French** il n'est pas anglais mais français; **but that's far too expensive!** mais c'est bien trop cher!
▷ prep (apart from, except) sauf, excepté; **nothing but** rien d'autre que; **we've had nothing but trouble** nous n'avons eu que des ennuis; **no-one but him can do it** lui seul peut le faire; **who but a lunatic would do such a thing?** qui sinon un fou ferait une chose pareille?; **but for you/your help** sans toi/ton aide; **anything but that** tout sauf or

excepté ça, tout mais pas ça
▷ adv (just, only) ne ... que; **she's but a child** elle n'est qu'une enfant; **had I but known** si seulement j'avais su; **I can but try** je peux toujours essayer; **all but finished** pratiquement terminé

butcher ['butʃə^r] n boucher m ▷ vt massacrer; (cattle etc for meat) tuer; **butcher's (shop)** n boucherie f

butler ['bʌtlə^r] n maître m d'hôtel

butt [bʌt] n (cask) gros tonneau; (of gun) crosse f; (of cigarette) mégot m; (BRIT fig: target) cible f ▷ vt donner un coup de tête à

butter ['bʌtə^r] n beurre m ▷ vt beurrer; **buttercup** n bouton m d'or

butterfly ['bʌtəflaɪ] n papillon m; (Swimming: also: **~ stroke**) brasse f papillon

buttocks ['bʌtəks] npl fesses fpl

button ['bʌtn] n bouton m; (us: badge) pin m ▷ vt (also: **~ up**) boutonner ▷ vi se boutonner

buy [baɪ] (pt, pp **bought**) vt acheter ▷ n achat m; **to ~ sb sth/sth from sb** acheter qch à qn; **to ~ sb a drink** offrir un verre or à boire à qn; **can I ~ you a drink?** je vous offre un verre?; **where can I ~ some postcards?** où est-ce que je peux acheter des cartes postales?; **buy out** vt (partner) désintéresser; **buy up** vt acheter en bloc, rafler; **buyer** n acheteur(-euse) m/f

buzz [bʌz] n bourdonnement m; (inf: phone call): **to give sb a ~** passer un coup de fil à qn ▷ vi bourdonner; **buzzer** n timbre m électrique

○ **KEYWORD**

by [baɪ] prep 1 (referring to cause, agent) par, de; **killed by lightning** tué par la foudre; **surrounded by a fence** entouré d'une barrière; **a painting by Picasso** un tableau de Picasso
2 (referring to method, manner, means): **by bus/car** en autobus/voiture; **by train**

par le or en train; **to pay by cheque** payer par chèque; **by moonlight/ candlelight** à la lueur de la lune/d'une bougie; **by saving hard, he ...** à force d'économiser, il ...

3 (*via, through*) par; **we came by Dover** nous sommes venus par Douvres

4 (*close to, past*) à côté de; **the house by the school** la maison à côté de l'école; **a holiday by the sea** des vacances au bord de la mer; **she went by me** elle est passée à côté de moi; **I go by the post office every day** je passe devant la poste tous les jours

5 (*with time: not later than*) avant; (*: during*): **by daylight** à la lumière du jour; **by night** la nuit, de nuit; **by 4 o'clock** avant 4 heures; **by this time tomorrow** d'ici demain à la même heure; **by the time I got here it was too late** lorsque je suis arrivé il était déjà trop tard

6 (*amount*) à; **by the kilo/metre** au kilo/au mètre; **paid by the hour** payé à l'heure

7 (*Math: measure*): **to divide/multiply by 3** diviser/multiplier par 3; **a room 3 metres by 4** une pièce de 3 mètres sur 4; **it's broader by a metre** c'est plus large d'un mètre

8 (*according to*) d'après, selon; **it's 3 o'clock by my watch** il est 3 heures à ma montre; **it's all right by me** je n'ai rien contre

9 (*all*) **by oneself** *etc* tout(e) seul(e)
▷ *adv* **1** *see* **go**; **pass** *etc*
2: **by and by** un peu plus tard, bientôt; **by and large** dans l'ensemble

bye(-bye) ['baɪ('baɪ)] *excl* au revoir!, salut!

by-election ['baɪɪlekʃən] *n* (BRIT) élection (législative) partielle

bypass ['baɪpɑːs] *n* rocade *f*; (*Med*) pontage *m* ▷ *vt* éviter

byte [baɪt] *n* (*Comput*) octet *m*

C [siː] *n* (*Mus*) **C** do *m*

cab [kæb] *n* taxi *m*; (*of train, truck*) cabine *f*

cabaret ['kæbəreɪ] *n* (*show*) spectacle *m* de cabaret

cabbage ['kæbɪdʒ] *n* chou *m*

cabin ['kæbɪn] *n* (*house*) cabane *f*, hutte *f*; (*on ship*) cabine *f*; (*on plane*) compartiment *m*; **cabin crew** *n* (*Aviat*) équipage *m*

cabinet ['kæbɪnɪt] *n* (*Pol*) cabinet *m*; (*furniture*) petit meuble à tiroirs and rayons; (*also*: **display ~**) vitrine *f*, petite armoire vitrée; **cabinet minister** *n* ministre *m* (*membre du cabinet*)

cable ['keɪbl] *n* câble *m* ▷ *vt* câbler, télégraphier; **cable car** *n* téléphérique *m*; **cable television** *n* télévision *f* par câble

cactus (*pl* **cacti**) ['kæktəs, -taɪ] *n* cactus *m*

café ['kæfeɪ] *n* ≈ café(-restaurant) *m* (*sans alcool*)

cafeteria [kæfɪ'tɪərɪə] *n* cafétéria *f*

caffein(e) ['kæfi:n] n caféine f

cage [keɪdʒ] n cage f

cagoule [kə'guːl] n K-way® m

Cairo ['kaɪərəʊ] n le Caire

cake [keɪk] n gâteau m; **~ of soap** savonnette f

calcium ['kælsɪəm] n calcium m

calculate ['kælkjʊleɪt] vt calculer; *(estimate: chances, effect)* évaluer; **calculation** [kælkjʊ'leɪʃən] n calcul m; **calculator** n calculatrice f

calendar ['kæləndəʳ] n calendrier m

calf (pl **calves**) [kɑːf, kɑːvz] n *(of cow)* veau m; *(of other animals)* petit m; *(also: ~skin)* veau m, vachette f; *(Anat)* mollet m

calibre (us **caliber**) ['kælɪbəʳ] n calibre m

call [kɔːl] vt appeler; *(meeting)* convoquer ▷ vi appeler; *(visit: also: ~ in, ~ round)* passer ▷ n *(shout)* appel m, cri m; *(also: **telephone ~**)* coup m de téléphone; **to be on ~** être de permanence; **to be ~ed** s'appeler; **can I make a ~ from here?** est-ce que je peux téléphoner d'ici?; **call back** vi *(return)* repasser ▷ vt *(Tel)* rappeler; **can you ~ back later?** pouvez-vous rappeler plus tard?; **call for** vt fus *(demand)* demander; *(fetch)* passer prendre; **call in** vt *(doctor, expert, police)* appeler, faire venir; **call off** vt annuler; **call on** vt fus *(visit)* rendre visite à, passer voir; *(request):* **to ~ on sb to do** inviter qn à faire; **call out** vi pousser un cri or des cris; **call up** vt *(Mil)* appeler, mobiliser; *(Tel)* téléphoner à; **callbox** n *(BRIT)* cabine f téléphonique; **call centre** (us **call center**) n centre m d'appels; **caller** n *(Tel)* personne f qui appelle; *(visitor)* visiteur m

callous ['kæləs] adj dur(e), insensible

calm [kɑːm] adj calme ▷ n calme m ▷ vt calmer, apaiser; **calm down** vi se calmer, s'apaiser ▷ vt calmer, apaiser; **calmly** ['kɑːmlɪ] adv calmement, avec calme

Calor gas® ['kæləʳ-] n *(BRIT)* butane m,

butagaz® m

calorie ['kælərɪ] n calorie f

calves [kɑːvz] npl of **calf**

Cambodia [kæm'bəʊdɪə] n Cambodge m

camcorder ['kæmkɔːdəʳ] n caméscope m

came [keɪm] pt of **come**

camel ['kæməl] n chameau m

camera ['kæmərə] n appareil-photo m; *(Cine, TV)* caméra f; **in ~** à huis clos, en privé; **cameraman** n caméraman m; **camera phone** n téléphone m avec appareil photo numérique intégré

camouflage ['kæməflɑːʒ] n camouflage m ▷ vt camoufler

camp [kæmp] n camp m ▷ vi camper ▷ adj *(man)* efféminé(e)

campaign [kæm'peɪn] n *(Mil, Pol etc)* campagne f ▷ vi *(also fig)* faire campagne; **campaigner** n: **campaigner for** partisan(e) de; **campaigner against** opposant(e) à

camp: **camped** n *(BRIT)* lit m de camp; **camper** n campeur(-euse); *(vehicle)* camping-car m; **campground** (us) n *(terrain m de)* camping m; **camping** n camping m; **to go camping** faire du camping; **campsite** n *(terrain m de)* camping m

campus ['kæmpəs] n campus m

can¹ [kæn] n *(of milk, oil, water)* bidon m; *(tin)* boîte f *(de conserve)* ▷ vt mettre en conserve

⚪ **KEYWORD**

can² [kæn] *(negative* **cannot, can't,** *conditional and pt* **could)** aux vb **1** *(be able to)* pouvoir; **you can do it if you try** vous pouvez le faire si vous essayez; **I can't hear you** je ne t'entends pas

2 *(know how to)* savoir; **I can swim/play tennis/drive** je sais nager/jouer au tennis/conduire; **can you speak French?** parlez-vous français?

3 *(may)* pouvoir; **can I use your phone?** puis-je me servir de votre téléphone?

4 (expressing disbelief, puzzlement etc):
it can't be true! ce n'est pas possible!;
what can he want? qu'est-ce qu'il peut
bien vouloir?

5 (expressing possibility, suggestion etc):
he could be in the library il est peut-
être dans la bibliothèque; **she could
have been delayed** il se peut qu'elle ait
été retardée

Canada ['kænədə] n Canada m;
Canadian [kə'neɪdɪən] adj
canadien(ne) ▸ n Canadien(ne)
canal [kə'næl] n canal m
canary [kə'neəri] n canari m, serin m
cancel ['kænsəl] vt annuler; (train)
supprimer; (party, appointment)
décommander; (cross out) barrer, rayer;
(cheque) faire opposition à; **I would
like to ~ my booking** je voudrais
annuler ma réservation; **cancellation**
[kænsə'leɪʃən] n annulation f;
suppression f
Cancer ['kænsər] n (Astrology) le Cancer
cancer ['kænsər] n cancer m
candidate ['kændɪdeɪt] n candidat(e)
candle ['kændl] n bougie f; (in church)
cierge m; **candlestick** n (also: **candle
holder**) bougeoir m; (bigger, ornate)
chandelier m
candy ['kændi] n sucre candi; (us)
bonbon m; **candy bar** (us) n barre f
chocolatée; **candyfloss** (brit) n barbe
f à papa
cane [keɪn] n canne f; (for baskets, chairs
etc) rotin m ▸ vt (brit Scol) administrer
des coups de bâton à
canister ['kænɪstər] n boîte f (gén en
métal); (of gas) bombe f
cannabis ['kænəbɪs] n (drug)
cannabis m
canned [kænd] adj (food) en boîte,
en conserve; (inf: music) enregistré(e);
(brit inf: drunk) bourré(e); (us inf: worker)
mis(e) à la porte
cannon (pl –s or ~s) ['kænən] n (gun)
canon m
cannot ['kænɒt] = **can not**

canoe [kə'nu:] n pirogue f; (Sport)
canoë m; **canoeing** n (sport) canoë m
canon ['kænən] n (clergyman) chanoine
m; (standard) canon m
can-opener ['-əʊpnər] n ouvre-boîte m
can't [kɑ:nt] = **can not**
canteen [kæn'ti:n] n (eating place)
cantine f; (of cutlery) ménagère f
canter ['kæntər] vi aller au petit galop
canvas ['kænvəs] n toile f
canvass ['kænvəs] vi (Pol) faire
campagne pour ▸ vt (citizens,
opinions) sonder
canyon ['kænjən] n cañon m, gorge
(profonde)
cap [kæp] n casquette f; (for swimming)
bonnet m de bain; (of pen) capuchon m;
(of bottle) capsule f; (brit: contraceptive:
also: **Dutch ~**) diaphragme m ▸ vt
(outdo) surpasser; (put limit on)
plafonner
capability [keɪpə'bɪlɪti] n aptitude
f, capacité f
capable ['keɪpəbl] adj capable
capacity [kə'pæsɪti] n (of container)
capacité f, contenance f; (ability)
aptitude f
cape [keɪp] n (garment) cape f; (Geo)
cap m
caper ['keɪpər] n (Culin: gen pl) câpre f;
(prank) farce f
capital ['kæpɪtl] n (also: **~ city**)
capitale f; (money) capital m; (also:
~ letter) majuscule f; **capitalism**
n capitalisme m; **capitalist** adj, n
capitaliste m/f; **capital punishment** n
peine capitale
Capitol ['kæpɪtl] n: **the ~** le Capitole
Capricorn ['kæprɪkɔ:n] n le Capricorne
capsize [kæp'saɪz] vt faire chavirer
▸ vi chavirer
capsule ['kæpsju:l] n capsule f
captain ['kæptɪn] n capitaine m
caption ['kæpʃən] n légende f
captivity [kæp'tɪvɪti] n captivité f
capture ['kæptʃər] vt (prisoner, animal)
capturer; (town) prendre; (attention)
capter; (Comput) saisir ▸ n capture f;

data) saisie *f* de données

car [kɑːʳ] *n* voiture *f*, auto *f*; (*US Rail*) wagon *m*, voiture

caramel ['kærəməl] *n* caramel *m*

carat ['kærət] *n* carat *m*

caravan ['kærəvæn] *n* caravane *f*; **caravan site** *n* (*BRIT*) camping *m* pour caravanes

carbohydrate [kɑːbəu'haɪdreɪt] *n* hydrate *m* de carbone; (*food*) féculent *m*

carbon ['kɑːbən] *n* carbone *m*; **carbon dioxide** [-daɪ'ɒksaɪd] *n* gaz *m* carbonique, dioxyde *m* de carbone; **carbon footprint** *n* empreinte *f* carbone; **carbon monoxide** [-mɔ'nɔksaɪd] *n* oxyde *m* de carbone

car boot sale *n* voir encadré

○ ○ **CAR BOOT SALE**

○ Type de brocante très populaire, où
○ chacun vide sa cave ou son grenier.
○ Les articles sont présentés dans
○ des coffres de voitures et la vente
○ a souvent lieu sur un parking ou
○ dans un champ. Les brocanteurs
○ d'un jour doivent s'acquitter d'une
○ petite contribution pour participer
○ à la vente.

carburettor (*US* **carburetor**) [kɑːbju'rɛtəʳ] *n* carburateur *m*

card [kɑːd] *n* carte *f*; (*material*) carton *m*; **cardboard** *n* carton *m*; **card game** *n* jeu *m* de cartes

cardigan ['kɑːdɪgən] *n* cardigan *m*

cardinal ['kɑːdɪnl] *adj* cardinal(e); (*importance*) capital(e) ▷ *n* cardinal *m*

cardphone ['kɑːdfəʊn] *n* téléphone *m* à carte (magnétique)

care [kɛəʳ] *n* soin *m*, attention *f*; (*worry*) souci *m* ▷ *vi*: **to ~ about** (*feel interest for*) se soucier de, s'intéresser à; (*person: love*) être attaché(e) à; **in sb's ~** à la garde de qn, confié(e) à qn; **~ of** (*on letter*) chez; **to take ~** (*to do*) faire attention (à faire); **to take ~ of** *vt* s'occuper de; **I don't ~** ça m'est bien

égal, peu m'importe; **I couldn't ~ less** cela m'est complètement égal, je m'en fiche complètement; **care for** *vt fus* s'occuper de; (*like*) aimer

career [kə'rɪəʳ] *n* carrière *f* ▷ *vi* (*also:* **~ along**) aller à toute allure

care: **carefree** *adj* sans souci, insouciant(e); **careful** *adj* soigneux(-euse); (*cautious*) prudent(e); **(be) careful!** (fais) attention!; **carefully** *adv* avec soin, soigneusement; prudemment; **caregiver** (*US*) *n* (*professional*) travailleur social; (*unpaid*) personne qui s'occupe d'un proche qui est malade; **careless** *adj* négligent(e); (*heedless*) insouciant(e); **carelessness** *n* manque *m* de soin, négligence *f*; insouciance *f*; **carer** ['kɛərəʳ] *n* (*professional*) travailleur social; (*unpaid*) personne qui s'occupe d'un proche qui est malade; **caretaker** *n* gardien(ne), concierge *m/f*

car-ferry ['kɑːfɛrɪ] *n* (*on sea*) ferry(-boat) *m*; (*on river*) bac *m*

cargo (*pl* **-es**) ['kɑːgəʊ] *n* cargaison *f*, chargement *m*

car hire *n* (*BRIT*) location *f* de voitures

Caribbean [kærɪ'biːən] *adj, n*: **the ~ (Sea)** la mer des Antilles or des Caraïbes

caring ['kɛərɪŋ] *adj* (*person*) bienveillant(e); (*society, organization*) humanitaire

carnation [kɑː'neɪʃən] *n* œillet *m*

carnival ['kɑːnɪvl] *n* (*public celebration*) carnaval *m*; (*US: funfair*) fête foraine

carol ['kærəl] *n*: **(Christmas) ~** chant *m* de Noël

carousel [kærə'sɛl] *n* (*for luggage*) carrousel *m*; (*US*) manège *m*

car park (*BRIT*) *n* parking *m*, parc *m* de stationnement

carpenter ['kɑːpɪntəʳ] *n* charpentier *m*; (*joiner*) menuisier *m*

carpet ['kɑːpɪt] *n* tapis *m* ▷ *vt* recouvrir (d'un tapis); **fitted ~** moquette *f*

car rental *n* (*US*) location *f* de voitures

carriage ['kærɪdʒ] *n* (*BRIT Rail*)

wagon m; (horse-drawn) voiture f; (of goods) transport m; (: cost) port m; **carriageway** n (BRIT: part of road) chaussée f

carrier ['kærɪər] n transporteur m, camionneur m; (company) entreprise f de transport; (Med) porteur-(euse); **carrier bag** n (BRIT) sac m en papier ou en plastique

carrot ['kærət] n carotte f

carry ['kærɪ] vt (subj: person) porter; (: vehicle) transporter; (involve: responsibilities etc) comporter, impliquer; (Med: disease) être porteur de ▷ vi (sound) porter; **to get carried away** (fig) s'emballer, s'enthousiasmer; **carry on** vi (continue) continuer ▷ vt (conduct: business) diriger; (: conversation) entretenir; (continue: business, conversation) continuer ▷ **to** - **on with sth/doing** continuer qch/à faire; **carry out** vt (orders) exécuter; (investigation) effectuer

cart [kɑːt] n charrette f ▷ vt (inf) transporter

carton ['kɑːtən] n (box) carton m; (of yogurt) pot m (en carton)

cartoon [kɑːˈtuːn] n (Press) dessin m (humoristique); (satirical) caricature f; (comic strip) bande dessinée; (Cine) dessin animé

cartridge ['kɑːtrɪdʒ] n (for gun, pen) cartouche f

carve [kɑːv] vt (meat: also: - **up**) découper; (wood, stone) tailler, sculpter; **carving** n (in wood etc) sculpture f

car wash n station f de lavage (de voitures)

case [keɪs] n cas m; (Law) affaire f, procès m; (box) caisse f, boîte f; (for glasses) étui m; (BRIT: also: **suit**-) valise f; **in** - **of** en cas de; **in** - **he** à tout hasard; **just in** - à tout hasard; **in any** - en tout cas, de toute façon

cash [kæʃ] n argent m; (Comm) (argent m) liquide m ▷ vt encaisser; **to pay (in)** - payer (en argent) comptant ou en espèces; - **with order/on delivery**

(Comm) payable or paiement à la commande/livraison; **I haven't got any** - je n'ai pas de liquide; **cashback** n (discount) remise f; (at supermarket etc) retrait m (à la caisse); **cash card** n carte f de retrait; **cash desk** n (BRIT) caisse f; **cash dispenser** n distributeur m automatique de billets

cashew [kæˈʃuː] n (also: - **nut**) noix f de cajou

cashier [kæˈʃɪər] n caissier-(ère)

cashmere ['kæʃmɪər] n cachemire m

cash point n distributeur m automatique de billets

cash register n caisse enregistreuse

casino [kəˈsiːnəu] n casino m

casket ['kɑːskɪt] n coffret m; (us: coffin) cercueil m

casserole ['kæsərəul] n (pot) cocotte f; (food) ragoût m (en cocotte)

cassette [kæˈset] n cassette f; **cassette player** n lecteur m de cassettes

cast [kɑːst] (vb: pt, pp -) vt (throw) jeter; (shadow: lit) projeter; (: fig) jeter; (glance) jeter ▷ n (Theat) distribution f; (also: **plaster** -) plâtre m; **to** - **sb as Hamlet** attribuer à qn le rôle d'Hamlet; **to** - **one's vote** voter, exprimer son suffrage; **to** - **doubt on** jeter un doute sur; **cast off** vi (Naut) larguer les amarres; (Knitting) arrêter les mailles

castanets [kæstəˈnets] npl castagnettes fpl

caster sugar ['kɑːstə-] n (BRIT) sucre m semoule

cast-iron ['kɑːstaɪən] adj (lit) de or en fonte; (fig: will) de fer; (alibi) en béton

castle ['kɑːsl] n château m; (fortress) château-fort m; (Chess) tour f

casual ['kæʒjul] adj (by chance) de hasard, fait(e) au hasard, fortuit(e); (irregular: work etc) temporaire; (unconcerned) désinvolte; - **wear** vêtements mpl sport inv

casualty ['kæʒjultɪ] n accidenté(e), blessé(e); (dead) victime f, mort(e); (BRIT: Med: department) urgences fpl

cat [kæt] n chat m

Catalan ['kætələn] *adj* catalan(e)

catalogue (*us* **catalog**) ['kætələg] *n* catalogue *m* ▷ *vt* cataloguer

catalytic converter [kætə'lıtıkən'vɜːtə^r] *n* pot *m* catalytique

cataract ['kætərækt] *n* (*also Med*) cataracte *f*

catarrh [kə'tɑː^r] *n* rhume *m* chronique, catarrhe *f*

catastrophe [kə'tæstrəfı] *n* catastrophe *f*

catch [kætʃ] (*pt, pp* **caught**) *vt* attraper; (*person: by surprise*) prendre, surprendre; (*understand*) saisir; (*get entangled*) accrocher ▷ *vi* (*fire*) prendre; (*get entangled*) s'accrocher ▷ *n* (*fish etc*) prise *f*; (*hidden problem*) attrape *f*; (*Tech*) loquet *m*; cliquet *m*; **to ~ sb's attention** or **eye** attirer l'attention de qn; **to ~ fire** prendre feu; **to ~ sight of** apercevoir; **catch up** *vi* (*with work*) se rattraper, combler son retard ▷ *vt* (*also:* **~ up with**) rattraper; **catching** ['kætʃıŋ] *adj* (*Med*) contagieux(-euse)

category ['kætıgərı] *n* catégorie *f*

cater ['keıtə^r] *vi*: **to ~ for** (*BRIT: needs*) satisfaire, pourvoir à; (: *readers, consumers*) s'adresser à, pourvoir aux besoins de; (*Comm: parties etc*) préparer des repas pour

caterpillar ['kætəpılə^r] *n* chenille *f*

cathedral [kə'θiːdrəl] *n* cathédrale *f*

Catholic ['kæθəlık] (*Rel*) *adj* catholique ▷ *n* catholique *m/f*

Catseye® ['kæts'aı] *n* (*BRIT Aut*) (clou *m* à) catadioptre *m*

cattle ['kætl] *npl* bétail *m*, bestiaux *mpl*

catwalk ['kætwɔːk] *n* passerelle *f*; (*for models*) podium *m* de défilé de mode

caught [kɔːt] *pt, pp* de **catch**

cauliflower ['kɔlıflauə^r] *n* chou-fleur *m*

cause [kɔːz] *n* cause *f* ▷ *vt* causer

caution ['kɔːʃən] *n* prudence *f*; (*warning*) avertissement *m* ▷ *vt* avertir, donner un avertissement à; **cautious** *adj* prudent(e)

cave [keıv] *n* caverne *f*, grotte *f*; **cave in** *vi* (*roof etc*) s'effondrer

caviar(e) ['kævıɑː^r] *n* caviar *m*

cavity ['kævıtı] *n* cavité *f*; (*Med*) carie *f*

cc *abbr* (= *cubic centimetre*) cm³; (*on letter etc*) = **carbon copy**

CCTV *n abbr* = **closed-circuit television**

CD *n abbr* (= *compact disc*) CD *m*; **CD burner** *n* graveur *m* de CD; **CD player** *n* platine *f* laser; **CD-ROM** [siːdiː'rɔm] *n abbr* (= *compact disc read-only memory*) CD-ROM *m inv*; **CD writer** *n* graveur *m* de CD

cease [siːs] *vt, vi* cesser; **ceasefire** *n* cessez-le-feu *m*

cedar ['siːdə^r] *n* cèdre *m*

ceilidh ['keılı] *n* bal folklorique écossais or irlandais

ceiling ['siːlıŋ] *n* (*also fig*) plafond *m*

celebrate ['sɛlıbreıt] *vt, vi* célébrer; **celebration** [sɛlı'breıʃən] *n* célébration *f*

celebrity [sı'lɛbrıtı] *n* célébrité *f*

celery ['sɛlərı] *n* céleri *m* (en branches)

cell [sɛl] *n* (*gen*) cellule *f*; (*Elec*) élément *m* (de pile)

cellar ['sɛlə^r] *n* cave *f*

cello ['tʃɛləu] *n* violoncelle *m*

Cellophane® ['sɛləfeın] *n* cellophane® *f*

cellphone ['sɛlfəun] *n* (téléphone *m*) portable *m*, mobile *m*

Celsius ['sɛlsıəs] *adj* Celsius *inv*

Celtic ['kɛltık, 'sɛltık] *adj* celte, celtique

cement [sə'mɛnt] *n* ciment *m*

cemetery ['sɛmıtrı] *n* cimetière *m*

censor ['sɛnsə^r] *n* censeur *m* ▷ *vt* censurer; **censorship** *n* censure *f*

census ['sɛnsəs] *n* recensement *m*

cent [sɛnt] *n* (*unit of dollar, euro*) cent *m* (= *un centième du dollar, de l'euro*); *see also* **per**

centenary [sɛn'tiːnərı] (*us* **centennial**) [sɛn'tɛnıəl] *n* centenaire *m*

center ['sɛntə^r] *n* (*us*) = **centre**

centi... [sɛntı] *prefix*: **centigrade** *adj* centigrade; **centimetre** (*us*

centimeter n centimètre m;
centipede ['sentɪpiːd] n mille-pattes m inv

central ['sentrəl] adj central(e);
Central America n Amérique centrale;
central heating n chauffage central;
central reservation n (BRIT Aut) terre-plein central

centre (US **center**) ['sentə'] n centre m ▷ vt centrer; **centre-forward** n (Sport) avant-centre m; **centre-half** n (Sport) demi-centre m

century ['sentjʊrɪ] n siècle m; **in the twentieth ~** au vingtième siècle

CEO n abbr (US) = **chief executive officer**

ceramic [sɪˈræmɪk] adj céramique

cereal ['siːrɪəl] n céréale f

ceremony ['serɪmənɪ] n cérémonie f;
to stand on ~ faire des façons

certain ['səːtən] adj certain(e);
to make ~ of s'assurer de; **for ~** certainement, sûrement; **certainly** adv certainement; **certainty** n certitude f

certificate [səˈtɪfɪkɪt] n certificat m

certify ['səːtɪfaɪ] vt certifier; (award diploma to) conférer un diplôme etc à; (declare insane) déclarer malade mental(e)

cf. abbr (= compare) cf., voir

CFC n abbr (= chlorofluorocarbon) CFC m

chain [tʃeɪn] n (gen) chaîne f ▷ vt (also: ~ up) enchaîner, attacher (avec une chaîne); **chain-smoke** vi fumer cigarette sur cigarette

chair [tʃɛə'] n chaise f; (armchair) fauteuil m; (of university) chaire f; (of meeting) présidence f ▷ vt (meeting) présider; **chairlift** n télésiège m;
chairman n président m; **chairperson** n président(e); **chairwoman** n présidente f

chalet ['ʃæleɪ] n chalet m

chalk [tʃɔːk] n craie f; **chalkboard** (US) n tableau noir

challenge ['tʃælɪndʒ] n défi m ▷ vt défier; (statement, right) mettre en

question, contester; **to ~ sb to do** mettre qn au défi de faire; **challenging** adj (task, career) qui représente un défi ou une gageure; (tone, look) de défi, provocateur(-trice)

chamber ['tʃeɪmbə'] n chambre f; (BRIT Law: gen pl) cabinet m; **~ of commerce** chambre de commerce; **chambermaid** n femme f de chambre

champagne [ʃæm'peɪn] n champagne m

champion ['tʃæmpɪən] n (also of cause) champion(ne); **championship** n championnat m

chance [tʃɑːns] n (luck) hasard m; (opportunity) occasion f, possibilité f; (hope, likelihood) chance f; (risk) risque m ▷ vt (risk) risquer ▷ adj fortuit(e), de hasard; **to take a ~** prendre un risque; **by ~** par hasard; **to ~ it** risquer le coup, essayer

chancellor ['tʃɑːnsələ'] n chancelier m; **Chancellor of the Exchequer** [-ɪks'tʃekə'] n (BRIT) n chancelier m de l'Échiquier

chandelier [ʃændə'lɪə'] n lustre m

change [tʃeɪndʒ] vt (alter, replace; Comm: money) changer; (switch, substitute: hands, trains, clothes, one's name etc) changer de ▷ vi (change clothes) se changer; (be transformed): **to ~ into** se changer ou transformer en ▷ n changement m; (money) monnaie f; **to ~ gear** (Aut) changer de vitesse; **to ~ one's mind** changer d'avis; **a ~ of clothes** des vêtements de rechange; **for a ~** pour changer; **do you have ~ for £10?** vous avez la monnaie de 10 livres?; **where can I ~ some money?** où est-ce que je peux changer de l'argent?; **keep the ~!** gardez la monnaie!; **change over** vi (swap) échanger; (change: drivers etc) changer; (change sides: players etc) changer de côté; **to ~ over from sth to sth** passer de qch à qch; **changeable** adj (weather) variable; **change machine** n distributeur m de monnaie;

changing room n (BRIT: in shop) salon m d'essayage; (: Sport) vestiaire m

channel ['tʃænl] n (TV) chaîne f; (waveband, groove, fig: medium) canal m; (of river, sea) chenal m ▷ vt canaliser; **the (English) C~** la Manche; **Channel Islands** npl: **the Channel Islands** les îles fpl Anglo-Normandes; **Channel Tunnel** n: **the Channel Tunnel** le tunnel sous la Manche

chant [tʃɑːnt] n chant m; (Rel) psalmodie f ▷ vt chanter; scander

chaos ['keɪɒs] n chaos m

chaotic [keɪ'ɒtɪk] adj chaotique

chap [tʃæp] n (BRIT inf: man) type m

chapel ['tʃæpl] n chapelle f

chapped [tʃæpt] adj (skin, lips) gercé(e)

chapter ['tʃæptə*] n chapitre m

character ['kærɪktə*] n caractère m; (in novel, film) personnage m; (eccentric person) numéro m, phénomène m; **characteristic** ['kærɪktə'rɪstɪk] adj, n caractéristique f; **characterize** ['kærɪktəraɪz] vt caractériser

charcoal ['tʃɑːkəʊl] n charbon m de bois; (Art) charbon

charge [tʃɑːdʒ] n (accusation) accusation f; (Law) inculpation f; (cost) prix (demandé) ▷ vt (gun, battery, Mil: enemy) charger; (customer, sum) faire payer ▷ vi foncer; **charges** npl (costs) frais mpl; **to reverse the ~s** téléphoner en PCV; **to take ~ of** se charger de; **to be in ~ of** être responsable de, s'occuper de; **to ~ sb (with)** (Law) inculper qn (de); **charge card** n carte f de client (émise par un grand magasin); **charger** n (also: **battery charger**) chargeur m

charisma [kærɪz'mætɪk] adj charismatique

charity ['tʃærɪtɪ] n charité f; (organization) institution f charitable or de bienfaisance, œuvre f (de charité); **charity shop** n (BRIT) boutique vendant des articles d'occasion au profit d'une organisation caritative

charm [tʃɑːm] n charme m; (on bracelet) breloque f ▷ vt charmer, enchanter; **charming** adj charmant(e)

chart [tʃɑːt] n tableau m, diagramme m; graphique m; (map) carte marine ▷ vt dresser or établir la carte de; (sales, progress) établir la courbe de; **charts** npl (Mus) hit-parade m; **to be in the ~s** (record, pop group) figurer au hit-parade

charter [tʃɑːtə*] vt (plane) affréter ▷ n (document) charte f; **chartered accountant** n (BRIT) expert-comptable m; **charter flight** n charter m

chase [tʃeɪs] vt poursuivre, pourchasser; (also: **~ away**) chasser ▷ n poursuite f, chasse f

chat [tʃæt] vi (also: **have a ~**) bavarder, causer; (on Internet) chatter ▷ n conversation f; (on Internet) chat m; **chat up** (BRIT inf: girl) baratiner; **chat room** n (Internet) salon m de discussion; **chat show** n (BRIT) talk-show m

chatter ['tʃætə*] vi (person) bavarder, papoter ▷ n bavardage m, papotage m; **my teeth are ~ing** je claque des dents

chauffeur ['ʃəʊfə*] n chauffeur m (de maître)

chauvinist ['ʃəʊvɪnɪst] n (also: **male ~**) phallocrate m, macho m; (nationalist) chauvin(e)

cheap [tʃiːp] adj bon marché inv, pas cher (chère); (reduced: ticket) à prix réduit; (: fare) réduit(e); (joke) facile, d'un goût douteux; (poor quality) à bon marché, de qualité médiocre ▷ adv à bon marché, pour pas cher; **can you recommend a ~ hotel/restaurant, please?** pourriez-vous m'indiquer un hôtel/restaurant bon marché?; **cheap day return** n billet m d'aller et retour réduit (valable pour la journée); **cheaply** adv à bon marché, à bon compte

cheat [tʃiːt] vi tricher; (in exam) copier ▷ vt tromper, duper; (rob): **to ~ sb out of sth** escroquer qch à qn ▷ n tricheur(-euse) m/f; escroc m; **cheat on** vt fus tromper

Chechnya [tʃɪtʃ'njaː] n Tchétchénie f

check [tʃɛk] vt vérifier; (passport, ticket) contrôler; (halt) enrayer; (restrain) maîtriser ▷ vi (official etc) se renseigner ▷ n vérification f; (halt) frein m; (BRIT: bill) addition f; (US) = **cheque**; (pattern: gen pl) carreaux mpl; **to ~ with sb** demander à qn; **check in** vi (in hotel) remplir sa fiche (d'hôtel); (at airport) se présenter à l'enregistrement ▷ vt (luggage) (faire) enregistrer; **check off** vt (tick off) cocher; **check out** vi (in hotel) régler sa note ▷ vt (investigate: story) vérifier; **check up** vi: **to ~ up (on sth)** vérifier (qch); **to ~ up on sb** se renseigner sur le compte de qn; **checkbook** (US) = **chequebook**; **checked** adj (pattern, cloth) à carreaux; **checkers** (US) n jeu m de dames; **check-in** n (also: **check-in desk**: at airport) enregistrement m; **checking account** n (US) compte courant; **checklist** n liste f de contrôle; **checkmate** n échec et mat m; **checkout** n (in supermarket) caisse f; **checkpoint** n contrôle m; **checkroom** (US) n consigne f; **checkup** n (Med) examen médical, check-up m

cheddar ['tʃɛdə*] n (also: **~ cheese**) cheddar m

cheek [tʃi:k] n joue f; (impudence) toupet m, culot m; **what a ~!** quel toupet!; **cheekbone** n pommette f; **cheeky** adj effronté(e), culotté(e)

cheer [tʃɪə*] vt acclamer, applaudir; (gladden) réjouir, réconforter ▷ vi applaudir ▷ n (gen pl) acclamations fpl, applaudissements mpl; bravos mpl, hourras mpl; **cheer up** vi se dérider, reprendre courage ▷ vt remonter le moral à or de, dérider, égayer; **cheerful** adj gai(e), joyeux(-euse)

cheerio ['tʃɪərɪ'əʊ] excl (BRIT) salut!, au revoir!

cheerleader ['tʃɪəli:də*] n membre d'un groupe de majorettes qui chantent et dansent pour soutenir leur équipe pendant les matchs de football américain

cheese [tʃi:z] n fromage m; **cheeseburger** n cheeseburger m; **cheesecake** n tarte f au fromage

chef [ʃɛf] n chef (cuisinier)

chemical ['kɛmɪkl] adj chimique ▷ n produit m chimique

chemist ['kɛmɪst] n (BRIT: pharmacist) pharmacien(ne); (scientist) chimiste m/f; **chemistry** n chimie f; **chemist's (shop)** n (BRIT) pharmacie f

cheque (US **check**) [tʃɛk] n chèque m; **chequebook** (US **checkbook**) n chéquier m, carnet m de chèques; **cheque card** n (BRIT) carte f (d'identité) bancaire

cherry ['tʃɛrɪ] n cerise f; (also: **~ tree**) cerisier m

chess [tʃɛs] n échecs mpl

chest [tʃɛst] n poitrine f; (box) coffre m, caisse f

chestnut ['tʃɛsnʌt] n châtaigne f; (also: **~ tree**) châtaignier m

chest of drawers n commode f

chew [tʃu:] vt mâcher; **chewing gum** n chewing-gum m

chic [ʃi:k] adj chic inv, élégant(e)

chick [tʃɪk] n poussin m; (inf) pépée f

chicken ['tʃɪkɪn] n poulet m; (inf: coward) poule mouillée; **chicken out** vi (inf) se dégonfler; **chickenpox** n varicelle f

chickpea ['tʃɪkpi:] n pois m chiche

chief [tʃi:f] n chef m ▷ adj principal(e); **chief executive** (US **chief executive officer**) n directeur(-trice) général(e); **chiefly** adv principalement, surtout

child (pl **~ren**) [tʃaɪld, 'tʃɪldrən] n enfant m/f; **child abuse** n maltraitance f d'enfants; (sexual) abus mpl sexuels sur des enfants; **child benefit** n (BRIT) ≈ allocations familiales; **childbirth** n accouchement m; **child-care** n (for working parents) garde f des enfants (pour les parents qui travaillent); **childhood** n enfance f; **childish** adj puéril(e), enfantin(e); **child minder** n (BRIT) garde f d'enfants; **children** ['tʃɪldrən] npl of **child**

Chile ['tʃɪlɪ] n Chili m

chill [tʃɪl] n (of water) froid m; (of air) fraîcheur f; (Med) refroidissement m, coup m de froid ▷ vt (person) faire frissonner; (Culin) mettre au frais, rafraîchir; **chill out** vi (inf: esp us) se relaxer

chil(l)i ['tʃɪlɪ] n piment m (rouge)

chilly ['tʃɪlɪ] adj froid(e), glacé(e); (sensitive to cold) frileux(-euse)

chimney ['tʃɪmnɪ] n cheminée f

chimpanzee [tʃɪmpæn'ziː] n chimpanzé m

chin [tʃɪn] n menton m

China ['tʃaɪnə] n Chine f

china ['tʃaɪnə] n (material) porcelaine f; (crockery) vaisselle f en porcelaine

Chinese [tʃaɪ'niːz] adj chinois(e) ▷ n (pl inv) Chinois(e); (Ling) chinois m

chip [tʃɪp] n (gen pl: Culin: BRIT) frite f; (: US: also: **potato** ~ **chip**) chips f; (of wood) copeau m; (of glass, stone) éclat m; (also: **micro~**) puce f; (in gambling) fiche f ▷ vt (cup, plate) ébrécher; **chip shop** n (BRIT) friterie f

○ **CHIP SHOP**
○
○ Un **chip shop**, que l'on appelle
○ également un "fish-and-chip shop",
○ est un magasin où l'on vend des plats
○ à emporter. Les **chip shops** sont
○ d'ailleurs à l'origine des "takeaways".
○ On y achète en particulier du
○ poisson frit et des frites, mais
○ on y trouve également des plats
○ traditionnels britanniques ("steak
○ pies", saucisses, etc). Tous les plats
○ étaient à l'origine emballés dans du
○ papier journal. Dans certains de ces
○ magasins, on peut s'asseoir pour
○ consommer sur place.

chiropodist [kɪ'rɔpədɪst] n (BRIT) pédicure m/f

chisel ['tʃɪzl] n ciseau m

chives [tʃaɪvz] npl ciboulette f, civette f

chlorine ['klɔːriːn] n chlore m

choc-ice ['tʃɔkaɪs] n (BRIT) esquimau®m

chocolate ['tʃɔklɪt] n chocolat m

choice [tʃɔɪs] n choix m ▷ adj de choix

choir ['kwaɪə'] n chœur m, chorale f

choke [tʃəuk] vi étouffer ▷ vt étrangler; étouffer; (block) boucher, obstruer ▷ n (Aut) starter m

cholesterol [kə'lestərɔl] n cholestérol m

choose [tʃuːz] (pt **chose**, pp **chosen**) [tʃuz, tʃəuz, 'tʃəuzn] vt choisir; **to ~ to do** décider de faire, juger bon de faire

chop [tʃɔp] vt (wood) couper (à la hache); (Culin: also: ~ **up**) couper (fin), émincer, hacher (en morceaux) ▷ n (Culin) côtelette f; **chop down** vt (tree) abattre; **chop off** vt trancher; **chopsticks** ['tʃɔpstɪks] npl baguettes fpl

chord [kɔːd] n (Mus) accord m

chore [tʃɔː'] n travail m de routine; **household ~s** travaux mpl du ménage

chorus ['kɔːrəs] n chœur m; (repeated part of song, also fig) refrain m

chose [tʃəuz] pt of **choose**

chosen ['tʃəuzn] pp of **choose**

Christ [kraɪst] n Christ m

christen ['krɪsn] vt baptiser; **christening** n baptême m

Christian ['krɪstɪən] adj, n chrétien(ne); **Christianity** [krɪstɪ'ænɪtɪ] n christianisme m; **Christian name** n prénom m

Christmas ['krɪsməs] n Noël m or f; **happy or merry ~!** joyeux Noël!; **Christmas card** n carte f de Noël; **Christmas carol** n chant m de Noël; **Christmas Day** n le jour de Noël; **Christmas Eve** n la veille de Noël; la nuit de Noël; **Christmas pudding** n (esp BRIT) Christmas m pudding; **Christmas tree** n arbre m de Noël

chrome [krəum] n chrome m

chronic ['krɔnɪk] adj chronique

chrysanthemum [krɪ'sænθəməm] n chrysanthème m

chubby ['tʃʌbɪ] adj potelé(e),

rondelet(te)

chuck [tʃʌk] vt (inf) lancer, jeter; (BRIT: also: **~ up**: job) lâcher; **chuck out** vt (inf: person) flanquer dehors or à la porte; (: rubbish etc) jeter

chuckle ['tʃʌkl] vi glousser

chum [tʃʌm] n copain (copine)

chunk [tʃʌŋk] n gros morceau

church [tʃəːtʃ] n église f; **churchyard** n cimetière m

churn [tʃəːn] n (for butter) baratte f; (also: **milk ~**) (grand) bidon à lait

chute [ʃuːt] n goulotte f; (also: **rubbish ~**) vide-ordures m inv; (BRIT: children's slide) toboggan m

chutney ['tʃʌtnɪ] n chutney m

CIA n abbr (= Central Intelligence Agency) CIA f

CID n abbr (= Criminal Investigation Department) ≈ P.J. f

cider ['saɪdə*] n cidre m

cigar [sɪ'gɑː*] n cigare m

cigarette [sɪgə'ret] n cigarette f; **cigarette lighter** n briquet m

cinema ['sɪnəmə] n cinéma m

cinnamon ['sɪnəmən] n cannelle f

circle ['səːkl] n cercle m; (in cinema) balcon ▷ vi (plane) décrire des cercles ▷ vt (surround) entourer, encercler; (move round) faire le tour de, tourner autour de

circuit ['səːkɪt] n circuit m; (lap) tour m

circular ['səːkjulə*] adj circulaire ▷ n circulaire f; (as advertisement) prospectus m

circulate ['səːkjuleɪt] vi circuler ▷ vt faire circuler; **circulation** [səːkju'leɪʃən] n circulation f; (of newspaper) tirage m

circumstances ['səːkəmstənsɪz] npl circonstances fpl; (financial condition) moyens mpl, situation financière

circus ['səːkəs] n cirque m

cite [saɪt] vt citer

citizen ['sɪtɪzn] n (Pol) citoyen(ne); (resident): **the ~s of this town** les habitants de cette ville; **citizenship** n citoyenneté f; (BRIT: Scol) ≈ éducation

f civique

citrus fruits ['sɪtrəs-] npl agrumes mpl

city ['sɪtɪ] n (grande) ville f; **the C~** la Cité de Londres (centre des affaires); **city centre** n centre ville m; **city technology college** n (BRIT) établissement m d'enseignement technologique (situé dans un quartier défavorisé)

civic ['sɪvɪk] adj civique; (authorities) municipal(e)

civil ['sɪvɪl] adj civil(e); (polite) poli(e), civil(e); **civilian** [sɪ'vɪlɪən] adj, n civil(e)

civilization [sɪvɪlaɪ'zeɪʃən] n civilisation f

civilized ['sɪvɪlaɪzd] adj civilisé(e); (fig) où règnent les bonnes manières

civil: **civil law** n code civil; (study) droit civil; **civil rights** npl droits mpl civiques; **civil servant** n fonctionnaire m/f; **Civil Service** n fonction publique, administration f; **civil war** n guerre civile

CJD n abbr (= Creutzfeldt-Jakob disease) MCJ f

claim [kleɪm] vt (rights etc) revendiquer; (compensation) réclamer; (assert) déclarer, prétendre ▷ vi (for insurance) faire une déclaration de sinistre ▷ n revendication f; prétention f; (right) droit m; (insurance) ~ demande d'indemnisation, déclaration f de sinistre; **claim form** n (gen) formulaire m de demande

clam [klæm] n palourde f

clamp [klæmp] n crampon m; (on workbench) valet m; (on car) sabot de Denver ▷ vt attacher; (car) mettre un sabot à; **clamp down on** vt fus sévir contre, prendre des mesures draconiennes à l'égard de

clan [klæn] n clan m

clap [klæp] vi applaudir

claret ['klærət] n (vin m de) bordeaux m (rouge)

clarify ['klærɪfaɪ] vt clarifier

clarinet [klærɪ'net] n clarinette f

clarity ['klærɪtɪ] n clarté f

clash [klæʃ] n (sound) choc m, fracas m; (with police) affrontement m; (fig) conflit m ▷ vi se heurter; être or entrer en conflit; (colours) jurer; (dates, events) tomber en même temps

clasp [klɑːsp] n (of necklace, bag) fermoir m ▷ vt serrer, étreindre

class [klɑːs] n (gen) classe f; (group, category) catégorie f ▷ vt classer, classifier

classic [ˈklæsɪk] adj classique ▷ n (author, work) classique m; **classical** adj classique

classification [klæsɪfɪˈkeɪʃən] n classification f

classify [ˈklæsɪfaɪ] vt classifier, classer

classmate [ˈklɑːsmeɪt] n camarade m/f de classe

classroom [ˈklɑːsrum] n (salle de) classe f; **classroom assistant** n assistant(-e) d'éducation

classy [ˈklɑːsɪ] (inf) adj classe (inf)

clatter [ˈklætə*] n cliquetis m ▷ vi cliqueter

clause [klɔːz] n clause f; (Ling) proposition f

claustrophobic [klɔːstrəˈfəʊbɪk] adj (person) claustrophobe; (place) où l'on se sent claustrophobe

claw [klɔː] n griffe f; (of bird of prey) serre f; (of lobster) pince f

clay [kleɪ] n argile f

clean [kliːn] adj propre; (clear, smooth) net(te); (record, reputation) sans tache; (joke, story) correct(e) ▷ vt nettoyer; **clean up** vt nettoyer; (fig) remettre de l'ordre dans; **cleaner** n (person) nettoyeur(-euse), femme de ménage; (product) détachant m; **cleaner's** n (also: **dry cleaner's**) teinturier m; **cleaning** n nettoyage m

cleanser [ˈklɛnzə*] n (for face) démaquillant m

clear [klɪə*] adj clair(e); (glass, plastic) transparent(e); (road, way) libre, dégagé(e); (profit, majority) net(te); (conscience) tranquille; (skin) frais (fraîche); (sky) dégagé(e) ▷ vt (road)

dégager, déblayer; (table) débarrasser; (room etc: of people) faire évacuer; (cheque) compenser; (Law: suspect) innocenter; (obstacle) franchir or sauter sans heurter ▷ vi (weather) s'éclaircir; (fog) se dissiper ▷ adv: **~ of** à distance de, à l'écart de; **to ~ the table** débarrasser la table, desservir; **clear away** vt (things, clothes etc) enlever, retirer; **to ~ away the dishes** débarrasser la table; **clear up** vt ranger, mettre en ordre; (mystery) éclaircir, résoudre; **clearance** n (removal) déblayage m; (permission) autorisation f; **clear-cut** adj précis(e), nettement défini(e); **clearing** n (in forest) clairière f; **clearly** adv clairement; (obviously) de toute évidence; **clearway** n (BRIT) route f à stationnement interdit

clench [klɛntʃ] vt serrer

clergy [ˈklɜːdʒɪ] n clergé m

clerk [klɑːk, US klɜːrk] n (BRIT) employé(e) de bureau; (US: salesman/woman) vendeur(-euse)

clever [ˈklɛvə*] adj (intelligent) intelligent(e); (skilful) habile, adroit(e); (device, arrangement) ingénieux(-euse), astucieux(-euse)

cliché [ˈkliːʃeɪ] n cliché m

click [klɪk] vi (Comput) cliquer ▷ vt: **to ~ one's tongue** faire claquer la langue; **to ~ one's heels** claquer des talons; **to ~ on an icon** cliquer sur une icône

client [ˈklaɪənt] n client(e)

cliff [klɪf] n falaise f

climate [ˈklaɪmɪt] n climat m; **climate change** n changement m climatique

climax [ˈklaɪmæks] n apogée m, point culminant; (sexual) orgasme m

climb [klaɪm] vi grimper, monter; (plane) prendre de l'altitude ▷ vt (stairs) monter; (mountain) escalader; (tree) grimper à ▷ n montée f, escalade f; **to ~ over a wall** passer par dessus un mur; **climb down** vi (+re)descendre; (BRIT fig) rabattre de ses prétentions; **climber** n (also: **rock climber**) grimpeur(-euse), varappeur(-euse); (plant) plante grimpante; **climbing** n (also: **rock climbing**) escalade f, varappe f

clinch [klɪntʃ] vt (deal) conclure, sceller

cling (pt, pp **clung**) [klɪŋ, klʌŋ] vi: **to ~ (to)** se cramponner (à), s'accrocher (à); (clothes) coller (à)

Clingfilm® ['klɪŋfɪlm] n film m alimentaire

clinic ['klɪnɪk] n clinique f; centre médical

clip [klɪp] n (for hair) barrette f; (also: **paper ~**) trombone m; (TV, Cinema) clip m ▷ vt (also: **~ together**) (papers) attacher; (hair, nails) couper; (hedge) tailler; **clipping** n (from newspaper) coupure f de journal

cloak [kləʊk] n grande cape f ▷ vt (fig) masquer, cacher; **cloakroom** n (for coats etc) vestiaire m; (BRIT: W.C.) toilettes fpl

clock [klɒk] n (large) horloge f; (small) pendule f; **clock in** or **on** (BRIT) vi (with card) pointer (en arrivant); (start work) commencer à travailler; **clock off** or **out** (BRIT) vi (with card) pointer (en partant); (leave work) quitter le travail; **clockwise** adv dans le sens des aiguilles d'une montre; **clockwork** n rouages mpl, mécanisme m; (of clock) mouvement m (d'horlogerie) ▷ adj (toy, train) mécanique

clog [klɒg] n sabot m ▷ vt boucher, encrasser ▷ vi (also: **~ up**) se boucher, s'encrasser

clone [kləʊn] n clone m ▷ vt cloner

close¹ [kləʊs] adj (near): **~ (to)** près (de), proche (de); (contact, link, watch) étroit(e); (examination) attentif(-ive), minutieux(-euse); (contest) serré(e); (weather) lourd(e), étouffant(e) ▷ adv près, à proximité; **~ by, ~ at hand** adj, adv tout(e) près; **a ~ friend** un ami intime; **to have a ~ shave** (fig) l'échapper belle

close² [kləʊz] vt fermer ▷ vi (shop etc) fermer; (lid, door etc) se fermer; (end) se terminer, se conclure ▷ n (end)

conclusion f; **what time do you ~?** à quelle heure fermez-vous?; **close down** vi fermer (définitivement); **closed** adj (shop etc) fermé(e)

closely ['kləʊslɪ] adv (examine, watch) de près

closet ['klɒzɪt] n (cupboard) placard m, réduit m

close-up ['kləʊsʌp] n gros plan

closing time n heure f de fermeture

closure ['kləʊʒəʳ] n fermeture f

clot [klɒt] n (of blood, milk) caillot m; (inf: person) ballot m ▷ vi (external bleeding) se coaguler

cloth [klɒθ] n (material) tissu m, étoffe f; (BRIT: also: **tea ~**) torchon m; lavette f; (also: **table~**) nappe f

clothes [kləʊðz] npl vêtements mpl, habits mpl; **clothes line** n corde f (à linge); **clothes peg** (US **clothes pin**) n pince f à linge

clothing ['kləʊðɪŋ] n = **clothes**

cloud [klaʊd] n nuage m; **cloud over** vi se couvrir; (fig) s'assombrir; **cloudy** adj nuageux(-euse), couvert(e); (liquid) trouble

clove [kləʊv] n clou m de girofle; **a ~ of garlic** une gousse d'ail

clown [klaʊn] n clown m ▷ vi (also: **~ about, ~ around**) faire le clown

club [klʌb] n (society) club m; (weapon) massue f, matraque f; (also: **golf ~**) club m ▷ vt matraquer ▷ vi: **to ~ together** s'associer; **clubs** npl (Cards) trèfle m; **club class** n (Aviat) classe f club

clue [kluː] n indice m; (in crosswords) définition f; **I haven't a ~** je n'en ai pas la moindre idée

clump [klʌmp] n: **~ of trees** bouquet m d'arbres

clumsy ['klʌmzɪ] adj (person) gauche, maladroit(e); (object) malcommode, peu maniable

clung [klʌŋ] pt, pp of **cling**

cluster ['klʌstəʳ] n (petit) groupe; (of flowers) grappe f ▷ vi se rassembler

clutch [klʌtʃ] n (Aut) embrayage m; (grasp): **~es** étreinte f, prise f (fig) (grasp)

agripper (*hold tightly*) serrer fort; (*hold on to*) se cramponner à

cm *abbr* (= *centimetre*) cm

Co. *abbr* = **company, county**

c/o *abbr* (= *care of*) c/o, aux bons soins de

coach [kəʊtʃ] *n* (*bus*) autocar *m*; (*horse-drawn*) diligence *f*; (*of train*) voiture *f*, wagon *m*; (*Sport: trainer*) entraîneur *m*; (*school: tutor*) répétiteur(-trice) ▷ *vt* (*Sport*) entraîner; (*student*) donner des leçons particulières à; **coach station** (BRIT) *n* gare routière; **coach trip** *n* excursion *f* en car

coal [kəʊl] *n* charbon *m*

coalition [kəʊəˈlɪʃən] *n* coalition *f*

coarse [kɔːs] *adj* grossier(-ère), rude; (*vulgar*) vulgaire

coast [kəʊst] *n* côte *f* ▷ *vi* (*car, cycle*) descendre en roue libre; **coastal** *adj* côtier(-ère); **coastguard** *n* garde-côte *m*; **coastline** *n* côte *f*, littoral *m*

coat [kəʊt] *n* manteau *m*; (*of animal*) pelage *m*, poil *m*; (*of paint*) couche *f* ▷ *vt* couvrir, enduire; **coat hanger** *n* cintre *m*; **coating** *n* couche *f*, enduit *m*

coax [kəʊks] *vt* persuader par des cajoleries

cob [kɒb] *n* see **corn**

cobbled [ˈkɒbld] *adj* pavé(e)

cobweb [ˈkɒbwɛb] *n* toile *f* d'araignée

cocaine [kəˈkeɪn] *n* cocaïne *f*

cock [kɒk] *n* (*rooster*) coq *m*; (*male bird*) mâle *m* ▷ *vt* (*gun*) armer; **cockerel** *n* jeune coq *m*

cockney [ˈkɒknɪ] *n* cockney *m/f* (*habitant des quartiers populaires de l'East End de Londres*); = faubourien(ne)

cockpit [ˈkɒkpɪt] *n* (*in aircraft*) poste *m* de pilotage, cockpit *m*

cockroach [ˈkɒkrəʊtʃ] *n* cafard *m*, cancrelat *m*

cocktail [ˈkɒkteɪl] *n* cocktail *m*

cocoa [ˈkəʊkəʊ] *n* cacao *m*

coconut [ˈkəʊkənʌt] *n* noix *f* de coco

C.O.D. *abbr* = **cash on delivery**

cod [kɒd] *n* morue fraîche, cabillaud *m*

code [kəʊd] *n* code *m*; (*Tel: area code*)

indicatif *m*

coeducational [ˈkəʊɛdjuˈkeɪʃənl] *adj* mixte

coffee [ˈkɒfɪ] *n* café *m*; **coffee bar** (BRIT) *n* café *m*; **coffee bean** *n* grain *m* de café; **coffee break** *n* pause-café *f*; **coffee maker** *n* cafetière *f*; **coffeepot** *n* cafetière *f*; **coffee shop** *n* café *m*; **coffee table** *n* (*petite*) table basse

coffin [ˈkɒfɪn] *n* cercueil *m*

cog [kɒg] *n* (*wheel*) roue dentée; (*tooth*) dent *f* (d'engrenage)

cognac [ˈkɒnjæk] *n* cognac *m*

coherent [kəʊˈhɪərənt] *adj* cohérent(e)

coil [kɔɪl] *n* rouleau *m*, bobine *f*; (*contraceptive*) stérilet *m* ▷ *vt* enrouler

coin [kɔɪn] *n* pièce *f* (de monnaie) ▷ *vt* (*word*) inventer

coincide [kəʊɪnˈsaɪd] *vi* coïncider; **coincidence** [kəʊˈɪnsɪdəns] *n* coïncidence *f*

Coke® [kəʊk] *n* coca *m*

coke [kəʊk] *n* (*coal*) coke *m*

colander [ˈkɒləndəʳ] *n* passoire *f* (à légumes)

cold [kəʊld] *adj* froid(e) ▷ *n* froid *m*; (*Med*) rhume *m*; **it's ~** il fait froid; **to be ~** (*person*) avoir froid; **to catch a ~** s'enrhumer, attraper un rhume; **in ~ blood** de sang-froid; **cold cuts** (*US*) *npl* viandes froides; **cold sore** *n* bouton *m* de fièvre

coleslaw [ˈkəʊlslɔː] *n* sorte de salade de chou cru

colic [ˈkɒlɪk] *n* colique(s) *f(pl)*

collaborate [kəˈlæbəreɪt] *vi* collaborer

collapse [kəˈlæps] *vi* s'effondrer, s'écrouler; (*Med*) avoir un malaise ▷ *n* effondrement *m*, écroulement *m*; (*of government*) chute *f*

collar [ˈkɒləʳ] *n* (*of coat, shirt*) col *m*; (*for dog*) collier *m*; **collarbone** *n* clavicule *f*

colleague [ˈkɒliːg] *n* collègue *m/f*

collect [kəˈlɛkt] *vt* rassembler; (*pick up*) ramasser; (*as a hobby*) collectionner; (BRIT: *call for*) (passer) prendre; (*mail*) faire la levée de, ramasser; (*money owed*) encaisser; (donations, subscriptions) recueillir ▷ vi (people) se rassembler; (dust, dirt) s'amasser; **to call ~** (us Tel) téléphoner en PCV; **collection** [kə'lekʃə n] n collection f; (of mail) levée f; (for money) collecte f, quête f; **collective** [kə'lektɪv] adj collectif(-ive); **collector** n collectionneur m

college ['kɔlɪdʒ] n collège m; (of technology, agriculture etc) institut m

collide [kə'laɪd] vi: **to ~ (with)** entrer en collision (avec)

collision [kə'lɪʒən] n collision f, heurt m

cologne [kə'ləʊn] n (also: **eau de ~**) eau f de cologne

colon ['kəʊlən] n (sign) deux-points mpl; (Med) côlon m

colonel ['kɜːnl] n colonel m

colonial [kə'ləʊnɪəl] adj colonial(e)

colony ['kɔlənɪ] n colonie f

colour etc (us **color** etc) ['kʌləʳ] n couleur f ▷ vt colorer; (dye) teindre; (paint) peindre; (with crayons) colorier; (news) fausser, exagérer ▷ vi (blush) rougir; **I'd like a different ~** je le voudrais dans une autre coloris; **colour in** vt colorier; **colour-blind** adj daltonien(ne); **coloured** adj coloré(e); (photo) en couleur; **colour film** n (for camera) pellicule f (en couleur); **colourful** adj coloré(e), vif (vive); (personality) pittoresque, haut(e) en couleurs; **colouring** n colorant m; (complexion) teint m; **colour television** n télévision f (en) couleur

column ['kɔləm] n colonne f; (fashion column, sports column etc) rubrique f

coma ['kəʊmə] n coma m

comb [kəʊm] n peigne m ▷ vt (hair) peigner; (area) ratisser, passer au peigne fin

combat ['kɔmbæt] n combat m ▷ vt combattre, lutter contre

combination [kɔmbɪ'neɪʃən] n (gen) combinaison f

combine vb [kəm'baɪn] ▷ vt combiner ▷ vi s'associer; (Chem) se combiner ▷ n

['kɔmbaɪn] (Econ) trust m; **to ~ sth with sth** (one quality with another) joindre ou allier qch à qch

come (pt came, pp ~) [kʌm, keɪm] vi 1 (movement towards) venir; **to ~ running** arriver en courant; **he's ~ here to work** il est venu ici pour travailler; **~ with me** suivez-moi

2 (arrive) arriver; **to ~ home** rentrer (chez soi ou à la maison); **we've just ~ from Paris** nous arrivons de Paris

3 (reach): **to ~ to** (decision etc) parvenir à, arriver à; **the bill came to £40** la note s'est élevée à 40 livres

4 (occur): **an idea came to me** il m'est venu une idée

5 (be, become): **to ~ loose/undone** se défaire/desserrer; **I've ~ to like him** j'ai fini par bien l'aimer; **come across** vt fus rencontrer par hasard, tomber sur; **come along** vi (pupil, work) faire des progrès, avancer; **come back** vi revenir; **come down** vi descendre; (prices) baisser; (buildings) s'écrouler; (: be demolished) être démoli(e); **come from** vt fus (source) venir de; (place) venir de, être originaire de; **come in** vi entrer; (train) arriver; (fashion) entrer en vogue; (on deal etc) participer; **come off** vi (button) se détacher; (attempt) réussir; **come on** vi (lights, electricity) s'allumer; (central heating) se mettre en marche; (pupil, work, project) faire des progrès, avancer; **~ on!** viens!; allons!, allez!; **come out** vi sortir; (sun) se montrer; (book) paraître; (stain) s'enlever; (strike) cesser le travail, se mettre en grève; **come round** vi (after faint, operation) revenir à soi, reprendre connaissance; **come to** vi revenir à soi; **come up** vi monter; (sun) se lever; (problem) se poser; (event) survenir; (in conversation) être soulevé; **come up with** vt fus (money) fournir; **he came up with an idea** il a eu une idée, il a proposé quelque chose

comeback ['kʌmbæk] n (Theat etc) rentrée f

comedian [kə'miːdıən] n (comic) comique m; (Theat) comédien m

comedy ['kɒmıdı] n comédie f; (humour) comique m

comet ['kɒmıt] n comète f

comfort ['kʌmfət] n confort m, bien-être m; (solace) consolation f, réconfort m ▷ vt consoler, réconforter; **comfortable** adj confortable; (person) à l'aise; (financially) aisé(e); (patient) dont l'état est stationnaire; **comfort station** n (us) toilettes fpl

comic ['kɒmık] adj (also: **~al**) comique ▷ n (person) comique m; (BRIT: magazine) magazine m de bandes dessinées or de BD; (: for adults) illustré m; **comic book** n (us) (for children) magazine m de bandes dessinées or de BD; (for adults) illustré m; **comic strip** n bande dessinée

comma ['kɒmə] n virgule f

command [kə'mɑːnd] n ordre m, commandement m; (Mil: authority) commandement; (mastery) maîtrise f ▷ vt (troops) commander; **to ~ sb to do** donner l'ordre or commander à qn de faire; **commander** n (Mil) commandant m

commemorate [kə'mɛmərɛıt] vt commémorer

commence [kə'mɛns] vt, vi commencer; **commencement** (us) n (University) remise f des diplômes

commend [kə'mɛnd] vt louer; (recommend) recommander

comment ['kɒmɛnt] n commentaire m ▷ vi: **to ~ on** faire des remarques sur; **"no ~"** je n'ai rien à déclarer; **commentary** ['kɒmɛntərı] n commentaire m; (Sport) reportage m (en direct); **commentator** ['kɒmɛntɛıtə'] n commentateur m; (Sport) reporter m

commerce ['kɒmɛːs] n commerce m

commercial [kə'mɛːʃəl] adj commercial(e) ▷ n (Radio, TV) annonce f publicitaire, spot m (publicitaire);

commercial break n (Radio, TV) spot m (publicitaire)

commission [kə'mıʃən] n (committee, fee) commission f ▷ vt (work of art) commander, charger un artiste de l'exécution de; **out of ~** (machine) hors service; **commissioner** n (Police) préfet m (de police)

commit [kə'mıt] vt (act) commettre; (resources) consacrer; (to sb's care) confier (à); **to ~ o.s. (to do)** s'engager (à faire); **to ~ suicide** se suicider; **commitment** n engagement m, (obligation) responsabilité(s) (fpl)

committee [kə'mıtı] n comité m; commission f

commodity [kə'mɒdıtı] n produit m, marchandise f, article m

common ['kɒmən] adj (gen) commun(e); (usual) courant(e) ▷ n terrain communal; **commonly** adv communément, généralement; couramment; **commonplace** adj banal(e), ordinaire; **Commons** npl (BRIT Pol): **the (House of) Commons** la chambre des Communes; **common sense** n bon sens; **Commonwealth** n: **the Commonwealth** le Commonwealth

communal ['kɒmjuːnl] adj (life) communautaire; (for common use) commun(e)

commune n ['kɒmjuːn] (group) communauté f ▷ vi [kə'mjuːn]: **to ~ with** (nature) communier avec

communicate [kə'mjuːnıkeıt] vt communiquer, transmettre ▷ vi: **to ~ (with)** communiquer (avec)

communication [kəmjuːnı'keıʃən] n communication f

communion [kə'mjuːnıən] n (also: **Holy C~**) communion f

communism ['kɒmjunızəm] n communisme m; **communist** adj, n communiste m/f

community [kə'mjuːnıtı] n communauté f; **community centre** (us **community center**) n foyer

socio-éducatif; **centre** m **de loisirs**;
community service n ≈ travail m
d'intérêt général, TIG m

commute [kəˈmjuːt] vi faire le trajet
journalier *(de son domicile à un lieu
de travail assez éloigné)* ▷ vt *(Law)*
commuer; **commuter** n banlieusard(e)
*(qui fait un trajet journalier pour se rendre
à son travail)*

compact adj [kəmˈpækt] compact(e)
▷ n [ˈkɒmpækt] *(also:* **powder ~**)
poudrier m; **compact disc** n disque
compact; **compact disc player** n
lecteur m de disques compacts

companion [kəmˈpænjən] n
compagnon (compagne)

company [ˈkʌmpənɪ] n compagnie
f; **to keep sb ~** tenir compagnie
à qn; **company car** n voiture f de
fonction; **company director** n
administrateur(-trice)

comparable [ˈkɒmpərəbl] adj
comparable

comparative [kəmˈpærətɪv] adj
(study) comparatif(-ive); *(relative)*
relatif(-ive); **comparatively** adv
(relatively) relativement

compare [kəmˈpeəʳ] vt: **to ~ sth/sb
with** *or* **to** comparer qch/qn avec *or*
à ▷ vi: **to ~ (with)** se comparer (à);
être comparable (à); **comparison** [kə
mˈpærɪsn] n comparaison f

compartment [kəmˈpɑːtmənt]
n *(also Rail)* compartiment m; **a
non-smoking ~** un compartiment
non-fumeurs

compass [ˈkʌmpəs] n boussole f;
compasses npl *(Math)* compas m

compassion [kəmˈpæʃən] n
compassion f, humanité f

compatible [kəmˈpætɪbl] adj
compatible

compel [kəmˈpel] vt contraindre,
obliger; **compelling** adj *(fig: argument)*
irrésistible

compensate [ˈkɒmpənseɪt] vt
indemniser, dédommager ▷ vi: **to ~ for**
compenser; **compensation** [kɒmpə

n'seɪʃən] n compensation f; *(money)*
dédommagement m, indemnité f

compete [kəmˈpiːt] vi *(take part)*
concourir; **to ~ (with)** rivaliser
(avec), faire concurrence (à)

competent [ˈkɒmpɪtənt] adj
compétent(e), capable

competition [kɒmpɪˈtɪʃən] n *(contest)*
compétition f, concours m; *(Econ)*
concurrence f

competitive [kəmˈpetɪtɪv] adj
(Econ) concurrentiel(le); *(sports)* de
compétition; *(person)* qui a l'esprit de
compétition

competitor [kəmˈpetɪtəʳ] n
concurrent(e)

complacent [kəmˈpleɪsnt] adj *(trop)*
content(e) de soi

complain [kəmˈpleɪn] vi: **to ~ (about)**
se plaindre (de); *(in shop etc)* réclamer
(au sujet de); **complaint** n plainte f; *(in
shop etc)* réclamation f; *(Med)* affection f

complement [ˈkɒmplɪmənt] n
complément m; *(esp of ship's crew
etc)* effectif complet ▷ vt *(enhance)*
compléter; **complementary**
[kɒmplɪˈmentərɪ] adj complémentaire

complete [kəmˈpliːt] adj
complet(-ète); *(finished)* achevé(e)
▷ vt achever, parachever; *(set,
group)* compléter; *(a form)* remplir;
completely adv complètement;
completion [kəmˈpliːʃən] n
achèvement m; *(of contract)* exécution f

complex [ˈkɒmpleks] adj complexe ▷ n
(Psych, buildings etc) complexe m

complexion [kəmˈplekʃən] n *(of face)*
teint m

compliance [kəmˈplaɪəns] n
(submission) docilité f; *(agreement)*
with le fait de se conformer à; **in ~ with**
en conformité avec, conformément à

complicate [ˈkɒmplɪkeɪt] vt
compliquer; **complicated** adj
compliqué(e); **complication**
[kɒmplɪˈkeɪʃən] n complication f

compliment n [ˈkɒmplɪmənt]
compliment m ▷ vt [ˈkɒmplɪmənt]

complimenter; **complimentary** [kɒmplɪˈmentərɪ] adj flatteur(-euse); (free) à titre gracieux

comply [kəmˈplaɪ] vi: **to ~ with** se soumettre à, se conformer à

component [kəmˈpəunənt] adj composant(e), constituant(e) ▷ n composant m, élément m

compose [kəmˈpəuz] vt composer; (form): **to be ~d of** se composer de; **to ~ o.s.** se calmer, se maîtriser; **composer** n (Mus) compositeur m; **composition** [kɒmpəˈzɪʃən] n composition f

composure [kəmˈpəuʒə*] n calme m, maîtrise f de soi

compound [ˈkɒmpaund] n (Chem, Ling) composé m; (enclosure) enclos m, enceinte f ▷ adj composé(e); (fracture) compliqué(e)

comprehension [kɒmprɪˈhenʃən] n compréhension f

comprehensive [kɒmprɪˈhensɪv] adj (très) complet(-ète); **~ policy** (Insurance) assurance f tous risques; **comprehensive (school)** n (BRIT) école secondaire non sélective avec libre circulation d'une section à l'autre, ≈ CES m

> Be careful not to translate **comprehensive** by the French word **compréhensif**.

compress vt [kəmˈpres] comprimer; (text, information) condenser ▷ n [ˈkɒmpres] (Med) compresse f

comprise [kəmˈpraɪz] vt (also: **be ~d of**) comprendre; (constitute) constituer, représenter

compromise [ˈkɒmprəmaɪz] n compromis m ▷ vt compromettre ▷ vi transiger, accepter un compromis

compulsive [kəmˈpʌlsɪv] adj (Psych) compulsif(-ive); (book, film etc) captivant(e)

compulsory [kəmˈpʌlsərɪ] adj obligatoire

computer [kəmˈpjuːtə*] n ordinateur m; **computer game** n jeu m vidéo; **computer-generated** adj de synthèse; **computerize** vt (data)

traiter par ordinateur; (system, office) informatiser; **computer programmer** n programmeur(-euse); **computer programming** n programmation f; **computer science** n informatique f; **computer studies** npl informatique f; **computing** [kəmˈpjuːtɪŋ] n informatique f

con [kɒn] vt duper; (cheat) escroquer ▷ n escroquerie f

conceal [kənˈsiːl] vt cacher, dissimuler

concede [kənˈsiːd] vt concéder ▷ vi céder

conceited [kənˈsiːtɪd] adj vaniteux(-euse), suffisant(e)

conceive [kənˈsiːv] vt, vi concevoir

concentrate [ˈkɒnsəntreɪt] vi se concentrer ▷ vt concentrer

concentration [kɒnsənˈtreɪʃən] n concentration f

concept [ˈkɒnsept] n concept m

concern [kənˈsɜːn] n affaire f; (Comm) entreprise f, firme f; (anxiety) inquiétude f, souci m ▷ vt (worry) inquiéter; (involve) concerner; (relate to) se rapporter à; **to be ~ed (about)** s'inquiéter (de), être inquiet(-ète) (au sujet de); **concerning** prep en ce qui concerne, à propos de

concert [ˈkɒnsət] n concert m; **concert hall** n salle f de concert

concerto [kənˈtʃəːtəu] n concerto m

concession [kənˈseʃən] n (compromise) concession f; (reduced price) réduction f; **tax ~** dégrèvement fiscal; **"~s"** tarif réduit

concise [kənˈsaɪs] adj concis(e)

conclude [kənˈkluːd] vt conclure; **conclusion** [kənˈkluːʒən] n conclusion f

concrete [ˈkɒŋkriːt] n béton m ▷ adj concret(-ète); (Constr) en béton

concussion [kənˈkʌʃən] n (Med) commotion f (cérébrale)

condemn [kənˈdem] vt condamner

condensation [kɒndenˈseɪʃən] n condensation f

condense [kənˈdens] vi se condenser

▷ vt condenser

condition [kən'dɪʃən] n condition f; (disease) maladie f ▷ vt déterminer, conditionner; **on ~ that** à condition que + sub, à condition de; **conditional** [kən'dɪʃənl] adj conditionnel(le); **conditioner** n (for hair) baume démêlant; (for fabrics) assouplissant m

condo ['kɒndəʊ] n (US inf)
= **condominium**

condom ['kɒndəm] n préservatif m

condominium [kɒndə'mɪnɪəm] n (US: building) immeuble m (en copropriété); (: rooms) appartement m (dans un immeuble en copropriété)

condone [kən'dəʊn] vt fermer les yeux sur, approuver (tacitement)

conduct n ['kɒndʌkt] conduite f ▷ vt [kən'dʌkt] conduire; (manage) mener, diriger; (Mus) diriger; **to ~ o.s.** se conduire, se comporter; **conducted tour** (BRIT) n voyage organisé; (of building) visite guidée; **conductor** n (of orchestra) chef m d'orchestre; (on bus) receveur m; (us: on train) chef m de train; (Elec) conducteur m

cone [kəʊn] n cône m; (for ice-cream) cornet m; (Bot) pomme f de pin, cône

confectionery [kən'fɛkʃənrɪ] n (sweets) confiserie f

confer [kən'fəːʳ] vt: **to ~ sth on** conférer qch à ▷ vi conférer, s'entretenir

conference ['kɒnfərns] n conférence f

confess [kən'fɛs] vt confesser, avouer ▷ vi (admit sth) avouer; (Rel) se confesser; **confession** [kən'fɛʃən] n confession f

confide [kən'faɪd] vi: **to ~ in** s'ouvrir à, se confier à

confidence ['kɒnfɪdns] n confiance f; (also: **self-~**) assurance f, confiance en soi; (secret) confidence f; **in ~** (speak, write) en confidence, confidentiellement; **confident** adj (self-assured) sûr(e) de soi; (sure) sûr; **confidential** [kɒnfɪ'dɛnʃəl] adj confidentiel(le)

confine [kən'faɪn] vt limiter, borner;

(shut up) confiner, enfermer; **confined** adj (space) restreint(e), réduit(e)

confirm [kən'fəːm] vt (report, Rel) confirmer; (appointment) ratifier; **confirmation** [kɒnfə'meɪʃən] n confirmation f; ratification f

confiscate ['kɒnfɪskeɪt] vt confisquer

conflict n ['kɒnflɪkt] conflit m, lutte f ▷ vi [kən'flɪkt] (opinions) s'opposer, se heurter

conform [kən'fɔːm] vi: **to ~ (to)** se conformer (à)

confront [kən'frʌnt] vt (two people) confronter; (enemy, danger) affronter, faire face à; (problem) faire face à; **confrontation** [kɒnfrən'teɪʃən] n confrontation f

confuse [kən'fjuːz] vt (person) troubler; (situation) embrouiller; (one thing with another) confondre; **confused** adj (person) dérouté(e), désorienté(e); (situation) embrouillé(e); **confusing** adj peu clair(e), déroutant(e); **confusion** [kən'fjuːʒən] n confusion f

congestion [kən'dʒɛstʃən] n (Med) congestion f; (fig: traffic) encombrement m

congratulate [kən'grætjuleɪt] vt: **to ~ sb (on)** féliciter qn (de); **congratulations** [kəngrætju'leɪʃənz] npl: **congratulations (on)** félicitations fpl (pour) ▷ excl: **congratulations!** (toutes mes) félicitations!

congregation [kɒngrɪ'geɪʃən] n assemblée f (des fidèles)

congress ['kɒngrɛs] n congrès m; (Pol) **C-** Congrès m; **congressman** n membre m du Congrès; **congresswoman** n membre m du Congrès

conifer ['kɒnɪfəʳ] n conifère m

conjugate ['kɒndʒugeɪt] vt conjuguer; **conjugation** [kɒndʒə'geɪʃən] n conjugaison f

conjunction [kən'dʒʌŋkʃən] n conjonction f; **in ~ with** (conjointement) avec

conjure ['kʌndʒəʳ] vi faire des tours de

passe-passe
connect [kə'nɛkt] vt joindre, relier; (Elec) connecter; (Tel: caller) mettre en connexion; (: subscriber) brancher; (fig) établir un rapport entre, faire un rapprochement entre ▷ vi (train): **to ~ with** assurer la correspondance avec; **to be ~ed with** avoir un rapport avec; (have dealings with) avoir des rapports avec, être en relation avec; **connecting flight** n (vol m de) correspondance f; **connection** [kə'nɛkʃən] n relation f, lien m; (Elec) connexion f; (Tel) communication f; (train etc) correspondance f

conquer ['kɔŋkə'] vt conquérir; (feelings) vaincre, surmonter

conquest ['kɔŋkwɛst] n conquête f

cons [kɔnz] npl see **convenience**; **pro**

conscience ['kɔnʃəns] n conscience f

conscientious [kɔnʃɪ'ɛnʃəs] adj consciencieux(-euse)

conscious ['kɔnʃəs] adj conscient(e); (deliberate: insult, error) délibéré(e); **consciousness** n conscience f; (Med) connaissance f

consecutive [kən'sɛkjutɪv] adj consécutif(-ive); **on three ~ occasions** trois fois de suite

consensus [kən'sɛnsəs] n consensus m

consent [kən'sɛnt] n consentement m ▷ vi: **to ~ (to)** consentir (à)

consequence ['kɔnsɪkwəns] n suites fpl, conséquence f; (significance) importance f

consequently ['kɔnsɪkwəntlɪ] adv par conséquent, donc

conservation [kɔnsə'veɪʃən] n préservation f, protection f; (also: **nature ~**) défense f de l'environnement

conservative [kən'sə:vətɪv] adj conservateur(-trice); (cautious) prudent(e); **Conservative** adj, n (BRIT Pol) conservateur(-trice)

conservatory [kən'sə:vətrɪ] n (room) jardin m d'hiver; (Mus) conservatoire m

consider [kən'sɪdə'] vt (study)

considérer, réfléchir à; (take into account) penser à, prendre en considération; (regard, judge) considérer, estimer; **to ~ doing sth** envisager de faire qch; **considerable** adj considérable; **considerably** adv nettement, sensiblement; **considerate** adj prévenant(e), plein(e) d'égards; **consideration** [kənsɪdə'reɪʃən] n considération f; (reward) rétribution f, rémunération f; **considering** prep: **considering (that)** étant donné (que)

consignment [kən'saɪnmənt] n arrivage m, envoi m

consist [kən'sɪst] vi: **to ~ of** consister en, se composer de

consistency [kən'sɪstənsɪ] n (thickness) consistance f; (fig) cohérence f

consistent [kən'sɪstənt] adj logique, cohérent(e)

consolation [kɔnsə'leɪʃən] n consolation f

console¹ [kən'səul] vt consoler

console² ['kɔnsəul] n console f

consonant ['kɔnsənənt] n consonne f

conspicuous [kən'spɪkjuəs] adj voyant(e), qui attire l'attention

conspiracy [kən'spɪrəsɪ] n conspiration f, complot m

constable ['kʌnstəbl] n (BRIT) ≈ agent m de police, gendarme m; **chief ~** ≈ préfet m de police

constant ['kɔnstənt] adj constant(e); incessant(e); **constantly** adv constamment, sans cesse

constipated ['kɔnstɪpeɪtɪd] adj constipé(e); **constipation** [kɔnstɪ'peɪʃən] n constipation f

constituency [kən'stɪtjuənsɪ] n (Pol: area) circonscription électorale; (: electors) électorat m

constitute ['kɔnstɪtjuːt] vt constituer

constitution [kɔnstɪ'tjuːʃən] n constitution f

constraint [kən'streɪnt] n contrainte f

construct [kən'strʌkt] vt construire; **construction** [kən'strʌkʃən] n construction f; **constructive** adj constructif(-ive)

consul ['kɒnsl] n consul m; **consulate** ['kɒnsjulɪt] n consulat m

consult [kən'sʌlt] vt consulter; **consultant** n (Med) médecin consultant; (other specialist) consultant m, (expert-)conseil m; **consultation** [kɒnsəl'teɪʃən] n consultation f; **consulting room** n (BRIT) cabinet m de consultation

consume [kən'sju:m] vt consommer; (subj: flames, hatred, desire) consumer; **consumer** n consommateur(-trice)

consumption [kən'sʌmpʃən] n consommation f

cont. abbr (= continued) suite

contact ['kɒntækt] n contact m; (person) connaissance f, relation f ▷ vt se mettre en contact ou en rapport avec; **contact lenses** npl verres mpl de contact

contagious [kən'teɪdʒəs] adj contagieux(-euse)

contain [kən'teɪn] vt contenir; **to ~ o.s.** se contenir, se maîtriser; **container** n récipient m; (for shipping etc) conteneur m

contaminate [kən'tæmɪneɪt] vt contaminer

cont'd abbr (= continued) suite

contemplate ['kɒntəmpleɪt] vt contempler; (consider) envisager

contemporary [kən'tempərərɪ] adj contemporain(e); (design, wallpaper) moderne ▷ n contemporain(e)

contempt [kən'tempt] n mépris m, dédain m; **~ of court** (Law) outrage m à l'autorité de la justice

contend [kən'tend] vt: **to ~ that** soutenir ou prétendre que ▷ vi: **to ~ with** (compete) rivaliser avec; (struggle) lutter avec

content [kən'tent] adj content(e), satisfait(e) ▷ vt contenter, satisfaire ▷ n ['kɒntent] contenu m; (of fat, moisture) teneur f; **contents** npl (of container etc) contenu m; **(table of) ~s**

table f des matières; **contented** adj content(e), satisfait(e)

contest n ['kɒntest] combat m, lutte f; (competition) concours m ▷ vt [kən'test] contester, discuter; (compete for) disputer; (Law) attaquer; **contestant** [kən'testənt] n concurrent(e); (in fight) adversaire m/f

context ['kɒntekst] n contexte m

continent ['kɒntɪnənt] n continent m; **the C~** (BRIT) l'Europe continentale; **continental** [kɒntɪ'nentl] adj continental(e); **continental breakfast** n café (or thé) complet; **continental quilt** n (BRIT) couette f

continual [kən'tɪnjuəl] adj continuel(le); **continually** adv continuellement, sans cesse

continue [kən'tɪnju:] vi continuer ▷ vt continuer; (start again) reprendre

continuity [kɒntɪ'nju:ɪtɪ] n continuité f; (TV etc) enchaînement m

continuous [kən'tɪnjuəs] adj continu(e), permanent(e); (Ling) progressif(-ive); **continuous assessment** (BRIT) n contrôle continu; **continuously** adv (repeatedly) continuellement; (uninterruptedly) sans interruption

contour ['kɒntuə'] n contour m, profil m; (also: **~ line**) courbe f de niveau

contraception [kɒntrə'sepʃən] n contraception f

contraceptive [kɒntrə'septɪv] adj contraceptif(-ive), anticonceptionnel(le) ▷ n contraceptif m

contract n ['kɒntrækt] contrat m ▷ vb [kən'trækt] vi (become smaller) se contracter, se resserrer ▷ vt contracter; (Comm): **to ~ to do sth** s'engager (par contrat) à faire qch; **contractor** n entrepreneur m

contradict [kɒntrə'dɪkt] vt contredire; **contradiction** [kɒntrə'dɪkʃən] n contradiction f

contrary¹ ['kɒntrərɪ] adj contraire, opposé(e) ▷ n contraire m; **on the ~ au**

contraire; **unless you hear to the ~** sauf avis contraire

contrary² [kən'treəri] *adj* (*perverse*) contrariant(e), entêté(e)

contrast *n* ['kɒntra:st] contraste *m* ▷ *vt* [kən'tra:st] mettre en contraste, contraster; **in ~ to** *or* **with** contrairement à, par opposition à

contribute [kən'trɪbju:t] *vi* contribuer ▷ *vt*: **to ~ £10/an article to** donner 10 livres/un article à; **to ~ to** (*gen*) contribuer à; (*newspaper*) collaborer à; (*discussion*) prendre part à; **contribution** [kɒntrɪ'bju:ʃən] *n* contribution *f*; (*BRIT: for social security*) cotisation *f*; (*to publication*) article *m*; **contributor** *n* (*to newspaper*) collaborateur(-trice); (*of money, goods*) donateur(-trice)

control [kən'trəul] *vt* (*process, machinery*) commander; (*temper*) maîtriser; (*disease*) enrayer ▷ *n* maîtrise *f*; (*power*) autorité *f*; **controls** *npl* (*of machine etc*) commandes *fpl*; (*on radio*) boutons *mpl* de réglage; **to be in ~ of** être maître de, maîtriser; **everything is under ~** j'ai (*or* il a *etc*) la situation en main; **the car went out of ~** j'ai (*or* il a *etc*) perdu le contrôle du véhicule; **control tower** *n* (*Aviat*) tour *f* de contrôle

controversial [kɒntrə'və:ʃl] *adj* discutable, controversé(e)

controversy ['kɒntrəvə:sɪ] *n* controverse *f*, polémique *f*

convenience [kən'vi:nɪəns] *n* commodité *f*; **at your ~** quand *or* comme cela vous convient; **all modern ~s, all mod cons** (*BRIT*) avec tout le confort moderne, tout confort

convenient [kən'vi:nɪənt] *adj* commode

convent ['kɒnvənt] *n* couvent *m*

convention [kən'venʃən] *n* convention *f*; (*custom*) usage *m*; **conventional** *adj* conventionnel(le)

conversation [kɒnvə'seɪʃən] *n* conversation *f*

conversely [kɒn'və:slɪ] *adv* inversement, réciproquement

conversion [kən'və:ʃən] *n* conversion *f*; (*BRIT: of house*) transformation *f*, aménagement *m*; (*Rugby*) transformation *f*

convert *vt* [kən'və:t] (*Rel, Comm*) convertir; (*alter*) transformer; (*house*) aménager ▷ *n* ['kɒnvə:t] converti(e); **convertible** *adj* convertible ▷ *n* (*voiture f*) décapotable *f*

convey [kən'veɪ] *vt* transporter; (*thanks*) transmettre; (*idea*) communiquer; **conveyor belt** *n* convoyeur *m* tapis roulant

convict *vt* [kən'vɪkt] déclarer (*or* reconnaître) coupable ▷ *n* ['kɒnvɪkt] forçat *m*, convict *m*; **conviction** [kə n'vɪkʃən] *n* (*Law*) condamnation *f*; (*belief*) conviction *f*

convince [kən'vɪns] *vt* convaincre, persuader; **convinced** *adj*: **convinced of/that** convaincu(e) de/que; **convincing** *adj* persuasif(-ive), convaincant(e)

convoy ['kɒnvɔɪ] *n* convoi *m*

cook [kuk] *vt* (*take*) cuire ▷ *vi* cuire; (*person*) faire la cuisine ▷ *n* cuisinier(-ière); **cookbook** *n* livre *m* de cuisine; **cooker** *n* cuisinière *f*; **cookery** *n* cuisine *f*; **cookery book** *n* (*BRIT*) = **cookbook**; **cookie** *n* (*US*) biscuit *m*, petit gâteau sec; **cooking** *n* cuisine *f*

cool [ku:l] *adj* frais (fraîche); (*not afraid*) calme; (*unfriendly*) froid(e); (*inf: trendy*) cool *inv* (*inf*); (*: great*) super *inv* (*inf*) ▷ *vt, vi* rafraîchir, refroidir; **cool down** *vi* refroidir; (*fig: person, situation*) se calmer; **cool off** *vi* (*become calmer*) se calmer; (*lose enthusiasm*) perdre son enthousiasme

cop [kɒp] *n* (*inf*) flic *m*

cope [kəup] *vi* s'en sortir, tenir le coup; **to ~ with** (*problem*) faire face à

copper ['kɒpə] *n* cuivre *m*; (*BRIT: inf: policeman*) flic *m*

copy ['kɒpɪ] *n* copie *f*; (*book etc*)

exemplaire m ▷ vt copier; (imitate) imiter; **copyright** n droit m d'auteur, copyright m

coral ['kɔrəl] n corail m

cord [kɔːd] n corde f; (fabric) velours côtelé; (Elec) cordon m (d'alimentation), fil m (électrique); **cords** npl (trousers) pantalon m de velours côtelé; **cordless** adj sans fil

corduroy ['kɔːdərɔɪ] n velours côtelé

core [kɔːʳ] n (of fruit) trognon m, cœur m; (fig: of problem etc) cœur ▷ vt enlever le trognon or le cœur de

coriander [kɔrɪ'ændəʳ] n coriandre f

cork [kɔːk] n (material) liège m; (of bottle) bouchon m; **corkscrew** n tire-bouchon m

corn [kɔːn] n (BRIT: wheat) blé m; (US: maize) maïs m; (on foot) cor m; **~ on the cob** (Culin) épi m de maïs au naturel

corned beef ['kɔːnd-] n corned-beef m

corner ['kɔːnəʳ] n coin m; (in road) tournant m, virage m; (Football) corner m ▷ vt (trap: prey) acculer; (fig) coincer; (Comm: market) accaparer ▷ vi prendre un virage; **corner shop** (BRIT) n magasin m du coin

cornflakes ['kɔːnfleɪks] npl cornflakes mpl

cornflour ['kɔːnflauəʳ] n (BRIT) farine f de maïs, maïzena® f

cornstarch ['kɔːnstɑːtʃ] n (US) farine f de maïs, maïzena® f

Cornwall ['kɔːnwəl] n Cornouailles f

coronary ['kɔrənərɪ] n: **~ (thrombosis)** infarctus m (du myocarde), thrombose f coronaire

coronation [kɔrə'neɪʃən] n couronnement m

coroner ['kɔrənəʳ] n coroner m, officier de police judiciaire chargé de déterminer les causes d'un décès

corporal ['kɔːpərl] n caporal m, brigadier m ▷ adj: **~ punishment** châtiment corporel

corporate ['kɔːpərɪt] adj (action, ownership) en commun; (Comm) de la société

corporation [kɔːpə'reɪʃən] n (of town) municipalité f, conseil municipal; (Comm) société f

corps [kɔːʳ, pl kɔːz] n corps m; **the diplomatic ~** le corps diplomatique; **the press ~** la presse

corpse [kɔːps] n cadavre m

correct [kə'rɛkt] adj (accurate) correct(e), exact(e); (proper) correct, convenable ▷ vt corriger; **correction** [kə'rɛkʃən] n correction f

correspond [kɔrɪs'pɔnd] vi correspondre; (be equivalent to) correspondre à qch; **correspondence** n correspondance f; **correspondent** n correspondant(e); **corresponding** adj correspondant(e)

corridor ['kɔrɪdɔːʳ] n couloir m, corridor m

corrode [kə'rəud] vt corroder, ronger ▷ vi se corroder

corrupt [kə'rʌpt] adj corrompu(e); (Comput) altéré(e) ▷ vt corrompre; (Comput) altérer; **corruption** n corruption f; (Comput) altération f (de données)

Corsica ['kɔːsɪkə] n Corse f

cosmetic [kɔz'mɛtɪk] n produit m de beauté, cosmétique m ▷ adj (fig: reforms) symbolique, superficiel(le); **cosmetic surgery** n chirurgie f esthétique

cosmopolitan [kɔzmə'pɔlɪtn] adj cosmopolite

cost [kɔst] n coût m ▷ vb (pt, pp ~) ▷ vi coûter ▷ vt établir or calculer le prix de revient de; **costs** npl (Comm) frais mpl; (Law) dépens mpl; **how much does it ~?** combien ça coûte?; **to ~ sb time/effort** demander du temps/un effort à qn; **it ~ him his life/job** ça lui a coûté la vie/son emploi; **at all ~s** coûte que coûte, à tout prix

co-star ['kəustɑːʳ] n partenaire m/f

costly ['kɔstlɪ] adj coûteux(-euse)

cost of living n coût m de la vie

costume ['kɔstjuːm] n costume m; (BRIT: also: **swimming ~**) maillot m

(de bain)

cosy (us **cozy**) ['kəuzɪ] adj (room, bed) douillet(te); **to be ~** (person) être bien (au chaud)

cot [kɒt] n (BRIT: child's) lit m d'enfant, petit lit; (US: campbed) lit de camp

cottage ['kɒtɪdʒ] n petite maison f à la campagne, cottage m; **cottage cheese** n fromage blanc (maigre)

cotton ['kɒtn] n coton m; (thread) fil m (de coton); **cotton on** vi (to sth) (inf) piger (qch); **cotton bud** (BRIT) n coton-tige ® m; **cotton candy** (US) n barbe f à papa; **cotton wool** n (BRIT) ouate f, coton m hydrophile

couch [kautʃ] n canapé m; divan m

cough [kɒf] vi tousser ▷ n toux f; **I've got a ~** j'ai la toux; **cough mixture, cough syrup** n sirop m pour la toux

could [kud] pt of **can¹**; **couldn't** = **could not**

council ['kaunsl] n conseil m; **city** or **town ~** conseil municipal; **council estate** n (BRIT) (quartier m or zone f de) logements loués à/par la municipalité; **council house** n (BRIT) maison f (à loyer modéré) louée par la municipalité; **councillor** (US **councilor**) n conseiller(-ère); **council tax** n (BRIT) impôts locaux

counsel ['kaunsl] n conseil m; (lawyer) avocat(e) ▷ vt: **to ~ (sb to do sth)** conseiller (à qn de faire qch); **counselling** (US **counseling**) n (Psych) aide psychosociale; **counsellor** (US **counselor**) n conseiller(-ère); (US Law) avocat m

count [kaunt] vt, vi compter ▷ n compte m; (nobleman) comte m; **count in** vt (inf): **to ~ sb in** on sth inclure qn dans qch; **count on** vt fus compter sur; **countdown** n compte m à rebours

counter ['kauntə'] n comptoir m; (in post office, bank) guichet m; (in game) jeton m ▷ vt aller à l'encontre de, opposer ▷ adv: **to ~ to** aller à l'encontre de; contrairement à; **counterclockwise** (US) adv en sens inverse des aiguilles

d'une montre

counterfeit ['kauntəfɪt] n faux m, contrefaçon f ▷ vt contrefaire ▷ adj faux(fausse)

counterpart ['kauntəpɑːt] n (of person) homologue m/f

countess ['kauntɪs] n comtesse f

countless ['kauntlɪs] adj innombrable

country ['kʌntrɪ] n pays m; (native land) patrie f; (as opposed to town) campagne f; (region) région f, pays; **country and western (music)** n musique f country; **country house** n manoir m, (petit) château; **countryside** n campagne f

county ['kauntɪ] n comté m

coup [kuː, pl kuːz] n (achievement) beau coup; (also: **~ d'état**) coup d'État

couple ['kʌpl] n couple m; **a ~ of** (two) deux; (a few) deux ou trois

coupon ['kuːpɒn] n (voucher) bon m de réduction; (detachable form) coupon m détachable, coupon-réponse m

courage ['kʌrɪdʒ] n courage m; **courageous** [kə'reɪdʒəs] adj courageux(-euse)

courgette [kuə'ʒɛt] n (BRIT) courgette f

courier ['kurɪə'] n messager m, courrier m; (for tourists) accompagnateur(-trice)

course [kɔːs] n cours m; (of ship) route f; (for golf) terrain m; (part of meal) plat m; **of ~** adv bien sûr; **(no,) of ~ not!** bien sûr que non!, évidemment que non!; **~ of treatment** (Med) traitement m

court [kɔːt] n cour f; (Law) tribunal m; (Tennis) court m ▷ vt (woman) courtiser, faire la cour à; **to take to ~** actionner ou poursuivre en justice

courtesy ['kəːtəsɪ] n courtoisie f, politesse f; **(by) ~ of** avec l'aimable autorisation de; **courtesy bus, courtesy coach** n navette gratuite

court: court-house n (US) palais m de justice; **courtroom** ['kɔːtrum] n salle f de tribunal; **courtyard** ['kɔːtjɑːd] n cour f

cousin ['kʌzn] n cousin(e); **first ~** cousin(e) germain(e)

cover ['kʌvə'] vt couvrir; (Press: report

on) faire un reportage sur; (feelings, mistake) cacher; (include) englober; (discuss) traiter ▷ n (of book, Comm) couverture f; (of pan) couvercle m; (over furniture) housse f; (shelter) abri m; **covers** npl (on bed) couvertures fpl; **to take ~** se mettre à l'abri; **under ~** à l'abri; **under ~ of darkness** à la faveur de la nuit; **under separate ~** (Comm) sous pli séparé; **cover up** vi: **to ~ up for sb** (fig) couvrir qn; **coverage** n (in media) reportage m; **cover charge** n couvert m (supplément à payer); **cover-up** n tentative f pour étouffer une affaire

cow [kau] n vache f ▷ vt effrayer, intimider

coward ['kauəd] n lâche m/f; **cowardly** adj lâche

cowboy ['kaubɔɪ] n cow-boy m

cozy ['kəuzɪ] adj (us) = **cosy**

crab [kræb] n crabe m

crack [kræk] n (split) fente f, fissure f; (in cup, bone) fêlure f; (in wall) lézarde f; (noise) craquement m, coup (sec); (Drugs) crack m ▷ vt fendre, fissurer; fêler; lézarder; (whip) faire claquer; (nut) casser; (problem) résoudre; (code) déchiffrer ▷ cpd (athlete) de première classe, d'élite; **crack down on** vi fus (crime) sévir contre, réprimer; **cracked** adj (cup, bone) fêlé(e); (broken) cassé(e); (wall) lézardé(e); (surface) craquelé(e); (inf) toqué(e), timbré(e); **cracker** n (also: **Christmas cracker**) pétard m; (biscuit) biscuit (salé), craquelin m

crackle ['krækl] vi crépiter, grésiller

cradle ['kreɪdl] n berceau m

craft [krɑːft] n métier (artisanal); (cunning) ruse f, astuce f; (boat: pl inv) embarcation f, barque f; (plane: pl inv) appareil m; **craftsman** (irreg) n artisan m ouvrier (qualifié); **craftsmanship** n métier m, habileté f

cram [kræm] vt (fill): **to ~ sth with** bourrer qch de; (put): **to ~ sth into** fourrer qch dans ▷ vi (for exams) bachoter

cramp [kræmp] n crampe f; **I've got ~ in my leg** j'ai une crampe à la jambe; **cramped** adj à l'étroit, très serré(e)

cranberry ['krænbərɪ] n canneberge f

crane [kreɪn] n grue f

crap [kræp] n (!: nonsense) conneries fpl (!); (: excrement) merde f (!)

crash [kræʃ] n (noise) fracas m; (of car, plane) collision f; (of business) faillite f ▷ vt (plane) écraser ▷ vi (plane) s'écraser; (two cars) se percuter, s'emboutir; (business) s'effondrer; **to ~ into** se jeter or se fracasser contre; **crash course** n cours intensif; **crash helmet** n casque (protecteur)

crate [kreɪt] n cageot m; (for bottles) caisse f

crave [kreɪv] vt, vi: **to ~ (for)** avoir une envie irrésistible de

crawl [krɔːl] vi ramper; (vehicle) avancer au pas ▷ n (Swimming) crawl m

crayfish ['kreɪfɪʃ] n (pl inv: freshwater) écrevisse f; (saltwater) langoustine f

crayon ['kreɪən] n crayon m (de couleur)

craze [kreɪz] n engouement m

crazy ['kreɪzɪ] adj fou (folle); **to be ~ about sb/sth** (inf) être fou de qn/qch

creak [kriːk] vi (hinge) grincer; (floor, shoes) craquer

cream [kriːm] n crème f ▷ adj (colour) crème inv; **cream cheese** n fromage m à la crème, fromage blanc; **creamy** adj crémeux(-euse)

crease [kriːs] n pli m ▷ vt froisser, chiffonner ▷ vi se froisser, se chiffonner

create [kriː'eɪt] vt créer; **creation** [kriː'eɪʃən] n création f; **creative** adj créatif(-ive); **creator** n créateur(-trice)

creature ['kriːtʃə*] n créature f

crèche [krɛʃ] n garderie f, crèche f

credentials [krɪ'dɛnʃlz] npl (references) références fpl; (identity papers) pièce f d'identité

credibility [krɛdɪ'bɪlɪtɪ] n crédibilité f

credible ['krɛdɪbl] adj digne de foi, crédible

credit ['krɛdɪt] n crédit m; (recognition)

honneur m; (Scol) unité f de valeur ▷ vt (Comm) créditer; (believe: also: **give ~ to**) ajouter foi à, croire; **credits** npl (Cine) générique m; **to be in ~** (person, bank account) être créditeur(-trice); **to ~ sb with** (fig) prêter or attribuer à qn; **credit card** n carte f de crédit; **do you take credit cards?** acceptez-vous les cartes de crédit?; **credit crunch** n crise f du crédit

creek [kri:k] n (inlet) crique f, anse f; (us: stream) ruisseau m, petit cours d'eau

creep (pt, pp **crept**) [kri:p, krɛpt] vi ramper

cremate [krɪˈmeɪt] vt incinérer

crematorium (pl **crematoria**) [ˌkrɛməˈtɔːrɪəm, -ˈtɔːrɪə] n four m crématoire

crept [krɛpt] pt, pp of **creep**

crescent [ˈkrɛsnt] n croissant m; (street) rue f (en arc de cercle)

cress [krɛs] n cresson m

crest [krɛst] n crête f; (of coat of arms) timbre m

crew [kru:] n équipage m; (Cine) équipe f (de tournage); **crew-neck** n col ras

crib [krɪb] n lit m d'enfant; (for baby) berceau m ▷ vt (inf) copier

cricket [ˈkrɪkɪt] n (insect) grillon m, cri-cri m inv; (game) cricket m; **cricketer** n joueur m de cricket

crime [kraɪm] n crime m; **criminal** [ˈkrɪmɪnl] adj, n criminel(le)

crimson [ˈkrɪmzn] adj cramoisi(e)

cringe [krɪndʒ] vi avoir un mouvement de recul

cripple [ˈkrɪpl] n boiteux(-euse), infirme m/f ▷ vt (person) estropier, paralyser; (ship, plane) immobiliser; (production, exports) paralyser

crisis (pl **crises**) [ˈkraɪsɪs, -siːz] n crise f

crisp [krɪsp] adj croquant(e); (weather) vif (vive); (manner) brusque; **crisps** (BRIT) npl (pommes fpl) chips fpl; **crispy** adj croustillant(e)

criterion (pl **criteria**) [kraɪˈtɪərɪən, -ˈtɪərɪə] n critère m

critic [ˈkrɪtɪk] n critique m/f; **critical**

adj critique; **criticism** [ˈkrɪtɪsɪzəm] n critique f; **criticize** [ˈkrɪtɪsaɪz] vt critiquer

Croat [ˈkrəuæt] adj, n = **Croatian**

Croatia [krəuˈeɪʃə] n Croatie f; **Croatian** adj croate ▷ n Croate m/f; (Ling) croate m

crockery [ˈkrɔkərɪ] n vaisselle f

crocodile [ˈkrɔkədaɪl] n crocodile m

crocus [ˈkrəukəs] n crocus m

croissant [ˈkrwɑsɑ̃] n croissant m

crook [kruk] n escroc m; (of shepherd) houlette f; **crooked** [ˈkrukɪd] adj courbé(e), tordu(e); (action) malhonnête

crop [krɔp] n (produce) culture f; (amount produced) récolte f; (riding crop) cravache f ▷ vt (hair) tondre; **crop up** vi surgir, se présenter, survenir

cross [krɔs] n croix f; (Biol) croisement m ▷ vt (street etc) traverser; (arms, legs, Biol) croiser; (cheque) barrer ▷ adj en colère, fâché(e); **cross off** or **out** vt barrer, rayer; **cross over** vi traverser; **cross-Channel ferry** [ˈkrɔsˈtʃænl-] n ferry m qui fait la traversée de la Manche; **crosscountry (race)** n cross(-country) m; **crossing** n (sea passage) traversée f; (also: **pedestrian crossing**) passage clouté; **how long does the crossing take?** combien de temps dure la traversée?; **crossing guard** (us) n contractuel qui fait traverser la rue aux enfants; **crossroads** n carrefour m; **crosswalk** n (us) passage clouté; **crossword** n mots mpl croisés

crotch [krɔtʃ] n (of garment) entrejambe m; (Anat) entrecuisse m

crouch [krautʃ] vi s'accroupir; (hide) se tapir; (before springing) se ramasser

crouton [ˈkruːtɔn] n croûton m

crow [krəu] n (bird) corneille f; (of cock) chant m du coq, cocorico m ▷ vi (cock) chanter

crowd [kraud] n foule f ▷ vt bourrer, remplir ▷ vi affluer, s'attrouper, s'entasser; **crowded** adj bondé(e)

crown [kraun] n couronne f; (of head)

sommet m de la tête; (of hill) sommet m ▷ vt (also tooth) couronner; **crown jewels** npl joyaux mpl de la Couronne

crucial ['kru:ʃl] adj crucial(e), décisif(-ive)

crucifix ['kru:sɪfɪks] n crucifix m

crude [kru:d] adj (materials) brut(e); non raffiné(e); (basic) rudimentaire, sommaire; (vulgar) cru(e), grossier(-ière); **crude (oil)** n (pétrole) brut m

cruel ['kruəl] adj cruel(le); **cruelty** n cruauté f

cruise [kru:z] n croisière f ▷ vi (ship) croiser; (car) rouler; (aircraft) voler

crumb [krʌm] n miette f

crumble ['krʌmbl] vt émietter ▷ vi (plaster etc) s'effriter; (land, earth) s'ébouler; (building) s'écrouler, crouler; (fig) s'effondrer

crumpet ['krʌmpɪt] n petite crêpe (épaisse)

crumple ['krʌmpl] vt froisser, friper

crunch [krʌntʃ] vt croquer; (underfoot) faire craquer, écraser; faire crisser ▷ n (fig) instant m or moment m critique, moment m de vérité; **crunchy** adj croquant(e), croustillant(e)

crush [krʌʃ] n (crowd) foule f, cohue f; (love): **to have a ~ on sb** avoir le béguin pour qn; (drink): **lemon ~** citron pressé ▷ vt (squeeze) écraser; (crumple) froisser; (grind, break up: garlic, ice) piler; (: grapes) presser; (hopes) anéantir

crust [krʌst] n croûte f; **crusty** adj (bread) croustillant(e); (inf: person) revêche, bourru(e)

crutch [krʌtʃ] n béquille f; (also: **crotch**) entrejambe m

cry [kraɪ] vi pleurer; (shout: also: ~ **out**) crier ▷ n cri m; **cry out** vi (call out, shout) pousser un cri ▷ vt crier

crystal ['krɪstl] n cristal m

cub [kʌb] n petit m (d'un animal); (also: ~ **scout**) louveteau m

Cuba ['kju:bə] n Cuba m

cube [kju:b] n cube m ▷ vt (Math) élever au cube

cubicle ['kju:bɪkl] n (in hospital) box m; (at pool) cabine f

cuckoo ['kuku:] n coucou m

cucumber ['kju:kʌmbə^r] n concombre m

cuddle ['kʌdl] vt câliner, caresser ▷ vi se blottir l'un contre l'autre

cue [kju:] n queue f de billard; (Theat etc) signal m

cuff [kʌf] n (BRIT: of shirt, coat etc) poignet m, manchette f; (US: on trousers) revers m; (blow) gifle f; **off the ~** adv à l'improviste; **cufflinks** n boutons m de manchette

cuisine [kwɪ'zi:n] n cuisine f

cul-de-sac ['kʌldəsæk] n cul-de-sac m, impasse f

cull [kʌl] vt sélectionner ▷ n (of animals) abattage sélectif

culminate ['kʌlmɪneɪt] vi: **to ~ in** finir or se terminer par; (lead to) mener à

culprit ['kʌlprɪt] n coupable m/f

cult [kʌlt] n culte m

cultivate ['kʌltɪveɪt] vt cultiver

cultural ['kʌltʃərəl] adj culturel(le)

culture ['kʌltʃə^r] n culture f

cumin ['kʌmɪn] n (spice) cumin m

cunning ['kʌnɪŋ] n ruse f, astuce f ▷ adj rusé(e), malin(-igne); (clever: device, idea) astucieux(-euse)

cup [kʌp] n tasse f; (prize, event) coupe f; (of bra) bonnet m

cupboard ['kʌbəd] n placard m

cup final n (BRIT Football) finale f de la coupe

curator [kjuə'reɪtə^r] n conservateur (d'un musée etc)

curb [kɜ:b] vt refréner, mettre un frein à ▷ n (fig) frein m; (us) bord m du trottoir

curdle ['kɜ:dl] vi (se) cailler

cure [kjuə^r] vt guérir; (Culin: salt) saler; (: smoke) fumer; (: dry) sécher ▷ n remède m

curfew ['kɜ:fju:] n couvre-feu m

curiosity [kjuərɪ'ɒsɪtɪ] n curiosité f

curious ['kjuərɪəs] adj curieux(-euse); **I'm ~ about him** il m'intrigue

curl [kɜ:l] n boucle f (de cheveux) ▷ vt,

vi boucler; *(tightly)* friser; **curl up** *vi* s'enrouler; *(person)* se pelotonner; **curler** *n* bigoudi *m*, rouleau *m*; **curly** *adj* bouclé(e); *(tightly curled)* frisé(e)

currant ['kʌrnt] *n* raisin *m* de Corinthe, raisin sec; *(fruit)* groseille *f*

currency ['kʌrnsɪ] *n* monnaie *f*; **to gain ~** *(fig)* s'accréditer

current ['kʌrnt] *n* courant *m* ⊳ *adj (common)* courant(e); *(tendency, price, event)* actuel(le); **current account** *n* (BRIT) compte courant; **current affairs** *npl* (questions *fpl* d')actualité *f*; **currently** *adv* actuellement

curriculum (*pl* **-s** *ou* **curricula**) [kə'rɪkjuləm, -lə] *n* programme *m* d'études; **curriculum vitae** [-'viːtaɪ] *n* curriculum vitae (CV) *m*

curry ['kʌrɪ] *n* curry *m* ⊳ *vt*: **to ~ favour with** chercher à gagner la faveur ou à s'attirer les bonnes grâces de; **curry powder** *n* poudre *f* de curry

curse [kəːs] *vi* jurer, blasphémer ⊳ *vt* maudire ⊳ *n (spell)* malédiction *f*; *(problem, scourge)* fléau *m*; *(swearword)* juron *m*

cursor ['kəːsə*'*] *n* (Comput) curseur *m*

curt [kəːt] *adj* brusque, sec(-sèche)

curtain ['kəːtn] *n* rideau *m*

curve [kəːv] *n* courbe *f*; *(in the road)* tournant *m*, virage *m* ⊳ *vi* se courber; *(road)* faire une courbe; **curved** *adj* courbe

cushion ['kuʃən] *n* coussin *m* ⊳ *vt (fall, shock)* amortir

custard ['kʌstəd] *n (for pouring)* crème anglaise

custody ['kʌstədɪ] *n (of child)* garde *f*; *(for offenders)*: **to take sb into ~** placer qn en détention préventive

custom ['kʌstəm] *n* coutume *f*, usage *m*; *(Comm)* clientèle *f*

customer ['kʌstəmə*'*] *n* client(e)

customized ['kʌstəmaɪzd] *adj* personnalisé(e); *(car etc)* construit(e) sur commande

customs ['kʌstəmz] *npl* douane *f*; **customs officer** *n* douanier *m*

cut [kʌt] *vb (pt, pp ~)* ⊳ *vt* couper; *(meat)* découper; *(reduce)* réduire ⊳ *vi* couper ⊳ *n (gen)* coupure *f*; *(of clothes)* coupe *f*; *(in salary etc)* réduction *f*; *(of meat)* morceau *m*; **to ~ a tooth** percer une dent; **to ~ one's finger** se couper le doigt; **to get sb's hair ~** se faire couper les cheveux; **I've ~ myself** je me suis coupé; **cut back** *vt (plants)* tailler; *(production, expenditure)* réduire; **cut down** *vt (tree)* abattre; *(reduce)* réduire; **cut off** *vt* couper; *(fig)* isoler; **cut out** *vt (picture etc)* découper; *(remove)* supprimer; **cut up** *vt* découper; **cutback** *n* réduction *f*

cute [kjuːt] *adj* mignon(ne), adorable

cutlery ['kʌtlərɪ] *n* couverts *mpl*

cutlet ['kʌtlɪt] *n* côtelette *f*

cut-price ['kʌt'praɪs] *(us* **cut-rate** ['kʌt'reɪt]*) adj* au rabais, à prix réduit

cutting ['kʌtɪŋ] *adj (fig)* cinglant(e) ⊳ *n* (BRIT: *from newspaper)* coupure *f* (de journal); *(from plant)* bouture *f*

CV *n abbr* = **curriculum vitae**

cwt *abbr* = **hundredweight(s)**

cyberspace ['saɪbəspeɪs] *n* cyberespace *m*

cycle ['saɪkl] *n* cycle *m*; *(bicycle)* bicyclette *f*, vélo *m* ⊳ *vi* faire de la bicyclette; **cycle hire** *n* location *f* de vélos; **cycle lane, cycle path** *n* piste *f* cyclable; **cycling** *n* cyclisme *m*; **cyclist** *n* cycliste *m/f*

cyclone ['saɪkləun] *n* cyclone *m*

cylinder ['sɪlɪndə*'*] *n* cylindre *m*

cymbals ['sɪmblz] *npl* cymbales *fpl*

cynical ['sɪnɪkl] *adj* cynique

Cypriot ['sɪprɪət] *adj* cypriote, chypriote *f* ⊳ *n* Cypriote *m/f*, Chypriote *m/f*

Cyprus ['saɪprəs] *n* Chypre *f*

cyst [sɪst] *n* kyste *m*; **cystitis** [sɪs'taɪtɪs] *n* cystite *f*

czar [zaː*'*] *n* tsar *m*

Czech [tʃɛk] *adj* tchèque ⊳ *n* Tchèque *m/f*; *(Ling)* tchèque *m*; **Czech Republic** *n*: **the Czech Republic** la République tchèque

d

D [diː] n (Mus): **D** ré m

dab [dæb] vt (eyes, wound) tamponner; (paint, cream) appliquer (par petites touches or rapidement)

dad, daddy [dæd, 'dædɪ] n papa m

daffodil ['dæfədɪl] n jonquille f

daft [dɑːft] adj (inf) idiot(e), stupide

dagger ['dægə*] n poignard m

daily ['deɪlɪ] adj quotidien(ne), journalier(-ière) ▷ adv tous les jours

dairy ['dɛərɪ] n (shop) crèmerie f, laiterie f; (on farm) laiterie f; **dairy produce** n produits laitiers

daisy ['deɪzɪ] n pâquerette f

dam [dæm] n (wall) barrage m; (water) réservoir m, lac m de retenue ▷ vt endiguer

damage ['dæmɪdʒ] n dégâts mpl, dommages mpl; (fig) tort m ▷ vt endommager, abîmer; (fig) faire du tort à; **damages** npl (Law) dommages-intérêts mpl

damn [dæm] vt condamner; (curse) maudire ▷ n (inf): **I don't give a ~** je m'en fous ▷ adj (inf: also: **~ed**): **this ~ ...** ce sacré or foutu ...; **~ (it)!** zut!

damp [dæmp] adj humide ▷ n humidité f ▷ vt (also: **~en**: cloth, rag) humecter; (: enthusiasm etc) refroidir

dance [dɑːns] n danse f; (ball) bal m ▷ vi danser; **dance floor** n piste f de danse; **dancer** n danseur(-euse); **dancing** n danse f

dandelion ['dændɪlaɪən] n pissenlit m

dandruff ['dændrəf] n pellicules fpl

D & T n abbr (BRIT: Scol) = **design and technology**

Dane [deɪn] n Danois(e)

danger ['deɪndʒə*] n danger m; **~!** (on sign) danger! **in ~** en danger; **he was in ~ of failing** il risquait de tomber; **dangerous** adj dangereux(-euse)

dangle ['dæŋgl] vt balancer ▷ vi pendre, se balancer

Danish ['deɪnɪʃ] adj danois(e) ▷ n (Ling) danois m

dare [dɛə*] vt: **to ~ sb to do** défier qn or mettre qn au défi de faire ▷ vi: **to ~ (to) do sth** oser faire qch; **I ~ say he'll turn up** il est probable qu'il viendra; **daring** adj hardi(e), audacieux(-euse) ▷ n audace f, hardiesse f

dark [dɑːk] adj (night, room) obscur(e), sombre; (colour, complexion) foncé(e), sombre ▷ n: **in the ~** dans le noir; **to be in the ~ about** (fig) ignorer tout de; **after ~** après la tombée de la nuit; **darken** vt obscurcir, assombrir ▷ vi s'obscurcir, s'assombrir; **darkness** n obscurité f; **darkroom** n chambre noire

darling ['dɑːlɪŋ] adj, n chéri(e)

dart [dɑːt] n fléchette f; (in sewing) pince f ▷ vi: **to ~ towards** se précipiter or s'élancer vers; **dartboard** n cible f (de jeu de fléchettes); **darts** n jeu m de fléchettes

dash [dæʃ] n (sign) tiret m; (small quantity) goutte f, larme f ▷ vt (throw) jeter or lancer violemment; (hopes) anéantir ▷ vi: **to ~ towards** se précipiter or se ruer vers

dashboard ['dæʃbɔːd] n (Aut) tableau m de bord

data ['deɪtə] npl données fpl; **database** n base f de données; **data processing** n traitement m des données

date [deɪt] n date f; (with sb) rendez-vous m; (fruit) datte f ▷ vt (letter); (person) sortir avec; **~ of birth** date de naissance; **to ~** adv à ce jour; **out of ~** périmé(e); **up to ~** à la page, mis(e) à jour, moderne; **dated** adj démodé(e)

daughter ['dɔːtə*] n fille f; **daughter-in-law** n belle-fille f, bru f

daunting ['dɔːntɪŋ] adj décourageant(e), intimidant(e)

dawn [dɔːn] n aube f, aurore f ▷ vi (day) se lever, poindre; **it ~ed on him that ...** il lui vint à l'esprit que ...

day [deɪ] n jour m; (as duration) journée f; (period of time, age) époque f, temps m; **the ~ before** la veille, le jour précédent; **the ~ after, the following ~** le lendemain, le jour suivant; **the ~ before yesterday** avant-hier; **the ~ after tomorrow** après-demain; **by ~** de jour; **day-care centre** ['deɪkɛə-] n (for elderly etc) centre m d'accueil de jour; (for children) garderie f; **daydream** vi rêver (tout éveillé); **daylight** n (lumière f du) jour m; **day return** n (BRIT) billet m d'aller-retour (valable pour la journée); **daytime** n jour m, journée f; **day-to-day** adj (routine, expenses) journalier(-ière); **day trip** n excursion f (d'une journée)

dazed [deɪzd] adj abruti(e)

dazzle ['dæzl] vt éblouir, aveugler; **dazzling** adj (light) aveuglant(e), éblouissant(e); (fig) éblouissant(e)

DC abbr (Elec) = **direct current**

dead [dɛd] adj mort(e); (numb) engourdi(e), insensible; (battery) à plat ▷ adv (completely) absolument, complètement; (exactly) juste; **he was shot ~** il a été tué d'un coup de revolver; **~ tired** éreinté(e), complètement fourbu(e); **to stop ~** s'arrêter pile ou net; **the line is ~** (Tel) la ligne est coupée;

dead end n impasse f; **deadline** n date f or heure f limite; **deadly** adj mortel(le); (weapon) meurtrier(-ière); **Dead Sea** n: **the Dead Sea** la mer Morte

deaf [dɛf] adj sourd(e); **deafen** vt rendre sourd(e); **deafening** adj assourdissant(e)

deal [diːl] n affaire f, marché m ▷ vt (pt, pp **~t**) (blow) porter; (cards) donner, distribuer; **a great ~ of** beaucoup de; **deal with** vt fus (handle) s'occuper or se charger de; (be about) traiter de; **dealer** n (Comm) marchand m; (Cards) donneur m; **dealings** npl (in goods, shares) opérations fpl, transactions fpl; (relations) relations fpl, rapports mpl

dealt [dɛlt] pt, pp of **deal**

dean [diːn] n (Rel, BRIT Scol) doyen m; (us Scol) conseiller principal (conseillère principale) d'éducation

dear [dɪə*] adj cher (chère), (expensive) cher, coûteux(-euse) ▷ n: **my ~** mon cher (ma chère) ▷ excl: **~ me!** mon Dieu!; **D~ Sir/Madam** (in letter) Monsieur/Madame; **D~ Mr/Mrs X** Cher Monsieur X (Chère Madame X); **dearly** adv (love) tendrement; (pay) cher

death [dɛθ] n mort f; (Admin) décès m; **death penalty** n peine f de mort; **death sentence** n condamnation f à mort

debate [dɪ'beɪt] n discussion f, débat m ▷ vt discuter, débattre

debit ['dɛbɪt] n débit m ▷ vt: **to ~ a sum to sb or to sb's account** porter une somme au débit de qn, débiter qn d'une somme; **debit card** n carte f de paiement

debris ['dɛbriː] n débris mpl, décombres mpl

debt [dɛt] n dette f; **to be in ~** avoir des dettes, être endetté(e)

debug ['diː'bʌg] vt (Comput) déboguer

debut ['deɪbjuː] n début(s) m(pl)

Dec. abbr (= December) déc

decade ['dɛkeɪd] n décennie f, décade f

decaffeinated [di'kæfɪneɪtɪd] adj décaféiné(e)

decay [dɪ'keɪ] n (of building) délabrement m; (also: **tooth ~**) carie f(dentaire) ▷ vi (rot) se décomposer, pourrir; (: teeth) se carier

deceased [dɪ'siːst] n: **the ~** le (la) défunt(e)

deceit [dɪ'siːt] n tromperie f, supercherie f; **deceive** [dɪ'siːv] vt tromper

December [dɪ'sɛmbə^r] n décembre m

decency ['diːsənsɪ] n décence f

decent ['diːsənt] adj (proper) décent(e), convenable

deception [dɪ'sɛpʃən] n tromperie f

deceptive [dɪ'sɛptɪv] adj trompeur(-euse)

decide [dɪ'saɪd] vt (subj: person) décider; (question, argument) trancher, régler ▷ vi se décider, décider; **to ~ to do/that** décider de faire/que; **to ~ on** décider, se décider pour

decimal ['dɛsɪməl] adj décimal(e) ▷ n décimale f

decision [dɪ'sɪʒən] n décision f

decisive [dɪ'saɪsɪv] adj décisif(-ive); (manner, person) décidé(e), catégorique

deck [dɛk] n (Naut) pont m; (of cards) jeu m; (record deck) platine f; (of bus): **top ~** impériale f; **deckchair** n chaise longue

declaration [dɛklə'reɪʃən] n déclaration f

declare [dɪ'klɛə^r] vt déclarer

decline [dɪ'klaɪn] n (decay) déclin m; (lessening) baisse f ▷ vt refuser, décliner ▷ vi décliner; (business) baisser

decorate ['dɛkəreɪt] vt (adorn, give a medal to) décorer; (paint and paper) peindre et tapisser; **decoration** [dɛkə'reɪʃən] n (medal etc, adornment) décoration f; **decorator** n peintre m en bâtiment

decrease n ['diːkriːs] diminution f ▷ vt, vi [diː'kriːs] diminuer

decree [dɪ'kriː] n (Pol, Rel) décret m; (Law) arrêt m, jugement m

dedicate ['dɛdɪkeɪt] vt consacrer; (book

etc) dédier; **dedicated** adj (person) dévoué(e); (Comput) spécialisé(e), dédié(e); **dedicated word processor** station f de traitement de texte; **dedication** [dɛdɪ'keɪʃən] n (devotion) dévouement m; (in book) dédicace f

deduce [dɪ'djuːs] vt déduire, conclure

deduct [dɪ'dʌkt] vt: **to ~ sth (from)** déduire qch (de), retrancher qch (de); **deduction** [dɪ'dʌkʃən] n (deducting, deducing) déduction f; (from wage etc) prélèvement m, retenue f

deed [diːd] n action f, acte m; (Law) acte notarié, contrat m

deem [diːm] vt (formal) juger, estimer

deep [diːp] adj profond(e); (voice) grave ▷ adv: **spectators stood 20 ~** il y avait 20 rangs de spectateurs; **4 metres ~** de 4 mètres de profondeur; **how ~ is the water?** l'eau a quelle profondeur?; **deep-fry** vt faire frire (dans une friteuse); **deeply** adv profondément; (regret, interested) vivement

deer [dɪə^r] n (pl inv): **(red) ~** cerf m; **(fallow) ~** daim m; **(roe) ~** chevreuil m

default [dɪ'fɔːlt] n (Comput: also: **~ value**) valeur f par défaut; **by ~** (Law) par défaut, par contumace; (Sport) par forfait

defeat [dɪ'fiːt] n défaite f ▷ vt (team, opponents) battre

defect n ['diːfɛkt] défaut m ▷ vi [dɪ'fɛkt]: **to ~ to the enemy/the West** passer à l'ennemi/l'Ouest; **defective** [dɪ'fɛktɪv] adj défectueux(-euse)

defence (us **defense**) [dɪ'fɛns] n défense f

defend [dɪ'fɛnd] vt défendre; **defendant** n défendeur(-deresse); (in criminal case) accusé(e), prévenu(e); **defender** n défenseur m

defense [dɪ'fɛns] (us) = **defence**

defensive [dɪ'fɛnsɪv] adj défensif(-ive) ▷ n: **on the ~** sur la défensive

defer [dɪ'fə:^r] vt (postpone) différer, ajourner

defiance [dɪ'faɪəns] n défi m; **in ~ of** au mépris de; **defiant** [dɪ'faɪənt] adj provocant(e), de défi; (person) rebelle, intraitable

deficiency [dɪ'fɪʃənsɪ] n (lack) insuffisance f; (: Med) carence f; (flaw) faiblesse f; **deficient** [dɪ'fɪʃənt] adj (inadequate) insuffisant(e); **to be deficient in** manquer de

deficit ['defɪsɪt] n déficit m

define [dɪ'faɪn] vt définir

definite ['defɪnɪt] adj (fixed) défini(e), (bien) déterminé(e); (clear, obvious) net(te), manifeste; (certain) sûr(e); **he was ~ about it** il a été catégorique; **definitely** adv sans aucun doute

definition [defɪ'nɪʃən] n définition f; (clearness) netteté f

deflate [di:'fleɪt] vt dégonfler

deflect [dɪ'flɛkt] vt détourner, faire dévier

defraud [dɪ'frɔːd] vt: **to ~ sb of sth** escroquer qch à qn

defrost [di:'frɔst] vt (fridge) dégivrer; (frozen food) décongeler

defuse [di:'fjuːz] vt désamorcer

defy [dɪ'faɪ] vt défier; (efforts etc) résister à; **it defies description** cela défie toute description

degree [dɪ'griː] n degré m; (Scol) diplôme m (universitaire); **a (first) ~ in maths** (BRIT) une licence en maths; **by ~s** (gradually) par degrés; **to some ~** jusqu'à un certain point, dans une certaine mesure

dehydrated [di:haɪ'dreɪtɪd] adj déshydraté(e); (milk, eggs) en poudre

de-icer ['diː'aɪsə'] n dégivreur m

delay [dɪ'leɪ] vt retarder; (payment) différer ▷ vi s'attarder ▷ n délai m, retard m; **to be ~ed** être en retard

delegate n ['dɛlɪgɪt] délégué(e) ▷ vt ['dɛlɪgeɪt] déléguer

delete [dɪ'liːt] vt rayer, supprimer; (Comput) effacer

deli ['dɛlɪ] n épicerie fine

deliberate adj [dɪ'lɪbərɪt] (intentional) délibéré(e); (slow) mesuré(e) ▷ vi [dɪ'lɪbəreɪt] délibérer, réfléchir;
deliberately adv (on purpose) exprès,

délibérément

delicacy ['delɪkəsɪ] n délicatesse f; (choice food) mets fin or délicat, friandise f

delicate ['delɪkɪt] adj délicat(e)

delicatessen [delɪkə'tesn] n épicerie fine

delicious [dɪ'lɪʃəs] adj délicieux(-euse)

delight [dɪ'laɪt] n (grande) joie, grand plaisir ▷ vt enchanter; **she's a ~ to work with** c'est un plaisir de travailler avec elle; **to take ~ in** prendre grand plaisir à; **delighted** adj: **delighted (at or with sth)** ravi(e) (de qch); **to be delighted to do sth/that** être enchanté(e) or ravi(e) de faire qch/que; **delightful** adj (person) adorable; (meal, evening) merveilleux(-euse)

delinquent [dɪ'lɪŋkwənt] adj, n délinquant(e)

deliver [dɪ'lɪvə'] vt (mail) distribuer; (goods) livrer; (message) remettre; (speech) prononcer; (Med: baby) mettre au monde; **delivery** n (of mail) distribution f; (of goods) livraison f; (of speaker) élocution f; (Med) accouchement m; **to take delivery of** prendre livraison de

delusion [dɪ'luːʒən] n illusion f

de luxe [də'lʌks] adj de luxe

delve [dɛlv] vi: **to ~ into** fouiller dans

demand [dɪ'mɑːnd] vt réclamer, exiger ▷ n exigence f; (claim) revendication f; (Econ) demande f; **in ~** demandé(e), recherché(e); **on ~** sur demande; **demanding** adj (person) exigeant(e); (work) astreignant(e)

> Be careful not to translate **to demand** by the French word **demander**.

demise [dɪ'maɪz] n décès m

demo ['dɛməu] n abbr (inf) = **demonstration** (protest) manif f; (Comput) démonstration f

democracy [dɪ'mɔkrəsɪ] n démocratie f; **democrat** ['dɛməkræt] n démocrate m/f; **democratic** [dɛmə'krætɪk] adj démocratique

demolish [dɪ'mɒlɪʃ] vt démolir
demolition [deməˈlɪʃən] n démolition f
demon [ˈdiːmən] n démon m
demonstrate [ˈdemənstreɪt] vt démontrer, prouver; (show) faire une démonstration de ▷ vi: **to ~ (for/against)** manifester (en faveur de/contre); **demonstration** [demə'streɪʃən] n démonstration f; (Pol etc) manifestation f; **demonstrator** n (Pol etc) manifestant(e)
demote [dɪ'məʊt] vt rétrograder
den [dɛn] n (of lion) tanière f; (room) repaire m
denial [dɪ'naɪəl] n (of accusation) démenti m; (of rights, guilt, truth) dénégation f
denim [ˈdenɪm] n jean m; **denims** npl (blue-)jeans mpl
Denmark [ˈdenmɑːk] n Danemark m
denomination [dɪnɒmɪˈneɪʃən] n (money) valeur f; (Rel) confession f
denounce [dɪ'naʊns] vt dénoncer
dense [dɛns] adj dense; (inf: stupid) obtus(e)
density [ˈdensɪtɪ] n densité f; **single-/double-~ disk** (Comput) disquette f (à) simple/double densité
dent [dɛnt] n bosse f ▷ vt (also: **make a ~ in**) cabosser
dental [ˈdentl] adj dentaire; **dental floss** [-flɒs] n fil m dentaire; **dental surgery** n cabinet m de dentiste
dentist [ˈdentɪst] n dentiste m/f
dentures [ˈdentʃəz] npl dentier msg
deny [dɪ'naɪ] vt nier; (refuse) refuser
deodorant [diːˈəʊdərənt] n déodorant m
depart [dɪ'pɑːt] vi partir; **to ~ from** (fig: differ from) s'écarter de
department [dɪ'pɑːtmənt] n (Comm) rayon m; (Scol) section f; (Pol) ministère m, département m; **department store** n grand magasin
departure [dɪ'pɑːtʃə] n départ m; (fig): **a new ~** une nouvelle voie; **departure lounge** n salle f de départ

depend [dɪ'pend] vi: **to ~ (up)on** dépendre de; (rely on) compter sur; **it ~s** cela dépend; **~ing on the result ...** selon le résultat ...; **dependant** n personne f à charge; **dependent** adj: **to be dependent (on)** dépendre (de) ▷ n = **dependant**
depict [dɪ'pɪkt] vt (in picture) représenter; (in words) (dé)peindre, décrire
deport [dɪ'pɔːt] vt déporter, expulser
deposit [dɪ'pɒzɪt] n (Chem, Comm, Geo) dépôt m; (of ore, oil) gisement m; (part payment) arrhes fpl, acompte m; (on bottle etc) consigne f; (for hired goods etc) cautionnement m, garantie f ▷ vt déposer; **deposit account** n compte m sur livret
depot [ˈdepəʊ] n dépôt m; (US: Rail) gare f
depreciate [dɪ'priːʃɪeɪt] vi se déprécier, se dévaloriser
depress [dɪ'prɛs] vt déprimer; (press down) appuyer sur, abaisser; (wages etc) faire baisser; **depressed** adj (person) déprimé(e); (area) en déclin, touché(e) par le sous-emploi; **depressing** adj déprimant(e); **depression** [dɪ'prɛʃən] n dépression f
deprive [dɪ'praɪv] vt: **to ~ sb of** priver qn de; **deprived** adj déshérité(e)
dept. abbr (= department) dép, dépt
depth [dɛpθ] n profondeur f; **to be in the ~s of despair** être au plus profond du désespoir; **to be out of one's ~** (BRIT: swimmer) ne plus avoir pied; (fig) être dépassé(e), nager
deputy [ˈdepjʊtɪ] n (second in command) adjoint(e); (Pol) député m ▷ cpd; (US: also: **~ sheriff**) shérif adjoint ▷ adj: **~ head** (Scol) directeur(-trice) adjoint(e), sous-directeur(-trice)
derail [dɪ'reɪl] vt: **to be ~ed** dérailler
derelict [ˈderɪlɪkt] adj abandonné(e), à l'abandon
derive [dɪ'raɪv] vt: **to ~ sth from** tirer qch de; trouver qch dans ▷ vi: **to ~ from** provenir de, dériver de

descend [dɪ'sɛnd] *vt, vi* descendre; **to ~ from** descendre de, être issu de; **to ~ to** s'abaisser à; **descendant** *n* descendant(e); **descent** *n* descente *f*; *(origin)* origine *f*

describe [dɪs'kraɪb] *vt* décrire; **description** [dɪs'krɪpʃən] *n* description *f*; *(sort)* sorte *f*, espèce *f*

desert *n* ['dɛzət] désert *m* ▷ *vb* [dɪ'zəːt] ▷ *vt* déserter, abandonner ▷ *vi* (*Mil*) déserter; **deserted** [dɪ'zəːtɪd] *adj* désert(e)

deserve [dɪ'zəːv] *vt* mériter

design [dɪ'zaɪn] *n* (*sketch*) plan *m*, dessin *m*; (*layout, shape*) conception *f*, ligne *f*; (*pattern*) dessin, motif(s) *m(pl)*; (*of dress, car*) modèle *m*; (*art*) design *m*, stylisme *m*; (*intention*) dessein *m* ▷ *vt* dessiner; (*plan*) concevoir; **design and technology** *n* (*BRIT: Scol*) technologie *f*

designate *vt* ['dɛzɪgneɪt] désigner ▷ *adj* ['dɛzɪgnɪt] désigné(e)

designer [dɪ'zaɪnə²] *n* (*Archit, Art*) dessinateur(-trice); (*Industry*) concepteur *m*, designer *m*; (*Fashion*) styliste *m/f*

desirable [dɪ'zaɪərəbl] *adj* (*property, location, purchase*) attrayant(e)

desire [dɪ'zaɪə²] *n* désir *m* ▷ *vt* désirer, vouloir

desk [dɛsk] *n* (*in office*) bureau *m*; (*for pupil*) pupitre *m*; (*BRIT: in shop, restaurant*) caisse *f*; (*in hotel, at airport*) réception *f*; **desk-top publishing** ['dɛsktɔp-] *n* publication assistée par ordinateur, PAO *f*

despair [dɪs'pɛə²] *n* désespoir *m* ▷ *vi*: **to ~ of** désespérer de

despatch [dɪs'pætʃ] *n, vt* = **dispatch**

desperate ['dɛspərɪt] *adj* désespéré(e); (*fugitive*) prêt(e) à tout; **to be ~ for sth/ to do sth** avoir désespérément besoin de qch/de faire qch; **desperately** *adv* désespérément; (*very*) terriblement, extrêmement; **desperation** [dɛspə'reɪʃən] *n* désespoir *m*; **in (sheer) desperation** en désespoir de cause

despise [dɪs'paɪz] *vt* mépriser

despite [dɪs'paɪt] *prep* malgré, en dépit de

dessert [dɪ'zəːt] *n* dessert *m*; **dessertspoon** *n* cuiller *f* à dessert

destination [dɛstɪ'neɪʃən] *n* destination *f*

destined ['dɛstɪnd] *adj*: **~ for London** à destination de Londres

destiny ['dɛstɪnɪ] *n* destinée *f*, destin *m*

destroy [dɪs'trɔɪ] *vt* détruire; (*injured horse*) abattre; (*dog*) faire piquer

destruction [dɪs'trʌkʃən] *n* destruction *f*

destructive [dɪs'trʌktɪv] *adj* destructeur(-trice)

detach [dɪ'tætʃ] *vt* détacher; **detached** *adj* (*attitude*) détaché(e); **detached house** *n* (*BRIT*) pavillon *m* maison(-nette) (individuelle)

detail ['diːteɪl] *n* détail *m* ▷ *vt* raconter en détail, énumérer; **in ~** en détail; **detailed** *adj* détaillé(e)

detain [dɪ'teɪn] *vt* retenir; (*in captivity*) détenir

detect [dɪ'tɛkt] *vt* déceler, percevoir; (*Med, Police*) dépister; (*Mil, Radar, Tech*) détecter; **detection** [dɪ'tɛkʃən] *n* découverte *f*; **detective** *n* policier *m*; **private detective** détective privé; **detective story** *n* roman policier

detention [dɪ'tɛnʃən] *n* détention *f*; (*Scol*) retenue *f*, consigne *f*

deter [dɪ'təː²] *vt* dissuader

detergent [dɪ'təːdʒənt] *n* détersif *m*, détergent *m*

deteriorate [dɪ'tɪərɪəreɪt] *vi* se détériorer, se dégrader

determination [dɪtəːmɪ'neɪʃən] *n* détermination *f*

determine [dɪ'təːmɪn] *vt* déterminer; **to ~ to do** résoudre de faire, se déterminer à faire; **determined** *adj* (*person*) déterminé(e), décidé(e); **determined to do** bien décidé à faire

deterrent [dɪ'tɛrənt] *n* effet *m* de dissuasion; force *f* de dissuasion

detest [dɪ'tɛst] *vt* détester, avoir

horreur de

detour ['diːtuə] n détour m; (us Aut: diversion) déviation f

detract [dɪ'trækt] vt: to ~ from (quality, pleasure) diminuer; (reputation) porter atteinte à

detrimental [dɛtrɪ'mɛntl] adj: ~ to préjudiciable or nuisible à

devastating ['dɛvəsteɪtɪŋ] adj dévastateur(-trice); (news) accablant(e)

develop [dɪ'vɛləp] vt (gen) développer; (disease) commencer à souffrir de; (resources) mettre en valeur, exploiter; (land) aménager ▷ vi se développer; (situation, disease: evolve) évoluer; (facts, symptoms: appear) se manifester, se produire; **can you ~ this film?** pouvez-vous développer cette pellicule?; **developing country** n pays m en voie de développement; **development** n développement m; (of land) exploitation f; (new fact, event) rebondissement m, fait(s) nouveau(x)

device [dɪ'vaɪs] n (apparatus) appareil m, dispositif m

devil ['dɛvl] n diable m; démon m

devious ['diːvɪəs] adj (person) sournois(e), dissimulé(e)

devise [dɪ'vaɪz] vt imaginer, concevoir

devote [dɪ'vəut] vt: to ~ sth to consacrer qch à; **devoted** adj dévoué(e); to be devoted to être dévoué(e) or très attaché(e) à; (book etc) être consacré(e) à; **devotion** n dévouement m, attachement m; (Rel) dévotion f, piété f

devour [dɪ'vauə] vt dévorer

devout [dɪ'vaut] adj pieux(-euse), dévot(e)

dew [djuː] n rosée f

diabetes [daɪə'biːtiːz] n diabète m

diabetic [daɪə'bɛtɪk] n diabétique m/f ▷ adj (person) diabétique

diagnose [daɪəg'nəuz] vt diagnostiquer

diagnosis (pl **diagnoses**) [daɪəg'nəusɪs, -siːz] n diagnostic m

diagonal [daɪ'æɡənl] adj diagonal(e)

▷ n diagonale f

diagram ['daɪəgræm] n diagramme m, schéma m

dial ['daɪəl] n cadran m ▷ vt (number) faire, composer

dialect ['daɪəlɛkt] n dialecte m

dialling code ['daɪəlɪŋ-] (us **dial code**) n indicatif m (téléphonique); **what's the ~ for Paris?** quel est l'indicatif de Paris?

dialling tone ['daɪəlɪŋ-] (us **dial tone**) n tonalité f

dialogue (us **dialog**) ['daɪəlɒɡ] n dialogue m

diameter [daɪ'æmɪtə] n diamètre m

diamond ['daɪəmənd] n diamant m; (shape) losange m; **diamonds** npl (Cards) carreau m

diaper ['daɪəpə] n (us) couche f

diarrhoea (us **diarrhea**) [daɪə'riːə] n diarrhée f

diary ['daɪərɪ] n (daily account) journal m; (book) agenda m

dice [daɪs] n (pl inv) dé m ▷ vt (Culin) couper en dés ou en cubes

dictate [dɪk'teɪt] vt dicter; **dictation** [dɪk'teɪʃən] n dictée f

dictator [dɪk'teɪtə] n dictateur m

dictionary ['dɪkʃənrɪ] n dictionnaire m

did [dɪd] pt of **do**

didn't [dɪdnt] = **did not**

die [daɪ] vi mourir; **to be dying for sth** avoir une envie folle de qch; **to be dying to do sth** mourir d'envie de faire qch; **die down** vi se calmer, s'apaiser; **die out** vi disparaître, s'éteindre

diesel ['diːzl] n (vehicle) diesel m; (also: ~ **oil**) carburant m diesel, gas-oil m

diet ['daɪət] n alimentation f; (restricted food) régime m ▷ vi (also: **be on a ~**) suivre un régime

differ ['dɪfə] vi: **to ~ from sth** (be different) être différent(e) de qch, différer de qch; **to ~ from sb over sth** ne pas être d'accord avec qn au sujet de qch; **difference** n différence f; (quarrel) différend m, désaccord m; **different** adj différent(e); **differentiate**

[dɪfəˈrenʃɪeɪt] vi: **to differentiate between** faire une différence entre; **differently** adv différemment

difficult [ˈdɪfɪkəlt] adj difficile; **difficulty** n difficulté f

dig [dɪg] vt (pt, pp **dug**) (hole) creuser; (garden) bêcher ▷ n (prod) coup m de coude; (fig: remark) coup de griffe or de patte; (Archaeology) fouille f; **to ~ one's nails into** enfoncer ses ongles dans; **dig up** vt déterrer

digest vt [daɪˈdʒɛst] digérer ▷ n [ˈdaɪdʒɛst] sommaire m, résumé m; **digestion** [dɪˈdʒɛstʃən] n digestion f

digit [ˈdɪdʒɪt] n (number) chiffre m (de o à 9); (finger) doigt m; **digital** adj (system, recording, radio) numérique, digital(e); (watch) à affichage numérique; **digital camera** n appareil m photo numérique; **digital TV** n télévision f numérique

dignified [ˈdɪgnɪfaɪd] adj digne; **dignity** [ˈdɪgnɪtɪ] n dignité f

digs [dɪgz] npl (BRIT inf) piaule f, chambre meublée

dilemma [daɪˈlɛmə] n dilemme m

dill [dɪl] n aneth m

dilute [daɪˈluːt] vt diluer

dim [dɪm] adj (light, eyesight) faible; (memory, outline) vague, indécis(e); (room) sombre; (inf: stupid) borné(e), obtus(e) ▷ vt (light) réduire, baisser; (us Aut) mettre en code, baisser

dime [daɪm] n (us) pièce f de 10 cents

dimension [daɪˈmɛnʃən] n dimension f

diminish [dɪˈmɪnɪʃ] vt, vi diminuer

din [dɪn] n vacarme m

dine [daɪn] vi dîner; **diner** n (person) dîneur(-euse); (us: eating place) petit restaurant

dinghy [ˈdɪŋgɪ] n youyou m; (inflatable) canot m pneumatique; (also: **sailing ~**) voilier m, dériveur m

dingy [ˈdɪndʒɪ] adj miteux(-euse), minable

dining car [ˈdaɪnɪŋ-] n (BRIT) voiture-restaurant f, wagon-restaurant m

dining room [ˈdaɪnɪŋ-] n salle f à manger

dining table [ˈdaɪnɪŋ-] n table f de (la) salle à manger

dinner [ˈdɪnəʳ] n (evening meal) dîner m; (lunch) déjeuner m; (public) banquet m; **dinner jacket** n smoking m; **dinner party** n dîner m; **dinner time** n (evening) heure f du dîner; (midday) heure du déjeuner

dinosaur [ˈdaɪnəsɔːʳ] n dinosaure m

dip [dɪp] n (slope) déclivité f; (in sea) baignade f, bain m; (Culin) sauce f ▷ vt tremper, plonger; (BRIT Aut: lights) mettre en code, baisser ▷ vi plonger

diploma [dɪˈpləʊmə] n diplôme m

diplomacy [dɪˈpləʊməsɪ] n diplomatie f

diplomat [ˈdɪpləmæt] n diplomate m; **diplomatic** [dɪpləˈmætɪk] adj diplomatique

dipstick [ˈdɪpstɪk] n (BRIT Aut) jauge f de niveau d'huile

dire [daɪəʳ] adj (poverty) extrême; (awful) affreux(-euse)

direct [daɪˈrɛkt] adj direct(e) ▷ vt (tell way) diriger, orienter; (letter, remark) adresser; (Cine, TV) réaliser; (Theat) mettre en scène; (order): **to ~ sb to do sth** ordonner à qn de faire qch ▷ adv directement; **can you ~ me to ...?** pouvez-vous m'indiquer le chemin de ...?; **direct debit** n (BRIT Banking) prélèvement m automatique

direction [daɪˈrɛkʃən] n direction f; **directions** npl (to a place) indications fpl; **~ for use** mode m d'emploi; **sense of ~** sens m de l'orientation

directly [daɪˈrɛktlɪ] adv (in straight line) directement, tout droit; (at once) tout de suite, immédiatement

director [daɪˈrɛktəʳ] n directeur m; (Theat) metteur m en scène; (Cine, TV) réalisateur(-trice)

directory [daɪˈrɛktərɪ] n annuaire m; (Comput) répertoire m; **directory enquiries** (us **directory assistance**) n (Tel: service) renseignements mpl

dirt [dəːt] n saleté f; (mud) boue f; **dirty** adj sale; (joke) cochon(ne) ▷ vt salir

disability [dɪsə'bɪlɪtɪ] n invalidité f, infirmité f

disabled [dɪs'eɪbld] adj handicapé(e); (maimed) mutilé(e)

disadvantage [dɪsəd'vɑːntɪdʒ] n désavantage m, inconvénient m

disagree [dɪsə'ɡriː] vi (differ) ne pas concorder; (be against, think otherwise): **to ~ (with)** ne pas être d'accord (avec); **disagreeable** adj désagréable; **disagreement** n désaccord m, différend m

disappear [dɪsə'pɪəʳ] vi disparaître; **disappearance** n disparition f

disappoint [dɪsə'pɔɪnt] vt décevoir; **disappointed** adj déçu(e); **disappointing** adj décevant(e); **disappointment** n déception f

disapproval [dɪsə'pruːvəl] n désapprobation f

disapprove [dɪsə'pruːv] vi: **to ~ of** désapprouver

disarm [dɪs'ɑːm] vt désarmer; **disarmament** [dɪs'ɑːməmənt] n désarmement m

disaster [dɪ'zɑːstəʳ] n catastrophe f, désastre m; **disastrous** adj désastreux(-euse)

disbelief [dɪsbə'liːf] n incrédulité f

disc [dɪsk] n disque m; (Comput) = **disk**

discard [dɪs'kɑːd] vt (old things) se débarrasser de; (fig) écarter, renoncer à

discharge vt [dɪs'tʃɑːdʒ] (duties) s'acquitter de; (waste etc) déverser; décharger; (patient) renvoyer (chez lui); (employee, soldier) congédier, licencier ▷ n [ˈdɪstʃɑːdʒ] (Elec, Med) émission f; (dismissal) renvoi m; licenciement m

discipline [ˈdɪsɪplɪn] n discipline f ▷ vt discipliner; (punish) punir

disc jockey n disque-jockey m (DJ)

disclose [dɪs'kləʊz] vt révéler, divulguer

disco [ˈdɪskəʊ] n abbr discothèque f

discoloured [dɪs'kʌləd] (us **discolored**) adj décoloré(e), jauni(e)

discomfort [dɪs'kʌmfət] n malaise m, gêne f; (lack of comfort) manque m de confort

disconnect [dɪskə'nɛkt] vt (Elec, Radio) débrancher; (gas, water) couper

discontent [dɪskən'tɛnt] n mécontentement m

discontinue [dɪskən'tɪnjuː] vt cesser, interrompre; **"~d"** (Comm) "fin de série"

discount n [ˈdɪskaʊnt] remise f, rabais m ▷ vt [dɪs'kaʊnt] (report etc) ne pas tenir compte de

discourage [dɪs'kʌrɪdʒ] vt décourager

discover [dɪs'kʌvəʳ] vt découvrir; **discovery** n découverte f

discredit [dɪs'krɛdɪt] vt (idea) mettre en doute; (person) discréditer

discreet [dɪ'skriːt] adj discret(-ète)

discrepancy [dɪ'skrɛpənsɪ] n divergence f, contradiction f

discretion [dɪ'skrɛʃən] n discrétion f; **at the ~** à la discrétion de

discriminate [dɪ'skrɪmɪneɪt] vi: **to ~ between** établir une distinction entre, faire la différence entre; **to ~ against** pratiquer une discrimination contre; **discrimination** [dɪskrɪmɪ'neɪʃən] n discrimination f; (judgment) discernement m

discuss [dɪ'skʌs] vt discuter de; (debate) discuter; **discussion** [dɪ'skʌʃən] n discussion f

disease [dɪ'ziːz] n maladie f

disembark [dɪsɪm'bɑːk] vt, vi débarquer

disgrace [dɪs'ɡreɪs] n honte f; (disfavour) disgrâce f ▷ vt déshonorer, couvrir de honte; **disgraceful** adj scandaleux(-euse), honteux(-euse)

disgruntled [dɪs'ɡrʌntld] adj mécontent(e)

disguise [dɪs'ɡaɪz] n déguisement m ▷ vt déguiser; **in ~** déguisé(e)

disgust [dɪs'ɡʌst] n dégoût m, aversion f ▷ vt dégoûter, écœurer

disgusted [dɪs'ɡʌstɪd] adj dégoûté(e), écœuré(e)

disgusting [dɪsˈɡʌstɪŋ] adj dégoûtant(e)

dish [dɪʃ] n plat m; **to do** or **wash the ~es** faire la vaisselle; **dishcloth** n (for drying) torchon m; (for washing) lavette f

dishonest [dɪsˈɒnɪst] adj malhonnête

dishtowel [ˈdɪʃtaʊəl] n (us) torchon m (à vaisselle)

dishwasher [ˈdɪʃwɒʃəʳ] n lave-vaisselle m

disillusion [dɪsɪˈluːʒən] vt désabuser, désenchanter

disinfectant [dɪsɪnˈfɛktənt] n désinfectant m

disintegrate [dɪsˈɪntɪɡreɪt] vi se désintégrer

disk [dɪsk] n (Comput) disquette f; **single-/double-sided ~** disquette une face/double face; **disk drive** n lecteur m de disquette; **diskette** (Comput) disquette f

dislike [dɪsˈlaɪk] n aversion f, antipathie f ▷ vt ne pas aimer

dislocate [ˈdɪsləkeɪt] vt disloquer, déboîter

disloyal [dɪsˈlɔɪəl] adj déloyal(e)

dismal [ˈdɪzml] adj (gloomy) lugubre, maussade; (very bad) lamentable

dismantle [dɪsˈmæntl] vt démonter

dismay [dɪsˈmeɪ] n consternation f ▷ vt consterner

dismiss [dɪsˈmɪs] vt congédier, renvoyer; (idea) écarter; (Law) rejeter; **dismissal** n renvoi m

disobedient [dɪsəˈbiːdɪənt] adj désobéissant(e), indiscipliné(e)

disobey [dɪsəˈbeɪ] vt désobéir à

disorder [dɪsˈɔːdəʳ] n désordre m; (rioting) désordres mpl; (Med) troubles mpl

disorganized [dɪsˈɔːɡənaɪzd] adj désorganisé(e)

disown [dɪsˈəʊn] vt renier

dispatch [dɪsˈpætʃ] vt expédier, envoyer ▷ n envoi m, expédition f; (Mil, Press) dépêche f

dispel [dɪsˈpɛl] vt dissiper, chasser

dispense [dɪsˈpɛns] vt (medicine)

préparer (et vendre); **dispense with** vt fus se passer de; **dispenser** n (device) distributeur m

disperse [dɪsˈpəːs] vt disperser ▷ vi se disperser

display [dɪsˈpleɪ] n (of goods) étalage m; affichage m; visualisation f; (: device) visuel m; (of feeling) manifestation f ▷ vt montrer; (goods) mettre à l'étalage, exposer; (results, departure times) afficher; (pej) faire étalage de

displease [dɪsˈpliːz] vt mécontenter, contrarier

disposable [dɪsˈpəʊzəbl] adj (pack etc) jetable; (income) disponible

disposal [dɪsˈpəʊzl] n (of rubbish) évacuation f, destruction f; (of property etc: by selling) vente f; (: by giving away) cession f; **at one's ~** à sa disposition

dispose [dɪsˈpəʊz] vi: **to ~ of** (unwanted goods) se débarrasser de, se défaire de; (problem) expédier; **disposition** [dɪspəˈzɪʃən] n disposition f; (temperament) naturel m

disproportionate [dɪsprəˈpɔːʃənət] adj disproportionné(e)

dispute [dɪsˈpjuːt] n discussion f; (also: **industrial ~**) conflit m ▷ vt (question) contester; (matter) discuter

disqualify [dɪsˈkwɒlɪfaɪ] vt (Sport) disqualifier; **to ~ sb for sth/from doing** rendre qn inapte à qch/à faire

disregard [dɪsrɪˈɡɑːd] vt ne pas tenir compte de

disrupt [dɪsˈrʌpt] vt (plans, meeting, lesson) perturber, déranger; **disruption** [dɪsˈrʌpʃən] n perturbation f, dérangement m

dissatisfaction [dɪssætɪsˈfækʃən] n mécontentement m, insatisfaction f

dissatisfied [dɪsˈsætɪsfaɪd] adj: **~ (with)** insatisfait(e) (de)

dissect [dɪˈsɛkt] vt disséquer

dissent [dɪˈsɛnt] n dissentiment m, différence f d'opinion

dissertation [dɪsəˈteɪʃən] n (Scol) mémoire m

dissolve [dɪˈzɔlv] vt dissoudre ▷ vi se dissoudre, fondre; **to ~ in(to) tears** fondre en larmes

distance [ˈdɪstns] n distance f; **in the ~** au loin

distant [ˈdɪstnt] adj lointain(e), éloigné(e); (manner) distant(e), froid(e)

distil (us **distill**) [dɪsˈtɪl] vt distiller; **distillery** n distillerie f

distinct [dɪsˈtɪŋkt] adj distinct(e); (clear) marqué(e); **as ~ from** par opposition à; **distinction** [dɪsˈtɪŋkʃən] n distinction f; (in exam) mention f très bien; **distinctive** adj distinctif(-ive)

distinguish [dɪsˈtɪŋgwɪʃ] vt distinguer; **to ~ o.s.** se distinguer; **distinguished** adj (eminent, refined) distingué(e)

distort [dɪsˈtɔːt] vt déformer

distract [dɪsˈtrækt] vt distraire, déranger; **distracted** adj (not concentrating) distrait(e); (worried) affolé(e); **distraction** [dɪsˈtrækʃən] n distraction f

distraught [dɪsˈtrɔːt] adj éperdu(e)

distress [dɪsˈtrɛs] n détresse f ▷ vt affliger; **distressing** adj douloureux(-euse), pénible

distribute [dɪsˈtrɪbjuːt] vt distribuer; **distribution** [dɪstrɪˈbjuːʃən] n distribution f; **distributor** n (gen: Tech) distributeur m; (Comm) concessionnaire m/f

district [ˈdɪstrɪkt] n (of country) région f; (of town) quartier m; (Admin) district m; **district attorney** n (us) ≈ procureur m de la République

distrust [dɪsˈtrʌst] n méfiance f, doute m ▷ vt se méfier de

disturb [dɪsˈtəːb] vt troubler; (inconvenience) déranger; **disturbance** n dérangement m; (political etc) troubles mpl; **disturbed** adj (worried, upset) agité(e), troublé(e); **to be emotionally disturbed** avoir des problèmes affectifs; **disturbing** adj troublant(e), inquiétant(e)

ditch [dɪtʃ] n fossé m; (for irrigation)

rigole f ▷ vt (inf) abandonner; (person) plaquer

ditto [ˈdɪtəu] adv idem

dive [daɪv] n plongeon m; (of submarine) plongée f ▷ vi plonger; **to ~ into** (bag etc) plonger la main dans; (place) se précipiter dans; **diver** n plongeur m

diverse [daɪˈvəːs] adj divers(e)

diversion [daɪˈvəːʃən] n (BRIT Aut) déviation f; (distraction, Mil) diversion f

diversity [daɪˈvəːsɪtɪ] n diversité f, variété f

divert [daɪˈvəːt] vt (traffic) dévier; (plane) dérouter; (train, river) détourner

divide [dɪˈvaɪd] vt diviser; (separate) séparer ▷ vi se diviser; **divided highway** (us) n route f à quatre voies

divine [dɪˈvaɪn] adj divin(e)

diving [ˈdaɪvɪŋ] n plongée (sous-marine); **diving board** n plongeoir m

division [dɪˈvɪʒən] n division f; (separation) séparation f; (Comm) service m

divorce [dɪˈvɔːs] n divorce m ▷ vt divorcer d'avec; **divorced** adj divorcé(e); **divorcee** [dɪvɔːˈsiː] n divorcé(e)

D.I.Y. n abbr (BRIT) = **do-it-yourself**

dizzy [ˈdɪzɪ] adj: **I feel ~** la tête me tourne, j'ai la tête qui tourne

DJ n abbr = **disc jockey**

DNA n abbr (= deoxyribonucleic acid) ADN m

🔘 **KEYWORD**

do [duː] (pt **did**, pp **done**) n (inf: party etc) soirée f, fête f
▷ vb 1 (in negative constructions) non traduit; **I don't understand** je ne comprends pas
2 (to form questions) non traduit; **didn't you know?** vous ne saviez pas?; **what do you think?** qu'en pensez-vous?
3 (for emphasis, in polite expressions): **people do make mistakes sometimes** on peut toujours se tromper; **she does seem rather late**

trouve qu'elle est bien en retard; **do sit down/help yourself** asseyez-vous/ servez-vous je vous en prie; **do take care!** faites bien attention à vous!
4 (used to avoid repeating vb): **she swims better than I do** elle nage mieux que moi; **do you agree? - yes, I do/no I don't** vous êtes d'accord? - oui/non; **she lives in Glasgow - so do I** elle habite Glasgow - moi aussi; **he didn't like it and neither did we** il n'a pas aimé ça, et nous non plus; **who broke it? - I did** qui l'a cassé? - c'est moi; **he asked me to help him and I did** il m'a demandé de l'aider, et c'est ce que j'ai fait
5 (in question tags): **you like him, don't you?** vous l'aimez bien, n'est-ce pas?; **I don't know him, do I?** je ne crois pas le connaître

▷ vt 1 (gen: carry out, perform etc) faire; (visit: city, museum) visiter; **what are you doing tonight?** qu'est-ce que vous faites ce soir?; **what do you do?** (job) que faites-vous dans la vie?; **what can I do for you?** que puis-je faire pour vous?; **to do the cooking/washing-up** faire la cuisine/la vaisselle; **to do one's teeth/hair/nails** se brosser les dents/se coiffer/se faire les ongles
2 (Aut etc: distance) faire; (: speed) faire du; **we've done 200 km already** nous avons déjà fait 200 km; **the car was doing 100** la voiture faisait du 100 (à l'heure); **he can do 100 in that car** il peut faire du 100 (à l'heure) dans cette voiture-là

▷ vi 1 (act, behave) faire; **do as I do** faites comme moi
2 (get on, fare) marcher; **the firm is doing well** l'entreprise marche bien; **he's doing well/badly at school** ça marche bien/mal pour lui à l'école; **how do you do?** comment allez-vous?; (on being introduced) enchanté(e)
3 (suit) aller; **will it do?** est-ce que ça ira?
4 (be sufficient) suffire, aller; **will £10**

do? est-ce que 10 livres suffiront?; **that'll do** ça suffit, ça ira; **that'll do!** (in annoyance) suffit comme ça or suffit comme ça!; **to make do (with)** se contenter (de)
do up vt (laces, dress) attacher; (buttons) boutonner; (zip) fermer; (renovate: room) refaire; (: house) remettre à neuf
do with vt fus (need): **I could do with a drink/some help** quelque chose à boire/un peu d'aide ne serait pas de refus; **it could do with a wash** ça ne lui ferait pas de mal d'être lavé; (be connected with): **that has nothing to do with you** cela ne vous concerne pas; **I won't have anything to do with it** je ne veux pas m'en mêler
do without vi s'en passer; **if you're late for tea then you'll do without** si vous êtes en retard pour le dîner il faudra vous en passer
▷ vt fus se passer de; **I can do without a car** je peux me passer de voiture

dock [dɔk] n dock m; (wharf) quai m; (Law) banc m des accusés ▷ vi se mettre à quai; (Space) s'arrimer; **docks** npl (Naut) docks

doctor ['dɔktə'] n médecin m, docteur m; (PhD etc) docteur ▷ vt (drink) frelater; **call a ~!** appelez un docteur or un médecin!; **Doctor of Philosophy (PhD)** n (degree) doctorat m; (person) titulaire m/f d'un doctorat

document n ['dɔkjumənt] n document m; **documentary** [dɔkju'mɛntərɪ] adj, n documentaire (m); **documentation** [dɔkjumən'teɪʃən] n documentation f

dodge [dɔdʒ] n truc m; combine f ▷ vt esquiver, éviter

dodgy ['dɔdʒɪ] adj (inf: uncertain) douteux(-euse); (: shady) louche

does [dʌz] vb see **do**

doesn't ['dʌznt] = does not

dog [dɔg] n chien(ne) ▷ vt (follow closely) suivre de près; (fig: memory etc) poursuivre, harceler; **doggy bag** ['dɔgɪ-] n petit sac pour emporter les restes

do-it-yourself ['du:ɪtjɔː'sɛlf] n bricolage m

dole [dəʊl] n (BRIT: payment) allocation f de chômage; **on the ~** au chômage

doll [dɒl] n poupée f

dollar ['dɒlə'] n dollar m

dolphin ['dɒlfɪn] n dauphin m

dome [dəʊm] n dôme m

domestic [də'mɛstɪk] adj (duty, happiness) familial(e); (policy, affairs, flight) intérieur(e); (animal) domestique; **domestic appliance** n appareil ménager

dominant ['dɒmɪnənt] adj dominant(e)

dominate ['dɒmɪneɪt] vt dominer

domino ['dɒmɪnəʊ] (pl **~es**) n domino m; **dominoes** n (game) dominos mpl

donate [də'neɪt] vt faire don de, donner; **donation** [də'neɪʃən] n donation f, don m

done [dʌn] pp of **do**

donkey ['dɒŋkɪ] n âne m

donor ['dəʊnə'] n (of blood etc) donneur(-euse); (to charity) donateur(-trice); **donor card** n carte f de don d'organes

don't [dəʊnt] = **do not**

donut ['dəʊnʌt] (US) = **doughnut**

doodle ['du:dl] vi griffonner, gribouiller

doom [du:m] n (fate) destin m ▷ vt: **to be ~ed to failure** être voué(e) à l'échec

door [dɔː'] n porte f; (Rail, car) portière f

doorbell n sonnette f; **door handle** n poignée f de porte; (of car) poignée de portière; **doorknob** n poignée f or bouton m de porte; **doorstep** n pas m de (la) porte, seuil m; **doorway** n (embrasure f) porte f

dope [dəʊp] n (inf: drug) drogue f; (: person) andouille f ▷ vt (horse etc) doper

dormitory ['dɔːmɪtrɪ] n (BRIT) dortoir m; (US: hall of residence) résidence f universitaire

DOS [dɒs] n abbr (= disk operating system) DOS m

dosage ['dəʊsɪdʒ] n dose f; dosage m; (on label) posologie f

dose [dəʊs] n dose f

dot [dɒt] n point m; (on material) pois m ▷ vt: **~ted with** parsemé(e) de; **on the ~** à l'heure tapante; **dotcom** [dɒt'kɒm] n point com m, pointcom m; **dotted line** ['dɒtɪd-] n ligne pointillée; **to sign on the dotted line** signer à l'endroit indiqué or sur la ligne pointillée

double ['dʌbl] adj double ▷ adv (twice): **to cost ~ (sth)** coûter le double (de qch) or deux fois plus (que qch) ▷ n double m; (Cine) doublure f ▷ vt doubler; (fold) plier en deux ▷ vi doubler; **on the ~, at the ~** au pas de course; **double back** vi (person) revenir sur ses pas; **double bass** n contrebasse f; **double bed** n grand lit; **double-check** vt, vi revérifier; **double-click** vi (Comput) double-cliquer; **double-cross** vt doubler, trahir; **doubledecker** n autobus m à impériale; **double glazing** (BRIT) n double vitrage m; **double room** n chambre f pour deux; **doubles** n (Tennis) double m; **double yellow lines** npl (BRIT: Aut) double bande jaune marquant l'interdiction de stationner

doubt [daʊt] n doute m ▷ vt douter de; **no ~** sans doute; **to ~ that** douter que + sub; **doubtful** adj douteux(-euse); (person) incertain(e); **doubtless** adv sans doute, sûrement

dough [dəʊ] n pâte f; **doughnut** (US **donut**) n beignet m

dove [dʌv] n colombe f

Dover ['dəʊvə'] n Douvres

down [daʊn] n (fluff) duvet m ▷ adv en bas, vers le bas; (on the ground) par terre ▷ prep en bas de; (along) le long de ▷ vt (inf: drink) siffler; **to walk ~ a hill** descendre une colline; **to run ~ the street** descendre la rue en courant; **~ with X!** à bas X!; **down-and-out** n (tramp) clochard(e); **downfall** n chute f, ruine f; **downhill** adv: **to go downhill** descendre; (business) péricliter

Downing Street ['daunɪŋ-] n (BRIT): **no ~** résidence du Premier ministre

down: **download** vt (Comput) télécharger; **downloadable** adj (Comput) téléchargeable; **downright** adj (lie etc) effronté(e); (refusal) catégorique

Down's syndrome [daunz-] n trisomie f

down: **downstairs** adv (on or to ground floor) au rez-de-chaussée; (on or to floor below) à l'étage inférieur; **down-to-earth** adj terre à terre inv; **downtown** adv en ville; **down under** adv en Australie ou Nouvelle Zélande; **downward** ['daunwəd] adj, adv vers le bas; **downwards** ['daunwədz] adv vers le bas

doz. abbr = **dozen**

doze [dauz] vi sommeiller

dozen ['dʌzn] n douzaine f; **a ~ books** une douzaine de livres; **~s of** des centaines de

Dr. abbr (= doctor) Dr; (in street names) = **drive**

drab [dræb] adj terne, morne

draft [drɑ:ft] n (of letter, school work) brouillon m; (of literary work) ébauche f; (Comm) traite f; (us: call-up) conscription f ▷ vt faire le brouillon de; (Mil: send) détacher; see also **draught**

drag [dræg] vt traîner; (river) draguer ▷ vi traîner ▷ n (inf) casse-pieds m/f; (women's clothing): **in ~** (en) travesti; **to ~ and drop** (Comput) glisser-poser

dragonfly ['drægənflaɪ] n libellule f

drain [dreɪn] n égout m; (on resources) saignée f ▷ vt (land), assécher; (vegetables) égoutter; (reservoir etc) vider ▷ vi (water) s'écouler; **drainage** n (system) système m d'égouts; (act) drainage m; **drainpipe** n tuyau m d'écoulement

drama ['drɑ:mə] n (art) théâtre m, art m dramatique; (play) pièce f; (event) drame m; **dramatic** [drə'mætɪk] adj (Theat) dramatique; (impressive) spectaculaire

drank [dræŋk] pt of **drink**

drape [dreɪp] vt draper; **drapes** npl (us) rideaux mpl

drastic ['dræstɪk] adj (measures) d'urgence, énergique; (change) radical(e)

draught (us **draft**) [drɑ:ft] n courant m d'air; **on ~** (beer) à la pression; **draught beer** n (à la) pression; **draughts** n (BRIT: game) (jeu m de) dames fpl

draw [drɔ:] (vb: pt **drew**, pp **~n**) vt tirer; (picture) dessiner; (attract) attirer; (line, circle) tracer; (money) retirer; (wages) toucher ▷ vi (Sport) faire match nul ▷ n match nul; (lottery) loterie f; (: picking of ticket) tirage m au sort; **draw out** vi (lengthen) s'allonger ▷ vt (money) retirer; **draw up** vi (stop) s'arrêter ▷ vt (document) établir, dresser; (plan) formuler, dessiner; (chair) approcher; **drawback** n inconvénient m, désavantage m

drawer [drɔ:[**] n tiroir m

drawing ['drɔ:ɪŋ] n dessin m; **drawing pin** n (BRIT) punaise f; **drawing room** n salon m

drawn [drɔ:n] pp of **draw**

dread [drɛd] n épouvante f, effroi m ▷ vt redouter, appréhender; **dreadful** adj épouvantable, affreux(-euse)

dream [dri:m] n rêve m ▷ vt, vi (pt, pp **~ed** or **~t**) rêver; **dreamer** n rêveur(-euse)

dreamt [drɛmt] pt, pp of **dream**

dreary ['drɪərɪ] adj triste; monotone

drench [drɛntʃ] vt tremper

dress [drɛs] n robe f; (clothing)

habillement m, tenue f ▷ vt habiller; (wound) panser ▷ vi: **to get ~ed** s'habiller; **dress up** vi s'habiller; (in fancy dress) se déguiser; **dress circle** n (BRIT) premier balcon; **dresser** n (furniture) vaisselier m; (: us) coiffeuse f, commode f; **dressing** n (Med) pansement m; (Culin) sauce f, assaisonnement m; **dressing gown** n (BRIT) robe f de chambre; **dressing room** n (Theat) loge f, (Sport) vestiaire m; **dressing table** n coiffeuse f; **dressmaker** n couturière f

drew [druː] pt of **draw**

dribble ['drɪbl] vi (baby) baver ▷ vt (ball) dribbler

dried [draɪd] adj (fruit, beans) sec (sèche); (eggs, milk) en poudre

drier ['draɪə'] n = **dryer**

drift [drɪft] n (of current etc) force f, direction f; (of snow) rafale f, coulée f; (: on ground) congère f; (general meaning) sens général m ▷ vi (boat) aller à la dérive, dériver; (sand, snow) s'amonceler, s'entasser

drill [drɪl] n perceuse f; (bit) foret m; (of dentist) roulette f, fraise f; (Mil) exercice m ▷ vt percer; (troops) entraîner ▷ vi (for oil) faire un or des forage(s)

drink [drɪŋk] n boisson f; (alcoholic) verre m ▷ vt, vi (pt **drank**, pp **drunk**) boire; **to have a ~** boire quelque chose, boire un verre; **a ~ of water** un verre d'eau; **would you like a ~?** tu veux boire quelque chose?; **drink-driving** n conduite f en état d'ivresse; **drinker** n buveur(-euse); **drinking water** n eau f potable

drip [drɪp] n (drop) goutte f; (Med: device) goutte-à-goutte m inv; (: liquid) perfusion f ▷ vi tomber goutte à goutte; (tap) goutter

drive [draɪv] n (ride) promenade f or trajet m en voiture; (also: **~way**) allée f; (energy) dynamisme m, énergie f; (push) effort (concerté); campagne f; (Comput: also: **disk ~**) lecteur m de disquette ▷ vb (pt **drove**, pp **~n**) ▷ vt conduire; (nail) enfoncer; (push) chasser, pousser; (Tech: motor) actionner; entraîner ▷ vi (be at the wheel) conduire; (travel by car) aller en voiture; **left-/right-hand ~** (Aut) conduite f à gauche/droite; **to ~ sb mad** rendre qn fou (folle); **drive out** vt (force out) chasser; **drive-in** adj, n (esp US) drive-in m

driven ['drɪvn] pp of **drive**

driver ['draɪvə'] n conducteur(-trice); (of taxi, bus) chauffeur m; **driver's license** n (US) permis m de conduire

driveway ['draɪvweɪ] n allée f

driving ['draɪvɪŋ] n conduite f; **driving instructor** n moniteur m d'auto-école; **driving lesson** n leçon f de conduite; **driving licence** n (BRIT) permis m de conduire; **driving test** n examen m du permis de conduire

drizzle ['drɪzl] n bruine f, crachin m

droop [druːp] vi (flower) commencer à se faner; (shoulders, head) tomber

drop [drɔp] n (of liquid) goutte f; (fall) baisse f; (also: **parachute ~**) saut m ▷ vt laisser tomber; (voice, eyes, price) baisser; (passenger) déposer ▷ vi tomber; **drop in** vi (inf: visit): **to ~ in (on)** faire un saut (chez), passer (chez); **drop off** vi (sleep) s'assoupir ▷ vt (passenger) déposer; **drop out** vi (withdraw) se retirer; (student etc) abandonner, décrocher

drought [draut] n sécheresse f

drove [drəuv] pt of **drive**

drown [draun] vt noyer ▷ vi se noyer

drowsy ['drauzɪ] adj somnolent(e)

drug [drʌg] n médicament m; (narcotic) drogue f ▷ vt droguer; **to be on ~s** se droguer; **drug addict** n toxicomane m/f; **drug dealer** n revendeur(-euse) de drogue; **druggist** n (us) pharmacien(ne)-droguiste; **drugstore** n (us) pharmacie-droguerie f, drugstore m

drum [drʌm] n tambour m; (for oil, petrol) bidon m; **drums** npl (Mus) batterie f; **drummer** n (joueur m de) tambour m

drunk [drʌŋk] pp of **drink** ▷ adj ivre, soûl(e) ▷ n (also: **~ard**) ivrogne m/f; **to get ~** se soûler; **drunken** adj ivre, soûl(e) ▷ n (rage, stupor) ivrogne, d'ivrogne

dry [draɪ] adj sec (sèche); (day) sans pluie ▷ vi (clothes) faire sécher ▷ vi sécher; **dry off** vi, vt sécher; **dry up** vi (river, supplies) se tarir; **dry-cleaner's** n teinturerie f; **dry-cleaning** n (process) nettoyage m à sec; **dryer** n (tumble-dryer) sèche-linge m inv; (for hair) sèche-cheveux m inv

DSS n abbr (BRIT) = **Department of Social Security**

DTP n abbr (= desktop publishing) PAO f

dual ['djuəl] adj double; **dual carriageway** n (BRIT) route f à quatre voies

dubious ['dju:bɪəs] adj hésitant(e), incertain(e); (reputation, company) douteux(-euse)

duck [dʌk] n canard m ▷ vi se baisser vivement, baisser subitement la tête

due [dju:] adj (money, payment) dû (due); (expected) attendu(e); (fitting) qui convient ▷ adv: **~ north** droit vers le nord; **~ to** (because of) en raison de; (caused by) dû à; **the train is ~ at 8 a.m.** le train est attendu à 8 h; **she is ~ back tomorrow** elle doit rentrer demain; **he is ~ £10** on lui doit 10 livres; **to give sb his** or **her ~** être juste envers qn

duel ['djuəl] n duel m

duet [dju:'ɛt] n duo m

dug [dʌg] pt, pp of **dig**

duke [dju:k] n duc m

dull [dʌl] adj (boring) ennuyeux(-euse); (not bright) morne, terne; (sound, pain) sourd(e); (weather, day) gris(e), maussade ▷ vt (pain, grief) atténuer; (mind, senses) engourdir

dumb [dʌm] adj muet(te); (stupid) bête

dummy ['dʌmɪ] n (tailor's dummy) mannequin m; (mock-up) factice m, maquette f; (BRIT: for baby) tétine f ▷ adj faux (fausse), factice

dump [dʌmp] n (also: **rubbish ~**) décharge (publique); (inf: place) trou m

▷ vt (put down) déposer; déverser; (get rid of) se débarrasser de; (Comput) lister

dumpling ['dʌmplɪŋ] n boulette f (de pâte)

dune [dju:n] n dune f

dungarees [dʌŋgə'ri:z] npl bleu(s) m (pl); (for child, woman) salopette f

dungeon ['dʌndʒən] n cachot m

duplex ['dju:plɛks] n (us: also: **~ apartment**) duplex m

duplicate n ['dju:plɪkət] double m ▷ vt ['dju:plɪkeɪt] faire un double de; (on machine) polycopier; **in ~** en deux exemplaires, en double

durable ['djuərəbl] adj durable; (clothes, metal) résistant(e), solide

duration [djuə'reɪʃən] n durée f

during ['djuərɪŋ] prep pendant, au cours de

dusk [dʌsk] n crépuscule m

dust [dʌst] n poussière f ▷ vt (furniture) essuyer, épousseter; (cake etc): **to ~ with** saupoudrer de; **dustbin** n (BRIT) poubelle f; **duster** n chiffon m; **dustman** n (BRIT: irreg) boueux m, éboueur m; **dustpan** n pelle f à poussière; **dusty** adj poussièreux(-euse)

Dutch [dʌtʃ] adj hollandais(e), néerlandais(e) ▷ n (Ling) hollandais m, néerlandais m ▷ adv: **to go ~** or **dutch** (inf) partager les frais; **the Dutch** npl les Hollandais, les Néerlandais; **Dutchman** (irreg) n Hollandais m; **Dutchwoman** (irreg) n Hollandaise f

duty ['dju:tɪ] n devoir m; (tax) droit m, taxe f; **on ~** de service; (at night etc) de garde; **off ~** libre, pas de service ou de garde; **duty-free** adj exempté(e) de douane, hors-taxe

duvet ['du:veɪ] n (BRIT) couette f

DVD n abbr (= digital versatile or video disc) DVD m; **DVD burner** n graveur m de DVD; **DVD player** n lecteur m de DVD; **DVD writer** n graveur m de DVD

dwarf (pl **dwarves**) [dwɔ:f, dwɔ:vz] n nain(e) ▷ vt écraser

dwell (pt, pp **dwelt**) [dwɛl, dwɛlt] vi

demeurer; **dwell on** *vt fus* s'étendre sur

dwelt [dwɛlt] *pt, pp of* **dwell**

dwindle ['dwɪndl] *vi* diminuer, décroître

dye [daɪ] *n* teinture *f* ▷ *vt* teindre

dying ['daɪɪŋ] *adj* mourant(e), agonisant(e)

dynamic [daɪ'næmɪk] *adj* dynamique

dynamite ['daɪnəmaɪt] *n* dynamite *f*

dyslexia [dɪs'lɛksɪə] *n* dyslexie *f*

dyslexic [dɪs'lɛksɪk] *adj, n* dyslexique *m/f*

e

E [iː] *n* (*Mus*): **E** mi *m*

E111 *n abbr* (=*form E111*) formulaire *m* E111

each [iːtʃ] *adj* chaque ▷ *pron* chacun(e); **~ other** l'un l'autre; **they hate ~ other** ils se détestent (mutuellement); **they have 2 books** ~ ils ont 2 livres chacun; **they cost £5 ~** ils coûtent 5 livres (la) pièce

eager ['iːgəʳ] *adj* (*person, buyer*) empressé(e); (*keen: pupil, worker*) enthousiaste; **to be ~ to do sth** (*impatient*) brûler de faire qch; (*keen*) désirer vivement faire qch; **to be ~ for** (*event*) désirer vivement; (*vengeance, affection, information*) être avide de

eagle ['iːgl] *n* aigle *m*

ear [ɪəʳ] *n* oreille *f*; (*of corn*) épi *m*; **earache** *n* mal *m* aux oreilles; **eardrum** *n* tympan *m*

earl [əːl] *n* comte *m*

earlier ['əːlɪəʳ] *adj* (*date etc*) plus rapproché(e); (*edition etc*) plus ancien(ne), antérieur(e) ▷ *adv* plus tôt

early ['əːlɪ] *adv* tôt, de bonne heure;

(ahead of time) en avance; (near the beginning) au début ▷ adj précoce, qui se manifeste (or se fait) tôt or de bonne heure; (Christians, settlers) premier(-ière); (reply) rapide; (death) prématuré(e); (work) de jeunesse; **to have an ~ night/start** se coucher/partir tôt or de bonne heure; **in the ~ or ~ in the spring/19th century** au début or commencement du printemps/ 19ème siècle; **early retirement** n retraite anticipée

earmark ['ɪəmɑːk] vt: **to ~ sth for** réserver or destiner qch à

earn [əːn] vt gagner; (Comm: yield) rapporter; **to ~ one's living** gagner sa vie

earnest ['əːnɪst] adj sérieux(-euse) ▷ n: **in ~** adv sérieusement, pour de bon

earnings ['əːnɪŋz] npl salaire m; gains mpl; (of company etc) profits mpl, bénéfices mpl

ear: earphones npl écouteurs mpl; **earplugs** npl boules fpl Quiès®; (to keep out water) protège-tympans mpl; **earring** n boucle f d'oreille

earth [əːθ] n (gen, also BRIT Elec) terre f ▷ vt (BRIT Elec) relier à la terre; **earthquake** n tremblement de terre, séisme m

ease [iːz] n facilité f, aisance f; (comfort) bien-être m ▷ vt (soothe: mind) tranquilliser; (reduce: pain, problem) atténuer; (: tension) réduire; (loosen) relâcher, détendre; (help: pass): **to ~ sth in/out** faire pénétrer/sortir qch délicatement or avec douceur, faciliter la pénétration/la sortie de qch; **at ~** à l'aise; (Mil) au repos

easily ['iːzɪlɪ] adv facilement; (by far) de loin

east [iːst] n est m ▷ adj (wind) d'est; (side) est inv ▷ adv à l'est, vers l'est; **the E~** l'Orient m; (Pol) les pays m'pl de l'Est; **eastbound** adj en direction de l'est; (carriageway) est inv

Easter ['iːstə'] n Pâques fpl; **Easter egg** n œuf m de Pâques

eastern ['iːstən] adj de l'est, oriental(e)

Easter Sunday n le dimanche de Pâques

easy ['iːzɪ] adj facile; (manner) aisé(e) ▷ adv: **to take it or things ~** (rest) ne pas se fatiguer; (not worry) ne pas (trop) s'en faire; **easy-going** adj accommodant(e), facile à vivre

eat (pt **ate**, pp **-en**) [iːt, eɪt, 'iːtn] vt, vi manger; **can we have something to ~?** est-ce qu'on peut manger quelque chose?; **eat out** vi manger au restaurant

eavesdrop ['iːvzdrɔp] vi: **to ~ (on)** écouter de façon indiscrète

e-book ['iːbuk] n livre m électronique

e-business ['iːbɪznɪs] n (company) entreprise f électronique; (commerce) commerce m électronique

EC n abbr (= European Community) CE f

eccentric [ɪk'sɛntrɪk] adj, n excentrique m/f

echo, echoes ['ɛkəu] n écho m ▷ vt répéter ▷ vi résonner; faire écho

eclipse [ɪ'klɪps] n éclipse f

eco-friendly [iːkəu'frɛndlɪ] adj non nuisible à or qui ne nuit pas à l'environnement

ecological [iːkə'lɔdʒɪkəl] adj écologique

ecology [ɪ'kɔlədʒɪ] n écologie f

e-commerce [iː'kɔmaːs] n commerce m électronique

economic [iːkə'nɔmɪk] adj économique; (profitable) rentable; **economical** adj économique; (person) économe; **economics** n (Scol) économie f politique ▷ npl (of project etc) côté m or aspect m économique

economist [ɪ'kɔnəmɪst] n économiste m/f

economize [ɪ'kɔnəmaɪz] vi économiser, faire des économies

economy [ɪ'kɔnəmɪ] n économie f; **economy class** n (Aviat) classe f touriste; **economy class syndrome** n syndrome m de la classe économique

ecstasy ['ɛkstəsɪ] n extase f; (Drugs)

ecstasy m; **ecstatic** [ɛksˈtætɪk] adj extatique, en extase

eczema [ˈɛksɪmə] n eczéma m

edge [ɛdʒ] n bord m; (of knife etc) tranchant m, fil m ▷ vt border; **on** ~ (fig) crispé(e), tendu(e)

edgy [ˈɛdʒɪ] adj crispé(e), tendu(e)

edible [ˈɛdɪbl] adj comestible; (meal) mangeable

Edinburgh [ˈɛdɪnbərə] n Édimbourg f

● **EDINBURGH FESTIVAL**
●
● Le Festival d'Édimbourg, qui se tient
● chaque année durant trois semaines
● au mois d'août, est l'un des grands
● festivals européens. Il est réputé
● pour son programme officiel mais
● aussi pour son festival "off" (the
● Fringe) qui propose des spectacles
● aussi bien traditionnels que
● résolument d'avant-garde. Pendant
● la durée du Festival se tient par
● ailleurs, sur l'esplanade du château,
● un grand spectacle de musique
● militaire, le "Military Tattoo".

edit [ˈɛdɪt] vt (text, book) éditer; (report) préparer; (film) monter; (magazine) diriger; (newspaper) être le rédacteur or la rédactrice en chef de; **edition** [ɪˈdɪʃən] n édition f; **editor** n (of newspaper) rédacteur(-trice), rédacteur(-trice) en chef; (of sb's work) éditeur(-trice); (also: **film editor**) monteur(-euse); **political/ foreign editor** rédacteur politique/au service étranger; **editorial** [ɛdɪˈtɔːrɪəl] adj de la rédaction, éditorial(e) ▷ n éditorial m

educate [ˈɛdjukeɪt] vt (teach) instruire; (bring up) éduquer; **educated** [ˈɛdjukeɪtɪd] adj (person) cultivé(e)

education [ɛdjuˈkeɪʃən] n éducation f; (studies) études fpl; (teaching) enseignement m, instruction f; **educational** adj (policy) pédagogique; (institution) scolaire; (game, toy) éducatif(-ive)

eel [iːl] n anguille f

eerie [ˈɪərɪ] adj inquiétant(e), spectral(e), surnaturel(le)

effect [ɪˈfɛkt] n effet m ▷ vt effectuer; **effects** npl (property) effets, affaires fpl; **to take** ~ (Law) entrer en vigueur, prendre effet; (drug) agir, faire son effet; **in** ~ en fait; **effective** adj efficace; (actual) véritable; **effectively** adv efficacement; (in reality) effectivement, en fait

efficiency [ɪˈfɪʃənsɪ] n efficacité f; (of machine, car) rendement m

efficient [ɪˈfɪʃənt] adj efficace; (machine, car) d'un bon rendement; **efficiently** adv efficacement

effort [ˈɛfət] n effort m; **effortless** adj sans effort, aisé(e); (achievement) facile

e.g. adv abbr (= exempli gratia) par exemple, p. ex.

egg [ɛg] n œuf m; **hard-boiled/soft-boiled** ~ œuf dur/à la coque; **eggcup** n coquetier m; **egg plant** (us) n aubergine f; **eggshell** n coquille f d'œuf; **egg white** n blanc m d'œuf; **egg yolk** n jaune m d'œuf

ego [ˈiːgəu] n (self-esteem) amour-propre m; (Psych) moi m

Egypt [ˈiːdʒɪpt] n Égypte f; **Egyptian** [ɪˈdʒɪpʃən] adj égyptien(ne) ▷ n Égyptien(ne)

Eiffel Tower [ˈaɪfəl-] n tour f Eiffel

eight [eɪt] num huit; **eighteen** num dix-huit; **eighteenth** num dix-huitième; **eighth** num huitième; **eightieth** [ˈeɪtɪɪθ] num quatre-vingtième

eighty [ˈeɪtɪ] num quatre-vingt(s)

Eire [ˈɛərə] n République f d'Irlande

either [ˈaɪðə*] adj l'un ou l'autre; (both, each) chaque ▷ pron: ~ **(of them)** l'un ou l'autre ▷ adv non plus ▷ conj: ~ **good or bad** soit bon soit mauvais; **on ~ side** de chaque côté; **I don't like** ~ je n'aime ni l'un ni l'autre; **no, I don't** ~ moi non plus; **which bike do you want?** – **I will do** quel vélo voulez-vous? – n'importe lequel; **answer with** ~ **yes or no** répondez par oui ou par non

eject [ɪ'dʒɛkt] vt (tenant etc) expulser; (object) éjecter

elaborate adj [ɪ'læbərɪt] compliqué(e), recherché(e), minutieux(-euse) ▷ vb [ɪ'læbəreɪt] ▷ vt élaborer ▷ vi entrer dans les détails

elastic [ɪ'læstɪk] adj, n élastique (m); **elastic band** n (BRIT) élastique m

elbow ['ɛlbəu] n coude m

elder ['ɛldər] adj ▷ n (tree) sureau m; **one's ~s** ses aînés; **elderly** adj âgé(e) ▷ npl: **the elderly** les personnes âgées

eldest ['ɛldɪst] adj, n: **the ~ (child)** l'aîné(e) (des enfants)

elect [ɪ'lɛkt] vt élire; (choose): **to ~ to do** choisir de faire ▷ adj: **the president ~** le président désigné; **election** n élection f; **electoral** adj électoral(e); **electorate** n électorat m

electric [ɪ'lɛktrɪk] adj électrique; **electrical** adj électrique; **electric blanket** n couverture chauffante; **electric fire** n (BRIT) radiateur m électrique; **electrician** [ɪlɛk'trɪʃən] n électricien m; **electricity** [ɪlɛk'trɪsɪtɪ] n électricité f; **electric shock** n choc m ou décharge f électrique; **electrify** [ɪ'lɛktrɪfaɪ] vt (Rail) électrifier; (audience) électriser

electronic [ɪlɛk'trɔnɪk] adj électronique; **electronic mail** n courrier m électronique; **electronics** n électronique f

elegance ['ɛlɪgəns] n élégance f

elegant ['ɛlɪgənt] adj élégant(e)

element ['ɛlɪmənt] n (gen) élément m; (of heater, kettle etc) résistance f

elementary [ɛlɪ'mɛntərɪ] adj élémentaire; (school, education) primaire; **elementary school** n (US) école f primaire

elephant ['ɛlɪfənt] n éléphant m

elevate ['ɛlɪveɪt] vt élever

elevator ['ɛlɪveɪtər] n (in warehouse etc) élévateur m, monte-charge m inv; (US: lift) ascenseur m

eleven [ɪ'lɛvn] num onze; **eleventh**

num onzième

eligible ['ɛlɪdʒəbl] adj éligible; (for membership) admissible; **an ~ young man** un beau parti; **to be ~ for sth** remplir les conditions requises pour qch

eliminate [ɪ'lɪmɪneɪt] vt éliminer

elm [ɛlm] n orme m

eloquent ['ɛləkwənt] adj éloquent(e)

else [ɛls] adv: **something ~** quelque chose d'autre, autre chose; **somewhere ~** ailleurs, autre part; **everywhere ~** partout ailleurs; **everyone ~** tous les autres; **nothing ~** rien d'autre; **where ~?** à quel autre endroit?; **little ~** pas grand-chose d'autre; **elsewhere** adv ailleurs, autre part

elusive [ɪ'luːsɪv] adj insaisissable

email ['iːmeɪl] n abbr (= electronic mail) e-mail m, courriel m ▷ vt: **to ~ sb** envoyer un e-mail ou un courriel à qn; **email address** n adresse f e-mail

embankment [ɪm'bæŋkmənt] n (of road, railway) remblai m, talus m; (of river) berge f, quai m; (dyke) digue f

embargo (pl **-es**) [ɪm'bɑːgəu] n (Comm, Naut) embargo m; (prohibition) interdiction f

embark [ɪm'bɑːk] vi embarquer ▷ vt embarquer; **to ~ on** (journey etc) commencer, entreprendre; (fig) se lancer ou s'embarquer dans

embarrass [ɪm'bærəs] vt embarrasser, gêner; **embarrassed** adj gêné(e); **embarrassing** adj gênant(e), embarrassant(e); **embarrassment** n embarras m, gêne f; (embarrassing thing, person) source d'embarras

embassy ['ɛmbəsɪ] n ambassade f

embrace [ɪm'breɪs] vt embrasser, étreindre; (include) embrasser ▷ vi s'embrasser, s'étreindre ▷ n étreinte f

embroider [ɪm'brɔɪdər] vt broder; **embroidery** n broderie f

embryo ['ɛmbrɪəu] n (also fig) embryon m

emerald ['ɛmərəld] n émeraude f

emerge [ɪ'məːdʒ] vi apparaître; (from room, car) surgir; (from sleep, imprisonment) sortir

emergency [ɪ'məːdʒənsɪ] n (crisis) cas m d'urgence; (Med) urgence f; **in an ~** en cas d'urgence; **state of ~** état m d'urgence; **emergency brake** (us) n frein m à main; **emergency exit** n sortie f de secours; **emergency landing** n atterrissage forcé; **emergency room** n (us: Med) urgences fpl; **emergency services** npl: **the emergency services** (fire, police, ambulance) les services mpl d'urgence

emigrate ['emɪɡreɪt] vi émigrer; **emigration** [emɪ'ɡreɪʃən] n émigration f

eminent ['emɪnənt] adj éminent(e)

emissions [ɪ'mɪʃənz] npl émissions fpl

emit [ɪ'mɪt] vt émettre

emoticon [ɪ'məʊtɪkən] n (Comput) émoticone m

emotion [ɪ'məʊʃən] n émotion f; **emotional** adj (person) émotif(-ive), très sensible; (needs) affectif(-ive); (scene) émouvant(e); (tone, speech) qui fait appel aux sentiments

emperor ['empərər] n empereur m

emphasis (pl -ases) ['emfəsɪs, -siːz] n accent m; **to lay** or **place ~ on sth** (fig) mettre l'accent sur, insister sur

emphasize ['emfəsaɪz] vt (syllable, word, point) appuyer or insister sur; (feature) souligner, accentuer

empire ['empaɪər] n empire m

employ [ɪm'plɔɪ] vt employer; **employee** [ɪmplɔɪ'iː] n employé(e); **employer** n employeur(-euse); **employment** n emploi m; **employment agency** n agence f or bureau m de placement

empower [ɪm'pauər] vt: **to ~ sb to do** autoriser or habiliter qn à faire

empress ['emprɪs] n impératrice f

emptiness ['emptɪnɪs] n vide m; (of area) aspect m désertique

empty ['emptɪ] adj vide; (area) désert(e); (threat, promise) en l'air, vain(e) ▷ vt vider

▷ vi se vider; (liquid) s'écouler; **empty-handed** adj les mains vides

EMU n abbr (= European Monetary Union) UME f

emulsion [ɪ'mʌlʃən] n émulsion f; (also: **~ paint**) peinture mate

enable [ɪ'neɪbl] vt: **to ~ sb to do** permettre à qn de faire

enamel [ɪ'næml] n émail m; (also: **~ paint**) (peinture f) laque f

enchanting [ɪn'tʃɑːntɪŋ] adj ravissant(e), enchanteur(-eresse)

encl. abbr (on letters etc: = enclosed) ci-joint(e); (= enclosure) PJ f

enclose [ɪn'kləuz] vt (land) clôturer; (space, object) entourer; (letter etc: also: **~ (with)**) joindre (à); **please find ~d** veuillez trouver ci-joint

enclosure [ɪn'kləuʒər] n enceinte f

encore [ɔŋ'kɔː] excl, n bis (m)

encounter [ɪn'kauntər] n rencontre f ▷ vt rencontrer

encourage [ɪn'kʌrɪdʒ] vt encourager; **encouraging** [ɪn'kʌrɪdʒɪŋ] adj encourageant(e)

encyclop(a)edia [ɛnsaɪkləu'piːdɪə] n encyclopédie f

end [ɛnd] n fin f; (of table, street, rope etc) bout m, extrémité f ▷ vt terminer; (also: **bring to an ~, put an ~ to**) mettre fin à ▷ vi se terminer, finir; **in the ~** finalement; **on ~** (object) debout, dressé(e); **to stand on ~** (hair) se dresser sur la tête; **for hours on ~** pendant des heures (et des heures); **end up** vi: **to ~ up in** (condition) finir or se terminer par; (place) finir or se retrouver dans

endanger [ɪn'deɪndʒər] vt mettre en danger; **an ~ed species** une espèce en voie de disparition

endearing [ɪn'dɪərɪŋ] adj attachant(e)

endeavour (us **endeavor**) [ɪn'devər] n effort m; (attempt) tentative f ▷ vt: **to ~ to do** tenter or s'efforcer de faire

ending ['ɛndɪŋ] n dénouement m, conclusion f; (Ling) terminaison f

endless ['ɛndlɪs] adj sans fin, interminable

endorse [ɪnˈdɔːs] vt (cheque) endosser; (approve) appuyer, approuver, sanctionner; **endorsement** n (approval) appui m, aval m; (BRIT: on driving licence) contravention f (portée au permis de conduire)

endurance [ɪnˈdjuərəns] n endurance f

endure [ɪnˈdjuəʳ] vt (bear) supporter, endurer ▷ vi (last) durer

enemy [ˈɛnəmɪ] adj, n ennemi(e)

energetic [ɛnəˈdʒɛtɪk] adj énergique; (activity) très actif(-ive), qui fait se dépenser (physiquement)

energy [ˈɛnədʒɪ] n énergie f

enforce [ɪnˈfɔːs] vt (law) appliquer, faire respecter

engaged [ɪnˈgeɪdʒd] adj (BRIT: busy, in use) occupé(e); (betrothed) fiancé(e); **to get ~** se fiancer; **the line's ~** la ligne est occupée; **engaged tone** n (BRIT Tel) tonalité f occupé inv

engagement [ɪnˈgeɪdʒmənt] n (undertaking) obligation f, accord m; (appointment) rendez-vous m inv; (to marry) fiançailles fpl; **engagement ring** n bague f de fiançailles

engaging [ɪnˈgeɪdʒɪŋ] adj engageant(e), attirant(e)

engine [ˈɛndʒɪn] n (Aut) moteur m; (Rail) locomotive f

> Be careful not to translate **engine** by the French word **engin**.

engineer [ɛndʒɪˈnɪəʳ] n ingénieur m; (BRIT: repairer) dépanneur m; (Navy, us Rail) mécanicien m; **engineering** n engineering m, ingénierie f; (of bridges, ships) génie m; (of machine) mécanique f

England [ˈɪŋglənd] n Angleterre f

English [ˈɪŋglɪʃ] adj anglais(e) ▷ n (Ling) anglais m; **the ~** npl les Anglais; **English Channel** n: **the English Channel** la Manche; **Englishman** (irreg) n Anglais m; **Englishwoman** (irreg) n Anglaise f

engrave [ɪnˈgreɪv] vt graver

engraving [ɪnˈgreɪvɪŋ] n gravure f

enhance [ɪnˈhɑːns] vt rehausser,

mettre en valeur

enjoy [ɪnˈdʒɔɪ] vt aimer, prendre plaisir à; (have benefit of: health, fortune) jouir de; (: success) connaître; **to ~ o.s.** s'amuser; **enjoyable** adj agréable; **enjoyment** n plaisir m

enlarge [ɪnˈlɑːdʒ] vt accroître; (Phot) agrandir ▷ vi: **to ~ on** (subject) s'étendre sur; **enlargement** n (Phot) agrandissement m

enlist [ɪnˈlɪst] vt recruter; (support) s'assurer ▷ vi s'engager

enormous [ɪˈnɔːməs] adj énorme

enough [ɪˈnʌf] adj: **time/books** assez or suffisamment de temps/livres ▷ adv: **big ~** assez or suffisamment grand ▷ pron: **have you got ~?** (en) avez-vous assez?; **~ to eat** assez à manger; **that's ~, thanks** cela suffit or c'est assez, merci; **I've had ~ of him** j'en ai assez de lui; **he has not worked ~** il n'a pas assez or suffisamment travaillé, il n'a pas travaillé assez or suffisamment; **... which, funnily or oddly ~ ...** qui, chose curieuse

enquire [ɪnˈkwaɪəʳ] vt, vi = **inquire**

enquiry [ɪnˈkwaɪərɪ] n = **inquiry**

enrage [ɪnˈreɪdʒ] vt mettre en fureur or en rage, rendre furieux(-euse)

enrich [ɪnˈrɪtʃ] vt enrichir

enrol, (us **enroll**) [ɪnˈrəul] vt inscrire ▷ vi s'inscrire; **enrolment** n inscription f

en route [ɔnˈruːt] adv en route, en chemin

en suite [ˈɔnswiːt] adj: **with ~ bathroom** avec salle de bains or attenante

ensure [ɪnˈʃuəʳ] vt assurer, garantir

entail [ɪnˈteɪl] vt entraîner, nécessiter

enter [ˈɛntəʳ] vt (room) entrer dans, pénétrer dans; (club, army) entrer à; (competition) s'inscrire à or pour; (sb for a competition) (faire) inscrire; (write down) inscrire, noter; (Comput) entrer, introduire ▷ vi entrer

enterprise [ˈɛntəpraɪz] n (company, undertaking) entreprise f; (initiative) (esprit m d')initiative f; **free ~** libre entreprise; **private ~** entreprise privée; **enterprising** adj entreprenant(e), dynamique; (scheme) audacieux(-euse)

entertain [ɛntə'teɪn] vt amuser, distraire; (invite) recevoir (à dîner); (idea, plan) envisager; **entertainer** n artiste m/f de variétés; **entertaining** adj amusant(e), distrayant(e); **entertainment** n (amusement) distraction f, divertissement m, amusement m; (show) spectacle m

enthusiasm [ɪn'θuːzɪæzəm] n enthousiasme m

enthusiast [ɪn'θuːzɪæst] n enthousiaste m/f; **enthusiastic** [ɪnθuːzɪ'æstɪk] adj enthousiaste; **to be enthusiastic about** être enthousiasmé(e) par

entire [ɪn'taɪə] adj (tout) entier(-ère); **entirely** adv entièrement, complètement

entitle [ɪn'taɪtl] vt: **to ~ sb to sth** donner droit à qch à qn; **entitled** adj (book) intitulé(e); **to be entitled to do** avoir le droit de faire

entrance n ['ɛntrns] entrée f ⊳ vt [ɪn'trɑːns] enchanter, ravir; **where's the ~?** où est l'entrée?; **to gain ~ to** (university etc) être admis à; **entrance examination** n examen m d'entrée ou d'admission; **entrance fee** n (to museum etc) prix m d'entrée; (to join club etc) droit m d'inscription; **entrance ramp** n (US Aut) bretelle f d'accès; **entrant** n (in race etc) participant(e), concurrent(e); (Brit: in exam) candidat(e)

entrepreneur ['ɔntrəprə'nə:'] n entrepreneur m

entrust [ɪn'trʌst] vt: **to ~ sth to** confier qch à

entry ['ɛntrɪ] n (entrance) entrée f; (in register, diary) inscription f; **"no ~"** défense d'entrer", "entrée interdite"; (Aut) "sens interdit"; **entry phone** n (Brit) interphone m (à l'entrée d'un immeuble)

envelope ['ɛnvələup] n enveloppe f

envious ['ɛnvɪəs] adj envieux(-euse)

environment [ɪn'vaɪərnmənt] n (social, moral) milieu m; (natural world): **the ~** l'environnement m; **environmental** [ɪnvaɪərn'mɛntl] adj (of surroundings) du milieu; (issue, disaster) écologique; **environmentally** [ɪnvaɪərn'mɛntlɪ] adv: **environmentally sound/friendly** qui ne nuit pas à l'environnement

envisage [ɪn'vɪzɪdʒ] vt (foresee) prévoir

envoy ['ɛnvɔɪ] n envoyé(e); (diplomat) ministre m plénipotentiaire

envy ['ɛnvɪ] n envie f ⊳ vt envier; **to ~ sb sth** envier qch à qn

epic ['ɛpɪk] n épopée f ⊳ adj épique

epidemic [ɛpɪ'dɛmɪk] n épidémie f

epilepsy ['ɛpɪlɛpsɪ] n épilepsie f; **epileptic** adj, n épileptique m/f; **epileptic fit** n crise f d'épilepsie

episode ['ɛpɪsəud] n épisode m

equal ['iːkwl] adj égal(e) ⊳ vt égaler; **~ to** (task) à la hauteur de; **equality** [iː'kwɔlɪtɪ] n égalité f; **equalize** vt, vi (Sport) égaliser; **equally** adv également; (share) en parts égales; (treat) de même façon; (pay) autant; (just as) tout aussi

equation [ɪ'kweɪʒən] n (Math) équation f

equator [ɪ'kweɪtə'] n équateur m

equip [ɪ'kwɪp] vt équiper; **to ~ sb/sth with** équiper ou munir qn/qch de; **equipment** n équipement m; (electrical etc) appareillage m, installation f

equivalent [ɪ'kwɪvələnt] adj équivalent(e) ⊳ n équivalent m; **to be ~ to** équivaloir à, être équivalent(e) à

ER abbr (Brit: = Elizabeth Regina) la reine Élisabeth; (US: Med: = emergency room) urgences fpl

era ['ɪərə] n ère f, époque f

erase [ɪ'reɪz] vt effacer; **eraser** n gomme f

erect [ɪ'rɛkt] adj droit(e) ⊳ vt construire; (monument) ériger, élever; (tent etc) dresser; **erection** [ɪ'rɛkʃən] n (Physiol) érection f; (of building) construction f

ERM n abbr (= Exchange Rate Mechanism) mécanisme m des taux de change

erode [ɪˈrəʊd] vt éroder; (metal) ronger

erosion [ɪˈrəʊʒən] n érosion f

erotic [ɪˈrɒtɪk] adj érotique

errand [ˈɛrnd] n course f, commission f

erratic [ɪˈrætɪk] adj irrégulier(-ière), inconstant(e)

error [ˈɛrə] n erreur f

erupt [ɪˈrʌpt] vi entrer en éruption; (fig) éclater; **eruption** [ɪˈrʌpʃən] n éruption f; (of anger, violence) explosion f

escalate [ˈɛskəleɪt] vi s'intensifier; (costs) monter en flèche

escalator [ˈɛskəleɪtə] n escalier roulant

escape [ɪˈskeɪp] n évasion f, fuite f; (of gas etc) fuite f ▷ vi s'échapper, fuir; (from jail) s'évader; (leak) s'échapper ▷ vt échapper à; **to ~ from** (person) échapper à; (place) s'échapper de; (fig) fuir; **his name ~s me** son nom m'échappe

escort vt [ɪˈskɔːt] escorter ▷ n [ˈɛskɔːt] (Mil) escorte f

especially [ɪˈspɛʃlɪ] adv (particularly) particulièrement; (above all) surtout

espionage [ˈɛspɪənɑːʒ] n espionnage m

essay [ˈɛseɪ] n (Scol) dissertation f; (Literature) essai m

essence [ˈɛsns] n essence f; (Culin) extrait m

essential [ɪˈsɛnʃl] adj essentiel(le); (basic) fondamental(e); **essentials** npl éléments essentiels; **essentially** adv essentiellement

establish [ɪˈstæblɪʃ] vt établir; (business) fonder, créer; (one's power etc) asseoir, affermir; **establishment** n établissement m; (founding) création f; (institution) établissement m; **the Establishment** les pouvoirs établis, l'ordre établi

estate [ɪˈsteɪt] n (land) domaine m, propriété f; (Law) biens mpl, succession f; (BRIT: also: **housing ~**)

lotissement m; **estate agent** n (BRIT) agent immobilier; **estate car** n (BRIT) break m

estimate n [ˈɛstɪmət] estimation f; (Comm) devis m ▷ vb [ˈɛstɪmeɪt] ▷ vt estimer

etc abbr (= et cetera) etc

eternal [ɪˈtəːnl] adj éternel(le)

eternity [ɪˈtəːnɪtɪ] n éternité f

ethical [ˈɛθɪkl] adj moral(e); **ethics** [ˈɛθɪks] n éthique f ▷ npl moralité f

Ethiopia [iːˈθɪəpɪə] n Éthiopie f

ethnic [ˈɛθnɪk] adj ethnique; (clothes, food) folklorique, exotique, propre aux minorités ethniques non-occidentales; **ethnic minority** n minorité f ethnique

e-ticket [ˈiːtɪkɪt] n billet m électronique

etiquette [ˈɛtɪkɛt] n convenances fpl, étiquette f

EU n abbr (= European Union) UE f

euro [ˈjʊərəʊ] n (currency) euro m

Europe [ˈjʊərəp] n Europe f; **European** [jʊərəˈpiːən] adj européen(ne) ▷ n Européen(ne); **European Community** n Communauté européenne; **European Union** n Union européenne

Eurostar® [ˈjʊərəʊstɑː] n Eurostar® m

evacuate [ɪˈvækjueɪt] vt évacuer

evade [ɪˈveɪd] vt échapper à; (question etc) éluder; (duties) se dérober à

evaluate [ɪˈvæljueɪt] vt évaluer

evaporate [ɪˈvæpəreɪt] vi s'évaporer; (fig: hopes, fear) s'envoler; (anger) se dissiper

eve [iːv] n: **on the ~ of** à la veille de

even [ˈiːvn] adj (level, smooth) régulier(-ière); (equal) égal(e); (number) pair(e) ▷ adv même; **~ if** même si + indic; **~ though** même que + cond; **~ more** encore plus; **~ faster** encore plus vite; **~ so** quand même; **not ~** pas même; **~ he was there** même lui était là; **~ on Sundays** même le dimanche; **to get ~ with sb** prendre sa revanche sur qn

evening [ˈiːvnɪŋ] n soir m; (as duration,

event) soirée *f*; **in the ~** le soir; **evening class** *n* cours *m* du soir; **evening dress** *n* (*man's*) tenue *f* de soirée, smoking *m*; (*woman's*) robe *f* de soirée

event ['ɪvɛnt] *n* événement *m*; (*Sport*) épreuve *f*; **in the ~ of** en cas de; **eventful** *adj* mouvementé(e)

eventual [ɪ'vɛntʃuəl] *adj* final(e)

> Be careful not to translate *eventual* by the French word *éventuel*.

eventually [ɪ'vɛntʃuəlɪ] *adv* finalement

> Be careful not to translate *eventually* by the French word *éventuellement*.

ever ['ɛvə'] *adv* jamais; (*at all times*) toujours; (*in questions*): **why ~ not?** mais enfin, pourquoi pas?; **the best ~** le meilleur qu'on ait jamais vu; **have you ~ seen it?** l'as-tu déjà vu?, as-tu eu l'occasion or t'est-il arrivé de le voir?; **~ since** (*as adv*) depuis; (*as conj*) depuis que; **~ so pretty** si joli; **evergreen** *n* arbre *m* à feuilles persistantes

○ **KEYWORD**

every ['ɛvrɪ] *adj* 1 (*each*) chaque; **every one of them** tous (sans exception); **every shop in town was closed** tous les magasins en ville étaient fermés
2 (*all possible*) tous (toutes); **I gave you every assistance** j'ai fait tout mon possible pour vous aider; **I have every confidence in him** j'ai entièrement or pleinement confiance en lui; **we wish you every success** nous vous souhaitons beaucoup de succès
3 (*showing recurrence*) tous les; **every day** tous les jours, chaque jour; **every other car** une voiture sur deux; **every other/third day** tous les deux/trois jours; **every now and then** de temps en temps; **everybody = everyone**; **everyday** *adj* (*expression*) courant(e), d'usage courant; (*use*) courant; (*clothes, life*) de tous les jours; (*occurrence,*

problem) quotidien(ne); **everyone** *pron* tout le monde, tous *pl*; **everything** *pron* tout; **everywhere** *adv* partout; **everywhere you go you meet ...** où qu'on aille, on rencontre ...

evict [ɪ'vɪkt] *vt* expulser

evidence ['ɛvɪdns] *n* (*proof*) preuve(s) *f(pl)*; (*of witness*) témoignage *m*; (*sign*): **to show ~ of** donner des signes de; **to give ~** témoigner, déposer

evident ['ɛvɪdnt] *adj* évident(e); **evidently** *adv* de toute évidence; (*apparently*) apparemment

evil ['i:vl] *adj* mauvais(e) ▷ *n* mal *m*

evoke ['ɪvəuk] *vt* évoquer

evolution [i:və'lu:ʃən] *n* évolution *f*

evolve [ɪ'vɔlv] *vt* élaborer ▷ *vi* évoluer, se transformer

ewe [ju:] *n* brebis *f*

ex [ɛks] *n* (*inf*): **my ex** mon ex

ex- [ɛks] *prefix* ex-

exact [ɪg'zækt] *adj* exact(e) ▷ *vt*: **to ~ sth (from)** (*signature, confession*) extorquer qch (à); (*apology*) exiger qch (de); **exactly** *adv* exactement

exaggerate [ɪg'zædʒəreɪt] *vt, vi* exagérer; **exaggeration** [ɪgzædʒə'reɪʃən] *n* exagération *f*

exam [ɪg'zæm] *n abbr* (*Scol*) = **examination**

examination [ɪgzæmɪ'neɪʃən] *n* (*Scol, Med*) examen *m*; **to take** or **sit an ~** (*BRIT*) passer un examen

examine [ɪg'zæmɪn] *vt* (*gen*) examiner; (*Scol, Law: person*) interroger; **examiner** *n* examinateur(-trice)

example [ɪg'zɑ:mpl] *n* exemple *m*; **for ~** par exemple

exasperated [ɪg'zɑ:spəreɪtɪd] *adj* exaspéré(e)

excavate ['ɛkskəveɪt] *vt* (*site*) fouiller, excaver; (*object*) mettre au jour

exceed [ɪk'si:d] *vt* dépasser; (*one's powers*) outrepasser; **exceedingly** *adv* extrêmement

excel [ɪk'sɛl] *vi* exceller ▷ *vt* surpasser; **to ~ o.s.** se surpasser

excellence [ˈɛksələns] n excellence f

excellent [ˈɛksələnt] adj excellent(e)

except [ɪkˈsɛpt] prep (also: ~ **for**, ~ **-ing**) sauf, excepté, à l'exception de ▷ vt excepter; ~ **if/when** sauf si/quand; ~ **that** excepté que, si ce n'est que; **exception** [ɪkˈsɛpʃən] n exception f; **to take exception to** s'offusquer de; **exceptional** [ɪkˈsɛpʃənl] adj exceptionnel(le); **exceptionally** [ɪkˈsɛpʃənəlɪ] adv exceptionnellement

excerpt [ˈɛksəːpt] n extrait m

excess [ɪkˈsɛs] n excès m; **excess baggage** n excédent m de bagages; **excessive** adj excessif(-ive)

exchange [ɪksˈtʃeɪndʒ] n échange m; (also: **telephone ~**) central ▷ vt: **to ~ (for)** échanger (contre); **could I ~ this, please?** est-ce que je peux échanger ceci, s'il vous plaît?; **exchange rate** n taux m de change

excite [ɪkˈsaɪt] vt exciter; **excited** (tout (toute)) excité(e); **to get excited** s'exciter; **excitement** n excitation f; **exciting** adj passionnant(e)

exclaim [ɪkˈskleɪm] vi s'exclamer; **exclamation** [ɛkskləˈmeɪʃən] n exclamation f; **exclamation mark** (us **exclamation point**) n point m d'exclamation

exclude [ɪkˈskluːd] vt exclure; **excluding** [ɪkˈskluːdɪŋ] prep: ~ **VAT** la TVA non comprise

exclusion [ɪkˈskluːʒən] n exclusion f

exclusive [ɪkˈskluːsɪv] adj exclusif(-ive); (club, district) sélect(e); (item of news) en exclusivité; ~ **of VAT** TVA non comprise; **exclusively** adv exclusivement

excruciating [ɪkˈskruːʃieɪtɪŋ] adj (pain) atroce, déchirant(e); (embarrassing) pénible

excursion [ɪkˈskəːʃən] n excursion f

excuse n [ɪkˈskjuːs] excuse f ▷ vt [ɪkˈskjuːz] (forgive) excuser; **to ~ sb from** (activity) dispenser qn de; ~ **me!** excusez-moi, pardon!; **now if you will ~ me, ...** maintenant, si vous (le)

permettez ...

ex-directory [ˈɛksdɪˈrɛktərɪ] adj (BRIT) sur la liste rouge

execute [ˈɛksɪkjuːt] vt exécuter; **execution** [ɛksɪˈkjuːʃən] n exécution f

executive [ɪɡˈzɛkjutɪv] n (person) cadre m; (managing group) bureau m; (Pol) exécutif m ▷ adj exécutif(-ive); (position, job) de cadre

exempt [ɪɡˈzɛmpt] adj: ~ **from** exempté(e) or dispensé(e) de ▷ vt: **to ~ sb from** exempter or dispenser qn de

exercise [ˈɛksəsaɪz] n exercice m ▷ vt exercer; (patience etc) faire preuve de; (dog) promener ▷ vi (also: **to take ~**) prendre de l'exercice; **exercise book** n cahier m

exert [ɪɡˈzəːt] vt exercer, employer; **to ~ o.s.** se dépenser; **exertion** [ɪɡˈzəːʃən] n effort m

exhale [ɛksˈheɪl] vt exhaler ▷ vi expirer

exhaust [ɪɡˈzɔːst] n (also: ~ **fumes**) gaz mpl d'échappement; (also: ~ **pipe**) tuyau m d'échappement ▷ vt épuiser; **exhausted** adj épuisé(e); **exhaustion** [ɪɡˈzɔːstʃən] n épuisement m; **nervous exhaustion** fatigue nerveuse

exhibit [ɪɡˈzɪbɪt] n (Art) pièce f or objet m exposé(e); (Law) pièce à conviction ▷ vt (Art) exposer; (courage, skill) faire preuve de; **exhibition** [ɛksɪˈbɪʃən] n exposition f

exhilarating [ɪɡˈzɪləreɪtɪŋ] adj grisant(e), stimulant(e)

exile [ˈɛksaɪl] n exil m; (person) exilé(e) ▷ vt exiler

exist [ɪɡˈzɪst] vi exister; **existence** n existence f; **existing** adj actuel(le)

exit [ˈɛksɪt] n sortie f ▷ vi (Comput, Theat) sortir; **where's the ~?** où est la sortie?; **exit ramp** n (us Aut) bretelle f d'accès

exotic [ɪɡˈzɔtɪk] adj exotique

expand [ɪkˈspænd] vt (area) agrandir; (quantity) accroître ▷ vi (trade, etc) se développer, s'accroître; (gas, metal) se dilater

expansion [ɪkˈspænʃən] n (territorial,

economic) expansion *f*; (*of trade, influence etc*) développement *m*; (*of production*) accroissement *m*; (*of production*) croissance *f*; (*of gas, metal*) expansion, dilatation *f*

expect [ɪk'spɛkt] *vt* (*anticipate*) s'attendre à, s'attendre à ce que + *sub*; (*count on*) compter sur, escompter; (*require*) demander, exiger; (*suppose*) supposer; (*await: also baby*) attendre ▷ *vi*: **to be ~ing** (*pregnant woman*) être enceinte; **expectation** [ɛkspɛk'teɪʃə n] *n* (*hope*) attente *f*, espérance(s) *f(pl)*; (*belief*) attente

expedition [ɛkspə'dɪʃən] *n* expédition *f*

expel [ɪk'spɛl] *vt* chasser, expulser; (*Scol*) renvoyer, exclure

expenditure [ɪk'spɛndɪtʃəʳ] *n* (*act of spending*) dépense *f*; (*money spent*) dépenses *fpl*

expense [ɪk'spɛns] *n* (*high cost*) coût *m*; (*spending*) dépense *f*, frais *mpl*; **expenses** *npl* frais *mpl*; dépenses; **at the ~ of** (*fig*) aux dépens de; **expense account** *n* (note *f* de) frais *mpl*

expensive [ɪk'spɛnsɪv] *adj* cher (chère), coûteux(-euse); **it's too ~** ça coûte trop cher

experience [ɪk'spɪərɪəns] *n* expérience *f* ▷ *vt* connaître; (*feeling*) éprouver; **experienced** *adj* expérimenté(e)

experiment [ɪk'spɛrɪmənt] *n* expérience *f* ▷ *vi* faire une expérience; **experimental** [ɪkspɛrɪ'mɛntl] *adj* expérimental(e)

expert ['ɛkspəːt] *adj* expert(e) ▷ *n* expert *m*; **expertise** [ɛkspəː'tiːz] *n* (grande) compétence

expire [ɪk'spaɪəʳ] *vi* expirer; **expiry** *n* expiration *f*; **expiry date** *n* date *f* d'expiration; (*on label*) à utiliser avant ...

explain [ɪk'spleɪn] *vt* expliquer; **explanation** [ɛksplə'neɪʃən] *n* explication *f*

explicit [ɪk'splɪsɪt] *adj* explicite; (*definite*) formel(le)

explode [ɪk'spləud] *vi* exploser

exploit *n* ['ɛksplɔɪt] exploit *m* ▷ *vt* [ɪk'splɔɪt] exploiter; **exploitation** [ɛksplɔɪ'teɪʃən] *n* exploitation *f*

explore [ɪk'splɔːʳ] *vt* explorer; (*possibilities*) étudier, examiner; **explorer** *n* explorateur(-trice)

explosion [ɪk'spləuʒən] *n* explosion *f*; **explosive** [ɪk'spləusɪv] *adj* explosif(-ive) ▷ *n* explosif *m*

export *vt* [ɛk'spɔːt] exporter ▷ *n* ['ɛkspɔːt] exportation *f* ▷ *cpd* d'exportation; **exporter** *n* exportateur *m*

expose [ɪk'spəuz] *vt* exposer; (*unmask*) démasquer, dévoiler; **exposed** *adj* (*land, house*) exposé(e); **exposure** [ɪk'spəuʒəʳ] *n* exposition *f*; (*publicity*) couverture *f*; (*Phot: speed*) (temps *m* de) pose *f*; (: *shot*) pose *f*; **to die of exposure** (*Med*) mourir de froid

express [ɪk'sprɛs] *adj* (*definite*) formel(le), exprès(-esse); (BRIT: *letter etc*) exprès *inv* ▷ *n* (*train*) rapide *m* ▷ *vt* exprimer; **expression** [ɪk'sprɛʃən] *n* expression *f*; **expressway** *n* (us) voie *f* express (à plusieurs files)

exquisite [ɛk'skwɪzɪt] *adj* exquis(e)

extend [ɪk'stɛnd] *vt* (*visit, street*) prolonger, remettre; (*building*) agrandir; (*offer*) présenter, offrir; (*hand, arm*) tendre ▷ *vi* (*land*) s'étendre; **extension** *n* (*of visit, street*) prolongation *f*; (*building*) annexe *f*; (*telephone: in offices*) poste *m*; (: *in private house*) téléphone *m* supplémentaire; **extension cable, extension lead** *n* (*Elec*) rallonge *f*; **extensive** *adj* étendu(e), vaste; (*damage, alterations*) considérable; (*inquiries*) approfondi(e)

extent [ɪk'stɛnt] *n* étendue *f*; **to some ~** dans une certaine mesure; **to the ~ of ...** au point de ...; **to what ~?** dans quelle mesure?; **to such an ~ that ...** à tel point que ...

exterior [ɛk'stɪərɪəʳ] *adj* extérieur(e) ▷ *n* extérieur *m*

external [ɛk'stəːnl] *adj* externe

extinct [ɪkˈstɪŋkt] adj (volcano)
éteint(e); (species) disparu(e);
extinction n extinction f

extinguish [ɪkˈstɪŋgwɪʃ] vt éteindre

extra [ˈekstrə] adj supplémentaire,
de plus ▷ adv (in addition) en plus ▷ n
supplément m; (perk) à-côté m; (Cine,
Theat) figurant(e)

extract vt [ɪkˈstrækt] extraire; (tooth)
arracher; (money, promise) soutirer ▷ n
[ˈekstrækt] extrait m

extradite [ˈekstrədaɪt] vt extrader

extraordinary [ɪkˈstrɔːdnrɪ] adj
extraordinaire

extravagance [ɪkˈstrævəgəns]
n (excessive spending) prodigalités
fpl; (thing bought) folie f, dépense
excessive; **extravagant** adj
extravagant(e); (in spending: person)
prodigue, dépensier(-ière); (: tastes)
dispendieux(-euse)

extreme [ɪkˈstriːm] adj, n extrême (m);
extremely adv extrêmement

extremist [ɪkˈstriːmɪst] adj, n
extrémiste m/f

extrovert [ˈekstrəvɜːt] n extraverti(e)

eye [aɪ] n œil m (yeux pl); (of needle)
trou m, chas m ▷ vt examiner; **to keep
an ~ on** surveiller; **eyeball** n globe
m oculaire; **eyebrow** n sourcil m;
eyedrops npl gouttes fpl pour les yeux;
eyelash n cil m; **eyelid** n paupière f;
eyeliner n eye-liner m; **eyeshadow** n
ombre f à paupières; **eyesight** n vue f;
eye witness n témoin m oculaire

F [ef] n (Mus): **F** fa m

fabric [ˈfæbrɪk] n tissu m

fabulous [ˈfæbjuləs] adj
fabuleux(-euse); (inf: super) formidable,
sensationnel(le)

face [feɪs] n visage m, figure f;
(expression) air m; (of clock) cadran m;
(of cliff) paroi f; (of mountain) face f;
(of building) façade f ▷ vt faire face à;
(facts etc) accepter; **~ down** (person)
à plat ventre; (card) face en dessous;
to lose/save ~ perdre/sauver la face;
to pull a ~ faire une grimace; **in the
~ of** (difficulties etc) face à, devant; **on
the ~ of it** à première vue; **~ to ~** face
à face; **face up to** vt fus faire face à,
affronter; **face cloth** n (BRIT) gant m
de toilette; **face pack** n (BRIT) masque
m (de beauté)

facial [ˈfeɪʃl] adj facial(e) ▷ n soin
complet du visage

facilitate [fəˈsɪlɪteɪt] vt faciliter

facilities [fəˈsɪlɪtɪz] npl installations
fpl, équipement m; **credit ~** facilités

de paiement

fact [fækt] n fait m; **in ~** en fait

faction [ˈfækʃən] n faction f

factor [ˈfæktəʳ] n facteur m; (of sun cream) indice m (de protection); **I'd like a ~ 15 suntan lotion** je voudrais une crème solaire d'indice 15

factory [ˈfæktərɪ] n usine f, fabrique f

factual [ˈfæktjuəl] adj basé(e) sur les faits

faculty [ˈfækəltɪ] n faculté f; (us: teaching staff) corps enseignant

fad [fæd] n (personal) manie f; (craze) engouement m

fade [feɪd] vi se décolorer, passer; (light, sound) s'affaiblir; (flower) se faner; **fade away** vi (sound) s'affaiblir

fag [fæg] n (BRIT inf: cigarette) clope f

Fahrenheit [ˈfɑːrənhaɪt] n Fahrenheit m inv

fail [feɪl] vt (exam) échouer à; (candidate) recaler; (subj: courage, memory) faire défaut à ▷ vi échouer; (eyesight, health, light: also: **be ~ing**) baisser, s'affaiblir; (brakes) lâcher; **to ~ to do sth** (neglect) négliger de or ne pas faire qch; (be unable) ne pas arriver or parvenir à faire qch; **without ~** à coup sûr; sans faute; **failing** n défaut m ▷ prep faute de; **failing that** à défaut, sinon; **failure** [ˈfeɪljəʳ] n échec m; (person) raté(e) f; (mechanical etc) défaillance f

faint [feɪnt] adj faible; (recollection) vague; (mark) à peine visible ▷ n évanouissement m ▷ vi s'évanouir; **to feel ~** défaillir; **faintest** adj: **I haven't the faintest idea** je n'en ai pas la moindre idée; **faintly** adv faiblement; (vaguely) vaguement

fair [fɛəʳ] adj équitable, juste; (hair) blond(e); (skin, complexion) pâle, blanc (blanche); (weather) beau (belle); (good enough) assez bon(ne); (sizeable) considérable ▷ adv: **to play ~** jouer franc jeu ▷ n foire f; (BRIT) fête (foraine); **fairground** n champ m de foire; **fair-haired** adj (person) aux cheveux clairs, blond(e); **fairly** adv

(justly) équitablement; (quite) assez; **fair trade** n commerce m équitable; **fairway** n (Golf) fairway m

fairy [ˈfɛərɪ] n fée f; **fairy tale** n conte m de fées

faith [feɪθ] n foi f; (trust) confiance f; (sect) culte m, religion f; **faithful** adj fidèle; **faithfully** adv fidèlement; **yours faithfully** (BRIT: in letters) veuillez agréer l'expression de mes salutations les plus distinguées

fake [feɪk] n (painting etc) faux m; (person) imposteur m ▷ adj faux (fausse) ▷ vt (emotions) simuler; (painting) faire un faux de

falcon [ˈfɔːlkən] n faucon m

fall [fɔːl] n chute f; (decrease) baisse f; (us: autumn) automne m ▷ vi (pt **fell**, pp **~en**) tomber; (price, temperature, dollar) baisser; **falls** npl (waterfall) chute f d'eau, cascade f; **to ~ flat** vi (on one's face) tomber de tout son long, s'étaler; (joke) tomber à plat; (plan) échouer; **fall apart** vi (object) tomber en morceaux; **fall down** vi (person) tomber; (building) s'effondrer, s'écrouler; **fall for** vt fus (trick) se laisser prendre à; (person) tomber amoureux(-euse) de; **fall off** vi tomber; (diminish) baisser, diminuer; **fall out** vi (friends etc) se brouiller; (hair, teeth) tomber; **fall over** vi tomber (par terre); **fall through** vi (plan, project) tomber à l'eau

fallen [ˈfɔːlən] pp of **fall**

fallout [ˈfɔːlaut] n retombées (radioactives)

false [fɔːls] adj faux (fausse); **under ~ pretences** sous un faux prétexte; **false alarm** n fausse alerte; **false teeth** npl (BRIT) fausses dents, dentier m

fame [feɪm] n renommée f, renom m

familiar [fəˈmɪlɪəʳ] adj familier(-ière); **to be ~ with sth** connaître qch; **familiarize** [fəˈmɪlɪəraɪz] vt: **to familiarize o.s. with** se familiariser avec

family [ˈfæmɪlɪ] n famille f; **family doctor** n médecin m de famille; **family**

planning n planning familial

famine ['fæmɪn] n famine f

famous ['feɪməs] adj célèbre

fan [fæn] n (folding) éventail m; (Elec) ventilateur m; (person) fan m, admirateur(-trice); (Sport) supporter m/f ▷ vt éventer; (fire, quarrel) attiser

fan belt n courroie f de ventilateur

fan club n fan-club m

fancy ['fænsɪ] n (whim) fantaisie f, envie f; (imagination) imagination f ▷ adj (luxury) de luxe; (elaborate: jewellery, packaging) fantaisie inv ▷ vt (feel like, want) avoir envie de; (imagine) imaginer; **to take a ~ to** se prendre d'affection pour; s'enticher de; **he fancies her** elle lui plaît; **fancy dress** n déguisement m, travesti m

fan heater n (BRIT) radiateur soufflant

fantasize ['fæntəsaɪz] vi fantasmer

fantastic [fæn'tæstɪk] adj fantastique

fantasy ['fæntəsɪ] n imagination f, fantaisie f; (unreality) fantasme m

fanzine ['fænzi:n] n fanzine m

FAQ n abbr (= frequently asked question) FAQ f inv, faq f inv

far [fɑ:ʳ] adj (distant) lointain(e), éloigné(e) ▷ adv loin; **the ~ side/end** l'autre côté/bout; **it's not ~ (from here)** ce n'est pas loin (d'ici); **~ away, ~ off** au loin, dans le lointain; **~ better** beaucoup mieux; **~ from** loin de; **by ~** de loin, de beaucoup; **go as ~ as the bridge** allez jusqu'au pont; **as ~ as I know** pour autant que je sache; **how ~ is it to ...?** combien y a-t-il jusqu'à ...?; **how ~ have you got with your work?** où en êtes-vous dans votre travail?

farce [fɑ:s] n farce f

fare [fɛəʳ] n (on trains, buses) prix m du billet; (in taxi) prix de la course; (food) table f, chère f; **half ~** demi-tarif; **full ~** plein tarif

Far East n: **the ~** l'Extrême-Orient m

farewell [fɛə'wɛl] excl, n adieu m

farm [fɑ:m] n ferme f ▷ vt cultiver; **farmer** n fermier(-ière); **farmhouse** n (maison f de) ferme f; **farming** n agriculture f; (of animals) élevage m; **farmyard** n cour f de ferme

far-reaching ['fɑ:'ri:tʃɪŋ] adj d'une grande portée

fart [fɑ:t] (infl) vi péter

farther ['fɑ:ðəʳ] adv plus loin ▷ adj plus éloigné(e), plus lointain(e)

farthest ['fɑ:ðɪst] superlative of **far**

fascinate ['fæsɪneɪt] vt fasciner, captiver; **fascinated** adj fasciné(e)

fascinating ['fæsɪneɪtɪŋ] adj fascinant(e)

fascination [fæsɪ'neɪʃən] n fascination f

fascist ['fæʃɪst] adj, n fasciste m/f

fashion ['fæʃən] n mode f; (manner) façon f, manière f ▷ vt façonner; **in ~** à la mode; **out of ~** démodé(e); **fashionable** adj à la mode; **fashion show** n défilé m de mannequins ou de mode

fast [fɑ:st] adj rapide; (clock): **to be ~** avancer; (dye, colour) grand ou bon teint inv ▷ adv vite, rapidement; (stuck, held) solidement ▷ n jeûne m ▷ vi jeûner; **~ asleep** profondément endormi

fasten ['fɑ:sn] vt attacher, fixer; (coat) attacher, fermer ▷ vi se fermer, s'attacher

fast food n fast food m, restauration f rapide

fat [fæt] adj gros(se) ▷ n graisse f; (on meat) gras m; (for cooking) matière f grasse

fatal ['feɪtl] adj (mistake) fatal(e); (injury) mortel(le); **fatality** [fə'tælɪtɪ] n (road death etc) victime f, décès m; **fatally** adv (injured) mortellement

fate [feɪt] n destin m; (of person) sort m

father ['fɑ:ðəʳ] n père m; **Father Christmas** n le Père Noël; **father-in-law** n beau-père m

fatigue [fə'ti:g] n fatigue f

fattening ['fætnɪŋ] adj (food) qui fait grossir

fatty ['fætɪ] adj (food) gras(se) ▷ n (inf) gros (grosse)

faucet [ˈfɔːsɪt] n (us) robinet m
fault [fɔːlt] n faute f; (defect) défaut m;
(Geo) faille f ▷ vt trouver des défauts à,
prendre en défaut; **it's my ~** c'est de ma
faute; **to find ~ with** trouver à redire or
à critiquer à; **at ~** fautif(-ive), coupable;
faulty adj défectueux(-euse)
fauna [ˈfɔːnə] n faune f
favour etc (us **favor** etc) [ˈfeɪvə
ʳ] n faveur f; (help) service m ▷ vt
(proposition) être en faveur de; (pupil
etc) favoriser; (team, horse) donner
gagnant; **to do sb a ~** rendre un service
à qn; **in ~ of** en faveur de; **to find ~
with sb** trouver grâce aux yeux de qn;
favourable adj favorable; **favourite**
[ˈfeɪvrɪt] adj, n favori(te)
fawn [fɔːn] n (deer) faon m ▷ adj (also:
~-coloured) fauve ▷ vi: **to ~ (up)on**
flatter servilement
fax [fæks] n (document) télécopie f;
(machine) télécopieur m ▷ vt envoyer
par télécopie
FBI n abbr (us: = Federal Bureau of
Investigation) FBI m
fear [fɪəʳ] n crainte f, peur f ▷ vt
craindre; **for ~ of** de peur que + sub or
de + infinitive; **fearful** adj craintif(-ive);
(sight, noise) affreux(-euse);
épouvantable; **fearless** adj intrépide
feasible [ˈfiːzəbl] adj faisable,
réalisable
feast [fiːst] n festin m, banquet m; (Rel:
also: **~ day**) fête f ▷ vi festoyer
feat [fiːt] n exploit m, prouesse f
feather [ˈfeðəʳ] n plume f
feature [ˈfiːtʃəʳ] n caractéristique f;
(article) chronique f, rubrique f ▷ vt
(film) avoir pour vedette(s) ▷ vi figurer
(en bonne place); **features** npl (of face)
traits mpl; **a (special) ~ on sth/sb** un
reportage sur qch/qn; **feature film** n
long métrage
Feb. abbr (= February) fév
February [ˈfebrʊərɪ] n février m
fed [fed] pt, pp of **feed**
federal [ˈfedərəl] adj fédéral(e)
federation [fedəˈreɪʃən] n fédération f

fed up adj: **to be ~ (with)** en avoir marre
or plein le dos (de)
fee [fiː] n rémunération f; (of doctor,
lawyer) honoraires mpl; (of school,
college etc) frais mpl de scolarité; (for
examination) droits mpl
feeble [ˈfiːbl] adj faible; (attempt, excuse)
pauvre; (joke) piteux(-euse)
feed [fiːd] n (of animal) nourriture f,
pâture f; (on printer) mécanisme m
d'alimentation ▷ vt (pt, pp **fed**) (person)
nourrir; (BRIT: baby: breastfeed) allaiter;
(: with bottle) donner le biberon à;
(horse etc) donner à manger à; (machine)
alimenter; (data etc) to ~ **sth into**
enregistrer qch dans; **feedback** n
(Elec) effet m Larsen; (from person)
réactions fpl
feel [fiːl] n (sensation) sensation f;
(impression) impression f ▷ vt (pt, pp
felt) (touch) toucher; (explore) tâter,
palper; (cold, pain) sentir; (grief, anger)
ressentir, éprouver; (think, believe): **to ~
(that)** trouver que; **to ~ hungry/cold**
avoir faim/froid; **to ~ lonely/better**
se sentir seul/mieux; **I don't ~ well**
je ne me sens pas bien; **it ~ s soft** c'est
doux au toucher; **to ~ like** (want) avoir
envie de; **feeling** n (physical) sensation
f; (emotion, impression) sentiment m; **to
hurt sb's feelings** froisser qn
feet [fiːt] npl of **foot**
fell [fel] pt of **fall** ▷ vt (tree) abattre
fellow [ˈfeləʊ] n type m; (comrade)
compagnon m; (of learned
society) membre m ▷ cpd: **their ~
prisoners/students** leurs camarades
prisonniers/étudiants; **fellow citizen**
n concitoyen(ne); **fellow countryman**
n (irreg) compatriote m; **fellow men** npl
semblables mpl; **fellowship** n (society)
association f; (comradeship) amitié
f, camaraderie f; (Scol) sorte de bourse
universitaire
felony [ˈfelənɪ] n crime m, forfait m
felt [felt] pt, pp of **feel** ▷ n feutre m; **felt-
tip** n (also: **felt-tip pen**) stylo-feutre m
female [ˈfiːmeɪl] n (Zool) femelle f;

(pej: woman) bonne femme ▷ *adj (Biol)* femelle; *(sex, character)* féminin(e); *(vote etc)* des femmes

feminine ['fɛmɪnɪn] *adj* féminin(e)

feminist ['fɛmɪnɪst] *n* féministe *m/f*

fence [fɛns] *n* barrière *f* ▷ *vi* faire de l'escrime; **fencing** *n (Sport)* escrime *m*

fend [fɛnd] *vi*: **to - for o.s.** se débrouiller (tout seul); **fend off** *vt (attack etc)* parer; *(questions)* éluder

fender ['fɛndə'] *n* garde-feu *m* inv; *(on boat)* défense *f; (us: of car)* aile *f*

fennel ['fɛnl] *n* fenouil *m*

ferment *vi* [fə'mɛnt] fermenter ▷ *n* ['fɜːmɛnt] *(fig)* agitation *f,* effervescence *f*

fern [fɜːn] *n* fougère *f*

ferocious [fə'rəuʃəs] *adj* féroce

ferret ['fɛrɪt] *n* furet *m*

ferry ['fɛrɪ] *n (small)* bac *m; (large: also: ~boat)* ferry(-boat) *m* ▷ *vt* transporter

fertile ['fɜːtaɪl] *adj* fertile; *(Biol)* fécond(e); **fertilize** ['fɜːtɪlaɪz] *vt* fertiliser; *(Biol)* féconder; **fertilizer** *n* engrais *m*

festival ['fɛstɪvəl] *n (Rel)* fête *f; (Art, Mus)* festival *m*

festive ['fɛstɪv] *adj* de fête; **the ~ season** *(BRIT: Christmas)* la période des fêtes

fetch [fɛtʃ] *vt* aller chercher; *(BRIT: sell for)* rapporter

fête [feɪt] *n* fête *f,* kermesse *f*

fetus ['fiːtəs] *n (us)* =**foetus**

feud [fjuːd] *n* querelle *f,* dispute *f*

fever ['fiːvə'] *n* fièvre *f;* **feverish** *adj* fiévreux(-euse), fébrile

few [fjuː] *adj (not many)* peu de ▷ *pron* peu; **a ~** *(as adj)* quelques; *(as pron)* quelques-uns(-unes); **a ~ ... of** un certain nombre de ..., pas mal de ...; **in the past ~ days** ces derniers jours; **fewer** *adj* moins de; **fewest** *adj* le moins nombreux

fiancé [fɪ'ɑ̃nseɪ] *n* fiancé *m;* **fiancée** *n* fiancée *f*

fiasco [fɪ'æskəu] *n* fiasco *m*

fib [fɪb] *n* bobard *m*

fibre *(us* **fiber)** ['faɪbə'] *n* fibre *f;* **fibreglass** *(us* **Fiberglass®)** *n* fibre *f* de verre

fickle ['fɪkl] *adj* inconstant(e), volage, capricieux(-euse)

fiction ['fɪkʃən] *n* romans *mpl,* littérature *f* romanesque; *(invention)* fiction *f;* **fictional** *adj* fictif(-ive)

fiddle ['fɪdl] *n (Mus)* violon *m; (cheating)* combine *f,* escroquerie *f* ▷ *vt (BRIT: accounts)* falsifier, maquiller; **fiddle with** *vt fus* tripoter

fidelity [fɪ'dɛlɪtɪ] *n* fidélité *f*

fidget ['fɪdʒɪt] *vi* se trémousser, remuer

field [fiːld] *n* champ *m; (fig)* domaine *m,* champ; *(Sport: ground)* terrain *m;* **field marshal** *n* maréchal *m*

fierce [fɪəs] *adj (look, animal)* féroce, sauvage; *(wind, attack, person)* (très) violent(e); *(fighting, enemy)* acharné(e)

fifteen [fɪf'tiːn] *num* quinze; **fifteenth** *num* quinzième

fifth [fɪfθ] *num* cinquième

fiftieth ['fɪftɪɪθ] *num* cinquantième

fifty ['fɪftɪ] *num* cinquante; **fifty-fifty** *adv* moitié-moitié ▷ *adj*: **to have a fifty-fifty chance (of success)** avoir une chance sur deux (de réussir)

fig [fɪg] *n* figue *f*

fight [faɪt] *n (between persons)* bagarre *f; (argument)* dispute *f; (Mil)* combat *m; (against cancer etc)* lutte *f* ▷ *vb (pt, pp* **fought)** ▷ *vt* se battre contre; *(cancer, alcoholism, emotion)* combattre, lutter contre; *(election)* se présenter à ▷ *vi* se battre; *(argue)* se battre; *(fig)*: **to - (for/against)** lutter (pour/contre); **fight back** *vi* rendre les coups; *(after illness)* reprendre le dessus ▷ *vt (tears)* réprimer; **fight off** *vt* repousser; *(disease, sleep, urge)* lutter contre; **fighting** *n* combats *mpl; (brawls)* bagarres *fpl*

figure ['fɪgə'] *n (Drawing, Geom)* figure *f; (number)* chiffre *m; (body, outline)* silhouette *f; (person's shape)* ligne *f,* formes *fpl; (person)* personnage

▷ vt (us: think) supposer ▷ vi (appear) figurer; (us: make sense) s'expliquer; **figure out** vt (understand) arriver à comprendre; (plan) calculer

file [faɪl] n (tool) lime f; (dossier) dossier m; (folder) dossier, chemise f; (: binder) classeur m; (Comput) fichier m; (row) file f ▷ vt (nails, wood) limer; (papers) classer; (Law: claim) faire enregistrer; déposer; **filing cabinet** n classeur m (meuble)

Filipino [fɪlɪˈpiːnəu] adj philippin(e) ▷ n (person) Philippin(e)

fill [fɪl] vt remplir; (vacancy) pourvoir à ▷ n: **to eat one's ~** manger à sa faim; **to ~ with** remplir de; **fill in** vt (hole) boucher; (form) remplir; **fill out** vt (form, receipt) remplir; **fill up** vt remplir ▷ vi (Aut) faire le plein

fillet [ˈfɪlɪt] n filet m; **fillet steak** n filet m de bœuf, tournedos m

filling [ˈfɪlɪŋ] n (Culin) garniture f, farce f; (for tooth) plombage m; **filling station** n station-service f, station f d'essence

film [fɪlm] n film m; (Phot) pellicule f, film; (of powder, liquid) couche f, pellicule f ▷ vt (scene) filmer ▷ vi tourner; **I'd like a 36-exposure ~** je voudrais une pellicule de 36 poses; **film star** n vedette f de cinéma

filter [ˈfɪltəʳ] n filtre m ▷ vt filtrer; **filter lane** n (BRIT Aut: at traffic lights) voie f de dégagement; (: on motorway) voie f de sortie

filth [fɪlθ] n saleté f; **filthy** adj sale, dégoûtant(e); (language) ordurier(-ière), grossier(-ière)

fin [fɪn] n (of fish) nageoire f; (of shark) aileron m; (of diver) palme f

final [ˈfaɪnl] adj final(e), dernier(-ière); (decision, answer) définitif(-ive) ▷ n (BRIT Sport) finale f; **finals** npl (Scol) examens mpl de dernière année; (us Sport) finale f; **finale** [fɪˈnɑːlɪ] n finale m; **finalist** n (Sport) finaliste m/f; **finalize** vt mettre au point; **finally** adv (eventually) enfin, finalement; (lastly) en dernier lieu

finance [faɪˈnæns] n finance f ▷ vt financer; **finances** npl finances fpl; **financial** [faɪˈnænʃəl] adj financier(-ière); **financial year** n année f budgétaire

find [faɪnd] vt (pt, pp **found**) trouver; (lost object) retrouver ▷ n trouvaille f, découverte f; **to ~ sb guilty** (Law) déclarer qn coupable; **find out** vt se renseigner sur; (truth, secret) découvrir; (person) démasquer ▷ vi: **to ~ out about** (make enquiries) se renseigner sur; (by chance) apprendre; **findings** npl (Law) conclusions fpl, verdict m; (of report) constatations fpl

fine [faɪn] adj (weather) beau (belle); (excellent) excellent(e); (thin, subtle, not coarse) fin(e); (acceptable) bien inv ▷ adv (well) très bien; (small) fin, finement ▷ n (Law) amende f, contravention f ▷ vt (Law) condamner à une amende; donner une contravention à; **he's ~** il va bien; **the weather is ~** il fait beau; **fine arts** npl beaux-arts mpl

finger [ˈfɪŋgəʳ] n doigt m ▷ vt palper, toucher; **index ~** index m; **fingernail** n ongle m (de la main); **fingerprint** n empreinte digitale; **fingertip** n bout m du doigt

finish [ˈfɪnɪʃ] n fin f; (Sport) arrivée f; (polish etc) finition f ▷ vt finir, terminer ▷ vi finir, se terminer; **to ~ doing sth** finir de faire qch; **to ~ third** arriver or terminer troisième; **when does the show ~?** quand est-ce que le spectacle se termine?; **finish off** vt finir, terminer; (kill) achever; **finish up** vi, vt finir

Finland [ˈfɪnlənd] n Finlande f; **Finn** n Finnois(e), Finlandais(e); **Finnish** adj finnois(e), finlandais(e) ▷ n (Ling) finnois m

fir [fəːʳ] n sapin m

fire [faɪəʳ] n feu m; (accidental) incendie m; (heater) radiateur m ▷ vt (discharge): **to ~ a gun** tirer un coup de feu; (fig: interest) enflammer, animer; (inf: dismiss) mettre à la porte, renvoyer ▷ vi *(shoot)* tirer, faire feu; **~!** au feu; **on** ~ en feu; **to set** ~ **to sth, set sth on** ~ mettre le feu à qch; **fire alarm** n avertisseur m d'incendie; **firearm** n arme f à feu; **fire brigade** n (us **fire department**) (régiment m de sapeurs-)pompiers mpl; **fire engine** n (BRIT) pompe f à incendie; **fire escape** n escalier m de secours; **fire exit** n issue f or sortie f de secours; **fire extinguisher** n extincteur m; **fireman** (irreg) n pompier m; **fireplace** n cheminée f; **fire station** n caserne f de pompiers; **fire truck** (us) n = **fire engine**; **firewall** n (Internet) pare-feu m; **firewood** n bois m de chauffage; **fireworks** npl (display) feu(x) m(pl) d'artifice

firm [fəːm] adj ferme ▷ n compagnie f, firme f; **firmly** adv fermement

first [fəːst] adj premier(-ière) ▷ adv (before other people) le premier, la première; (before other things) avant en premier, d'abord; (when listing reasons etc) en premier lieu, premièrement ▷ n (person: in race) premier(-ière); (BRIT Scol) mention f très bien; (Aut) première f; **the ~ of January** le premier janvier; **at** ~ au commencement, au début; ~ **of all** tout d'abord, pour commencer; **first aid** n premiers secours or soins; **first-aid kit** n trousse f à pharmacie; **first-class** adj (ticket etc) de première classe; (excellent) excellent(e), exceptionnel(le); (post) en tarif prioritaire; **first-hand** adj de première main; **first lady** n (us) femme f du président; **firstly** adv premièrement, en premier lieu; **first name** n prénom m; **first-rate** adj excellent(e)

fiscal [ˈfɪskl] adj fiscal(e); **fiscal year** n exercice financier

fish [fɪʃ] n (pl inv) poisson m ▷ vt, vi pêcher; ~ **and chips** poisson frit et frites; **fisherman** (irreg) n pêcheur m; **fish fingers** npl (BRIT) bâtonnets de poisson (congelés); **fishing** n pêche f; **to go fishing** aller à la pêche;

fishing boat n barque f de pêche; **fishing line** n ligne f (de pêche); **fishmonger** n (BRIT) marchand m de poisson; **fishmonger's (shop)** n (BRIT) poissonnerie f; **fish sticks** (us) = **fish fingers**; **fishy** adj (inf) suspect(e), louche

fist [fɪst] n poing m

fit [fɪt] adj (Med, Sport) en (bonne) forme; (proper) convenable; approprié(e) ▷ vt (subj: clothes) aller à; (put in, attach) installer, poser; (equip) équiper, garnir, munir; (suit) convenir à ▷ vi (clothes) aller; (parts) s'adapter; (in space, gap) entrer, s'adapter ▷ n (Med) accès m, crise f; (of anger) accès; (of hysterics, jealousy) crise; ~ **to** (ready to) en état de; ~ **for** (worthy) digne de; (capable) apte à; **to keep** ~ se maintenir en forme; **this dress is a tight/good** ~ cette robe est un peu juste/(me) va très bien; **a** ~ **of coughing** une quinte de toux; **by** ~**s and starts** par à-coups; **fit in** vi (add up) cadrer; (integrate) s'intégrer; (to new situation) s'adapter; **fitness** n (Med) forme f physique; **fitted** adj (jacket, shirt) ajusté(e); **fitted carpet** n moquette f; **fitted kitchen** (BRIT) cuisine équipée; **fitted sheet** n drap-housse m; **fitting** adj approprié(e) ▷ n (of dress) essayage m; (of piece of equipment) pose f, installation f; **fitting room** n (in shop) cabine f d'essayage; **fittings** npl installations fpl

five [faɪv] num cinq; **fiver** n (inf: BRIT) billet m de cinq livres; (us) billet de cinq dollars

fix [fɪks] vt (date, amount etc) fixer; (sort out) arranger; (mend) réparer; (make ready: meal, drink) préparer ▷ n: **to be in a** ~ être dans le pétrin; **fix up** vt (meeting) arranger; **to ~ sb up with sth** faire avoir qch à qn; **fixed** adj (prices etc) fixe; **fixture** n installation f (fixe); (Sport) rencontre f (au programme)

fizzy [ˈfɪzɪ] adj pétillant(e), gazeux(-euse)

flag [flæg] n drapeau m; (also: ~**stone**)

dalle *f* ▷ *vi* faiblir; fléchir; **flag down**
vt héler, faire signe (de s'arrêter) à;
flagpole *n* mât *m*

flair [flɛə*ʳ*] *n* flair *m*

flak [flæk] *n* (Mil) tir antiaérien; (*inf*:
criticism) critiques *fpl*

flake [fleɪk] *n* (*of rust, paint*) écaille *f*; (*of
snow, soap powder*) flocon *m* ▷ *vi* (*also*: ~
off) s'écailler

flamboyant [flæmˈbɔɪənt] *adj*
flamboyant(e), éclatant(e); (*person*)
haut(e) en couleur

flame [fleɪm] *n* flamme *f*

flamingo [fləˈmɪŋɡəu] *n* flamant
m (rose)

flammable [ˈflæməbl] *adj*
inflammable

flan [flæn] *n* (BRIT) tarte *f*

flank [flæŋk] *n* flanc *m* ▷ *vt* flanquer

flannel [ˈflænl] *n* (BRIT: *also*: **face ~**)
gant *m* de toilette; (*fabric*) flanelle *f*

flap [flæp] *n* (*of pocket, envelope*) rabat
m ▷ *vt* (*wings*) battre (de) ▷ *vi* (*sail,
flag*) claquer

flare [flɛə*ʳ*] *n* (*signal*) signal lumineux;
(*Mil*) fusée éclairante; (*in skirt etc*)
évasement *m*; **flares** *npl* (*trousers*)
pantalon *m* à pattes d'éléphant; **flare
up** *vi* s'embraser; (*fig: person*) se mettre
en colère, s'emporter; (: *revolt*) éclater

flash [flæʃ] *n* éclair *m*; (*also*: **news ~**)
flash *m* (d'information); (*Phot*) flash
m ▷ *vt* (*switch on*) allumer (brièvement);
(*direct*): **to ~ sth at** braquer qch sur;
(*send: message*) câbler; (*smile*) lancer
▷ *vi* briller; jeter des éclairs; (*light
on ambulance etc*) clignoter; **a ~ of
lightning** un éclair; **in a ~** en un clin
d'œil; **to ~ one's headlights** faire un
appel de phares; **he ~ed by** *or* **past** il
passa (devant nous) comme un éclair;
flashback *n* flashback *m*, retour *m* en
arrière; **flashbulb** *n* ampoule *f* de flash;
flashlight *n* lampe *f* de poche

flask [flɑ:sk] *n* flacon *m*, bouteille *f*;
(*also*: **vacuum ~**) bouteille *f* thermos®

(*denial*) catégorique; (Mus) bémol *inv*
(: *voice*) faux (fausse) ▷ *n* (BRIT:
apartment) appartement *m*; (Aut)
crevaison *f*, pneu crevé; (Mus) bémol *m*;
~ out (*work*) sans relâche; (*race*) à fond;
flatten *vt* (*also*: **flatten out**) aplatir;
(*crop*) coucher; (*house, city*) raser

flatter [ˈflætə*ʳ*] *vt* flatter; **flattering** *adj*
flatteur(-euse); (*clothes etc*) seyant(e)

flaunt [flɔ:nt] *vt* faire étalage de

flavour *etc* (us **flavor** *etc*) [ˈfleɪv
*ə*ʳ] *n* goût *m*, saveur *f*; (*of ice cream etc*)
parfum *m* ▷ *vt* parfumer, aromatiser;
vanilla-~ed à l'arôme de vanille,
vanillé(e); **what ~s do you have?** quels
parfums avez-vous?; **flavouring** *n*
arôme *m* (synthétique)

flaw [flɔ:] *n* défaut *m*; **flawless** *adj*
sans défaut

flea [fli:] *n* puce *f*; **flea market** *n*
marché *m* aux puces

flee (*pt, pp* **fled**) [fli:, flɛd] *vt* fuir, s'enfuir
de ▷ *vi* fuir, s'enfuir

fleece [fli:s] *n* (*of sheep*) toison *f*; (*top*)
(*laine f*) polaire *f* ▷ *vt* (*inf*) voler, filouter

fleet [fli:t] *n* flotte *f*; (*of lorries, cars etc*)
parc *m*; convoi *m*

fleeting [ˈfli:tɪŋ] *adj* fugace,
fugitif(-ive); (*visit*) très bref (brève)

Flemish [ˈflɛmɪʃ] *adj* flamand(e)
▷ *n* (Ling) flamand *m*; **the ~** *npl* les
Flamands

flesh [flɛʃ] *n* chair *f*

flew [flu:] *pt of* **fly**

flex [flɛks] *n* fil *m* *or* câble *m* électrique
(souple) ▷ *vt* (*knee*) fléchir; (*muscles*)
bander; **flexibility** *n* flexibilité *f*;
flexible *adj* flexible; (*person, schedule*)
souple; **flexitime** *n* horaire *m* variable
or à la carte

flick [flɪk] *n* petit coup; (*switch*) petit
coup *à*; (*switch*) appuyer sur; **flick
through** *vt fus* feuilleter

flicker [ˈflɪkə*ʳ*] *vi* (*light, flame*) vaciller

flies [flaɪz] *npl of* **fly**

flight [flaɪt] *n* vol *m*; (*escape*) fuite *f*;
(*also*: **~ of steps**) escalier *m*; **flight**

attendant n steward m, hôtesse f de l'air

limsy ['flɪmzɪ] adj peu solide; (clothes) trop léger(-ère); (excuse) pauvre, mince

linch [flɪntʃ] vi tressaillir; **to ~ from** se dérober à, reculer devant

ling [flɪŋ] vt (pt, pp **flung**) jeter, lancer

lint [flɪnt] n silex m; (in lighter) pierre f (à briquet)

lip [flɪp] vt (throw) donner une chiquenaude à; (switch) appuyer sur; (us: pancake) faire sauter; **to ~ sth over** retourner qch

lip-flops ['flɪpflɒps] npl (esp BRIT) tongs fpl

lipper ['flɪpər] n (of animal) nageoire f; (for swimmer) palme f

lirt [flɜːt] vi flirter ▷ n flirteur(-euse)

loat [fləut] n flotteur m; (in procession) char m; (sum of money) réserve f ▷ vi flotter

lock [flɒk] n (of sheep) troupeau m; (of birds) vol m; (of people) foule f

lood [flʌd] n inondation f; (of letters, refugees etc) flot m ▷ vt inonder ▷ vi (place) être inondé; (people): **to ~ into** envahir; **flooding** n inondation f; **floodlight** n projecteur m

loor [flɔːr] n sol m; (storey) étage m; (of sea, valley) fond m ▷ vt (knock down) terrasser; (baffle) désorienter; **ground ~**, (us) **first ~** rez-de-chaussée m; (BRIT) **first ~**, (us) **second ~** premier m; **what is it on?** c'est à quel étage?; **floorboard** n planche f (du plancher); **flooring** n sol m; (wooden) plancher m; (covering) revêtement m de sol; **floor show** n spectacle m de variétés

lop [flɒp] n fiasco m ▷ vi (fail) faire fiasco; (fall) s'affaler, s'effondrer; **floppy** adj lâche, flottant(e) ▷ n (Comput: also: **floppy disk**) disquette f

lora ['flɔːrə] n flore f

loral ['flɔːrl] adj floral(e); (dress) à fleurs

lorist ['flɒrɪst] n fleuriste m/f; **florist's (shop)** n magasin m ou boutique f de fleuriste

otation [fləu'teɪʃən] n (of shares)

émission f; (of company) lancement m (en Bourse)

flour ['flauər] n farine f

flourish ['flʌrɪʃ] vi prospérer ▷ n (gesture) moulinet m

flow [fləu] n (of water, traffic etc) écoulement m; (tide, influx) flux m; (of blood, Elec) circulation f; (of river) courant m ▷ vi couler; (traffic) s'écouler; (robes, hair) flotter

flower ['flauər] n fleur f ▷ vi fleurir; **flower bed** n plate-bande f; **flowerpot** n pot m (à fleur)

flown [fləun] pp of **fly**

fl. oz. abbr = **fluid ounce**

flu [fluː] n grippe f

fluctuate ['flʌktjueɪt] vi varier, fluctuer

fluent ['fluːənt] adj (speech, style) coulant(e), aisé(e); **he speaks ~ French, he's ~ in French** il parle le français couramment

fluff [flʌf] n duvet m; (on jacket, carpet) peluche f; **fluffy** adj duveteux(-euse); (toy) en peluche

fluid ['fluːɪd] n fluide m; (in diet) liquide m ▷ adj fluide; **fluid ounce** n (BRIT) = 0.028 l; 0.05 pints

fluke [fluːk] n coup m de veine

flung [flʌŋ] pt, pp of **fling**

fluorescent [fluə'resnt] adj fluorescent(e)

fluoride ['fluəraɪd] n fluor m

flurry ['flʌrɪ] n (of snow) rafale f, bourrasque f; **a ~ of activity** un affairement soudain

flush [flʌʃ] n (on face) rougeur f; (fig: of youth etc) éclat m ▷ vt nettoyer à grande eau ▷ vi rougir ▷ adj (level): **~ with** au ras de, de niveau avec; **to ~ the toilet** tirer la chasse (d'eau)

flute [fluːt] n flûte f

flutter ['flʌtər] n (of panic, excitement) agitation f; (of wings) battement m ▷ vi (bird) battre des ailes, voleter

fly [flaɪ] n (insect) mouche f; (on trousers: also: **flies**) braguette f ▷ vb (pt **flew**, pp **flown**) ▷ vt (plane) piloter; (passengers, *cargo*) transporter (par avion); (*distance*) parcourir ▷ vi voler; (*passengers*) aller en avion; (*escape*) s'enfuir, fuir; (*flag*) se déployer; **fly away, fly off** vi s'envoler; **fly-drive** n formule f avion plus voiture; **flying** n (*activity*) aviation f; (*action*) vol m ▷ adj: **flying visit** visite f éclair inv; **with flying colours** haut la main; **flying saucer** n soucoupe volante; **flyover** n (BRIT: *overpass*) pont routier

FM abbr (Radio: = *frequency modulation*) FM

foal [fəul] n poulain m

foam [fəum] n écume f; (*on beer*) mousse f; (*also:* = **rubber**) caoutchouc m mousse ▷ vi (*liquid*) écumer; (*soapy water*) mousser

focus ['fəukəs] n (*pl* **-es**) foyer m; (*of interest*) centre m ▷ vt (*field glasses etc*) mettre au point ▷ vi: **to ~ (on)** (*with camera*) mettre la mise au point (sur); (*with eyes*) fixer son regard (sur); (*fig: concentrate*) se concentrer; **out of/in ~** (*picture*) flou(e)/net(te); (*camera*) pas au point/au point

foetus (*us* **fetus**) ['fiːtəs] n fœtus m

fog [fɔg] n brouillard m; **foggy** adj: **it's foggy** il y a du brouillard; **fog lamp** (*us* **fog light**) n (*Aut*) phare m anti-brouillard

foil [fɔil] vt déjouer, contrecarrer ▷ n feuille f de métal; (*kitchen foil*) papier m d'alu(minium); **to act as a ~ to** (*fig*) servir de repoussoir ou de faire-valoir à

fold [fəuld] n (*bend, crease*) pli m; (*Agr*) parc m à moutons; (*fig*) bercail m ▷ vt plier; **to ~ one's arms** croiser les bras; **fold up** vi (*map etc*) se plier, se replier; (*business*) fermer boutique ▷ vt (*map etc*) plier, replier; **folder** n (*for papers*) chemise f; (: *binder*) classeur m; (*Comput*) dossier m; **folding** adj (*chair, bed*) pliant(e)

foliage ['fəuliɪdʒ] n feuillage m

folk [fəuk] npl gens mpl ▷ cpd folklorique; **folks** npl (*inf: parents*) famille f, parents mpl; (*children*)

['fəuklɔːʳ] n folklore m; **folk music** n musique f folklorique; (*contemporary*) musique folk, folk m; **folk song** n chanson f folklorique; (*contemporary*) chanson folk inv

follow ['fɔləu] vt suivre ▷ vi suivre; (*result*) s'ensuivre; **to ~ suit** (*fig*) faire de même; **follow up** vt (*letter, offer*) donner suite à; (*case*) suivre; **follower** n disciple m/f, partisan(e); **following** adj suivant(e) ▷ n partisans mpl, disciples mpl; **follow-up** n suite f (*of file, case*) suivi m

fond [fɔnd] adj (*memory, look*) tendre, affectueux(-euse); (*hopes, dreams*) un peu fou (folle); **to be ~ of** aimer beaucoup

food [fuːd] n nourriture f; **food mixer** n mixeur m; **food poisoning** n intoxication f alimentaire; **food processor** n robot m de cuisine; **food stamp** n (*us*) bon m de nourriture (*pour indigents*)

fool [fuːl] n idiot(e); (*Culin*) mousse f de fruits ▷ vt berner, duper; **fool about, fool around** vi (*pej: waste time*) traînailler, glandouiller; (: *behave foolishly*) faire l'idiot ou l'imbécile; **foolish** adj idiot(e), stupide; (*rash*) imprudent(e); **foolproof** adj (*plan etc*) infaillible

foot [pl **feet**] [fut, fiːt] n pied m; (*of animal*) patte f; (*measure*) pied (= 30.48 cm; 12 inches) ▷ vt (*bill*) payer; **on ~** à pied; **footage** n (*Cine: length*) = métrage m; (: *material*) séquences fpl; **foot-and-mouth (disease)** [futənd'mauθ-] n fièvre f aphteuse; **football** n (*ball*) ballon m (de football); (*sport: BRIT*) football m; (: *us*) football américain; **footballer** n (*BRIT*) = **football player**; **football match** n (*BRIT*) match m de foot(ball); **football player** n footballeur(-euse), joueur(-euse) de football; (*us*) joueur(-euse) de football américain; **footbridge** n passerelle f; **foothills** npl contreforts mpl; **foothold** n prise f (de pied); **footing** n (*fig*) position f, con-

one's footing perdre pied; **footnote**
n note f (en bas de page); **footpath**
n sentier m; **footprint** n trace f (de
pied); **footstep** n pas m; **footwear** n
chaussures fpl

KEYWORD

for [fɔːʳ] prep **1** (indicating destination,
intention, purpose) pour; **the train for
London** le train pour (or à destination
de) Londres; **he left for Rome** il est
parti pour Rome; **he went for the
paper** il est allé chercher le journal; **is
this for me?** c'est pour moi?; **it's time
for lunch** c'est l'heure du déjeuner;
what's it for? ça sert à quoi?; **what for?**
(why) pourquoi?; (to what end) pour quoi
faire?, à quoi bon?; **for sale** à vendre; **to
pray for peace** prier pour la paix
2 (on behalf of, representing) pour;
the MP for Hove le député de Hove;
to work for sb/sth travailler pour
qn/qch; **I'll ask him for you** je vais lui
demander pour toi; **G for George** G
comme Georges
3 (because of) pour; **for this reason**
pour cette raison; **for fear of being
criticized** de peur d'être critiqué
4 (with regard to) pour; **it's cold for
July** il fait froid pour juillet; **a gift for
languages** un don pour les langues
5 (in exchange for): **I sold it for £5** je l'ai
vendu 5 livres; **to pay 50 pence for a
ticket** payer un billet 50 pence
6 (in favour of) pour; **are you for or
against us?** êtes-vous pour ou contre
nous?; **I'm all for it** je suis tout à fait
pour; **vote for X** votez pour X
7 (referring to distance) pendant, sur;
there are roadworks for 5 km il y a
des travaux sur or pendant 5 km; **we
walked for miles** nous avons marché
pendant des kilomètres
8 (referring to time) pendant; depuis;
pour; **he was away for 2 years** il a
été absent pendant 2 ans; **she will be
away for a month** elle sera absente

(pendant) un mois; **it hasn't rained for
3 weeks** ça fait 3 semaines qu'il ne pleut
pas, il ne pleut pas depuis 3 semaines;
I have known her for years je la
connais depuis des années; **can you do
it for tomorrow?** est-ce que tu peux le
faire pour demain?
9 (with infinitive clauses): **it is not for
me to decide** ce n'est pas à moi de
décider; **it would be best for you to
leave** le mieux serait que vous partiez;
there is still time for you to do it vous
avez encore le temps de le faire; **for
this to be possible ..** pour que cela
soit possible ..
10 (in spite of): **for all that** malgré cela,
néanmoins; **for all his work/efforts**
malgré tout son travail/tous ses
efforts; **for all his complaints, he's
very fond of her** il a beau se plaindre, il
l'aime beaucoup
▷ conj (since, as: rather formal) car

forbid (pt **forbad(e)**, pp **~den**) [fəˈbɪd,
-ˈbæd, -ˈbɪdn] vt défendre, interdire; **to
~ sb to do** défendre or interdire à qn de
faire; **forbidden** adj défendu(e)
force [fɔːs] n force f ▷ vt forcer; (push)
pousser (de force); **to ~ o.s. to do** se
forcer à faire; **in ~** (being used: rule, law,
prices) en vigueur; (in large numbers) en
force; **forced** adj forcé(e); **forceful** adj
énergique
ford [fɔːd] n gué m
fore [fɔːʳ] n: **to the ~** en évidence;
forearm n avant-bras m inv; **forecast**
n prévision f, (also: **weather forecast**)
prévisions fpl météorologiques, météo
f ▷ vt (irreg: like cast) prévoir; **forecourt**
n (of garage) devant m; **forefinger** n
index m; **forefront** n: **in the forefront
of** au premier rang or plan de;
foreground n premier plan;
forehead [ˈfɔrɪd] n front m
foreign [ˈfɔrɪn] adj étranger(-ère);
(trade) extérieur(e); (travel) à l'étranger;
foreign currency n devises
étrangères; **foreigner** n étranger(-ère);

foreign exchange n (system) change m; (money) devises fpl; **Foreign Office** n (BRIT) ministère m des Affaires étrangères; **Foreign Secretary** n (BRIT) ministre m des Affaires étrangères

fore: **foreman** (irreg) n (in construction) contremaître m; **foremost** adj le (la) plus en vue, premier(-ière) ▷ adv: **first and foremost** avant tout, tout d'abord; **forename** n prénom m

forensic [fəˈrɛnsɪk] adj: **~ medicine** médecine légale

foresee (pt **foresaw**, pp **~n**) [fɔːˈsiː, -ˈsɔː, -ˈsiːn] vt prévoir; **foreseeable** adj prévisible

forest [ˈfɒrɪst] n forêt f; **forestry** n sylviculture f

forever [fəˈrɛvəʳ] adv pour toujours; (fig: endlessly) continuellement

foreword [ˈfɔːwɜːd] n avant-propos m inv

forfeit [ˈfɔːfɪt] vt perdre

forgave [fəˈɡeɪv] pt of **forgive**

forge [fɔːdʒ] n forge f ▷ vt (signature) contrefaire; (wrought iron) forger; **to ~ money** fabriquer de la fausse monnaie; **forger** n faussaire m; **forgery** n faux m, contrefaçon f

forget (pt **forgot**, pp **forgotten**) [fəˈɡɛt, -ˈɡɒt, -ˈɡɒtn] vt, vi oublier; **I've forgotten my key/passport** j'ai oublié ma clé/mon passeport; **forgetful** adj distrait(e), étourdi(e)

forgive (pt **forgave**, pp **~n**) [fəˈɡɪv, -ˈɡeɪv, -ˈɡɪvn] vt pardonner; **to ~ sb for sth/for doing sth** pardonner qch à qn/à qn de faire qch

forgot [fəˈɡɒt] pt of **forget**

forgotten [fəˈɡɒtn] pp of **forget**

fork [fɔːk] n (for eating) fourchette f; (for gardening) fourche f; (of roads) bifurcation f ▷ vi (road) bifurquer

forlorn [fəˈlɔːn] adj (deserted) abandonné(e); (hope, attempt) désespéré(e)

form [fɔːm] n forme f; (Scol) classe f; (questionnaire) formulaire m ▷ vt former; (habit) contracter; **to ~ part**

of sth faire partie de qch; **on top ~** en pleine forme

formal [ˈfɔːməl] adj (offer, receipt) en bonne et due forme; (person) cérémonieux(-euse); (occasion, dinner) officiel(le); (garden) à la française; (clothes) de soirée; **formality** [fɔːˈmælɪtɪ] n formalité f

format [ˈfɔːmæt] n format m ▷ vt (Comput) formater

formation [fɔːˈmeɪʃən] n formation f

former [ˈfɔːməʳ] adj ancien(ne); (before n) précédent(e); **the ~ … the latter** le premier … le second, celui-là … celui-ci; **formerly** adv autrefois

formidable [ˈfɔːmɪdəbl] adj redoutable

formula [ˈfɔːmjulə] n formule f

fort [fɔːt] n fort m

forthcoming [fɔːθˈkʌmɪŋ] adj qui va paraître or avoir lieu prochainement; (character) ouvert(e), communicatif(-ive); (available) disponible

fortieth [ˈfɔːtɪθ] num quarantième

fortify [ˈfɔːtɪfaɪ] vt (city) fortifier; (person) remonter

fortnight [ˈfɔːtnaɪt] n (BRIT) quinzaine f, quinze jours mpl; **fortnightly** adj bimensuel(le) ▷ adv tous les quinze jours

fortress [ˈfɔːtrɪs] n forteresse f

fortunate [ˈfɔːtʃənɪt] adj heureux(-euse); (person) chanceux(-euse); **it is ~ that** c'est une chance que, il est heureux que; **fortunately** adv heureusement, par bonheur

fortune [ˈfɔːtʃən] n chance f; (wealth) fortune f; **fortune-teller** n diseuse f de bonne aventure

forty [ˈfɔːtɪ] num quarante

forum [ˈfɔːrəm] n forum m, tribune f

forward [ˈfɔːwəd] adj (movement, position) en avant, vers l'avant; (not shy) effronté(e); (in time) en avance ▷ adv (also: **~s**) en avant ▷ n (Sport) avant m ▷ vt (letter) faire suivre; (parcel, goods) expédier; (fig) promouvoir, favoriser; **to move** ~ avancer; **forwarding address** n adresse f de réexpédition

forward slash n barre f oblique

fossil ['fɔsl] adj, n fossile m

foster ['fɔstə'] vt (encourage) encourager, favoriser; (child) élever (sans adopter); **foster child** n enfant élevé dans une famille d'accueil

foster parent n parent qui élève un enfant sans adopter

fought [fɔːt] pt, pp of **fight**

foul [faul] adj (weather, smell, food) infect(e); (language) ordurier(-ière) ▷ n (Football) faute f ▷ vt (dirty) salir, encrasser; **he's got a ~ temper** il a un caractère de chien; **foul play** n (Law) acte criminel

found [faund] pt, pp of **find** ▷ vt (establish) fonder; **foundation** [faun'deɪʃən] n (act) fondation f; (base) fondement m; (also: **foundation cream**) fond m de teint; **foundations** npl (of building) fondations fpl

founder ['faundə'] n fondateur m ▷ vi couler, sombrer

fountain ['fauntɪn] n fontaine f; **fountain pen** n stylo m (à encre)

four [fɔː'] num quatre; **on all ~s** à quatre pattes; **four-letter word** n obscénité f, gros mot; **four-poster** n (also: **four-poster bed**) lit m à baldaquin; **fourteen** num quatorze; **fourteenth** num quatorzième; **fourth** num quatrième ▷ n (Aut: also: **fourth gear**) quatrième f; **four-wheel drive** n (Aut: car) voiture f à quatre roues motrices

fowl [faul] n volaille f

fox [fɔks] n renard m ▷ vt mystifier

foyer ['fɔɪeɪ] n (in hotel) vestibule m; (Theat) foyer m

fraction ['frækʃən] n fraction f

fracture ['fræktʃə'] n fracture f ▷ vt fracturer

fragile ['frædʒaɪl] adj fragile

fragment ['frægmənt] n fragment m

fragrance ['freɪgrəns] n parfum m

frail [freɪl] adj fragile, délicat(e);

(person) frêle

frame [freɪm] n (of building) charpente f; (of human, animal) charpente, ossature f; (of picture) cadre m; (of door, window) encadrement m, chambranle m; (of spectacles: also: ~s) monture f ▷ vt (picture) encadrer; **~ of mind** disposition f d'esprit; **framework** n structure f

France [frɑːns] n la France

franchise ['fræntʃaɪz] n (Pol) droit m de vote; (Comm) franchise f

frank [fræŋk] adj franc (franche) ▷ vt (letter) affranchir; **frankly** adv franchement

frantic ['fræntɪk] adj (hectic) frénétique; (distraught) hors de soi

fraud [frɔːd] n supercherie f, fraude f, tromperie f; (person) imposteur m

fraught [frɔːt] adj (tense: person) très tendu(e); (: situation) pénible; **~ with** (difficulties etc) chargé(e) de, plein(e) de

fray [freɪ] vi s'effilocher ▷ vi s'effilocher

freak [friːk] n (eccentric person) phénomène m; (unusual event) hasard m extraordinaire; (pej: fanatic): **health food** ~ fana m/f du obsédé(e) de l'alimentation saine ▷ adj (storm) exceptionnel(le); (accident) bizarre

freckle ['frekl] n tache f de rousseur

free [friː] adj libre; (gratis) gratuit(e) ▷ vt (prisoner etc) libérer; (jammed object or person) dégager; **is this seat ~?** la place est libre?; **~ (of charge)** gratuitement; **freedom** n liberté f; **Freefone®** n numéro vert; **free gift** n prime f; **free kick** n (Sport) coup franc; **freelance** adj (journalist etc) indépendant(e), free-lance inv ▷ adv en free-lance; **freely** adv librement; (liberally) libéralement; **Freepost®** n (BRIT) port payé; **free-range** adj (egg) de ferme; (chicken) fermier; **freeway** n (US) autoroute f; **free will** n libre arbitre m; **of one's own free will** de son plein gré

freeze [friːz] vb (pt **froze**, pp **frozen**) ▷ vi geler ▷ vt geler; (food) congeler; (prices, salaries) bloquer, geler ▷ n gel m;

(of prices, salaries) blocage m; **freezer** n congélateur m; **freezing** adj: **freezing (cold)** (room etc) glacial(e); (person, hands) gelé(e), glacé(e) ▷ n: **3 degrees below freezing** 3 degrés au-dessous de zéro; **it's freezing** il fait un froid glacial; **freezing point** n point m de congélation

freight [freit] n (goods) fret m, cargaison f; (money charged) fret, prix m du transport; **freight train** n (us) train m de marchandises

French [frɛntʃ] adj français(e) ▷ n (Ling) français m; **the ~** npl les Français; **what's the ~ (word) for ...?** comment dit-on ... en français?; **French bean** n (BRIT) haricot vert; **French bread** n pain m français; **French dressing** n (Culin) vinaigrette f; **French fried potatoes** (us **French fries**) npl (pommes de terre fpl) frites fpl; **Frenchman** (irreg) n Français m; **French stick** n = baguette f; **French window** n porte-fenêtre f; **Frenchwoman** (irreg) n Française f

frenzy ['frɛnzɪ] n frénésie f

frequency ['fri:kwənsɪ] n fréquence f

frequent adj ['fri:kwənt] fréquent(e) ▷ vt [frɪ'kwɛnt] fréquenter; **frequently** ['fri:kwəntlɪ] adv fréquemment

fresh [frɛʃ] adj frais (fraîche); (new) nouveau (nouvelle); (cheeky) familier(-ière), culotté(e); **freshen** vi (wind, air) fraîchir; **freshen up** vi faire un brin de toilette; **fresher** n (BRIT University: inf) bizuth m, étudiant(e) de première année; **freshly** adv nouvellement, récemment; **freshman** (us: irreg) n **=fresher**; **freshwater** adj (fish) d'eau douce

fret [frɛt] vi s'agiter, se tracasser

Fri abbr (=Friday) ve

friction ['frɪkʃən] n friction f, frottement m

Friday ['fraɪdɪ] n vendredi m

fridge [frɪdʒ] n (BRIT) frigo m, frigidaire® m

fried [fraɪd] adj frit(e); **~ egg** œuf m sur le plat

friend [frɛnd] n ami(e); **friendly** adj amical(e); (kind) sympathique, gentil(le); (place) accueillant(e); (Pol: country) ami(e) ▷ n (also: **friendly match**) match amical; **friendship** n amitié f

fries [fraɪz] (esp us) npl = **French fried potatoes**

frigate ['frɪgɪt] n frégate f

fright [fraɪt] n peur f, effroi m; **to give sb a ~** faire peur à qn; **to take ~** prendre peur, s'effrayer; **frighten** vt effrayer, faire peur à qn; **frightened** adj: **to be frightened (of)** avoir peur (de); **frightening** adj effrayant(e); **frightful** adj affreux-euse

frill [frɪl] n (of dress) volant m; (of shirt) jabot m

fringe [frɪndʒ] n (BRIT: of hair) frange f; (edge: of forest etc) bordure f

Frisbee® ['frɪzbɪ] n Frisbee® m

fritter ['frɪtə*] n beignet m

fro [frəu] see **to**

frock [frɔk] n robe f

frog [frɔg] n grenouille f; **frogman** (irreg) n homme-grenouille m

KEYWORD

from [frɔm] prep 1 (indicating starting place, origin etc) de; **where do you come from?**, **where are you from?** d'où venez-vous?; **where has he come from?** d'où vient-il?; **from London to Paris** de Londres à Paris; **to escape from sb/sth** échapper à qn/qch; **a letter/telephone call from my sister** une lettre/un appel de ma sœur; **to drink from the bottle** boire à (même) la bouteille; **tell him from me that ...** dites-lui de ma part que ...

2 (indicating time) (à partir) de; **from one o'clock to or until or till two** d'une heure à deux heures; **from January (on)** à partir de janvier

3 (indicating distance) de; **the hotel is one kilometre from the beach** l'hôtel est à un kilomètre de la plage

4 (indicating price, number etc) de; **prices range from £10 to £50** les prix varient entre 10 livres et 50 livres; **the interest rate was increased from 9% to 10%** le taux d'intérêt est passé de 9% à 10%

5 (indicating difference) de; **he can't tell red from green** il ne sait pas distinguer le rouge du vert; **to be different from sb/sth** être différent de qn/qch

6 (because of, on the basis of): **from what he says** d'après ce qu'il dit; **weak from hunger** affaibli par la faim

front [frʌnt] n (of house, dress) devant m; (of coach, train) avant m; (promenade: also: **sea~**) bord m de mer; (Mil, Pol, Meteorology) front m; (fig: appearances) contenance f, façade f ▷ adj de devant; (seat, wheel) avant ▷ vi: **in ~ (of)** devant; (of car) portière avant; **frontier** ['frʌntɪə'] n frontière f; **front page** n première page f; **front-wheel drive** n traction f avant

frost [frɒst] n gel m, gelée f; (also: **hoar~**) givre m; **frostbite** n gelures fpl; **frosting** n (esp us: on cake) glaçage m; **frosty** adj (window) couvert(e) de givre; (weather, welcome) glacial(e)

froth [frɒθ] n mousse f, écume f

frown [fraʊn] n froncement m de sourcils ▷ vi froncer les sourcils

froze [frəʊz] pt of **freeze**

frozen ['frəʊzn] pp of **freeze** ▷ adj (food) congelé(e); (very cold: person; Comm: assets) gelé(e)

fruit [fruːt] n (pl inv) fruit m; **fruit juice** n jus m de fruit; **fruit machine** n (BRIT) machine f à sous; **fruit salad** n salade f de fruits

frustrate [frʌs'treɪt] vt frustrer; **frustrated** adj frustré(e)

fry (pt, pp **fried**) [fraɪ, -d] vt (faire) frire;

small **~** le menu fretin; **frying pan** n poêle f (à frire)

ft. abbr = **foot; feet**

fudge [fʌdʒ] n (Culin) sorte de confiserie à base de sucre, de beurre et de lait

fuel [fjʊəl] n (for heating) combustible m; (for engine) carburant m; **fuel tank** n (in vehicle) réservoir m de or à carburant

fulfil (us **fulfill**) [fʊl'fɪl] vt (function, condition) remplir; (order) exécuter; (wish, desire) satisfaire, réaliser

full [fʊl] adj (details, hotel, bus) complet(-ète); (busy: day) chargé(e); (skirt) ample, large ▷ adv: **well that** savoir fort bien que; **I'm ~ (up)** j'ai bien mangé; **~ employment/fare** plein emploi/tarif; **a ~ two hours** deux heures bien tassées; **at ~ speed** à toute vitesse; **in ~** (reproduce, quote, pay) intégralement; (write out) en toutes lettres; **full-length** adj (portrait) en pied; (coat) long(ue); **full-length film** long métrage; **full moon** n pleine lune; **full-scale** adj (model) grandeur nature inv; (search, retreat) complet(-ète), total(e); **full stop** n point m; **full-time** adj, adv (work) à plein temps; **fully** adv entièrement, complètement; (at least)

fumble ['fʌmbl] vi fouiller, tâtonner; **fumble with** vt fus tripoter

fume [fjuːm] vi (rage) rager; **fumes** npl vapeurs fpl, émanations fpl, gaz mpl

fun [fʌn] n amusement m, divertissement m; **to have ~** s'amuser; **for ~** pour rire; **to make ~ of** se moquer de

function ['fʌŋkʃən] n fonction f; (reception, dinner) cérémonie f, soirée officielle ▷ vi fonctionner

fund [fʌnd] n caisse f, fonds m; (source, store) source f, mine f; **funds** npl (money) fonds mpl

fundamental [fʌndə'mɛntl] adj fondamental(e)

funeral ['fjuːnərəl] n enterrement m, obsèques fpl (more formal occasion); **funeral director** n entrepreneur m des pompes funèbres; **funeral parlour** [-'pɑ:lə*] n (BRIT) dépôt m mortuaire

funfair ['fʌnfɛə*] n (BRIT) fête (foraine)

fungus (pl **fungi**) ['fʌŋgəs, -gaɪ] n champignon m; (mould) moisissure f

funnel ['fʌnl] n entonnoir m; (of ship) cheminée f

funny ['fʌnɪ] adj amusant(e), drôle; (strange) curieux(-euse), bizarre

fur [fɜ:*] n fourrure f; (BRIT: in kettle etc) (dépôt m de) tartre m; **fur coat** n manteau m de fourrure

furious ['fjuərɪəs] adj furieux(-euse); (effort) acharné(e)

furnish ['fɜ:nɪʃ] vt meubler; (supply) fournir; **furnishings** npl mobilier m, articles mpl d'ameublement

furniture ['fɜ:nɪtʃə*] n meubles mpl, mobilier m; **piece of ~** meuble m

furry ['fɜ:rɪ] adj (animal) à fourrure; (toy) en peluche

further ['fɜ:ðə*] adj supplémentaire, autre; nouveau (nouvelle) ▷ adv plus loin; (more) davantage; (moreover) de plus ▷ vt faire avancer or progresser, promouvoir; **further education** n enseignement m postscolaire (recyclage, formation professionnelle); **furthermore** adv de plus, en outre

furthest ['fɜ:ðɪst] superlative of **far**

fury ['fjuərɪ] n fureur f

fuse (US **fuze**) [fju:z] n fusible m; (for bomb etc) amorce f, détonateur m ▷ vt, vi (metal) fondre; (BRIT: Elec): **to ~ the lights** faire sauter les fusibles or les plombs; **fuse box** n boîte f à fusibles

fusion ['fju:ʒən] n fusion f

fuss [fʌs] n (anxiety, excitement) chichis mpl, façons fpl; (commotion) tapage m; (complaining, trouble) histoire(s) f(pl); **to make a ~** faire des façons (or des histoires); **to make a ~ of sb** dorloter qn; **fussy** adj (person) tatillon(ne), difficile, chichiteux(-euse); (dress, style) tarabiscoté(e)

future ['fju:tʃə*] adj futur(e) ▷ n avenir m; (Ling) futur m; **futures** npl (Comm) opérations fpl à terme; **in (the) ~** à

l'avenir

fuze [fju:z] n, vt, vi (US) = **fuse**

fuzzy ['fʌzɪ] adj (Phot) flou(e); (hair) crépu(e)

g

g [dʒiː] n (Mus): **G** sol m

g. abbr (= gram) g

gadget ['gædʒɪt] n gadget m

Gaelic ['geɪlɪk] adj, n (Ling) gaélique (f) gag m ⊳ vt (prisoner etc) bâillonner

gag [gæg] n (on mouth) bâillon m; (joke) gag m ⊳ vt (prisoner etc) bâillonner

gain [geɪn] n (improvement) gain m; (profit) gain, profit m ⊳ vt gagner ⊳ vi (watch) avancer; **to ~ from/by** gagner de/à; **to ~ on sb** (catch up) rattraper qn; **to ~ 3lbs (in weight)** prendre 3 livres; **to ~ ground** gagner du terrain

gal. abbr = **gallon**

gala ['gɑːlə] n gala m

galaxy ['gæləksɪ] n galaxie f

gale [geɪl] n coup m de vent

gall bladder ['gɔːl-] n vésicule f biliaire

gallery ['gælərɪ] n (also: **art ~**) musée m; (: private) galerie f; (: in theatre) dernier balcon

gallon ['gæln] n gallon m (BRIT = 4.543 l; US = 3.785 l)

gallop ['gæləp] n galop m ⊳ vi galoper

gallstone ['gɔːlstəʊn] n calcul m

(biliaire)

gamble ['gæmbl] n pari m, risque calculé ⊳ vt, vi jouer; **to ~ on** (fig) miser sur; **gambler** n joueur m; **gambling** n jeu m

game [geɪm] n jeu m; (event) match m; (of tennis, chess, cards) partie f; (Hunting) gibier m ⊳ adj (willing): **to be ~ (for)** être prêt(e) (à or pour); **big ~** gros gibier; **games** npl (Scol) sport m; (sport event) jeux; **games console** ['geɪmz-] n console f de jeux vidéo; **game show** n jeu télévisé

gammon ['gæmən] n (bacon) quartier m de lard fumé; (ham) jambon fumé or salé

gang [gæŋ] n bande f; (of workmen) équipe f

gangster ['gæŋstə'] n gangster m, bandit m

gap [gæp] n trou m; (in time) intervalle m; (difference): **~ (between)** écart m (entre)

gape [geɪp] vi (person) être or rester bouche bée; (hole, shirt) être ouvert(e)

gap year n année que certains étudiants prennent pour voyager ou pour travailler avant d'entrer à l'université

garage ['gærɑːʒ] n garage m; **garage sale** n vide-grenier m

garbage ['gɑːbɪdʒ] n (us: rubbish) ordures fpl, détritus mpl; (inf: nonsense) âneries fpl; **garbage can** n (us) poubelle f, boîte f à ordures; **garbage collector** n (us) éboueur m

garden ['gɑːdn] n jardin m; **gardens** npl (public) jardin public; (private) parc m; **garden centre** (BRIT) n pépinière f, jardinerie f; **gardener** n jardinier m; **gardening** n jardinage m

garlic ['gɑːlɪk] n ail m

garment ['gɑːmənt] n vêtement m

garnish ['gɑːnɪʃ] (Culin) vt garnir ⊳ n décoration f

garrison ['gærɪsn] n garnison f

gas [gæs] n gaz m; (us: gasoline) essence f ⊳ vt asphyxier; **I can smell ~** ça sent le gaz; **gas cooker** n (BRIT) cuisinière f à gaz; **gas cylinder** n bouteille f de gaz; **gas fire** n (BRIT) radiateur m à gaz

gasket ['gæskɪt] n (Aut) joint m de culasse

gasoline ['gæsəliːn] n (US) essence f

gasp [gɑːsp] n halètement f; (of shock etc): **she gave a small ~ of pain** la douleur lui coupa le souffle ▷ vi haleter; (fig) avoir le souffle coupé

gas: gas pedal n (US) accélérateur m; **gas station** n (US) station-service f; **gas tank** n (US Aut) réservoir m d'essence

gate [geɪt] n (of garden) portail m; (of field, at level crossing) barrière f; (of building, town, at airport) porte f

gateau (pl **~x**) ['gætəu, -z] n gros gâteau m à la crème

gatecrash ['geɪtkræʃ] vt s'introduire sans invitation dans

gateway ['geɪtweɪ] n porte f

gather ['gæðə^r] vt (flowers, fruit) cueillir; (pick up) ramasser; (assemble: objects) rassembler; (: people) réunir; (: information) recueillir; (understand) comprendre; (Sewing) froncer ▷ vi (assemble) se rassembler; **to ~ speed** prendre de la vitesse; **gathering** n rassemblement m

gauge [geɪdʒ] n (instrument) jauge f ▷ vt jauger; (fig) juger de

gave [geɪv] pt of **give**

gay [geɪ] adj (homosexual) homosexuel(le); (colour) gai, vif (vive)

gaze [geɪz] n regard m fixe ▷ vi: **to ~ at** vt fixer du regard

GB abbr = **Great Britain**

GCSE n abbr (BRIT) = General Certificate of Secondary Education) examen m passé à l'âge de 16 ans sanctionnant les connaissances de l'élève

gear [gɪə^r] n matériel m, équipement m; (Tech) engrenage m; (Aut) vitesse f ▷ vt (fig: adapt) adapter; **top** or (US) **high/low ~** quatrième (or cinquième)/première vitesse f; **in ~** en prise; **gear up** vi: **to ~ up (to do)** se préparer (à faire); **gear box** n boîte f de vitesse; **gear**

lever n levier m de vitesse; **gear shift** (US) n = **gear lever**; **gear stick** (BRIT) n = **gear lever**

geese [giːs] npl of **goose**

gel [dʒɛl] n gelée f

gem [dʒɛm] n pierre précieuse

Gemini ['dʒɛmɪnaɪ] n les Gémeaux mpl

gender ['dʒɛndə^r] n genre m; (person's sex) sexe m

gene [dʒiːn] n (Biol) gène m

general ['dʒɛnərl] n général m ▷ adj général(e); **in ~** en général; **general anaesthetic** (US **general anesthetic**) n anesthésie générale; **general election** n élection(s) législative(s); **generalize** vi généraliser; **generally** adv généralement; **general practitioner** n généraliste m/f; **general store** n épicerie f

generate ['dʒɛnəreɪt] vt engendrer; (electricity) produire

generation [dʒɛnə'reɪʃən] n génération f; (of electricity etc) production f

generator ['dʒɛnəreɪtə^r] n générateur m

generosity [dʒɛnə'rɒsɪtɪ] n générosité f

generous ['dʒɛnərəs] adj généreux(-euse); (copious) copieux(-euse)

genetic [dʒɪ'nɛtɪk] adj génétique; **~ engineering** ingénierie f génétique; **~ fingerprinting** système m d'empreinte génétique; **genetically modified** adj (food etc) génétiquement modifié(e); **genetics** n génétique f

Geneva [dʒɪ'niːvə] n Genève

genitals ['dʒɛnɪtlz] npl organes génitaux

genius ['dʒiːnɪəs] n génie m

gent [dʒɛnt] n abbr (BRIT inf) = **gentleman**

gentle ['dʒɛntl] adj doux (douce); (breeze, touch) léger(-ère)

gentleman (irreg) ['dʒɛntlmən] n monsieur m; (well-bred man) gentleman m

gently ['dʒentlɪ] adv doucement

gents [dʒents] n W.-C. mpl (pour hommes)

genuine ['dʒenjuɪn] adj véritable, authentique; (person, emotion) sincère; **genuinely** adv sincèrement, vraiment

geographic(al) [dʒɪə'græfɪk(l)] adj géographique

geography [dʒɪ'ɒɡrəfɪ] n géographie f

geology [dʒɪ'ɒlədʒɪ] n géologie f

geometry [dʒɪ'ɒmətrɪ] n géométrie f

geranium [dʒɪ'reɪnɪəm] n géranium m

geriatric [dʒerɪ'ætrɪk] adj gériatrique
  ▷ n patient(e) gériatrique

germ [dʒə:m] n (Med) microbe m

German ['dʒə:mən] adj allemand(e)
  ▷ n Allemand(e); (Ling) allemand m;
  German measles n rubéole f

Germany ['dʒə:mənɪ] n Allemagne f

gesture ['dʒestjəʳ] n geste m

◯ KEYWORD

get [get] (pt, pp **got**, pp **gotten** (us)) vb
1 (become, be) devenir; **to get old/tired** devenir vieux/fatigué, vieillir/se fatiguer; **to get drunk** s'enivrer/se dirty se salir; **to get married** se marier; **when do I get paid?** quand est-ce que je serai payé?; **it's getting late** il se fait tard
2 (go): **to get to/from** aller à/de; **to get home** rentrer chez soi; **how did you get here?** comment es-tu arrivé ici?
3 (begin) commencer or se mettre à; **to get to know sb** apprendre à connaître qn; **I'm getting to like him** je commence à l'apprécier; **let's get started** or **going** allons-y
4 (modal aux vb): **you've got to do it** il faut que vous le fassiez; **I've got to tell the police** je dois le dire à la police
  ▷ vt **1**: **to get sth done** (do task) faire qch; (have done) faire faire qch; **to get sth/sb ready** faire/rendre qch/qn; **to get one's hair cut** se faire couper les cheveux; **to get the car going** or **to go** (faire) démarrer la voiture; **to get sb to do sth** faire faire qch à qn
2 (obtain: money, permission, results) obtenir, avoir; (buy) acheter; (find: job, flat) trouver; (fetch: person, doctor, object) aller chercher; **get me Mr Jones, please** (on phone) passez-moi Mr Jones, s'il vous plaît; **can I get you a drink?** est-ce que je peux vous servir à boire?
3 (receive: present, letter) recevoir, avoir; (acquire: reputation) avoir; (prize) obtenir; **what did you get for your birthday?** qu'est-ce que tu as eu pour ton anniversaire?; **how much did you get for the painting?** combien avez-vous vendu le tableau?
4 (catch) prendre, saisir, attraper; (hit: target etc) atteindre; **to get sb by the arm/throat** prendre or saisir or attraper qn par le bras/à la gorge; **get him!** arrête-le!; **the bullet got him in the leg** il a pris la balle dans la jambe
5 (take, move): **to get sth to sb** faire parvenir qch à qn; **do you think we'll get it through the door?** on arrivera à le faire passer par la porte?
6 (catch, take: plane, bus etc) prendre; **where do I get the train for Birmingham?** où prend-on le train pour Birmingham?
7 (understand) comprendre, saisir; (hear) entendre; **I've got it!** j'ai compris!; **I don't get your meaning** je ne vois or comprends pas ce que vous voulez dire; **I didn't get your name** je n'ai pas entendu votre nom
8 (have, possess): **to have got** avoir; **how many have you got?** vous en avez combien?
9 (illness) avoir; **I've got a cold** j'ai le rhume; **she got pneumonia and died** elle a fait une pneumonie et elle en est morte

get away vi partir, s'en aller; (escape) s'échapper

get away with vt fus (punishment) en être quitte pour; (crime etc) se faire pardonner

get back vi (return) rentrer
▷ vt récupérer, recouvrer; **when do
we get back?** quand serons-nous de
retour?

get in vi entrer; (arrive home) rentrer;
(train) arriver

get into vt fus entrer dans; (car, train
etc) monter dans; (clothes) mettre,
enfiler, endosser; (bed) **to get into a
rage** se mettre au lit/en colère

get off vi (from train etc) descendre;
(depart: person, car) s'en aller
▷ vt (remove: clothes, stain) enlever
▷ vt fus (train, bus) descendre de; **where
do I get off?** où est-ce que je dois
descendre?

get on vi (at exam etc) se débrouiller;
(agree): **to get on (with)** s'entendre
(avec); **how are you getting on?**
comment ça va?
▷ vt fus monter dans; (horse) monter sur

get out vi sortir; (of vehicle) descendre
▷ vt sortir

get out of vt fus sortir de; (duty etc)
échapper à, se soustraire à

get over vt fus (illness) se remettre de

get through vi (Tel) avoir la
communication; **to get through to sb**
atteindre qn

get up vi (rise) se lever
▷ vt fus monter

getaway ['gɛtəweɪ] n fuite f
Ghana ['gɑːnə] n Ghana m
ghastly ['gɑːstlɪ] adj atroce, horrible
ghetto ['gɛtəu] n ghetto m
ghost [gəust] n fantôme m, revenant m
giant ['dʒaɪənt] n géant(e) ▷ adj
géant(e), énorme
gift [gɪft] n cadeau m; (donation, talent)
don m; **gifted** adj doué(e); **gift shop**
(us **gift store**) n boutique f de cadeaux;
gift token, **gift voucher** n chèque-
cadeau m
gig [gɪg] n (inf: concert) concert m
gigabyte ['dʒɪgəbaɪt] n gigaoctet m
gigantic [dʒaɪˈgæntɪk] adj
gigantesque

giggle ['gɪgl] vi pouffer, ricaner
sottement
gills [gɪlz] npl (of fish) ouïes fpl,
branchies fpl
gilt [gɪlt] n dorure f ▷ adj doré(e)
gimmick ['gɪmɪk] n truc m
gin [dʒɪn] n gin m
ginger ['dʒɪndʒə*] n gingembre m
gipsy ['dʒɪpsɪ] n = **gypsy**
giraffe [dʒɪˈrɑːf] n girafe f
girl [gəːl] n fille f, fillette f; (young
unmarried woman) jeune fille; (daughter)
fille; **an English** ~ une jeune Anglaise;
girl band n girls band m; **girlfriend**
n (of girl) amie f; (of boy) petite amie;
Girl Guide (BRIT) éclaireuse f; (Roman
Catholic) guide f; **Girl Scout** n (US)
= **Girl Guide**
gist [dʒɪst] n essentiel m
give [gɪv] vb (pt **gave**, pp ~n) ▷ vt
donner ▷ vi (break) céder; (stretch:
fabric) se prêter; **to ~ sb sth**, **~ sth to
sb** donner qch à qn; (gift) offrir qch à
qn; (message) transmettre qch à qn; **to ~
sb a call/kiss** appeler/embrasser
qn; **to ~ a cry/sigh** pousser un cri/un
soupir; **give away** vt donner; (give
free) faire cadeau de; (betray) donner,
trahir; (disclose) révéler; **give back** vt
rendre; **give in** vi céder ▷ vt donner;
give out vt (food etc) distribuer; **give
up** vi renoncer ▷ vt renoncer à; **to ~
up smoking** arrêter de fumer; **to ~ o.s.
up** se rendre
given ['gɪvn] pp de **give** ▷ adj (fixed:
time, amount) donné(e), déterminé(e)
▷ conj: **~ the circumstances ...** étant
donné les circonstances ..., vu les
circonstances ...; **~ that ...** étant
donné que ...
glacier ['glæsɪə*] n glacier m
glad [glæd] adj content(e); **gladly**
['glædlɪ] adv volontiers
glamorous ['glæmərəs] adj (person)
séduisant(e); (job) prestigieux, -euse
glamour (US **glamor**) ['glæmə*] n éclat
m, prestige m
glance [glɑːns] n coup d'œil m ▷ vi: **to**

at jeter un coup d'œil à
gland [glænd] n glande f
glare [glɛəʳ] n (of anger) regard furieux; (of light) lumière éblouissante; (of publicity) feux mpl ▷ vi briller d'un éclat aveuglant; **to ~ at** lancer un regard or des regards furieux à; **glaring** adj (mistake) criant(e), qui saute aux yeux
glass [glɑːs] n verre m; **glasses** npl (spectacles) lunettes fpl
glaze [gleɪz] vt (door) vitrer; (pottery) vernir ▷ n vernis m
gleam [gliːm] vi luire, briller
glen [glɛn] n vallée f
glide [glaɪd] vi glisser; (Aviat, bird) planer; **glider** n (Aviat) planeur m
glimmer ['glɪməʳ] n lueur f
glimpse [glɪmps] n vision passagère, aperçu m ▷ vt entrevoir, apercevoir
glint [glɪnt] vi étinceler
glisten ['glɪsn] vi briller, luire
glitter ['glɪtəʳ] vi scintiller, briller
global ['gləʊbl] adj (world-wide) mondial(e); (overall) global(e); **globalization** n mondialisation f; **global warming** n réchauffement m de la planète
globe [gləʊb] n globe m
gloom [gluːm] n obscurité f; (sadness) tristesse f, mélancolie f; **gloomy** adj (person) morose; (place, outlook) sombre
glorious ['glɔːrɪəs] adj glorieux(-euse); (beautiful) splendide
glory ['glɔːrɪ] n gloire f; splendeur f
gloss [glɔs] n (shine) brillant m, vernis m; (also: **~ paint**) peinture brillante or laquée
glossary ['glɔsərɪ] n glossaire m, lexique m
glossy ['glɔsɪ] adj brillant(e), luisant(e) ▷ n (also: **~ magazine**) revue f de luxe
glove [glʌv] n gant m; **glove compartment** n (Aut) boîte f à gants, vide-poches m inv
glow [gləʊ] vi rougeoyer; (face) rayonner; (eyes) briller
glucose ['gluːkəʊs] n glucose m
glue [gluː] n colle f ▷ vt coller

GM abbr (= genetically modified) génétiquement modifié(e)
gm abbr (= gram) g
GMO n abbr (= genetically modified organism) OGM m
GMT abbr (= Greenwich Mean Time) GMT
gnaw [nɔː] vt ronger
go [gəʊ] vb (pt **went**, pp **gone**) ▷ vi aller; (depart) partir, s'en aller; (work) marcher; (break) céder; (time) passer; (be sold): **to go for £10** se vendre 10 livres; (become): **to go pale/mouldy** pâlir/moisir ▷ n (pl **goes**): **to have a go (at)** essayer (de faire); **to be on the go** être en mouvement; **whose go is it?** à qui est-ce de jouer?; **he's going to do it** il va le faire, il est sur le point de le faire; **to go for a walk** aller se promener; **to go dancing/shopping** aller danser/faire les courses; **to go and see sb, go to see sb** aller voir qn; **how did it go?** comment est-ce que ça s'est passé?; **to go round the back/by the shop** passer par derrière/devant le magasin; **... to go** (us: food) ... à emporter; **go ahead** vi (take place) avoir lieu; (get going) y aller; **go away** vi partir, s'en aller; **go back** vi rentrer; revenir; (go again) retourner; **go by** vi (years, time) passer, s'écouler ▷ vt fus s'en tenir à; (believe) en croire; **go down** vi descendre; (number, price, amount) baisser; (ship) couler; (sun) se coucher ▷ vt fus descendre; **go for** vt fus (fetch) aller chercher; (like) aimer; (attack) s'en prendre à; attaquer; **go in** vi entrer; **go into** vt fus entrer dans; (investigate) étudier, examiner; (embark on) se lancer dans; **go off** vi partir, s'en aller; (food) se gâter; (milk) tourner; (bomb) sauter; (alarm clock) sonner; (alarm) se déclencher; (lights etc) s'éteindre; (event) se dérouler ▷ vt fus ne plus aimer; **the gun went off** le coup est parti; **go on** vi continuer; (happen) se passer; (lights) s'allumer ▷ vt fus: **to go on doing** continuer à faire; **go out** vi sortir; (fire, light) s'éteindre;

(tide) descendre; **to go out with sb** sortir avec qn; **go over** vi, vt fus (check) revoir, vérifier; **go past** vt fus: **to go past sth** passer devant qch; **go round** vi (circulate: news, rumour) circuler; (revolve) tourner; (suffice) suffire (pour tout le monde); (visit): **to go round to sb's** passer chez qn; aller chez qn; (make a detour): **to go round (by)** faire un détour (par); **go through** vt fus (town etc) traverser; (search through) fouiller; (suffer) subir; **go up** vi monter; (price) augmenter ▷ vt fus gravir; **go with** vt fus aller avec; **go without** vt fus se passer de

go-ahead ['gəuəhɛd] adj dynamique, entreprenant(e) ▷ n feu vert

goal [gəul] n but m; **goalkeeper** n gardien m de but; **goal-post** n poteau m de but

goat [gəut] n chèvre f

gobble ['gɔbl] vt (also: **~ down**, **~ up**) engloutir

god [gɔd] n dieu m; **G~** Dieu; **godchild** n filleul(e) **goddaughter** n filleule f; **goddess** n déesse f; **godfather** n parrain m; **godmother** n marraine f; **godson** n filleul m

goggles ['gɔglz] npl (for skiing etc) lunettes (protectrices); (for swimming) lunettes de piscine

going ['gəuɪŋ] n (conditions) état m du terrain ▷ adj: **the ~ rate** le tarif (en vigueur)

gold [gəuld] n or m ▷ adj (in reserves) d'or; **golden** adj (made of gold) en or; (gold in colour) doré(e); **goldfish** n poisson m rouge; **goldmine** n mine f d'or; **gold-plated** adj plaqué(e) inv or

golf [gɔlf] n golf m; **golf ball** n balle f de golf; (on typewriter) boule f; **golf club** n club m de golf; (stick) club m, crosse f de golf; **golf course** n terrain m de golf; **golfer** n joueur(-euse) de golf

gone [gɔn] pp of **go**

gong [gɔŋ] n gong m

good [gud] adj bon(ne); (kind) gentil(le); (child) sage; (weather) beau (belle) ▷ n

bien m; **goods** npl marchandise f, articles mpl; **~! bon!, très bien!; to be ~ at** être bon en; **to be ~ for** être bon pour; **it's no ~ complaining** cela ne sert à rien de se plaindre; **to make ~** (deficit) combler; (losses) compenser; **for ~** (for ever) pour de bon, une fois pour toutes; **would you be ~ enough to ...?** auriez-vous la bonté or l'amabilité de ...?; **is this any ~?** (will it do?) est-ce que ceci fera l'affaire?, est-ce que cela peut vous rendre service?; (what's it like?) qu'est-ce que ça vaut?; **a ~ deal (of)** beaucoup (de); **a ~ many** beaucoup (de); **~ morning/afternoon!** bonjour!; **~ evening!** bonsoir!; **~ night!** bonsoir!; (on going to bed) bonne nuit!; **goodbye** excl au revoir!; **to say goodbye to sb** dire au revoir à qn; **Good Friday** n Vendredi saint; **good-looking** adj beau (belle); **good-natured** adj (person) qui a un bon naturel; **goodness** n (of person) bonté f; **for goodness sake!** je vous en prie!; **goodness gracious!** mon Dieu!; **goods train** n (BRIT) train m de marchandises; **goodwill** n bonne volonté

goose (pl **geese**) [gu:s, gi:s] n oie f

gooseberry ['guzbərɪ] n groseille f à maquereau; **to play ~** (BRIT) tenir la chandelle

goose bumps, goose pimples npl chair f de poule

gorge [gɔ:dʒ] n gorge f ▷ vt: **to ~ o.s. (on)** se gorger (de)

gorgeous ['gɔ:dʒəs] adj splendide, superbe

gorilla [gə'rɪlə] n gorille m

gosh (inf) [gɔʃ] excl mince alors!

gospel ['gɔspl] n évangile m

gossip ['gɔsɪp] n (chat) bavardages mpl; (malicious) commérage m, cancans mpl; (person) commère f ▷ vi bavarder; cancaner, faire des commérages; **gossip column** n (Press) échos mpl

got [gɔt] pt, pp of **get**

gotten ['gɔtn] (US) pp of **get**

gourmet ['guəmeɪ] n gourmet m,

gastronome m/f

govern ['gʌvən] vt gouverner; (influence) déterminer; **government** n gouvernement m; (BRIT: ministers) ministère m; **governor** n (of colony, state, bank) gouverneur m; (of hospital etc) administrateur(-trice); (BRIT: of prison) directeur(-trice)

gown [gaun] n robe f; (of teacher, BRIT: of judge) toge f

G.P. n abbr (Med) = **general practitioner**

grab [græb] vt saisir, empoigner ▷ vi: **to ~ at** essayer de saisir

grace [greɪs] n grâce f; (honour) honorer; (adorn) orner; **5 days' ~** un répit de 5 jours; **graceful** adj gracieux(-euse), élégant(e); **gracious** ['greɪʃəs] adj bienveillant(e)

grade [greɪd] n (Comm: quality) qualité f; (size) calibre m; (type) catégorie f; (in hierarchy) grade m, échelon m; (Scol) note f; (us: school class) classe f; (: gradient) pente f ▷ vt classer; (by size) calibrer; **grade crossing** n (us) passage m à niveau; **grade school** n (us) école f primaire

gradient ['greɪdɪənt] n inclinaison f, pente f

gradual ['grædjuəl] adj graduel(le), progressif(-ive); **gradually** adv peu à peu, graduellement

graduate n ['grædjuɪt] diplômé(e) d'université; (us: of high school) diplômé(e) de fin d'études ▷ vi ['grædjueɪt] obtenir un diplôme d'université (or de fin d'études); **graduation** [grædju'eɪʃən] n cérémonie f de remise des diplômes

graffiti [grə'fiːtɪ] npl graffiti mpl

graft [grɑːft] n (Agr, Med) greffe f; (bribery) corruption f ▷ vt greffer; **hard ~** (BRIT: inf) boulot acharné

grain [greɪn] n (single piece) grain m; (no pl: cereals) céréales fpl; (us: corn) blé m

gram [græm] n gramme m

grammar ['græmə*] n grammaire f; **grammar school** n (BRIT) ≈ lycée m

gramme [græm] n = **gram**

gran (inf) [græn] n (BRIT) mamie f (inf), mémé f (inf)

grand [grænd] adj magnifique, splendide; (gesture etc) noble; **grandad** (inf) n = **granddad**; **grandchild** (pl ~ren) n petit-fils m, petite-fille f; **grandchildren** npl petits-enfants; **granddad** (inf) n papy m (inf), papi m (inf), pépé m (inf); **granddaughter** n petite-fille f; **grandfather** n grand-père m; **grandma** n (inf) = **grandmother**; **grandmother** n grand-mère f; **grandpa** n (inf) = **granddad**; **grandparents** npl grands-parents mpl; **grand piano** n piano m à queue; **Grand Prix** ['grɑ̃'priː] n (Aut) grand prix automobile; **grandson** n petit-fils m

granite ['grænɪt] n granit m

granny ['grænɪ] n = **gran**

grant [grɑːnt] vt accorder; (a request) accéder à; (admit) concéder ▷ n (Scol) bourse f; (Admin) subside m, subvention f; **to take sth for ~ed** considérer qch comme acquis; **to take sb for ~ed** considérer qn comme faisant partie du décor

grape [greɪp] n raisin m

grapefruit ['greɪpfruːt] n pamplemousse m

graph [grɑːf] n graphique m, courbe f; **graphic** ['græfɪk] adj graphique; (vivid) vivant(e); **graphics** n (art) arts mpl graphiques; (process) graphisme m ▷ npl (drawings) illustrations fpl

grasp [grɑːsp] vt saisir ▷ n (grip) prise f; (fig) compréhension f, connaissance f

grass [grɑːs] n herbe f; (lawn) gazon m; **grasshopper** n sauterelle f

grate [greɪt] n grille f de cheminée ▷ vi grincer ▷ vt (Culin) râper

grateful ['greɪtful] adj reconnaissant(e)

grater ['greɪtə*] n râpe f

gratitude ['grætɪtjuːd] n gratitude f

grave [greɪv] n tombe f ▷ adj grave, sérieux(-euse)

gravel ['grævl] n gravier m

gravestone ['greɪvstəun] n pierre

tombale
graveyard ['greɪvjɑːd] n cimetière m
gravity ['grævɪtɪ] n (Physics) gravité f;
pesanteur f; (seriousness) gravité f
gravy ['greɪvɪ] n jus m (de viande),
sauce f (au jus de viande)
gray [greɪ] adj (us) = **grey**
graze [greɪz] vi paître, brouter ▷ vt
(touch lightly) frôler, effleurer; (scrape)
écorcher ▷ n écorchure f
grease [griːs] n (fat) graisse f; (lubricant)
lubrifiant m ▷ vt graisser; lubrifier
greasy adj gras(se), graisseux(-euse)
(hands, clothes) graisseux
great [greɪt] adj grand(e); (heat, pain etc)
très fort(e), intense; (inf) formidable;
Great Britain n Grande-Bretagne f;
great-grandfather n arrière-grand-
père m; **great-grandmother** n
arrière-grand-mère f; **greatly** adv très,
grandement; (with verbs) beaucoup
Greece [griːs] n Grèce f
greed [griːd] n (also: ~iness) avidité f;
(for food) gourmandise f; **greedy** adj
avide; (for food) gourmand(e)
Greek [griːk] adj grec(grecque) ▷ n
Grec (Grecque); (Ling) grec m
green [griːn] adj vert(e); (inexperienced)
(bien) jeune, naïf(-ive); (ecological:
product etc) écologique ▷ n (colour) vert
m; (on golf course) green m; (stretch of
grass) pelouse f; **greens** npl (vegetables)
légumes verts; **green card** n (Aut)
carte verte; (us: work permit) permis m
de travail; **greengage** n reine-claude f;
greengrocer n (BRIT) marchand m
de fruits et légumes; **greengrocer's
(shop)** n magasin m de fruits et
légumes; **greenhouse** n serre f;
greenhouse effect n: **the greenhouse
effect** l'effet m de serre
Greenland ['griːnlənd] n Groenland m
green salad n salade verte
greet [griːt] vt accueillir; **greeting** n
salutation f; **Christmas/birthday
greetings** souhaits mpl de Noël/de
bon anniversaire; **greeting(s) card** n
carte f de vœux

grew [gruː] pt of **grow**
grey (us **gray**) [greɪ] adj gris(e); (dismal)
sombre; **grey-haired** adj aux cheveux
gris; **greyhound** n lévrier m
grid [grɪd] n grille f; (Elec)
réseau m; **gridlock** n (traffic jam)
embouteillage m
grief [griːf] n chagrin m, douleur f
grievance ['griːvəns] n doléance f,
grief m; (cause for complaint) grief m
grieve [griːv] vi avoir du chagrin; se
désoler ▷ vt faire de la peine à, affliger;
to ~ for sb pleurer qn
grill [grɪl] n (on cooker) gril m; (also:
mixed ~) grillade f(pl) ▷ vt (BRIT)
griller; (inf: question) cuisiner
grille [grɪl] n grillage m; (Aut) calandre f
grim [grɪm] adj sinistre, lugubre;
(serious, stern) sévère
grime [graɪm] n crasse f
grin [grɪn] n large sourire m ▷ vi sourire
grind [graɪnd] vb (pt, pp **ground**) ▷ vt
écraser; (coffee, pepper etc) moudre; (us:
meat) hacher ▷ n (work) corvée f
grip [grɪp] n (handclasp) poignée f;
(control) prise f; (handle) poignée f;
(holdall) sac m de voyage ▷ vt saisir,
empoigner; (viewer, reader) captiver;
to come to ~s with se colleter avec,
en venir aux prises avec; **to ~ the road**
(Aut) adhérer à la route; **gripping** adj
prenant(e), palpitant(e)
grit [grɪt] n gravillon m; (courage) cran
m ▷ vt (road) sabler; **to ~ one's teeth**
serrer les dents
grits [grɪts] npl (us) gruau m de maïs
groan [grəʊn] n (of pain) gémissement
m ▷ vi gémir
grocer ['grəʊsə'] n épicier m; **groceries**
npl provisions fpl; **grocer's (shop),
grocery** n épicerie f
groin [grɔɪn] n aine f
groom [gruːm] n (for horses) palefrenier
m; (also: **bride~**) marié m ▷ vt (horse)
panser; (fig): **to ~ sb for** former qn pour
groove [gruːv] n sillon m, rainure f
grope [grəʊp] vi tâtonner; **to ~ for**
chercher à tâtons

gross [grəʊs] adj grossier(-ière); (Comm) brut(e); **grossly** adv (greatly) très, grandement

grotesque [grə'tɛsk] adj grotesque

ground [graʊnd] n, pp of **grind** ▷ n sol m, terre f; (land) terrain m, terres fpl; (Sport) terrain; (reason: gen pl) raison f.; (us: also: **~ wire**) terre f ▷ vt (plane) empêcher de décoller, retenir au sol; (us Elec) équiper d'une prise de terre; **grounds** npl (gardens etc) parc m, domaine m; (of coffee) marc m; **on the ~, to the ~** par terre; **to gain/lose ~** gagner/perdre du terrain; **ground floor** n (BRIT) rez-de-chaussée m; **groundsheet** n (BRIT) tapis m de sol; **groundwork** n préparation f

group [gruːp] n groupe m ▷ vt (also: **~ together**) grouper ▷ vi (also: **~ together**) se grouper

grouse [graʊs] n (pl inv: bird) grouse f (sorte de coq de bruyère) ▷ vi (complain) rouspéter, râler

grovel ['grɒvl] vi (fig): **to ~ (before)** ramper (devant)

grow (pt **grew**, pp **~n**) [grəʊ, gruː, grəʊn] vi (plant) pousser, croître; (person) grandir; (increase) augmenter, se développer; (become) devenir: **to ~ rich/weak** s'enrichir/s'affaiblir ▷ vt cultiver, faire pousser; (hair, beard) laisser pousser; **grow on** vt fus: **that painting is ~ing on me** je finirai par aimer ce tableau; **grow up** vi grandir

growl [graʊl] vi grogner

grown [grəʊn] pp of **grow**; **grown-up** n adulte m/f, grande personne

growth [grəʊθ] n croissance f, développement m; (what has grown) pousse f, poussée f; (Med) grosseur f, tumeur f

grub [grʌb] n larve f; (inf: food) bouffe f

grubby ['grʌbɪ] adj crasseux(-euse)

grudge [grʌdʒ] n rancune f ▷ vt: **to ~ sb sth** (in giving) donner qch à qn à contre-cœur; (resent) reprocher qch à qn; **to bear sb a ~ (for)** garder rancune or en vouloir à qn (de)

gruelling (us **grueling**) ['grʊəlɪŋ] adj exténuant(e)

gruesome ['gruːsəm] adj horrible

grumble ['grʌmbl] vi rouspéter, ronchonner

grumpy ['grʌmpɪ] adj grincheux(-euse)

grunt [grʌnt] vi grogner

guarantee [gærən'tiː] n garantie f ▷ vt garantir

guard [gɑːd] n garde f; (one man) garde m; (BRIT Rail) chef m de train; (safety device: on machine) dispositif m de sûreté; (also: **fire~**) garde-feu m inv ▷ vt garder, surveiller; (protect): **to ~ sb/sth (against** or **from)** protéger qn/qch (contre); **to be on one's ~** être sur ses gardes; **guardian** n gardien(ne); (of minor) tuteur(-trice)

guerrilla [gə'rɪlə] n guérillero m

guess [gɛs] vi deviner ▷ vt deviner; (estimate) évaluer; (us) croire, penser ▷ n supposition f, hypothèse f; **to take** or **have a ~** essayer de deviner

guest [gɛst] n invité(e); (in hotel) client(e); **guest house** n pension f; **guest room** n chambre f d'amis

guidance ['gaɪdəns] n (advice) conseils mpl

guide [gaɪd] n (person) guide m/f; (book) guide m; (also: **Girl G~**) éclaireuse f; (Roman Catholic) guide f ▷ vt guider; **is there an English-speaking ~?** est-ce que l'un des guides parle anglais?; **guidebook** n guide m; **guide dog** n chien m d'aveugle; **guided tour** n visite guidée; **what time does the guided tour start?** la visite guidée commence à quelle heure?; **guidelines** npl (advice) instructions générales, conseils mpl

guild [gɪld] n (History) corporation f; (sharing interests) cercle m, association f

guilt [gɪlt] n culpabilité f; **guilty** adj coupable

guinea pig ['gɪnɪ-] n cobaye m

guitar [gɪ'tɑː] n guitare f; **guitarist** n guitariste m/f

gulf [gʌlf] n golfe m; (abyss) gouffre m

gull [gʌl] n mouette f

gulp [gʌlp] vi avaler sa salive; (from emotion) avoir la gorge serrée, s'étrangler ▷ vt (also: ~ **down**) avaler

gum [gʌm] n (Anat) gencive f; (glue) colle f; (also: **chewing-~**) chewing-gum m ▷ vt coller

gun [gʌn] n (small) revolver m, pistolet m; (rifle) fusil m, carabine f; (cannon) canon m; **gunfire** n fusillade f; **gunman** (irreg) n bandit armé; **gunpoint** n: **at gunpoint** sous la menace du pistolet (or fusil); **gunpowder** n poudre f à canon; **gunshot** n coup m de feu

gush [gʌʃ] vi jaillir; (fig) se répandre en effusions

gust [gʌst] n (of wind) rafale f

gut [gʌt] n intestin m, boyau m; **guts** npl (Anat) boyaux mpl; (inf: courage) cran m

gutter ['gʌtər] n (of roof) gouttière f; (in street) caniveau m

guy [gaɪ] n (inf: man) type m; (also: ~**rope**) corde f; (figure) effigie de Guy Fawkes

Guy Fawkes' Night [gaɪ'fɔ:ks-] n voir encadré

● **GUY FAWKES' NIGHT**
●
●
● **Guy Fawkes' Night**, que l'on
● appelle également "bonfire night",
● commémore l'échec du complot (le
● "Gunpowder Plot") contre James Ier
● et son parlement le 5 novembre 1605.
● L'un des conspirateurs, Guy Fawkes,
● avait été surpris dans les caves du
● parlement alors qu'il s'apprêtait à y
● mettre le feu. Chaque année pour le
● 5 novembre, les enfants préparent à
● l'avance une effigie de Guy Fawkes
● et ils demandent aux passants "un
● penny pour le guy" avec lequel ils
● pourront s'acheter des fusées de feu
● d'artifice. Beaucoup de gens font
● encore un feu dans leur jardin sur
● lequel ils brûlent le "guy".

---

gym [dʒɪm] n (also: ~**nasium**) gymnase m; (also: ~**nastics**) gym f; **gymnasium**
n gymnase m; **gymnast** n gymnaste m/f; **gymnastics** n, npl gymnastique f; **gym shoes** npl chaussures fpl de gym (nastique)

gynaecologist (us **gynecologist**) [gaɪnɪ'kɒlədʒɪst] n gynécologue m/f

gypsy ['dʒɪpsɪ] n gitan(e), bohémien(ne)

h

haberdashery [hæbə'dæʃərɪ] n (BRIT) mercerie f

habit ['hæbɪt] n habitude f; (costume: Rel) habit m

habitat ['hæbɪtæt] n habitat m

hack [hæk] vt hacher, tailler ▷ n (pej: writer) nègre m; **hacker** n (Comput) pirate m (informatique)

had [hæd] pt, pp of **have**

haddock (pl ~ or ~**s**) ['hædək] n églefin m; **smoked** ~ haddock m

hadn't ['hædnt] = **had not**

haemorrhage (US **hemorrhage**) ['hemərɪdʒ] n hémorragie f

haemorrhoids (US **hemorrhoids**) ['hemərɔɪdz] npl hémorroïdes fpl

haggle ['hægl] vi marchander

Hague [heɪg] n: **The ~** La Haye

hail [heɪl] n grêle f ▷ vt (call) héler; (greet) acclamer ▷ vi grêler; **hailstone** n grêlon m

hair [hɛə*] n cheveux mpl; (on body) poils mpl; (of animal) pelage m; (single hair: on head) cheveu m; (: on body, of animal) poil m; **to do one's ~** se coiffer; **hairband** n (elasticated) bandeau m; (plastic) serre-tête m; **hairbrush** n brosse f à cheveux; **haircut** n coupe f (de cheveux); **hairdo** n coiffure f; **hairdresser** n coiffeur(-euse); **hairdresser's** n salon m de coiffure, coiffeur m; **hair dryer** n sèche-cheveux m, séchoir m; **hair gel** n gel m pour cheveux; **hair spray** n laque f (pour les cheveux); **hairstyle** n coiffure f; **hairy** adj poilu(e), chevelu(e); (inf: frightening) effrayant(e)

hake (pl ~ or ~**s**) [heɪk] n colin m, merlu m

half (pl **halves**) [hɑːf] n (pl **halves**) moitié f; (of beer: also: ~ **pint**) ≈ demi m; (Rail, bus: also: ~ **fare**) demi-tarif m; (Sport: of match) mi-temps f ▷ adj demi(e) ▷ adv (à) moitié, à demi; ~ **an hour** une demi-heure; ~ **a dozen** une demi-douzaine; ~ **a pound** une demi-livre, ≈ 250 g; **two and a ~** deux et demi; **to cut sth in ~** couper qch en deux; **half board** n (BRIT: in hotel) demi-pension f; **half-brother** n demi-frère m; **half day** n demi-journée f; **half fare** n demi-tarif m; **half-hearted** adj tiède, sans enthousiasme; **half-hour** n demi-heure f; **half-price** adj à moitié prix ▷ adv (also: **at half-price**) à moitié prix; **half term** n (BRIT Scol) vacances fpl (de demi-trimestre); **half-time** n mi-temps f; **halfway** adv à mi-chemin; **halfway through sth** au milieu de qch

hall [hɔːl] n salle f; (entrance way: big) hall m; (small) entrée f; (US: corridor) couloir m; (mansion) château m, manoir m

hallmark ['hɔːlmɑːk] n poinçon m; (fig) marque f

hallo ['hæ'ləʊ] excl = **hello**

hall of residence n (BRIT) pavillon m or résidence f universitaire

Halloween, Hallowe'en ['hæləʊ'iːn] n veille f de la Toussaint; voir encadré

● **HALLOWEEN**

● Selon la tradition, **Halloween** est la
nuit des fantômes et des sorcières.
En Écosse et aux États-Unis surtout
(et de plus en plus en Angleterre) les
enfants, pour fêter **Halloween**, se
déguisent ce soir-là et ils vont ainsi
de porte en porte en demandant de
petits cadeaux (du chocolat, une
pomme etc).

hallucination [həluːsɪˈneɪʃən] n
hallucination f

hallway [ˈhɔːlweɪ] n (entrance)
vestibule m; (corridor) couloir m

halo [ˈheɪləʊ] n (of saint etc) auréole f

halt [hɔːlt] n halte f, arrêt m ▷ vt faire
arrêter; (progress etc) interrompre ▷ vi
faire halte, s'arrêter

halve [hɑːv] vt (apple etc) partager or
diviser en deux; (reduce by half) réduire
de moitié

halves [hɑːvz] npl of **half**

ham [hæm] n jambon m

hamburger [ˈhæmbəːgəʳ] n
hamburger m

hamlet [ˈhæmlɪt] n hameau m

hammer [ˈhæməʳ] n marteau m ▷ vt
(nail) enfoncer; (fig) éreinter, démolir
▷ vi (at door) frapper à coups redoublés;
to ~ a point home to sb faire rentrer
qch dans la tête de qn

hammock [ˈhæmək] n hamac m

hamper [ˈhæmpəʳ] vt gêner ▷ n panier
m (d'osier)

hamster [ˈhæmstəʳ] n hamster m

hamstring [ˈhæmstrɪŋ] n (Anat)
tendon m du jarret

hand [hænd] n main f; (of clock) aiguille
f; (handwriting) écriture f; (at cards) jeu
m; (worker) ouvrier(-ière) ▷ vt passer,
donner; **to give sb a ~** donner un coup
de main à qn; **at ~** à portée de la main;
in ~ (situation) en main; (work) en cours;
to be on ~ (person) être disponible;
(emergency services) se tenir prêt(e) (à
intervenir); **to ~** (information etc) sous

la main, à portée de la main; **on the
one ~ ..., on the other ~** d'une part ...,
d'autre part; (tradition, heirloom) transmettre; (us:
sentence, verdict) prononcer; **hand in**
vt remettre; **hand out** vt distribuer;
hand over vt remettre; (powers etc)
transmettre; **hand baggage** n = **hand luggage**;
handbook n manuel m; **handbrake**
n frein m à main; **handcuffs** npl
menottes fpl; **handful** n poignée f

handicap [ˈhændɪkæp] n handicap m
▷ vt handicaper; **mentally/physically
~ped** handicapé(e) mentalement/
physiquement

handkerchief [ˈhæŋkətʃɪf] n
mouchoir m

handle [ˈhændl] n (of door etc) poignée
f; (of cup etc) anse f; (of knife etc) manche
m; (of saucepan) queue f; (for winding)
manivelle f ▷ vt toucher, manier;
(deal with) s'occuper de; (treat: people)
prendre; **"~ with care"** "fragile"; **to fly
off the ~** s'énerver; **handlebar(s)** n(pl)
guidon m

hand: hand luggage n bagages mpl
à main; **handmade** adj fait(e) à la
main; **handout** n (money) aide f, don
m; (leaflet) prospectus m; (at lecture)
polycopié m; **hands-free** adj (phone)
mains libres inv ▷ n (also: **hands-free
kit**) kit m mains libres inv

handsome [ˈhænsəm] adj beau (belle);
(profit) considérable

handwriting [ˈhændraɪtɪŋ] n
écriture f

handy [ˈhændɪ] adj (person) adroit(e);
(close at hand) sous la main; (convenient)
pratique

hang (pt, pp **hung**) [hæŋ, hʌŋ] vt
accrocher; (criminal: pt, pp **~ed**) pendre
▷ vi pendre; (hair, drapery) tomber
▷ n: **to get the ~ of (doing) sth** (inf)
attraper le coup pour faire qch; **hang
about, hang around** vi traîner; **hang
down** vi pendre; **hang on** vi (wait)
attendre; **hang out** vt (washing)

étendre (dehors) ▷ vi (inf: live) habiter, percher; (: spend time) traîner; **hang round** vi = **hang around**; **hang up** vi (Tel) raccrocher ▷ vt (coat, painting etc) accrocher, suspendre

hanger ['hæŋə*] n cintre m, portemanteau m

hang-gliding ['hæŋglaɪdɪŋ] n vol m libre or sur aile delta

hangover ['hæŋəʊvə*] n (after drinking) gueule f de bois

hankie, hanky ['hæŋkɪ] n abbr = **handkerchief**

happen ['hæpən] vi arriver, se passer, se produire; **what's ~ing?** que se passet-il?; **she ~ed to be free** il s'est trouvé (or se trouvait) qu'elle était libre; **as it ~s** justement

happily ['hæpɪlɪ] adv heureusement; (cheerfully) joyeusement

happiness ['hæpɪnɪs] n bonheur m

happy ['hæpɪ] adj heureux(-euse); **~ with** (arrangements, situation) satisfait(e) de; **to be ~ to do** faire volontiers; **~ birthday!** bon anniversaire!

harass ['hærəs] vt accabler, tourmenter; **harassment** n tracasseries fpl

harbour (US **harbor**) ['hɑː.bə*] n port m ▷ vt héberger, abriter; (hopes, suspicions) entretenir

hard [hɑːd] adj dur(e); (question, problem) difficile; (facts, evidence) concret(-ète) ▷ adv (work) dur; (think, try) sérieusement; **to look ~ at** regarder fixement; (thing) regarder de près; **no ~ feelings!** sans rancune!; **to be ~ of hearing** être dur(e) d'oreille; **to be ~ done by** être traité(e) injustement; **hardback** n livre relié; **hardboard** n Isorel® m; **hard disk** n (Comput) disque dur; **harden** vt durcir; (fig) endurcir ▷ vi (substance) durcir

hardly ['hɑːdlɪ] adv (scarcely) à peine; (harshly) durement; **~ anywhere/ever** presque nulle part/jamais

hard: hardship n (difficulties) épreuves fpl; (deprivation) privations fpl; **hard**

shoulder n (BRIT Aut) accotement stabilisé; **hard-up** adj (inf) fauché(e); **hardware** n quincaillerie f; (Comput, Mil) matériel m; **hardware shop** (US **hardware store**) n quincaillerie f; **hard-working** adj travailleur(-euse), consciencieux(-euse)

hardy ['hɑːdɪ] adj robuste; (plant) résistant(e) au gel

hare [hɛə*] n lièvre m

harm [hɑːm] n mal m; (wrong) tort m ▷ vt (person) faire du mal or du tort à; (thing) endommager; **out of ~'s way** à l'abri du danger, en lieu sûr; **harmful** adj nuisible; **harmless** adj inoffensif(-ive)

harmony ['hɑːmənɪ] n harmonie f

harness ['hɑːnɪs] n harnais m ▷ vt (horse) harnacher; (resources) exploiter

harp [hɑːp] n harpe f ▷ vi: **to ~ on about** revenir toujours sur

harsh [hɑːʃ] adj (hard) dur(e); (severe) sévère; (unpleasant: sound) discordant(e); (: light) cru(e)

harvest ['hɑːvɪst] n (of corn) moisson f; (of fruit) récolte f; (of grapes) vendange f ▷ vt moissonner; récolter; vendanger

has [hæz] vb see **have**

hasn't ['hæznt] = **has not**

hassle ['hæsl] n (inf: fuss) histoire(s) f(pl)

haste [heɪst] n hâte f, précipitation f; **hasten** ['heɪsn] vt hâter, accélérer ▷ vi se hâter, s'empresser; **hastily** adv à la hâte; (leave) précipitamment; **hasty** adj (decision, action) hâtif(-ive); (departure, escape) précipité(e)

hat [hæt] n chapeau m

hatch [hætʃ] n (Naut: also: **~way**) écoutille f; (BRIT: also: **service ~**) passeplats m inv ▷ vi éclore

hatchback ['hætʃbæk] n (Aut) modèle m avec hayon arrière

hate [heɪt] vt haïr, détester ▷ n haine f; **hatred** ['heɪtrɪd] n haine f

haul [hɔːl] vt traîner, tirer ▷ n (of fish) prise f; (of stolen goods etc) butin m

haunt [hɔːnt] vt (subj: ghost, fear)

hanter; (: *person*) fréquenter ▷ *n*
repaire *m*; **haunted** *adj* (*castle etc*)
hanté(e); (*look*) égaré(e), hagard(e)

○ KEYWORD

have [hæv] (*pt, pp* **had**) *aux vb* 1 (*gen*)
avoir; être; **to have eaten/slept** avoir
mangé/dormi; **to have arrived/gone**
être arrivé(e)/allé(e); **having finished**
or **when he had finished**, he left
quand il a eu fini, il est parti; **we'd
already eaten** nous avions déjà mangé
2 (*in tag questions*): **you've done it,
haven't you?** vous l'avez fait, n'est-ce
pas?
3 (*in short answers and questions*): **no I
haven't!/yes I have!** mais non!/
mais si!; **so I have!** ah oui, oui c'est
vrai!; **I've been there before, have
you?** j'y suis déjà allé, et vous?
▷ *modal aux vb* (*be obliged*): **to have
(got) to do sth** devoir faire qch, être
obligé(e) de faire qch; **she has (got)
to do it** elle doit le faire, il faut qu'elle
le fasse; **you haven't to tell her** vous
n'êtes pas obligé de le lui dire; (*must not*)
ne le lui dites surtout pas; **do you have
to book?** il faut réserver?
▷ *vt* 1 (*possess*) avoir; **he has (got) blue
eyes/dark hair** il a les yeux bleus/les
cheveux bruns
2 (*referring to meals etc*): **to have
breakfast** prendre le petit déjeuner; **to
have dinner/lunch** dîner/déjeuner; **to
have a drink** prendre un verre; **to have
a cigarette** fumer une cigarette
3 (*receive*) avoir, recevoir; (*obtain*) avoir;
may I have your address? puis-je
avoir votre adresse?; **you can have it
for £5** vous pouvez l'avoir pour 5 livres;
I must have it for tomorrow il me
le faut pour demain; **to have a baby**
avoir un bébé
4 (*maintain, allow*): **I won't have it!** ça
ne se passera pas comme ça!; **we can't
have that** nous ne tolérerons pas ça
5 (*by sb else*): **to have sth done** faire

faire qch; **to have one's hair cut**
faire couper les cheveux; **to have sb do
sth** faire faire qch à qn
6 (*experience, suffer*) avoir; **to have a
cold/flu** avoir un rhume/la grippe; **to
have an operation** se faire opérer;
she had her bag stolen elle s'est fait
voler son sac
7 (*+noun*): **to have a swim/walk** nager/
se promener; **to have a bath/shower**
prendre un bain/une douche; **let's
have a look** regardons; **to have a
meeting** se réunir; **to have a party**
organiser une fête; **let me have a try**
laissez-moi essayer

haven ['heɪvn] *n* port *m*; (*fig*) havre *m*
haven't ['hævnt] = **have not**
havoc ['hævək] *n* ravages *mpl*
Hawaii [hə'waɪɪ] *n* (îles *fpl*) Hawaï *m*
hawk [hɔːk] *n* faucon *m*
hawthorn ['hɔːθɔːn] *n* aubépine *f*
hay [heɪ] *n* foin *m*; **hay fever** *n* rhume *m*
des foins; **haystack** *n* meule *f* de foin
hazard ['hæzəd] *n* (*risk*) danger *m*,
risque *m* ▷ *vt* risquer, hasarder;
hazardous *adj* hasardeux(-euse),
risqué(e); **hazard warning lights** *npl*
(*Aut*) feux *mpl* de détresse
haze [heɪz] *n* brume *f*
hazel ['heɪzl] *n* (*tree*) noisetier *m*
▷ *adj* (*eyes*) noisette *inv*; **hazelnut** *n*
noisette *f*
hazy ['heɪzɪ] *adj* brumeux(-euse);
(*idea*) vague
he [hiː] *pron* il; **it is he who ...** c'est lui
qui ...; **here he is** le voici
head [hɛd] *n* tête *f*; (*leader*) chef *m*; (*of
school*) directeur(-trice); (*of secondary
school*) proviseur *m* ▷ *vt* (*list*) être
en tête de; (*group, company*) être à
la tête de; **~s or tails** pile ou face; **~
first** la tête la première; **~ over heels
in love** follement or éperdument
amoureux(-euse); **to ~ the ball** faire
une tête; **head for** *vt fus* se diriger vers;
(*disaster*) aller à; **head off** *vt* (*threat,
danger*) détourner; **headache** *n* mal *m*

de tête; **to have a headache** avoir mal à la tête; **heading** n titre m; (subject title) rubrique f; **headlamp** (BRIT) n = **headlight**; **headlight** n phare m; **headline** n titre m; **head office** n siège m, bureau m central; **headphones** npl casque m (à écouteurs); **headquarters** npl (of business) bureau or siège central; (Mil) quartier général; **headroom** n (in car) hauteur f de plafond; (under bridge) hauteur limite; **headscarf** n foulard m; **headset** n = **headphones**; **headteacher** n directeur(-trice); (of secondary school) proviseur m; **head waiter** n maître m d'hôtel

heal [hi:l] vt, vi guérir

health [hɛlθ] n santé f; **health care** n services médicaux; **health centre** n (BRIT) centre m de santé; **health food** n aliment(s) naturel(s); **Health Service** n: **the Health Service** (BRIT) ≈ la Sécurité Sociale; **healthy** adj (person) en bonne santé; (climate, food, attitude etc) sain(e)

heap [hi:p] n tas m ▷ vt (also: ~ **up**) entasser, amonceler; **she ~ed her plate with cakes** elle a chargé son assiette de gâteaux; **~s (of)** (inf: lots) des tas (de)

hear (pt, pp ~**d**) [hɪəʳ, hɜːd] vt entendre; (news) apprendre ▷ vi entendre; **to ~ about** entendre parler de; (news) avoir des nouvelles de; **to ~ from sb** recevoir des nouvelles de qn

heard [hɜːd] pt, pp of **hear**

hearing ['hɪərɪŋ] n (sense) ouïe f; (of witnesses) audition f; (of a case) audience f; **hearing aid** n appareil m acoustique

hearse [hɜːs] n corbillard m

heart [hɑːt] n cœur m; **hearts** npl (Cards) cœur; **at ~** au fond; **by ~** (learn, know) par cœur; **to lose/take ~** perdre/prendre courage; **heart attack** n crise f cardiaque; **heart-beat** n battement m de cœur; **heartbroken** adj: **to be heartbroken** avoir beaucoup de chagrin; **heartburn** n brûlures fpl d'estomac; **heart disease** n maladie

f cardiaque

hearth [hɑːθ] n foyer m, cheminée f

heartless ['hɑːtlɪs] adj (person) sans cœur, insensible; (treatment) cruel(les)

hearty ['hɑːtɪ] adj chaleureux(-euse); (appetite) solide; (dislike) cordial(e); (meal) copieux(-euse)

heat [hi:t] n chaleur f; (Sport: also: **qualifying ~**) éliminatoire f ▷ vt chauffer; **heat up** vi (liquid) chauffer; (room) se réchauffer ▷ vt réchauffer; **heated** adj chauffé(e); (fig) passionné(e), échauffé(e), excité(e); **heater** n appareil m de chauffage; radiateur m; (in car) chauffage m; (water heater) chauffe-eau m

heather ['hɛðəʳ] n bruyère f

heating ['hi:tɪŋ] n chauffage m

heatwave ['hi:tweɪv] n vague f de chaleur

heaven ['hɛvn] n ciel m, paradis m; (fig) paradis; **heavenly** adj céleste, divin(e)

heavily ['hɛvɪlɪ] adv lourdement; (drink, smoke) beaucoup; (sleep, sigh) profondément

heavy ['hɛvɪ] adj lourd(e); (work, rain, user, eater) gros(se); (drinker, smoker) grand(e); (schedule, week) chargé(e)

Hebrew ['hi:bru:] adj hébreu ▷ n (Ling) hébreu m

Hebrides ['hɛbrɪdi:z] npl: **the ~** les Hébrides f pl

hectare ['hɛktɑː] n (BRIT) hectare m

hectic ['hɛktɪk] adj (schedule) très chargé(e); (day) mouvementé(e); (lifestyle) trépidant(e)

he'd [hi:d] = **he would**; **he had**

hedge [hɛdʒ] n haie f ▷ vi se dérober ▷ vt: **to ~ one's bets** (fig) se couvrir

hedgehog ['hɛdʒhɒg] n hérisson m

heed [hi:d] vt (also: **take ~ of**) tenir compte de, prendre garde à

heel [hi:l] n talon m ▷ vt retalonner

hefty ['hɛftɪ] adj (person) costaud(e); (parcel) lourd(e); (piece, price) gros(se)

height [haɪt] n (of person) taille f, grandeur f; (of object) hauteur f; (of plane, mountain) altitude f; (high ground) hauteur, éminence f; (fig: of glory, fame, power) sommet m; (: of luxury, stupidity) comble m; **at the ~ of summer** au cœur de l'été; **heighten** vt hausser, surélever; (fig) augmenter

heir [ɛəʳ] n héritier m; **heiress** n héritière f

held [held] pt, pp of **hold**

helicopter ['helɪkɒptəʳ] n hélicoptère m

hell [hel] n enfer m; **oh ~!** (inf) merde!

he'll [hi:l] = **he will; he shall**

hello [hə'ləu] excl bonjour!; (to attract attention) hé!; (surprise) tiens!

helmet ['helmɪt] n casque m

help [help] n aide f; (cleaner etc) femme f de ménage ▷ vt, vi aider; **~!** au secours!; **~ yourself** servez-vous; **can you ~ me?** pouvez-vous m'aider?; **can I ~ you?** (in shop) vous désirez?; **he can't ~ it** il n'y peut rien; **help out** vi aider ▷ vt: **to ~ sb out** aider qn; **helper** n aide m/f, assistant(e); **helpful** adj serviable, obligeant(e); (useful) utile; **helping** n portion f; **helpless** adj impuissant(e); (baby) sans défense; **helpline** n service m d'assistance téléphonique; (free) ≈ numéro vert

hem [hem] n ourlet m ▷ vt ourler

hemisphere ['hemɪsfɪəʳ] n hémisphère m

hemorrhage ['hemərɪdʒ] n (us) = **haemorrhage**

hemorrhoids ['hemərɔɪdz] npl (us) = **haemorrhoids**

hen [hen] n poule f; (female bird) femelle f

hence [hens] adv (therefore) d'où, de là; **2 years ~** d'ici 2 ans

hen night, hen party n soirée f entre filles (avant le mariage de l'une d'elles)

hepatitis [hepə'taɪtɪs] n hépatite f

her [hə:ʳ] pron (direct) la, l' + vowel or h mute; (indirect) lui; (stressed, after prep) elle ▷ adj son (sa), ses pl; see also **me; my**

herb [hə:b] n herbe f; **herbal** adj à base de plantes; **herbal tea** n tisane f

herd [hə:d] n troupeau m

here [hɪəʳ] adv ici; (time) alors ▷ excl tiens!, tenez!; **~ is, ~ are** voici; **~ he/she is** le (la) voici

hereditary [hɪ'redɪtrɪ] adj héréditaire

heritage ['herɪtɪdʒ] n héritage m, patrimoine m

hernia ['hə:nɪə] n hernie f

hero (pl **~es**) ['hɪərəu] n héros m; **heroic** [hɪ'rəuɪk] adj héroïque

heroin ['herəuɪn] n héroïne f (drogue)

heroine ['herəuɪn] n héroïne f (femme)

heron ['herən] n héron m

herring ['herɪŋ] n hareng m

hers [hə:z] pron le (la) sien(ne), les siens (siennes); see also **mine[1]**

herself [hə:'self] pron (reflexive) se; (emphatic) elle-même; (after prep) elle; see also **oneself**

he's [hi:z] = **he is; he has**

hesitant ['hezɪtənt] adj hésitant(e), indécis(e)

hesitate ['hezɪteɪt] vi: **to ~ (about/to do)** hésiter (sur/à faire); **hesitation** [hezɪ'teɪʃən] n hésitation f

heterosexual ['hetərəu'seksjuəl] adj, n hétérosexuel(le)

hexagon ['heksəgən] n hexagone m

hey [heɪ] excl hé!

heyday ['heɪdeɪ] n: **the ~ of** l'âge m d'or de, les beaux jours de

HGV n abbr = **heavy goods vehicle**

hi [haɪ] excl salut!; (to attract attention) hé!

hibernate ['haɪbəneɪt] vi hiberner

hiccough, hiccup ['hɪkʌp] vi hoqueter ▷ n: **to have (the) ~s** avoir le hoquet

hid [hɪd] pt of **hide**

hidden ['hɪdn] pp of **hide** ▷ adj: **~ agenda** intentions fpl non déclarées

hide [haɪd] n (skin) peau f ▷ vb (pt **hid**, pp **hidden**) ▷ vt cacher ▷ vi: **to ~ (from sb)** se cacher (de qn)

hideous ['hɪdɪəs] adj hideux(-euse), atroce

hiding ['haɪdɪŋ] n (beating) correction f, volée f de coups; **to be in ~** (concealed) n

hi-fi ['haɪfaɪ] *adj, n abbr* (= high fidelity)
hi-fi *m inv*

high [haɪ] *adj* haut(e); (speed, respect,
number) grand(e); (price) élevé(e); (wind)
fort(e), violent(e); (voice) aigu(ë) ▷ *adv*
haut, en haut; ~ haut(e) de 20 m; **~
in the air** haut dans le ciel; **highchair** *n*
(child's) chaise haute; **high-class**
adj (neighbourhood, hotel) chic *inv*, de
grand standing; **higher education** *n*
études supérieures; **high heels** *npl*
talons hauts, hauts talons; **high jump** *n*
(Sport) saut *m* en hauteur; **highlands**
['haɪləndz] *npl* région montagneuse;
the Highlands (in Scotland) les
Highlands *mpl*; **highlight** *n* (fig: of
event) point culminant ▷ *vt* (emphasize)
faire ressortir, souligner; **highlights**
npl (in hair) reflets *mpl*; **highlighter** *n*
(pen) surligneur (lumineux); **highly**
adv extrêmement, très; (unlikely)
fort; (recommended, skilled, qualified)
hautement; **to speak highly of** dire
beaucoup de bien de; **highness** *n*:
His/Her Highness son Altesse *f*; **high-
rise** *n* (also: **high-rise block**, **high-rise
building**) tour *f* (d'habitation); **high
school** *n* lycée *m*; (us) établissement
m d'enseignement supérieur; **high
season** *n* (BRIT) haute saison; **high
street** *n* (BRIT) grand-rue *f*; **high-tech**
(inf) *adj* de pointe; **highway** *n* (BRIT)
route *f*; (us) route nationale; **Highway
Code** *n* (BRIT) code *m* de la route

hijack ['haɪdʒæk] *vt* détourner (par
la force); **hijacker** *n* auteur *m* d'un
détournement d'avion, pirate *m* de l'air

hike [haɪk] *vi* faire des excursions à pied
▷ *n* excursion *f* à pied, randonnée *f*;
hiker *n* promeneur(-euse),
excursionniste *m/f*; **hiking** *n*
excursions *fpl* à pied, randonnée *f*

hilarious [hɪ'lɛərɪəs] *adj* (behaviour,
event) désopilant(e)

hill [hɪl] *n* colline *f*; (fairly high)
montagne *f*; (on road) côte *f*; **hillside** *n*
(flanc *m* de) coteau *m*; **hill walking** *n*

randonnée *f* de basse montagne; **hilly**
adj vallonné(e), montagneux(-euse)

him [hɪm] *pron* (direct) le, l' + vowel or h
mute; (stressed, indirect, after prep) lui;
see also **me**; **himself** *pron* (reflexive) se;
(emphatic) lui-même; (after prep) lui; *see
also* **oneself**

hind [haɪnd] *adj* de derrière

hinder ['hɪndə*r*] *vt* gêner; (delay)
retarder

hindsight ['haɪndsaɪt] *n*: **with
(the benefit of) ~** avec du recul,
rétrospectivement

Hindu ['hɪnduː] *n* Hindou(e);
Hinduism *n* (Rel) hindouisme *m*

hinge [hɪndʒ] *n* charnière *f* ▷ *vi* (fig): **to
~ on** dépendre de

hint [hɪnt] *n* allusion *f*; (advice) conseil
m; (clue) indication *f* ▷ *vt*: **to ~ that**
insinuer que ▷ *vi*: **to ~ at** faire une
allusion à

hip [hɪp] *n* hanche *f*

hippie, hippy ['hɪpɪ] *n* hippie *m/f*

hippo ['hɪpəʊ] (pl **~s**) *n* hippopotame *m*

hippopotamus [hɪpə'pɒtəməs] (pl **-es**
or **hippopotami**) *n* hippopotame *m*

hippy ['hɪpɪ] *n* = **hippie**

hire ['haɪə*r*] *vt* (BRIT: car, equipment)
louer; (worker) embaucher, engager
▷ *n* location *f*; **for ~** à louer; (taxi) libre;
I'd like to ~ a car je voudrais louer une
voiture; **hire(d) car** *n* (BRIT) voiture *f* de
location; **hire purchase** *n* (BRIT) achat
m (or vente *f*) à tempérament *or* crédit

his [hɪz] *pron* le (la) sien(ne), les siens
(siennes) ▷ *adj* son (sa), ses *pl*; *see also*
mine[1]; **my**

Hispanic [hɪs'pænɪk] *adj* (in US)
hispano-américain(e) ▷ *n* Hispano-
Américain(e)

hiss [hɪs] *vi* siffler

historian [hɪ'stɔːrɪən] *n* historien(ne)

historic(al) [hɪ'stɒrɪk(l)] *adj*
historique

history ['hɪstərɪ] *n* histoire *f*

hit [hɪt] *vt* (pt, pp **~**) frapper; (reach:
target) atteindre, toucher; (collide with:
car) entrer en collision avec, heurter;

(fig: affect) toucher ▷ n coup m; (success) succès m; (song) tube m; (to website) visite f; (on search engine) résultat m de recherche; **to ~ it off with sb** bien s'entendre avec qn; **hit back** vi: **to ~ back at sb** prendre sa revanche sur qn

hitch [hɪtʃ] vt (fasten) accrocher, attacher; (also: **~ up**) remonter d'une saccade ▷ vi faire de l'auto-stop ▷ n (difficulty) anicroche f, contretemps m; **to ~ a lift** faire du stop; **hitch-hike** vi faire de l'auto-stop; **hitch-hiker** n auto-stoppeur(-euse); **hitch-hiking** n auto-stop m, stop m (inf)

hi-tech [ˈhaɪtɛk] adj de pointe

hitman [ˈhɪtmæn] (irreg) n (inf) tueur m à gages

HIV n abbr (= human immunodeficiency virus) HIV m, VIH m; **~-negative/ positive** séronégatif(-ive)/positif(-ive)

hive [haɪv] n ruche f

hoard [hɔːd] n (of food) provisions fpl, réserves fpl; (of money) trésor m ▷ vt amasser

hoarse [hɔːs] adj enroué(e)

hoax [həʊks] n canular m

hob [hɒb] n plaque chauffante

hobble [ˈhɒbl] vi boitiller

hobby [ˈhɒbɪ] n passe-temps favori

hobo [ˈhəʊbəʊ] n (us) vagabond m

hockey [ˈhɒkɪ] n hockey m; **hockey stick** n crosse f de hockey

hog [hɒg] n porc (châtré) m ▷ vt (fig) accaparer; **to go the whole ~** aller jusqu'au bout

Hogmanay [ˈhɒgməˈneɪ] n réveillon m du jour de l'An, Saint-Sylvestre f; voir encadré

> ◦ **HOGMANAY**
>
> ◦ La Saint-Sylvestre ou "New Year's
> ◦ Eve" se nomme **Hogmanay** en
> ◦ Écosse. En cette occasion, la famille
> ◦ et les amis se réunissent pour
> ◦ entendre sonner les douze coups de
> ◦ minuit et pour fêter le "first-footing",
> ◦ une coutume qui veut qu'on se

◦ rende chez ses amis et voisins en
◦ apportant quelque chose à boire (du
◦ whisky en général) et un morceau de
◦ charbon en gage de prospérité pour
◦ la nouvelle année.

hoist [hɔɪst] n palan m ▷ vt hisser

hold [həʊld] (pt, pp **held**) vt tenir; (contain) contenir; (meeting) tenir; (keep back) retenir; (believe) considérer; (possess) avoir ▷ vi (withstand pressure) tenir (bon); (be valid) valoir; (on telephone) attendre ▷ n prise f; (fig) influence f; (Naut) cale f; **to catch** or **get (a) ~ of** saisir; **to get ~ of** (find) trouver; **~ the line!** (Tel) ne quittez pas!; **to ~ one's own** (fig) bien se défendre; **hold back** vt retenir; (secret) cacher; **hold on** vi tenir bon; (wait) attendre; **~ on!** (Tel) ne quittez pas!; **to ~ on to sth** (grasp) se cramponner à qch; (keep) conserver or garder qch; **hold out** vt offrir ▷ vi (resist): **to ~ out (against)** résister (devant), tenir bon (devant); **hold up** vt (raise) lever; (support) soutenir; (delay) retarder; (: traffic) ralentir; (rob) braquer; **holdall** n (BRIT) fourre-tout m inv; **holder** n (container) support m; (of ticket, record) détenteur(-trice); (of office, title, passport etc) titulaire m/f

hole [həʊl] n trou m

holiday [ˈhɒlɪdeɪ] n (BRIT: vacation) vacances fpl; (day off) jour m de congé; (public) jour m férié; **to be on ~** être en vacances; **I'm here on ~** = je suis ici en vacances; **holiday camp** n (also: **holiday centre**) camp m de vacances; **holiday job** n (BRIT) boulot m (inf) de vacances; **holiday-maker** n (BRIT) vacancier(-ière); **holiday resort** n centre m de villégiature or de vacances

Holland [ˈhɒlənd] n Hollande f

hollow [ˈhɒləʊ] adj creux(-euse); (fig) faux (fausse) ▷ n creux m; (in land) dépression f (de terrain), cuvette f ▷ vt: **to ~ out** creuser, évider

holly [ˈhɒlɪ] n houx m

Hollywood [ˈhɒlɪwʊd] n Hollywood

holocaust ['hɔləkɔːst] n holocauste m

holy ['həʊlɪ] adj saint(e); (bread, water) bénit(e); (ground) sacré(e)

home [həʊm] n foyer m, maison f; (country) pays natal, patrie f; (institution) maison ▷ adj de famille; (Econ, Pol) national(e), intérieur(e); (Sport: team) qui reçoit; (: match, win) sur leur (or notre) terrain ▷ adv chez soi, à la maison; au pays natal; (right in: nail etc) à fond; **at** ~ chez soi, à la maison; **to go** (or **come**) ~ rentrer (chez soi), rentrer à la maison (or au pays); **make yourself at** ~ faites comme chez vous; **home address** n domicile permanent; **homeland** n patrie f; **homeless** adj sans foyer, sans abri; **homely** adj (plain) simple, sans prétention; (welcoming) accueillant(e); **home-made** adj fait(e) à la maison; **home match** n match m à domicile; **Home Office** n (BRIT) ministère m de l'Intérieur; **home owner** n propriétaire occupant; **home page** n (Comput) page f d'accueil; **Home Secretary** n (BRIT) ministre m de l'Intérieur; **homesick** adj: **to be homesick** avoir le mal du pays; (missing one's family) s'ennuyer de sa famille; **home town** n ville natale; **homework** n devoirs mpl

homicide ['hɔmɪsaɪd] n (US) homicide m

homoeopathic (US **homeopathic**) [həʊmɪə'pæθɪk] adj (medicine) homéopathique; (doctor) homéopathe

homoeopathy (US **homeopathy**) [həʊmɪ'ɔpəθɪ] n homéopathie f

homosexual [hɔməʊ'sɛksjuəl] adj, n homosexuel(le)

honest ['ɔnɪst] adj honnête; (sincere) franc (franche); **honestly** adv honnêtement; franchement; **honesty** n honnêteté f

honey ['hʌnɪ] n miel m; **honeymoon** n lune f de miel, voyage m de noces; **we're on honeymoon** nous sommes en voyage de noces; **honeysuckle** n chèvrefeuille m

Hong Kong ['hɔŋ'kɒŋ] n Hong Kong m

honorary ['ɔnərərɪ] adj honoraire; (duty, title) honorifique; ~ **degree** diplôme m honoris causa

honour (US **honor**) ['ɔnə'] vt honorer ▷ n honneur m; **to graduate with** ~**s** obtenir sa licence avec mention; **honourable** (US **honorable**) adj honorable; **honours degree** n (Scol) = licence f avec mention

hood [hʊd] n capuchon m; (of cooker) hotte f; (BRIT Aut) capote f; (US Aut) capot m; **hoodie** ['hʊdɪ] n (top) sweat m à capuche

hoof [huːf ~**s** or **hooves**] [huːf, huːvz] n sabot m

hook [hʊk] n crochet m; (on dress) agrafe f; (for fishing) hameçon m ▷ vt accrocher; **off the** ~ (Tel) décroché

hooligan ['huːlɪɡən] n voyou m

hoop [huːp] n cerceau m

hooray [huː'reɪ] excl = **hurray**

hoot [huːt] vi (BRIT: Aut) klaxonner; (siren) mugir; (owl) hululer

Hoover® ['huːvə'] n (BRIT) aspirateur m ▷ vt: **to hoover** (room) passer l'aspirateur dans; (carpet) passer l'aspirateur sur

hooves [huːvz] npl of **hoof**

hop [hɔp] vi sauter; (on one foot) sauter à cloche-pied; (bird) sautiller

hope [həʊp] vt, vi espérer ▷ n espoir m; **I** ~ **so** je l'espère; **I** ~ **not** j'espère que non; **hopeful** adj (person) plein(e) d'espoir; (situation) prometteur(-euse), encourageant(e); **hopefully** adv (expectantly) avec espoir, avec optimisme; (one hopes) avec un peu de chance; **hopeless** adj désespéré(e); (useless) nul(le)

hops [hɔps] npl houblon m

horizon [hə'raɪzn] n horizon m; **horizontal** [hɔrɪ'zɔntl] adj horizontal(e)

hormone ['hɔːməʊn] n hormone f

horn [hɔːn] n corne f; (Mus) cor m; (Aut) klaxon m

horoscope ['hɔrəskəʊp] n

horoscope m

horrendous [hə'rɛndəs] adj horrible, affreux(-euse)

horrible ['hɒrɪbl] adj horrible, affreux(-euse)

horrid ['hɒrɪd] adj (person) détestable; (weather, place, smell) épouvantable

horrific [hɒ'rɪfɪk] adj épouvantable

horrifying ['hɒrɪfaɪɪŋ] adj horrifiant(e)

horror ['hɒrə*] n horreur f; **horror film** n film m d'épouvante

hors d'œuvre [ɔː'dɜːvrə] n hors d'œuvre m

horse [hɔːs] n cheval m; **horseback: on horseback** adj, adv à cheval; **horse chestnut** n (nut) marron m (d'Inde); (tree) marronnier m (d'Inde); **horsepower** n puissance f (en chevaux); (unit) cheval-vapeur m (CV); **horse-racing** n courses fpl de chevaux; **horseradish** n raifort m; **horse riding** n (BRIT) équitation f

hose [həuz] n tuyau m; (also: **garden ~**) tuyau d'arrosage; **hosepipe** n tuyau m; (in garden) tuyau d'arrosage

hospital ['hɒspɪtl] n hôpital m; **in ~** à l'hôpital; **where's the nearest ~?** où est l'hôpital le plus proche?

hospitality [hɒspɪ'tælɪtɪ] n hospitalité f

host [həust] n hôte m; (TV, Radio) présentateur(-trice); (large number): **a ~ of** une foule de; (Rel) hostie f

hostage ['hɒstɪdʒ] n otage m

hostel ['hɒstl] n foyer m; (also: **youth ~**) auberge f de jeunesse

hostess ['həustɪs] n hôtesse f; (BRIT: also: **air ~**) hôtesse de l'air; (TV, Radio) présentatrice f

hostile ['hɒstaɪl] adj hostile

hostility [hɒ'stɪlɪtɪ] n hostilité f

hot [hɒt] adj chaud(e); (as opposed to only warm) très chaud; (spicy) fort(e); (fig: contest) acharné(e); (topic) brûlant(e); (temper) violent(e), passionné(e); **to be ~** (person) avoir très chaud; (thing) être (très) chaud; (weather) faire chaud; **hot dog** n hot-dog m

hotel m

hotel [həu'tɛl] n hôtel m

hotspot ['hɒtspɒt] n (Comput: also **wireless ~**) borne f wifi, hotspot n

hot-water bottle [hɒt'wɔːtə-] n bouillotte f

hound [haund] vt poursuivre avec acharnement ▷ n chien courant

hour ['auə*] n heure f; **hourly** adj toutes les heures; (rate) horaire

house n [haus] maison f; (Pol) chambre f; (Theat) salle f; auditoire m ▷ vt [hauz] (person) loger, héberger; **on the ~** (fig) aux frais de la maison; **household** n (Admin etc) ménage m; (people) famille f, maisonnée f; **householder** n propriétaire m/f; (head of house) chef m de famille; **housekeeper** n gouvernante f; **housekeeping** n (work) ménage m; **housewife** (irreg) n ménagère f; femme f au foyer; **house wine** n cuvée f maison or du patron; **housework** n travaux mpl du ménage

housing ['hauzɪŋ] n logement m; **housing development** (BRIT **housing estate**) n (blocks of flats) cité f; (houses) lotissement m

hover ['hɒvə*] vi planer; **hovercraft** n aéroglisseur m, hovercraft m

how [hau] adv comment; **~ are you?** comment allez-vous?; **~ do you do?** bonjour; (on being introduced) enchanté(e); **~ long have you been here?** depuis combien de temps êtes-vous là?; **~ lovely!** que or comme c'est joli!; **~ much time/many people?** combien de temps/gens?; **~ much does it cost?** ça coûte combien?; **~ old are you?** quel âge as-tu?; **~ is school?** ça va à l'école?; **~ was the film?** comment était le film?

however [hau'ɛvə*] conj pourtant, cependant ▷ adv: **~ I do it** de quelque manière que je m'y prenne; **~ cold it is** même s'il fait très froid; **~ did you do it?** comment y êtes-vous donc arrivé?

howl [haul] n hurlement m ▷ vi hurler;

(wind) mugir

H.P. n abbr (BRIT) = **hire purchase**

h.p. abbr (Aut) = **horsepower**

HQ n abbr (= headquarters) QG m

hr(s) abbr (= hour(s)) h

HTML n abbr (= hypertext markup language) HTML m

hubcap [ˈhʌbkæp] n (Aut) enjoliveur m

huddle [ˈhʌdl] vi: **to ~ together** se blottir les uns contre les autres

huff [hʌf] n: **in a ~** fâché(e)

hug [hʌg] vt serrer dans ses bras; (shore, kerb) serrer ▷ n: **to give sb a ~** serrer qn dans ses bras

huge [hjuːdʒ] adj énorme, immense

hull [hʌl] n (of ship) coque f

hum [hʌm] vt (tune) fredonner ▷ vi fredonner; (insect) bourdonner; (plane, tool) vrombir

human [ˈhjuːmən] adj humain(e) ▷ n (also: **~ being**) être humain

humane [hjuːˈmeɪn] adj humain(e), humanitaire

humanitarian [hjuːmænɪˈtɛərɪən] adj humanitaire

humanity [hjuːˈmænɪtɪ] n humanité f

human rights npl droits mpl de l'homme

humble [ˈhʌmbl] adj humble, modeste

humid [ˈhjuːmɪd] adj humide

humidity [hjuːˈmɪdɪtɪ] n humidité f

humiliate [hjuːˈmɪlɪeɪt] vt humilier

humiliating [hjuːˈmɪlɪeɪtɪŋ] adj humiliant(e)

humiliation [hjuːmɪlɪˈeɪʃən] n humiliation f

hummus [ˈhʊməs] n houm(m)ous m

humorous [ˈhjuːmərəs] adj humoristique

humour (us **humor**) [ˈhjuːməʳ] n humour m; (mood) humeur f ▷ vt (person) faire plaisir à; se prêter aux caprices de

hump [hʌmp] n bosse f

hunch [hʌntʃ] n (premonition) intuition f

hundred [ˈhʌndrəd] num cent; **~s of** des centaines de; **hundredth** [-ɪdθ]

num centième

hung [hʌŋ] pt, pp of **hang**

Hungarian [hʌŋˈgɛərɪən] adj hongrois(e) ▷ n Hongrois(e); (Ling) hongrois m

Hungary [ˈhʌŋgərɪ] n Hongrie f

hunger [ˈhʌŋgəʳ] n faim f ▷ vi: **to ~ for** avoir faim de, désirer ardemment

hungry [ˈhʌŋgrɪ] adj affamé(e); **to be ~** avoir faim; **~ for** (fig) avide de

hunt [hʌnt] vt (seek) chercher; (Sport) chasser ▷ vi (search): **to ~ for** chercher (partout); (Sport) chasser ▷ n (Sport) chasse f; **hunter** n chasseur m; **hunting** n chasse f

hurdle [ˈhəːdl] n (Sport) haie f; (fig) obstacle m

hurl [həːl] vt lancer (avec violence); (abuse, insults) lancer

hurrah, hurray [huˈrɑː, huˈreɪ] excl hourra!

hurricane [ˈhʌrɪkən] n ouragan m

hurry [ˈhʌrɪ] n hâte f, précipitation f ▷ vi se presser, se dépêcher ▷ vt (person) faire presser, faire se dépêcher; (work) presser; **to be in a ~** être pressé(e); **to do sth in a ~** faire qch en vitesse; **hurry up** vi se dépêcher

hurt [həːt] (pt, pp **~**) vt (cause pain to) faire mal à; (injure, fig) blesser ▷ vi faire mal ▷ adj blessé(e); **my arm ~s** j'ai mal au bras; **to ~ o.s.** se faire mal

husband [ˈhʌzbənd] n mari m

hush [hʌʃ] n calme m, silence m ▷ vt faire taire; **~!** chut!

husky [ˈhʌskɪ] adj (voice) rauque ▷ n chien m esquimau or de traîneau

hut [hʌt] n hutte f; (shed) cabane f

hyacinth [ˈhaɪəsɪnθ] n jacinthe f

hydrangea [haɪˈdreɪndʒə] n hortensia m

hydrofoil [ˈhaɪdrəfɔɪl] n hydrofoil m

hydrogen [ˈhaɪdrədʒən] n hydrogène m

hygiene [ˈhaɪdʒiːn] n hygiène f; **hygienic** [haɪˈdʒiːnɪk] adj hygiénique

hymn [hɪm] n hymne m; cantique m

hype [haɪp] n (inf) matraquage m

hyperlink ['haɪpəlɪŋk] n hyperlien m
hypermarket ['haɪpəmɑːkɪt] (BRIT) n
hypermarché m
hyphen ['haɪfn] n trait m d'union
hypnotize ['hɪpnətaɪz] vt hypnotiser
hypocrite ['hɪpəkrɪt] n hypocrite m/f
hypocritical [hɪpə'krɪtɪkl] adj
hypocrite
hypothesis (pl **hypotheses**)
[haɪ'pɒθɪsɪs, -siːz] n hypothèse f
hysterical [hɪ'sterɪkl] adj hystérique;
(funny) hilarant(e)
hysterics [hɪ'sterɪks] npl: **to be in/
have ~** (anger, panic) avoir une crise de
nerfs; (laughter) attraper un fou rire

I [aɪ] pron je; (before vowel) j'; (stressed)
moi
ice [aɪs] n glace f; (on road) verglas m
▷ vt (cake) glacer ▷ vi (also: **~ over**)
geler; (also: **~ up**) se givrer; **iceberg**
n iceberg m; **ice cream** n glace f; **ice
cube** n glaçon m; **ice hockey** n hockey
m sur glace
Iceland ['aɪslənd] n Islande f; **Icelander**
n Islandais(e); **Icelandic** [aɪs'lændɪk]
adj islandais(e) ▷ n (Ling) islandais m
ice: **ice lolly** n (BRIT) esquimau m;
ice rink n patinoire f; **ice skating** n
patinage m (sur glace)
icing ['aɪsɪŋ] n (Culin) glaçage m; **icing
sugar** n (BRIT) sucre m glace
icon ['aɪkɒn] n icône f
ICT n abbr (BRIT: Scol: = information and
communications technology) TIC fpl
icy ['aɪsɪ] adj glacé(e); (road) verglacé(e);
(weather, temperature) glacial(e)
I'd [aɪd] = **I would**; **I had**
ID card n carte f d'identité
idea [aɪ'dɪə] n idée f

deal [aɪˈdɪəl] n idéal m ▷ adj idéal(e);
ideally [aɪˈdɪəlɪ] adv (preferably) dans
l'idéal; (perfectly): **he is ideally suited
to the job** il est parfait pour ce poste

dentical [aɪˈdɛntɪkl] adj identique

dentification [aɪdɛntɪfɪˈkeɪʃən] n
identification f; **means of ~** pièce f
d'identité

dentify [aɪˈdɛntɪfaɪ] vt identifier

dentity [aɪˈdɛntɪtɪ] n identité f;
identity card n carte f d'identité;
identity theft n usurpation f
d'identité

deology [aɪdɪˈɒlədʒɪ] n idéologie f

diom [ˈɪdɪəm] n (phrase) expression f
idiomatique; (style) style m

diot [ˈɪdɪət] n idiot(e), imbécile m/f

dle [ˈaɪdl] adj (doing nothing) sans
occupation, désœuvré(e); (lazy)
oisif(-ive), paresseux(-euse);
(unemployed) au chômage; (machinery)
au repos; (question, pleasures) vain(e),
futile ▷ vi (engine) tourner au ralenti

dol [ˈaɪdl] n idole f

dyllic [ɪˈdɪlɪk] adj idyllique

.e. abbr (= id est: that is) c. à d., c'est-
à-dire

f [ɪf] conj si; **if necessary** si nécessaire,
le cas échéant; **if so** si c'est le cas; **if not**
sinon; **if only I could!** si seulement je
pouvais!; see also **as**; **even**

gnite [ɪgˈnaɪt] vt mettre le feu à,
enflammer ▷ vi s'enflammer

gnition [ɪgˈnɪʃən] n (Aut) allumage m;
to switch on/off the ~ mettre/couper
le contact

gnorance [ˈɪgnərəns] n ignorance f

gnorant [ˈɪgnərənt] adj ignorant(e);
to be ~ of (subject) ne rien connaître en;
(events) ne pas être au courant de

gnore [ɪgˈnɔːʳ] vt ne tenir aucun
compte de; (mistake) ne pas relever;
(person: pretend to not see) faire
semblant de ne pas reconnaître; (: that
no attention to) ignorer

l [ɪl] adj (sick) malade; (bad) mauvais(e)
▷ n mal m ▷ adv: **to speak/think ~
of sb** dire/penser du mal de qn; **to be**

taken **~** tomber malade

I'll [aɪl] = **I will**; **I shall**

illegal [ɪˈliːgl] adj illégal(e)

illegible [ɪˈlɛdʒɪbl] adj illisible

illegitimate [ɪlɪˈdʒɪtɪmət] adj
illégitime

ill health n mauvaise santé

illiterate [ɪˈlɪtərət] adj illettré(e)

illness [ˈɪlnɪs] n maladie f

illuminate [ɪˈluːmɪneɪt] vt (room,
street) éclairer; (for special effect)
illuminer

illusion [ɪˈluːʒən] n illusion f

illustrate [ˈɪləstreɪt] vt illustrer

illustration [ɪləˈstreɪʃən] n
illustration f

I'm [aɪm] = **I am**

image [ˈɪmɪdʒ] n image f; (public face)
image de marque

imaginary [ɪˈmædʒɪnərɪ] adj
imaginaire

imagination [ɪmædʒɪˈneɪʃən] n
imagination f

imaginative [ɪˈmædʒɪnətɪv] adj
imaginatif(-ive); (person) plein(e)
d'imagination

imagine [ɪˈmædʒɪn] vt s'imaginer;
(suppose) imaginer, supposer

imbalance [ɪmˈbæləns] n
déséquilibre m

imitate [ˈɪmɪteɪt] vt imiter; **imitation**
[ɪmɪˈteɪʃən] n imitation f

immaculate [ɪˈmækjulət] adj
impeccable; (Rel) immaculé(e)

immature [ɪməˈtjuəʳ] adj (fruit) qui
n'est pas mûr(e); (person) qui manque
de maturité

immediate [ɪˈmiːdɪət] adj
immédiat(e); **immediately** adv (at
once) immédiatement; **immediately
next to** juste à côté de

immense [ɪˈmɛns] adj immense,
énorme; **immensely** adv (+adj)
extrêmement; (+vb) énormément

immerse [ɪˈməːs] vt immerger,
plonger; **to be ~d in** (fig) être plongé
dans

immigrant [ˈɪmɪgrənt] n

immigrant(e); (already established)
immigré(e); **immigration** [ɪmɪˈɡreɪʃən]
n immigration f

imminent [ˈɪmɪnənt] adj imminent(e)

immoral [ɪˈmɔrl] adj immoral(e)

immortal [ɪˈmɔːtl] adj, n immortel(le)

immune [ɪˈmjuːn] adj: **~ (to)**
immunisé(e) (contre); **immune
system** n système m immunitaire

immunize [ˈɪmjunaɪz] vt immuniser

impact [ˈɪmpækt] n choc m, impact m;
(fig) impact m

impair [ɪmˈpɛə] vt détériorer,
diminuer

impartial [ɪmˈpɑːʃl] adj impartial(e)

impatience [ɪmˈpeɪʃəns] n
impatience f

impatient [ɪmˈpeɪʃənt] adj
impatient(e); **to get** or **grow ~**
s'impatienter

impeccable [ɪmˈpekəbl] adj
impeccable, parfait(e)

impending [ɪmˈpendɪŋ] adj
imminent(e)

imperative [ɪmˈperətɪv] adj (need)
urgent(e), pressant(e); (tone)
impérieux(-euse) ▷ n (Ling) impératif m

imperfect [ɪmˈpɜːfɪkt] adj
imparfait(e); (goods etc)
défectueux(-euse) ▷ n (Ling: also: **~
tense**) imparfait m

imperial [ɪmˈpɪərɪəl] adj impérial(e);
(BRIT: measure) légal(e)

impersonal [ɪmˈpɜːsənl] adj
impersonnel(le)

impersonate [ɪmˈpɜːsəneɪt] vt se
faire passer pour; (Theat) imiter

impetus [ˈɪmpətəs] n impulsion f; (of
runner) élan m

implant [ɪmˈplɑːnt] vt (Med) implanter;
(fig: idea, principle) inculquer

implement n [ˈɪmplɪmənt] outil m,
instrument m; (for cooking) ustensile m
▷ vt [ˈɪmplɪment] exécuter

implicate [ˈɪmplɪkeɪt] vt impliquer,
compromettre

implication [ɪmplɪˈkeɪʃən] n
implication f; **by ~** indirectement

implicit [ɪmˈplɪsɪt] adj implicite;
(complete) absolu(e), sans réserve

imply [ɪmˈplaɪ] vt (hint) suggérer,
laisser entendre; (mean) indiquer,
supposer

impolite [ɪmpəˈlaɪt] adj impoli(e)

import vt [ɪmˈpɔːt] importer ▷ n
[ˈɪmpɔːt] (Comm) importation f;
(meaning) portée f, signification f

importance [ɪmˈpɔːtns] n
importance f

important [ɪmˈpɔːtnt] adj
important(e); **it's not ~** c'est sans
importance, ce n'est pas important

importer [ɪmˈpɔːtə] n
importateur(-trice)

impose [ɪmˈpəʊz] vt imposer ▷ vi:
to ~ on sb abuser de la gentillesse
de qn; **imposing** adj imposant(e),
impressionnant(e)

impossible [ɪmˈpɔsɪbl] adj impossible

impotent [ˈɪmpətnt] adj
impuissant(e)

impoverished [ɪmˈpɒvərɪʃt] adj
pauvre, appauvri(e)

impractical [ɪmˈpræktɪkl] adj pas
pratique; (person) qui manque d'esprit
pratique

impress [ɪmˈpres] vt impressionner,
faire impression sur; (mark) imprimer,
marquer; **to ~ sth on sb** faire bien
comprendre qch à qn

impression [ɪmˈpreʃən] n impression
f; (of stamp, seal) empreinte f; (imitation)
imitation f; **to be under the ~ that**
avoir l'impression que

impressive [ɪmˈpresɪv] adj
impressionnant(e)

imprison [ɪmˈprɪzn] vt emprisonner,
mettre en prison; **imprisonment**
n emprisonnement m; (period):
**to sentence sb to 10 years'
imprisonment** condamner qn à 10
ans de prison

improbable [ɪmˈprɒbəbl] adj
improbable; (excuse) peu plausible

improper [ɪmˈprɒpə] adj (unsuitable)
déplacé(e), de mauvais goût; (indecent)

indécent(e); (*dishonest*) malhonnête

mprove [ɪmˈpruːv] *vt* améliorer ▷ *vi* s'améliorer; (*pupil etc*) faire des progrès; **improvement** *n* amélioration *f*; (*of pupil etc*) progrès *m*

mprovise [ˈɪmprəvaɪz] *vt, vi* improviser

mpulse [ˈɪmpʌls] *n* impulsion *f*; **on ~** impulsivement, sur un coup de tête; **impulsive** [ɪmˈpʌlsɪv] *adj* impulsif(-ive)

KEYWORD

n [ɪn] *prep* **1** (*indicating place, position*) dans; **in the house/the fridge** dans la maison/le frigo; **in the garden** dans le or au jardin; **in town** en ville; **in the country** à la campagne; **in school** à l'école; **in here/there** ici/là
2 (*with place names: of town, region, country*): **in London** à Londres; **in England** en Angleterre; **in Japan** au Japon; **in the United States** aux États-Unis
3 (*indicating time: during*): **in spring** au printemps; **in summer** en été; **in May/2005** en mai/2005; **in the afternoon** (dans) l'après-midi; **at 4 o'clock in the afternoon** à 4 heures de l'après-midi
4 (*indicating time: in the space of*) en; (*: future*) dans; **I did it in 3 hours/days** je l'ai fait en 3 heures/jours; **I'll see you in 2 weeks** *or* **in 2 weeks' time** je te verrai dans 2 semaines
5 (*indicating manner etc*) à; **in a loud/soft voice** à voix haute/basse; **in pencil** au crayon; **in writing** par écrit; **in French** en français; **the boy in the blue shirt** le garçon or avec la chemise bleue
6 (*indicating circumstances*): **in the sun** au soleil; **in the shade** à l'ombre; **in the rain** sous la pluie; **a change in policy** un changement de politique
7 (*indicating mood, state*): **in tears** en larmes; **in anger** sous le coup de la

colère; **in despair** au désespoir; **in good condition** en bon état; **to live in luxury** vivre dans le luxe
8 (*with ratios, numbers*): **1 in 10 households, 1 household in 10** 1 ménage sur 10; **20 pence in the pound** 20 pence par livre sterling; **they lined up in twos** ils se mirent en rangs (deux) par deux; **in hundreds** par centaines
9 (*referring to people, works*) chez; **the disease is common in children** c'est une maladie courante chez les enfants; **in the works of Dickens** chez Dickens, dans (l'œuvre de) Dickens
10 (*indicating profession etc*) dans; **to be in teaching** être dans l'enseignement
11 (*after superlative*) de; **the best pupil in the class** le meilleur élève de la classe
12 (*with present participle*): **in saying this** en disant ceci
▷ *adv*: **to be in** (*person: at home, work*) être là; (*train, ship, plane*) être arrivé(e); (*in fashion*) être à la mode; **to ask sb in** inviter qn à entrer; **to run/limp** *etc* **in** entrer en courant/boitant *etc*
▷ *n*: **the ins and outs (of)** (*of proposal, situation etc*) les tenants et aboutissants (de)

inability [ɪnəˈbɪlɪtɪ] *n* incapacité *f*; **~ to pay** incapacité de payer
inaccurate [ɪnˈækjʊrət] *adj* inexact(e); (*source*) qui manque de précision
inadequate [ɪnˈædɪkwət] *adj* insuffisant(e), inadéquat(e)
inadvertently [ɪnədˈvɜːtntlɪ] *adv* par mégarde
inappropriate [ɪnəˈprəuprɪət] *adj* inopportun(e), mal à propos; (*word, expression*) impropre
inaugurate [ɪˈnɔːgjʊreɪt] *vt* inaugurer; (*president, official*) investir de ses fonctions
Inc. *abbr* = **incorporated**
incapable [ɪnˈkeɪpəbl] *adj*: **~ (of)** incapable (de)

incense n ['ɪnsɛns] encens m ▷ vt [ɪn'sɛns] (anger) mettre en colère

incentive [ɪn'sɛntɪv] n encouragement m, raison f de se donner de la peine

inch [ɪntʃ] n pouce m (=25 mm; 12 in a foot); **within an ~ of** à deux doigts de; **he wouldn't give an ~** (fig) il n'a pas voulu céder d'un pouce

incidence ['ɪnsɪdns] n (of crime, disease) fréquence f

incident ['ɪnsɪdnt] n incident m

incidentally [ɪnsɪ'dɛntəlɪ] adv (by the way) à propos

inclination [ɪnklɪ'neɪʃən] n inclination f; (desire) envie f

incline [n 'ɪnklaɪn] pente f, plan incliné ▷ vb [ɪn'klaɪn] ▷ vt incliner ▷ vi (surface) s'incliner; **to be ~d to do** (have a tendency to do) avoir tendance à faire

include [ɪn'kluːd] vt inclure, comprendre; **service is/is not ~d** le service est compris/n'est pas compris; **including** prep y compris; **inclusion** n inclusion f; **inclusive** adj inclus(e), compris(e); **inclusive of tax** taxes comprises

income ['ɪnkʌm] n revenu m; (from property etc) rentes fpl; **income support** n (BRIT) = revenu m minimum d'insertion, RMI m; **income tax** n impôt m sur le revenu

incoming ['ɪnkʌmɪŋ] adj (passengers, mail) à l'arrivée; (government, tenant) nouveau (nouvelle)

incompatible [ɪnkəm'pætɪbl] adj incompatible

incompetence [ɪn'kɒmpɪtns] n incompétence f, incapacité f

incompetent [ɪn'kɒmpɪtnt] adj incompétent(e), incapable

incomplete [ɪnkəm'pliːt] adj incomplet(-ète)

inconsistent [ɪnkən'sɪstnt] adj qui manque de constance; (work) irrégulier(-ière); (statement) peu cohérent(e); **~ with** en contradiction avec

inconvenience [ɪnkən'viːnjəns] n inconvénient m; (trouble) dérangement m ▷ vt déranger

inconvenient [ɪnkən'viːnjənt] adj malcommode; (time, place) mal choisi(e), qui ne convient pas; (visitor) importun(e)

incorporate [ɪn'kɔːpəreɪt] vt incorporer; (contain) contenir

incorrect [ɪnkə'rɛkt] adj incorrect(e); (opinion, statement) inexact(e)

increase [n 'ɪnkriːs] augmentation f ▷ vi, vt [ɪn'kriːs] augmenter; **increasingly** adv de plus en plus

incredible [ɪn'krɛdɪbl] adj incroyable; **incredibly** adv incroyablement

incur [ɪn'kəː] vt (expenses) encourir; (anger, risk) s'exposer à; (debt) contracter; (loss) subir

indecent [ɪn'diːsnt] adj indécent(e), inconvenant(e)

indeed [ɪn'diːd] adv (confirming, agreeing) en effet, effectivement; (for emphasis) vraiment; (furthermore) d'ailleurs; **yes ~!** certainement!

indefinitely [ɪn'dɛfɪnɪtlɪ] adv (wait) indéfiniment

independence [ɪndɪ'pɛndns] n indépendance f; **Independence Day** n (us) fête de l'Indépendance américaine; voir encadré

● INDEPENDENCE DAY

● L'**Independence Day** est la fête
● nationale aux États-Unis, le 4
● juillet. Il commémore l'adoption
● de la déclaration d'Indépendance,
● en 1776, écrite par Thomas Jefferson
● et proclamant la séparation des 13
● colonies américaines de la Grande-
● Bretagne.

independent [ɪndɪ'pɛndnt] adj indépendant(e); (radio) libre; **independent school** n (BRIT) école privée

index ['ɪndɛks] n (pl ~es) (in book)

index m; (: in library etc) catalogue m (pl indices) (ratio, sign) indice m

India ['ɪndɪə] n Inde f; **Indian** adj indien(ne) ▷ n Indien(ne); **(American) Indian** Indien(ne) (d'Amérique)

indicate ['ɪndɪkeɪt] vt indiquer ▷ vi (BRIT Aut): **to ~ left/right** mettre son clignotant à gauche/à droite; **indication** [ɪndɪ'keɪʃən] n indication f, signe m; **indicative** [ɪn'dɪkətɪv] adj: **to be indicative of sth** être symptomatique de qch ▷ n (Ling) indicatif m; **indicator** n (sign) indicateur m; (Aut) clignotant m

indices ['ɪndɪsiːz] npl of **index**

indict [ɪn'daɪt] vt accuser; **indictment** n accusation f

indifference [ɪn'dɪfrəns] n indifférence f

indifferent [ɪn'dɪfrənt] adj indifférent(e); (poor) médiocre, quelconque

indigenous [ɪn'dɪdʒɪnəs] adj indigène

indigestion [ɪndɪ'dʒɛstʃən] n indigestion f, mauvaise digestion

indignant [ɪn'dɪgnənt] adj: **~ (at sth/ with sb)** indigné(e) (de qch/contre qn)

indirect [ɪndɪ'rɛkt] adj indirect(e)

indispensable [ɪndɪ'spɛnsəbl] adj indispensable

individual [ɪndɪ'vɪdjuəl] n individu m ▷ adj individuel(le); (characteristic) particulier(-ière), original(e); **individually** adv individuellement

Indonesia [ɪndə'niːzɪə] n Indonésie f

indoor ['ɪndɔːʳ] adj (inner) intérieur; (plant) d'appartement; (swimming pool) couvert(e); (sport, games) pratiqué(e) en salle; **indoors** [ɪn'dɔːz] adv à l'intérieur

induce [ɪn'djuːs] vt (persuade) persuader; (bring about) provoquer; (labour) déclencher

indulge [ɪn'dʌldʒ] vt (whim) céder à, satisfaire; (child) gâter ▷ vi: **to ~ in sth** (luxury) s'offrir qch, se permettre qch; (fantasies etc) se livrer à qch; **indulgent** adj indulgent(e)

industrial [ɪn'dʌstrɪəl] adj

industriel(le); (injury) du travail; (dispute) ouvrier(-ière); **industrial estate** n (BRIT) zone industrielle; **industrialist** n industriel m; **industrial park** n (US) zone industrielle

industry ['ɪndəstrɪ] n industrie f; (diligence) zèle m, application f

inefficient [ɪnɪ'fɪʃənt] adj inefficace

inequality [ɪnɪ'kwɔlɪtɪ] n inégalité f

inevitable [ɪn'ɛvɪtəbl] adj inévitable; **inevitably** adv inévitablement, fatalement

inexpensive [ɪnɪk'spɛnsɪv] adj bon marché inv

inexperienced [ɪnɪk'spɪərɪənst] adj inexpérimenté(e)

inexplicable [ɪnɪk'splɪkəbl] adj inexplicable

infamous ['ɪnfəməs] adj infâme, abominable

infant ['ɪnfənt] n (baby) nourrisson m; (young child) petit(e) enfant

infantry ['ɪnfəntrɪ] n infanterie f

infant school n (BRIT) classes fpl préparatoires (entre 5 et 7 ans)

infect [ɪn'fɛkt] vt (wound) infecter; (person, blood) contaminer; **infection** [ɪn'fɛkʃən] n infection f; (contagion) contagion f; **infectious** [ɪn'fɛkʃəs] adj infectieux(-euse); (also fig) contagieux(-euse)

infer [ɪn'fəːʳ] vt: **to ~ (from)** conclure (de), déduire (de)

inferior [ɪn'fɪərɪəʳ] adj inférieur(e); (goods) de qualité inférieure ▷ n inférieur(e); (in rank) subalterne m/f

infertile [ɪn'fəːtaɪl] adj stérile

infertility [ɪnfəː'tɪlɪtɪ] n infertilité f, stérilité f

infinite ['ɪnfɪnɪt] adj infini(e); (time, money) illimité(e); **infinitely** adv infiniment

infirmary [ɪn'fəːmərɪ] n hôpital m; (in school, factory) infirmerie f

inflamed [ɪn'fleɪmd] adj enflammé(e)

inflammation [ɪnflə'meɪʃən] n

inflammation f
inflatable [ɪnˈfleɪtəbl] adj gonflable
inflate [ɪnˈfleɪt] vt (tyre, balloon)
gonfler; (fig: exaggerate) grossir;
(: increase) gonfler; **inflation** [ɪnˈfleɪʃən]
n (Econ) inflation f
inflexible [ɪnˈfleksɪbl] adj inflexible,
rigide
inflict [ɪnˈflɪkt] vt: **to ~ on** infliger à
influence [ˈɪnfluəns] n influence f ▷ vt
influencer; **under the ~ of alcohol** en
état d'ébriété; **influential** [ɪnfluˈɛnʃl]
adj influent(e)
influenza [ɪnfluˈɛnzə] n grippe f
influx [ˈɪnflʌks] n afflux m
info (inf) [ˈɪnfəu] n (= information)
renseignements mpl
inform [ɪnˈfɔːm] vt: **to ~ sb (of)**
informer or avertir qn (de) ▷ vi: **to ~ on
sb** dénoncer qn, informer contre qn
informal [ɪnˈfɔːml] adj (person,
manner, action) simple; (visit, discussion)
dénué(e) de formalités; (announcement,
invitation) non officiel(le); (colloquial)
familier(-ère)
information [ɪnfəˈmeɪʃən] n
information(s) f(pl); renseignements
mpl; (knowledge) connaissances fpl;
a piece of ~ un renseignement;
information office n bureau m
de renseignements; **information
technology** n informatique f
informative [ɪnˈfɔːmətɪv] adj
instructif(-ive)
infra-red [ɪnfrəˈred] adj infrarouge
infrastructure [ˈɪnfrəstrʌktʃəʳ] n
infrastructure f
infrequent [ɪnˈfriːkwənt] adj peu
fréquent(e), rare
infuriate [ɪnˈfjuərɪeɪt] vt mettre en
fureur
infuriating [ɪnˈfjuərɪeɪtɪŋ] adj
exaspérant(e)
ingenious [ɪnˈdʒiːnjəs] adj
ingénieux(-euse)
ingredient [ɪnˈɡriːdɪənt] n ingrédient
m; (fig) élément m
inhabit [ɪnˈhæbɪt] vt habiter;

inhabitant n habitant(e)
inhale [ɪnˈheɪl] vt inhaler; (perfume)
respirer; (smoke) avaler ▷ vi (breathe in)
aspirer; (in smoking) avaler la fumée;
inhaler n inhalateur m
inherent [ɪnˈhɪərənt] adj: **~ (in** or **to)**
inhérent(e) (à)
inherit [ɪnˈherɪt] vt hériter (de);
inheritance n héritage m
inhibit [ɪnˈhɪbɪt] vt (Psych) inhiber;
(growth) freiner; **inhibition** [ɪnhɪˈbɪʃən]
n inhibition f
initial [ɪˈnɪʃl] adj initial(e) ▷ n initiale
f ▷ vt parafer; **initials** npl initiales fpl;
(as signature) parafe m; **initially** adv
initialement, au début
initiate [ɪˈnɪʃɪeɪt] vt (start)
entreprendre; amorcer; (enterprise)
lancer; (person) initier; **to ~
proceedings against sb** (Law)
intenter une action à qn, engager des
poursuites contre qn
initiative [ɪˈnɪʃətɪv] n initiative f
inject [ɪnˈdʒɛkt] vt injecter; (person): **to
~ sb with sth** faire une piqûre de qch à
qn; **injection** [ɪnˈdʒɛkʃən] n injection
f, piqûre f
injure [ˈɪndʒəʳ] vt blesser; (damage:
reputation etc) compromettre; **to ~
o.s.** se blesser; **injured** adj (person,
leg etc) blessé(e); **injury** n blessure f;
(wrong) tort m
injustice [ɪnˈdʒʌstɪs] n injustice f
ink [ɪŋk] n encre f; **ink-jet printer**
[ˈɪŋkdʒɛt-] n imprimante f à jet d'encre
inland adj [ˈɪnlənd] intérieur(e) ▷ adv
[ɪnˈlænd] à l'intérieur, dans les terres;
Inland Revenue n (BRIT) fisc m
in-laws [ˈɪnlɔːz] npl beaux-parents mpl;
belle-famille
inmate [ˈɪnmeɪt] n (in prison)
détenu(e); (in asylum) interné(e)
inn [ɪn] n auberge f
inner [ˈɪnəʳ] adj intérieur(e); **inner-city**
adj (schools, problems) de quartiers
déshérités
inning [ˈɪnɪŋ] n (us: Baseball) tour m
de batte; **innings** npl (Cricket) tour

de batte

nnocence ['ɪnəsns] n innocence f

nnocent ['ɪnəsnt] adj innocent(e)

nnovation [ɪnəʊ'veɪʃən] n
innovation f

nnovative ['ɪnəʊveɪtɪv] adj
novateur(-trice); (product) innovant(e)

n-patient ['ɪnpeɪʃənt] n malade
hospitalisé(e)

nput ['ɪnpʊt] n (contribution)
contribution f; (resources) ressources
fpl; (Comput) entrée f (de données);
(: data) données fpl ▷ vt (Comput)
introduire, entrer

nquest ['ɪnkwɛst] n enquête
(criminelle); (coroner's) enquête
judiciaire

nquire [ɪn'kwaɪəʳ] vi demander
▷ vt demander; **to ~ about**
s'informer de, se renseigner sur; **to ~
when/where/whether** demander
quand/où/si; **inquiry** n demande f
de renseignements; (Law) enquête f,
investigation f; **"inquiries"**
"renseignements"

ns. abbr = **inches**

nsane [ɪn'seɪn] adj fou (folle); (Med)
aliéné(e)

nsanity [ɪn'sænɪtɪ] n folie f; (Med)
aliénation (mentale)

nsect ['ɪnsɛkt] n insecte m; **insect
repellent** n crème f anti-insectes

nsecure [ɪnsɪ'kjʊəʳ] adj (person)
anxieux(-euse); (job) précaire; (building
etc) peu sûr(e)

nsecurity [ɪnsɪ'kjʊərɪtɪ] n insécurité f

nsensitive [ɪn'sɛnsɪtɪv] adj insensible

nsert vt [ɪn'sɜːt] insérer ▷ n
['ɪnsɜːt] insertion f

nside ['ɪn'saɪd] n intérieur m ▷ adj
intérieur(e) ▷ adv à l'intérieur, dedans
▷ prep à l'intérieur de; (of time): **~ 10
minutes** en moins de 10 minutes; **to go
~** rentrer; **inside lane** n (Aut: in Britain)
voie f de gauche; (: in US, Europe) voie
f de droite; **inside out** adv à l'envers;
(know) à fond; **to turn sth inside out**
retourner qch

insight ['ɪnsaɪt] n perspicacité f;
(glimpse, idea) aperçu m

insignificant [ɪnsɪg'nɪfɪkənt] adj
insignifiant(e)

insincere [ɪnsɪn'sɪəʳ] adj hypocrite

insist [ɪn'sɪst] vi insister; **to ~ on doing**
insister pour faire; **to ~ on sth** exiger
qch; **to ~ that** insister pour que + sub;
(claim) maintenir or soutenir que;
insistent adj insistant(e), pressant(e);
(noise, action) ininterrompu(e)

insomnia [ɪn'sɒmnɪə] n insomnie f

inspect [ɪn'spɛkt] vt inspecter;
(BRIT: ticket) contrôler; **inspection**
[ɪn'spɛkʃən] n inspection f; (BRIT:
of tickets) contrôle m; **inspector** n
inspecteur(-trice); (BRIT: on buses,
trains) contrôleur(-euse)

inspiration [ɪnspə'reɪʃən] n
inspiration f; **inspire** [ɪn'spaɪəʳ] vt
inspirer; **inspiring** adj inspirant(e)

instability [ɪnstə'bɪlɪtɪ] n instabilité f

install (US **instal**) [ɪn'stɔːl] vt
installer; **installation** [ɪnstə'leɪʃən] n
installation f

instalment (US **installment**)
[ɪn'stɔːlmənt] n (payment) acompte
m, versement partiel; (of TV serial etc)
épisode m; **in ~s** (pay) à tempérament;
(receive) en plusieurs fois

instance ['ɪnstəns] n exemple m; **for ~**
par exemple; **in the first ~** tout d'abord,
en premier lieu

instant ['ɪnstənt] n instant m ▷ adj
immédiat(e), urgent(e); (coffee, food)
instantané(e), en poudre; **instantly**
adv immédiatement, tout de suite;
instant messaging n messagerie f
instantanée

instead [ɪn'stɛd] adv au lieu de cela;
~ of au lieu de; **~ of sb** à la place de qn

instinct ['ɪnstɪŋkt] n instinct m;
instinctive adj instinctif(-ive)

institute ['ɪnstɪtjuːt] n institut m
▷ vt instituer, établir; (inquiry) ouvrir;
(proceedings) entamer

institution [ɪnstɪ'tjuːʃən] n
institution f; (school) établissement

m (scolaire); (for care) établissement
(psychiatrique etc)

instruct [ɪn'strʌkt] vt: **to ~ sb in sth**
enseigner qch à qn; **to ~ sb to do**
charger qn or ordonner à qn de faire;
instruction [ɪn'strʌkʃən] n instruction
f; **instructions** npl (orders) directives
fpl; **instructions for use** mode m
d'emploi; **instructor** n professeur m;
(for skiing, driving) moniteur m

instrument ['ɪnstrəmənt] n
instrument m; **instrumental**
[ɪnstrə'mentl] adj (Mus)
instrumental(e); **to be instrumental
in sth/in doing sth** contribuer à qch/à
faire qch

insufficient [ɪnsə'fɪʃənt] adj
insuffisant(e)

insulate ['ɪnsjuleɪt] vt isoler; (against
sound) insonoriser; **insulation**
[ɪnsju'leɪʃən] n isolation f; (against
sound) insonorisation f

insulin ['ɪnsjulɪn] n insuline f

insult n ['ɪnsʌlt] insulte f, affront
m ▷ vt [ɪn'sʌlt] insulter, faire un
affront à; **insulting** adj insultant(e),
injurieux(-euse)

insurance [ɪn'ʃʊərəns] n assurance
f; **fire/life ~** assurance-incendie/-vie;
insurance company n compagnie f
or société f d'assurances; **insurance
policy** n police f d'assurance

insure [ɪn'ʃʊə'] vt assurer; **to ~ (o.s.)
against** (fig) parer à

intact [ɪn'tækt] adj intact(e)

intake ['ɪnteɪk] n (Tech) admission
f; (consumption) consommation f;
(BRIT Scol): **an ~ of 200 a year** 200
admissions par an

integral ['ɪntɪɡrəl] adj (whole)
intégral(e); (part) intégrant(e)

integrate ['ɪntɪɡreɪt] vt intégrer ▷ vi
s'intégrer

integrity [ɪn'teɡrɪtɪ] n intégrité f

intellect ['ɪntəlekt] n intelligence f;
intellectual [ɪntə'lektjuəl] adj, n
intellectuel(le)

intelligence [ɪn'telɪdʒəns] n

intelligence f; (Mil etc) informations fpl,
renseignements mpl

intelligent [ɪn'telɪdʒənt] adj
intelligent(e)

intend [ɪn'tend] vt (gift etc): **to ~ sth
for** destiner qch à; **to ~ to do** avoir
l'intention de faire

intense [ɪn'tens] adj intense; (person)
véhément(e)

intensify [ɪn'tensɪfaɪ] vt intensifier

intensity [ɪn'tensɪtɪ] n intensité f

intensive [ɪn'tensɪv] adj intensif(-ive);
intensive care n: **to be in intensive
care** être en réanimation; **intensive
care unit** n service m de réanimation

intent [ɪn'tent] n intention f ▷ adj
attentif(-ive), absorbé(e); **to all ~s and
purposes** en fait, pratiquement; **to
be ~ on doing sth** être (bien) décidé
à faire qch

intention [ɪn'tenʃən] n intention f;
intentional adj intentionnel(le),
délibéré(e)

interact [ɪntər'ækt] vi avoir une action
réciproque; (people) communiquer;
interaction [ɪntər'ækʃən] n
interaction f; **interactive** adj (Comput)
interactif, conversationnel(le)

intercept [ɪntə'sept] vt intercepter;
(person) arrêter au passage

interchange n ['ɪntətʃeɪndʒ]
(exchange) échange m; (on motorway)
échangeur m

intercourse ['ɪntəkɔːs] n: **sexual ~**
rapports sexuels

interest ['ɪntrɪst] n intérêt m; (Comm:
stake, share) participation f, intérêts
mpl ▷ vt intéresser; **interested** adj
intéressé(e); **to be interested in sth**
s'intéresser à qch; **I'm interested
in going** ça m'intéresse d'y aller;
interesting adj intéressant(e);
interest rate n taux m d'intérêt

interface ['ɪntəfeɪs] n (Comput)
interface f

interfere [ɪntə'fɪə'] vi: **to ~ in** (quarrel)
s'immiscer dans; (other people's business)
se mêler de; **to ~ with** (object) tripoter,

toucher à; (plans) contrecarrer; (duty) être en conflit avec; **interference** n (gen) ingérence f; (Radio, TV) parasites mpl

interim ['ɪntərɪm] adj provisoire; (post) intérimaire ▷ n: **in the ~** dans l'intérim

interior [ɪn'tɪərɪə] n intérieur m ▷ adj intérieur(e); (minister, department) de l'intérieur; **interior design** n architecture f d'intérieur

intermediate [ɪntə'mi:dɪət] adj intermédiaire; (Scol: course, level) moyen(ne)

intermission [ɪntə'mɪʃən] n pause f; (Theat, Cine) entracte m

intern vt [ɪn'tə:n] interner ▷ n ['ɪntə:n] (us) interne m/f

internal [ɪn'tə:nl] adj interne; (dispute, reform etc) intérieur(e); **Internal Revenue Service** n (us) fisc m

international [ɪntə'næʃənl] adj international(e) ▷ n (brit Sport) international m

Internet [ɪntə'nɛt] n: **the ~** l'Internet m; **Internet café** n cybercafé m; **Internet Service Provider** n fournisseur m d'accès à Internet; **Internet user** n internaute m/f

interpret [ɪn'tə:prɪt] vt interpréter ▷ vi servir d'interprète; **interpretation** [ɪntə:prɪ'teɪʃən] n interprétation f; **interpreter** [ɪn'tə:prɪtə] n interprète m/f: **could you act as an interpreter for us?** pourriez-vous nous servir d'interprète?

interrogate [ɪn'tɛrəugeɪt] vt interroger; (suspect etc) soumettre à un interrogatoire; **interrogation** [ɪntɛrəu'geɪʃən] n interrogation f; (by police) interrogatoire m

interrogative [ɪntə'rɔgətɪv] adj interrogateur(-trice) ▷ n (Ling) interrogatif m

interrupt [ɪntə'rʌpt] vt, vi interrompre; **interruption** [ɪntə'rʌpʃən] n interruption f

intersection [ɪntə'sɛkʃən] n (of roads) croisement m

interstate ['ɪntəsteɪt] (us) n

autoroute f (qui relie plusieurs États)

interval ['ɪntəvl] n intervalle m; (brit: Theat) entracte m; (: Sport) mi-temps f; **at ~s** par intervalles

intervene [ɪntə'vi:n] vi (time) s'écouler (entre-temps); (event) survenir; (person) intervenir

interview ['ɪntəvju:] n (Radio, TV etc) interview f; (for job) entrevue f ▷ vt interviewer; avoir une entrevue avec; **interviewer** n (Radio, TV etc) interviewer m

intimate adj ['ɪntɪmət] intime; (friendship) profond(e); (knowledge) approfondi(e) ▷ vt ['ɪntɪmeɪt] suggérer, laisser entendre; (announce) faire savoir

intimidate [ɪn'tɪmɪdeɪt] vt intimider

intimidating [ɪn'tɪmɪdeɪtɪŋ] adj intimidant(e)

into ['ɪntu] prep dans; **~ pieces/French** en morceaux/français

intolerant [ɪn'tɔlərnt] adj: **~ (of)** intolérant(e) (de)

intranet [ɪn'trænɛt] n intranet m

intransitive [ɪn'trænsɪtɪv] adj intransitif(-ive)

intricate ['ɪntrɪkət] adj complexe, compliqué(e)

intrigue [ɪn'tri:g] n intrigue f ▷ vt intriguer; **intriguing** adj fascinant(e)

introduce [ɪntrə'dju:s] vt introduire; (TV show etc) présenter; **to ~ sb (to sb)** présenter qn (à qn); **to ~ sb to** (pastime, technique) initier qn à; **introduction** [ɪntrə'dʌkʃən] n introduction f; (of person) présentation f; (to new experience) initiation f; **introductory** [ɪntrə'dʌktərɪ] adj préliminaire, introductif(-ive)

intrude [ɪn'tru:d] vi (person) être importun(e); **to ~ on** or **into** (conversation etc) s'immiscer dans; **intruder** n intrus(e)

intuition [ɪntju:'ɪʃən] n intuition f

inundate ['ɪnʌndeɪt] vt: **to ~ with** inonder de

invade [ɪn'veɪd] vt envahir

invalid n ['ɪnvəlɪd] malade m/f; (with disability) invalide m/f ▷ adj [ɪn'vælɪd] (not valid) invalide, non valide

invaluable [ɪn'væljuəbl] adj inestimable, inappréciable

invariably [ɪn'vɛərɪəblɪ] adv invariablement; **she is ~ late** elle est toujours en retard

invasion [ɪn'veɪʒən] n invasion f

invent [ɪn'vɛnt] vt inventer; **invention** [ɪn'vɛnʃən] n invention f; **inventor** n inventeur(-trice)

inventory ['ɪnvəntrɪ] n inventaire m

inverted commas [ɪn'vɜːtɪd-] npl (BRIT) guillemets mpl

invest [ɪn'vɛst] vt investir ▷ vi: **to ~ in** placer de l'argent or investir dans; (fig: acquire) s'offrir, faire l'acquisition de

investigate [ɪn'vɛstɪgeɪt] vt étudier, examiner; (crime) faire une enquête sur; **investigation** [ɪnvɛstɪ'geɪʃən] n (of crime) enquête f, investigation f; **investigator** [ɪn'vɛstɪgeɪtə'] n investigateur(-trice); **private ~** détective privé

investment [ɪn'vɛstmənt] n investissement m, placement m

investor [ɪn'vɛstə'] n épargnant(e); (shareholder) actionnaire m/f

invisible [ɪn'vɪzɪbl] adj invisible

invitation [ɪnvɪ'teɪʃən] n invitation f

invite [ɪn'vaɪt] vt inviter; (opinions etc) demander; **inviting** adj engageant(e), attrayant(e)

invoice ['ɪnvɔɪs] n facture f ▷ vt facturer

involve [ɪn'vɒlv] vt (entail) impliquer; (concern) concerner; (require) nécessiter; **to ~ sb in** (theft etc) impliquer qn dans; (activity, meeting) faire participer qn à; **involved** adj (complicated) complexe; **to be involved in** (take part) participer à; **involvement** n (personal role) rôle m; (participation) participation f; (enthusiasm) enthousiasme m

inward ['ɪnwəd] adj (movement) vers l'intérieur; (thought, feeling) profond(e), intime ▷ adv = **inwards**; **inwards** adv vers l'intérieur

i-Pod® n ['aɪpɒd] n iPod® m

IQ n abbr (= intelligence quotient) Q.I. m

IRA n abbr (= Irish Republican Army) IRA f

Iran [ɪ'rɑːn] n Iran m; **Iranian** [ɪ'reɪnɪən] adj iranien(ne) ▷ n Iranien(ne)

Iraq [ɪ'rɑːk] n Irak m; **Iraqi** adj irakien(ne) ▷ n Irakien(ne)

Ireland ['aɪələnd] n Irlande f

iris, irises ['aɪrɪs, -ɪz] n iris m

Irish ['aɪrɪʃ] adj irlandais(e) ▷ npl: **the ~** les Irlandais; **Irishman** (irreg) n Irlandais m; **Irishwoman** (irreg) n Irlandaise f

iron ['aɪən] n fer m; (for clothes) fer à repasser ▷ adj de or en fer ▷ vt (clothes) repasser

ironic(al) [aɪ'rɒnɪk(l)] adj ironique; **ironically** adv ironiquement

ironing ['aɪənɪŋ] n (activity) repassage m; (clothes: ironed) linge repassé; (: to be ironed) linge à repasser; **ironing board** n planche f à repasser

irony ['aɪrənɪ] n ironie f

irrational [ɪ'ræʃənl] adj irrationnel(le); (person) qui n'est pas rationnel

irregular [ɪ'regjulə'] adj irrégulier(-ière); (surface) inégal(e); (action, event) peu or orthodoxe

irrelevant [ɪ'rɛləvənt] adj sans rapport, hors de propos

irresistible [ɪrɪ'zɪstɪbl] adj irrésistible

irresponsible [ɪrɪ'spɒnsɪbl] adj (act) irréfléchi(e); (person) qui n'a pas le sens des responsabilités

irrigation [ɪrɪ'geɪʃən] n irrigation f

irritable ['ɪrɪtəbl] adj irritable

irritate ['ɪrɪteɪt] vt irriter; **irritating** adj irritant(e); **irritation** [ɪrɪ'teɪʃən] n irritation f

IRS n abbr (us) = **Internal Revenue Service**

is [ɪz] vb see **be**

ISDN n abbr (= Integrated Services Digital Network) RNIS m

Islam ['ɪzlɑːm] n Islam m; **Islamic** [ɪz'læmɪk] adj islamique

island ['aɪlənd] n île f; (also: **traffic ~**) refuge m (pour piétons); **islander** n

habitant(e) d'une île, insulaire m/f

sle [aɪl] n île f

sn't [ˈɪznt] = **is not**

solated [ˈaɪsəleɪtɪd] adj isolé(e)

solation [aɪsəˈleɪʃən] n isolement m

SP n abbr = **Internet Service Provider**

srael [ˈɪzreɪl] n Israël m; **Israeli** [ɪzˈreɪlɪ] adj israélien(ne) ▷ n Israélien(ne) m

ssue [ˈɪʃuː] n question f, problème m; (of banknotes) émission f; (of newspaper) numéro m; (of book) publication f, parution f ▷ vt (rations, equipment) distribuer; (orders) donner; (certificate, passport) délivrer; (banknotes, cheques, stamps) émettre, mettre en circulation; **at ~** en jeu, en cause; **to take ~ with sb** (over sth) exprimer son désaccord avec qn (sur qch)

T n abbr = **information technology**

KEYWORD

t [ɪt] pron **1** (specific: subject) il (elle); (: direct object) le (la, l'); (: indirect object) lui; **it's on the table** c'est or il (or elle) est sur la table; **I can't find it** je n'arrive pas à le trouver; **give it to me** donne-le-moi

2 (after prep): **about/from/of it** en; **I spoke to him about it** je lui en ai parlé; **what did you learn from it?** qu'est-ce que vous en avez retiré?; **I'm proud of it** j'en suis fier; **in/to it** y; **put the book in it** mettez-y le livre; **he agreed to it** il y a consenti; **did you go to it?** (party, concert etc) est-ce que vous y êtes allé(s)?

3 (impersonal) il; ce, cela, ça; **it's raining** il pleut; **it's Friday tomorrow** demain, c'est vendredi or nous sommes, vendredi; **it's 6 o'clock** il est 6 heures; **how far is it? — it's 10 miles** c'est loin? — c'est à 10 miles; **who is it? — it's me** qui est-ce? — c'est moi

talian [ɪˈtæljən] adj italien(ne) ▷ n Italien(ne); (Ling) italien m

italics [ɪˈtælɪks] npl italique m

Italy [ˈɪtəlɪ] n Italie f

itch [ɪtʃ] n démangeaison f ▷ vi (person) éprouver des démangeaisons; (part of body) démanger; **I ~ing to do** l'envie me démange de faire; **itchy** adj: **my back is itchy** j'ai le dos qui me démange

it'd [ˈɪtd] = **it would**; **it had**

item [ˈaɪtəm] n (gen) article m; (on agenda) question f, point m; (also: **news ~**) nouvelle f

itinerary [aɪˈtɪnərərɪ] n itinéraire m

it'll [ˈɪtl] = **it will**; **it shall**

its [ɪts] adj son (sa), ses pl

it's [ɪts] = **it is**; **it has**

itself [ɪtˈsɛlf] pron (reflexive) se; (emphatic) lui-même (elle-même)

ITV n abbr (BRIT: = Independent Television) chaîne de télévision commerciale

I've [aɪv] = **I have**

ivory [ˈaɪvərɪ] n ivoire m

ivy [ˈaɪvɪ] n lierre m

j

jab [dʒæb] vt: **to ~ sth into** enfoncer or planter qch dans ▷ n (Med: inf) piqûre f

jack [dʒæk] n (Aut) cric m; (Cards) valet m

jacket ['dʒækɪt] n veste f, veston m; (of book) couverture f, jaquette f; **jacket potato** n pomme f de terre en robe des champs

jackpot ['dʒækpɔt] n gros lot

Jacuzzi® [dʒə'ku:zɪ] n jacuzzi® m

jagged ['dʒægɪd] adj dentelé(e)

jail [dʒeɪl] n prison f ▷ vt emprisonner, mettre en prison; **jail sentence** n peine f de prison

jam [dʒæm] n confiture f; (also: **traffic ~**) embouteillage m ▷ vt (passage etc) encombrer, obstruer; (mechanism, drawer etc) bloquer, coincer; (Radio) brouiller ▷ vi (mechanism, sliding part) se coincer, se bloquer; (gun) s'enrayer; **to be in a ~** (inf) être dans le pétrin; **to ~ sth into** (stuff) entasser or comprimer qch dans; (thrust) enfoncer qch dans

Jamaica [dʒə'meɪkə] n Jamaïque f

jammed [dʒæmd] adj (window etc)

coincé(e)

Jan abbr (=January) janv

janitor ['dʒænɪtə'] n (caretaker) concierge m

January ['dʒænjuərɪ] n janvier m

Japan [dʒə'pæn] n Japon m; **Japanese** [dʒæpə'ni:z] adj japonais(e) ▷ n (pl inv) Japonais(e); (Ling) japonais m

jar [dʒɑ:'] n (stone, earthenware) pot m; (glass) bocal m ▷ vi (sound) produire un son grinçant or discordant; (colours etc) détonner, jurer

jargon ['dʒɑ:gən] n jargon m

javelin ['dʒævlɪn] n javelot m

jaw [dʒɔ:] n mâchoire f

jazz [dʒæz] n jazz m

jealous ['dʒeləs] adj jaloux(-ouse); **jealousy** n jalousie f

jeans [dʒi:nz] npl jean m

Jello® ['dʒeləu] (us) n gelée f

jelly ['dʒelɪ] n (dessert) gelée f; (us: jam) confiture f; **jellyfish** n méduse f

jeopardize ['dʒepədaɪz] vt mettre en danger or péril

jerk [dʒə:k] n secousse f, saccade f; (of muscle) spasme m; (inf) pauvre type m ▷ vt (shake) donner une secousse à; (pull) tirer brusquement ▷ vi (vehicles) cahoter

jersey ['dʒə:zɪ] n tricot m; (fabric) jersey m

Jesus ['dʒi:zəs] n Jésus

jet [dʒet] n (of gas, liquid) jet m; (Aviat) avion m à réaction, jet m; **jet lag** n décalage m horaire; **jet-ski** vi faire du jet-ski or scooter des mers

jetty ['dʒetɪ] n jetée f, digue f

Jew [dʒu:] n Juif m

jewel ['dʒu:əl] n bijou m, joyau m; (in watch) rubis m; **jeweller** (us **jeweler**) n bijoutier(-ière), joaillier m; **jeweller's (shop)** n bijouterie f, joaillerie f (us **jewelry store**); **jewellery** (us **jewelry**) n bijoux mpl

Jewish ['dʒu:ɪʃ] adj juif (juive)

jigsaw ['dʒɪgsɔ:] n (also: **~ puzzle**) puzzle m

job [dʒɔb] n (chore, task) travail m, tâche

f; (employment) emploi m, poste m, place f; **it's a good ~ that ...** c'est heureux or c'est une chance que ... + sub; **just the ~!** (c'est) juste or exactement ce qu'il faut!; **job centre** (BRIT) n ≈ ANPE f, ≈ Agence nationale pour l'emploi; **jobless** adj sans travail, au chômage

jockey ['dʒɔkɪ] n jockey m ▷ vi: **to ~ for position** manœuvrer pour être bien placé

jog [dʒɔg] vt secouer ▷ vi (Sport) faire du jogging; **to ~ sb's memory** rafraîchir la mémoire de qn; **jogging** n jogging m

join [dʒɔɪn] vt (put together) unir, assembler; (become member of) s'inscrire à; (meet) rejoindre, retrouver; (queue) se joindre à ▷ vi (roads, rivers) se rejoindre, se rencontrer ▷ n raccord m; **join in** vi se mettre de la partie ▷ vt fus se mêler à; **join up** vi (meet) se rejoindre; (Mil) s'engager

joiner ['dʒɔɪnər] (BRIT) n menuisier m

joint [dʒɔɪnt] n (Tech) jointure f; joint m; (Anat) articulation f, jointure f, (BRIT Culin) rôti m; (inf: place) boîte f; (of cannabis) joint m ▷ adj commun(e); (committee) mixte, paritaire; (winner) ex aequo; **joint account** n compte joint; **jointly** adv ensemble, en commun

joke [dʒəuk] n plaisanterie f; (also: **practical ~**) farce f ▷ vi plaisanter; **to play a ~ on** jouer un tour à, faire une farce à; **joker** n (Cards) joker m

jolly ['dʒɔlɪ] adj gai(e), enjoué(e); (enjoyable) amusant(e), plaisant(e) ▷ adv (BRIT inf) rudement, drôlement

jolt [dʒəult] n cahot m, secousse f; (shock) choc m ▷ vt cahoter, secouer

Jordan ['dʒɔːdən] n (country) Jordanie f

journal ['dʒəːnl] n journal m; **journalism** n journalisme m; **journalist** n journaliste m/f

journey ['dʒəːnɪ] n voyage m; (distance covered) trajet m; **the ~ takes two hours** le trajet dure deux heures; **how was your ~?** votre voyage s'est bien passé?

joy [dʒɔɪ] n joie f; **joyrider** n

voleur(-euse) de voiture (qui fait une virée dans le véhicule volé); **joy stick** n (Aviat) manche m à balai; (Comput) manche à balai, manette f (de jeu)

Jr abbr = **junior**

judge [dʒʌdʒ] n juge m ▷ vt juger; (estimate: weight, size etc) apprécier; (consider) estimer

judo ['dʒuːdəu] n judo m

jug [dʒʌg] n pot m, cruche f

juggle ['dʒʌgl] vi jongler; **juggler** n jongleur m

juice [dʒuːs] n jus m; **juicy** adj juteux(-euse)

Jul abbr (= July) juil

July [dʒuːˈlaɪ] n juillet m

jumble ['dʒʌmbl] n fouillis m ▷ vt (also: **~ up**, **~ together**) mélanger, brouiller; **jumble sale** n (BRIT) vente f de charité

> ◉ JUMBLE SALE
>
> ● Les **jumble sales** ont lieu dans les
> ● églises, salles des fêtes ou halls
> ● d'écoles, et l'on y vend des articles
> ● de toutes sortes, en général bon
> ● marché et surtout d'occasion, pour
> ● collecter des fonds pour une œuvre
> ● de charité, une école (par exemple,
> ● pour acheter un ordinateur), ou
> ● encore une église (pour réparer un
> ● toit etc).

jumbo ['dʒʌmbəu] adj (also: **~ jet**) (avion) gros porteur (à réaction)

jump [dʒʌmp] vi sauter, bondir; (with fear etc) sursauter; (increase) monter en flèche ▷ vt sauter, franchir ▷ n saut m, bond m; (with fear etc) sursaut m; (fence) obstacle m; **to ~ the queue** (BRIT) passer avant son tour

jumper ['dʒʌmpər] n (BRIT: pullover) pull-over m; (us: pinafore dress) robe-chasuble f

jump leads (us **jumper cables**) npl câbles mpl de démarrage

Jun. abbr = **June**; **junior**

junction ['dʒʌŋkʃən] n (BRIT:

of roads) carrefour m; (of rails) embranchement m

June [dʒuːn] n juin m

jungle [ˈdʒʌŋgl] n jungle f

junior [ˈdʒuːnɪəʳ] adj, n: **he's ~ to me (by 2 years)** il est mon cadet (de 2 ans), il est plus jeune que moi (de 2 ans); **he's my ~ (seniority)** il est en dessous de moi (dans la hiérarchie), j'ai plus d'ancienneté que lui; **junior high school** n (us) ≈ collège m d'enseignement secondaire; see also **high school**; **junior school** n (BRIT) école f primaire, cours moyen

junk [dʒʌŋk] n (rubbish) camelote f; (cheap goods) bric-à-brac m inv; **junk food** n snacks vite prêts (sans valeur nutritive)

junkie [ˈdʒʌŋkɪ] n (inf) junkie m, drogué(e)

junk mail n prospectus mpl; (Comput) messages mpl publicitaires

Jupiter [ˈdʒuːpɪtəʳ] n (planet) Jupiter f

jurisdiction [dʒuərɪsˈdɪkʃən] n juridiction f; **it falls or comes within/outside our ~** cela est/n'est pas de notre compétence or ressort

jury [ˈdʒuərɪ] n jury m

just [dʒʌst] adj juste ▷ adv: **he's ~ done it/left** il vient de le faire/partir; **~ right/two o'clock** exactement or juste ce qu'il faut/deux heures; **we were ~ going** nous partions; **I was ~ about to phone** j'allais téléphoner; **~ as he was leaving** au moment or à l'instant précis où il partait; **~ before/enough/here** juste avant/assez/là; **it's ~ me/a mistake** ce n'est que moi/(rien) qu'une erreur; **~ missed/caught** manqué/attrapé de justesse; **~ listen to this!** écoutez un peu ça!; **she's ~ as clever as you** elle est tout aussi intelligente que vous; **it's ~ as well that you …** heureusement que vous …; **~ a minute!, ~ one moment!** un instant (s'il vous plaît)!

justice [ˈdʒʌstɪs] n justice f; (us: judge) juge m de la Cour suprême

justification [dʒʌstɪfɪˈkeɪʃən] n justification f

justify [ˈdʒʌstɪfaɪ] vt justifier

jut [dʒʌt] vi (also: **~ out**) dépasser, faire saillie

juvenile [ˈdʒuːvənaɪl] adj juvénile; (court, books) pour enfants ▷ n adolescent(e)

k

K, k [keɪ] *abbr* (= *one thousand*) K; (= *kilobyte*) Ko

kangaroo [kæŋɡəˈruː] *n* kangourou *m*

karaoke [kɑːrəˈəʊkɪ] *n* karaoké *m*

karate [kəˈrɑːtɪ] *n* karaté *m*

kebab [kəˈbæb] *n* kébab *m*

keel [kiːl] *n* quille *f*; **on an even ~** (*fig*) à flot

keen [kiːn] *adj* (*eager*) plein(e) d'enthousiasme; (*interest, desire, competition*) vif (vive); (*eye, intelligence*) pénétrant(e); (*edge*) effilé(e); **to be ~ to do** *or* **on doing sth** désirer vivement faire qch, tenir beaucoup à faire qch; **to be ~ on sth/sb** aimer beaucoup qch/qn; **keeper** *n* gardien(ne); **keep-fit** *n* gymnastique *f* (d'entretien); **keeping** *n* (*care*) garde *f*; **in keeping with** en harmonie avec

keep [kiːp] (*pt, pp* **kept**) *vt* (*retain, preserve*) garder; (*hold back*) retenir; (*shop, accounts, promise, diary*) tenir; (*support*) entretenir; (*chickens, bees, pigs etc*) élever ▷ *vi* (*food*) se conserver; (*remain: in a certain state or place*) rester ▷ *n* (*of castle*) donjon *m*; (*food etc*): **enough for his ~** assez pour

(*assurer*) sa subsistance; **to ~ doing sth** (*continue*) continuer à faire qch; (*repeatedly*) ne pas arrêter de faire qch; **to ~ sb from doing/sth from happening** empêcher qn de faire or que qn (ne) fasse/que qch (n')arrive; **to ~ sb happy/a place tidy** faire que qn soit content/qu'un endroit reste propre; **to ~ sth to o.s.** garder qch pour soi, tenir qch secret; **to ~ sth from sb** cacher qch à qn; **to ~ time** (*clock*) être à l'heure, ne pas retarder; **for ~s** (*inf*) pour de bon, pour toujours; **keep away** *vt*: **to ~ sth/sb away from sb** tenir qch/qn éloigné de qn ▷ *vi*: **to ~ away (from)** ne pas s'approcher (de); **keep back** *vt* (*crowds, tears, money*) retenir; (*conceal: information*): **to ~ sth back from sb** cacher qch à qn ▷ *vi* rester en arrière; **keep off** *vt* (*dog, person*) éloigner ▷ *vi*: **if the rain ~s off** s'il ne pleut pas; **~ your hands off!** pas touché! (*inf*); **"~ off the grass"** "pelouse interdite"; **keep on** *vi* continuer; **to ~ on doing** continuer à faire; **don't ~ on about it!** arrête (d'en parler)!; **keep out** *vt* empêcher d'entrer ▷ *vi* (*stay out*) rester en dehors; **"~ out"** "défense d'entrer"; **keep up** *vi* (*fig: in comprehension*) suivre ▷ *vt* continuer, maintenir; **to ~ up with sb** (*in work etc*) se maintenir au même niveau que qn; (*in race etc*) aller aussi vite que qn; **keeper** *n* gardien(ne); **keep-fit** *n* gymnastique *f* (d'entretien); **keeping** *n* (*care*) garde *f*; **in keeping with** en harmonie avec

kennel [ˈkɛnl] *n* niche *f*; **kennels** *npl* (*for boarding*) chenil *m*

Kenya [ˈkɛnjə] *n* Kenya *m*

kept [kɛpt] *pt, pp of* **keep**

kerb [kɜːb] *n* (BRIT) bordure *f* du trottoir

kerosene [ˈkɛrəsiːn] *n* kérosène *m*

ketchup [ˈkɛtʃəp] *n* ketchup *m*

kettle [ˈkɛtl] *n* bouilloire *f*

key [kiː] *n* (*gen, Mus*) clé *f*; (*of piano, typewriter*) touche *f*; (*on map*) légende *f* ▷ *adj* (*factor, role, area*) clé *inv* ▷ *vt* (*also: ~ in: text*) saisir; **can I have my**

~? je peux avoir ma clé?; **a ~ issue** un problème fondamental; **keyboard** n clavier m; **keyhole** n trou m de la serrure; **keyring** n porte-clés m

kg abbr (= kilogram) K

khaki ['kɑːkɪ] adj, n kaki m

kick [kɪk] vt donner un coup de pied à ▷ vi (horse) ruer ▷ n coup m de pied; (inf: thrill): **he does it for ~s** il le fait parce que ça l'excite, il le fait pour le plaisir; **to ~ the habit** (inf) arrêter; **kick off** vi (Sport) donner le coup d'envoi; **kick-off** n (Sport) coup m d'envoi

kid [kɪd] n (inf: child) gamin(e), gosse m/f; (animal, leather) chevreau m ▷ vi (inf) plaisanter, blaguer

kidnap ['kɪdnæp] vt enlever, kidnapper; **kidnapping** n enlèvement m

kidney ['kɪdnɪ] n (Anat) rein m; (Culin) rognon m; **kidney bean** n haricot m rouge

kill [kɪl] vt tuer ▷ n mise à mort; **to ~ time** tuer le temps; **killer** n tueur(-euse); (murderer) meurtrier(-ière); **killing** n meurtre m; (of group of people) tuerie f, massacre m; (inf): **to make a killing** se remplir les poches, réussir un beau coup

kiln [kɪln] n four m

kilo ['kiːləu] n kilo m; **kilobyte** n (Comput) kilo-octet m; **kilogram(me)** n kilogramme m; **kilometre** (us **kilometer**) ['kɪləmiːtəʳ] n kilomètre m; **kilowatt** n kilowatt m

kilt [kɪlt] n kilt m

kin [kɪn] n see **next-of-kin**

kind [kaɪnd] adj gentil(le), aimable ▷ n sorte f, espèce f; (species) genre m; **to be two of a ~** se ressembler; **in ~** (Comm) en nature; **~ of** (inf: rather) plutôt; **a ~ of** une sorte de; **what ~ of ...?** quelle sorte de ...?

kindergarten ['kɪndəgɑːtn] n jardin m d'enfants

kindly ['kaɪndlɪ] adj bienveillant(e), plein(e) de gentillesse ▷ adv avec bonté; **will you ~ ...** auriez-vous la bonté or l'obligeance de ...

kindness ['kaɪndnɪs] n (quality) bonté f, gentillesse f

king [kɪŋ] n roi m; **kingdom** n royaume m; **kingfisher** n martin-pêcheur m; **king-size(d) bed** n grand lit (de 1,95 m de large)

kiosk ['kiːɔsk] n kiosque m; (BRIT: also: **telephone ~**) cabine f (téléphonique)

kipper ['kɪpəʳ] n hareng fumé et salé

kiss [kɪs] n baiser m ▷ vt embrasser; **to ~ (each other)** s'embrasser; **kiss of life** n (BRIT) bouche à bouche m

kit [kɪt] n équipement m, matériel m; (set of tools etc) trousse f; (for assembly) kit m

kitchen ['kɪtʃɪn] n cuisine f

kite [kaɪt] n (toy) cerf-volant m

kitten ['kɪtn] n petit chat, chaton m

kitty ['kɪtɪ] n (money) cagnotte f

kiwi ['kiːwiː] n (also: **~ fruit**) kiwi m

km abbr (= kilometre) km

km/h abbr (= kilometres per hour) km/h

knack [næk] n: **to have the ~ (of doing)** avoir le coup (pour faire)

knee [niː] n genou m; **kneecap** n rotule f

kneel (pt, pp knelt) [niːl, nɛlt] vi (also: **~ down**) s'agenouiller

knelt [nɛlt] pt, pp of **kneel**

knew [njuː] pt of **know**

knickers ['nɪkəz] npl (BRIT) culotte f (de femme)

knife [naɪf] n (pl knives) couteau m ▷ vt poignarder, frapper d'un coup de couteau

knight [naɪt] n chevalier m; (Chess) cavalier m

knit [nɪt] vt tricoter ▷ vi tricoter; (broken bones) se ressouder; **to ~ one's brows** froncer les sourcils; **knitting** n tricot m; **knitting needle** n aiguille f à tricoter; **knitwear** n tricots mpl, lainages mpl

knives [naɪvz] npl of **knife**

knob [nɔb] n bouton m; (BRIT): **a ~ of butter** une noix de beurre

knock [nɔk] vt frapper; (bump into) heurter; (fig: col) dénigrer ▷ vi (at *door etc)*: **to ~ at/on** frapper à/sur ▷ *n* coup *m*; **knock down** *vt* renverser; *(price)* réduire; **knock off** *vi (inf: finish)* s'arrêter (de travailler) ▷ *vt (vase, object)* faire tomber; *(inf: steal)* piquer; *(fig: from price etc)* **to ~ off £10** faire une remise de 10 livres; **knock out** *vt* assommer; *(Boxing)* mettre k.-o.; *(in competition)* éliminer; **knock over** *vt (object)* faire tomber; *(pedestrian)* renverser; **knockout** *n (Boxing)* knock-out *m*, K.-O. *m*; **knockout competition** *(BRIT)* compétition *f* avec épreuves éliminatoires

knot [nɒt] *n (gen)* nœud *m* ▷ *vt* nouer

know [nəʊ] *vt (pt* **knew**, *pp* **~n)** savoir; *(person, place)* connaître; **to ~ that** savoir que; **to ~ how to do** savoir faire; **to ~ how to swim** savoir nager; **to ~ about/of sth** *(event)* être au courant de qch; *(subject)* connaître qch; **I don't ~** je ne sais pas; **do you ~ where I can ...?** savez-vous où je peux ...?; **know-all** *n (BRIT pej)* je-sais-tout *m/f*; **know-how** *n* savoir-faire *m*, technique *f*, compétence *f*; **knowing** *adj (look etc)* entendu(e); **knowingly** *adv (on purpose)* sciemment; *(smile, look)* d'un air entendu; **know-it-all** *n (us)* = **know-all**

knowledge ['nɒlɪdʒ] *n* connaissance *f*; *(learning)* connaissances, savoir *m*; **without my ~** à mon insu; **knowledgeable** *adj* bien informé(e)

known [nəʊn] *pp de* **know** ▷ *adj (thief, facts)* notoire; *(expert)* célèbre

knuckle ['nʌkl] *n* articulation *f* (des phalanges), jointure *f*

koala [kəʊ'ɑːlə] *n (also:* **~ bear)** koala *m*

Koran [kɔ'rɑːn] *n* Coran *m*

Korea [kə'rɪə] *n* Corée *f*; **Korean** *adj* coréen(ne) ▷ *n* Coréen(ne)

kosher ['kəʊʃə*] *adj* kascher *inv*

Kosovar, Kosovan ['kɒsəvɑː*', 'kɒsəvən] *adj* kosovar(e)

Kosovo ['kɒsəvəʊ] *n* Kosovo *m*

Kuwait [ku'weɪt] *n* Koweït *m*

L *abbr (BRIT Aut:* = learner) signale un conducteur débutant

l. *abbr (*= litre) l

lab [læb] *n abbr (*= laboratory) labo *m*

label ['leɪbl] *n* étiquette *f*; *(brand: of record)* marque *f* ▷ *vt* étiqueter

labor *etc* ['leɪbə*] *(us)* = **labour** *etc*

laboratory [lə'bɒrətərɪ] *n* laboratoire *m*

Labor Day *n (us, CANADA)* fête *f* du travail *(le premier lundi de septembre)*

● **LABOR DAY**

● La fête du Travail aux États-Unis et au
● Canada est fixée au premier lundi de
● septembre. Instituée par le Congrès
● en 1894 après avoir été réclamée par
● les mouvements ouvriers pendant
● douze ans, elle a perdu une grande
● partie de son importance politique
● pour devenir un jour férié assez
● ordinaire et l'occasion de partir pour
● un long week-end avant la rentrée
● des classes.

labor union n (US) syndicat m
Labour ['leɪbə'] n (BRIT Pol: also:
~ **the – Party**) le parti travailliste, les
travaillistes mpl
labour (US **labor**) ['leɪbə'] n (work)
travail m; (workforce) main-d'œuvre f
▷ vi: **to ~ (at)** travailler dur (à), peiner
(sur) ▷ vt: **to ~ a point** insister sur un
point; **in ~** (Med) en travail; **labourer** n
manœuvre m; **farm labourer** ouvrier
m agricole
lace [leɪs] n dentelle f; (of shoe etc) lacet
m ▷ vt (shoe: also: ~ **up**) lacer
lack [læk] n manque m ▷ vt manquer
de; **through** or **for ~ of** faute de, par
manque de; **to be ~ing** manquer, faire
défaut; **to be ~ing in** manquer de
lacquer ['lækə'] n laque f
lacy ['leɪsɪ] adj (of lace) en dentelle; (like
lace) comme la dentelle
lad [læd] n garçon m, gars m
ladder ['lædə'] n échelle f; (BRIT: in
tights) maille filée ▷ vt, vi (BRIT: tights) filer
ladle ['leɪdl] n louche f
lady ['leɪdɪ] n dame f; **"ladies and
gentlemen ..."** "Mesdames (et)
Messieurs ..."; **young ~** jeune fille f;
(married) jeune femme f; **the ladies'
(room)** les toilettes fpl des dames;
ladybird (US **ladybug**) n coccinelle f
lag [læg] n retard m ▷ vi (also: ~ **behind**)
rester en arrière, traîner; (fig) rester à la
traîne ▷ vt (pipes) calorifuger
lager ['lɑːgə'] n bière blonde
lagoon [lə'guːn] n lagune f
laid [leɪd] pt, pp of **lay**; **laid back** adj (inf)
relaxe, décontracté(e)
lain [leɪn] pp of **lie**
lake [leɪk] n lac m
lamb [læm] n agneau m
lame [leɪm] adj (also fig) boiteux(-euse)
lament [lə'mɛnt] n lamentation f ▷ vt
pleurer, se lamenter sur
lamp [læmp] n lampe f; **lamppost** n
(BRIT) réverbère m; **lampshade** n
abat-jour m inv
land [lænd] n (as opposed to sea)

terre f (ferme); (country) pays m; (soil)
terre; (piece of land) terrain m; (estate)
terre(s), domaine(s) m(pl) ▷ vi (from
ship) débarquer; (Aviat) atterrir; (fig:
fall) (re)tomber ▷ vt (passengers,
goods) débarquer; (obtain) décrocher;
to ~ sb with sth (inf) coller qch à qn;
landing n (from ship) débarquement
m; (Aviat) atterrissage m; (of staircase)
palier m; **landing card** n carte f
de débarquement; **landlady** n
propriétaire f, logeuse f; (of pub)
patronne f; **landlord** n propriétaire
m, logeur m; (of pub etc) patron m;
landmark n (point m de) repère m;
to be a landmark (fig) faire date or
époque; **landowner** n propriétaire
foncier or terrien; **landscape**
n paysage m; **landslide** n (Geo)
glissement m (de terrain); (fig: Pol) raz-
de-marée (électoral)
lane [leɪn] n (in country) chemin m; (Aut:
of road) voie f; (: line of traffic) file f; (in
race) couloir m
language ['læŋgwɪdʒ] n langue f; (way
one speaks) langage m; **what ~s do you
speak?** quelles langues parlez-vous?;
bad ~ grossièretés fpl, langage grossier;
language laboratory n laboratoire m
de langues; **language school** n école
f de langue
lantern ['læntn] n lanterne f
lap [læp] n (of track) tour m (de piste); (of
body): **in** or **on one's ~** sur les genoux
▷ vt (also: ~ **up**) laper ▷ vi (waves)
clapoter
lapel [lə'pɛl] n revers m
lapse [læps] n défaillance f; (in
behaviour) écart m (de conduite) ▷ vi
(Law) cesser d'être en vigueur; (contract)
expirer; **to ~ into bad habits** prendre
de mauvaises habitudes; **~ of time** laps
m de temps, intervalle m
laptop (computer) ['læptɔp-] n
(ordinateur m) portable m
lard [lɑːd] n saindoux m
larder ['lɑːdə'] n garde-manger m inv
large [lɑːdʒ] adj grand(e); (person,

animal) gros (grosse); **at ~** (free) en liberté; (generally) en général; pour la plupart; see also **by**; **largely** adv en grande partie; (principally) surtout; **large-scale** adj (map, drawing etc) à grande échelle; (fig) important(e)

ark [lɑːk] n (bird) alouette f; (joke) blague f, farce f

laryngitis [lærɪnˈdʒaɪtɪs] n laryngite f

lasagne [ləˈzænjə] n lasagne f

laser [ˈleɪzəʳ] n laser m; **laser printer** n imprimante f laser

ash [læʃ] n coup m de fouet; (also: **eye~**) cil m ⊳ vt fouetter; (tie) attacher; **lash out vi: to ~ out** (at or against sb/sth) attaquer violemment (qn/qch)

lass [læs] (BRIT) n (jeune) fille f

ast [lɑːst] adj dernier(-ière) ⊳ adv en dernier; (most recently) la dernière fois; (finally) finalement ⊳ vi durer; **~ week** la semaine dernière; **~ night** (evening) hier soir; (night) la nuit dernière; **at ~** enfin; **~ but one** avant-dernier(-ière); **lastly** adv en dernier lieu, pour finir; **last-minute** adj de dernière minute

atch [lætʃ] n loquet m; **latch onto** vt fus (cling to: person, group) s'accrocher à; (idea) se mettre en tête

ate [leɪt] adj (not on time) en retard; (far on in day etc) tardif(-ive); (: edition, delivery) dernier(-ière); (dead) défunt(e) ⊳ adv tard; (behind time, schedule) en retard; **to be 10 minutes ~** avoir 10 minutes de retard; **sorry I'm ~** désolé d'être en retard; **it's too ~** il est trop tard; **of ~** dernièrement; **in ~ May** vers la fin (du mois) de mai, fin mai; **the ~ Mr X** feu M. X.; **latecomer** n retardataire m/f; **lately** adv récemment; **later** adj (date etc) ultérieur(e); (version etc) plus récent(e) ⊳ adv plus tard; **latest** [ˈleɪtɪst] adj tout(e) dernier(-ière); **at the latest** au plus tard

ather [ˈlɑːðəʳ] n mousse f (de savon) ⊳ vt savonner

atin [ˈlætɪn] n latin m ⊳ adj latin(e); **Latin America** n Amérique latine

Latin American adj latino-américain(e), d'Amérique latine ⊳ n Latino-Américain(e)

latitude [ˈlætɪtjuːd] n (also fig) latitude f

latter [ˈlætəʳ] adj deuxième, dernier(-ière) ⊳ n: **the ~** ce dernier, celui-ci

laugh [lɑːf] n rire m ⊳ vi rire; **(to do sth) for a ~** (faire qch) pour rire; **laugh at** vt fus se moquer de; (joke) rire de; **laughter** n rire m; (of several people) rires mpl

launch [lɔːntʃ] n lancement m; (also: **motor ~**) vedette f ⊳ vt (ship, rocket, plan) lancer; **launch into** vt fus se lancer dans

launder [ˈlɔːndəʳ] vt laver; (fig: money) blanchir

Launderette® [lɔːnˈdrɛt] (BRIT) (US **Laundromat** [ˈlɔːndrəmæt]) n laverie f (automatique)

laundry [ˈlɔːndrɪ] n (clothes) linge m; (business) blanchisserie f; (room) buanderie f; **to do the ~** faire la lessive

lava [ˈlɑːvə] n lave f

lavatory [ˈlævətərɪ] n toilettes fpl

lavender [ˈlævəndəʳ] n lavande f

lavish [ˈlævɪʃ] adj (amount) copieux(-euse); (person: giving freely): **~ with** prodigue de ⊳ vt: **to ~ sth on sb** prodiguer qch à qn; (money) dépenser qch sans compter pour qn

law [lɔː] n loi f; (science) droit m; **lawful** adj légal(e), permis(e); **lawless** adj (action) illégal(e); (place) sans loi

lawn [lɔːn] n pelouse f; **lawnmower** n tondeuse f à gazon

lawsuit [ˈlɔːsuːt] n procès m

lawyer [ˈlɔːjəʳ] n (consultant, with company) juriste m; (for sales, wills etc) = notaire m; (partner, in court) = avocat m

lax [læks] adj relâché(e)

laxative [ˈlæksətɪv] n laxatif m

lay [leɪ] pt of **lie** n laïque; (not expert) profane ⊳ vt (pt, pp **laid**) poser, mettre; (eggs) pondre; (trap) tendre; (plans) élaborer; **to ~ the table** mettre la table;

lay down vt poser; (rules etc) établir; **to ~ down the law** (fig) faire la loi; **lay off** vt (workers) licencier; (provide: meal etc) fournir; **lay out** vt (design) dessiner, concevoir; (display) disposer; (spend) dépenser; **lay-by** n (BRIT) aire f de stationnement (sur le bas-côté)

layer ['leɪə*] n couche f

layman ['leɪmən] (irreg) n (Rel) laïque m; (non-expert) profane m

layout ['leɪaʊt] n disposition f, plan m, agencement m; (Press) mise f en page

lazy ['leɪzɪ] adj paresseux(-euse)

lb. abbr (weight) = **pound**

lead¹ [liːd] n (front position) tête f; (distance, time ahead) avance f; (clue) piste f; (Elec) fil m; (for dog) laisse f; (Theat) rôle principal ▷ vb (pt, pp **led**) ▷ vt (guide) mener, conduire; (be leader of) être à la tête de ▷ vi (Sport) mener, être en tête; **to ~ to** (road, pipe) mener à, conduire à; (result in) conduire à; aboutir à; **to be in the ~** (Sport: in race) mener, être en tête; (: in match) mener (à la marque); **to ~ sb astray** amener qn à faire qch; **to ~ the way** montrer le chemin; **lead up to** vt conduire à; (in conversation) en venir à

lead² [lɛd] n (metal) plomb m; (in pencil) mine f

leader ['liːdə*] n (of team) chef m; (of party etc) dirigeant(e), leader m; (Sport: in league) leader; (: in race) coureur m de tête; **leadership** n (position) direction f; **under the leadership of ...** sous la direction de ...; **qualities of leadership** qualités fpl de chef ou de meneur

lead-free ['lɛdfriː] adj sans plomb

leading ['liːdɪŋ] adj de premier plan; (main) principal(e); (in race) de tête

lead singer [liːd-] n (in pop group) (chanteur m) vedette f

leaf (pl **leaves**) [liːf, liːvz] n feuille f; (of table) rallonge f; **to turn over a new ~** (fig) changer de conduite ou d'existence; **leaf through** vt (book) feuilleter

leaflet ['liːflɪt] n prospectus m, brochure f; (Pol, Rel) tract m

league [liːg] n ligue f; (Football) championnat m; **to be in ~ with** avoir partie liée avec, être de mèche avec

leak [liːk] n (out: also fig) fuite f ▷ vi (pipe, liquid etc) fuir; (shoes) prendre l'eau; (ship) faire eau ▷ vt (liquid) répandre; (information) divulguer

lean [liːn] adj maigre ▷ vb (pt, pp **~ed** or **~t**) ▷ vt: **to ~ sth on** appuyer qch sur ▷ vi (slope) pencher; (rest): **to ~ against** s'appuyer contre; être appuyé(e) contre; **to ~ on** s'appuyer sur; **lean forward** vi se pencher en avant; **lean over** vi se pencher; **leaning** n: **leaning (towards)** penchant m (pour)

leant [lɛnt] pt, pp de **lean**

leap [liːp] n bond m, saut m ▷ vi (pt, pp **~ed** or **~t**) bondir, sauter

leapt [lɛpt] pt, pp de **leap**

leap year n année f bissextile

learn (pt, pp **~ed** or **~t**) [ləːn, -t] vt, vi apprendre; **to ~ (how) to do sth** apprendre à faire qch; **to ~ about sth** (Scol) étudier qch; (hear, read) apprendre qch; **learner** n débutant(e); (BRIT: also: **learner driver**) (conducteur(-trice)) débutant(e); **learning** n savoir m

learnt [ləːnt] pp de **learn**

lease [liːs] n bail m ▷ vt louer à bail

leash [liːʃ] n laisse f

least [liːst] adj: **the ~** (+noun) le (la) plus petit(e), le (la) moindre; (smallest amount of) le moins de ▷ pron: **(the) ~** le moins ▷ adv (+verb) le moins; (+ adj): **the ~** le (la) moins; **the ~ money** le moins d'argent; **the ~ expensive** le (la) moins cher (chère); **the ~ possible effort** le moins d'effort possible; **at ~** au moins; (or rather) du moins; **you could at ~ have written** tu aurais au moins pu écrire; **not in the ~** pas le moins du monde

leather ['lɛðə*] n cuir m

leave [liːv] (vb: pt, pp **left**) vt laisser; (go away from) quitter; (forget) oublier ▷ vi partir, s'en aller ▷ n (time off) congé m; (Mil: also: consent) permission f; **what time does the train/bus ~?** le train/

bus part à quelle heure?; **to ~ sth to sb** (money etc) laisser qch à qn; **to be left** rester; **there's some milk left over** il reste du lait; **~ it to me!** laissez-moi faire!, je m'en occupe!; **on ~** en permission; **leave behind** vt (also fig) laisser; (forget) laisser, oublier; **leave out** vt oublier, omettre

leaves [liːvz] npl de **leaf**

Lebanon ['lebənən] n Liban m

lecture ['lektʃə'] n conférence f; (Scol) cours (magistral) ▷ vi donner des cours; enseigner ▷ vt (scold) sermonner, réprimander; **to give a ~ (on)** faire une conférence (sur), faire un cours (sur); **lecture hall** n amphithéâtre m; **lecturer** n (speaker) conférencier(-ière); (BRIT: at university) professeur m (d'université), prof m/f de fac (inf); **lecture theatre** n = **lecture hall**

Be careful not to translate lecture by the French word lecture.

led [led] pt, pp de **lead**[1]

ledge [ledʒ] n (of window, on wall) rebord m; (of mountain) saillie f, corniche f

leek [liːk] n poireau m

left [left] pt, pp de **leave** ▷ adj gauche ▷ adv à gauche ▷ n gauche f; **there are two ~** il en reste deux; **on the ~, to the ~** à gauche; **the L~** (Pol) la gauche; **left-hand** adj: **the left-hand side** n la gauche; **left-hand drive** n (BRIT: vehicle) véhicule m avec la conduite à gauche; **left-handed** adj gaucher(-ère); (scissors etc) pour gauchers; **left-luggage locker** n (BRIT) (casier m à) consigne f automatique; **left-luggage (office)** n (BRIT) consigne f; **left-overs** npl restes mpl; **left-wing** adj (Pol) de gauche

leg [leg] n jambe f; (of animal) patte f; (of furniture) pied m; (Culin: of chicken) cuisse f; (of journey) étape f; **1st/2nd ~** (Sport) match m aller/retour; **~ of lamb** (Culin) gigot m d'agneau

legacy ['legəsɪ] n (also fig) héritage m, legs m

legal ['liːgl] adj (permitted by law) légal(e); (relating to law) juridique; **legal holiday** (us) n jour férié; **legalize** vt légaliser; **legally** adv légalement

legend ['ledʒənd] n légende f; **legendary** ['ledʒəndərɪ] adj légendaire

leggings ['legɪŋz] npl caleçon m

legible ['ledʒəbl] adj lisible

legislation [ledʒɪs'leɪʃən] n législation f

legislative ['ledʒɪslətɪv] adj législatif(-ive)

legitimate [lɪ'dʒɪtɪmət] adj légitime

leisure ['leʒə'] n (free time) temps libre, loisirs mpl; **at ~** (tout) à loisir; **at your ~** (later) à tête reposée; **leisure centre** (BRIT) centre m de loisirs; **leisurely** adj tranquille, fait(e) sans se presser

lemon ['lemən] n citron m; **lemonade** n (fizzy) limonade f; **lemon tea** n thé m au citron

lend (pt, pp **lent**) [lend, lent] vt: **to ~ sth (to sb)** prêter qch (à qn); **could you ~ me some money?** pourriez-vous me prêter de l'argent?

length [leŋθ] n longueur f; (section: of road, pipe etc) morceau m, bout m; **~ of time** durée f; **it is 2 metres in ~** cela fait 2 mètres de long; **at ~** (at last) enfin, à la fin; (lengthily) longuement; **lengthen** vt allonger, prolonger ▷ vi s'allonger; **lengthways** adv dans le sens de la longueur, en long; **lengthy** adj (très) long (longue)

lens [lenz] n lentille f; (of spectacles) verre m; (of camera) objectif m

Lent [lent] n carême m

lent [lent] pt, pp de **lend**

lentil ['lentl] n lentille f

Leo ['liːəʊ] n le Lion

leopard ['lepəd] n léopard m

leotard ['liːətɑːd] n justaucorps m

leprosy ['leprəsɪ] n lèpre f

lesbian ['lezbɪən] n lesbienne f ▷ adj lesbien(ne)

less [les] adj moins de ▷ pron, adv moins ▷ prep: **~ tax/10% discount** avant impôt/moins 10% de remise; **~ than**

that/you moins que cela/vous; **~ than half** moins de la moitié; **~ than ever** moins que jamais; **~ and ~** de moins en moins; **the ~ he works ...** moins il travaille ...; **lessen** vi diminuer, s'amoindrir, s'atténuer ▷ vt diminuer, réduire, atténuer; **lesser** ['lɛsə'] adj moindre; **to a lesser extent** or **degree** à un degré moindre

lesson ['lɛsn] n leçon f; **to teach sb a ~** (fig) donner une bonne leçon à qn

let (pt, pp **~**) [lɛt] vt laisser; (BRIT: lease) louer; **to ~ sb do sth** laisser qn faire qch; **to ~ sb know sth** faire savoir qch à qn, prévenir qn de qch; **to ~** lâcher prise; **to ~ go of sth** ... **~ sth go** lâcher qch; **~'s go** allons-y; **~ him come** qu'il vienne; **"to ~"** (BRIT) "à louer"; **let down** vt (lower) baisser; (BRIT: tyre) dégonfler; (disappoint) décevoir; **let in** vt laisser entrer; (visitor etc) faire entrer; **let off** vt (allow to leave) laisser partir; (not punish) ne pas punir; (firework etc) faire partir; (bomb) faire exploser; **let out** vt laisser sortir; (scream) laisser échapper; (BRIT: rent out) louer

lethal ['liːθl] adj mortel(le), fatal(e); (weapon) meurtrier(-ère)

letter ['lɛtə'] n lettre f; **letterbox** n (BRIT) boîte f aux or à lettres

lettuce ['lɛtɪs] n laitue f, salade f

leukaemia (US **leukemia**) [luːˈkiːmɪə] n leucémie f

level ['lɛvl] adj (flat) plat(e), plan(e), uni(e); (horizontal) horizontal(e) ▷ n niveau m ▷ vt niveler, aplanir; **"A" ~s** npl (BRIT) ≈ baccalauréat m; **to be ~ with** être au même niveau que; **to draw ~ with** (runner, car) arriver à la hauteur de, rattraper; **on the ~** (fig: honest) régulier(-ière); **level crossing** n (BRIT) passage m à niveau

lever ['liːvə'] n levier m; **leverage** n (influence): **leverage (on or with)** prise f (sur)

levy ['lɛvi] n taxe f, impôt m ▷ vt (tax) lever; (fine) infliger

liability [laɪəˈbɪlɪti] n responsabilité f;

(handicap) handicap m

liable ['laɪəbl] adj (subject): **~ to** sujet(te) à, passible de; (responsible): **~ (for)** responsable (de); (likely): **~ to do** susceptible de faire

liaise [liːˈeɪz] vi: **to ~ with** assurer la liaison avec

liar ['laɪə'] n menteur(-euse)

libel ['laɪbl] n diffamation f; (document) écrit m diffamatoire ▷ vt diffamer

liberal ['lɪbərl] adj libéral(e); (generous): **~ with** prodigue de, généreux(-euse) avec ▷ n: **L~** (Pol) libéral(e); **Liberal Democrat** n (BRIT) libéral(e)-démocrate m/f

liberate ['lɪbəreɪt] vt libérer

liberation [lɪbəˈreɪʃən] n libération f

liberty ['lɪbəti] n liberté f; **to be at ~** (criminal) être en liberté; **at ~ to do** être libre de faire; **to take the ~ of** prendre la liberté de, se permettre de

Libra ['liːbrə] n la Balance

librarian [laɪˈbrɛərɪən] n bibliothécaire m/f

library ['laɪbrəri] n bibliothèque f
⚠ Be careful not to translate *library* by the French word *librairie*.

Libya ['lɪbɪə] n Libye f

lice [laɪs] npl of **louse**

licence (US **license**) ['laɪsns] n autorisation f, permis m; (Comm) licence f; (Radio, TV) redevance f; (also: **driving ~**, US: also: **driver's license**) permis m (de conduire)

license ['laɪsns] n (US) = **licence** ▷ vt donner une licence à; **licensed** adj (for alcohol) patenté(e) pour la vente des spiritueux, qui a une patente de débit de boissons; (car) muni(e) de la vignette; **license plate** n (US esp Aut) plaque f minéralogique; **licensing hours** (BRIT) npl heures fpl d'ouvertures (des pubs)

lick [lɪk] vt lécher; (inf: defeat) écraser, flanquer une piquette or raclée à; **to ~ one's lips** (fig) se frotter les mains

lid [lɪd] n couvercle m; (eyelid) paupière f

lie [laɪ] n mensonge m ▷ vi (pt, pp **~d**) (tell lies) mentir; (pt **lay**, pp **lain**) (rest) être étendu(e) or allongé(e) or couché(e); (object: be situated) se trouver, être; **to ~ low** (fig) se cacher, rester caché(e); **to tell ~s** mentir; la grasse matinée

(BRIT: person) traînasser, flemmarder

lie down vi se coucher, s'étendre

Liechtenstein ['lɪktənstaɪn] n Liechtenstein m

lie-in ['laɪɪn] n (BRIT): **to have a ~** faire la grasse matinée

lieutenant [lef'tenənt, US lu:'tenənt] n lieutenant m

life (pl **lives**) [laɪf, laɪvz] n vie f; **to come to ~** (fig) s'animer; (BRIT) = **life insurance**; **lifeboat** n canot m or chaloupe f de sauvetage; **lifeguard** n surveillant m de baignade; **life insurance** n assurance-vie f; **life jacket** n gilet m or ceinture f de sauvetage; **lifelike** adj qui semble vrai(e) or vivant(e), ressemblant(e); (painting) réaliste; **life preserver** n (US) gilet m or ceinture f de sauvetage; **life sentence** n condamnation f à vie or à perpétuité; **lifestyle** n style m de vie; **lifetime** n: **in his lifetime** de son vivant

lift [lɪft] vt soulever, lever; (end) supprimer, lever ▷ vi (fog) se lever ▷ n (BRIT: elevator) ascenseur m; **to give sb a ~** (BRIT) emmener or prendre qn en voiture; **can you give me a ~ to the station?** pouvez-vous m'emmener à la gare?; **lift up** vt soulever; **lift-off** n décollage m

light [laɪt] n lumière f; (lamp) lampe f; (Aut: rear light) feu m; (: headlamp) phare m; (for cigarette etc): **have you got a ~?** avez-vous du feu? ▷ vt (pt, pp **~ed** or **lit**) (candle, cigarette, fire) allumer; (room) éclairer ▷ adj (room, colour) clair(e); (not heavy, also fig) léger(-ère); (not strenuous) peu fatigant(e); **lights** npl (traffic lights) feux mpl; **to come to ~** être dévoilé(e) or découvert(e); **in the ~ of** à la lumière de; étant donné; **light up** vi s'allumer; (face) s'éclairer; (smoke) allumer une cigarette or une pipe etc ▷ vt (illuminate)

éclairer, illuminer; **light bulb** n ampoule f; **lighten** vt (light up) éclairer; (make lighter) éclaircir; (make less heavy) alléger; **lighter** n (also: **cigarette lighter**) briquet m; **light-hearted** adj gai(e), joyeux(-euse), enjoué(e); **lighthouse** n phare m; **lighting** n éclairage m; (in theatre) éclairages; **lightly** adv légèrement; **to get off lightly** s'en tirer à bon compte

lightning ['laɪtnɪŋ] n foudre f; (flash) éclair m

lightweight ['laɪtweɪt] adj (suit) léger(-ère) ▷ n (Boxing) poids léger

like [laɪk] vt aimer (bien) ▷ prep comme ▷ adj semblable, pareil(le) ▷ n: **the ~** (pej) (d')autres du même genre ou acabit; **his ~s and dislikes** ses goûts mpl or préférences fpl; **I would ~**, **I'd ~** je voudrais, j'aimerais; **would you ~ a coffee?** voulez-vous du café?; **to be/look ~ sb/sth** ressembler à qn/qch; **what's he ~?** comment est-il?; **what does it look ~?** de quoi est-ce que ça a l'air?; **what does it taste ~?** quel goût est-ce que ça a?; **that's just ~ him** c'est bien de lui, ça lui ressemble; **do it ~ this** fais-le comme ceci; **it's nothing ~ ...** ce n'est pas du tout comme ...; **likeable** adj sympathique, agréable

likelihood ['laɪklɪhʊd] n probabilité f

likely ['laɪklɪ] adj (result, outcome) probable; (excuse) plausible; **he's ~ to leave** il va sûrement partir, il risque fort de partir; **not ~!** (inf) pas de danger!

likewise ['laɪkwaɪz] adv de même, pareillement

liking ['laɪkɪŋ] n (for person) affection f; (for thing) penchant m, goût m; **to be to sb's ~** être au goût de qn, plaire à qn

lilac ['laɪlæk] n lilas m

Lilo® ['laɪləʊ] n matelas m pneumatique

lily ['lɪlɪ] n lis m; **~ of the valley** muguet m

limb [lɪm] n membre m

limbo ['lɪmbəʊ] n: **to be in ~** (fig) être tombé(e) dans l'oubli

lime [laɪm] n (tree) tilleul m; (fruit) citron vert, lime f; (Geo) chaux f

limelight ['laɪmlaɪt] n: **in the ~** (fig) en vedette, au premier plan

limestone ['laɪmstəʊn] n pierre f à chaux; (Geo) calcaire m

limit ['lɪmɪt] n limite f ▷ vt limiter; **limited** adj limité(e), restreint(e); **to be limited to** se limiter à, ne concerner que

limousine ['lɪməziːn] n limousine f

limp [lɪmp] n: **to have a ~** boiter ▷ vi boiter ▷ adj mou (molle)

line [laɪn] n (gen) ligne f; (stroke) trait m; (wrinkle) ride f; (rope) corde f; (wire) fil m; (of poem) vers m; (row, series) rangée f; (of people) file f, queue f; (railway track) voie f; (Comm: series of goods) article m (pl), ligne de produits; (work) métier m ▷ vt: **to ~ (with)** (clothes) doubler (de); (box) garnir or tapisser (de); (subj: trees, crowd) border; **to stand in ~** (us) faire la queue; **in his ~ of business** dans sa partie, dans son rayon; **to be in ~ for sth** (fig) être en lice pour qch; **in ~ with** en accord avec, en conformité avec; **in a ~** aligné(e); **line up** vi s'aligner, se mettre en rang(s); (in queue) faire la queue ▷ vt aligner; (event) prévoir; (find) trouver; **to have sb/sth ~d up** avoir qn/qch en vue or de prévu(e)

linear ['lɪnɪəʳ] adj linéaire

linen ['lɪnɪn] n linge m (de corps or de maison); (cloth) lin m

liner ['laɪnəʳ] n (ship) paquebot m de ligne; (for bin) sac-poubelle m

line-up ['laɪnʌp] n (us: queue) file f; (also: **police ~**) parade f d'identification; (Sport) composition f de l'équipe f

linger ['lɪŋɡəʳ] vi s'attarder; traîner; (smell, tradition) persister

lingerie ['lænʒəriː] n lingerie f

linguist ['lɪŋɡwɪst] n linguiste m/f; **to be a good ~** être doué(e) pour les langues; **linguistic** adj linguistique

lining ['laɪnɪŋ] n doublure f; (of brakes) garniture f

link [lɪŋk] n (connection) lien m, rapport m; (Internet) lien m; (of a chain) maillon m ▷ vt relier, lier, unir; **links** npl (Golf) terrain m de golf m; **link up** vt relier ▷ vi (people) se rejoindre; (companies etc) s'associer

lion [laɪən] n lion m; **lioness** n lionne f

lip [lɪp] n lèvre f; (of cup etc) rebord m; **lipread** vi lire sur les lèvres; **lip salve** [-sælv] n pommade f pour les lèvres, pommade rosat; **lipstick** n rouge m à lèvres

liqueur [lɪˈkjʊəʳ] n liqueur f

liquid ['lɪkwɪd] n liquide m ▷ adj liquide; **liquidizer** ['lɪkwɪdaɪzəʳ] n (BRIT Culin) mixer m

liquor ['lɪkəʳ] n spiritueux m, alcool m; **liquor store** (us) n magasin m de vins et spiritueux

Lisbon ['lɪzbən] n Lisbonne

lisp [lɪsp] n zézaiement m ▷ vi zézayer

list [lɪst] n liste f ▷ vt (write down) inscrire; (make list of) faire la liste de; (enumerate) énumérer

listen ['lɪsn] vi écouter; **to ~ to** écouter; **listener** n auditeur(-trice)

lit [lɪt] pt, pp of **light**

liter ['liːtəʳ] n (us) = **litre**

literacy ['lɪtərəsɪ] n degré m d'alphabétisation, fait m de savoir lire et écrire

literal ['lɪtərl] adj littéral(e); **literally** adv littéralement; (really) réellement

literary ['lɪtərərɪ] adj littéraire

literate ['lɪtərət] adj qui sait lire et écrire; (educated) instruit(e)

literature ['lɪtrɪtʃəʳ] n littérature f; (brochures etc) copie f publicitaire, prospectus mpl

litre (us **liter**) ['liːtəʳ] n litre m

litter ['lɪtəʳ] n (rubbish) détritus mpl; (dirtier) ordures fpl; (young animals) portée f; **litter bin** n (BRIT) poubelle f; **littered** adj: **littered with** (scattered) jonché(e) de

little ['lɪtl] adj (small) petit(e); (not much): ~ **milk** peu de lait ▷ adv peu; **a ~** un peu (de); **a ~ milk** un peu de lait; **a ~ bit** un peu; **as ~ as possible**

le moins possible; **~ by ~** petit à petit, peu à peu; **little finger** n auriculaire m, petit doigt

live¹ [laɪv] adj (animal) vivant(e), en vie; (wire) sous tension; (broadcast) (transmis(e)) en direct; (unexploded) non explosé(e)

live² [lɪv] vi vivre; (reside) vivre, habiter; **to ~ in London** habiter à Londres; **where do you ~?** où habitez-vous?; **live together** vivre ensemble, cohabiter; **live up to** vt fus se montrer à la hauteur de

livelihood ['laɪvlɪhud] n moyens mpl d'existence

lively ['laɪvlɪ] adj vif (vive), plein(e) d'entrain; (place, book) vivant(e)

liven up ['laɪvn-] vt (room etc) égayer; (discussion, evening) animer ▷ vi s'animer

liver ['lɪvər] n foie m

livestock ['laɪvstɔk] npl of **life**

living ['lɪvɪŋ] adj vivant(e), en vie ▷ n: **to earn** or **make a ~** gagner sa vie; **living room** n salle f de séjour

lizard ['lɪzəd] n lézard m

load [ləud] n (weight) poids m; (thing carried) chargement m, charge f; (Elec, Tech) charge f ▷ vt (also: **~ up**): **to ~ (with)** (lorry, ship) charger (de); (gun, camera) charger (avec); (Comput) charger; **a ~ of, ~s of** (fig) un or des tas de, des masses de; **to talk a ~ of rubbish** (inf) dire des bêtises; **loaded** adj (dice) pipé(e); (question) insidieux(-euse); (inf) bourré(e) de fric

loaf (pl **loaves**) [ləuf, ləuvz] n pain m, miche f ▷ vi (also: **~ about, ~ around**) fainéanter, traîner

loan [ləun] n prêt m ▷ vt prêter; **on ~** prêté(e), en prêt

loathe [ləuð] vt détester, avoir en horreur

loaves [ləuvz] npl of **loaf**

lobby ['lɔbɪ] n hall m, entrée f; (Pol) groupe m de pression, lobby m ▷ vt faire pression sur

lobster ['lɔbstər] n homard m

local ['ləukl] adj local(e) ▷ n (BRIT: pub) pub m or café m du coin; **the locals** npl les gens mpl du pays or du coin; **local anaesthetic** n anesthésie locale; **local authority** n collectivité locale, municipalité f; **local government** n administration locale or municipale; **locally** ['ləukəlɪ] adv localement; dans les environs or la région

locate [ləu'keɪt] vt (find) trouver, repérer; (situate) situer; **to be ~d** être situé à or en

location [ləu'keɪʃən] n emplacement m; **on ~** (Cine) en extérieur

⚠️ Be careful not to translate location by the French word *location*.

loch [lɔx] n lac m, loch m

lock [lɔk] n (of door, box) serrure f; (of canal) écluse f; (of hair) mèche f, boucle f ▷ vt (with key) fermer à clé ▷ vi (door etc) fermer à clé; (wheels) se bloquer; **lock in** vt enfermer; **lock out** vt enfermer dehors; (on purpose) mettre à la porte; **lock up** vt (person) enfermer; (house) fermer à clé ▷ vi tout fermer (à clé)

locker ['lɔkər] n casier m; (in station) consigne f automatique; **locker-room** (us) n (Sport) vestiaire m

locksmith ['lɔksmɪθ] n serrurier m

locomotive [ləukə'məutɪv] n locomotive f

locum ['ləukəm] n (Med) suppléant(e) de médecin etc

lodge [lɔdʒ] n pavillon m (de gardien); (also: **hunting ~**) pavillon de chasse ▷ vi (person): **to ~ with** être logé(e) chez, être en pension chez; (bullet) se loger ▷ vt (appeal etc) présenter; déposer; **to ~ a complaint** porter plainte; **lodger** n locataire m/f; (with room and meals) pensionnaire m/f

lodging ['lɔdʒɪŋ] n logement m

loft [lɔft] n grenier m; (apartment) grenier aménagé (en appartement); (gén dans ancien entrepôt ou fabrique)

log [lɒɡ] n (of wood) bûche f; (Naut) livre m or journal m de bord; (of car) = carte grise ▷ vt enregistrer; **log in, log on** vi (Comput) ouvrir une session, entrer dans le système; **log off, log out** vi (Comput) clore une session, sortir du système

logic [ˈlɒdʒɪk] n logique f; **logical** adj logique

login [ˈlɒɡɪn] n (Comput) identifiant m

Loire [lwaː] n: **the (River) ~** la Loire

lollipop [ˈlɒlɪpɒp] n sucette f; **lollipop man/lady** (BRIT: irreg) n contractuel qui fait traverser la rue aux enfants

lolly [ˈlɒlɪ] n (inf: ice) esquimau m; (: lollipop) sucette f

London [ˈlʌndən] n Londres; **Londoner** n Londonien(ne)

lone [ləun] adj solitaire

loneliness [ˈləunlɪnɪs] n solitude f, isolement m

lonely [ˈləunlɪ] adj seul(e); (childhood etc) solitaire; (place) solitaire, isolé(e)

long [lɒŋ] adj long (longue) ▷ adv longtemps ▷ vi: **to ~ for sth/to do sth** avoir très envie de qch/de faire qch, attendre qch avec impatience/ attendre avec impatience de faire qch; **how ~ is this river/course?** quelle est la longueur de ce fleuve/la durée de ce cours?; **6 metres ~** (long) de 6 mètres; **6 months ~** qui dure 6 mois, de 6 mois; **all night ~** toute la nuit; **he no ~er comes** il ne vient plus; **I can't stand it any ~er** je ne peux plus le supporter; **~ before** longtemps avant; **before ~** (+ future) avant peu, dans peu de temps; (+ past) peu de temps après; **~ !** fais vite!, dépêche-toi!; **I shan't be ~** je n'en ai pas pour longtemps; **at ~ last** enfin; **so or as ~ as** à condition que + sub; **long-distance** adj (race) de fond; (call) interurbain(e); **long-haul** adj (flight) long-courrier; **longing** n désir m, envie f; (nostalgia) nostalgie f ▷ adj plein(e) d'envie or de nostalgie

longitude [ˈlɒŋɡɪtjuːd] n longitude f

long: **long jump** n saut m en longueur;

long-life adj (batteries etc) longue durée inv; (milk) longue conservation. **long-sighted** adj (BRIT) presbyte; (fig) prévoyant(e); **long-standing** adj de longue date; **long-term** adj à long terme

loo [luː] n (BRIT inf) w.-c mpl, petit coin

look [luk] vi regarder; (seem) sembler, paraître, avoir l'air; (building etc): **to ~ south/on to the sea** donner au sud/ sur la mer ▷ n regard m; (appearance) air m, allure f, aspect m; **looks** npl (good looks) physique m, beauté f; **to ~ like** ressembler à; **to have a ~** regarder; **to have a ~ at sth** jeter un coup d'œil à qch; **~ (here)!** (annoyance) écoutez!; **look after** vt fus s'occuper de; (luggage etc: watch over) garder, surveiller; **look around** vi regarder autour de soi; **look at** vt fus regarder; (problem etc) examiner; **look back** vi: **to ~ back at sth/sb** se retourner pour regarder qch/qn; **to ~ back on** (event, period) évoquer, repenser à; **look down on** vt fus (fig) regarder de haut, dédaigner; **look for** vt fus chercher; **we're ~ing for a hotel/restaurant** nous cherchons un hôtel/restaurant; **look forward to** vt fus attendre avec impatience; **~ing forward to hearing from you** (in letter) dans l'attente de vous lire; **look into** vt fus (matter, possibility) examiner, étudier; **look out** vi (beware): **to ~ out (for)** prendre garde (à), faire attention (à); **~ out!** attention!; **look out for** vt fus (seek) être à la recherche de; (try to spot) guetter; **look round** vt fus (house, shop) faire le tour de ▷ vi (turn) regarder derrière soi, se retourner; **look through** vt fus (papers, book) examiner; (: briefly) parcourir; **look up** vi lever les yeux; (improve) s'améliorer ▷ vt (word) chercher; **look up to** vt fus avoir du respect pour; **lookout** n (tower etc) poste m de guet; (person) guetteur m; **to be on the lookout (for)** guetter

loom [luːm] vi (also: **~ up**) surgir; (event) paraître imminent(e); (threaten) menacer

oony ['uːnɪ] *adj, n* (*inf*) timbré(e), cinglé(e) *m/f*

oop [luːp] *n* boucle *f* ▷ *vt*: **to ~ sth round sth** passer qch autour de qch; **loophole** *n* (*fig*) porte *f* de sortie; échappatoire *f*

oose [luːs] *adj* (*knot, screw*) desserré(e); (*clothes*) vague, ample, lâche; (*hair*) dénoué(e), épars(e); (*not firmly fixed*) pas solide; (*morals, discipline*) relâché(e); (*translation*) approximatif(-ive) ▷ *n*: **to be on the ~** être en liberté; **~ connection** (*Elec*) mauvais contact; **to be at a ~ end** *or* (*us*) **at ~ ends** (*fig*) ne pas trop savoir quoi faire; **loosely** *adv* sans serrer; (*imprecisely*) approximativement; **loosen** *vt* desserrer, relâcher, défaire

oot [luːt] *n* butin *m* ▷ *vt* piller

op-sided ['lɔp'saɪdɪd] *adj* de travers, asymétrique

ord [lɔːd] *n* seigneur *m*; **L~ Smith** lord Smith; **the L~** (*Rel*) le Seigneur; **my L~** (*to noble*) Monsieur le comte/le baron; (*to judge*) Monsieur le juge; (*to bishop*) Monseigneur; **good L~!** mon Dieu!; **Lords** *npl* (*BRIT: Pol*): **the (House of) Lords** (*BRIT*) la Chambre des Lords

orry ['lɔrɪ] *n* (*BRIT*) camion *m*; **lorry driver** *n* (*BRIT*) camionneur *m*, routier *m*

ose (*pt, pp* **lost**) [luːz, lɔst] *vt* perdre ▷ *vi* perdre; **I've lost my wallet/passport** j'ai perdu mon portefeuille/passeport; **to ~ (time)** (*clock*) retarder; **lose out** *vi* être perdant(e); **loser** *n* perdant(e)

oss [lɔs] *n* perte *f*; **to make a ~** enregistrer une perte; **to be at a ~** être perplexe *or* embarrassé(e)

ost [lɔst] *pt, pp* *of* **lose** ▷ *adj* perdu(e); **to get ~** *vi* se perdre; **I'm ~** je me suis perdu; **~ and found property** *n* (*us*) objets trouvés; **~ and found** *n* (*us*) (bureau *m* des) objets trouvés; **lost property** *n* (*BRIT*) objets trouvés; **lost property office** *or* **department** (bureau *m* des) objets trouvés

lot [lɔt] *n* (*at auctions, set*) lot *m*; (*destiny*) sort *m*, destinée *f*; **the ~** (*everything*) le tout; (*everyone*) tous *mpl*, toutes *fpl*; **a ~** beaucoup; **a ~ of** beaucoup de; **~s of** des tas de; **to draw ~s (for sth)** tirer (qch) au sort

lotion ['ləʊʃən] *n* lotion *f*

lottery ['lɔtərɪ] *n* loterie *f*

loud [laʊd] *adj* bruyant(e), sonore; (*voice*) fort(e); (*condemnation etc*) vigoureux(-euse); (*gaudy*) voyant(e), tapageur(-euse) ▷ *adv* (*speak etc*) fort; **~ out** = tout haut; **loudly** *adv* fort, bruyamment; **loudspeaker** *n* haut-parleur *m*

lounge [laʊndʒ] *n* salon *m*; (*of airport*) salle *f*; (*BRIT: also:* **~ bar**) (salle *de*) café *m* *or* bar *m* ▷ *vi* (*also:* **~ about** *or* **around**) se prélasser, paresser

louse (*pl* **lice**) [laʊs, laɪs] *n* pou *m*

lousy ['laʊzɪ] *adj* (*inf*) (*bad quality*) infect(e), moche; **I feel ~** je suis mal fichu(e)

love [lʌv] *n* amour *m* ▷ *vt* aimer; (*caringly, kindly*) aimer beaucoup; **I ~ chocolate** j'adore le chocolat; **to ~ to do** aimer beaucoup *or* adorer faire; **"15 ~"** (*Tennis*) "15 à rien *or* zéro"; **to be/fall in ~ with** être/tomber amoureux(-euse) de; **to make ~** faire l'amour; **~ from Anne, ~, Anne** affectueusement, Anne; **~ you** je t'aime; **love affair** *n* liaison (amoureuse); **love life** *n* vie sentimentale

lovely ['lʌvlɪ] *adj* (*pretty*) ravissant(e); (*friend, wife*) charmant(e); (*holiday, surprise*) très agréable, merveilleux(-euse)

lover ['lʌvə'] *n* amant *m*; (*person in love*) amoureux(-euse); (*amateur*): **a ~ of** un(e) ami(e) de, un(e) amoureux(-euse) de

loving ['lʌvɪŋ] *adj* affectueux(-euse), tendre, aimant(e)

low [ləʊ] *adj* bas (basse); (*quality*) mauvais(e), inférieur(e) ▷ *adv* bas ▷ *n* (*Meteorology*) dépression *f*; **to feel ~** se sentir déprimé(e); **he's very ~** (ill) il est bien bas or très affaibli; **~** vt baisser; (turn (down)) **~** vt baisser; **to be ~ on** (supplies etc) être à court de; **to reach a new** or **an all-time ~** tomber au niveau le plus bas; **low-alcohol** adj à faible teneur en alcool, peu alcoolisé(e); **low-calorie** adj hypocalorique

lower ['ləuə³] adj inférieur(e) ▷ vt baisser; (resistance) diminuer; **to ~ o.s. to** s'abaisser à

low-fat ['ləu'fæt] adj maigre

loyal ['lɔɪəl] adj loyal(e), fidèle; **loyalty** n loyauté f, fidélité f; **loyalty card** n carte f de fidélité

L.P. n abbr = **long-playing record**

L-plates ['ɛlpleɪts] npl (BRIT) plaques fpl (obligatoires) d'apprenti conducteur

Lt abbr (= lieutenant) Lt

Ltd abbr (Comm: company: = limited) ≈ S.A.

luck [lʌk] n chance f; **bad ~** malchance f, malheur m; **good ~!** bonne chance!; **bad** or **hard** or **tough ~!** pas de chance!; **luckily** adv heureusement, par bonheur; **lucky** adj (person) qui a de la chance; (coincidence) heureux(-euse); (number etc) qui porte bonheur

lucrative ['lu:krətɪv] adj lucratif(-ive), rentable, qui rapporte

ludicrous ['lu:dɪkrəs] adj ridicule, absurde

luggage ['lʌgɪdʒ] n bagages mpl; **our ~ hasn't arrived** nos bagages ne sont pas arrivés; **could you send someone to collect our ~?** pourriez-vous envoyer quelqu'un chercher nos bagages?; **luggage rack** n (in train) porte-bagages m inv; (: on car) galerie f

lukewarm ['lu:kwɔ:m] adj tiède

lull [lʌl] n accalmie f; (in conversation) pause f ▷ vt: **to ~ sb to sleep** bercer qn pour qu'il s'endorme; **to be ~ed into a false sense of security** s'endormir dans une fausse sécurité

lullaby ['lʌləbaɪ] n berceuse f

lumber ['lʌmbə³] n (wood) bois m de charpente; (junk) bric-à-brac m inv ▷ vt (BRIT inf): **to ~ sb with sth/sb** coller or

refiler qch/qn à qn

luminous ['lu:mɪnəs] adj lumineux(-euse)

lump [lʌmp] n morceau m; (in sauce) grumeau m; (swelling) grosseur f ▷ vt (also: **~ together**) réunir, mettre en tas; **lump sum** n somme globale or forfaitaire; **lumpy** adj (sauce) qui a des grumeaux; (bed) défoncé(e), peu confortable

lunatic ['lu:nətɪk] n fou (folle), dément(e) ▷ adj fou (folle), dément(e)

lunch [lʌntʃ] n déjeuner m ▷ vi déjeuner; **lunch break, lunch hour** n pause f de midi, heure f du déjeuner; **lunchtime** n: **it's lunchtime** c'est l'heure du déjeuner

lung [lʌŋ] n poumon m

lure [luə³] n (attraction) attrait m, charme m; (in hunting) appât m, leurre m ▷ vt attirer or persuader par la ruse

lurk [lə:k] vi se tapir, se cacher

lush [lʌʃ] adj luxuriant(e)

lust [lʌst] n (sexual) désir m; (Rel) luxure f; (fig): **~ for** soif f de

Luxembourg ['lʌksəmbə:g] n Luxembourg m

luxurious [lʌg'zjuəriəs] adj luxueux(-euse)

luxury ['lʌkʃərɪ] n luxe m ▷ cpd de luxe

Lycra® ['laɪkrə] n Lycra® m

lying ['laɪɪŋ] n mensonge(s) m(pl) ▷ adj (statement, story) mensonger(-ère), faux (fausse); (person) menteur(-euse)

Lyons ['ljɔ̃] n Lyon

lyrics ['lɪrɪks] npl (of song) paroles fpl

m

insensé(e); *(angry)* furieux(-euse);
to be ~ (keen) about *or* **on sth** *(inf)*
être follement passionné de qch, être
fou de qch
Madagascar [mædə'gæskə'] *n*
Madagascar *m*
madam ['mædəm] *n* madame *f*
mad cow disease *n* maladie *f* des
vaches folles
made [meɪd] *pt, pp of* **make; made-
to-measure** *adj* *(BRIT)* fait(e) sur
mesure; **made-up** ['meɪdʌp] *adj* *(story)*
inventé(e), fabriqué(e)
madly ['mædlɪ] *adv* follement; **~ in love**
éperdument amoureux(-euse)
madman ['mædmən] *(irreg)* *n* fou *m*,
aliéné *m*
madness ['mædnɪs] *n* folie *f*
Madrid [mə'drɪd] *n* Madrid *m*
Mafia ['mæfɪə] *n* maf(f)ia *f*
mag [mæg] *n abbr* *(BRIT inf: = magazine)*
magazine *m*
magazine [mægə'ziːn] *n* *(Press)*
magazine *m*, revue *f*; *(Radio, TV)*
magazine
maggot ['mægət] *n* ver *m*, asticot *m*
magic ['mædʒɪk] *n* magie *f* ▷ *adj*
magique; **magical** *adj* magique;
(experience, evening) merveilleux(-euse);
magician [mə'dʒɪʃən] *n* magicien(ne)
magistrate ['mædʒɪstreɪt] *n*
magistrat *m*; juge *m*
magnet ['mægnɪt] *n* aimant *m*;
magnetic [mæg'netɪk] *adj*
magnétique
magnificent [mæg'nɪfɪsnt] *adj*
superbe, magnifique; *(splendid:
robe, building)* somptueux(-euse),
magnifique
magnify ['mægnɪfaɪ] *vt* grossir;
(sound) amplifier; **magnifying glass**
n loupe *f*
magpie ['mægpaɪ] *n* pie *f*
mahogany [mə'hɔgənɪ] *n* acajou *m*
maid [meɪd] *n* bonne *f*; *(in hotel)* femme
f de chambre; **old ~** *(pej)* vieille fille
maiden name *n* nom *m* de jeune fille
mail [meɪl] *n* poste *f*; *(letters)* courrier

m. *abbr* *(= metre)* m; *(= million)* M;
(= mile) mi
M.A. *n abbr* *(Scol)* **= Master of Arts**
ma [mɑː] *(inf)* *n* maman *f*
mac [mæk] *n* *(BRIT)* imper(méable *m*) *m*
macaroni [mækə'rəʊnɪ] *n*
macaronis *mpl*
Macedonia [mæsɪ'dəʊnɪə] *n*
Macédoine *f*; **Macedonian** [mæsɪ'də
ʊnɪən] *adj* macédonien(ne) ▷ *n*
Macédonien(ne); *(Ling)* macédonien *m*
machine [mə'ʃiːn] *n* machine *f* ▷ *vt*
(dress etc) coudre à la machine; *(Tech)*
usiner; **machine gun** *n* mitrailleuse *f*;
machinery *n* machinerie *f*, machines
fpl; *(fig)* mécanisme(s) *m(pl)*; **machine
washable** *adj* *(garment)* lavable en
machine
macho ['mætʃəʊ] *adj* macho *inv*
nackerel ['mækrl] *n* *(pl inv)*
maquereau *m*
nackintosh ['mækɪntɔʃ] *n* *(BRIT)*
imperméable *m*
nad [mæd] *adj* fou (folle); *(foolish)*

m ▷ *vt* envoyer (par la poste); **by ~** par la poste; **mailbox** *n* (*US: also* Comput) boîte *f* aux lettres; **mailing list** *n* liste *f* d'adresses; **mailman** (*irreg*) *n* (*US*) facteur *m*; **mail-order** *n* vente *f* par achat *m* par correspondance

main [meɪn] *adj* principal(e) ▷ *n* (*pipe*) conduite principale, canalisation *f*; **the ~s** (Elec) le secteur; **the ~ thing** l'essentiel *m*; **in the ~** dans l'ensemble; **main course** *n* (Culin) plat *m* de résistance; **mainland** *n* continent *m*; **mainly** *adv* principalement, surtout; **main road** *n* grand axe, route nationale; **mainstream** *n* (*fig*) courant principal; **main street** *n* rue *f* principale

maintain [meɪnˈteɪn] *vt* entretenir; (*continue*) maintenir, préserver; (*affirm*) soutenir; **maintenance** [ˈmeɪntənəns] *n* entretien *m*; (Law: *alimony*) pension *f* alimentaire

maisonette [meɪzəˈnɛt] *n* (BRIT) appartement *m* en duplex

maize [meɪz] *n* (BRIT) maïs *m*

majesty [ˈmædʒɪstɪ] *n* majesté *f*; (*title*): **Your M~** Votre Majesté

major [ˈmeɪdʒə*] *n* (Mil) commandant *m* ▷ *adj* (*important*) important(e); (*most important*) principal(e); (Mus) majeur(e) ▷ *vi* (*US Scol*): **to ~ (in)** se spécialiser (en)

Majorca [məˈjɔːkə] *n* Majorque *f*

majority [məˈdʒɒrɪtɪ] *n* majorité *f*

make [meɪk] *vt* (*pt, pp* **made**) faire; (*manufacture*) faire, fabriquer; (*earn*) gagner; (*decision*) prendre; (*friend*) se faire; (*speech*) faire, prononcer; (*cause to be*): **to ~ sb sad** *etc* rendre qn triste *etc*; (*force*): **to ~ sb do sth** obliger qn à faire qch, faire faire qch à qn; (*equal*): **2 and 2 ~ 4** 2 et 2 font 4 ▷ *n* (*manufacture*) fabrication *f*; (*brand*) marque *f*; **to ~ the bed** faire le lit; **to ~ a fool of sb** (*ridicule*) ridiculiser qn; (*trick*) avoir or duper qn; **to ~ a profit** faire un or des bénéfice(s); **to ~ a loss** essuyer une perte; **to ~ it** (*in time etc*) y arriver; (*succeed*) réussir; **what time do you ~ it?** quelle heure

avez-vous?; **I ~ it £249** d'après mes calculs ça fait 249 livres; **to be made of** être en; **to ~ do with** se contenter de; se débrouiller avec; **make off** *vi* filer; **make out** *vt* (*write out: cheque*) faire; (*decipher*) déchiffrer; (*understand*) comprendre; (*see*) distinguer; (*claim, imply*) prétendre, vouloir faire croire; **make up** *vt* (*invent*) inventer, imaginer; (*constitute*) constituer; (*parcel, bed*) faire ▷ *vi* se réconcilier; (*with cosmetics*) se maquiller, se farder; **to be made up of** se composer de; **make up for** *vt* *fus* compenser; (*lost time*) rattraper; **makeover** [ˈmeɪkəʊvə*] *n* (*by beautician*) soins *mpl* de maquillage; (*change of image*) changement *m* d'image; **maker** *n* fabricant *m*; (*of film, programme*) réalisateur(-trice); **makeshift** *adj* provisoire, improvisé(e); **make-up** *n* maquillage *m*

making [ˈmeɪkɪŋ] *n* (*fig*): **in the ~** en formation or en gestation; **to have the ~s of** (*actor, athlete*) avoir l'étoffe de

malaria [məˈlɛərɪə] *n* malaria *f*, paludisme *m*

Malaysia [məˈleɪzɪə] *n* Malaisie *f*

male [meɪl] *n* (Biol, Elec) mâle *m* ▷ *adj* (*sex, attitude*) masculin(e); (*animal*) mâle; (*child etc*) du sexe masculin

malicious [məˈlɪʃəs] *adj* méchant(e), malveillant(e)

> ⚠ Be careful not to translate *malicious* by the French word *malicieux*.

malignant [məˈlɪɡnənt] *adj* (Med) malin(-igne)

mall [mɔːl] *n* (*also*: **shopping ~**) centre commercial

mallet [ˈmælɪt] *n* maillet *m*

malnutrition [mælnjuːˈtrɪʃən] *n* malnutrition *f*

malpractice [mælˈpræktɪs] *n* faute professionnelle; négligence *f*

malt [mɔːlt] *n* malt *m* ▷ *cpd* (*whisky*) pur malt

Malta [ˈmɔːltə] *n* Malte *f*; **Maltese**

[mɔːlˈtiːz] adj maltais(e) ▷ n (pl inv) Maltais(e)

mammal ['mæml] n mammifère m

mammoth ['mæməθ] n mammouth m ▷ adj géant(e), monstre

man (pl **men**) [mæn, mɛn] n homme m; (Sport) joueur m; (Chess) pièce f ▷ vt (Naut: ship) garnir d'hommes; (machine) assurer le fonctionnement de; (Mil: gun) servir; (: post) être de service à; **an old ~ and wife** mari et femme

manage ['mænɪdʒ] vi se débrouiller; (succeed) y arriver, réussir ▷ vt (business) gérer; (team, operation) diriger; (control: ship) manier, manœuvrer; (: person) savoir s'y prendre avec; **to ~ to do** se débrouiller pour faire; (succeed) réussir à faire; **manageable** adj (task etc) faisable; (number) raisonnable; **management** n (running) administration f, direction f; (people in charge of: business, firm) dirigeants mpl, cadres mpl; (: of hotel, shop, theatre) direction f; **manager** n (of business) directeur m; (of institution etc) administrateur m; (of department, unit) responsable m/f, chef m; (of hotel etc) gérant m; (Sport) manager m; (of artist) impresario m; **manageress** n directrice f; (of hotel etc) gérante f; **managerial** [mænɪˈdʒɪərɪəl] adj directorial(e); (skills) de cadre, de gestion; **managing director** n directeur général

mandarin ['mændərɪn] n (also: ~ **orange**) mandarine f

mandate ['mændeɪt] n mandat m

mandatory ['mændətərɪ] adj obligatoire

mane [meɪn] n crinière f

maneuver [məˈnuːvə'] (US) = **manoeuvre**

mangetout ['mɔnʒˈtuː] n mangetout m inv

mango (pl **~es**) ['mæŋgəu] n mangue f

manhole n trou m d'homme; **manhood** n (age) âge m d'homme; (manliness) virilité f

mania ['meɪnɪə] n manie f; **maniac** ['meɪnɪæk] n maniaque m/f; (fig) fou (folle)

manic ['mænɪk] adj maniaque

manicure ['mænɪkjuə'] n manucure f

manifest ['mænɪfɛst] vt manifester ▷ adj manifeste, évident(e)

manifesto [mænɪˈfɛstəu] n (Pol) manifeste m

manipulate [məˈnɪpjuleɪt] vt manipuler; (system, situation) exploiter

man: mankind [mænˈkaɪnd] n humanité f, genre humain; **manly** adj viril(e); **man-made** adj artificiel(le); (fibre) synthétique

manner ['mænə'] n manière f, façon f; (behaviour) attitude f, comportement m; **manners** npl: **(good) ~s** (bonnes) manières; **bad ~s** mauvaises manières; **all ~ of** toutes sortes de

manoeuvre (US **maneuver**) [məˈnuːvə'] vt (move) manœuvrer; (manipulate: person) manipuler; (: situation) exploiter ▷ n manœuvre f

manpower ['mænpauə'] n main-d'œuvre f

mansion ['mænʃən] n château m, manoir m

manslaughter ['mænslɔːtə'] n homicide m involontaire

mantelpiece ['mæntlpiːs] n cheminée f

manual ['mænjuəl] adj manuel(le) ▷ n manuel m

manufacture [mænjuˈfæktʃə'] vt fabriquer ▷ n fabrication f; **manufacturer** n fabricant m

manure [məˈnjuə'] n fumier m; (artificial) engrais m

manuscript ['mænjuskrɪpt] n manuscrit m

many ['mɛnɪ] adj beaucoup de, de nombreux(-euses) ▷ pron beaucoup, un grand nombre; **a great ~** un grand nombre (de); **~ a ...** bien des ..., plus d'un(e) ...

map [mæp] n carte f; (of town) plan m; **can you show it to me on the ~?**

pouvez-vous me l'indiquer sur la carte?;
map out vt tracer; (fig: task) planifier
maple ['meɪpl] n érable m
Mar abbr = **March**
mar [mɑːʳ] vt gâcher, gâter
marathon ['mærəθən] n marathon m
marble ['mɑːbl] n marbre m; (toy) bille f
March [mɑːtʃ] n mars m
march [mɑːtʃ] vi marcher au pas;
(demonstrators) défiler ▷ n marche f;
(demonstration) manifestation f
mare [mɛəʳ] n jument f
margarine [mɑːdʒəˈriːn] n margarine f
margin ['mɑːdʒɪn] n marge f; **marginal**
adj marginal(e); **marginal seat** (Pol)
siège disputé; **marginally** adv très
légèrement, sensiblement
marigold ['mærɪgəʊld] n souci m
marijuana [mærɪˈwɑːnə] n
marijuana f
marina [məˈriːnə] n marina f
marinade n [mærɪˈneɪd] marinade f
marinate ['mærɪneɪt] vt (faire)
mariner
marine [məˈriːn] adj marin(e) ▷ n
fusilier marin; (us) marine m
marital ['mærɪtl] adj matrimonial(e);
marital status n situation f de famille
maritime ['mærɪtaɪm] adj maritime
marjoram ['mɑːdʒərəm] n
marjolaine f
mark [mɑːk] n marque f; (of skid
etc) trace f; (BRIT Scol) note f; (oven
temperature): **(gas) ~ 4** thermostat m 4
▷ vt (also Sport: player) marquer; (stain)
tacher; (BRIT Scol) corriger, noter; **to
~ time** marquer le pas; **marked** adj
(obvious) marqué(e), net(te); **marker** n
(sign) jalon m; (bookmark) signet m
market ['mɑːkɪt] n marché m ▷ vt
(Comm) commercialiser; **marketing** n
marketing m; **marketplace** n place f
du marché; (Comm) marché m; **market
research** n étude f de marché
marmalade ['mɑːməleɪd] n confiture
f d'oranges
maroon [məˈruːn] vt: **to be ~ed** être
abandonné(e); (fig) être bloqué(e) ▷ adj

(colour) bordeaux inv
marquee [mɑːˈkiː] n chapiteau m
marriage ['mærɪdʒ] n mariage m;
marriage certificate n extrait m
d'acte de mariage
married ['mærɪd] adj marié(e); (life,
love) conjugal(e)
marrow ['mærəʊ] n (of bone) moelle f;
(vegetable) courge f
marry ['mærɪ] vt épouser, se marier
avec; (subj: father, priest etc) marier ▷ vi
(also: **get married**) se marier
Mars [mɑːz] n (planet) Mars f
Marseilles [mɑːˈseɪ] n Marseille f
marsh [mɑːʃ] n marais m, marécage m
marshal ['mɑːʃl] n maréchal m; (us: fire,
police) ≈ capitaine m; (for demonstration,
meeting) membre m du service d'ordre
▷ vt rassembler
martyr ['mɑːtəʳ] n martyr(e)
marvel ['mɑːvl] n merveille f ▷ vi: **to ~
(at)** s'émerveiller (de); **marvellous** (us
marvelous) adj merveilleux(-euse)
Marxism ['mɑːksɪzəm] n marxisme m
Marxist ['mɑːksɪst] adj, n marxiste
(m/f)
marzipan ['mɑːzɪpæn] n pâte f
d'amandes
mascara [mæsˈkɑːrə] n mascara m
mascot ['mæskət] n mascotte f
masculine ['mæskjulɪn] adj
masculin(e) ▷ n masculin m
mash [mæʃ] vt (Culin) faire une purée
de; **mashed potato(es)** n(pl) purée f de
pommes de terre
mask [mɑːsk] n masque m ▷ vt
masquer
mason ['meɪsn] n (also: **stone~**)
maçon m; (also: **free~**) franc-maçon m;
masonry n maçonnerie f
mass [mæs] n multitude f, masse
f; (Physics) masse; (Rel) messe f
▷ cpd (communication) de masse;
(unemployment) massif(-ive) ▷ vi se
masser; **masses** npl: **the ~es** les
masses; **~es of** (inf) des tas de
massacre ['mæsəkəʳ] n massacre m
massage ['mæsɑːʒ] n massage m

▷ vt masser

massive ['mæsɪv] adj énorme, massif(-ive)

mass media npl mass-media mpl

mass-produce ['mæsprə'djuːs] vt fabriquer en série

mast [mɑːst] n mât m; (Radio, TV) pylône m

master ['mɑːstər] n maître m; (in secondary school) professeur m; (in primary school) instituteur m; (title for boys): **M~ X** Monsieur X ▷ vt maîtriser; (learn) apprendre à fond; **M~ of Arts/ Science (MA/MSc)** n = titulaire m/f d'une maîtrise (en lettres/science); **M~ of Arts/Science degree (MA/MSc)** n = maîtrise f; **mastermind** n esprit supérieur ▷ vt diriger, être le cerveau de; **masterpiece** n chef-d'œuvre m

masturbate ['mæstəbeɪt] vi se masturber

mat [mæt] n petit tapis; (also: **door~**) paillasson m; (also: **table~**) set m de table ▷ adj = **matt**

match [mætʃ] n allumette f; (game) match m, partie f; (fig) égal(e) ▷ vt (also: **~ up**) assortir; (go well with) aller bien avec, s'assortir à; (equal) égaler, valoir ▷ vi être assorti(e); **to be a good ~** être bien assorti(e); **matchbox** n boîte f d'allumettes; **matching** adj assorti(e)

mate [meɪt] n (inf) copain (copine); (animal) partenaire m/f, mâle (femelle); (in merchant navy) second m ▷ vi s'accoupler

material [mə'tɪərɪəl] n (substance) matière f, matériau m; (cloth) tissu m, étoffe f; (information, data) données fpl ▷ adj matériel(le); (relevant: evidence) pertinent(e); **materials** npl (equipment) matériaux mpl

materialize [mə'tɪərɪəlaɪz] vi se matérialiser, se réaliser

maternal [mə'tɜːnl] adj maternel(le)

maternity [mə'tɜːnɪtɪ] n maternité f; **maternity hospital** n maternité f; **maternity leave** n congé m de maternité

math [mæθ] n (US: = mathematics) maths fpl

mathematical [mæθə'mætɪkl] adj mathématique

mathematician [mæθəmə'tɪʃən] n mathématicien(ne)

mathematics [mæθə'mætɪks] n mathématiques fpl

maths [mæθs] n abbr (BRIT: = mathematics) maths fpl

matinée ['mætɪneɪ] n matinée f

matron ['meɪtrən] n (in hospital) infirmière-chef f; (in school) infirmière f

matt [mæt] adj mat(e)

matter ['mætər] n question f; (Physics) matière f, substance f; (Med: pus) pus m ▷ vi importer; **matters** npl (affairs, situation) la situation; **it doesn't ~** cela n'a pas d'importance; (I don't mind) cela ne fait rien; **what's the ~?** qu'est-ce qu'il y a?, qu'est-ce qui ne va pas?; **no ~ what** quoi qu'il arrive; **as a ~ of course** tout naturellement; **as a ~ of fact** en fait; **reading ~** (BRIT) de quoi lire, de la lecture

mattress ['mætrɪs] n matelas m

mature [mə'tjuər] adj mûr(e); (cheese) fait(e); (wine) arrivé(e) à maturité ▷ vi mûrir; (cheese, wine) se faire; **mature student** n étudiant(e) plus âgé(e) que la moyenne; **maturity** n maturité f

maul [mɔːl] vt lacérer

mauve [məuv] adj mauve

max abbr = **maximum**

maximize ['mæksɪmaɪz] vt (profits etc, chances) maximiser

maximum ['mæksɪməm] (pl **maxima**) adj maximum ▷ n maximum m

May [meɪ] n mai m

may [meɪ] (conditional **might**) vi (indicating possibility): **he ~ come** il se peut qu'il vienne; (be allowed to): **~ I smoke?** puis-je fumer?; (wishes): **~ God bless you!** que Dieu vous bénisse!; **you ~ as well go** vous feriez aussi bien d'y aller

maybe ['meɪbiː] adv peut-être; **~ he'll ...** peut-être qu'il ...

m

May Day n le Premier mai

mayhem ['meɪhem] n grabuge m

mayonnaise [meɪə'neɪz] n mayonnaise f

mayor ['mɛə'] n maire m; **mayoress** n (female mayor) maire m; (wife of mayor) épouse f du maire

maze [meɪz] n labyrinthe m, dédale m

MD n abbr (Comm) = **managing director**

me [miː] pron me, m' + vowel or h mute; (stressed, after prep) moi; **it's me** c'est moi; **he heard me** il m'a entendu; **give me a book** donnez-moi un livre; **it's for me** c'est pour moi

meadow ['mɛdəʊ] n prairie f, pré m

meagre (US **meager**) ['miːgə'] adj maigre

meal [miːl] n repas m; (flour) farine f; **mealtime** n heure f du repas

mean [miːn] adj (with money) avare, radin(e); (unkind) mesquin(e), méchant(e); (shabby) misérable; (average) moyen(ne) ▷ vt (pt, pp **~t**) (signify) signifier, vouloir dire; (refer to) faire allusion à, parler de; (intend): **to ~ to do** avoir l'intention de faire ▷ n moyenne f; **means** npl (way, money) moyens mpl; **by ~s of** (instrument) au moyen de; **by all ~s** je vous en prie; **to be ~t for** être destiné(e) à; **do you ~ it?** vous êtes sérieux?; **what do you ~?** que voulez-vous dire?

meaning ['miːnɪŋ] n signification f, sens m; **meaningful** adj significatif(-ive); (relationship) valable; **meaningless** adj dénué(e) de sens

meant [mɛnt] pt, pp of **mean**

meantime ['miːntaɪm] adv (also: **in the ~**) pendant ce temps

meanwhile ['miːnwaɪl] adv = **meantime**

measles ['miːzlz] n rougeole f

measure ['mɛʒə'] vt, vi mesurer ▷ n mesure f; (ruler) règle f (graduée)

measurements ['mɛʒəmənts] npl mesures fpl; **chest/hip ~** tour m de poitrine/hanches

meat [miːt] n viande f; **I don't eat ~** je ne mange pas de viande; **cold ~s** (BRIT) viandes froides; **meatball** n boulette f de viande

Mecca ['mɛkə] n La Mecque

mechanic [mɪ'kænɪk] n mécanicien m; **can you send a ~?** pouvez-vous nous envoyer un mécanicien?; **mechanical** adj mécanique

mechanism ['mɛkənɪzəm] n mécanisme m

medal ['mɛdl] n médaille f; **medallist** (US **medalist**) n (Sport) médaillé(e)

meddle ['mɛdl] vi: **to ~ in** se mêler de, s'occuper de; **to ~ with** toucher à

media ['miːdɪə] npl media mpl ▷ npl of **medium**

mediaeval [mɛdɪ'iːvl] adj = **medieval**

mediate ['miːdɪeɪt] vi servir d'intermédiaire

medical ['mɛdɪkl] adj médical(e) ▷ n (also: **~ examination**) visite médicale f; (private) examen médical; **medical certificate** n certificat médical

medicated ['mɛdɪkeɪtɪd] adj traitant(e), médicamenteux(-euse)

medication [mɛdɪ'keɪʃən] n (drugs etc) médication f

medicine ['mɛdsɪn] n médecine f; (drug) médicament m

medieval [mɛdɪ'iːvl] adj médiéval(e)

mediocre [miːdɪ'əʊkə'] adj médiocre

meditate ['mɛdɪteɪt] vi: **to ~ (on)** méditer (sur)

meditation [mɛdɪ'teɪʃən] n méditation f

Mediterranean [mɛdɪtə'reɪnɪən] adj méditerranéen(ne); **the ~ (Sea)** la (mer) Méditerranée

medium ['miːdɪəm] adj moyen(ne) ▷ n (pl media: means) moyen m; (pl **~s**: person) médium m; **the happy ~** le juste milieu; **medium-sized** adj de taille moyenne; **medium wave** n (Radio) ondes moyennes, petites ondes

meek [miːk] adj doux (douce), humble

meet (pt, pp **met**) [miːt, mɛt] vt rencontrer; (by arrangement) retrouver, rejoindre; (for the first time) faire la connaissance de; (go and fetch) **I'll ~ you at the station** j'irai te chercher à la gare; (opponent, danger, problem) faire face à; (requirements) satisfaire à, répondre à ▷ vi (friends) se rencontrer; se retrouver; (in session) se réunir; (join: lines, roads) se joindre; **nice ~ing you** ravi d'avoir fait votre connaissance; **meet up** vi: **to ~ up with sb** rencontrer qn; **meet with** vt fus (difficulty) rencontrer; **to ~ with success** être couronné(e) de succès; **meeting** n (of group of people) réunion f; (between individuals) rendez-vous m; **she's at or in a meeting** (Comm) elle est en réunion; **meeting place** n lieu m de (la) réunion; (for appointment) lieu de rendez-vous

negabyte ['megabait] n (Comput) méga-octet m

negaphone ['megafǝun] n porte-voix m inv

negapixel ['megapiksl] n mégapixel m

melancholy ['melǝnkǝli] n mélancolie f ▷ adj mélancolique

melody ['melǝdi] n mélodie f

melon ['melǝn] n melon m

melt [melt] vi fondre ▷ vt faire fondre

member ['membǝr] n membre m; **Member of Congress** (us) n membre m du Congrès, = député m; **Member of Parliament (MP)** (BRIT) député m; **Member of the European Parliament (MEP)** n Eurodéputé m; **Member of the House of Representatives (MHR)** n (us) membre m de la Chambre des représentants; **Member of the Scottish Parliament (MSP)** (BRIT) député m au Parlement écossais; **membership** n (becoming a member) adhésion f; admission f; (the members) membres mpl, adhérents mpl; **membership card** n carte f de membre

memento [mǝ'mentǝu] n souvenir m

memo ['memǝu] n note f (de service)

memorable ['memǝrǝbl] adj mémorable

memorandum (pl **memoranda**) [memǝ'rændǝm, -dǝ] n note f (de service)

memorial [mɪ'mɔːrɪǝl] n mémorial m ▷ adj commémoratif(-ive)

memorize ['memǝraɪz] vt apprendre or retenir par cœur

memory ['memǝri] n (also Comput) mémoire f; (recollection) souvenir m; **in ~ of** à la mémoire de; **memory card** n (for digital camera) carte f mémoire; **memory stick** n (Comput: flash pen) clé f USB; (: card) carte f mémoire

men [men] npl of **man**

menace ['menis] n menace f; (inf: nuisance) peste f, plaie f ▷ vt menacer

mend [mend] vt réparer; (darn) raccommoder, repriser ▷ n: **on the ~** en voie de guérison; **to ~ one's ways** s'amender

meningitis [menin'dʒaitis] n méningite f

menopause ['menǝupɔːz] n ménopause f

men's room (us) n: **the men's room** les toilettes fpl pour hommes

menstruation [menstru'eɪʃǝn] n menstruation f

menswear ['menzwɛǝr] n vêtements mpl d'hommes

mental ['mentl] adj mental(e); **mental hospital** n hôpital m psychiatrique; **mentality** [men'tæliti] n mentalité f; **mentally** adv: **to be mentally handicapped** être handicapé(e) mental(e); **the mentally ill** les malades mentaux

menthol ['menθɒl] n menthol m

mention ['menʃǝn] n mention f ▷ vt mentionner, faire mention de; **don't ~ it!** je vous en prie, il n'y a pas de quoi

menu ['menjuː] n (set menu, Comput) menu m; (list of dishes) carte f

MEP n abbr = **Member of the European Parliament**

mercenary ['mǝːsinǝri] adj (person) intéressé(e), mercenaire ▷ n mercenaire m

merchandise ['mɜːtʃəndaɪz] n
marchandises fpl

merchant ['mɜːtʃənt] n négociant
m, marchand m; **merchant bank** n
(BRIT) banque f d'affaires; **merchant
navy** (US **merchant marine**) n marine
marchande

merciless ['mɜːsɪlɪs] adj impitoyable,
sans pitié

mercury ['mɜːkjʊrɪ] n mercure m

mercy ['mɜːsɪ] n pitié f, merci f; (Rel)
miséricorde f; **at the ~ of** à la merci de

mere [mɪə*] adj simple; (chance) pur(e):
a ~ two hours seulement deux heures;
merely adv simplement, purement

merge [mɜːdʒ] vt unir; (Comput)
fusionner, interclasser ▷ vi (colours,
shapes, sounds) se mêler; (roads) se
joindre; (Comm) fusionner; **merger** n
(Comm) fusion f

meringue [mə'ræŋ] n meringue f

merit ['merɪt] n mérite m, valeur f ▷ vt
mériter

mermaid ['mɜːmeɪd] n sirène f

merry ['merɪ] adj gai(e); **M~
Christmas!** joyeux Noël!; **merry-go-
round** n manège m

mesh [meʃ] n mailles fpl

mess [mes] n désordre m, fouillis m,
pagaille f; (muddle: of life) gâchis m;
(: of economy) pagaille f; (dirt) saleté f;
(Mil) mess m, cantine f; **to be (in) a ~**
être en désordre; **to be/get o.s. in a
~** (fig) être/se mettre dans le pétrin;
mess about or around (inf) vi perdre
son temps; **mess up** vt (dirty) salir;
(spoil) gâcher; **mess with** (inf) vt fus
(challenge, confront) se frotter à; (interfere
with) toucher à

message ['mesɪdʒ] n message m; **can I
leave a ~?** est-ce que je peux laisser un
message?; **are there any ~s for me?**
est-ce que j'ai des messages?

messenger ['mesɪndʒə*] n messager m

Messrs, Messrs. ['mesəz] abbr (on
letters: = messieurs) MM

messy ['mesɪ] adj (dirty) sale; (untidy)
en désordre

met [met] pt, pp **of meet**

metabolism [me'tæbəlɪzəm] n
métabolisme m

metal ['metl] n métal m ▷ cpd en métal;
metallic [me'tælɪk] adj métallique

metaphor ['metəfə*] n métaphore f

meteor ['miːtɪə*] n météore m;
meteorite ['miːtɪəraɪt] n météorite
m or f

meteorology [miːtɪə'rɔlədʒɪ] n
météorologie f

meter ['miːtə*] n (instrument) compteur
m; (also: **parking ~**) parc(o)mètre m; (US:
unit) = **metre** ▷ vt (US Post) affranchir
à la machine

method ['meθəd] n méthode f;
methodical [mɪ'θɔdɪkl] adj
méthodique

methylated spirit ['meθɪleɪtɪd-] n
(BRIT: also: **meths**) alcool m à brûler

meticulous [me'tɪkjʊləs] adj
méticuleux(-euse)

metre (US **meter**) ['miːtə*] n mètre m

metric ['metrɪk] adj métrique

metro ['metrəʊ] n métro m

metropolitan [metrə'pɔlɪtən] adj
métropolitain(e); **the M~ Police** (BRIT)
la police londonienne

Mexican ['meksɪkən] adj mexicain(e)
▷ n Mexicain(e)

Mexico ['meksɪkəʊ] n Mexique m

mg abbr (= milligram) mg

mice [maɪs] npl **of mouse**

micro... ['maɪkrəʊ] prefix: **microchip**
n (Elec) puce f; **microphone** n
microphone m; **microscope** n
microscope m; **microwave** n (also:
microwave oven) four m à micro-
ondes

mid [mɪd] adj: **~ May** la mi-mai; **~
afternoon** le milieu de l'après-midi; **in
~ air** en plein ciel; **he's in his ~ thirties**
il a dans les trente-cinq ans; **midday**
n midi m

middle ['mɪdl] n milieu m; (waist)
ceinture f, taille f ▷ adj du milieu;
(average) moyen(ne); **in the ~ of the
night** au milieu de la nuit; **middle-**

aged adj d'un certain âge, ni vieux ni jeune; **Middle Ages** npl: **the Middle Ages** le moyen âge; **middle-class** adj bourgeois(e); **middle class(es)** n(pl): **the middle class(es)** n les classes moyennes; **Middle East** n: **the Middle East** le Proche-Orient, le Moyen-Orient; **middle name** n second prénom m (US) école pour les enfants de 12 à 14 ans; = collège m; (BRIT) école pour les enfants de 8 à 14 ans

midge [mɪdʒ] n moucheron m

midget ['mɪdʒɪt] n nain(e)

midnight ['mɪdnaɪt] n minuit m

midst [mɪdst] n: **in the ~ of** au milieu de

midsummer [mɪd'sʌmə'] n milieu m de l'été

midway [mɪd'weɪ] adj, adv: **~ (between)** à mi-chemin (entre); **~ through ...** au milieu de ..., en plein(e) ...

midweek [mɪd'wiːk] adv au milieu de la semaine, en pleine semaine

midwife (pl **midwives**) ['mɪdwaɪf, -vz] n sage-femme f

midwinter [mɪd'wɪntə'] n milieu m de l'hiver

might [maɪt] vb see **may** ▷ n puissance f, force f; **mighty** adj puissant(e)

migraine ['miːɡreɪn] n migraine f

migrant ['maɪɡrənt] n (bird, animal) migrateur m; (person) migrant(e) ▷ adj migrateur(-trice); migrant(e); (worker) saisonnier(-ière)

migrate [maɪ'ɡreɪt] vi migrer

migration [maɪ'ɡreɪʃən] n migration f

mike [maɪk] n abbr (= microphone) micro m

mild [maɪld] adj doux(douce); (reproach, infection) léger(-ère); (illness) bénin(-igne); (interest) modéré(e); (taste) peu relevé(e); **mildly** ['maɪldlɪ] adv doucement; légèrement; **to put it mildly** (inf) c'est le moins qu'on puisse dire

mile [maɪl] n mil(l)e m (= 1609 m); **mileage** n distance f en milles, ≈ kilométrage m; **mileometer**

[maɪ'lɔmɪtə'] n compteur m kilométrique; **milestone** n borne f; (fig) jalon m

military ['mɪlɪtərɪ] adj militaire

militia [mɪ'lɪʃə] n milice f

milk [mɪlk] n lait m ▷ vt (cow) traire; (fig: person) dépouiller, plumer; (: situation) exploiter à fond; **milk chocolate** n chocolat m au lait; **milkman** (irreg) n laitier m; **milky** (drink) au lait; (colour) laiteux(-euse)

mill [mɪl] n moulin m; (factory) usine f, fabrique f; (spinning mill) filature f; (flour mill) minoterie f ▷ vt moudre, broyer ▷ vi (also: **~ about**) grouiller

millennium (pl **~s** or **millennia**) [mɪ'lenɪəm, -'lenɪə] n millénaire m

milli... ['mɪlɪ] prefix milli...; **milligram(me)** n milligramme m; **millilitre** (US **milliliter**) ['mɪlɪliːtə'] n millilitre m; **millimetre** (US **millimeter**) n millimètre m

million ['mɪljən] n million m; **a ~ pounds** un million de livres sterling; **millionaire** [mɪljə'nɛə'] n millionnaire m; **millionth** [-θ] num millionième

milometer [maɪ'lɔmɪtə'] n = **mileometer**

mime [maɪm] n mime m ▷ vt, vi mimer

mimic ['mɪmɪk] n imitateur(-trice) ▷ vt, vi imiter, contrefaire

min. abbr (= minute(s)) mn.; (= minimum) min.

mince [mɪns] vt hacher ▷ n (BRIT Culin) viande hachée, hachis m; **mincemeat** n hachis de fruits secs utilisés en pâtisserie; (US) viande hachée; **mince pie** n sorte de tarte aux fruits secs

mind [maɪnd] n esprit m ▷ vt (attend to, look after) s'occuper de; (be careful) faire attention à; (object to): **I don't ~ the noise** je ne crains pas le bruit, le bruit ne me dérange pas; **it is on my ~** cela me préoccupe; **to change one's ~** changer d'avis; **to my ~** à mon avis, selon moi; **to bear sth in ~** tenir compte de qch; **to have sb/sth**

in ~ avoir qn/qch en tête; **to make up one's ~** se décider; **do you ~ if ...?** est-ce que cela vous gêne si ...?; **I don't ~** cela ne me dérange pas; (*don't care*) ça m'est égal; **~ you, ...** remarquez, ...; **never** ~ peu importe, ça ne fait rien; (*don't worry*) ne vous en faites pas; **"~ the step"** "attention à la marche"; **mindless** *adj* irréfléchi(e); (*violence, crime*) insensé(e); (*boring: job*) idiot(e)

mine¹ [maɪn] *pron* le (la) mien(ne), les miens (miennes); **a friend of ~** un de mes amis, un ami à moi; **this book is ~** ce livre est à moi

mine² [maɪn] *n* mine *f* ⊳ *vt* (*coal*) extraire; (*ship, beach*) miner; **minefield** *n* champ *m* de mines; **miner** *n* mineur *m*

mineral ['mɪnərəl] *adj* minéral(e) ⊳ *n* minéral *m*; **mineral water** *n* eau minérale

mingle ['mɪŋɡl] *vi*: **to ~ with** se mêler à

miniature ['mɪnətʃər] *adj* (en) miniature ⊳ *n* miniature *f*

minibar ['mɪnɪbɑːʳ] *n* minibar *m*

minibus ['mɪnɪbʌs] *n* minibus *m*

minicab ['mɪnɪkæb] *n* (BRIT) taxi *m* indépendant

minimal ['mɪnɪml] *adj* minimal(e)

minimize ['mɪnɪmaɪz] *vt* (*reduce*) réduire au minimum; (*play down*) minimiser

minimum ['mɪnɪməm] *n* (*pl* **minima** ['mɪnɪmə]) minimum *m* ⊳ *adj* minimum

mining ['maɪnɪŋ] *n* exploitation minière

miniskirt ['mɪnɪskəːt] *n* mini-jupe *f*

minister ['mɪnɪstəʳ] *n* (BRIT Pol) ministre *m*; (Rel) pasteur *m*

ministry ['mɪnɪstrɪ] *n* (BRIT Pol) ministère *m*; (Rel): **to go into the ~** devenir pasteur

minor ['maɪnəʳ] *adj* petit(e), de peu d'importance; (Mus, *poet, problem*) mineur(e) ⊳ *n* (Law) mineur(e)

minority [maɪˈnɔrɪtɪ] *n* minorité *f*

mint [mɪnt] *n* (*plant*) menthe *f*; (*sweet*) bonbon *m* à la menthe ⊳ *vt* (*coins*)

battre; **the (Royal) M~**, **the (US) M~** = l'hôtel *m* de la Monnaie; **in ~ condition** à l'état de neuf

minus ['maɪnəs] *n* (*also*: **~ sign**) signe *m* moins ⊳ *prep* moins; **12 ~ 6 equals 6** 12 moins 6 égal 6; **~ 24 °C** moins 24 °C

minute¹ *n* ['mɪnɪt] minute *f*; **minutes** *npl* (*of meeting*) procès-verbal *m*, compte rendu; **wait a ~!** (attendez) un instant!; **at the last ~** à la dernière minute

minute² *adj* [maɪˈnjuːt] minuscule; (*detailed*) minutieux(-euse); **in ~ detail** par le menu

miracle ['mɪrəkl] *n* miracle *m*

miraculous [mɪˈrækjuləs] *adj* miraculeux(-euse)

mirage ['mɪrɑːʒ] *n* mirage *m*

mirror ['mɪrəʳ] *n* miroir *m*, glace *f*; (in car) rétroviseur *m*

misbehave [mɪsbɪˈheɪv] *vi* mal se conduire

misc. *abbr* = **miscellaneous**

miscarriage ['mɪskærɪdʒ] *n* (Med) fausse couche; **~ of justice** erreur *f* judiciaire

miscellaneous [mɪsɪˈleɪnɪəs] *adj* (*items, expenses*) divers(es); (*selection*) varié(e)

mischief ['mɪstʃɪf] *n* (*naughtiness*) sottises *fpl*; (*playfulness*) espièglerie *f*; (*harm*) mal *m*, dommage *m*; (*maliciousness*) méchanceté *f*;

mischievous ['mɪstʃɪvəs] *adj* (*playful, naughty*) coquin(e), espiègle

misconception ['mɪskənˈsepʃən] *n* idée fausse

misconduct [mɪsˈkɔndʌkt] *n* inconduite *f*; **professional ~** faute professionnelle

miser ['maɪzəʳ] *n* avare *m/f*

miserable ['mɪzərəbl] *adj* (*person, expression*) malheureux(-euse); (*conditions*) misérable; (*weather*) maussade; (*offer, donation*) minable; (*failure*) pitoyable

misery ['mɪzərɪ] *n* (*unhappiness*) tristesse *f*; (*pain*) souffrances *fpl*;

(wretchedness) misère f

misfortune [mɪsˈfɔːtʃən] n malchance f, malheur m

misgiving [mɪsˈgɪvɪŋ] n (apprehension) craintes fpl; **to have ~s about sth** avoir des doutes quant à qch

misguided [mɪsˈgaɪdɪd] adj malavisé(e)

mishap [ˈmɪshæp] n mésaventure f

misinterpret [mɪsɪnˈtɜːprɪt] vt mal interpréter

misjudge [mɪsˈdʒʌdʒ] vt méjuger, se méprendre sur le compte de

mislay [mɪsˈleɪ] vt (irreg: like **lay**) égarer

mislead [mɪsˈliːd] vt (irreg: like **lead**) induire en erreur; **misleading** adj trompeur(-euse)

misplace [mɪsˈpleɪs] vt égarer; **to be ~d** (trust etc) être mal placé(e)

misprint [ˈmɪsprɪnt] n faute f d'impression

misrepresent [mɪsreprɪˈzent] vt présenter sous un faux jour

Miss [mɪs] n Mademoiselle

miss [mɪs] vt (fail to get, attend, see) manquer, rater; (regret the absence of): **I ~ him/it** il/cela me manque ▷ n (shot) coup manqué; **we ~ed our train** nous avons raté notre train; **you can't ~ it** vous ne pouvez pas vous tromper; **miss out** vt (BRIT) oublier; **miss out on** vt fus (fun, party) rater, manquer; (chance, bargain) laisser passer

missile [ˈmɪsaɪl] n (Aviat) missile m; (object thrown) projectile m

missing [ˈmɪsɪŋ] adj manquant(e); (after escape, disaster: person) disparu(e); **to go ~** disparaître; **~ in action** (Mil) porté(e) disparu(e)

mission [ˈmɪʃən] n mission f; **on a ~ to sb** en mission auprès de qn; **missionary** n missionnaire m/f

misspell [ˈmɪsˈspel] vt (irreg: like **spell**) mal orthographier

mist [mɪst] n brume f ▷ vi (also: **~ over**, **~ up**) devenir brumeux(-euse); (BRIT: windows) s'embuer

mistake [mɪsˈteɪk] n erreur f, faute

f ▷ vt (irreg: like **take**) (meaning) mal comprendre; (intentions) se méprendre sur; **to ~ for** prendre pour; **by ~** par erreur, par inadvertance; **to make a ~** (in writing) faire une faute; (in calculating etc) faire une erreur; **there must be some ~** il doit y avoir une erreur, se tromper; **mistaken** pp of **mistake** ▷ adj (idea etc) erroné(e); **to be mistaken** faire erreur, se tromper

mister [ˈmɪstə*] n (inf) Monsieur m; see **Mr**

mistletoe [ˈmɪsltəʊ] n gui m

mistook [mɪsˈtuk] pt of **mistake**

mistress [ˈmɪstrɪs] n maîtresse f; (BRIT: in primary school) institutrice f; (: in secondary school) professeur m

mistrust [mɪsˈtrʌst] vt se méfier de

misty [ˈmɪsti] adj brumeux(-euse); (glasses, window) embué(e)

misunderstand [mɪsʌndəˈstænd] vt, vi (irreg: like **stand**) mal comprendre; **misunderstanding** n méprise f, malentendu m; **there's been a misunderstanding** il y a eu un malentendu

misunderstood [mɪsʌndəˈstud] pt, pp of **misunderstand** ▷ adj (person) incompris(e)

misuse n [mɪsˈjuːs] mauvais emploi; (of power) abus m ▷ vt [mɪsˈjuːz] mal employer; abuser de

mitt(en) [ˈmɪt(n)] n moufle f; (fingerless) mitaine f

mix [mɪks] vt mélanger; (sauce, drink etc) préparer ▷ vi se mélanger; (socialize): **he doesn't ~ well** il est peu sociable ▷ n mélange m; **to ~ sth with sth** mélanger qch à qch; **cake ~** préparation f pour gâteau; **mix up** vt mélanger; (confuse) confondre; **to be ~ed up in sth** être mêlé(e) à qch ou impliqué(e) dans qch; **mixed** adj (feelings, reactions) contradictoire; (school, marriage) mixte; **mixed grill** n (BRIT) assortiment m de grillades; **mixed salad** n salade f de crudités; **mixed-up** adj (person) désorienté(e), embrouillé(e); **mixer** n *(for food)* batteur m, mixeur m; *(drink)* boisson gazeuse; *(person)*: **he is a good mixer** il est très sociable; **mixture** n assortiment m, mélange m; *(Med)* préparation f; **mix-up** n: **there was a mix-up** il y a eu confusion

ml abbr *(= millilitre(s))* ml

mm abbr *(= millimetre)* mm

moan [məʊn] n gémissement m ▷ vi gémir; *(inf: complain)*: **to ~ (about)** se plaindre (de)

moat [məʊt] n fossé m, douves fpl

mob [mɒb] n foule f; *(disorderly)* cohue f ▷ vt assaillir

mobile ['məʊbaɪl] adj mobile ▷ n *(Art)* mobile m; **mobile home** n caravane f; **mobile phone** n *(téléphone m)* portable m, mobile m

mobility [məʊ'bɪlɪtɪ] n mobilité f

mobilize ['məʊbɪlaɪz] vt, vi mobiliser

mock [mɒk] vt ridiculiser; *(laugh at)* se moquer de ▷ adj faux (fausse); **mocks** npl *(BRIT: Scol)* examens blancs; **mockery** n moquerie f, raillerie f

mod cons ['mɒd'kɒnz] npl abbr *(BRIT)* = **modern conveniences**; *see* **convenience**

mode [məʊd] n *(of transport)* moyen m

model ['mɒdl] n modèle m; *(person: for fashion)* mannequin m; *(: for artist)* modèle ▷ vt *(with clay etc)* modeler ▷ vi travailler comme mannequin ▷ adj *(railway: toy)* modèle réduit inv; *(child, factory)* modèle; **to ~ clothes** présenter des vêtements; **to ~ o.s. on** imiter

modem ['məʊdɛm] n modem m

moderate adj ['mɒdərət] modéré(e); *(amount, change)* peu important(e) ▷ vb ['mɒdəreɪt] ▷ vi se modérer, se calmer ▷ vt modérer; **moderation** [mɒdə'reɪʃən] n modération f, mesure f; **in ~** à dose raisonnable, pris(e) or pratiqué(e) modérément

modern ['mɒdən] adj moderne; **modernize** vt moderniser; **modern languages** npl langues vivantes

modest ['mɒdɪst] adj modeste;

modesty n modestie f

modification [mɔdɪfɪ'keɪʃən] n modification f

modify ['mɔdɪfaɪ] vt modifier

module ['mɔdjuːl] n module etc

mohair ['məʊhɛəʳ] n mohair m

Mohammed [mə'hæmɛd] n Mahomet m

moist [mɔɪst] adj humide, moite; **moisture** ['mɔɪstʃəʳ] n humidité f; *(on glass)* buée f; **moisturizer** ['mɔɪstʃəraɪzəʳ] n crème hydratante

mold [məʊld] *(us)* = **mould** etc

mole [məʊl] n *(animal, spy)* taupe f; *(spot)* grain m de beauté

molecule ['mɔlɪkjuːl] n molécule f

molest [məʊ'lɛst] vt *(assault sexually)* attenter à la pudeur de

molten ['məʊltən] adj fondu(e); *(rock)* en fusion

mom [mɔm] *(us)* = **mum**

moment ['məʊmənt] n moment m, instant m; **at the ~** en ce moment; **momentarily** ['məʊməntrɪlɪ] adv momentanément; *(us: soon)* bientôt; **momentary** adj momentané(e), passager(-ère); **momentous** [məʊ'mɛntəs] adj important(e), capital(e)

momentum [məʊ'mɛntəm] n élan m, vitesse acquise; *(fig)* dynamique f; **to gather ~** prendre de la vitesse; *(fig)* gagner du terrain

mommy ['mɔmɪ] n *(us: mother)* maman f

Mon abbr *(= Monday)* l.

Monaco ['mɔnəkəʊ] n Monaco f

monarch ['mɔnək] n monarque m; **monarchy** n monarchie f

monastery ['mɔnəstərɪ] n monastère m

Monday ['mʌndɪ] n lundi m

monetary ['mʌnɪtərɪ] adj monétaire

money ['mʌnɪ] n argent m; **to make ~** *(person)* gagner de l'argent; *(business)* rapporter; **money belt** n ceinture-portefeuille f; **money order** n mandat m

mongrel ['mʌŋɡrəl] n (dog) bâtard m

monitor ['mɒnɪtə*] n (TV, Comput)
écran m, moniteur m ▷ vt contrôler;
(foreign station) être à l'écoute de;
(progress) suivre de près

monk [mʌŋk] n moine m

monkey ['mʌŋkɪ] n singe m

monologue ['mɒnəlɒɡ] n monologue m

monopoly [mə'nɒpəlɪ] n monopole m

monosodium glutamate
[mɒnə'səudɪəm 'ɡluːtəmeɪt] n
glutamate m de sodium

monotonous [mə'nɒtənəs] adj
monotone

monsoon [mɒn'suːn] n mousson f

monster ['mɒnstə*] n monstre m

month [mʌnθ] n mois m; **monthly** adj
mensuel(le) ▷ adv mensuellement

Montreal [mɒntrɪ'ɔːl] n Montréal

monument ['mɒnjumənt] n
monument m

mood [muːd] n humeur f, disposition
f; **to be in a good/bad ~** être de
bonne/mauvaise humeur; **moody**
adj (variable) d'humeur changeante,
lunatique; (sullen) morose, maussade

moon [muːn] n lune f; **moonlight** n
clair m de lune

moor [muə*] n lande f ▷ vt (ship)
amarrer ▷ vi mouiller

moose [muːs] n (pl inv) élan m

mop [mɒp] n balai m à laver; (for dishes)
lavette f à vaisselle ▷ vt éponger,
essuyer; **~ of hair** tignasse f; **mop up**
vt éponger

mope [məup] vi avoir le cafard, se
morfondre

moped ['məupɛd] n cyclomoteur m

moral ['mɒrl] adj moral(e) ▷ n morale f;
morals npl moralité f

morale [mɒ'rɑːl] n moral m

morality [mə'rælɪtɪ] n moralité f

morbid ['mɔːbɪd] adj morbide

 KEYWORD

more [mɔː*] adj 1 (greater in number
etc) plus (de), davantage (de); **more
people/work (than)** plus de gens/de
travail (que)

2 (additional) encore (de); **do you want
(some) more tea?** voulez-vous encore
du thé?; **is there any more wine?**
reste-t-il du vin?; **I have no** or **I don't
have any more money** je n'ai plus
d'argent; **it'll take a few more weeks**
ça prendra encore quelques semaines
▷ pron plus, davantage; **more than
10** plus de 10; **it cost more than we
expected** cela a coûté plus que prévu; **I
want more** j'en veux plus or davantage;
is there any more? est-ce qu'il en
reste?; **there's no more** il n'y en a plus;
a little more un peu plus; **many/much
more** beaucoup plus, bien davantage
▷ adv plus; **more dangerous/easily
(than)** plus dangereux/facilement
(que); **more and more expensive** de
plus en plus cher; **more or less** plus
ou moins; **more than ever** plus que
jamais; **once more** encore une fois,
une fois de plus

moreover [mɔː'rəuvə*] adv de plus

morgue [mɔːɡ] n morgue f

morning ['mɔːnɪŋ] n matin m; (as
duration) matinée f ▷ cpd matinal(e);
(paper) du matin; **in the ~** le matin;
7 o'clock in the ~ 7 heures du matin;
morning sickness n nausées
matinales

Moroccan [mə'rɒkən] adj marocain(e)
▷ n Marocain(e)

Morocco [mə'rɒkəu] n Maroc m

moron ['mɔːrɒn] n idiot(e), minus m/f

morphine ['mɔːfiːn] n morphine f

morris dancing ['mɒrɪs-] n (BRIT)
danses folkloriques anglaises

● **MORRIS DANCING**
●
● Le **Morris dancing** est une
● danse folklorique anglaise
● traditionnellement réservée aux
● hommes. Habillés tout en blanc
● et portant des clochettes, ils

m

● exécutent différentes figures avec
des mouchoirs et de longs bâtons.
● Cette danse est très populaire dans
les fêtes de village.

Morse [mɔːs] n (also: **~ code**) morse m

mortal [ˈmɔːtl] adj, n mortel(le)

mortar [ˈmɔːtə^r] n mortier m

mortgage [ˈmɔːgɪdʒ] n hypothèque f;
(loan) prêt m (or crédit m) hypothécaire
▷ vt hypothéquer

mortician [mɔːˈtɪʃən] n (US)
entrepreneur m de pompes funèbres

mortified [ˈmɔːtɪfaɪd] adj mort(e)
de honte

mortuary [ˈmɔːtjuərɪ] n morgue f

mosaic [məˈzeɪɪk] n mosaïque f

Moscow [ˈmɔskəu] n Moscou

Moslem [ˈmɔzləm] adj, n = **Muslim**

mosque [mɔsk] n mosquée f

mosquito (pl **~es**) [mɔsˈkiːtəu] n
moustique m

moss [mɔs] n mousse f

most [məust] adj (majority of) la plupart
de; (greatest amount of) le plus de ▷ pron
la plupart ▷ adv le plus; (very) très,
extrêmement; **the ~** le plus; **~ fish** la
plupart des poissons; **the ~ beautiful
woman in the world** la plus belle
femme du monde; **~ of** (with plural) la
plupart de; (with singular) la plus grande
partie de; **~ of them** la plupart d'entre
eux; **~ of the time** la plupart du temps;
I saw ~ (a lot but not all) j'en ai vu la
plupart; (more than anyone else) c'est
moi qui en ai vu le plus; **at the (very)
~** au plus; **to make the ~ of** profiter
au maximum de; **mostly** adv (chiefly)
surtout, principalement; (usually)
généralement

MOT n abbr (BRIT) = **Ministry of
Transport**: **the ~ (test)** visite technique
(annuelle) obligatoire des véhicules à
moteur

motel [məuˈtel] n motel m

moth [mɔθ] n papillon m de nuit; (in
clothes) mite f

mother [ˈmʌðə^r] n mère f ▷ vt (pamper,

protect) dorloter; **motherhood** n
maternité f; **mother-in-law** n belle-
mère f; **mother-of-pearl** n nacre f;
Mother's Day n fête f des Mères;
mother-to-be n future maman;
mother tongue n langue maternelle

motif [məuˈtiːf] n motif m

motion [ˈməuʃən] n mouvement m;
(gesture) geste m; (at meeting) motion
f ▷ vt, vi: **to ~ (to) sb to do** faire signe à
qn de faire; **motionless** adj immobile,
sans mouvement; **motion picture**
n film m

motivate [ˈməutiveit] vt motiver

motivation [məutiˈveiʃən] n
motivation f

motive [ˈməutiv] n motif m, mobile m

motor [ˈməutə^r] n moteur m; (BRIT inf:
vehicle) auto f; **motorbike** n moto f;
motorboat n bateau m à moteur;
motorcar n (BRIT) automobile f;
motorcycle n moto f; **motorcyclist**
n motocycliste m/f; **motoring** (BRIT)
n tourisme m automobile; **motorist**
n automobiliste m/f; **motor racing** n
(BRIT) course f automobile; **motorway**
n (BRIT) autoroute f

motto (pl **~es**) [ˈmɔtəu] n devise f

mould (US **mold**) [məuld] n moule
m; (mildew) moisissure f ▷ vt mouler,
modeler; (fig) façonner; **mouldy** adj
moisi(e); (smell) de moisi

mound [maund] n monticule m,
tertre m

mount [maunt] n (hill) mont m,
montagne f; (horse) monture f; (for
picture) carton m de montage ▷ vt
monter; (horse) monter à; (bike) monter
sur; (picture) monter sur carton ▷ vi
(inflation, tension) augmenter; **mount
up** vi s'élever, monter; (bills, problems,
savings) s'accumuler

mountain [ˈmauntin] n montagne
f ▷ cpd de (la) montagne; **mountain
bike** n VTT m, vélo m tout terrain;
mountaineer n alpiniste m/f;
mountaineering n alpinisme m;
mountainous adj montagneux(-euse)

mountain range n chaîne f de montagnes

mourn [mɔːn] vt pleurer ▷ vi: **to ~ for sb** pleurer qn; **to ~ for sth** se lamenter sur qch; **mourner** n parent(e) m(f) du défunt; personne f en deuil or venue rendre hommage au défunt; **mourning** n deuil m; **in mourning** en deuil

mouse (pl **mice**) [maus, maɪs] n (also Comput) souris f; **mouse mat** n (Comput) tapis m de souris

moussaka [muˈsɑːkə] n moussaka f

mousse [muːs] n mousse f

moustache (us **mustache**) [məsˈtɑːʃ] n moustache(s) f(pl)

mouth (pl **mouths**) [mauθ, -ðz] n bouche f; (of dog, cat) gueule f; (of river) embouchure f; (of hole, cave) ouverture f; **mouthful** n bouchée f; **mouth organ** n harmonica m; **mouthpiece** n (of musical instrument) bec m, embouchure f; (spokesperson) porte-parole m inv; **mouthwash** n eau f dentifrice

move [muːv] n (movement) mouvement m; (in game) coup m; (: turn to play) tour m; (change of house) déménagement m; (change of job) changement m d'emploi ▷ vt déplacer, bouger, remuer; (traffic) circuler; (also: **~ house**) déménager; (in game) jouer; **can you ~ your car, please?** pouvez-vous déplacer votre voiture, s'il vous plaît?; **to ~ sb to do sth** pousser or inciter qn à faire qch; **to get a ~ on** se dépêcher, se remuer; **move back** vi revenir, retourner; **move in** vi (to a house) emménager; (police, soldiers) intervenir; **move off** vi s'éloigner, s'en aller; **move on** vi se remettre en route; **move over** vi se pousser, se déplacer; **move up** vi avancer; (employee) avoir de l'avancement; (pupil) passer dans la classe supérieure; **movement** n mouvement m

movie [ˈmuːvɪ] n film m; **movies** npl: **the ~s** le cinéma; **movie theater** (us) n cinéma m

moving [ˈmuːvɪŋ] adj en mouvement; (touching) émouvant(e)

mow (pt **~ed**, pp **~ed** or **~n**) [məu, -d, -n] vt faucher; (lawn) tondre; **mower** n (also: **lawnmower**) tondeuse f à gazon

Mozambique [məuzæmˈbiːk] n Mozambique m

MP n abbr (BRIT) = **Member of Parliament**

MP3 n mp3 m; **MP3 player** n lecteur m mp3

mpg n abbr = **miles per gallon** (30 mpg = 9,4 l. aux 100 km)

m.p.h. abbr = **miles per hour** (60 mph = 96 km/h)

Mr (us **Mr.**) [ˈmɪstə'] n: **Mr X** Monsieur X, M. X

Mrs (us **Mrs.**) [ˈmɪsɪz] n: **~ X** Madame X, Mme X

Ms (us **Ms.**) [mɪz] n (Miss or Mrs): **Ms X** Madame X, Mme X

MSP n abbr (= Member of the Scottish Parliament) député m au Parlement écossais

Mt abbr (Geo: = mount) Mt

much [mʌtʃ] adj beaucoup de ▷ adv, n or pron beaucoup; **we don't have ~ time** nous n'avons pas beaucoup de temps; **how ~ is it?** combien est-ce que ça coûte?; **it's not ~** ce n'est pas beaucoup; **too ~** trop (de); **so ~** tant (de); **I like it very/so ~** j'aime beaucoup/tellement ça; **as ~ as** autant que; **that's ~ better** c'est beaucoup mieux

muck [mʌk] n (mud) boue f; (dirt) ordures fpl; **muck up** vt (inf: ruin) gâcher, esquinter; (: dirty) salir; (: exam, interview) se planter à; **mucky** adj (dirty) boueux(-euse), sale

mucus [ˈmjuːkəs] n mucus m

mud [mʌd] n boue f

muddle [ˈmʌdl] n (mess) pagaille f, fouillis m; (mix-up) confusion f ▷ vt (also: **~ up**) brouiller, embrouiller; **to get in a ~** (while explaining etc) s'embrouiller

muddy ['mʌdɪ] *adj* boueux(-euse)

mudguard ['mʌdɡɑːd] *n* garde-boue *m inv*

muesli ['mjuːzlɪ] *n* muesli *m*

muffin ['mʌfɪn] *n* (roll) petit pain rond et plat; (cake) petit gâteau au chocolat ou aux fruits

muffled ['mʌfld] *adj* étouffé(e), voilé(e)

muffler ['mʌflə'] *n* (scarf) cache-nez *m inv*; (us Aut) silencieux *m*

mug [mʌɡ] *n* (cup) tasse *f* (sans soucoupe); (: for beer) chope *f*; (inf: face) bouille *f*; (: fool) poire *f* ▷ *vt* (assault) agresser; **mugger** ['mʌɡə'] *n* agresseur *m*; **mugging** *n* agression *f*

muggy ['mʌɡɪ] *adj* lourd(e), moite

mule [mjuːl] *n* mule *f*

multicoloured (us **multicolored**) ['mʌltɪkʌləd] *adj* multicolore

multimedia [mʌltɪ'miːdɪə] *adj* multimédia *inv*

multinational [mʌltɪ'næʃənl] *n* multinationale *f* ▷ *adj* multinational(e)

multiple ['mʌltɪpl] *adj* multiple ▷ *n* multiple *m*; **multiple choice (test)** *n* QCM *m*, questionnaire *m* à choix multiple; **multiple sclerosis** [-sklɪ'rəʊsɪs] *n* sclérose *f* en plaques

multiplex (cinema) ['mʌltɪpleks-] *n* (cinéma *m*) multisalles *m*

multiplication [mʌltɪplɪ'keɪʃən] *n* multiplication *f*

multiply ['mʌltɪplaɪ] *vt* multiplier ▷ *vi* se multiplier

multistorey [mʌltɪ'stɔːrɪ] *adj* (BRIT: building) à étages, à étages ou niveaux multiples; (: car park) à étages ou niveaux multiples

mum [mʌm] *n* (BRIT) maman *f* ▷ *adj*: **to keep ~** ne pas souffler mot

mumble ['mʌmbl] *vt*, *vi* marmotter, marmonner

mummy ['mʌmɪ] *n* (BRIT: mother) maman *f*; (embalmed) momie *f*

mumps [mʌmps] *n* oreillons *mpl*

munch [mʌntʃ] *vt*, *vi* mâcher

municipal [mjuː'nɪsɪpl] *adj* municipal(e)

mural ['mjuərl] *n* peinture murale

murder ['məːdə'] *n* meurtre *m*, assassinat *m* ▷ *vt* assassiner; **murderer** *n* meurtrier *m*, assassin *m*

murky ['məːkɪ] *adj* sombre, ténébreux(-euse); (water) trouble

murmur ['məːmə'] *n* murmure *m* ▷ *vt*, *vi* murmurer

muscle ['mʌsl] *n* muscle *m*; (fig) force *f*; **muscular** ['mʌskjulə'] *adj* musculaire; (person, arm) musclé(e)

museum [mjuː'zɪəm] *n* musée *m*

mushroom ['mʌʃrum] *n* champignon *m* ▷ *vi* (fig) pousser comme un (or des) champignon(s)

music ['mjuːzɪk] *n* musique *f*; **musical** *adj* musical(e); (person) musicien(ne) ▷ *n* (show) comédie musicale; **musical instrument** *n* instrument *m* de musique; **musician** [mjuː'zɪʃən] *n* musicien(ne)

Muslim ['mʌzlɪm] *adj*, *n* musulman(e)

muslin ['mʌzlɪn] *n* mousseline *f*

mussel ['mʌsl] *n* moule *f*

must [mʌst] *aux vb* (obligation): **I ~ do it** je dois le faire, il faut que je le fasse; (probability): **he ~ be there by now** il doit y être maintenant, il y est probablement maintenant; (suggestion, invitation): **you ~ come and see me** il faut que vous veniez me voir ▷ *n* nécessité *f*, impératif *m*; **it's a ~** c'est indispensable; **I ~ have made a mistake** j'ai dû me tromper

mustache ['mʌstæʃ] *n* (us) = **moustache**

mustard ['mʌstəd] *n* moutarde *f*

mustn't ['mʌsnt] = **must not**

mute [mjuːt] *adj*, *n* muet(te)

mutilate ['mjuːtɪleɪt] *vt* mutiler

mutiny ['mjuːtɪnɪ] *n* mutinerie *f* ▷ *vi* se mutiner

mutter ['mʌtə'] *vt*, *vi* marmonner, marmotter

mutton ['mʌtn] *n* mouton *m*

mutual ['mjuːtʃuəl] *adj* mutuel(le), réciproque; (benefit, interest) commun(e)

muzzle ['mʌzl] n museau m; (protective device) muselière f; (of gun) gueule f ▷ vt museler

my [maɪ] adj mon (ma), mes pl; **my house/car/gloves** ma maison/ma voiture/mes gants; **I've washed my hair/cut my finger** je me suis lavé les cheveux/coupé le doigt; **is this my pen or yours?** c'est mon stylo ou c'est le vôtre?

myself [maɪ'self] pron (reflexive) me; (emphatic) moi-même; (after prep) moi; see also **oneself**

mysterious [mɪs'tɪərɪəs] adj mystérieux(-euse)

mystery ['mɪstərɪ] n mystère m

mystical ['mɪstɪkl] adj mystique

mystify ['mɪstɪfaɪ] vt (deliberately) mystifier; (puzzle) ébahir

myth [mɪθ] n mythe m; **mythology** [mɪ'θɒlədʒɪ] n mythologie f

n/a abbr (= not applicable) n.a.

nag [næg] vt (scold) être toujours après, reprendre sans arrêt

nail [neɪl] n (human) ongle m; (metal) clou m ▷ vt clouer; **to ~ sth to sth** clouer qch à qch; **to ~ sb down to a date/price** contraindre qn à accepter or donner une date/un prix; **nailbrush** n brosse f à ongles; **nailfile** n lime f à ongles; **nail polish** n vernis m à ongles; **nail polish remover** n dissolvant m; **nail scissors** npl ciseaux mpl à ongles; **nail varnish** n (BRIT) = **nail polish**

naïve [naɪ'iːv] adj naïf(-ïve)

naked ['neɪkɪd] adj nu(e)

name [neɪm] n nom m; (reputation) réputation f ▷ vt nommer; (identify: accomplice etc) citer; (price, date) fixer, donner; **by ~** par son nom; de nom; **in the ~ of** au nom de; **what's your ~?** comment vous appelez-vous?, quel est votre nom?; **namely** adv à savoir

nanny ['nænɪ] n bonne f d'enfants

nap [næp] n (sleep) (petit) somme

napkin ['næpkɪn] n serviette f (de table)

nappy ['næpɪ] n (BRIT) couche f

narcotics [nɑː'kɒtɪks] npl (illegal drugs) stupéfiants mpl

narrative ['nærətɪv] n récit m ▷ adj narratif(-ive)

narrator [nə'reɪtə*] n narrateur(-trice)

narrow ['nærəu] adj étroit(e); (fig) restreint(e), limité(e) ▷ vi (road) devenir plus étroit, se rétrécir; (gap, difference) se réduire; **to have a escape** l'échapper belle; **narrow down** vt restreindre; **narrowly** adv: **he narrowly missed injury/the tree** il a failli se blesser/rentrer dans l'arbre; **he only narrowly missed the target** il a manqué la cible de peu or de justesse; **narrow-minded** adj à l'esprit étroit, borné(e); (attitude) borné(e)

nasal ['neɪzl] adj nasal(e)

nasty ['nɑːstɪ] adj (person: malicious) méchant(e); (: rude) très désagréable; (smell) dégoûtant(e); (wound, situation) mauvais(e), vilain(e)

nation ['neɪʃən] n nation f

national ['næʃənl] adj national(e) ▷ n (abroad) ressortissant(e); (when home) national(e); **national anthem** n hymne national; **national dress** n costume national; **National Health Service** n (BRIT) service national de santé, ≈ Sécurité Sociale; **National Insurance** n (BRIT) ≈ Sécurité Sociale; **nationalist** adj, n nationaliste m/f; **nationality** [næʃə'nælɪtɪ] n nationalité f; **nationalize** vt nationaliser; **national park** n parc national; **National Trust** n (BRIT) ≈ Caisse f nationale des monuments historiques et des sites

● **NATIONAL TRUST**

● Le **National Trust** est un organisme
● indépendant, à but non lucratif,
● dont la mission est de protéger et
● de mettre en valeur les monuments

● et les sites britanniques en raison
● de leur intérêt historique ou de leur
● beauté naturelle.

nationwide ['neɪʃənwaɪd] adj s'étendant à l'ensemble du pays; (problem) à l'échelle du pays entier

native ['neɪtɪv] n habitant(e) du pays, autochtone m/f ▷ adj du pays, indigène; (country) natal(e); (language) maternel(le); (ability) inné(e); **Native American** n Indien(ne) d'Amérique ▷ adj amérindien(ne); **native speaker** n locuteur natif

NATO ['neɪtəu] n abbr (= North Atlantic Treaty Organization) OTAN f

natural ['nætʃrəl] adj naturel(le); **natural gas** n gaz naturel; **natural history** n histoire naturelle; **naturally** adv naturellement; **natural resources** npl ressources naturelles

nature ['neɪtʃə*] n nature f; **by** ~ par tempérament, de nature; **nature reserve** n (BRIT) réserve naturelle

naughty ['nɔːtɪ] adj (child) vilain(e), pas sage

nausea ['nɔːsɪə] n nausée f

naval ['neɪvl] adj naval(e)

navel ['neɪvl] n nombril m

navigate ['nævɪgeɪt] vt (steer) diriger, piloter ▷ vi naviguer; (Aut) indiquer la route à suivre; **navigation** [nævɪ'geɪʃən] n navigation f

navy ['neɪvɪ] n marine f

navy-blue ['neɪvɪ'bluː] adj bleu marine inv

Nazi ['nɑːtsɪ] n Nazi(e)n

NB abbr (= nota bene) NB

near [nɪə*] adj proche ▷ adv près ▷ prep (also: **~ to**) près de ▷ vt approcher de; **in the ~ future** dans un proche avenir; **nearby** [nɪə'baɪ] adj proche ▷ adv tout près, à proximité; **nearly** adv presque; **I nearly fell** j'ai failli tomber; **it's not nearly big enough** c'est loin d'être assez grand, c'est loin d'être assez grand; **near-sighted** adj myope

neat [niːt] adj (person, work) soigné(e);

(*room etc*) bien tenu(e) or rangé(e); (*solution, plan*) habile; (*spirits*) pur(e); **neatly** adv avec soin or ordre; (*skilfully*) habilement

necessarily ['nɛsɪsrɪlɪ] adv nécessairement; **not ~** pas nécessairement or forcément

necessary ['nɛsɪsrɪ] adj nécessaire; **if ~** si besoin est, le cas échéant

necessity [nɪ'sɛsɪtɪ] n nécessité f; chose nécessaire or essentielle

neck [nɛk] n cou m; (*of garment*) encolure f; (*of bottle*) goulot m; **~ and ~** à égalité; **necklace** ['nɛklɪs] n collier m; **necktie** ['nɛktaɪ] n (*esp us*) cravate f

nectarine ['nɛktərɪn] n brugnon m, nectarine f

need [niːd] n besoin m ▷ vt avoir besoin de; **to ~ to do** devoir faire; avoir besoin de faire; **you don't ~ to go** vous n'avez pas besoin or vous n'êtes pas obligé de partir; **a signature is ~ed** il faut une signature; **there's no ~ to do ...** il n'y a pas lieu de faire ..., il n'est pas nécessaire de faire ...

needle ['niːdl] n aiguille f ▷ vt (*inf*) asticoter, tourmenter

needless ['niːdlɪs] adj inutile; **~ to say, ...** inutile de dire que ...

needlework ['niːdlwɜːk] n (*activity*) travaux mpl d'aiguille; (*object*) ouvrage m

needn't ['niːdnt] = **need not**

needy ['niːdɪ] adj nécessiteux(-euse)

negative ['nɛgətɪv] n (*Phot, Elec*) négatif m; (*Ling*) terme m de négation ▷ adj négatif(-ive)

neglect [nɪ'glɛkt] vt négliger; (*garden*) ne pas entretenir; (*duty*) manquer à ▷ n (*of person, duty, garden*) le fait de négliger; (*state of*) ~ abandon m; **to ~ to do sth** négliger or omettre de faire qch; **to ~ one's appearance** se négliger

negotiate [nɪ'gəuʃɪeɪt] vi négocier ▷ vt négocier; (*obstacle*) franchir, négocier; **to ~ with sb for sth** négocier avec qn en vue d'obtenir qch

negotiation [nɪgəuʃɪ'eɪʃən] n

négociation f, pourparlers mpl

negotiator [nɪ'gəuʃɪeɪtə'] n négociateur(-trice)

neighbour (*us* **neighbor** *etc*) ['neɪbə'] n voisin(e); **neighbourhood** n (*place*) quartier m; (*people*) voisinage m; **neighbouring** adj voisin(e), avoisinant(e)

neither ['naɪðə'] adj, pron aucun(e) (des deux), ni l'un(e) ni l'autre ▷ conj: **~ do I** moi non plus ▷ adv: **~ good nor bad** ni bon ni mauvais; **~ of them** ni l'un ni l'autre

neon ['niːɔn] n néon m

Nepal [nɪ'pɔːl] n Népal m

nephew ['nɛvjuː] n neveu m

nerve [nɜːv] n nerf m; (*bravery*) sang-froid m, courage m; (*cheek*) aplomb m, toupet m; **nerves** npl (*nervousness*) nervosité f; **he gets on my ~s** il m'énerve

nervous ['nɜːvəs] adj nerveux(-euse); (*anxious*) inquiet(-ète), plein(e) d'appréhension; (*timid*) intimidé(e); **nervous breakdown** n dépression nerveuse

nest [nɛst] n nid m ▷ vi (se) nicher, faire son nid

Net [nɛt] n (*Comput*): **the ~** (*Internet*) le Net

net [nɛt] n filet m; (*fabric*) tulle f ▷ adj net(te) ▷ vt (*fish etc*) prendre au filet; **netball** n netball m

Netherlands ['nɛðələndz] npl: **the ~** les Pays-Bas mpl

nett [nɛt] = **net**

nettle ['nɛtl] n ortie f

network ['nɛtwɜːk] n réseau m

neurotic [njuə'rɔtɪk] adj névrosé(e)

neuter ['njuːtə'] adj neutre ▷ vt (*cat etc*) châtrer, couper

neutral ['njuːtrəl] adj neutre ▷ n (*Aut*) point mort

never ['nɛvə'] adv (ne ...) jamais; **I ~ went** je n'y suis pas allé; **I've ~ been to Spain** je ne suis jamais allé en Espagne; **~ again** plus jamais; **~ in my life** jamais de ma vie; *see also* **mind**; **never-ending**

n

adj interminable; **nevertheless**
[nɛvəðə'lɛs] *adv* néanmoins, malgré
tout

new [nju:] *adj* nouveau (nouvelle);
(*brand new*) neuf (neuve); **New Age** *n*
New Age *m*; **newborn** *adj* nouveau-
né(e); **newcomer** ['nju:kʌmə(r)] *n*
nouveau venu (nouvelle venue); **newly**
adv nouvellement, récemment

news [nju:z] *n* nouvelle(s) *f(pl)*; (*Radio,
TV*) informations *fpl*, actualités *fpl*;
a piece of ~ une nouvelle; **news
agency** *n* agence *f* de presse;
newsagent *n* (*BRIT*) marchand *m*
de journaux; **newscaster** *n* (*Radio,
TV*) présentateur(-trice); **news
dealer** *n* (*US*) marchand *m* de
journaux; **newsletter** *n* bulletin *m*;
newspaper *n* journal *m*; **newsreader**
n =**newscaster**

newt [nju:t] *n* triton *m*

New Year *n* Nouvel An; **Happy ~!**
Bonne Année!; **New Year's Day** *n*
le jour de l'An; **New Year's Eve** *n* la
Saint-Sylvestre

New York [-'jɔ:k] *n* New York

New Zealand [-'zi:lənd] *n* Nouvelle-
Zélande *f*; **New Zealander** *n* Néo-
Zélandais(e)

next [nɛkst] *adj* (*in time*) prochain(e);
(*seat, room*) voisin(e), d'à côté; (*meeting,
bus stop*) suivant(e) ▷ *adv* la fois
suivante; la prochaine fois; (*afterwards*)
ensuite; **~ to** *prep* à côté de; **~ to
nothing** presque rien; **~ time** *adv* la
prochaine fois; **the ~ day** le lendemain,
le jour suivant or d'après; **~ year** l'année
prochaine; **~ please!** (*at doctor's etc*)
au suivant!; **the week after ~** dans deux
semaines; **next door** *adv* à côté ▷ *adj*
(*neighbour*) d'à côté; **next-of-kin** *n*
parent *m* le plus proche

NHS *n abbr* (*BRIT*) =**National Health
Service**

nibble ['nɪbl] *vt* grignoter

nice [naɪs] *adj* (*holiday, trip, taste*)
agréable; (*flat, picture*) joli(e); (*person*)
gentil(le); (*distinction, point*) subtil(e);

nicely *adv* agréablement; joliment;
gentiment; subtilement

niche [ni:ʃ] *n* (*Archit*) niche *f*

nick [nɪk] *n* (*indentation*) encoche *f*;
(*wound*) entaille *f*; (*BRIT inf*): **in good
~** en bon état ▷ *vt* (*cut*): **to ~ o.s.** se
couper; (*inf: steal*) faucher, piquer; **in
the ~ of time** juste à temps

nickel ['nɪkl] *n* nickel *m*; (*us*) pièce *f*
de 5 cents

nickname ['nɪkneɪm] *n* surnom *m* ▷ *vt*
surnommer

nicotine ['nɪkəti:n] *n* nicotine *f*

niece [ni:s] *n* nièce *f*

Nigeria [naɪ'dʒɪərɪə] *n* Nigéria *m* or *f*

night [naɪt] *n* nuit *f*; (*evening*) soir
m; **at ~** la nuit; **by ~** de nuit; **last ~**
(*evening*) hier soir; (*night-time*) la nuit
dernière; **night club** *n* boîte *f* de
nuit; **nightdress** *n* chemise *f* de nuit;
nightie ['naɪtɪ] *n* chemise *f* de nuit;
nightlife *n* vie *f* nocturne; **nightly**
adj (*news*) du soir; (*by night*) nocturne
▷ *adv* (*every evening*) tous les soirs; (*every
night*) toutes les nuits; **nightmare** *n*
cauchemar *m*; **night school** *n* cours
mpl du soir; **night shift** *n* équipe *f* de
nuit; **night-time** *n* nuit *f*

nil [nɪl] *n* (*BRIT Sport*) zéro *m*

nine [naɪn] *num* neuf; **nineteen** *num*
dix-neuf; **nineteenth** [naɪn'ti:nθ] *num*
dix-neuvième; **ninetieth** ['naɪntɪɪθ]
num quatre-vingt-dixième; **ninety**
num quatre-vingt-dix

ninth [naɪnθ] *num* neuvième

nip [nɪp] *vt* pincer ▷ *vi* (*BRIT inf*): **to
~ out/down/up** sortir/descendre/
monter en vitesse

nipple ['nɪpl] *n* (*Anat*) mamelon *m*, bout
m du sein

nitrogen ['naɪtrədʒən] *n* azote *m*

 KEYWORD

no [nəu] (*pl* **noes**) *adv* (*opposite of "yes"*)
non; **are you coming? — no (I'm not)**
est-ce que vous venez? — non; **would
you like some more? — no thank you**

vous en voulez encore? — non merci
▷ adj (not any) (ne ...) pas de, (ne ...)
aucun(e); **I have no money/books** je
n'ai pas d'argent/de livres; **no student
would have done it** aucun étudiant ne
l'aurait fait; **"no smoking"** "défense de
fumer"; **"no dogs"** "les chiens ne sont
pas admis"
▷ n non m

nobility [nəʊ'bɪlɪti] n noblesse f
noble ['nəʊbl] adj noble
nobody ['nəʊbədi] pron (ne ...)
personne
nod [nɒd] vi faire un signe de (la) tête
(affirmatif ou amical); (sleep) somnoler
▷ vt: **to ~ one's head** faire un signe de
(la) tête; (in agreement) faire signe que
oui ▷ n signe m de (la) tête; **nod off** vi
s'assoupir
noise [nɔɪz] n bruit m; **I can't sleep for
the ~** je n'arrive pas à dormir à cause du
bruit; **noisy** adj bruyant(e)
nominal ['nɒmɪnl] adj (rent, fee)
symbolique; (value) nominal(e)
nominate ['nɒmɪneɪt] vt (propose)
proposer; (appoint) nommer;
nomination [nɒmɪ'neɪʃən] n
nomination f; **nominee** [nɒmɪ'niː] n
candidat agréé, personne nommée
none [nʌn] pron aucun(e); **~ of you**
aucun d'entre vous, personne parmi
vous; **I have ~ left** je n'en ai plus; **he's
~ the worse for it** il ne s'en porte pas
plus mal
nonetheless ['nʌnðə'les] adv
néanmoins
non-fiction [nɒn'fɪkʃən] n littérature f
non-romanesque
nonsense ['nɒnsəns] n absurdités fpl,
idioties fpl; **~!** ne dites pas d'idioties!
non: **non-smoker** n non-fumeur m;
non-smoking adj non-fumeur; **non-
stick** adj qui n'attache pas
noodles ['nuːdlz] npl nouilles fpl
noon [nuːn] n midi m
no-one ['nəʊwʌn] pron = **nobody**
nor [nɔː] conj = **neither** ▷ adv see

459 | not

neither
norm [nɔːm] n norme f
normal ['nɔːml] adj normal(e);
normally adv normalement
Normandy ['nɔːməndi] n Normandie f
north [nɔːθ] n nord m ▷ adj nord inv;
(wind) du nord ▷ adv au or vers le nord;
North Africa n Afrique f du Nord;
North African adj nord-africain(e),
d'Afrique du Nord ▷ n Nord-Africain(e);
North America n Amérique f du Nord;
North American n Nord-Américain(e)
▷ adj nord-américain(e), d'Amérique
du Nord; **northbound** ['nɔːθbaʊnd]
adj (traffic) en direction du nord;
(carriageway) nord inv; **north-east** n
nord-est m; **northeastern** ['nɔːθ'iːstən]
adj nord-est inv; **northern** ['nɔːðən] adj
du nord, septentrional(e); **Northern
Ireland** n Irlande f du Nord; **North
Korea** n Corée f du Nord; **North
Pole** n: **the North Pole** le pôle Nord;
North Sea n: **the North Sea** la mer
du Nord; **north-west** n nord-ouest m;
northwestern ['nɔːθ'westən] adj (du)
nord-ouest inv
Norway ['nɔːweɪ] n Norvège f;
Norwegian [nɔː'wiːdʒən] adj
norvégien(ne) ▷ n Norvégien(ne);
(Ling) norvégien m
nose [nəʊz] n nez m; (of dog, cat)
museau m; (fig) flair m; **nose about,
nose around** vi fouiner or fureter
(partout); **nosebleed** n saignement m
de nez; **nosey** adj (inf) curieux(-euse)
nostalgia [nɒs'tældʒiə] n nostalgie f
nostalgic [nɒs'tældʒɪk] adj
nostalgique
nostril ['nɒstrɪl] n narine f; (of horse)
naseau m
nosy ['nəʊzi] (inf) adj = **nosey**
not [nɒt] adv (ne ...) pas; **he is ~ or isn't
here** il n'est pas ici; **you must ~ or
mustn't do that** tu ne dois pas faire
ça; **I hope ~** j'espère que non; **~ at
all** pas du tout; (after thanks) de rien;
it's too late, isn't it? c'est trop tard,
n'est-ce pas?; **~ yet/now** pas encore/

maintenant; *see also* **only**

notable ['nəutəbl] *adj* notable;
notably *adv* (*particularly*) en
particulier; (*markedly*) spécialement

notch [nɔtʃ] *n* encoche *f*

note [nəut] *n* note *f*; (*letter*) mot *m*;
(*banknote*) billet *m* ▷ *vt* (*also:* **~ down**)
noter; (*notice*) constater; **notebook**
n carnet *m*; (*for shorthand etc*) bloc-
notes *m*; **noted** ['nəutɪd] *adj* réputé(e);
notepad *n* bloc-notes *m*; **notepaper** *n*
papier *m* à lettres

nothing ['nʌθɪŋ] *n* rien *m*; **he does** ~ il
ne fait rien; ~ **new** rien de nouveau; **for**
~ (*free*) pour rien, gratuitement; (*in vain*)
pour rien; ~ **at all** rien du tout; ~ **much**
pas grand-chose

notice ['nəutɪs] *n* (*announcement,
warning*) avis *m* ▷ *vt* remarquer,
s'apercevoir de; **advance** ~ préavis *m*;
at short ~ dans un délai très court;
until further ~ jusqu'à nouvel ordre;
to give ~, **hand in one's** ~ (*employee*)
donner sa démission, démissionner;
to take ~ **of** prêter attention à; **to
bring sth to sb's** ~ porter qch à la
connaissance de qn; **noticeable** *adj*
visible

notice board *n* (*BRIT*) panneau *m*
d'affichage

notify ['nəutɪfaɪ] *vt*: **to** ~ **sb of sth**
avertir qn de qch

notion ['nəuʃən] *n* idée *f*; (*concept*)
notion *f*; **notions** *npl* (*US: haberdashery*)
mercerie *f*

notorious [nəu'tɔːrɪəs] *adj* notoire
(souvent en mal)

notwithstanding [nɔtwɪθ'stændɪŋ]
adv néanmoins ▷ *prep* en dépit de

nought [nɔːt] *n* zéro *m*

noun [naun] *n* nom *m*

nourish ['nʌrɪʃ] *vt* nourrir;
nourishment *n* nourriture *f*

Nov. *abbr* (= *November*) nov

novel ['nɔvl] *n* roman *m* ▷ *adj* nouveau
(nouvelle), original(e); **novelist** *n*
romancier *m*; **novelty** *n* nouveauté *f*

November [nəu'vɛmbə*r*] *n*

novembre *m*

novice ['nɔvɪs] *n* novice *m/f*

now [nau] *adv* maintenant ▷ *conj*: ~
(**that**) maintenant (que); **right** ~ tout
de suite; **by** ~ à l'heure qu'il est; **just** ~:
that's the fashion just ~ c'est la mode
en ce moment or maintenant; ~ **and
then**, ~ **and again** de temps en temps;
from ~ **on** dorénavant; **nowadays**
['nauədeɪz] *adv* de nos jours

nowhere ['nəuwɛə*r*] *adv* (*ne* ...)
nulle part

nozzle ['nɔzl] *n* (*of hose*) jet *m*, lance *f*;
(*of vacuum cleaner*) suceur *m*

nr *abbr* (*BRIT*) = **near**

nuclear ['njuːklɪə*r*] *adj* nucléaire

nucleus (*pl* **nuclei**) ['njuːklɪəs,
'njuːklɪaɪ] *n* noyau *m*

nude [njuːd] *adj* nu(e) ▷ *n* (*Art*) nu *m*; **in
the** ~ (tout(e)) nu(e)

nudge [nʌdʒ] *vt* donner un (petit) coup
de coude à

nudist ['njuːdɪst] *n* nudiste *m/f*

nudity ['njuːdɪtɪ] *n* nudité *f*

nuisance ['njuːsns] *n*: **it's a** ~ c'est
(très) ennuyeux or gênant; **he's a** ~ il est
assommant or casse-pieds; **what a** ~!
quelle barbe!

numb [nʌm] *adj* engourdi(e); (*with fear*)
paralysé(e)

number ['nʌmbə*r*] *n* nombre *m*;
(*numeral*) chiffre *m*; (*of house, car,
telephone, newspaper*) numéro *m* ▷ *vt*
numéroter; (*amount to*) compter; **a** ~
of un certain nombre de; **they were
seven in** ~ ils étaient au nombre de)
sept; **to be** ~**ed among** compter parmi;
number plate *n* (*BRIT Aut*) plaque *f*
minéralogique or d'immatriculation;
Number Ten *n* (*BRIT:* 10 *Downing Street*)
résidence du Premier ministre

numerical [njuː'mɛrɪkl] *adj*
numérique

numerous ['njuːmərəs] *adj*
nombreux(-euse)

nun [nʌn] *n* religieuse *f*, sœur *f*

nurse [nəːs] *n* infirmière *f*; (*also:* **~maid**)
bonne *f* d'enfants ▷ *vt* (*patient, cold*)

soigner

nursery ['nɜːsərɪ] n (room) nursery f; (institution) crèche f, garderie f; (for plants) pépinière f; **nursery rhyme** n comptine f, chansonnette f pour enfants; **nursery school** n école maternelle; **nursery slope** n (BRIT Ski) piste f pour débutants

nursing ['nɜːsɪŋ] n (profession) profession f d'infirmière; (care) soins mpl; **nursing home** n clinique f; (for convalescence) maison f de convalescence or de repos; (for old people) maison de retraite

nurture ['nɜːtʃə] vt élever

nut [nʌt] n (of metal) écrou m; (fruit: walnut) noix f; (: hazelnut) noisette f; (: peanut) cacahuète f (terme générique en anglais)

nutmeg ['nʌtmeg] n (noix f) muscade f

nutrient ['njuːtrɪənt] n substance nutritive

nutrition [njuːˈtrɪʃən] n nutrition f, alimentation f

nutritious [njuːˈtrɪʃəs] adj nutritif(-ive), nourrissant(e)

nuts [nʌts] (inf) adj dingue

NVQ n abbr (BRIT) = **National Vocational Qualification**

nylon ['naɪlɒn] n nylon m ▷ adj de or en nylon

O

oak [əuk] n chêne m ▷ cpd de or en (bois de) chêne

O.A.P. n abbr (BRIT) = **old age pensioner**

oar [ɔː] n aviron m, rame f

oasis (pl **oases**) [əuˈeɪsɪs, əuˈeɪsiːz] n oasis f

oath [əuθ] n serment m; (swear word) juron m; **on** (BRIT) **or under ~** sous serment; assermenté(e)

oatmeal ['əutmiːl] n flocons mpl d'avoine

oats [əuts] n avoine f

obedience [əˈbiːdɪəns] n obéissance f

obedient [əˈbiːdɪənt] adj obéissant(e)

obese [əuˈbiːs] adj obèse

obesity [əuˈbiːsɪtɪ] n obésité f

obey [əˈbeɪ] vt obéir à; (instructions, regulations) se conformer à ▷ vi obéir

obituary [əˈbɪtjuərɪ] n nécrologie f

object n ['ɒbdʒɪkt] objet m; (purpose) but m, objet; (Ling) complément m d'objet ▷ vi [əbˈdʒekt] **to ~ to** (attitude) désapprouver; (proposal) protester contre, élever une objection contre; **I ~!** je proteste!; **he ~ed that ...** il a fait valoir or a objecté que ...; **money is no ~** l'argent n'est pas un problème; **objection** [əb'dʒekʃən] n objection f; **if you have no objection** si vous n'y voyez pas d'inconvénient; **objective** n objectif m ▷ adj objectif(-ive)

obligation [ɔblɪ'geɪʃən] n obligation f, devoir m; (debt) dette f (de reconnaissance)

obligatory [ə'blɪgətərɪ] adj obligatoire

oblige [ə'blaɪdʒ] vt (force): **to ~ sb to do** obliger or forcer qn à faire; (do a favour) rendre service à, obliger; **to be ~d to sb for sth** être obligé(e) à qn de qch

oblique [ə'bliːk] adj oblique; (allusion) indirect(e)

obliterate [ə'blɪtəreɪt] vt effacer

oblivious [ə'blɪvɪəs] adj: **~ of** oublieux(-euse) de

oblong ['ɔblɔŋ] adj oblong(ue) ▷ n rectangle m

obnoxious [əb'nɔkʃəs] adj odieux(-euse); (smell) nauséabond(e)

oboe ['əubəu] n hautbois m

obscene [əb'siːn] adj obscène

obscure [əb'skjuə'] adj obscur(e) ▷ vt obscurcir; (hide: sun) cacher

observant [əb'zə:vnt] adj observateur(-trice)

observation [ɔbzə'veɪʃən] n observation f; (by police etc) surveillance f

observatory [əb'zə:vətrɪ] n observatoire m

observe [əb'zə:v] vt observer; (remark) faire observer or remarquer; **observer** n observateur(-trice)

obsess [əb'sɛs] vt obséder; **obsession** [əb'sɛʃən] n obsession f; **obsessive** adj obsédant(e)

obsolete ['ɔbsəliːt] adj dépassé(e), périmé(e)

obstacle ['ɔbstəkl] n obstacle m

obstinate ['ɔbstɪnɪt] adj obstiné(e); (pain, cold) persistant(e)

obstruct [əb'strʌkt] vt (block) boucher, obstruer; (hinder) entraver; **obstruction** [əb'strʌkʃən] n obstruction f; (to plan, progress) obstacle m

obtain [əb'teɪn] vt obtenir

obvious ['ɔbvɪəs] adj évident(e), manifeste; **obviously** adv manifestement; (of course): **obviously!** bien sûr!; **obviously not!** évidemment pas!, bien sûr que non!

occasion [ə'keɪʒən] n occasion f; (event) événement m; **occasional** adj pris(e) (or fait(e) etc) de temps en temps; (worker, spending) occasionnel(le); **occasionally** adv de temps en temps, quelquefois

occult [ɔ'kʌlt] adj occulte ▷ n: **the ~** le surnaturel

occupant ['ɔkjupənt] n occupant m

occupation [ɔkju'peɪʃən] n occupation f; (job) métier m, profession f

occupy ['ɔkjupaɪ] vt occuper; **to ~ o.s. with or by doing** s'occuper à faire

occur [ə'kə:'] vi se produire; (difficulty, opportunity) se présenter; (phenomenon, error) se rencontrer; **to ~ to sb** venir à l'esprit de qn; **occurrence** [ə'kʌrəns] n (existence) présence f, existence f; (event) cas m, fait m

ocean ['əuʃən] n océan m

o'clock [ə'klɔk] adv: **it is 5 o'clock** il est 5 heures

Oct. abbr (= October) oct

October [ɔk'təubə'] n octobre m

octopus ['ɔktəpəs] n pieuvre f

odd [ɔd] adj (strange) bizarre, curieux(-euse); (number) impair(e); (not of a set) dépareillé(e); **60-~** 60 et quelques; **at ~ times** de temps en temps; **the ~ one out** l'exception f; **oddly** adv bizarrement, curieusement; **odds** npl (in betting) cote f; **it makes no odds** cela n'a pas d'importance; **odds and ends** de petites choses; **at odds** en désaccord

odometer [ɔ'dɔmɪtə'] n (us) odomètre m

odour (*US* **odor**) ['əʊdə'] n odeur f

🅞 **KEYWORD**

of [ɔv, əv] prep **1** (*gen*) de; **a friend of ours** un de nos amis; **a boy of 10** un garçon de 10 ans; **that was kind of you** c'était gentil de votre part
2 (*expressing quantity, amount, dates etc*) de; **a kilo of flour** un kilo de farine; **how much of this do you need?** combien vous en faut-il?; **there were three of them** (*people*) ils étaient 3; (*objects*) il y en avait 3; **three of us went** 3 d'entre nous y sont allé(e)s; **the 5th of July** le 5 juillet; **a quarter of 4** (*US*) 4 heures moins le quart
3 (*from, out of*) en, de; **a statue of marble** une statue de or en marbre; **made of wood** (fait) en bois

off [ɔf] adj, adv (*engine*) coupé(e); (*light, TV*) éteint(e); (*tap*) fermé(e); (*BRIT: food*) mauvais(e), avancé(e); (: *milk*) tourné(e); (*absent*) absent(e); (*cancelled*) annulé(e); (*removed*): **the lid was ~** le couvercle était retiré or n'était pas mis; (*away*): **to run/drive ~** partir en courant/en voiture ▷ prep de; **to be ~** (*to leave*) partir, s'en aller; **to be ~ sick** être absent pour cause de maladie; **a day ~** un jour de congé; **to have an ~ day** n'être pas en forme; **he had his coat ~** il avait enlevé son manteau; **10% ~** (*Comm*) 10% de rabais; **5 km ~ (the road)** à 5 km (de la route); **the coast** au large de la côte; **it's a long way ~** c'est loin (d'ici); **I'm ~ meat** je ne mange plus de viande; je n'aime plus la viande; **on the ~ chance** à tout hasard; **~ and on, on and ~** de temps à autre

offence (*US* **offense**) [ə'fɛns] n (*crime*) délit m, infraction f; **to take ~ at** se vexer de, s'offenser de

offend [ə'fɛnd] vt (*person*) offenser, blesser; **offender** n délinquant(e); (*against regulations*) contrevenant(e)

offense [ə'fɛns] n (*US*) = **offence**

offensive [ə'fɛnsɪv] adj offensant(e), choquant(e); (*smell etc*) très déplaisant(e); (*weapon*) offensif(-ive) ▷ n (*Mil*) offensive f

offer ['ɔfə'] n offre f, proposition f ▷ vt offrir, proposer; **"on ~"** (*Comm*) "en promotion"

offhand [ɔf'hænd] adj désinvolte ▷ adv spontanément

office ['ɔfɪs] n (*place*) bureau m; (*position*) charge f, fonction f; **doctor's ~** (*US*) cabinet (médical); **to take ~** entrer en fonctions; **office block** (*US* **office building**) n immeuble m de bureaux; **office hours** npl heures fpl de bureau; (*US Med*) heures de consultation

officer ['ɔfɪsə'] n (*Mil etc*) officier m; (*also:* **police ~**) agent m (de police); (*of organization*) membre m du bureau directeur

office worker n employé(e) de bureau

official [ə'fɪʃl] adj (*authorized*) officiel(le) ▷ n officiel m; (*civil servant*) fonctionnaire m/f; (*of railways, post office, town hall*) employé(e)

off-licence n (*BRIT: shop*) débit m de vins et de spiritueux; **off-line** adj (*Comput*) en mode autonome; (: *switched off*) non connecté(e); **off-peak** adj aux heures creuses; (*electricity, ticket*) au tarif heures creuses; **off-putting** adj (*BRIT: remark*) rébarbatif(-ive); (*person*) rebutant(e), peu engageant(e); **off-season** adj, adv hors-saison inv

offset ['ɔfsɛt] vt (*irreg: like* **set**) (*counteract*) contrebalancer, compenser

offshore [ɔf'ʃɔ:'] adj (*breeze*) de terre; (*island*) proche du littoral; (*fishing*) côtier(-ière)

offside ['ɔf'saɪd] adj (*Sport*) hors jeu; (*Aut: in Britain*) de droite; (: *in US, Europe*) de gauche

offspring ['ɔfsprɪŋ] n progéniture f

often ['ɔfn] adv souvent; **how ~ do you go?** vous y allez tous les combien?; **every so ~** de temps en temps, de temps à autre

oh [əu] *excl* ôl, oh!, ah!

oil [ɔɪl] *n* huile *f*; (*petroleum*) pétrole *m*; (*for central heating*) mazout *m* ▷ *vt* (*machine*) graisser; **oil filter** *n* (*Aut*) filtre *m* à huile; **oil painting** *n* peinture *f* à l'huile; **oil refinery** *n* raffinerie *f* de pétrole; **oil rig** *n* derrick *m*; (*at sea*) plate-forme pétrolière; **oil slick** *n* nappe *f* de mazout; **oil tanker** *n* (*ship*) pétrolier *m*; (*truck*) camion-citerne *m*; **oil well** *n* puits *m* de pétrole; **oily** *adj* huileux(-euse); (*food*) gras(se)

ointment ['ɔɪntmənt] *n* onguent *m*

O.K., okay ['əu'keɪ] (*inf*) *excl* d'accord! ▷ *vt* approuver, donner son accord à ▷ *adj* (*not bad*) pas mal; **is it O.K.?, are you O.K.?** ça va?

old [əuld] *adj* vieux (vieille); (*person*) vieux, âgé(e); (*former*) ancien(ne), vieux; **how ~ are you?** quel âge avez-vous?; **he's 10 years ~** il a 10 ans, il est âgé de 10 ans; **~er brother/sister** frère/sœur aîné(e); **old age** *n* vieillesse *f*; **old-age pension** *n* (*BRIT*) pension *f* de retraite *f* (*de la sécurité sociale*); **old-age pensioner** *n* (*BRIT*) retraité(e); **old-fashioned** *adj* démodé(e); (*person*) vieux jeu *inv*; **old people's home** *n* (*esp BRIT*) maison *f* de retraite

olive ['ɔlɪv] *n* (*fruit*) olive *f*; (*tree*) olivier *m* ▷ *adj* (*also:* **~-green**) (vert) olive *inv*; **olive oil** *n* huile *f* d'olive

Olympic [əu'lɪmpɪk] *adj* olympique; **the ~ Games, the ~s** les Jeux *mpl* olympiques

omelet(te) ['ɔmlɪt] *n* omelette *f*

omen ['əumən] *n* présage *m*

ominous ['ɔmɪnəs] *adj* menaçant(e), inquiétant(e); (*event*) de mauvais augure

omit [əu'mɪt] *vt* omettre

 KEYWORD

on [ɔn] *prep* 1 (*indicating position*) sur; **on the table** sur la table; **on the wall** sur le or au mur; **on the left** à gauche

2 (*indicating means, method, condition etc*): **on foot** à pied; **on the train/plane** (*be*) dans le train/l'avion; (*go*) en train/avion; **on the telephone/radio/television** au téléphone/à la radio/à la télévision; **to be on drugs** se droguer; **on holiday** (*BRIT*), **on vacation** (*US*) en vacances

3 (*referring to time*): **on Friday** vendredi; **on Fridays** le vendredi; **on June 20th** le 20 juin; **a week on Friday** vendredi en huit; **on arrival** à l'arrivée; **on seeing this** en voyant cela

4 (*about, concerning*) sur, de; **a book on Balzac/physics** un livre sur Balzac/de physique

▷ *adv* 1 (*referring to dress*): **to have one's coat on** avoir (mis) son manteau; **to put one's coat on** mettre son manteau; **what's she got on?** qu'est-ce qu'elle porte?

2 (*referring to covering*): **screw the lid on tightly** vissez bien le couvercle

3 (*further, continuously*): **to walk** *etc* **on** continuer à marcher *etc*; **from that day on** depuis ce jour

▷ *adj* 1 (*in operation: machine*) en marche; (*: radio, TV, light*) allumé(e); (*: tap, gas*) ouvert(e); (*: brakes*) mis(e); **is the meeting still on?** (*not cancelled*) est-ce que la réunion a bien lieu?; (*in progress*) la réunion dure-t-elle encore?; **when is this film on?** quand passe ce film?

2 (*inf*): **that's not on!** (*not acceptable*) cela ne se fait pas!; (*not possible*) pas question!

once [wʌns] *adv* une fois; (*formerly*) autrefois ▷ *conj* une fois que + *sub*; **~ he had left/it was done** une fois qu'il fut parti/ que ce fut terminé; **at ~** tout de suite, immédiatement; (*simultaneously*) à la fois; **all at ~** *adv* tout d'un coup; **~ a week** une fois par semaine; **~ more** encore une fois; **~ and for all** une fois pour toutes; **~ upon a time there was ...** il y avait une fois ..., il était une fois ...

oncoming [ˈɔnkʌmɪŋ] *adj* (traffic) venant en sens inverse

KEYWORD

one [wʌn] *num* une(e); **one hundred and fifty** cent cinquante; **one by one** un(e) à un par un(e); **one day** un jour
▷ *adj* **1** (sole) seul(e), unique; **the one book which** l'unique le seul livre qui; **the one man who** le seul (homme) qui **2** (same) même; **they came in the one car** ils sont venus dans la même voiture
▷ *pron* **1**: **this one** celui-ci (celle-ci); **that one** celui-là (celle-là); **I've already got one/a red one** j'en ai déjà un(e)/un(e) rouge; **which one do you want?** lequel voulez-vous?
2: **one another** l'un(e) l'autre; **to look at one another** se regarder **3** (impersonal) on; **one never knows** on ne sait jamais; **to cut one's finger** se couper le doigt; **one needs to eat** il faut manger

one-off [wʌnˈɔf] (BRIT *inf*) *n* exemplaire *m* unique

oneself [wʌnˈsɛlf] *pron* se; (after prep, also emphatic) soi-même; **to hurt ~** se faire mal; **to keep sth for ~** garder qch pour soi; **to talk to ~** se parler à soi-même; **by ~** tout seul

one: **one-shot** [wʌnˈʃɔt] (US) *n* = **one-off**; **one-sided** *adj* (argument, decision) unilatéral(e); **one-to-one** *adj* (relationship) univoque; **one-way** *adj* (street, traffic) à sens unique

ongoing [ˈɔngəʊɪŋ] *adj* en cours; (relationship) suivi(e)

onion [ˈʌnjən] *n* oignon *m*

on-line [ˈɔnlaɪn] *adj* (Comput) en ligne; (: switched on) connecté(e)

onlooker [ˈɔnlʊkəˀ] *n* spectateur(-trice)

only [ˈəʊnlɪ] *adv* seulement ▷ *adj* seul(e), unique ▷ *conj* seulement, mais; **an ~ child** un enfant unique; **not ~ ... but also** non seulement ... mais aussi; **I**

~ took one j'en ai seulement pris un, je n'en ai pris qu'un

on-screen [ɔnˈskriːn] *adj* à l'écran

onset [ˈɔnsɛt] *n* début *m*; (of winter, old age) approche *f*

onto [ˈɔntu] *prep* = **on to**

onward(s) [ˈɔnwəd(z)] *adv* (move) en avant; **from that time ~** à partir de ce moment

oops [ups] *excl* houp!

ooze [uːz] *vi* suinter

opaque [əʊˈpeɪk] *adj* opaque

open [ˈəʊpn] *adj* ouvert(e); (car) découvert(e); (road, view) dégagé(e); (meeting) public(-ique); (admiration) manifeste ▷ *vt* ouvrir ▷ *vi* (flower, eyes, door, debate) s'ouvrir; (shop, bank, museum) ouvrir; (book etc: commence) commencer, débuter; **is it ~ to public?** est-ce ouvert au public?; **what time do you ~?** à quelle heure ouvrez-vous?; **in the ~ (air)** en plein air; **open up** *vt* ouvrir; (blocked road) dégager ▷ *vi* s'ouvrir; **open-air** *adj* en plein air; **opening** *n* ouverture *f*; (opportunity) occasion *f*; (work) débouché *m*; (job) poste vacant; **opening hours** *npl* heures *fpl* d'ouverture; **open learning** *n* enseignement universitaire à la carte, notamment par correspondance; (distance learning) télé-enseignement *m*; **openly** *adv* ouvertement; **open-minded** *adj* à l'esprit ouvert; **open-necked** *adj* à col ouvert; **open-plan** *adj* sans cloisons; **Open University** *n* (BRIT) cours universitaires par correspondance

OPEN UNIVERSITY

L'**Open University** a été fondée en 1969. L'enseignement comprend des cours (certaines plages horaires sont réservées à cet effet à la télévision et à la radio), des devoirs qui sont envoyés par l'étudiant à son directeur ou sa directrice d'études, et un séjour obligatoire en université d'été. Il faut préparer un certain

● nombre d'unités de valeur pendant
● une période de temps déterminée
● et obtenir la moyenne si un certain
● nombre d'entre elles pour recevoir le
● diplôme visé.

opera ['ɔpərə] n opéra m; **opera house** n opéra m; **opera singer** n chanteur(-euse) d'opéra

operate ['ɔpəreɪt] vt (machine) faire marcher, faire fonctionner ▷ vi fonctionner; **to ~ on sb (for)** (Med) opérer qn (de)

operating room n (US: Med) salle f d'opération

operating theatre n (BRIT: Med) salle f d'opération

operation [ɔpə'reɪʃən] n opération f; (of machine) fonctionnement m; **to have an ~ (for)** se faire opérer (de); **to be in ~** (machine) être en service; (system) être en vigueur; **operational** adj opérationnel(le); (ready for use) en état de marche

operative ['ɔpərətɪv] adj (measure) en vigueur ▷ n (in factory) ouvrier(-ière)

operator ['ɔpəreɪtə*] n (of machine) opérateur(-trice); (Tel) téléphoniste m/f

opinion [ə'pɪnjən] n opinion f, avis m; **in my ~** à mon avis; **opinion poll** n sondage m d'opinion

opponent [ə'pəunənt] n adversaire m/f

opportunity [ɔpə'tjuːnɪtɪ] n occasion f; **to take the ~ to do** or **of doing** profiter de l'occasion pour faire

oppose [ə'pəuz] vt s'opposer à; **to be ~d to sth** être opposé(e) à qch; **as ~d to** par opposition à

opposite ['ɔpəzɪt] adj opposé(e); (house etc) d'en face ▷ adv en face ▷ prep en face de ▷ n contraire m, opposé m; (of word) contraire

opposition [ɔpə'zɪʃən] n opposition f

oppress [ə'prɛs] vt opprimer

opt [ɔpt] vi: **to ~ for** opter pour; **to ~ to do** choisir de faire; **opt out** vi: **to ~ out of** choisir de ne pas participer à or de

ne pas faire

optician [ɔp'tɪʃən] n opticien(ne)

optimism ['ɔptɪmɪzəm] n optimisme m

optimist ['ɔptɪmɪst] n optimiste m/f; **optimistic** [ɔptɪ'mɪstɪk] adj optimiste

optimum ['ɔptɪməm] adj optimum

option ['ɔpʃən] n choix m, option f; (Scol) matière f à option; **optional** adj facultatif(-ive)

or [ɔː*] conj ou; (with negative): **he hasn't seen or heard anything** il n'a rien vu ni entendu; **or else** sinon; ou bien

oral ['ɔːrəl] adj oral(e) ▷ n oral m

orange ['ɔrɪndʒ] n (fruit) orange f ▷ adj inv orange; **orange juice** n jus m d'orange; **orange squash** n orangeade f

orbit ['ɔːbɪt] n orbite f ▷ vt graviter autour de

orchard ['ɔːtʃəd] n verger m

orchestra ['ɔːkɪstrə] n orchestre m; (US: seating) (fauteuils mpl d')orchestre

orchid ['ɔːkɪd] n orchidée f

ordeal [ɔː'diːl] n épreuve f

order ['ɔːdə*] n ordre m; (Comm) commande f ▷ vt ordonner; (Comm) commander; **in ~** en ordre; (of document) en règle; **out of ~** (not in correct order) en désordre; (machine) hors service; (telephone) en dérangement; **a machine in working ~** une machine en état de marche; **to ~ to do/that** pour faire/que + sub; **could I ~ now, please?** je peux commander, s'il vous plaît?; **to be on ~** être en commande; **to ~ sb to do** ordonner à qn de faire; **order form** n bon m de commande; **orderly** n (Mil) ordonnance f; (Med) garçon m de salle ▷ adj (room) en ordre; (mind) méthodique; (person) qui a de l'ordre

ordinary ['ɔːdnrɪ] adj ordinaire, normal(e); (pej) ordinaire, quelconque; **out of the ~** exceptionnel(le)

ore [ɔː*] n minerai m

oregano [ɔrɪ'gɑːnəu] n origan m

organ ['ɔːgən] n organe m; (Mus) orgue m, orgues fpl; **organic** [ɔː'gænɪk] adj

organique; (crops etc) biologique,
naturel(le); **organism** n organisme m

organization [ɔ:gənaɪˈzeɪʃən] n
organisation f

organize [ˈɔ:gənaɪz] vt organiser;
organized [ˈɔ:gənaɪzd] adj (planned)
organisé(e); (efficient) bien organisé;
organizer n organisateur(-trice)

orgasm [ˈɔ:gæzəm] n orgasme m

orgy [ˈɔ:dʒɪ] n orgie f

oriental [ɔ:rɪˈɛntl] adj oriental(e)

orientation [ɔ:rɪɛnˈteɪʃən] n (attitudes)
tendance f; (in job) orientation f; (of
building) orientation, exposition f

origin [ˈɔrɪdʒɪn] n origine f

original [əˈrɪdʒɪnl] adj original(e);
(earliest) originel(le) ▷ n original m;
originally adv (at first) à l'origine

originate [əˈrɪdʒɪneɪt] vi: **to ~ from**
être originaire de; (suggestion) provenir
de; **to ~ in** (custom) prendre naissance
dans, avoir son origine dans

Orkney [ˈɔ:knɪ] n (also: **the ~s, the ~**
Islands) les Orcades fpl

ornament [ˈɔ:nəmənt] n ornement m;
(trinket) bibelot m; **ornamental**
[ɔ:nəˈmɛntl] adj décoratif(-ive);
(garden) d'agrément

ornate [ɔ:ˈneɪt] adj très orné(e)

orphan [ˈɔ:fn] n orphelin(e)

orthodox [ˈɔ:θədɔks] adj orthodoxe

orthopaedic (us **orthopedic**)
[ɔ:θəˈpi:dɪk] adj orthopédique

osteopath [ˈɔstɪəpæθ] n ostéopathe
m/f

ostrich [ˈɔstrɪtʃ] n autruche f

other [ˈʌðəʳ] adj autre ▷ pron: **the ~**
(one) l'autre; **~s** (other people) d'autres
▷ adv: **~ than** autrement que; à part;
the ~ day l'autre jour; **otherwise** adv,
conj autrement

Ottawa [ˈɔtəwə] n Ottawa

otter [ˈɔtəʳ] n loutre f

ouch [autʃ] excl aïe!

ought (pt ~) [ɔ:t] aux vb: **I ~ to do it** je
devrais le faire, il faudrait que je le
fasse; **this ~ to have been corrected**
cela aurait dû être corrigé; **he ~ to win**

(probability) il devrait gagner

ounce [auns] n once f (28.35g; 16 in
a pound)

our [ˈauəʳ] adj notre, nos pl; see also **my**;
ours pron le (la) nôtre, les nôtres; see
also **mine**[1]; **ourselves** pron pl (reflexive,
after preposition) nous; (emphatic) nous-
mêmes; see also **oneself**

oust [aust] vt évincer

out [aut] adv dehors; (published, not at
home etc) sorti(e); (light, fire) éteint(e); **~**
there là-bas; **he's ~** (absent) il est sorti;
to be ~ in one's calculations s'être
trompé dans ses calculs; **to run/back**
etc **~** sortir en courant/en reculant
etc; **~ loud** adv à haute voix; **~ of** prep
(outside) en dehors de; (because of: anger
etc) par; (from among): **10 ~ of 10** sur
10; (without): **~ of petrol** sans essence,
à court d'essence; **~ of order** (machine)
en panne; (Tel: line) en dérangement;
outback n (in Australia) intérieur m;
outbound adj: **outbound (from/for)**
en partance (de/pour); **outbreak**
n (of violence) éruption f, explosion
f; (of disease) de nombreux cas; **the**
outbreak of war south of the border
la guerre qui s'est déclarée au sud de
la frontière; **outburst** n explosion f,
accès m; **outcast** n exilé(e); (socially)
paria m; **outcome** n issue f, résultat m;
outcry n tollé (général); **outdated** adj
démodé(e); **outdoor** adj de plein air;
outdoors adv dehors; au grand air

outer [ˈautəʳ] adj extérieur(e); **outer**
space n espace m cosmique

outfit [ˈautfɪt] n (clothes) tenue f

out:outgoing adj (president, tenant)
sortant(e); (character) ouvert(e),
extraverti(e); **outgoings** npl (BRIT:
expenses) dépenses fpl; **outhouse** n
appentis m, remise f

outing [ˈautɪŋ] n sortie f, excursion f

out:outlaw n hors-la-loi m inv ▷ vt
(person) mettre hors la loi; (practice)
proscrire; **outlay** n dépenses fpl;
(investment) mise f de fonds; **outlet**
n (for liquid etc) issue f, sortie f; (for

emotion) exutoire m; *(also:* **retail outlet)**
point m de vente; *(us: Elec)* prise f de
courant; **outline** n *(shape)* contour m;
(summary) esquisse f, grandes lignes
▷ vt *(fig: theory, plan)* exposer à grands
traits; **outlook** n perspective f; *(point
of view)* attitude f; **outnumber** vt
surpasser en nombre; **out-of-date**
adj *(passport, ticket)* périmé(e); *(theory,
idea)* dépassé(e); *(custom)* désuet(-ète);
(clothes) démodé(e); **out-of-doors** adv
= **outdoors**; **out-of-the-way** adj loin
de tout; **out-of-town** adj *(shopping
centre etc)* en périphérie; **outpatient** n
malade m/f en consultation externe;
outpost n avant-poste m; **output** n
rendement m, production f *(Comput)*
sortie f ▷ vt *(Comput)* sortir

outrage [ˈaʊtreɪdʒ] n *(anger)*
indignation f; *(violent act)* atrocité f,
acte m de violence; *(scandal)* scandale
m ▷ vt outrager; **outrageous**
[aʊˈtreɪdʒəs] adj atroce; *(scandalous)*
scandaleux(-euse)

outright adv [aʊtˈraɪt] complètement;
(deny, refuse) catégoriquement; *(ask)*
carrément; *(kill)* sur le coup ▷ adj
[ˈaʊtraɪt] complet(-ète); catégorique

outset [ˈaʊtset] n début m

outside [aʊtˈsaɪd] n extérieur m ▷ adj
extérieur(e) ▷ adv (au) dehors, à
l'extérieur ▷ prep hors de, à l'extérieur
de; *(in front of)* devant; **at the ~** *(fig)*
au plus or maximum; **outside lane** n
(Aut: in Britain) voie f de droite; *(: in US,
Europe)* voie f de gauche; **outside line**
n *(Tel)* ligne extérieure; **outsider** n
(stranger) étranger(-ère)

out: **outsize** adj énorme; *(clothes)*
grande taille inv; **outskirts** npl
faubourgs mpl; **outspoken** adj très
franc (franche); **outstanding** adj
remarquable, exceptionnel(le);
(unfinished: work, business) en suspens,
en souffrance; *(debt)* impayé(e);
(problem) non réglé(e)

outward [ˈaʊtwəd] adj *(sign,
appearances)* extérieur(e); *(journey*

(d')aller); **outwards** adv *(esp BRIT)*
= **outward**

outweigh [aʊtˈweɪ] vt l'emporter sur

oval [ˈəʊvl] adj, n ovale m

ovary [ˈəʊvərɪ] n ovaire m

oven [ˈʌvn] n four m; **oven glove** n gant
m de cuisine; **ovenproof** adj allant au
four; **oven-ready** adj prêt(e) à cuire

over [ˈəʊvə] adv *(par-)*dessus ▷ adj *(or
adv)* *(finished)* fini(e), terminé(e); *(too
much)* en plus ▷ prep sur; par-dessus;
(above) au-dessus de; *(on the other side
of)* de l'autre côté de; *(more than)* plus
de; *(during)* pendant; *(about, concerning)*:
they fell out ~ money/her ils se sont
brouillés pour des questions d'argent/à
cause d'elle; **~ here** ici; **~ there** là-bas;
all ~ *(everywhere)* partout; **~ and ~
(again)** à plusieurs reprises; **~ and
above** en plus de; **to ask sb ~** inviter qn
(à passer); **to fall ~** tomber; **to turn sth
~** retourner qch

overall adj [ˈəʊvərɔːl] *(length)* total(e);
(study, impression) d'ensemble ▷ n
(BRIT) blouse f ▷ adv [əʊvərˈɔːl] dans
l'ensemble, en général; **overalls** npl
(boiler suit) bleus mpl (de travail)

overboard [ˈəʊvəbɔːd] adv *(Naut)*
par-dessus bord

overcame [əʊvəˈkeɪm] pt of
overcome

overcast [ˈəʊvəkɑːst] adj couvert(e)

overcharge [əʊvəˈtʃɑːdʒ] vt: **to ~ sb for
sth** faire payer qch trop cher à qn

overcoat [ˈəʊvəkəʊt] n pardessus m

overcome [əʊvəˈkʌm] vt *(irreg:
like* **come)** *(defeat)* triompher de;
(difficulty) surmonter ▷ adj *(emotionally)*
bouleversé(e); **~ with grief** accablé(e)
de douleur

over: **overcrowded** adj bondé(e); *(city,
country)* surpeuplé(e); **overdo** vt *(irreg:
like* **do)** exagérer; *(overcook)* trop cuire;
to overdo it, to overdo things *(work
too hard)* en faire trop, se surmener;
overdone [əʊvəˈdʌn] adj *(vegetables,
steak)* trop cuit(e); **overdose** n dose
excessive; **overdraft** n découvert m,

overdrawn adj (account) à découvert;
overdue adj en retard; (bill) impayé(e);
(change) qui tarde; **overestimate** vt
surestimer

overflow vi [əuvə'fləu] déborder
▷ n ['əuvəfləu] (also: ~ **pipe**) tuyau m
d'écoulement, trop-plein m

overgrown [əuvə'grəun] adj (garden)
envahi(e) par la végétation

overhaul vt [əuvə'hɔ:l] réviser ▷ n ['əu
vəhɔ:l] révision f

overhead adv [əuvə'hɛd] au-dessus
▷ adj, n ['əuvəhɛd] aérien(ne);
(lighting) vertical(e) ▷ n (us)
= **overheads**; **overhead projector**
n rétroprojecteur m; **overheads**
(BRIT) frais généraux

over: **overhear** vt (irreg: like **hear**)
entendre (par hasard); **overheat** vi
(engine) chauffer; **overland** adj, adv en
voie de terre; **overlap** vi se chevaucher;
overleaf adv au verso; **overload** vt
surcharger; **overlook** vt (have view of)
donner sur; (miss) oublier, négliger;
(forgive) fermer les yeux sur

overnight adv [əuvə'naɪt] (happen)
durant la nuit; (fig) soudain ▷ adj ['ə
uvənaɪt] d'une (or de) nuit; soudain(e);
to stay ~ (with sb) passer la nuit (chez
qn); **overnight bag** n nécessaire m
de voyage

overpass ['əuvəpɑ:s] n (us: for cars)
pont autoroutier; (: for pedestrians)
passerelle f, pont m

overpower [əuvə'pauə'] vt vaincre;
(fig) accabler; **overpowering** adj
irrésistible; (heat, stench) suffocant(e)

over: **overreact** [əuvəri:'ækt] vi
réagir de façon excessive; **overrule**
vt (decision) annuler; (claim) rejeter;
(person) rejeter l'avis de; **overrun**
vt (irreg: like **run**) (Mil: country etc) occuper;
(time limit etc) dépasser ▷ vi dépasser le
temps imparti

overseas [əuvə'si:z] adv outre-mer;
(abroad) à l'étranger ▷ adj (trade)
extérieur(e); (visitor) étranger(-ère)

oversee [əuvə'si:] vt (irreg: like **see**)

surveiller

overshadow [əuvə'ʃædəu] vt (fig)
éclipser

oversight ['əuvəsaɪt] n omission f,
oubli m

oversleep [əuvə'sli:p] vi (irreg: like
sleep) se réveiller (trop) tard

overspend [əuvə'spɛnd] vi (irreg: like
spend) dépenser de trop

overt [əu'vɜ:t] adj non dissimulé(e)

overtake [əuvə'teɪk] vt (irreg: like **take**)
dépasser; (BRIT: Aut) dépasser, doubler

over: **overthrow** vt (irreg: like **throw**)
(government) renverser; **overtime** n
heures fpl supplémentaires

overtook [əuvə'tuk] pt of **overtake**

over: **overturn** vt renverser; (decision,
plan) annuler ▷ vi se retourner;
overweight adj (person) trop gros(se);
overwhelm vt (subj: emotion) accabler,
submerger; (enemy, opponent) écraser;
overwhelming adj (victory, defeat)
écrasant(e); (desire) irrésistible

ow [au] excl aïe!

owe [əu] vt devoir; **to ~ sb sth, to ~ sth
to sb** devoir qch à qn; **how much do I ~
you?** combien est-ce que je vous dois?;
owing to prep à cause de, en raison de

owl [aul] n hibou m

own [əun] vt posséder ▷ adj propre;
a room of my ~ une chambre à moi,
ma propre chambre; **to get one's ~
back** prendre sa revanche; **on one's
~** tout(e) seul(e); **own up** vi avouer;
owner n propriétaire m/f; **ownership**
n possession f

ox (pl **oxen**) [ɔks, 'ɔksn] n bœuf m

Oxbridge ['ɔksbrɪdʒ] n (BRIT) les
universités d'Oxford et de Cambridge

oxen ['ɔksən] npl of **ox**

oxygen ['ɔksɪdʒən] n oxygène m

oyster ['ɔɪstə'] n huître f

oz. abbr = **ounce(s)**

ozone ['əuzəun] n ozone m; **ozone
friendly** adj qui n'attaque pas or qui
préserve la couche d'ozone; **ozone
layer** n couche f d'ozone

O

P

p abbr (BRIT) = **penny**; **pence**

P.A. n abbr = **personal assistant**; **public address system**

p.a. abbr = **per annum**

pace [peɪs] n pas m; (speed) allure f; vitesse f ▷ vi: **to ~ up and down** faire les cent pas; **to keep ~ with** aller à la même vitesse que; (events) se tenir au courant de; **pacemaker** n (Med) stimulateur m cardiaque; (Sport: also: **pacesetter**) meneur(-euse) de train

Pacific [pə'sɪfɪk] n: **the ~ (Ocean)** le Pacifique, l'océan m Pacifique

pacifier ['pæsɪfaɪə'] n (us: dummy) tétine f

pack [pæk] n paquet m; (of hounds) meute f; (of thieves, wolves etc) bande f; (of cards) jeu m; (us: of cigarettes) paquet; (back pack) sac m à dos ▷ vt (goods) empaqueter, emballer; (in suitcase etc) emballer; (box) remplir; (cram) entasser ▷ vi: **to ~ (one's bags)** faire ses bagages; **pack in** (BRIT inf) ▷ vi (machine) tomber en panne ▷ vt (boyfriend) plaquer; **~ it in!** laisse tomber!; **pack off** vt: **to ~ sb off to** expédier qn à; **pack up** vi (BRIT inf: machine) tomber en panne; (: person) se tirer ▷ vt (belongings) ranger; (goods, presents) empaqueter, emballer

package ['pækɪdʒ] n paquet m; (also: **~ deal**: agreement) marché global; (: purchase) forfait m; (Comput) progiciel m ▷ vt (goods) conditionner; **package holiday** n (BRIT) vacances organisées; **package tour** n voyage organisé

packaging ['pækɪdʒɪŋ] n (wrapping materials) emballage m

packed [pækt] adj (crowded) bondé(e); **packed lunch** (BRIT) n repas froid

packet ['pækɪt] n paquet m

packing ['pækɪŋ] n emballage m

pact [pækt] n pacte m, traité m

pad [pæd] n bloc(-notes) m; (to prevent friction) tampon m ▷ vt rembourrer; **padded** adj (jacket) matelassé(e); (bra) rembourré(e)

paddle ['pædl] n (oar) pagaie f; (us: for table tennis) raquette f de ping-pong ▷ vi (with feet) barboter, faire trempette ▷ vt: **to ~ a canoe** etc pagayer; **paddling pool** n petit bassin

paddock ['pædək] n enclos m; (Racing) paddock m

padlock ['pædlɔk] n cadenas m

paedophile (us **pedophile**) ['pi:dəufaɪl] n pédophile m

page [peɪdʒ] n (of book) page f; (also: **~ boy**) groom m, chasseur m; (at wedding) garçon m d'honneur ▷ vt (in hotel etc) (faire) appeler

pager ['peɪdʒə'] n bip m (inf), Alphapage® m

paid [peɪd] pt, pp of **pay** ▷ adj (work, official) rémunéré(e); (holiday) payé(e); **to put ~ to** (BRIT) mettre fin à, mettre par terre

pain [peɪn] n douleur f; (inf: nuisance) plaie f; **to be in ~** souffrir, avoir mal; **to take ~s to do** se donner du mal pour faire; **painful** adj douloureux(-euse); (difficult) difficile, pénible; **painkiller**

n calmant m, analgésique m;
painstaking ['peɪnzteɪkɪŋ] *adj* (person)
soigneux(-euse); (work) soigné(e)
paint [peɪnt] n peinture f ▷ vt peindre;
to ~ the door blue peindre la porte en
bleu; **paintbrush** n pinceau m; **painter**
n peintre m; **painting** n peinture f;
(picture) tableau m
pair [pɛə^r] n (of shoes, gloves etc) paire
f; (of people) couple m; **~ of scissors**
(paire de) ciseaux mpl; **~ of trousers**
pantalon m
pajamas [pə'dʒɑːməz] npl (us)
pyjama(s) m(pl)
Pakistan [pɑːkɪ'stɑːn] n Pakistan m;
Pakistani adj pakistanais(e) ▷ n
Pakistanais(e)
pal [pæl] n (inf) copain (copine)
palace ['pæləs] n palais m
pale [peɪl] adj pâle; **~ blue** adj bleu
pâle inv
Palestine ['pælɪstaɪn] n Palestine f;
Palestinian [pælɪs'tɪnɪən] adj
palestinien(ne) ▷ n Palestinien(ne)
palm [pɑːm] n (Anat) paume f; (also: **~
tree**) palmier m ▷ vt: **to ~ sth off on sb**
(inf) refiler qch à qn
pamper ['pæmpə^r] vt gâter, dorloter
pamphlet ['pæmflət] n brochure f
pan [pæn] n (also: **sauce~**) casserole f;
(also: **frying ~**) poêle f
pancake ['pænkeɪk] n crêpe f
panda ['pændə] n panda m
pane [peɪn] n carreau m (de fenêtre),
vitre f
panel ['pænl] n (of wood, cloth etc)
panneau m; (Radio, TV) panel m, invités
mpl; (for interview, exams) jury m
panhandler ['pænhændlə^r] n (us inf)
mendiant(e)
panic ['pænɪk] n panique f, affolement
m ▷ vi s'affoler, paniquer
panorama [pænə'rɑːmə] n
panorama m
pansy ['pænzɪ] n (Bot) pensée f
pant [pænt] vi haleter
panther ['pænθə^r] n panthère f
panties ['pæntɪz] npl slip m, culotte f

pantomime ['pæntəmaɪm] n (BRIT)
spectacle m de Noël; voir encadré

- **PANTOMIME**
-
- Une **pantomime** (à ne pas confondre
- avec le mot tel qu'on l'utilise en
- français), que l'on appelle également
- de façon familière "panto", est un
- genre de farce où le personnage
- principal est souvent un jeune
- garçon et où il y a toujours une
- "dame", c'est-à-dire une vieille
- femme jouée par un homme, et
- un méchant. La plupart du temps,
- l'histoire est basée sur un conte de
- fées comme Cendrillon ou Le Chat
- botté, et le public est encouragé
- à participer en prévenant le héros
- d'un danger imminent. Ce genre de
- spectacle, qui s'adresse surtout aux
- enfants, vise également un public
- d'adultes au travers des nombreuses
- plaisanteries faisant allusion à des
- faits d'actualité.

pants [pænts] n (BRIT: woman's) culotte
f, slip m; (: man's) slip, caleçon m; (us:
trousers) pantalon m
pantyhose ['pæntɪhəuz] (us) npl
collant m
paper ['peɪpə^r] n (also: **~
wall~**) papier peint; (also: **news~**)
journal m; (academic essay) article m;
(exam) épreuve écrite ▷ adj en papier ▷
vt tapisser (de papier peint); **papers**
npl (also: **identity ~s**) papiers
mpl (d'identité); **paperback** n livre
broché or non relié; (small) livre m de
poche; **paper bag** n sac m en papier;
paper clip n trombone m; **paper shop**
n (BRIT) marchand m de journaux;
paperwork n papiers mpl; (pej)
paperasserie f
paprika ['pæprɪkə] n paprika m
par [pɑː^r] n pair m; (Golf) normale f du
parcours; **on a ~ with** à égalité avec, au
même niveau que

paracetamol [pærə'si:təmɒl] (BRIT) n
paracétamol m

parachute ['pærəʃu:t] n parachute m

parade [pə'reɪd] n défilé m ▷ vt (fig)
faire étalage de ▷ vi défiler

paradise ['pærədaɪs] n paradis m

paradox ['pærədɒks] n paradoxe m

paraffin ['pærəfɪn] n (BRIT): ~ (oil)
pétrole (lampant)

paragraph ['pærəɡrɑ:f] n
paragraphe m

parallel ['pærəlɛl] adj: ~ (with or to)
parallèle (à); (fig) analogue à ▷ n (line)
parallèle f; (fig, Geo) parallèle m

paralysed ['pærəlaɪzd] adj paralysé(e)

paralysis (pl **paralyses**) [pə'ræləsɪs,
-si:z] n paralysie f

paramedic [pærə'medɪk] n auxiliaire
m/f médical(e)

paranoid ['pærənɔɪd] adj (Psych)
paranoïaque; (neurotic) paranoïde

parasite ['pærəsaɪt] n parasite m

parcel ['pɑ:sl] n paquet m, colis m ▷ vt
(also: ~ **up**) empaqueter

pardon ['pɑ:dn] n pardon m; (Law)
grâce f ▷ vt pardonner à; (Law) gracier;
~! pardon!; ~ **me!** (after burping etc)
excusez-moi!; **I beg your** ~! (I'm sorry)
pardon!, je suis désolé!; (**I beg your**) ~?
(us) ~ **me?** (what did you say?) pardon?

parent ['pɛərənt] n (father) père
m; (mother) mère f; **parents** npl
parents mpl; **parental** [pə'rɛntl] adj
parental(e), des parents

Paris ['pærɪs] n Paris

parish ['pærɪʃ] n paroisse f; (civil)
= commune f

Parisian [pə'rɪzɪən] adj parisien(ne), de
Paris ▷ n Parisien(ne)

park [pɑ:k] n parc m, jardin public m ▷ vt
garer ▷ vi se garer; **can I ~ here?** est-ce
que je peux me garer ici?

parking ['pɑ:kɪŋ] n stationnement
m; **"no ~"** "stationnement interdit";
parking lot n (us) parking m, parc m
de stationnement; **parking meter**
n parc(o)mètre m; **parking ticket**
n P.-V. m

▌ Be careful not to translate **parking**
by the French word **parking**.

parkway ['pɑ:kweɪ] n (us) route f
express (en site vert ou aménagé)

parliament ['pɑ:ləmənt] n
parlement m; **parliamentary**
[pɑ:lə'mɛntərɪ] adj parlementaire

Parmesan [pɑ:mɪ'zæn] n (also: ~
cheese) Parmesan m

parole [pə'rəʊl] n: **on ~** en liberté
conditionnelle

parrot ['pærət] n perroquet m

parsley ['pɑ:slɪ] n persil m

parsnip ['pɑ:snɪp] n panais m

parson ['pɑ:sn] n ecclésiastique m;
(Church of England) pasteur m

part [pɑ:t] n partie f; (of machine) pièce
f; (Theat etc) rôle m; (of serial) épisode
m; (us: in hair) raie f ▷ adv = **partly** ▷ vt
séparer ▷ vi (people) se séparer; (crowd)
s'ouvrir; **to take ~ in** participer à,
prendre part à; **to take sb's ~** prendre
le parti de qn, prendre parti pour qn;
for my ~ en ce qui me concerne; **for
the most ~** en grande partie; dans la
plupart des cas; **in ~** en partie; **to take
sth in good/bad ~** prendre qch du
bon/mauvais côté; **part with** vt fus
(possessions) se séparer de; (person) se
défaire de

partial ['pɑ:ʃl] adj (incomplete)
partiel(le); **to be ~ to** aimer, avoir un
faible pour

participant [pɑ:'tɪsɪpənt] n (in
competition, campaign) participant(e)

participate [pɑ:'tɪsɪpeɪt] vi: **to ~ (in)**
participer (à), prendre part (à)

particle ['pɑ:tɪkl] n particule f; (of
dust) grain m

particular [pə'tɪkjʊlə] adj (specific)
particulier(-ière); (special) particulier,
spécial(e); (fussy) difficile, exigeant(e);
(careful) méticuleux(-euse); **in ~** en
particulier, surtout; **particularly** adv
particulièrement; (in particular) en
particulier; **particulars** npl détails mpl;
(information) renseignements mpl

parting ['pɑ:tɪŋ] n séparation f; (BRIT:

in hair) raie f
partition [pɑːˈtɪʃən] n (Pol) partition f,
division f; (wall) cloison f
partly [ˈpɑːtlɪ] adv en partie,
partiellement
partner [ˈpɑːtnəʳ] n (Comm)
associé(e); (Sport) partenaire m/f;
(spouse) conjoint(e); (lover) ami(e); (at
dance) cavalier(-ière); **partnership** n
association f
part of speech n (Ling) partie f du
discours
partridge [ˈpɑːtrɪdʒ] n perdrix f
part-time [ˈpɑːtˈtaɪm] adj, adv à mi-
temps, à temps partiel
party [ˈpɑːtɪ] n (Pol) parti m; (celebration)
fête f; (: formal) réception f; (: in evening)
soirée f; (group) groupe m; (Law) partie f
pass [pɑːs] vt (time, object) passer;
(place) passer devant; (friend) croiser;
(exam) être reçu(e) à, réussir; (overtake)
dépasser; (approve) approuver, accepter
▷ vi passer; (Scol) être reçu(e) ou
admis(e), réussir ▷ n (permit) laissez-
passer m inv; (membership card) carte f
d'accès ou d'abonnement; (in mountains)
col m; (Sport) passe f; (Scol: also: **~ mark**):
to get a ~ être reçu(e) (sans mention);
to ~ sth passer qch à qn; **could you
~ the salt/oil, please?** pouvez-vous
me passer le sel/l'huile, s'il vous plaît?;
to make a ~ at sb (inf) faire des avances
à qn; **pass away** vi mourir; **pass by** vi
passer ▷ vt (ignore) négliger; **pass on**
vt (hand on): **to ~ on (to)** transmettre
(à); **pass out** vi s'évanouir; **pass over**
vt (ignore) passer sous silence; **pass up**
vt (opportunity) laisser passer; **passable**
adj (road) praticable; (work) acceptable

> Be careful not to translate **to pass
> an exam** by the French expression
> passer un examen.

passage [ˈpæsɪdʒ] n (also: **~way**)
couloir m; (gen, in book) passage m; (by
boat) traversée f
passenger [ˈpæsɪndʒəʳ] n
passager(-ère)
passer-by [pɑːsəˈbaɪ] n passant(e)

passing place n (Aut) aire f de
croisement
passion [ˈpæʃən] n passion f;
passionate adj passionné(e); **passion
fruit** n fruit m de la passion
passive [ˈpæsɪv] adj (also Ling)
passif(-ive)
passport [ˈpɑːspɔːt] n passeport m;
passport control n contrôle m des
passeports; **passport office** n bureau
m de délivrance des passeports
password [ˈpɑːswəːd] n mot m de
passe
past [pɑːst] prep (in front of) devant;
(further than) au-delà de, plus loin que;
après; (later than) après ▷ adv: **to run
~** passer en courant ▷ adj passé(e);
(president etc) ancien(ne) ▷ n passé m;
he's ~ forty il a dépassé la quarantaine,
il a plus de or passé quarante ans;
ten/quarter ~ eight huit heures
dix/un or et quart; **for the ~ few/3 days**
depuis quelques/3 jours; ces derniers/3
derniers jours
pasta [ˈpæstə] n pâtes fpl
paste [peɪst] n pâte f; (Culin: meat)
pâté m (à tartiner); (: tomato) purée
f, concentré m; (glue) colle f (de pâte)
▷ vt coller
pastel [ˈpæstl] adj pastel inv ▷ n (Art:
pencil) (crayon m) pastel m; (: drawing)
(dessin m au) pastel; (colour) ton m
pastel inv
pasteurized [ˈpæstəraɪzd] adj
pasteurisé(e)
pastime [ˈpɑːstaɪm] n passe-temps m
inv, distraction f
pastor [ˈpɑːstəʳ] n pasteur m
past participle [-ˈpɑːtɪsɪpl] n (Ling)
participe passé
pastry [ˈpeɪstrɪ] n pâte f; (cake)
pâtisserie f
pasture [ˈpɑːstʃəʳ] n pâturage m
pasty¹ [ˈpæstɪ] n petit pâté (en croûte)
pasty² [ˈpeɪstɪ] adj (complexion)
terreux(-euse)
pat [pæt] vt donner une petite tape à;
(dog) caresser

patch [pætʃ] n (of material) pièce f;
(eye patch) cache m; (spot) tache f; (of
land) parcelle f; (on tyre) rustine f ▷ vt
(clothes) rapiécer; **a bad ~** (BRIT) une
période difficile; **patchy** adj inégal(e);
(incomplete) fragmentaire

pâté ['pæteɪ] n pâté m, terrine f

patent ['peɪtnt, US 'pætnt] n brevet m
(d'invention) ▷ vt faire breveter ▷ adj
patent(e), manifeste

paternal [pə'tə:nl] adj paternel(le)

paternity leave [pə'tə:nɪtɪ-] n congé
m de paternité

path [pɑ:θ] n chemin m, sentier m; (in
garden) allée f; (of missile) trajectoire f

pathetic [pə'θetɪk] adj (pitiful)
pitoyable; (very bad) lamentable,
minable

pathway ['pɑ:θweɪ] n chemin m,
sentier m; (in garden) allée f

patience ['peɪʃns] n patience f; (BRIT:
Cards) réussite f

patient ['peɪʃnt] n malade m/f; (of
dentist etc) patient(e) ▷ adj patient(e)

patio ['pætɪəu] n patio m

patriotic [pætrɪ'ɔtɪk] adj patriotique;
(person) patriote

patrol [pə'trəul] n patrouille f ▷ vt
patrouiller dans; **patrol car** n voiture
f de police

patron ['peɪtrən] n (in shop) client(e);
(of charity) patron(ne); **~ of the arts**
mécène m

patronizing ['pætrənaɪzɪŋ] adj
condescendant(e)

pattern ['pætən] n (Sewing) patron
m; (design) motif m; **patterned** adj à
motifs

pause [pɔ:z] n pause f, arrêt m ▷ vi faire
une pause, s'arrêter

pave [peɪv] vt paver, daller; **to ~ the
way for** ouvrir la voie à

pavement ['peɪvmənt] n (BRIT)
trottoir m; (US) chaussée f

pavilion [pə'vɪlɪən] n pavillon m; (Sport)
stand m

paving ['peɪvɪŋ] n (material) pavé
m, dalle f

paw [pɔ:] n patte f

pawn [pɔ:n] n (Chess, also fig) pion m
▷ vt mettre en gage; **pawnbroker** n
prêteur m sur gages

pay [peɪ] n salaire m; (of manual worker)
paie f ▷ vb (pt, pp **paid**) ▷ vt payer ▷ vi
payer; (be profitable) être rentable;
can I ~ by credit card? est-ce que je
peux payer par carte de crédit?; **to ~
attention (to)** prêter attention (à);
to ~ sb a visit rendre visite à qn; **to
~ one's respects to sb** présenter ses
respects à qn; **pay back** vt rembourser;
pay for vt fus payer; **pay in** vt verser;
pay off vt (debts) régler, acquitter;
(person) rembourser ▷ vi (scheme,
decision) se révéler payant(e); **pay out**
vt (money) payer, sortir de sa poche;
pay up vt (amount) payer; **payable** adj
payable; **to make a cheque payable
to sb** établir un chèque à l'ordre de
qn; **pay day** n jour m de paie; **pay
envelope** n (US) paie f; **payment** n
paiement m; (of bill) règlement m; (of
deposit, cheque) versement m; **monthly
payment** mensualité f; **payout** n
(from insurance) dédommagement m;
(in competition) prix m; **pay packet**
n (BRIT) paie f; **pay phone** n cabine
f téléphonique, téléphone public;
pay raise n (US) = **pay rise; pay rise**
n (BRIT) augmentation f (de salaire);
payroll n registre m du personnel; **pay
slip** n (BRIT) bulletin m de paie, feuille
f de paie; **pay television** n chaînes
fpl payantes

PC n abbr = **personal computer**;
(BRIT) = **police constable** ▷ adj abbr
= **politically correct**

p.c. abbr = **per cent**

PDA n abbr (= personal digital assistant)
agenda m électronique

PE n abbr (= physical education) EPS f

pea [pi:] n (petit) pois

peace [pi:s] n paix f; (calm)
tranquillité f; **peaceful** adj paisible,
calme

peach [pi:tʃ] n pêche f

peacock ['pi:kɔk] n paon m

peak [pi:k] n (mountain) pic m, cime f; (of cap) visière f; (fig: highest level) maximum m; (: of career, fame) apogée m; **peak hours** npl heures fpl d'affluence or de pointe

peanut ['pi:nʌt] n arachide f, cacahuète f; **peanut butter** n beurre m de cacahuète

pear [pɛə*] n poire f

pearl [pə:l] n perle f

peasant ['pɛznt] n paysan(ne)

peat [pi:t] n tourbe f

pebble ['pɛbl] n galet m, caillou m

peck [pɛk] vt (also: ~ **at**) donner un coup de bec à; (food) picorer ▷ n coup m de bec; (kiss) bécot m; **peckish** adj (BRIT inf): **I feel peckish** je mangerais bien quelque chose, j'ai la dent

peculiar [pɪ'kju:lɪə*] adj (odd) étrange, bizarre, curieux(-euse); (particular) particulier(-ière); ~ **to** particulier à

pedal ['pɛdl] n pédale f ▷ vi pédaler

pedalo ['pɛdələu] n pédalo m

pedestal ['pɛdəstl] n piédestal m

pedestrian [pɪ'dɛstrɪən] n piéton m; **pedestrian crossing** n (BRIT) passage clouté; **pedestrianized** adj: **a pedestrianized street** une rue piétonne; **pedestrian precinct** (us **pedestrian zone**) n (BRIT) zone piétonne

pedigree ['pɛdɪgri:] n ascendance f; (of animal) pedigree m ▷ cpd (animal) de race

pedophile ['pi:dəufaɪl] (us) n = **paedophile**

pee [pi:] vi (inf) faire pipi, pisser

peek [pi:k] vi jeter un coup d'œil (furtif)

peel [pi:l] n pelure f, épluchure f; (of orange, lemon) écorce f ▷ vt peler, éplucher ▷ vi (paint etc) s'écailler; (wallpaper) se décoller; (skin) peler

peep [pi:p] n (BRIT: look) coup d'œil furtif; (sound) pépiement m ▷ vi (BRIT) jeter un coup d'œil (furtif)

peer [pɪə*] n: **to ~ at** regarder attentivement, scruter ▷ n (noble) pair

m; (equal) pair, égal(e)

peg [pɛg] n (for coat etc) patère f; (BRIT: also: **clothes ~**) pince f à linge

pelican ['pɛlɪkən] n pélican m; **pelican crossing** n (BRIT Aut) feu m à commande manuelle

pelt [pɛlt] vt: **to ~ sb (with)** bombarder qn (de) ▷ vi (rain) tomber à seaux; (inf: run) courir à toutes jambes ▷ n peau f

pelvis ['pɛlvɪs] n bassin m

pen [pɛn] n (for writing) stylo m; (for sheep) parc m

penalty ['pɛnltɪ] n pénalité f; sanction f; (fine) amende f; (Sport) pénalisation f; (Football) penalty m; (Rugby) pénalité f

pence [pɛns] npl of **penny**

pencil ['pɛnsl] n crayon m; **pencil in** vt noter provisoirement; **pencil case** n trousse f (d'écolier); **pencil sharpener** n taille-crayon(s) m inv

pendant ['pɛndnt] n pendentif m

pending ['pɛndɪŋ] prep en attendant ▷ adj en suspens

penetrate ['pɛnɪtreɪt] vt pénétrer dans; (enemy territory) entrer en

penfriend ['pɛnfrɛnd] n (BRIT) correspondant(e)

penguin ['pɛŋgwɪn] n pingouin m

penicillin [pɛnɪ'sɪlɪn] n pénicilline f

peninsula [pə'nɪnsjulə] n péninsule f

penis ['pi:nɪs] n pénis m, verge f

penitentiary [pɛnɪ'tɛnʃərɪ] n (us) prison f

penknife ['pɛnnaɪf] n canif m

penniless ['pɛnɪlɪs] adj sans le sou

penny (pl **pennies** or **pence**) ['pɛnɪ, 'pɛnɪz, pɛns] n (BRIT) penny m; (us) cent m

penpal ['pɛnpæl] n correspondant(e)

pension ['pɛnʃən] n (from company) retraite f; **pensioner** n (BRIT) retraité(e)

pentagon ['pɛntəgən] n: **the P~** (us Pol) le Pentagone

penthouse ['pɛnthaus] n appartement m (de luxe) en attique

penultimate [pɪ'nʌltɪmət] adj pénultième, avant-dernier(-ière)

people ['pi:pl] npl gens mpl; personnes

fpl; (inhabitants) population f; (Pol) peuple m ▷ n (nation, race) peuple m; **several ~ came** plusieurs personnes sont venues; **~ say that ...** on dit or les gens disent que ...

pepper ['pepə'] n poivre m; (vegetable) poivron m ▷ vt (Culin) poivrer; **peppermint** n (sweet) pastille f de menthe

per [pə:'] prep par; **~ hour** (miles etc) à l'heure; (fee) (de) l'heure; **~ kilo** (le kilo etc; **~ day/person** par jour/personne; **~ annum** par an

perceive [pə'si:v] vt percevoir; (notice) remarquer, s'apercevoir de

per cent adv pour cent

percentage [pə'sɛntɪdʒ] n pourcentage m

perception [pə'sɛpʃən] n perception f; (insight) sensibilité f

perch [pə:tʃ] n (fish) perche f; (for bird) perchoir m ▷ vi (se) percher

percussion [pə'kʌʃən] n percussion f

perennial [pə'rɛnɪəl] adj (Bot) (plante f) vivace f, plante pluriannuelle

perfect adj ['pə:fɪkt] adj parfait(e) ▷ n (also: **~ tense**) parfait m ▷ vt [pə'fɛkt] (technique, skill, work of art) parfaire; (method, plan) mettre au point; **perfection** [pə'fɛkʃən] n perfection f; **perfectly** ['pə:fɪktlɪ] adv parfaitement

perform [pə'fɔ:m] vt (carry out) exécuter; (concert etc) jouer, donner ▷ vi (actor, musician) jouer; **performance** n représentation f, spectacle m; (of an artist) interprétation f; (Sport: of car, engine) performance f; (of company, economy) résultats mpl; **performer** n artiste m/f

perfume ['pə:fju:m] n parfum m

perhaps [pə'hæps] adv peut-être

perimeter [pə'rɪmɪtə'] n périmètre m

period ['pɪərɪəd] n période f; (History) époque f; (Scol) cours m; (full stop) point m; (Med) règles fpl ▷ adj (costume, furniture) d'époque; **periodical** [pɪə-rɪ'ɒdɪkl] n périodique m; **periodically** adv périodiquement

perish ['pɛrɪʃ] vi périr, mourir; (decay) se détériorer

perjury ['pə:dʒərɪ] n (Law: in court) faux témoignage m; (breach of oath) parjure m

perk [pə:k] n (inf) avantage m, à-côté m

perm [pə:m] n (for hair) permanente f

permanent ['pə:mənənt] adj permanent(e); **permanently** adv de façon permanente; (move abroad) définitivement; (open, closed) en permanence; (tired, unhappy) constamment

permission [pə'mɪʃən] n permission f, autorisation f

permit [pə'mɪt] permis m

perplex [pə'plɛks] vt (person) rendre perplexe

persecute ['pə:sɪkju:t] vt persécuter; **persecution** [pə:sɪ'kju:ʃən] n persécution f

persevere [pə:sɪ'vɪə'] vi persévérer

Persian ['pə:ʃən] adj persan(e); **the ~ Gulf** le golfe Persique

persist [pə'sɪst] vi: **to ~ (in doing)** persister (à faire), s'obstiner (à faire); **persistent** adj persistant(e), tenace

person ['pə:sn] n personne f; **in ~** en personne; **personal** adj personnel(le); **personal assistant** n secrétaire personnel(le); **personal computer** n ordinateur individuel, PC m; **personality** [pə:sə'nælɪtɪ] n personnalité f; **personally** adv personnellement; **to take sth personally** se sentir visé(e) par qch; **personal organizer** n agenda (personnel) style Filofax®; (electronic) agenda électronique; **personal stereo** n Walkman® m, baladeur m

personnel [pə:sə'nɛl] n personnel m

perspective [pə'spɛktɪv] n perspective f

perspiration [pə:spɪ'reɪʃən] n transpiration f

persuade [pə'sweɪd] vt: **to ~ sb to do sth** persuader qn de faire qch, amener or décider qn à faire qch

persuasion [pə'sweɪʒən] n persuasion

f; (creed) conviction f

persuasive [pə'sweɪsɪv] adj persuasif(-ive)

perverse [pə'vəːs] adj pervers(e); (contrary) entêté(e), contrariant(e)

pervert n ['pəːvəːt] perverti(e) ▷ vt [pə'vəːt] pervertir; (words) déformer

pessimism ['pesɪmɪzəm] n pessimisme m

pessimist ['pesɪmɪst] n pessimiste m/f; **pessimistic** [pesɪ'mɪstɪk] adj pessimiste

pest [pest] n animal m (or insecte m) nuisible; (fig) fléau m

pester ['pestə'] vt importuner, harceler

pesticide ['pestɪsaɪd] n pesticide m

pet [pet] n animal familier ▷ cpd (favourite) favori(e) ▷ vt (stroke) caresser, câliner; **teacher's ~** chouchou m du professeur; **~ hate** bête noire

petal ['petl] n pétale m

petite [pə'tiːt] adj menue(e)

petition [pə'tɪʃən] n pétition f

petrified ['petrɪfaɪd] adj (fig) mort(e) de peur

petrol ['petrəl] n (BRIT) essence f; **I've run out of ~** je suis en panne d'essence
  Be careful not to translate **petrol** by the French word **pétrole**.

petroleum [pə'trəuliəm] n pétrole m

petrol: petrol pump n (BRIT: in car, at garage) pompe f à essence; **petrol station** n (BRIT) station-service f; **petrol tank** n (BRIT) réservoir m d'essence

petticoat ['petɪkəut] n jupon m

petty ['petɪ] adj (mean) mesquin(e); (unimportant) insignifiant(e), sans importance

pew [pjuː] n banc m (d'église)

pewter ['pjuːtə'] n étain m

phantom ['fæntəm] n fantôme m

pharmacist ['fɑːməsɪst] n pharmacien(ne)

pharmacy ['fɑːməsɪ] n pharmacie f

phase [feɪz] n phase f, période f; **phase in** vt introduire progressivement; **phase out** vt supprimer

progressivement

Ph.D. abbr = **Doctor of Philosophy**

pheasant ['feznt] n faisan m

phenomena [fə'nɔmɪnə] npl of **phenomenon**

phenomenal [fɪ'nɔmɪnl] adj phénoménal(e)

phenomenon (pl **phenomena**) [fə'nɔmɪnən, -nə] n phénomène m

Philippines ['fɪlɪpiːnz] npl (also: **Philippine Islands**): **the ~** les Philippines fpl

philosopher [fɪ'lɔsəfə'] n philosophe m

philosophical [fɪlə'sɔfɪkl] adj philosophique

philosophy [fɪ'lɔsəfɪ] n philosophie f

phlegm [flɛm] n flegme m

phobia ['fəubjə] n phobie f

phone [fəun] n téléphone m ▷ vt téléphoner à ▷ vi téléphoner; **to be on the ~** avoir le téléphone; (be calling) être au téléphone; **phone back** vt, vi rappeler; **phone up** vt téléphoner à ▷ vi téléphoner; **phone book** n annuaire m; **phone box** (US **phone booth**) n cabine f téléphonique; **phone call** n coup m de fil or de téléphone; **phonecard** n télécarte f; **phone number** n numéro m de téléphone

phonetics [fə'netɪks] n phonétique f

phoney ['fəunɪ] adj faux (fausse), factice; (person) pas franc (franche)

photo ['fəutəu] n photo f; **photo album** n album m de photos; **photocopier** n copieur m; **photocopy** n photocopie f ▷ vt photocopier

photograph ['fəutəgræf] n photo f ▷ vt photographier; **photographer** [fə'tɔgrəfə'] n photographe m/f; **photography** [fə'tɔgrəfɪ] n photographie f

phrase [freɪz] n expression f; (Ling) locution f ▷ vt exprimer; **phrase book** n recueil m d'expressions (pour touristes)

physical ['fɪzɪkl] adj physique; **physical education** n éducation f physique; **physically** adv physiquement

physician [fɪˈzɪʃən] n médecin m

physicist [ˈfɪzɪsɪst] n physicien(ne)

physics [ˈfɪzɪks] n physique f

physiotherapist [fɪzɪəʊˈθɛrəpɪst] n kinésithérapeute m/f

physiotherapy [fɪzɪəʊˈθɛrəpɪ] n kinésithérapie f

physique [fɪˈziːk] n (appearance) physique m; (health etc) constitution f

pianist [ˈpiːənɪst] n pianiste m/f

piano [prˈænəʊ] n piano m

pick [pɪk] n (tool: also: **~-axe**) pic m, pioche f ▷ vt choisir; (gather) cueillir; (remove) enlever; (lock) forcer; **take your ~** faites votre choix; **the ~ of** le (la) meilleur(e) de; **to ~ one's nose** se mettre les doigts dans le nez; **to ~ one's teeth** se curer les dents; **to ~ a quarrel with sb** chercher noise à qn; **pick on** vt fus (person) harceler; **pick out** vt choisir; (distinguish) distinguer; **pick up** vi (improve) remonter, s'améliorer ▷ vt ramasser; (collect) passer prendre; (Aut: give lift to) prendre; (learn) apprendre; (Radio) capter; **to ~ up speed** prendre de la vitesse; **to ~ o.s. up** se relever

pickle [ˈpɪkl] n (also: **~s**: as condiment) pickles mpl ▷ vt conserver dans du vinaigre ou dans de la saumure; **in a ~** (fig) dans le pétrin

pickpocket [ˈpɪkpɔkɪt] n pickpocket m

pick-up [ˈpɪkʌp] n (also: **~ truck**) pick-up m inv

picnic [ˈpɪknɪk] n pique-nique m ▷ vi pique-niquer; **picnic area** n aire f de pique-nique

picture [ˈpɪktʃəʳ] n (also TV) image f; (painting) peinture f, tableau m; (photograph) photo(graphie) f; (drawing) dessin m; (film) film m; (fig: description) description f ▷ vt (imagine) se représenter; **pictures** npl: **the ~s** (BRIT) le cinéma; **to take a ~ of sb/sth** prendre qn/qch en photo; **would you take a ~ of us, please?** pourriez-vous

nous prendre en photo, s'il vous plaît?; **picture frame** n cadre m; **picture messaging** n picture messaging m, messagerie f d'images

picturesque [pɪktʃəˈrɛsk] adj pittoresque

pie [paɪ] n tourte f; (of fruit) tarte f; (of meat) pâté m en croûte

piece [piːs] n morceau m; (item): **a ~ of furniture/advice** un meuble/conseil ▷ vt: **to ~ together** rassembler; **to take to ~s** démonter

pie chart n graphique m à secteurs, camembert m

pier [pɪəʳ] n jetée f

pierce [pɪəs] vt percer, transpercer; **pierced** adj (ears) percé(e)

pig [pɪg] n cochon m, porc m; (pej: unkind person) mufle m; (: greedy person) goinfre m

pigeon [ˈpɪdʒən] n pigeon m

piggy bank [ˈpɪgɪ-] n tirelire f

pigsty [ˈpɪgstaɪ] n porcherie f

pigtail [ˈpɪgteɪl] n natte f, tresse f

pike [paɪk] n (fish) brochet m

pilchard [ˈpɪltʃəd] n pilchard m (sorte de sardine)

pile [paɪl] n (pillar, of books) pile f; (heap) tas m; (of carpet) épaisseur f; **pile up** vi (accumulate) s'entasser, s'accumuler ▷ vt (put in heap) empiler, entasser; (accumulate) amonceler; **piles** npl hémorroïdes fpl; **pile-up** n (Aut) télescopage m, collision f en série

pilgrim [ˈpɪlgrɪm] n pèlerin m

● **PILGRIM FATHERS**

○ Les "Pères pèlerins" sont un
○ groupe de puritains qui quittèrent
○ l'Angleterre en 1620 pour fuir les
○ persécutions religieuses. Ayant
○ traversé l'Atlantique à bord du
○ "Mayflower", ils fondèrent New
○ Plymouth en Nouvelle-Angleterre,
○ dans ce qui est aujourd'hui le
○ Massachusetts. Ces Pères pèlerins
○ sont considérés comme les

- fondateurs des États-Unis, et l'on
- commémore chaque année, le jour
- de "Thanksgiving", la réussite de leur
- première récolte.

pilgrimage ['pɪlɡrɪmɪdʒ] n
pèlerinage m

pill [pɪl] n pilule f; **the ~** la pilule

pillar ['pɪlə*] n pilier m

pillow ['pɪləʊ] n oreiller m; **pillowcase,
pillowslip** n taie f d'oreiller

pilot ['paɪlət] n pilote m ▷ cpd (scheme
etc) pilote, expérimental(e) ▷ vt piloter;
pilot light n veilleuse f

pimple ['pɪmpl] n bouton m

PIN n abbr (= personal identification
number) code m confidentiel

pin [pɪn] n épingle f; (Tech) cheville f ▷ vt
épingler; **~s and needles** fourmis fpl; **to
~ sb down** (fig) coincer qn; **to ~ sth on
sb** (fig) mettre qch sur le dos de qn

pinafore ['pɪnəfɔː*] n tablier m

pinch [pɪntʃ] n pincement m; (of salt
etc) pincée f ▷ vt pincer; (inf: steal)
piquer, chiper ▷ vi (shoe) serrer; **at a ~**
à la rigueur

pine [paɪn] n (also: **~ tree**) pin m ▷ vi: **to
~ for** aspirer à, désirer ardemment

pineapple ['paɪnæpl] n ananas m

ping [pɪŋ] n (noise) tintement m; **ping-
pong®** n ping-pong m

pink [pɪŋk] adj rose ▷ n (colour) rose m

pinpoint ['pɪnpɔɪnt] vt indiquer (avec
précision)

pint [paɪnt] n pinte f (BRIT = 0.57 l; US =
0.47 l); (BRIT inf) ≈ demi m, ≈ pot m

pioneer [paɪə'nɪə*] n pionnier m

pious ['paɪəs] adj pieux(-euse)

pip [pɪp] n (seed) pépin m; **pips** npl: **the
~s** (BRIT: time signal on radio) le top

pipe [paɪp] n tuyau m, conduite f; (for
smoking) pipe f ▷ vt amener par tuyau;
pipeline n (for gas) gazoduc m, pipeline
m; (for oil) oléoduc m, pipeline; **piper** n
(flautist) joueur(-euse) de pipeau; (of
bagpipes) joueur(-euse) de cornemuse

pirate ['paɪərət] n pirate m ▷ vt (CD,
video, book) pirater

Pisces ['paɪsiːz] n les Poissons mpl

piss [pɪs] vi (inf!) pisser (!); **pissed** (inf!)
adj (BRIT: drunk) bourré(e); (US: angry)
furieux(-euse)

pistol ['pɪstl] n pistolet m

piston ['pɪstən] n piston m

pit [pɪt] n trou m, fosse f; (also: **coal ~**)
puits m de mine; (also: **orchestra ~**)
fosse d'orchestre; (us: fruit stone) noyau
m ▷ vt: **to ~ o.s.** or **one's wits against**
se mesurer à

pitch [pɪtʃ] n (BRIT Sport) terrain m; (Mus)
ton m; (fig: degree) degré m; (tar) poix
f ▷ vt (throw) lancer; (tent) dresser ▷ vi
(fall): **to ~ into/off** tomber dans/de;
pitch-black adj noir(e) comme poix

pitfall ['pɪtfɔːl] n piège m

pith [pɪθ] n (of orange etc) intérieur m
de l'écorce

pitiful ['pɪtɪful] adj (touching) pitoyable;
(contemptible) lamentable

pity ['pɪtɪ] n pitié f ▷ vt plaindre; **what a
~!** quel dommage!

pizza ['piːtsə] n pizza f

placard ['plækɑːd] n affiche f; (in march)
pancarte f

place [pleɪs] n endroit m, lieu m;
(proper position, job, rank, seat) place
f; (home): **at/to his ~** chez lui ▷ vt
(position) placer, mettre; (identify)
situer; reconnaître; **to take ~** avoir
lieu; se produire; **to change ~s with sb** changer
de place avec qn; **out of ~** (not suitable)
déplacé(e), inopportun(e); **in the first
~** d'abord, en premier; **place mat** n set
m de table; (in linen etc) napperon m;
placement n (during studies) stage m

placid ['plæsɪd] adj placide

plague [pleɪg] n (Med) peste f ▷ vt (fig)
tourmenter

plaice [pleɪs] n (pl inv) carrelet m

plain [pleɪn] adj (in one colour) uni(e);
(clear) clair(e), évident(e); (simple)
simple; (not handsome) quelconque,
ordinaire ▷ adv franchement,
carrément ▷ n plaine f; **plain
chocolate** n chocolat m à croquer;
plainly adv clairement; (frankly)

carrément, sans détours
plaintiff ['pleɪntɪf] n plaignant(e)
plait [plæt] n tresse f, natte f
plan [plæn] n plan m; (scheme) projet m
▷ vt (think in advance) prévoir; (prepare)
organiser ▷ vi faire des projets; **to ~ to
do** projeter de faire
plane [pleɪn] n (Aviat) avion m; (also:
~ tree) platane m; (tool) rabot m; (Art,
Math etc) plan m; (fig) niveau m, plan
▷ vt (with tool) raboter
planet ['plænɪt] n planète f
plank [plæŋk] n planche f
planning ['plænɪŋ] n planification f;
family ~ planning familial
plant [plɑːnt] n plante f; (machinery)
matériel m; (factory) usine f ▷ vt
planter; (bomb) déposer, poser;
(microphone, evidence) cacher
plantation [plæn'teɪʃən] n
plantation f
plaque [plæk] n plaque f
plaster ['plɑːstə*] n plâtre m; (also: **~
of Paris**) plâtre à mouler; (BRIT: also:
sticking ~) pansement adhésif ▷ vt
plâtrer; (cover): **to ~ with** couvrir de;
plaster cast n (Med) plâtre m; (model,
statue) moule m
plastic ['plæstɪk] n plastique m ▷ adj
(made of plastic) en plastique; **plastic
bag** n sac m en plastique; **plastic
surgery** n chirurgie f esthétique
plate [pleɪt] n (dish) assiette f; (sheet of
metal, on door: Phot) plaque f; (in book)
gravure f; (dental) dentier m
plateau (pl **~s** or **~x**) ['plætəu, -z] n
plateau m
platform ['plætfɔːm] n (at meeting)
tribune f; (stage) estrade f; (Rail) quai m;
(Pol) plateforme f
platinum ['plætɪnəm] n platine m
platoon [plə'tuːn] n peloton m
platter ['plætə*] n plat m
plausible ['plɔːzɪbl] adj plausible;
(person) convaincant(e)
play [pleɪ] n jeu m; (Theat) pièce f (de
théâtre) ▷ vt (game) jouer à; (team,
opponent) jouer contre; (instrument)

jouer de; (part, piece of music, note)
jouer; (CD etc) passer ▷ vi jouer; **to ~
safe** ne prendre aucun risque; **play
back** vt repasser, réécouter; **play up** vi
(cause trouble) faire des siennes; **player**
n joueur(-euse); (Mus) musicien(ne);
playful adj enjoué(e); **playground**
n cour f de récréation; (in park) aire
f de jeux; **playgroup** n garderie f;
playing card n carte f à jouer;
playing field n terrain m de sport;
playschool n = **playgroup**; **playtime**
n (Scol) récréation f; **playwright**
n dramaturge m
plc abbr (BRIT: = public limited company)
≈ SARL f
plea [pliː] n (request) appel m; (Law)
défense f
plead [pliːd] vt plaider; (give as excuse)
invoquer ▷ vi (Law) plaider; (beg):
to ~ with sb (for sth) implorer qn
(d'accorder qch); **to ~ guilty/not guilty**
plaider coupable/non coupable
pleasant ['plɛznt] adj agréable
please [pliːz] excl s'il te (or vous) plaît
▷ vt plaire à ▷ vi (think fit): **do as you ~**
faites comme il vous plaira; **~ yourself!**
(inf) (faites) comme vous voulez!;
pleased adj: **pleased (with)** content(e)
(de); **pleased to meet you** enchanté
(de faire votre connaissance)
pleasure ['plɛʒə*] n plaisir m; **"it's a ~"**
"je vous en prie"
pleat [pliːt] n pli m
pledge [plɛdʒ] n (promise) promesse f
▷ vt promettre
plentiful ['plɛntɪful] adj abondant(e),
copieux(-euse)
plenty ['plɛntɪ] n: **~ of** beaucoup de;
(sufficient) (bien) assez de
pliers ['plaɪəz] npl pinces fpl
plight [plaɪt] n situation f critique
plod [plɔd] vi avancer péniblement;
(fig) peiner
plonk [plɔŋk] (inf) n (BRIT: wine) pinard
m, piquette f ▷ vt: **to ~ sth down** poser
brusquement qch
plot [plɔt] n complot m, conspiration f;

(of story, play) intrigue f; (of land) lot m
de terrain, lopin m ▷ vt (mark out) tracer
point par point; (Naut) pointer; (make
graph of) faire le graphique de; (conspire)
comploter ▷ vi comploter

plough (us **plow**) [plaʊ] n charrue f
▷ vt (earth) labourer; **to ~ money into**
investir dans; **ploughman's lunch**
n (BRIT) assiette froide avec du pain, du
fromage et des pickles

plow [plaʊ] (us) = **plough**

ploy [plɔɪ] n stratagème m

pluck [plʌk] vt (fruit) cueillir; (musical
instrument) pincer; (bird) plumer; **to ~
one's eyebrows** s'épiler les sourcils;
to ~ up courage prendre son courage
à deux mains

plug [plʌg] n (stopper) bouchon m,
bonde f; (Elec) prise f de courant; (Aut:
also: **spark(ing) ~**) bougie f ▷ vt (hole)
boucher; (inf: advertise) faire du battage
pour, matraquer; **plug in** vt (Elec)
brancher; **plughole** n (BRIT) trou m
d'écoulement

plum [plʌm] n (fruit) prune f

plumber ['plʌmə'] n plombier m

plumbing ['plʌmɪŋ] n (trade)
plomberie f; (piping) tuyauterie f

plummet ['plʌmɪt] vi (person, object)
plonger; (sales, prices) dégringoler

plump [plʌmp] adj rondelet(e),
dodu(e), bien en chair; **plump for** vt fus
(inf: choose) se décider pour

plunge [plʌndʒ] n plongeon m; (fig)
chute f ▷ vt plonger ▷ vi (fall) tomber,
dégringoler; (dive) plonger; **to take the
~** se jeter à l'eau

pluperfect [pluː'pəːfɪkt] n (Ling) plus-
que-parfait m

plural ['plʊərəl] adj pluriel(le) ▷ n
pluriel m

plus [plʌs] n (also: **~ sign**) signe m
plus; (advantage) atout m ▷ prep plus;
ten/twenty ~ plus de dix/vingt

ply [plaɪ] n (of wool) fil m ▷ vt (a
trade) exercer ▷ vi (ship) faire la
navette; **to ~ sb with drink** donner
continuellement à boire à qn; **plywood**

n contreplaqué m

P.M. n abbr (BRIT) = **prime minister**

p.m. adv abbr (= post meridiem) de
l'après-midi

PMS n abbr (= premenstrual syndrome)
syndrome prémenstruel

PMT n abbr (= premenstrual tension)
syndrome prémenstruel

pneumatic drill [njuː'mætɪk-] n
marteau-piqueur m

pneumonia [njuː'məʊnɪə] n
pneumonie f

poach [pəʊtʃ] vt (cook) pocher; (steal)
pêcher ou chasser sans permis ▷ vi
braconner; **poached** adj (egg) poché(e)

P.O. Box n abbr = **post office box**

pocket ['pɔkɪt] n poche f ▷ vt
empocher; **to be (£5) out of ~**
(BRIT) en être de sa poche (pour 5
livres); **pocketbook** n (us: wallet)
portefeuille m; **pocket money** n
argent m de poche

pod [pɔd] n cosse f

podcast ['pɔdkɑːst] n podcast m ▷ vi
podcaster

podiatrist [pɔ'diːətrɪst] n (us)
pédicure m/f

poem ['pəʊɪm] n poème m

poet ['pəʊɪt] n poète m; **poetic**
[pəʊ'etɪk] adj poétique; **poetry**
poésie f

poignant ['pɔɪnjənt] adj poignant(e)

point [pɔɪnt] n point m; (tip) pointe f; (in
time) moment m; (in space) endroit m;
(subject, idea) point, sujet m; (purpose)
but m; (also: **decimal ~**): **2 ~ 3 (2.3)** 2
virgule 3 (2,3); (BRIT Elec: also: **power
~**) prise f de courant ▷ vt (show)
indiquer; (gun etc): **to ~ sth at** braquer
or diriger qch sur ▷ vi: **to ~ at** montrer
du doigt; **points** npl (Rail) aiguillage
m; **to make a ~ of doing sth** ne pas
manquer de faire qch; **to get/miss the
~** comprendre/ne pas comprendre;
to come to the ~ en venir au fait;
there's no ~ (in doing) cela ne sert à
rien (de faire), à quoi ça sert?; **to be on
the ~ of doing sth** être sur le point de

faire qch; **point out** vt (mention) faire remarquer, souligner; **point-blank** adv (fig) catégoriquement; (also: **at point-blank range**) à bout portant; **pointed** adj (shape) pointu(e); (remark) plein(e) de sous-entendus; **pointer** n (needle) aiguille f; (clue) indication f; (advice) tuyau m; **pointless** adj inutile, vain(e); **point of view** n point m de vue

poison ['pɔɪzn] n poison m ▷ vt empoisonner; **poisonous** adj (snake) venimeux(-euse); (substance, plant) vénéneux(-euse); (fumes) toxique

poke [pəuk] vt (jab with finger, stick etc) piquer; pousser du doigt; (put): **to ~ sth in(to)** fourrer or enfoncer qch dans; **poke about** vi fureter; **poke out** vi (stick out) sortir

poker ['pəukə'] n tisonnier m; (Cards) poker m

Poland ['pəulənd] n Pologne f

polar ['pəulə'] adj polaire; **polar bear** n ours blanc

Pole [pəul] n Polonais(e)

pole [pəul] n (of wood) mât m, perche f; (Elec) poteau m; (Geo) pôle m; **pole bean** n (us) haricot m (à rames); **pole vault** n saut m à la perche

police [pə'liːs] npl police f ▷ vt maintenir l'ordre dans; **police car** n voiture f de police; **police constable** n (BRIT) agent m de police; **police force** n forces fpl de l'ordre; **policeman** (irreg) n agent m de police; **police officer** n agent m de police; **police station** n commissariat m de police; **policewoman** (irreg) n femme-agent f

policy ['pɔlɪsɪ] n politique f; (also: **insurance ~**) police f (d'assurance)

polio ['pəulɪəu] n polio f

Polish ['pəulɪʃ] adj polonais(e) ▷ n (Ling) polonais m

polish ['pɔlɪʃ] n (for shoes) cirage m; (for floor) cire f, encaustique f; (for nails) vernis m; (shine) éclat m, poli m; (fig: refinement) raffinement m ▷ vt (put polish on: shoes, wood) cirer; (make

shiny) astiquer, faire briller; **polish off** vt (food) liquider; **polished** adj (fig) raffiné(e)

polite [pə'laɪt] adj poli(e); **politeness** n politesse f

political [pə'lɪtɪkl] adj politique; **politically** adv politiquement; **politically correct** politiquement correct(e)

politician [pɔlɪ'tɪʃən] n homme/femme politique, politicien(ne)

politics ['pɔlɪtɪks] n politique f

poll [pəul] n scrutin m, vote m; (also: **opinion ~**) sondage m (d'opinion) ▷ vt (votes) obtenir

pollen ['pɔlən] n pollen m

polling station n (BRIT) bureau m de vote

pollute [pə'luːt] vt polluer

pollution [pə'luːʃən] n pollution f

polo ['pəuləu] n polo m; **polo-neck** adj à col roulé ▷ n (sweater) pull m à col roulé; **polo shirt** n polo m

polyester [pɔlɪ'estə'] n polyester m

polystyrene [pɔlɪ'staɪriːn] n polystyrène m

polythene ['pɔlɪθiːn] n (BRIT) polyéthylène m; **polythene bag** n sac m en plastique

pomegranate ['pɔmɪgrænɪt] n grenade f

pompous ['pɔmpəs] adj pompeux(-euse)

pond [pɔnd] n étang m; (stagnant) mare f

ponder ['pɔndə'] vt considérer, peser

pony ['pəunɪ] n poney m; **ponytail** n queue f de cheval; **pony trekking** n (BRIT) randonnée f équestre or à cheval

poodle ['puːdl] n caniche m

pool [puːl] n (of rain) flaque f; (pond) mare f; (artificial) bassin m; (also: **swimming ~**) piscine f; (sth shared) fonds commun; (billiards) poule f ▷ vt mettre en commun; **pools** npl (football) ≈ loto sportif

poor [puə'] adj pauvre; (mediocre) médiocre, faible, mauvais(e) ▷ npl: the **~** les pauvres mpl; **poorly** adv (badly) mal, médiocrement ▷ adj souffrant(e), malade

pop [pɒp] n (noise) bruit sec; (Mus) musique f pop; (inf: drink) soda m; (us inf: father) papa m ▷ vt (put) fourrer, mettre (rapidement) ▷ vi éclater; (cork) sauter; **pop in** vi entrer en passant; **pop out** vi sortir; **popcorn** n pop-corn m

pope [pəʊp] n pape m

poplar ['pɒplə^r] n peuplier m

popper ['pɒpə^r] n (BRIT) bouton-pression m

poppy ['pɒpɪ] n (wild) coquelicot m; (cultivated) pavot m

Popsicle® ['pɒpsɪkl] n (us) esquimau m (glace)

pop star n pop star f

popular ['pɒpjʊlə^r] adj populaire; (fashionable) à la mode; **popularity** [pɒpjʊ'lærɪtɪ] n popularité f

population [pɒpjʊ'leɪʃən] n population f

pop-up adj (Comput: menu, window) pop up inv ▷ n pop up m inv, fenêtre f pop up

porcelain ['pɔːslɪn] n porcelaine f

porch [pɔːtʃ] n porche m; (us) véranda f

pore [pɔː^r] n pore m ▷ vi: **to ~ over** s'absorber dans, être plongé(e) dans

pork [pɔːk] n porc m; **pork chop** n côte f de porc; **pork pie** n pâté m de porc en croûte

porn [pɔːn] adj (inf) porno ▷ n (inf) porno m; **pornographic** [pɔːnə'græfɪk] adj pornographique; **pornography** [pɔː'nɒgrəfɪ] n pornographie f

porridge ['pɒrɪdʒ] n porridge m

port [pɔːt] n (harbour) port m; (Naut: left side) bâbord m; (wine) porto m; (Comput) port m, accès m; **~ of call** (port d')escale f

portable ['pɔːtəbl] adj portatif(-ive)

porter ['pɔːtə^r] n (for luggage) porteur m; (doorkeeper) gardien(ne), portier m

portfolio [pɔːt'fəʊlɪəʊ] n portefeuille m; (of artist) portfolio m

portion ['pɔːʃən] n portion f, part f

portrait ['pɔːtreɪt] n portrait m

portray [pɔː'treɪ] vt faire le portrait de; (in writing) dépeindre, représenter; (subj: actor) jouer

Portugal ['pɔːtjʊgl] n Portugal m

Portuguese [pɔːtjʊ'giːz] adj portugais(e) ▷ n (pl inv) Portugais(e); (Ling) portugais m

pose [pəʊz] n pose f ▷ vi poser; (pretend): **to ~ as** se faire passer pour ▷ vt poser; (problem) créer

posh [pɒʃ] adj (inf) chic inv

position [pə'zɪʃən] n position f; (job, situation) situation f ▷ vt mettre en place or en position

positive ['pɒzɪtɪv] adj positif(-ive); (certain) sûr(e), certain(e); (definite) formel(le), catégorique; **positively** adv (affirmatively, enthusiastically) de façon positive; (inf: really) carrément

possess [pə'zɛs] vt posséder; **possession** [pə'zɛʃən] n possession f; **possessions** npl (belongings) affaires fpl; **possessive** adj possessif(-ive)

possibility [pɒsɪ'bɪlɪtɪ] n possibilité f; (event) éventualité f

possible ['pɒsɪbl] adj possible; **as big as ~** aussi gros que possible; **possibly** adv (perhaps) peut-être; **I cannot possibly come** il m'est impossible de venir

post [pəʊst] n (BRIT: mail) poste f; (: letters, delivery) courrier m; (job, situation) poste m; (pole) poteau m ▷ vt (BRIT: send by post) poster; (: appoint): **to ~ to** affecter à; **where can I ~ these cards?** où est-ce que je peux poster ces cartes postales? **postage** n tarifs mpl d'affranchissement; **postal** adj postal(e); **postal order** n mandat(-poste) m; **postbox** n (BRIT) boîte f aux lettres (publique); **postcard** n carte postale; **postcode** n (BRIT) code postal

poster ['pəʊstə^r] n affiche f

postgraduate ['pəʊst'grædjʊət] n ≈ étudiant(e) de troisième cycle

postman ['pəʊstmən] (BRIT: irreg) n

facteur *m*

postmark ['pəʊstmɑːk] *n* cachet *m* (de la poste)

post-mortem [pəʊst'mɔːtəm] *n* autopsie *f*

post office *n* (building) poste *f*; (organization): **the Post Office** les postes *fpl*

postpone [pəs'pəʊn] *vt* remettre (à plus tard), reculer

posture ['pɒstʃə^r] *n* posture *f*; (fig) attitude *f*

postwoman [pəʊst'wʊmən] (BRIT: irreg) *n* factrice *f*

pot [pɒt] *n* (for cooking) marmite *f*, casserole *f*; (teapot) théière *f*; (for coffee) cafetière *f*; (for plants, jam) pot *m*; (inf: marijuana) herbe *f* ▷ *vt* (plant) mettre en pot; **to go to ~** (inf) aller à vau-l'eau

potato (pl **~es**) [pə'teɪtəʊ] *n* pomme *f* de terre; **potato peeler** *n* éplucheur, -légumes *m*

potent ['pəʊtnt] *adj* puissant(e); (drink) fort(e), très alcoolisé(e); (man) viril

potential [pə'tɛnʃl] *adj* potentiel(le) ▷ *n* potentiel *m*

pothole ['pɒthəʊl] *n* (in road) nid *m* de poule; (BRIT: underground) gouffre *m*, caverne *f*

pot plant *n* plante *f* d'appartement

potter ['pɒtə^r] *n* potier *m* ▷ *vi* (BRIT): **to ~ around** *or* **about** bricoler; **pottery** *n* poterie *f*

potty ['pɒtɪ] *n* (child's) pot *m*

pouch [paʊtʃ] *n* (Zool) poche *f*; (for tobacco) blague *f*; (for money) bourse *f*

poultry ['pəʊltrɪ] *n* volaille *f*

pounce [paʊns] *vi*: **to ~ (on)** bondir (sur), fondre (sur)

pound [paʊnd] *n* livre *f* (weight = 453g, 16 ounces; money = 100 pence); (for dogs, cars) fourrière *f* ▷ *vt* (beat) bourrer de coups, marteler; (crush) piler, pulvériser ▷ *vi* (heart) battre violemment, taper; **pound sterling** *n* livre *f* sterling

pour [pɔː^r] *vt* verser ▷ *vi* couler à flots; (rain) pleuvoir à verse; **to ~ sb a drink** verser *or* servir à boire à qn; **pour in**

vi (people) affluer, se précipiter; (news, letters) arriver en masse; **pour out** *vi* (people) sortir en masse ▷ *vt* vider; (serve: a drink) verser; **pouring** *adj*: **pouring rain** pluie torrentielle

pout [paʊt] *vi* faire la moue

poverty ['pɒvətɪ] *n* pauvreté *f*, misère *f*

powder ['paʊdə^r] *n* poudre *f* ▷ *vt* poudrer; **powdered milk** *n* lait *m* en poudre

power ['paʊə^r] *n* (strength, nation) puissance *f*, force *f*; (ability, Pol: of party, leader) pouvoir *m*; (of speech, thought) faculté *f*; (Elec) courant *m*; **to be in ~** être au pouvoir; **power cut** *n* (BRIT) coupure *f* de courant; **power failure** *n* panne *f* de courant; **powerful** *adj* puissant(e); (performance etc) très fort(e); **powerless** *adj* impuissant(e); **power point** *n* (BRIT) prise *f* de courant; **power station** *n* centrale *f* électrique

p.p. *abbr* (= per procurationem: by proxy) p.p.

PR *n abbr* = **public relations**

practical ['præktɪkl] *adj* pratique; **practical joke** *n* farce *f*; **practically** *adv* (almost) pratiquement

practice ['præktɪs] *n* pratique *f*; (of profession) exercice *m*; (at football etc) entraînement *m*; (business) cabinet *m* ▷ *vt, vi* (us) = **practise**; **in ~** (in reality) en pratique; **out of ~** rouillé(e)

practise (us **practice**) ['præktɪs] *vt* (train at: piano, backhand etc) s'exercer à, travailler; (train for: sport) s'entraîner à; (a sport, religion, method) pratiquer; (profession) exercer ▷ *vi* s'exercer, travailler; (train) s'entraîner; (lawyer, doctor) exercer; **practising** (us **practicing**) *adj* (Christian etc) pratiquant(e); (lawyer) en exercice

practitioner [præk'tɪʃənə^r] *n* praticien(ne)

pragmatic [præg'mætɪk] *adj* pragmatique

prairie ['prɛərɪ] *n* savane *f*

praise [preɪz] *n* éloge(s) *m(pl)*, louange(s) *f(pl)* ▷ *vt* louer, faire

l'éloge de

ram [præm] n (BRIT) landau m, voiture f d'enfant

rank [præŋk] n farce f

rawn [prɔ:n] n crevette f (rose); **prawn cocktail** n cocktail m de crevettes

ray [preɪ] vi prêcher; **prayer** [preə'] n prière f

reach [pri:tʃ] vi prêcher; **preacher** n prédicateur m; (us: clergyman) pasteur m

recarious [prɪ'kɛərɪəs] adj précaire

recaution [prɪ'kɔ:ʃən] n précaution f

recede [prɪ'si:d] vt, vi précéder; **precedent** ['presɪdənt] n précédent m; **preceding** [prɪ'si:dɪŋ] adj qui précède (or précédait)

recinct ['pri:sɪŋkt] n (us: district) circonscription f, arrondissement m; **pedestrian ~** (BRIT) zone piétonnière; **shopping ~** (BRIT) centre commercial

recious ['preʃəs] adj précieux(-euse)

recise [prɪ'saɪs] adj précis(e); **precisely** adv précisément

recision [prɪ'sɪʒən] n précision f

redator ['predətə'] n prédateur m, rapace m

redecessor ['pri:dɪsesə'] n prédécesseur m

redicament [prɪ'dɪkəmənt] n situation f difficile

redict [prɪ'dɪkt] vt prédire; **predictable** adj prévisible; **prediction** [prɪ'dɪkʃən] n prédiction f

redominantly [prɪ'dɒmɪnəntlɪ] adv en majeure partie; (especially) surtout

reface ['prefəs] n préface f

refect ['pri:fekt] n (BRIT: in school) élève chargé de certaines fonctions de discipline

refer [prɪ'fə:'] vt préférer; **preferable** ['prefrəbl] adj préférable; **preferably** ['prefrəblɪ] adv de préférence;

reference ['prefrəns] n préférence f

refix ['pri:fɪks] n préfixe m

regnancy ['pregnənsɪ] n grossesse f

regnant ['pregnənt] adj enceinte adj f; (animal) pleine

rehistoric ['pri:hɪs'tɒrɪk] adj préhistorique

prejudice ['predʒudɪs] n préjugé m; **prejudiced** adj (person) plein(e) de préjugés; (in a matter) partial(e)

preliminary [prɪ'lɪmɪnərɪ] adj préliminaire

prelude ['prelju:d] n prélude m

premature ['premətʃuə'] adj prématuré(e)

premier ['premɪə'] adj premier(-ière), principal(e) ▷ n (Pol: Prime Minister) premier ministre; (Pol: President) chef m de l'État

premiere ['premɪeə'] n première f

Premier League n première division

premises ['premɪsɪz] npl locaux mpl; **on the ~** sur les lieux; sur place

premium ['pri:mɪəm] n prime f; **to be a ~** (fig: housing etc) être très demandé(e), être rarissime

premonition [premə'nɪʃən] n prémonition f

preoccupied [prɪ'ɔkjupaɪd] adj préoccupé(e)

prepaid [pri:'peɪd] adj payé(e) d'avance

preparation [prepə'reɪʃən] n préparation f, **preparations** npl (for trip, war) préparatifs mpl

preparatory school n école primaire privée; (us) lycée privé

prepare [prɪ'pɛə'] vt préparer ▷ vi: **to ~ for** se préparer à

prepared [prɪ'pɛəd] adj: **~ for** préparé(e) à; **~ to** prêt(e) à

preposition [prepə'zɪʃən] n préposition f

prep school n = **preparatory school**

prerequisite [pri:'rekwɪzɪt] n condition f préalable

preschool ['pri:sku:l] adj préscolaire; (child) d'âge préscolaire

prescribe [prɪ'skraɪb] vt prescrire

prescription [prɪ'skrɪpʃən] n (Med) ordonnance f; (: medicine) médicament m (obtenu sur ordonnance); **could you write me a ~?** pouvez-vous me faire une ordonnance?

presence ['prezns] n présence f; **in**

sb's~ en présence de qn; **~ of mind** présence d'esprit

present ['prɛznt] adj présent(e); (current) présent, actuel(le) ▷ n cadeau m; (actuality) présent m ▷ vt ['prɪ'zɛnt] présenter; (prize, medal) remettre; (give): **to ~ sb with** offrir qch à qn; **at ~** en ce moment; **to give sb a ~** offrir un cadeau à qn; **presentable** ['prɪ'zɛntə bl] adj présentable; **presentation** [prɛzn'teɪʃən] n présentation f; (ceremony) remise f du cadeau (or de la médaille etc); **present-day** adj contemporain(e), actuel(le); **presenter** ['prɪ'zɛntə'] n (BRIT Radio, TV) présentateur(-trice); **presently** adv (soon) tout à l'heure, bientôt; (with verb in past) peu après; (at present) en ce moment; **present participle** [-'pɑː'tɪsɪpl] n participe m présent

preservation [prɛzə'veɪʃən] n préservation f, conservation f

preservative [prɪ'zɜː'vətɪv] n agent m de conservation

preserve [prɪ'zɜː'v] vt (keep safe) préserver, protéger; (maintain) conserver, garder; (food) mettre en conserve ▷ n (for game, fish) réserve f; (often pl: jam) confiture f

preside [prɪ'zaɪd] vi présider

president ['prɛzɪdənt] n président m; **presidential** [prɛzɪ'dɛnʃl] adj présidentiel(le)

press [prɛs] n (tool, machine, newspapers) presse f; (for wine) pressoir m ▷ vt (push) appuyer sur; (squeeze) presser, serrer; (clothes: iron) repasser; (insist): **to ~ sth on sb** presser qn d'accepter qch; (urge, entreat): **to ~ sb to do or into doing sth** pousser qn à faire qch ▷ vi appuyer; **we are ~ed for time** le temps nous manque; **to ~ for sth** faire pression pour obtenir qch; **press conference** n conférence f de presse; **pressing** adj urgent(e), pressant(e); **press stud** n (BRIT) bouton-pression m; **press-up** n (BRIT) traction f

pressure ['prɛʃə'] n pression f; (stress)

tension f; **to put ~ on sb (to do sth)** faire pression sur qn (pour qu'il fasse qch); **pressure cooker** n cocotte-minute f; **pressure group** n groupe m de pression

prestige [prɛs'tiːʒ] n prestige m

prestigious [prɛs'tɪdʒəs] adj prestigieux(-euse)

presumably [prɪ'zjuːməblɪ] adv vraisemblablement

presume [prɪ'zjuːm] vt présumer, supposer

pretence (US **pretense**) [prɪ'tɛns] n (claim) prétention f; **under false ~s** sous des prétextes fallacieux

pretend [prɪ'tɛnd] vt (feign) feindre, simuler ▷ vi (feign) faire semblant

pretense [prɪ'tɛns] n (US) = **pretence**

pretentious [prɪ'tɛnʃəs] adj prétentieux(-euse)

pretext ['priː'tɛkst] n prétexte m

pretty ['prɪtɪ] adj joli(e) ▷ adv assez

prevail [prɪ'veɪl] vi (win) l'emporter, prévaloir; (be usual) avoir cours; **prevailing** adj (widespread) courant(e), répandu(e); (wind) dominant(e)

prevalent ['prɛvələnt] adj répandu(e), courant(e)

prevent [prɪ'vɛnt] vt: **to ~ (from doing)** empêcher (de faire); **prevention** [prɪ'vɛnʃən] n prévention f; **preventive** adj préventif(-ive)

preview ['priː'vjuː] n (of film) avant-première f

previous ['priː'vɪəs] adj (last) précédent(e); (earlier) antérieur(e); **previously** adv précédemment, auparavant

prey [preɪ] n proie f ▷ vi: **to ~ on** s'attaquer à; **it was ~ing on his mind** ça le rongeait or minait

price [praɪs] n prix m ▷ vt (goods) fixer le prix de; **priceless** adj sans prix, inestimable; **price list** n tarif m

prick [prɪk] n (sting) piqûre f ▷ vt piquer; **to ~ up one's ears** dresser or tendre l'oreille

prickly ['prɪklɪ] adj piquant(e),

épineux(-euse); *(fig: person)* irritable

ride [praɪd] n fierté f; *(pej)* orgueil
m ▷ vt: **to ~ o.s. on** se flatter de;
s'enorgueillir de

riest [priːst] n prêtre m

rimarily ['praɪmərɪlɪ] adv
principalement, essentiellement

rimary ['praɪmərɪ] adj primaire;
(first in importance) premier(-ière),
primordial(e) ▷ n *(us: election)* (élection
f) primaire f; **primary school** n *(BRIT)*
école f primaire

rime [praɪm] adj primordial(e),
fondamental(e); *(excellent)* excellent(e)
▷ vt *(fig)* mettre au courant ▷ n: **in the
~ of life** dans la fleur de l'âge; **Prime
Minister** n Premier ministre

rimitive ['prɪmɪtɪv] adj primitif(-ive)

rimrose ['prɪmrəuz] n primevère f

rince [prɪns] n prince m

rincess [prɪn'sɛs] n princesse f

rincipal ['prɪnsɪpl] adj principal(e)
▷ n *(head teacher)* directeur m,
principal m; **principally** adv
principalement

rinciple ['prɪnsɪpl] n principe m; **in ~**
en principe; **on ~** par principe

rint [prɪnt] n *(mark)* empreinte f;
(letters) caractères mpl; *(fabric)* imprimé
m; *(Art)* gravure f, estampe f; *(Phot)*
épreuve f ▷ vt imprimer; *(publish)*
publier; *(write in capitals)* écrire en
majuscules; **out of ~** épuisé(e); **print
out** vt *(Comput)* imprimer; **printer**
n *(machine)* imprimante f; *(person)*
imprimeur m; **printout** n *(Comput)*
sortie f imprimante

rior [praɪə*] adj antérieur(e),
précédent(e); *(more important)*
prioritaire ▷ adv: **~ to doing** avant
de faire

riority [praɪ'ɔrɪtɪ] n priorité f; **to have
or take ~ over sth/sb** avoir la priorité
sur qch/qn

rison ['prɪzn] n prison f ▷ cpd
pénitentiaire; **prisoner** n
prisonnier(-ière); **prisoner of war** n
prisonnier(-ière) de guerre

pristine ['prɪstiːn] adj virginal(e)

privacy ['prɪvəsɪ] n intimité f, solitude f

private ['praɪvɪt] adj *(not public)*
privé(e); *(personal)* personnel(le);
(house, car, lesson) particulier(-ière);
(quiet: place) tranquille ▷ n soldat m
de deuxième classe; **"~"** *(on envelope)*
"personnelle"; *(on door)* "privé"; **in ~** en
privé; **privately** adv en privé; *(within
oneself)* intérieurement; **private
property** n propriété privée; **private
school** n école privée

privatize ['praɪvɪtaɪz] vt privatiser

privilege ['prɪvɪlɪdʒ] n privilège m

prize [praɪz] n prix m ▷ adj *(example,
idiot)* parfait(e); *(bull, novel)* primé(e)
▷ vt priser, faire grand cas de; **prize-
giving** n distribution f des prix;
prizewinner n gagnant(e)

pro [prəu] n *(inf: Sport)* professionnel(le)
▷ prep pro ...; **pros** npl: **the ~s and cons**
le pour et le contre

probability [prɔbə'bɪlɪtɪ] n probabilité
f; **in all ~** très probablement

probable ['prɔbəbl] adj probable

probably ['prɔbəblɪ] adv probablement

probation [prə'beɪʃən] n: **on ~**
(employee) à l'essai; *(Law)* en liberté
surveillée

probe [prəub] n *(Med, Space)* sonde f;
(enquiry) enquête f, investigation f ▷ vt
sonder, explorer

problem ['prɔbləm] n problème m

procedure [prə'siːdʒə*] n *(Admin, Law)*
procédure f; *(method)* marche f à suivre,
façon f de procéder

proceed [prə'siːd] vi *(go forward)*
avancer; *(act)* procéder; *(continue)*: **to ~
(with)** continuer, poursuivre; **to ~ to
do** se mettre à faire; **proceedings** npl
(measures) mesures fpl; *(Law: against
sb)* poursuites fpl; *(meeting)* réunion
f, séance f; *(records)* compte rendu;
actes mpl; **proceeds** ['prəusiːdz] npl
produit m, recette f

process ['prəusɛs] n processus m;
(method) procédé m ▷ vt traiter

procession [prə'sɛʃən] n défilé m,

cortège m; **funeral ~** (on foot) cortège
funèbre; (in cars) convoi m mortuaire
proclaim [prəˈkleɪm] vt déclarer,
proclamer
prod [prɒd] vt pousser
produce n [ˈprɒdjuːs] (Agr) produits
mpl ▷ vt [prəˈdjuːs] produire; (show)
présenter; (cause) provoquer, causer;
(Theat) monter, mettre en scène; (TV:
programme) réaliser; (: play, film) mettre
en scène; (Radio: programme) réaliser;
(: play) mettre en ondes; **producer** n
(Theat) metteur m en scène; (Agr, Comm,
Cine) producteur m; (TV: of programme)
réalisateur m; (: of play, film) metteur en
scène; (Radio: of programme) réalisateur m;
(: of play) mettre en ondes
product [ˈprɒdʌkt] n produit m;
production [prəˈdʌkʃən] n production
f; (Theat) mise f en scène; **productive**
[prəˈdʌktɪv] adj productif(-ive);
productivity [prɒdʌkˈtɪvɪtɪ] n
productivité f
Prof. [prɒf] abbr (= professor) Prof
profession [prəˈfeʃən] n profession f;
professional n professionnel(le)
▷ adj professionnel(le); (work) de
professionnel
professor [prəˈfesər] n professeur
m (titulaire d'une chaire); (us: teacher)
professeur m
profile [ˈprəʊfaɪl] n profil m
profit [ˈprɒfɪt] n (from trading) bénéfice
m; (advantage) profit m ▷ vi: **to ~ (by**
or from) profiter (de); **profitable** adj
lucratif(-ive), rentable
profound [prəˈfaʊnd] adj profond(e)
programme (us program) [ˈprəʊ
ɡræm] n (Comput: also **program**)
programme m; (Radio, TV) émission
f ▷ vt programmer; **programmer** (us
programer) n programmeur(-euse);
programming (us **programing**) n
programmation f
progress n [ˈprəʊɡres] progrès m(pl)
▷ vi [prəˈɡres] progresser, avancer; **in ~**
= en cours; **progressive** [prəˈɡresɪv] adj
progressif(-ive); (person) progressiste

prohibit [prəˈhɪbɪt] vt interdire,
défendre
project n [ˈprɒdʒekt] (plan) projet m,
plan m; (venture) opération f, entreprise
f; (Scol: research) étude f, dossier m ▷ vb
[prəˈdʒekt] ▷ vt projeter ▷ vi (stick
out) faire saillie, s'avancer; **projection**
[prəˈdʒekʃən] n projection f; (overhang)
saillie f; **projector** [prəˈdʒektər] n
projecteur m
prolific [prəˈlɪfɪk] adj prolifique
prolong [prəˈlɒŋ] vt prolonger
prom [prɒm] n abbr = **promenade** (us:
ball) bal m d'étudiants; **the P~s** série de
concerts de musique classique; voir encadré

● **PROM**

● En Grande-Bretagne, un **promenade**
● **concert** ou **prom** est un concert
● de musique classique, ainsi appelé
● car, à l'origine, le public restait
● debout et se promenait au lieu de
● rester assis. De nos jours, une partie
● du public reste debout, mais il y a
● également des places assises (plus
● chères). Les Proms les plus connus
● sont les Proms londoniens. La
● dernière séance (the "Last Night of
● the Proms") est un grand événement
● médiatique où se jouent des airs
● traditionnels et patriotiques. Aux
● États-Unis et au Canada, le **prom**
● ou **promenade** est un bal organisé
● par le lycée.

promenade [prɒməˈnɑːd] n (by sea)
esplanade f, promenade f
prominent [ˈprɒmɪnənt] adj (standing
out) proéminent(e); (important)
important(e)
promiscuous [prəˈmɪskjuəs] adj
(sexually) de mœurs légères
promise [ˈprɒmɪs] n promesse f
▷ vt, vi promettre; **promising** adj
prometteur(-euse)
promote [prəˈməʊt] vt promouvoir;
(new product) lancer; **promotion**

[prə'məuʃən] n promotion f
rompt [prɒmpt] adj rapide ▷ n
(Comput) message m (de guidage) ▷ vt
(cause) entraîner, provoquer; (Theat)
souffler (son rôle or ses répliques) à;
at 8 o'clock ~ à 8 heures précises; **to ~
sb to do** inciter or pousser qn à faire;
promptly adv (quickly) rapidement,
sans délai; (on time) ponctuellement
rone [prəun] adj (lying) couché(e) (face
contre terre); (liable): ~ **to** enclin(e) à
rong [prɒŋ] n (of fork) dent f
ronoun ['prəunaun] n pronom m
ronounce [prə'nauns] vt prononcer;
how do you ~ it? comment est-ce que
ça se prononce?
ronunciation [prənʌnsɪ'eɪʃən] n
prononciation f
roof [pru:f] n preuve f ▷ adj: ~ **against**
à l'épreuve de
rop [prɒp] n support m, étai m; (fig)
soutien m ▷ vt (also: ~ **up**) étayer,
soutenir; **props** npl accessoires mpl
ropaganda [prɒpə'gændə] n
propagande f
ropeller [prə'pɛlə'] n hélice f
roper ['prɒpə'] adj (suited, right)
approprié(e), bon (bonne); (seemly)
correct(e), convenable; (authentic)
vrai(e), véritable; (referring to place):
the village ~ le village proprement
dit; **properly** adv correctement,
convenablement; **proper noun** n nom
m propre
roperty ['prɒpətɪ] n (possessions)
biens mpl; (house etc) propriété f; (land)
terres fpl, domaine m
rophecy ['prɒfɪsɪ] n prophétie f
rophet ['prɒfɪt] n prophète m
roportion [prə'pɔ:ʃən] n proportion
f; (share) part f; **proportions**
npl (size) dimensions fpl; **proportional,
proportionate** adj proportionnel(le)
roposal [prə'pəuzl] n proposition
f, offre f; (plan) projet m; (of marriage)
demande f en mariage
ropose [prə'pəuz] vt proposer,
suggérer ▷ vi faire sa demande en

mariage; **to ~ to do** avoir l'intention
de faire
roposition [prɒpə'zɪʃən] n
proposition f
roprietor [prə'praɪətə'] n
propriétaire m/f
rose [prəuz] n prose f; (Scol: translation)
thème m
rosecute ['prɒsɪkju:t] vt poursuivre;
prosecution [prɒsɪ'kju:ʃən] n
poursuites fpl judiciaires; (accusing side:
in criminal case) accusation f; (: in civil
case) la partie plaignante; **prosecutor**
n (lawyer) procureur m; (also: **public
prosecutor**) ministère public; (us:
plaintiff) plaignant(e)
rospect n ['prɒspɛkt] perspective
f; (hope) espoir m, chances fpl ▷ vt,
vi [prə'spɛkt] prospecter; **prospects**
npl (for work etc) possibilités fpl
d'avenir, débouchés mpl; **prospective**
[prə'spɛktɪv] adj (possible) éventuel(le);
(future) futur(e)
rospectus [prə'spɛktəs] n
prospectus m
rosper ['prɒspə'] vi prospérer;
prosperity [prɒ'spɛrɪtɪ] n prospérité f;
prosperous adj prospère
rostitute ['prɒstɪtju:t] n prostituée f;
male ~ prostitué m
rotect [prə'tɛkt] vt protéger;
protection [prə'tɛkʃən] n protection f;
protective adj protecteur(-trice);
(clothing) de protection
rotein ['prəuti:n] n protéine f
rotest n ['prəutɛst] protestation
f ▷ vb [prə'tɛst] vi: **to ~ against/
about** protester contre/à propos de; **to
~ (that)** protester que
rotestant ['prɒtɪstənt] adj, n
protestant(e)
rotester, protestor [prə'tɛstə'] n
(in demonstration) manifestant(e)
rotractor [prə'træktə'] n (Geom)
rapporteur m
roud [praud] adj fier(-ère); (pej)
orgueilleux(-euse)
rove [pru:v] vt prouver, démontrer

▷ vi: **to ~ correct** etc s'avérer juste etc; **to ~ o.s.** montrer ce dont on est capable

proverb ['prɒvɜːb] n proverbe m

provide [prə'vaɪd] vt fournir; **to ~ sb with sth** fournir qch à qn; **provide for** vt fus (person) subvenir aux besoins de; (future event) prévoir; **provided** conj: **provided (that)** à condition que + sub; **providing** [prə'vaɪdɪŋ] conj à condition que + sub

province ['prɒvɪns] n province f; (fig) domaine m; **provincial** [prə'vɪnʃəl] adj provincial(e)

provision [prə'vɪʒən] n (supplying) fourniture f; approvisionnement m; (stipulation) disposition f; **provisions** npl (food) provisions fpl; **provisional** adj provisoire

provocative [prə'vɒkətɪv] adj provocateur(-trice), provocant(e)

provoke [prə'vəʊk] vt provoquer

prowl [praʊl] vi (also: **~ about, ~ around**) rôder

proximity [prɒk'sɪmɪtɪ] n proximité f

proxy ['prɒksɪ] n: **by ~** par procuration

prudent ['pruːdnt] adj prudent(e)

prune [pruːn] n pruneau m ▷ vt élaguer

pry [praɪ] vi: **to ~ into** fourrer son nez dans

PS n abbr (= postscript) PS m

pseudonym ['sjuːdənɪm] n pseudonyme m

PSHE n abbr (BRIT: Scol: = personal, social and health education) cours d'éducation personnelle, sanitaire et sociale préparant à la vie adulte

psychiatric [saɪkɪ'ætrɪk] adj psychiatrique

psychiatrist [saɪ'kaɪətrɪst] n psychiatre m/f

psychic ['saɪkɪk] adj (also: **~al**) (méta)psychique; (person) doué(e) de télépathie or d'un sixième sens

psychoanalysis (pl **-ses**) [saɪkəʊə'nælɪsɪs, -siːz] n psychanalyse f

psychological [saɪkə'lɒdʒɪkl] adj psychologique

psychologist [saɪ'kɒlədʒɪst] n psychologue m/f

psychology [saɪ'kɒlədʒɪ] n psychologie f

psychotherapy [saɪkəʊ'θerəpɪ] n psychothérapie f

pt abbr = **pint(s)**; **point(s)**

PTO abbr (= please turn over) TSVP

pub [pʌb] n abbr (= public house) pub m

puberty ['pjuːbətɪ] n puberté f

public ['pʌblɪk] adj public(-ique) ▷ n public m; **in ~** en public; **to make ~** rendre public

publication [pʌblɪ'keɪʃən] n publication f

public: public company n société f anonyme; **public convenience** n (BRIT) toilettes fpl; **public holiday** n (BRIT) jour férié; **public house** n (BRIT) pub m

publicity [pʌb'lɪsɪtɪ] n publicité f

publicize ['pʌblɪsaɪz] vt (make known) faire connaître, rendre public; (advertise) faire de la publicité pour

public: public limited company n = société f anonyme (SA) (cotée en Bourse); **publicly** adv publiquement, en public; **public opinion** n opinion publique; **public relations** n or npl relations publiques (RP); **public school** n (BRIT) école privée; (US) école publique; **public transport** (US **public transportation**) n transports mpl en commun

publish ['pʌblɪʃ] vt publier; **publisher** n éditeur m; **publishing** n (industry) édition f

pub lunch n repas m de bistrot

pudding ['pʊdɪŋ] n (BRIT: dessert) dessert m, entremets m; (sweet dish) pudding m, gâteau m

puddle ['pʌdl] n flaque f d'eau

puff [pʌf] n bouffée f ▷ vt (also: ~ sails, cheeks) gonfler ▷ vi (pant) haleter; **puff pastry** (US **puff paste**) n pâte feuilletée

pull [pʊl] n (tug): **to give sth a ~** tirer sur qch ▷ vt tirer; (trigger) presser;

(strain: muscle, tendon) se claquer
▷ vi tirer; **to ~ to pieces** mettre en morceaux; **to ~ one's punches** (also fig) ménager son adversaire; **to ~ one's weight** y mettre du sien; (in race) se ressaisir; **to ~ o.s. together** se ressaisir; **to ~ sb's leg** (fig) faire marcher qn; **pull apart** vt (break) mettre en pièces, démantibuler; **pull away** vi (vehicle: move off) partir; (draw back) s'éloigner; **pull back** vt (lever etc) tirer sur; (curtains) ouvrir ▷ vi (refrain) s'abstenir; (Mil: withdraw) se retirer; **pull down** vt baisser, abaisser; (house) démolir; **pull in** vi (Aut) se ranger; (Rail) entrer en gare; **pull off** vt enlever, ôter; (deal etc) conclure; **pull out** vi démarrer, partir; (Aut: come out of line) déboîter ▷ vt (from bag, pocket) sortir; (remove) arracher; **pull over** vi (Aut) se ranger; **pull up** vi (stop) s'arrêter ▷ vt remonter; (uproot) déraciner, arracher
pulley ['pʊlɪ] n poulie f
pullover ['pʊləʊvə*] n pull-over m, tricot m
pulp [pʌlp] n (of fruit) pulpe f; (for paper) pâte f à papier
pulpit ['pʊlpɪt] n chaire f
pulse [pʌls] n (of blood) pouls m; (of heart) battement m; **pulses** npl (Culin) légumineuses fpl
puma ['pju:mə] n puma m
pump [pʌmp] n pompe f; (shoe) escarpin m ▷ vt pomper; **pump up** vt gonfler
pumpkin ['pʌmpkɪn] n potiron m, citrouille f
pun [pʌn] n jeu m de mots, calembour m
punch [pʌntʃ] n (blow) coup m de poing; (tool) poinçon m; (drink) punch m ▷ vt (make a hole in) poinçonner, perforer; (hit): **to ~ sb/sth** donner un coup de poing à qn/sur qch; **punch-up** n (BRIT inf) bagarre f
punctual ['pʌŋktjuəl] adj ponctuel(le)
punctuation [pʌŋktjuˈeɪʃən] n ponctuation f
puncture ['pʌŋktʃə*] n (BRIT) crevaison f ▷ vt crever

punish ['pʌnɪʃ] vt punir; **punishment** n punition f, châtiment m
punk [pʌŋk] n (person: also: ~ rocker) punk m/f; (music: also: ~ rock) le punk; (us inf: hoodlum) voyou m
pup [pʌp] n chiot m
pupil ['pju:pl] n élève m/f; (of eye) pupille f
puppet ['pʌpɪt] n marionnette f, pantin m
puppy ['pʌpɪ] n chiot m, petit chien
purchase ['pə:tʃɪs] n achat m ▷ vt acheter
pure [pjuə*] adj pur(e); **purely** adv purement
purify ['pjuərɪfaɪ] vt purifier, épurer
purity ['pjuərɪtɪ] n pureté f
purple ['pə:pl] adj violet(te); (face) cramoisi(e)
purpose ['pə:pəs] n intention f, but m; **on ~** exprès
purr [pə:*] vi ronronner
purse [pə:s] n (BRIT: for money) porte-monnaie m inv; (us: handbag) sac m (à main) ▷ vt serrer, pincer
pursue [pəˈsju:] vt poursuivre
pursuit [pəˈsju:t] n poursuite f; (occupation) occupation f, activité f
pus [pʌs] n pus m
push [pʊʃ] n poussée f ▷ vt pousser; (button) appuyer sur; (fig: product) mettre en avant, faire de la publicité pour ▷ vi pousser; **to ~ for** (better pay, conditions) réclamer; **push in** vi s'introduire de force; **push off** vi (inf) filer, ficher le camp; **push on** vi (continue) continuer; **push over** vt renverser; **push through** vi (in crowd) se frayer un chemin; **pushchair** n (BRIT) poussette f; **pusher** n (also: **drug pusher**) revendeur(-euse) (de drogue), ravitailleur(-euse) (en drogue); **push-up** n (us) traction f
pussy(-cat) ['pʊsɪ-] n (inf) minet m
put [pʊt] (pt, pp ~) [pʊt] vt mettre; (place) poser, placer; (say) dire, exprimer; (a question) poser; (case, view) exposer, présenter; (estimate) estimer; **put**

aside vt mettre de côté; **put away**
vt (store) ranger; **put back** vt (replace)
remettre, replacer; (postpone) remettre;
put by vt (money) mettre de côté,
économiser; **put down** vt (parcel etc)
poser, déposer; (in writing) mettre
par écrit, inscrire; (suppress: revolt
etc) réprimer, écraser; (attribute)
attribuer; (animal) abattre; (cat, dog)
faire piquer; **put forward** vt (ideas)
avancer, proposer; **put in** vt (complaint)
soumettre; (time, effort) consacrer; **put
off** vt (postpone) remettre à plus tard,
ajourner; (discourage) dissuader; **put
on** vt (clothes, lipstick, CD) mettre; (light
etc) allumer; (play etc) monter; (weight)
prendre; (assume: accent, manner)
prendre; vt (take outside)
mettre dehors; (one's hand) tendre; (light
etc) éteindre; (person: inconvenience)
déranger, gêner; **put through** vt (Tel:
caller) mettre en communication;
(: call) passer; (plan) faire accepter;
put together vt mettre ensemble;
(assemble: furniture) monter, assembler;
(meal) préparer; **put up** vt (raise) lever,
relever, remonter; (hang) accrocher;
(build) construire, ériger; (increase)
augmenter; (accommodate) loger; **put
up with** vt fus supporter
putt [pʌt] n putt m; **putting green**
n green m
puzzle ['pʌzl] n énigme f, mystère m;
(game) jeu m, casse-tête m; (jigsaw)
puzzle m; (also: **crossword ~**) mots
croisés ▷ vt intriguer, rendre perplexe
▷ vi: **to ~ over** chercher à comprendre;
puzzled adj perplexe; **puzzling** adj
déconcertant(e), inexplicable
pyjamas [pɪ'dʒɑːməz] npl (BRIT)
pyjama m
pylon ['paɪlən] n pylône m
pyramid ['pɪrəmɪd] n pyramide f
Pyrenees [pɪrə'niːz] npl Pyrénées fpl

quack [kwæk] n (of duck) coin-coin m
inv; (pej: doctor) charlatan m
quadruple [kwɔ'druːpl] vt, vi
quadrupler
quail [kweɪl] n (Zool) caille f ▷ vi: **to ~ at
or before** reculer devant
quaint [kweɪnt] adj bizarre; (old-
fashioned) désuet(-ète); (picturesque) au
charme vieillot, pittoresque
quake [kweɪk] vi trembler ▷ n abbr
= **earthquake**

qualification [kwɔlɪfɪ'keɪʃən]
n (often pl: degree etc) diplôme m;
(training) qualification(s) f(pl); (ability)
compétence(s) f(pl); (limitation) réserve
f, restriction f
qualified ['kwɔlɪfaɪd] adj (trained)
qualifié(e); (professionally) diplômé(e);
(fit, competent) compétent(e),
qualifié(e); (limited) conditionnel(le)
qualify ['kwɔlɪfaɪ] vt qualifier; (modify)
atténuer, nuancer ▷ vi: **to ~ (as)**
obtenir son diplôme (de); **to ~ (for)**
remplir les conditions requises (pour);

(Sport) se qualifier (pour)

uality ['kwɒlɪtɪ] n qualité f

ualm [kwɑːm] n doute m; scrupule m

uantify ['kwɒntɪfaɪ] vt quantifier

uantity ['kwɒntɪtɪ] n quantité f

uarantine ['kwɒrntiːn] n quarantaine f

uarrel ['kwɔrl] n querelle f, dispute f ▷ vi se disputer, se quereller

uarry ['kwɔrɪ] n (for stone) carrière f; (animal) proie f, gibier m

uart [kwɔːt] n ≈ litre m

uarter ['kwɔːtəʳ] n quart m; (of year) trimestre m; (district) quartier m; (us, CANADA: 25 cents) (pièce f de) vingt-cinq cents mpl ▷ vt partager en quartiers or en quatre; (Mil) caserner, cantonner; mal au cœur; **quarters** npl logement m; (Mil) quartiers mpl, cantonnement m; **a ~ of an hour** un quart d'heure; **quarterly** adj trimestriel(le) ▷ adv tous les trois mois

uartet(te) [kwɔːˈtet] n quatuor m; (jazz players) quartette m

uartz [kwɔːts] n quartz m

uay [kiː] n (also: **~side**) quai m

ueasy ['kwiːzɪ] adj: **to feel ~** avoir mal au cœur

uebec [kwɪˈbek] n (city) Québec; (province) Québec m

ueen [kwiːn] n (gen) reine f; (Cards etc) dame f

ueer [kwɪəʳ] adj étrange, curieux(-euse); (suspicious) louche ▷ n (inf: highly offensive) homosexuel m

uench [kwentʃ] vt: **to ~ one's thirst** se désaltérer

uery ['kwɪərɪ] n question f ▷ vt (disagree with, dispute) mettre en doute, questionner

uest [kwest] n recherche f, quête f

uestion ['kwestʃən] n question f ▷ vt (person) interroger; (plan, idea) mettre en question or en doute; **beyond** ~ sans aucun doute; **out of the ~** hors de question; **questionable** adj discutable; **question mark** n point d'interrogation; **questionnaire**

[kwestʃəˈnɛəʳ] n questionnaire m

queue [kjuː] (BRIT) n queue f, file f ▷ vi (also: **~ up**) faire la queue

quiche [kiːʃ] n quiche f

quick [kwɪk] adj rapide; (mind) vif (vive); (agile) agile, vif (vive) ▷ n: **cut to the ~** (fig) touché(e) au vif; **be ~!** dépêche-toi!; **quickly** adv (fast) vite, rapidement; (immediately) tout de suite

quid [kwɪd] n (pl inv: BRIT inf) livre f

quiet ['kwaɪət] adj tranquille, calme; (voice) bas(se); (ceremony, colour) discret(-ète) ▷ n tranquillité f, calme m; (silence) silence m; **quietly** adv tranquillement; (silently) silencieusement; (discreetly) discrètement

quilt [kwɪlt] n édredon m; (continental quilt) couette f

quirky ['kwɜːkɪ] adj singulier(-ère)

quit [kwɪt] (pt, pp **~** or **~ted**) vt quitter ▷ vi (give up) abandonner, renoncer; (resign) démissionner

quite [kwaɪt] adv (rather) assez, plutôt; (entirely) complètement, tout à fait; **~ a few of them** un assez grand nombre d'entre eux; **that's not ~ right** ce n'est pas tout à fait juste; **~ (so)!** exactement!

quits [kwɪts] adj: **~ (with)** quitte (envers); **let's call it ~** restons-en là

quiver ['kwɪvəʳ] vi trembler, frémir

quiz [kwɪz] n (on TV) jeu-concours m (télévisé); (in magazine etc) test m de connaissances ▷ vt interroger

quota ['kwəʊtə] n quota m

quotation [kwəʊˈteɪʃən] n citation f; (estimate) devis m; **quotation marks** npl guillemets mpl

quote [kwəʊt] n citation f; (estimate) devis m ▷ vt (sentence, author) citer; (price) donner, soumettre ▷ vi: **to ~ from** citer; **quotes** npl (inverted commas) guillemets mpl

q

r

(also: **roof ~**) galerie f; (also: **dish ~**) égouttoir m ▷ vt tourmenter: **to ~ one's brains** se creuser la cervelle

racket ['rækɪt] n (for tennis) raquette f; (noise) tapage m, vacarme m; (swindle) escroquerie f

racquet ['rækɪt] n raquette f

radar ['reɪdɑ:'] n radar m

radiation [reɪdɪ'eɪʃən] n rayonnement m; (radioactive) radiation f

radiator ['reɪdɪeɪtə'] n radiateur m

radical ['rædɪkl] adj radical(e)

radio ['reɪdɪəu] n radio f ▷ vt (person) appeler par radio; **on the ~** à la radio; **radioactive** adj radioactif(-ive); **radio station** n station f de radio

radish ['rædɪʃ] n radis m

RAF n abbr (BRIT) = **Royal Air Force**

raffle ['ræfl] n tombola f

raft [rɑ:ft] n (craft: also: **life ~**) radeau m; (logs) train m de flottage

rag [ræg] n chiffon m; (pej: newspaper) feuille f, torchon m; (for charity) attractions organisées par les étudiants au profit d'œuvres de charité; **rags** npl haillons mpl

rage [reɪdʒ] n (fury) rage f, fureur f ▷ vi (person) être fou (folle) de rage; (storm) faire rage, être déchaîné(e); **it's all the ~** cela fait fureur

ragged ['rægɪd] adj (edge) inégal(e), qui accroche; (clothes) en loques; (appearance) déguenillé(e)

raid [reɪd] n (Mil) raid m; (criminal) hold-up m inv; (by police) descente f, rafle f ▷ vt faire un raid sur ou un hold-up dans ou une descente dans

rail [reɪl] n (on stair) rampe f; (on bridge, balcony) balustrade f; (of ship) bastingage m; (for train) rail m; **railcard** n (BRIT) carte f de chemin de fer; **railings** n(pl) grille f; **railway** (US **railroad**) n chemin m de fer; (track) voie f ferrée; **railway line** n (BRIT) ligne f de chemin de fer; (track) voie f ferrée; **railway station** n (BRIT) gare f

rain [reɪn] n pluie f ▷ vi pleuvoir; **in the ~** sous la pluie; **it's ~ing** il pleut;

Rabat [rə'bɑ:t] n Rabat

rabbi ['ræbaɪ] n rabbin m

rabbit ['ræbɪt] n lapin m

rabies ['reɪbiːz] n rage f

RAC n abbr (BRIT: = Royal Automobile Club) ≈ ACF m

rac(c)oon [rə'ku:n] n raton m laveur

race [reɪs] n (species) race f; (competition, rush) course f ▷ vt (person) faire la course avec ▷ vi (compete) faire la course, courir; (pulse) battre très vite; **race car** n (US) = **racing car**; **racecourse** n champ m de courses; **racehorse** n cheval m de course; **racetrack** n piste f

racial ['reɪʃl] adj racial(e)

racing ['reɪsɪŋ] n courses fpl; **racing car** n (BRIT) voiture f de course; **racing driver** n (BRIT) pilote m de course

racism ['reɪsɪzəm] n racisme m; **racist** ['reɪsɪst] adj, n raciste (m/f)

rack [ræk] n (for guns, tools) râtelier m; (for clothes) portant m; (for bottles) casier m; (also: **luggage ~**) filet m à bagages;

rainbow n arc-en-ciel m; raincoat n
imperméable m; raindrop n goutte
f de pluie; rainfall n chute f de
pluie; (measurement) hauteur f des
précipitations; rainforest n forêt
tropicale; rainy adj pluvieux(-euse)

aise [reiz] n augmentation f ▷ vt (lift)
lever; hausser; (increase) augmenter;
(morale) remonter; (standards)
améliorer; (a protest, doubt) provoquer,
causer; (a question) soulever; (cattle,
family) élever; (crop) faire pousser;
(army, funds) rassembler; (loan) obtenir;
to ~ one's voice élever la voix

aisin ['reizn] n raisin sec

ake [reik] n (tool) râteau m; (person)
débauché m ▷ vt (garden) ratisser

ally ['ræli] n (Pol etc) meeting m,
rassemblement m; (Aut) rallye m;
(Tennis) échange m ▷ vt rassembler,
rallier; (support) gagner ▷ vi (sick person)
aller mieux; (Stock Exchange) reprendre

AM [ræm] n abbr (Comput: = random
access memory) mémoire vive

am [ræm] n bélier m ▷ vt (push)
enfoncer; (crash into: vehicle) emboutir;
(: lamppost etc) percuter

amadan [ræmə'dæn] n Ramadan m

amble ['ræmbl] n randonnée f
▷ vi (walk) se promener, faire une
randonnée; (pej: also: ~ on) discourir,
pérorer; rambler n promeneur(-euse),
randonneur(-euse); rambling adj
(speech) décousu(e); (house) plein(e) de
coins et de recoins; (Bot) grimpant(e)

amp [ræmp] n (incline) rampe f; (Aut)
dénivellation f (in garage) pont m;
on/off~ (us Aut) bretelle f d'accès

ampage [ræm'peɪdʒ] n: to be on the
~ se déchaîner

an [ræn] pt of run

anch [rɑːntʃ] n ranch m

andom ['rændəm] adj fait(e) au
hasard; (Comput, Math)
aléatoire ▷ n: at ~ au hasard

ang [ræŋ] pt of ring

ange [reɪndʒ] n (of mountains) chaîne
f; (of missile, voice) portée f; (of products)

choix m, gamme f; (also: shooting
~) champ m de tir; (also: kitchen ~)
fourneau m (de cuisine) ▷ vt (place)
mettre en rang, placer ▷ vi: to ~ over
couvrir; to ~ from ... to aller de ... à

ranger ['reɪndʒər] n garde m forestier

rank [ræŋk] n rang m; (Mil) grade m;
(BRIT: also: taxi ~) station f de taxis
▷ vi: to ~ among compter ou se classer
parmi ▷ adj (smell) nauséabond(e); the
~ and file (fig) la masse, la base

ransom ['rænsəm] n rançon f; to hold
sb to ~ (fig) exercer un chantage sur qn

rant [rænt] vi fulminer

rap [ræp] n (music) rap m ▷ vt (door)
frapper sur or à; (table etc) taper sur

rape [reip] n viol m; (Bot) colza m ▷ vt
violer

rapid ['ræpɪd] adj rapide; rapidly
adv rapidement; rapids npl (Geo)
rapides mpl

rapist ['reɪpɪst] n auteur m d'un viol

rapport [ræ'pɔːr] n entente f

rare [reər] adj rare; (Culin: steak)
saignant(e); rarely adv rarement

rash [ræʃ] adj imprudent(e),
irréfléchi(e) ▷ n (Med) rougeur f,
éruption f; (of events) série f (noire)

rasher ['ræʃər] n fine tranche (de lard)

raspberry ['rɑːzbərɪ] n framboise f

rat [ræt] n rat m

rate [reit] n (ratio) taux m, pourcentage
m; (speed) vitesse f, rythme m; (price)
tarif m ▷ vt (price) évaluer, estimer;
(people) classer; rates npl (BRIT: property
tax) impôts locaux; to ~ sb/sth as
considérer qn/qch comme

rather ['rɑːðər] adv (somewhat) assez,
plutôt; (to some extent) un peu; it's ~
expensive c'est assez cher; (too much)
c'est un peu cher; there's ~ a lot il y en a
beaucoup; I would or I'd ~ go j'aimerais
mieux or je préférerais partir; or ~ (more
accurately) ou plutôt

rating ['reitɪŋ] n (assessment)
évaluation f; (score) classement m;
(Finance) cote f; ratings npl (Radio)
indice(s) m(pl) d'écoute; (TV) Audimat®

r

ratio ['reɪʃɪəʊ] n proportion f; **in the ~ of 100 to 1** dans la proportion de 100 contre 1

ration ['ræʃən] n ration f ▷ vt rationner; **rations** npl (food) vivres mpl

rational ['ræʃənl] adj raisonnable, sensé(e); (solution, reasoning) logique; (Med: person) lucide

rat race n foire d'empoigne

rattle ['rætl] n (of door, window) battement m; (of coins, chain) cliquetis m; (of train, engine) bruit m de ferraille; (for baby) hochet m ▷ vi cliqueter; (car, bus): **to ~ along** rouler en faisant un bruit de ferraille ▷ vt agiter (bruyamment); (inf: disconcert) décontenancer

rave [reɪv] vi (in anger) s'emporter; (with enthusiasm) s'extasier; (Med) délirer ▷ n (inf: party) rave f, soirée f techno

raven ['reɪvən] n grand corbeau

ravine [rə'viːn] n ravin m

raw [rɔː] adj (uncooked) cru(e); (not processed) brut(e); (sore) à vif, irrité(e); (inexperienced) inexpérimenté(e); **~ materials** matières premières

ray [reɪ] n rayon m; **~ of hope** lueur f d'espoir

razor ['reɪzər] n rasoir m; **razor blade** n lame f de rasoir

Rd abbr = **road**

RE n abbr (BRIT) = **religious education**

re [riː] prep concernant

reach [riːtʃ] n portée f, atteinte f; (of river etc) étendue f ▷ vt atteindre, arriver à; (conclusion, decision) parvenir à ▷ vi s'étendre; **out of/within ~** (object) hors de/à portée; **reach out** vt tendre ▷ vi: **to ~ out (for)** allonger le bras (pour prendre)

react [riː'ækt] vi réagir; **reaction** [riː'ækʃən] n réaction f; **reactor** [riː'æktər] n réacteur m

read (pt, pp ~) [riːd, rɛd] vi lire ▷ vt lire; (understand) comprendre, interpréter; (study) étudier; (meter) relever; (subj: instrument etc) indiquer, marquer; **read out** vt lire à haute voix; **reader** n

lecteur(-trice)

readily ['rɛdɪlɪ] adv volontiers, avec empressement; (easily) facilement

reading ['riːdɪŋ] n lecture f; (understanding) interprétation f; (on instrument) indications fpl

ready ['rɛdɪ] adj prêt(e); (willing) prêt, disposé(e); (available) disponible ▷ n: **at the ~** (Mil) prêt à faire feu; **when will my photos be ~?** quand est-ce que mes photos seront prêtes?; **to get ~** (as vi) se préparer; (as vt) préparer; **ready-cooked** adj précuit(e); **ready-made** adj tout(e) fait(e)

real [rɪəl] adj (world, life) réel(le); (genuine) véritable; (proper) vrai(e) ▷ adv (us inf: very) vraiment; **real ale** n bière traditionnelle; **real estate** n biens fonciers or immobiliers; **realistic** [rɪə'lɪstɪk] adj réaliste; **reality** [riː'ælɪtɪ] n réalité f

reality TV n téléréalité f

realization [rɪəlaɪ'zeɪʃən] n (awareness) prise f de conscience; (fulfilment: also: of asset) réalisation f

realize ['rɪəlaɪz] vt (understand) se rendre compte de, prendre conscience de; (a project, Comm: asset) réaliser

really ['rɪəlɪ] adv vraiment; **~?** vraiment?, c'est vrai?

realm [rɛlm] n royaume m; (fig) domaine m

realtor ['rɪəltɔːr] n (us) agent immobilier

reappear [riːə'pɪər] vi réapparaître, reparaître

rear [rɪər] adj de derrière, arrière inv; (Aut: wheel etc) arrière ▷ n arrière m ▷ vt (cattle, family) élever ▷ vi (also: **~ up**: animal) se cabrer

rearrange [riːə'reɪndʒ] vt réarranger

rear: **rear-view mirror** n (Aut) rétroviseur m; **rear-wheel drive** n (Aut) traction f arrière

reason ['riːzn] n raison f ▷ vi: **to ~ with sb** raisonner qn, faire entendre raison à qn; **it stands to ~ that** il va sans dire que; **reasonable** adj raisonnable;

(not bad) acceptable; **reasonably** adv
(behave) raisonnablement; (fairly) assez;
reasoning n raisonnement m

assurance [rɪ:əˈʃuərəns] n (factual)
assurance f, garantie f; (emotional)
réconfort m

assure [rɪ:əˈʃuəˈ] vt rassurer

abate [rɪ:ˈbeɪt] n (on tax etc)
dégrèvement m

ebel n [ˈrɛbl] rebelle m/f ▷ vi [rɪˈbɛl] se
rebeller, se révolter; **rebellion** [rɪˈbɛljə
n] n rébellion f, révolte f; **rebellious**
[rɪˈbɛljəs] adj rebelle

ebuild [rɪ:ˈbɪld] vt (irreg: like build)
reconstruire

ecall vt [rɪ:ˈkɔːl] rappeler; (remember)
se rappeler, se souvenir de ▷ n [ˈriːkɔːl]
rappel m; (ability to remember) mémoire f

ec'd abbr of **received**

eceipt [rɪ:ˈsiːt] n (document) reçu m;
(for parcel etc) accusé m de réception; (act
of receiving) réception f; **receipts**
npl (Comm) recettes fpl; **can I have a
~, please?** je peux avoir un reçu, s'il
vous plaît?

eceive [rɪ:ˈsiːv] vt recevoir; (guest)
recevoir, accueillir; **receiver** n (Tel)
récepteur m, combiné m; (Radio)
récepteur; (of stolen goods) receleur
m; (for bankruptcies) administrateur m
judiciaire

ecent [ˈriːsnt] adj récent(e); **recently**
adv récemment

eception [rɪ:ˈsepʃən] n réception
f; (welcome) accueil m, réception;
reception desk n réception f;
receptionist [rɪ:ˈsepʃənɪst] n réceptionniste m/f

ecession [rɪ:ˈseʃən] n (Econ) récession f

echarge [riː:ˈtʃɑːdʒ] vt (battery)
recharger

ecipe [ˈresɪpɪ] n recette f

ecipient [rɪ:ˈsɪpɪənt] n (of payment)
bénéficiaire m/f; (of letter) destinataire
m/f

ecital [rɪ:ˈsaɪtl] n récital m

ecite [rɪ:ˈsaɪt] vt (poem) réciter

eckless [ˈrɛkləs] adj (driver
etc) imprudent(e); (spender etc)

insouciant(e)

reckon [ˈrɛkən] vt (count) calculer,
compter; (consider) considérer, estimer;
(think): **I ~ (that) ...** je pense (que) ...,
j'estime (que) ...

reclaim [rɪ:ˈkleɪm] vt (land: from sea)
assécher; (demand back) réclamer (le
remboursement ou la restitution de);
(waste materials) récupérer

recline [rɪ:ˈklaɪn] vi être allongé(e) or
étendu(e)

recognition [rɛkəgˈnɪʃən] n
reconnaissance f; **transformed
beyond ~** méconnaissable

recognize [ˈrɛkəgnaɪz] vt: **to ~ (by/as)**
reconnaître (à/comme étant)

recollection [rɛkəˈlɛkʃən] n
souvenir m

recommend [rɛkəˈmɛnd] vt
recommander; **can you ~ a good
restaurant?** pouvez-vous me
conseiller un bon restaurant?;
recommendation [rɛkəmənˈdeɪʃən] n
recommandation f

reconcile [ˈrɛkənsaɪl] vt (two people)
réconcilier; (two facts) concilier,
accorder; **to ~ o.s. to** se résigner à

reconsider [riː:kənˈsɪdəˈ] vt
reconsidérer

reconstruct [riː:kənˈstrʌkt] vt (crime,
building) reconstituer; (crime, system)
reconstituer

record n [ˈrɛkɔːd] rapport m, récit
m; (of meeting etc) procès-verbal m;
(register) registre m; (file) dossier m;
(Comput) article m; (also: **police ~**)
casier m judiciaire; (Mus: disc) disque
m; (Sport) record m ▷ adj record inv ▷ vt
[rɪ:ˈkɔːd] (set down) noter; (Mus: song
etc) enregistrer; **public ~s** archives
fpl; **in ~ time** dans un temps record;
recorded delivery n (BRIT Post): **to
send sth recorded delivery** = envoyer
qch en recommandé; **recorder** n
(Mus) flûte f à bec; **recording** n (Mus)
enregistrement m; **record player** n
tourne-disque m

recount [rɪ:ˈkaunt] vt raconter

recover [rɪ'kʌvə'] vt récupérer ▷ vi (from illness) se rétablir; (from shock) se remettre; **recovery** n récupération f; rétablissement m; (Econ) redressement m

recreate [ri:krɪ'eɪt] vt recréer

recreation [rekrɪ'eɪʃən] n (leisure) récréation f, détente f; **recreational drug** n drogue récréative; **recreational vehicle** n (US) camping-car m

recruit [rɪ'kru:t] n recrue f ▷ vt recruter; **recruitment** n recrutement m

rectangle ['rektæŋgl] n rectangle m; **rectangular** [rek'tæŋgjulə'] adj rectangulaire

rectify ['rektɪfaɪ] vt (error) rectifier, corriger

rector ['rektə'] n (Rel) pasteur m

recur [rɪ'kə:'] vi se reproduire; (idea, opportunity) se retrouver; (symptoms) réapparaître; **recurring** adj (problem) périodique, fréquent(e); (Math) périodique

recyclable [ri:'saɪkləbl] adj recyclable

recycle [ri:'saɪkl] vt, vi recycler

recycling [ri:'saɪklɪŋ] n recyclage m

red [red] n rouge m; (Pol: pej) rouge m/f ▷ adj rouge; (hair) roux (rousse); **in the ~** (account) à découvert; (business) en déficit; **Red Cross** n Croix-Rouge f; **redcurrant** n groseille f rouge

redeem [rɪ'di:m] vt (debt) rembourser; (sth in pawn) dégager; (fig, also Rel) racheter

red: red-haired adj roux (rousse); **redhead** n roux (rousse); **red-hot** adj chauffé(e) au rouge, brûlant(e); **red light** n: **to go through a red light** (Aut) brûler un feu rouge; **red-light district** n quartier mal famé

red meat n viande f rouge

reduce [rɪ'dju:s] vt réduire; (lower) abaisser; **"~ speed now"** (Aut) "ralentir"; **to ~ sb to tears** faire pleurer qn; **reduced** adj réduit(e); **"greatly reduced prices"** "gros rabais"; **at a**

reduced price (goods) au rabais; (ticket etc) à prix réduit; **reduction** [rɪ'dʌkʃən] n réduction f; (of price) baisse f; (discount) rabais m; réduction; **is there a reduction for children/students?** y a-t-il une réduction pour les enfants/ les étudiants?

redundancy [rɪ'dʌndənsɪ] n (BRIT) licenciement m, mise f au chômage

redundant [rɪ'dʌndnt] adj (BRIT: worker) licencié(e), mis(e) au chômage; (detail, object) superflu(e); **to be made ~** (worker) être licencié, être mis au chômage

reed [ri:d] n (Bot) roseau m

reef [ri:f] n (at sea) récif m, écueil m

reel [ri:l] n bobine f; (Fishing) moulinet m; (Cine) bande f; (dance) quadrille écossais ▷ vi (sway) chanceler

ref [ref] n abbr (inf: = referee) arbitre m

refectory [rɪ'fektərɪ] n réfectoire m

refer [rɪ'fə:'] vt: **to ~ sb to** (inquirer, patient) adresser qn à; (reader: to text) renvoyer qn à ▷ vi: **to ~ to** (allude to) parler de, faire allusion à; (consult) se reporter à; (apply to) s'appliquer à

referee [refə'ri:] n arbitre m; (BRIT: for job application) répondant(e) ▷ vt arbitrer

reference ['refrəns] n référence f, renvoi m; (mention) allusion f, mention f; (for job application: letter) références; lettre f de recommandation; **with ~ to** en ce qui concerne; (Comm: in letter) me référant à; **reference number** n (Comm) numéro m de référence

refill vt [ri:'fɪl] remplir à nouveau; (pen, lighter etc) recharger ▷ n ['ri:fɪl] (for pen etc) recharge f

refine [rɪ'faɪn] vt (sugar, oil) raffiner; (taste) affiner; (idea, theory) peaufiner; **refined** adj (person, taste) raffiné(e); **refinery** n raffinerie f

reflect [rɪ'flekt] vt (light, image) réfléchir, refléter ▷ vi (think) réfléchir, méditer; **it ~s badly on him** cela le discrédite; **it ~s well on him** c'est tout à son honneur; **reflection** [rɪ'flekʃən]

reflexion f; (image) reflet m; **on reflection** réflexion faite

reflex ['riːfleks] adj, n réflexe (m)

reform [rɪˈfɔːm] n réforme f ▷ vt réformer

refrain [rɪˈfreɪn] vi: **to ~ from doing** s'abstenir de faire ▷ n refrain m

refresh [rɪˈfreʃ] vt rafraîchir; (subj: food, sleep etc) redonner des forces à; **refreshing** adj (drink) rafraîchissant(e); (sleep) réparateur(-trice); **refreshments** npl rafraîchissements mpl

refrigerator [rɪˈfrɪdʒəreɪtər] n réfrigérateur m, frigidaire m

refuel [riːˈfjuəl] vi se ravitailler en carburant

refuge ['refjuːdʒ] n refuge m; **to take ~ in** se réfugier dans; **refugee** [refjuˈdʒiː] n réfugié(e)

refund n ['riːfʌnd] remboursement m ▷ vt [rɪˈfʌnd] rembourser

refurbish [riːˈfɜːbɪʃ] vt remettre à neuf

refusal [rɪˈfjuːzəl] n refus m; **to have first ~ on sth** avoir droit de préemption sur qch

refuse¹ ['refjuːs] n ordures fpl, détritus mpl

refuse² [rɪˈfjuːz] vt, vi refuser: **to ~ to do sth** refuser de faire qch

regain [rɪˈgeɪn] vt (lost ground) regagner; (strength) retrouver

regard [rɪˈgɑːd] n respect m, estime f, considération f ▷ vt considérer; **to give one's ~s to** faire ses amitiés à; **"with kindest ~s"** "bien amicalement"; **as ~s, with ~ to** en ce qui concerne; **regarding** prep en ce qui concerne; **regardless** adv quand même; **regardless of** sans se soucier de

regenerate [rɪˈdʒɛnəreɪt] vt régénérer ▷ vi se régénérer

reggae ['regeɪ] n reggae m

regiment ['redʒɪmənt] n régiment m

region ['riːdʒən] n région f; **in the ~ of** (fig) aux alentours de; **regional** adj régional(e)

register ['redʒɪstər] n registre m;

(also: **electoral ~**) liste électorale ▷ vt enregistrer, inscrire; (birth) déclarer; (vehicle) immatriculer; (letter) envoyer en recommandé; (subj: instrument) marquer ▷ vi s'inscrire; (at hotel) signer le registre; (make impression) être (bien) compris(e); **registered** adj (BRIT: letter) recommandé(e)

registered trademark n marque déposée

registrar ['redʒɪstrɑː] n officier m de l'état civil

registration [redʒɪsˈtreɪʃən] n (act) enregistrement m; (of student) inscription f; (BRIT Aut: also: **~ number**) numéro m d'immatriculation

registry office ['redʒɪstrɪ-] n (BRIT) bureau m de l'état civil; **to get married in a ~** se marier à la mairie

regret [rɪˈgret] n regret m ▷ vt regretter; **regrettable** adj regrettable, fâcheux(-euse)

regular ['regjulə] adj régulier(-ière); (usual) habituel(le), normal(e); (soldier) de métier; (Comm: size) ordinaire ▷ n (client etc) habitué(e); **regularly** adv régulièrement

regulate ['regjuleɪt] vt régler; **regulation** [regjuˈleɪʃən] n (rule) règlement m; (adjustment) réglage m

rehabilitation ['riːəbɪlɪˈteɪʃən] n (of offender) réhabilitation f; (of addict) réadaptation f

rehearsal [rɪˈhɜːsəl] n répétition f

rehearse [rɪˈhɜːs] vt répéter

reign [reɪn] n règne m ▷ vi régner

reimburse [riːɪmˈbɜːs] vt rembourser

rein [reɪn] n (for horse) rêne f

reincarnation [riːɪnkɑːˈneɪʃən] n réincarnation f

reindeer ['reɪndɪər] n (pl inv) renne m

reinforce [riːɪnˈfɔːs] vt renforcer; **reinforcements** npl (Mil) renfort(s) m(pl)

reinstate [riːɪnˈsteɪt] vt rétablir, réintégrer

reject n ['riːdʒekt] (Comm) article m de rebut ▷ vt [rɪˈdʒekt] refuser; (idea)

rejeter; **rejection** [rɪ'dʒɛkʃən] n rejet
m, refus m

rejoice [rɪ'dʒɔɪs] vi: **to ~ (at** or **over)** se
réjouir (de)

relate [rɪ'leɪt] vt (tell) raconter; (connect)
établir un rapport entre ▷ vi: **to ~ to**
(connect) se rapporter à; **to ~ to sb**
(interact) entretenir des rapports avec
qn; **related** adj apparenté(e); **related
to** (subject) lié(e) à; **relating to** prep
concernant

relation [rɪ'leɪʃən] n (person) parent(e);
(link) rapport m, lien m; **relations**
npl (relatives) famille f; **relationship**
n rapport m, lien m; (personal ties)
relations fpl, rapports; (also: **family
relationship**) lien de parenté; (affair)
liaison f

relative ['rɛlətɪv] n parent(e) ▷ adj
relatif(-ive); (respective) respectif(-ive);
relatively adv relativement

relax [rɪ'læks] vi (muscle) se relâcher;
(person: unwind) se détendre ▷ vt
relâcher; (mind, person) détendre;
relaxation [riːlæk'seɪʃən] n
relâchement m; (of mind) détente f;
(recreation) détente f, délassement m;
relaxed adj relâché(e); détendu(e);
relaxing adj délassant(e)

relay ['riːleɪ] n (Sport) course f de relais
▷ vt (message) retransmettre, relayer

release [rɪ'liːs] n (from prison, obligation)
libération f; (of gas etc) émission f; (of
film etc) sortie f; (new recording) disque m
▷ vt (prisoner) libérer; (book, film) sortir;
(report, news) rendre public, publier;
(gas etc) émettre, dégager; (free: from
wreckage etc) dégager; (Tech: catch,
spring etc) déclencher; (let go: person,
animal) relâcher; (: hand, object) lâcher;
(: grip, brake) desserrer

relegate ['rɛləgeɪt] vt reléguer; (BRIT
Sport): **to be ~d** descendre dans une
division inférieure

relent [rɪ'lɛnt] vi se laisser fléchir;
relentless adj implacable; (non-stop)
continuel(le)

relevant ['rɛləvənt] adj (question)

pertinent(e); (corresponding)
approprié(e); (fact) significatif(-ive);
(information) utile

reliable [rɪ'laɪəbl] adj (person, firm)
sérieux(-euse), fiable; (method, machine)
fiable; (news, information) sûr(e)

relic ['rɛlɪk] n (Rel) relique f; (of the past)
vestige m

relief [rɪ'liːf] n (from pain, anxiety)
soulagement m; (help, supplies) secours
m(pl); (Art, Geo) relief m

relieve [rɪ'liːv] vt (pain, patient)
soulager; (fear, worry) dissiper; (bring
help) secourir; (take over from: gen)
relayer; (: guard) relever; **to ~ sb of
sth** débarrasser qn de qch; **to ~ o.s.**
(euphemism) se soulager, faire ses
besoins; **relieved** adj soulagé(e)

religion [rɪ'lɪdʒən] n religion f

religious [rɪ'lɪdʒəs] adj
religieux(-euse); (book) de piété;
religious education n instruction
religieuse

relish ['rɛlɪʃ] n (Culin) condiment m;
(enjoyment) délectation f ▷ vt (food etc)
savourer; **to ~ doing** se délecter à faire

relocate [riːləu'keɪt] vt (business)
transférer ▷ vi se transférer, s'installer
or s'établir ailleurs

reluctance [rɪ'lʌktəns] n répugnance f

reluctant [rɪ'lʌktənt] adj peu
disposé(e), qui hésite; **reluctantly** adv
à contrecœur, sans enthousiasme

rely on [rɪ'laɪ-] vt fus (be dependent on)
dépendre de; (trust) compter sur

remain [rɪ'meɪn] vi rester; **remainder**
n reste m; (Comm) fin f de série;
remaining adj qui reste; **remains** npl
restes mpl

remand [rɪ'mɑːnd] n: **on ~** en
détention préventive ▷ vt: **to be ~ed
in custody** être placé(e) en détention
préventive

remark [rɪ'mɑːk] n remarque f,
observation f ▷ vt (faire) remarquer,
dire; **remarkable** adj remarquable

remarry [riːˈmærɪ] vi se remarier

remedy ['rɛmədɪ] n: **~ (for)** remède m

(contre *or* à) ▷ *vt* remédier à
remember [rɪˈmɛmbə*r*] *vt* se rappeler, se souvenir de; *(send greetings)*: ~ **me to him** saluez-le de ma part; **Remembrance Day** [rɪˈmɛmbrəns-] (BRIT) ≈ (le jour de) l'Armistice *m*, ≈ le 11 novembre

● **REMEMBRANCE DAY**

Remembrance Day ou **Remembrance Sunday** est le dimanche le plus proche du 11 novembre, jour où la Première Guerre mondiale a officiellement pris fin. Il rend hommage aux victimes des deux guerres mondiales. À cette occasion, on observe deux minutes de silence à 11h, heure de la signature de l'armistice avec l'Allemagne en 1918; certaines membres de la famille royale et du gouvernement déposent des gerbes de coquelicots au cénotaphe de Whitehall, et des couronnes sont placées sur les monuments aux morts dans toute la Grande-Bretagne; par ailleurs, les gens portent des coquelicots artificiels fabriqués et vendus par des membres de la légion britannique blessés au combat, au profit des blessés de guerre et de leur famille.

remind [rɪˈmaɪnd] *vt*: **to ~ sb of sth** rappeler qch à qn; **to ~ sb to do sth** faire penser à qn à faire, rappeler à qn qu'il doit faire; **reminder** *n (of letter)* rappel *m*; *(note etc)* pense-bête *m*; *(souvenir)* souvenir *m*
reminiscent [rɛmɪˈnɪsnt] *adj*: ~ **of** qui rappelle, qui fait penser à
remnant [ˈrɛmnənt] *n* reste *m*, restant *m*; *(of cloth)* coupon *m*
remorse [rɪˈmɔːs] *n* remords *m*
remote [rɪˈməʊt] *adj* éloigné(e), lointain(e); *(person)* distant(e);

(possibility) vague; **remote control** *n* télécommande *f*; **remotely** *adv* au loin; *(slightly)* très vaguement
removal [rɪˈmuːvəl] *n (taking away)* enlèvement *m*; suppression *f*; *(from house)* déménagement *m*; *(from office: dismissal)* renvoi *m*; *(of stain)* nettoyage *m*; *(Med)* ablation *f*; **removal man** *(irreg)* *n* (BRIT) déménageur *m*; **removal van** *n* (BRIT) camion *m* de déménagement
remove [rɪˈmuːv] *vt* enlever, retirer; *(employee)* renvoyer; *(stain)* faire partir; *(abuse)* supprimer; *(doubt)* chasser
Renaissance [rɪˈneɪsɑ̃s] *n*: **the ~** la Renaissance
rename [riːˈneɪm] *vt* rebaptiser
render [ˈrɛndə*r*] *vt* rendre
rendezvous [ˈrɔndɪvuː] *n* rendez-vous *m inv*
renew [rɪˈnjuː] *vt* renouveler; *(negotiations)* reprendre; *(acquaintance)* renouer; **renewable** *adj (energy)* renouvelable
renovate [ˈrɛnəveɪt] *vt* rénover; *(work of art)* restaurer
renowned [rɪˈnaʊnd] *adj* renommé(e)
rent [rɛnt] *n* loyer *m* ▷ *vt* louer; **rental** *n (for television, car)* (prix *m* de) location *f*
reorganize [riːˈɔːɡənaɪz] *vt* réorganiser
rep [rɛp] *n abbr (Comm)* = **representative**
repair [rɪˈpɛə*r*] *n* réparation *f* ▷ *vt* réparer; **in good/bad** ~ en bon/mauvais état; **where can I get this ~ed?** où est-ce que je peux faire réparer ceci?; **repair kit** *n* trousse *f* de réparations
repay [riːˈpeɪ] *vt (irreg: like* **pay**) *(money, creditor)* rembourser; *(sb's efforts)* récompenser; **repayment** *n* remboursement *m*
repeat [rɪˈpiːt] *n (Radio, TV)* reprise *f* ▷ *vt* répéter; *(promise, attack, also Comm: order)* renouveler; *(Scol: a class)* redoubler ▷ *vi* répéter; **can you ~ that, please?** pouvez-vous répéter,

r

s'il vous plaît?; **repeatedly** adv souvent, à plusieurs reprises; **repeat prescription** n (BRIT): **I'd like a repeat prescription** je voudrais renouveler mon ordonnance

repellent [rɪˈpɛlənt] adj repoussant(e) ▷ n: **insect ~** insectifuge m

repercussions [riːpəˈkʌʃənz] npl répercussions fpl

repetition [rɛpɪˈtɪʃən] n répétition f

repetitive [rɪˈpɛtɪtɪv] adj (movement, work) répétitif(-ive); (speech) plein(e) de redites

replace [rɪˈpleɪs] vt (put back) remettre, replacer; (take the place of) remplacer; **replacement** n (substitution) remplacement m; (person) remplaçant(e)

replay [ˈriːpleɪ] n (of match) match rejoué; (of tape, film) répétition f

replica [ˈrɛplɪkə] n réplique f, copie exacte

reply [rɪˈplaɪ] n réponse f ▷ vi répondre

report [rɪˈpɔːt] n rapport m; (Press etc) reportage m; (BRIT: also: **school ~**) bulletin m (scolaire); (of gun) détonation f ▷ vt rapporter, faire un compte rendu de; (Press etc) faire un reportage sur; (notify: accident) signaler; (: culprit) dénoncer ▷ vi (make a report) faire un rapport; **I'd like to ~ a theft** je voudrais signaler un vol; (present o.s.): **to ~ (to sb)** se présenter (chez qn); **report card** n (US, SCOTTISH) bulletin m (scolaire); **reportedly** adv: **she is reportedly living in Spain** elle habiterait en Espagne; **he reportedly told them to ...** il leur aurait dit de ...; **reporter** n reporter m

represent [rɛprɪˈzɛnt] vt représenter; (view, belief) présenter, expliquer; (describe): **to ~ sth as** présenter or décrire qch comme; **representation** [rɛprɪzɛnˈteɪʃən] n représentation f; **representative** n représentant(e); (US Pol) député m ▷ adj représentatif(-ive), caractéristique

repress [rɪˈprɛs] vt réprimer;

repression [rɪˈprɛʃən] n répression f

reprimand [ˈrɛprɪmɑːnd] n réprimande f ▷ vt réprimander

reproduce [riːprəˈdjuːs] vt reproduire ▷ vi se reproduire; **reproduction** [riːprəˈdʌkʃən] n reproduction f

reptile [ˈrɛptaɪl] n reptile m

republic [rɪˈpʌblɪk] n république f; **republican** adj, n républicain(e)

reputable [ˈrɛpjutəbl] adj de bonne réputation; (occupation) honorable

reputation [rɛpjuˈteɪʃən] n réputation f

request [rɪˈkwɛst] n demande f; (formal) requête f ▷ vt: **to ~ (of or from sb)** demander (à qn); **request stop** n (BRIT: for bus) arrêt facultatif

require [rɪˈkwaɪəʳ] vt (need: subj: person) avoir besoin de; (: thing, situation) nécessiter, demander; (want) exiger; (order): **to ~ sb to do sth/sth of sb** exiger qn fasse qch/qch de qn; **requirement** n (need) exigence f; besoin m (need) condition f (requise)

resat [riːˈsæt] pt, pp of **resit**

rescue [ˈrɛskjuː] n (from accident) sauvetage m; (help) secours mpl ▷ vt sauver

research [rɪˈsəːtʃ] n recherche(s) f(pl) ▷ vt faire des recherches sur

resemblance [rɪˈzɛmbləns] n ressemblance f

resemble [rɪˈzɛmbl] vt ressembler à

resent [rɪˈzɛnt] vt être contrarié(e) par; **resentful** adj irrité(e), plein(e) de ressentiment; **resentment** n ressentiment m

reservation [rɛzəˈveɪʃən] n (booking) réservation f; **to make a ~ (in an hotel/a restaurant/on a plane)** réserver or retenir une chambre/une table/une place; **reservation desk** n (US: in hotel) réception f

reserve [rɪˈzəːv] n réserve f; (Sport) remplaçant(e) ▷ vt (seats etc) réserver, retenir; **reserved** adj réservé(e)

reservoir [ˈrɛzəvwɑːʳ] n réservoir m

eshuffle [riː'ʃʌfl] n: **Cabinet ~** (Pol) remaniement ministériel

esidence ['rezɪdəns] n résidence f; **residence permit** n (BRIT) permis m de séjour

esident ['rezɪdənt] n (of country) résident(e); (of area, house) habitant(e); (in hotel) pensionnaire ▷ adj résidant(e); **residential** [rezɪ'denʃəl] adj de résidence; (area) résidentiel(le); (course) avec hébergement sur place

esidue ['rezɪdjuː] n reste m (Chem, Physics) résidu m

esign [rɪ'zaɪn] vt (one's post) se démettre de ▷ vi démissionner; **to ~ o.s. to** (endure) se résigner à; **resignation** [rezɪg'neɪʃən] n (from post) démission f; (state of mind) résignation f

esin ['rezɪn] n résine f

esist [rɪ'zɪst] vt résister à; **resistance** n résistance f

esit (BRIT) vt [riː'sɪt] (pt, pp **resat**) (exam) repasser ▷ n [riː'sɪt] deuxième session f (d'un examen)

esolution [rezə'luːʃən] n résolution f

esolve [rɪ'zɒlv] n résolution f ▷ vi (decide): **to ~ to do** résoudre or décider de faire; (problem) résoudre

esort [rɪ'zɔːt] n (seaside town) station f balnéaire; (for skiing) station de ski; (recourse) recours m ▷ vi: **to ~ to** avoir recours à; **in the last ~** en dernier ressort

esource [rɪ'sɔːs] n ressource f; **resourceful** adj ingénieux(-euse), débrouillard(e)

espect [rɪs'pekt] n respect m ▷ vt respecter; **respectable** adj respectable; (quite good: result etc) honorable; **respectful** adj respectueux(-euse); **respective** adj respectif(-ive); **respectively** adv respectivement

espite ['respaɪt] n répit m

espond [rɪs'pɒnd] vi répondre; (react) réagir; **response** [rɪs'pɒns] n réponse f; (reaction) réaction f

esponsibility [rɪspɒnsɪ'bɪlɪtɪ] n

responsabilité f

responsible [rɪs'pɒnsɪbl] adj (liable): **~ (for)** responsable (de); (person) digne de confiance; (job) qui comporte des responsabilités; **responsibly** adv avec sérieux

responsive [rɪs'pɒnsɪv] adj (student, audience) réceptif(-ive); (brakes, steering) sensible

rest [rest] n repos m; (stop) arrêt m, pause f; (Mus) silence m; (support) support m, appui m; (remainder) reste m, restant m ▷ vi se reposer; (be supported): **to ~ on** appuyer or reposer sur ▷ vt (lean): **to ~ sth on/against** appuyer qch sur/contre; **the ~ of them** les autres

restaurant ['restərɒn] n restaurant m; **restaurant car** n (BRIT Rail) wagon-restaurant m

restless ['restlɪs] adj agité(e)

restoration [restə'reɪʃən] n (of building) restauration f; (of stolen goods) restitution f

restore [rɪs'tɔː] vt (building) restaurer; (sth stolen) restituer; (peace, health) rétablir; **to ~** (to former state) ramener à

restrain [rɪs'treɪn] vt (feeling) contenir; (person): **to ~ (from doing)** retenir (de faire); **restraint** n (restriction) contrainte f; (moderation) retenue f; (of style) sobriété f

restrict [rɪs'trɪkt] vt restreindre, limiter; **restriction** [rɪs'trɪkʃən] n restriction f, limitation f

rest room n (US) toilettes fpl

restructure [riː'strʌktʃə] vt restructurer

result [rɪ'zʌlt] n résultat m ▷ vi: **to ~ in** aboutir à, se terminer par; **as a ~ of** à la suite de

resume [rɪ'zjuːm] vt (work, journey) reprendre ▷ vi (work etc) reprendre

résumé ['reɪzjuːmeɪ] n (summary) résumé m; (US: curriculum vitae) curriculum vitae m inv

resuscitate [rɪ'sʌsɪteɪt] vt (Med) réanimer

retail ['riːteɪl] adj de ou au détail ▷ adv
au détail; **retailer** n détaillant(e)

retain [rɪ'teɪn] vt (keep) garder,
conserver

retaliation [rɪtælɪ'eɪʃən] n représailles
fpl, vengeance f

retarded [rɪ'tɑːdɪd] adj retardé(e)

retire [rɪ'taɪəʳ] vi (give up work) prendre
sa retraite; (withdraw) se retirer, partir;
(go to bed) (aller) se coucher; **retired**
adj (person) retraité(e); **retirement**
n retraite f

retort [rɪ'tɔːt] vi riposter

retreat [rɪ'triːt] n retraite f ▷ vi battre
en retraite

retrieve [rɪ'triːv] vt (sth lost) récupérer;
(situation, honour) sauver; (error, loss)
réparer; (Comput) rechercher

retrospect ['rɛtrəspɛkt] n: **in ~**
rétrospectivement, après coup;
retrospective [rɛtrə'spɛktɪv] adj
rétrospectif(-ive); (law) rétroactif(-ive)
▷ n (Art) rétrospective f

return [rɪ'tɜːn] n (going or coming back)
retour m; (of sth stolen etc) restitution
f; (Finance: from land, shares) rapport
m ▷ cpd (journey) de retour; (BRIT:
ticket) aller et retour; (match) retour
▷ vi (person etc: come back) revenir;
(: go back) retourner ▷ vt rendre; (bring
back) rapporter; (send back) renvoyer;
(put back) remettre; (Pol: candidate)
élire; **returns** npl (Comm) recettes fpl;
(Finance) bénéfices mpl; **many happy
~s (of the day)!** bon anniversaire!; **by
~ (of post)** par retour (du courrier); **in ~
(for)** en échange (de); **a ~ (ticket) for**
... un billet aller et retour pour ...; **return
ticket** n (esp BRIT) billet m aller-retour

reunion [riː'juːnɪən] n réunion f

reunite [riːjuː'naɪt] vt réunir

revamp [riː'væmp] vt (house) retaper;
(firm) réorganiser

reveal [rɪ'viːl] vt (make known) révéler;
(display) laisser voir; **revealing** adj
révélateur(-trice); (dress) au décolleté
généreux or suggestif

revel ['rɛvl] vi: **to ~ in sth/in doing** se

délecter de qch/à faire

revelation [rɛvə'leɪʃən] n révélation f

revenge [rɪ'vɛndʒ] n vengeance f; (in
game etc) revanche f ▷ vt venger; **to
take ~ (on)** se venger (sur)

revenue ['rɛvənjuː] n revenu m

Reverend ['rɛvərənd] adj (in titles):
the ~ John Smith (Anglican) le révérend
John Smith; (Catholic) l'abbé (John)
Smith; (Protestant) le pasteur (John)
Smith

reversal [rɪ'vɜːsl] n (of opinion)
revirement m; (of order) renversement
m; (of direction) changement m

reverse [rɪ'vɜːs] n contraire m, opposé
m; (back) dos m, envers m; (of paper)
verso m; (of coin) revers m; (Aut: also:
~ gear) marche arrière f ▷ adj (order,
direction) opposé(e), inverse ▷ vt (order,
position) changer, inverser; (direction,
policy) changer complètement de;
(decision) annuler; (roles) renverser
▷ vi (BRIT Aut) faire marche arrière;
reverse-charge call n (BRIT Tel)
communication f en PCV; **reversing
lights** npl (BRIT Aut) feux mpl de marche
arrière or de recul

revert [rɪ'vɜːt] vi: **to ~** revenir à,
retourner à

review [rɪ'vjuː] n (of book, film)
critique f; (of situation, policy) examen
m, bilan m; (us: examination) examen
▷ vt passer en revue; faire la critique
de; examiner

revise [rɪ'vaɪz] vt réviser, modifier;
(manuscript) revoir, corriger ▷ vi (study)
réviser; **revision** [rɪ'vɪʒən] n révision f

revival [rɪ'vaɪvl] n reprise f;
(recovery) rétablissement m; (of faith)
renouveau m

revive [rɪ'vaɪv] vt (person) ranimer;
(custom) rétablir; (economy) relancer;
(hope, courage) raviver, faire renaître;
(play, fashion) reprendre ▷ vi (person)
reprendre connaissance; (: from ill
health) se rétablir; (hope etc) renaître;
(activity) reprendre

revolt [rɪ'vəult] n révolte f ▷ vi se

révolter, se rebeller ▷ vt révolter, dégoûter; **revolting** adj dégoûtant(e)

revolution [rɛvəˈluːʃən] n révolution f; (of wheel etc) tour m, révolution; **revolutionary** adj, n révolutionnaire (m/f)

evolve [ɪˈvɒlv] vi tourner

evolver [ɪˈvɒlvə] n revolver m

eward [rɪˈwɔːd] n récompense f ▷ vt: **to ~ (for)** récompenser (de); **rewarding** adj (fig) qui (en) vaut la peine, gratifiant(e)

ewind [riːˈwaɪnd] vt (irreg: like **wind**) (tape) réembobiner

ewritable [riːˈraɪtəbl] adj (CD, DVD) réinscriptible

ewrite [riːˈraɪt] (pt rewrote, pp **rewritten**) vt récrire

heumatism [ˈruːmətɪzəm] n rhumatisme m

.hine [raɪn] n: **the (River) ~** le Rhin

hinoceros [raɪˈnɒsərəs] n rhinocéros m

hône [rəun] n: **the (River) ~** le Rhône

hubarb [ˈruːbɑːb] n rhubarbe f

hyme [raɪm] n rime f; (verse) vers mpl

hythm [ˈrɪðm] n rythme m

bbon [ˈrɪbən] n ruban m; **in ~s** (torn) en lambeaux

ce [raɪs] n riz m; **rice pudding** n riz au lait

ch [rɪtʃ] adj riche; (gift, clothes) somptueux(-euse); **to be ~ in sth** être riche en qch

d [rɪd] (pt, pp ~) vt: **to ~ sb of** débarrasser qn de; **to get ~ of** se débarrasser de

ddle [ˈrɪdl] n (puzzle) énigme f ▷ vt: **to be ~d with** être criblé(e) de; (fig) être en proie à

de [raɪd] n promenade f, tour m; (distance covered) trajet m ▷ vb (pt rode, pp **ridden**) ▷ vi (as sport) monter (à cheval), faire du cheval; (go somewhere: on horse, bicycle) aller à cheval ou à bicyclette etc); (travel: on bicycle, motor cycle, bus) rouler ▷ vt (a horse) monter;

(distance) parcourir, faire; **to ~ a horse/ bicycle** monter à cheval/à bicyclette; **to take sb for a ~** (fig) faire marcher qn; (cheat) rouler qn; **rider** n cavalier(-ière); (in race) jockey m; (on bicycle) cycliste m/f; (on motorcycle) motocycliste m/f

ridge [rɪdʒ] n (of hill) faîte m; (of roof, mountain) arête f; (on object) strie f

ridicule [ˈrɪdɪkjuːl] n ridicule m; dérision f ▷ vt ridiculiser, tourner en dérision; **ridiculous** [rɪˈdɪkjuləs] adj ridicule

riding [ˈraɪdɪŋ] n équitation f; **riding school** n manège m, école f d'équitation

rife [raɪf] adj répandu(e); **~ with** abondant(e) en

rifle [ˈraɪfl] n fusil m (à canon rayé) ▷ vt vider, dévaliser

rift [rɪft] n fente f, fissure f; (fig: disagreement) désaccord m

rig [rɪg] n (also: **oil ~**: on land) derrick m; (: at sea) plate-forme pétrolière ▷ vt (election etc) truquer

right [raɪt] adj (true) juste, exact(e); (correct) bon (bonne); (suitable) approprié(e), convenable; (just) juste, équitable; (morally good) bien; (not left) droit(e) ▷ n (moral good) bien m; (title, claim) droit m; (not left) droite f ▷ adv (answer) correctement; (treat) bien, comme il faut; (not on the left) à droite ▷ vt redresser ▷ excl bon!; **do you have the ~ time?** avez-vous l'heure juste ou exacte?; **to be ~** (person) avoir raison; (answer) être juste ou correct(e); **by ~s** en toute justice; **on the ~** à droite; **to be in the ~** avoir raison; **~ in the middle** en plein milieu; **~ away** immédiatement; **right angle** n (Math) angle droit; **rightful** adj (heir) légitime; **right-hand** adj: **the right-hand side** la droite; **right-hand drive** n (BRIT) conduite f à droite; (vehicle) véhicule m avec la conduite à droite; **right-handed** (person) droitier(-ière); **rightly** adv bien, correctement; (with reason) à juste titre; **right of way** n (on path etc) droit m de passage; (Aut) priorité f; **right-wing** adj (Pol) de droite

rigid ['rɪdʒɪd] adj rigide; (principle, control) strict(e)

rigorous ['rɪɡərəs] adj rigoureux(-euse)

rim [rɪm] n bord m; (of spectacles) monture f; (of wheel) jante f

rind [raɪnd] n (of bacon) couenne f; (of lemon etc) écorce f, zeste m; (of cheese) croûte f

ring [rɪŋ] n anneau m; (on finger) bague f; (also: **wedding ~**) alliance f; (of people, objects) cercle m; (of spies) réseau m; (of smoke etc) rond m; (arena) piste f, arène f; (for boxing) ring m; (sound of bell) sonnerie f ▷ vb (pt **rang**, pp **rung**) ▷ vi (telephone, bell) sonner; (person: by telephone) téléphoner; (ears) bourdonner; (also: **~ out**: voice, words) retentir ▷ vt (BRIT Tel: also: **~ up**) téléphoner à, appeler; **to ~ the bell** sonner; **to give sb a ~** (BRIT Tel) passer un coup de téléphone or de fil à qn; **ring back** vt, vi (BRIT Tel) rappeler; **ring off** vi (BRIT Tel) raccrocher; **ring up** (BRIT) vt (Tel) téléphoner à, appeler; **ringing tone** (BRIT Tel) tonalité f d'appel; **ringleader** n (of gang) chef m, meneur m; **ring road** n (BRIT) rocade f; (motorway) périphérique m; **ringtone** n (on mobile) sonnerie f (de téléphone portable)

rink [rɪŋk] n (also: **ice ~**) patinoire f

rinse [rɪns] n rinçage m ▷ vt rincer

riot ['raɪət] n émeute f, bagarres f pl ▷ vi (demonstrators) manifester avec violence; (population) se soulever, se révolter; **to run ~** se déchaîner

rip [rɪp] n déchirure f ▷ vt déchirer ▷ vi se déchirer; **rip off** vt (inf: cheat) arnaquer; **rip up** vt déchirer

ripe [raɪp] adj (fruit) mûr(e); (cheese) fait(e)

rip-off ['rɪpɔf] n (inf): **it's a ~!** c'est du vol manifeste!, c'est de l'arnaque!

ripple ['rɪpl] n ride f, ondulation f (of applause, laughter) cascade f ▷ vi se rider, onduler

rise [raɪz] n (slope) côte f, pente f; (hill) élévation f; (increase: in wages: BRIT) augmentation f; (: in prices, temperature) hausse f, augmentation f; (fig: to power etc) ascension f ▷ vi (pt **rose**, pp **~n**) s'élever, monter; (prices, numbers) augmenter, monter; (waters, river) monter; (sun, wind, person: from chair, bed) se lever; (also: **~ up**: tower, building) s'élever, s'élever; (: rebel) se révolter, se rebeller; (in rank) s'élever; **to give ~ to** donner lieu à; **to ~ to the occasion** se montrer à la hauteur; **risen** ['rɪzn] pp of **rise**; **rising** adj (increasing: number, prices) en hausse; (tide) montant(e); (sun, moon) levant(e)

risk [rɪsk] n risque m ▷ vt risquer; **to take** or **run the ~ of doing** courir le risque de faire; **at ~** en danger; **at one's own ~** à ses risques et périls; **risky** adj risqué(e)

rite [raɪt] n rite m; **the last ~s** les derniers sacrements

ritual ['rɪtjuəl] adj rituel(le) ▷ n rituel m

rival ['raɪvl] n rival(e); (in business) concurrent(e) ▷ adj rival(e); qui fait concurrence ▷ vt (match) égaler; **rivalry** n rivalité f; (in business) concurrence f

river ['rɪvə] n rivière f; (major: also fig) fleuve m ▷ cpd (port, traffic) fluvial(e); **up/down~** en amont/aval; **riverbank** n rive f, berge f

rivet ['rɪvɪt] n rivet m ▷ vt (fig) river, fixer

Riviera [rɪvɪ'eərə] n: **the (French) ~** la Côte d'Azur

road [rəud] n route f; (in town) rue f; (fig) chemin, voie f ▷ cpd (accident) de la route; **major/minor ~** route principale or à priorité/voie secondaire; **which ~ do I take for ...?** quelle route dois-je prendre pour aller à ...?; **roadblock** n barrage routier; **road map** n carte routière; **road rage** n comportement très agressif de certains usagers de la route; **road safety** n sécurité routière; **roadside** n bord m de la route, bas-côté m; **roadsign** n panneau m de signalisation; **road tax** n (BRIT Aut) taxe f sur les automobiles; **roadworks** npl travaux mpl (de réfection des routes)

roam [rəʊm] vi errer, vagabonder

roar [rɔːʳ] n rugissement m; (of crowd) hurlements mpl; (of vehicle, thunder, storm) grondement m ▷ vi rugir; hurler; gronder; **to ~ with laughter** rire à gorge déployée; **to do a ~ing trade** faire des affaires en or

roast [rəʊst] n rôti m ▷ vt (meat) (faire) rôtir; (coffee) griller, torréfier; **roast beef** n rôti m de bœuf, rosbif m

rob [rɒb] vt (person) voler; (bank) dévaliser; **to ~ sb of sth** voler or dérober qch à qn; (fig: deprive) priver qn de qch; **robber** n bandit m, voleur m; **robbery** n vol m

robe [rəʊb] n (for ceremony etc) robe f; (also: **bath~**) peignoir m; (us: rug) couverture f ▷ vt revêtir (d'une robe)

robin [ˈrɒbɪn] n rouge-gorge m

robot [ˈrəʊbɒt] n robot m

robust [rəʊˈbʌst] adj robuste; (material, appetite) solide

rock [rɒk] n (substance) roche f, roc m; (boulder) rocher m, roche; (us: small stone) caillou m; (BRIT: sweet) ≈ sucre m d'orge ▷ vt (swing gently: cradle) balancer; (: child) bercer; (shake) ébranler, secouer ▷ vi (se) balancer; être ébranlé(e) or secoué(e); **on the ~s** (drink) avec des glaçons; (marriage etc) en train de craquer; **rock and roll** n rock (and roll) m, rock'n'roll m; **rock climbing** n varappe f

rocket [ˈrɒkɪt] n fusée f; (Mil) fusée, roquette f; (Culin) roquette f

rocking chair [ˈrɒkɪŋ-] n fauteuil m à bascule

rocky [ˈrɒkɪ] adj (hill) rocheux(-euse); (path) rocailleux(-euse)

rod [rɒd] n (metallic) tringle f; (Tech) tige f; (wooden) baguette f; (also: **fishing ~**) canne f à pêche

rode [rəʊd] pt of **ride**

rodent [ˈrəʊdnt] n rongeur m

rogue [rəʊg] n coquin(e)

role [rəʊl] n rôle m; **role-model** n modèle m à émuler

roll [rəʊl] n rouleau m; (of banknotes) liasse f; (also: **bread ~**) petit pain; (register) liste f; (sound: of drums etc) roulement m ▷ vt rouler; (also: **~ up**: string) enrouler; (also: **~ out**: pastry) étendre au rouleau, abaisser ▷ vi rouler; **roll over** vi se retourner; **roll up** vi (inf: arrive) s'amener ▷ vt (carpet, cloth, map) rouler; (sleeves) retrousser; **roller** n rouleau m; (wheel) roulette f; (for road) rouleau compresseur m; (for hair) bigoudi m; **roller coaster** n montagnes fpl russes; **roller skates** npl patins mpl à roulettes; **roller-skating** n patin m à roulettes; **to go roller-skating** faire du patin à roulettes; **rolling pin** n rouleau m à pâtisserie

ROM [rɒm] n abbr (Comput: = read-only memory) mémoire morte, ROM f

Roman [ˈrəʊmən] adj romain(e) ▷ n Romain(e); **Roman Catholic** adj, n catholique (m/f)

romance [rəˈmæns] n (love affair) idylle f; (charm) poésie f; (novel) roman m à l'eau de rose

Romania etc [rəʊˈmeɪnɪə] = **Rumania** etc

Roman numeral n chiffre romain

romantic [rəˈmæntɪk] adj romantique; (novel, attachment) sentimental(e)

Rome [rəʊm] n Rome f

roof [ruːf] n toit m; (of tunnel, cave) plafond m ▷ vt couvrir (d'un toit); **the ~ of the mouth** la voûte du palais; **roof rack** n (Aut) galerie f

rook [rʊk] n (bird) freux m; (Chess) tour f

room [ruːm] n (in house) pièce f; (also: **bed~**) chambre f (à coucher); (in school etc) salle f; (space) place f; **roommate** n camarade m/f de chambre; **room service** n service m des chambres (dans un hôtel); **roomy** adj spacieux(-euse);

(garment) ample
rooster ['ruːstə^r] n coq m
root [ruːt] n (Bot, Math) racine f; (fig: of problem) origine f, fond m ▷ vi (plant) s'enraciner
rope [rəup] n corde f; (Naut) cordage m ▷ vt (tie up or together) attacher; (climbers: also: ~ together) encorder; (area: also: ~ off) interdire l'accès de; (: divide off) séparer; **to know the ~s** (fig) être au courant, connaître les ficelles
rose [rəuz] pt of **rise** ▷ n rose f; (also: ~bush) rosier m
rosé ['rəuzei] n rosé m
rosemary ['rəuzməri] n romarin m
rosy ['rəuzi] adj rose; **a ~ future** un bel avenir
rot [rɔt] n (decay) pourriture f; (fig: pej: nonsense) idioties fpl, balivernes fpl ▷ vt, vi pourrir
rota ['rəutə] n liste f, tableau m de service
rotate [rəu'teit] vt (revolve) faire tourner; (change round: crops) alterner; (: jobs) faire à tour de rôle ▷ vi (revolve) tourner
rotten ['rɔtn] adj (decayed) pourri(e); (dishonest) corrompu(e); (inf: bad) mauvais(e), moche; **to feel ~** (ill) être mal fichu(e)
rough [rʌf] adj (cloth, skin) rêche, rugueux(-euse); (terrain) accidenté(e); (path) rocailleux(-euse); (voice) rauque, rude; (person, manner: coarse) rude, fruste; (: violent) brutal(e); (district, weather) mauvais(e); (sea) houleux(-euse); (plan) ébauché(e); (guess) approximatif(-ive) ▷ n (Golf) rough m ▷ vt: **to ~ it** vivre à la dure; **to sleep ~** (BRIT) coucher à la dure;
roughly adv (handle) rudement, brutalement; (speak) avec brusquerie; (make) grossièrement; (approximately) à peu près, en gros
roulette [ruː'let] n roulette f
round [raund] adj rond(e) ▷ n rond m, cercle m; (BRIT: of toast) tranche f; (duty: of policeman, milkman etc)

tournée f; (: of doctor) visites fpl; (game: of cards, in competition) partie f; (Boxing) round m; (of talks) série f ▷ vt (corner) tourner ▷ prep autour de ▷ adv: **right ~, all ~** tout autour; **~ ammunition** cartouche f; **~ of applause** applaudissements mpl; **~ of drinks** tournée f; **~ of sandwiches** (BRIT) sandwich m; **the long way ~** (par) le chemin le plus long; **all (the) year ~** toute l'année; **it's just ~ the corner** (fig) c'est tout près; **to go ~** to sb's (house) aller chez qn; **go ~ the back** passez par derrière; **enough to go ~** assez pour tout le monde; **she arrived ~ (about) noon** elle est arrivée vers midi; **~ the clock** 24 heures sur 24; **round off** vt (speech etc) terminer; **round up** vt rassembler; (criminals) effectuer une rafle de; (prices) arrondir (au chiffre supérieur); **roundabout** n (BRIT Aut) rond-point m (à sens giratoire); (at fair) manège m (de chevaux de bois) ▷ adj (route, means) détourné(e); **round trip** n (voyage m) aller et retour m; **roundup** n rassemblement m; (of criminals) rafle f
rouse [rauz] vt (wake up) réveiller; (stir up) susciter, provoquer; (interest) éveiller; (suspicions) susciter, éveiller
route [ruːt] n itinéraire m; (of bus) parcours m; (of trade, shipping) route f
routine [ruː'tiːn] adj (work) ordinaire, courant(e); (procedure) d'usage ▷ n (habits) habitudes fpl; (pej) train-train m; (Theat) numéro m
row[1] [rəu] n (line) rangée f; (of people, seats, Knitting) rang m; (behind one another: of cars, people) file f ▷ vi (in boat) ramer; (as sport) faire de l'aviron ▷ vt (boat) faire aller à la rame ou à l'aviron; **in a ~** (fig) d'affilée
row[2] [rau] n (noise) vacarme m; (dispute) dispute f, querelle f; (scolding) réprimande f, savon m ▷ vi (dispute) **to have a ~** se disputer, se quereller
rowboat ['rəubəut] n (US) canot m (à rames)

rowing ['rəʊɪŋ] *n* canotage *m*; (*as sport*) aviron *m*; **rowing boat** *n* (BRIT) canot *m* (à rames)

royal ['rɔɪəl] *adj* royal(e); **royalty** *n* (*royal persons*) (membres *mpl* de la) famille royale; (*payment*: *to author*) droits *mpl* d'auteur; (: *to inventor*) royalties *fpl*

rpm *abbr* (= *revolutions per minute*) t/mn (= *tours/minute*)

R.S.V.P. *abbr* (= *répondez s'il vous plaît*) RSVP

Rt. Hon. *abbr* (BRIT: = *Right Honourable*) titre donné aux députés de la Chambre des communes

rub [rʌb] *n*: **to give sth a ~** donner un coup de chiffon ou de torchon à qch ▷ *vt* frotter; (*person*) frictionner; (*hands*) se frotter; **to ~ sb up** (BRIT) *or* **to ~ sb** (US) **the wrong way** prendre qn à rebrousse-poil; **rub in** *vt* (*ointment*) faire pénétrer; **rub off** *vi* partir; **rub out** *vt* effacer

rubber ['rʌbə*] *n* caoutchouc *m*; (BRIT: *eraser*) gomme *f* (à effacer); **rubber band** *n* élastique *m*; **rubber gloves** *npl* gants *mpl* en caoutchouc

rubbish ['rʌbɪʃ] *n* (*from household*) ordures *fpl*; (*fig: pej*) choses *fpl* sans valeur; camelote *f*; (*nonsense*) bêtises *fpl*, idioties *fpl*; **rubbish bin** *n* (BRIT) boîte *f* à ordures, poubelle *f*; **rubbish dump** *n* (BRIT: *in town*) décharge publique, dépotoir *m*

rubble ['rʌbl] *n* décombres *mpl*; (*smaller*) gravats *mpl*; (*Constr*) blocage *m*

ruby ['ruːbɪ] *n* rubis *m*

rucksack ['rʌksæk] *n* sac *m* à dos

rudder ['rʌdə*] *n* gouvernail *m*

rude [ruːd] *adj* (*impolite*: *person*) impoli(e); (: *word, manners*) grossier(-ière); (*shocking*) indécent(e), inconvenant(e)

ruffle ['rʌfl] *vt* (*hair*) ébouriffer; (*clothes*) chiffonner; (*fig: person*): **to get ~d** s'énerver

rug [rʌg] *n* petit tapis; (BRIT: *blanket*) couverture *f*

rugby ['rʌgbɪ] *n* (*also*: **~ football**) rugby *m*

rugged ['rʌgɪd] *adj* (*landscape*) accidenté(e); (*features, character*) rude

ruin ['ruːɪn] *n* ruine *f* ▷ *vt* ruiner; (*spoil*: *clothes*) abîmer; (: *event*) gâcher; **ruins** *npl* (*of building*) ruine(s)

rule [ruːl] *n* règle *f*; (*regulation*) règlement *m*; (*government*) autorité *f*, gouvernement *m* ▷ *vt* (*country*) gouverner; (*person*) dominer; (*decide*) décider ▷ *vi* commander; (*Law*): **as a ~** normalement, en règle générale; **rule out** *vt* exclure; **ruler** *n* (*sovereign*) souverain(e); (*leader*) chef de l'État; (*for measuring*) règle *f*; **ruling** *adj* (*party*) au pouvoir; (*class*) dirigeant(e) ▷ *n* (*Law*) décision *f*

rum [rʌm] *n* rhum *m*

Rumania [ruː'meɪnɪə] *n* Roumanie *f*; **Rumanian** *adj* roumain(e) ▷ *n* Roumain(e); (*Ling*) roumain *m*

rumble ['rʌmbl] *n* grondement *m*; (*of stomach, pipe*) gargouillement *m* ▷ *vi* gronder; (*stomach, pipe*) gargouiller

rumour (US **rumor**) ['ruːmə*] *n* rumeur *f*, bruit *m* (qui court) ▷ *vt*: **it is ~ed that** le bruit court que

rump steak *n* romsteck *m*

run [rʌn] *n* (*race*) course *f*; (*outing*) tour *m* or promenade *f* (en voiture); (*distance travelled*) parcours *m*, trajet *m*; (*series*) suite *f*, série *f*; (*Theat*) série de représentations; (*Ski*) piste *f*; (*Cricket, Baseball*) point *m*; (*in tights, stockings*) maille filée, échelle *f* ▷ *vb* (*pt* **ran**, *pp* **~**) ▷ *vt* (*business*) diriger; (*competition, course*) organiser; (*hotel, house*) tenir; (*race*) participer à; (*Comput: program*) exécuter; (*to pass: hand, finger*): **to ~ sth over** promener or passer qch sur; (*water, bath*) faire couler; (*Press: feature*) publier ▷ *vi* courir; (*pass: road etc*) passer; (*work: machine, factory*) marcher; (*bus, train*) circuler; (*continue: play*) se jouer, être à l'affiche; (: *contract*) être valide or en vigueur; (*flow: river, bath, nose*) couler; (*colours, washing*) déteindre; (in election) être candidat, se présenter; **at a ~** au pas de course; **to go for a ~** aller courir ou faire un peu de course à pied; (in car) faire un tour ou une promenade (en voiture); **there was a ~ on** (meat, tickets) les gens se sont rués sur; **in the long ~** à la longue; **on the ~** en fuite; **I'll ~ you to the station** je vais vous emmener or conduire à la gare; **to ~ a risk** courir un risque; **run after** vt fus (catch up with) courir après; (chase) poursuivre; **run away** vi s'enfuir; **run down** vt (Aut: knock over) renverser; (BRIT: reduce: production) réduire progressivement; (: factory/shop) réduire progressivement la production/l'activité de; (criticize) critiquer, dénigrer; **to be ~ down** (tired) être fatigué(e) or à plat; **run into** vt fus (meet: person) rencontrer par hasard; (: trouble) se heurter à; (collide with) heurter; **run off** vi s'enfuir ▷ vt (water) laisser s'écouler; (copies) tirer; **run out** vi (person) sortir en courant; (liquid) couler; (lease) expirer; (money) être épuisé(e); **run out of** vt fus se trouver à court de; **run over** vt (Aut) écraser ▷ vt fus (revise) revoir, reprendre; **run through** vt fus (recap) reprendre, revoir; (play) répéter; **run up** vi: **to ~ up against** (difficulties) se heurter à; **runaway** adj (horse) emballé(e); (truck) fou (folle); (person) fugitif(-ive); (child) fugueur(-euse)

rung [rʌŋ] pp of **ring** ▷ n (of ladder) barreau m

runner ['rʌnəʳ] n (in race: person) coureur(-euse); (: horse) partant m; (on sledge) patin m; (for drawer etc) coulisseau m; **runner bean** n (BRIT) haricot m (à rames); **runner-up** n second(e)

running ['rʌnɪŋ] n (in race etc) course f; (of business, organization) direction f, gestion f ▷ adj (water) courant(e); (commentary) suivi(e); **6 days ~** 6 jours de suite; **to be in/out of the ~ for sth**

être/ne pas être sur les rangs pour qch
runny ['rʌnɪ] adj qui coule
run-up ['rʌnʌp] n (BRIT): **~ to sth** période f précédant qch
runway ['rʌnweɪ] n (Aviat) piste f (d'envol et d'atterrissage)
rupture ['rʌptʃəʳ] n (Med) hernie f
rural ['ruərl] adj rural(e)
rush [rʌʃ] n (of crowd, Comm: sudden demand) ruée f; (hurry) hâte f; (of anger, joy) accès m; (current) flot m; (Bot) jonc m ▷ vt (hurry) transporter ou envoyer d'urgence ▷ vi se précipiter; **to ~ sth off** (do quickly) faire qch à la hâte; **rush hour** n heures fpl de pointe or d'affluence
Russia ['rʌʃə] n Russie f; **Russian** adj russe ▷ n Russe m/f; (Ling) russe m
rust [rʌst] n rouille f ▷ vi rouiller
rusty ['rʌstɪ] adj rouillé(e)
ruthless ['ruːθlɪs] adj sans pitié, impitoyable
RV n abbr (US) = **recreational vehicle**
rye [raɪ] n seigle m

S

sabbath ['sæbəθ] n (Jewish) sabbat m; (Christian) dimanche m

sabotage ['sæbətɑːʒ] n sabotage m ▷ vt saboter

saccharin(e) ['sækərɪn] n saccharine f

sachet ['sæʃeɪ] n sachet m

sack [sæk] n (bag) sac m ▷ vt (dismiss) renvoyer, mettre à la porte; (plunder) piller, mettre à sac; **to get the ~** être renvoyé(e) or mis(e) à la porte

sacred ['seɪkrɪd] adj sacré(e)

sacrifice ['sækrɪfaɪs] n sacrifice m ▷ vt sacrifier

sad [sæd] adj (unhappy) triste; (deplorable) triste, fâcheux(-euse); (inf: pathetic: thing) triste, lamentable; (: person) minable

saddle ['sædl] n selle f ▷ vt (horse) seller; **to be ~d with sth** (inf) avoir qch sur les bras

sadistic [sə'dɪstɪk] adj sadique

sadly ['sædlɪ] adv tristement; (unfortunately) malheureusement; (seriously) fort

sadness ['sædnɪs] n tristesse f

s.a.e. n abbr (BRIT: = stamped addressed envelope) enveloppe affranchie pour la réponse

safari [sə'fɑːrɪ] n safari m

safe [seɪf] adj (out of danger) hors de danger, en sécurité; (not dangerous) sans danger; (cautious) prudent(e); (sure: bet etc) assuré(e) ▷ n coffre-fort m; **could you put this in the ~, please?** pourriez-vous mettre ceci dans le coffre-fort?; **~ and sound** sain(e) et sauf (sauve); **(just) to be on the ~ side** pour plus de sûreté, par précaution; **safely** adv (assume, say) sans risque d'erreur; (drive, arrive) sans accident; **safe sex** n rapports sexuels protégés

safety ['seɪftɪ] n sécurité f; **safety belt** n ceinture f de sécurité; **safety pin** n épingle f de sûreté or de nourrice

saffron ['sæfrən] n safran m

sag [sæg] vi (affaisser, fléchir; (hem, breasts) pendre

sage [seɪdʒ] n (herb) sauge f; (person) sage m

Sagittarius [sædʒɪ'tɛərɪəs] n le Sagittaire

Sahara [sə'hɑːrə] n: **the ~ (Desert)** le (désert du) Sahara m

said [sed] pt, pp of **say**

sail [seɪl] n (on boat) voile f; (trip): **to go for a ~** faire un tour en bateau ▷ vt (boat) manœuvrer, piloter ▷ vi (travel: ship) avancer, naviguer; (set off) partir, prendre la mer; (Sport) faire de la voile; **they ~ed into Le Havre** ils sont entrés dans le port du Havre; **sailboat** n (US) bateau m à voiles, voilier m; **sailing** n (Sport) voile f; **to go sailing** faire de la voile; **sailing boat** n bateau m à voiles, voilier m; **sailor** n marin m, matelot m

saint [seɪnt] n saint(e)

sake [seɪk] n: **for the ~ of** (out of concern for) pour (l'amour de), dans l'intérêt de; (out of consideration for) par égard pour

salad ['sæləd] n salade f; **salad cream** n (BRIT) (sorte f de) mayonnaise f; **salad dressing** n vinaigrette f

salami [sə'lɑːmɪ] n salami m

salary ['sælərɪ] n salaire m, traitement m

sale [seɪl] n vente f; (at reduced prices) soldes mpl; **sales** npl (total amount sold) chiffre m de ventes; **"for ~"** à vendre"; **on ~** en vente; **sales assistant** (us **sales clerk**) n vendeur(-euse); **salesman** (irreg) n (in shop) vendeur m; **salesperson** (irreg) n (in shop) vendeur(-euse); **sales rep** n (Comm) représentant(e) m/f; **saleswoman** (irreg) n (in shop) vendeuse f

saline ['seɪlaɪn] adj salin(e)

saliva [sə'laɪvə] n salive f

salmon ['sæmən] n (pl inv) saumon m

salon ['sælɒn] n salon m

saloon [sə'luːn] n (us) bar m; (BRIT Aut) berline f; (ship's lounge) salon m

salt [sɔːlt] n sel m ▷ vt (preserve, put salt on) saler; **saltwater** adj (fish etc) (d'eau) de mer; **salty** adj salé(e)

salute [sə'luːt] n salut m; (of guns) salve f ▷ vt saluer

salvage ['sælvɪdʒ] n (saving) sauvetage m; (things saved) biens sauvés or récupérés ▷ vt sauver, récupérer

Salvation Army [sæl'veɪʃən-] n Armée f du Salut

same [seɪm] adj même ▷ pron: **the ~** le (la) même, les mêmes; **the ~ book as** le même livre que; **at the ~ time** en même temps; (yet) néanmoins; **all** or **just the ~** tout de même, quand même; **to do the ~** faire de même; **to do the ~ as sb** faire comme qn; **and the ~ to you!** et à vous de même!; (after insult) toi-même!

sample ['sɑːmpl] n échantillon m; (Med) prélèvement m ▷ vt (food, wine) goûter

sanction ['sæŋkʃən] n approbation f, sanction f ▷ vt cautionner, sanctionner; **sanctions** npl (Pol) sanctions

sanctuary ['sæŋktjuərɪ] n (holy place) sanctuaire m; (refuge) asile m; (for wildlife) réserve f

sand [sænd] n sable m ▷ vt (also: **~ down**: wood etc) poncer

sandal ['sændl] n sandale f

sand: sandbox n (us: for children) tas m de sable; **sandcastle** n château m de sable; **sand dune** n dune f de sable; **sandpaper** n papier m de verre; **sandpit** n (BRIT: for children) tas m de sable; **sands** npl plage f (de sable); **sandstone** ['sændstəun] n grès m

sandwich ['sændwɪtʃ] n sandwich m ▷ vt (also: **~ in**) intercaler; **~ed between** pris en sandwich entre; **cheese/ham ~** sandwich au fromage/jambon

sandy ['sændɪ] adj sablonneux(-euse); (colour) sable inv, blond roux inv

sane [seɪn] adj (person) sain(e) d'esprit; (outlook) sensé(e), sain(e)

sang [sæŋ] pt of **sing**

sanitary towel (us **sanitary napkin**) ['sænɪtərɪ-] n serviette f hygiénique

sanity ['sænɪtɪ] n santé mentale; (common sense) bon sens

sank [sæŋk] pt of **sink**

Santa Claus [sæntə'klɔːz] n le Père Noël

sap [sæp] n (of plants) sève f ▷ vt (strength) saper, miner

sapphire ['sæfaɪə'] n saphir m

sarcasm ['sɑːkæzm] n sarcasme m, raillerie f

sarcastic [sɑː'kæstɪk] adj sarcastique

sardine [sɑː'diːn] n sardine f

SASE n abbr (us: = self-addressed stamped envelope) enveloppe affranchie pour la réponse

sat [sæt] pt, pp of **sit**

Sat. abbr (= Saturday) sa

satchel ['sætʃl] n cartable m

satellite ['sætəlaɪt] n satellite m; **satellite dish** n antenne f parabolique; **satellite television** n télévision f par satellite

satin ['sætɪn] n satin m ▷ adj en or de satin, satiné(e)

satire ['sætaɪə'] n satire f

satisfaction [sætɪs'fækʃən] n satisfaction f

atisfactory [sætɪsˈfæktərɪ] adj satisfaisant(e)

atisfied [ˈsætɪsfaɪd] adj satisfait(e); **to be ~ with sth** être satisfait de qch

atisfy [ˈsætɪsfaɪ] vt satisfaire, contenter; (convince) convaincre, persuader

aturday [ˈsætədɪ] n samedi m

auce [sɔːs] n sauce f; **saucepan** n casserole f

aucer [ˈsɔːsəʳ] n soucoupe f

audi Arabia [ˈsaʊdɪ-] n Arabie f Saoudite

auna [ˈsɔːnə] n sauna m

ausage [ˈsɔsɪdʒ] n saucisse f; (salami etc) saucisson m; **sausage roll** n friand m

autéed [ˈsəʊteɪd] adj sauté(e)

avage [ˈsævɪdʒ] adj (cruel, fierce) brutal(e), féroce; (primitive) primitif(-ive), sauvage ▷ n sauvage m/f ▷ vt attaquer férocement

ave [seɪv] vt (person, belongings) sauver; (money) mettre de côté, économiser; (time) (faire) gagner; (keep) garder; (Comput) sauvegarder; (Sport: stop) arrêter; (avoid: trouble) éviter ▷ vi (also: ~ up) mettre de l'argent de côté ▷ n (Sport) arrêt m (du ballon) ▷ prep sauf, à l'exception de

avings [ˈseɪvɪŋz] npl économies fpl; **savings account** n compte m d'épargne; **savings and loan association** (us) n ≈ société f de crédit immobilier

avoury (us **savory**) [ˈseɪvərɪ] adj savoureux(-euse); (dish: not sweet) salé(e)

aw [sɔː] pt of **see** ▷ n (tool) scie f ▷ vt (pt **~ed**, pp **~ed** or **~n**) scier; **sawdust** n sciure f

awn [sɔːn] pp of **saw**

axophone [ˈsæksəfəʊn] n saxophone m

ay [seɪ] n: **to have one's ~** dire ce qu'on a à dire (pt, pp **said**) dire; **to have a ~** avoir voix au chapitre; **could you ~ that again?** pourriez-vous répéter ce que vous venez de dire?; **to ~ yes/no**

dire oui/non; **my watch ~s 3 o'clock** ma montre indique 3 heures, il est 3 heures à ma montre; **that is to ~** c'est-à-dire; **that goes without saying** cela va sans dire, cela va de soi; **saying** n dicton m, proverbe m

scab [skæb] n croûte f; (pej) jaune m

scaffolding [ˈskæfəldɪŋ] n échafaudage m

scald [skɔːld] n brûlure f ▷ vt ébouillanter

scale [skeɪl] n (of fish) écaille f; (Mus) gamme f; (of ruler, thermometer etc) graduation f; (of salaries, fees etc) barème m; (of map, also size, extent) échelle f ▷ vt (mountain) escalader; **scales** npl balance f; (larger) bascule f; (also: **bathroom ~s**) pèse-personne m inv; **~ of charges** tableau m des tarifs; **on a large ~** sur une grande échelle, en grand

scallion [ˈskæljən] n (us: salad onion) ciboule f

scallop [ˈskɒləp] n coquille f Saint-Jacques; (Sewing) feston m

scalp [skælp] n cuir chevelu ▷ vt scalper

scalpel [ˈskælpl] n scalpel m

scam [skæm] n (inf) arnaque f

scampi [ˈskæmpɪ] npl langoustines (frites), scampi mpl

scan [skæn] vt (examine) scruter, examiner; (glance at quickly) parcourir; (TV, Radar) balayer ▷ n (Med) scanographie f

scandal [ˈskændl] n scandale m; (gossip) ragots mpl

Scandinavia [skændɪˈneɪvɪə] n Scandinavie f; **Scandinavian** adj scandinave ▷ n Scandinave m/f

scanner [ˈskænəʳ] n (Radar, Med) scanner m, scanographe m; (Comput) scanner, numériseur m

scapegoat [ˈskeɪpgəʊt] n bouc m émissaire

scar [skɑːʳ] n cicatrice f ▷ vt laisser une cicatrice or une marque à

scarce [skɛəs] adj rare, peu

abondant(e); **to make o.s. ~** (inf)
se sauver; **scarcely** adv à peine,
presque pas

scare [skɛə⁺] n peur f, panique f ▷ vt
effrayer, faire peur à; **to ~ sb stiff** faire
une peur bleue à qn; **bomb ~** alerte f à
la bombe; **scarecrow** n épouvantail m;
scared adj: **to be scared** avoir peur

scarf (pl **scarves**) [skɑːf, skɑːvz] n (long)
écharpe f; (square) foulard m

scarlet ['skɑːlɪt] adj écarlate

scarves [skɑːvz] npl of **scarf**

scary ['skɛərɪ] adj (inf) effrayant(e);
(film) qui fait peur

scatter ['skætə⁺] vt éparpiller,
répandre; (crowd) disperser ▷ vi se
disperser

scenario [sɪˈnɑːrɪəu] n scénario m

scene [siːn] n (Theat, fig etc) scène f; (of
crime, accident) lieu(x) m(pl), endroit m;
(sight, view) spectacle m, vue f; **scenery**
n (Theat) décor(s) m(pl); (landscape)
paysage m; **scenic** adj offrant de beaux
paysages ou panoramas

scent [sɛnt] n parfum m, odeur f; (fig:
track) piste f

sceptical (us **skeptical**) ['skɛptɪkl] adj
sceptique

schedule ['ʃɛdjuːl, us 'skɛdjuːl] n
programme m, plan m; (of trains) horaire
m; (of prices etc) barème m, tarif m ▷ vt
prévoir; **on ~** à l'heure (prévue); à la
date prévue; **to be ahead of/behind ~**
avoir de l'avance/du retard; **scheduled
flight** n vol régulier

scheme [skiːm] n plan m, projet
m; (plot) complot m, combine f;
(arrangement) arrangement m,
classification f; (pension scheme
etc) régime m ▷ vt, vi comploter,
manigancer

schizophrenic [skɪtsəˈfrɛnɪk] adj
schizophrène

scholar ['skɔlə⁺] n érudit(e); (pupil)
boursier(-ère); **scholarship** n
érudition f; (grant) bourse f (d'études)

school [skuːl] n (gen) école f; (secondary
school) collège m, lycée m; (in university)

faculté f; (us: university) université
f ▷ cpd scolaire; **schoolbook** n livre
m scolaire ou de classe; **schoolboy**
n écolier m; (at secondary school)
collégien m, lycéen m; **schoolchildren**
npl écoliers mpl; (at secondary school)
collégiens mpl, lycéens mpl; **schoolgirl**
n écolière f; (at secondary school)
collégienne f, lycéenne f; **schooling** n
instruction f, études fpl; **schoolteacher**
n (primary) instituteur(-trice);
(secondary) professeur m

science ['saɪəns] n science f; **science
fiction** n science-fiction f; **scientific**
[saɪənˈtɪfɪk] adj scientifique; **scientist**
n scientifique m/f; (eminent) savant m

sci-fi ['saɪfaɪ] n abbr (inf: = science
fiction) SF f

scissors ['sɪzəz] npl ciseaux mpl; **a pair
of ~** une paire de ciseaux

scold [skəuld] vt gronder

scone [skɔn] n sorte de petit pain rond
au lait

scoop [skuːp] n pelle f (à main); (for ice
cream) boule f à glace; (Press) reportage
exclusif ou à sensation

scooter ['skuːtə⁺] n (motor cycle) scooter
m; (toy) trottinette f

scope [skəup] n (capacity: of plan,
undertaking) portée f, envergure f; (: of
person) compétence f, capacités fpl;
(opportunity) possibilités fpl

scorching ['skɔːtʃɪŋ] adj torride,
brûlant(e)

score [skɔː⁺] n score m, décompte m
des points; (Mus) partition f ▷ vt (goal,
point) marquer; (success) remporter;
(cut: leather, wood, card) entailler, inciser
▷ vi marquer des points; (Football)
marquer un but; (keep score) compter
les points; **on that ~** sur ce chapitre,
à cet égard; **a ~ of** (twenty) vingt; **~s of**
(fig) des tas de; **to ~ 6 out of 10** obtenir
6 sur 10; **score out** vt rayer, barrer,
biffer; **scoreboard** n tableau m; **score**
n (Football) auteur m du but; buteur m;
(keeping score) marqueur m

scorn [skɔːn] n mépris m, dédain m

Scorpio ['skɔːpɪəu] n le Scorpion

scorpion ['skɔːpɪən] n scorpion m

Scot [skɔt] n Écossais(e)

scotch [skɔtʃ] n whisky m, scotch m

Scotch tape® (us) n scotch® m, ruban adhésif

Scotland ['skɔtlənd] n Écosse f

Scots [skɔts] adj écossais(e); **Scotsman** (irreg) n Écossais m; **Scotswoman** (irreg) n Écossaise f; **Scottish** ['skɔtɪʃ] adj écossais(e); **Scottish Parliament** n Parlement écossais

scout [skaut] n (Mil) éclaireur m; (also: **boy ~**) scout m; **girl ~**) guide f

scowl [skaul] vi se renfrogner, avoir l'air maussade; **to ~ at** regarder de travers

scramble ['skræmbl] n (rush) bousculade f, ruée f ▷ vi grimper/ descendre tant bien que mal; **to ~ for** se bousculer or se disputer pour (avoir); **to go scrambling** (Sport) faire du trial; **scrambled eggs** npl œufs brouillés

scrap [skræp] n bout m, morceau m; (fight) bagarre f; (also: **~ iron**) ferraille f ▷ vt jeter, mettre au rebut; (fig) abandonner, laisser tomber ▷ vi se bagarrer; **scraps** npl (waste) déchets mpl; **scrapbook** n album m

scrape [skreɪp] vt, vi gratter, racler ▷ n: **to get into a ~** s'attirer des ennuis; **scrape through** vi (exam etc) réussir de justesse

scrap paper n papier m brouillon

scratch [skrætʃ] n égratignure f, rayure f; (on paint) éraflure f; (from claw) coup m de griffe ▷ vt (rub) (se) gratter; (paint etc) érafler; (with claw, nail) griffer ▷ vi (se) gratter; **to start from ~** partir de zéro; **to be up to ~** être à la hauteur; **scratch card** n carte f à gratter

cream [skriːm] n cri perçant, hurlement m ▷ vi crier, hurler

screen [skriːn] n écran m; (in room) paravent m; (fig) écran, rideau m ▷ vt masquer, cacher; (from the wind etc) abriter, protéger; (film) projeter; (candidates etc) filtrer; **screening** n (of film) projection f; (Med) test m (or

tests) de dépistage; **screenplay** n scénario m; **screen saver** n (Comput) économiseur m d'écran

screw [skruː] n vis f ▷ vt (also: **~ in**) visser; **screw up** vt (paper etc) froisser; **to ~ up one's eyes** se plisser les yeux; **screwdriver** n tournevis m

scribble ['skrɪbl] n gribouillage m ▷ vt gribouiller, griffonner

script [skrɪpt] n (Cine etc) scénario m, texte m; (writing) écriture f; script m

scroll [skrəul] n rouleau m ▷ vt (Comput) faire défiler (sur l'écran

scrub [skrʌb] n (land) broussailles fpl ▷ vt (floor) nettoyer à la brosse; (pan) récurer; (washing) frotter

scruffy ['skrʌfɪ] adj débraillé(e)

scrum(mage) ['skrʌm(ɪdʒ)] n mêlée f

scrutiny ['skruːtɪnɪ] n examen minutieux

scuba diving ['skuːbə-] n plongée sous-marine (autonome)

sculptor ['skʌlptə'] n sculpteur m

sculpture ['skʌlptʃə'] n sculpture f

scum [skʌm] n écume f, mousse f; (pej: people) rebut m, lie f

scurry ['skʌrɪ] vi filer à toute allure; **to ~ off** détaler, se sauver

sea [siː] n mer f ▷ cpd marin(e), de (la) mer, maritime; **by** or **beside the ~** (holiday, town) au bord de la mer; **by ~** par mer, en bateau; **out to ~** au large; **(out) at ~** en mer; **to be all at ~** (fig) nager complètement; **seafood** n fruits mpl de mer; **sea front** n bord m de mer; **seagull** n mouette f

seal [siːl] n (animal) phoque m; (stamp) sceau m, cachet m ▷ vt sceller; (envelope) coller; (: with seal) cacheter; **seal off** vt (forbid entry to) interdire l'accès de

sea level n niveau m de la mer

seam [siːm] n couture f; (of coal) veine f, filon m

search [sɜːtʃ] n (for person, thing, Comput) recherche(s) f(pl); (of drawer, pockets) fouille f; (Law: at sb's home) perquisition f ▷ vt fouiller; (examine

examiner minutieusement; scruter
▷ vi: **to - for** chercher; **in - of** à la
recherche de; **search engine** n
(Comput) moteur m de recherche;
search party n expédition f de secours

sea: **seashore** n rivage m, plage f,
bord m de la mer; **seasick** adj: **to be
seasick** avoir le mal de mer; **seaside**
n bord m de la mer; **seaside resort** n
station f balnéaire

season ['si:zn] n saison f ▷ vt
assaisonner, relever; **to be in/out of -**
être/ne pas être de saison; **seasonal**
adj saisonnier(-ière); **seasoning** n
assaisonnement m; **season ticket** n
carte f d'abonnement

seat [si:t] n siège m; (in bus, train:
place) place f; (buttocks) postérieur m;
(of trousers) fond m ▷ vt faire asseoir,
placer; (have room for) avoir des places
assises pour, pouvoir accueillir; **I'd like
to book two -s** je voudrais réserver
deux places; **to be -ed** être assis; **seat
belt** n ceinture f de sécurité; **seating** n
sièges fpl, places assises

sea: **sea water** n eau f de mer; **seaweed**
n algues fpl

sec. abbr (= second) sec.

secluded [sɪ'klu:dɪd] adj retiré(e),
à l'écart

second ['sɛkənd] num deuxième,
second(e) ▷ adv (in race etc) en seconde
position ▷ n (unit of time) seconde f;
(Aut: also: **- gear**) seconde f; (Comm:
imperfect) article m de second choix;
(Brit Scol) ≈ licence f avec mention ▷ vt
(motion) appuyer; **seconds** npl (inf: food)
rab m (inf); **secondary** adj secondaire;
secondary school n collège m; lycée m;
second-class adj de deuxième classe;
(Rail) de seconde classe; (Post) au
tarif réduit; (pej) de qualité inférieure
▷ adv (Rail) en seconde classe; (Post) au tarif
réduit; **secondhand** adj d'occasion;
(information) de seconde main;
secondly adv deuxièmement; **second-
rate** adj de deuxième ordre, de qualité
inférieure; **second thoughts** npl: **to**

have second thoughts changer d'avis;
on second thoughts or **thought** (us)
à la réflexion

secrecy ['si:krəsɪ] n secret m

secret ['si:krɪt] adj secret(-ète)
▷ n secret m; **in - ** adv en secret,
secrètement, en cachette

secretary ['sɛkrətrɪ] n secrétaire m/f;
S- of State (for) (Brit Pol) ministre
m (de)

secretive ['si:krətɪv] adj réservé(e),
(pej) cachottier(-ière), dissimulé(e)

secret service n services secrets

sect [sɛkt] n secte f

section ['sɛkʃən] n section f; (Comm)
rayon m; (of document) section, article
m, paragraphe m; (cut) coupe f

sector ['sɛktə] n secteur m

secular ['sɛkjulə] adj laïque

secure [sɪ'kjuə] adj (free from anxiety)
sans inquiétude, sécurisé(e); (firmly
fixed) solide, bien attaché(e) or
fermé(e) etc); (in safe place) en lieu sûr,
en sûreté ▷ vt (fix) fixer, attacher; (get)
obtenir, se procurer

security [sɪ'kjuərɪtɪ] n sécurité f,
mesures fpl de sécurité; (for loan)
caution f, garantie f; **securities** npl
(Stock Exchange) valeurs fpl, titres mpl;
security guard n garde chargé
de la sécurité; (transporting money)
convoyeur m de fonds

sedan [sə'dæn] n (us Aut) berline f

sedate [sɪ'deɪt] adj calme; posé(e) ▷ vt
donner des sédatifs à

sedative ['sɛdɪtɪv] n calmant m,
sédatif m

seduce [sɪ'dju:s] vt séduire; **seductive**
[sɪ'dʌktɪv] adj séduisant(e);
(smile) séducteur(-trice); (fig: offer)
alléchant(e)

see [si:] vb (pt **saw**, pp **-n**) ▷ vt (gen)
voir; (accompany): **to - sb to the
door** reconduire or raccompagner qn
jusqu'à la porte ▷ vi voir; **to - that**
(ensure) veiller à ce que + sub, faire en
sorte que + sub, s'assurer que; **- you
soon/later/tomorrow!** à bientôt/plus

tard/demain!; **see off** vt accompagner (à la gare or à l'aéroport etc); **see out** vt (take to door) raccompagner à la porte; **see through** vt mener à bonne fin ▷ vt fus voir clair dans; **see to** vt fus s'occuper de, se charger de

seed [si:d] n graine f; (fig) germe m; (Tennis etc) tête f de série; **to go to ~** (plant) monter en graine; (fig) se laisser aller

seeing ['si:ɪŋ] conj: **~ (that)** vu que, étant donné que

seek (pt, pp **sought**) [si:k, sɔ:t] vt chercher, rechercher

seem [si:m] vi sembler, paraître; **there ~s to be ...** il semble qu'il y a ..., on dirait qu'il y a ...; **seemingly** adv apparemment

seen [si:n] pp of **see**

seesaw ['si:sɔ:] n (jeu m de) bascule f

segment ['segmənt] n segment m; (of orange) quartier m

segregate ['segrɪgeɪt] vt séparer, isoler

Seine [seɪn] n: **the (River) ~** la Seine

seize [si:z] vt (grasp) saisir, attraper; (take possession of) s'emparer de; (opportunity) saisir

seizure ['si:ʒəʳ] n (Med) crise f, attaque f; (of power) prise f

seldom ['seldəm] adv rarement

select [sɪ'lekt] adj choisi(e), d'élite; (hotel, restaurant, club) chic inv, sélect inv ▷ vt sélectionner, choisir; **selection** n sélection f, choix m; **selective** adj sélectif(-ive); (school) à recrutement sélectif

self [self] n (pl **selves**): **the ~** le moi inv ▷ prefix auto-; **self-assured** adj sûr(e) de soi, plein(e) d'assurance; **self-catering** adj (BRIT: flat) avec cuisine, où l'on peut faire sa cuisine; (: holiday) en appartement (or chalet etc) loué; **self-centred** (US **self-centered**) adj égocentrique; **self-confidence** n confiance f en soi; **self-confident** adj sûr(e) de soi, plein(e) d'assurance; **self-conscious** adj timide, qui manque d'assurance; **self-contained**

adj (BRIT: flat) avec entrée particulière, indépendant(e); **self-control** n maîtrise f de soi; **self-defence** (US **self-defense**) n autodéfense f; (Law) légitime défense f; **self-drive** adj (BRIT): **self-drive car** voiture f de location; **self-employed** adj qui travaille à son compte; **self-esteem** n amour-propre m; **self-indulgent** adj qui ne se refuse rien; **self-interest** n intérêt personnel; **selfish** adj égoïste; **self-pity** n apitoiement m sur soi-même; **self-raising** [self'reɪzɪŋ] (US **self-rising** [self'raɪzɪŋ]) adj: **self-raising flour** farine f pour gâteaux (avec levure incorporée); **self-respect** n respect m de soi, amour-propre m; **self-service** adj, n libre-service (m), self-service (m)

sell (pt, pp **sold**) [sel, səʊld] vt vendre ▷ vi se vendre; **to ~ at or for 10 euros** se vendre 10 euros; **sell off** vt liquider; **sell out** vi: **to ~ out (of sth)** (use up stock) vendre tout son stock (de qch); **sell-by date** n date f limite de vente; **seller** n vendeur(-euse), marchand(e)

Sellotape® ['seləʊteɪp] n (BRIT) scotch® m

selves [selvz] npl of **self**

semester [sɪ'mestəʳ] n (esp US) semestre m

semi... ['semɪ] prefix semi-, demi-; à demi, à moitié; **semicircle** n demi-cercle m; **semidetached (house)** n (BRIT) maison jumelée or jumelle; **semi-final** n demi-finale f

seminar ['semɪnɑ:ʳ] n séminaire m

semi-skimmed ['semɪ'skɪmd] adj demi-écrémé(e)

senate ['senɪt] n sénat m; (US): **the S~** le Sénat; **senator** n sénateur m

send (pt, pp **sent**) [send, sent] vt envoyer; **send back** vt renvoyer; **send for** vt fus (by post) se faire envoyer, commander par correspondance; **send in** vt (report, application, resignation) remettre; **send off** vt (goods) envoyer, expédier; (BRIT Sport: player) expulser or renvoyer du terrain; **send on** vt

(BRIT: letter) faire suivre; (luggage etc: in advance) (faire) expédier à l'avance; **send out** vt (invitation) envoyer (par la poste); (emit: light, heat, signal) émettre; **send up** vt (person, price) faire monter; (BRIT: parody) mettre en boîte, parodier; **sender** n expéditeur(-trice); **send-off** n: **a good send-off** des adieux chaleureux

senile ['si:naɪl] adj sénile

senior ['si:nɪə'] adj (high-ranking) de haut niveau; (of higher rank): **to be ~ to sb** être le supérieur de qn; **senior citizen** n personne f du troisième âge; **senior high school** n (US) = lycée m

sensation [sɛn'seɪʃən] n sensation f; **sensational** adj qui fait sensation; (marvellous) sensationnel(le)

sense [sɛns] n sens m; (feeling) sentiment m; (meaning) sens, signification f; (wisdom) bon sens ▷ vt sentir, pressentir; **it makes ~** c'est logique; **senseless** adj insensé(e), stupide; (unconscious) sans connaissance; **sense of humour** (US **sense of humor**) n sens m de l'humour

sensible ['sɛnsɪbl] adj sensé(e), raisonnable; (shoes etc) pratique

Be careful not to translate *sensible* by the French word *sensible*.

sensitive ['sɛnsɪtɪv] adj: **~ (to)** sensible (à)

sensual ['sɛnsjuəl] adj sensuel(le)

sensuous ['sɛnsjuəs] adj voluptueux(-euse), sensuel(le)

sent [sɛnt] pt, pp of **send**

sentence ['sɛntns] n (Ling) phrase f; (Law: judgment) condamnation f, sentence f; (: punishment) peine f ▷ vt: **to ~ sb to death/to 5 years** condamner qn à mort/à 5 ans

sentiment ['sɛntɪmənt] n sentiment m; (opinion) opinion f, avis m; **sentimental** [sɛntɪ'mɛntl] adj sentimental(e)

Sep. abbr (= September) septembre

separate adj ['sɛprɪt] séparé(e); (organization) indépendant(e); (day,

occasion, issue) différent(e) ▷ vb ['sɛpəreɪt] ▷ vt séparer; (distinguish) distinguer ▷ vi se séparer; **separately** adv séparément; **separates** npl (clothes) coordonnés mpl; **separation** [sɛpə'reɪʃən] n séparation f

September [sɛp'tɛmbə'] n septembre m

septic ['sɛptɪk] adj (wound) infecté(e); **septic tank** n fosse f septique

sequel ['si:kwl] n conséquence f, séquelles fpl; (of story) suite f

sequence ['si:kwəns] n ordre m, suite f; (in film) séquence f; (dance) numéro m

sequin ['si:kwɪn] n paillette f

Serb [sə:b] adj, n = **Serbian**

Serbia ['sə:bɪə] n Serbie f

Serbian ['sə:bɪən] adj serbe ▷ n Serbe m/f; (Ling) serbe m

sergeant ['sɑ:dʒənt] n sergent m; (Police) brigadier m

serial ['sɪərɪəl] n feuilleton m; **serial killer** n meurtrier m tuant en série; **serial number** n numéro m de série

series ['sɪəri:z] n série f; (Publishing) collection f

serious ['sɪərɪəs] adj sérieux(-euse); (accident etc) grave; **seriously** adv sérieusement; (hurt) gravement

sermon ['sə:mən] n sermon m

servant ['sə:vənt] n domestique m/f; (fig) serviteur (servante)

serve [sə:v] vt (employer etc) servir, être au service de; (purpose) servir à; (customer, food, meal) servir; (subj: train) desservir; (apprenticeship) faire, accomplir; (prison term) faire, purger ▷ vi (Tennis) servir; (be useful): **to ~ as/for/to do** servir de/à/à faire ▷ n (Tennis) service m; **it ~s him right** c'est bien fait pour lui; **server** n (Comput) serveur m

service ['sə:vɪs] n (gen) service m; (Aut) révision f; (Rel) office m ▷ vt (car etc) réviser; **services** npl (Econ: tertiary sector) secteur m tertiaire m, secteur des services; (BRIT: on motorway) station-service f; (Mil): **the**

S-s *npl* les forces armées; **to be of ~ to sb**, **to do sb a ~** rendre service à qn; **~ included/not included** service compris/non compris; **service area** *n* (*on motorway*) aire f de services; **service charge** *n* (BRIT) service *m*; **serviceman** (*irreg*) *n* militaire *m*; **service station** *n* station-service f

serviette [səːvɪ'et] *n* (BRIT) serviette f (de table)

session ['seʃən] *n* (*sitting*) séance f; **to be in ~** siéger, être en session or en séance

set [set] *n* série f, assortiment *m*; (*of tools etc*) jeu *m*; (*Radio, TV*) poste *m*; (*Tennis*) set *m*; (*group of people*) cercle *m*, milieu *f*; (*Cine*) plateau *m* (*Theat: stage*) scène f, (*scenery*) décor *m*; (*Math*) ensemble *m*; (*Hairdressing*) mise f en plis ▷ *adj* (*fixed*) fixe, déterminé(e); (*ready*) prêt(e) ▷ *vb* (*pt, pp* **~**) ▷ *vt* (*place*) mettre, poser, placer; (*fix, establish*) fixer; (*record*) établir; (*assign: task, homework*) donner; (*exam*) composer; (*adjust*) régler; (*decide: rules etc*) fixer, choisir ▷ *vi* (*sun*) se coucher; (*jam, jelly, concrete*) prendre; (*bone*) se ressouder; **to be ~ on doing** être résolu(e) à faire; **to ~ to music** mettre en musique; **to ~ on fire** mettre le feu à; **to ~ free** libérer; **to ~ sth going** déclencher qch; **to ~ sail** partir, prendre la mer; **set aside** *vt* mettre de côté; (*time*) garder; **set down** *vt* (*subj: bus, train*) déposer; **set in** *vi* (*infection, bad weather*) s'installer; (*complications*) survenir, surgir; **set off** *vi* se mettre en route, partir ▷ *vt* (*bomb*) faire exploser; (*cause to start*) déclencher; (*show up well*) mettre en valeur, faire valoir; **set out** *vi*: **to ~ out (from)** partir (de) ▷ *vt* (*arrange*) disposer; (*state*) présenter, exposer; **to ~ out to do** entreprendre de faire; avoir pour but or intention de faire; **set up** *vt* (*organization*) fonder, créer; **setback** *n* (*hitch*) revers *m*, contretemps *m*; **set menu** *n* menu *m*

settee [se'tiː] *n* canapé *m*

setting ['setɪŋ] *n* cadre *m*; (*of jewel*)

monture f; (*position: of controls*) réglage *m*

settle ['setl] *vt* (*argument, matter, account*) régler; (*problem*) résoudre; (*Med: calmer*) ▷ *vi* (*bird, dust etc*) se poser; **to ~ for sth** accepter qch, se contenter de qch; **to ~ on sth** opter *or* se décider pour qch; **settle down** *vi* (*get comfortable*) s'installer; (*become calmer*) se calmer; se ranger; (*live quietly*) se fixer; **settle in** *vi* s'installer; **settle up** *vi*: **to ~ up with sb** régler (ce que l'on doit à) qn; **settlement** *n* (*payment*) règlement *m*; (*agreement*) accord *m*; (*village etc*) village *m*, hameau *m*

setup ['setʌp] *n* (*arrangement*) manière f dont les choses sont organisées; (*situation*) situation f, allure f des choses

seven ['sevn] *num* sept; **seventeen** [sevn'tiːn] *num* dix-sept; **seventeenth** [sevn'tiːnθ] *num* dix-septième; **seventh** *num* septième; **seventieth** ['sevntɪɪθ] *num* soixante-dixième; **seventy** *num* soixante-dix

sever ['sevə*] *vt* couper, trancher; (*relations*) rompre

several ['sevrəl] *adj, pron* plusieurs *pl*; **~ of us** plusieurs d'entre nous

severe [sɪ'vɪə*] *adj* (*stern*) sévère, strict(e); (*serious*) grave, sérieux(-euse); (*plain*) sévère, austère

sew (*pt* **~ed**, *pp* **~n**) [səu, səud, səun] *vt, vi* coudre

sewage ['suːɪdʒ] *n* vidange(s) f(pl)

sewer ['suːə*] *n* égout *m*

sewing ['səuɪŋ] *n* couture f; (*item(s)*) ouvrage *m*; **sewing machine** *n* machine f à coudre

sewn [səun] *pp of* **sew**

sex [seks] *n* sexe *m*; **to have ~ with** avoir des rapports (sexuels) avec; **sexism** ['seksɪzəm] *n* sexisme *m*; **sexist** *adj* sexiste; **sexual** ['seksjuəl] *adj* sexuel(le); **sexual intercourse** *n* rapports sexuels; **sexuality** [seksju'ælɪtɪ] *n* sexualité f; **sexy** *adj* sexy *inv*

shabby ['ʃæbɪ] *adj* miteux(-euse);

(*behaviour*) mesquin(e), méprisable
shack [ʃæk] *n* cabane *f*, hutte *f*
shade [ʃeɪd] *n* ombre *f*; (*for lamp*)
abat-jour *m inv*; (*of colour*) nuance *f*, ton
m; (*us: window shade*) store *m*; (*small
quantity*): **a ~ of** un soupçon de ▷ *vt*
abriter du soleil, ombrager; **shades** *npl*
(*us: sunglasses*) lunettes *fpl* de soleil;
in the ~ à l'ombre; **a ~ smaller** un tout
petit peu plus petit
shadow [ˈʃædəʊ] *n* ombre *f* ▷ *vt* (*follow*)
filer; **shadow cabinet** *n* (BRIT Pol)
cabinet parallèle formé par le parti qui n'est
pas au pouvoir
shady [ˈʃeɪdɪ] *adj* ombragé(e); (*fig:
dishonest*) louche, véreux(-euse)
shaft [ʃɑːft] *n* (*of arrow, spear*) hampe *f*;
(*Aut, Tech*) arbre *m*; (*of mine*) puits *m*; (*of
lift*) cage *f*; (*of light*) rayon *m*, trait *m*
shake [ʃeɪk] *vb* (*pt* **shook**, *pp* **~n**) ▷ *vt*
secouer; (*bottle, cocktail*) agiter; (*house,
confidence*) ébranler ▷ *vi* trembler; **to ~
one's head** (*in refusal etc*) dire ou faire
non de la tête; (*in dismay*) secouer la
tête; **to ~ hands with sb** serrer la main
à qn; **shake off** *vt* secouer; (*pursuer*) se
débarrasser de; **shake up** *vt* secouer;
shaky *adj* (*hand, voice*) tremblant(e);
(*building*) branlant(e), peu solide
shall [ʃæl] *aux vb*: **I ~ go** j'irai; **~ I open
the door?** j'ouvre la porte?; **I'll get the
coffee, ~ I?** je vais chercher le café,
d'accord?
shallow [ˈʃæləʊ] *adj* peu profond(e);
(*fig*) superficiel(le), qui manque de
profondeur
sham [ʃæm] *n* frime *f*
shambles [ˈʃæmblz] *n* confusion *f*,
pagaïe *f*, fouillis *m*
shame [ʃeɪm] *n* honte *f* ▷ *vt* faire
honte à; **it is a ~ (that/to do)** c'est
dommage (que + *sub*/de faire); **what
a ~!** quel dommage!; **shameful** *adj*
honteux(-euse), scandaleux(-euse);
shameless *adj* éhonté(e), effronté(e)
shampoo [ʃæmˈpuː] *n* shampooing *m*
▷ *vt* faire un shampooing à
shandy [ˈʃændɪ] *n* bière panachée

shan't [ʃɑːnt] = **shall not**
shape [ʃeɪp] *n* forme *f* ▷ *vt* façonner,
modeler; (*sb's ideas, character*) former;
(*sb's life*) déterminer ▷ *vi* (*also:* **~ up**)
(*events*) prendre tournure; (*: person*)
faire des progrès, s'en sortir; **to take ~**
prendre forme ou tournure
share [ʃɛəʳ] *n* part *f*; (*Comm*) action
f ▷ *vt* partager; (*have in common*)
avoir en commun; **to ~ out (among
or between)** partager (entre);
shareholder *n* (BRIT) actionnaire *m/f*
shark [ʃɑːk] *n* requin *m*
sharp [ʃɑːp] *adj* (*razor, knife*)
tranchant(e), bien aiguisé(e); (*point,
voice*) aigu(ë); (*nose, chin*) pointu(e);
(*outline, increase*) net(te); (*cold, pain*)
vive); (*taste*) piquant(e), âcre; (*Mus*)
dièse; (*person: quick-witted*) vif (vive),
éveillé(e); (*: unscrupulous*) malhonnête
▷ *n* (*Mus*) dièse *m* ▷ *adv*: **at 2 o'clock
~** à 2 heures pile or tapantes; **sharpen**
vt aiguiser; (*pencil*) tailler; (*fig*) aviver;
sharpener *n* (*also:* **pencil sharpener**)
taille-crayon(s) *m inv*; **sharply** *adv*
(*turn, stop*) brusquement; (*stand out*)
nettement; (*criticize, retort*) sèchement,
vertement
shatter [ˈʃætəʳ] *vt* briser; (*fig: upset*)
bouleverser; (*: ruin*) briser, ruiner ▷ *vi*
voler en éclats, se briser; **shattered**
adj (*overwhelmed, grief-stricken*)
bouleversé(e); (*inf: exhausted*) éreinté(e)
shave [ʃeɪv] *vt* raser ▷ *vi* se raser ▷ *n*:
to have a ~ se raser; **shaver** *n* (*also:
electric shaver*) rasoir *m* électrique
shaving cream *n* crème *f* à raser
shaving foam *n* mousse *f* à raser
shavings [ˈʃeɪvɪŋz] *npl* (*of wood etc*)
copeaux *mpl*
shawl [ʃɔːl] *n* châle *m*
she [ʃiː] *pron* elle
sheath [ʃiːθ] *n* gaine *f*, fourreau *m*, étui
m; (*contraceptive*) préservatif *m*
shed [ʃed] *n* remise *f*, resserre *f* ▷ *vt*
(*pt, pp* **~**) (*leaves, fur etc*) perdre; (*tears*)
verser, répandre; (*workers*) congédier
she'd [ʃiːd] = **she had; she would**

heep [ʃiːp] n (pl inv) mouton m;
sheepdog n chien m de berger;
sheepskin n peau f de mouton

heer [ʃɪər] adj (utter) pur(e), pur et simple; (steep) à pic, abrupt(e); (transparent) extrêmement fin(e) ▷ adv à pic, abruptement

heet [ʃiːt] n (on bed) drap m; (of paper) feuille f; (of glass, metal etc) feuille, plaque f

heik(h) [ʃeɪk] n cheik m

helf (pl **shelves**) [ʃelf, ʃelvz] n étagère f, rayon m

hell [ʃel] n (on beach) coquillage m; (of egg, nut etc) coquille f; (explosive) obus m; (of building) carcasse f ▷ vt (peas) écosser; (Mil) bombarder (d'obus)

he'll [ʃiːl] = **she will**; **she shall**

hellfish [ʃelfɪʃ] n (pl inv: crab etc) crustacé m; (: scallop etc) coquillage m ▷ npl (as food) fruits mpl de mer

helter [ʃeltər] n abri m, refuge m ▷ vt abriter, protéger; (give lodging to) donner asile à ▷ vi s'abriter, se mettre à l'abri; **sheltered** adj (life) retiré(e), à l'abri des soucis; (spot) abrité(e)

helves [ʃelvz] npl of **shelf**

helving [ʃelvɪŋ] n (shelves) rayonnage(s) m(pl)

hepherd [ʃepəd] n berger m ▷ vt (guide) guider, escorter; **shepherd's pie** n = hachis m Parmentier

heriff [ʃerɪf] (us) n shérif m

herry [ʃerɪ] n xérès m, sherry m

he's [ʃiːz] = **she is**; **she has**

hetland [ʃetlənd] n (also: the **~s**, the **~ Isles** or **Islands**) les îles fpl Shetland

hield [ʃiːld] n bouclier m; (protection) écran m de protection ▷ vt: **to ~ (from)** protéger (de or contre)

hift [ʃɪft] n (change) changement m; (work period) période f de travail; (of workers) équipe f, poste m ▷ vt déplacer, changer de place; (remove) enlever ▷ vi changer de place, bouger

hin [ʃɪn] n tibia m

hine [ʃaɪn] n éclat m, brillant m ▷ vb (pt, pp **shone**) ▷ vi briller ▷ vt (torch): **to**

~ on braquer sur; (polish: pt, pp **~d**) faire briller or reluire

shingles [ʃɪŋglz] n (Med) zona m

shiny [ʃaɪnɪ] adj brillant(e)

ship [ʃɪp] n bateau m; (large) navire m ▷ vt transporter (par mer); (send) expédier (par mer); **shipment** n cargaison f; **shipping** n (ships) navires mpl; (traffic) navigation f; (the industry) industrie navale; (transport) transport m; **shipwreck** n épave f; (event) naufrage m ▷ vt: **to be shipwrecked** faire naufrage; **shipyard** n chantier naval

shirt [ʃəːt] n chemise f; (woman's) chemisier m; **in ~ sleeves** en bras de chemise

shit [ʃɪt] excl (inf!) merde!

shiver [ʃɪvər] n frisson m ▷ vi frissonner

shock [ʃɔk] n choc m; (Elec) secousse f, décharge f; (Med) commotion f, choc ▷ vt (scandalize) choquer, scandaliser; (upset) bouleverser; **shocking** adj (outrageous) choquant(e), scandaleux(-euse); (awful) épouvantable

shoe [ʃuː] n chaussure f, soulier m; (also: **horse~**) fer m à cheval ▷ vt (pt, pp **shod**) (horse) ferrer; **shoelace** n lacet m (de soulier); **shoe polish** n cirage m; **shoeshop** n magasin m de chaussures

shone [ʃɔn] pt, pp of **shine**

shook [ʃuk] pt of **shake**

shoot [ʃuːt] n (on branch, seedling) pousse f ▷ vb (pt, pp **shot**) ▷ vt (game: hunt) chasser; (: aim at) tirer; (: kill) abattre; (person) blesser/tuer d'un coup de fusil (or de revolver); (execute) fusiller; (arrow) tirer; (gun) tirer un coup de; (Cine) tourner ▷ vi (with gun, bow): **to ~ (at)** tirer (sur); (Football) shooter, tirer; **shoot down** vt (plane) abattre; **shoot up** vi (fig: prices etc) monter en flèche; **shooting** n (shots) coups mpl de feu; (attack) fusillade f; (murder) homicide m (à l'aide d'une arme à feu); (Hunting) chasse f

shop [ʃɔp] n magasin m; (workshop)

atelier *m* ▷ *vi* (*also*: **go ~ping**) faire ses courses ou ses achats; **shop assistant** *n* (BRIT) vendeur(-euse); **shopkeeper** *n* marchand(e), commerçant(e); **shoplifting** *n* vol *m* à l'étalage; **shopping** *n* (*goods*) achats *mpl*, provisions *fpl*; **shopping bag** *n* sac *m* (à provisions); **shopping centre** (*us* **shopping center**) *n* centre commercial; **shopping mall** *n* centre commercial; **shopping trolley** *n* (BRIT) Caddie® *m*; **shop window** *n* vitrine *f*

shore [ʃɔːʳ] *n* (*of sea, lake*) rivage *m*, rive *f* ▷ *vt*: **to ~ (up)** étayer; **on ~** à terre

short [ʃɔːt] *adj* (*not long*) court(e); (*soon finished*) court, bref (brève); (*person, step*) petit(e); (*curt*) brusque, sec (sèche); (*insufficient*) insuffisant(e) ▷ *n* (*also*: **~ film**) court métrage; (*Elec*) court-circuit *m*; **to be ~ of sth** être à court de ou manquer de qch; **in ~** bref; en bref; **~ of doing** à moins de faire; **everything ~ of** tout sauf; **it is ~ for** c'est l'abréviation ou le diminutif de; **to cut ~** (*speech, visit*) abréger, écourter; **to fall ~ of** ne pas être à la hauteur de; **to run ~ of** arriver à court de, venir à manquer de; **to stop ~** s'arrêter net; **to stop ~ of** ne pas aller jusqu'à; **shortage** *n* manque *m*, pénurie *f*; **shortbread** *n* ≈ sablé *m*; **shortcoming** *n* défaut *m*; **short(crust) pastry** *n* (BRIT) pâte brisée; **shortcut** *n* raccourci *m*; **shorten** *vt* raccourcir; (*text, visit*) abréger; **shortfall** *n* déficit *m*; **shorthand** *n* (BRIT) sténo(graphie) *f*; **shortlist** *n* (BRIT: *for job*) liste *f* des candidats sélectionnés; **short-lived** *adj* de courte durée; **shortly** *adv* bientôt, sous peu; **shorts** *npl*: (**a pair of) shorts** un short; **short-sighted** *adj* (BRIT) myope; (*fig*) qui manque de clairvoyance; **short-sleeved** *adj* à manches courtes; **short story** *n* nouvelle *f*; **short-tempered** *adj* qui s'emporte facilement; **short-term** *adj* (*effect*) à court terme

shot [ʃɔt] *pt, pp of* **shoot** ▷ *n* coup *m*

(*de feu*); (*try*) coup, essai *m*; (*injection*) piqûre *f*; (*Phot*) photo *f*; **to be a good/ poor ~** (*person*) tirer bien/mal; **like a ~** comme une flèche; (*very readily*) sans hésiter; **shotgun** *n* fusil *m* de chasse

should [ʃud] *aux vb*: **I ~ go now** je devrais partir maintenant; **he ~ be there now** il devrait être arrivé maintenant; **I ~ go if I were you** si j'étais vous j'irais; **I ~ like to** j'aimerais bien, volontiers

shoulder [ˈʃəuldəʳ] *n* épaule *f* ▷ *vt* (*fig*) endosser, se charger de; **shoulder blade** *n* omoplate *f*

shouldn't [ˈʃudnt] = **should not**

shout [ʃaut] *n* cri *m* ▷ *vt* crier ▷ *vi* crier, pousser des cris

shove [ʃʌv] *vt* pousser; (*inf*: *put*): **to ~ sth in** fourrer ou ficher qch dans *n* ▷ *n* poussée *f*

shovel [ˈʃʌvl] *n* pelle *f* ▷ *vt* pelleter, enlever (ou enfourner) à la pelle

show [ʃəu] *n* (*of emotion*) manifestation *f*, démonstration *f*; (*semblance*) semblant *m*, apparence *f*; (*exhibition*) exposition *f*, salon *m* (*Theat, TV*) spectacle *m*; (*Cine*) séance *f* ▷ *vb* (*pt* **~ed**, *pp* **~n**) ▷ *vt* montrer; (*film*) passer; (*courage etc*) faire preuve de, manifester; (*exhibit*) exposer ▷ *vi* se voir, être visible; **can you ~ me where it is, please?** pouvez-vous me montrer où c'est?; **to be on ~** être exposé(e); **it's just for ~** c'est juste pour l'effet; **show in** *vt* faire entrer; **show off** *vi* (*pej*) crâner ▷ *vt* (*display*) faire valoir; (*pej*) faire étalage de; **show out** *vt* reconduire à la porte; **show up** *vi* (*stand out*) ressortir; (*inf*: *turn up*) se montrer ▷ *vt* (*unmask*) démasquer, dénoncer; (*flaw*) faire ressortir; **show business** *n* le monde du spectacle

shower [ˈʃauəʳ] *n* (*for washing*) douche *f*; (*rain*) averse *f*; (*of stones etc*) pluie *f*, grêle *f*; (*us*: *party*) réunion organisée pour la remise de cadeaux ▷ *vi* prendre une douche, se doucher ▷ *vt*: **to ~ sb with** (*gifts etc*) combler qn de;

or **take a ~** prendre une douche, se doucher; **shower cap** n bonnet m de douche; **shower gel** n gel m douche

showing ['ʃəʊɪŋ] n (of film) projection f

show jumping ['ʃəʊdʒʌmpɪŋ] n concours m hippique

shown [ʃəʊn] pp of **show**

show: show-off n (inf: person) crâneur(-euse), m'as-tu-vu(e); **showroom** n magasin m or salle f d'exposition

shrank [ʃræŋk] pt of **shrink**

shred [ʃred] n (gen pl) lambeau m, morceau; (fig: of truth, evidence) parcelle f ▷ vt mettre en lambeaux, déchirer; (documents) détruire; (Culin: grate) râper; (: lettuce etc) couper en lanières

shrewd [ʃru:d] adj astucieux(-euse), perspicace; (business person) habile

shriek [ʃri:k] n cri perçant or aigu, hurlement m ▷ vt, vi hurler, crier

shrimp [ʃrɪmp] n crevette grise

shrine [ʃraɪn] n (place) lieu m de pèlerinage

shrink (pt **shrank**, pp **shrunk**) [ʃrɪŋk, ʃræŋk, ʃrʌŋk] vi rétrécir; (fig) diminuer; (also: **~ away**) reculer ▷ vt (wool) (faire) rétrécir ▷ n (inf: pej) psychanalyste m/f; **to ~ from (doing) sth** reculer devant (la pensée de) faire) qch

shrivel ['ʃrɪvl] (also: **~ up**) vt ratatiner, flétrir ▷ vi se ratatiner, se flétrir

shroud [ʃraʊd] n linceul m ▷ vt: **~ed in mystery** enveloppé(e) de mystère

Shrove Tuesday ['ʃrəʊv-] n (le) Mardi gras

shrub [ʃrʌb] n arbuste m

shrug [ʃrʌɡ] n haussement m d'épaules ▷ vt, vi: **to ~ (one's shoulders)** hausser les épaules; **shrug off** vt faire fi de

shrunk [ʃrʌŋk] pp of **shrink**

shudder ['ʃʌdə*] n frisson m, frémissement m ▷ vi frissonner, frémir

shuffle ['ʃʌfl] vt (cards) battre; **to ~ (one's feet)** traîner les pieds

shun [ʃʌn] vt éviter, fuir

shut (pt, pp **~**) [ʃʌt] vt fermer ▷ vi (se) fermer; **shut down** vt fermer

définitivement ▷ vi fermer définitivement ▷ **shut up** vi (inf: keep quiet) se taire ▷ vt (close) fermer; (silence) faire taire; **shutter** n volet m; (Phot) obturateur m

shuttle ['ʃʌtl] n navette f; (also: **~ service**) (service m de) navette f; **shuttlecock** n volant m (de badminton)

shy [ʃaɪ] adj timide

siblings ['sɪblɪŋz] npl (formal) frères et sœurs mpl (de mêmes parents)

Sicily ['sɪsɪlɪ] n Sicile f

sick [sɪk] adj (ill) malade; (BRIT: vomiting): **to be ~** vomir; (humour) noir(e), macabre; **to feel ~** avoir envie de vomir, avoir mal au cœur; **to be ~ of** (fig) en avoir assez de; **sickening** adj (fig) écœurant(e), révoltant(e), répugnant(e); **sick leave** n congé m de maladie; **sickly** adj maladif(-ive), souffreteux(-euse); (causing nausea) écœurant(e); **sickness** n maladie f; (vomiting) vomissement(s) m(pl)

side [saɪd] n côté m; (of lake, road) bord m; (of mountain) versant m; (fig: aspect) côté, aspect m; (team: Sport) équipe f; (TV: channel) chaîne f ▷ adj (door, entrance) latéral(e) ▷ vi: **to ~ with sb** prendre le parti de qn, se ranger du côté de qn; **by the ~ of** au bord de; **by ~** côte à côte; **to rock from ~ to ~** se balancer; **to take ~s (with)** prendre parti (pour); **sideboard** n buffet m; **sideboards** (BRIT), **sideburns** npl (whiskers) pattes fpl; **side effect** n effet m secondaire; **sidelight** n (Aut) veilleuse f; **sideline** n (Sport) (ligne f de) touche f; (fig) activité f secondaire; **side order** n garniture f; **side road** n petite route, route transversale; **side street** n rue transversale; **sidetrack** vt (fig) faire dévier de son sujet; **sidewalk** n (US) trottoir m; **sideways** adv de côté

siege [si:dʒ] n siège m

sieve [sɪv] n tamis m, passoire f ▷ vt tamiser, passer (au tamis)

sift [sɪft] vt passer au tamis or au crible; (fig) passer au crible

sigh [saɪ] n soupir m ▷ vi soupirer,
pousser un soupir

sight [saɪt] n (faculty) vue f; (spectacle)
spectacle m ▷ vt apercevoir; **invisible**; (fig) en vue; **out of ~** hors de
vue; **sightseeing** n tourisme m; **to go
sightseeing** faire du tourisme

sign [saɪn] n (gen) signe m; (with hand
etc) signe, geste m; (notice) panneau m,
écriteau m; (also: **road ~**) panneau de
signalisation ▷ vt signer; **where do I ~?**
où dois-je signer?; **sign for** vt fus (item)
signer le reçu pour; **sign in** vi signer le
registre (en arrivant); **sign on** vi (BRIT:
as unemployed) s'inscrire au chômage;
(enrol) s'inscrire ▷ vt (employee)
embaucher; **sign over** vt: **to ~ sth over
to sb** céder qch par écrit à qn; **sign up** vi
(Mil) s'engager; (for course) s'inscrire

signal ['sɪɡnl] n signal m ▷ vi (Aut)
mettre son clignotant ▷ vt (person)
faire signe à; (message) communiquer
par signaux

signature ['sɪɡnətʃər] n signature f

significance [sɪɡ'nɪfɪkəns] n
signification f; importance f

significant [sɪɡ'nɪfɪkənt] adj
significatif(-ive); (important)
important(e), considérable

signify ['sɪɡnɪfaɪ] vt signifier

sign language n langage m par signes

signpost ['saɪnpəʊst] n poteau m
indicateur

Sikh [siːk] adj, n Sikh m/f

silence ['saɪləns] n silence m ▷ vt faire
taire, réduire au silence

silent ['saɪlənt] adj silencieux(-euse);
(film) muet(te); **to keep** or **remain ~**
garder le silence, ne rien dire

silhouette [sɪluː'et] n silhouette f

silicon chip ['sɪlɪkən-] n puce f
électronique

silk [sɪlk] n soie f ▷ cpd de or en soie

silly ['sɪlɪ] adj stupide, sot(te), bête

silver ['sɪlvər] n argent m; (money)
monnaie f (en pièces d'argent); (also:
~ware) argenterie f ▷ adj (made of
silver) d'argent, en argent; (in colour)

argenté(e); **silver-plated** adj plaqué(e)
argent

SIM card ['sɪm-] n (Tel) carte SIM f

similar ['sɪmɪlər] adj: **~ (to)** semblable
(à); **similarity** [sɪmɪ'lærɪtɪ] n
ressemblance f, similarité f; **similarly**
adv de la même façon, de même

simmer ['sɪmər] vi cuire à feu doux,
mijoter

simple ['sɪmpl] adj simple; **simplicity**
[sɪm'plɪsɪtɪ] n simplicité f; **simplify**
['sɪmplɪfaɪ] vt simplifier; **simply**
adv simplement; (without fuss) avec
simplicité; (absolutely) absolument

simulate ['sɪmjʊleɪt] vt simuler,
feindre

simultaneous [sɪməl'teɪnɪəs] adj
simultané(e); **simultaneously** adv
simultanément

sin [sɪn] n péché m ▷ vi pécher

since [sɪns] adv, prep depuis ▷ conj
(time) depuis que; (because) puisque,
étant donné que, comme; **~ then**, **ever
~** depuis ce moment-là

sincere [sɪn'sɪər] adj sincère; **sincerely**
adv sincèrement; **Yours sincerely** (at
end of letter) veuillez agréer, Monsieur
(or Madame) l'expression de mes
sentiments distingués or les meilleurs

sing (pt **sang**, pp **sung**) [sɪŋ, sæŋ, sʌŋ]
vt, vi chanter

Singapore [sɪŋɡə'pɔːr] n Singapour m

singer ['sɪŋər] n chanteur(-euse)

singing ['sɪŋɪŋ] n (of person, bird)
chant m

single ['sɪŋɡl] adj seul(e), unique;
(unmarried) célibataire; (not double)
simple m ▷ n (BRIT: also: **~ ticket**) aller m
(simple); (record) 45 tours m; **singles**
npl (Tennis) simple m; **every ~ day**
chaque jour sans exception; **single
out** vt choisir; (distinguish) distinguer;
single bed n lit m d'une personne or à
une place; **single file** n: **in single file**
en file indienne; **single-handed** adv
tout(e) seul(e), sans (aucune) aide;
single-minded adj résolu(e), tenace;
single parent n parent unique (or

célibataire); **single-parent family** famille monoparentale; **single room** n chambre f à un lit ou pour une personne

singular ['sɪŋɡjulə'] adj singulier(-ière); (odd) singulier, étrange; (outstanding) remarquable; (Ling) singulier, du singulier ▷ n (Ling) singulier m

sinister ['sɪnɪstə'] adj sinistre

sink [sɪŋk] n évier m; (washbasin) lavabo m ▷ vb (pt **sank**, pp **sunk**) ▷ vt (ship) (faire) couler, faire sombrer; (foundations) creuser ▷ vi couler, sombrer; (ground etc) s'affaisser; **to ~ into sth** (chair) s'enfoncer dans qch; **sink in** vi (explanation) rentrer (inf), être compris

sinus ['saɪnəs] n (Anat) sinus m inv

sip [sɪp] n petite gorgée ▷ vt boire à petites gorgées

sir [sə'] n monsieur m; **S~ John Smith** sir John Smith; **yes ~** oui Monsieur

sirloin ['sɜːlɔɪn] n (also: **~ steak**) aloyau m

sister ['sɪstə'] n sœur f; (nun) religieuse f; (BRIT: nurse) infirmière f en chef; **sister-in-law** n belle-sœur f

sit [sɪt] (pt, pp **sat**) [sɪt, sæt] vi s'asseoir; (be sitting) être assis(e); (assembly) être en séance, siéger; (for painter) poser ▷ vt (exam) passer, se présenter à; **sit back** vi (in seat) bien s'installer, se carrer; **sit down** vi s'asseoir; **sit on** vt fus (jury, committee) faire partie de; **sit up** vi s'asseoir; (straight) se redresser; (not go to bed) rester debout, ne pas se coucher

sitcom ['sɪtkɔm] n abbr (TV: = situation comedy) sitcom f, comédie f de situation

site [saɪt] n emplacement m, site m; (also: **building ~**) chantier m ▷ vt placer

sitting ['sɪtɪŋ] n (of assembly etc) séance f; (in canteen) service m; **sitting room** n salon m

situated ['sɪtjueɪtɪd] adj situé(e)

situation [sɪtju'eɪʃən] n situation f; **"~s vacant/wanted"** (BRIT) "offres/ demandes d'emploi"

six [sɪks] num six; **sixteen** num seize; **sixteenth** [sɪks'tiːnθ] num seizième; **sixth** [sɪksθ] num sixième; **sixth form** n (BRIT) ≈ classes fpl de première et de terminale; **sixth-form college** n ≈ lycée n'ayant que des classes de première et de terminale; **sixtieth** ['sɪkstɪɪθ] num soixantième; **sixty** num soixante

size [saɪz] n dimensions fpl; (of person) taille f; (of clothing) taille; (of shoes) pointure f; (of problem) ampleur f; (of glue) colle f; **sizeable** adj assez grand(e); (amount, problem, majority) assez important(e)

sizzle ['sɪzl] vi grésiller

skate [skeɪt] n patin m; (fish: pl inv) raie f ▷ vi patiner; **skateboard** n skateboard m, planche f à roulettes; **skateboarding** n skateboard m; **skater** n patineur(-euse); **skating** n patinage m; **skating rink** n patinoire f

skeleton ['skelɪtn] n squelette m; (outline) schéma m

skeptical ['skeptɪkl] (US) = **sceptical**

sketch [sketʃ] n (drawing) croquis m, esquisse f; (outline plan) aperçu m; (Theat) sketch m, saynète f ▷ vt esquisser, faire un croquis or une esquisse de; (plan etc) esquisser

skewer ['skjuːə'] n brochette f

ski [skiː] n ski m ▷ vi skier, faire du ski; **ski boot** n chaussure f de ski

skid [skɪd] n dérapage m ▷ vi déraper

ski: skier n skieur(-euse); **skiing** n ski m; **to go skiing** (aller) faire du ski

skilful (US **skillful**) ['skɪlful] adj habile, adroit(e)

ski lift n remonte-pente m inv

skill [skɪl] n (ability) habileté f, adresse f, talent m; (requiring training) compétences fpl; **skilled** adj habile, adroit(e); (worker) qualifié(e)

skim [skɪm] vt (soup) écumer; (glide over) raser, effleurer ▷ vi: **to ~ through** (fig) parcourir; **skimmed milk** (US **skim milk**) n lait écrémé

skin [skɪn] n peau f ▷ vt (fruit etc) éplucher; (animal) écorcher; **skinhead**

n skinhead *m*; **skinny** *adj* maigre, maigrichon(ne)

skip [skɪp] *n* petit bond *or* saut; (BRIT: *container*) benne *f* ▷ *vi* gambader, sautiller; (*with rope*) sauter à la corde ▷ *vt* (*pass over*) sauter

ski: **ski pass** *n* forfait-skieur(s) *m*; **ski pole** *n* bâton *m* de ski

skipper ['skɪpər] *n* (Naut, Sport) capitaine *m*; (*in race*) skipper *m*

skipping rope ['skɪpɪŋ-] (US **skip rope**) *n* (BRIT) corde *f* à sauter

skirt [skɜːt] *n* jupe *f* ▷ *vt* longer, contourner

skirting board ['skɜːtɪŋ-] *n* (BRIT) plinthe *f*

ski slope *n* piste *f* de ski

ski suit *n* combinaison *f* de ski

skull [skʌl] *n* crâne *m*

skunk [skʌŋk] *n* mouffette *f*

sky [skaɪ] *n* ciel *m*; **skyscraper** *n* gratte-ciel *m inv*

slab [slæb] *n* (*of stone*) dalle *f*; (*of meat, cheese*) tranche épaisse

slack [slæk] *adj* (*loose*) lâche, desserré(e); (*slow*) stagnant(e); (*careless*) négligent(e), peu sérieux(-euse) *or* consciencieux(-euse); **slacks** *npl* pantalon *m*

slain [sleɪn] *pp of* **slay**

slam [slæm] *vt* (*door*) (faire) claquer; (*throw*) jeter violemment, flanquer; (*fig: criticize*) éreinter, démolir ▷ *vi* claquer

slander ['slɑːndər] *n* calomnie *f*; (Law) diffamation *f*

slang [slæŋ] *n* argot *m*

slant [slɑːnt] *n* inclinaison *f*; (*fig*) angle *m*, point *m* de vue

slap [slæp] *n* claque *f*, gifle *f*; (*on the back*) tape *f* ▷ *vt* donner une claque *or* une gifle à; (*on one tape*) flan; **to ~ on** (*paint*) appliquer rapidement ▷ *adv* (*directly*) tout droit, en plein

slash [slæʃ] *vt* entailler, taillader; (*fig: prices*) casser

slate [sleɪt] *n* ardoise *f* ▷ *vt* (*fig: criticize*) éreinter, démolir

slaughter ['slɔːtər] *n* carnage *m*,

massacre *m*; (*of animals*) abattage *m* ▷ *vt* (*animal*) abattre; (*people*) massacrer; **slaughterhouse** *n* abattoir *m*

Slav [slɑːv] *adj* slave

slave [sleɪv] *n* esclave *m/f* ▷ *vi* (*also:* **~ away**) trimer, travailler comme un forçat; **slavery** *n* esclavage *m*

slay (*pt* **slew**, *pp* **slain**) [sleɪ, sluː, sleɪn] *vt* (*literary*) tuer

sleazy ['sliːzɪ] *adj* miteux(-euse), minable

sled [sled] (US) = **sledge**

sledge [sledʒ] *n* luge *f*

sleek [sliːk] *adj* (*hair, fur*) brillant(e), luisant(e); (*car, boat*) aux lignes pures *or* élégantes

sleep [sliːp] *n* sommeil *m* ▷ *vi* (*pt, pp* **slept**) dormir; **to go to ~** s'endormir; **sleep in** *vi* (*oversleep*) se réveiller trop tard; (*on purpose*) faire la grasse matinée; **sleep together** *vi* (*have sex*) coucher ensemble; **sleeper** *n* (*person*) dormeur(-euse); (BRIT Rail: *on track*) traverse *f*; (: *train*) train-couchettes *m*; (: *berth*) couchette *f*; **sleeping bag** *n* sac *m* de couchage; **sleeping car** *n* wagon-lits *m*, voiture-lits *f*; **sleeping pill** *n* somnifère *m*; **sleepover** *n* nuit *f* chez un copain *or* une copine; **we're having a sleepover at Jo's** nous allons passer la nuit chez Jo; **sleepwalk** *vi* marcher en dormant; **sleepy** *adj* (*fig*) endormi(e)

sleet [sliːt] *n* neige fondue

sleeve [sliːv] *n* manche *f*; (*of record*) pochette *f*; **sleeveless** *adj* (*garment*) sans manches

sleigh [sleɪ] *n* traîneau *m*

slender ['slendər] *adj* svelte, mince; (*fig*) faible, ténu(e)

slept [slept] *pt, pp of* **sleep**

slew [sluː] *pt of* **slay**

slice [slaɪs] *n* tranche *f*; (*round*) rondelle *f*; (*utensil*) spatule *f*; (*also:* **fish ~**) pelle *f* à poisson ▷ *vt* couper en tranches (*or* en rondelles)

slick [slɪk] *adj* (*skilful*) bien ficelé(e);

(salesperson) qui a du bagout ▷ n (also: **oil ~**) nappe f de pétrole, marée noire f

slide [slaɪd] n (in playground) toboggan m; (Phot) diapositive f; (BRIT: also: **hair ~**) barrette f; (in prices) chute f, baisse f ▷ vb (pt, pp **slid**) ▷ vt (faire) glisser ▷ vi glisser; **sliding** adj (door) coulissant(e)

slight [slaɪt] adj (slim) mince, menu(e); (frail) frêle; (trivial) faible, insignifiant(e); (small) petit(e), léger(-ère) before n ▷ n offense f, affront m ▷ vt (offend) blesser, offenser; **not in the ~est** pas le moins du monde, pas du tout; **slightly** adv légèrement, un peu

slim [slɪm] adj mince ▷ vi maigrir; (diet) suivre un régime amaigrissant; **slimming** n amaigrissement m ▷ adj (diet, pills) amaigrissant(e), pour maigrir; (food) qui ne fait pas grossir

slimy [ˈslaɪmɪ] adj visqueux(-euse), gluant(e)

sling [slɪŋ] n (Med) écharpe f; (for baby) porte-bébé m; (weapon) fronde f, lance-pierre m ▷ vt (pt, pp **slung**) lancer, jeter

slip [slɪp] n faux pas; (mistake) erreur f, bévue f; (underskirt) combinaison f; (of paper) petite feuille, fiche f ▷ vt (slide) glisser ▷ vi (slide) glisser; (move smoothly): **to ~ into/out of** se glisser ou se faufiler dans/hors de; (decline) baisser; **to ~ sth on/off** enfiler/enlever qch; **to give sb the ~** fausser compagnie à qn; **a ~ of the tongue** un lapsus; **slip up** vi faire une erreur, gaffer

slipped disc [slɪpt-] n déplacement m de vertèbre

slipper [ˈslɪpəʳ] n pantoufle f

slippery [ˈslɪpərɪ] adj glissant(e)

slip road n (BRIT: to motorway) bretelle f d'accès

slit [slɪt] n fente f; (cut) incision f ▷ vt (pt, pp **slit**) fendre; couper, inciser

slog [slɒg] n (BRIT: effort) gros effort; (: work) tâche fastidieuse f ▷ vi travailler très dur

slogan [ˈsləʊgən] n slogan m

slope [sləʊp] n pente f, côte f; (side of mountain) versant m; (slant) inclinaison f ▷ vi: **to ~ down** être ou descendre en pente; **to ~ up** monter; **sloping** adj en pente, incliné(e); (handwriting) penché(e)

sloppy [ˈslɒpɪ] adj (work) peu soigné(e), bâclé(e); (appearance) négligé(e), débraillé(e)

slot [slɒt] n fente f ▷ vt: **to ~ sth into** encastrer ou insérer qch dans; **slot machine** n (BRIT: vending machine) distributeur m (automatique), machine f à sous; (for gambling) appareil m ou machine à sous

Slovakia [sləʊˈvækɪə] n Slovaquie f

Slovene [sləʊˈviːn] adj slovène ▷ n Slovène m/f; (Ling) slovène m

Slovenia [sləʊˈviːnɪə] n Slovénie f; **Slovenian**, adj, n = **Slovene**

slow [sləʊ] adj lent(e); (watch): **to be ~** retarder ▷ adv lentement ▷ vt, vi ralentir; "**~**" (road sign) "ralentir"; **slow down** vi ralentir; **slowly** adv lentement; **slow motion** n: **in slow motion** au ralenti

slug [slʌg] n limace f; (bullet) balle f; **sluggish** adj (person) mou (molle), lent(e); (stream, engine, trading) lent(e)

slum [slʌm] n (house) taudis m; **slums** npl (area) quartiers mpl pauvres

slump [slʌmp] n baisse soudaine, effondrement m; (Econ) crise f ▷ vi s'effondrer, s'affaisser

slung [slʌŋ] pt, pp of **sling**

slur [sləːʳ] n (smear): **~ (on)** atteinte f (à); insinuation f (contre) ▷ vt mal articuler

slush [slʌʃ] n neige fondue

sly [slaɪ] adj (person) rusé(e); (smile, expression, remark) sournois(e)

smack [smæk] n (slap) tape f; (on face) gifle f ▷ vt donner une tape à; (on face) gifler; (on bottom) donner la fessée à ▷ vi: **to ~ of** avoir des relents de, sentir

small [smɔːl] adj petit(e); **small ads** npl (BRIT) petites annonces; **small change** n petite ou menue monnaie

smart [smɑːt] adj élégant(e), chic

inv; (clever) intelligent(e); *(quick)* vif
(vive), prompt(e) ▷ *vi* faire mal, brûler;
smartcard *n* carte f à puce; **smart
phone** *n* smartphone m

smash [smæʃ] *n (also:* **~-up**) collision
f, accident m; *(Mus)* succès foudroyant
▷ *vt* casser, briser, fracasser; *(opponent)*
écraser; *(Sport: record)* pulvériser ▷ *vi* se
briser, se fracasser; s'écraser; **smashing**
adj (inf) formidable

smear [smɪə^r] *n (stain)* tache f *(mark)*
trace f; *(Med)* frottis m ▷ *vt* enduire;
(make dirty) salir; **smear test** *n (BRIT
Med)* frottis m

smell [smɛl] *n* odeur f; *(sense)* odorat
m ▷ *vb (pt, pp* **smelt** *or* **~ed**) ▷ *vt* sentir
▷ *vi (pej)* sentir mauvais; **smelly** *adj* qui
sent mauvais, malodorant(e)

smelt [smɛlt] *pt, pp of* **smell**

smile [smaɪl] *n* sourire m ▷ *vi* sourire

smirk [smə:k] *n* petit sourire suffisant
or affecté

smog [smɔg] *n* brouillard mêlé de
fumée

smoke [sməuk] *n* fumée f ▷ *vt, vi*
fumer; **do you mind if I ~?** ça ne vous
dérange pas que je fume?; **smoke
alarm** *n* détecteur m de fumée;
smoked *(bacon, glass)* fumé(e);
smoker *n (person)* fumeur(-euse); *(Rail)*
wagon m fumeurs; **smoking** *n:* **"no
smoking"** *(sign)* "défense de fumer";
smoky *adj* enfumé(e); *(taste)* fumé(e)

smooth [smu:ð] *adj* lisse; *(sauce)*
onctueux(-euse); *(flavour, whisky)*
moelleux(-euse); *(movement)*
régulier(-ière), sans à-coups ou heurts;
(flight) sans secousses; *(pej: person)*
doucereux(-euse), mielleux(-euse) ▷ *vt
(also:* **~ out**) lisser, défroisser; *(creases,
difficulties)* faire disparaître

smother [smʌðə^r] *vt* étouffer

SMS *n abbr (= short message service)*
SMS m; **SMS message** *n* message
m SMS

smudge [smʌdʒ] *n* tache f, bavure f ▷ *vt*
salir, maculer

smug [smʌg] *adj* suffisant(e),

content(e) de soi

smuggle [smʌgl] *vt* passer en
contrebande *or* en fraude; **smuggling** *n*
contrebande f

snack [snæk] *n* casse-croûte m *inv*;
snack bar *n* snack(-bar) m

snag [snæg] *n* inconvénient m,
difficulté f

snail [sneɪl] *n* escargot m

snake [sneɪk] *n* serpent m

snap [snæp] *n (sound)* claquement
m, bruit sec; *(photograph)* photo f,
instantané m ▷ *adj* subit(e), fait(e) sans
réfléchir ▷ *vt (fingers)* faire claquer;
(break) casser net ▷ *vi* se casser net *or*
avec un bruit sec; *(speak sharply)* parler
d'un ton brusque; **to ~ open/shut**
s'ouvrir/se refermer brusquement;
snap at *vt fus (subj: dog)* essayer de
mordre; **snap up** *vt* sauter sur, saisir;
snapshot *n* photo f, instantané m

snarl [sna:l] *vi* gronder

snatch [snætʃ] *n (small amount)* ▷ *vt*
saisir *(d'un geste vif); (steal)* voler; **to ~
some sleep** arriver à dormir un peu

sneak [sni:k] *(US: pt* **snuck**) *vi:* **to ~
in/out** entrer/sortir furtivement *or* à
la dérobée ▷ *n (inf: informer)* faux
jeton; **to ~ up on sb** s'approcher de qn
sans faire de bruit; **sneakers** *npl* tennis
mpl, baskets fpl

sneer [snɪə^r] *vi* ricaner; **to ~ at sb/sth**
se moquer de qn/qch avec mépris

sneeze [sni:z] *vi* éternuer

sniff [snɪf] *vi* renifler ▷ *vt* renifler,
flairer; *(glue, drug)* sniffer, respirer

snigger [snɪgə^r] *vi* ricaner

snip [snɪp] *n (cut)* entaille f; *(BRIT: inf:
bargain)* (bonne) occasion *or* affaire f
▷ *vt* couper

sniper [snaɪpə^r] *n* tireur embusqué

snob [snɔb] *n* snob m/f

snooker [snu:kə^r] *n* sorte de jeu de
billard

snoop [snu:p] *vi:* **to ~ about** fureter

snooze [snu:z] *n* petit somme ▷ *vi*
faire un petit somme

snore [snɔ:^r] *vi* ronfler ▷ *n*

ronflement m

snorkel ['snɔːkl] n (of swimmer) tuba m

snort [snɔːt] n grognement m ▷ vi grogner; (horse) renâcler

snow [snəʊ] n neige f ▷ vi neiger; **snowball** n boule f de neige; **snowdrift** n congère f; **snowman** (irreg) n bonhomme m de neige; **snowplough** (us **snowplow**) n chasse-neige m inv; **snowstorm** n tempête f de neige

snub [snʌb] vt repousser, snober ▷ n rebuffade f

snug [snʌg] adj douillet(te), confortable; (person) bien au chaud

○ **KEYWORD**

so [səʊ] adv **1** (thus, likewise) ainsi, de cette façon; **if so** si oui; **so do or have I** moi aussi; **it's 5 o'clock - so it is!** il est 5 heures - en effet! or c'est vrai!; **I hope/think so** je l'espère/le crois; **so far** jusqu'ici, jusqu'à maintenant; (in past) jusque-là

2 (in comparisons etc: to such a degree) si, tellement; **so big (that)** si or tellement grand (que); **she's not as clever as her brother** elle n'est pas aussi intelligente que son frère

3: so much adj, adv tant (de); **I've got so much work** j'ai tant de travail; **I love you so much** je vous aime tant; **so many** tant (de)

4 (phrases): **10 or so** à peu près or environ 10; **so long!** (inf: goodbye) au revoir!, à un de ces jours!; **so (what)?** (inf) (bon) et alors?, et après?

▷ conj **1** (expressing purpose): **so as to do** pour faire, afin de faire; **so (that)** pour que or afin que + sub

2 (expressing result) donc, par conséquent; **so that** si bien que; **so that's the reason!** c'est donc (pour) ça!, **so you see, I could have gone** alors tu vois, j'aurais pu y aller

soak [səʊk] vt faire or laisser tremper; (drench) tremper ▷ vi tremper; **soak up**

vt absorber; **soaking** adj (also: **soaking wet**) trempé(e)

so-and-so ['səʊənsəʊ] n (somebody) un(e) tel(le)

soap [səʊp] n savon m; **soap opera** n feuilleton télévisé (quotidienneté réaliste ou embellie); **soap powder** n lessive f, détergent m

soar [sɔːʳ] vi monter (en flèche), s'élancer; (building) s'élancer

sob [sɔb] n sanglot m ▷ vi sangloter

sober ['səʊbəʳ] adj qui n'est pas (or plus) ivre; (serious) sérieux(-euse), sensé(e); (colour, style) sobre, discret(-ète); **sober up** vi se dégriser

so-called ['səʊ'kɔːld] adj soi-disant inv

soccer ['sɔkəʳ] n football m

sociable ['səʊʃəbl] adj sociable

social ['səʊʃl] adj social(e); (sociable) sociable ▷ n (petite) fête; **socialism** n socialisme m; **socialist** adj, n socialiste (m/f); **socialize** vi: **to socialize with** (meet often) fréquenter; (get to know) lier connaissance or parler avec; **social life** n vie sociale; **socially** adv socialement, en société; **social networking** n réseaux mpl sociaux; **social security** n aide sociale; **social services** npl services sociaux; **social work** n assistance sociale; **social worker** n assistant(e) social(e)

society [sə'saɪətɪ] n société f; (club) société, association f; (also: **high ~**) (haute) société, grand monde

sociology [səʊsɪ'ɔlədʒɪ] n sociologie f

sock [sɔk] n chaussette f

socket ['sɔkɪt] n cavité f; (Elec: also: **wall ~**) prise f de courant

soda ['səʊdə] n (Chem) soude f; (also: **~ water**) eau f de Seltz; (us: also: **~ pop**) soda m

sodium ['səʊdɪəm] n sodium m

sofa ['səʊfə] n sofa m, canapé m; **sofa bed** n canapé-lit m

soft [sɔft] adj (not rough) doux (douce); (not hard) doux, mou (molle); (not loud) doux, léger(-ère); (kind) doux, gentil(le); **soft drink** n boisson non alcoolisée;

soft drugs npl drogues douces; **soften**
['sɒfn] vt (r)amollir; (fig) adoucir ▷ vi
se ramollir; (fig) s'adoucir; **softly** adv
doucement; (touch) légèrement; (kiss)
tendrement; **software** n (Comput)
logiciel m, software m

soggy ['sɒgɪ] adj (clothes) trempé(e);
(ground) détrempé(e)

soil [sɔɪl] n (earth) sol m, terre f ▷ vt salir;
(fig) souiller

solar ['səʊləʳ] adj solaire; **solar power**
n énergie f solaire; **solar system** n
système m solaire

sold [səʊld] pt, pp of **sell**

soldier ['səʊldʒəʳ] n soldat m,
militaire m

sold out adj (Comm) épuisé(e)

sole [səʊl] n (of foot) plante f; (of shoe)
semelle f; (fish: pl inv) sole f ▷ adj
seul(e), unique; **solely** adv seulement,
uniquement

solemn ['sɒləm] adj solennel(le);
(person) sérieux(-euse), grave

solicitor [sə'lɪsɪtəʳ] n (Brit: for wills etc)
≈ notaire f; (: in court) ≈ avocat m

solid ['sɒlɪd] adj (not liquid) solide; (not
hollow: mass) compact(e); (: metal, rock,
wood) massif(-ive) ▷ n solide m

solitary ['sɒlɪtərɪ] adj solitaire

solitude ['sɒlɪtjuːd] n solitude f

solo ['səʊləʊ] n solo m ▷ adv (fly) en
solitaire; **soloist** n soliste m/f

soluble ['sɒljʊbl] adj soluble

solution [sə'luːʃən] n solution f

solve [sɒlv] vt résoudre

solvent ['sɒlvənt] adj (Comm) solvable
▷ n (Chem) (dis)solvant m

sombre, (us **somber**) ['sɒmbəʳ] adj
sombre, morne

KEYWORD

some [sʌm] adj **1** (a certain amount
or number of): **some tea/water/ice
cream** du thé/de l'eau/de la glace;
some children/apples des enfants/
pommes; **I've got some money but
not much** j'ai de l'argent mais pas

beaucoup
2 (certain: in contrasts): **some people
say that ...** il y a des gens qui disent
que ...; **some films were excellent,
but most were mediocre** il demandait un
films étaient excellents, mais la plupart
étaient médiocres
3 (unspecified): **some woman was
asking for you** il y avait une dame qui
vous demandait; **he was asking for
some book (or other)** il demandait un
livre quelconque; **some day** un de ces
jours; **some day next week** un jour la
semaine prochaine
▷ pron **1** (a certain number) quelques-
un(e)s, certain(e)s; **I've got some**
(books etc) j'en ai (quelques-uns); **some
(of them) have been sold** certains ont
été vendus
2 (a certain amount) un peu; **I've got
some** (money, milk) j'en ai (un peu);
would you like some? est-ce que vous
en voulez?, en voulez-vous?; **could I
have some of that cheese?** pourrais-
je avoir un peu de ce fromage?; **I've
read some of the book** j'ai lu une
partie du livre
▷ adv: **some 10 people** quelque 10
personnes, 10 personnes environ;
somebody ['sʌmbədɪ] pron
= **someone**; **somehow** adv d'une
façon ou d'une autre; (for some
reason) pour une raison ou une
autre; **someone** pron quelqu'un;
someplace adv (us) = **somewhere**;
something pron quelque chose m;
something interesting quelque
chose d'intéressant; **something to do**
quelque chose à faire; **sometime** adv
(in future) un de ces jours, un jour ou
l'autre; (in past): **sometime last month**
au cours du mois dernier; **sometimes**
adv quelquefois, parfois; **somewhat**
adv quelque peu, un peu; **somewhere**
adv quelque part; **somewhere else**
ailleurs, autre part

son [sʌn] n fils m

song [sɒŋ] n chanson f; (of bird) chant m

son-in-law ['sʌnɪnlɔː] n gendre m, beau-fils m

soon [suːn] adv bientôt; (early) tôt; **~ afterwards** peu après; see also **as**; **sooner** adv (time) plus tôt; (preference) **I would sooner do that** j'aimerais autant or je préférerais faire ça; **sooner or later** tôt ou tard

soothe [suːð] vt calmer, apaiser

sophisticated [sə'fɪstɪkeɪtɪd] adj raffiné(e), sophistiqué(e); (machinery) hautement perfectionné(e), très complexe

sophomore ['sɒfəmɔː¹] n (us) étudiant(e) de seconde année

soprano [sə'prɑːnəu] n (singer) soprano m/f

sorbet ['sɔːbeɪ] n sorbet m

sordid ['sɔːdɪd] adj sordide

sore [sɔː¹] adj (painful) douloureux(-euse), sensible ▷ n plaie f

sorrow ['sɒrəu] n peine f, chagrin m

sorry ['sɒrɪ] adj désolé(e); (condition, excuse, tale) triste, déplorable; **~!** pardon!, excusez-moi!; **~?** pardon? **to feel ~ for sb** plaindre qn

sort [sɔːt] n genre m, espèce f, sorte f (make: of coffee, car etc) marque f ▷ vt (also: **~ out**: select which to keep) trier; (classify) classer; (tidy) ranger; **sort out** vt (problem) résoudre, régler

SOS n SOS m

so-so ['səusəu] adv comme ci comme ça

sought [sɔːt] pt, pp of **seek**

soul [səul] n âme f

sound [saund] adj (healthy) en bonne santé, sain(e); (safe, not damaged) solide, en bon état; (reliable, not superficial) sérieux(-euse), solide; (sensible) sensé(e) ▷ adv: **~ asleep** profondément endormi(e) ▷ n (noise, volume) son m; (louder) bruit m; (Geo) détroit m, bras m de mer ▷ vt (alarm) sonner ▷ vi sonner, retentir; (fig: seem) sembler (être); **to ~ like** ressembler à; **sound bite** n phrase toute faite (pour être citée dans les médias); **soundtrack** n (of film) bande f sonore

soup [suːp] n soupe f, potage m

sour ['sauə¹] adj aigre; **it's ~ grapes** c'est du dépit

source [sɔːs] n source f

south [sauθ] n sud m ▷ adj sud inv; (wind) du sud ▷ adv au sud, vers le sud; **South Africa** n Afrique f du Sud; **South African** adj sud-africain(e) ▷ n Sud-Africain(e); **South America** n Amérique f du Sud; **South American** adj sud-américain(e); ▷ n Sud-Américain(e); **southbound** adj en direction du sud; (carriageway) sud inv; **south-east** n sud-est m; **southeastern** [sauθ'iːstən] adj du or au sud-est; **southern** ['sʌðən] adj (du) sud; méridional(e); **South Korea** n Corée f du Sud; **South of France** n: **the South of France** le Sud de la France, le Midi; **South Pole** n Pôle m Sud; **southward(s)** adv vers le sud; **southwest** n sud-ouest m; **southwestern** [sauθ'westən] adj du or au sud-ouest

souvenir [suːvə'nɪə¹] n souvenir m (objet)

sovereign ['sɒvrɪn] adj, n souverain(e)

sow¹ [sau] (pt **-ed**, pp **-n**) vt semer

sow² [sau] n truie f

soya ['sɔɪə] (us **soy** [sɔɪ]) n: **~ bean** graine f de soja; **~ sauce** sauce f au soja

spa [spɑː] n (town) station thermale; (us: also: **health ~**) établissement m de cure de rajeunissement

space [speɪs] n (gen) espace m; (room) place f; espace; (length of time) laps m de temps ▷ cpd spatial(e) ▷ vt (also: **~ out**) espacer; **spacecraft** n engin or vaisseau spatial; **spaceship** n = **spacecraft**

spacious ['speɪʃəs] adj spacieux(-euse), grand(e)

spade [speɪd] n (tool) bêche f, pelle f; (child's) pelle; **spades** npl (Cards) pique f

spaghetti [spə'ɡetɪ] n spaghetti mpl

Spain [speɪn] n Espagne f

spam [spæm] n (Comput) pourriel m

span [spæn] n (of bird, plane) envergure f; (of arch) portée f; (in time) espace m de temps, durée f ▷ vt enjamber, franchir; (fig) couvrir, embrasser

Spaniard ['spænjəd] n Espagnol(e)

Spanish ['spænɪʃ] adj espagnol(e), d'Espagne ▷ n (Ling) espagnol m; **the Spanish** npl les Espagnols

spank [spæŋk] vt donner une fessée à

spanner ['spænəʳ] n (BRIT) clé f (de mécanicien)

spare [spɛəʳ] adj de réserve, de rechange; (surplus) de or en trop, de reste ▷ n (part) pièce f de rechange, pièce détachée ▷ vt (do without): **to** ~ se passer de; (afford to give) accorder, passer; (not hurt) épargner; **to ~** (surplus) en surplus, de trop; **spare part** n pièce f de rechange, pièce détachée; **spare room** n chambre f d'ami; **spare time** n moments mpl de loisir; **spare tyre** (US **spare tire**) n (Aut) pneu m de rechange; **spare wheel** n (Aut) roue f de secours

spark [spɑːk] n étincelle f; **spark(ing) plug** n bougie f

sparkle ['spɑːkl] n scintillement m, étincellement m, éclat m ▷ vi étinceler, scintiller

sparkling ['spɑːklɪŋ] adj (wine) mousseux(-euse), pétillant(e); (water) pétillant(e), gazeux(-euse)

sparrow ['spærəu] n moineau m

sparse [spɑːs] adj clairsemé(e)

spasm ['spæzəm] n (Med) spasme m

spat [spæt] pt, pp of **spit**

spate [speɪt] n (fig): ~ **of** avalanche f or torrent m de

spatula ['spætjulə] n spatule f

speak [spiːk] (pt **spoke**, pp **spoken**) [spiːk, spəuk, 'spəukn] vt (language) parler; (truth) dire ▷ vi parler; (make a speech) prendre la parole; **to ~ to sb/of** or **about sth** parler à qn/de qch; **I don't ~ French** je ne parle pas français; **do you ~ English?** parlez-vous anglais?; **can I ~ to ...?** est-ce que je peux parler

à ...?; **speaker** n (in public) orateur m; (also: **loudspeaker**) haut-parleur m; (for stereo etc) baffle m, enceinte f; (Pol): **the Speaker** (BRIT) le président de la Chambre des communes or des représentants; (US) le président de la Chambre

spear [spɪəʳ] n lance f ▷ vt transpercer

special ['spɛʃl] adj spécial(e); **special delivery** n (Post): **by special delivery** en express; **special effects** npl (Cine) effets spéciaux; **specialist** n spécialiste m/f; **speciality** [spɛʃɪˈælɪtɪ] n (BRIT) spécialité f; **specialize** vi: **to specialize (in)** se spécialiser (dans); **specially** adv spécialement, particulièrement; **special needs** npl (BRIT) difficultés fpl d'apprentissage scolaire; **special offer** n (Comm) réclame f; **special school** n (BRIT) établissement m d'enseignement spécialisé; **specialty** n (US) = **speciality**

species ['spiːʃiːz] n (pl inv) espèce f

specific [spəˈsɪfɪk] adj (not vague) précis(e), explicite; (particular) particulier(-ière); **specifically** adv explicitement, précisément; (intend, ask, design) expressément, spécialement

specify ['spɛsɪfaɪ] vt spécifier, préciser

specimen ['spɛsɪmən] n spécimen m, échantillon m; (Med: of blood) prélèvement m; (: of urine) échantillon m

speck [spɛk] n petite tache, petit point; (particle) grain m

spectacle ['spɛktəkl] n spectacle m; **spectacles** npl (BRIT) lunettes fpl; **spectacular** [spɛkˈtækjuləʳ] adj spectaculaire

spectator [spɛkˈteɪtəʳ] n spectateur(-trice)

spectrum (pl **spectra**) ['spɛktrəm, -rə] n spectre m; (fig) gamme f

speculate ['spɛkjuleɪt] vi spéculer; (try to guess): **to ~ about** s'interroger sur

sped [spɛd] pt, pp of **speed**

speech [spiːtʃ] n (faculty) parole f; (talk) discours m, allocution f; (manner of speaking) façon f de parler, langage m;

(enunciation) élocution f; **speechless**
adj muet(te)

peed [spiːd] *n* vitesse f; *(promptness)*
rapidité f ▷ vi *(pt, pp* **sped**: *Aut: exceed
speed limit)* faire un excès de vitesse; **at
full** *or* **top ~** à toute vitesse *or* allure;
speed up *(pt, pp ~ed up)* vi aller plus
vite, accélérer vt accélérer;

speedboat *n* vedette f, hors-bord *m
inv*; **speeding** *n (Aut)* excès *m* de
vitesse; **speed limit** *n* limitation f de
vitesse, vitesse maximale permise;
speedometer [spɪˈdɔmɪtəʳ] *n*
compteur *m* (de vitesse); **speedy** *adj*
rapide, prompt(e)

pell [spɛl] *n (also: magic ~)* sortilège
m, charme *m*; *(period of time)* (courte)
période f ▷ vt *(pt, pp* **spelt** *or* **~ed**) *(in
writing)* écrire, orthographier; *(aloud)*
épeler; *(fig)* signifier; **to cast a ~ on
sb** jeter un sort à qn; **he can't ~** il fait
des fautes d'orthographe; **spell out** vt
(explain) **to ~ sth out for sb** expliquer
qch clairement à qn; **spellchecker**
['spɛltʃɛkəʳ] *n (Comput)* correcteur
m or vérificateur *m* orthographique;
spelling *n* orthographe f

pelt [pɛlt] *pt, pp of* **spell**

pend *(pt, pp* **spent** [spɛnd, spɛnt] vt
(money) dépenser; *(time, life)* passer;
(devote) consacrer; **spending** *n* =
government spending les dépenses
publiques

pent [spɛnt] *pt, pp of* **spend** ▷ *adj
(cartridge, bullets)* vide

perm [spəːm] *n* spermatozoïde *m*;
(semen) sperme *m*

phere [sfɪəʳ] *n* sphère f; *(fig)* sphère,
domaine *m*

pice [spaɪs] *n* épice f ▷ vt épicer;
picy ['spaɪsɪ] *adj* épicé(e), relevé(e);
(fig) piquant(e)

pider ['spaɪdəʳ] *n* araignée f

pike [spaɪk] *n* pointe f; *(Bot)* épi *m*

pill *(pt, pp* **spilt, -t, -d]** vt
renverser; répandre ▷ vi se répandre;
spill over vi déborder

pin [spɪn] *n (revolution of wheel)* tour

m; *(Aviat)* (chute f en) vrille f; *(trip in
car)* petit tour, balade f; *(on ball)* effet *m*
▷ vb *(pt, pp* **spun**) ▷ vt *(wool etc)* filer;
(wheel) faire tourner ▷ vi *(turn)* tourner,
tournoyer

spinach ['spɪnɪtʃ] *n* épinards *mpl*

spinal ['spaɪnl] *adj* vertébral(e),
spinal(e)

spinal cord *n* moelle épinière f

spin doctor *n (inf)* personne employée
*pour présenter un parti politique sous un
jour favorable*

spin-dryer [spɪnˈdraɪəʳ] *n (BRIT)*
essoreuse f

spine [spaɪn] *n* colonne vertébrale;
(thorn) épine f, piquant *m*

spiral ['spaɪərl] *n* spirale f ▷ vi *(fig: prices
etc)* monter en flèche

spire ['spaɪəʳ] *n* flèche f, aiguille f

spirit ['spɪrɪt] *n (soul)* esprit *m*, âme
f; *(ghost)* esprit, revenant *m*; *(mood)*
esprit, état *m* d'esprit; *(courage)*
courage *m*, énergie f; **spirits** *npl (drink)*
spiritueux *mpl*, alcool *m*; **in good ~s** de
bonne humeur

spiritual ['spɪrɪtjuəl] *adj* spirituel(le);
(religious) religieux(-euse)

spit [spɪt] *n (for roasting)* broche f;
(spittle) crachat *m*; *(saliva)* salive f ▷ vi
(pt, pp **spat**) cracher; *(sound)* crépiter;
(rain) crachiner

spite [spaɪt] *n* rancune f, dépit *m* ▷ vt
contrarier, vexer; **in ~ of** en dépit de,
malgré; **spiteful** *adj* malveillant(e),
rancunier(-ière)

splash [splæʃ] *n (sound)* plouf *m*; *(of
colour)* tache f ▷ vt éclabousser ▷ vi
(also: ~ about) barboter, patauger;
splash out vi *(BRIT)* faire une folie

splendid ['splɛndɪd] *adj* splendide,
superbe, magnifique

splinter ['splɪntəʳ] *n (wood)* écharde
f; *(metal)* éclat *m* ▷ vi se fendre; *(glass)*
se briser

split [splɪt] *n* fente f, déchirure f; *(fig:
Pol)* scission f ▷ vb *(pt, pp ~)* ▷ vt fendre,
déchirer; *(party)* diviser; *(work, profits)*
partager, répartir ▷ vi *(break)* se fendre,

se briser; (divide) se diviser; **split up** vi
(couple) se séparer, rompre; (meeting)
se disperser

spoil (pt, pp **-ed** or **-t**) [spɔɪl, -d, -t] vt
(damage) abîmer; (mar) gâcher; (child)
gâter

spoilt [spɔɪlt] pt, pp of **spoil** ▷ adj (child)
gâté(e); (ballot paper) nul(le)

spoke [spəʊk] pt of **speak** ▷ n rayon m

spoken ['spəʊkn] pp of **speak**

spokesman ['spəʊksmən] (irreg) n
porte-parole m inv

spokesperson ['spəʊkspə:sn] n
porte-parole m inv

spokeswoman ['spəʊkswʊmən]
(irreg) n porte-parole m inv

sponge [spʌndʒ] n éponge f; (Culin:
also: ~ **cake**) ≈ biscuit m de Savoie
▷ vt éponger ▷ vi: **to ~ off** or **on** vivre
aux crochets de; **sponge bag** n (BRIT)
trousse f de toilette

sponsor ['spɒnsə*] n (Radio, TV, Sport)
sponsor m; (for application) parrain m,
marraine f; (BRIT: for fund-raising event)
donateur(-trice) f ▷ vt sponsoriser,
parrainer, faire un don à; **sponsorship**
n sponsoring m, parrainage m; dons mpl

spontaneous [spɒnˈteɪnɪəs] adj
spontané(e)

spooky ['spu:kɪ] adj (inf) qui donne la
chair de poule

spoon [spu:n] n cuiller f; **spoonful** n
cuillerée f

sport [spɔ:t] n sport m; (person) chic
type m/chic fille f ▷ vt (wear) arborer;
sport jacket n (US) = **sports jacket**;
sports car n voiture f de sport;
sports centre n (BRIT) centre sportif;
sports jacket n (BRIT) veste f de sport;
sportsman (irreg) n sportif m; **sports
utility vehicle** n véhicule m de loisirs
(de type SUV); **sportswear** n vêtements
mpl de sport; **sportswoman** (irreg) n
sportive f; **sporty** adj sportif(-ive)

spot [spɒt] n tache f; (dot: on pattern)
pois m; (pimple) bouton m; (place)
endroit m, coin m; (small amount): **a ~
of** un peu de ▷ vt (notice) apercevoir,

repérer; **on the ~** sur place, sur les lieux;
(immediately) sur le champ; **spotless** adj
immaculé(e); **spotlight** n projecteur
m; (Aut) phare m auxiliaire

spouse [spauz] n époux (épouse)

sprain [spreɪn] n entorse f, foulure
f ▷ vt: **to ~ one's ankle** se fouler or se
tordre la cheville

sprang [spræŋ] pt of **spring**

sprawl [sprɔ:l] vi s'étaler

spray [spreɪ] n jet m en fines
gouttelettes; (from sea) embruns
mpl; (aerosol) vaporisateur m, bombe
f; (for garden) pulvérisateur m; (of
flowers) petit bouquet ▷ vt vaporiser,
pulvériser; (crops) traiter

spread [spred] n (distribution)
répartition f; (Culin) pâte f à tartiner;
(inf: meal) festin m ▷ vb (pt, pp ~) ▷ vt
(paste, contents) étendre, étaler; (rumour,
disease) répandre, propager; (wealth)
répartir ▷ vi s'étendre; se répandre; se
propager; (stain) s'étaler; **spread out**
vi (people) se disperser; **spreadsheet** n
(Comput) tableur m

spree [spri:] n: **to go on a ~** faire la fête

spring [sprɪŋ] n (season) printemps
m; (leap) bond m, saut m; (coiled metal)
ressort m; (of water) source f ▷ vb (pt
sprang, pp **sprung**) ▷ vi bondir, sauter;
spring up vi (problem) se présenter,
surgir; (plant, buildings) surgir de terre;
spring onion n (BRIT) ciboule f, cive f

sprinkle ['sprɪŋkl] vt: **to ~ water** etc
on, ~ with water etc asperger d'eau
etc; **to ~ sugar** etc **on, ~ with sugar**
etc saupoudrer de sucre etc

sprint [sprɪnt] n sprint m ▷ vi courir à
toute vitesse; (Sport) sprinter

sprung [sprʌŋ] pp of **spring**

spun [spʌn] pt, pp of **spin**

spur [spə:*] n éperon m; (fig) aiguillon
m ▷ vt (also: ~ **on**) éperonner;
aiguillonner; **on the ~ of the moment**
sous l'impulsion du moment

spurt [spə:t] n jet m; (of blood)
jaillissement m; (of energy) regain m,
sursaut m ▷ vi jaillir, gicler

spy [spaɪ] n espion(ne) ▷ vi: **to ~ on** espionner, épier ▷ vt (see) apercevoir

sq. abbr = **square**

squabble ['skwɒbl] vi se chamailler

squad [skwɒd] n (Mil, Police) escouade f, groupe m; (Football) contingent m

squadron ['skwɒdrən] n (Mil) escadron m; (Aviat, Naut) escadrille f

squander ['skwɒndə*] vt gaspiller, dilapider

square [skwɛə*] n carré m; (in town) place f ▷ adj carré(e) ▷ vt (arrange) régler; arranger; (Math) élever au carré; (reconcile) concilier; **all** = quitte; à égalité; **a ~ meal** un repas convenable; **2 metres ~** (de) 2 mètres sur 2; **1 ~ metre** 1 mètre carré; **square root** n racine carrée

squash [skwɒʃ] n (BRIT: drink): **lemon/orange ~** citronnade f/orangeade f; (Sport) squash m; (us: vegetable) courge f ▷ vt écraser

squat [skwɒt] adj petit(e) et épais(se), ramassé(e) ▷ vi (also: **~ down**) s'accroupir; **squatter** n squatter m

squeak [skwi:k] vi (hinge, wheel) grincer; (mouse) pousser un petit cri

squeal [skwi:l] vi pousser un or des cri(s) aigu(s) or perçant(s); (brakes) grincer

squeeze [skwi:z] n pression f ▷ vt presser; (hand, arm) serrer

squid [skwɪd] n calmar m

squint [skwɪnt] vi loucher

squirm [skwɜːm] vi se tortiller

squirrel ['skwɪrəl] n écureuil m

squirt [skwɜːt] vi jaillir, gicler ▷ vt faire gicler

Sr abbr = **senior**

Sri Lanka [srɪ'læŋkə] n Sri Lanka m

St abbr = **saint**; **street**

stab [stæb] n (with knife etc) coup m (de couteau etc); (inf: try): **to have a ~ at (doing) sth** s'essayer à (faire) qch ▷ vt poignarder

stability [stə'bɪlɪtɪ] n stabilité f

stable ['steɪbl] n écurie f ▷ adj stable

stack [stæk] n tas m, pile f ▷ vt empiler,

entasser

stadium ['steɪdɪəm] n stade m

staff [stɑːf] n (work force) personnel m; (BRIT Scol: also: **teaching ~**) professeurs mpl, enseignants mpl, personnel enseignant ▷ vt pourvoir en personnel

stag [stæg] n cerf m

stage [steɪdʒ] n scène f; (platform) estrade f; (point) étape f, stade m; (profession): **the ~** le théâtre ▷ vt (play) monter, mettre en scène; (demonstration) organiser; **in ~s** par étapes, par degrés

> Be careful not to translate *stage* by the French word *stage*.

stagger ['stægə*] vi chanceler, tituber ▷ vt (person: amaze) stupéfier; (hours, holidays) étaler, échelonner; **staggering** adj (amazing) stupéfiant(e), renversant(e)

stagnant ['stægnənt] n stagnant(e)

stag night, stag party n enterrement m de vie de garçon

stain [steɪn] n tache f; (colouring) colorant m ▷ vt tacher; (wood) teindre; **stained glass** n (decorative) verre coloré; (in church) vitraux mpl; **stainless steel** n inox m, acier m inoxydable

staircase ['steəkeɪs] n = **stairway**

stairs [steəz] npl escalier m

stairway ['steəweɪ] n escalier m

stake [steɪk] n pieu m, poteau m; (Comm: interest) intérêts mpl; (Betting) enjeu m ▷ vt risquer, jouer; (also: **~ out**: area) marquer, délimiter; **to be at ~** être en jeu

stale [steɪl] adj (bread) rassis(e); (food) pas frais (fraîche); (beer) éventé(e); (smell) de renfermé; (air) confiné(e)

stalk [stɔːk] n tige f ▷ vt traquer

stall [stɔːl] n (BRIT: in street, market etc) éventaire m, étal m; (in stable) stalle f ▷ vt (Aut) caler; (fig: delay) retarder ▷ vi (Aut) caler; (fig) essayer de gagner du temps; **stalls** npl (BRIT: in cinema, theatre) orchestre m

stamina ['stæmɪnə] n vigueur f, endurance f

stammer ['stæmə^r] n bégaiement m
▷ vi bégayer

stamp [stæmp] n timbre m; (also:
rubber ~) tampon m; (mark, also fig)
empreinte f; (on document) cachet
m ▷ vi: **~ one's foot** taper du
pied ▷ vt (letter) timbrer; (with rubber
stamp) tamponner; **stamp out** vt (fire)
piétiner; (crime) éradiquer; (opposition)
éliminer; **stamped addressed
envelope** n (BRIT) enveloppe
affranchie pour la réponse

stampede [stæm'pi:d] n ruée f; (of
cattle) débandade f

stance [stæns] n position f

stand n (position) position f;
(for taxis) station f (de taxis); (Comm)
étalage m, stand m; (Sport: also: **~s**)
tribune f; (also: **music ~**) pupitre m
▷ vb (pt, pp **stood**) ▷ vi être or se tenir
(debout); (rise) se lever, se mettre
debout; (be placed) se trouver; (remain:
offer etc) rester valable ▷ vt (place)
mettre, poser; (tolerate, withstand)
supporter; (treat, invite) offrir, payer;
to make a ~ prendre position; **to ~
for parliament** (BRIT) se présenter
aux élections (comme candidat à la
députation); **I can't ~ him** je ne peux
pas le voir; **stand back** vi (move back)
reculer, s'écarter; **stand by** vi (be ready)
se tenir prêt(e) ▷ vt fus (opinion) s'en
tenir à; (person) ne pas abandonner,
soutenir; **stand down** vi (withdraw)
se retirer; **stand for** vt fus (signify)
représenter, signifier; (tolerate)
supporter, tolérer; **stand in for** vt fus
remplacer; **stand out** vi (be prominent)
ressortir; **stand up** vi (rise) se lever,
se mettre debout; **stand up for** vt fus
défendre; **stand up to** vt fus tenir tête
à, résister à

standard ['stændəd] n (norm) norme
f, étalon m; (level) niveau m (voulu);
(criterion) critère m; (flag) étendard m
▷ adj (size etc) ordinaire, normal(e);
(model, feature) standard inv; (practice)
courant(e); (text) de base; **standards**

npl (morals) morale f, principes mpl;
standard of living n niveau m de vie

stand-by ticket n (Aviat) billet m
stand-by

standing ['stændɪŋ] adj debout
inv; (permanent) permanent(e) ▷ n
réputation f, rang m, standing m; **of
many years' ~** qui dure or existe depuis
longtemps; **standing order** n (BRIT:
at bank) virement m automatique,
prélèvement m bancaire

standpoint ['stændpɔɪnt] n point m de vue;
standstill n: **at a standstill** à l'arrêt;
(fig) au point mort; **to come to a
standstill** s'immobiliser, s'arrêter

stank [stæŋk] pt of **stink**

staple ['steɪpl] n (for papers) agrafe f
▷ adj (food, crop, industry etc) de base
principal(e) ▷ vt agrafer

star [stɑ:^r] n étoile f; (celebrity) vedette f
▷ vt (Cine) avoir pour vedette; **stars** npl:
the ~s (Astrology) l'horoscope m

starboard ['stɑ:bəd] n tribord m

starch [stɑ:tʃ] n amidon m; (in food)
fécule f

stardom ['stɑ:dəm] n célébrité f

stare [stɛə^r] n regard m fixe ▷ vi: **to ~ at**
regarder fixement

stark [stɑ:k] adj (bleak) désolé(e),
morne ▷ adv: **~ naked** complètement
nu(e)

start [stɑ:t] n commencement m,
début m; (of race) départ m; (sudden
movement) sursaut m; (advantage)
avance f, avantage m ▷ vt commencer;
(cause) déclencher; (rumour)
donner naissance à; (fashion) lancer;
(found: business, newspaper) lancer, créer;
(engine) mettre en marche ▷ vi (begin)
commencer; (begin journey) partir, se
mettre en route; (jump) sursauter; **to ~
doing or to do sth** se mettre à faire qch;
start off vi commencer; (leave) partir;
start out vi (begin) commencer; (set
out) partir; **start up** vi commencer;
(car) démarrer ▷ vt (fight) déclencher;

(business) créer; (car) mettre en marche; **starter** n (Aut) démarreur m; (Sport: official) starter m; (BRIT Culin) entrée f; **starting point** n point m de départ

startle ['staːtl] vt faire sursauter, donner un choc à; **startling** adj surprenant(e), saisissant(e)

starvation [staː'veɪʃən] n faim f, famine f

starve [staːv] vi mourir de faim ▷ vt laisser mourir de faim

state [steɪt] n état m; (Pol) État ▷ vt (declare) déclarer, affirmer; (specify) indiquer, spécifier; **States** npl: **the S~s** les États-Unis; **to be in a ~** être dans tous ses états; **stately** adj majestueux(-euse); **stately home** n manoir m ou château m (ouvert au public); **statement** n déclaration f; (Law) déposition f; **state school** n école publique; **statesman** (irreg) n homme m d'État

static ['stætɪk] n (Radio) parasites mpl; (also: **~ electricity**) électricité f statique ▷ adj statique

station ['steɪʃən] n gare f; (also: **police ~**) poste m ou commissariat m (de police) ▷ vt placer, poster

stationary ['steɪʃnərɪ] adj à l'arrêt, immobile

stationer's (shop) n (BRIT) papeterie f

stationery ['steɪʃnərɪ] n papier m à lettres, petit matériel de bureau

station wagon n (US) break m

statistic [stə'tɪstɪk] n statistique f; **statistics** n (science) statistique f

statue ['stætjuː] n statue f

stature ['stætʃəʳ] n stature f; (fig) envergure f

status ['steɪtəs] n position f, situation f; (prestige) prestige m; (Admin, official position) statut m; **status quo** [-'kwəu] n: **the status quo** le statu quo

statutory ['stætjutrɪ] adj statutaire, prévu(e) par un article de loi

staunch [stɔːntʃ] adj sûr(e), loyal(e)

stay [steɪ] n (period of time) séjour m ▷ vi rester; (reside) loger; (spend some time)

séjourner; **to ~ put** ne pas bouger; **to ~ the night** passer la nuit; **stay away** vi (from person, building) ne pas s'approcher; (from event) ne pas venir; **stay behind** vi rester en arrière; **stay in** vi (at home) rester à la maison; **stay on** vi rester; **stay out** vi (of house) ne pas rentrer; (strikers) rester en grève; **stay up** vi (at night) ne pas se coucher

steadily ['stedɪlɪ] adv (regularly) progressivement; (firmly) fermement; (walk) d'un pas ferme; (fixedly: look) sans détourner les yeux

steady ['stedɪ] adj stable, solide, ferme; (regular) constant(e), régulier(-ière); (person) calme, pondéré(e) ▷ vt assurer, stabiliser; (nerves) calmer; **a ~ boyfriend** un petit ami

steak [steɪk] n (meat) bifteck m, steak m; (fish, pork) tranche f

steal (pt **stole**, pp **stolen**) [stiːl, stəul, 'stəuln] vt, vi voler; (move) se faufiler, se déplacer furtivement; **my wallet has been stolen** on m'a volé mon portefeuille

steam [stiːm] n vapeur f ▷ vt (Culin) cuire à la vapeur ▷ vi fumer; **steam up** vi (window) se couvrir de buée; **to get ~ed up about sth** (fig: inf) s'exciter à propos de qch; **steamy** adj humide; (window) embué(e); (sexy) torride

steel [stiːl] n acier m ▷ cpd d'acier

steep [stiːp] adj raide, escarpé(e); (price) très élevé(e), excessif(-ive) ▷ vt (faire) tremper

steeple ['stiːpl] n clocher m

steer [stɪəʳ] vt diriger; (boat) gouverner; (lead: person) guider, conduire ▷ vi tenir le gouvernail; **steering** n (Aut) conduite f; **steering wheel** n volant m

stem [stem] n (of plant) tige f; (of glass) pied m ▷ vt contenir, endiguer; (attack, spread of disease) juguler

step [step] n pas m; (stair) marche f; (action) mesure f, disposition f ▷ vi: **to ~ forward/back** faire un pas en avant/arrière, avancer/reculer; **steps** npl (BRIT) = **stepladder**; **to be in/out of**

~ (with) (fig) aller dans le sens (de)/être déphasé(e) (par rapport à); **step down** vi (fig) se retirer, se désister; **step in** vi (fig) intervenir; **step up** vt (production, sales) augmenter; (campaign, efforts) intensifier; **stepbrother** n demi-frère m; **stepchild** (pl **~ren**) n beaux-fils m, belle-fille f; **stepdaughter** n belle-fille f; **stepfather** n beau-père m; **stepladder** n (BRIT) escabeau m; **stepmother** n belle-mère f; **stepsister** n demi-sœur f; **stepson** n beau-fils m

stereo ['stɛrɪəʊ] n (sound) stéréo f; (hi-fi) chaîne f stéréo ▷ adj (also: **~phonic**) stéréo(phonique)

stereotype ['stɪərɪətaɪp] n stéréotype m ▷ vt stéréotyper

sterile ['stɛraɪl] adj stérile; **sterilize** ['stɛrɪlaɪz] vt stériliser

sterling ['stɜːlɪŋ] adj (silver) de bon aloi, fin(e) ▷ n (currency) livre f sterling inv

stern [stɜːn] adj sévère ▷ n (Naut) arrière m, poupe f

steroid ['stɪərɔɪd] n stéroïde m

stew [stjuː] n ragoût m ▷ vt, vi cuire à la casserole

steward ['stjuːəd] n (Aviat, Naut, Rail) steward m; **stewardess** n hôtesse f

stick [stɪk] n bâton m; (for walking) canne f; (of chalk etc) morceau m ▷ vb (pt, pp **stuck**) ▷ vt (glue) coller; (thrust): **to ~ sth into** piquer or planter or enfoncer qch dans; (inf: put) mettre, fourrer; (: tolerate) supporter ▷ vi (adhere) tenir, coller; (remain) rester; (get jammed: door, lift) se bloquer; **stick out** vi dépasser, sortir; **stick up** vi dépasser, sortir; **stick up for** vt fus défendre; **sticker** n auto-collant m; **sticking plaster** n sparadrap m, pansement adhésif; **stick insect** n phasme m; **stick shift** n (US Aut) levier m de vitesses

sticky ['stɪkɪ] adj poisseux(-euse); (label) adhésif(-ive); (fig: situation) délicat(e)

stiff [stɪf] adj (gen) raide, rigide; (door, brush) dur(e); (difficult) difficile, ardu(e);

(cold) froid(e), distant(e); (strong, high) fort(e), élevé(e) ▷ adv: **to be bored/scared/frozen** ~ s'ennuyer à mourir/être mort(e) de peur/froid

stifling ['staɪflɪŋ] adj (heat) suffocant(e)

stigma ['stɪgmə] n stigmate m

stiletto [stɪ'lɛtəʊ] n (BRIT: also: **~ heel**) talon m aiguille

still [stɪl] adj immobile ▷ adv (up to this time) encore, toujours; (even) encore; (nonetheless) quand même, tout de même

stimulate ['stɪmjʊleɪt] vt stimuler

stimulus (pl **stimuli**) ['stɪmjʊləs, 'stɪmjʊlaɪ] n stimulant m; (Biol, Psych) stimulus m

sting [stɪŋ] n piqûre f; (organ) dard m ▷ vt, vi (pt, pp **stung**) piquer

stink [stɪŋk] n puanteur f ▷ vi (pt **stank**, pp **stunk**) puer, empester

stir [stɜː] n agitation f, sensation f ▷ vt remuer ▷ vi remuer, bouger; **stir up** vt (trouble) fomenter, provoquer; **stir-fry** vt faire sauter ▷ n: **vegetable stir-fry** légumes sautés à la poêle

stitch [stɪtʃ] n (Sewing) point m; (Knitting) maille f; (Med) point de suture; (pain) point de côté ▷ vt coudre, piquer; (Med) suturer

stock [stɒk] n réserve f, provision f; (Comm) stock m; (Agr) cheptel m, bétail m; (Culin) bouillon m; (Finance) valeurs fpl, titres mpl; (descent, origin) souche f ▷ adj (fig: reply etc) classique ▷ vt (have in stock) avoir, vendre; **in ~** en stock, en magasin; **out of ~** épuisé(e); **to take ~** (fig) faire le point; **~s and shares** valeurs (mobilières), titres; **stockbroker** ['stɒkbrəʊkə'] n agent m de change; **stock cube** n (BRIT Culin) bouillon-cube m; **stock exchange** n Bourse f (des valeurs); **stockholder** ['stɒkhəʊldə'] n (US) actionnaire m/f

stocking ['stɒkɪŋ] n bas m

stock market n Bourse f, marché financier

stole [stəʊl] pt of **steal** ▷ n étole f

stolen ['stəʊln] pp of **steal**

stomach ['stʌmək] n estomac m; (abdomen) ventre m ▷ vt supporter, digérer; **stomachache** n mal m à l'estomac ou au ventre

stone [staun] n pierre f; (pebble) caillou m, galet m; (in fruit) noyau m; (Med) calcul m; (BRIT: weight) = 6.348 kg; 14 pounds ▷ cpd de ou en pierre ▷ vt (person) lancer des pierres sur, lapider; (fruit) dénoyauter

stood [stud] pt, pp of **stand**

stool [stu:l] n tabouret m

stoop [stu:p] vi (also: **have a ~**) être voûté(e); (also: **~ down**: bend) se baisser, se courber

stop [stɔp] n arrêt m; (in punctuation) point m ▷ vt arrêter; (break off) interrompre; (also: **put a ~ to**) mettre fin à; (prevent) empêcher ▷ vi s'arrêter; (rain, noise etc) cesser, s'arrêter; **to ~ doing sth** cesser or arrêter de faire qch; **to ~ sb (from) doing sth** empêcher qn de faire qch; **~ it!** arrête! **stop by** vi s'arrêter (au passage); **stop off** vi faire une courte halte; **stopover** n halte f; (Aviat) escale f; **stoppage** n arrêt m de travail; (obstruction) obstruction f

storage ['stɔ:rɪdʒ] n emmagasinage m

store [stɔ:ʳ] n (stock) provision f, réserve f; (depot) entrepôt m; (BRIT: large shop) grand magasin; (US: shop) magasin m ▷ vt emmagasiner; (information) enregistrer; **stores** npl (food) provisions f; **who knows what is in ~ for us?** qui sait ce que l'avenir nous réserve or ce qui nous attend?; **storekeeper** n (US) commerçant m

storey (US **story**) ['stɔ:rɪ] n étage m

storm [stɔ:m] n tempête f; (thunderstorm) orage m ▷ vi (fig) fulminer ▷ vt prendre d'assaut; **stormy** adj orageux(-euse)

story ['stɔ:rɪ] n histoire f; (Press: article) article m; (US) = **storey**

stout [staut] adj (strong) solide; (fat) gros(se), corpulent(e) ▷ n bière brune

stove [stauv] n (for cooking) fourneau m;

(: small) réchaud m; (for heating) poêle m

straight [streɪt] adj droit(e); (hair) raide; (frank) honnête, franc (franche); (simple) simple ▷ adv (tout) droit; (drink) sec, sans eau; **to put** or **get ~** mettre en ordre, mettre de l'ordre dans; (fig) mettre au clair; **~ away, ~ off** (at once) tout de suite; **straighten** vt ajuster; (bed) arranger; **straighten out** vt (fig) débrouiller; **straighten up** vi (stand up) se redresser; **straightforward** adj simple; (frank) honnête, direct(e)

strain [streɪn] n (Tech) tension f, pression f; (physical) effort m; (mental) tension (nerveuse); (Med) entorse f; (breed: of plants) variété f; (: of animals) race f ▷ vt (fig: resources etc) mettre à rude épreuve, grever; (hurt: back etc) se faire mal à; (vegetables) égoutter; **strains** npl (Mus) accords mpl, accents mpl; **strained** adj (muscle) froissé(e); (laugh etc) forcé(e), contraint(e); (relations) tendu(e); **strainer** n passoire f

strait [streɪt] n (Geo) détroit m; **straits** npl: **to be in dire ~s** (fig) avoir de sérieux ennuis

strand [strænd] n (of thread) fil m, brin m; (of rope) toron m; (of hair) mèche f ▷ vt (boat) échouer; **stranded** adj en rade, en plan

strange [streɪndʒ] adj (not known) inconnu(e); (odd) étrange, bizarre; **strangely** adv étrangement, bizarrement; see also **enough**; **stranger** n (unknown) inconnu(e); (from somewhere else) étranger(-ère)

strangle ['stræŋgl] vt étrangler

strap [stræp] n lanière f, courroie f, sangle f; (of slip, dress) bretelle f

strategic [strə'ti:dʒɪk] adj stratégique

strategy ['strætɪdʒɪ] n stratégie f

straw [strɔ:] n paille f; **that's the last ~!** ça c'est le comble!

strawberry ['strɔ:bərɪ] n fraise f

stray [streɪ] adj (animal) perdu(e), errant(e); (scattered) isolé(e) ▷ vi s'égarer; **~ bullet** balle perdue

S

streak [striːk] n bande f, filet m; (in hair) raie f ⊳ vt zébrer, strier

stream [striːm] n (brook) ruisseau m; (current) courant m, flot m; (of people) défilé ininterrompu, flot m ⊳ vt (Scol) répartir par niveau ⊳ vi ruisseler; to ~ in/out entrer/sortir à flots

street [striːt] n rue f; **streetcar** n (us) tramway m; **street light** n réverbère m; **street map, street plan** n plan m des rues

strength [strɛŋθ] n force f; (of girder, knot etc) solidité f; **strengthen** vt renforcer; (muscle) fortifier; (building, Econ) consolider

strenuous ['strɛnjuəs] adj vigoureux(-euse), énergique; (tiring) ardu(e), fatigant(e)

stress [strɛs] n (force, pressure) pression f; (mental strain) tension (nerveuse), stress m; (accent) accent m; (emphasis) insistance f ⊳ vt insister sur, souligner; (syllable) accentuer; **stressed** adj (tense) stressé(e); (syllable) accentué(e); **stressful** adj (job) stressant(e)

stretch [strɛtʃ] n (of sand etc) étendue f ⊳ vi s'étirer; (extend): to ~ to ou as far as s'étendre jusqu'à ⊳ vt tendre, étirer; (fig) pousser (au maximum); at a ~ d'affilée; **stretch out** vi s'étendre ⊳ vt (arm etc) allonger, tendre; (to spread) étendre

stretcher ['strɛtʃə'] n brancard m, civière f

strict [strɪkt] adj strict(e); **strictly** adv strictement

stride [straɪd] n grand pas, enjambée f ⊳ vi (pt **strode**, pp **stridden**) marcher à grands pas

strike [straɪk] n grève f; (of oil etc) découverte f; (attack) raid m ⊳ vb (pt, pp **struck**) ⊳ vt frapper; (oil etc) trouver, découvrir; (make: agreement, deal) conclure ⊳ vi faire grève; (attack) attaquer; (clock) sonner; to go on ou come out on ~ se mettre en grève, faire grève; to ~ a match frotter une allumette; **striker** n gréviste

m/f; (Sport) buteur m; **striking** adj frappant(e), saisissant(e); (attractive) éblouissant(e)

string [strɪŋ] n ficelle f, fil m; (row: of beads) rang m; (Mus) corde f ⊳ vt (pt, pp **strung**) to ~ out échelonner; to ~ together enchaîner; **the strings** npl (Mus) les instruments mpl à cordes; to **pull ~s** (fig) faire jouer le piston

strip [strɪp] n bande f; (Sport) tenue f ⊳ vt (undress) déshabiller; (paint) décaper; (fig) dégarnir, dépouiller; (also: ~ **down**: machine) démonter ⊳ vi se déshabiller; **strip off** vt (paint etc) décaper ⊳ vi (person) se déshabiller

stripe [straɪp] n raie f, rayure f; (Mil) galon m; **striped** adj rayé(e), à rayures

stripper ['strɪpə'] n strip-teaseuse f

strip-search ['strɪpsəːtʃ] vt: to ~ **sb** fouiller qn (en le faisant se déshabiller)

strive (pt **strove**, pp ~n) [straɪv, strəʊv, 'strɪvn] vi: to ~ for sth/to do/for sth s'efforcer de faire/d'obtenir qch

strode [strəʊd] pt of **stride**

stroke [strəʊk] n coup m; (Med) attaque f; (Swimming: style) (sorte f de) nage f ⊳ vt caresser; at a ~ d'un (seul) coup

stroll [strəʊl] n petite promenade ⊳ vi flâner, se promener nonchalamment; **stroller** n (us: for child) poussette f

strong [strɒŋ] adj (gen) fort(e); (healthy) vigoureux(-euse); (heart, nerves) solide; **they are 50 ~** ils sont au nombre de 50; **stronghold** n forteresse f, fort m; (fig) bastion m; **strongly** adv fortement, avec force; vigoureusement; solidement

strove [strəʊv] pt of **strive**

struck [strʌk] pt, pp of **strike**

structure ['strʌktʃə'] n structure f; (building) construction f

struggle ['strʌgl] n lutte f ⊳ vi lutter, se battre

strung [strʌŋ] pt, pp of **string**

stub [stʌb] n (of cigarette) bout m, mégot m; (of ticket etc) talon m ⊳ vt: to ~ **one's toe (on sth)** se heurter le doigt de pied (contre qch); **stub out** vt écraser

tubble ['stʌbl] n chaume m; (on chin) barbe f de plusieurs jours

tubborn ['stʌbən] adj têtu(e), obstiné(e), opiniâtre

tuck [stʌk] pt, pp of **stick** ▷ adj (jammed) bloqué(e), coincé(e)

tud [stʌd] n (on boots etc) clou m; (collar stud) bouton m de col; (earring) petite boucle d'oreille; (of horses: also: ~ **farm**) écurie f, haras m; (also: ~ **horse**) étalon m ▷ vt (fig): ~**ded with** parsemé(e) or criblé(e) de

tudent ['stjuːdənt] n étudiant(e) ▷ adj (life) estudiantin(e), étudiant(e), d'étudiant; (residence, restaurant) universitaire; (loan, movement) étudiant; **student driver** n (us) (conducteur(-trice)) débutant(e)

students' union n (BRIT: association) ≈ union f des étudiants; (: building) ≈ foyer m des étudiants

tudio ['stjuːdɪəʊ] n studio m, atelier m; (TV etc) studio m; **studio flat** (US **studio apartment**) n studio m

tudy ['stʌdɪ] n étude f; (room) bureau m ▷ vt étudier; (examine) examiner ▷ vi étudier, faire ses études

tuff [stʌf] n (gen) chose(s) f(pl), truc m; (belongings) affaires fpl, trucs; (substance) substance f ▷ vt rembourrer; (Culin) farcir; (inf: push) fourrer; **stuffing** n bourre f, rembourrage m; (Culin) farce f; **stuffy** adj (room) mal ventilé(e) or aéré(e); (ideas) vieux jeu inv

tumble ['stʌmbl] vi trébucher; **to ~ across** or **on** (fig) tomber sur

tump [stʌmp] n souche f; (of limb) moignon m ▷ vt: **to be ~ed** sécher, ne pas savoir que répondre

tun [stʌn] vt (blow) étourdir; (news) abasourdir, stupéfier

tung [stʌŋ] pt, pp of **sting**

tunk [stʌŋk] pp of **stink**

tunned [stʌnd] adj assommé(e); (fig) sidéré(e)

tunning ['stʌnɪŋ] adj (beautiful) étourdissant(e); (news etc)

stupéfiant(e)

stunt [stʌnt] n (in film) cascade f, acrobatie f; (publicity) truc m publicitaire ▷ vt retarder, arrêter

stupid ['stjuːpɪd] adj stupide, bête; **stupidity** [stjuːˈpɪdɪtɪ] n stupidité f, bêtise f

sturdy ['stəːdɪ] adj (person, plant) robuste, vigoureux(-euse); (object) solide

stutter ['stʌtə'] n bégaiement m ▷ vi bégayer

style [staɪl] n style m; (distinction) allure f, cachet m, style; (design) modèle m; **stylish** adj élégant(e), chic inv; **stylist** n (hair stylist) coiffeur(-euse)

sub... [sʌb] prefix sub..., sous-; **subconscious** adj subconscient(e)

subdued [səbˈdjuːd] adj (light) tamisé(e); (person) qui a perdu de son entrain

subject n ['sʌbdʒɪkt] sujet m; (Scol) matière f ▷ vt [səbˈdʒɛkt]: **to ~ to** soumettre à; **to be ~ to** (law) être soumis(e) à; **subjective** [səbˈdʒɛktɪv] adj subjectif(-ive); **subject matter** n (content) contenu m

subjunctive [səbˈdʒʌŋktɪv] n subjonctif m

submarine [sʌbməˈriːn] n sous-marin m

submission [səbˈmɪʃən] n soumission f

submit [səbˈmɪt] vt soumettre ▷ vi se soumettre

subordinate [səˈbɔːdɪnət] adj (junior) subalterne; (Grammar) subordonné(e) ▷ n subordonné(e)

subscribe [səbˈskraɪb] vi cotiser; **to ~ to** (opinion, fund) souscrire à; (newspaper) s'abonner à; être abonné(e) à

subscription [səbˈskrɪpʃən] n (to magazine etc) abonnement m

subsequent ['sʌbsɪkwənt] adj ultérieur(e), suivant(e); **subsequently** adv par la suite

subside [səbˈsaɪd] vi (land) s'affaisser;

(flood) baisser; (wind, feelings) tomber

subsidiary [səbˈsɪdɪərɪ] adj subsidiaire; accessoire; (BRIT Scol: subject) complémentaire ▷ n filiale f

subsidize [ˈsʌbsɪdaɪz] vt subventionner

subsidy [ˈsʌbsɪdɪ] n subvention f

substance [ˈsʌbstəns] n substance f

substantial [səbˈstænʃl] adj substantiel(le); (fig) important(e)

substitute [ˈsʌbstɪtjuːt] n (person) remplaçant m; (thing) succédané m ▷ vt: **to ~ sth/sb for** substituer qch/qn à, remplacer par qch/qn; **substitution** n substitution f

subtitles [ˈsʌbtaɪtlz] npl (Cine) sous-titres mpl

subtle [ˈsʌtl] adj subtil(e)

subtract [səbˈtrækt] vt soustraire, retrancher

suburb [ˈsʌbəːb] n faubourg m; **the ~s** la banlieue; **suburban** [səˈbəːbən] adj de banlieue, suburbain(e)

subway [ˈsʌbweɪ] n (BRIT: underpass) passage souterrain; (us: railway) métro m

succeed [səkˈsiːd] vi réussir ▷ vt succéder à; **to ~ in doing** réussir à faire

success [səkˈses] n succès m; réussite f; **successful** adj (business) prospère, qui réussit; (attempt) couronné(e) de succès; **to be successful (in doing)** réussir (à faire); **successfully** adv avec succès

succession [səkˈseʃən] n succession f

successive [səkˈsesɪv] adj successif(-ive)

successor [səkˈsesəʳ] n successeur m

succumb [səˈkʌm] vi succomber

such [sʌtʃ] adj tel (telle); (of that kind): **~ a book** un livre de ce genre ou pareil, un tel livre; (so much): **~ courage** un tel courage ▷ adv si: **~ a long trip** si long voyage; **~ a lot of** tellement ou tant de; **~ as** (like) tel (telle), comme; **as ~** adv en tant que tel (telle), à proprement parler; **such-and-such** adj tel ou tel (telle ou tel)

suck [sʌk] vt sucer; (breast, bottle) téter

Sudan [suˈdɑːn] n Soudan m

sudden [ˈsʌdn] adj soudain(e), subit(e); **all of a ~** soudain, tout à coup; **suddenly** adv brusquement, tout à coup, soudain

sudoku [suˈdəʊkuː] n sudoku m

sue [suː] vt poursuivre en justice, intenter un procès à

suede [sweɪd] n daim m, cuir suédé

suffer [ˈsʌfəʳ] vt souffrir, subir; (bear) tolérer, supporter, subir ▷ vi souffrir; **to ~ from** (illness) souffrir de, avoir; **suffering** n souffrance(s) f(pl)

suffice [səˈfaɪs] vi suffire

sufficient [səˈfɪʃənt] adj suffisant(e)

suffocate [ˈsʌfəkeɪt] vi suffoquer, étouffer

sugar [ˈʃʊgəʳ] n sucre m ▷ vt sucrer

suggest [səˈdʒest] vt suggérer, proposer; (indicate) sembler indiquer; **suggestion** n suggestion f

suicide [ˈsuɪsaɪd] n suicide m; **~ bombing** attentat m suicide; see also **commit**; **suicide bomber** n kamikaze m/f

suit [suːt] n (man's) costume m, complet m; (woman's) tailleur m, ensemble m; (Cards) couleur f; (lawsuit) procès m ▷ vt (subj: clothes, hairstyle) aller à; (be convenient for) convenir à; (adapt): **to ~ sth to** adapter ou approprier qch à; **well-~ed** (couple) faits l'un pour l'autre, très bien assortis; **suitable** adj qui convient; approprié(e), adéquat(e); **suitcase** n valise f

suite [swiːt] n (of rooms, also Mus) suite f; (furniture): **bedroom/dining room ~** (ensemble m de) chambre f à coucher/salle f à manger; **a three-piece ~** un salon (canapé et deux fauteuils)

sulfur [ˈsʌlfəʳ] (us) n = **sulphur**

sulk [sʌlk] vi bouder

sulphur (us **sulfur**) [ˈsʌlfəʳ] n soufre m

sultana [sʌlˈtɑːnə] n (fruit) raisin (sec) de Smyrne

sum [sʌm] n somme f; (Scol etc) calcul m; **sum up** vt résumer ▷ vi résumer

summarize ['sʌməraɪz] vt résumer

summary ['sʌmərɪ] n résumé m

summer ['sʌmə'] n été m ▷ cpd d'été, estival(e); **in (the)** ~ en été, pendant l'été; **summer holidays** npl grandes vacances; **summertime** n (season) été m

summit ['sʌmɪt] n sommet m; (also: ~ **conference**) (conférence f au) sommet m

summon ['sʌmən] vt appeler, convoquer; **to ~ a witness** citer or assigner un témoin

Sun. abbr (= Sunday) dim

sun [sʌn] n soleil m; **sunbathe** vi prendre un bain de soleil; **sunbed** n lit pliant; (with sun lamp) lit à ultra-violets; **sunblock** n écran m total; **sunburn** n coup m de soleil; **sunburned**, **sunburnt** adj bronzé(e), hâlé(e); (painfully) brûlé(e) par le soleil

Sunday ['sʌndɪ] n dimanche m

sunflower ['sʌnflauə'] n tournesol m

sung [sʌŋ] pp of **sing**

sunglasses ['sʌŋglɑːsɪz] npl lunettes fpl de soleil

sunk [sʌŋk] pp of **sink**

sun: **sunlight** n (lumière f du) soleil m; **sun lounger** n chaise longue; **sunny** adj ensoleillé(e); **it is sunny** il fait (du) soleil, il y a du soleil; **sunrise** n lever m du soleil; **sun roof** n (Aut) toit ouvrant; **sunscreen** n crème f solaire; **sunset** n coucher m du soleil; **sunshade** n (over table) parasol m; **sunshine** n (lumière f du) soleil m; **sunstroke** n insolation f, coup m de soleil; **suntan** n bronzage m; **suntan lotion** n lotion f or lait m solaire; **suntan oil** n huile f solaire

super ['suːpə'] adj (inf) formidable

superb [suːˈpəːb] adj superbe, magnifique

superficial [suːpəˈfɪʃəl] adj superficiel(le)

superintendent [suːpərɪnˈtɛndənt] n directeur(-trice); (Police) ≈ commissaire m

superior [suːˈpɪərɪə'] adj supérieur(e);

(smug) condescendant(e), méprisant(e) ▷ n supérieur(e)

superlative [suːˈpəːlətɪv] n (Ling) superlatif m

supermarket ['suːpəmɑːkɪt] n supermarché m

supernatural [suːpəˈnætʃərəl] adj surnaturel(le) ▷ n: **the** ~ le surnaturel

superpower ['suːpəpauə'] n (Pol) superpuissance f

superstition [suːpəˈstɪʃən] n superstition f

superstitious [suːpəˈstɪʃəs] adj superstitieux(-euse)

superstore ['suːpəstɔː'] n (Brit) hypermarché m, grande surface

supervise ['suːpəvaɪz] vt (children etc) surveiller; (organization, work) diriger; **supervision** [suːpəˈvɪʒən] n surveillance f; (monitoring) contrôle m; (management) direction f; **supervisor** n surveillant(e); (in shop) chef m de rayon

supper ['sʌpə'] n dîner m; (late) souper m

supple ['sʌpl] adj souple

supplement n ['sʌplɪmənt] supplément m ▷ vt [sʌplɪ'mɛnt] ajouter à, compléter

supplier [səˈplaɪə'] n fournisseur m

supply [səˈplaɪ] vt (provide) fournir; (equip): **to ~ (with)** approvisionner ou ravitailler (en); fournir (en) ▷ n provision f, réserve f; (supplying) approvisionnement m; **supplies** npl (food) vivres mpl; (Mil) subsistances fpl

support [səˈpɔːt] n (moral, financial etc) soutien m, appui m; (Tech) support m, soutien m ▷ vt soutenir, supporter; (financially) subvenir aux besoins de; (uphold) être pour, être partisan de, appuyer; (Sport: team) être pour; **supporter** n (Pol etc) partisan(e); (Sport) supporter m

suppose [səˈpəuz] vt, vi supposer; imaginer; **to be ~d to do/be** être censé(e) faire/être; **supposedly** [səˈpəuzɪdlɪ] adv soi-disant; **supposing** conj si, à supposer que + sub

suppress [sə'prɛs] vt (revolt, feeling) réprimer; (information) faire disparaître; (scandal, yawn) étouffer

supreme [su'pri:m] adj suprême

surcharge [sə:'tʃɑːdʒ] n surcharge f

sure [ʃuəʳ] adj (gen) sûr(e); (definite, convinced) sûr, certain(e); **~ !** (of course) bien sûr!; **~ enough** effectivement; **to make ~ of sth/that** s'assurer de qch/que, vérifier qch/que; **surely** adv sûrement; certainement

surf [sə:f] n (waves) ressac m ▷ vt: **to ~ the Net** surfer sur Internet, surfer sur le Net

surface ['sə:fɪs] n surface f ▷ vt (road) poser un revêtement sur ▷ vi remonter à la surface; (fig) faire surface; **by ~ mail** par voie de terre; (by sea) par voie maritime

surfboard ['sə:fbɔːd] n planche f de surf

surfer ['sə:fəʳ] n (in sea) surfeur(-euse); **web** or **net ~** internaute m/f

surfing ['sə:fɪŋ] n surf m

surge [sə:dʒ] n (of emotion) vague f ▷ vi déferler

surgeon ['sə:dʒən] n chirurgien m

surgery ['sə:dʒərɪ] n chirurgie f; (BRIT: room) cabinet m (de consultation); (also: **~ hours**) heures fpl de consultation

surname ['sə:neɪm] n nom m de famille

surpass [sə:'pɑːs] vt surpasser, dépasser

surplus ['sə:pləs] n surplus m, excédent m ▷ adj en surplus, de trop; (Comm) excédentaire

surprise [sə'praɪz] n (gen) surprise f; (astonishment) étonnement m ▷ vt surprendre, étonner; **surprised** adj (look, smile) surpris(e), étonné(e); **to be surprised** être surpris; **surprising** adj surprenant(e), étonnant(e); **surprisingly** adv (easy, helpful) étonnamment, étrangement; **(somewhat) surprisingly, he agreed** curieusement, il a accepté

surrender [sə'rɛndəʳ] n reddition f,

capitulation f ▷ vi se rendre, capituler

surround [sə'raund] vt entourer; (Mil etc) encercler; **surrounding** adj environnant(e); **surroundings** npl environs mpl, alentours mpl

surveillance [sə:'veɪləns] n surveillance f

survey n ['sə:veɪ] enquête f, étude f; (in house buying etc) inspection f, (rapport m d')expertise f; (of land) levé m ▷ vt [sə:'veɪ] (situation) passer en revue; (examine carefully) inspecter; (building) expertiser; (land) faire le levé de; (look at) embrasser du regard; **surveyor** n (of building) expert m; (of land) (arpenteur m) géomètre m

survival [sə'vaɪvl] n survie f

survive [sə'vaɪv] vi survivre; (custom etc) subsister ▷ vt (accident etc) survivre à, réchapper de; (person) survivre à; **survivor** n survivant(e)

suspect adj n ['sʌspɛkt] suspect(e) ▷ vt [səs'pɛkt] soupçonner, suspecter

suspend [səs'pɛnd] vt suspendre; **suspended sentence** n (Law) condamnation f avec sursis; **suspenders** npl (BRIT) jarretelles fpl; (us) bretelles fpl

suspense [səs'pɛns] n attente f, incertitude f; (in film etc) suspense m; **to keep sb in ~** tenir qn en suspens, laisser qn dans l'incertitude

suspension [səs'pɛnʃən] n (gen, Aut) suspension f; (of driving licence) retrait m provisoire; **suspension bridge** n pont suspendu

suspicion [səs'pɪʃən] n soupçon(s) m(pl); **suspicious** adj (suspecting) soupçonneux(-euse), méfiant(e); (causing suspicion) suspect(e)

sustain [səs'teɪn] vt soutenir; (subj: food) nourrir, donner des forces à; (damage) subir; (injury) recevoir

SUV n abbr (esp us = sports utility vehicle) SUV m, véhicule m de loisirs

swallow ['swɔləu] n (bird) hirondelle f ▷ vt avaler; (fig: story) gober

wam [swæm] *pt of* **swim**

wamp [swɔmp] *n* marais *m*, marécage *m* ▷ *vt* submerger

wan [swɔn] *n* cygne *m*

wap [swɔp] *n* échange *m*, troc *m* ▷ *vt*: **to ~ (for)** échanger (contre), troquer (contre)

warm [swɔːm] *n* essaim *m* ▷ *vi* (*bees*) essaimer; (*people*) grouiller; **to be ~ing with** grouiller de

way [swei] *vi* se balancer, osciller ▷ *vt* (*influence*) influencer

wear [swɛəʳ] (*pt* **swore**, *pp* **sworn**) *vt, vi* jurer; **swear in** *vt* assermenter; **swearword** *n* gros mot, juron *m*

weat [swɛt] *n* sueur *f*, transpiration *f* ▷ *vi* suer

weater [swɛtəʳ] *n* tricot *m*, pull *m*

weatshirt [swɛtʃəːt] *n* sweat-shirt *m*

weaty [swɛti] *adj* en sueur, moite *ou* mouillé(e) de sueur

wede [swiːd] *n* Suédois *m*

wede [swiːd] *n* (*BRIT*) rutabaga *m*

Weden [swiːdn] *n* Suède *f*; **Swedish** [swiːdiʃ] *adj* suédois(e) ▷ *n* (*Ling*) suédois *m*

weep [swiːp] *n* (*curve*) grande courbe; (*also*: **chimney ~**) ramoneur *m* ▷ *vb* (*pt, pp* **swept**) ▷ *vt* balayer; (*subj: current*) emporter

weet [swiːt] *n* (*BRIT: pudding*) dessert *m*; (*candy*) bonbon *m* ▷ *adj* doux (douce); (*not savoury*) sucré(e); (*kind*) gentil(le); (*baby*) mignon(ne); **sweetcorn** *n* maïs doux; **sweetener** [swiːtnəʳ] *n* (*Culin*) édulcorant *m*; **sweetheart** *n* amoureux(-euse); **sweetshop** *n* (*BRIT*) confiserie *f*

well [swɛl] *n* (*of sea*) houle *f* ▷ *adj* (*us: inf: excellent*) chouette ▷ *vb* (*pt* **-ed**, *pp* **swollen** *ou* **~ed**) *vt* (*increase*) grossir, augmenter; ▷ *vi* (*increase*) grossir, augmenter; (*sound*) s'enfler; (*Med: also*: **~up**) enfler; **swelling** *n* (*Med*) enflure *f*; (*: lump*) grosseur *f*

wept [swɛpt] *pt, pp of* **sweep**

werve [swəːv] *vi* (*to avoid obstacle*) faire une embardée *ou* un écart; (*off the*

road) dévier

swift [swift] *n* (*bird*) martinet *m* ▷ *adj* rapide, prompt(e)

swim [swim] *n*: **to go for a ~** aller nager *ou* se baigner ▷ *vb* (*pt* **swam**, *pp* **swum**) ▷ *vi* nager; (*Sport*) faire de la natation; (*fig: head, room*) tourner ▷ *vt* traverser (à la nage); **to ~ a length** nager une longueur; **swimmer** *n* nageur(-euse); **swimming** *n* nage *f*, natation *f*; **swimming costume** *n* (*BRIT*) maillot *m* (de bain); **swimming pool** *n* piscine *f*; **swimming trunks** *npl* maillot *m* de bain; **swimsuit** *n* maillot *m* (de bain)

swing [swiŋ] *n* (*in playground*) balançoire *f*; (*movement*) balancement *m*, oscillations *fpl*; (*change in opinion etc*) revirement *m* ▷ *vb* (*pt, pp* **swung**) ▷ *vt* balancer, faire osciller; (*also*: **~round**) tourner, faire virer ▷ *vi* se balancer, osciller; (*also*: **~round**) virer, tourner; **to be in full ~** battre son plein

swipe card [swaip-] *n* carte *f* magnétique

swirl [swəːl] *vi* tourbillonner, tournoyer

Swiss [swis] *adj* suisse ▷ *n* (*pl inv*) Suisse(-esse)

switch [switʃ] *n* (*for light, radio etc*) bouton *m*; (*change*) changement *m*, revirement *m* ▷ *vt* (*change*) changer; **switch off** *vt* éteindre; (*engine, machine*) arrêter; **could you ~ off the light?** pouvez-vous éteindre la lumière?; **switch on** *vt* allumer; (*engine, machine*) mettre en marche; **switchboard** *n* (*Tel*) standard *m*

Switzerland [switsələnd] *n* Suisse *f*

swivel [swivl] *vi* (*also*: **~round**) pivoter, tourner

swollen [swəulən] *pp of* **swell**

swoop [swuːp] *n* (*by police etc*) rafle *f*, descente *f* ▷ *vi* (*bird: also*: **~down**) descendre en piqué, piquer

swop [swɔp] *n, vt* **=swap**

sword [sɔːd] *n* épée *f*; **swordfish** *n* espadon *m*

swore [swɔːʳ] *pt of* **swear**

sworn [swɔːn] *pp of* **swear** ▷ *adj*

(statement, evidence) donné(e) sous
serment; (enemy) juré(e)

swum [swʌm] pp of **swim**

swung [swʌŋ] pt, pp of **swing**

syllable ['sɪləbl] n syllabe f

syllabus ['sɪləbəs] n programme m

symbol ['sɪmbl] n symbole m;
symbolic(al) [sɪm'bɒlɪk(l)] adj
symbolique

symmetrical [sɪ'metrɪkl] adj
symétrique

symmetry ['sɪmɪtrɪ] n symétrie f

sympathetic [sɪmpə'θetɪk] adj
(showing pity) compatissant(e);
(understanding) bienveillant(e),
compréhensif(-ive); **~ towards** bien
disposé(e) envers

> Be careful not to translate
> *sympathetic* by the French word
> *sympathique*.

sympathize ['sɪmpəθaɪz] vi: **to ~
with sb** plaindre qn; (in grief) s'associer
à la douleur de qn; **to ~ with sth**
comprendre qch

sympathy ['sɪmpəθɪ] n (pity)
compassion f

symphony ['sɪmfənɪ] n symphonie f

symptom ['sɪmptəm] n symptôme
m; indice m

synagogue ['sɪnəgɒg] n synagogue f

syndicate ['sɪndɪkɪt] n syndicat m,
coopérative f; (Press) agence f de presse

syndrome ['sɪndrəʊm] n syndrome m

synonym ['sɪnənɪm] n synonyme m

synthetic [sɪn'θetɪk] adj synthétique

Syria ['sɪrɪə] n Syrie f

syringe [sɪ'rɪndʒ] n seringue f

syrup ['sɪrəp] n sirop m; (BRIT: also:
golden ~) mélasse raffinée

system ['sɪstəm] n système m;
(Anat) organisme m; **systematic**
[sɪstə'mætɪk] adj systématique;
méthodique; **systems analyst** n
analyste-programmeur m/f

t

ta [tɑː] excl (BRIT inf) merci!

tab [tæb] n (label) étiquette f; (on drinks
can etc) languette f; **to keep ~s on** (fig)
surveiller

table ['teɪbl] n table f ▷ vt (BRIT: motion
etc) présenter; **a ~ for 4, please** une
table pour 4, s'il vous plaît; **to lay** or
set the ~ mettre le couvert or la table;
tablecloth n nappe f; **table d'hôte**
[tɑːbl'dəʊt] adj (meal) à prix fixe; **table
lamp** n lampe décorative or de table;
tablemat n (for plate) napperon m,
set m; (for hot dish) dessous-de-plat m
inv; **tablespoon** n cuiller f de service;
(also: **tablespoonful**: as measurement)
cuillerée f à soupe

tablet ['tæblɪt] n (Med) comprimé m; (of
stone) plaque f

table tennis n ping-pong m, tennis
m de table

tabloid ['tæblɔɪd] n (newspaper)
quotidien m populaire

taboo [tə'buː] adj, n tabou (m)

tack [tæk] n (nail) petit clou m; (fig)

direction ƒ ▷ vt (nail) clouer; (sew) bâtir ▷ vi (Naut) tirer un ou des bord(s); **to ~ sth on to (the end of) sth** (of letter, book) rajouter qch à la fin de qch

ackle ['tækl] n matériel m, équipement m; (for lifting) appareil m de levage; (Football, Rugby) plaquage m ▷ vt (difficulty, animal, burglar) s'attaquer à; (person: challenge) s'expliquer avec; (Football, Rugby) plaquer

acky ['tæki] adj collant(e); (paint) pas sec (sèche); (pej: poor-quality) minable; (: showing bad taste) ringard(e)

act [tækt] n tact m; **tactful** adj plein(e) de tact

actics ['tæktiks] npl tactique ƒ

actless ['tæktlis] adj qui manque de tact

adpole ['tædpəul] n têtard m

affy ['tæfi] n (us) (bonbon m au) caramel m

ail [teil] n queue ƒ; (of shirt) pan m ▷ vt (follow) suivre, filer; **tails** npl (suit) habit m; see also **head**

ailor ['teilə'] n tailleur m (artisan)

aiwan ['tai'wɑ:n] n Taïwan (no article) **Taiwanese** [taiwə'ni:z] adj taïwanais(e) ▷ n inv Taïwanais(e).

ake [teik] vb (pt **took**, pp **~n**) ▷ vt prendre; (gain: prize) remporter; (require: effort, courage) demander; (tolerate) accepter, supporter; (hold: passengers etc) contenir; (accompany) emmener, accompagner; (bring, carry) apporter, emporter; (exam) passer, se présenter à; **to ~ sth from** (drawer etc) prendre qch dans; (person) prendre qch à; **I ~ it that** je suppose que; **to be ~ ill** tomber malade; **it won't ~ long** ça ne prendra pas longtemps; **I was quite ~n with her/it** elle/cela m'a beaucoup plu; **take after** vt fus ressembler à; **take apart** vt démonter; **take away** vt (carry off) emporter; (remove) enlever; (subtract) soustraire; **take back** vt (return) rendre, rapporter; (one's words) retirer; **take down** vt

(building) démolir; (letter etc) prendre, écrire; **take in** vt (deceive) tromper, rouler; (understand) comprendre, saisir; (include) couvrir, inclure; (lodger) prendre; (dress, waistband) reprendre; **take off** vi (Aviat) décoller ▷ vt (remove) enlever; **take on** vt (work) accepter, se charger de; (employee) prendre, embaucher; (opponent) accepter de se battre contre; **take out** vt sortir; (remove) enlever; (invite) sortir avec; **to ~ sth out of** (out of drawer etc) prendre qch dans; **to ~ sb out to a restaurant** emmener qn au restaurant; **take over** vt (business) reprendre ▷ vi **to ~ over from sb** prendre la relève de qn; **take up** vt (one's story) reprendre; (dress) raccourcir; (occupy: time, space) prendre, occuper; (engage in: hobby etc) se mettre à; (accept: offer, challenge) accepter; **takeaway** (BRIT) adj (food) à emporter ▷ n (shop, restaurant) ≈ magasin m qui vend des plats à emporter; **taken** pp of **take**; **is this seat taken?** la place est-elle prise?; **takeoff** n (Aviat) décollage m; **takeout** adj, n (us) =**takeaway**; **takeover** n (Comm) rachat m; **takings** npl (Comm) recette ƒ

talc [tælk] n (also: **~um powder**) talc m

tale [teil] n (story) conte m, histoire ƒ; (account) récit m; **to tell ~s** (fig) rapporter

talent ['tælnt] n talent m, don m; **talented** adj doué(e), plein(e) de talent

talk [tɔ:k] n (a speech) causerie ƒ, exposé m; (conversation) discussion ƒ; (interview) entretien m; (gossip) racontars mpl (pej) ▷ vi parler; (chatter) bavarder; **talks** npl (Pol etc) entretiens mpl; **to ~ about** parler de; **to ~ sb out of/into doing** persuader qn de ne pas faire/de faire; **to ~ shop** parler métier ou affaires; **talk over** vt discuter (de); **talk show** n (TV, Radio) émission-débat ƒ

tall [tɔ:l] adj (person) grand(e); (building, tree) haut(e); **to be 6 feet ~** ≈ mesurer 1 mètre 80

tambourine [tæmbə'ri:n] n

tambourin m
tame [teɪm] adj apprivoisé(e); (fig: story, style) insipide
tamper ['tæmpər] vi: **to ~ with** toucher à (en cachette ou sans permission)
tampon ['tæmpən] n tampon m hygiénique or périodique
tan [tæn] n (also: **sun~**) bronzage m ▷ vt, vi bronzer, brunir ▷ adj (colour) marron clair inv
tandem ['tændəm] n tandem m
tangerine [tændʒə'riːn] n mandarine f
tangle ['tæŋgl] n enchevêtrement m; **to get in(to) a ~** s'emmêler
tank [tæŋk] n réservoir m; (for fish) aquarium m; (Mil) char m d'assaut, tank m
tanker ['tæŋkər] n (ship) pétrolier m, tanker m; (truck) camion-citerne m
tanned [tænd] adj bronzé(e)
tantrum ['tæntrəm] n accès m de colère
Tanzania [tænzə'niːə] n Tanzanie f
tap [tæp] n (on sink etc) robinet m; (gentle blow) petite tape f ▷ vt frapper or taper légèrement; (resources) exploiter, utiliser; (telephone) mettre sur écoute; **on ~** (fig: resources) disponible; **tap dancing** n claquettes fpl
tape [teɪp] n (for tying) ruban m; (also: **magnetic ~**) bande f (magnétique); (cassette) cassette f; (sticky) Scotch® m ▷ vt (record) enregistrer (au magnétoscope or sur cassette); (stick) coller avec du Scotch®; **tape measure** n mètre m à ruban; **tape recorder** n magnétophone m
tapestry ['tæpɪstrɪ] n tapisserie f
tar [tɑː] n goudron m
target ['tɑːgɪt] n cible f; (fig: objective) objectif m
tariff ['tærɪf] n (Comm) tarif m; (taxes) tarif douanier
tarmac ['tɑːmæk] n (Brit: on road) macadam m; (Aviat) aire f d'envol
tarpaulin [tɑː'pɔːlɪn] n bâche goudronnée
tarragon ['tærəgən] n estragon m
tart [tɑːt] n (Culin) tarte f; (Brit inf pej:

prostitute) poule f ▷ adj (flavour) âpre, aigrelet(te)
tartan ['tɑːtn] n tartan m ▷ adj écossais(e)
tartar(e) sauce n sauce f tartare
task [tɑːsk] n tâche f; **to take to ~** prendre à partie
taste [teɪst] n goût m; (fig: glimpse, idea) idée f, aperçu m ▷ vt goûter ▷ vi: **to ~ of** (fish etc) avoir le or un goût de; **you can ~ the garlic (in it)** on sent bien l'ail; **to have a ~ of sth** goûter (à) qch; **can I have a ~?** je peux goûter?; **to be in good/bad** or **poor ~** être de bon/mauvais goût; **tasteful** adj de bon goût; **tasteless** adj (food) insipide; (remark) de mauvais goût; **tasty** adj savoureux(-euse), délicieux(-euse)
tatters ['tætəz] npl: **in ~** (also: **tattered**) en lambeaux
tattoo [tə'tuː] n tatouage m; (spectacle) parade f militaire ▷ vt tatouer
taught [tɔːt] pt, pp of **teach**
taunt [tɔːnt] n raillerie f ▷ vt railler
Taurus ['tɔːrəs] n le Taureau
taut [tɔːt] adj tendu(e)
tax [tæks] n (on goods etc) taxe f; (on income) impôts mpl, contributions fpl ▷ vt taxer; imposer; (fig: patience etc) mettre à l'épreuve; **tax disc** n (Brit Aut) vignette f (automobile); **tax-free** adj exempt(e) d'impôts
taxi ['tæksɪ] n taxi m ▷ vi (Aviat) rouler (lentement) au sol; **can you call me a ~, please?** pouvez-vous m'appeler un taxi, s'il vous plaît?; **taxi driver** n chauffeur m de taxi; **taxi rank**, **taxi stand** n station f de taxis
tax payer [-peɪə¹] n contribuable m/f
tax return n déclaration f d'impôts or de revenus
TB n abbr = **tuberculosis**
tea [tiː] n thé m; (Brit: snack: for children) goûter m; **high ~** (Brit) collation combinant goûter et dîner; **tea bag** n sachet m de thé; **tea break** n (Brit) pause-thé f
teach (pt, pp **taught**) [tiːtʃ, tɔːt] vt: te

~ sb sth, to ~ sth to sb apprendre qch à qn; *(in school etc)* enseigner qch à qn ▷ *vi* enseigner; **teacher** *n (in secondary school)* professeur *m*; *(in primary school)* instituteur(-trice); **teaching** *n* enseignement *m*

ea: tea cloth *n (BRIT)* torchon *m*; **teacup** *n* tasse *f* à thé

ea leaves *npl* feuilles *fpl* de thé

eam [ti:m] *n* équipe *f*; *(of animals)* attelage *m*; **team up** *vi*: **to ~ up (with)** faire équipe (avec)

eapot ['ti:pɔt] *n* théière *f*

ear¹ [tɪəʳ] *n* larme *f*; **in ~s** en larmes

ear² [tɛəʳ] déchirer *f* ▷ *vb (pt* **tore**, *pp* **torn**) ▷ *vt* déchirer ▷ *vi* se déchirer; **tear apart** *vt (also fig)* déchirer; **tear down** *vt (building, statue)* démolir; *(poster, flag)* arracher; **tear off** *vt (sheet of paper etc)* arracher; *(one's clothes)* enlever à toute vitesse; **tear up** *vt (sheet of paper etc)* déchirer, mettre en morceaux *or* pièces

earful ['tɪəful] *adj* larmoyant(e)

ear gas [tɪə-] *n* gaz *m* lacrymogène

earoom ['ti:ru:m] *n* salon *m* de thé

ease [ti:z] *vt* taquiner; *(unkindly)* tourmenter

ea: teaspoon *n* petite cuiller; *(also:* **teaspoonful**: *as measurement)* = cuillerée *f* à café; **teatime** *n* l'heure *f* du thé; **tea towel** *n (BRIT)* torchon *m* (à vaisselle)

echnical ['tɛknɪkl] *adj* technique

echnician [tɛk'nɪʃən] *n* technicien(ne)

echnique [tɛk'ni:k] *n* technique *f*

echnology [tɛk'nɔlədʒɪ] *n* technologie *f*

eddy (bear) ['tɛdɪ-] *n* ours *m* (en peluche)

edious ['ti:dɪəs] *adj* fastidieux(-euse)

ee [ti:] *n (Golf)* tee *m*

een [ti:n] *adj* = **teenage** ▷ *n (US)* = **teenager**

eenage ['ti:neɪdʒ] *adj (fashions etc)* pour jeunes, pour adolescents; *(child)* qui est adolescent(e); **teenager** *n*

adolescent(e)

teens [ti:nz] *npl*: **to be in one's ~** être adolescent(e)

teeth [ti:θ] *npl of* **tooth**

teetotal ['ti:'təutl] *adj (person)* qui ne boit jamais d'alcool

telecommunications ['tɛlɪkəmju:nɪ'keɪʃənz] *n* télécommunications *fpl*

telegram ['tɛlɪgræm] *n* télégramme *m*

telegraph pole ['tɛlɪgrɑ:f-] *n* poteau *m* télégraphique

telephone ['tɛlɪfəun] *n* téléphone *m* ▷ *vt (person)* téléphoner à; *(message)* téléphoner; **to be on the ~** *(be speaking)* être au téléphone; **telephone book** *n* = **telephone directory**; **telephone booth** *(BRIT)* **telephone box** *n* cabine *f* téléphonique; **telephone call** *n* appel *m* téléphonique; **telephone directory** *n* annuaire *m* (du téléphone); **telephone number** *n* numéro *m* de téléphone

telesales ['tɛlɪseɪlz] *npl* télévente *f*

telescope ['tɛlɪskəup] *n* télescope *m*

televise ['tɛlɪvaɪz] *vt* téléviser

television ['tɛlɪvɪʒən] *n* télévision *f*; **on ~** à la télévision; **television programme** *n* émission *f* de télévision

tell *(pt, pp* **told)** [tɛl, təuld] *vt* dire; *(relate: story)* raconter; *(distinguish)*: **to ~ sth from** distinguer qch de ▷ *vi (talk)*: **to ~ of** parler de; *(have effect)* se faire sentir, se voir; **to ~ sb to do** dire à qn de faire; **to ~ the time** *(know how to)* savoir lire l'heure; **tell off** *vt* réprimander, gronder; **teller** *n (in bank)* caissier(-ière)

telly ['tɛlɪ] *n abbr (BRIT inf: = television)* télé *f*

temp [tɛmp] *n (BRIT = temporary worker)* intérimaire *m/f* ▷ *vi* travailler comme intérimaire

temper ['tɛmpəʳ] *n (nature)* caractère *m*; *(mood)* humeur *f*; *(fit of anger)* colère *f* ▷ *vt (moderate)* tempérer, adoucir; **to be in a ~** être en colère; **to lose one's ~** se mettre en colère

temperament ['temprəmənt]
n (nature) tempérament m;
temperamental [temprə'mentl] adj
capricieux(-euse)

temperature ['temprətʃər] n
température f; **to have** or **run a ~** avoir
de la fièvre

temple ['templ] n (building) temple m;
(Anat) tempe f

temporary ['temporary] adj
temporaire, provisoire; (job, worker)
temporaire

tempt [tempt] vt tenter; **to ~ sb into
doing** induire qn à faire; **temptation** n
tentation f; **tempting** adj tentant(e);
(food) appétissant(e)

ten [ten] num dix

tenant ['tenənt] n locataire m/f

tend [tend] vt s'occuper de ▷ vi: **to ~ to
do** avoir tendance à faire; **tendency**
['tendənsi] n tendance f

tender ['tendər] adj tendre; (delicate)
délicat(e); (sore) sensible ▷ n (Comm:
offer) soumission f; (money): **legal ~**
cours légal ▷ vt offrir

tendon ['tendən] n tendon m

tenner ['tenər] n (Brit inf) billet m de
dix livres

tennis ['tenis] n tennis m; **tennis ball**
n balle f de tennis; **tennis court**
(court m de) tennis m; **tennis match**
n match m de tennis; **tennis player**
n joueur(-euse) de tennis; **tennis racket**
n raquette f de tennis

tenor ['tenər] n (Mus) ténor m

tenpin bowling ['tenpin-] n (Brit)
bowling m (à 10 quilles)

tense [tens] adj tendu(e) ▷ n (Ling)
temps m

tension ['tenʃən] n tension f

tent [tent] n tente f

tentative ['tentətɪv] adj timide,
hésitant(e); (conclusion) provisoire

tenth [tenθ] num dixième

tent: tent peg n piquet m de tente; **tent
pole** n montant m de tente

tepid ['tepid] adj tiède

term [təːm] n terme m; (Scol) trimestre

m ▷ vt appeler; **terms** npl (conditions)
conditions fpl; (Comm) tarif m; **in the
short/long ~** à court/long terme; **to
come to ~s with** (problem) faire face à;
to be on good ~s with bien s'entendre
avec, être en bons termes avec

terminal ['tə:minl] adj (disease) dans sa
phase terminale; (patient) incurable ▷ n
(Elec) borne f; (for oil, ore etc, also Comput)
terminal m; (also: **air ~**) aérogare f;
(Brit: also ~ **coach**) gare routière

terminate ['tə:mineit] vt mettre fin à;
(pregnancy) interrompre

termini ['tə:minai] npl of **terminus**

terminology [tə:mi'nɔlədʒi] n
terminologie f

terminus (pl **termini**) ['tə:minəs,
'tə:minai] n terminus m inv

terrace ['terəs] n terrasse f; (Brit: row of
houses) rangée f de maisons (attenantes
les unes aux autres); **the ~s** (Brit Sport)
les gradins mpl; **terraced** adj (garden)
en terrasses; (in a row: house, cottage etc)
attenant(e) aux maisons voisines

terrain [te'rein] n terrain m (sol)

terrestrial [ti'restriəl] adj terrestre

terrible ['teribl] adj terrible, atroce;
(weather, work) affreux(-euse),
épouvantable; **terribly** adv
terriblement; (very badly) affreusement
mal

terrier ['teriər] n terrier m (chien)

terrific [tə'rifik] adj (very
great) fantastique, incroyable,
terrible; (wonderful) formidable,
sensationnel(le)

terrified ['terifaid] adj terrifié(e); **to be
~ of sth** avoir très peur de qch

terrify ['terifai] vt terrifier; **terrifying**
adj terrifiant(e)

territorial [teri'tɔ:riəl] adj
territorial(e)

territory ['teritəri] n territoire m

terror ['terər] n terreur f; **terrorism** n
terrorisme m; **terrorist** n terroriste
m/f; **terrorist attack** n attentat m
terroriste

test [test] n (trial, check) essai m; (of

courage etc) épreuve f; (Med) examen m; (Chem) analyse f; (Scol) interrogation f de contrôle; (also: **driving ~**) (examen du) permis m de conduire ▷ vt essayer; mettre à l'épreuve; examiner; analyser; faire subir une interrogation (de contrôle) à

esticle ['tɛstɪkl] n testicule m

estify ['tɛstɪfaɪ] vi (Law) témoigner, déposer; **to ~ to sth** (Law) attester qch

estimony ['tɛstɪmənɪ] n (Law) témoignage m, déposition f

est test match n (Cricket, Rugby) match international; **test tube** n éprouvette f

etanus ['tɛtənəs] n tétanos m

ext [tɛkst] n texte m; (on mobile phone) SMS m inv, texto® m ▷ vt (inf) envoyer un SMS or texto® à; **textbook** n manuel m

extile ['tɛkstaɪl] n textile m

ext message n SMS m inv, texto® m

ext messaging ['-'mɛsɪdʒɪŋ] n messagerie textuelle

exture ['tɛkstʃə*] n texture f; (of skin, paper etc) grain m

hai [taɪ] adj thaïlandais(e) ▷ n Thaïlandais(e)

Thailand ['taɪlænd] n Thaïlande f

Thames [tɛmz] n: **the ~** la Tamise

than [ðæn, ðən] conj que; (with numerals): **more ~ 10/once** plus de 10/d'une fois; **I have more/less ~ you** j'en ai plus/moins que toi; **she has more apples ~ pears** elle a plus de pommes que de poires; **it is better to phone ~ to write** il vaut mieux téléphoner (plutôt) qu'écrire; **she is older ~ you think** elle est plus âgée que tu le crois

thank [θæŋk] vt remercier, dire merci à; **thanks** npl remerciements mpl ▷ excl merci!; **~ you (very much)** merci (beaucoup); **~ God** Dieu merci; **~s to** prep grâce à; **thankfully** adv (fortunately) heureusement; **Thanksgiving (Day)** n jour m d'action de grâce; voir encadré

● **Thanksgiving (Day)** est un
● jour de congé aux États-Unis,
● le quatrième jeudi du mois de
● novembre, commémorant la bonne
● récolte que les Pèlerins venus de
● Grande-Bretagne ont eue en 1621;
● traditionnellement, c'était un jour
● où l'on remerciait Dieu et où l'on
● organisait un grand festin. Une
● fête semblable, mais qui n'a aucun
● rapport avec les Pères Pèlerins, a
● lieu au Canada le deuxième lundi
● d'octobre.

 KEYWORD

that [ðæt] adj (demonstrative: pl **those**) ce, cet + vowel or h mute, cette f; **that man/woman/book** cet homme/cette femme/ce livre; (not this) cet homme-là/cette femme-là/ce livre-là; **that one** celui-là (celle-là)

▷ pron 1 (demonstrative: pl **those**) ce; (not this one) cela, ça; (that one) celui (celle); **who's that?** qui est-ce?; **what's that?** qu'est-ce que c'est?; **is that you?** c'est toi?; **I prefer this to that** je préfère ceci à cela or ça; **that's what he said** c'est or voilà ce qu'il a dit; **will you eat all that?** est-ce que tu vas manger tout ça?; **that is (to say)** c'est-à-dire, à savoir

2 (relative: subject) qui; (: object) que; (: after prep) lequel (laquelle), lesquels (lesquelles) f; **the man that I saw** le livre que j'ai lu; **the books that are in the library** les livres qui sont dans la bibliothèque; **all that I have** tout ce que j'ai; **the box that I put it in** la boîte dans laquelle je l'ai mis; **the people that I spoke to** les gens auxquels or à qui j'ai parlé

3 (relative: of time) où; **the day that he came** le jour où il est venu

▷ conj que; **he thought that I was ill** il pensait que j'étais malade

▷ adv (demonstrative): **I don't like it that much** ça ne me plaît pas tant que ça; **I didn't know it was that bad** je ne savais pas que c'était si or aussi mauvais; **it's about that high** c'est à peu près de cette hauteur

thatched [θætʃt] adj (roof) de chaume; **~ cottage** chaumière f

thaw [θɔː] n dégel m ▷ vi (ice) fondre; (food) dégeler ▷ vt (food) (faire) dégeler

🔵 **KEYWORD**

the [ðiː, ðə] def art **1** (gen) le, la f, l' + vowel or h mute, les pl (NB: à + le(s) = **au(x)**; de + le = **du**; de + les = **des**); **the boy/girl/ink** le garçon/la fille/l'encre; **the children** les enfants; **the history of the world** l'histoire du monde; **give it to the postman** donne-le au facteur; **to play the piano/flute** jouer du piano/de la flûte
2 (+ adj to form n) le, la f, l' + vowel or h mute, les pl; **the rich and the poor** les riches et les pauvres; **to attempt the impossible** tenter l'impossible
3 (in titles): **Elizabeth the First** Elisabeth première; **Peter the Great** Pierre le Grand
4 (in comparisons): **the more he works, the more he earns** plus il travaille, plus il gagne de l'argent

theatre (us **theater**) [ˈθɪətər] n théâtre m; (Med: also: **operating ~**) salle f d'opération

theft [θɛft] n vol m (larcin)

their [ðɛər] adj leur, leurs pl; see also **my**; **theirs** pron le (la) leur, les leurs; see also **mine¹**

them [ðɛm, ðəm] pron (direct) les; (indirect) leur; (stressed, after prep) eux (elles); **give me a few of ~** donnez m'en quelques uns (or quelques unes); see also **me**

theme [θiːm] n thème m; **theme park** n parc m à thème

themselves [ðəmˈsɛlvz] pl pron (reflexive) se; (emphatic, after prep) eux-mêmes (elles-mêmes); **between ~** entre eux (elles); see also **oneself**

then [ðɛn] adv (at that time) alors, à ce moment-là; (next) puis, ensuite; (and also) et puis ▷ conj (therefore) alors, dans ce cas ▷ adj: **the ~ president** le président d'alors or de l'époque; **by ~** (past) à ce moment-là; (future) d'ici là; **from ~ on** dès lors; **until ~** jusqu'à ce moment-là, jusque-là

theology [θɪˈɒlədʒɪ] n théologie f

theory [ˈθɪərɪ] n théorie f

therapist [ˈθɛrəpɪst] n thérapeute m/f

therapy [ˈθɛrəpɪ] n thérapie f

🔵 **KEYWORD**

there [ðɛər] adv **1**: **there is, there are** il y a; **there are 3 of them** (people, things) il y en a 3; **there is no-one here/no bread left** il n'y a personne/il n'y a plus de pain; **there has been an accident** il y a eu un accident
2 (referring to place) là, là-bas; **it's there** c'est là(-bas); **in/on/up/down there** là-dedans/là-dessus/là-haut/en bas; **he went there on Friday** il y est allé vendredi; **I want that book there** je veux ce livre-là; **there he is!** le voilà!
3: **there, there** (esp to child) allons, allons!

there: **thereabouts** adv (place) par là, près de là; (amount) environ, à peu près; **thereafter** adv par la suite; **thereby** adv ainsi; **therefore** adv donc, par conséquent

there's [ðɛəz] = **there is**; **there has**

thermal [ˈθəːml] adj thermique; **~ underwear** sous-vêtements mpl en Thermolactyl®

thermometer [θəˈmɒmɪtər] n thermomètre m

thermostat [ˈθəːməustæt] n thermostat m

these [ðiːz] pl pron ceux-ci (celles-ci) ▷ pl adj ces; (not those): **~ books** ces

livres-ci

hesis [pl **theses**) ['θi:sɪs, 'θi:si:z] n thèse f

hey [ðeɪ] pl pron ils (elles); (stressed) eux (elles); **~ say that ...** (it is said that) on dit que ...; **they'd = they had; they would; they'll = they shall; they will; they're = they are; they've = they have**

hick [θɪk] adj épais(se); (stupid) bête, borné(e) ▷ n: **in the ~** au beau milieu de, en plein cœur de; **it's 20 cm ~** ça a 20 cm d'épaisseur; **thicken** vi s'épaissir ▷ vt (sauce etc) épaissir; **thickness** n épaisseur f

hief (pl **thieves**) [θi:f, θi:vz] n voleur(-euse)

high [θaɪ] n cuisse f

hin [θɪn] adj mince; (skinny) maigre; (soup) peu épais(se); (hair, crowd) clairsemé(e) ▷ vt (also: **~ down**: sauce, paint) délayer

hing [θɪŋ] n chose f; (object) objet m; (contraction) truc m; **things** npl (belongings) affaires fpl; **the ~ is ...** ce que ...; **the best ~ would be to** le mieux serait de; **how are ~s?** comment ça va?; **to have a ~ about** (be obsessed by) être obsédé(e) par; (hate) détester; **poor ~!** le (or la) pauvre!

hink (pt, pp **thought**) [θɪŋk, θɔ:t] vi penser, réfléchir ▷ vt penser, croire; (imagine) s'imaginer; **what did you ~ of them?** qu'avez-vous pensé d'eux?; **to ~ about sth/sb** penser à qch/qn; **I'll ~ about it** je vais y réfléchir; **to ~ of doing** avoir l'idée de faire; **I ~ so/not** je crois or pense que oui/non; **to ~ well of** avoir une haute opinion de; **think over** vt bien réfléchir à; **think up** vt inventer, trouver

hird [θə:d] num troisième ▷ n (fraction) tiers m; (Aut) troisième (vitesse) f; (BRIT Scol: degree) = licence f avec mention passable; **thirdly** adv troisièmement; **third party insurance** n (BRIT) assurance f au tiers; **Third World** n: **the Third World** le Tiers-Monde

thirst [θə:st] n soif f; **thirsty** adj qui a soif, assoiffé(e); (work) qui donne soif; **to be thirsty** avoir soif

thirteen [θə:'ti:n] num treize; **thirteenth** ['-'ti:nθ] num treizième; **thirtieth** ['θə:tɪɪθ] num trentième; **thirty** ['θə:tɪ] num trente

KEYWORD

this [ðɪs] adj (demonstrative: pl **these**) ce, cet + vowel or h mute, cette f; **this man/woman/book** cet homme/cette femme/ce livre; (not that) cet homme-ci/cette femme-ci/ce livre-ci; **this one** celui-ci (celle-ci)
▷ pron (demonstrative: pl **these**) ce; (not that one) celui-ci (celle-ci), ceci; **who's this?** qui est-ce?; **what's this?** qu'est-ce que c'est?; **I prefer this to that** je préfère ceci à cela; **this is where I live** c'est ici que j'habite; **this is what he said** voici ce qu'il a dit; **this is Mr Brown** (in introductions) je vous présente Mr Brown; (in photo) voici Mr Brown; (on telephone) ici Mr Brown
▷ adv (demonstrative): **it was about this big** c'était à peu près de cette grandeur or grand comme ça; **I didn't know it was this bad** je ne savais pas que c'était si or aussi mauvais

thistle ['θɪsl] n chardon m

thorn [θɔ:n] n épine f

thorough ['θʌrə] adj (search) minutieux(-euse); (knowledge, research) approfondi(e); (work, person) consciencieux(-euse); (cleaning) à fond; **thoroughly** adv (search) minutieusement; (study) en profondeur; (clean) à fond; (very) tout à fait

those [ðəʊz] pl pron ceux-là (celles-là) ▷ pl adj ces; (not these): **~ books** ces livres-là

though [ðəʊ] conj bien que + sub, quoique + sub ▷ adv pourtant

thought [θɔ:t] pt, pp of **think** ▷ n

t

pensée f; (idea) idée f; (opinion) avis m;
thoughtful adj (deep in thought)
pensif(-ive); (serious) réfléchi(e);
(considerate) prévenant(e); **thoughtless**
adj qui manque de considération

thousand ['θauzənd] num thousand; **one
~** mille; **two ~** deux mille; **~s of** des
milliers de; **thousandth** num millième

thrash [θræʃ] vt rouer de coups; (as
punishment) donner une correction à;
(inf: defeat) battre à plate(s) couture(s)

thread [θrɛd] n fil m; (of screw) pas m,
filetage m ▷ vt (needle) enfiler

threat [θrɛt] n menace f; **threaten** vi (also:
(storm) menacer ▷ vt: **to threaten sb
with sth/to do** menacer qn de qch/de
faire; **threatening** adj menaçant(e)

three [θriː] num trois; **three-
dimensional** adj à trois dimensions;
three-piece suite n salon m (canapé
et deux fauteuils); **three-quarters** npl
trois-quarts mpl; **three-quarters full**
aux trois-quarts plein

threshold ['θrɛʃhəuld] n seuil m

threw [θruː] pt of **throw**

thrill [θrɪl] n (excitement) émotion f,
sensation forte; (shudder) frisson m
▷ vt (audience) électriser; **thrilled** adj:
thrilled (with) ravi(e) de; **thriller** n
film m ou roman m ou pièce f à
suspense; **thrilling** adj (book, play
etc) saisissant(e); (news, discovery)
excitant(e)

thriving ['θraɪvɪŋ] adj (business,
community) prospère

throat [θrəut] n gorge f; **to have a sore
~** avoir mal à la gorge

throb [θrɔb] vi (heart) palpiter; (engine)
vibrer; **my head is ~bing** j'ai des
élancements dans la tête

throne [θrəun] n trône m

through [θruː] prep à travers; (time)
pendant, durant; (by means of) par, par
l'intermédiaire de; (owing to) à cause
de ▷ adj (ticket, train, passage) direct(e)
▷ adv à travers; **(from) Monday ~
Friday** (us) de lundi à vendredi; **to put
sb ~ to sb** (Tel) passer qn à qn; **to be**

~ (Brit: Tel) avoir la communication;
(esp us: have finished) avoir fini; **"no ~
traffic"** (us) "passage interdit"; **"no ~
road"** (Brit) "impasse"; **throughout**
prep (place) partout dans; (time) durant
tout(e) le (la) ▷ adv partout

throw [θrəu] n jet m; (Sport) lancer
m ▷ vt (pt **threw**, pp **~n**) lancer, jeter;
(Sport) lancer; (rider) désarçonner; (fig)
décontenancer; **to ~ a party** donner
une réception; **throw away** vt jeter;
(money) gaspiller; **throw in** vt (Sport:
ball) remettre en jeu; (include) ajouter;
throw off vt se débarrasser de; **throw
out** vt jeter; (reject) rejeter; (person)
mettre à la porte; **throw up** vi vomir

thru [θruː] (us) = **through**

thrush [θrʌʃ] n (Zool) grive f

thrust [θrʌst] n (pt, pp **~**) pousser
brusquement; (push in) enfoncer

thud [θʌd] n bruit sourd

thug [θʌg] n voyou m

thumb [θʌm] n (Anat) pouce m ▷ vt: **to
~ a lift** faire de l'auto-stop, arrêter une
voiture; **thumbtack** n (us) punaise
f (clou)

thump [θʌmp] n grand coup; (sound)
bruit sourd ▷ vt cogner sur ▷ vi cogner,
frapper

thunder ['θʌndər] n tonnerre m ▷ vi
tonner; (train etc): **to ~ past** passer dans
un grondement ou un bruit de tonnerre;
thunderstorm n orage m

Thur(s) abbr (= Thursday) jeu

Thursday ['θəːzdɪ] n jeudi m

thus [ðʌs] adv ainsi

thwart [θwɔːt] vt contrecarrer

thyme [taɪm] n thym m

Tibet [tɪ'bɛt] n Tibet m

tick [tɪk] n (sound: of clock) tic-tac m;
(mark) coche f; (Zool) tique f; (Brit
inf): **in a ~** dans un instant ▷ vi faire
tic-tac ▷ vt (item on list) cocher; **tick
off** vt (item on list) cocher; (person)
réprimander, attraper

ticket ['tɪkɪt] n billet m; (for bus, tube)
ticket m; (in shop: on goods) étiquette
f; (for library) carte f; (also: **parking ~**

contravention f, p.-v. m; **ticket barrier** n (BRIT: Rail) portillon m automatique; **ticket collector** n contrôleur(-euse); **ticket inspector** n contrôleur(-euse); **ticket machine** n billetterie f automatique; **ticket office** n guichet m, bureau m de vente des billets

tickle ['tɪkl] vi chatouiller ▷ vt chatouiller; **tickling; ticklish** adj (person) chatouilleux(-euse); (problem) épineux(-euse)

tide [taɪd] n marée f; (fig: of events) cours m

tidy ['taɪdɪ] adj (room) bien rangé(e); (dress, work) net (nette), soigné(e); (person) ordonné(e), qui a de l'ordre ▷ vt (also: **up**) ranger

tie [taɪ] n (string etc) cordon m; (BRIT: also: **neck~**) cravate f; (fig: link) lien m; (Sport: draw) égalité f de points; match nul m ▷ vt (parcel) attacher; (ribbon) nouer ▷ vi (Sport) faire match nul; finir à égalité de points; **to ~ sth in a bow** faire un nœud or un nœud à; **to ~ a knot in sth** faire un nœud à qch; **tie down** vt (fig) **to ~ sb down to** contraindre qn à accepter; **to feel ~d down** (by relationship) se sentir coincé(e); **tie up** vt (parcel) ficeler; (dog, boat) attacher; (prisoner) ligoter; (arrangements) conclure; **to be ~d up** (busy) être pris(e) or occupé(e)

tier [tɪəʳ] n gradin m; (of cake) étage m

tiger ['taɪgəʳ] n tigre m

tight [taɪt] adj (rope) tendu(e), raide; (clothes) étroit(e), très juste; (budget, programme, bend) serré(e); (control) strict(e), sévère; (inf: drunk) ivre, rond(e) ▷ adv (squeeze) très fort; (shut) à bloc, hermétiquement; **hold ~!** accrochez-vous bien!; **tighten** vt (rope) tendre; (screw) resserrer; (control) renforcer ▷ vi se tendre; se resserrer; **tightly** adv (grasp) bien, très fort; **tights** npl (BRIT) collant m

tile [taɪl] n (on roof) tuile f; (on wall or floor) carreau m

till [tɪl] n caisse (enregistreuse) ▷ prep, conj = **until**

tilt [tɪlt] vt pencher, incliner ▷ vi pencher, être incliné(e)

timber ['tɪmbəʳ] n (material) bois m de construction

time [taɪm] n temps m; (epoch: often pl) époque f, temps; (by clock) heure f; (moment) moment m; (occasion, also Math) fois f ▷ vt (race) chronométrer; (programme) minuter; (visit) fixer; (remark etc) choisir le moment de; **a long ~** un long moment, longtemps; **four at a ~** quatre à la fois; **for the ~ being** pour le moment; **from ~ to ~** de temps en temps; **at ~s** parfois; **in ~** (soon enough) à temps; (after some time) avec le temps, à la longue; (Mus) en mesure; **in a week's ~** dans une semaine; **in no ~** en un rien de temps; **any ~** n'importe quand; **on ~** à l'heure; **5 ~s 5** 5 fois 5; **what ~ is it?** quelle heure est-il?; **what ~ is the museum/shop open?** à quelle heure ouvre le musée/magasin?; **to have a good ~** bien s'amuser; **time limit** n limite f de temps, délai m; **timely** adj opportun(e); **timer** n (in kitchen) compte-minutes m inv; (Tech) minuteur m; **time-share** n maison f/appartement m en multipropriété; **timetable** n (Rail) (indicateur m) horaire m; (Scol) emploi m du temps; **time zone** n fuseau m horaire

timid ['tɪmɪd] adj timide; (easily scared) peureux(-euse)

timing ['taɪmɪŋ] n (Sport) chronométrage m; **the ~ of his resignation** le moment choisi pour sa démission

tin [tɪn] n étain m; (also: **~plate**) fer-blanc m; (BRIT: can) boîte f (de conserve); (: for baking) moule m (à gâteau); (for storage) boîte f; **tinfoil** n papier m d'étain or d'aluminium

tingle ['tɪŋgl] vi picoter; (person) avoir des picotements

tinker ['tɪŋkəʳ] n; **tinker with** vt fus bricoler, rafistoler

tinned [tɪnd] *adj* (BRIT: *food*) en boîte, en conserve

tin opener [-'əʊpnə*r*] *n* (BRIT) ouvre-boîte(s) *m*

tinsel ['tɪnsl] *n* guirlandes *fpl* de Noël (argentées)

tint [tɪnt] *n* teinte *f*; (*for hair*) shampooing colorant; **tinted** *adj* (*hair*) teint(e); (*spectacles, glass*) teinté(e)

tiny ['taɪnɪ] *adj* minuscule

tip [tɪp] *n* (*end*) bout *m*; (*gratuity*) pourboire *m*; (BRIT: *for rubbish*) décharge *f*; (*advice*) tuyau *m* ▷ *vt* (*waiter*) donner un pourboire à; (*tilt*) incliner; (*overturn: also* ▷ **over**) renverser; (*empty: also* ▷ **out**) déverser; **how much should I ~?** combien de pourboire est-ce qu'il faut laisser?; **tip off** *vt* prévenir, avertir

tiptoe ['tɪptəʊ] *n*: **on** ~ sur la pointe des pieds

tire ['taɪə*r*] *n* (US) = **tyre** ▷ *vt* fatiguer ▷ *vi* se fatiguer; **tired** *adj* fatigué(e); **to be tired of** en avoir assez de, être las (lasse) de; **tire pressure** (US) = **tyre pressure**; **tiring** *adj* fatigant(e)

tissue ['tɪʃuː] *n* tissu *m*; (*paper handkerchief*) mouchoir *m* en papier, kleenex® *m*; **tissue paper** *n* papier *m* de soie

tit [tɪt] *n* (*bird*) mésange *f*; **to give ~ for tat** rendre coup pour coup

title ['taɪtl] *n* titre *m*

T-junction ['tiː'dʒʌŋkʃən] *n* croisement *m* en T

TM *n abbr* = **trademark**

to [tuː, tə] *prep* 1 (*direction*) à; (*towards*) vers; envers; **to go to France/ Portugal/London/school** aller en France/au Portugal/à Londres/à l'école; **to go to Claude's/the doctor's** aller chez Claude/le docteur; **the road to Edinburgh** la route d'Édimbourg
2 (*as far as*) (jusqu')à; **to count to 10** compter jusqu'à 10; **from 40 to 50**

people de 40 à 50 personnes
3 (*with expressions of time*): **a quarter to 5** 5 heures moins le quart; **it's twenty to 3** il est 3 heures moins vingt
4 (*for, of*) de; **the key to the front door** la clé de la porte d'entrée; **a letter to his wife** une lettre (adressée) à sa femme
5 (*expressing indirect object*) à; **to give sth to sb** donner qch à qn; **to talk to sb** parler à qn; **to be a danger to sb** être dangereux(-euse) pour qn
6 (*in relation to*): **3 goals to 2** 3 (buts) à 2; **30 miles to the gallon** ≈ 9,4 litres aux cent (km)
7 (*purpose, result*): **to come to sb's aid** venir au secours de qn, porter secours à qn; **to sentence sb to death** condamner qn à mort; **to my surprise** à ma grande surprise
▷ *with vb* 1 (*simple infinitive*): **to go/eat** aller/manger
2 (*following another vb*): **to want/ try/start to do** vouloir/essayer de/commencer à faire
3 (*with vb omitted*): **I don't want to** je ne veux pas
4 (*purpose, result*) pour; **I did it to help you** je l'ai fait pour vous aider
5 (*equivalent to relative clause*): **I have things to do** j'ai des choses à faire; **the main thing is to try** l'important est d'essayer
6 (*after adjective etc*): **ready to go** prêt(e) à partir; **too old/young to ...** trop vieux/jeune pour ...
▷ *adv*: **push/pull the door to** tirez/poussez la porte

toad [təʊd] *n* crapaud *m*; **toadstool** *n* champignon *m* (vénéneux)

toast [təʊst] *n* (*Culin*) pain grillé, toast *m*; (*drink, speech*) toast *m* ▷ *vt* (*Culin*) faire griller; (*drink to*) porter un toast à; **toaster** *n* grille-pain *m inv*

tobacco [tə'bækəʊ] *n* tabac *m*

toboggan [tə'bɒgən] *n* toboggan *m*; (*child's*) luge *f*

today [tə'deɪ] adv, n (also fig) aujourd'hui (m)

toddler ['tɒdlə*] n enfant m/f qui commence à marcher, bambin m

toe [təʊ] n doigt m de pied, orteil m; (of shoe) bout m ▷ vt: **to ~ the line** (fig) obéir, se conformer; **toenail** n ongle m de l'orteil

toffee ['tɒfɪ] n caramel m

together [tə'gɛðə*] adv ensemble; (at same time) en même temps; **~ with** prep avec

toilet ['tɔɪlət] n (BRIT: lavatory) toilettes fpl, cabinets mpl ▷ cpd (bag, accessories etc) de toilette; **where's the ~?** où sont les toilettes?; **toilet bag** n (BRIT) nécessaire m de toilette; **toilet paper** n papier m hygiénique; **toiletries** npl articles mpl de toilette; **toilet roll** n rouleau m de papier hygiénique

token ['təʊkən] n (sign) marque f, témoignage m; (metal disc) jeton m ▷ adj (fee, strike) symbolique; **book/record ~** (BRIT) chèque-livre/-disque m

Tokyo ['təʊkjəʊ] n Tokyo

told [təʊld] pt, pp of **tell**

tolerant ['tɒlərnt] adj: **~ (of)** tolérant(e) (à l'égard de)

tolerate ['tɒləreɪt] vt supporter

toll [təʊl] n (tax, charge) péage m ▷ vi (bell) sonner; **the accident ~ on the roads** le nombre des victimes de la route; **toll call** n (us Tel) appel m (à longue distance; **toll-free** adj (us) gratuit(e) ▷ adv gratuitement

tomato [tə'mɑ:təʊ] (pl **~es**) n tomate f; **tomato sauce** n sauce f tomate

tomb [tu:m] n tombe f; **tombstone** n pierre tombale

tomorrow [tə'mɒrəʊ] adv, n (also fig) demain (m); **the day after ~** après-demain; **a week ~** demain en huit; **~ morning** demain matin

ton [tʌn] n tonne f (BRIT = 1016 kg; us = 907 kg; metric = 1000 kg); **~s of** (inf) des tas de

tone [təʊn] n ton m; (of radio, BRIT Tel) tonalité f ▷ vi (also: **~ in**) s'harmoniser;

tone down vt (colour, criticism) adoucir

tongs [tɒŋz] npl pinces fpl; (for coal) pincettes fpl; (for hair) fer m à friser

tongue [tʌŋ] n langue f; **~ in cheek** adv ironiquement

tonic ['tɒnɪk] n (Med) tonique m; (also: **~ water**) Schweppes® m

tonight [tə'naɪt] adv, n cette nuit; (this evening) ce soir

tonne [tʌn] n (BRIT: metric ton) tonne f

tonsil ['tɒnsl] n amygdale f; **tonsillitis** [tɒnsɪ'laɪtɪs] n: **to have tonsillitis** avoir une angine ou une amygdalite

too [tu:] adv (excessively) trop; (also) aussi; **~ much** (as adv) trop; (as adj) trop de; **~ many** adj trop de

took [tʊk] pt of **take**

tool [tu:l] n outil m; **tool box** n boîte f à outils; **tool kit** n trousse f à outils

tooth (pl **teeth**) [tu:θ, ti:θ] n (Anat, Tech) dent f; **to brush one's teeth** se laver les dents; **toothache** n mal m de dents; **to have toothache** avoir mal aux dents; **toothbrush** n brosse f à dents; **toothpaste** n (pâte f) dentifrice m; **toothpick** n cure-dent m

top [tɒp] n (of mountain, head) sommet m; (of page, ladder) haut m; (of box, cupboard, table) dessus m; (lid: of box, jar) couvercle m; (: of bottle) bouchon m; (toy) toupie f; (Dress: blouse etc) haut m; (: of pyjamas) veste f ▷ adj du haut; (in rank) premier(-ière); (best) meilleur(e) ▷ vt (exceed) dépasser; (be first in) être en tête de; **from ~ to bottom** de fond en comble; **on ~ of** sur; (in addition to) en plus de; **over the ~** (inf: behaviour etc) qui dépasse les limites; **top up** (us **top off**) vt (bottle) remplir; (salary) compléter; **to ~ up one's mobile (phone)** recharger son compte; **top floor** n dernier étage; **top hat** n haut-de-forme m

topic ['tɒpɪk] n sujet m, thème m; **topical** adj d'actualité

topless ['tɒplɪs] adj (bather etc) aux seins nus

topping ['tɒpɪŋ] n (Culin) couche de

crème, fromage etc qui recouvre un plat
topple ['tɒpl] *vt* renverser, faire tomber
▷ *vi* basculer; tomber
top-up ['tɒpʌp] *n* (*for mobile phone*)
recharge *f*, minutes *fpl*; **top-up card** *n*
(*for mobile phone*) recharge *f*
torch [tɔːtʃ] *n* torche *f*; (BRIT: *electric*)
lampe *f* de poche
tore [tɔːʳ] *pt of* **tear²**
torment [*n* 'tɔːment] tourment *m*
▷ *vt* [tɔː'ment] tourmenter; (*fig: annoy*)
agacer
torn [tɔːn] *pp of* **tear²**
tornado [tɔː'neɪdəʊ] (*pl* **-es**) *n*
tornade *f*
torpedo [tɔː'piːdəʊ] (*pl* **-es**) *n* torpille *f*
torrent ['tɒrnt] *n* torrent *m*; **torrential**
[tɔ'renʃl] *adj* torrentiel(le)
tortoise ['tɔːtəs] *n* tortue *f*
torture ['tɔːtʃəʳ] *n* torture *f* ▷ *vt*
torturer
Tory ['tɔːrɪ] *adj*, *n* (BRIT Pol) tory *m/f*,
conservateur(-trice)
toss [tɒs] *vt* lancer, jeter; (BRIT: *pancake*)
faire sauter; (*head*) rejeter en arrière
▷ *vi*: **to ~ up for sth** (BRIT) jouer qch à
pile ou face; **to ~ a coin** jouer à pile ou
face; **to ~ and turn** (*in bed*) se tourner
et se retourner
total ['təʊtl] *adj* total(e) ▷ *n* total *m* ▷ *vt*
(*add up*) faire le total de, additionner;
(*amount to*) s'élever à
totalitarian [təʊtælɪ'tɛərɪən] *adj*
totalitaire
totally ['təʊtəlɪ] *adv* totalement
touch [tʌtʃ] *n* contact *m*, toucher *m*;
(*sense, skill: of pianist etc*) toucher *m*;
(*gen*) toucher; (*tamper with*) toucher à;
a ~ of (*fig*) un petit peu de; une touche
de; **to get in ~ with** prendre contact
avec; **to lose ~** (*friends*) se perdre de
vue; **touch down** *vi* (Aviat) atterrir;
(*on sea*) amerrir; **touchdown** *n* (Aviat)
atterrissage *m*; (*on sea*) amerrissage
m; (*us Football*) essai *m*; **touched**
adj (*moved*) touché(e); **touching**
adj touchant(e), attendrissant(e);
touchline *n* (Sport) (ligne *f* de) touche

f; **touch-sensitive** *adj* (*keypad*) à
effleurement; (*screen*) tactile
tough [tʌf] *adj* dur(e); (*resistant*)
résistant(e), solide; (*meat*) dur, coriace;
(*firm*) inflexible; (*task, problem, situation*)
difficile
tour ['tʊəʳ] *n* voyage *m*; (*also: package
~*) voyage organisé; (*of town, museum*)
tour *m*, visite *f*; (*by band*) tournée *f* ▷ *vt*
visiter; **tour guide** *n* (*person*) guide *m/f*
tourism ['tʊərɪzm] *n* tourisme *m*
tourist ['tʊərɪst] *n* touriste *m/f* ▷ *cpd*
touristique; **tourist office** *n* syndicat
m d'initiative
tournament ['tʊənəmənt] *n*
tournoi *m*
tour operator *n* (BRIT) organisateur *m*
de voyages, tour-opérateur *m*
tow [təʊ] *vt* remorquer; (*caravan,
trailer*) tracter; **"on ~"**, (*us*) **"in ~"** (Aut)
"véhicule en remorque"; **tow away** *vt*
(*subj: police*) emmener à la fourrière
(*: breakdown service*) remorquer
toward(s) [tə'wɔːd(z)] *prep* vers;
(*of attitude*) envers, à l'égard de; (*of
purpose*) pour
towel ['taʊəl] *n* serviette *f* (de toilette);
towelling (*fabric*) tissu-éponge *m*
tower ['taʊəʳ] *n* tour *f*; **tower block** *n*
(BRIT) tour *f* (d'habitation)
town [taʊn] *n* ville *f*; **to go to ~** aller
en ville; (*fig*) y mettre le paquet; **town
centre** *n* (BRIT) centre de la ville,
centre-ville *m*; **town hall** *n* ≈ mairie *f*
tow truck *n* (*us*) dépanneuse *f*
toxic ['tɒksɪk] *adj* toxique
toy [tɔɪ] *n* jouet *m*; **toy with** *vt fus*
jouer avec; (*idea*) caresser; **toyshop** *n*
magasin *m* de jouets
trace [treɪs] *n* trace *f* ▷ *vt* (*draw*) tracer,
dessiner; (*follow*) suivre la trace de;
(*locate*) retrouver
tracing paper ['treɪsɪŋ-] *n* papier-
calque *m*
track [træk] *n* (*mark*) trace *f*; (*path:
gen*) chemin *m*, piste *f*; (*: of bullet etc*)
trajectoire *f*; (*: of suspect, animal*) piste
f; (Rail) voie ferrée, rails *mpl*; (*on tape,*

Comput, Sport) piste; (on CD) piste f; (on record) plage f ▷ vt suivre la trace or la piste de; **to keep ~ of** suivre; **track down** vt (prey) trouver et capturer; (sth lost) finir par retrouver; **tracksuit** n survêtement m

tractor ['træktə^r] n tracteur m

trade [treɪd] n commerce m; (skill, job) métier m ▷ vi faire du commerce ▷ vt (exchange): **to ~ sth (for sth)** échanger qch (contre qch); **to ~ with/in** faire du commerce avec/le commerce de; **trade in** vt (old car etc) faire reprendre; **trademark** n marque f de fabrique; **trader** n commerçant(e), négociant(e); **tradesman** (irreg) n (shopkeeper) commerçant m; **trade union** n syndicat m

trading ['treɪdɪŋ] n affaires fpl, commerce m

tradition [trə'dɪʃən] n tradition f; **traditional** adj traditionnel(le)

traffic ['træfɪk] n trafic m; (cars) circulation f ▷ vi: **to ~ in** (pej: liquor, drugs) faire le trafic de; **traffic circle** n (us) rond-point m; **traffic island** n refuge m (pour piétons); **traffic jam** n embouteillage m; **traffic lights** npl feux mpl (de signalisation); **traffic warden** n contractuel(le)

tragedy ['trædʒədɪ] n tragédie f

tragic ['trædʒɪk] adj tragique

trail [treɪl] n (tracks) trace f, piste f; (path) chemin m, piste f; (of smoke etc) traînée f ▷ vt (drag) traîner, tirer; (follow) suivre ▷ vi traîner; (in game, contest) être en retard; **trailer** n (Aut) remorque f; (us) caravane f; (Cine) bande-annonce f

train [treɪn] n train m; (in underground) rame f; (of dress) traîne f; (BRIT: series): **~ of events** série f d'événements ▷ vt (apprentice, doctor etc) former; (Sport) entraîner; (dog) dresser; (memory) exercer; (point: gun etc): **to ~ sth on** braquer qch sur ▷ vi recevoir sa formation; (Sport) s'entraîner; **one's ~ of thought** le fil de sa pensée; **what**

time does the **~ from Paris get in?** à quelle heure arrive le train de Paris?; **is this the ~ for ...?** c'est bien le train pour...?; **trainee** [treɪ'niː] n stagiaire m/f; (in trade) apprenti(e); **trainer** n (Sport) entraîneur(-euse); (of dogs etc) dresseur(-euse); **trainers** npl (shoes) chaussures fpl de sport; **training** n formation f; (Sport) entraînement m; (of dog etc) dressage m; **in training** (Sport) à l'entraînement; (fit) en forme; **training course** n cours m de formation professionnelle; **training shoes** npl chaussures fpl de sport

trait [treɪt] n trait m (de caractère)

traitor ['treɪtə^r] n traître m

tram [træm] n (BRIT: also: **~car**) tram(way) m

tramp [træmp] n (person) vagabond(e), clochard(e); (inf: pej: woman): **to be a ~** être coureuse

trample ['træmpl] vt: **to ~ (underfoot)** piétiner

trampoline ['træmpəliːn] n trampoline m

tranquil ['træŋkwɪl] adj tranquille; **tranquillizer** (us **tranquilizer**) n (Med) tranquillisant m

transaction [træn'zækʃən] n transaction f

transatlantic ['trænzət'læntɪk] adj transatlantique

transcript ['trænskrɪpt] n transcription f (texte)

transfer n ['trænsfə^r] (gen, also Sport) transfert m; (Pol: of power) passation f; (of money) virement m; (picture, design) décalcomanie f; (: stick-on) autocollant m ▷ vt ['træns'fɜ:'] transférer; passer; virer; **to ~ the charges** (BRIT Tel) téléphoner en P.C.V.

transform [træns'fɔ:m] vt transformer; **transformation** n transformation f

transfusion [træns'fjuːʒən] n transfusion f

transit ['trænzɪt] n: **in ~** en transit

transition [træn'zɪʃən] n transition f

transitive ['trænzɪtɪv] adj (Ling) transitif(-ive)

translate [trænz'leɪt] vt: **to ~ (from/into)** traduire (du/en); **can you ~ this for me?** pouvez-vous me traduire ceci?; **translation** [trænz'leɪʃən] n traduction f; (Scol: as opposed to prose) version f; **translator** n traducteur(-trice)

transmission [trænz'mɪʃən] n transmission f

transmit [trænz'mɪt] vt transmettre; (Radio, TV) émettre; **transmitter** n émetteur m

transparent [træns'pærnt] adj transparent(e)

transplant n ['trænsplɑ:nt] (Med) transplantation f

transport n ['trænspɔ:t] transport m ▷ vt [træns'pɔ:t] transporter; **transportation** [trænspɔ:'teɪʃən] n (moyen m de) transport m

transvestite [trænz'vestaɪt] n travesti(e)

trap [træp] n (snare, trick) piège m; (carriage) cabriolet m ▷ vt prendre au piège; (confine) coincer

trash [træʃ] n (pej: goods) camelote f; (: nonsense) sottises fpl; (us: rubbish) ordures fpl; **trash can** n (us) poubelle f

trauma ['trɔ:mə] n traumatisme m; **traumatic** [trɔ:'mætɪk] adj traumatisant(e)

travel ['trævl] n voyage(s) m(pl) ▷ vi voyager; (news, sound) se propager ▷ vt (distance) parcourir; **travel agency** n agence f de voyages; **travel agent** n agent m de voyages; **travel insurance** n assurance-voyage f; **traveller** (us **traveler**) n voyageur(-euse); **traveller's cheque** (us **traveler's check**) n chèque m de voyage; **travelling** (us **traveling**) n voyage(s) m(pl); **travel-sick** adj: **to get travel-sick** avoir le mal de la route (or de mer or de l'air); **travel sickness** n mal m de la route (or de mer or de l'air)

tray [treɪ] n (for carrying) plateau m; (on desk) corbeille f

treacherous ['trɛtʃərəs] adj traître(sse); (ground, tide) dont il faut se méfier

treacle ['tri:kl] n mélasse f

tread [trɛd] n (step) pas m; (sound) bruit m de pas; (of tyre) chape f, bande f de roulement ▷ vi (pt **trod**, pp **trodden**) marcher; **tread on** vt fus marcher sur

treasure ['trɛʒər] n trésor m ▷ vt (value) tenir beaucoup à; **treasurer** n trésorier(-ière)

treasury ['trɛʒərɪ] n: **the T~**, (us) **the T~ Department** = le ministère des Finances

treat [tri:t] n petit cadeau, petite surprise ▷ vt traiter; **to ~ sb to sth** offrir qch à qn; **treatment** n traitement m

treaty ['tri:tɪ] n traité m

treble ['trɛbl] adj triple ▷ vt, vi tripler

tree [tri:] n arbre m

trek [trɛk] n (long walk) randonnée f; (tiring walk) longue marche, trotte f

tremble ['trɛmbl] vi trembler

tremendous [trɪ'mɛndəs] adj (enormous) énorme; (excellent) formidable, fantastique

trench [trɛntʃ] n tranchée f

trend [trɛnd] n (tendency) tendance f; (of events) cours m; (fashion) mode f; **trendy** adj (idea, person) dans le vent; (clothes) dernier cri inv

trespass ['trɛspəs] vi: **to ~ on** s'introduire sans permission dans; **"no ~ing"** "propriété privée", "défense d'entrer"

trial ['traɪəl] n (Law) procès m, jugement m; (test: of machine etc) essai m; **trials** npl (unpleasant experiences) épreuves fpl; **trial period** n période f d'essai

triangle ['traɪæŋgl] n (Math, Mus) triangle m

triangular [traɪ'æŋgjulər] adj triangulaire

tribe [traɪb] n tribu f

tribunal [traɪ'bju:nl] n tribunal m

tribute ['trɪbju:t] n tribut m, hommage

m; **to pay ~ to** rendre hommage à

rick [trɪk] n (magic) tour m; (joke, prank) tour, farce f; (skill, knack) astuce f; (Cards) levée f ▷ vt attraper, rouler; **to play a ~ on sb** jouer un tour à qn; **that should do the ~** (fam) ça devrait faire l'affaire

rickle [trɪkl] n (of water etc) filet m ▷ vi couler en un filet ou goutte à goutte

ricky ['trɪkɪ] adj difficile, délicat(e)

ricycle ['traɪsɪkl] n tricycle m

rifle [traɪfl] n bagatelle f; (Culin) diplomate m ▷ adv: **a ~ long** un peu long

rigger ['trɪgə] n gâchette f

rim [trɪm] adj (house, garden) bien tenu(e); (figure) svelte ▷ n (haircut etc) légère coupe; (on car) garnitures fpl ▷ vt (cut) couper légèrement; (decorate): **to ~ (with)** décorer (de); (Naut: a sail) gréer

rio ['triːəu] n trio m

rip [trɪp] n voyage m; (excursion) excursion f; (stumble) faux pas ▷ vi faire un faux pas, trébucher; **trip up** vi trébucher ▷ vt faire un croc-en-jambe à

riple [trɪpl] adj triple

riplets ['trɪplɪts] npl triplés(-ées)

ripod ['traɪpɔd] n trépied m

riumph ['traɪʌmf] n triomphe m ▷ vi: **to ~ (over)** triompher (de);

triumphant [traɪˈʌmfənt] adj triomphant(e)

rivial ['trɪvɪəl] adj insignifiant(e); (commonplace) banal(e)

rod [trɔd] pt of **tread**

rodden [trɔdn] pp of **tread**

rolley ['trɔlɪ] n chariot m

rombone [trɔmˈbəun] n trombone m

roop [truːp] n bande f, groupe m; **troops** npl (Mil) troupes fpl; (: men) hommes mpl, soldats mpl

rophy ['trəufɪ] n trophée m

ropical ['trɔpɪkl] adj tropical(e)

rot [trɔt] n trot m ▷ vi trotter; **on the ~** (BRIT: fig) d'affilée

rouble ['trʌbl] n difficulté(s) f(pl), problème(s) m(pl); (worry) ennuis mpl, soucis mpl; (bother, effort) peine f; (Pol)

conflit(s) m(pl), troubles mpl; (Med): **stomach etc ~** troubles gastriques etc ▷ vt (disturb) déranger, gêner; (worry) inquiéter ▷ vi: **to ~ to do** prendre la peine de faire; **troubles** npl (Pol etc) troubles; (personal) ennuis, soucis; **to be in ~** avoir des ennuis; (ship, climber etc) être en difficulté; **to have ~ doing sth** avoir du mal à faire qch; **it's no ~!** je vous en prie!; **the ~ is ...** le problème, c'est que ...; **what's the ~?** qu'est-ce qui ne va pas? **troubled** adj (person) inquiet(-ète); (times, life) agité(e); **troublemaker** n élément perturbateur, fauteur m de troubles; **troublesome** adj (child) fatigant(e), difficile; (cough) gênant(e)

trough [trɔf] n (also: **drinking ~**) abreuvoir m; (also: **feeding ~**) auge f; (depression) creux m

trousers ['trauzəz] npl pantalon m; **short ~** (BRIT) culottes courtes

trout [traut] n (pl inv) truite f

trowel ['trauəl] n truelle f; (garden tool) déplantoir m

truant ['truənt] n: **to play ~** (BRIT) faire l'école buissonnière

truce [truːs] n trêve f

truck [trʌk] n camion m; (Rail) wagon m à plate-forme; **truck driver** n camionneur m

true [truː] adj vrai(e); (accurate) exact(e); (genuine) vrai, véritable; (faithful) fidèle; **to come ~** se réaliser

truly ['truːlɪ] adv vraiment, réellement; (truthfully) sans mentir; **yours ~** (in letter) je vous prie d'agréer, Monsieur (or Madame etc), l'expression de mes sentiments respectueux

trumpet ['trʌmpɪt] n trompette f

trunk [trʌŋk] n (of tree, person) tronc m; (of elephant) trompe f; (case) malle f; (us Aut) coffre m; **trunks** npl (also: **swimming ~s**) maillot m ou slip m de bain

trust [trʌst] n confiance f; (responsibility): **to place sth in sb's ~** confier la responsabilité de qch à qn; (Law) fidéicommis m ▷ vt (rely on) avoir confiance en; (entrust): **to ~ sth to sb** confier qch à qn; (hope): **to ~ (that)** espérer (que); **to take sth on ~** accepter qch les yeux fermés; **trusted** adj sur lequel l'on a confiance; **trustworthy** adj digne de confiance

truth [truːθ, pl truːðz] n vérité f; **truthful** adj (person) qui dit la vérité; (answer) sincère

try [traɪ] n essai m, tentative f; (Rugby) essai m ▷ vt (attempt) essayer, tenter; (test: sth new: also: **~ out**) essayer, tester; (Law: person) juger; (strain) éprouver ▷ vi essayer; **to ~ to do** essayer de faire; (seek) chercher à faire; **try on** vt (clothes) essayer; **trying** adj pénible

T-shirt ['tiːʃəːt] n tee-shirt m

tub [tʌb] n cuve f, bac m; (for washing clothes) baquet m; (bath) baignoire f

tube [tjuːb] n tube m; (BRIT: underground) métro m; (for tyre) chambre f à air

tuberculosis [tjubəːkjuˈləusɪs] n tuberculose f

tube station n (BRIT) station f de métro

tuck [tʌk] vt (put) mettre; **tuck away** vt cacher, ranger; (money) mettre de côté; (building): **to be ~ed away** être caché(e); **tuck in** vt rentrer; (child) border ▷ vi (eat) manger de bon appétit; attaquer le repas; **tuck shop** n (BRIT Scol) boutique f à provisions

Tue(s) abbr (= Tuesday) ma

Tuesday ['tjuːzdɪ] n mardi m

tug [tʌg] n (ship) remorqueur m ▷ vt tirer (sur)

tuition [tjuːˈɪʃən] n (BRIT: lessons) leçons fpl; (: private) cours particuliers; (us: fees) frais mpl de scolarité

tulip ['tjuːlɪp] n tulipe f

tumble ['tʌmbl] n (fall) chute f, culbute f ▷ vi tomber, dégringoler; **to ~ to sth** (inf) réaliser qch; **tumble dryer** n (BRIT) séchoir m (à linge) à air chaud

tumbler ['tʌmblə'] n verre (droit), gobelet m

tummy ['tʌmɪ] n (inf) ventre m

tumour (US **tumor**) ['tjuːmə'] n tumeur f

tuna ['tjuːnə] n (pl inv: also: **~ fish**) thon m

tune [tjuːn] n (melody) air m ▷ vt (Mus) accorder; (Radio, TV, Aut) régler, mettre au point; **to be in/out of ~** (instrument) être accordé/désaccordé; (singer) chanter juste/faux; **tune in** vi (Radio, TV): **to ~ in (to)** se mettre à l'écoute (de); **tune up** vi (musician) accorder son instrument

tunic ['tjuːnɪk] n tunique f

Tunis ['tjuːnɪs] n Tunis

Tunisia [tjuːˈnɪzɪə] n Tunisie f

Tunisian [tjuːˈnɪzɪən] adj tunisien(ne) ▷ n Tunisien(ne)

tunnel ['tʌnl] n tunnel m; (in mine) galerie f ▷ vi creuser un tunnel (or une galerie)

turbulence ['təːbjuləns] n (Aviat) turbulence f

turf [təːf] n gazon m; (clod) motte f (de gazon) ▷ vt gazonner

Turk [təːk] n Turc (Turque)

Turkey ['təːkɪ] n Turquie f

turkey ['təːkɪ] n dindon m, dinde f

Turkish ['təːkɪʃ] adj turc (turque) ▷ n (Ling) turc m

turmoil ['təːmɔɪl] n trouble m, bouleversement m

turn [təːn] n tour m; (in road) tournant m; (tendency: of mind, events) tournure f; (performance) numéro m; (Med) crise f, attaque f ▷ vt tourner; (collar, steak) retourner; (change): **to ~ sth into** changer qch en; (age) atteindre ▷ vi (object, wind, milk) tourner; (person: look back) se re tourner; (reverse direction) faire demi-tour; **to ~ into** se changer en, se transformer en; **a good ~** un service; **it gave me quite a ~** ça m'a fait un coup; **"no left ~"** (Aut) "défense de tourner à gauche"; **~ left/right at the next junction** tournez à gauche/droite au prochain carrefour; **it's your ~** c'est (à) votre tour; **in ~** à son tour;

à tour de rôle; **to take ~s** se relayer;
turn around vi (person) se retourner
▷ vt (object) tourner; **turn away** vi se
détourner, tourner la tête ▷ vt (reject:
person) renvoyer; (:客户) refuser;
turn back vi revenir, faire demi-tour
▷ vt (person) faire faire demi-tour à; (clock)
reculer; **turn down** vt (refuse) rejeter, refuser;
(reduce) baisser; (fold) rabattre; **turn
in** vi (inf: go to bed) aller se coucher
▷ vt (fold) rentrer; **turn off** vi (from
road) tourner ▷ vt (light, radio etc)
éteindre; (tap) fermer; (engine) arrêter;
I can't ~ the heating off je n'arrive
pas à éteindre le chauffage; **turn on** vt
(light, radio etc) allumer; (tap) ouvrir;
(engine) mettre en marche; **I can't ~ the
heating on** je n'arrive pas à allumer
le chauffage; **turn out** vt (light, gas)
éteindre; (produce) produire ▷ vi (voters,
troops) se présenter; **to ~ to be ...**
s'avérer ..., se révéler ...; **turn over**
vi (person) se retourner ▷ vt (object)
retourner; (page) tourner; **turn round**
vi faire demi-tour; (rotate) tourner;
turn to vt fus: **to ~ to sb** s'adresser à
qn; **turn up** vi (person) arriver,
se pointer (inf); (lost object) être
retrouvé(e) ▷ vt (collar) remonter;
(radio, heater) mettre plus fort;
turning n (in road) tournant m;
turning point n (fig) tournant m,
moment décisif

turnip ['tə:nɪp] n navet m

turnout ['tə:naut] n (of voters) taux m de
participation; **turnover** n (Comm:
amount of money) chiffre m d'affaires;
(: of goods) roulement m; (of staff)
renouvellement m, changement m;
turnstile n tourniquet m (d'entrée);
turn-up n (BRIT: on trousers) revers m

turquoise ['tə:kwɔɪz] n (stone)
turquoise f ▷ adj turquoise inv

turtle ['tə:tl] n tortue marine;
turtleneck (sweater) n pullover m à
col montant

tusk [tʌsk] n défense f (d'éléphant)

tutor ['tju:tə*] n (BRIT Scol: in college)
directeur(-trice) d'études; (private

teacher) précepteur(-trice); **tutorial**
[tju:'tɔ:rɪəl] n (Scol) (séance f de)
travaux mpl pratiques

tuxedo [tʌk'si:dəu] n (US) smoking m

TV [ti:'vi:] n abbr (= television) télé f, TV f

tweed [twi:d] n tweed m

tweezers ['twi:zəz] npl pince f à épiler

twelfth [twelfθ] num douzième

twelve [twelv] num douze; **at ~
(o'clock)** à midi; (midnight) à minuit

twentieth ['twentɪəθ] num vingtième

twenty ['twentɪ] num vingt

twice [twaɪs] adv deux fois; **~ as much**
deux fois plus

twig [twɪg] n brindille f ▷ vt, vi (inf)
piger

twilight ['twaɪlaɪt] n crépuscule m

twin [twɪn] adj, n (pl jumeau(-elle)) ▷ vt
jumeler; **twin(-bedded) room** n
chambre f à deux lits; **twin beds** npl lits
mpl jumeaux

twinkle ['twɪŋkl] vi scintiller; (eyes)
pétiller

twist [twɪst] n torsion f, tour m; (in
wire, flex) tortillon m; (bend: in road)
tournant m; (in story) coup m de théâtre
▷ vt tordre; (weave) entortiller; (roll
around) enrouler; (fig) déformer ▷ vi
(road, river) serpenter; **to ~ one's
ankle/wrist** (Med) se tordre la
cheville/le poignet

twit [twɪt] n (inf) crétin(e)

twitch [twɪtʃ] n (pull) coup sec, saccade
f; (nervous) tic m ▷ vi se convulser;
avoir un tic

two [tu:] num deux; **to put ~ and ~
together** (fig) faire le rapprochement

type [taɪp] n (category) genre m, espèce
f; (model) modèle m; (example) type m;
(Typ) type, caractère m ▷ vt (letter etc)
taper (à la machine); **typewriter** n
machine f à écrire

typhoid ['taɪfɔɪd] n typhoïde f

typhoon [taɪ'fu:n] n typhon m

typical ['tɪpɪkl] adj typique,
caractéristique; **typically** adv (as usual)
comme d'habitude; (characteristically)
typiquement

t

typing ['taɪpɪŋ] n dactylo(graphie) f
typist ['taɪpɪst] n dactylo m/f
tyre (us **tire**) ['taɪə'] n pneu m; **I've got a flat ~** j'ai un pneu crevé; **tyre pressure** n (BRIT) pression f (de gonflage)

UFO ['juːfəu] n abbr (= unidentified flying object) ovni m
Uganda [juːˈgændə] n Ouganda m
ugly ['ʌglɪ] adj laid(e), vilain(e); (fig) répugnant(e)
UHT adj abbr = **ultra-heat treated**; ~ **milk** lait m UHT or longue conservation
UK n abbr = **United Kingdom**
ulcer ['ʌlsə'] n ulcère m; **mouth** ~ aphte f
ultimate ['ʌltɪmət] adj ultime, final(e); (authority) suprême; **ultimately** adv (at last) en fin de compte; (fundamentally) finalement; (eventually) par la suite
ultimatum (pl ~s or **ultimata**) [ʌltɪˈmeɪtəm, -tə] n ultimatum m
ultrasound ['ʌltrəsaund] n (Med) ultrason m
ultraviolet ['ʌltrəˈvaɪəlɪt] adj ultraviolet(te)
umbrella [ʌmˈbrɛlə] n parapluie m; (for sun) parasol m
umpire ['ʌmpaɪə'] n arbitre m; (Tennis) juge m de chaise

UN n abbr = **United Nations**

unable [ʌn'eɪbl] adj: **to be ~** ne (pas) pouvoir, être dans l'impossibilité de; (not capable) être incapable de

unacceptable [ʌnək'septəbl] adj (behaviour) inadmissible; (price, proposal) inacceptable

unanimous [juː'nænɪməs] adj unanime

unarmed [ʌn'ɑːmd] adj (person) non armé(e); (combat) sans armes

unattended [ʌnə'tendɪd] adj (car, child, luggage) sans surveillance

unattractive [ʌnə'træktɪv] adj peu attrayant(e); (character) peu sympathique

unavailable [ʌnə'veɪləbl] adj (article, room, book) (qui n'est) pas disponible; (person) (qui n'est) pas libre

unavoidable [ʌnə'vɔɪdəbl] adj inévitable

unaware [ʌnə'weər] adj: **to be ~ of** ignorer, ne pas savoir, être inconscient(e) de; **unawares** adv à l'improviste, au dépourvu

unbearable [ʌn'beərəbl] adj insupportable

unbeatable [ʌn'biːtəbl] adj imbattable

unbelievable [ʌnbɪ'liːvəbl] adj incroyable

unborn [ʌn'bɔːn] adj à naître

unbutton [ʌn'bʌtn] vt déboutonner

uncalled-for [ʌn'kɔːldfɔːr] adj déplacé(e), injustifié(e)

uncanny [ʌn'kænɪ] adj étrange, troublant(e)

uncertain [ʌn'sɜːtn] adj incertain(e); (hesitant) hésitant(e); **uncertainty** n incertitude f, doutes mpl

unchanged [ʌn'tʃeɪndʒd] adj inchangé(e)

uncle ['ʌŋkl] n oncle m

unclear [ʌn'klɪər] adj (qui n'est) pas clair(e) or évident(e); **I'm still ~ about what I'm supposed to do** je ne sais pas encore exactement ce que je dois faire

uncomfortable [ʌn'kʌmfətəbl] adj inconfortable, peu confortable; (uneasy) mal à l'aise, gêné(e); (situation) désagréable

uncommon [ʌn'kɔmən] adj rare, singulier(-ière), peu commun(e)

unconditional [ʌnkən'dɪʃənl] adj sans conditions

unconscious [ʌn'kɔnʃəs] adj sans connaissance, évanoui(e); (unaware) **~ of** inconscient(e) (de) ▷ n: **the ~** l'inconscient m

uncontrollable [ʌnkən'trəuləbl] adj (child, dog) indiscipliné(e); (temper, laughter) irrépressible

unconventional [ʌnkən'venʃənl] adj peu conventionnel(le)

uncover [ʌn'kʌvər] vt découvrir

undecided [ʌndɪ'saɪdɪd] adj indécis(e), irrésolu(e)

undeniable [ʌndɪ'naɪəbl] adj indéniable, incontestable

under ['ʌndər] prep sous; (less than) (de) moins de; (according to) selon, en vertu de ▷ adv au-dessous; en dessous; **~ there** là-dessous; **~ the circumstances** étant donné les circonstances; **~ repair** (en cours de) réparation; **undercover** adj secret(-ète), clandestin(e); **underdone** adj (Culin) saignant(e); (: pej) pas assez cuit(e); **underestimate** vt sous-estimer, mésestimer; **undergo** vt (irreg: like **go**) subir; (treatment) suivre; **undergraduate** n étudiant(e) (qui prépare la licence); **underground** adj souterrain(e); (fig) clandestin(e) ▷ n (BRIT: railway) métro m; (Pol) clandestinité f; **undergrowth** n broussailles fpl, sous-bois m; **underline** vt souligner; **undermine** vt saper, miner; **underneath** [ʌndə'niːθ] adv (en) dessous ▷ prep sous, au-dessous de; **underpants** npl caleçon m, slip m; **underpass** n (BRIT: for pedestrians) passage souterrain; (: for cars) passage inférieur;

underprivileged adj défavorisé(e);
underscore vt souligner; **undershirt**
n (us) tricot m de corps; **underskirt** n
(BRIT) jupon m

understand [ʌndəˈstænd] vt, vi (irreg:
like **stand**) comprendre; **I don't ~** je
ne comprends pas; **understandable**
adj compréhensible; **understanding**
adj compréhensif(-ive) ▷ n
compréhension f; (agreement) accord m

understatement
[ˈʌndəsteɪtmənt]
n: **that's an ~** c'est (bien) peu dire, le
terme est faible

understood [ʌndəˈstud] pt, pp of
understand ▷ adj entendu(e); (implied)
sous-entendu(e)

undertake [ʌndəˈteɪk] vt (irreg: like
take) (job, task) entreprendre; (duty)
se charger de; **to ~ to do sth** s'engager
à faire qch

undertaker [ˈʌndəteɪkəʳ] n (BRIT)
entrepreneur m des pompes funèbres,
croque-mort m

undertaking [ˈʌndəteɪkɪŋ] n
entreprise f; (promise) promesse f

under: **underwater** adv sous l'eau
▷ adj sous-marin(e); **underway**
adj: **to be underway** (meeting,
investigation) être en cours; **underwear**
n sous-vêtements mpl; (women's
only) dessous mpl; **underwent** pt of
undergo; **underworld** n (of crime)
milieu m, pègre f

undesirable [ʌndɪˈzaɪərəbl] adj peu
souhaitable; (person, effect) indésirable

undisputed [ʌndɪsˈpjuːtɪd] adj
incontesté(e)

undo [ʌnˈduː] vt (irreg: like **do**) défaire

undone [ʌnˈdʌn] pp of **undo** ▷ adj: **to
come ~** se défaire

undoubtedly [ʌnˈdautɪdlɪ] adv sans
aucun doute

undress [ʌnˈdrɛs] vi se déshabiller

unearth [ʌnˈəːθ] vt déterrer; (fig)
dénicher

uneasy [ʌnˈiːzɪ] adj mal à l'aise,
gêné(e); (worried) inquiet(-ète); (feeling)
désagréable; (peace, truce) fragile

unemployed [ʌnɪmˈplɔɪd] adj sans
travail, au chômage ▷ n: **the ~** les
chômeurs mpl

unemployment [ʌnɪmˈplɔɪmənt] n
chômage m; **unemployment benefit**
(us **unemployment compensation**) n
allocation f de chômage

unequal [ʌnˈiːkwəl] adj inégal(e)

uneven [ʌnˈiːvn] adj inégal(e); (quality,
work) irrégulier(-ière)

unexpected [ʌnɪkˈspɛktɪd]
adj inattendu(e), imprévu(e);
unexpectedly adv (succeed) contre
toute attente; (arrive) à l'improviste

unfair [ʌnˈfɛəʳ] adj: **~ (to)** injuste
(envers)

unfaithful [ʌnˈfeɪθful] adj infidèle

unfamiliar [ʌnfəˈmɪliəʳ] adj étrange,
inconnu(e); **to be ~ with sth** mal
connaître qch

unfashionable [ʌnˈfæʃnəbl] adj
(clothes) démodé(e); (place) peu chic inv

unfasten [ʌnˈfɑːsn] vt défaire (belt,
necklace) détacher; (open) ouvrir

unfavourable (us **unfavorable**)
[ʌnˈfeɪvrəbl] adj défavorable

unfinished [ʌnˈfɪnɪʃt] adj inachevé(e)

unfit [ʌnˈfɪt] adj (physically: ill) en
mauvaise santé; (: out of condition)
pas en forme; (incompetent): **~ (for)**
impropre (à); (work, service) inapte (à)

unfold [ʌnˈfəuld] vt déplier ▷ vi se
dérouler

unforgettable [ʌnfəˈgɛtəbl] adj
inoubliable

unfortunate [ʌnˈfɔːtʃnət] adj
malheureux(-euse); (event, remark)
malencontreux(-euse); **unfortunately**
adv malheureusement

unfriendly [ʌnˈfrɛndlɪ] adj peu
aimable, froid(e)

unfurnished [ʌnˈfəːnɪʃt] adj non
meublé(e)

unhappiness [ʌnˈhæpɪnɪs] n tristesse
f, peine f

unhappy [ʌnˈhæpɪ] adj triste,
malheureux(-euse); (unfortunate:
remark etc) malheureux(-euse); (not

pleased) **~ with** mécontent(e) de, peu
satisfait(e) de

unhealthy [ʌn'hɛlθɪ] *adj (gen)*
malsain(e); *(person)* maladif(-ive)

unheard-of [ʌn'hɑːdɒv] *adj* inouï(e),
sans précédent

unhelpful [ʌn'hɛlpful] *adj (person)* peu
serviable; *(advice)* peu utile

unhurt [ʌn'hɜːt] *adj* indemne, sain(e)
et sauf (sauve)

unidentified [ʌnaɪ'dɛntɪfaɪd] *adj* non
identifié(e); *see also* **UFO**

uniform ['juːnɪfɔːm] *n* uniforme *m*
▷ *adj* uniforme

unify ['juːnɪfaɪ] *vt* unifier

unimportant [ʌnɪm'pɔːtənt] *adj* sans
importance

uninhabited [ʌnɪn'hæbɪtɪd] *adj*
inhabité(e)

unintentional [ʌnɪn'tɛnʃənəl] *adj*
involontaire

union ['juːnjən] *n* union *f; (also:* **trade
~**) syndicat *m* ▷ *cpd* du syndicat,
syndical(e); **Union Jack** *n* drapeau du
Royaume-Uni

unique [juː'niːk] *adj* unique

unisex ['juːnɪsɛks] *adj* unisexe

unit ['juːnɪt] *n* unité *f; (section: of
furniture etc)* élément *m,* bloc *m; (team,
squad)* groupe *m,* service *m;* **kitchen ~**
élément de cuisine

unite [juː'naɪt] *vt* unir ▷ *vi* s'unir;
united uni(e); *(country, party)*
unifié(e); *(efforts)* conjugué(e); **United
Kingdom** *n* Royaume-Uni *m* (R.U.);
United Nations (Organization) *n*
(Organisation *f* des) Nations unies
(ONU); **United States (of America)** *n*
États-Unis *mpl*

unity ['juːnɪtɪ] *n* unité *f*

universal [juːnɪ'vɜːsl] *adj* universel(le)

universe ['juːnɪvɜːs] *n* univers *m*

university [juːnɪ'vɜːsɪtɪ] *n* université
f ▷ *cpd (student, professor)* d'université;
(education, year, degree) universitaire

unjust [ʌn'dʒʌst] *adj* injuste

unkind [ʌn'kaɪnd] *adj* peu gentil(le),
méchant(e)

unknown [ʌn'nəun] *adj* inconnu(e)

unlawful [ʌn'lɔːful] *adj* illégal(e)

unleaded [ʌn'lɛdɪd] *n (also:* **~ petrol**)
essence *f* sans plomb

unleash [ʌn'liːʃ] *vt (fig)* déchaîner,
déclencher

unless [ʌn'lɛs] *conj:* **he leaves** à
moins qu'il (ne) parte; **~ otherwise
stated** sauf indication contraire

unlike [ʌn'laɪk] *adj* dissemblable,
différent(e) ▷ *prep* à la différence de,
contrairement à

unlikely [ʌn'laɪklɪ] *adj (result,
event)* improbable; *(explanation)*
invraisemblable

unlimited [ʌn'lɪmɪtɪd] *adj* illimité(e)

unlisted [ʌn'lɪstɪd] *adj (us* Tel*)* sur la
liste rouge

unload [ʌn'ləud] *vt* décharger

unlock [ʌn'lɔk] *vt* ouvrir

unlucky [ʌn'lʌkɪ] *adj (person)*
malchanceux(-euse); *(object, number)*
qui porte malheur; **to be ~** *(person)* ne
pas avoir de chance

unmarried [ʌn'mærɪd] *adj* célibataire

unmistak(e)able [ʌnmɪs'teɪkəbl] *adj*
indubitable; qu'on ne peut pas ne pas
reconnaître

unnatural [ʌn'nætʃrəl] *adj* non
naturel(le); *(perversion)* contre nature

unnecessary [ʌn'nɛsəsərɪ] *adj* inutile,
superflu(e)

UNO ['juːnəu] *n abbr* = **United Nations
Organization**

unofficial [ʌnə'fɪʃl] *adj (news)*
officieux(-euse), non officiel(le); *(strike)*
= sauvage

unpack [ʌn'pæk] *vi* défaire sa valise
▷ *vt (suitcase)* défaire; *(belongings)*
déballer

unpaid [ʌn'peɪd] *adj (bill)* impayé(e);
(holiday) non-payé(e), sans salaire;
(work) non rétribué(e)

unpleasant [ʌn'plɛznt] *adj*
déplaisant(e), désagréable

unplug [ʌn'plʌg] *vt* débrancher

unpopular [ʌn'pɔpjulə*] *adj*
impopulaire

unprecedented [ʌnˈprɛsɪdɛntɪd] adj
sans précédent

unpredictable [ʌnprɪˈdɪktəbl] adj
imprévisible

unprotected [ˈʌnprəˈtɛktɪd] adj (sex)
non protégé(e)

unqualified [ʌnˈkwɔlɪfaɪd] adj
(teacher) non diplômé(e), sans titres;
(success) sans réserve, total(e); (disaster)
total(e)

unravel [ʌnˈrævl] vt démêler

unreal [ʌnˈrɪəl] adj irréel(le);
(extraordinary) incroyable

unrealistic [ˈʌnrɪəˈlɪstɪk] adj (idea)
irréaliste; (estimate) peu réaliste

unreasonable [ʌnˈriːznəbl] adj qui
n'est pas raisonnable

unrelated [ʌnrɪˈleɪtɪd] adj sans
rapport; (people) sans lien de parenté

unreliable [ʌnrɪˈlaɪəbl] adj sur qui
(or quoi) on ne peut pas compter,
peu fiable

unrest [ʌnˈrɛst] n agitation f,
troubles mpl

unroll [ʌnˈrəul] vt dérouler

unruly [ʌnˈruːlɪ] adj indiscipliné(e)

unsafe [ʌnˈseɪf] adj (in danger) en
danger; (journey, car) dangereux(-euse)

unsatisfactory [ˈʌnsætɪsˈfæktərɪ] adj
peu satisfaisant(e)

unscrew [ʌnˈskruː] vt dévisser

unsettled [ʌnˈsɛtld] adj (restless)
perturbé(e); (unpredictable) instable;
incertain(e); (not finalized) non résolu(e)

unsettling [ʌnˈsɛtlɪŋ] adj qui a un effet
perturbateur

unsightly [ʌnˈsaɪtlɪ] adj
disgracieux(-euse), laid(e)

unskilled [ʌnˈskɪld] adj: ~ **worker**
manœuvre m

unspoiled [ʌnˈspɔɪld], **unspoilt**
[ʌnˈspɔɪlt] adj (place) non dégradé(e)

unstable [ʌnˈsteɪbl] adj instable

unsteady [ʌnˈstɛdɪ] adj mal assuré(e),
chancelant(e), instable

unsuccessful [ʌnsəkˈsɛsfʊl] adj
(attempt) infructueux(-euse); (writer,
proposal) qui n'a pas de succès; **to be**

~ (in attempting sth) ne pas réussir; ne
pas avoir de succès; (application) ne pas
être retenu(e)

unsuitable [ʌnˈsuːtəbl] adj qui ne
convient pas, peu approprié(e); (time)
inopportun(e)

unsure [ʌnˈʃuəʳ] adj peu sûr(e); **to be
~ of o.s.** ne pas être sûr de soi, manquer
de confiance en soi

untidy [ʌnˈtaɪdɪ] adj (room) en
désordre; (appearance, person)
débraillé(e); (person: in character) sans
ordre, désordonné(e); (work) peu
soigné(e)

untie [ʌnˈtaɪ] vt (knot, parcel) défaire;
(prisoner, dog) détacher

until [ənˈtɪl] prep jusqu'à; (after negative)
avant ▷ conj jusqu'à ce que + sub; (in
past, after negative) avant que + sub; **~ he
comes** jusqu'à ce qu'il vienne, jusqu'à
son arrivée; **~ now** jusqu'à présent,
jusqu'ici; **~ then** jusque-là

untrue [ʌnˈtruː] adj (statement) faux
(fausse)

unused¹ [ʌnˈjuːzd] adj (new) neuf
(neuve)

unused² [ʌnˈjuːst] adj: **to be ~ to sth/
to doing sth** ne pas avoir l'habitude de
qch/de faire qch

unusual [ʌnˈjuːʒuəl] adj insolite,
exceptionnel(le), rare; **unusually** adv
exceptionnellement, inhabituellement

unveil [ʌnˈveɪl] vt dévoiler

unwanted [ʌnˈwɒntɪd] adj (child,
pregnancy) non désiré(e); (clothes etc)
à donner

unwell [ʌnˈwɛl] adj souffrant(e); **to feel
~** ne pas se sentir bien

unwilling [ʌnˈwɪlɪŋ] adj: **to be ~ to do**
ne pas vouloir faire

unwind [ʌnˈwaɪnd] vb (irreg: like **wind**)
▷ vt dérouler ▷ vi (relax) se détendre

unwise [ʌnˈwaɪz] adj imprudent(e),
peu judicieux(-euse)

unwittingly [ʌnˈwɪtɪŋlɪ] adv
involontairement

unwrap [ʌnˈræp] vt défaire; ouvrir

unzip [ʌnˈzɪp] vt ouvrir (la fermeture

éclair de); (Comput) dézipper

KEYWORD

▶**up** [ʌp] prep: **he went up the stairs/the hill** il a monté l'escalier/la colline; **the cat was up a tree** le chat était dans un arbre; **they live further up the street** ils habitent plus haut dans la rue; **go up that road and turn left** remontez la rue et tournez à gauche
▶ adv **1** en haut; en l'air; (upwards, higher): **up in the sky/the mountains** (là-haut) dans le ciel/les montagnes; **put it a bit higher up** mettez-le un peu plus haut; **to stand up** (get up) se lever, se mettre debout; (be standing) être debout; **up there** là-haut ▶ **up above** au-dessus

2: to be up (out of bed) être levé(e); (prices) avoir augmenté or monté; (finished): **when the year was up** à la fin de l'année

3: up to (as far as) jusqu'à; **up to now** jusqu'à présent

4: to be up to (depending on): **it's up to you** c'est à vous de décider; (equal to): **he's not up to it** (job, task etc) il n'en est pas capable; (inf: be doing): **what is he up to?** qu'est-ce qu'il peut bien faire?
▶ n: **ups and downs** hauts et bas mpl

▶**up-and-coming** [ʌpənd'kʌmɪŋ] adj plein(e) d'avenir or de promesses
▶**upbringing** ['ʌpbrɪŋɪŋ] n éducation f
▶**update** [ʌp'deɪt] vt mettre à jour
▶**upfront** [ʌp'frʌnt] adj (open) franc (franche) ▶ adv (pay) d'avance; **to be ~ about sth** ne rien cacher de qch
▶**upgrade** [ʌp'greɪd] vt (person) promouvoir; (job) revaloriser; (property, equipment) moderniser
▶**upheaval** [ʌp'hiːvl] n bouleversement m; (in room) branle-bas m; (event) crise f
▶**uphill** [ʌp'hɪl] adj (lit) montée; (fig: task) difficile, pénible ▶ adv (face, look) en amont, vers l'amont; **to go ~** monter
▶**upholstery** [ʌp'həʊlstərɪ] n

rembourrage m; (cover) tissu m d'ameublement; (of car) garniture f
▶**upmarket** [ʌp'mɑːkɪt] adj (product) haut de gamme inv; (area) chic inv
▶**upon** [ə'pɒn] prep sur
▶**upper** ['ʌpə*] adj supérieur(e); du dessus ▶ n (of shoe) empeigne f;
upper-class adj de la haute société, aristocratique; (district) élégant(e), huppé(e); (accent, attitude) caractéristique des classes supérieures
▶**upright** ['ʌpraɪt] adj droit(e); (fig) droit, honnête
▶**uprising** ['ʌpraɪzɪŋ] n soulèvement m, insurrection f
▶**uproar** ['ʌprɔː*] n tumulte m, vacarme m; (protests) protestations fpl
▶**upset** n ['ʌpset] dérangement m
▶ vt (irreg: like set [ʌp'set]) (glass etc) renverser; (plan) déranger; (person: offend) contrarier; (: grieve) faire de la peine à; bouleverser ▶ adj [ʌp'set] contrarié(e); peiné(e); **to have a stomach ~** (BRIT) avoir une indigestion
▶**upside down** ['ʌpsaɪd-] adv à l'envers; **to turn sth ~** (fig: place) mettre sens dessus dessous
▶**upstairs** [ʌp'steəz] adv en haut ▶ adj (room) du dessus, d'en haut ▶ n: **the ~** l'étage m
▶**up-to-date** ['ʌptə'deɪt] adj moderne; (information) très récent(e)
▶**uptown** [ʌp'taʊn] (US) adv (live) dans les quartiers chics; (go) vers les quartiers chics ▶ adj des quartiers chics
▶**upward** ['ʌpwəd] adj ascendant(e); vers le haut; **upward(s)** adv vers le haut; (more than): **upward(s) of** plus de
▶**uranium** [juə'reɪnɪəm] n uranium m
▶**Uranus** [juə'reɪnəs] n Uranus f
▶**urban** ['əːbən] adj urbain(e)
▶**urge** [əːdʒ] n besoin (impératif), envie (pressante) f ▶ vt (person): **to ~ sb to do** exhorter qn à faire, pousser qn à faire, recommander vivement à qn de faire
▶**urgency** ['əːdʒənsɪ] n urgence f; (of tone) insistance f

urgent ['ə:dʒənt] adj urgent(e); (plea, tone) pressant(e)

urinal ['juərinl] n (BRIT: place) urinoir m

urinate ['juərineit] vi uriner

urine ['juərɪn] n urine f

URL abbr (= uniform resource locator) URL f

US n abbr = **United States**

us [ʌs] pron nous; see also **me**

USA n abbr = **United States of America**

use n [ju:s] emploi m, utilisation f; (usefulness) utilité f ▷ vt [ju:z] se servir de, utiliser, employer; **in** ~ en usage; **out of** ~ hors d'usage; **to be of** ~ servir, être utile; **it's no** ~ ça ne sert à rien; **to have the** ~ **of** avoir l'usage de; **she** ~**d to do it** elle le faisait (autrefois), elle avait coutume de le faire; **to be** ~**d to** avoir l'habitude de, être habitué(e) à; **use up** vt finir, épuiser; (food) consommer; **used** [ju:zd] adj (car) d'occasion; **useful** adj utile; **useless** adj inutile; (inf: person) nul(le); **user** n utilisateur(-trice), usager m; **user-friendly** adj convivial(e), facile d'emploi

usual ['ju:ʒuəl] adj habituel(le); **as** ~ comme d'habitude; **usually** adv d'habitude, d'ordinaire

utensil [ju:'tensl] n ustensile m; **kitchen** ~**s** batterie f de cuisine

utility [ju:'tɪlɪtɪ] n utilité f; (also: **public** ~) service public

utilize ['ju:tɪlaɪz] vt utiliser; (make good use of) exploiter

utmost ['ʌtməust] adj extrême, le (la) plus grand(e) ▷ n: **to do one's** ~ faire tout son possible

utter ['ʌtə'] adj total(e), complet(-ète) ▷ vt prononcer, proférer; (sounds) émettre; **utterly** adv complètement, totalement

U-turn ['ju:'tə:n] n demi-tour m; (fig) volte-face f inv

V

v. abbr = **verse** (= vide) v.; (= versus) c.; (= volt) V

vacancy ['veɪkənsɪ] n (BRIT: job) poste vacant; (room) chambre f disponible; **"no vacancies"** "complet"

vacant ['veɪkənt] adj (post) vacant(e); (seat etc) libre, disponible; (expression) distrait(e)

vacate [və'keɪt] vt quitter

vacation [və'keɪʃən] n (esp US) vacances fpl; **on** ~ en vacances; **vacationer** (US **vacationist**) n vacancier(-ière)

vaccination [væksɪ'neɪʃən] n vaccination f

vaccine ['væksi:n] n vaccin m

vacuum ['vækjum] n vide m; **vacuum cleaner** n aspirateur m

vagina [və'dʒaɪnə] n vagin m

vague [veɪg] adj vague, imprécis(e); (blurred: photo, memory) flou(e)

vain [veɪn] adj (useless) vain(e); (conceited) vaniteux(-euse); **in** ~ en vain

Valentine's Day ['væləntaɪnz-] n

Saint-Valentin f

valid ['vælɪd] adj (document) valide, valable; (excuse) valable

valley ['vælɪ] n vallée f

valuable ['væljuəbl] adj (jewel) de grande valeur; (time, help) précieux(-euse); **valuables** npl objets mpl de valeur

value ['vælju:] n valeur f ▷ vt (fix price) évaluer, expertiser; (appreciate) apprécier; **values** npl (principles) valeurs fpl

valve [vælv] n (in machine) soupape f; (on tyre) valve f; (Med) valvule, valvule f

vampire ['væmpaɪə'] n vampire m

van [væn] n (Aut) camionnette f

vandal ['vændl] n vandale m/f; **vandalism** n vandalisme m; **vandalize** vt saccager

vanilla [və'nɪlə] n vanille f

vanish ['vænɪʃ] vi disparaître

vanity ['vænɪtɪ] n vanité f

vapour (us **vapor**) ['veɪpə'] n vapeur f; (on window) buée f

variable ['vɛərɪəbl] adj variable; (mood) changeant(e)

variant ['vɛərɪənt] n variante f

variation [vɛərɪ'eɪʃən] n variation f; (in opinion) changement m

varied ['vɛərɪd] adj varié(e), divers(e)

variety [və'raɪətɪ] n variété f; (quantity) nombre m, quantité f

various ['vɛərɪəs] adj divers(e), différent(e); (several) divers, plusieurs

varnish ['vɑːnɪʃ] n vernis m ▷ vt vernir

vary ['vɛərɪ] vt, vi varier, changer

vase [vɑːz] n vase m

Vaseline® ['væsɪliːn] n vaseline f

vast [vɑːst] adj vaste, immense; (amount, success) énorme

VAT [væt] n abbr (BRIT: = value added tax) TVA f

vault [vɔːlt] n (of roof) voûte f; (tomb) caveau m; (in bank) salle f des coffres; chambre f forte ▷ vt (also: **over**) sauter (d'un bond)

VCR n abbr = **video cassette recorder**

VDU n abbr = **visual display unit**

veal [viːl] n veau m

veer [vɪə'] vi tourner; (car, ship) virer

vegan ['viːgən] n végétalien-ne

vegetable ['vɛdʒtəbl] n légume m ▷ adj végétal(e)

vegetarian [vɛdʒɪ'tɛərɪən] adj, n végétarien(ne); do you have any ~ dishes? avez-vous des plats végétariens?

vegetation [vɛdʒɪ'teɪʃən] n végétation f

vehicle ['viːɪkl] n véhicule m

veil [veɪl] n voile m

vein [veɪn] n veine f; (on leaf) nervure f

Velcro® ['vɛlkrəu] n velcro® m

velvet ['vɛlvɪt] n velours m

vending machine ['vɛndɪŋ-] n distributeur m automatique

vendor ['vɛndə'] n vendeur(-euse); **street ~** marchand ambulant

Venetian blind [vɪ'niːʃən-] n store vénitien

vengeance ['vɛndʒəns] n vengeance f; **with a ~** (fig) vraiment, pour de bon

venison ['vɛnɪsn] n venaison f

venom ['vɛnəm] n venin m

vent [vɛnt] n conduit m d'aération; (in dress, jacket) fente f ▷ vt (fig: one's feelings) donner libre cours à

ventilation [vɛntɪ'leɪʃən] n ventilation f, aération f

venture ['vɛntʃə'] n entreprise f ▷ vt risquer, hasarder ▷ vi s'aventurer, se risquer; **a business ~** une entreprise commerciale

venue ['vɛnjuː] n lieu m

Venus ['viːnəs] n (planet) Vénus f

verb [vəːb] n verbe m; **verbal** adj verbal(e)

verdict ['vəːdɪkt] n verdict m

verge [vəːdʒ] n (BRIT) "soft ~s" (BRIT) "accotements non stabilisés"; **on the ~ of doing** sur le point de faire

verify ['vɛrɪfaɪ] vt vérifier

versatile ['vəːsataɪl] adj polyvalent(e)

verse [vəːs] n vers mpl; (stanza) strophe f; (in Bible) verset m

version ['vəːʃən] n version f

versus ['vəːsəs] prep contre
vertical ['vəːtikl] adj vertical(e)
very ['vɛrɪ] adv très ▷ adj: **the ~ book which** le livre même que; **the ~ last** le tout dernier; **the ~ least** au moins; **~ much** beaucoup
vessel ['vɛsl] n (Anat, Naut) vaisseau m; (container) récipient m; see also **blood**
vest [vɛst] n (BRIT: underwear) tricot m de corps; (US: waistcoat) gilet m
vet [vɛt] n abbr (BRIT = veterinary surgeon) vétérinaire m/f; (US: = veteran) ancien(ne) combattant(e) ▷ vt examiner minutieusement
veteran ['vɛtərn] n vétéran m; (also: **war ~**) ancien combattant
veterinary surgeon ['vɛtrɪnərɪ-] (BRIT) (US **veterinarian** [vɛtrɪ'nɛərɪən]) n vétérinaire m/f
veto ['viːtəu] n (pl ~es) veto m ▷ vt opposer son veto à
via ['vaɪə] prep par, via
viable ['vaɪəbl] adj viable
vibrate [vaɪ'breɪt] vi: **to ~ (with)** vibrer (de)
vibration [vaɪ'breɪʃən] n vibration f
vicar ['vɪkə*] n pasteur m (de l'Église anglicane)
vice [vaɪs] n (evil) vice m; (Tech) étau m; **vice-chairman** n vice-président(e)
vice versa ['vaɪsɪ'vəːsə] adv vice versa
vicinity [vɪ'sɪnɪtɪ] n environs mpl, alentours mpl
vicious ['vɪʃəs] adj (remark) cruel(le), méchant(e); (blow) brutal(e); (dog) méchant(e), dangereux(-euse); **a ~ circle** un cercle vicieux
victim ['vɪktɪm] n victime f
victor ['vɪktə*] n vainqueur m
Victorian [vɪk'tɔːrɪən] adj victorien(ne)
victorious [vɪk'tɔːrɪəs] adj victorieux(-euse)
victory ['vɪktərɪ] n victoire f
video ['vɪdɪəu] n (video film) vidéo f; (also: = cassette) vidéocassette f; (also: **~ cassette recorder**) magnétoscope m ▷ vt (with recorder) enregistrer;

(with camera) filmer; **video camera** n caméra f vidéo inv; **video game** n jeu m vidéo inv; **videophone** n vidéophone m; **video shop** n vidéoclub m; **video tape** n bande f vidéo inv; (cassette) vidéocassette f
vie [vaɪ] vi: **to ~ with** lutter avec, rivaliser avec
Vienna [vɪ'ɛnə] n Vienne
Vietnam, Viet Nam ['vjɛt'næm] n Viêt-nam ou Vietnam m; **Vietnamese** [vjɛtnə'miːz] adj vietnamien(ne) ▷ n (pl inv) Vietnamien(ne)
view [vjuː] n vue f; (opinion) avis m, vue f ▷ vt voir, regarder; (situation) considérer; (house) visiter; **on ~** (in museum etc) exposé(e); **in full ~ of sb** sous les yeux de qn; **in my ~** à mon avis; **in ~ of the fact that** étant donné que; **viewer** n (TV) téléspectateur(-trice); **viewpoint** n point m de vue
vigilant ['vɪdʒɪlənt] adj vigilant(e)
vigorous ['vɪgərəs] adj vigoureux(-euse)
vile [vaɪl] adj (action) vil(e); (smell, food) abominable; (temper) massacrant(e)
villa ['vɪlə] n villa f
village ['vɪlɪdʒ] n village m; **villager** n villageois(e)
villain ['vɪlən] n (scoundrel) scélérat m; (BRIT: criminal) bandit m; (in novel etc) traître m
vinaigrette [vɪneɪ'grɛt] n vinaigrette f
vine [vaɪn] n vigne f
vinegar ['vɪnɪgə*] n vinaigre m
vineyard ['vɪnjɑːd] n vignoble m
vintage ['vɪntɪdʒ] n (year) année f, millésime m ▷ cpd (car) d'époque; (wine) de grand cru
vinyl ['vaɪnl] n vinyle m
viola [vɪ'əulə] n alto m
violate ['vaɪəleɪt] vt violer
violation [vaɪə'leɪʃən] n violation f; **in ~ of** (rule, law) en infraction à, en violation de
violence ['vaɪələns] n violence f
violent ['vaɪələnt] adj violent(e)
violet ['vaɪələt] adj (colour) violet(te)

▷ n (plant) violette f

violin [vaɪə'lɪn] n violon m

VIP n abbr (= very important person) VIP m

virgin ['vɜ:dʒɪn] n vierge f

Virgo ['vɜ:gəu] n la Vierge

virtual ['vɜ:tjuəl] adj (Comput, Physics) virtuel(le); (in effect): **it's a ~ impossibility** c'est quasiment impossible; **virtually** adv (almost) pratiquement; **virtual reality** n (Comput) réalité virtuelle

virtue ['vɜ:tju:] n vertu f; (advantage) mérite m, avantage m; **by ~ of** en vertu de ou raison de

virus ['vaɪərəs] n (Med, Comput) virus m

visa ['vi:zə] n visa m

vise [vaɪs] n (us Tech) = **vice**

visibility [vɪzɪ'bɪlɪtɪ] n visibilité f

visible ['vɪzəbl] adj visible

vision ['vɪʒən] n (sight) vue f, vision f; (foresight, in dream) vision

visit ['vɪzɪt] n visite f; (stay) séjour m ▷ vt (person: us: also: **~ with**) rendre visite à; (place) visiter; **visiting hours** npl heures fpl de visite; **visitor** n visiteur(-euse); (to one's house) invité(e); **visitor centre** (us **visitor center**) n hall m or centre m d'accueil

visual ['vɪzjuəl] adj visuel(le); **visualize** vt se représenter

vital ['vaɪtl] adj vital(e); **of ~ importance (to sb/sth)** d'une importance capitale (pour qn/qch)

vitality [vaɪ'tælɪtɪ] n vitalité f

vitamin ['vɪtəmɪn] n vitamine f

vivid ['vɪvɪd] adj (account) frappant(e), vivant(e); (light, imagination) vif (vive)

V-neck ['vi:nεk] n décolleté m en V

vocabulary [vəu'kæbjuləri] n vocabulaire m

vocal ['vəukl] adj vocal(e); (articulate) qui n'hésite pas à s'exprimer, qui sait faire entendre ses opinions

vocational [vəu'keɪʃənl] adj professionnel(le)

vodka ['vɔdkə] n vodka f

vogue [vəug] n: **to be in ~** être en vogue ou à la mode

voice [vɔɪs] n voix f ▷ vt (opinion) exprimer, formuler; **voice mail** n (system) messagerie f vocale, boîte f vocale; (device) répondeur m

void [vɔɪd] n vide m ▷ adj (invalid) nul(le); (empty): **~ of** vide de, dépourvu(e) de

volatile ['vɔlətaɪl] adj volatil(e); (fig: person) versatile; (: situation) explosif(-ive)

volcano (pl **~es**) [vɔl'keɪnəu] n volcan m

volleyball ['vɔlɪbɔ:l] n volley(-ball) m

volt [vəult] n volt m; **voltage** n tension f, voltage m

volume ['vɔlju:m] n volume m; (of tank) capacité f

voluntarily ['vɔləntrɪlɪ] adv volontairement

voluntary ['vɔləntərɪ] adj volontaire; (unpaid) bénévole

volunteer [vɔlən'tɪə*] n volontaire m/f ▷ vt (information) donner spontanément ▷ vi (Mil) s'engager comme volontaire; **to ~ to do** se proposer pour faire

vomit ['vɔmɪt] n vomissure f ▷ vt, vi vomir

vote [vəut] n vote m, suffrage m; (votes cast) voix f; (franchise) droit m de vote ▷ vt (chairman) élire; (propose): **to ~ that** proposer que + sub ▷ vi voter; **~ of thanks** discours m de remerciement; **voter** n électeur(-trice); **voting** n scrutin m, vote m

voucher ['vautʃə*] n (for meal, petrol, gift) bon m

vow [vau] n vœu m, serment m ▷ vi jurer

vowel ['vauəl] n voyelle f

voyage ['vɔɪɪdʒ] n voyage m par mer, traversée f

vulgar ['vʌlgə*] adj vulgaire

vulnerable ['vʌlnərəbl] adj vulnérable

vulture ['vʌltʃə*] n vautour m

V

W

waddle ['wɔdl] vi se dandiner

wade [weɪd] vi: **to ~ through** marcher dans, patauger dans; (*fig: book*) venir à bout de

wafer ['weɪfə^r] n (*Culin*) gaufrette f

waffle ['wɔfl] n (*Culin*) gaufre f ▷ vi parler pour ne rien dire; faire du remplissage

wag [wæg] vt agiter, remuer ▷ vi remuer

wage [weɪdʒ] n (*also*: **~s**) salaire m, paye f ▷ vt: **to ~ war** faire la guerre

wag(g)on ['wægən] n (*horse-drawn*) chariot m; (*BRIT Rail*) wagon m (de marchandises)

wail [weɪl] n gémissement m; (*of siren*) hurlement m ▷ vi gémir; (*siren*) hurler

waist [weɪst] n taille f, ceinture f; **waistcoat** n (*BRIT*) gilet m

wait [weɪt] n attente f ▷ vi attendre; **to ~ for sb/sth** attendre qn/qch; **to keep sb ~ing** faire attendre qn; **~ for me, please** attendez-moi, s'il vous plaît; **I can't ~ to ...** (*fig*) je meurs

d'envie de ...; **to lie in ~ for** guetter; **wait on** vt *fus* servir; **waiter** n garçon m (de café), serveur m; **waiting list** n liste f d'attente; **waiting room** n salle f d'attente; **waitress** ['weɪtrɪs] n serveuse f

waive [weɪv] vt renoncer à, abandonner

wake [weɪk] vb (*pt* **woke** *or* **~d**, *pp* **woken** *or* **~d**) ▷ vt (*also*: **~ up**) réveiller ▷ vi (*also*: **~ up**) se réveiller ▷ n (*for dead person*) veillée f mortuaire; (*Naut*) sillage m

Wales [weɪlz] n pays m de Galles; **the Prince of ~** le prince de Galles

walk [wɔːk] n promenade f; (*short*) petit tour; (*gait*) démarche f; (*path*) chemin m; (*in park etc*) allée f ▷ vi marcher; (*for pleasure, exercise*) se promener ▷ vt (*distance*) faire à pied; (*dog*) promener; **10 minutes' ~ from** à 10 minutes de marche de; **to go for a ~** se promener; faire un tour; **from all ~s of life** de toutes conditions sociales; **walk out** vi (*go out*) sortir; (*as protest*) partir (en signe de protestation); (*strike*) se mettre en grève; **to ~ out on sb** quitter qn; **walker** n (*person*) marcheur(-euse); **walkie-talkie** ['wɔːkɪ'tɔːkɪ] n talkie-walkie m; **walking** n marche f à pied; **walking shoes** npl chaussures fpl de marche; **walking stick** n canne f; **Walkman®** n Walkman® m; **walkway** n promenade f, cheminement piéton

wall [wɔːl] n mur m; (*of tunnel, cave*) paroi f

wallet ['wɔlɪt] n portefeuille m; **I can't find my ~** je ne retrouve plus mon portefeuille

wallpaper ['wɔːlpeɪpə^r] n papier peint ▷ vt tapisser

walnut ['wɔːlnʌt] n noix f; (*tree, wood*) noyer m

walrus (*pl* **~** *or* **~es**) ['wɔːlrəs] n morse m

waltz [wɔːlts] n valse f ▷ vi valser

wand [wɔnd] n (*also*: **magic ~**) baguette f (magique)

wander ['wɔndə^r] vi (*person*) errer, aller

sans but; **(thoughts)** vagabonder ▷ *vt* errer dans

want [wɔnt] *vt* vouloir; **(need)** avoir besoin de ▷ *n*: **for ~ of** par manque de, faute de; **to ~ to do** vouloir faire; **to ~ sb to do** vouloir que qn fasse; **wanted** *adj* **(criminal)** recherché(e) par la police; **"cook wanted"** "on recherche un cuisinier"

war [wɔːʳ] *n* guerre *f*; **to make ~ (on)** faire la guerre (à)

ward [wɔːd] *n* **(in hospital)** salle *f*; **(Pol)** section électorale *f*; **(Law: child: also: ~ of court)** pupille *m/f*

warden ['wɔːdn] *n* **(Brit: of institution)** directeur(-trice); **(of park, game reserve)** gardien(ne); **(Brit: also: traffic ~)** contractuel(le)

wardrobe ['wɔːdrəub] *n* **(cupboard)** armoire *f*; **(clothes)** garde-robe *f*

warehouse ['wɛəhaus] *n* entrepôt *m*

warfare ['wɔːfɛəʳ] *n* guerre *f*

warhead ['wɔːhɛd] *n* **(Mil)** ogive *f*

warm [wɔːm] *adj* chaud(e); **(person, thanks, welcome, applause)** chaleureux(-euse); **it's ~** il fait chaud; **I'm ~** j'ai chaud; **warm up** *vi* **(person, room)** se réchauffer; **(athlete, discussion)** s'échauffer ▷ *vt* **(food)** (faire) réchauffer; **(water)** (faire) chauffer; **(engine)** faire chauffer; **warmly** *adv* **(dress)** chaudement; **(thank, welcome)** chaleureusement; **warmth** *n* chaleur *f*

warn [wɔːn] *vt* avertir, prévenir; **to ~ sb (not) to do** conseiller à qn de (ne pas) faire; **warning** *n* avertissement *m*; **(notice)** avis *m*; **warning light** *n* avertisseur lumineux

warrant ['wɔrnt] *n* **(guarantee)** garantie *f*; **(Law: to arrest)** mandat *m* d'arrêt; **(: to search)** mandat de perquisition ▷ *vt* **(justify, merit)** justifier

warranty ['wɔrənti] *n* garantie *f*

warrior ['wɔrɪəʳ] *n* guerrier(-ière)

Warsaw ['wɔːsɔː] *n* Varsovie

warship ['wɔːʃɪp] *n* navire *m* de guerre

wart [wɔːt] *n* verrue *f*

wartime ['wɔːtaɪm] *n*: **in ~** en temps

de guerre

wary ['wɛərɪ] *adj* prudent(e)

was [wɔz] *pt of* **be**

wash [wɔʃ] *vt* laver ▷ *vi* se laver; **(sea)**: **to ~ over/against sth** inonder/baigner qch ▷ *n* **(clothes)** lessive *f*; **(washing programme)** lavage *m*; **(of ship)** sillage *m*; **to have a ~** se laver, faire sa toilette; **wash up** *vi* **(Brit)** faire la vaisselle; **(us: have a wash)** se débarbouiller; **washbasin** *n* lavabo *m*; **wash cloth** *n* **(us)** gant *m* de toilette; **washer** *n* **(Tech)** rondelle *f*, joint *m*; **washing** *n* **(Brit: linen etc: dirty)** linge *m*; **(: clean)** lessive *f*; **washing line** *n* **(Brit)** corde *f* à linge; **washing machine** *n* machine *f* à laver; **washing powder** *n* **(Brit)** lessive *f* **(en poudre)**

Washington ['wɔʃɪŋtən] *n* Washington *m*

wash: washing-up *n* **(Brit)** vaisselle *f*; **washing-up liquid** *n* **(Brit)** produit *m* pour la vaisselle; **washroom** *n* **(us)** toilettes *fpl*

wasn't ['wɔznt] = **was not**

wasp [wɔsp] *n* guêpe *f*

waste [weist] *n* gaspillage *m*; **(of time)** perte *f*; **(rubbish)** déchets *mpl*, ordures *fpl*; **(: household ~)** ordures *fpl* ▷ *adj* **(land, ground: in city)** à l'abandon; **(leftover)**: **~ material** déchets *mpl* ▷ *vt* gaspiller; **(time, opportunity)** perdre; **waste ground** *n* **(Brit)** terrain *m* vague; **wastepaper basket** *n* corbeille *f* à papier

watch [wɔtʃ] *n* montre *f*; **(act of watching)** surveillance *f*; **(guard: Mil)** sentinelle *f*; **(: Naut)** homme *m* de quart; **(Naut: spell of duty)** quart *m* ▷ *vt* **(look at)** observer; **(: match, programme)** regarder; **(spy on, guard)** surveiller; **(be careful of)** faire attention à ▷ *vi* regarder; **(keep guard)** monter la garde; **to keep ~** faire le guet; **watch out** *vi* faire attention; **watchdog** *n* chien *m* de garde; **(fig)** gardien(ne); **watch strap** *n* bracelet *m* de montre

water ['wɔːtəʳ] *n* eau *f* ▷ *vt* **(plant, garden)** arroser ▷ *vi* **(eyes)** larmoyer; **in**

British ~s dans les eaux territoriales Britanniques; **to make sb's mouth ~** mettre l'eau à la bouche de qn; **water down** vt (milk etc) couper avec de l'eau; (fig: story) édulcorer; **watercolor** (us **watercolour**) n aquarelle f; **watercress** n cresson m (de fontaine); **waterfall** n chute f d'eau; **watering can** n arrosoir m; **watermelon** n pastèque f; **waterproof** adj imperméable; **water-skiing** n ski m nautique

watt [wɔt] n watt m

wave [weɪv] n vague f; (of hand) geste m, signe m; (Radio) onde f; (in hair) ondulation f; (fig) vague ▷ vi faire signe de la main; (flag) flotter au vent; (grass) ondoyer ▷ vt (handkerchief) agiter; (stick) brandir; **wavelength** n longueur f d'ondes

waver ['weɪvər] vi vaciller; (voice) trembler; (person) hésiter

wavy ['weɪvɪ] adj (hair, surface) onduleux(-euse); (line) onduleux(-euse)

wax [wæks] n cire f; (for skis) fart m ▷ vt cirer; (car) lustrer; (skis) farter ▷ vi (moon) croître

way [weɪ] n chemin m, voie f; (distance) distance f; (direction) chemin, direction f; (manner) façon f, manière f; (habit) habitude f, façon; **which ~? — that ~/that ~** par où ? or de quel côté ? — par ici/là; **to lose one's ~** perdre son chemin; **on the ~ (to)** en route (pour); **to be on one's ~** être en route; **to be in the ~** bloquer le passage; (fig) gêner; **it's a long ~ a-** c'est loin d'ici; **to go out of one's ~ to do** (fig) se donner beaucoup de mal pour faire; **to be under ~** (work, project) être en cours; **in a ~** dans un sens; **by the ~** à propos; **"~ in"** (BRIT) "entrée"; **"~ out"** (BRIT) "sortie"; **the ~ back** le chemin du retour; **"give ~"** (BRIT/AUT) "cédez la priorité"; **no ~!** (inf) pas question!

W.C. n abbr (BRIT = water closet) w.-c. mpl, waters mpl

we [wiː] pl pron nous

weak [wiːk] adj faible; (health) fragile;

(beam etc) peu solide; (tea, coffee) léger(-ère); **weaken** vi faiblir ▷ vt affaiblir; **weakness** n faiblesse f; (fault) point m faible

wealth [wɛlθ] n (money, resources) richesse(s) f(pl); (of details) profusion f; **wealthy** adj riche

weapon ['wɛpən] n arme f; **~s of mass destruction** armes fpl de destruction massive

wear [wɛər] n (use) usage m; (deterioration through use) usure f ▷ vb (pt **wore**, pp **worn**) ▷ vt (clothes) porter; (put on) mettre; (damage: through use) user ▷ vi (last) faire de l'usage; (rub etc through) s'user; **sports/baby-vêtements** mpl de sport/pour bébés; **evening ~** tenue f de soirée; **wear off** vi disparaître; **wear out** vt user; (person, strength) épuiser

weary ['wɪərɪ] adj (tired) épuisé(e); (dispirited) las (lasse); abattu(e) ▷ vi: **to ~ of** se lasser de

weasel ['wiːzl] n (Zool) belette f

weather ['wɛðər] n temps m ▷ vt (storm: lit, fig) essuyer; (crisis) survivre à; **under the ~** (fig: ill) mal fichu(e); **weather forecast** n prévisions fpl météorologiques, météo f

weave (pt **wove**, pp **woven**) [wiːv, wəuv, 'wəuvn] vt (cloth) tisser; (basket) tresser

web [wɛb] n (of spider) toile f; (on duck's foot) palmure f; (fig) tissu m; (Comput): **the (World-Wide) W~** le Web; **web address** n adresse f web; **webcam** n webcam f; **web page** n (Comput) page f Web; **website** n (Comput) site m web

wed [wɛd] (pt, pp **-ded**) vt épouser ▷ vi se marier

Wed abbr (= Wednesday) me

we'd [wiːd] = **we had**; **we would**

wedding ['wɛdɪŋ] n mariage m; **wedding anniversary** n anniversaire m de mariage; **silver/golden wedding anniversary** noces fpl d'argent/d'or; **wedding day** n jour m du mariage; **wedding dress** n robe f de mariée;

wedding ring n alliance f
wedge [wedʒ] n (of wood etc) coin m; (under door etc) cale f; (of cake) part f ▷ vt (fix) caler; (push) enfoncer, coincer
Wednesday ['wɛnzdɪ] n mercredi m
wee [wiː] adj (SCOTTISH) petit(e); tout(e) petit(e)
weed [wiːd] n mauvaise herbe ▷ vt désherber; **weedkiller** n désherbant m
week [wiːk] n semaine f; **a ~ today/on Tuesday** aujourd'hui/mardi en huit; **weekday** n jour m de semaine; (Comm) jour ouvrable; **weekend** n week-end m; **weekly** adv une fois par semaine, chaque semaine ▷ adj, n hebdomadaire m
weep [wiːp] (pt, pp **wept**) vi (person) pleurer
weigh [weɪ] vt, vi peser; **to ~ anchor** lever l'ancre; **weigh up** vt examiner
weight [weɪt] n poids m; **to put on/lose ~** grossir/maigrir; **weightlifting** n haltérophilie f
weir [wɪəʳ] n barrage m
weird [wɪəd] adj bizarre; (eerie) surnaturel(le)
welcome ['wɛlkəm] adj bienvenu(e) ▷ n accueil m ▷ vt accueillir; (also: **bid ~**) souhaiter la bienvenue à; (be glad of) se réjouir de; **you're ~!** (after thanks) de rien, il n'y a pas de quoi
weld [wɛld] vt souder
welfare ['wɛlfɛəʳ] n (wellbeing) bien-être m; (social aid) assistance sociale; **welfare state** n État-providence m
well [wɛl] n puits m ▷ adv bien ▷ adj: **to be ~** aller bien ▷ excl eh bien!; (relief also) bon!; (resignation) enfin!; **~ done!** bravo!; **get ~ soon!** remets-toi vite!; **to do ~** bien réussir; (business) prospérer; **as ~** (in addition) aussi, également; **as ~ as** aussi bien que or de; en plus de
we'll [wiːl] = **we will**; **we shall**
well: **well-behaved** adj sage, obéissant(e); **well-built** adj (person) bien bâti(e); **well-dressed** adj bien habillé(e), bien vêtu(e)
well-groomed [-'gruːmd] adj très

soigné(e)
wellies ['wɛlɪz] (inf) npl (BRIT)
= **wellingtons**
wellingtons ['wɛlɪŋtənz] npl (also: **wellington boots**) bottes fpl en caoutchouc
well: **well-known** adj (person) bien connu(e); **well-off** adj aisé(e), assez riche; **well-paid** [wɛl'peɪd] adj bien payé(e)
Welsh [wɛlʃ] adj gallois(e) ▷ n (Ling) gallois m; **the Welsh** npl (people) les Gallois; **Welshman** (irreg) n Gallois m; **Welshwoman** (irreg) n Galloise f
went [wɛnt] pt of **go**
wept [wɛpt] pt, pp of **weep**
were [wəːʳ] pt of **be**
we're [wɪəʳ] = **we are**
weren't [wəːnt] = **were not**
west [wɛst] n ouest m ▷ adj (wind) d'ouest; (side) ouest inv ▷ adv à or vers l'ouest; **the W~** l'Occident m, l'Ouest; **westbound** ['wɛstbaund] adj en direction de l'ouest; (carriageway) ouest inv; **western** adj occidental(e), de or à l'ouest ▷ n (Cine) western m; **West Indian** adj antillais(e) ▷ n Antillais(e)
West Indies [-'ɪndɪz] npl Antilles fpl
wet [wɛt] adj mouillé(e); (damp) humide; (soaked: also: **~ through**) trempé(e); (rainy) pluvieux(-euse); **to get ~** se mouiller; **"~ paint"** "attention peinture fraîche"; **wetsuit** n combinaison f de plongée
we've [wiːv] = **we have**
whack [wæk] vt donner un grand coup à
whale [weɪl] n (Zool) baleine f
wharf (pl **wharves**) [wɔːf, wɔːvz] n quai m

○ **KEYWORD**

what [wɔt] adj **1** (in questions) quel(le); **what size is he?** quelle taille fait-il?; **what colour is it?** de quelle couleur est-ce?; **what books do you need?** de quels livres avez-vous besoin?

W

quels livres vous faut-il?
2 *(in exclamations)*: **what a mess!** quel désordre! **what a fool I am!** que je suis bête!
▷ *pron* 1 *(interrogative)* que; de/à/en *etc* quoi; **what are you doing?** que faites-vous?, qu'est-ce que vous faites? **what is happening?** qu'est-ce qui se passe?, que se passe-t-il? **what are you talking about?** de quoi parlez-vous?; **what are you thinking about?** à quoi pensez-vous?; **what is it called?** comment est-ce que ça s'appelle? **what about me?** et moi?; **what about doing ...?** et si on faisait ...?
2 *(relative: subject)* ce qui; *(: direct object)* ce que; *(: indirect object)* ce à quoi, ce dont; **I saw what you did/was on the table** j'ai vu ce que vous avez fait/ce qui était sur la table; **tell me what you remember** dites-moi ce dont vous vous souvenez; **what I want is a cup of tea** ce que je veux, c'est une tasse de thé
▷ *excl (disbelieving)* quoi!, comment!

whatever [wɔt'evə^r] *adj*: **take ~ book you prefer** prenez le livre que vous préférez, prenez n'importe lequel; **~ book you take** quel que soit le livre que vous preniez ▷ *pron*: **do ~ is necessary** faites (tout) ce qui est nécessaire; **~ happens** quoi qu'il arrive; **no reason ~** *or* **whatsoever** pas la moindre raison; **nothing ~** *or* **whatsoever** rien du tout

whatsoever [wɔtsəu'evə^r] *adj see* **whatever**

wheat [wi:t] *n* blé *m*, froment *m*

wheel [wi:l] *n* roue *f*; *(Aut: also:* **steering ~)** volant *m*; *(Naut)* gouvernail *m* ▷ *vt (pram etc)* pousser, rouler ▷ *vi (birds)* tournoyer; *(also:* **~ round**: *person)* se retourner, faire volte-face; **wheelbarrow** *n* brouette *f*; **wheelchair** *n* fauteuil roulant; **wheel clamp** *n (Aut)* sabot *m* (de Denver)

wheeze [wi:z] *vi* respirer bruyamment

🔘 **KEYWORD**

when [wen] *adv* quand; **when did he go?** quand est-ce qu'il est parti?
▷ *conj* 1 *(at, during, after the time that)* quand, lorsque; **she was reading when I came in** elle lisait quand or lorsque je suis entré
2 *(on the day when, on the day which)*: **on the day when I met him** le jour où je l'ai rencontré
3 *(whereas)* alors que; **I thought I was wrong when in fact I was right** j'ai cru que j'avais tort alors qu'en fait j'avais raison

whenever [wen'evə^r] *adv* quand donc
▷ *conj* quand; *(every time that)* chaque fois que

where [weə^r] *adv, conj* où; **this is ~** c'est là que; **whereabouts** *adv* où donc ▷ *n*: **nobody knows his whereabouts** personne ne sait où il se trouve; **whereas** *conj* alors que; **whereby** *adv (formal)* par lequel (or laquelle *etc*); **wherever** *adv* où donc ▷ *conj* où que + *sub*; **sit wherever you like** asseyez-vous (là) où vous voulez

whether ['weðə^r] *conj* si; **I don't know ~ to accept or not** je ne sais pas si je dois accepter ou non; **it's doubtful ~** il est peu probable que + *sub*; **~ you go or not** que vous y alliez ou non

🔘 **KEYWORD**

which [wɪtʃ] *adj* 1 *(interrogative: direct, indirect)* quel(le); **which picture do you want?** quel tableau voulez-vous?; **which one?** lequel (laquelle)?
2: **in which case** au(quel) cas; **we got there at 8pm, by which time the cinema was full** nous y sommes arrivés à 20h, le cinéma était complet
▷ *pron* 1 *(interrogative)* lequel (laquelle),

lesquels (lesquelles) pl; **I don't mind which** peu importe lequel; **which (of these) are yours?** lesquels sont à vous?; **tell me which you want** dites-moi lesquels or ceux que vous voulez

2 (relative: subject) qui; (: object) que; sur/vers etc lequel (laquelle) (NB: à + lequel = **auquel**; de + lequel = **duquel**); **the apple which you ate/which is on the table** la pomme que vous avez mangée/qui est sur la table; **the chair on which you are sitting** la chaise sur laquelle vous êtes assis; **the book of which you spoke** le livre dont vous avez parlé; **he said he knew, which is true/I was afraid of** il a dit qu'il le savait, ce qui est vrai/ce que je craignais; **after which** après quoi

whichever [wɪtʃ'ɛvəʳ] adj: **take ~ book you prefer** prenez le livre que vous préférez, peu importe lequel; **~ book you take** quel que soit le livre que vous preniez

while [waɪl] n moment m ▷ conj pendant que; (as long as) tant que; (as, whereas) alors que; (though) bien que + sub, quoique + sub; **for a ~** pendant quelque temps; **in a ~** dans un moment

whilst [waɪlst] conj = **while**

whim [wɪm] n caprice m

whine [waɪn] n gémissement m; (of engine, siren) plainte stridente f ▷ vi gémir, geindre, pleurnicher; (dog, engine, siren) gémir

whip [wɪp] n fouet m; (for riding) cravache f; (Pol: person) chef m de file (assurant la discipline dans son groupe parlementaire) ▷ vt fouetter; (snatch) enlever (or sortir) brusquement; **whipped cream** n crème fouettée

whirl [wə:l] vi tourbillonner; (dancers) tournoyer ▷ vt faire tourbillonner; faire tournoyer

whisk [wɪsk] n (Culin) fouet m ▷ vt

(eggs) fouetter, battre; **to ~ sb away** or **off** emmener qn rapidement

whiskers ['wɪskəz] npl (of animal) moustaches fpl; (of man) favoris mpl

whisky (IRISH, US **whiskey**) ['wɪskɪ] n whisky m

whisper ['wɪspəʳ] n chuchotement m ▷ vt, vi chuchoter

whistle ['wɪsl] n (sound) sifflement m; (object) sifflet m ▷ vi siffler ▷ vt siffler, siffloter

white [waɪt] adj blanc (blanche); (with fear) blême ▷ n blanc m; (person) blanc (blanche); **White House** n (US): **the White House** la Maison-Blanche; **whitewash** n (paint) lait m de chaux ▷ vt blanchir à la chaux; (fig) blanchir

whiting ['waɪtɪŋ] n (pl inv: fish) merlan m

Whitsun ['wɪtsn] n la Pentecôte

whittle ['wɪtl] vt: **to ~ away, to ~ down** (costs) réduire, rogner

whizz [wɪz] vi aller (or passer) à toute vitesse

who [hu:] pron qui

whoever [hu:'ɛvəʳ] pron: **~ finds it** celui (celle) qui le trouve (, qui que ce soit), quiconque le trouve; **ask ~ you like** demandez à qui vous voulez; **~ he marries** qui que ce soit ou quelle que soit la personne qu'il épouse; **~ told you that?** qui a bien pu vous dire ça?, qui donc vous a dit ça?

whole [həul] adj (complete) entier(-ière), tout(e); (not broken) intact(e), complet(-ète) ▷ n (all): **the ~ of** la totalité de, tout(e) le (la); (entire unit) tout m; **the ~ of the town** la ville tout entière; **on the ~, as a ~** dans l'ensemble; **wholefood(s)** n(pl) aliments complets; **wholeheartedly** [həul'ha:tɪdlɪ] adv sans réserve; **to agree wholeheartedly** être entièrement d'accord; **wholemeal** adj (BRIT: flour, bread) complet(-ète); **wholesale** n (vente f en) gros m ▷ adj (price) de gros; (destruction) systématique; **wholewheat**

adj = **wholemeal**; **wholly** *adv*
entièrement, tout à fait

KEYWORD

whom [huːm] *pron* **1** (*interrogative*) qui;
whom did you see? qui avez-vous vu?;
to whom did you give it? à qui l'avez-vous donné?

2 (*relative*) que; à/de *etc* qui; **the man whom I saw/to whom I spoke** l'homme que j'ai vu/à qui j'ai parlé

whore [hɔː] *n* (*inf: pej*) putain *f*

whose [huːz] *adj* **1** (*possessive: interrogative*): **whose book is this?**, **whose is this book?** à qui est ce livre?; **whose pencil have you taken?** à qui est le crayon que vous avez pris?, c'est le crayon de qui que vous avez pris?; **whose daughter are you?** de qui êtes-vous la fille?

2 (*possessive: relative*): **the man whose son you rescued** l'homme dont *or* de qui vous avez sauvé le fils; **the girl whose sister you were speaking to** la fille à la sœur de qui *or* de laquelle vous parliez; **the woman whose car was stolen** la femme dont la voiture a été volée

▷ *pron* à qui; **whose is this?** à qui est ceci?; **I know whose it is** je sais à qui c'est

KEYWORD

why [waɪ] *adv* pourquoi; **why not?** pourquoi pas?

▷ *conj*: **I wonder why he said that** je me demande pourquoi il a dit ça; **that's not why I'm here** ce n'est pas pour ça que je suis là; **the reason why** la raison pour laquelle

▷ *excl* eh bien!, tiens!; **why, it's**

you! tiens, c'est vous!; **why, that's impossible!** voyons, c'est impossible!

wicked ['wɪkɪd] *adj* méchant(e); (*mischievous: grin, look*) espiègle, malicieux(-euse); (*crime*) pervers(e); (*inf: very good*) génial(e) (*inf*)

wicket ['wɪkɪt] *n* (Cricket: *stumps*) guichet *m*; (: *grass area*) espace compris entre les deux guichets

wide [waɪd] *adj* large; (*area, knowledge*) vaste, très étendu(e); (*choice*) grand(e)
▷ *adv*: **to open ~** ouvrir tout grand; **to shoot ~** tirer à côté; **it is 3 metres ~** cela fait 3 mètres de large; **widely** *adv* (*different*) radicalement; (*spaced*) sur une grande étendue; (*believed*) généralement; (*travel*) beaucoup; **widen** *vt* élargir ▷ *vi* s'élargir; **wide open** *adj* grand(e) ouvert(e); **widespread** *adj* (*belief etc*) très répandu(e)

widow ['wɪdəʊ] *n* veuve *f*; **widower** *n* veuf *m*

width [wɪdθ] *n* largeur *f*

wield [wiːld] *vt* (*sword*) manier; (*power*) exercer

wife (*pl* **wives**) [waɪf, waɪvz] *n* femme *f*, épouse *f*

Wi-Fi ['waɪfaɪ] *n* wifi *m*

wig [wɪg] *n* perruque *f*

wild [waɪld] *adj* sauvage; (*sea*) déchaîné(e); (*idea, life*) fou (folle); (*behaviour*) déchaîné(e), extravagant(e); (*inf: angry*) hors de soi, furieux(-euse)
▷ *n*: **the ~** la nature; **wilderness** ['wɪldənɪs] *n* désert *m*, région *f* sauvage; **wildlife** *n* faune *f* (et flore *f*); **wildly** *adv* (*behave*) de manière déchaînée; (*applaud*) frénétiquement; (*hit, guess*) au hasard; (*happy*) follement

KEYWORD

will [wɪl] *aux vb* **1** (*forming future tense*): **I will finish it tomorrow** je le finirai demain; **I will have finished it by tomorrow** je l'aurai fini d'ici demain; **will you do it? - yes I will/no I won't**

ferez-vous? - oui/non
2 (in conjectures, predictions): **he will** or **he'll be there by now** il doit être arrivé à l'heure qu'il est; **that will be the postman** ça doit être le facteur
3 (in commands, requests, offers): **will you be quiet!** voulez-vous bien vous taire!; **will you help me?** est-ce que vous pouvez m'aider?; **will you have a cup of tea?** voulez-vous une tasse de thé?; **I won't put up with it!** je ne le tolérerai pas!
▷ vt (pt, pp **willed**): **to will sb to do** souhaiter ardemment que qn fasse; **he willed himself to go on** par un suprême effort de volonté, il continua
▷ n volonté f; (document) testament m; **against one's will** à contre-cœur

willing ['wɪlɪŋ] adj de bonne volonté, serviable; **he's ~ to do it** il est disposé à le faire; **willingly** adv volontiers
willow ['wɪləʊ] n saule m
willpower ['wɪl'paʊə] n volonté f
wilt [wɪlt] vi dépérir
win [wɪn] n (in sports etc) victoire f ▷ vb (pt, pp **won**) ▷ vt (battle, money) gagner; (prize, contract) remporter; (popularity) acquérir ▷ vi gagner; **win over** vt convaincre
wince [wɪns] vi tressaillir
winch [wɪntʃ] n treuil m
wind[1] [wɪnd] n (also Med) vent m; (breath) souffle m ▷ vt (take breath away) couper le souffle à; **the ~(s)** (Mus) les instruments mpl à vent
wind[2] (pt, pp **wound**) [waɪnd, waʊnd] vt enrouler; (wrap) envelopper; (clock, toy) remonter ▷ vi (road, river) serpenter; **wind down** vt (car window) baisser; (fig: production, business) réduire progressivement; **wind up** vt (clock) remonter; (debate) terminer, clôturer
windfall ['wɪndfɔ:l] n coup m de chance
wind farm n ferme f éolienne
winding ['waɪndɪŋ] adj (road) sinueux(-euse); (staircase) tournant(e)
windmill ['wɪndmɪl] n moulin m à vent

window ['wɪndəʊ] n fenêtre f; (in car, train: also: **~pane**) vitre f; (in shop etc) vitrine f; **window box** n jardinière f; **window cleaner** n (person) laveur(-euse) de vitres; **window pane** n vitre f, carreau m; **window seat** n (on plane) place f côté hublot; **windowsill** n (inside) appui m de la fenêtre; (outside) rebord m de la fenêtre
windscreen ['wɪndskri:n] n pare-brise m inv; **windscreen wiper** n essuie-glace m inv
windshield ['wɪndʃi:ld] (us) n **=windscreen**
windsurfing ['wɪndsə:fɪŋ] n planche f à voile
windy ['wɪndɪ] adj (day) de vent, venteux(-euse); (place, weather) venteux; **it's ~** il y a du vent
wine [waɪn] n vin m; **wine bar** n bar m à vin; **wine glass** n verre m à vin; **wine list** n carte f des vins; **wine tasting** n dégustation f (de vins)
wing [wɪŋ] n aile f; **wings** npl (Theat) coulisses fpl; **wing mirror** n (BRIT) rétroviseur latéral
wink [wɪŋk] n clin m d'œil ▷ vi faire un clin d'œil; (blink) cligner des yeux
winner ['wɪnə] n gagnant(e)
winning ['wɪnɪŋ] adj (team) gagnant(e); (goal) décisif(-ive); (charming) charmeur(-euse)
winter ['wɪntə] n hiver m ▷ vi hiverner; **in ~** en hiver; **winter sports** npl sports mpl d'hiver; **wintertime** n hiver m
wipe [waɪp] n: **to give sth a ~** donner un coup de torchon/de chiffon/d'éponge à qch ▷ vt essuyer; (erase: tape) effacer; **to ~ one's nose** se moucher; **wipe out** vt (debt) éteindre, amortir; (memory) effacer; (destroy) anéantir; **wipe up** vt essuyer
wire ['waɪə'] n fil m (de fer); (Elec) fil électrique; (Tel) télégramme m ▷ vt (house) faire l'installation électrique de; (also: **~ up**) brancher; (person: send telegram to) télégraphier à

W

wiring ['waɪərɪŋ] n (Elec) installation f électrique

wisdom ['wɪzdəm] n sagesse f; (of action) prudence f; **wisdom tooth** n dent f de sagesse

wise [waɪz] adj sage, prudent(e); (remark) judicieux(-euse)

wish [wɪʃ] n (desire) désir m; (specific desire) souhait m, vœu m ▷ vt souhaiter, désirer, vouloir; **best ~es** (on birthday etc) meilleurs vœux; **with best ~es** (in letter) bien amicalement; **to ~ sb goodbye** dire au revoir à qn; **he ~ed me well** il a souhaité bonne chance; **to ~ to do/sb to do** désirer or vouloir faire/que qn fasse; **to ~ for** souhaiter

wistful ['wɪstful] adj mélancolique

wit [wɪt] n (also: **~s**: intelligence) intelligence f, esprit m; (presence of mind) présence f d'esprit; (wittiness) esprit; (person) homme/femme d'esprit

witch [wɪtʃ] n sorcière f

KEYWORD

with [wɪð, wɪθ] prep 1 (in the company of) avec; (at the home of) chez; **we stayed with friends** nous avons logé chez des amis; **I'll be with you in a minute** je suis à vous dans un instant

2 (descriptive): **a room with a view** une chambre avec vue; **the man with the grey hat/blue eyes** l'homme au chapeau gris/aux yeux bleus

3 (indicating manner, means, cause): **with tears in her eyes** les larmes aux yeux; **to walk with a stick** marcher avec une canne; **red with anger** rouge de colère; **to shake with fear** trembler de peur; **to fill sth with water** remplir qch d'eau

4 (in phrases): **I'm with you** (I understand) je vous suis; **to be with it** (inf: up-to-date) être dans le vent

withdraw [wɪð'drɔː] vt (irreg: like draw) retirer ▷ vi se retirer; **withdrawal** n retrait m; (Med) état m de manque;

withdrawn pp of **withdraw** ▷ adj (person) renfermé(e)

withdrew [wɪð'druː] pt of **withdraw**

wither ['wɪðə'] vi se faner

withhold [wɪð'həuld] vt (irreg: like **hold**) (money) retenir; (decision) remettre; (permission): **to ~ (from)** (permission) refuser (à); (information): **to ~ (from)** cacher (à)

within [wɪð'ɪn] prep à l'intérieur de ▷ adv à l'intérieur; **~ his reach** à sa portée; **~ sight of** en vue de; **~ a mile of** à moins d'un mille de; **~ the week** avant la fin de la semaine

without [wɪð'aut] prep sans; **~ a coat** sans manteau; **~ speaking** sans parler; **to go or do ~ sth** se passer de qch

withstand [wɪð'stænd] vt (irreg: like **stand**) résister à

witness ['wɪtnɪs] n (person) témoin m ▷ vt (event) être témoin de; (document) attester l'authenticité de; **to bear ~ to sth** témoigner de qch

witty ['wɪtɪ] adj spirituel(le), plein(e) d'esprit

wives [waɪvz] npl of **wife**

wizard ['wɪzəd] n magicien m

wk abbr = **week**

wobble ['wɔbl] vi trembler; (chair) branler

woe [wəu] n malheur m

woke [wəuk] pt of **wake**

woken ['wəukn] pp of **wake**

wolf (pl **wolves**) [wulf, wulvz] n loup m

woman (pl **women**) ['wumən, 'wɪmɪn] n femme f ▷ cpd: **~ doctor** femme f médecin; **~ teacher** professeur m femme

womb [wuːm] n (Anat) utérus m

women ['wɪmɪn] npl of **woman**

won [wʌn] pt, pp of **win**

wonder ['wʌndə'] n merveille f, miracle m; (feeling) émerveillement m ▷ vi: **to ~ whether/why** se demander si/pourquoi; **to ~ at** (surprise) s'étonner de; (admiration) s'émerveiller de; **to ~ about** songer à; **it's no ~ that** il n'est pas étonnant que + sub; **wonderful** adj merveilleux(-euse)

won't [wəʊnt] **= will not**

wood [wʊd] n (timber, forest) bois m;
wooden adj en bois; (fig: actor) raide;
(: performance) qui manque de naturel;
woodwind n: **the woodwind** (Mus) les
bois mpl; **woodwork** n menuiserie f

wool [wʊl] n laine f; **to pull the ~ over
sb's eyes** (fig) en faire accroire à qn;
woollen (US **woolen**) adj de or en laine;
woolly (US **wooly**) adj laineux(-euse);
(fig: ideas) confus(e)

word [wɜːd] n mot m; (spoken) mot,
parole f; (promise) parole; (news)
nouvelles fpl ▷ vt rédiger, formuler; **in
other ~s** en d'autres termes; **to have
a ~ with sb** toucher un mot à qn; **to
break/keep one's ~** manquer à sa
parole/tenir (sa) parole; **wording** n
termes mpl, langage m; (of document)
libellé m; **word processing** n
traitement m de texte; **word processor**
n machine f de traitement de texte

wore [wɔːʳ] pt of **wear**

work [wɜːk] n travail m; (Art, Literature)
œuvre f ▷ vi travailler; (mechanism)
marcher; (plan etc) marcher; fonctionner; (plan etc)
marcher; (medicine) agir ▷ vt (clay,
wood etc) travailler; (mine etc) exploiter;
(machine) faire marcher or fonctionner;
(miracles etc) faire; **work** n (BRIT:
factory) usine f; **how does this ~?**
comment est-ce que ça marche? **the
TV isn't ~ing** la télévision est en
panne or ne marche pas; **to be out of
~** être au chômage or sans emploi; **to
~ loose** se défaire, se desserrer; **work
out** vi (plans etc) marcher; (Sport)
s'entraîner ▷ vt (problem) résoudre;
(plan) élaborer; **it ~s out at £100** ça fait
100 livres; **worker** n travailleur(-euse),
ouvrier(-ière); **work experience** n
stage m; **workforce** n main-d'œuvre f;
working class n classe ouvrière ▷ adj:
working-class ouvrier(-ière), de la
classe ouvrière; **working week** n
semaine f de travail; **workman** (irreg)
n ouvrier m; **work of art** n œuvre

f d'art; **workout** n (Sport) séance
f d'entraînement; **work permit** n
permis m de travail; **workplace** n lieu
m de travail; **worksheet** n (Scol) feuille
f d'exercices; **workshop** n atelier m;
work station n poste m de travail;
work surface n plan m de travail;
worktop n plan m de travail

world [wɜːld] n monde m ▷ cpd
(champion) du monde; (power, war)
mondial(e); **to think the ~ of sb** (fig)
ne jurer que par qn; **World Cup** n:
the World Cup (Football) la Coupe du
monde; **world-wide** adj universel(le);
World-Wide Web n: **the World-Wide
Web** le Web

worm [wɜːm] n (also: **earth~**) ver m

worn [wɔːn] pp of **wear** ▷ adj usé(e);
worn-out adj (object) complètement
usé(e); (person) épuisé(e)

worried [ˈwʌrɪd] adj inquiet(-ète); **to
be ~ about sth** être inquiet au sujet
de qch

worry [ˈwʌrɪ] n souci m ▷ vt inquiéter
▷ vi s'inquiéter, se faire du souci;
worrying adj inquiétant(e)

worse [wɜːs] adj pire, plus mauvais(e)
▷ adv plus mal ▷ n pire m; **to get
~** (condition, situation) empirer,
se dégrader; **a change for the ~**
une détérioration; **worsen** vt, vi
empirer; **worse off** adj moins à l'aise
financièrement; (fig): **you'll be worse
off this way** ça ira moins bien de
cette façon

worship [ˈwɜːʃɪp] n culte m ▷ vt (God)
rendre un culte à; (person) adorer

worst [wɜːst] adj le (la) pire, le (la) plus
mauvais(e) ▷ adv le plus mal ▷ n pire m;
at ~ au pis aller

worth [wɜːθ] n valeur f ▷ adj: **to be ~**
valoir; **it's ~ it** cela en vaut la peine,
ça vaut la peine; **it is ~ one's while
(to do)** ça vaut le coup (inf) (de faire);
worthless adj qui ne vaut rien;
worthwhile adj (activity) qui en vaut la
peine; (cause) louable

worthy [ˈwɜːðɪ] adj (person) digne;

(*motive*) louable; **~ of** digne de

 KEYWORD

would [wʊd] *aux vb* **1** (*conditional tense*):
if you asked him he would do it si
vous le lui demandiez, il le ferait; **if
you had asked him he would have
done it** si vous le lui aviez demandé, il
l'aurait fait

2 (*in offers, invitations, requests*): **would
you like a biscuit?** voulez-vous un
biscuit?; **would you close the door
please?** voulez-vous fermer la porte,
s'il vous plaît?

3 (*in indirect speech*): **I said I would do it**
j'ai dit que je le ferais

4 (*emphatic*): **it WOULD have to
snow today!** naturellement il neige
aujourd'hui or il fallait qu'il neige
aujourd'hui!

5 (*insistence*): **she wouldn't do it** elle
n'a pas voulu or elle a refusé de le faire

6 (*conjecture*): **it would have been
midnight** il devait être minuit; **it
would seem so** on dirait bien

7 (*indicating habit*): **he would go there
on Mondays** il y allait le lundi

wouldn't [ˈwʊdnt] = **would not**
wound¹ [wuːnd] *n* blessure *f* ▸ *vt*
blesser
wound² [waʊnd] *pt, pp of* **wind**
wove [wəʊv] *pt of* **weave**
woven [ˈwəʊvn] *pp of* **weave**
wrap [ræp] *vt* (*also*: **~ up**) envelopper;
(*parcel*) emballer; (*wind*) enrouler;
wrapper *n* (*on chocolate etc*) papier *m*;
(*BRIT: of book*) couverture *f*; **wrapping
paper** *n* (*of sweet, chocolate*) papier *m*;
(*of parcel*) emballage *m*; **wrapping paper**
n papier *m* d'emballage; (*for gift*) papier
cadeau
wreath [riːθ, *pl* riːðz] *n* couronne *f*
wreck [rɛk] *n* (*sea disaster*) naufrage
m; (*ship*) épave *f*; (*vehicle*) véhicule
accidenté; (*pej: person*) loque
(humaine) ▸ *vt* démolir; (*fig*) briser,

ruiner; **wreckage** *n* débris *mpl*; (*of
building*) décombres *mpl*; (*of ship*)
naufrage *m*
wren [rɛn] *n* (*Zool*) troglodyte *m*
wrench [rɛntʃ] *n* (*Tech*) clé *f* (à
écrous); (*tug*) violent mouvement de
torsion; (*fig*) arrachement *m* ▸ *vt* tirer
violemment sur, tordre; **to ~ sth from**
arracher qch (violemment) à *or* de
wrestle [ˈrɛsl] *vi*: **to ~ (with sb)** lutter
(avec qn); **wrestler** *n* lutteur(-euse)
f; **wrestling** *n* lutte *f*; (*also*: **all-in
wrestling**: *BRIT*) catch *m*
wretched [ˈrɛtʃid] *adj* misérable
wriggle [ˈrɪgl] *vi* (*also*: **~ about**) se
tortiller
wring (*pt, pp* **wrung**) [rɪŋ, rʌŋ] *vt*
tordre; (*wet clothes*) essorer; (*fig*): **to ~
sth out of** arracher qch à
wrinkle [ˈrɪŋkl] *n* (*on skin*) ride *f*; (*on
paper etc*) pli *m* ▸ *vt* rider, plisser ▸ *vi*
se plisser
wrist [rɪst] *n* poignet *m*
write (*pt* **wrote**, *pp* **written**) [raɪt, rəʊt,
ˈrɪtn] *vt, vi* écrire; (*prescription*) rédiger;
write down *vt* noter; (*put in writing*)
mettre par écrit; **write off** *vt* (*debt*)
passer aux profits et pertes; (*project*)
mettre une croix sur; (*smash up: car etc*)
démolir complètement; **write out**
vt écrire; (*copy*) recopier; **write-off** *n*
perte totale; **the car is a write-off** la
voiture est bonne pour la casse; **writer**
n auteur *m*, écrivain *m*
writing [ˈraɪtɪŋ] *n* écriture *f*; (*of author*)
œuvres *fpl*; **in ~** par écrit; **writing paper**
n papier *m* à lettres
written [ˈrɪtn] *pp of* **write**
wrong [rɒŋ] *adj* (*incorrect*) faux
(fausse); (*incorrectly chosen: number,
road etc*) mauvais(e); (*not suitable*) qui
ne convient pas; (*wicked*) mal; (*unfair*)
injuste ▸ *adv* mal ▸ *n* tort *m* ▸ *vt* faire
du tort à, léser; **you are ~** to do it tu as
tort de le faire; **you are ~ about that,
you've got it ~** tu te trompes; **what's
~?** qu'est-ce qui ne va pas?; **what's
~ with the car?** qu'est-ce qu'elle a, la

voiture?; **to go ~** (*person*) se tromper; (*plan*) mal tourner; (*machine*) se détraquer; **I took a ~ turning** je me suis trompé de route; **wrongly** *adv* à tort; (*answer, do, count*) mal, incorrectement; **wrong number** *n* (*Tel*): **you have the wrong number** vous vous êtes trompé de numéro
wrote [rəut] *pt of* **write**
wrung [rʌŋ] *pt, pp of* **wring**
WWW *n abbr* = World-Wide Web; **the ~** le Web

XL *abbr* (= extra large) XL
Xmas ['eksməs] *n abbr* = **Christmas**
X-ray ['eksreɪ] *n* (*ray*) rayon *m* X; (*photograph*) radio(graphie) *f* ▷ *vt* radiographier
xylophone ['zaɪləfəun] *n* xylophone *m*

y

yacht [jɔt] *n* (*of house etc*) voilier *m*; (*motor, luxury yacht*) yacht *m*; **yachting** *n* yachting *m*, navigation *f* de plaisance

yard [jɑːd] *n* (*of house etc*) cour *f*; (*us: garden*) jardin *m*; (*measure*) yard *m* (= 914 *mm*; 3 *feet*); **yard sale** *n* (*us*) brocante *f* (*dans son propre jardin*)

yarn [jɑːn] *n* fil *m*; (*tale*) longue histoire

yawn [jɔːn] *n* bâillement *m* ▷ *vi* bâiller

yd. *abbr* = **yard(s)**

yeah [jɛə] *adv* (*inf*) ouais

year [jɪə*] *n* an *m*, année *f*; (*Scol etc*) année; **to be 8 ~s old** avoir 8 ans; **an eight-~-old child** un enfant de huit ans; **yearly** *adj* annuel(le) ▷ *adv* annuellement; **twice yearly** deux fois par an

yearn [jəːn] *vi*: **to ~ for sth/to do** aspirer à qch/à faire

yeast [jiːst] *n* levure *f*

yell [jɛl] *n* hurlement *m*, cri *m* ▷ *vi* hurler

yellow [ˈjɛləu] *adj, n* jaune (*m*); **Yellow Pages**® *n pl* (*Tel*) pages *fpl* jaunes

yes [jɛs] *adv* oui; (*answering negative question*) si ▷ *n* oui *m*; **to say ~ (to)** dire oui (à)

yesterday [ˈjɛstədɪ] *adv, n* hier (*m*); **~ morning/evening** hier matin/soir; **all day ~** toute la journée d'hier

yet [jɛt] *adv* encore; (*in questions*) déjà ▷ *conj* pourtant, néanmoins; **it is not finished** ~ ce n'est pas encore fini or toujours pas fini; **have you eaten ~?** vous avez déjà mangé?; **the best ~** le meilleur jusqu'ici or jusque-là; **as ~** jusqu'ici, encore

yew [juː] *n* if *m*

Yiddish [ˈjɪdɪʃ] *n* yiddish *m*

yield [jiːld] *n* production *f*, rendement *m*; (*Finance*) rapport *m* ▷ *vt* produire, rendre, rapporter; (*surrender*) céder ▷ *vi* céder; (*us Aut*) céder la priorité

yob(bo) [ˈjɔb(əu)] *n* (*BRIT inf*) loubar(d) *m*

yoga [ˈjəugə] *n* yoga *m*

yog(h)ourt *n* = **yog(h)urt**

yog(h)urt [ˈjɔgət] *n* yaourt *m*

yolk [jəuk] *n* jaune *m* (d'œuf)

⊙ **KEYWORD**

you [juː] *pron* **1** (*subject*) tu; (*polite form*) vous; (*plural*) vous; **you are very kind** vous êtes très gentil; **you French enjoy your food** vous autres Français, vous aimez bien manger; **you and I will go** toi et moi or vous et moi, nous irons; **there you are!** vous voilà!

2 (*object: direct, indirect*) te, t' + *vowel*; vous; **I know you** je te or vous connais; **I gave it you** je te le ai donné, je vous l'ai donné

3 (*stressed*) toi; vous; **I told YOU to do it** c'est à toi or vous que j'ai dit de le faire

4 (*after prep, in comparisons*) toi; vous; **it's for you** c'est pour toi or vous; **she's younger than you** elle est plus jeune que toi or vous

5 (*impersonal: one*) on; **fresh air does you good** l'air frais fait du bien; **you**

never know on ne sait jamais; **you can't do that!** ça ne se fait pas!

you'd [juːd] = **you had**; **you would**

you'll [juːl] = **you will**; **you shall**

young [jʌŋ] adj jeune ▷ npl (of animal) petits mpl; (people): **the ~** les jeunes, la jeunesse; **my ~er brother** mon frère cadet; **youngster** n jeune m/f; (child) enfant m/f

your [jɔːʳ] adj ton (ta), tes pl; (polite form, pl) votre, vos pl; see also **my**

you're [juəʳ] = **you are**

yours [jɔːz] pron le (la) tien(ne), les tiens (tiennes); (polite form, pl) le (la) vôtre, les vôtres; **is it ~?** c'est à toi (or à vous)?; **a friend of ~** un(e) de tes (or de vos) amis; see also **faithfully**; **mine**[1]

yourself [jɔːˈsɛlf] pron (reflexive) te; (: polite form) vous; (after prep) toi; vous; (emphatic) toi-même; vous-même; see also **oneself**; **yourselves** pl pron vous; (emphatic) vous-mêmes; see also **oneself**

youth [juːθ] n jeunesse f; (young man) (pl **~s**) jeune homme m; **youth club** n centre m de jeunes; **youthful** adj jeune; (enthusiasm etc) juvénile; **youth hostel** n auberge f de jeunesse

you've [juːv] = **you have**

Yugoslav [ˈjuːɡəʊslɑːv] adj yougoslave ▷ n Yougoslave m/f

Yugoslavia [juːɡəʊˈslɑːvɪə] n (Hist) Yougoslavie f

Z

zeal [ziːl] n (revolutionary etc) ferveur f; (keenness) ardeur f, zèle m

zebra [ˈziːbrə] n zèbre m; **zebra crossing** n (BRIT) passage clouté or pour piétons

zero [ˈzɪərəʊ] n zéro m

zest [zɛst] n entrain m, élan m; (of lemon etc) zeste m

zigzag [ˈzɪɡzæɡ] n zigzag m ▷ vi zigzaguer, faire des zigzags

Zimbabwe [zɪmˈbɑːbwɪ] n Zimbabwe m

zinc [zɪŋk] n zinc m

zip [zɪp] n (also: **~ fastener**) fermeture f éclair® or à glissière ▷ vt (file) zipper; (also: **~ up**) fermer (avec une fermeture éclair®); **zip code** n (US) code postal; **zip file** n (Comput) fichier m zip inv; **zipper** n (US) = **zip**

zit [zɪt] (inf) n bouton m

zodiac [ˈzəʊdɪæk] n zodiaque m

zone [zəʊn] n zone f

zoo [zuː] n zoo m

zoology [zuːˈɔlədʒɪ] n zoologie f

zoom [zuːm] *vi*: **to ~ past** passer en trombe; **zoom lens** *n* zoom *m*

zucchini [zuːˈkiːnɪ] *n(pl)* (*us*) courgette(s) *f(pl)*